传承与创新

考古学视野下的齐文化学术研讨会论文集

山东省文物考古研究院
山东大学历史文化学院
临淄区齐文化发展研究中心
齐文化博物院

编

上海古籍出版社

编辑委员会

序

自 1932 年郭宝钧先生发掘河南浚县辛村西周卫侯墓地以来,周代考古取得诸多重要收获,其中尤以周王朝都邑和各诸侯国的相关发现最为突出,齐国作为周王朝远东边疆的主要封国当然也不例外,既往的重要发现且不说,仅近年临淄城和高青陈庄的发现即再次引起学界关注。

为将齐文化研究引向深入,2017 年 10 月中旬,在历史名城临淄,山东省文物考古研究院联合山东大学历史文化学院、淄博市文物局和临淄区人民政府共同举办了"传承与创新——考古学视野下的齐文化学术研讨会",约 120 位国内外学者应邀参加。

会议内容可分为两大部分,一是参观齐文化博物院、东周殉马坑和临淄城大型排水设施;一是学术研讨。会议收到论文(或论文提要)92 篇,本文集收录 61 篇,涉及的内容大致可概括为如下几个方面。

第一,关于周代的城与城防。

有学者通过全面梳理山东地区发现的周、汉城址,发现从西周到东周,城址数量在增加,规模在扩大,这与其他地区城址的发现规律相同,乃时代共性。也有学者专门对齐国腹心地区(指北起高青、广饶,东至淄河,南到泰沂山以北,西至邹平孝妇河流域)商周时期城址进行分析,对部分遗址的性质予以推断,认为桓台唐山一带可能与薄姑有关;临淄城东北部应是临淄城最早建城的部位。论文还根据齐国腹心地区西周铜器发现地点的分布范围,推测齐的始封地当在其内。对于齐国早期都城营丘和薄姑的探讨,一直备受学界重视,近年来,山东省的考古工作者亦作出不少努力,惜仍无确切答案,本文所论值得高度重视。

对其他城址的介绍和研究有即墨城和郑韩故城。

有关城防的论文有三篇,一篇论述了周代城邑的"一城两外壕"体系,值得引起今后田野考古工作注意。因为以往城邑的考古工作,多偏重于城墙与近墙的护城壕,至于距城墙较远，或没有城墙的聚邑，是否有沟、是否有具有防御功能或边界功能的设施？对此，新石器时代考古还比较注意，夏商周三代考古则往往将其忽略。第二篇是辨析齐长城与"防"的关系，认为"防"为"积水旁的堤堰，为障水的设施，是水利工程"。齐长城"西端之建，起因为济水之防，是由此地段极为特殊的地理形势所决定的"，但在更长地段，齐长城并未沿济而建。因此"尽管齐长城始建与防关系密切，但防不等同于城，即使个别防在某些时候具有一定的防御功能，其本质仍是障水……齐长城与堤坝不可混为一谈"。第三篇则专论齐长城，作者以大量田野考古调查资料为基础，结合文献记载，展现了齐长城的分布走向与建置特征，同时还介绍了与长城有关的附属设施。

周代城址，尤其是东周城址已发现很多，其规模大小不一，这是否与文献记载的当时城邑规模有等级之别有关？对此以往有学者进行过探讨，如韩伟先生曾根据侯马一带发现的不同规模的城址，认为其很可能分属于不同等级的贵族。本文集亦有这方面的论文，认为周代外服诸侯的都邑规模有等级之分，或与侯、甸、男、卫、邦伯有关。该文还具体分析了郑国若干城址的规模，大致与《左传·隐公元年》祭仲所言相合，能看出的至少有三种规制。

第二，关于周代葬制。

主要围绕齐地墓葬展开，可分三个方面。一是对田齐王陵的研究。有学者总结了战国三晋诸侯王陵夫妇并列而葬的特点，如新郑韩王陵、固围魏王陵和邯郸赵王陵等，认为临淄附近的田齐王陵与之相同，赞同罗勋章先生的意见，即五处陵园对应五位齐王及其王后或夫人。此种葬法因中山王墓"兆域图"的发现而成为定论，其在战国时期相当普遍，不仅诸侯与诸侯王如此，比诸侯低一个等级的贵族也往往如此。任何现象的存在都有一个发生与发展的过程，贵族夫妇异穴并列而葬的现象在西周时期已经出现，如浚县辛村卫侯夫妇墓、天马—曲村晋侯夫妇墓、平顶山应侯夫妇墓、随州叶家山曾侯夫妇墓，等等。

二是利用临淄发掘的三处马坑或车马坑的材料，对东周齐国殉马葬俗的研究。其中最值得关注的是河崖头5号墓（不少人认为是齐景公墓）外围殉马坑的研究结论。该马坑已发掘出228匹马，经鉴定，大部分是3—5岁青壮年马，没有看到发生过病变的现象，说明这些马是经过挑选的，非随意而为。另外，该马坑还发现一定数量的母马，这与以往其他遗址车马坑内马骨的鉴定结果有所不同。以往经鉴定的车马坑的马基本都是公马，与文献所见"四牡彭彭""四牡孔阜"的记载相合。5号墓殉马坑以母马殉葬，也许与该坑没有车有关，但更可能与齐国的养马业比较发达有关。

三是其他葬俗的研究。或通过对齐地东周典型墓葬的分析，得出姜齐至田齐用鼎制度的变化,即列鼎由形制相同、大小相次的奇数,变为形制与大小均相同的偶数。或对海岱地区商周墓葬棺椁与墓室装饰进行研究,总结出其变化规律以及与中原地区同类饰物的异同。或对战国大型齐墓内陪葬墓所见石佩饰予以分类观察,发现其既有早晚之分,又有男女之别,而且具有地方特色,当与田齐王室有关。还有的文章专门研究新泰周家庄墓地,认为其分布有自己的特点,是一处"专门埋葬齐、鲁两国军人的公共墓地",非通常说的家族墓地。

除对齐国墓葬进行研究外,还有学者讨论了鲁文化的墓地葬俗、器用制度与族属等相关问题。

第三,器用研究。

这方面以齐国青铜器为主要研究对象,兼及其他,论文较多。

有文章集中考订了1965年临淄河崖头出土的一批青铜器的年代,认为其年代属春秋晚期,而以往多认为属西周时期。也有文章全面搜集和研究了铰接提梁鸟形青铜壶,根据该类器各方面特征、铸造工艺和部分出土地点明确的线索,作者认为这种器物属齐,为齐国工匠创造发明,而且可能是同一作坊的产品,其时代属春秋晚期到战国中期。还有文章探讨了临淄商王墓地M1出土的两件铜耳杯的国别,认为此二器铭文中的量制单位"益",不同于齐国的量制单位"升、豆、区、釜、锺",其记重铭文格式也与齐器西辛银豆不尽相同,说明此二器不是齐器;结合量制、衡制全面推算,也不属秦、三晋、燕和楚。属哪国?参照燕尾布上的重量单位可能与宋或越有关,对此,有待考古发现予以证明。

文集还有几篇文章分别对有铭铜器如齐侯匜、复丰壶、洹子孟姜壶、贾子叔子犀盘、齐太宰归父盘及"王武之车戈"进行了不同程度的考证和探讨,涉及器物年代推断、铸造工艺、铭文考释等。

除青铜器外,还有对齐国漆器与陶俑的研究,对于前者,以往研究比较薄弱,文集所收论文是很好的尝试;对于后者,齐地发现较多,种类丰富,尤其是乐舞俑和杂耍俑,颇受学界青睐。此外,对于临淄范家墓地出土的两件人物陶俑,有学者认为与秦始皇陵9901坑出土的4号"泡钉俑"服饰相近,疑为特殊场合所穿之服,或与方相氏有关。

另有一种特殊陶器,即瓦当,属建筑构件。有学者详细介绍了寿光出土的战国与汉代瓦当,并总结了它的发展演变,其特征与临淄齐文化所见基本相同。

第四,齐国的科技与对外交流。

记载先秦时期科技方面的历史文献,莫过于《考工记》,史学界早有学者认为它是齐国作品;另外,《管子》一书也记有不少科技内容。就此而言,与东周时期其他诸侯国相比,齐国确实显得比较突出。那么考古发现如何?文集中有两篇文章专门探讨了齐国的科技思想与具体实践。所谓实践,主要体现在考古的实物资料中。比如临淄相家庄战国墓出土的鸭形尊,鸭嘴衔鱼,鱼腹有上下两排 16 个喷嘴,铸造工艺非常复杂。又如临淄商王墓地 M1 出土的"汲酒器",竹节状长柄,中空,下与蕾荷状中空的球形器体相通。该器柄长 65.2 厘米,外径仅 1.4 厘米。柄上部有一长方形小孔,球形器体底部正中有一小圆孔,这两个小孔都与器内空腔相通。如此,利用大气压的原理就可把酒类等液体物质从器皿中汲取出来。关键是铸造该器时,内芯是用什么材质制作的,因为必须考虑到铸成后内芯的排放,其铸造工艺难度极高。同类器还见于山东枣庄徐楼春秋墓和江苏大云山江都王汉墓,应属技术传承。

涉及齐国的对外交流,主要包括两方面内容,一是文化的交流与融合,二是物资的交流。对于前者,有学者通过分析海岱地区不同区域的考古学文化面貌,发现其都不同程度地保留有以素面鬲为代表的夷文化因素,认为其形成背景与地域、文化传统以及各封国的统治策略有关。还有两位学者分别论述了齐国北境和西境,即今滨州与章丘在齐文化形成与发展中的重要地位和作用。至于齐国周邻的考古学文化,论者不多,仅见关于辽东地区青铜时代有关文化的探讨。

齐国的资源,最重要的是鱼盐之利。对于其中的制盐业,最近十多年间,考古学界做了不少田野工作,取得可喜成果,充分证明商周时期山东沿渤海一带的制盐业非常发达。本文集亦多有涉及,有的概述了近十年间山东地区盐业考古的成果,包括发现与研究;有的重点论述了齐国在莱州湾沿岸的制盐业,认为齐国的"渠展之盐"既包括黄河三角洲地区,也包括莱州湾南岸。

与对外交流相关的探讨还有交通问题,有的文章通过对山东地区考古学文化与中原文化长时段的分析,认为山东"海岱廊道"有两条,分别位于泰沂山南北两侧。二者萌生于新石器时代晚期,定型于夏商周三代,是连接陆海"丝绸之路"的重要廊道。有的文章亦从考古视角专门探讨了齐鲁之间周代、商代甚至更早时期的交通路线。

第五,综合研究与相关理论探讨。

这方面的论文不多,其内容超出齐文化的范围,但所论基本限于周代,依内容分为两类。

其一属宏观探讨,有三篇论文。一篇根据文献记载和考古资料,对西周社会与政体进行了全面概括总结,认为周王朝建立后,采取了一系列措施,如确立和建设了政治中心、构建了意识形态、创设了政治体制、完善了法规制度、建设了经济体系和规范了行为方式等,使周王朝成为一个各方面制度都比较完善的早期国家,奠定了中华传统文化的核心基础——中华文化圈。在此基础上,进而认为周王实际上是天下世袭贵族家族统治集团的大宗和共主,而非后世郡县制度基础上的具有独裁专制权力的帝王。另一篇以考古发现为基础,对山东地区周代考古学文化进行了全面梳理,包括齐文化、鲁文化、莒文化、珍珠门文化等,对各文化的发展阶段、文化特征与分布范围变化予以解析,并探讨了相互之间的影响。在此基础上,进而扩大视野,考察了山东地区周代考古学文化与周邻地区同时期文化,如吴文化、越文化、楚文化、晋文化和燕文化的互动关系,形成了对山东地区周代考古学文化认识的完整体系。第三篇通过梳理分析鲁东南苏北地区的齐文化和文化遗存,认为齐国最迟在西周晚期就与相邻的鲁东南地区的莒国有联系与往来,从春秋晚期开始齐国加强了对该地区的扩张,并逐渐将该地区纳入势力范围,到战国中晚期已占据鲁东南大部地区及苏北部分区域。

其二属具体的理论探讨,即对周代国别文化形成的滞后性予以论证。关于"文化形成滞后性"的提法,产生于夏商文化分界的探讨,大意是指一种新的考古学文化的形成,在时间上往往会滞后于与之相关的重大政治事件的发生,如早商文化的形成肯定晚于成汤灭夏事件的发生,从理论上讲,这是很有道理的。本文集之论文,把这一理论延伸到了周代,并以西周时期晋、燕、齐、鲁各自文化的形成为例予以说明,这确实值得引起今后研究的重视,尤其在具体分期断代时很有必要继续深入思考。政治事件的发生的确很短,如武王灭商的事件发生在甲子那一天,而殷墟的考古学文化不可能在第二天乙丑日就变成周文化,这很容易理解。但同时我们还应该意识到,考古学文化可识别的时间单位是一期或一段,按夏商周三代的分期成果,偃师商城分得最细,一段为20—30年,可见,政治事件的时间单位与考古学文化可识别的时间单位本来就不对等,完全是两个概念,二者没有可比性。此外,还应想到,文化滞后多长时间就形成了成熟的新文化,这也是需要回答的问题。比如,西周晋、燕、齐、鲁之地的考古学分期,其第一期都是不同于各自本地晚商文化的新文化,即经过一段滞后期滞后的新文化,那就等于说这些新文化的最早年代不属武王与成王时,当是康昭时期了,这是周王朝新拓疆域内考古学文化普遍面临的问题。再比如,二里头文化四期晚段可以理解为是滞后到商代早期的夏文化,一般称为"后夏文化";可与之同时的偃师商城第一段又属于商文化,而且还具有界标的作用。二者同是成汤灭夏政治事件发生的结果,为什么一个滞后,一个不滞后,分属两种文化?可见,当我们把"文化形成滞后性"的理论与具体材料结合时,情况会显得比较复杂,需要进一步深究。

第六,其他方面。

有学者通过对鲁北地区晚商和西周时期考古学文化的分析,论证了以齐为首的姜姓邦国受封在鲁北的原因和目的。考古材料显示,鲁北地区晚商时期高等级聚落大量涌现,人口数量增加,文化面貌与殷商文化关系密切,是商王朝重点经略地区。

周灭商占领这一地区后，严加防范便成为首要任务，这就是把以齐为首的姜姓邦国分封在鲁北的真实原因和目的。

陶文在战国时期比较流行，各地都有不同程度的发现，但比较而言，以齐地的发现最为丰富。本文集有多篇论文围绕齐地陶文展开，有的通过对文献记载和新泰陶文的研究，推定新泰古称平阳，这里正当齐境正南，是齐国戍守南疆的重要城垣。还有论文对个别齐系陶文进行了新的释读，认为《陶文图录》第一册中有四件内容相同的陶文，编号为 2·291·1—2·291·4，应释为"郯瞒瓦豆"，瞒见于文献记载，春秋时为国名，灭国归齐后，为齐的政区地名。

另外，有学者根据文献记载和考古发现对齐地战国与秦汉时期的"八主"祭祀进行了系统研究。还有学者探讨了齐国的思想与文化，以及齐的治国理念，等等。

总之，本文集内容丰富多彩，体现了现阶段齐文化研究的水平。

众所周知，齐鲁在周初分封的诸侯国中，地位最高，由其始封君分别为太公和周公便可知晓。两国所承受的责任也非同一般，这由其封地所在地理位置便能明了。齐之封地是周王朝的东土边疆，真正起到了藩屏周室于一方的作用；鲁之封地是周王朝新拓疆域的中心地带，可起到掌控全局的作用。也正因如此，探寻齐鲁二国的始封地则成为长期以来学界关注的问题。尤其是在其他多个西周早期诸侯国，如燕、晋、应、曾等封地确定后，探寻齐与鲁的西周早期封地便显得更加紧迫和突出，这应该是今后齐、鲁考古工作的首要任务。

刘　绪

2019 年 9 月 21 日于北京花园路 49 号

目　录

家国天下
——西周社会与政体初识

徐良高

中国社会科学院考古研究所

根据相关记载,我们知道,周人灭商建立周王朝后,采取了一系列措施,在政治中心的确立与建设、意识形态的构建与宣扬、政治体制的创设、法规制度的完善、经济体系的建设、行为方式的规范等各方面进行了较为完善的制度设计与建设,即所谓"制礼作乐",使周王朝成为一个各方面制度都基本完善的早期国家,奠定了中国传统文化的核心基础——中华文化圈。

一、王权核心与天下一统——"溥天之下,
莫非王土;率土之滨,莫非王臣"

根据考古发现,结合文献、铭文记载,周原、丰镐、成周三京是周王的政治统治中心,周王直接控制的王畿与封国、四夷构成西周王朝的基本政治疆域格局。

核心的京畿地带,以周原、丰镐和洛阳三个都城性遗址为核心。考古发现显示,西周时期这一区域是文化遗存最丰富、出土遗物等级最高、人口最密集的地方。从各类聚落遗址所出土的礼器来看,西周青铜礼器的出土,以周原、丰镐、洛阳三地为多、为精,各诸侯国所出青铜器在数量、质量和器形的厚重庄严程度上均逊一筹,一般村落则没有青铜礼器。

在以周原、丰镐为核心的京畿地区,分布着许多贵族家族的采邑,如眉县杨家村的单氏,丰镐一带的井氏,宝鸡一带的強氏、虢氏,以及以岐山周公庙、宝鸡石鼓山等墓地为代表的贵族家族,等等。

在京畿地区的周围是第二板块，即诸侯国分布区。诸侯国的来源情况复杂，有同姓的、也有异姓的。异姓里面包括同盟，也包括各地服从周王政治威权的土著，如晋国、弴国、虢国、杨国、应国、齐国、鲁国、燕国、曾国、噩国等等，是周代考古非常重要的部分。它们在文化、礼制上跟周有非常大的共性，同时又具有地域性。

这类诸侯国的墓葬多有发现，但都城目前考古发现的还比较少，根据周代实行严格的宗法等级制这一社会背景来推测，各国都城的规模当不会比周王朝的都城——周原、丰镐大。例如，目前所知的北京房山琉璃河周初燕国都城，北垣长约 850 米，城南部被琉璃河冲毁，南北残长约 600 米，城墙宽 10 米左右[1]。

诸侯国之外是更远的四方，就是通常所说的属于北狄、东夷、南蛮、西戎的周边方国、部族。这些国家跟周的关系非常复杂，往往是亦敌亦友，周代的很多铭文都与这些四夷有关。周代诸侯国的分封很大程度上也与周边四方有关，它们处于王畿与四夷之间的缓冲地带。

从西周时期的聚落分级和出土遗物等可看出全国的一统性和以王都为中心的有序性。都城的大规模夯土台基建筑及大量财富、礼仪用器均表明王都是最大的、最高等级的政治、礼仪中心，国王不仅是全国的政治首脑，而且是最高的宗主和最大的财主，即所谓"溥天之下，莫非王土；率土之滨，莫非王臣"。各级方国诸侯，次于国王，为一方的政治首脑和财富占有者，他们的都城规模次于王都，为某个区域内最大的礼器集中区和政治、经济中心。这些现象与各级聚落遗址中墓葬所出礼器显示的聚落主人的身份、地位等级是一致的。

二、封邦建国，以藩屏周——西周政体中的核心贵族家族集团

西周时期高等级贵族家族统治集团的出现与周初封邦建国的分封制与采邑制密切相关。西周政体的基本设计是畿外封邦建国，畿内分赐采邑。

西周"分封制"的本质是以血缘为纽带、以家族为基础、以血缘集团组织为单位进行殖民统治，在重要的战略地区实现长期的政治控制和军事镇守，并随征服区域的变化和政治形势的需要而调整。

《左传·僖公二十四年》记载富辰回溯周初分封时说："昔周公吊二叔之不咸，故

---

[1] 鲁琪、葛英会：《北京市出土文物展览巡礼》，《文物》1978 年第 4 期。

封建亲戚以蕃屏周。管、蔡、郕、霍、鲁、卫、毛、聃、郜、雍、曹、滕、毕、原、丰、郇,文之昭也;邗、晋、应、韩,武之穆也;凡、蒋、邢、茅、胙、祭,周公之胤也。"《吕氏春秋·观世》也记载:"周之所封四百余,服国八百余。"《史记·周本纪》记载:灭商之后,"武王追思先圣王,乃褒封神农之后于焦,黄帝之后于祝,帝尧之后于蓟,帝舜之后于陈,大禹之后于杞。于是封功臣谋士,而师尚父为首封。封尚父于营丘,曰齐。封弟周公旦于曲阜,曰鲁。封召公奭于燕。封弟叔鲜于管,弟叔度于蔡。余各以次受封"。《礼记·王制》曰:"天子之田方千里,公侯田方百里,伯七十里,子男五十里。不能五十里者,不合于天子,附于诸侯,曰附庸。"

诸侯对周王要承担镇守地方、出兵从征、缴纳贡赋、朝觐谒见等义务。如果诸侯不履行义务,周王可以兴师问罪。

除了周王分封的诸侯外,还有一些较小的附庸之国。关于附庸,据《左传》记载,春秋之时,鲁国仍有依附于自己的这种小国。

采邑制则是指赐予那些在王室直接为周王服务的贵族一定的土地、人民,即采邑,解决他们的俸禄待遇问题。有学者认为:"西周时期的采邑主要集中在王畿之内。"[1]据研究,周原青铜器涉及的周代世家贵族包括周公、虢季氏、微氏、裘卫、毛公、南宫氏、畿内井氏、华氏、函氏、中氏、散氏、檀季氏、录氏等[2]。这些世家大族中既有姬姓氏族,也有异姓氏族,姬姓的如虢氏、散氏[3]等,非姬姓的如梁其家族、中氏家族、录氏家族、微氏家族等[4]。考古发现,周原一带多有这些贵族家族的采邑,如周公庙遗址、孔头沟遗址、眉县杨家村遗址、庄白铜器窖藏、任家村窖藏、裘卫诸器窖藏、录伯戎墓等等,都与这些贵族家族及其采邑有关。

诸侯在自己的封国内,也会划出一部分土地封赐给卿大夫,性质也属于"采邑"。卿大夫又有自己的家臣,称士。

多年以来,西周考古发现了一大批高等级贵族家族墓地和青铜器窖藏,出土了一大批带"侯""伯"铭文的青铜器。这些重要发现包括:山西省曲沃县、翼城县两县交界

　　[1] 吕文郁:《周代采邑制度研究》,文津出版社,1992年。

　　[2] 朱凤瀚:《从周原出土青铜器看西周贵族家族》,《南开学报(哲学社会科学版)》1988年第4期;刘士莪:《周原青铜器中所见的世官世族》,《周秦文化研究》,陕西人民出版社,1998年。

　　[3] 张政烺:《矢王簋盖跋——评王国维〈古诸侯称王说〉》,《古文字研究(第十三辑)》,中华书局,1986年。

　　[4] 曹玮:《周原的非姬姓家族与虢氏家族》,《周原遗址与西周铜器研究》,科学出版社,2004年。

处的晋侯墓地[1],河南省三门峡市虢国墓地[2],河南省平顶山市应侯墓地[3],北京市房山琉璃河燕侯墓地[4],河北省邢台市邢国墓地[5],河南省浚县辛村卫国墓地[6]、西安市张家坡井叔家族墓地[7],陕西省宝鸡市强国墓地[8],山西省绛县横水镇倗国墓地[9],山西省翼城县大河口霸伯家族墓地[10],山西省黎城县黎国墓地[11],晋南浮山县桥北村先族墓地[12],甘肃省灵台县白草坡㵎伯、奚伯家族墓地[13],陕西省韩城市梁带村芮国墓地[14],周原一带的史微家族青铜器窖藏[15],周公庙、孔头沟

[1] 北京大学考古系、山西省考古研究所:《1992年春天马—曲村遗址墓葬发掘报告》,《文物》1993年第3期;北京大学考古学系、山西省考古研究所:《天马—曲村遗址北赵晋侯墓地第二次发掘》,《文物》1994年第1期;山西省考古研究所、北京大学考古学系:《天马—曲村遗址北赵晋侯墓地第三次发掘》,《文物》1994年第8期;山西省考古研究所、北京大学考古学系:《天马—曲村遗址北赵晋侯墓地第四次发掘》,《文物》1994年第8期;北京大学考古学系、山西省考古研究所:《天马—曲村遗址北赵晋侯墓地第五次发掘》,《文物》1995年第7期。

[2] 中国科学院考古研究所:《上村岭虢国墓地》,科学出版社,1959年;河南省文物研究所、三门峡市文物工作队:《三门峡上村岭虢国墓地M2001发掘简报》,《华夏考古》1992年第3期;河南省文物考古研究所、三门峡市文物工作队:《上村岭虢国墓地M2006的清理》,《文物》1995年第1期。

[3] 河南省文物研究所、平顶山市文物管理委员会:《平顶山应国墓地九十五号墓的发掘》,《华夏考古》1992年第3期;河南省文物考古研究所、平顶山市文物管理委员会:《平顶山应国墓地八十四号墓发掘简报》,《文物》1998年第9期。

[4] 北京市文物研究所:《琉璃河西周燕国墓地(1973—1977)》,文物出版社,1995年;中国社会科学院考古研究所、北京市文物研究所琉璃河考古队:《北京琉璃河1193号大墓发掘简报》,《考古》1990年第1期;北京市文物研究所、北京大学考古学系:《1995琉璃河遗址墓葬区发掘简报》,《文物》1996年第6期。

[5] 任亚珊、郭瑞海、贾金标:《1993—1997年邢台葛家庄先商遗址、两周贵族墓地考古工作的主要收获》,《三代文明研究(一)》,科学出版社,1999年;中国考古学会:《中国考古学年鉴(1999)》,文物出版社,2001年,第103页。

[6] 郭宝钧:《浚县辛村》,科学出版社,1964年。

[7] 中国社会科学院考古研究所:《张家坡西周墓地》,中国大百科全书出版社,1999年。

[8] 卢连成、胡智生:《宝鸡强国墓地》,文物出版社,1988年。

[9] 山西省考古研究所、运城市文物工作站、绛县文化局:《山西绛县横水西周墓地》,《考古》2006年第7期;山西省考古研究所、运城市文物工作站、绛县文化局:《山西绛县横水西周墓发掘简报》,《文物》2006年第8期。

[10] 山西省考古研究所大河口墓地联合考古队:《山西翼城县大河口西周墓地》,《考古》2011年第7期。

[11] 国家文物局:《2009中国重要考古发现》,文物出版社,2010年。

[12] 桥北考古队:《山西浮山桥北商周墓》,《古代文明(第5卷)》,文物出版社,2006年。

[13] 甘肃省博物馆文物队:《甘肃灵台白草坡西周墓》,《考古学报》1977年第2期。

[14] 陕西省考古研究院、渭南市文物保护考古研究所、韩城市景区管理委员会:《梁带村芮国墓地——二〇〇七年度发掘报告》,文物出版社,2010年。

[15] 陕西周原考古队:《陕西扶风庄白一号西周青铜器窖藏发掘简报》,《文物》1978年第3期;裘锡圭:《史墙盘铭解释》,《文物》1978年第3期;李学勤:《论史墙盘及其意义》,《考古学报》1978年第2期。

等西周高等级贵族家族聚落遗址与墓地[1]，眉县杨家村一带单氏家族青铜器窖藏[2]，陕西省泾阳县高家堡村戈族墓地[3]，天津市蓟县刘家坟与张家园墓地[4]，山东省济阳县刘台子墓地[5]等等。

这些墓地和青铜器窖藏反映出西周贵族家族的分布特点是既分布广泛又相对集中，往往形成几个家族在毗邻地区相对集中分布的特点，如称"侯"者与称"伯"者的家族聚居地往往既毗邻，又相对独立。晋侯与倗伯、霸伯，邢侯与軝，燕侯与张家园墓地人群，应侯与周边诸小国，宜侯（吴？）与淹、邢，滕侯与史等的关系，都是如此。它们所体现的很可能就是诸侯与附庸，或周王、诸侯与贵族采邑之间的关系。

根据来源，大致可将西周政权统治核心的贵族家族分为以下几大类：

第一类，亲戚功臣类。即《荀子·儒效》所载："（周公）兼制天下，立七十一国，姬姓独居五十三人。"《史记·汉兴以来诸侯王年表》："武王、成、康所封数百，而同姓五十五，地上不过百里，下三十里，以辅卫王室。"如鲁、齐、卫、邢、应、晋、燕、周公家族、召公家族、虢氏家族等等。他们是周人的统治核心，是最可信赖的力量。

第二类，盟友类。如《史记·周本纪》所载武王伐纣前的盟津之会，"诸侯不期而会盟津者八百诸侯"。伐纣之时的牧野之誓中提到的参与伐纣之战的盟友就有"庸、蜀、羌、髳、微、纑、彭、濮人"等。

第三类，承认周人统治威权的新征服区的传统部族方国，如焦、祝、杞、陈、蓟、逢等所谓的古国。

第四类，抵抗周人失败后的归附集团，如宋、东部的一些淮夷小国、史微家族等。

第五类，或叛或服的部族方国，如楚、噩等。

通过封建诸侯和分赐采邑，西周社会形成了一大批高等级贵族统治家族，这些贵族家族就是西周政权的统治核心。根据世卿世禄制度，原则上这些贵族家族世代冈

　[1]　种建荣、张敏、雷兴山：《岐山孔头沟遗址商周时期聚落性质初探》，《文博》2007年第5期。

　[2]　李长庆、田野：《祖国历史文物的又一次重要发现——陕西郿县发掘出四件周代铜器》，《文物参考资料》1957年第4期；史言：《眉县杨家村大鼎》，《文物》1972年第7期；刘怀君：《眉县出土一批西周窖藏青铜乐器》，《文博》1987年第2期；陕西省考古研究所、宝鸡市考古工作队、眉县文化馆杨家村联合考古队：《陕西眉县杨家村西周青铜器窖藏发掘简报》，《文物》2003年第6期。

　[3]　陕西省考古研究所：《高家堡戈国墓》，三秦出版社，1995年。

　[4]　天津市历史博物馆考古队：《天津蓟县张家园遗址第二次发掘》，《考古》1984年第8期；天津市历史博物馆考古部：《天津蓟县张家园遗址第三次发掘》，《考古》1993年第4期。

　[5]　德州行署文化局文物组、济阳县图书馆：《山东济阳刘台子西周早期墓发掘简报》，《文物》1981年第9期；德州地区文化局文物组、济阳县图书馆：《山东济阳刘台子西周墓地第二次发掘》，《文物》1985年第12期；山东省文物考古研究所：《山东济阳刘台子西周六号墓清理报告》，《文物》1996年第12期；高西省、秦怀戈：《刘台子六号墓的年代及墓主问题》，《文博》1998年第6期。

替，代代相袭。由此，西周政治结构相对稳定，高等级贵族家族的权力与地位固化现象突出。

三、血缘宗族社会——作为社会基本组织的
宗族、家族类血缘组织

西周的分封制是以血缘组织为单元进行的，被分封者带领自己的宗族成员到新的封国内进行殖民统治。这些宗族成员大约即是周代的"国人"，他们及其后代是这些封国的基本统治力量。

被征服和被统治的商人与当地土著也基本保持了其原有的血缘组织，如《左传·定公四年》记载周王室分鲁公以殷民六族，分康叔以殷民七族，对这些商殷宗族"使帅其宗氏，辑其分族，将其类丑"。由此可见，宗族内的结构为族—宗氏—分族—类（平民）—丑（家内奴隶），这大约是三代时期广泛存在的亲族组织内部等级结构的大致轮廓。

西周时期，除了周王直接控制的常备军如殷八师、西六师外，宗族武装也是周王朝的重要武装力量，西周青铜器铭文，如小盂鼎的铭文就有宗族武装参与对外战争的记载。据《左传》记载，到春秋之时，强宗大族仍是各国的基本政治军事力量。

族葬制公共墓地也反映了西周时期血缘关系的广泛存在。根据"事死如事生"的原则，西周考古发现的墓葬制度大致也可以反映当时的社会组织结构状况。《周礼·地官·大司徒》载："以本俗六，安万民……二曰族坟墓……"郑注："族，犹类也。同宗者，生相近，死相迫。"《周礼·春官》记载周代设冢人、墓大夫两官，专掌族葬之事，"冢人掌公墓之地，辨其兆域而为之图，先王之葬居中，以昭穆为左右。凡诸侯居左右以前，卿大夫士居后，各以其族"，"墓大夫掌凡邦墓之地域，为之图，令国民族葬，而掌其禁令，正其位，掌其度数，使皆有私地域"。前者管理王室、国君等贵族家族的墓地，后者管理一般平民家族的墓地。无论是贵族还是平民，均按血缘关系葬入族墓地中，族墓地均有一定的范围，并画成图纸，人死后按照宗法等级关系排定墓位。目前考古发现的西周时期墓葬都呈现出家族墓地埋葬方式，以家族为单位，成片分区埋葬。

在西周的历史发展过程中，虽然血缘组织之间及血缘组织内部不断出现阶级的分化，出现等级不平等和财富占有不均的现象，但血缘关系作为社会组织结构的基本联系方式，血缘组织作为社会组织的基本单元一直没有多大变化。

四、家国同构、宗子维城——基于血缘组织的社会分层和血缘关系的宗法政治体制

迄今为止,考古发现的西周墓葬可以分为以下几个等级:

甲种墓:迄今为止,西周王陵尚未被发现,关于周王的埋葬情况,我们尚不清楚。目前所见,四条墓道的大墓只有北京琉璃河 M1193 一座(但四条墓道均位于墓圹的四角,不是典型的墓道)[1],墓口南北长 7.68、东西宽 5.25—5.45 米,从所出铜器的铭文看,墓主为周初的燕侯。墓内有椁有棺,因被盗严重,随葬品已所剩无几,主要是放在二层台上的那些兵器、马器和装饰品,另在椁室东南部出土铜盉、罍各一件,上有长篇铭文,记载了周王封太保于燕之事[2]。周公庙凤凰山西周贵族墓地中大墓的多墓道往往也不是标准墓道,有些位于墓的四角,未见真正的四墓道大墓。

乙种墓:可分两类。一类是双墓道或单墓道大墓,代表性墓葬有:沣西井叔墓地的单、双墓道大墓,茹家庄 M1 强伯墓,浚县辛村卫国墓地中的 M1、M2、M6、M21、M42,琉璃河西周墓地中的单、双墓道大墓,天马—曲村晋侯墓地中的单墓道大墓,叶家山曾侯墓葬等等。这些墓的主人均是王朝高级卿士和诸侯国的侯、伯。另一类是无墓道的较大型长方形土圹墓,墓内随葬品丰富,墓主也是诸侯国的侯、伯。代表性墓葬有:甘肃灵台白草坡 M1、M2,宝鸡竹园沟 M1、M13 等,上村岭虢国墓地的 M1052(太子墓)和 1990 年发掘的一号墓等,这类墓在各方国、宗族墓地中均是最大的。

这种墓的墓室规模均较大,小者 20 平方米左右,大者达 90 平方米,在墓内填土和墓道中有多辆完整的或拆散的马车及车马器随葬,墓旁往往还有专门的车马坑陪葬。西周时期的这类大墓中殉人少见,少数墓内有殉妾现象,另有些殉人与车马在一起,可能是御者。墓内有棺有椁,有些是重椁,如上村岭虢太子墓 M1052。墓内随葬品很丰富,有大量的青铜礼乐器、兵器、玉器、牙器、漆器、原始瓷器、陶器等。保存较好的上村岭虢国墓地一号墓出土各类随葬品 3200 余件,宝鸡茹家庄 M1 出土遗物563 件(组),上村岭 M1052 出土随葬品 970 件。青铜礼器的基本组合为鼎、簋,少者五鼎四簋,多者九鼎八簋。乐器是这类墓中所特有的,有甬钟、编钟、编磬等,编钟少者三件一组,多者达九件一套。这类墓中,男性墓往往出土大量兵器及盾牌,女性墓

---

[1] 中国社会科学院考古研究所、北京市文物研究所琉璃河考古队:《北京琉璃河 1193 号大墓发掘简报》,《考古》1990 年第 1 期。

[2] 殷玮璋:《新出土的太保铜器及其相关问题》,《考古》1990 年第 1 期。

中则有大量的玉饰品。大量的车马兵器象征死者握有兵权。墓内多见礼仪玉器如玉琮、玉璧、玉戈、玉圭、玉璋等。

丙种墓：均无墓道，墓室面积在 10 平方米左右，墓内一般有车马器，有些墓的附近也有车马坑陪葬。墓内有椁有棺，部分墓内有殉人，人数在 1—4 人不等。墓主人大约为中级贵族或宗族内的支族族长类人物。墓内普遍随葬铜礼器，有鼎、簋、鬲、盘、匜、爵、觯、觚、尊、卣、罍等，一墓内往往仅有几种器类，数量在 10 件左右。西周中晚期的有些墓中有仿铜陶礼器，其中基本组合为三鼎二簋，西周晚期墓中，有些五鼎四簋墓也属此类。兵器戈、矛在墓中常见，一墓内往往同出几件。玉石圭、璧、琮、璜等也常见。陶器有鬲、簋、罐等，有的还随葬豆、罍等原始瓷器。典型墓例如 1967 年长安张家坡 M87，长安普渡村长由墓，扶风刘家丰姬墓，上村岭虢国墓地 M1706、M1602、M1705、M1820，扶风齐家 M19 等。

丁种墓：墓室面积在 5 平方米左右，这类墓在各墓地内所占比例较大。多数棺椁皆备，少数有棺无椁，部分墓葬随葬车马器，但随葬车者少见，基本上无车马坑陪葬，少数墓有 1—2 个殉人。墓主大约为下层贵族或较富有的平民。随葬品中随葬成套铜礼器者，以一鼎一簋为常见，有的也有铜酒器爵、角、觚、觯、尊、盉、斝、卣、勺及水器盘等，但数量不等，品种不全。有些墓只随葬陶器，以鬲、簋、罐、豆组合为主。兵器在多数墓中出现，每墓 1—2 件，显示墓主人有从军的权利和义务。其他有贝及玉石骨蚌质圭、璧、鱼、玦、璜等。

戊种墓：墓室面积在 3 平方米左右，这类墓在西周是最多的。有棺无椁者居多，棺椁皆备者较少。随葬品基本上是陶器，品种有鬲、簋、豆、罐等，每墓所出陶器从数件至十余件不等，无铜礼器和车马器。少量墓有铜戈、甲泡随葬，显示出死者的士兵身份。这类墓主基本上是血缘集团中的普通自由平民。

己种墓：墓室面积在 1 平方米左右，无棺无椁，墓内除墓主口内含贝外，往往一无所有，或仅有一两件陶器，墓主常作俯身。这类墓在各个墓地中所占比例很小，它们同前几种墓同处于一个墓地内，墓主似是血缘集团中的贫穷平民。

后三种墓的主人分别应是西周王朝的下层贵族、士和平民、国人。一些僻野乡村聚落中的平民则似是所谓的"野人""庶人"，即当地的土著，他们同样生活于自己的血缘组织内。

大型墓至小型墓的墓葬数量由少至多，呈金字塔式分布，说明各阶层的人数亦由高层至低层呈金字塔式结构，这种金字塔式社会政治结构是一种等级社会的国家结构形式。

考古也发现，不同血缘集团的墓地之间在墓葬规格和随葬品多少上表现出一种总体上的差别,即不同宗族或家族之间表现出等级地位和贫富的差别,这种差别反映的是西周社会等级差别和政治组织结构的有序性。同一墓地的墓葬之间同样呈现出明显的等级划分,根据墓道的有无、墓坑的大小、椁棺是否齐备、随葬品的多少、礼器的多少和有无殉人、车马坑等几方面可分为几个明显的等级。这些等级差别是墓主人生前社会地位高低和占有财富多少的反映,这种等级序列之分受到血缘组织的限制和血缘纽带关系的影响。西周时期,每一片血缘集团墓地均由高低等级不同的墓组成,其中较大型的墓较少,中小型平民墓居多,特贫墓也较少。这些墓葬无论区别多大,都必须按一定规则葬于同一茔域内。在贵族宗族墓地内,一般男性墓内均出兵器,显示男性成员有当兵的义务和权利。这类现象说明,当时社会等级地位的差距和贫富分化很大程度上受到血缘纽带关系的影响。少部分人地位和财富的获得,与以血缘关系为纽带的血亲集团有密切关系,血缘集团是少部分人获得地位、财富的基础,墓主的身份地位和财富也通过占有礼器的多少,即在血缘宗法关系中的地位来体现。

西周墓葬的等级区别,最主要的就是有无礼器及礼器的多少。墓葬内的青铜礼器占有非常突出的地位,真正表示财富的物品,如贝、金银、玉类装饰品等在墓中处于相对次要地位。青铜礼器成为墓主人身份地位和财富多少的主要标志。青铜礼器越多,规格越高,其玉礼器、金玉首饰、贝、陪葬车马坑及殉人等就越多,反之则越少。这是西周墓葬有别于后来的墓葬及同时期其他古文化墓葬的独特之处,这一现象所反映的应该是西周社会组织结构和政治制度的独特之处,即建立于血缘组织基础之上的国家政体、政治理论和宗教信仰——宗法制度、祖先崇拜和礼乐祭祀。

在宗法制度中,政治组织与血缘组织往往合一,这正是当时国家形成之初的独特之处。政治组织与血缘组织的密切结合,宗法制度的推广,必然导致西周政体的家国同构特征。西周社会的贵族既是不同等级社会政治组织的负责人,也是特定血缘组织如家族、宗族的族长、大宗。

国王与诸侯、诸侯与卿大夫、卿大夫与士之间,一方面是政治关系,另一方面又是宗法血缘关系。从政治关系来看,王是天子,各级贵族分别是下属。从宗法血缘关系看,王与各级贵族、高级贵族与低级贵族之间是大宗与小宗、宗族族长与族众的关系。

家国同构,血缘宗族组织结构的金字塔与政治组织结构的金字塔相对应,宗法上的大宗与小宗关系同政治上的上下级关系结合在一起。"殷周时期的宗法式家族。宗法式家族制度的特点是政权和族权,君统和宗统结合在一起,按地域划分的国家各级行政组织和按血缘划分的大小家族基本上合而为一,殷周王室和各诸侯国、各卿大夫邑,既是国家的一级行政机构,又是大大小小的家族,殷王、周王、诸侯、卿大夫和各级贵族,既是各级政权的首领,又是各个家族的族长。"[1] 家国同构,"家"常被用来指贵族的宗族组织,又常被用来称呼贵族的政治组织,因为在宗法制度之下,贵族的政治组织和宗族组织密切结合在一起。中国传统的"国家"一词正来源于此。

宗法制度的核心是以血缘关系确定人际关系,进而确定人在社会中的政治、经济地位,并由子孙将这种地位世代继承下去。将原有的血缘组织关系改变成政治等级关系,而政治等级和各种经济利益的分配又借助宗族血缘、长幼、世系等关系来维系和巩固。宗法制度确定了宗子的中心地位,按血缘关系的远近来区别贵贱,规定出人生而具有的等级、权利和义务。男性族长在政治、经济、宗教祭祀等方面的绝对权威得到了保证。宗法制的理论依据和信仰背景就是祖先崇拜,两者相辅相成,故三代社会才会对祖先进行频繁地祭祀。通过这种频繁的祭祀,各级宗子——家长、族长、国君贵族的绝对权威和神圣地位得以不断地重申和强化,整个血缘组织得以整合。宗法制的结果是家国同构,君、神、父三位一体,治国与治家一致,忠孝并行,社会成员间既注重亲情又强调等级。

异姓方国、宗族与王室之间则通过相互之间的婚姻关系来建构起某种血缘联系,从而在不同的异姓政治组织之间构成一个更大的血缘集团,当然,这种统治与服从关系远不如同姓间稳定。西周时期,姬姓与非姬姓之间联姻的记载很多,姬姓周王或各级贵族与异姓诸侯之间因联姻形成"舅甥关系",周王为甥、异姓诸侯为舅。《国语·郑语》记载:"史伯对曰:'王室将卑,戎狄必昌,不可偪也。当成周者,南有荆蛮、申、吕、应、邓、陈、蔡、随、唐;北有卫、燕、狄、鲜虞、潞、洛、泉、徐、蒲;西有虞、虢、晋、隗、霍、杨、魏、芮;东有齐、鲁、曹、宋、滕、薛、邹、莒。是非王之支子母弟甥舅也,则皆蛮荆戎狄之人也。'"

当然,除了血缘纽带之外,周王对各异姓部族势力还采取了其他的政治、军事监控措施,如以周王亲近的"侯",据战略要地;以同姓监视、统领异姓部族、附庸,同时双方又共同对付敌对的反叛势力和周边的四夷。

在这种家国同构、宗政合一的国家组织结构中,宗法制度及礼乐制度发挥着巨大作用,规定着各级贵族的权利和义务。

---

[1] 徐扬杰:《中国家族制度史》,人民出版社,1992年,第19页。

五、祖先崇拜——西周社会的国家意识形态与政治理论

　　基于血缘组织广泛存在的祖先崇拜是西周社会的主要宗教信仰,是整合社会组织、凝聚人心的认同基础,也是当时的国家意识形态和基本政治理论,祖先崇拜为早期国家的形成提供了意识形态、理论依据和组织原则。"国之大事,在祀与戎"非常精辟地概括了祖先崇拜和战争在西周政治中的重要地位及相互间的关系。宗法制度则是这一意识形态在政治制度和组织上的表现。

　　根据我们对中国考古学资料的研究,作为国家政权和意识形态物化表现和象征的青铜礼器、玉器,作为城市核心的宗庙建筑、文字、墓葬的主要功能、特征、性质均与祖先崇拜有密切关系。[1]

　　祖先崇拜的对象是血缘亲族集团的已故家长或族长,这些已故的家长或族长是现在血缘亲族集团成员的遥远的或新近的血缘祖先,他们被认为已成为神灵。世俗人对这些祖先神祇进行祭祀,奉献美酒牺牲,祖先神祇则给其后代以福佑。世俗之人因祖先神祇的功勋地位及他与祖先神祇血缘关系的远近决定其宗法政治地位,反之,祖先神祇又因其后代政治地位、经济实力的不同而享受不同的受祭规格。两者互相联系、互为依凭。

　　祖先崇拜的社会组织结构基础是稳定的以血缘为纽带的亲族集团——家族、宗族的广泛存在。一方面,稳定的血缘集团组织为祖先崇拜提供了广泛的社会基础和心理准备;另一方面,祖先崇拜作为血缘集团组织的共同信仰和凝聚力的象征又维持与强化了血缘集团组织结构。所以《礼记·大传》说:"亲亲故尊祖,尊祖故敬宗,敬宗故收族,收族故宗庙严,宗庙严故重社稷。"

　　祖先祭祀活动成为团结宗族成员的手段。在西周的各种礼仪活动中,最频繁、最重要的是祭祖之礼,这也是最能确定、重申贵族特权和地位合法性的祭礼。祭祖礼实际上是根据祭祀者与某些祖先血缘关系的远近而制定的不同规格的祭祀活动准则。这些不同的祭礼规格同他们的等级、权利、义务相一致。

　　在祭祖活动中,王和各级贵族垄断了主祭权,"庶子不祭祖者,明其宗也",周王之所以具有"余一人"的地位,是因为他是某个远祖始王的直系血缘后裔,是天下之大宗,是祭祖活动的最高主祭者。《礼记·中庸》记载孔子说:"郊社之礼,所以祀上

―――――――――――
　　[1]　徐良高:《中国民族文化源新探》,社会科学文献出版社,2002年。

帝也,宗庙之礼,所以祀乎其先也,明乎郊社之礼,禘尝之义,治国其如示诸掌乎。"
天子、国君严格控制着宗庙主祭权,由此表明他们是先王、先君的直系后裔,具有合法的统治权。主祭者、助祭者的序位、作用均同他们的宗法地位和政治等级一致。在祭祀活动中,对个人因等级地位不同而在宗庙内的位置和祭祀中的作用有明确的规定。

各级贵族的权力依据也是如此,他们是族长,本宗族的宗主,是宗族内祖先祭祀活动的主祭者。当然,相对于王或上级贵族的地位及血统关系,他又是小宗。此外,各级贵族宗法政治地位的高低还体现在他们的献祭规格上,表现在考古学的墓葬制度上即占有礼器的多少。通过这些差异,社会等级分层被强化。

有学者提出"古代社会的王权有三个基本的来源和组成:其一是王权的神圣性和宗教性,即王权有渊源于宗教祭祀权的一面。其二是王权的军事权威性,即王权是在战争中发展和巩固起来的,王权有来源于军事指挥权的一面。第三是王权来源于族权,族内的尊卑等级、全社会中阶层和阶级的出现,为王权提供了第三个合法的外衣"[1]。在商周两代,王权的第一、三两个来源确实存在,并互相结合在一起,第二点其实也与宗教信仰有关,王之所以具有军事指挥权,首先是因为他是宗主、族长,是主祭者。这些特征表现在考古资料上就是青铜祭器类的礼容器与代表军事指挥权的礼兵器及兵器同出。

西周实行世卿世禄制,即贵族政治地位、族长地位和权力及主祭者身份的取得是因为他们是宗族始祖的直系血缘后裔,并世代相继。"在商周两代,亲族关系是直接决定政治地位的一件重要因素。"[2]西周金文中有相当多王赐命受赐者司其祖职的记载,如师西簋等。

西周金文的一般格式为王先重申受赏者先祖与王之先祖间领导与服从的关系,由此,受赏者承继其先祖之特权,并理应受王之统治。而后,王给予策命赏赐,受赏者感谢王与先祖的美德,王的地位和受赏者的特权由此得以重申。如大盂鼎、牧簋铭文均通过强调先王与这些贵族先祖之间的关系来说明时王对这些贵族领导的合法性、神圣性。周贵族将赐命之事铸于礼器上,传之后代,也不外乎是以之为凭,作为其特权、职位世袭的依据。

除此之外,王权和贵族权力的行使方式和强化手段也与祖先祭祀活动紧密相联,西周金文中记载了周王的许多政治活动,如每月的告朔听政、册命封赏、军事仪式、朝

[1]　王震中:《中国文明起源的比较研究(增订本)》,中国社会科学出版社,2013年,第416页。
[2]　张光直:《中国青铜时代》,三联书店,1983年,第299页。

聘仪礼、继位及发布政令等均在宗庙内进行,显示出王权与祖先神权的密切关系。《尚书·甘誓》记:"用命,赏于祖;弗用命,戮于社。"小盂鼎铭文记载了周康王时,盂奉王命出征获胜,在先王宗庙中举行了告俘的仪式。《尚书·周书·顾命》所记为成王死后,康王继位之礼,继位典礼在祖庙中举行。春秋以前,国家的重要大礼,如国君"即位礼",诸侯朝见天子的"觐礼"以及"聘礼""策命礼""授兵礼""献俘礼""告朔""听朔"等仪式均在宗庙内举行。

宗法制度实施的措施、手段和具体表现形式就是"礼乐制度"。据《周礼·大宗伯》记载,礼包括吉礼、凶礼、军礼、宾礼、嘉礼,涉及祭祀、征伐、田猎、朝聘、成丁、燕飨、丧葬等社会生活多方面。这些礼基本都是在宗庙内举行,同祖先祭祀活动密切相关,各种礼的活动都依据当事人的等级身份进行。

总之,各级贵族通过与宗族祖先祭祀相关的各种活动,强化了自己的领导地位,调整了宗族内部的秩序,保持了全族人的凝聚力。正因为如此,祖先崇拜的场所——宗庙和祭器——礼器在三代社会中占有重要地位,被认为是国家政权的象征。在城市聚落中,宗庙居于中心位置,城市的主要作用是宗教礼仪中心和政治中心,宗庙的数量、规格及礼器的规格同城市的政治地位相一致。

祖先祭祀也成为集中社会剩余财富的理由。据对井田制的记载,三代实行以一定的血缘组织为单位,提供劳役,集体耕作公田,公田收入名义上归公有的形式来集中征取平民的剩余劳动。《孟子·滕文公上》:"夏后氏五十而贡,殷人七十而助,周人百亩而彻,其实皆什一也。彻者,彻也。助者,藉也。""请野九一而助,国中什一使自赋。""方里而井,井九百亩,其中为公田,八家皆私百亩,同养公田。公事毕,然后敢治私事,所以别野人也。"《谷梁传·宣公十五年》:"初者,始也。古者什一,藉而不税。初税亩,非正也。古者三百步为里,名曰井田。井田者,九百亩,公田居一。私田稼不善,则非吏;公田稼不善,则非民。"公田收入名义上归血缘组织公有,用于祭祀、救济、尝新等开支。

上下级贵族之间,如各级宗族首脑和方国首领对王的进贡物品主要是祭祀类物品和一些奢侈品,西周王室的一些日常消费品,如粮食等则主要是由王室领地直接提供。王与各级贵族之间的关系主要是宗法血缘和宗教祭祀上的联系,而不是具体的经济和地缘组织的联系。各级贵族有贡奉祭品的义务,贡献祭品的规格又与各级贵族同周王宗法关系的远近及其政治地位的高低密切相关。由此剩余财富向各级政治宗教礼仪中心——城市集中,城市的宗教礼仪地位越高,财富就越多,礼仪用品也越多。《周礼·天官·大宰》记载:"以九贡致邦国之用,一曰祀贡(献祭祀所用之物),二曰嫔贡(献宾客事所用之物),三曰器贡(制器所用之物),四曰币贡(献馈赠所用之物)，五曰材贡(献木材之属)，六曰货贡(献金玉龟贝之属)，七曰服贡(献制祭服所用之材料)，八曰斿贡，九曰物贡(献特产之物)。"《左传·昭公十三年》记载："及盟，子产争承曰：'昔天子班贡，轻重以列(位)，列尊贡重，周之制也。'"《汉书·食货志》记载："赋共车马甲兵士徒之役，充实府库赐予之用。税给郊社宗庙百神之祀，天子奉养百官禄食庶事之费。"不贡祭品则是诸侯国最大的罪恶，因为这是对王室祖先神圣地位的否定，也就是对至高无上的王权和宗主地位的否定，实际上意味着在政治上对王的背叛。《左传·僖公四年》载，齐寻找伐楚的借口，责楚王之言就是"尔贡苞茅不入，王祭不共，无以缩酒，寡人是征"。三代大量铸造礼器及频繁祭祀祖先神祇的实际存在也证明祭祀活动确也是剩余财富消费的重要方面。

　　由此可见，西周国家的稳定是建立在以祖先崇拜为原则的宗族血缘集团之间的凝聚力和向心力之上的，基于血缘宗法关系中各等级人群之间的双向义务、忠诚和权利。在这样的社会里，宗法制度和血缘纽带受到破坏就意味着国家的灭亡。一旦祖先祭祀的活动不再受重视，各等级成员之间的血缘宗法关系受到冷落，作为国家主体组织的血缘集团内部及各集团之间的关系就会失调，导致凝聚力丧失，国家机器涣散无力，各等级成员之间义务和权利的平衡破坏，国家走向混乱。各方国、宗族分崩离析，王族统治力量也就大大削弱，由此失去对各同姓、异姓方国或血缘集团的控制。最终，作为最高统治者的王族被另一个兴起的宗族方国代替，这个朝代也就灭亡了[1]。

六、权力与祖先崇拜的物化象征——宗庙与礼器

　　祖先崇拜活动的主要场所之一是宗庙，宗庙是社会组织的象征，所以，宗庙建筑成为西周社会各级中心聚落的核心，是一个血缘集团，乃至国家的政治活动中心。它不仅是宗教祭祀活动的场所，而且还是政治活动、外交活动及集团成员聚会、议事的场所，是政权、族权和神权合一的象征。

　　在宗庙内立有已故祖先的牌位——神主，上刻祖先的庙号等。天子国君巡狩出征时，奉神主同行，以便祖先随时享受祭祀，并给时王以福佑。《礼记·曾子问》："曾子问曰：'古者师行，必以迁庙主行乎？'孔子曰：'天子巡狩，以迁庙主行，载于齐车，言

---

　　[1]　徐良高：《商周灭亡原因辨析》，《21 世纪中国考古学与世界考古学》，中国社会科学出版社，2002 年。

必有尊也……'""昔者齐桓公亟举兵,作伪主以行,及反,藏诸祖庙。"据林巳奈夫对商周青铜器的分类研究,青铜器一类为放于宗庙内不动的重器;一类为旅器,巡狩出征时祭祀祖先神祇所用[1]。

宗庙的数量、规格,因血缘集团政治地位和宗法等级的不同而不同。《礼记·王制》记:"天子七庙,三昭三穆,与太祖之庙而七。诸侯五庙……大夫三庙。"或谓周王为五庙之制,焦循《群经宫室图》卷二认为周人五庙之制,祖庙(太庙)居中,左昭右穆。西周金文中曾提及的周王宗庙有京宫(或称京室、京宗、大室)、康宫、康邵宫、康穆宫、康剌宫等等,唐兰先生认为,京庙、太庙可能是祭祀太王、王季、文王、武王、成王的祖庙,其他则是周立国后各王之庙[2]。据金文记载,周都宗周、丰镐、成周及别都茅京、奠等均有周先公先王宗庙,周王常在这些地方祭祀,并进行政治活动。金文记载周王常清早时即在宗庙内的太室发布政令,即所谓的"旦,王格太室"。如望敦铭文曰:"唯王十有三年六月初吉戊戌,王在周康穆宫,旦,王格太室……"颂鼎铭文曰:"唯三年五月既死霸甲戌,王在周康邵宫,旦,王格太室……"等。

美国学者刘易斯·芒福德说:"大型庙宇的建立,以其庞大的建筑学体量及象征意义的威慑感,完成了神权同世俗权力的联合。……这些事实都表明,古代庙宇的恢复和扩建决不仅仅是传统的敬神行为,它尤其是保障社区的合法延续的一种必要制度,是对圣祠同宫廷之间古老'盟约'的重新确认。因为,就我们所知,这种假定性盟约早先曾使地方的酋长变成了宗教权力和世俗权力相结合的重要代表。就在这种转变过程中,原来潜藏于整个社区中的社会能源便逐渐被释放出来了。此时所建新庙宇之多,以及庙宇装修之华美壮丽,都足以证实这时期神权和王权的浩大。"[3]

由此可见,宗庙在西周社会中不仅是血缘组织内祭祀祖先的活动中心,是族权的象征,是家族的凝聚力、向心力之所在;还是政权的象征,是家国结合一体的宗法制度在建筑上的表现。以宗庙为核心的城市聚落的主要功能是政治中心和宗教礼仪中心,而不是经济中心,故《左传·庄公二十八年》记:"凡邑,有宗庙先君之主曰都,无曰邑。邑曰筑,都曰城。"《墨子·明鬼篇》:"昔者虞夏商周,三代之圣王,其始建国营都日,必择国之正坛,置以为宗庙。"《说文·邑部》:"都,有先君之旧宗庙曰都。"《礼记·曲礼》:"君子将营宫室,宗庙为先,厩库为次,居室为后。"正是在这样一种文化背景和历史传统中,周太王迁岐建城时,首先"缩版以载,作庙翼翼"

　[1]　(日)林巳奈夫:《殷周时代青铜器之研究》,吉川弘文馆,1984 年。

　[2]　唐兰:《西周铜器断代中的"康宫"问题》,《考古学报》1962 年第 1 期。

　[3]　(美)刘易斯·芒福德著,倪文彦、宋俊岭译:《城市发展史——起源、演变和前景》,中国建筑工业出版社,1989 年,第 30 页。

（《诗·大雅·绵》）。

考古发现的西周宗庙宫室类公共建筑有沣西、周原等处发现的大规模夯土基址。其中保存较好，并经复原研究的有周原云塘建筑基址群、凤雏甲组建筑等[1]。

宗庙内陈列着盛放献祭祖先神灵牺牲祭品的青铜礼器，礼器的多少与等级密切相关。《公羊传·桓公二年》何休注："礼祭，天子九鼎，诸侯七，卿大夫五，元士三也。"西周时，贵族主要以食器的多少作为权力大小及社会等级的标志，在这一点上，古文献记载与考古资料能对应互证[2]。天子之祭用大牢九鼎配八簋，牲肉包括牛、羊、猪、鱼、腊、肠、胃、鲜鱼、鲜腊；诸侯用大牢七鼎配六簋，牲肉包括牛、羊、猪、鱼、腊、肠胃、肤；大夫用少牢五鼎配四簋，牲肉有羊、猪、鱼、腊、肤；士用三鼎配两簋，或一鼎无簋，牲肉有猪、鱼、腊。通过"列鼎制度"，以陪葬礼器组合来"辨等列、明尊卑"。

由此可见，青铜礼器不仅是祭礼用品，等级的标志；还是国家政权的象征，宗政合一。失去青铜礼器，就等于失去天下大宗的宗法祭祀地位，也就等于失去了国家政权。"人夷其宗庙，而火焚其彝器，子孙为隶"成为国亡宗灭的代名词。故周人灭商称定鼎中原，楚人欲代周而问鼎之轻重。

七、内服与外服——西周的政权体系

据文献记载，西周官制已较为完备，分内服官与外服官两套系统，内服官是由周王直接控制的权力体系，外服官是周王分封在周边，具有相对独立性的诸侯、附庸等权力体系。周王既是内服百官的首脑，又是外服诸侯的共主。

西周内服官有卿事寮和太史寮之分，卿事寮是卿士及下属百官的概括，其中最重要的是师、保、傅和尹。《大戴记·保傅篇》说："保，保其（指王）身体，傅，傅之德义，师，导之教训，此三公之职也。"三公地位很高，对周天子负有指导、辅佐、监护的责任。尹与三公地位相当。据令彝铭文记载：周公的儿子伯禽曾做过周王的三公，也被任命为"尹三事四方，受卿事寮"，即负责管理三事大夫、四方诸侯，统辖朝中百官。

---

[1]　陕西周原考古队：《陕西岐山凤雏村西周建筑基址发掘简报》，《文物》1979 年第 10 期；杨鸿勋：《西周岐邑建筑遗址初步考察》，《文物》1981 年第 3 期；周原考古队：《陕西扶风县云塘、齐镇西周建筑基址 1999—2000 年度发掘简报》，《考古》2002 年第 9 期；徐良高、王巍：《陕西扶风云塘西周建筑基址的初步认识》，《考古》2002 年第 9 期。

[2]　俞伟超、高明：《周代用鼎制度研究》，《北京大学学报（哲学社会科学版）》1978 年第 1 期—1979 年第 1 期。

三公之下,主要的政务长官有"三事大夫"和"三有司"。三事大夫是指任人,负责执行政务;准夫,负责司法;牧,主管民事。三有司与三事大夫分权,即司徒,管理土地、赋税;司空,管理筑城、开沟、修路等工程;司马,管理军政。此外,还有司寇,掌管刑狱;大行人,负责天子与诸侯间朝觐、聘问等事。

太史寮包括史、卜、祝等官。史官包括太史、内史、御史等。太史为太史寮之长,掌历法、记事,同时参与机要;内史负责代天子起草任命诸侯大夫的简策。卜负责占卜之事。祝,除掌管宗教事务外,更多地负责宗庙祭祀,所以又称宗祝、宗伯。乐正,负责音乐及教育国学贵族子弟。

另外,太宰是周王室事务的总管;虎贲负责宫廷守卫,由师氏统领;缀衣管理王室衣物;趣马管理王室马匹;膳夫管理王室饮食;庶府管理王室库藏;左右携仆管理王室器物和车舆;小臣、小尹为王室近侍随从;九御为宫内女官,掌管侍女;等等。

从考古出土的西周青铜器铭文结合传统文献记载分析,西周虽然存在"公""侯""伯""子""男"的称谓,但未必存在"五等爵制"。其中"侯""伯"最常见,在西周的政治体制中扮演重要角色。

从铭文记载看,称"侯"者一般都是王室子弟或联盟亲信,属王室近亲集团,由王直接分封,赐土赐民,分布于重要方向和战略地点,承担镇守一方、为王征伐的义务,具有明确的军事镇守、控制和防御功能。从所在地理位置看,称"侯"者处于京畿以外的战略地点,一般都分布在重要的交通要道上或处于面对四夷、保护京畿的战略要点位置。侯与王室的关系包括受王命,听从王命,参与征伐,定期拜见周王、供奉牺牲、参与周王室的重大典礼仪式以宣示、强化彼此的等级关系和权利义务等,如爻公簋"令唐伯侯于晋",克罍、克盉、宜侯矢簋铭文所记的赐土、赐人。

从职能分析,周代的"侯"约等于"方伯"或"方伯之长",代表天子镇守一方,有征伐之权[1]。在西周金文中,称"侯"的高级贵族有晋侯、燕侯、应侯、邢侯、鲁侯等等。

从西周金文中"伯"的使用情况来看,"伯"约为宗族长的称谓,"仲""叔""季"大约与之相当,主要看各小宗宗族创立者的排行,排行之长的"伯",高于"仲、叔、季"。以"伯"为称者,既有诸侯,也有封君;既有甸,也有男。伯者,长也,正如傅斯年先生所说:"伯即一宗诸子之首,在彼时制度之下,一家之长,即为一国之长,故一国之长曰伯,不论其在王甸在诸侯也。"[2]伯包括在王室服务的京畿之"伯"和在京畿之外的

[1] 徐良高:《西周时期侯、伯性质与大东地区政治格局的考古学观察》,《青铜器与山东古国学术研讨会论文集》,上海古籍出版社,2017年。

[2] 傅斯年:《论所谓"五等爵"》,《史语所集刊》第2本第1分,1930年。

"伯"，基本是血缘家族的族长，既有同姓者，也有异姓者，甚至包括接受周人统治的商人和各地土著部族的首领、族长等。

我们认为，西周王朝整体政治地理结构应该是：直接控制核心京畿区的"王"——处于京畿与敌对四夷之间发挥"封邦建国，以藩屏周"作用的"侯"——与"侯"杂处，作为附庸或部属的由称"伯"等领导的同姓或异姓宗族（或方国？）；以及周边分布着周人称"子"，往往自称"王"的基本承认周王主导权，但又叛服不定的传统地域异姓部族方国；再外围则是完全不受周王控制的化外四夷方国部族。

王、侯直接控制区内的政治结构大约为：王或侯——以伯、仲、叔、季等为首的同姓、异姓贵族宗族采邑与家族——普通国人和野人。

史密簋、晋侯苏钟等铭文显示，周王与侯、侯与附庸等小国或伯、叔、季类家族之间在战争征伐中存在指挥与服从的权利、义务关系。

八、共主制——西周的政治体制

关于西周王朝是一种什么样的政治体制，不同的学者有不同的看法。主要观点包括以下几种：

（一）盟主、共主与城市、城邦林立的国家政体说[1]。

这类观点包括城市国家说、城邦国家说、方国联盟说、宗族城邦说等。诸家观点均认为周王实际上是天下盟主、共主，其基本特点包括：第一，以城市或城邦为中心的国土结构，商周时期分布着众多这样的国家；第二，这些国家基本上是独立的，或具有相当大的自主性，以联盟的形式构成一体，周天子与他们或是平等的同盟关系，或是不平等的同盟关系，或是天下共主的关系，基本上还属于国与国之间的关系或是大邦与小邦的关系；第三，天子与贵族形成最高决策机构，不存在以天子王权为核心的中央权力，更不存在专制统治；第四，天子与诸侯不存在君臣关系，更不是中央与地方的关系。这类观点直接或间接地否定了统一国家下中央与地方关系的存在。

东周时期，孟子就主张贵族制约王权，王仅是贵族之长。当代学者如林甘泉认

---

[1] 张秉楠：《商周政体研究》，辽宁人民出版社，1987年；林志纯：《孔孟书中所反映的古代中国城市国家制度》，《历史研究》1980年第3期；日知：《从〈春秋〉"称人"之例再论亚洲古代民主政治》，《历史研究》1981年第3期；张凤喈：《商周政体初探》，《社会科学战线》1982年第3期；杜正胜：《关于周代国家形态的蠡测——"封建城邦"说刍议》，《史语所集刊》第57本第3分。

为,中国商周时代的方国和封国属于城邦类型的国家形态,但其政治体制与古希腊的城邦也有很大差异,周代的政治制度与宗法制有密切关系,周天子和诸侯,既是国君,又是宗主,具有天然家长的身份[1]。田昌五认为,中国古代国家以家族和宗族为内涵,因而不是一般的城市国家,而是宗族的城市国家。中国古代的城邦不是像希腊、罗马那样的城邦,而是一种宗族城邦。中国古代社会结构表现为宗族和宗族谱系,因而国家形态表现为族邦,每个国家都由一个或几个宗族构成。作为国家的象征,一曰宗庙,二曰社稷。中国古代国家同样存在民主制,但由于存在着宗主制,中国古代民主制度是有限的,是一种宗族民主制[2]。

(二) 共主诸侯等级制与中央邦统治万(庶)邦的格局说。

赵伯雄认为西周的城还不是真正意义上的城市,西周各邦并不是有独立主权的国家,周天子统治的周王朝(亦即天下)才是一个国家,尽管这个国家各个部分是十分松散的[3]。

(三) 君主专制与中央对地方集权的政治格局说[4],或带有贵族共和色彩的贵族专制政体说[5]。

王国维认为,灭殷以前,天子诸侯君臣之分未定,诸侯之于天子,犹后世诸侯之于盟主。灭商后新封建之国皆其功臣昆弟甥舅,本周之臣子。从此,天子成为诸侯之君。"此周初大一统之规模,实与其大居正之制度相待而成者也。"[6]

(四) 西周国家更接近于"权力代理的亲族邑制国家"说[7]。

我们认为,商周政体不能一概而论,两者之间似乎存在差异。从商周考古现象的比较来看,商代以商王王权为中心的集权色彩浓厚,似乎缺乏权力分享与制约,世袭

[1] 林甘泉:《中国古代城邦的政治体制》(1993年9月中国第一届世界古代史国际学术会议论文提要),未正式发表。
[2] 田昌五:《中国古代国家形态概说》,《中国古代社会发展史论》,齐鲁书社,1992年,第385—415页。
[3] 赵伯雄:《周代国家形态研究》,湖南教育出版社,1990年,第206—219、321—328页。
[4] 詹子庆:《古代中国城市国家制度问题浅议》,《先秦史论文集》,《人文杂志》专刊,1982年;赵锡元:《中国古代社会的特点和国家的形成问题》,《殷都学刊》1984年第2、3期。
[5] 徐鸿修:《周代贵族专制政体中的原始民主遗存》,《中国社会科学》1981年第2期。
[6] 王国维:《殷周制度论》,《观堂集林(附别集)》第二册卷十,中华书局,1994年,第467页。
[7] 李峰:《西周的政体——中国早期的官僚制度和国家》,生活·读书·新知三联书店,2010年。

大贵族家族势力不彰，社会中间阶层不突出，财富与权力高度集中于商王家族及其所在的都城——大邑商，神秘淫祀泛滥，大量以人为牺牲或殉葬显示出强烈的人身控制和缺乏人权观念，重神轻人。而西周考古发现则显示西周时期社会分层有序，分权明显，世袭的大贵族家族势力强大且广泛存在，王权似乎受到制约，财富和权力集中于王室的现象不明显，王权至高无上地位的特征不彰，而享受世卿世禄的贵族家族和封国诸侯的地位非常突出，势力强大，在当时的社会中发挥着巨大作用，显示出西周社会权力与财富共治、分享的特征。因此，大部分学者所主张的西周政体共主制之说有其合理性，周王是天下世袭贵族家族统治集团的大宗和共主，而非具有独裁专制权力的帝王，西周的政治体制也不似秦汉以后的郡县制皇权专制政体。

附记：本文主要内容曾在中国社会科学院考古研究所夏商周考古研究室编的《三代考古（七）》上发表过。

考古学视角下周代国别文化形成的
滞后性问题

井中伟

吉林大学边疆考古学研究中心

一种新的结构稳定、形态成熟的考古学文化的形成,在时间上往往会相对滞后于重大政治变革事件的发生。这种"文化形成的滞后性"问题,已经引起一些考古学者的关注。例如,在考古学文化的夏、商分界讨论中,王学荣先生指出"政治制度的革新或确定,可以在短时期完成,而比较成熟、稳定的文化氛围的形成,则往往需要一定的过程"[1]。在二里头文化与夏文化的关系讨论中,王立新先生指出"二里头文化的最终形成,从时间上应相对滞后于夏王朝的出现。因此,王湾三期文化与煤山文化的末期或'新砦期'的绝对年代,都有可能已入夏代。但是作为可确定的夏代的夏文化则只有二里头文化"[2]。不久,王立新先生以早商文化与二里头文化的形成为例,专门讨论了"文化形成的滞后性"问题,他认为"在这两种文化形成之前,都曾存在过一段文化的动荡与重组的时期。其深层原因当系成汤和夏启时期因大规模的联合与兼并所导致的人群的穿插流动以及社会秩序的重建。……二里头文化作为夏代夏国之人的文化、早商文化作为商代早期商国之人的文化,它们的形成无疑都已滞后于王朝的建立一段不算很短的时间"[3]。对此,有学者提出了商榷意见,认为王朝文化并非滞

[1] 王学荣:《制度革新与文化融合——王朝更替与考古学文化变革关系的个案分析,以二里头和偃师商城遗址为例》,《二里头遗址与二里头文化研究——中国·二里头遗址与二里头文化国际学术研讨会论文集》,科学出版社,2006年。

[2] 王立新:《从嵩山南北的文化整合看夏王朝的出现》,《二里头遗址与二里头文化研究——中国·二里头遗址与二里头文化国际学术研讨会论文集》,科学出版社,2006年。

[3] 王立新:《也谈文化形成的滞后性——以早商文化和二里头文化的形成为例》,《考古》2009年第12期。

后于王朝建立[1]。该商榷观点实际上是将考古学文化的界定与所谓"王朝文化"(如夏文化、商文化)的界定混为一谈了。林沄先生指出这种观点和中国古史学界仍普遍认为夏商时代的国家组织仍有浓厚的血缘特点有关,它正被考古实际发现所不断冲击。"夏代和商代的方国联盟的盟主国,都已经是由联合了众多族姓的民众构成的,他们本来有着不同的文化传统,因而在国内要重新形成一种相对稳定的能'排出一个有逻辑的演变序列的'考古学文化,必然会滞后于朝代的更替,而且随着这种联盟的不断扩大和组成成分的复杂化,滞后会越来越明显。"[2]

根据上述的讨论,我们认为,一种面貌基本一致、结构相对稳定的考古学文化的形成在时间上要滞后于国家的建立,"国""族"与"文化"三者之间不能简单地画等号。不仅夏、商王朝如此,周代更为明显。众所周知,真正考古学意义的西周文化是以周原和丰镐遗址出土的西周时期与周人密切相关的考古遗存为代表的。然而,西周时期的"周人"族姓成分非常复杂,不仅包括了"王畿"之内以及被分封的亲族,而且包括了臣服于周王朝的诸多异族。俞伟超先生曾指出,"到了西周,除了主体的周文化以外,又有齐、鲁、燕、晋、秦、楚、吴、越等等第二层次的文化。这些西周时期的第二层次文化,大都含有很多周文化因素,又皆程度不等地具有本身特点,有的还很强烈(尤如吴、越、楚),甚至可以单独定为一种文化。对这些文化来说,由早周文化发展而来的周文化当然是核心,其他的则是当地原有文化与周文化综合而成。……至东周时期,周文化衰落,其他列国的文化,特别是曾经称霸的大国文化,几乎都发展成独立性更强的文化。……这也就意味着原先的第二层次的文化,至春秋中期以后,特别是到了战国时期,实际已具有第一层次的性质"[3]。这里的"周文化"和"第二层次文化"显然指的都是考古学文化。那么,这些西周时期的第二层次文化是如何形成的呢?我们重点探讨西周初年实际分封的晋、燕、齐、鲁及其国别文化。

目前来看,"晋文化"的讨论比较多。刘绪先生指出:"由于晋文化是文献中晋国的考古学文化,所以,严格地讲晋文化的年代就是晋国存在的年代,其上下限应以叔虞被封和桓公被废为标志。叔虞以前为唐或其他某种文化,桓公以后则分属韩、赵、魏三文化,统称三晋文化。但考虑到韩赵魏三家均出自晋,他们对晋君的取代不同于夏商周王朝的更替,在考古学文化方面并未因晋君被废而发生本质变化,这有如田齐

---

[1] 尚友萍:《关于王朝文化滞后于王朝建立理论的商榷》,《文物春秋》2011年第1期。

[2] 林沄:《由"文化形成的滞后性"所引起的新思考》,《甲骨文与殷商史·新六辑——罗格斯商代与中国上古文明国际会议论文专辑》,上海古籍出版社,2016年。

[3] 俞伟超:《考古学中的汉文化问题》,《古史的考古学探索》,文物出版社,2002年。

取代姜齐一样。因此,广义地说,三晋文化也属晋文化。基于这个原因,我们可把晋文化的下限断在三晋最后一家被亡之年——公元前225年。"[1]后来他又进一步申论:"所谓晋文化是指两周时期晋系考古学文化。由于这一考古学文化以文献记载的国名命名,故确切地说,晋文化应是西周、春秋时期晋国和战国时期韩、赵、魏三国的考古学文化。时间始于叔虞被封,终于韩、魏、赵灭亡;分布地域包括晋国与三晋的领地;所包含的族类以姬姓为主体,还有'怀姓九宗'等他族。"[2]宋玲平先生界定晋文化的概念,"应指从周初叔虞封唐到三晋被秦所灭这一时期内,在晋国及三晋地域范围内,以晋国人及三晋国民为主体所创造和使用的、具有共同特征的考古遗存"[3]。在此基础上,她还使用"晋文化圈或晋文化系统"的表述。文献记载和考古发现均表明,晋国建国时的族群构成是比较复杂的,至少包括了来自关中的周人、土著居民以及来自北方的族群。他们的文化传统不同,由族群融合到文化融合,显然需要经过一个较长的时段。所以,真正考古学意义上的晋文化的形成年代肯定要晚于叔虞受封之时。

其次来谈"燕文化"。考古发现表明,西周早期燕国的文化成分颇为复杂,其构成以周、商文化因素为主体,并含有较多的当地张家园上层文化因素。西周中期以后,本地的土著文化消失,其文化因素与原有的周、商文化因素彼此融合,形成了具有自身特征的燕文化。

齐、鲁两国是周初分封在东方的两个最重要的诸侯国。迟至西周晚期,处于主体地位的周文化与当地夷人文化传统或商文化因素相互融合,才逐渐形成了各具区域特色的齐文化、鲁文化。

总之,考古学视角下的晋文化、燕文化、齐文化、鲁文化的形成在时间上均明显滞后于各自封国的建立,机械地照搬考古学文化命名原则来界定国别(族)文化似乎不可取。

[1]　刘绪:《晋与晋文化的年代问题》,《文物季刊》1993年第4期。

[2]　刘绪:《晋文化》,文物出版社,2007年。

[3]　宋玲平:《关于晋文化的概念问题》,《考古与文物》2004年第5期。

试论周王朝外服诸侯都邑营建制度

侯卫东

河南大学古代文明研究中心、黄河文明省部共建协同创新中心

一、引　　言

《左传·隐公元年》记载郑国大夫祭仲向郑庄公谏言:"都,城过百雉,国之害也。先王之制:大都,不过三国之一;中,五之一;小,九之一。今京不度,非制也,君将不堪。"[1]当时的平王是周王室东迁之后的第一代周天子,祭仲所讲"先王之制"显然指西周就存在的都邑[2]营建制度,春秋早期郑国所在的中原地区依然认同这个制度。祭仲追述的都邑营建制度,从郑国都城到最小的城邑分为四个层级,可根据周代尺度[3]转换成通行的表述方式:①国都的标准是三百雉,相当于"方五里"即每边城墙长 2079 米的方城,面积约 432 万平方米;②大都的标准是百雉,相当于"方三分之五里"即每边城墙长 693 米的方城,面积约 48 万平方米;③中都的标准是六十雉,相当于"方一里"即每边城墙长 415.8 米的方城,面积约 17.2 万平方米;④小都的标准是三十三雉,相当于"方九分之五里"即每边城墙长 231 米的方城,面积约 5.3 万平方米。郑国境内发现多座春秋时期使用的城邑[4],祭仲所言都邑营建制度与考古发现的郑国城邑之间的关系,对认识春秋时期郑国实际执行的都邑营建制度具有重要意义。

　　刘源先生指出商周时期的政体为内外服制,外服诸侯体系为"侯、甸、男、卫、邦

---

　　[1]　杨伯峻:《春秋左传注(修订本)》,中华书局,2009 年,第 11、12 页。

　　[2]　本文的"都邑"泛指"国都""大都""中都""小都"等各层级城邑,并非专指"都城"。

　　[3]　周代尺度:1 雉＝3 丈＝30 尺;1 里＝1800 尺＝415.8 米。

　　[4]　荥阳文物志编纂委员会:《荥阳文物志》,中州古籍出版社,2011 年,第 60—65 页;刘东亚:《河南鄢陵县古城址的调查》,《考古》1963 年第 4 期。

伯",郑国由内服畿内封君发展成外服诸侯,地位相当于"男"、低于"侯"[1]。祭仲所言乃"先王之制",郑国的都邑营建制度对认识周王朝外服诸侯都邑营建制度具有普遍参考价值。笔者以掌握的考古材料为基础,结合文献资料和历史地理研究成果,以春秋时期郑国的都邑营建制度为例,讨论周王朝外服诸侯的都邑营建制度,对周王朝外服诸侯体系的都城营建规制进行初步探索。

二、春秋时期郑国都邑营建制度

郑国都城新郑总体平面呈不规则的牛角形,规模庞大[2],城墙长度和城址总面积远大于祭仲所说的郑国国都的标准,或许这座牛角形城垣是国都外围的"郭",而当时国都的计算标准是指"郭"内郑国公室直接控制的一定范围,具体情况目前无法得知。从祭仲的语气来看,他讲的规制是包括郑庄公在内的郑国贵族的常识,国都新郑的考古材料与这个规制的对应关系目前难以厘清,本文重点考察其他城邑与该规制之间的关系。

京城位于荥阳京襄城村一带,平面近长方形,测量数据南北平均长 1810 米、东西平均宽 1499.5 米,面积 272 万平方米[3](图一)。笔者根据卫星地图测出的数据为南

图一　京城平面示意图

---

[1] 刘源:《"五等爵"制与殷周贵族政治体系》,《历史研究》2014 年第 1 期。

[2] 马俊才:《郑、韩两都平面布局初论》,《中国历史地理论丛》1999 年第 2 期。

[3] 荥阳文物志编纂委员会:《荥阳文物志》,中州古籍出版社,2011 年,第 62、63 页。

北长 1820 米、东西宽 1460 米,与实测数据接近。以实测数据为准,京城平均边长约 1655 米,约合 3.98 里、238.8 雉,远大于"大都"的规模,与祭仲所说京城超过标准、不符合制度相一致。京城最初营建的时候属于郑国公室,其规模应当符合制度,只是作为公子的封邑超过标准。

鄢城位于鄢陵前步村一带,平面近长方形,北墙约 998 米、南墙约 800 米、东墙约 1595 米、西墙约 1595 米,面积约 140 万平方米[1]。鄢城平均边长 1247 米,约合 3 里、180 雉,超过"大都"的规模。鄢曾为妘姓小国,作为小国国都规模也应当符合制度。

平陶城位于荥阳南城村南,平面呈横长方形,东西约 770 米、南北约 675 米,面积约 52 万平方米[2](图二)。平均边长 722.5 米,约合 1.74 里、104 雉,相当于"大都"的规模。

石河城位于郑州古荥镇之南的石河村,平面略呈横长方形,方向北略偏东,南城墙、北城墙的复原长度约 450 米,东城墙、西城墙的复原长度约 400 米,城址的面积为 18 万平方米左右[3](图三)。平均边长约 425 米,约合 1 里、60 雉,相当于"中都"的规模。

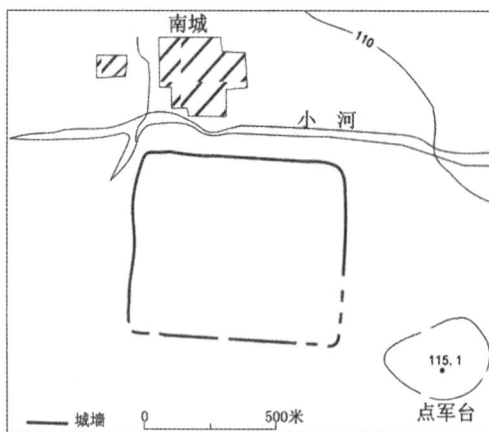

图二　平陶城平面示意图　　　　图三　石河城平面示意图

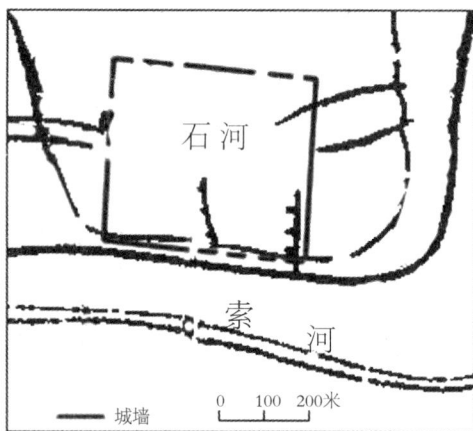

[1]　刘东亚:《河南鄢陵县古城址的调查》,《考古》1963 年第 4 期。

[2]　郑州市文物考古研究院、北京大学考古文博学院:《河南省郑州市索、须、枯河流域考古调查报告》,《古代文明(第 10 卷)》,上海古籍出版社,2016 年;荥阳文物志编纂委员会:《荥阳文物志》,中州古籍出版社,2011 年,第 63、64 页。

[3]　郑州市文物考古研究院、北京大学考古文博学院:《河南省郑州市索、须、枯河流域考古调查报告》,《古代文明(第 10 卷)》,上海古籍出版社,2016 年。

春秋时期郑国境内单纯"小都"规模的城邑还没有确认。荥阳娘娘寨内城平面为不规则方形,城墙南北长、东西长均约210米,城址面积约4.41万平方米,内城壕较宽,围起来的面积约14万平方米;娘娘寨内城营建于两周之际,此后的春秋时期营建了外城,从已探明的外城来看,其平面应为长方形或方形的方城,面积为50余万平方米[1]。以娘娘寨内城城墙为标准,平均边长约210米,约合0.5里、30雉,接近"小都"的规模。娘娘寨外城的规模与"大都"相当,或许由"小都"发展而来;也可能规划时就按照"大都"的规模,先营建内城。无论如何,早于大城的娘娘寨内城接近"小都"的规模,说明春秋早期郑国境内应当存在"小都"。

通过对春秋时期郑国境内城邑规模的案例分析可知,国都新郑与祭仲所讲都邑制度之间的对应关系无法讨论;京城的规模确实明显超过"大都"的标准,与祭仲所言一致,鄢城的规模也超过了"大都"的标准,这两座城邑最初都不是公子或大夫的封邑,最初营建时都符合其规制;平陶城的规模相当于"大都"的标准,说明该城是按"大都"的规制营建的;石河城的规模相当于"中都"的标准,说明该城是按"中都"的规制营建的;娘娘寨内城的规模相当于"小都"的标准,说明"小都"也应当存在。可见,考古发现的春秋时期郑国城邑与祭仲所讲都邑制度存在对应关系,春秋时期郑国境内符合"先王之制"的"大都""中都""小都"是存在的。郑国公室营建并直接控制的城邑规模超过"大都",曾经为小国国都的城邑规模也超过"大都",这些城邑最初营建时也符合自身的规制。春秋时期郑国控制的多座城邑属于此前的小国国都,小国国都与郑国本身的都邑营建制度是不同的系统,郑国所灭的小国国都杂处于郑国所有城邑之间,保持了其原有的规模,并非不符合制度。

三、周王朝外服诸侯体系的都城营建规制

周王朝外服诸侯体系"侯、甸、男、卫、邦伯"中地位最高的"侯"的国都,平面布局比较清楚的是鲁国国都曲阜[2],现存城墙至少在西周晚期进行过修筑,平面近横长方形,北城墙长约3560米、东城墙长约2531米、南城墙长约3250米、西城墙长约2430米,平均每面城墙约合7.1里、426雉。鲁国可以代表外服诸侯体系内地位最高者,其国都基本上是按"方七里"的规制营建的。外服诸侯体系中"甸"的情况不太清

---

[1] 荥阳文物志编纂委员会:《荥阳文物志》,中州古籍出版社,2011年,第60、61页。

[2] 山东省文物考古研究所、山东省博物馆、济宁地区文物组等:《曲阜鲁国故城》,齐鲁书社,1982年。

楚，《左传·桓公二年》提到"今晋，甸侯也"[1]，难以据此确认晋国是外服诸侯体系中的"甸"。《左传·昭公十三年》记载子产的话"郑伯，男也。而使从公侯之贡，惧弗给也"[2]，郑国的南邻许国国君在《春秋·僖公五年》中被称为"许男"[3]，郑国国都新郑与"方五里"之间的关系目前难以厘清，可以参考许国国都的规模。许昌县张潘镇古城村东南一里左右的汉魏许都故城内有西周春秋文化层，出土有同时期的玉器和青铜器，应当是春秋早期许国国都，现存外城周长约7.5千米，平均每边城墙长约1875米，合4.5里、270雉，春秋早期许国都城的规模如果与之接近的话，相当于"方五里"。上文提到的鄋城曾为鄋国国都，规格相当于"方三里"，可能属于外服诸侯体系中地位较低的"卫"或"邦伯"。如此，则西周以来直至春秋时期外服诸侯体系的国都存在"方七里""方五里""方三里"的三等规格，以"二里"为等差从高向低递减，分别对应的诸侯身份是"侯"、"男"（可能包括"甸"）、"卫"（可能包括"邦伯"）。周王朝外服诸侯体系国都严格的规制应当是"侯"国都"方七里"、"男"国都"方五里"、"卫"国都"方三里"，在实际执行的过程中因地制宜，有一定偏差。春秋晚期大国争霸战争愈演愈烈，国都的军事功能大大加强，主要是加强防御工事，诸侯国都城的规模并没有刻意扩大，直到后来战国时期大规模的兼并战争才彻底打破了周王朝外服诸侯国都城的营建规制。

四、结　　语

　　春秋时期郑国国都之外的城邑存在祭仲所说的"大都""中都""小都"三种规制。超过"大都"规格的城邑最初并不是作为大夫或公子封邑营建的，也符合其本身的规制，当这些城邑作为封邑赐给大夫或公子时就不符合制度了。春秋时期郑国都邑的营建制度反映的是周王朝外服诸侯的普遍制度，具有代表性意义，由于一国之内城邑的营建年代、建城基础、使用背景等的差别，实际执行的过程中会因地制宜、有所变通。通过对周王朝外服诸侯体系"侯""男""卫"等由高到低三种规格的诸侯国都规模的比较，发现分别为"方七里""方五里""方三里"，呈现以"二里"为等差的规制。周王朝外服诸侯国都城规格的等差关系反映的制度，也应当是周王

---

[1]　杨伯峻：《春秋左传注（修订本）》，中华书局，2009年，第95页。

[2]　杨伯峻：《春秋左传注（修订本）》，中华书局，2009年，第1358页。

[3]　杨伯峻：《春秋左传注（修订本）》，中华书局，2009年，第301页。

朝普遍的制度,由于各国都城的营建年代、建城基础、使用背景各不相同,实际执行过程中也会有差别。

原文发表在《考古与文物》2017 年第 5 期

商、西周王朝对长江中下游铜矿资源地和山东沿海盐业资源地统治策略的对比研究

赵东升

南京大学历史学院考古文物系

铜和盐是青铜时代最重要的两种战略资源。谁拥有了铜,谁就在政治、经济、军事等方面取得绝对的优势;而盐是日常必需。因为两者的作用、分布地域和族群关系不同,因而中原王朝对铜矿和盐业资源地的经略模式和控制策略也有所不同。虽然商、周王朝采取不同的经略模式,但对两种资源的控制策略既有继承,也有改变。本文即是通过对两种资源地考古学文化的分析,探讨商周王朝不同的势力布局及其变迁,从而窥见背后的"中原化"进程。

一

中国的铜矿资源主要分布在长江中下游地区,主要包括鄂东南、赣鄱和皖南地区。这三个区域是华夏、苗蛮和百越势力的交汇地域。龙山时代末期,苗蛮集团便同华夏集团发生过剧烈的碰撞,最终被排挤出南阳盆地和鄂西北区的原居地[1],逐渐向鄂东南和赣鄱地区迁徙。经过夏代的继续扩张,鄂东南区苗蛮集团的残余势力逐渐被肃清,夏王朝的势力也逐渐分布到江淮西部和更南的赣鄱地区[2]。到商代,鄂东南地区基本上没有可以与商王朝抗衡的势力,商王朝借助强大的军事实力,牢牢地控制了鄂东南地区的铜矿资源,并通过鄂东南地区,将其势力迅速向长江下游和赣鄱

---

[1] 杨新改、韩建业:《禹征三苗探索》,《中原文物》1995年第2期。

[2] 向桃初:《二里头文化向南方的传播》,《考古》2011年第10期。

地区扩张。商代晚期,商王朝的势力衰弱,鄂东南地区长江南岸的土著文化开始出现并逐渐壮大(大路铺遗存)(图一)[1],为了维持对这里铜矿资源的继续占有,商王朝不得不将这支土著势力纳入政治体系之中,并将其作为商晚期三公之一(鄂公、九侯和西伯侯)[2]。笔者认为大路铺遗存就是鄂公一族所创立的文化[3]。之后,纪年进入西周时期,商王朝在鄂东南地区积数百年之功培植起来的地方势力成了西周王朝对此地经略的重大障碍,为了继续取得鄂东南地区的铜矿资源,西周初年西周王朝不得不采取较为舒缓的方式,通过与商末方国和商遗民联姻来达到对铜料的获取。很明显,西周王朝并不满足于这种"委曲求全"的方式,在王朝安定之后,昭王即发动了两次大规模的战争,结果大败而归[4]。西周中期穆王时的大规模军事行动取得了一定的成功,自商代晚期一直传承下来的鄂国势力不再大规模扩张,暂时退缩并安定下来,但无疑铜料来源也无法再得到保证(图二、图三)。正是在这种情况下,西周王朝将目光转向了皖南地区。目前皖南地区铜矿开采的证据最早为西周中期偏早,与这一史实时间正相吻合[5]。按《史记·楚世家》的记载,此时的楚国势力开始强盛,周夷王时楚熊渠"甚得江汉闲民和",兴兵伐庸、扬粤,至于鄂,"乃立其长子康为句亶王,中子红为鄂王,少子执疵为越章王,皆在江上楚蛮之地",也许正是在此时,受西周分封的楚国开始介入鄂东南地区。

　　西周王朝对皖南铜矿进行大规模开采以后,已不能再走汉水北上中原的老路线,他们更多的是经过江淮地区北上,从而在西周中晚期的历史材料上更多地体现的是西周王朝与江淮地区淮夷、南淮夷之间的战争。江淮地区与西周王朝之间控制与反控制、时战时和的状态成了西周中晚期王朝与铜矿地和铜矿运输必经地之间的主流经略模式。为了实际掌控这样的资源和路线,这一地区也从未进行过实质的分封。

----

　　[1]　湖北省文物考古研究所、湖北省黄石市博物馆、湖北省阳新县博物馆:《阳新大路铺》,文物出版社,2013年。

　　[2]　《史记·商本纪》。

　　[3]　赵东升:《论鄂东南地区西周时期的考古学文化格局及政治势力变迁》,《华夏考古》2013年第2期。

　　[4]　关于这两次南征,在青铜器铭文中也有记载。这批青铜器出土于随枣走廊的南部出口处,正是周师南征必经之地。一批是北宋宣和年间出土于孝感市的安州六器,其中的中甗和3件中方鼎对这次战争有记载;另一批是1980年出土于随县的18件青铜器。这两批青铜器的时代都被定在西周早期末。见中国社会科学院考古研究所:《殷周金文集成》,中华书局,第1984—1994、2751、2752、2785页;随州市博物馆:《湖北随县安居出土青铜器》,《文物》1982年第12期。

　　[5]　安徽省文物考古研究所:《安徽南陵县古铜矿采冶遗址调查与试掘》,《考古》2002年第2期;安徽省文物考古研究所、铜陵市文物管理所:《安徽铜陵市古代铜矿遗址调查》,《考古》1993年第6期;刘平生:《安徽南陵大工山古代铜矿遗址发现和研究》,《东南文化》1988年第6期。

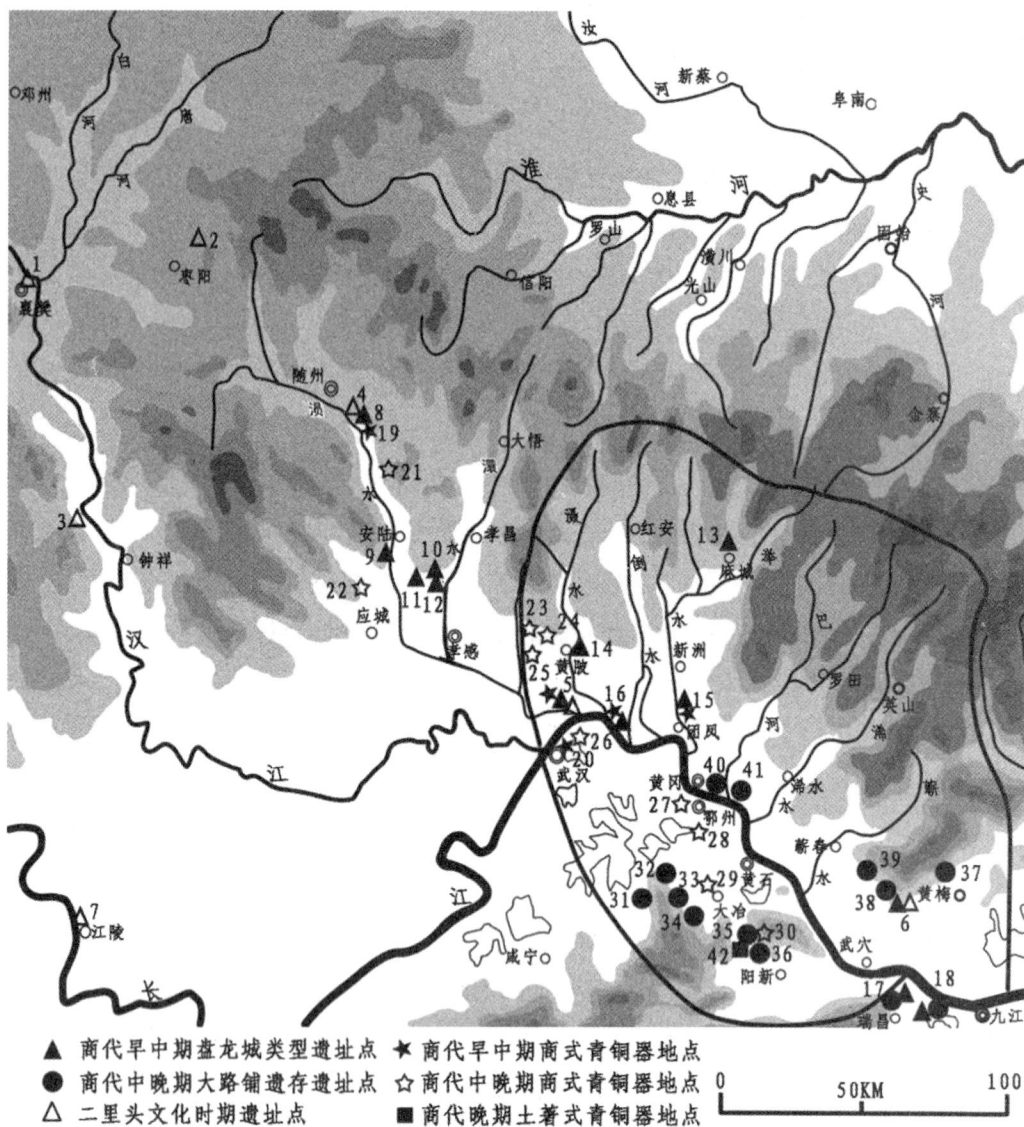

图一　夏商时期鄂东南地区考古学文化格局图

　　二里头文化时期遗址点:1—7.襄阳王树岗、枣阳墓子坡、钟祥乱葬岗、随州西花园、黄陂盘龙城、黄梅意生寺、江陵荆南寺

　　商代早中期盘龙城类型遗址点:5、6、8—18.黄陂盘龙城、黄梅意生寺、随州庙台子、安陆晒书台、孝感殷家墩、云梦好石桥、孝感聂家寨、麻城栗山岗、黄陂鲁台山、团风下窑嘴、新洲香炉山、瑞昌铜岭、九江龙王岭

　　商代早中期商式青铜器地点:5、15、16、19、20.黄陂盘龙城墓葬,团风下窑嘴墓葬,新洲香炉山遗址鼎,随州淅河窖藏瓿、爵、斝,汉阳纱帽山窖藏尊

　　商代中晚期商式青铜器地点:21—30.广水乌龟山窖藏鼎,应城吴祠窖藏斝、爵、鸮卣,黄陂红进村窖藏瓿、爵,夏店村窖藏爵,袁李湾窖藏斝,汉阳竹林嘴窖藏方彝,鄂州陈林寨瓿、爵、斝,沙窝碧石爵,大冶港湖夔纹提梁卣,阳新铜镜

　　商代中晚期大路铺遗存遗址点:17、18、31—41.瑞昌铜岭,九江龙王岭,大冶古塘墩、李河、眠羊地、三角桥、阳新大路铺、和尚垴、黄梅柳塘、乌龟山、钓鱼嘴、霸城山、砚池山

　　商代晚期土著式青铜器地点:42.阳新白沙铙

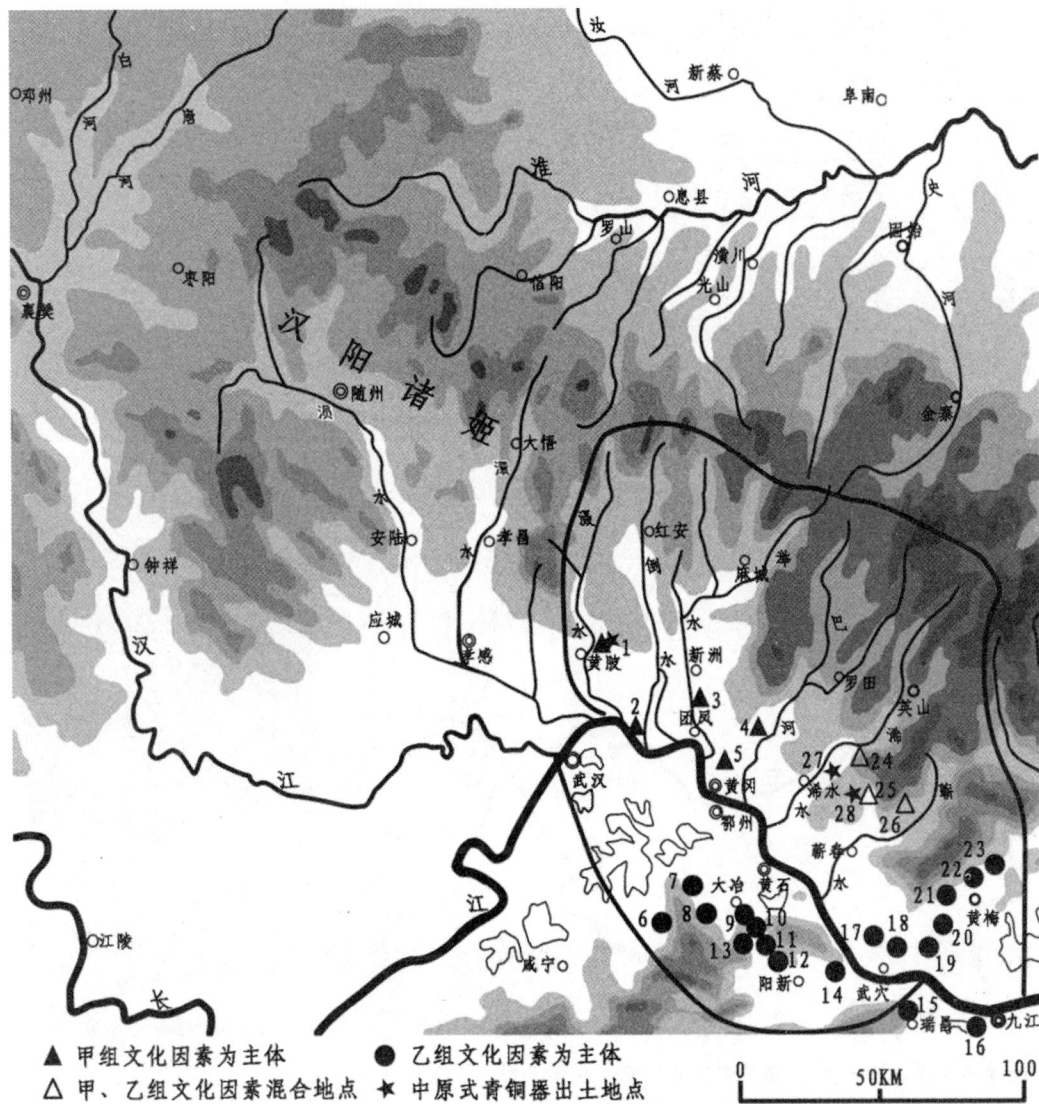

图二 西周早期宗周因素(甲组)与大路铺遗存(乙组)对比图

甲组文化因素为主体:1—5.黄陂鲁台山,新洲香炉山,黄冈果儿山、笼子山、螺蛳山

乙组文化因素为主体:6—23.大冶古塘墩、铜绿山、眠羊地、三角桥、鼓墩垴,阳新和尚垴、大路铺,大冶老猪林,阳新大港,瑞昌铜岭,九江磨盘墩,武穴四方地,苏憧、李木港,黄梅意生寺、柳塘、张山、柯墩

甲乙组文化因素混合地点:24—26.浠水安山,蕲春毛家嘴、苏湾

中原式青铜器出土地点:1、27、28.黄陂鲁台山墓葬,浠水星光村甗、斝,蕲春新屋塆窖藏

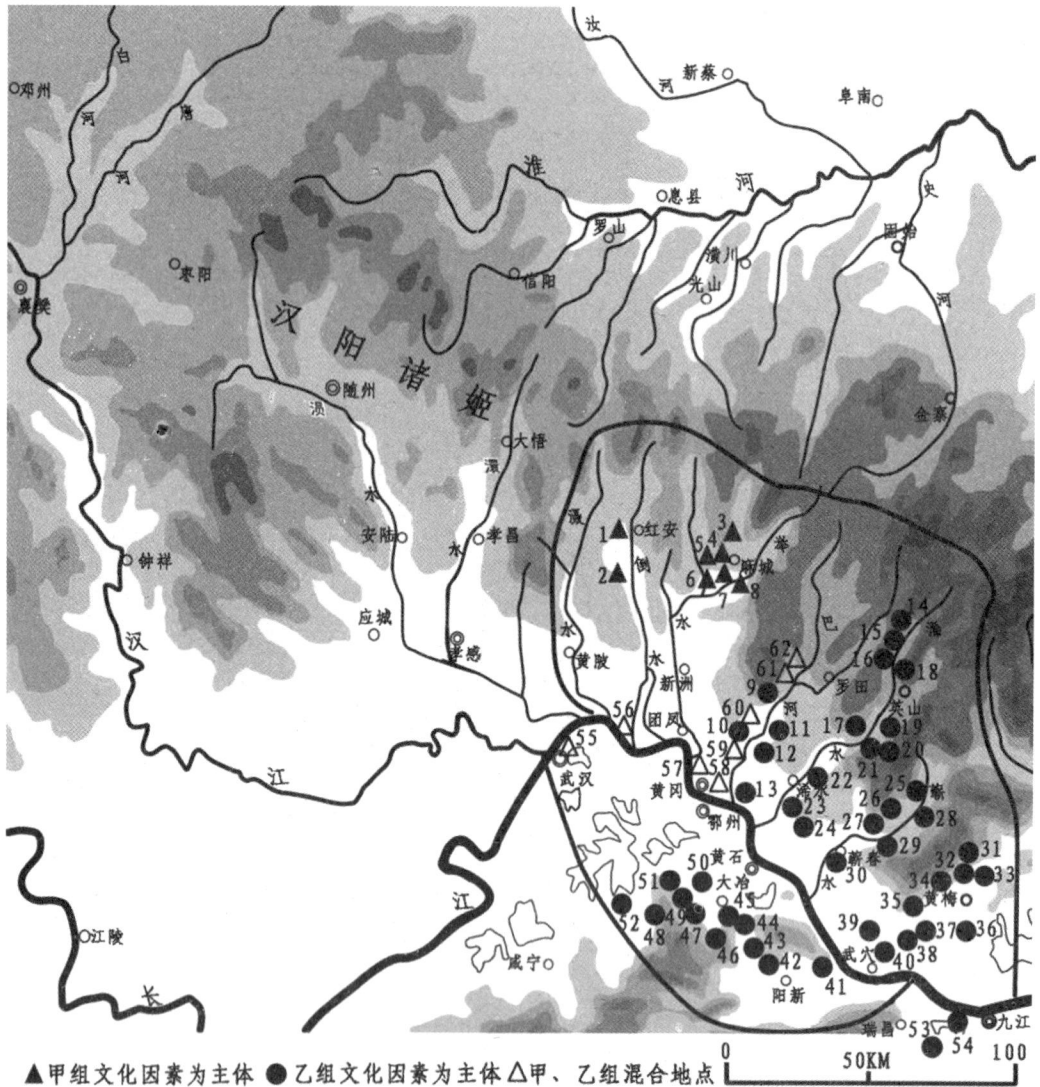

▲甲组文化因素为主体　●乙组文化因素为主体　△甲、乙组混合地点

图三　西周中晚期宗周因素(甲组)与大路铺遗存(乙组)对比图

甲组文化因素为主体:1—8.红安金盆、张家河寨墩、麻城栗山岗、梅家墩、桃园岗、罗家墩、吊尖、岐亭镇

乙组文化因素为主体:9—55.团风马坳、陈家墩、浠水黄山、寨山、砚池山、英山子垅畈、大旗畈、郭家湾、罗田李家嘴、英山胡家墩、白石坳、溜儿湾、大地坪、浠水黄龙寨、片街、龟金山、蕲春回龙塆、胡坝街、田家塆、樟树嘴、有蟠龙、易家山、黄梅杨家垅、荷叶山、张山、金城寨、柳塘、焦墩、方家墩、武穴李木港、苏懂、四方地、大港、阳新大路铺、和尚垴、大谷垴、大冶鼓墩垴、老猪林、上罗村、眠羊地、摇罗山、铜绿山、蟠子地、古塘墩、九江磨盘墩、神墩

甲乙组文化因素混合地点:55—62.武昌放鹰台、新洲香炉山、黄冈螺蛳山、霸城山、胡家寨、团风寨上、罗田庙山岗、榨山

二

中国的盐业资源分为井盐、海盐、池盐等,商代中晚期至西周早期被中原王朝主要关注的即是位于渤海湾南岸和鲁北地区的海盐。而这一时期正是山东鲁东地区中原化进程和齐国分封的关键时期。

关于商代渤海南岸地区的文化归属问题,学界多同意为商文化。出土的商代贵重物品如青铜器、玉器、陶器、石器、骨器及占卜用的卜甲、卜骨等,无论种类还是样式都与商王朝中心保持一致。埋葬制度、随葬品组合与特征与安阳殷都也都高度一致,这些文化遗存所呈现的社会风俗、文化、制度以及技术,都是典型的商文化系统。并且商文化与当地文化二元对立,说明该地商文化的出现是商人和殷商文化大规模进入的结果。这也与文献和甲骨文中的记载完美匹配,甲骨文中有多处记载商王曾抵达这一地区(比如逢地、齐地、画地、旁地、寻地、并地等)。青州苏埠屯的"亚醜"族氏墓与商王朝的关系非常密切,甚至就是商王派遣到此地的贵族[1]。商王朝在此地扶持起众多的小国,并以亲信贵族镇守此地,形成一套严格的组织系统和控制网络,应该就是为了获取盐业资源,虽然伴随着战争,但这种经营模式一直持续到商代的灭亡。

从图四中可以看出,盐业遗址广泛分布在沿海地区,且可见证据表明主要开发时间起自商代晚期。苏埠屯大墓是商代晚期殷墟之外唯一一处四条墓道的墓葬,说明了此地对于商王朝的重要意义。盐业资源的运输主要利用古济水,在这条运输路线上广泛存在着战略据点。

西周王朝对此地的经略必然要面对商王朝积数百年之功培植起来的地方势力。对这些地方势力和商遗民势力的战争、迁徙[2]、分化和拉拢成为西周王朝势力进入此地的主要形式。除此之外,分封政策在此地的实施是与铜矿所在地最大的不同。

周公东征时,不服从西周王朝统治的薄姑被灭国,服从的莱国被赐予姜姓,纪国被重新分封于薄姑旧地;齐国也被分封于薄姑旧地,并另设封邑[3];其他较强的地方

---

[1]　燕生东:《商周时期渤海南岸地区的盐业》,文物出版社,2013年。

[2]　清华简《系年》第三章提到商奄之民反周失败后,被周人强迫迁至"邾虗土",邾虗土在《汉书·地理志》中有载,指天水郡冀县的"朱圄",即今礼县一带,实为秦人的祖先。见李学勤主编:《清华大学藏战国竹简(贰)》,中西书局,2011年。

[3]　王献唐:《山东古国考》,青岛出版社,2007年。

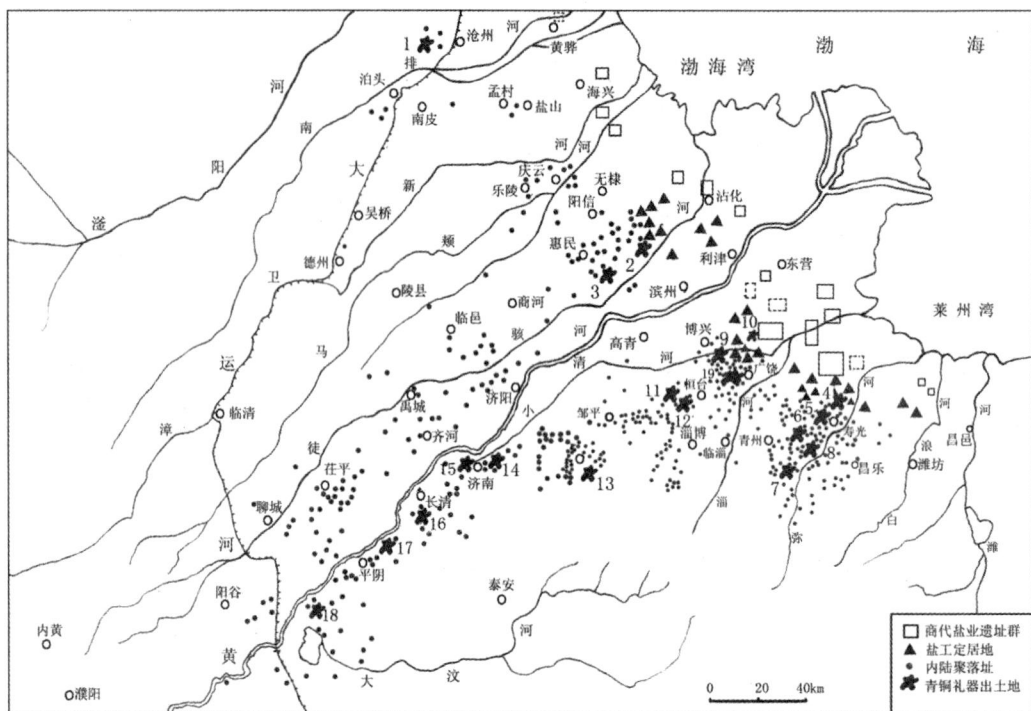

图四　鲁北地区商代盐业遗存分布图

(采自燕生东:《商周时期渤海南岸地区的盐业》,文物出版社,2013年,第264页)

势力多被迁徙。纪国主要继承了苏埠屯所控制的区域,而齐国更可能位于其西北商遗民势力比较弱小的地区。

高青陈庄城址的发现是一个认识齐国早期都城和统治区域的极好契机[1],齐国早期都城很可能就位于陈庄和齐故城之间,并且有众多的贵族城址散布其间,西周早期齐国可能并不是一个强有力的统一疆域。但齐、纪、莱等国的分封和延续表明此时的政治意义已超过盐业资源的意义。

三

1. 商周王朝对两种资源的经略无疑都促进了当地的中原化进程,即地方部族逐渐采用中原商周的礼仪制度作为社会的整合手段,以规范社会的等级秩序,维持社会的正常运转。

[1]　山东省文物考古研究所:《山东高青县陈庄西周遗址》,《考古》2010年第8期。

2. 对铜矿资源地的控制,无论是商还是西周王朝都采取了直接控制的方式。商王朝对重要战略物资的追逐和控制是通过文化扩张、人口迁移、在核心地区的政治中心周边建立据点和城池来实现的[1],可称之为武力霸权,商代晚期王朝势力在铜矿地的退缩,地方势力的崛起,也促使商王朝通过授予青铜器制作技术培植"鄂公"这一地方势力作为商王朝的地方代言人[2]。西周王朝继承了这一传统,又通过和亲、联姻等更多缓和的方式利用当地的土著完成获取铜矿资源的目的。但好景不长,随后的昭王两次南征,穆王大起九越之师,说明西周王朝与地方土著的关系已到了不可调和的地步。与此同时,皖南地区的铜矿开始被西周王朝利用,并成为西周中晚期主要的铜矿来源,王朝政府为保护铜矿的开采和运输与土著集团展开了长期的斗争。也就是说,对于铜矿这种战略资源来讲,无论是商还是西周王朝都没有进行有效的分封,而是尽可能掌握在王朝政府手中。

3. 渤海湾南岸地区的盐业资源在商代中晚期时同铜矿资源一样对于中原王朝有至关重要的作用,甚至是商王朝所能利用的唯一的盐业基地,因此实施了直接的组织和控制。而西周王朝由于新的盐业基地的利用,渤海湾南岸地区的盐业不再唯一,因此在完成对此地的军事控制之后,分封了姜姓的齐国控制此地众多的姜姓族群和归顺的其他族群。

4. 目前鲁北平原地区西周早期青铜器主要分布于济、漯、淄水流域,代表性遗址有济阳刘台子、高青陈庄和临淄齐故城河崖头。三处墓地或城址都是在空地上建立起来的,周代遗存之下并没有商代晚期堆积,说明商王朝在东方经营多年的区域中心,无一能够在西周早期得到延续[3]。在山东半岛地区,龙口归城城址可能是莱国的都城,这里曾发现昭王时期的铜器;同处半岛的胶县西庵曾经清理西周早期出土青铜器的残墓一座、陶器墓两座及车马坑一座。这两处遗址所在区域,在西周早期虽然仍属于土著的珍珠门文化分布区,但无疑西周王朝势力已经介入了此地的社会化进程中(甚至金文中记载"归城铜器群"的器主积极参加周王组织的战事并执事于周王朝[4])。晚

[1] 刘莉、陈星灿:《城:夏商时期对自然资源的控制问题》,《东南文化》2000 年第 3 期。

[2] 从图一可以看出,在商王朝对鄂东南地区的经略之初,地方势力是不掌握青铜容器的铸造技术的,当地所分布的青铜器基本属于商文化因素;而在商代晚期,尤其是殷墟二期之后,地方风格的青铜器开始出现。同样的观点也可参考唐锦琼、王晓妮:《胶东地区中原化进程的考古学观察(之一)——以"归城铜器群"为核心》,《青铜器与山东古国学术研讨会论文集》,上海古籍出版社,2017 年。

[3] 方辉:《鲁北地区出土的西周青铜器及其历史背景》,《青铜器与山东古国学术研讨会论文集》,上海古籍出版社,2017 年。

[4] 唐锦琼、王晓妮:《胶东地区中原化进程的考古学观察(之一)——以"归城铜器群"为核心》,《青铜器与山东古国学术研讨会论文集》,上海古籍出版社,2017 年。

商早周鲁北地区聚落形态的这一巨大变化，无疑是周王朝对本地区政治势力进行整合的结果。类似的情况，在铜矿所在地的鄂东南和赣鄱地区同样存在，商文化势力明显的盘龙城、吴城等遗址之上没有西周早期的遗存，商人主要经略的赣江以西地区西周文化的因素极少，而后者主要分布在赣江以东地区（土著的万年文化分布范围），那里发现了典型的周式青铜器[1]。说明在全国各地，西周王朝取代商王朝的过程，都是政治势力重新整合的过程。

5. 山东地区和鄂东南、赣鄱地区在西周时期与宗周所在地距离均较远，而且由于土著势力和商遗民势力的存在，使当地与宗周的关系十分复杂，因此实施了极有典型性的羁縻管理方式。西周早期由于开拓疆土和获取资源的需要，宗周在各地设立了军监和"师"两种军事基地，以控制征服地（比如江西的"应监"、湖北的"鄂监"及山东的"句监"和"引"师）。到西周中期，大规模战争结束，各地的军事据点逐渐被废弃，宗周对这些地区的军事控制也逐渐松弛，各地开始了以西周礼制为基础的独自发展、扩张、迁徙的过程，从而为中华一统的形成奠定了基础。

---

[1] 赵东升：《论赣鄱地区西周时期的文化格局及势力变迁》，《江汉考古》2015 年第 4 期。

论铰接提梁鸟形青铜壶

苏荣誉[1]　　马国庆[2]

1. 中国科学院自然科学史研究所　　2. 齐文化博物院

商周青铜器在二里岗上层即已出现了有盖和提梁的青铜容器,盖以子母口扣合在器口,往往通过"8"形链节加以约束;提梁则由两端所设的环和器腹的一对半圆形环耳相连接,可提携容器。早期的器类如卣或壶,盖、提梁俱全,上述结构把各部连接在一起。黄陂盘龙城出土的二里岗期青铜卣 LZM1∶9[1],瓶状,圆形截面,小口长颈,弧肩上对设二半环耳,下段鼓腹,矮圈足;穿盖子口插入卣口,中央设拱形钮;索状提梁两端环耳连接肩部半环耳,一个"8"形链节连接盖之拱形钮并套在提梁上,以免盖分离或遗失[2]。与之同时的一件青铜卣 XSH1∶11[3]出自郑州商城向阳回族食品厂窖藏,也是圆形截面,但为罐形,敛口无肩,最大径在下腹,圜底,矮圈足,上腹对设二半环耳;穿盖子口插入口内,盖中央设伞形钮;带状提梁两端饰兽首,其内侧有横梁穿过半环钮连接卣腹,提梁内侧设有一半圆环,"8"形链节一端连接提梁内半圆环,另一端套在伞状钮柱上。这两件提梁卣的结构和工艺,应该代表了早商情形。

大约在中商晚期发展出方腹圆口的长颈卣,随即出现了椭圆形截面的提梁卣,提梁的位置有了横置和纵置的不同。与提梁的连接方式,出现了在颈部设枢与提梁铰接的卣形。这种形式的卣到西周早期趋于消失。

殷墟时期出现了椭圆形截面、具有贯耳的青铜壶,如殷墟出土的一对妇好壶

---

[1]　湖北省文物考古研究所:《盘龙城:1963年—1994年考古发掘报告》,文物出版社,2001年,第194、198页,彩版24,图版59.1。

[2]　该壶具体的工艺研究见苏荣誉、张昌平:《黄陂盘龙城青铜容器的铸造工艺研究》,待刊。

[3]　河南省文物考古研究所:《郑州商城:1953年—1985年考古发掘报告》,文物出版社,2001年,第821—822页,彩版37,图版230.1—2。

M5：795 和 863[1]，但形状和卣区别无多，身形细高近于瓶形。容庚曾将十件传世器的年代推断为殷商[2]，未必可靠。洛阳庞家沟西周墓壶 M410：4，器盖同铭"考母作簋"，为西周早期器[3]。但西周时期流行的依然是垂腹高鼓、截面为圆形或圆角方形的壶，延续至东周，圆形截面壶演变出战国晚期到汉代的锺，方形截面壶演变出战国的钫。

在提梁的设置上，殷墟早期出现的贯耳壶或以绳索、皮条穿系，或没有提系。西周中期出现的衔环兽耳壶是盛装或陈列的容器，无须提携移动，功能已发生了变化。春秋时期出现了以青铜链为系的链式壶，或是齐地的特产。这些壶铸造链节，以铸接成链，再与壶肩的半圆形环耳相连接。这类壶不仅出现在齐鲁，在燕地、三晋、淮上诸国和楚地、秦地都有发现。

在提梁壶中，另有一类特殊器物，壶颈设一对枢，与提链铰接，而提梁则由三段构成——顶部的几字形提手和两侧臂铰接，侧臂或者一段或者两段铰接，提手均可与侧臂折叠，可称这类壶为铰接提链壶[4]。在这类壶中，有一类造型若企鹅，浑圆的器身，口出鸟喙形短流，有鸟首形盖，通常称之为鸟首提梁壶。但这一称谓忽视了器物造型的整体性，姑称之为铰接提梁鸟形壶。本文以斯为对象，讨论其独特工艺和形式、风格的关系，进而分析器物的产生背景和年代。

这类壶早在清乾隆朝已被清宫收藏，并见诸《西清古鉴》和《宁寿鉴古》，其他的著录中，也有这类器物。一件有铭的何壶于晚清出世，正是金石学臻于高潮的时期，其铭文被收入多家著录之中，从中可以窥知晚清吉金收藏与考释的多个方面，更因其又流布欧、日、美诸地，也可反映西方学者和藏家对其的态度和研究。爬梳这段历史，对于认识晚清金石学家、收藏家和器物学有所助益，也可反思青铜器著录、鉴别、断代等方面的问题。汪涛对何壶收藏、著录和流布的梳理[5]，是引发本文探讨新问题的基础，他还有不少新的想法，值得期待[6]。

---

[1] 中国社会科学院考古研究所:《殷墟妇好墓》,文物出版社,1980 年,第 64、66 页。

[2] 容庚:《商周彝器通考》,上海人民出版社,2008 年,第 329—330 页,器 704—713。

[3] 洛阳博物馆:《洛阳庞家沟五座西周墓的清理》,《文物》1972 年第 10 期,第 20—31 页。

[4] 毕经纬以"栓母"描述铰接结构,不易懂。见毕经纬:《传世有铭铜器辨伪一则》,《考古与文物》,2015 年第 3 期,第 111—113 页。

[5] 汪涛:《中国早期艺术中鸱鸮的表现形式和含义》《东周早期公元前八至七世纪青铜鸱首提梁壶》《鸱首壶最早的藏家吴云及他的交往圈子》,均收入 Sotheby's, *Chinese Art through the Eye of Sakamoto Gorō, A Bronze Owl Hu*, New York: Sotheby's, 2014, pp.24 - 57.

[6] 本文定稿期间,在伦敦面晤汪涛兄,请教他在苏富比考察何壶铭文的诸多细节,他说铭文上有锡焊粒脱落之现象。想他著文时的身份,这些细节和叶慈(W. P. Yetts)认定铭文后刻等,未能展开。交谈中他说颇想追踪何壶铭文的出处。

一、清廷收藏的鸟首铰接提梁壶

王室从来是最大的艺术品收藏家,清王室至乾隆朝青铜器收藏可谓登极。乾隆帝敕编的乾隆四鉴(《西清古鉴》《西清续鉴甲编》《西清续鉴乙编》《宁寿鉴古》),是清宫(包括内府、盛京等)所藏大部分铜器的图录,既体现了乾隆皇帝收藏、鉴赏的志趣[1],也反映出18世纪中国青铜器的认识和研究水平[2]。为行文方便,器物名称一仍其旧。在乾隆帝的带动下,清代青铜器收藏、著录和研究迅速繁荣起来,超越前代,涌现出一批重要收藏家和金石大家,为一时之盛。对于造型别致的鸟形壶,见于著录有如下数端。

1. 汉牺首壶

清高宗敕编《西清古鉴》刊印于乾隆二十年(1755),著录清宫藏器中有两件鸟首铰接提梁壶,分别名之为汉牺首壶和汉鹰首壶,均在卷二一中,左图右文。汉牺首壶(图一)文辞甚简:"右通盖高九寸八分,深八寸四分,口径三寸三分,腹围二尺一寸,重一百四十二两,有系、有流、一鼻。"[3]此壶造型若企鹅,鼓腹下垂,最大径饰一周凸棱,壶背的凸棱上设垂向的半环钮,未衔环或所衔圆环佚失亦未可知。圆口出喙形流,粗短,器口不平,盖以子口插入器口。盖面隆起,前端高后端略低。前端凸

图一　汉牺首壶(《西清古鉴》卷二一页二)

起,两侧以阴线勾出大眼,其间的切口铰接上喙,张开,但喙尖似方形,未知如何扣合,眼下勾有纹线。提梁为三段铰接式,侧臂为S形。壶盖面设一对钮衔圆环,约束提梁的横梁部分。编者将这件器物断为汉代。

---

[1] 乾隆皇帝谕旨:"惟尊彝鼎鬲历世恒远……可见三代以上规模气象,故嗜古之士亟有取焉。""以游艺之余功,寄鉴古之远思,亦足称升平雅尚云。"见《西清古鉴》前引。

[2] 刘雨:《乾隆四鉴综理表》,中华书局,1989年,第1—14页。

[3] 清高宗敕编《西清古鉴》卷二一页二,乾隆二十年(1755)内府刻本。

2. 汉鹰首壶

　　《西清古鉴》接汉牺首壶著录此壶(图二)，形式与前揭牺首壶大同小异，同断为汉代。差别不仅在尺寸和重量，而且壶盖中似乎有鸟形钮，钮两侧设半环钮衔圆环，约束提梁侧臂。提梁为五段式铰接，侧臂各为两段相铰接，均为直臂；鼓腹下垂，但一周凸棱不在腹部最大处，偏上，在壶背的凸棱下侧设钮衔圆环。然而壶录文不涉及这等细节，仅及尺寸、重量和主要形体特征："右通盖高一尺一寸一分，深八寸九分，口径三寸四分，腹围二尺一寸七分，重一百三十八两，有系、有流、一鼻。"[1]颇为遗憾的是没有说明前壶何以称牺首壶而此壶称鹰首壶。从造型看，前壶自颈至喙形流为自然弧形，此壶自颈凸起喙根而下喙向前弧折。若非因此等差别而异名，两壶先后并列著录，或许是将前壶喙张开绘图的原因。

图二　汉鹰首壶(《西清古鉴》卷二一页三)

3. 汉凫首壶

　　扩建宁寿宫是乾隆朝内廷大工程，占地约内廷的四分之一，系备乾隆帝归政燕居之所，自乾隆三十七年兴工至四十一年告成。敕编《宁寿鉴古》录宁寿宫所藏青铜器，成书时间在乾隆四十一年至《西清续鉴乙编》开编的乾隆四十六年间(1776—1781)。

　　《宁寿鉴古》中著录一件汉凫首壶(图三)，著录形式延续《西清古鉴》，录文所差也在尺寸和重量。录云："右通盖高一尺三寸四分，深一尺六分，口纵三寸八分、横五寸，腹围二尺四寸五分，重一百两，有系、有流。"[2]此壶的造型

图三　汉凫首壶(《宁寿鉴古》卷九页三八)

---

　　[1]　清高宗敕编《西清古鉴》卷二一页三，乾隆二十年(1755)内府刻本。

　　[2]　清高宗敕编《宁寿鉴古》卷九页三八，涵芬楼依宁寿宫写本石印本影印，1913年。

更接近于前揭牺首壶,同样是三段式铰接提梁,但壶体略瘦高,盖面较简单,前边隆起的双眼间铰接上喙,喙同样张开,但喙头尖,不似前两壶喙头圆。另一不同是从隆起的盖面对置纵向小环钮衔圆环,约束提梁侧臂。腹部的凸棱近于前揭鹰首壶,但此壶背未设钮(衔圆环)。

图录的说明主要涉及尺寸、重量和附饰,年代均定为汉,但都没有说明缘由。这三件壶均为圆形截面,高挑、束颈、鼓腹,鸟喙形口,与盖构成鸟首,铰接的提梁可以折叠,并被盖钮所衔圆环约束,除避免盖器分离或佚失的考虑,还在于强调造型的整体性,故当称其为鸟形壶。

《西清古鉴》卷二一还著录一件汉凫首壶(图四),壶体造型与前揭三壶接近,鼓腹下垂,上饰一周凸棱,口出喙形流,颇具象的鸟形盖可扣合在壶口。盖前出喙,中隆起小鸟头,有切口铰接上喙可使之开合,盖侧饰三道曲棱以示鸟翅和尾。盖造型的不同与壶体相应,在颈部设铺首衔环而无提梁,壶背亦无钮。

图四　汉凫首壶(引自《西清古鉴》卷二一页四)

前揭四件壶的下落均不明。但颇可窥知其著录的方式和内容:拟定器名并冠以时代,图绘器形,记载尺寸、重量,寥寥数字记载造型和附识。若有铭文的话,还会描摹铭文并释文。

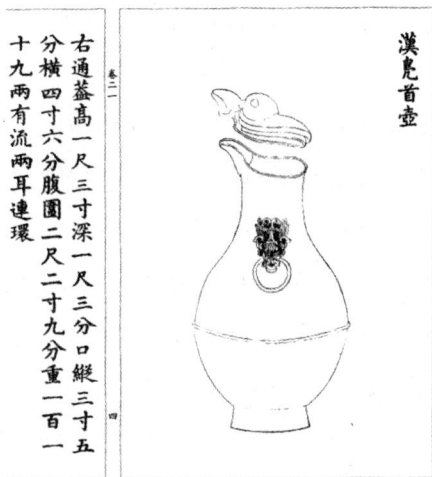

二、兄日壬卣与何壶

晚清至民国的青铜器和金文著录中,有若干同铭器,这里涉及同铭的一件卣和一件壶,二者有颇复杂的纠葛。铭文释读因人、因时而异,方便起见以新的隶定分别称之为"何卣"与"何壶"。

1. 何卣

就现有资料,最先涉及何卣的是许瀚(1797—1866)。许瀚,字印林,又字元瀚,号培西,室名攀古小庐,山东日照人,生于清嘉庆二年,卒于同治五年。是道咸间重要的朴学家、校勘学家、金石学家和书法家,龚自珍称许"北方学者君第一"[1]。许家贫,瀚幼随父馆读。嘉庆二十年受知于学政王引之(1766—1834),补州学生员。嘉庆二十四年乙卯(1819)与吴式芬(1796—1856)订交[2]。道光五年(1825)山东学政何凌汉(1772—1840)拔为贡生,次年朝考落第后,居京校书,结识了一大批学子和藏家。道光十一年(1831),何凌汉出任浙江学政,许瀚随之在杭州学署校书四年。道光十五年乙未(1835),应顺天府学政吴文镕(1792—1854)之邀赴多州府考试,并参加顺天府乡试中举人,居京与陈介祺(1813—1884)订交[3]。后潘锡恩(1785—1866)任顺天府学政,邀许瀚赴保定府、大名府校书,道光十七年(1837)回日照。次年赴京应试不第,居京两年。道光二十年(1840)主讲济宁渔山书院,先后两次会试(1841、1844)落第。道光二十四年甲辰(1844)主讲沂州琅琊书院,吴式芬以新得五件扬州古器拓本寄赠,许瀚撰《跋周安彝》《跋周伯尊》《跋周兄日壬卣》和《周囗宫尊盖跋》,跋文抄本藏山东博物馆(另一器铭跋未见)[4]。

许瀚《攀古小庐杂著》卷七《周兄日壬卣》,印本墨丁甚多,均属图形文字,显然刻板未曾完成(图五)[5]:

> 右拓本吴子苾方伯赠,所得扬州古器五种之一也。苏州顾湘舟又尝赠余全形拓本,文字与此如出一范而无此秀美,岂别一器耶?抑同器而拓手有异趣耶?子苾云"日工卣",又云"首末两字不可识"。余案█即█,既字,从之█像人举手,

[1] 龚自珍:《别许印林孝廉瀚》,见《龚自珍己亥杂诗注》,中华书局,1999年,第53页。

[2] 袁行云:《许瀚年谱》,齐鲁书社,1983年,第14页。郭妍伶认为许、吴订交在道光十九年(1839),见郭妍伶:《许瀚之金文学研究》,成功大学硕士学位论文,2008年,第55页,注116。

[3] 袁行云:《许瀚年谱》,齐鲁书社,1983年,第14、69页。

[4] 许瀚:《周安父彝》云"右器铭六字,篆文秀美,盖周器也。道光廿四年(1844)吴子苾廉访于扬州,得古器五种,此其一也。前二年王子梅寄我拓本,与此铭同而异器,篆文较朴古"。见《攀古小庐杂著》卷七页十八。许瀚《周囗宫尊盖跋》记道光二十四年吴式芬得之于维扬,审其制则断为尊盖,非阮元《积古斋钟鼎彝器款识》的"拍盘",后署"咸丰七年(1857)九月望日瀚识"。见王献唐:《顾黄书寮杂录》,齐鲁书社,1984年,第51—52页。

[5] 许瀚:《攀古小庐杂著》卷七、卷九。袁行云:《许瀚年谱》,齐鲁书社,1983年,第164页。许瀚道光二十六年(1846)应潘锡恩之邀赴清江浦校书三年返日照,其间结识高均儒(1812—1869)等。咸丰元年(1851)膺选滕州训导,又三年返日照。咸丰五年(1855)应浙江学政吴式芬邀请,赴杭州随署校文,未几,吴病退,次年十月卒。许瀚返沂州助吴编《攈古录金文》,咸丰七年(1857)吴式芬次子重憙邀许瀚校订其父遗书,次年正月许瀚病回日照。此后数年,许瀚时断时续校订吴式芬著作,先后成就《攈古录》《攈古录金文》《陶嘉书屋钟鼎彝器款识目录》《金石汇目分编》等。许氏晚年尤贫病,加之捻军窜乱,藏书与书稿散毁,抑郁而终。许瀚《攀古小庐文》于咸丰七年由高均儒在清江浦刊刻,尚未竣工,咸丰十年(1860)捻军攻克清江浦,书板毁于火。高均儒,字伯平,自号郑斋,浙江秀水(今嘉兴)人。廪贡生,长小学,工三礼,性狷介。

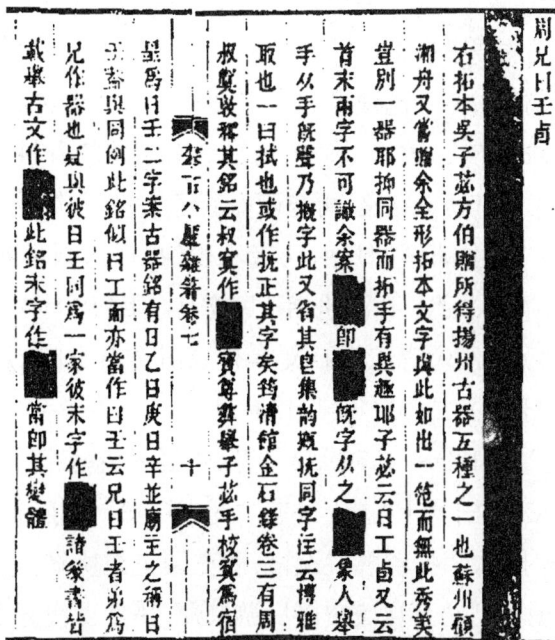

图五 《跋周兄日壬卣》(《攀古小庐杂著》
卷七页十,续四库全书本)

从手既声乃摡字,此又省其皂。《集韵》"摡抚同字",注云"《博雅》取也,一曰拭
也,或作抚",正其字矣。《筠清馆金石录》卷三有周叔實敦,释其铭云"叔實作■
宝尊彝举"。子苾手校"實为宿,呈为日壬二字"。案:古器铭有日乙、日庚、日辛
并庙主之称,日壬盖与同例。此铭似日工而亦当作日壬,云兄日壬者,弟为兄作
器也。疑与彼日壬同为一家。彼末字作■,诸篆书皆载,举古文作■,此铭末字
作■,当即其变体。[1]

按:顾湘舟即顾沅(1799—1851),字澧兰,号湘舟,别号沧浪渔父,苏州人。道光
间国学生,官教谕,叙布政使。鄙弃官场,归隐门里。居苏州辟疆小筑,醉心藏书与金
石文字,"收藏旧籍及金石文家甲于三吴",先后建藏书楼"怀古书屋""艺海楼""辟疆
园""赐砚堂""秘香阁"等。前揭赠许瀚周兄日壬卣全形拓,当在吴式芬寄赠拓本之
前。许瀚光绪二十四年为吴式芬铭拓作跋文时,许瀚已有顾氏全形拓本[2]。缘何许

---

[1] 许瀚:《攀古小庐杂著》卷七页十,《续修四库全书》第 193 册,上海古籍出版社,2002 年。

[2] 袁行云和郭妍伶据许瀚《艺海楼台墨妙跋》,"顾氏为吴中故家,收藏之富,鉴赏之精,代不乏
人,今湘舟先生其一也。道光廿有六年(1846)相识于袁浦"(《攀古小庐杂著》卷一二页二十。按:袁浦即
清江浦),认为许、顾订交于此年(见:袁行云《许瀚年谱》、郭妍伶《许瀚之金文学研究》第 73 页)。据《跋周
兄日壬卣》文(《攀古小庐杂著》卷七页十),道光二十四年许已获赠顾湘舟的全形拓,说明他们早有书信
往来。据此推测,二人道光二十六年首度在袁浦见面订交。

在接到顾氏拓本时未作跋文,未见文字记述。吴式芬一次寄赠五器铭拓,许瀚撰写四件的跋文,或许与吴氏的要求有关。

顾氏一大特长为雕刻,苏州沧浪亭五百名贤祠中五百多人物雕像均出其手。他还从传世青铜器的形制、铭文、纹饰、尺寸、重量等有根据的资料入手,督工精造青铜器,为清苏州造之代表。其伪刻铭文,可与西安苏亿年、苏兆年兄弟齐名。陈介祺《九月簠斋与平斋书》说:"南中则顾湘舟所伪者不少,都自伪刻又变一种,以拓本字摹成。"[1]平斋即吴云,下文详述。许瀚也指认顾赠其《周虢叔大林钟》铭为伪刻[2]。

《筠清馆金石录》别称《筠清馆金石文字》,系清金石学家、藏家吴荣光(1773—1843)藏金文录,刊刻于道光二十二年(1842)[3]。

按:吴子苾即吴式芬(1796—1856),字子苾,号诵孙,室名陶嘉书屋、双虞壶斋,海丰(今无棣)人,生于京师,出身于"进士世家""尚书门第",后随祖父宦游求学。道光十五年(1835)乙未进士,次年授翰林院编修,后充国史馆协修。《陶嘉书屋钟鼎彝器款识目录》初稿第一册"序":"余自庚寅以后游京师,获交当代好古诸家,每遇古器必手自摹拓,而四方同好亦各以所藏拓赠,所获寖多。爰荟萃墨本,汰其赝者,装册为玩,以是随其所得付装,故不次时代先后,亦不类分其器。……道光十又七年岁次丁酉二月十三日海丰吴式芬识于宣南坊寓。"[4]吴氏长于训诂音韵,精于考订。

道光十八年(1838)吴式芬补授江西南昌府遗缺知府,九月二十六日在扬州访冷鉴溪(生卒未详)于钞关门内,龙石(生卒未详)赠其所刻汉四皓石刻钩本及吉金拓本[5]。此后数年,吴氏补江西安南府知府、任安南知府、署建昌府知府、委署临江府事、委署南昌府事。道光二十四年(1844)升广西右江道,九月到京引荐,奉旨赴任,途经扬州得古器拓本数种寄赠许瀚。

---

[1] 陈介祺:《簠斋尺牍》,商务印书馆,1919年。见《近代中国史料丛刊》第九十七辑(0962),文海出版社,第1013页。

[2] 许瀚:"又苏州顾湘舟赠我小(周虢叔大林)钟拓本,则分此钟鼓右之文刻之两铣,并剥蚀处亦同,是作伪者耳。"(《攀古小庐杂著》卷六页二十)但许氏未指明作伪者,更未见其怀疑顾沅伪作铭文。

[3] 吴荣光:《筠清馆金石文字》五卷,道光壬寅(1842)南海吴氏校刊本。《北京图书馆善本书目》卷三。吴荣光,字伯荣,一字殿垣,号荷屋、可庵,别署拜经老人,晚号石云山人,广东南海人。嘉庆四年(1799)进士,由编修擢升御史,道光中任湖南巡抚兼湖广总督,后降福建布政使。从阮元学,富藏书,精金石鉴藏,工书画,有多种著作行世。

[4] 据《北京图书馆善本书目》卷三:"《筠清馆金石文字》五卷,清吴荣光撰。清道光二十二年吴氏筠清馆刻本,吴式芬校注并临许瀚批识。"知吴式芬参加了《筠清馆金石文字》的校注。引自袁行云:《许瀚年谱》,齐鲁书社,1983年,第264页。光绪十八年吴式芬作《齐侯罍铭考释》,次年著《金石目录分编》,咸丰三年(1853)有《攈古录》初稿。

[5] 吴式芬:《出都日记》不分卷页五,续修四库全书本。

此后,吴氏历任广西、河南按察使,直隶、贵州、陕西布政使。咸丰五年(1855)任浙江提督学政,邀许瀚随署校文,许瀚借盘缠赶到杭州,未几,吴甲寅病退归海丰,次年去世。许瀚返沂州助其编《攈古录》和《攈古录金文》[1]。《攈古录》收商周至元代金石文 18128 种,卷二收录日壬卣(图六,左):

> 日壬卣文九,山东海丰吴氏藏。
>
> 抚作兄日壬宝尊彝举。盖文同。[2]

此文基本上出自吴式芬之手,标明他收藏日壬卣,并释第一字为"抚",最后一字为"举"。

《攈古录金文》三卷九册,共收器 1329 件,其中的日壬卣,基本移录了许瀚释文(图六,右):

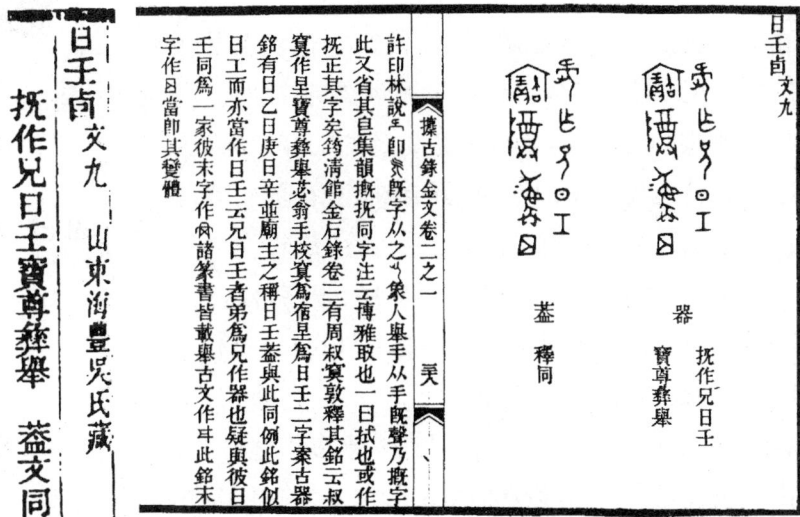

图六　日壬卣(左引自《攈古录》卷二,右引自《攈古录金文》卷二之一页三八)

许印林说𠀠即𠣪,既字从之。𠣪象人举手,从手既声,乃撫字,此又省其皀。

《集韵》"撫抚同字",注云"《博雅》取也,一曰拭也,或作抚",正其字矣。《筠清馆金

---

[1] 袁行云:《许瀚年谱》,齐鲁书社,1983 年,第 233—234、255、261、280、282 页。咸丰七年十月、十二月许瀚两度抵海丰订吴式芬遗书。《攈古录》成于咸丰十年底[1860,光绪二十二年(约 1896)梓行],次年完成《金石汇目分编》[宣统二年(1910)梓行]。同上,第 247、254、263、275、282、284 页;另见王懿荣(1845—1900)光绪二十一年(1895)十二月进呈《攈古录金文》奏折,收入《续修四库全书·史部·金石类》第 0902 册,411 页。据此,知《攈古录金文》由吴式芬子开封府知府吴重憙刊刻于光绪二十一年,著者署"次进士出身光禄大夫内阁学士兼礼部侍郎衔浙江学政加三级海丰吴式芬撰"。据郭妍伶重新统计,《攈古录金文》收许说 112 条,见其《许瀚之金文学研究》第 55 页。

[2] 吴式芬:《攈古录》卷二,《续修四库全书》第 895 册,上海古籍出版社,2002 年,第 271 页。

石录》卷三有周叔寏敦,释其铭云"叔寏作呈宝尊彝举"。苾翁
手校"寏为宿,呈为日壬二字"。案古器铭有日乙、日庚、日辛并
庙主之称,日壬盖与此同例。此铭似日工而亦当作日壬,云兄
日壬者,弟为兄作器也。疑与彼日壬同为一家。彼末字作
[字],诸篆书皆载,举古文作[字],此铭末字作[字],当即其变体。

对照前文许瀚《攀古小庐杂著》中《跋周兄日壬卣》,《攈古录金
文》基本是许文移录,反映了许瀚释文全貌。文中有"苾翁手校",更
是许瀚口吻,说明吴式芬编《攈古录金文》生前并未完成,于此器仅
录许瀚考释而未及校订。许瀚校订是编或是粗疏、或是有意,未以
编者口吻校改,使《攈古录》完全反映了许瀚的释文。

朱善旂,生卒年不详。清嘉道官吏、金石学家朱为弼(1770—
1840,字右甫,号椒堂)之子,字建卿,浙江平湖人,斋名敬吾心室。
官国子监助教、武英殿校理。朱善旂秉承庭训,学有渊源。《敬吾
心室彝器款识》所收 364 器,即是对诸家见解的汇编。扉页图签
落款"建卿季兄属署道光庚子(1840)汤(金钊)",有阮元印,次有
图题"敬吾心室篆图",落款"建卿属醇士画",钤"戴熙"和"醇士"
两方篆印。先后有李宗昉、张廷济和叶志诜序,张序落款为道光
二十一年辛丑(1841),叶序落款为"道光壬寅"(1842)[1]。是著
共收录 364 器,由朱之溱编次定稿,光绪三十四年(1908)石印,知
是著是朱善旂过世后开始编辑,而面世又在六十多年之后。朱氏
收录一"虎卣"铭拓,说明"吴子苾方伯见寄",隶定为"虎作兄日壬
宝尊彝"(图七)[2]。第一字释为"虎",最后一字未释。很明显,
此铭拓即是爰卣铭文,也是目前所见此卣的最早拓本。

刘心源(1848—1915),字亚甫,号冰若,别号幼丹,室号"奇觚",湖北嘉鱼(洪湖)

图七　虎作兄日
壬卣(引
自《敬
吾心室彝器
款识》,见
《金文文
献集成》
第十三册
第 63 页)

---

[1] 汤金钊(1772—1856),字敦甫,另字勖兹,浙江萧山人。嘉庆四年(1799)进士,后入直上书房,
升吏、户部侍郎,历礼、吏、工部尚书,谥"文端公"。阮元(1764—1849),字伯元,号芸台,江苏仪征人。乾
隆五十四年进士,先后任礼、兵、户、工部侍郎,山东、浙江学政,浙江、江西、河南巡抚及漕运、湖广、两广、
云贵总督,谥号"文达",朴学巨擘,号称一代文宗。戴熙(1801—1860),字醇士,号鹿床、井东居士等,浙
江钱塘(今杭州)人。道光十一年(1831)进士,次年翰林,官至兵部侍郎,后归故里,太平天国攻克杭州时
死于兵乱,谥号"文节"。戴熙工诗书,善绘事,被誉为"四王后劲"。张廷济(1768—1848),字顺安,号叔
未,浙江嘉兴人。工诗词,广收藏,精金石考据之学。
[2] 朱善旂:《敬吾心室彝器款识》,光绪三十四年(1908)朱之溱石印本,未编页。《金文文献集成》
第十三册,第 63 页。《殷周金文集成》所引朱著,分上下卷,是器为 71.1、72,当别有所本。

人。赐进士出身,钦点翰林院庶吉士,后授翰林院编修、国史馆协修,历任江南道监察御史、京畿道御史、成都知府、江西和广西按察使等。是清末民初著名金石学家和书法家,著有《古文审》八卷(1891 年自刻)和《奇觚室吉金文述》(1902 年石印本)等[1]。

《古文审》卷三著录悉尊(或作兄尊,图八),其铭文摹写,不知所从。录曰:

> 悉旧无释。此字从 凷 即心字,从旡即反欠字。《说文》"𢝕,惠也",实爱之本字。今皆用爱而悉废。……此悉乃人名,日壬二字合篆,旧无释,日字甚明壬作工,与工字近,父壬爵之壬作工可证也。……日壬者,记日也。……末一字旧无释,或云卣字。存参。[2]

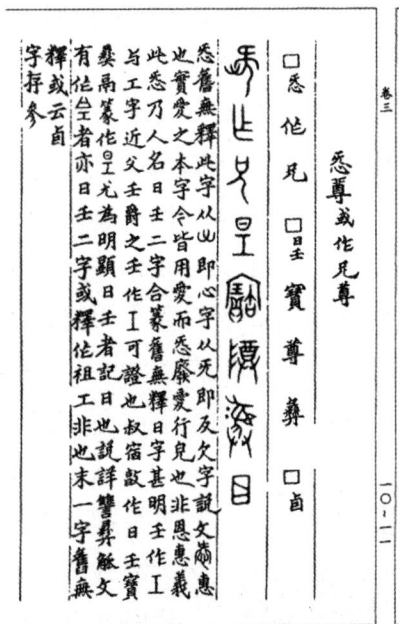

图八 悉尊(《古文审》卷三页一一)

刘心源既没有解释器和铭的来源,也没有读许瀚和吴式芬的相关考释,径称第一字"无释",末一字释"卣"亦十分随意。刘氏称此器为尊,或别有器亦未可知。

方浚益(? —1899),字子听,另字伯裕,安徽定远人,历金山、南汇、奉贤知县。善书画,富金石收藏,精鉴定。方氏仿阮元(1764—1849)《积古斋钟鼎彝器款识》(1804 刊行)作《缀遗斋彝器款识考释》三十卷。据序言方氏集拓本起于同治八年(1869),定本起于光绪二十年(1894),收商周器 1382 件,民国二十四年(1935)商务印书馆刊行石印本。卷一一"卣中"收"悉卣盖",铭九字(图九),隶定采自刘心源:"悉作兄日壬宝尊彝□",但末一字不释。录文如下:

> 右悉卣盖铭九字,据冯晓渔大令所辑拓本摹入,此与吴观察所藏兽尊同文。陈寿卿编修释首一字为抚,刘幼丹太守释为悉,皆疑未确,姑从刘释。[3]

方氏只及一卣盖,且从冯晓渔所辑拓本摹写,并明确指出和吴式芬藏兽尊同铭。前揭吴氏藏品是卣,或为方氏误记或笔误,但方氏稔熟吴式芬、陈介祺和刘心源的释文。

[1] 容庚:《清代吉金书籍述评(下)》,《学术研究》1962 年第 3 期,第 80—82 页。

[2] 刘心源:《古文审》卷三页一一,光绪十七年(1891)自刻本。

[3] 方浚益:《缀遗斋彝器款识考释》卷一一页三〇,1935 年商务印书馆影印。容庚:《清代吉金书籍述评(下)》,《学术研究》1962 年第 3 期,第 79—80 页。

吴大澂(1835—1902),初名大淳,字止敬,又字清卿,江苏吴县(苏州)人。咸丰十一年(1861)洪杨之乱避兵上海,吴云主厘捐局,邀其办理笔墨[1]。同治七年(1868)进士,授编修,出为陕西学政。光绪三年(1877)赴山、陕襄办赈务,次年授河北道。光绪六年随铭安(? —1911)办理东陲边务,次年授太仆寺卿,并再度赴吉林整军吏、筑炮台、招移民、勘边界。光绪十三年(1887)调任广东巡抚,次年署河南山东河道总督,后任湖南巡抚。光绪二十年(1894)甲午战争爆发,率湘军东北作战溃败,光绪二十四年革职永不叙用,后任上海龙门书院山长。吴大澂精于鉴别与古文字考释,工篆刻和书画,有多种著作行世。他的《愙斋集古录》是晚清金文拓本集大成之作,收 1026 器,编

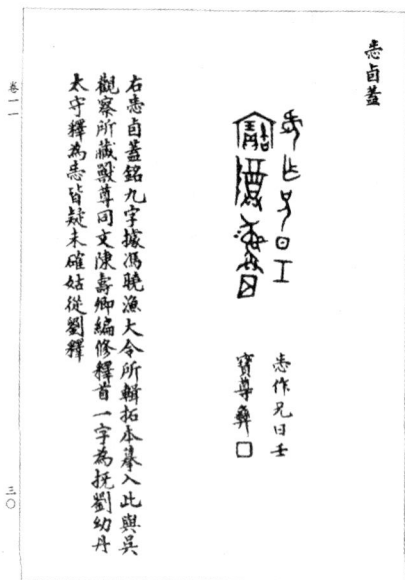

图九　悉卣盖(《缀遗斋彝器款识考释》卷一一页三〇)

为二十六卷。吴氏的序写于光绪二十二年(1896)秋,拓本释文随得随为,但书稿未完成而病殁,后由其门人王同愈(1856—1941)整理,1917 年影印刊行。第十三册"尊"中收录"尊"(图一〇),但全书未收"日壬卣"和"日壬"壶(详后)。对照铭文,吴大澂的"尊"即是吴式芬的"日壬卣",但隶定不全:"作宝尊彝",并释"疑古爱字"[2]。吴氏显然未及参校别本。

据吴式芬《攈古录》,明载他收藏有何卣。据许瀚器物铭跋,何卣铭拓是道光二十四年(1844)吴式芬寄赠的。此年吴氏升任广西,回京引荐后赴任途经扬州,获扬州五器拓片寄赠许瀚,究竟是仅获得拓片还是拓片和铜器兼有,似乎属于后者,至少何卣如此,但未见他人观摩何卣的记录。许瀚为日壬卣作跋时困惑于日壬卣和日壬壶,在吴府校书时间颇长,未见释惑文字留存。

王恩田根据吴式芬杞伯匜拓片上三方藏器印的一方"戊辰兵/燹,壬辰灰尽(烬)之余",认为"戊辰兵燹"指同治七年(1868)捻军在徒骇河战败,"壬辰灰尽"指光绪十

[1] 吴大澂:《愙斋日记》,见《〈青鹤〉笔记九种》,中华书局,2007 年,第 123—145 页。吴大澂:《愙斋自订年谱》,同上,第 77—120 页。

[2] 吴大澂:《愙斋集古录》第十三册页一四,1930 年涵芬楼影印本。《续修四库全书》第 903 册,第 200 页。

图一〇　鸟尊(《愙斋集古录》第十三册页一四)

八年(1892)吴宅火灾[1]。难以圆通的是吴式芬卒于咸丰六年
(1856),不能经历两次劫难,藏器印当出自他人或别有其他含
义。也就是说,许瀚有很多机会看到何卣却未有文字记录。

　　王氏说何卣器毁于火,"仅存卣盖,周身黝黑,今存山东博物
馆",惜未发表器盖照片,仅提供拓片(图一一)。王氏进一步指
出,《缀遗斋彝器款识考释》所著录的卣盖即是何卣盖[2]。

　　《殷周金文集成》柯作兄日壬卣,归卣类。铭文拓片分别来
自《续殷文存》(05339.1)[3]和《敬吾心室彝器款识》(05339.1—
2)[4],并指出器为吴式芬旧藏,将其年代定为殷[5]。《集成》修
订增补本认为其年代为殷或西周早期[6],铭隶定为"柯作兄日
壬宝尊彝"[7]。

　　上述对何卣的著录和讨论,均无器形,以至王恩田 2017 年
的讨论,虽然涉及何壶造型问题,但对何卣盖的器形也漠不关

图一一　山东博物馆藏何卣盖铭拓片(引自《考古与文物》2017 年第 5 期 57 页图七)

　　[1]　王恩田:《荷卣、荷壶真伪辨——兼论荷簋、荷尊的年代与族属》,《考古与文物》2017 年第 5 期,
第 54—59 页。

　　[2]　同上。希冀山东博物馆能以科学方法确定此盖铭文真伪并与器盖照片一并发表。

　　[3]　王辰:《续殷文存》二卷,考古学社,1935 年,上 60.5。

　　[4]　朱善旂:《敬吾心室彝器款识》二册,光绪三十四年(1908)朱之瀠石印本,下 73.7—8。

　　[5]　中国社会科学院考古研究所:《殷周金文集成》第十册,中华书局,1984 年,第 5339 号。

　　[6]　中国社会科学院考古研究所:《殷周金文集成》(修订增补本)第四册,中华书局,2007 年,第
5339 号。

　　[7]　《殷周金文集成》第 5339 号。

心,只是对铭文的隶定和考释。因各家注释刊刻时间前后不一、流行范围狭广有别,后起的释文未必能参考或及时参考前人卓见,但总体上看,自许瀚释日壬后,均从。从铭文推定时代,自宋吕大临《考古图》即不可靠,清人对此贡献亦不多。

2. 何壶

何壶首先著录于吴云(1811—1883)。吴云字少甫,号平斋、榆庭、愉庭,晚号退楼主人,斋堂号两罍轩、二百兰亭斋、敦罍斋、金石寿世之居。祖籍安徽歙县,后迁归安(浙江湖州)。道光诸生,任常熟通判,历知宝山、镇江,咸丰间总理江北大营营务、筹军饷,擢苏州知府,后退居苏州。多收藏,精鉴赏,工刻印。在他的收藏中,有一件鹰首壶,他写信给陈介祺述其来历:

> 此器辛酉冬间有金兰生者得自沪上废铜铺中,后售与(予)李眉生廉访鸿裔,弟博易得之。其时江苏故家收藏为贼匪兵勇所掳者辗转售卖,皆以沪上为尾闾,是否即顾湘舟所藏无可考也。[1]

按:辛酉当为咸丰十一年(1861)。金兰生,字缨,生卒不详,浙江山阴(今绍兴)人,曾承父志,辑成《几希堂续刻》等,撮要以《格言联璧》刊行。洪杨之乱时吴云主上海厘捐局,金兰生即在其中[2]。李眉生(1831—1885)即李鸿裔,字眉生,号香严,又号苏邻,四川中江人。咸丰元年(1851)举人,官至江苏按察使加布政使衔、兵部主事。以耳疾辞官居苏州,将网师园修整后更名苏邻小筑,内设万卷堂藏书。精书法,工诗文,广收碑帖书画,富器藏。与潘祖荫(1830—1890)、莫友芝(1811—1871)交谊极深。

此信显然写于《两罍轩彝器图释》付印之前,是对陈介祺信的回复。陈信内容有待查考,从吴云回信看,陈介祺还曾指出爱壶与吴式芬藏卣铭文雷同的问题,对此,吴云认为异形同铭之器并非孤例,故有:

> 尊藏堇山臤䍐鼎与阮氏器铭同而器异,将来能以全形拓本见寄否?[3]

结合上文吴云说"是否即顾湘舟所藏无可考也",大概陈介祺举许瀚文说明顾湘舟声名在外,是伪作高手,提醒吴云,吴才如此作答。至于释文,吴氏的回复是:

---

[1]　吴云:《两罍轩尺牍》,文海出版社,1886年,第661页。

[2]　吴大澂:《愙斋日记》,见《〈青鹤〉笔记九种》,中华书局,2007年,第123—145页。顾廷龙:《吴愙斋先生年谱》,哈佛燕京学社,1935年,第9—11页。

[3]　吴云:《两罍轩尺牍》,文海出版社,1886年,第661页。信后吴云想已得到陈介祺回复并寄拓片,故次封回复"臤䍐鼎止存残铜一片何以知为方鼎? 乞示知。缘弟所藏阮氏积古斋之臤䍐盖乃圆鼎非方鼎,故亟欲一闻其详也"。同上,第664—665页。

承示许印翁释字，谓即，既字从，像人举手，从手，既声，乃㧑字省㧑，定为抚字，所释甚确。日工子苾学使释为日壬，引日乙、日庚、日辛为证，亦有依据。已悉如来翰录入拙著。惟末字似班，未解其义。虽已并录，尚望明示。[1]

《两罍轩彝器图释》收录吴云藏器103件，多认为刊刻于清同治十一年壬申(1872)，著录的周爰壶有图和摹写铭文(图一二)，文字先记尺寸重量，次考铭文，移录如下：

器圆，有盖，兽头鸟嘴。通高今尺一尺二寸三分(合折叠提梁至底一尺四寸五分)，深九寸七分。器口前后径五寸二分，左右径三寸五分，腹径六寸八分，围二尺一寸九分，底径四寸。重今库平一百四十五两。

右爰壶器、盖铭各九字，按第一字释作爰，或释作受，此作器者之名，无文义可释，姑定为爰字。古器铭子为父作则称父孙，为祖作则称祖弟，为兄作亦如之。日工未详，按《书》"予齐百工"，《孔传》"工官也"。《礼记》"百工咸理，监工日号"，注"百工皆理治其事，工师则监之，日号令之"。铭曰日工或当时有此官。书阙有间亦未可定。古铭或称官，或称名，或称氏，无一定也。此器为李眉生方伯所赠，形制奇古，彝器中罕有之珍也。字未释。陈寿卿太史述许印林(瀚)释字云：按即，既字从，像人举手，从手既声，乃㧑字，此又省其㧑耳。《集韵》八未"㧑抚同字"，注云"《博雅》取也，一曰拭也，或作抚"，正其字矣。《筠清馆金石录》卷三有周叔窠敦，释其铭云："叔窠作星宝尊彝㪯。"吴子苾式芬手校："窠为宿，星为日壬二字。"案：古器铭日乙、日庚、日辛，并庙主之称，日壬盖与同例。云兄日壬者，弟为兄作器也。此日壬疑与彼器日壬同为一家作。彼末字作，诸篆书皆载，㪯古文作□，此铭末字作，当即其变体。寿卿□㧑字未确壬字□□并存以□未考。[2]

吴云与鸟首铰接提梁壶的情结，汪涛博士有精到的梳理和考证[3]。颇令人费解的是，吴云是图籍和器物收藏大家，其《两罍轩彝器图释》既没有引述前揭的《西清古鉴》鸟壶与何壶，也没有引述后叙的《西清古鉴》同铭尊为之佐证。许瀚、陈介祺这些博闻饱学之士也是如此。

————————————

[1] 吴云：《两罍轩尺牍》，文海出版社，1886年，第660页。
[2] 吴云：《两罍轩彝器图释》卷七页一。
[3] 汪涛：《东周早期公元前八至七世纪青铜鸦首提梁壶》《鸦首壶最早的藏家吴云及他的交往圈子》，收入 Sotheby's, *Chinese Art through the Eye of Sakamoto Gorō, A Bronze Owl Hu*, New York：Sotheby's, 2014, pp.24-57.

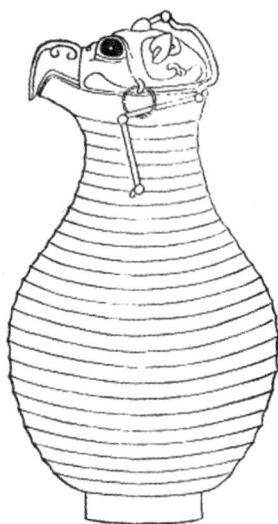

图一二　周爱壶(《两罍轩彝器图释》卷七)

《两罍轩彝器图释》据陈介祺意见录许瀚的释文。然王恩田录陈介祺于同治十二年癸酉(1873)十一月三日给退楼(吴云)的信,先附许瀚释文,后认为卣与壶为两件器物:吴云所藏及顾沅那件。

> 右日照许印林瀚释文。祺案抚释甚确。所云顾器,或别一卣,或即尊斋之壶,壶得之顾氏则定矣。壬字无疑,末字似班,即寄退楼鉴定,再乞壶拓(图更佳),付仲饴为索卣、爵(同文)拓也。簠斋记。[1]

按:仲饴即吴式芬次子吴重熹(1838—1918),另字仲怡,同为道光年间金石学家。

《两罍轩彝器图释》卷七"周爱壶"录文,和上述陈介祺给吴云信的内容高度一致,同录许瀚对铭文的讨论,可以认为"图释"移录了陈信。问题是陈信写于同治十二年,"图释"被认为刊行于同治十一年。据吴云序文,"图释"由汪泰基、张筠绘图与摹铭[2]。容庚指出图录一改前人双勾摹绘而用实笔,更为逼真。也认为图录酌取陈介

---

[1] 陈介祺:《秦前文字之语》卷四"致吴云书",齐鲁书社,1991年,第251—252页。

[2] 汪泰基,号岚坡,归诸生,浙江桐乡(一说嘉兴)人,晚清藏书家、书法家,生平待考。张筠,浙江建德人,光绪九年(1883)参加癸未科殿试,登进士二甲,改翰林院庶吉士,光绪十二年四月,散馆,授翰林院编修。

祺等的意见。至于刊行时间,容庚多处记"同治十一年自刻本、文瑞楼石印本"[1]。
吴云为"图释"所写序言,落款"同治十一年壬申秋八月归安吴云书于金石寿世之居";
冯桂芬(1809—1874)序落款"同治十有二年岁次癸酉季春之月吴县冯桂芬序";俞樾
(1821—1907)序落款"同治十有二年太岁在癸酉毕陬之月德清俞樾撰并书于春在
堂"。"图释"前"两罍轩主人六十三岁小景"落款"癸酉秋日江阴吴儁写"。沈秉成所
写的赞落款"同治癸酉八月朔"[2]。显然,吴云在同治十一年壬申为"图释"写了序,
但冯桂芬、俞樾的序和吴儁的像、沈秉成的赞是次年即同治十二年癸酉才写成的,序
就于春而像成于秋。陈介祺的信写于冬,《两罍轩彝器图释》梓行,很可能是同治十三
年甲戌之事。

　　吴云虽是晚清收藏大家,但不免杂有伪作者,陈介祺与王懿荣书信有:

　　　　退楼所得伪器或自知之,得之即自讳其伪,自欺欺世,有识者自能辨之。(癸
　　酉六月二十一日)

　　　　退楼所藏有至佳者,而不肯汰伪,可惜。所跋则必不可言。[3]

　　吴大澂《与鲍鼎年书》也两次谈及吴云:

　　　　平斋藏至美,富而不择,何耶?(甲戌九月)

---

　　[1]　容庚:《商周彝器通考》,哈佛燕京学社,1941 年,第 262 页;容庚、张维持:《殷周青铜器通论》,
文物出版社,1984 年,第 142 页;容庚:《清代吉金书籍评述》,见《颂斋述林》,中华书局,2012 年,第 83—
85 页。延续此说的有赵诚(《晚清的金文研究》,《古汉语研究》2002 年第 1 期,第 11 页)、朱凤瀚(《中国青
铜器综论》,上海古籍出版社,2009 年,第 38 页)等。新编《金文文献集成》(主编刘庆柱、段志洪、冯时,线
装书局,2005 年)第八册收是著,亦注明"据清同治十一年自刻木本影印"(第 1 页)。王国维与罗福颐《三
代秦汉金文著录表八卷》征引《两罍轩彝器图释》,注明刊行于同治十二年。
　　[2]　吴云:《两罍轩彝器图释》,据同治十一年自刻木本影印。见上注《金文文献集成》第八册,第
1—8 页。冯桂芬(1809—1874),字林一、景庭,江苏吴县(今苏州)人。精历算勾股之学,师从林则徐,道
光二十年(1840)进士,宦游多地,后协助李鸿章创淮军,以《校邠庐抗议》为晚清著名思想家。俞樾
(1821—1907),字荫甫,号曲园居士,浙江德清人。道光三十年(1850)进士,授翰林院编修,在河南学政
任被弹劾归田苏州,讲学著述,成为晚清著名经学家、文学家和书法家。吴儁,字子重,号南桥、冠英,江
苏江阴人,乾隆三十七年进士。写真尤得古法,亦工刻篆,为戴熙、何绍基、张穆等器重(《明清进士题名
碑录》835 页)。沈秉成(1823—1895),字仲复,号耦园主人,浙江归安(今湖州)人。咸丰六年(1856)进
士,授编修,迁侍讲,任武英殿总纂、文渊阁校理等,升苏松太道,历河南、四川按察使,广西、安徽巡抚,两
江总督等要职。工诗文书法,精鉴赏,多收藏金石鼎彝和法书名画。罢官后居苏州,与藏家、书画界多有
往来。
　　[3]　陈介祺:《簠斋尺牍》(《近代中国史料丛刊》第九十七辑),文海出版社据 1919 年商务印书馆影
印本重印,第 199 页;顾廷龙:《吴愙斋先生年谱》,哈佛燕京学社,1935 年,第 42 页。王廉生即王懿荣
(1845—1900),一字正儒,原籍云南,山东福山人。光绪六年(1880)进士,授翰林院编修,国子监祭酒。
八国联军陷京,皇帝外逃,王懿荣偕夫人、儿媳投井殉节。生性喜金石,善书法,发现甲骨文。

退楼所藏至佳者而不肯汰,殊可惜。(甲戌五月三日)[1]

和陈介祺有同样见解的还有方浚益。前揭其《缀遗斋彝器款识考释》(稿成于 1894 年,1935 年商务印书馆刊行石印本)卷一八收一 兂 兽尊,铭文摹本同前揭卷一一"兂卣盖",但释文不一(图一三):

> 右兂兽尊并盖,铭各九字,李眉生廉访旧藏器,今归吴平斋观察。此器长颈有流,盖作兽面,连环系于提梁,文与《西清古鉴》所录壶铭同,据拓本摹入。[2]

很清楚,这件尊即何卣,方氏明确它与兂卣盖为两件器物。录文指《西清古鉴》著录壶,其中无与此铭相同器,但一件"周兄尊"与之同铭(图一四),铭文隶定为八字,其中三字不识:"□作兄□宝尊彝□"[3]。这件尊年代在殷周之际或西周早期,是否与吴式芬所藏扬州五器中的何卣为同组之器,因无图像,难以稽考。至方浚益,《西清古鉴》才被引用,却未见于器形鸟壶的讨论,说明这批金石学家对器形毫无兴趣。

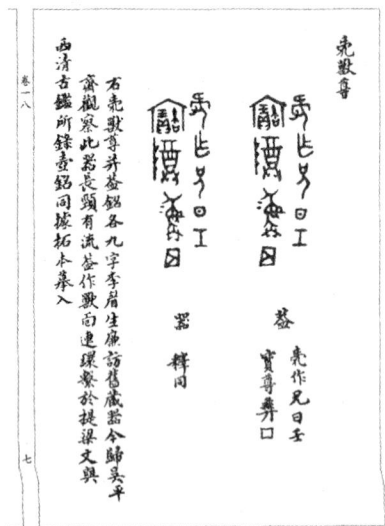

图一三　兂兽尊(《缀遗斋彝器款识考释》卷一八页七)

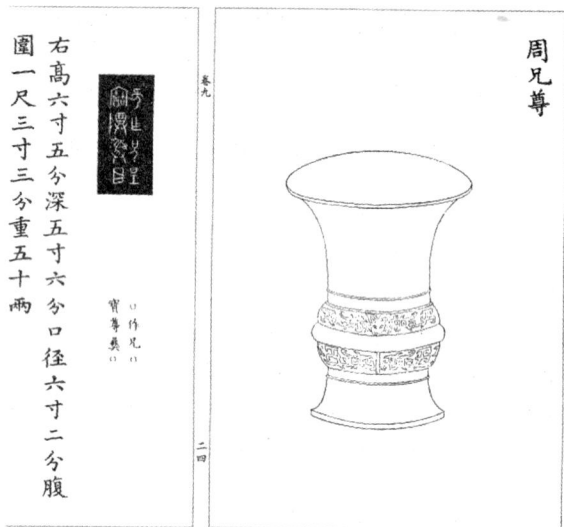

图一四　周兄尊(《西清古鉴》卷九页二四)

盛昱(1850—1899),爱新觉罗氏,清宗室,隶满洲镶白旗,字伯熙,号韵莳、意园。光绪二年(1876)进士,授编修、文渊阁校理、国子监祭酒。因直言,不为朝中所喜,遂

[1] 鲍康,字子年,安徽歙县人,生卒待考。以内阁中书官至夔州知府。生平嗜古泉货,收藏宏富,著《泉说》《续泉说》各一卷,刊刘喜海(1793—1852)著作多种。

[2] 方浚益:《缀遗斋彝器款识考释》卷一八页七,1935 年商务印书馆影印。

[3] 清高宗敕编《西清古鉴》卷九页二四,乾隆二十年(1755)内府刻本。

请病归家研究史地,多藏典籍和金文拓片,欲编《郁华阁金文》
未成而辞世,书前有罗振玉戊辰(1928)的题记。其第二十九册
收 𤔔 壶(图一五)[1],拓片可能来自吴云。

　　吴云于光绪九年(1883)辞世,所藏不久散出。爱壶后归汉
阳藏家万氏(中立),并被邹安(1864—1940)著录于《周金文存》
(1916):卷五目录中记"爱壶""器、盖(铭各九字)",藏家为"归
安吴氏、汉阳万氏"。这一著录不仅有盖、器铭文拓本,而且有
器物"缩小十分之五"的全形拓,并且将壶的盖子打开,挂在提
梁上而垂搭在壶肩(图一六)[2]。

　　晚清至民国收藏大家刘体智(1879—1962)编辑的《小校经
阁金石文字》(1935)收录 6500 多件金文拓本,未收何卣但收录
了"爱作兄日壬壶",壶铭拓片有"南陵徐乃昌藏器"印[3]。徐乃
昌(1869—1943),字积余,晚号随庵老人,南陵人,出身望族。
光绪十九年(1893)中举,二十七年任淮安知府,特授江南盐巡
道。次年受命考察日本学务,回国后总办江南高等学堂,督办
三江师范学堂。清亡后隐居著述。

图一五　　𤔔壶(引自《郁华阁金文》,见《金文文献集成》第十五册第275页)

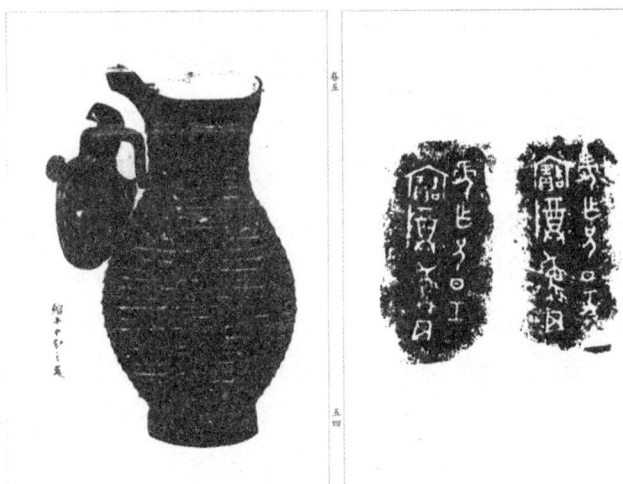

图一六　爱壶(引自《周金文存》卷五页五四)

　　[1]　盛昱:《郁华阁金文》,北京大学图书馆藏原拓本,见《金文文献集成》第十五册,第 275 页。罗
振玉题记壬子(1912)此稿本归其大云书库。

　　[2]　邹安:《周金文存》卷五目录,1916 年仓圣明智大学刊本、广仓学窘石印本。

　　[3]　刘体智:《小校经阁金石文字》卷四,1935 年石印本、大通书局影印本,第 766 页。

　　吴云《两罍轩彝器图释》刊布何壶图像和铭文,器物造型十分奇特,是否可以上溯到商代,晚清诸家并不关心,年代确定依然凭铭文。公认鉴别精审的罗振玉(1866—1940)将其铭拓收录于《三代吉金文存》(1936),称 🔣 壶(图一七)[1]。

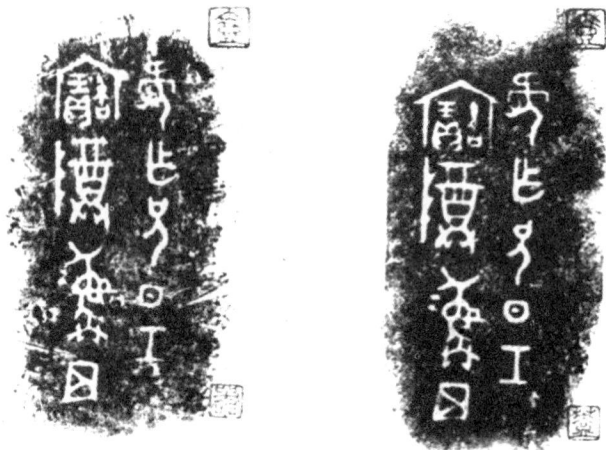

图一七　🔣 壶(引自《三代吉金文存》卷一二)

　　容庚(1894—1983)的论著多次涉及这件壶。1927 年,容氏考究青铜礼乐器名实,对"古器之不能名者,统称之曰彝"。其中引用《两罍轩彝器图释》周爱壶,并率先较多注意其造型:"其体圆,有流,盖作兽首而鸟嘴,有折叠提梁",沿袭吴云之说并引用其图[2]。1941 年,容氏《商周彝器通考》称此器为 🔣 壶,"通盖高一尺一寸七分,通梁高一尺三寸六分。器圆,盖作兽头而鸟喙,提梁可折叠,有环与盖相连。腹饰瓦纹。盖、器各铭'🔣 作兄日壬宝尊彝 ▢',两行九字,在腹内"。还引述《两罍轩彝器图释》"著录画图。器形似卣,旧称为壶,姑附于此"。容氏定此壶"约在商代"但没有说明依据[3],估计据其铭文和"周兄壶"。再后,容庚释此壶首字为爱,铭"爱作兄日壬宝尊彝,▢",称爱壶,并指出"器形似卣"[4]。最后,容庚仍摹写第一字,称此器为 🔣 卣,置于鸟兽卣属,记其通盖高 386、通提梁高 454 毫米[5]。容庚《通考》和《通论》都引用

　　[1]　罗振玉:《三代吉金文存》卷一二,中华书局,1983 年,第 1127 页。

　　[2]　容庚:《殷周礼乐器考略》,《燕京学报》第一期,图 125。见《金文文献集成》第三十七册,第472 页。

　　[3]　容庚:《商周彝器通考》,哈佛燕京社,1941 年,第 436 页,附图 713。容氏著录的尺寸不同于《两罍轩》,但未注明来源。《西清古鉴》卷九页二四,乾隆二十年内府刻本。

　　[4]　容庚:《金石学》,第 24 页。见《金文文献集成》第三十七册,第 406 页。是著称容氏《金石学》据 1925 年北京大学文学院排印本影印,但书中明显引用《商周彝器通考》(1941 年哈佛燕京社刊印),说明此本《金石学》定稿较晚。

　　[5]　容庚、张维持:《殷周青铜器通论》,文物出版社,1984 年,第 54 页、图版 88 第 171 号。

何壶照片,惜未注明其来源。

吴镇烽隶定此壶铭文为"何作兄日壬宝尊彝, ",称之为何壶,并从容庚之说定年代为商代晚期。径直采用《两罍轩彝器图释》尺寸和图绘,铭拓采自别著,未附照片[1]。毕经纬根据何壶器形与铭文的矛盾,以及使用方面的障碍,推断其为伪器[2]。而王恩田指出 应释为"荷",根据铭文与器形的矛盾,推断吴云、容庚著录的 壶,铭文蓝本源于吴式芬兄日壬卣, 壶伪铭出自顾湘舟,但器为真[3]。惜未分析伪铭伪在何处、如何作伪。

汪涛对何壶流传做了认真梳理,但何壶何时从吴云处流出,何时被万中立和徐乃昌收藏及收藏多久,何时从何人手流出海外到英国画家 Leoniel Edward(1878—1966)之手还不清楚。英国汉学家、中国艺术史家叶慈(Walter Percival Yetts, 1878—1957)应藏家 Edward 之邀鉴赏此壶,并于 1940 年发文讨论,说明何壶流出在1940 年之前。叶慈研究何壶(图一八),明确指出其著录于吴云《两罍轩彝器图释》,铭文的摹本或拓本被邹安、吴大澂、刘体智和罗振玉所著录,但除吴云外,其余四人均不曾见过此壶。他看此壶时突出的感觉是铭文较器形古老,而且盖铭有錾刻痕迹。至于壶腹铭文,因深在壶底,部分被锈遮掩,不易看清。后经 Harold J. Plenderleith(1898—1997)[4]在实验室清理和考察,证明盖铭是近世伪刻。底部铭文不是在原底上,而是在一叠加其上的金属圆片上,当去除附着物之后,圆片的边缘便显露了出来。很明显,由于壶原底难以錾刻铭文,便在一圆片上刻铭并叠在原底上。壶底直径 118毫米,而壶颈直径仅 25 毫米,为此,作伪者将圆片从侧边切开,置入壶底再拼接并固定在壶底上(但未交代如何固定)。在无铭器上后加铭文,大概是为了提高器物身价。但作伪者并不懂得铭文,通常会复制真器铭文以瞒过行家[5]。

1945 年 John Sparks 古董行将何壶卖给旧式鉴赏家 Baron Paul Hatvany。1978

[1] 吴镇烽:《商周青铜器铭文暨图像集成》第 22 卷,上海古籍出版社,2012 年,第 12231 号。

[2] 毕经纬:《传世有铭铜器辨伪一则》,《考古与文物》2015 年第 3 期,第 111—113 页。

[3] 王恩田:《荷卣、荷壶真伪辨——兼论荷簋、荷尊的年代与族属》,《考古与文物》2017 年第 5 期,第 54—59 页。此文系王氏遗作,所录陈介祺错误多达十余处。

[4] Harold J. Plenderleith,著名艺术品保护学者和考古学家。1924 年进入大英博物馆新创立的科学与工业研究部(Department of Scientific and Industrial Research),参加了埃及图坦卡蒙墓、乌尔遗址和 Sutton Hoo 葬船的发掘。1934 年当选爱丁堡皇家学会(Royal Society of Edinburgh)会员,1959 年自大英博物馆退休,成为 ICCROM 的首任主席,并连任到 1971 年。

[5] W. Percival Yetts, "A Group of Chinese Bronze Flagons", *The Burlington Magazine for Connoisseurs*, Vol. 76, No. 443, 1940, pp. 38、43 - 45. 遗憾的是经大英博物馆科学研究部(Department of Scientific Research, British Museum)高级研究员王全玉博士多方查找,找到的 Plenderleith 的档案中并不包括他处理这件壶的记录。

图一八　何壶(左、中引自 *The Burlington Magazine for Connoisseurs*, Vol. 76,
No. 443, p.45; 右引自《中国艺术品经眼录：埃斯卡纳齐的回忆》图 48)

年,再由伦敦古董行 Eskenazi Ltd 拍卖(图一八,右)[1],英国铁路退休基金会(The British Rail Pension Fund)购藏,并借予大英博物馆展览。这件壶再次出现是在 1989 年 12 月 12 日伦敦苏富比的拍卖图录中(lot 19)[2],为坂本五郎所购藏[3],2014 年苏富比再度拍卖而流拍。

　　何壶的造型和结构,此前均依据《两罍轩彝器图释》的图绘,至叶慈文章发表后,清晰的照片公诸于世。其基本造型和《西清古鉴》及《宁寿鉴古》所著录的鸟首壶相同,矮圈足,鼓腹,束颈,喙流,鸟首形盖。颈部设一对枢铰接提梁,盖面两侧有半环耳,各自链接一圆环,套住提梁约束之。2014 年的拍卖图录公布了很多器物的局部信息,值得注意的是,提梁由五段构成,两侧各两段直臂,与《西清古鉴》鹰首壶相同。突出的特点还在于其鸟喙,上喙为钩状,合在下喙上并包住喙尖,且上喙中间起纵向脊。整个盖穹形,两眼向天,眼珠向上凸出,并在两眼之间开方形槽与上喙铰接(图一九,左),喙张开后才可发现在上喙两侧设计了鼻孔,但不透(图一九,中)。另一大特点是此壶盖上向两侧斜耸的近圆形耳,前有凹下的耳窝,耳背则向后鼓(图一九,右),

────────────

　　[1]　朱塞佩·埃斯卡纳齐(Giuseppe Eskenazi)著,刘昊、欧阳碧晴、战蓓蓓译:《中国艺术品经眼录:埃斯卡纳齐的回忆》(第二版)(*A Dealer's Hand: The Chinese Art World Through the Eyes of Giuseppe Eskenazi*),上海书画出版社,2017 年,第 52—53 页,图 48。

　　[2]　Sotheby's, *Chinese Art Through the Eye of Sakamoto Gorō, A Bronze Owl Hu*, Sale N09124., New York: Sotheby's, 2014, p. 12.

　　[3]　Hayashi Minao and Higuchi Takayasu, *Ancient Chinese Bronzes in the Sakamoto Collection*, Tokyo, 2002, p. 11.

这在同类其他器中不曾有过。此外,盖面勾勒浮雕云纹,也是其他器罕见的现象。更为重要的是,此壶盖、腹均有九字铭文,前文已经讨论,所据为拓片,其盖铭照片笔画清晰、流畅、深竣(图二〇,左),许瀚所言顾湘舟所赠全形拓铭文不够秀美,或许只是拓片问题,但照片上"宝"字右竖似有刻痕,大英博物馆 Harold J. Plenderleith 发现有很多刻痕[1],可惜未有图像记录。拓片未必能表现出刻痕,但显微照片和硅胶模一定可以,新作未能着力于此。首次提供的 X 光片,虽然质量欠佳,未能表现出提梁的铰接关系,但还是显示出壶周身饰水平瓦楞纹而内壁平光,故器壁薄厚如瓦楞,并有不少铸造气孔,且下腹较甚。竖起的一只耳根残破,耳可能胶结在盖面(图二〇,中)。壶底的 X 光片充分证实了 Plenderleith 的发现,底中心不规则的一块约为器底的四分

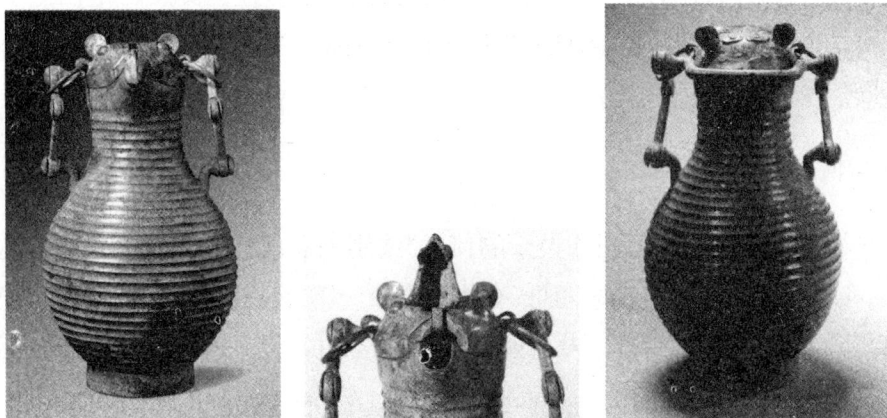

图一九 何壶及其局部(引自《不言堂》第 53、10、5 页)

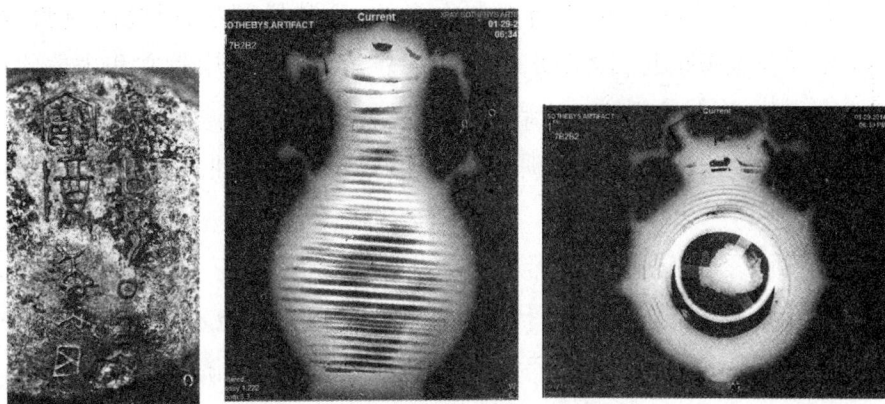

图二〇 何壶盖铭及腹、底 X 光片(引自《不言堂》第 40、56—57 页)

---

[1] W. Percival Yetts, "A Group of Chinese Bronze Flagons", *The Burlington Magazine for Connoisseurs*, Vol. 76, No. 443, 1940, pp. 38、43 - 45.

之一大小,焊接在三个较薄的铜板或黄铜板上,各约 120 度,铜板的另一端分别焊接在圈足上[1],最后以胶或树脂填补其中的空洞,并做旧处理。X 光片没能表现壶底的铭文(图二〇,右),或是因为铭文的笔画太浅,但更大的可能是因为铭文并非在青铜上而是以树脂等构成。据此 X 光片,知所传拓片均不可靠。

童凌骜描述此壶:盖上两耳直立,圆目怒睁,鸟喙兽首充满肌肉感。并认为将数种动物的特征结合以创造新图样的手法可见于殷墟妇好墓出土的鸮尊,本器鸟喙与兽首结合,呈鸮首状,可谓是青铜时代的复古风格[2]。

此器的铸造工艺,特别是提梁的铰接工艺非后人伪作,盖铭"壬"下露出四边形垫片,可知器、盖不伪。原器底残损严重,经大补。底铭伪作较差,盖铭伪作甚工,若果出顾沄之手,值得深探其作伪之法。还需要说明的是,比照壶盖铭文照片(图二〇,左)和王恩田所认为的吴式芬藏何卣盖铭文拓片(图一一),拓片"壬"下也有垫片的上半部分,疑其相同。

3. 何卣与何壶纠葛

自许瀚怀疑吴式芬的何卣和吴云的何壶"或别一器耶?"陈介祺虽未明言伪器或者伪铭,实认为吴云何卣出自顾湘舟,有伪的成分。《缀遗斋彝器款识考释》虽已清楚将二者别开,但并未指出伪作。叶慈明确何壶伪铭,并意其仿自何卣。七十年后王恩田持同样的观点。

混淆二者大概始于王国维(1877—1927)。

王国维是近代文史哲大师,字静安,初号礼堂,晚号观堂,浙江海宁人。少在家乡和杭州读书,1898 年入罗振玉所办东文学社,后赴日留学,研究西方哲学和文学。1911 年随罗振玉东渡日本,研究转向经史、小学,开始甲骨文和古器物研究。1916 年回国,任广仓学窘《学术丛编》编辑主任,1923 年任溥仪南书房行走,1925 年受聘为清华大学国学研究院导师,专攻古史、元史和西北史地,两年后自沉昆明湖。

他的金文研究,不仅在于对礼器名实和功用的讨论,还在于整理前人著述,1914 年所作《国朝金文著录表》即是对清代著述的整理。但他可能未见许瀚和陈介祺文,表三有"🦅作兄日壬壶",著录者列"攈、窬、朱、罍",附注中明确"攈古、窬斋均作日壬

————————

[1] W. Percival Yetts, "A Group of Chinese Bronze Flagons", *The Burlington Magazine for Connoisseurs*, Vol. 76, No. 443, 1940, pp. 38, 43－45.

[2] 童凌骜:《东周青铜鸮首提梁壶将现身纽约苏富比春拍》,《文物天地》2014 年第 3 期,第 121 页。

卣,误"[1]。另一件为"𤔲作兄日壬卣",注"窳原作日壬卣"[2]。1931年辛未,罗福颐(1905—1981)撰校勘记,指出"𤔲作兄日壬卣,此是壶已见上(三·十九),壶内器形见两罍轩吉金图,壶身壶盖作兽首形,殆是壶不误"[3]。此后,罗福颐将上述两表合编校订为《三代秦汉金文著录表》八卷,由墨缘堂石印,著录5780器,其中先秦器4611件。表四的壶类收"𤔲作兄日壬壶",明确指出"器、盖两行九字",著录于《攟古录金文》《敬吾心室彝器款识》《两罍轩彝器图释》及《窳斋集古录》,藏家为平斋(吴云)、双虞壶斋(吴式芬)和随庵(徐乃昌)。表的杂记中说明"攟(古录金文)、窳(斋集古录)作尊,朱(善旂)作卣,皆误。此壶形,圆盖作兽首形而有鸟喙"。是故在卣类中不再有𤔲卣了[4]。

结合前述容庚的讨论,可以窥知罗、王之学,一以贯之。

三、出土的几件壶

考古发掘有明确出土地点的铰接提梁鸟形壶,截至目前所知有四件,为探讨这类壶的年代和地域特点,提供了重要资料。而与之联系紧密的铰接提梁壶,也有数件出自山东,限于篇幅,只举两例。

1. 诸城臧家庄壶

1970年,农民在诸城臧家庄发现一批青铜器,其中有一件鹰首壶(图二一),通高560、底径141毫米。据同出青铜编镈铭文,墓主为公孙朝会,推定墓葬年代为战国中期[5]。所出鹰首壶圆形截面,平沿无唇,沿前端向上斜出喙形流。沿下略束颈,自上至下通体饰水平瓦楞纹。鼓腹下垂,最大径处饰一周宽凸弦纹。下腹收束出平底,底下接矮圈足,其外壁呈弧形。器盖下有子口插入器口扣合,盖面穹鼓,其边缘和盖面

[1] 王国维:《国朝金文著录表》卷三(1914),见《王国维全集》第四卷,浙江教育出版社,2009年,第486页。

[2] 王国维:《国朝金文著录表》表三页十九,1928年海宁王忠悫公遗书二集重订本。书后罗福颐跋落款戊辰三月,是为1928年。

[3] 罗福颐:《〈国朝金文著录表〉校记》页十六,1933年墨缘堂石印本。

[4] 王国维、罗福颐:《三代秦汉金文著录表》卷四表四页四,1933年墨缘堂石印本。

[5] 山东诸城县博物馆:《山东诸城臧家庄与葛布口村战国墓》,《文物》1987年第12期,第47—56页;《中国青铜器全集》编辑委员会:《中国青铜器全集》(第9卷),文物出版社,1997年,图27。

勾线，短喙形流上扣圆鼓的上喙，形成短粗扬起的鸟喙，并成为器盖最高点。喙根有一对圆鼓的青蛙眼珠，中央有阴线圆圈瞳孔。两眼珠之间设有切口，上喙的根部收束为板状，两侧对称出轴头，插在两眼珠中间的轴孔内，使上喙可以开合。毫无疑问，二者属于铸接关系，且上喙先铸。盖两侧设半圆环，衔着与提梁连接的圆环。

壶颈对置短枢轴，外端有扁鼓形枢轴头，端面近平。从照片看，轴根有被壶颈包络的痕迹，枢轴先铸，枢轴头下铰接提梁。提梁由三段铰接而成，侧面两段对称，S形，板状，近方形截面，其下端与颈部短竖轴铰接，上端与几字形一段铰接。提梁的几字形段截面近方，向外横伸的两小段，内、外均为扁鼓形端头，其间为圆轴，与侧面S形上端铰接。其铸接关系下文讨论。

图二一　诸城臧家庄壶（引自《中国青铜器全集》9.27）

2.临淄相家庄壶 LXM6X：12

1996年配合基建发掘的临淄相家庄六号墓LXM6有方底圆顶封土，夯筑而成，发掘时封土底边31.8×29.1、高7.25米。墓形为甲字形土坑积石木椁墓，墓室平面为长方形，口23.2×21.8、底21.1×20.2、深5.9米。墓道在南，宽4.6—6.8、斜长23米。墓室被盗，发现两个盗洞，盗后曾纵火焚烧。填土中有一器物箱，内置一组34件青铜礼器，包括鼎、方盘豆、鹰首壶、鸭尊、箕、漏器、匕、刀形器各一件，鬲、盘、匜、莲花盘豆、盖豆、敦各两件，舟和罐各三件，镞八件。此墓的年代可定在战国早期，墓主属卿大夫一级贵族[1]。

铰接提梁壶LXM6X：12(图二二)，小口微侈，有喙状流，长颈，垂肩，鼓腹，圈足，颈部有两个对称铆钉状耳。弧形盖，作鹰首形，有喙与器口喙状流结合，喙能启闭。盖下有子口与器口套合。盖沿一对套环钮。器耳各套一S形链，穿过器盖双环与提梁相接。口径93、腹径217、足径136、器高325、通高435毫米[2]。此壶提梁为三段式，下喙根有凸起，鼓腹无凸棱，壶中背部垂置的半环钮不衔环。

[1]　山东省文物考古研究所：《临淄齐墓》(第一集)，文物出版社，2007年，第36、275—299、424—425、429页。

[2]　山东省文物考古研究所：《临淄齐墓》(第一集)，文物出版社，2007年，第293页、294页图217.1、彩版18.5。解维俊：《齐都文物》，百花文艺出版社，2006年，第80页。

图二二　临淄相家庄铰接提梁壶 LXM6X：12（左引
自《临淄齐墓》彩版 18.5，右引自《齐都文
物》第 80 页）

3. 临淄尧王村壶

2013 年，临淄区文物管理局配合区道路建设，抢救发掘了尧王村两座墓。两墓坐北朝南，东西并列，相距 3.4 米，均为甲字形土坑积石木椁墓，均多次被盗掘。M1 有三座陪葬墓，均一椁三棺，并附有一座器物坑，推测二墓属于夫妻并穴合葬墓，M1 墓主为女性，M2 墓主为男性，属于齐国大夫一级贵族，年代为战国早期晚段。器物坑中出土一件铰接提梁鸟形青铜壶 M1Q：17[1]，陈列在临淄齐文化博物院中（图二三，左）。

这件鸟形壶通高 468、圈足径 127 毫米[2]。圆形截面，通体光素，鼓腹略下垂，中饰一周凸棱，背部的凸棱断开，系被纵向的半环钮所打破。平壶口前端出喙形流，头尖圆，带子口的盖扣合其上，盖前端有可开合的扁上喙，其顶面纵向起脊，两侧内弧，并有浅坑以示鸟鼻孔。盖前部隆起成鸟额，额前两侧以阴线勾圆圈，其中有小坑为眼睛。额中有方形切口，与盖铰接。盖沿上对置板形半圆环，各衔圆环约束提梁（图二三，中）。

壶口下直壁形成颈。颈相对两侧有矮台凸起，台中间为横柱状枢，铰接提梁。枢端有饼形枢帽，但一侧丢失。

提梁为三段式，几字形提手两端各铰接 S 形侧臂，S 形侧臂另一端各自铰接壶颈部的枢，而侧臂为盖钮衔环所约束。整个提梁连通壶盖可转出搁置在壶腹上（图

---

[1]　临淄区文物管理局：《山东淄博市临淄区尧王战国墓的发掘》，《考古》2017 年第 4 期，第 26—42 页。

[2]　同上，第 32—33 页、31 页图 14.4、33 页图 21。

二三,右)。

图二三　临淄尧王村铰接提梁壶 M1Q：17(齐文化博物院藏器)

盖面前隆后鼓,盖内相应,使盖面壁厚均一。隆起的额中长方形切口笔直,其中有横枢贯穿上喙根部的环,实现铰接(图二四,左)。二者有一定的配合裕度,属于铸接关系,横枢一侧可见铸造气孔(图二四,右)。铰接以铸造方式完成,先铸上喙,以范泥包覆上喙的环并在两侧贴薄泥,干后嵌入盖铸型的缺口位置,环伸入型腔,盖浇铸时,青铜充满上喙孔,铸后去掉环中和环侧薄泥范芯完成铰接。

图二四　尧王村提梁壶 M1Q：17 喙铰接

尧王村壶颈部提梁的铰接较为复杂,首先是颈部一对短横枢的铸造。颈部一枢的帽脱落,将枢的端头暴露出来,为了解枢的结构和铰接提供了难能可贵的信息。此壶枢不直接起于壶颈部的弧形外壁,而是在外壁上起台,台中间出枢(图二五,上左),

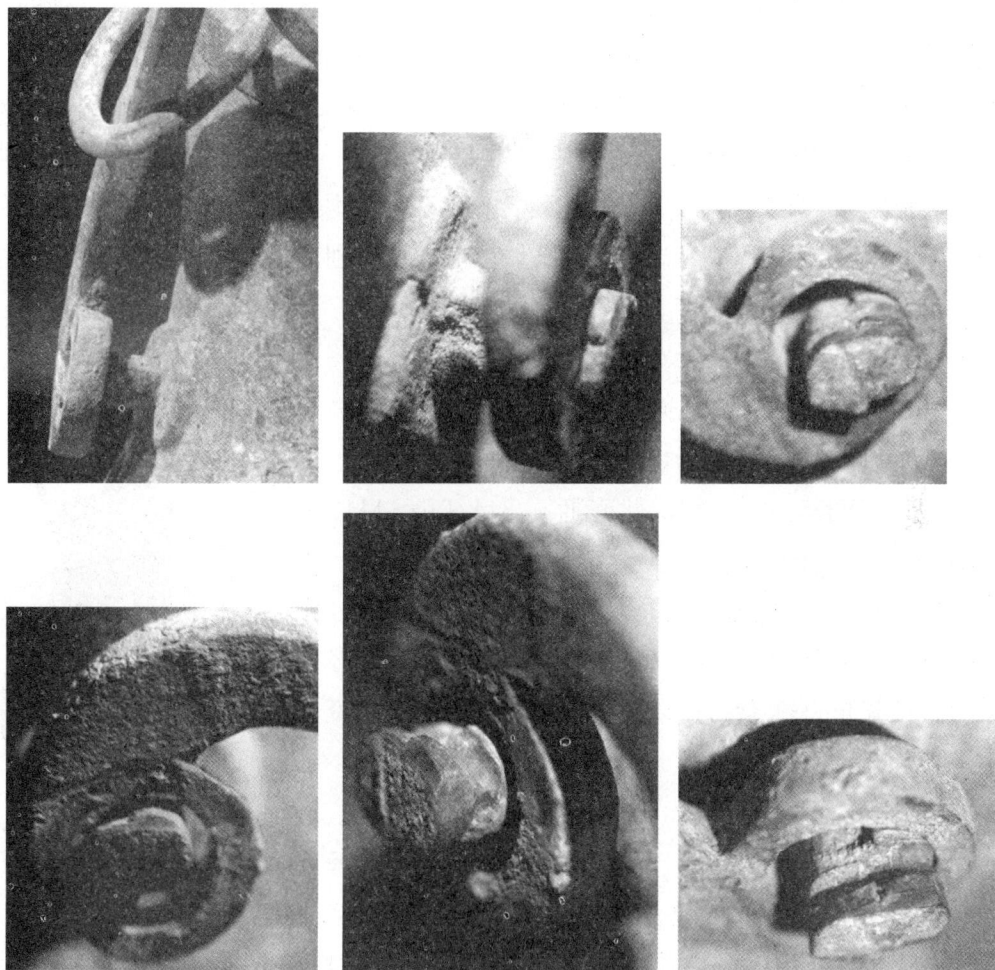

图二五　尧王村壶 M1Q：17 提梁铰接

台的设计明显在于加强枢与壶壁的联系,或者还有工艺上的考虑,便于枢先铸,强化铸接枢后壶体与枢的连接,功能如同扉棱先铸的工艺设计[1]。枢是一对短横梁,其上可见不规则的纵向沟槽(图二五,上中),从脱落的端头看,下面似乎也有一凹槽,导致枢的截面近于椭圆(图二五,上右),而非如接上喙的枢截面正圆。枢上的这一现象非同寻常,只能理解其用意在于加大枢与壶壁接触面,强化二者的连接。进一步说明枢与壶是分铸关系。当然,明确判断分铸还有赖 CT 扫描分析。

　　特别值得注意的是,枢端头有一周凹槽(图二五,上右—图二五,下右),形状不是很规则,宽约 1.5、深约 1 毫米,铸造成形,其功能显然与枢帽有关,说明枢帽与枢属于

[1]　参见苏荣誉:《读青铜器图录札记:牛首饰四耳簋》,见北京大学出土文献研究所:《青铜器与金文》(第一辑),上海古籍出版社,2017 年,第 433—449 页。

铸接关系，端部的槽是为了枢帽与枢铸接得更加牢靠。但失误总会发生，这件壶的一个枢帽似乎铸接得不够牢靠。此外还可看到，铰接提梁端头的环，两侧平光（图二五，上右—图二五，下右），目的是使枢较短，铰接后扭转自如。

弄清了颈部的铰接，不难理解提梁各段间的铰接。如几字形提手与侧臂，提手两端铸出枢，将侧臂端环套上之后，再铸枢帽实现铰接。若五段提梁，侧臂两段间的铰接如法炮制。但是否枢上都有径向凹槽、枢端都有环形凹槽，则需要 CT 扫描予以确定。

4. 枣阳九连墩楚墓壶

2002 年发掘的枣阳九连墩楚墓是楚文化考古的重大发现，出土了大量精美的青铜器资料，其中包括一件鹰首铰接提梁壶（M1：W295，图二六）。此壶通高 344、口径 114、腹径 186、底径 104 毫米[1]。

这件壶造型为鸟形，盖扣合在带流的壶口上形成鸟首。与壶口的下喙形流相配的上喙，为一单独铸件，被铸接在盖中，并铰接隆起的额，使之可以开合。额两侧近盖沿对设半环钮衔圆环。

图二六　枣阳九连墩壶（湖北省博物馆曾攀先生惠供）

壶素面，矮圈足。鼓腹微下垂，腹中饰一道凸弦纹。口沿近平，前出的下喙形流微斜上翘，流端近平齐，中间有垂直的铸造披缝。颈收束，对设有盖帽的枢，为 S 形提梁所铰接，而 S 形提梁的上端为环状，铰接几字形提梁，即提梁由三段构成，可折叠。S 形提梁的两端分别穿过盖半环钮所衔圆环，为之约束，不致盖、器分离。

九连墩这件铰接提梁鸟形壶，在楚及楚文化影响区域均未见出土，与齐都临淄形成鲜明对照，可以认为此壶是自齐输入之品。

此外，还有若干件铰接提梁壶但壶非鸟形者，也多出土在山东半岛，且多属齐墓。如：

2004 年，在临淄隽山发掘一座甲字形战国墓，严重被盗，六座陪葬墓中的两座亦被盗严重。五号陪葬墓中出土一件铰接提梁壶（P5：11；图二七，左），有盖有提梁，壶体高挑，圆形截面，平口沿，细颈两侧对生枢钮为提梁铰接。腹部中间外鼓，并设有一环钮，圈足。隆盖有子口插入壶口，盖边对置半圆形环钮，各连接一圆环套住提梁。

---

[1]　湖北省博物馆：《九连墩——长江中游的楚国贵族大墓》，文物出版社，2007 年，第 48 页。

提梁由五段组成,顶段几字形,圆形截面,两端设枢纽;其两侧各两段,下段两端设环,分别铰接颈部和中段枢纽;中段下端出叉,叉中设枢,与下段一端的环铰接,上端设环,与顶段端头枢纽铰接。壶全身素面,高 312、口径 74、腹径 156 毫米。此墓年代属战国早期,墓主为齐贵族[1]。

1980 年配合基建发掘的临淄东夏庄墓地,五号墓(LDM5)和四号墓(LDM4)相距 6.8 米,拥有同一封土。前者为一甲字形土坑积石木椁墓,墓口 12.7×11.6、墓底 11.1×10.3、深 5.4 米,墓道宽 3.5、斜长 22.8 米。曾遭多次盗掘,发现四个盗洞,椁室随葬品几乎不存,在二层台和砌石上均发现陶器、铜器和漆器等。所出 31 件铜器中,计敦、舟和带钩各一件,鼎、豆、提梁壶、盘、罍、罐和蹄饰各两件,盖豆三件,节约十一件。一件盖鼎 LDM5：84 盖内铸铭十字"宋左大师罢左庑之□贞",可能是罢给其女的媵器。两件提梁壶中,LDM5：114 链接提梁,LDM5：107 铰接提梁。墓葬年代为战国早期,LDM4 墓主当为卿大夫一级贵族,LDM5 墓主为其夫人[2]。

图二七 临淄铰接提梁壶

左:隽山提梁壶 P5：11(引自《文物》2016 年第 10 期第 16 页图 27)
右:临淄东夏庄 LDM5：107(引自《临淄齐墓》图版 3.1)

铰接提梁壶 LDM5：107(图二七,右)小口,短颈,垂肩,长弧腹,最大径在腹中部,圆底,矮圈足,颈部有两个对称的柱形耳。盖微鼓,下有子口与器口相套合,盖缘有两个对称的套环钮,环、盖连体,不能转动。器耳套一节可以装卸的衔状链,穿过盖上双环与

[1] 山东省文物考古研究所、淄博市文物局:《山东淄博隽山战国墓发掘简报》,《文物》2016 年第 10 期,第 4—22 页。

[2] 山东省文物考古研究所:《临淄齐墓》(第一集),文物出版社,2007 年,第 36、80—92、424—425、429 页。

提梁相结合。口径 102、腹径 205、足径 130、器高 303、通高 417 毫米[1]。

铰接提梁壶在山东境内出土多件,几乎不出齐文化地域范围,临淄东夏庄 LDM5:107 提梁的铰接工艺和鸟形壶如出一辙,应是具有齐文化特色的作品。鉴于铰接工艺的特殊性,可以认为和鸟形壶出自同一系工匠。

鉴于铰接提梁壶和鸟形壶集中出土于齐地,可以认为这是具有齐技术特色的典型器,九连墩出土器自然是齐地输出之品。铰接提梁工艺是齐地铸工新的发明,是分段铸造提梁,将枢与环配套后,以铸造枢帽的方式完成的,与商和西周铰接提梁卣的铸造工艺大相径庭。鸟形壶较普通壶造型复杂,后者是前者的简化,所以,鸟形壶的年代可能略早于铰接提梁的普通壶。另一种可能是在同一作坊中同时制作两种壶,师傅制作鸟形壶、徒子制作普通壶,不知何种原因,或许是战乱,这一工艺没能流传下来。战国中期之后不复见这类壶,说明当时掌握铰接工艺的工匠十分有限,考古出土和传世的这类壶不多,当为实情反映。

四、传世的几件壶

尚有若干件铰接提梁鸟形壶流落各地,出土地点不明[2]。

1. 中国国家博物馆藏壶

中国国家博物馆新入藏一件铰接提梁鸟形壶(图二八),出处不明,图录将其年代断为战国[3]。造型颇接近于诸城臧家庄壶而较之修长,同是周身水平瓦楞纹,鼓腹处设凸弦纹,并在背侧设鼻钮衔圆环。提梁的造型及其铰接结构与出土的此类壶一致,与臧家庄壶相比,提梁较单薄,鸟首盖眼后部较为平缓,颈部也更细一些。

这件壶的造型与何壶最为接近之处是周身的瓦楞纹饰,这种装饰和素面可以认为是春秋战国齐青铜器的一大特色,至于

图二八　中国国家博物馆壶

---

[1]　山东省文物考古研究所:《临淄齐墓》(第一集),文物出版社,2007 年,第 87—88 页、90 页图 45.1、彩版 3.3。

[2]　一说英国博物苑藏一此类壶,不确。见卢丁:《中国青铜器真伪鉴别》,广东科技出版社,1996 年,第 72 页。

[3]　中国历史博物馆保管部:《中国历史博物馆藏捐赠文物集萃》,长城出版社,1999 年,第 153 页。

素面器上原本有无彩绘,未见诸报道,期待新的考古发现和科学清理。与何壶不同的是此壶提梁为三段式,而何壶为五段式;此壶中腹凸棱背部有钮衔圆环,何壶则无。二者出入甚微,当是同一工匠在同一时期的作品。

2. 纳尔逊·阿特金艺术博物馆藏壶

美国堪萨斯市纳尔逊·阿特金艺术博物馆(Nelson-Atkins Museum of Art)也收藏有一件铰接提梁鸟形壶(图二九),有著录将之定为汉代器[1]。这件器通体素面,与临淄相家庄、枣阳九连墩出土者接近。其鼓腹下垂,最鼓处设一周凸棱,其背处设纵置的环钮,衔圆环。提梁同样是三段式铰接,但两侧为拉长的 S 形。器口略呈斜面,前端向上斜出下喙形流,流面略为弧形。盖面前端为隆起的可以开合的短上喙,铰接于凸出的眼中,盖前面有一凸起的半球,两侧以阴线勾出眼珠,中间设槽与上喙以铸造铰接。盖后面微隆鼓,素面,两侧设半环衔环约束提梁。矮圈足外壁弧形。

图二九　纳尔逊·阿特金壶

3. 国子山壶

2001 年,纽约苏富比拍卖行拍卖一件鸟首铰接提梁壶,造型与何壶基本一致,所差在于提梁为整段 n 形,不分段铰接,盖面也没有铸环约束提梁,但颈后铸半圆环衔环,脑后铸半圆环。盖面饰鳞状羽毛纹,颈部饰三角形对夔纹,肩、腹均饰蟠螭纹(图三〇,左)。吴镇烽认为颈部刻铭十一字,隶定为"齐大司徒国子山为其盥壶"(图三〇,右),年代为春秋早期[2]。

从图片看,颈部半圆环所衔环明显残断,残断处在一环的切线位置,颇为蹊跷,缘由不解,此环当与盖面脑后半圆环连接。器腹最大径处设两周凸弦纹,腹部饰三角形对夔纹,提梁不分段,鼓形矮圈足,皆与其他鸟形壶不同。另外,铭文在壶颈部,散布在三角形对夔纹之间,形式古怪;从铭文形成的方式看,颇类铸铭而未必属刻铭,若是刻铭,则非有现代工具而不能,此器嫌疑很大。结合同著收录何壶并指为商代器物,有损该著的学术性。

---

[1]《海外遗珍青铜器》,第 174 号。

[2] 吴镇烽:《商周青铜器铭文暨图像集成》第 22 卷,上海古籍出版社,2012 年,第 12270 号。

图三〇　国子山壶及其铭(引自《商周青铜器铭文暨图像集成》)

4. 德国 Carl Cords 藏壶

见诸图录的还有德国人卡尔·科尔兹(Carl
Cords)收藏的一件铰接提梁鸟形壶[1],是所知此类壶
中最为华丽的(图三一)。这件壶造型较胖,下腹圆鼓,
且饰以金银错纹饰。纹饰整体以腹部最大径处的纹带
为对称轴,上下饰连续的钟形图案,其中心为错细银丝
圆涡纹,涡纹中心错金圆点,涡纹外错细银丝雷纹,轮
廓错银片,顶和两侧为细错银蝶须,顶端的细错银丝中
错菱形金片。中间的纹带为连续图案,两排卷错细银
丝并排,中间填错三角形金片,两侧错三角形银片,银
片下栏错一半圆金片,外侧各有错银四边形框,其中斜
向布八、九错银圆片。纹带的背侧设纵置的半环钮。
鼓腹下接圈足,喇叭口下有窄直裙。颈部饰错银点构
成的网格,银点凸出,菱形网对称垂饰四吊坠,为水滴
形错金片下以细银丝错出叶脉。颈部对置短枢,形如
国际象棋子,球形头下为台形,出铰接提梁。提梁由三

图三一　卡尔·科尔兹壶(引
自 *Das Chinesische
Steckenpferd*, *Die Sa-
mmlung Carl Cords*,
*Museum für Kun-
sthandwerk* 封面)

---

[1]　Gunhild G. "Avitabile und Edelgard Handke", *Das Chinesische Steckenpferd*, *Die Sammlung
Carl Cords*, *Museum für Kunsthandwerk*, Frankfurt am Main, cover, 1978.

节构成,直棒形横梁两端连接拉长的 S 形侧梁。壶口为曲面形,前设流,口下错银勾出唇边。口上扣形若觥盖的鸟首盖,两侧张小耳,耳窝有圆泡钉饰。耳上有凸台,其上对置一对短角,角根球形,角扭曲向上,角中间有带状鼻,向前翘起的鼻头如合页之枢,铰接可以开合的上喙。其两侧的小球形可能表示眼珠,面颊错一枝金花和口沿银片错唇是盖面仅有的装饰。额上并排的一对圆环为提梁横棒穿过约束提梁。此壶通体光亮,黄铜底色上微有灰色或灰黑色薄锈,未有绿锈。结构与上述诸壶接近但耳、鼻、眼、提梁、枢均有差异,圈足则大不相同。更特殊的是周身诸多错金银饰,未见诸汉以前礼器。因此,此器也不排除是晚清或民国按照两罍轩何壶而伪作,或是晚清对真鸟形壶错金银式的改造。具体如何,有待 X 光成像或 CT 扫描等科学检测予以确认。

前述十二件铰接提梁鸟形壶,清宫著录的三件下落不明,见诸实物的九件,造型具有高度的一致性。差异在于五段式提梁或三段式提梁,中腹有无一周凸棱及其位置的高低,背部有无钮、是否衔环,再就是盖面的结构略有出入。很明显,它们具有高度的一致性。

着眼于器物装饰,除有疑问的国子山壶和 Carl Cords 藏壶外,其余只有两种,水平瓦楞纹和素面,前者只有两件,何壶和臧家庄出土者,后者是多数,但二者并无工艺上的差别。从技术上看,尧王村壶所表现出的铰接工艺非常特殊,无论是枢还是环均先铸,套合后铸枢帽即可完成铰接,较其他方式的铸接均简便易行,难度较小。和其他铰接壶相比,国子山壶提梁一侧铰接壶颈,另一侧链接壶颈,且提梁不折叠,颇为特殊,其真伪需要深入研究。从装饰看,国子山壶颈部饰三角形对夔纹,纹间布铭文,腹上两周凸棱,均异于其他,疑问更大。当然,Carl Cords 壶错古代不见的金银图案,纹饰之伪自不待言,器的真实性确有疑问,值得进一步分析研究。去除这两件疑问器,真确的铰接提梁鸟形壶就七件,其中何壶的铭为伪作。

迄今所知这七件鸟形壶,风格、工艺高度一致,应当是同一时期、同一作坊所铸造,或是出于师徒之手。鉴于出土地和装饰风格均指向齐地,可以认为是齐器,是齐国工匠的创造和创作。至于它们的年代,应当是春秋中期鼎革到新兴期的产物,不早于春秋晚期,下限可能到战国早期。

五、几个相关问题的讨论

通过对铰接提梁鸟形壶材料的梳理,几个有关青铜器的学术问题,如辨伪、断代、产地、著录以及青铜器生命史等方面,值得申论。

1. 关于青铜器的真伪

青铜器的真伪问题是研究青铜器的首要问题,但如何确定真伪则是复杂的学术问题。

古代青铜器著录自北宋,即有伪器收入。故赵希鹄(1170—1242)即有辨伪之论:

> 铜器入土千年,纯青如铺翠,其色子后稍淡,午后乘阴气翠润欲滴,间有土蚀处,或穿或剥,并如蜗篆自然,或有斧凿痕则伪也。铜器坠水千年,则纯绿色而莹如玉,未及千年,绿而不莹,其蚀处如前。
>
> ……
>
> 三等古铜并无腥气,惟上古新出土尚带土气,久则否。若伪作者,热摩手心以擦之,铜腥触鼻可畏。
>
> 伪古铜器,其法以水银杂锡汞,即今磨境药是也。先上在新铜器上令匀,然后以酽醋,调细碙砂末笔蘸匀上,候如蜡茶之色,急入新汲水浸之,即成蜡茶色;候如漆色,急入新汲水浸,即成漆色,浸稍缓则变色矣。若不入水,则成纯翠色。三者并以新布擦令光莹,其铜腥为水银所匮,并不发露。然古铜声彻而清,新铜声洪而浊,不能逃识者之鉴。[1]

说明宋代即有伪作青铜器,赵希鹄通过刻凿、辨色、闻味、听声判断器物真伪的方法,一直被沿用到近代[2],但没有通则,难以实证。

金石学之于青铜器,首先在于铭文,因此铭文伪作是其核心。乾隆四鉴共著录青铜器 4074 件,除铜镜外 1176 件有铭,容庚辨别铭文,定为真铭者 686 件、可疑者 173 件、伪造者 317 件[3]。他认为清嘉庆之后作伪铭更盛,并概括为增刻、伪造、拼凑和摹刻四类。民国时期增加了摹写、蚀刻、镶补铭文和伪作全器。

商承祚曾专门研究伪铭,指出其形成的五种方式是:字体受宋人书本的影响、拼凑字句、删截文字、临写铭语、摹刻文字,并访出作伪者如陕西的凤眼张、苏亿年和苏兆年,济南的胡麻子、胡世昌和胡世宽,潍县的范寿轩、展书堂、赵允中、王荩臣、李玉彬、李玉堂、胡延贞、潘承霖、王海和李懋修,苏州的顾湘舟,直隶的张泰恩、张济卿、张

---

[1] 赵希鹄:《古钟鼎彝器辨》,《洞天清录》页二十,《四库全书·子部·杂家类》第 161 册。

[2] Noel Barnard, "The Incidence of Forgery Amongst Archaic Chinese Bronzes: Some Preliminary Notes", *Mounumenta Serica*, Vol. 27, 1968, pp. 91‑168;张光裕:《伪作先秦彝器铭文疏要》,香港书局,1974 年。

[3] 容庚:《西清金文真伪存佚表》,见《金文文献集成》第四十一册,第 191—207 页。

树麟、贡茂林、杨德山、赵同仁和李占岐[1]。

罗福颐出身于传古世家,在故宫博物院工作数十年,见多识广,是晚期金石学家的代表。他从以下诸方面对商周秦汉青铜器铭文进行辨伪:

(1)从物质声音轻重方面。关于材料、轻重、声音,罗福颐指出新以石膏或铝锌合金作伪,以洋漆作锈,均易于辨识。在此还指出清代潍县"仿制品的耳、足多是另铸用锡嵌上去的,古代铜器耳、足多半同出一范"。

(2)形制、雕镂方面。伪器花纹不是太粗糙就是太繁复,没有朴直雄伟浑厚的气韵。

(3)色泽花纹方面。民国古董商将真器浸淡盐酸出瓜皮绿锈,但日久浮白霜。

(4)铭文书体方面。分真铭加伪字、器真铭伪而有所本、真器刻伪铭、拼合真铭另造器、以真铭伪造器、盖刻字与器作对铭、伪器伪铭[2]。

很明显,分类模糊,陈陈相因。内容基本上出于个人经验和知识,缺乏实质的总结和归纳。如讨论潍县作伪,认为商周器耳、足浑铸,实际情况并非如此,春秋晚期后鼎耳、足多分铸铸接或焊接,簋耳的分铸可以上溯到晚商时期[3]。

事实上,徐中舒早就指出,金石学家的经验,"还是带了很浓厚的玩古董的色彩,我们要把铜器当作一门学问看待,已著录的铜器的真伪,这一笔账我们不能不管"。于是,他基于商承祚的研究,增加了以下几条:

(1)铜器著录的年代相差过远,其后见著录者,伪者居多。

(2)非同一人一时或同一地域之器,而其作风相似者,则此类器除一二器或可视为原本外,其余大率皆可视为伪作。

(3)凡器铭在器上的地位,各种器都有一定的所在,其不合者大概都是伪作。

(4)器铭、形制与花纹三者,每一时代都应有其不同的作风,这三者中时代早晚皆须一致,即早则俱早,晚则俱晚,其早晚相参错者,如非全伪,则铭文必伪[4]。

程长新总结历代辨伪经验,从铸造技术、器物造型、纹饰、铭文到质、重、声、味、色

[1] 商承祚:《古代彝器伪字研究》,《金陵学报》第3卷第2期,1933年;《古代彝器伪字研究补篇》,《考古社刊》第5期,1936年。见《金文文献集成》第四十一册,第207—222页。

[2] 罗福颐:《商周秦汉青铜器辨伪录》,香港中文大学中国文化研究所等,1981年,见《金文文献集成》第四十一册,第173—178页。

[3] 苏荣誉、华觉明、李克敏等:《中国上古金属技术》,山东科学技术出版社,1995年,第157—178页。苏荣誉:《读青铜器图录札记:牛首饰四耳簋》,见北京大学出土文献研究所:《青铜器与金文》(第一辑),上海古籍出版社,2017年,第433—449页。

[4] 徐中舒:《论古铜器之鉴别》,《考古社刊》第4期,1936年,见《金文文献集成》第四十一册,第223—227页。

诸角度进行辨伪,但因缺乏明确的客观标准,依然属于经验,可靠性因人而异。如他认为日本白鹤美术馆收藏的方腹提梁卣出自民国时期王得山之手,属于硫酸铜加绿色氨水调和涂抹作锈[1],实则是一件真器,类似的例子还有不少。

辨伪之途至今还停留在怪诞的"眼学"第一、科学辅助的地步,与宋代分别不大。如本文所及何卣,都是未见器物的铭文翻刻,对何壶仅有几个人怀疑,辨伪大家如容庚则坚信不疑。反观叶慈,对铭文和器形有所怀疑后,便请科学家予以检查,Plenderleith立即发现铭文为伪刻,可惜这样的结果未被容庚等接受。当然这样重要的案例没能进入青铜器辨伪"方法论"之中,既说明金石学传统的深厚和局限,也表明我们的学术研究范式亟待突破。

2. 关于青铜器断代

青铜器的断代是仅次于真伪的重要议题,且较之真伪更为复杂。

现存最早的青铜器著录《考古图》,器物多未断代,但个别器物有时代考订,如断庚鼎、辛鼎和癸鼎为夏商之器,因"《史记》夏商未有谥,其君皆以甲乙为号"。乙鼎"得于邺郡亶甲城……考其形制、文字及所从得,盖商器也"。个别器也依据人名和铭文字体断代[2]。《博古图》即对这样的干支断代发起疑问,"然齐有丁公、乙公、癸公,幽公之弟曰乙,齐悼之子曰壬,则十干之配未必皆夏商也"。同时也指出铭文"加之以父未必皆夏商也",并发展出以形制纹饰定时代[3],但容庚称"其言疏阔,不尽可据"[4]。

清代金石学家于铜器断代鲜有建树,往往并称商周。马衡(1881—1955)的创见实为翘楚,他提出两个原则:同时文字可以互证年代,出土之地可证年代[5]。容庚据殷墟发掘资料,补充的另一原则为字体,金文字体与甲骨字体相近者为殷器[6]。

西周青铜器铭文往往记王年和月相,却不记何王,自北宋吕大临以太初历推散季敦始,先后有多位学者以历谱求证器物年代,著名者如王国维和吴昌硕,但上古历法

[1] 程长新:《铜器辨伪浅说》,文物出版社,1991年,第42—129页。

[2] 吕大临:《考古图》卷一页四、页二二、页一一、页二十。

[3] 王黼:《宣和博古图》,卷一页三十、页三十一,卷三页四、页十四、页十五。

[4] 容庚:《商周彝器通考》,哈佛燕京学社,1941年,第29页。

[5] 马衡:《中国之铜器时代》,见《老北大讲义:中国金石学概论》卷三·铜器,时代文艺出版社,2009年,第95—98页。马衡字叔平,浙江宁波人,著名金石学家和书法篆刻家。1917年任北京大学附设国史编纂处征集员,并于次年任文学院国文系金石学讲师。北大研究所国学门成立后,任考古学研究室主任兼导师,并在历史系讲授中国金石学。

[6] 容庚:《商周彝器通考》,哈佛燕京学社,1941年,第31—32页。

中颇多问题尚未解决,数个王年长短难定,朔历之术难以解决断代问题[1]。郭沫若光大并概括的"标准器断代"法,"专就彝铭器物本身"考求其年代,循"人名事迹"的"一贯之脉络","更就文字之体例,文辞之格调,及器物花纹之形式以参验之,一时代之器大抵可以追踪"。再佐以历朔,推定了 162 件有铭铜器的年代[2]。铭文中"不待辨而自明"者寥寥无几,考订王年谈何容易? 据张政烺研究,郭氏的断代三分之一以上不确[3]。容庚虽然考虑到多数没有铭文者的断代,但提出的方法仍然主要依赖铭文,即铭文书体和文体类似甲骨文、记殷商事迹、出土于安阳[4]。这也是他坚持认为何壶年代属于商的基础,且有吴镇烽踵其后。及至夏商周断代工程,也只能略具框架而已。对于大量没有铭文器物的断代,全然无所谓,这就是金石学的老传统。

随着大量青铜器的出土,很多学者致力于从不同角度对青铜器断代进行研究,虽然殷墟青铜器积累最多,但到 21 世纪,各家意见仍互有出入。岳洪彬深刻分析了其中原因,指出"除了个人的主观因素之外,更多地是与各家所用的分析方法和对商代青铜器整体认识的侧重点不同有关"。在分析具有代表性的各家分期方法后,他对之进行了总结,地层关系"极为重要"甚至有时"起着决定性作用",但"具有重要意义的层位关系并不多见";甲骨文的分期已然精确,但与青铜器共出现象不多;青铜器常与陶器共出,陶器可佐断代,成为考古学家青铜器断代的基本章法。殷墟陶器可分六期十二段,对应 273 年则每段约二十年,可谓缜密,然而岳洪彬清楚地揭示了以陶器断青铜器年代的缺陷:

> 青铜器与陶器质料不同,具有明显的自身特点,有传代的特质。因此,在说到青铜器的年代时,一般应考虑到青铜器自身的生产年代、使用的时间区间以及它的埋藏年代。我们通常所说的青铜器分期,是指其使用年代(或者说是流行的时间区间)。而通过陶器断定的墓葬的年代则往往是青铜器的埋藏年代。通过与青铜器共存的陶器分期来确定的青铜器年代,实际上是指青铜器的埋藏年代,即个例青铜器或某一青铜器群的使用下限,这一年代并不代表青铜器的使用和流行的时间区间。

---

[1] 吕大临:《考古图》卷三页四。罗士林:《周无专鼎铭考》。张穆:《虢季子白盘铭》,《月斋文集》卷四页十二。王国维:《生霸死霸考》,《观堂集林》卷一页二。吴其昌:《金文历朔疏证》。

[2] 郭沫若:《两周金文辞大系考释》序,文求堂,1935 年,第 3—4 页。

[3] 张政烺著,朱凤瀚等整理:《张政烺批注〈两周金文辞大系考释〉》,中华书局,2011 年。郭理远:《〈张政烺批注"两周金文辞大系考释"〉的重新整理与初步研究》,复旦大学硕士学位论文,2014 年。

[4] 容庚、张维持:《殷周青铜器通论》,文物出版社,1984 年,第 13—14 页。

结合本文论及的铰接鸟形壶，迄今所给的年代几乎都是战国时期，通常是战国中期，依据多是同出陶器，显然不足为凭。有些依据同出的铜器，但没有分析铜器之间的关联，即将它们视为同时。而据铜器风格断代，岳洪彬还指出：

> 较早的青铜器胎质较薄，略显轻飘，纹饰多呈条带状，少见文字；后来胎质较厚，显得庄重，纹饰多满装，常见铭文；最后胎质又变薄，器形、纹饰制作粗糙，明器化，偶有厚胎庄重者，则铸长篇铭文。[1]

岳洪彬指出青铜器组合的变化也应是"分期断代的重要依据"，还提及纹饰的演变、铭文的多少和字体的变化、"铸造技术的更新、青铜成分的差异等"断代手段，多未展开[2]。

万家保考虑到早晚器物的组合，认为"的的确确的在青铜器的铸造工艺中有着演变的痕迹可寻"，并分别给出了三足器和圈足器的演变：

> Y形披缝鼎→罕形器→弧三角披缝鼎形器及甗→爵形器→具錾鼎→盉形器→盈鼎锅形器→盘形器→瓶形器→觯形器→壶形器→罍形器→簋形器→盂、尊形器→提梁卣及中柱盂→R1071提梁卣。[3]

很明显，万氏依据铸造技术所得的仅是一个序列，对于具体器物的断代帮助并不大，仅具框架约束。

尽管殷墟青铜器断代有很多问题未解，但殷墟之外的青铜器几乎都是以殷墟为标尺推断年代的。如1955—1976年城固苏村出土五起青铜器，李峰即认为"苏村出土的铜器时代都比较一致，器形多与小屯M5、M18所出同类器相同，说明它们在时代上是接近的"，相当于盘庚迁殷至祖庚、祖甲、廪辛时期[4]。例如尊64：1"圈足甚高，肩饰交错的三牛首与三鸟首，与小屯M5：862、320等尊近似，但细部花纹略异"[5]。很明显，这里涉及怎样权衡"一致""相似""相同"的内涵，哪些因素体现时代风格的问题。实则苏村尊64：1属于南方风格，年代、产地和妇好墓两件尊都不

[1] 岳洪彬：《殷墟青铜礼器研究》，中国社会科学出版社，2006年，第128—136页。

[2] 岳洪彬：《殷墟青铜礼器研究》，中国社会科学出版社，2006年，第135—136页。

[3] 万家保：《安阳青铜容器的铸造及其技术的发展》，见李济、万家保：《殷墟出土五十三件青铜容器之研究》，中研院史语所，1972年，第53、60、47、49页。

[4] 李峰：《试论陕西出土商代铜器的分期与分区》，《考古与文物》1986年第3期，第55—58页。56页误为M8，据58页改为M18。

[5] 李峰：《试论陕西出土商代铜器的分期与分区》，《考古与文物》1986年第3期，第56页。

一致[1]。

显然,青铜器断代问题依然很多,需要结合诸多因素、从诸多层面进行探讨。事实上,铰接提梁鸟形壶为断代研究提供了难能可贵的材料:造型相同,结构一致,工艺相同如出一家。这些铜器的年代一致,何壶的商式铭文属于后人伪作。但具体如何,还需探索,推其是春秋晚期青铜器变革出现的新器型,铸造于春战之际或战国早期,大致不差。

3. 关于青铜器产地

青铜器产地即其铸造地,不等同于其出土地。但往往有将其出土地与铸造地混同者。

商周青铜器的出土地域辽阔、空间巨大,但迄今所发现的铸铜遗址寥寥无几,鉴于块范法铸铜技术难度很大,工艺和工装条件很高,笔者认为它们其实出自十分有限的铸铜作坊,早在武丁时期就开始对青铜礼器的铸造实行垄断,西周更甚,直到春秋中期的革命才打破这种垄断,但青铜礼乐器的铸造,依然集中在少数几个诸侯国的作坊[2]。

当然,解释中国青铜器极为广阔的分布现象不易,对考古学家是一个严峻挑战,而他们经常会把星星点点的与铸铜有关的遗迹和遗物,看作当地铸造铜器的证据。从业已发掘的铸铜遗址看,中国古代青铜器铸造具有规模性,技术上表现出高度的复杂性,那些星星点点的遗迹和遗物,就笔者来看,有可能是地方学习铸造铜器的尝试,当然也不排除对铸铜模、范的收藏。所以,对业已发掘的铸铜遗址及其遗物进行深入细致的研究很有必要。

时代节奏的加快导致了对高新技术的依赖。青铜器研究中常有对"照妖镜"的期待,引起研究者对实验室数据的迷信,这必然导致有人以火眼金睛自居,放言能够不断解决重大问题,或检测出别人测不出的结果。青铜器的铅同位素比值研究即是一

[1] 苏荣誉:《湖南省博物馆藏两件大口折肩青铜圆尊的研究——兼及同类尊的渊源及风格、工艺、产地和时代问题》,《湖南出土商、西周青铜器学术研讨会论文提要集》,湖南省博物馆,2015年。

[2] 苏荣誉:《二里头文化与中国早期青铜器生产的国家性初探——兼论泥范块范法铸造青铜器的有关问题》,见《夏商都邑与文化(一)——"夏商都邑考古暨纪念偃师商城发现30周年国际学术研讨会"论文集》,中国社会科学出版社,2014年,第342—372页;苏荣誉:《妇好墓青铜器与南方影响——殷墟青铜艺术与技术的南方来源与技术选择新探》,《商周青铜器铸造工艺研究》,科学出版社,2019年,第1—68页;苏荣誉:《块范法与中原式失蜡法:春秋世变下青铜技术的本与末》,《中国早期的数术、艺术与文化交流国际学术讨论会论文集》,待出。

个案例，虽然笔者二十多年前对其适用性已经有所论及[1]，但热切的社会需求很少有人予以理会。

铅同位素比值测定是根据同位素地质学理论，认为铅有原生和放射性成因两类，不同矿体中铅同位素比值是不同的，可通过测定探索其含铅矿物的矿源。首先，这个理论和方法与青铜器铸地无关，其次，只与铅有关。就青铜器来说，主要原料为铜、锡和铅，锡矿基本不含铅，铜矿中有铅但含量在百万分之几，铅矿中铅含量为常量，所以，铅同位素比值法最适宜探讨铅器的矿源。但铅的问题似乎不吸引人，转而用于追索铜矿来源。然而，铜和铅形成合金后，没有办法将铜矿中通过炼铜包含的痕量铅与铅矿通过冶炼获得的大量铅区分开来，更不能将回收重熔的铜器与新加入的金属料区分开来，所以，以铅同位素比值法追索矿源的成功概率极低。

马承源还提出古代改制青铜器的问题。他将新干青铜器群分为三类：第一类为商代器物，第二类为经改造的商代器物，第三类系其他器物，并明确指出："兽面纹方鼎耳上的立虎，不是一范所铸，而是后来铸造第三类器物时补铸的。方鼎的铸作和纹饰都比较粗率，而立虎的形状和纹饰与第三类器物上的虎完全相同……式样属于二里岗上层或稍晚……不一定是殷墟青铜作坊中的产品。"锥足提梁壶的"形式极为精细，双目特巨，下承三锥形足，殷墟出土的器物中，锥形足器多属早期，此器纹饰为殷墟中期偏早而足为锥形，但是提梁的龙首是殷墟中期的典型式样，而且提梁过薄，疑器身为殷墟早中期之际，而提梁为相当于殷墟中期时损坏所配铸，但是值得注意的是壶盖，盖上的纹饰非常粗狂，和器身完全不协调，而和大洋洲第三类的器物纹饰一致。与此可知，第二次配铸壶盖的时间是在殷墟中期之后，器物到了新干地区再次修配的"[2]。那么，提梁的配铸是在殷墟？

关于青铜器的铸造和修补是一个饶有兴趣的问题，关心前者的学者略多，关注后者的人很少。

4. 关于青铜器著录

青铜器著录始于北宋，分图释、款识和跋尾三类，分别仿《考古图》《考古图释文》和《集古录跋尾》[3]。图释类有描摹的图像和铭文，准确程度因人而异，完全准确者

---

[1] 苏荣誉、华觉明、李克敏等：《中国上古金属技术》，山东科学技术出版社，1995年，第286—288页。

[2] 马承源：《吴越文化青铜器的研究——兼论大洋洲出土的青铜器》，见《吴越地区青铜器研究论文集》，两木出版社，1997年，第19页。

[3] 李零：《铄古铸今：考古发现和复古艺术》，生活·读书·新知三联书店，2007年，第81—82页。

恐属少数,但将某些重要局部特征记录在图的也颇惊人[1]。款识类多是铭文汇集,或有考释,但不少仅仅汇集铭文,铭文与器完全分离,故铭文真假混杂。及至乾隆四鉴,铭文仍以描摹形式,准确程度因人而异,自难划一。梁启超说"文字皆摹写取媚态,失原形,又无释文,有意臆舛"[2]。道咸以后,随着拓墨技艺的改进与普及,铭文拓片风行,基本取代了自北宋以来的描摹形式,使铭文近于真形,某些伪铭可通过内容辨识。而全形拓的出现,将器物的形和纹饰呈现出来,可使有心者近乎整体地看待青铜器。

嗜古风炽,拓片洛阳纸贵,成为交际馈赠与收藏的对象,是故款识类书籍多至百余种,良莠不齐,不免以讹传讹,前揭何壶可见一斑。至于跋尾类,主要反映著者对器物的研究和考释,需要很高的学术素养和见识,非一般藏家可为,故多为收集不同作者对器物,主要是对铭文的跋汇编而成。透过相关著录,也可窥见当时金石学家,或者自称为考古学家者的知识水平和认知态度。总体来说,金石学家的取向在于铭文而非器物。

直到 20 世纪 30 年代,考古学在中国兴起,考古学家对青铜器的态度自然不同,甚至与金石学家相抵牾,但事物的认识和学术积累需要很长的时间,早年殷墟考古发掘的报告,直到三十年后才陆续出版,对青铜器较为系统的研究,也才同时得以展开[3]。但是,考古学的新风对强大的金石学传统虽有影响,却很微弱,随着 20 世纪 20 年代以后几起重大的青铜器出土,其著录又回到金石学路径上。

20 世纪 50 年代的考古报告,强调青铜器的出土背景,并关注青铜器的材料和工艺,但由于学术突破和推动较难,回到金石学的倾向时有发生,对陕西出土有铭西周青铜器的著录即是如此。到 21 世纪,随着中国经济不够健康的超速发展,收藏热难以名状,各级、各家博物馆出版的各种图录,绝大多数实为影集,和清末民初的情况如出一辙。

反观西方艺术史界对中国青铜器的研究,以本文所举何壶为例,器物现象的特异和矛盾,需要科学的方法予以认识和解决,大英博物馆的学者清楚地揭示了何壶铭文

[1] 苏荣誉:《读青铜器图录札记:牛首饰四耳簋》,见北京大学出土文献研究所:《青铜器与金文》(第一辑),上海古籍出版社,2017 年,第 433—449 页。

[2] 梁启超:《清代学术概论》,上海古籍出版社,1998 年,第 58 页。

[3] 民国期间安阳发掘所得青铜容器的报告,以史语所专刊的形式自 1964 年起每两年出版一部,至 1972 年完成,共五部。李济,万家保:《殷墟出土青铜觚形器之研究》,1964;《殷墟出土青铜爵形器之研究》,1966;《殷墟出土青铜斝形器之研究》,1968;《殷墟出土青铜鼎形器之研究》,1970;《殷墟出土五十三件青铜容器之研究》,1972。

为伪作。但这样的结果却未被中国的金石学家所认可,也就不难理解金石学家的志趣、见识和学养了。而在西方,虽然藏家会被古董商等所蒙蔽,但学术机构在采用各种方法认识和研究中国古代的青铜器,甚至不惜切开参考品以明了其中的结构,研究学术问题,并不断探索着新技术的应用。美国弗利尔美术馆的研究可谓其中的翘楚,其 1967—1969 年出版的图录至今仍为业界称道[1]。同样的工作被延续到赛克勒收藏的青铜器中,三大卷青铜器图录和研究[2],是 20 世纪末中国青铜器研究最耀眼的成就。

青铜器著录和研究去除个人感觉、情感因素,以客观证据和事实举证的范式,也在影响着中国的文物、考古和技术史界的敏感者,他们进行了不同程度的尝试和努力,也取得了一些成绩和成果,但离预期还有很大距离。我们的博物馆网络即是软肋[3]。

5. 青铜器的生命史

回顾对古代青铜器一千多年的著录和研究历史,范式的发展可以 20 世纪 30 年代为界,之前为金石学,纲领是刘敞(1019—1068)在《先秦古器记序》中概括的“礼家明其制度、小学正其文字、谱牒次其世谥”;之后总体上可以认为是国内的文物考古范式和海外的艺术史范式,前者的纲领集中在形制、功能、组合、铭文上,后者集中在风格和工艺等方面,很明显,文物考古范式的青铜器研究,是传统金石学吸收了艺术史范式的结果。至于后来兴起的技术史范式,是科技进入考古研究和艺术史范式的结果[4]。

既往的研究,虽然很多环节不清楚,但已关注到从原材料到成形、瘗埋、再到重新出土等环节,包括此后的展览和研究。但是,因信息所限,很少关注到青铜器的早期使用和出土后的辗转流传。这关乎青铜器的功用,也体现后人对青铜器的认识。

何壶的前世,有待对其本身的研究。其后世也可谓声名远播,辗转多手,被十数

[1] Pope Alexander, and etc., *The Freer Chinese Bronzes*, Vol. Ⅰ: Catalogue, Washington DC.: Smithsonian Institution, 1967; Rutherford J. Gettens, *The Freer Chinese Bronzes*, Vol. Ⅱ: Technical Studies, ibid, 1969.

[2] Robert W. Bagely, *Shang Ritual Bronzes from the Arthur M. Sackler Collections*, Cambridge, Mass.: Harvard University Press, 1987; Jessica Rawson, *Wrestern Zhou Ritual Bronzes from the Arthur M. Sackler Collections*, Vol. Ⅱ, New York: Arthur M. Sackler Foundation, 1990; Jenny So, *Eastern Zhou Ritual Bronzes from the Arthur Sackler Collections*, Vol. Ⅲ, ibid, 1995.

[3] 苏荣誉:《读青铜器图录札记:牛首饰四耳簋》,见北京大学出土文献研究所:《青铜器与金文》(第一辑),上海古籍出版社,2017 年,第 433—449 页。

[4] 苏荣誉:《20 世纪对先秦青铜礼器铸造技术的研究》,见泉屋博古馆、九州国立博物馆:《泉屋透赏:泉屋博古馆青铜器透射扫描解析》,科学出版社,2015 年,第 387—445 页。

家著录。而著录者几乎不关心壶体,只关注铭文,且绝大多数也只是重印铭文而已,这也是金石学的一个传统。但其如此,伪铭之器必然会屡屡出现而无从判断。

三十年代的金石学家,已经有人开始注意器形和纹饰,但尚未构成系统知识、建立知识体系,依然凭借铭文判断器物及其年代,还看不到风格、内容在断代和真伪鉴别中的作用,传统金石学根深蒂固。容庚对何壶的态度即是一个鲜明的案例。

相反,西方艺术史的知识体系会关注到各层面的渊源关系,叶慈会请普兰德利斯查考铭文并指出铭文后作。但这样的结果并未影响到容庚,甚至吴镇烽依然认为何壶铭文没有问题。传统金石学出路何在?

乾隆时期,《西清古鉴》著录鹰首壶,似乎并未引起书画家兴趣。但吴云两罍轩收藏的何壶,似乎很快成为画家的素材。翁万戈(Wan-go Weng)捐赠波士顿美术博物馆(The Museum of Fine Arts, Boston)的一组博古图四条屏(藏品号 2016.534.2),纸本(图三二),通高 1695×515、版心 1190×456 毫米。此本作者待考,原为翁同龢(1830—1904)的旧藏,后为其长孙翁芝兰(? —1919)所继承,再传曾孙翁万戈,2016年由翁心清(Hsing Ching Weng)完成捐赠。

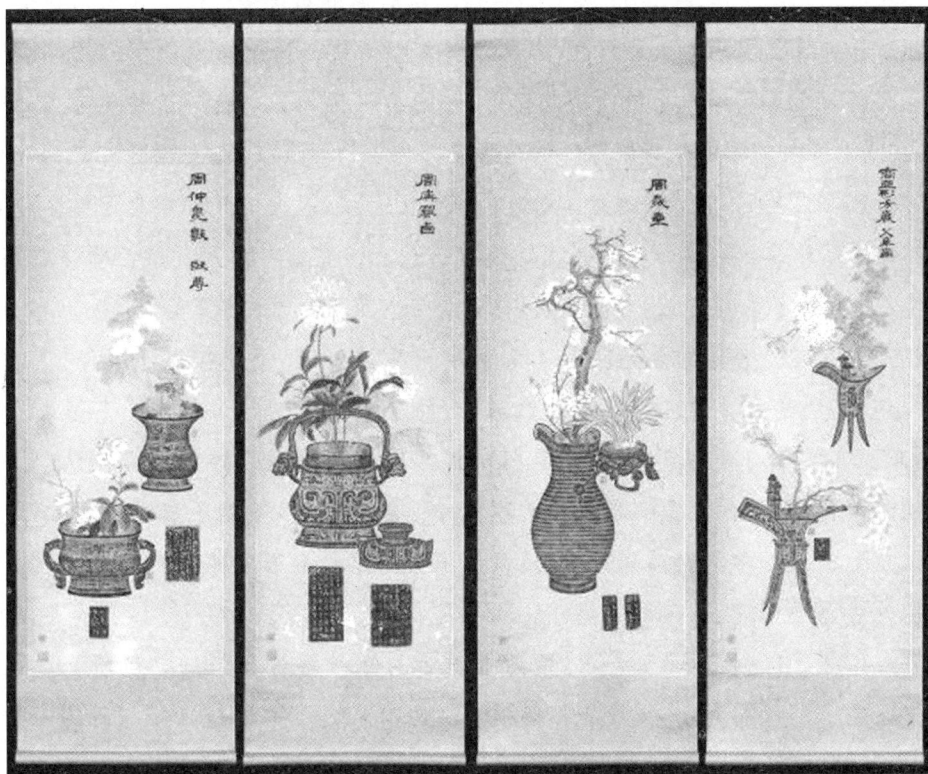

图三二 翁同龢藏博古图四条屏(波士顿美术博物馆藏品)

　　四条屏上共六件古青铜器,第一屏尊、簋各一,第二屏一卣,第四屏方、圆爵各一,第三屏为鹰首壶。除一件圆爵无铭外,其余均有铭并附铭文拓片。第三屏题"周爱壶",直接沿用《两罍轩彝器图释》器铭并附器、盖拓片。盖已掀开水平倒置,上喙和提梁下垂,盖内置一丛兰花,而壶内插一枝怒放蜡梅,颇有枯木逢春、古器新生之意。

　　一斑窥豹,晚清的嗜古之风对书画创作影响颇大,究竟怎样的青铜器会被作为画之素材,颇能体现那时艺术家对古代青铜器的认识和欣赏角度。新近在芝加哥艺术馆(The Art Institute of Chicago)落幕的青铜器大展,以《吉金鉴古》(Mirroring China's Past)为题,深深蕴含和体现了后人对早期青铜器的认识[1]。

作者附识:

　　在研究商周青铜器卣时,留意过卣提梁不仅有造型的不同,纵、横位置的不同,连接方式也有链接和铰接的不同。笔者对铰接产生了兴趣,这部分材料很多,但考古发掘和收藏很少报告铰接的细节。其中后铸枢之器与南方风格青铜器有关,便和岳占伟、柳扬兄合作完成了一篇小作,在2017年郑州召开的商周青铜器与金文研究学术研讨会上作了介绍。仔细拜读了汪涛兄大作后,方思考鹰首壶的铰接提梁与商周卣的铰接提梁的关系。2016年在刘延常先生的周密安排下,与张昌平兄和陈丽新一道拜观山东部分青铜器,在临淄齐文化博物院看到陈列的鸟形壶并拜识马国庆院长,发现鹰首壶的铰接工艺非常特殊。为2017年举办的青铜器与山东古国会议,暑期末又和学生们再度赴齐文化博物院考察学习,亲炙鸟形壶,并确定铰接工艺。该院富有内涵的藏品很多,遂期望长期合作。马院长爽快答应,积极支持,并亲责专人负责起草协议。

　　这篇小文即是合作的开始。原本想就事论事,仅仅讨论铰接工艺。但搜集资料的过程中,发现学术界对这类器很漠然,缺乏研究。而晚清传世的两罍轩壶,则著录很多,东西方学者均有参与,这些资料引发我们思考晚清金石学的内涵、西方艺术史的方法论,以及中国古代青铜器研究的现状和问题。因此,笔者不揣浅陋,不吝笔墨,将可以找到的金石学材料铺陈出来,借以认识金石学和金石学家,以资反思包括青铜器在内的古器物研究。

　　冗务所累,自己没能参加会议,便请合作者马院长报告我们的初步研究成果,未知拙文在会上的反响,但论文没能按时提交。因有来大英博物馆工作一时的安排,私

　　[1] Tao Wang, *Mirroring China's Past: Emperors, Scholars, and Their Bronzes*, Chicago: The Art Institute of Chicago, 2018.

愿在这里能查到确定何壶伪铭的材料,承王全玉博士费心,还是没能找到。

刘延常先生宽宏大量,再三宽限期限要拙文续貂,但将草稿化为成稿颇为不易。大英博物馆工作日程颇紧,东亚图书馆又失于管理,文献查找颇为不易。于此,北京大学孟繁之先生、湖北省博物馆陈丽新女士和曾攀先生雪中送炭,给予不少帮助,于此郑重致谢。当然,文中的错误和不足应由笔者负责。

晚清著录及其相关文献很多,挂一漏万,尚盼读者惠赐高见和批评。

荣誉识于大英博物馆

2018 年 8 月 28 日

补遗:

附图 1　何卣盖

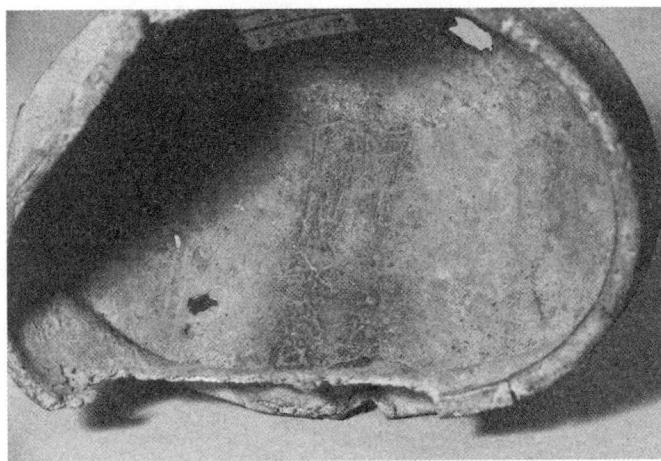

附图 2　何卣盖铭

周代城址中的"一城两外壕"体系[*]

徐团辉

曲阜师范大学历史文化学院

一道城墙与它外侧一条护城壕沟(护城河)的组合,是古代城市中最普遍、最常见的防御体系,然而在周代部分城址中还存在一种特殊组合,即"一城两外壕"体系。所谓"一城两外壕"指的是在一道城墙的外侧建有两条平行壕沟,其中一条壕沟位于城墙近旁(即护城壕),一条位于稍远处。建有这种体系的周代城址有丹阳葛城、李家窑城址、官庄城址、晋都新田台神古城和邯郸赵王城,其中前三座古城始建年代属西周时期,且最为典型、最具代表性,后两座则属东周时期。

江苏丹阳市葛城遗址呈不规则的东西向长方形(图一),东西长约200米,南北宽约150米。城外挖有多条壕沟,其中东西城墙外侧各有两条壕沟,南城墙外侧有四条壕沟,第一、二条壕沟之间的距离为50—60米,第一条壕沟宽8.5—13米,第二条宽13.5—15米。东侧第二条壕沟即为丁义沟。四面城墙均存在早、中、晚三期,北、东、南三面晚期城墙均以早、中期城墙为墙芯建筑而成,而西城墙情况则略有不同。中期城墙以早期城墙为墙基堆筑而成,晚期城墙则是把中期城墙外的壕沟填平后在上面堆筑而成,且同时打破中期城墙,也就是说西城墙向西移动了一段距离。经勘察,三期城墙外均有与之对应的两条同时期壕沟,由于北、东、南三面各期城墙位置均未移动,所以各期相应的两条壕沟位置也基本未变。四面城墙均设有城门,城内西北部为建筑区。城址东北部第二条壕沟内侧有一道名为青龙岗的土岗,宽约12米,时代为春秋中期。三期城墙的始建年代分别为西周中期、西周晚期至春秋早期、春秋中晚期,整个城址废弃于春秋晚期。该城可能是吴国政治中心从宁镇地区迁往

---

* 本文为2019年山东省社会科学规划研究年度青年项目"山东地区东周城市研究"阶段性成果,项目批准号:19DKGJ01。

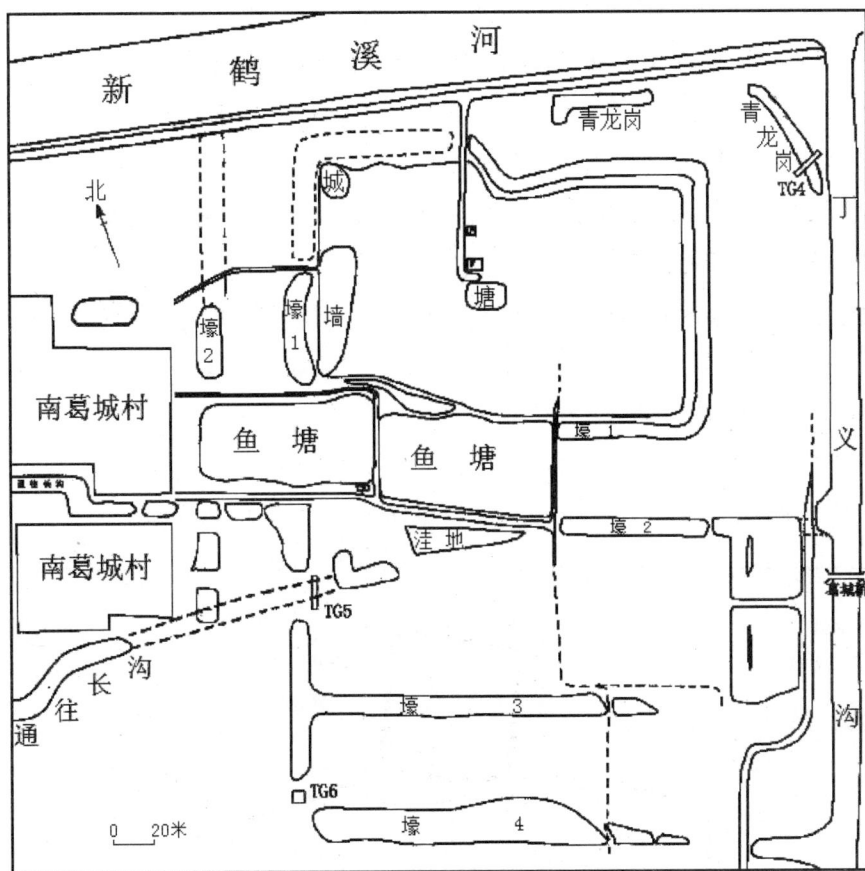

图一 丹阳葛城平面图

太湖平原地区的一个重要节点,不排除是吴国早中期都城的可能[1]。

葛城四面城墙外均挖有两条壕沟,当然有的是直接利用自然河沟,这些河、壕与城墙共同构成"一城两外壕"的体系。第二条壕沟略宽于第一条,或许暗示筑城者以第二条壕沟为设防重点,可惜深度不详,是否如此有待验证。南面情况十分特殊,共建有四条壕沟,这就构成"一城四外壕"的防御体系,显然是在强化城址南部的防御,只是最南端的两条壕沟时代不明。如果这两条壕沟与城墙同时始建,表明建城伊始筑城者就格外注重南面的防御;如果是后来某一时间开凿,说明这一时期南面可能面临严重的威胁,增建两条壕沟意在提高城南的防御能力。此外需要留意的是,春秋中期在城外东北部第二条壕沟内侧修建土岗(或为城墙),似乎意在加强城址东北部的防御。搞清土岗的具体走向,有助于认识土岗的实际作用。

---

[1] 南京博物院、镇江博物馆、丹阳市文化局:《江苏丹阳葛城遗址考古勘探与发掘简报》,《东南文化》2010 年第 5 期。

　　河南三门峡市李家窑城址平面呈东西向长方形,东西长 1000—1050 米,南北残宽 560—600 米,墙基宽 4.5—6 米。城墙外环绕有两条与城墙平行的壕沟,内圈壕沟宽 13—17.5 米,深 6.4—10 米;外圈宽 15—22 米,深 4.3—6 米。城内西南部发现一座宫城。发掘者认为该城是周代虢国都城上阳城[1]。

　　河南荥阳市官庄城址平面呈"凸"字形(图二),由大城、小城两部分组成,小城位于大城北部,平面近方形,边长约 190 米,面积为 3.6 万平方米左右,由内外两重壕沟环绕,且内外相通。外环壕宽 14—14.5 米,深约 4.5 米;内环壕紧邻小城墙基,宽 16—23 米,深约 7 米;内外环壕之间为宽 10—16 米的生土带。官庄城址小城始建于西周晚期早段,西周晚期晚段开始修筑大城,城址废弃于春秋早期,使用时间较短,可能与两周之际郑国东迁、灭亡东虢的历史事件有关[2]。该城小城外内圈壕沟的宽度与深度都大于外圈,显示筑城者对内环壕也就是护城壕沟的防御给予了更高的重视。

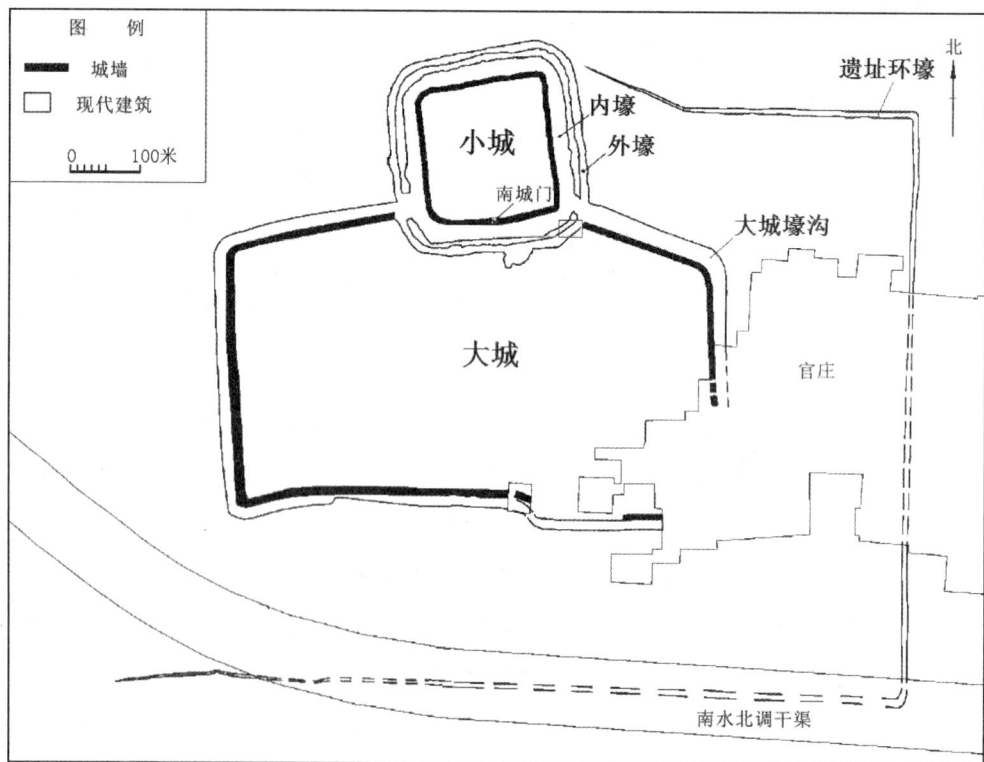

图二　官庄城址平面图

　　[1]　李家窑遗址考古发掘队:《三门峡发现虢都上阳城》,《中国文物报》2001 年 1 月 10 日第 1 版。
　　[2]　郑州大学历史文化遗产保护研究中心、郑州市文物考古研究院:《河南荥阳市官庄周代城址发掘简报》,《考古》2016 年第 8 期。

山西侯马市晋都新田遗址地处汾河和浍河交汇处,遗址西部建有台神、牛村和平望三座小城,相互连接,构成"品"字形格局,系春秋晚期晋国公室所在。西部台神古城北墙外100—200米处有一条与之平行的流水沟,西入汾河,东达平望古城西墙外壕沟附近,全长800米左右,宽10—20米,距地表深1.8—2米,底部发现有淤土[1]。

台神古城北部这条水沟的挖建,很可能与引汾河之水入平望古城西面护城壕密切相关[2]。也就是说,这条水沟发挥着引水渠的作用。但同时也要承认,它规模宏大,无疑也是台神古城北墙外的一道防御设施,原因是它的走向与古城北墙大体平行,这种位置关系应是有意设计的产物。基于此,这条水沟与台神古城北墙及其护城壕沟[3]就构成了"一城两外壕"的防御体系。

河北邯郸市赵王城由西城、东城、北城三座小城组成,平面略呈"品"字形,总面积约5平方千米。该城始建于战国时期,应在赵敬侯迁都邯郸(公元前386年)前后兴建。赵王城西城南面建有两套壕沟系统。西城南墙外侧的壕沟,北距城墙17—19米,宽10米,深3.8米。南墙以南约1000米处发现东西走向的外围壕沟系统(图三),与南墙基本平行。壕沟系统分为东西两部分,东段为一条壕沟,长约1200米,宽约10米,深约3米;西段由三条平行壕沟组成,间距10米,长1100余米。三条壕沟的形制、结构基本相同,开挖在生土中,年代属战国晚期。北侧壕沟(1号)口宽4.2—4.6米,深2.3—2.6米;中间壕沟(2号)口宽4.3—4.9米,深2.3—2.6米;南侧壕沟(3号)口宽3—3.8米,深2.2—2.6米。此外,1号壕沟北侧发现一排长方形柱坑,3号壕沟南侧发现有环形附属壕沟和车辙沟。南面外围壕沟西连渚河,向东应与滏阳河相通。如此,人工壕沟就与自然河流共同构成赵王城外部的壕、河防御体系[4]。

从整体上看,赵王城西城南墙、护城壕沟与南面外围的壕沟系统(西段虽有三条壕沟但属一个系统),共同构成了城南"一城两外壕"的防御体系。南墙外宽10米的护城壕沟相比于其他战国都城而言,显得十分窄小,也许正是为了弥补防御上的不足,战国晚期在南墙外围新建了一套壕沟系统。该系统西段由南北并列的三条壕沟

---

　　[1]　山西省考古研究所侯马工作站:《晋都新田》,山西人民出版社,1996年,第101页。

　　[2]　东周时期,在未依自然河流而建的城市中,为保证护城壕常年有水,使之成为防御性较强的护城河(即城池的"池"),往往采用挖凿人工沟渠、连通护城壕沟和附近自然河流的方法。而如果城市直接依自然河流而建,那么河流就是城市的天然护城河,其余地段的护城壕沟只需与之直接连通即可。

　　[3]　《晋都新田》报告未言北墙外侧挖有壕沟,但考虑到三座小城城墙外大都存在护城壕沟的情况,台神古城北墙外侧也应挖有护城壕沟。

　　[4]　段宏振、任涛:《邯郸赵王城遗址勘察和发掘取得新收获》,《中国文物报》2008年10月22日第2版;河北省文物研究所:《邯郸赵王城遗址城垣建筑考古的新发现》,《中国文物报》2011年3月25日第4版。

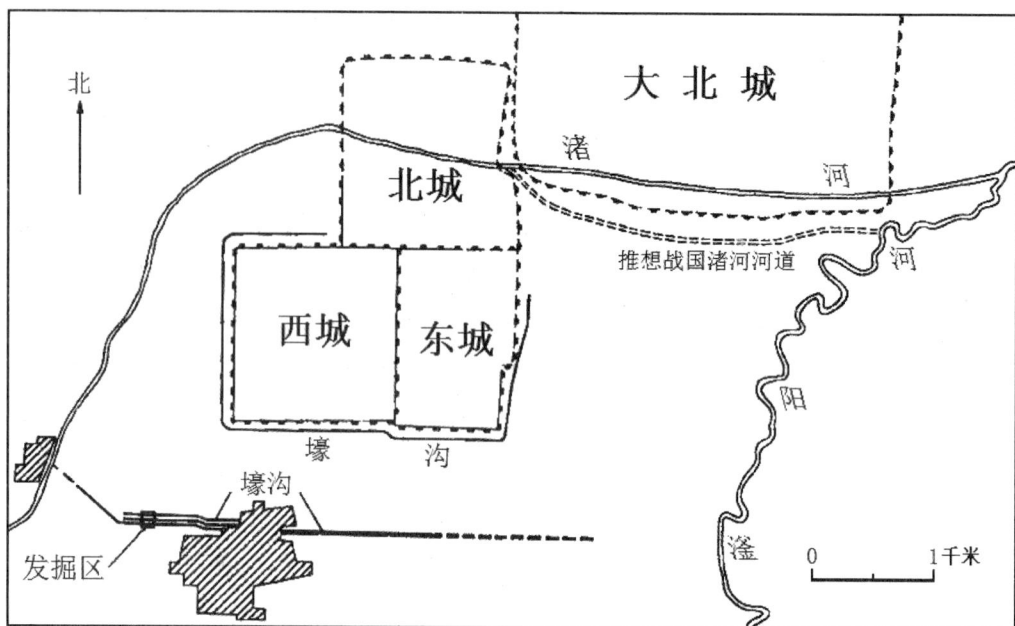

图三　邯郸赵王城南郊壕沟系统

组成,宽度均不足5米,深度为2.2—2.6米。从单个壕沟来看,有限的宽度似难发挥强有力的防御作用,但三条壕沟并列配置,相隔10米,这样的组合无疑是一道难以跨越的障碍。值得特别关注的是,1号壕沟北侧发现一排长方形柱坑,这一迹象似可表明壕沟北岸应建有某种设施,可能是竹木栅栏类的障碍物,类似天罗、虎落、行马等。另据《墨子·旗帜》记载,城外护城河内侧岸边上设有“藩”和“冯垣”等,1号壕沟北侧的那排柱坑很可能就是“藩”一类设施的遗留。至于3号壕沟南侧的环形附属壕沟具体如何发挥作用,由于缺乏详细图文资料暂难探知。

在以上所列的五座城址中,丹阳葛城、李家窑城址和官庄小城外的两重壕沟皆是环绕于城址四面,是“一城两外壕”体系的典型代表。在两壕间距上,除李家窑城址材料不明以外,葛城和官庄小城的两重壕沟均相距较近,间距分别为几十米和十几米,表明当时对防御纵深的经营还不十分重视,这可能跟当时的战争方式和攻城武器密切相关。在防御主次上,官庄小城的材料最明确,内圈壕沟(即护城壕沟)既宽且深,表明筑城者以内壕为设防重点。需要引起注意的是,这三座城址的始建年代均是西周时期,因此一套城圈外部环绕两重壕沟很可能是西周时期的筑城风格。此外,两条壕沟之间是否存在配套设施,随着考古工作的深入进行,有待继续探讨。

补充说明的是,城墙外部稍远处的人工壕沟有时表现为自然河流,即城墙与护城壕沟及远处的自然河流共同构成"一城两外壕（河）"的体系，这种现象在周代城址中屡见不鲜。例如，山东曲阜鲁城南北外围分别有沂河和泗河，二河与附近南北城墙的距离均为 2 千米左右，在南面沂河与南墙之间还有小沂河，与南墙的距离在 1 千米以内；河南新郑郑韩故城东城东墙北段稍远处有南北向的黄水河，与城墙的距离在 900 米以内；上文提到的新田遗址三座小城南北外围分别有浍河和汾河；河南新郑市华阳故城南墙外有一条东西向古河道，俗称城南沟，与南墙距离为 300 米左右，东墙外有城东沟，间距在 200 米以内；上文言及的邯郸赵王城东西外围分别有滏阳河和渚河，等等。这些自然河流与城墙及其外侧护城壕沟共同构成双重防御体系。

不仅在北方，南方地区也见有类似现象。例如，湖北赤壁市土城遗址西部有一条蟠河（图四）[1]，蟠河在城西南发生一个直角拐折，这本可为依河建城提供一个天然

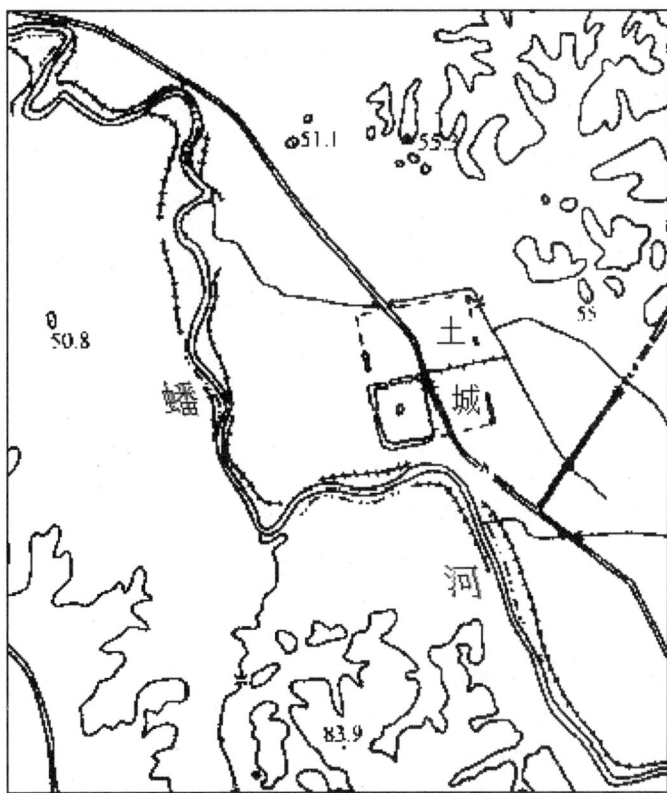

图四　赤壁土城周围环境图

　　[1]　湖北省文物考古研究所、咸宁市博物馆、赤壁市博物馆：《赤壁土城——战国西汉城址墓地调查勘探发掘报告》，科学出版社，2004 年，第 1—4 页。

优势,可是土城并未充分利用这一河流转折临河而建、因河为池,而是与河流隔有一定距离,西墙与西部南北向河段相隔 1 千米左右,南墙西段与城南东西向河段邻近,而且在走向上西墙和南墙西段分别与此处的南北向和东西向河段大体平行。土城城墙与外侧护城壕沟,加上西、南两面的蟠河共同构成双重城防体系。此外,该城方向之所以呈西北—东南向,应与顺应西部这段河流的走向密切相关。

谈及此处,不难发现古代城市对自然河流的防御性利用除了人们熟知的"因河为池"和"因河为城"[1]以外,还可将它作为城、壕外稍远处的防御屏障[2]。在间距上,城墙与附近自然河流的距离大多在 1 千米以内,如果太远则不利于防守。利用远处河流作外围屏障具有独特的防御优势,可有效扩大防御纵深,在城外形成广阔的缓冲地带。当敌军来攻城时,首先可凭借河流天险对来犯之敌进行阻击,如果防守失败,守军还可依托缓冲区域退守城、壕组织新的防御和反击。赵王城或许就是出于这种防御战略在战国晚期增修了南郊壕沟系统。

城、壕外圈的人工壕沟或自然河流除了作为单纯的军事防御设施以外,还具有类似郭城城墙的作用,尤其是当内外壕沟(或河流)的间距较大且其间发现大量同期文化遗存时,这种作用就显得格外突出。较为典型的例证是上文提到的晋都新田遗址,遗址西部的牛村、台神、平望三城,被认为是晋国公室的宫城;南面浍河和北面汾河在外部构成一个三面环水的半封闭空间,在这一范围内发现盟誓、祭祀遗址和铸铜、制陶、制骨、制石圭等手工业作坊遗址以及多处居址、墓地等,显而易见该区域具有浓厚的郭城色彩,此时外部的自然河流承担了郭城城墙的职能,既有防御功能,又有界隔作用。

如果往前溯源,"一城两外壕"体系还见于时代更早的城址中。河南郑州西山仰韶文化城址城、壕外围发现一条壕沟[3],内外壕沟的间距约 160 米。如果外围壕沟与城、壕时代相同,那它就是目前所见的时代最早的"一城两外壕"体系。此外,河南

---

[1] "因河为池"指的是城池利用自然河流作为城外天然护城河的筑城形式;"因河为城"指的是城池部分地段不筑城墙而直接以自然河流代替城墙的筑城形式,在这种情况下河流其实同时充当了城墙与护城河。详见徐图辉:《东周城池防御研究》,北京大学博士学位论文,2016 年。

[2] 不过这种利用是主动规划还是一种无奈之举值得思考。华阳故城南墙与城南沟基本平行,赤壁土城西墙、南墙也与附近河段大体平行,可疑问是建城之时为什么不直接沿河筑墙以充分利用河流作天然护城河呢?是附近自然环境阻隔难以如此设防,还是主动避开有意把它作为外部屏障以构建两重设防体系?有效复原当时的地形地貌可能有助于解决这一问题。

[3] 张玉石、郝红星:《中原大地第一城 郑州西山古城发掘记》,《大众考古》2016 年第 5 期。该文插图"西山古城平面示意"中清楚地画出了外围壕沟的位置和走向,但文中未对此壕沟进行详细介绍,故而壕沟详情不明。下文所言内外壕沟的间距是据图中比例尺测算得知。

安阳洹北商城由内城和外城构成[1],内城外侧应挖有壕沟[2],外城外侧未见护城壕遗迹。有不少学者对外城的存在提出了质疑,认为试掘简报所称的外城墙"基槽"应是壕沟,如果此说不误的话,这就是商代城址中典型的"一城两外壕"体系。外部这圈长方形壕沟宽7—11米,深约4米,它与内城城墙之间的距离宽窄不一,南面间距最小,约300米;北面间距最大,约1000米(皆据勘察简报插图测算得知)。内城发现大型夯土建筑基址,具有宫城的性质,而外壕以内的这片区域发现夯土遗迹和铸铜、制骨作坊遗址及铸铜工匠墓地[3]等,该区域具有明显的郭城色彩,因而外壕不是单纯的防御设施,而是发挥了郭城城墙的作用。

综上所述,周代城址中存在"一城两外壕"这种特殊的城、壕组合体系,在时代更早的仰韶文化晚期和商代城址中也见有这种体系的身影。外围壕沟还经常表现为自然河流。当外围壕沟(或河流)与城、壕的间距较小时,这种体系可能更多的是军事防御作用;而当两者间距较大且其间发现大量同期文化遗存时,外围壕沟(或河流)往往充当了郭城城墙的职能。

---

[1] 中国社会科学院考古研究所安阳工作队:《河南安阳市洹北商城的勘察与试掘》,《考古》2003年第5期;中国社会科学院考古研究所安阳工作队、中加洹河流域区域考古调查课题组:《河南安阳市洹北商城遗址2005—2007年勘察简报》,《考古》2010年第1期。

[2] 洹北商城内城勘察简报在对内城城墙进行介绍时,未提及城外护城壕沟的情况。内建城墙、外挖护城壕(河)是中国古代筑城的一般规律,商代也不例外。在目前已发现的商代城址中,如郑州商城、偃师商城、夏县东下冯商城、黄陂盘龙城和新郑望京楼商城等,都见到城、壕相伴的现象。因此,有理由相信洹北商城内城外侧很可能也挖有护城壕沟。当然,如果将来的考古工作证明洹北商城内城外侧未挖建壕沟,那么该城的筑城方式极其特殊和罕见,自然也就不存在本文所说的"一城两外壕"体系了。

[3] 中国社会科学院考古研究所:《洹北商城作坊区内发现铸铜工匠墓》,《中国文物报》2019年6月21日第5版。

山东周、汉代城址的考古发现与研究

李振光[1]　于美杰[2]

1.山东省文物考古研究院　2.齐文化研究院

近年来,随着临淄齐国故城、曲阜鲁国故城、章丘东平陵故城等城址考古勘探和发掘工作的不断深入,大遗址勘探和保护工作的全面展开,山东地区周、汉代故城的考古工作取得了丰硕成果,已经对二十余处周、汉代城址进行了不同层面的考古工作(图一)。

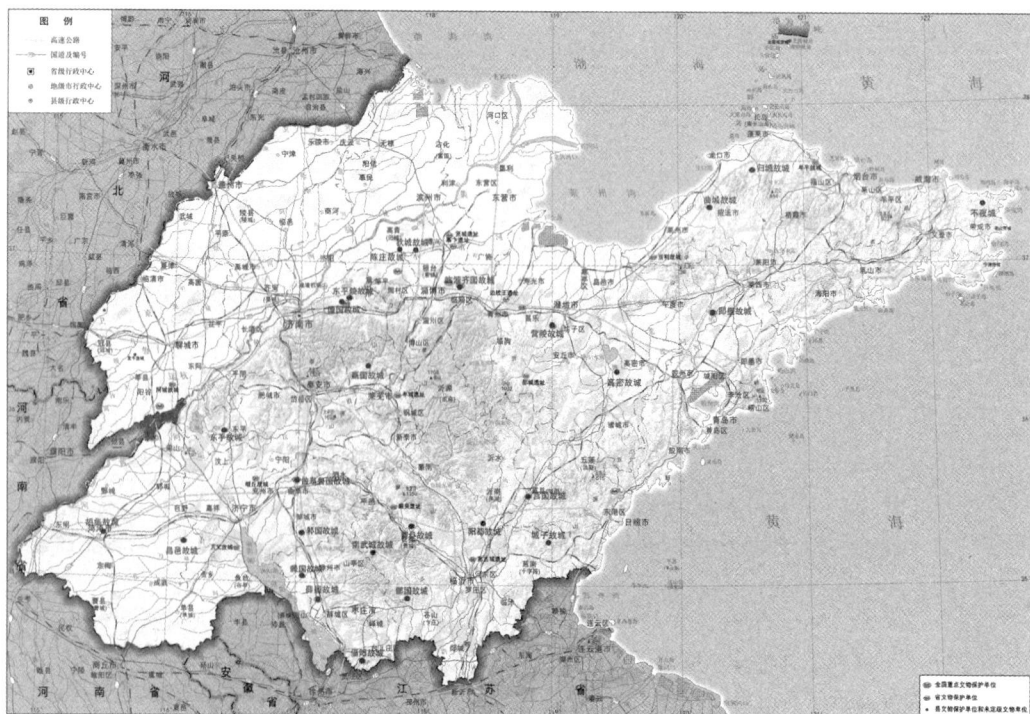

1:2 100 000　　0　21　42　63 千米

图一　山东考古发现周、汉代故城分布图

　　山东作为一个相对独立的地区,分布着众多的周、汉代故城,从一个侧面或者局部,反映了中国周、汉时期地方城市的特点、发展状况和城市考古研究现状。本文拟对山东地区已经进行考古工作的周、汉代城址进行梳理,并对城址选择、地形利用、城市布局、建造技术等进行分析,以加深对该时期山东地区城址发展演变的认识。由于周代故城多延续至汉代或者更晚,因此这里将周、汉代故城作统一介绍。

　　山东地形比较复杂,中部为东西向的泰沂山脉,北侧为广阔的鲁北、鲁西北大平原,西南为微山湖、东平湖和鲁西南大平原,鲁南为山地丘陵和平原交叉地带,胶东半岛分布着丘陵和海边平地。复杂的地形地貌对城址选择和平面形制的形成产生了影响。而山地丘陵地带的故城无论是城的形制、布局,还是建城的方式都有自身特点。因此,将山东周汉代故城分平原地带城址和山地丘陵地带城址甲、乙两类进行介绍。

　　周代分封诸侯有等级之分,国力有强弱之差,对应的城池也有大小之别。汉代也有郡、县之分,诸侯国也有差异。在每类城址内再依据城址面积大小进行分析,最后分西周、东周和汉代三段进行分析探讨。

一、平原地带城址(甲类)

　　平原地带城址多选择河流附近地势较高的地方,便于居民用水,也利于排涝。其平面形制有的依靠河流呈不规则状,有的离开河流一段距离呈规整的长方形或近似正方形布局。平原地带城址共20座,有章丘谭国故城、东平陵城,高青陈庄故城、狄城故城,临淄齐国故城,昌乐营陵故城,高密城阴城,平度即墨故城,招远曲城故城,曲阜鲁国故城,滕州滕国故城、薛国故城,台儿庄偪阳古城,莒县莒国故城,苍山鄫国故城,莱芜嬴城故城,东平故城,沂南阳都故城,菏泽胡集(成阳)故城,巨野昌邑故城(图一)。

　　平原地带城址(甲类)依据面积的大小可以划分为四种型式:甲A,一千万平方米以上;甲B,一百万平方米到一千万平方米;甲C,十万到一百万平方米;甲D,十万平方米以下。

(一) 甲A型

　　面积一千万平方米(十平方千米)以上的城址。有临淄齐国故城、曲阜鲁国故城、莒县莒国故城、平度即墨故城。

1.临淄齐国故城[1]

位于临淄齐都镇。地处鲁北平原,东临淄河、西依系水、南望群山。周武王封太公姜尚于营丘,七世献公迁都临淄(公元前9世纪),治齐达六百余年,史称姜齐。公元前386年大夫田和篡权自立,治齐达一百六十余年,史称田齐。秦灭齐,设临淄县、齐郡。项羽设临淄国,都临淄。两汉设齐国。西晋移治青州广固城,临淄衰落。后为临淄县。

从20世纪50年代开始,这里进行了多次考古勘探和发掘工作。

临淄齐故城由大、小城组成,小城位于大城的西南角,部分嵌入大城内。总面积15.5平方千米(图二、三)。

大城东墙全长约5209米,随淄河曲折,墙宽22—33米,总体呈南北走向;西墙长2812米,南北向,南侧与小城北墙相接;北墙长3316米,略呈"凸"字形,中部外凸;南墙长2821米,西侧与小城东墙相接,基本与北墙中部平行。大城有城门七座,西门一,余三面城墙各二门。大城外有城壕。小城平面略呈长方形,东墙长2195米,北部墙基宽38米;南墙长1402米,中部墙基宽28米,较大城南墙外凸约900米;西墙长2274米,墙基宽约30米,较大城西墙外凸约450米;北墙长1404米,最宽处55—67米。小城始建于战国中期,晚至东汉。小城城门五座,南侧两座,余三面各一座。小城外有城壕,宽25—30米。

2017年秋天,对小城的北门进行了发掘,确定北门为一个门道,宽3.2米左右。小城的北城墙宽50—55米,外侧没有发现壕沟。夯窝直径5厘米,圜底夯窝和平底夯窝同时存在,说明金属夯具和棍夯同时使用。

这是战国中期,田氏代齐增建小城后形成的平面布局。战国早期沿用春秋城。

西周:考古确认,临淄东墙北段营建时间不晚于西周中期。西周城位于大城的东北部,有二纵二横四条街道,至少有七座城门,其中北墙一门,余各两门。西周城南北长约2700米,东西最宽约2400米,呈不规则长方形,据图比例计算,面积6平方千米多。

春秋:临淄城向南、向西进行大规模扩建,大城东西约3500米,南北4100米,面积14平方千米[2]。

有的学者认为,姜齐的宫城应在郭内,且位于中心地带,可能就在河崖头村西南和阚家寨村东北一带的韩信岭高地,这里发现了大量的西周晚期文化遗存。临淄故

---

[1]　山东省文物管理处:《山东临淄齐故城试掘简报》,《考古》1961年第6期。

[2]　魏成敏:《齐国与齐故城》,《山东古城古国考略》,文物出版社,2016年。

城在春秋时期已具有小城居大城之中的"两城制"布局,到战国时小城转移到大城的西南隅[1]。

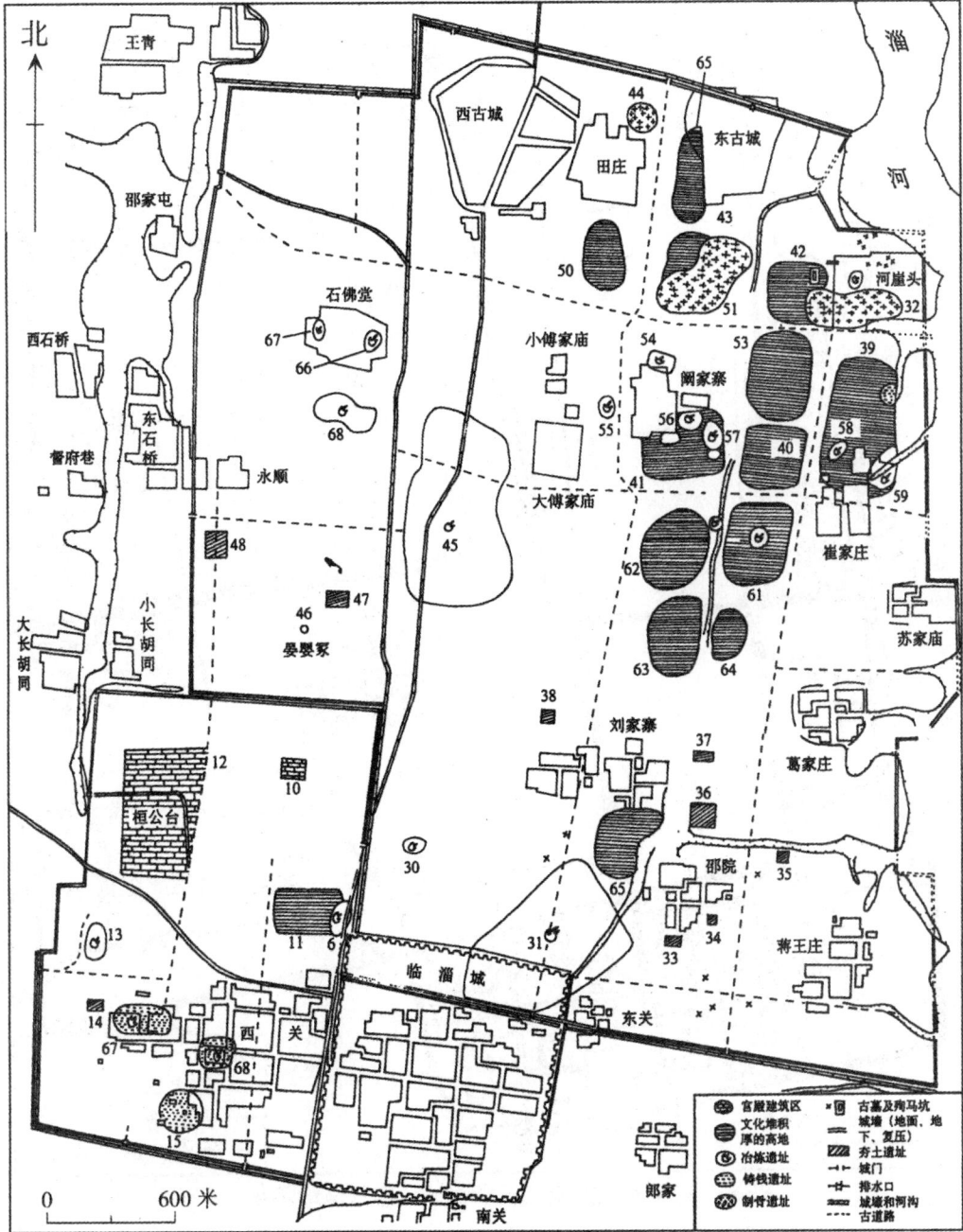

图二　1964—1966年齐故城

────────────

[1]　梁云:《战国都城形态的东西差别》,《中国历史地理论丛》2006年第4期。

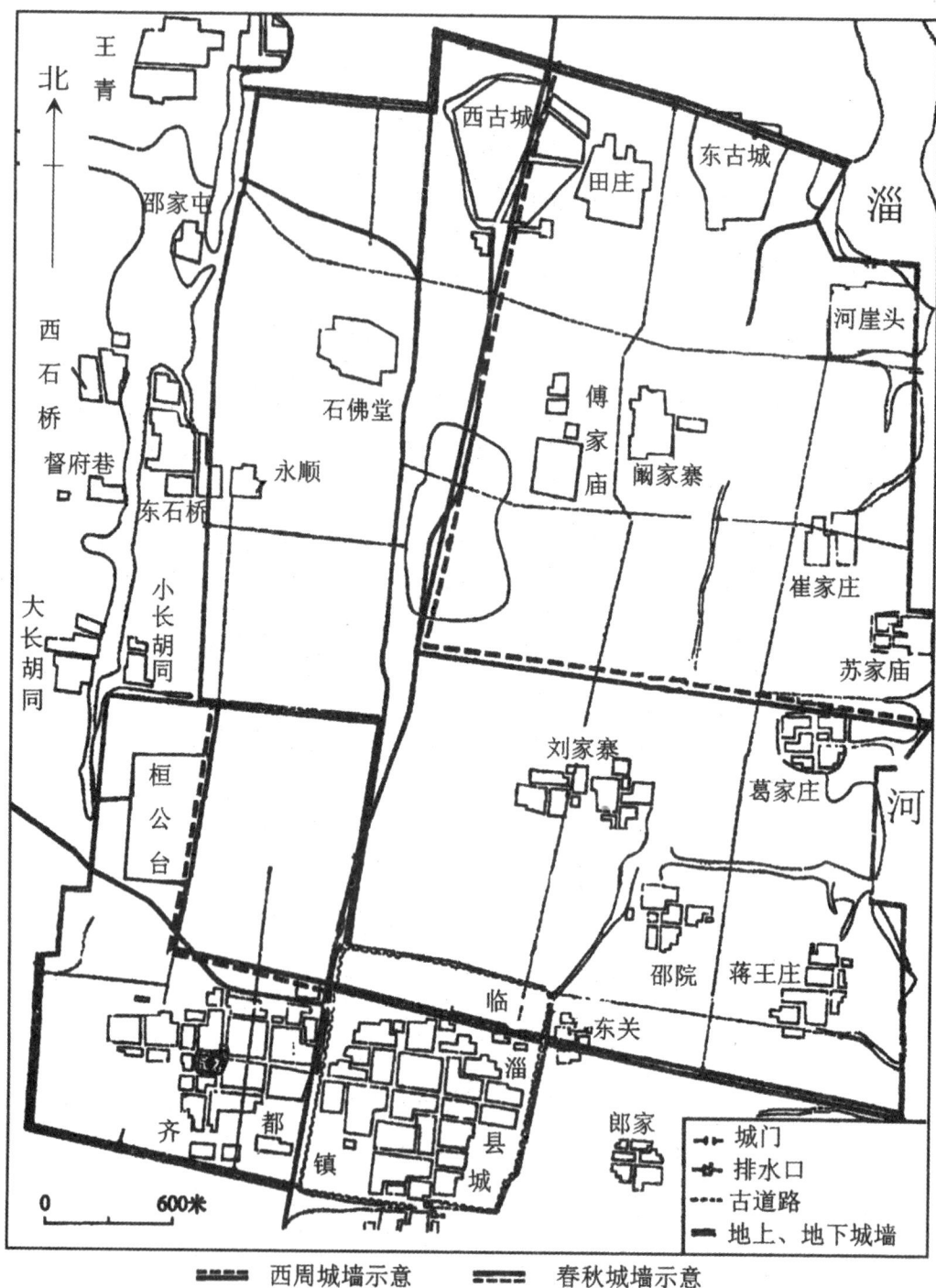

图三　临淄齐故城扩展示意图

　　汉高祖六年(前 201 年),封齐王刘肥都临淄,这是汉初初封的诸侯国,等级高,都城规模大。汉代沿用临淄战国城的大城,面积约 14 平方千米。

2. 曲阜鲁国故城[1]

位于曲阜市,为鲁国都城。周初,封周公旦于鲁(其子伯禽就封),曲阜作为鲁国都城沿用八百余年。公元前249年被楚国所灭,置鲁县。两汉封有鲁王,都曲阜。

鲁国故城郭城平面近扁方形,东西最宽3.7千米、南北最长2.7千米,面积10.35平方千米。南面城墙较直,其余三面呈弧形,局部城墙高达10米。勘探发现城门十一座,每边各三座城门,南墙西部城门被明代城址占压。北墙和西墙沿洙水修筑,外侧挖有护城壕与洙水相连。从南东门解剖情况看,其始建年代应在西周晚期;有的学者认为其始建年代在两周之交或略晚(图四、五)。

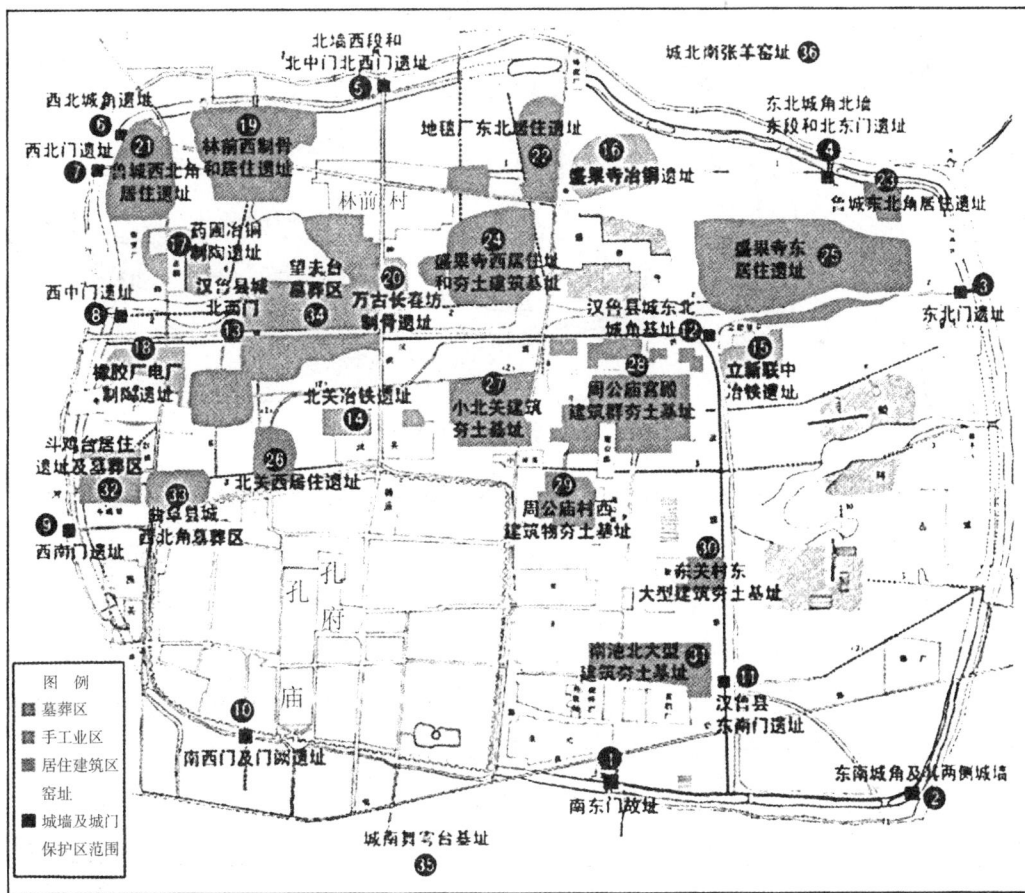

图四　曲阜鲁故城

[1]　山东省文物考古研究所、山东省博物馆、济宁地区文物组等:《曲阜鲁国故城》,齐鲁书社,1982年。

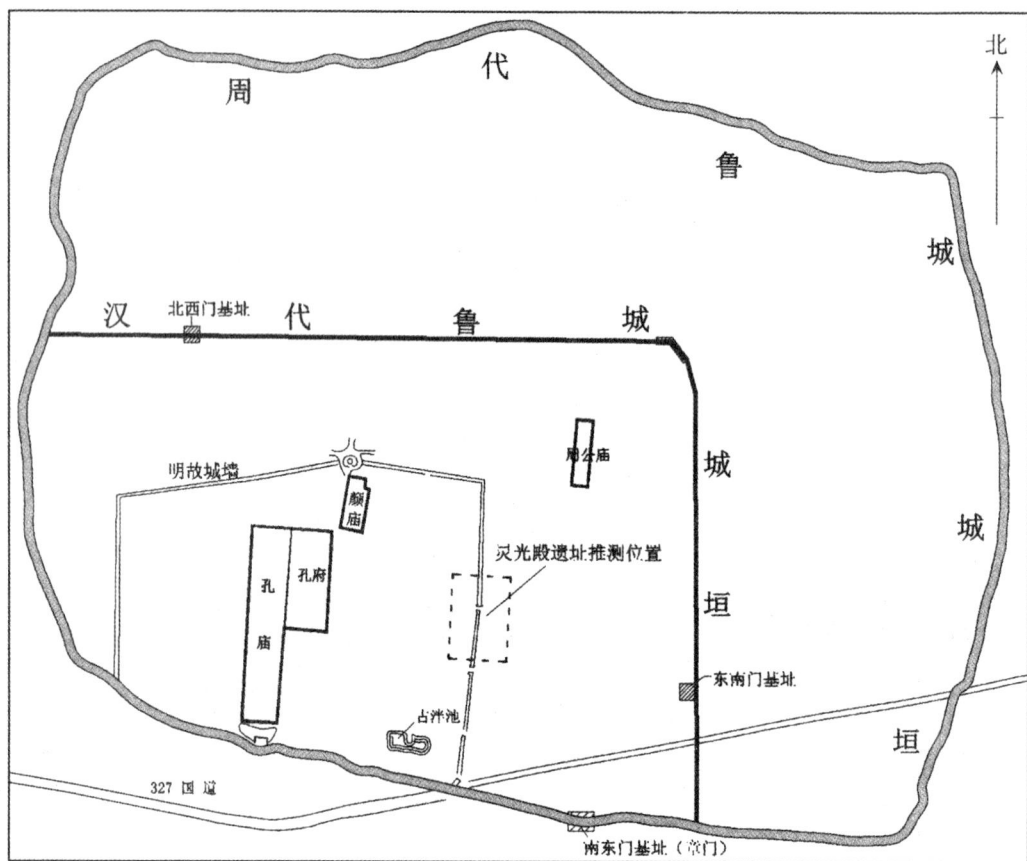

图五　曲阜鲁故城汉代城址

最新考古发现,重新确认城墙宽 25—50 米。确认外城城壕宽 40—60 米,时代属东周时期。新发现内侧壕沟,沿城墙内侧一周,与城内水系相连,深距地表 2—3.8 米,宽 11—25 米,距城墙约 5 米。

2012 年对南东门进行了发掘。1978 年勘探阙台东西各宽 30 米,长 58 米,残高 1 米,这次发掘对阙台进行了确定。门道宽 5—7 米,为单门道。城墙宽 31 米,残高 6 米多,分为四期。早期夯土被春秋中期偏早墓葬打破。

在北墙战国中期城墙顶端发现陶排水设施。

宫城位于郭城中部偏东的高台地上,呈东西向长方形,东西长约 480 米,南北宽 220—250 米,面积约 12 万平方米。发现城墙、壕沟、城门、道路、陶排水管道和大型夯土台基。西南部城墙保存较好,宽约 13.57 米,城壕宽约 11.05 米。东周路土宽 11 米。宫城年代为春秋晚期晚段至战国中期。

曲阜鲁故城回字形方正的城郭布局,一般认为是东周时期城郭布局中的一个重要类型,其基本布局为大城套小城,宫城居中,最早采用中轴线规划,总体布局较为规整。

汉代从刘交楚国中析置出来的鲁国都城,位于周代鲁故城的西南部,东西2560米,南北1880米,面积约3.75平方千米。借用周代鲁国都城大城的南墙和西墙,重筑东墙和北墙,墙体宽10米。东墙外护城河宽18—23米,距墙基10—15米。北墙外护城河较宽,约20米,南距墙基10米。解剖确定,北城墙可能夯筑于西汉中期。汉代城墙上发现城门七座,东南北各两座,西门一座。东南门距南墙450米,门址凸出,外口宽24米,门道长15米,两侧墙基宽10米,门道外凸出部分方5米。西门和南东门借用早期城门。

3. 莒国故城[1]

位于日照莒县,莒国故城叠压在今莒县县城的下面。始建于公元前721年,即鲁隐公二年。最初为春秋莒国都城,汉代为城阳国都城,后为州刺史治所、郡治所、县治所。

春秋莒国故城呈正方形,分为三重(图六);现存莒国故城有四重。

第一重:外郭城。西北角呈抹角状,郭城边长4000余米,实测周长16514米,与文献中的"四十里"略有误差。城墙在西北角保存一段,宽25米,残高两三米。韩家村保存一段南城墙,宽30米,其东侧东大街二街新村保存一段,至1958年时还有八九米高。

第二重:大城。实测9500米,与文献中的"二十里"相合。

第三重:小城。始建于春秋,与第一、二重同时修建;汉代加固,俗称汉城。四周城壕可见,现存部分城墙高达八九米。实测周长6912米,与文献的"十二里"基本吻合。

第四重:内城,为元代故城。借用第三重城的东北角,实测周长3450米。七十年代还保存一段城墙,宽约30米,高六七米。

莒国故城形制特殊,为规划建造的三重相套的正方形城址,三重相套,非常坚固。城的规模大,外郭城面积约为16平方千米。这也充分反映了春秋时期莒国是东方可以和齐国、鲁国相抗衡的大国,有着雄厚的实力。乐毅率燕军攻克齐国72城,直入齐国都城临淄,当时齐国仅剩莒、即墨仍在坚守,乐毅围城,三年不下,莒城成为齐王复国的基地。

---

[1] 王健等:《莒故城与城阳国》,《山东古城古国考略》,文物出版社,2016年。

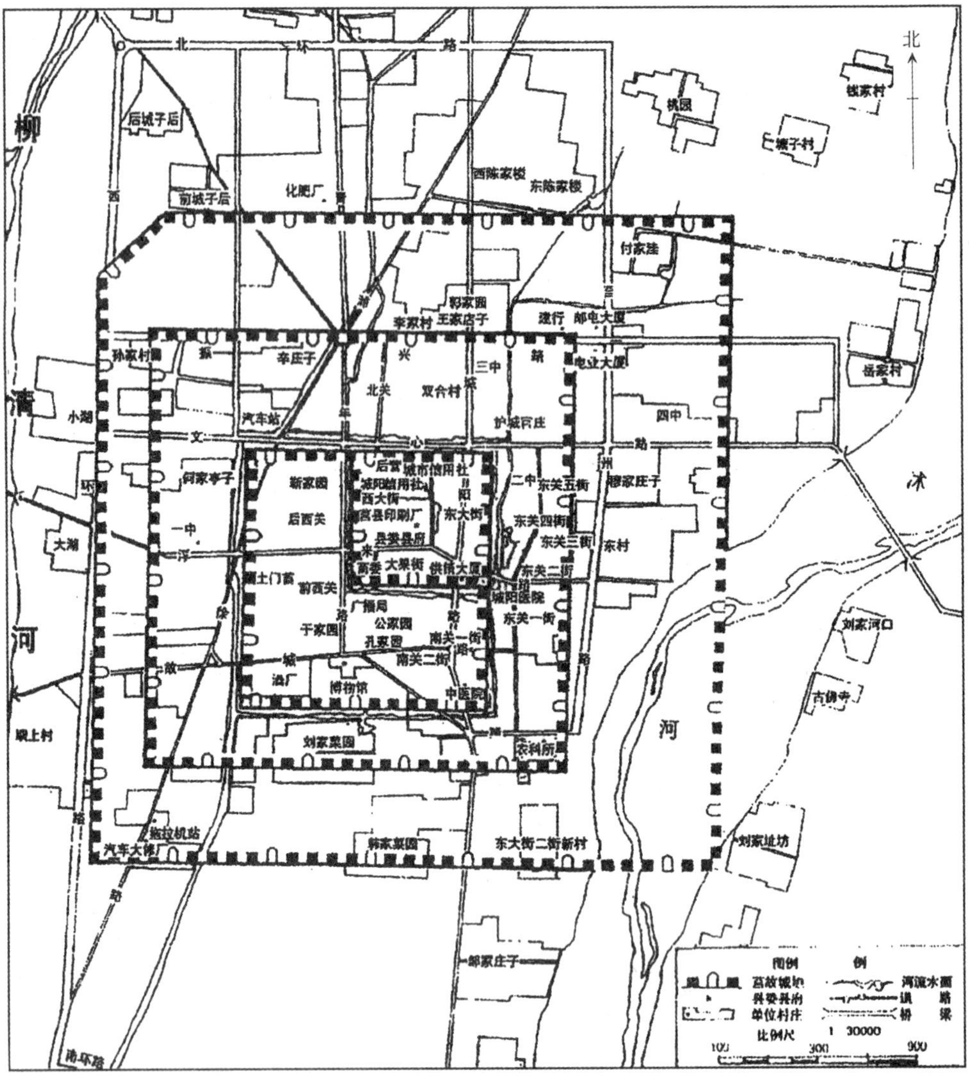

图六　莒国故城

4.即墨故城[1]

位于平度市大朱毛村附近。即墨故城又称"朱毛城",可能是因春秋时期齐大夫朱毛居此而得名。项羽时分封的胶东国,都即墨。

即墨故城东临小沽河、西临墨水河,呈不规则长方形(图七)。外城南北长约4.5、东西宽约3.2千米,面积约14.4平方千米。残存城墙宽18—34米,北城墙外有壕沟,宽28—34米,南距墙基三四十米。

---

[1]　郝导华等:《即墨故城》,《山东古城古国考略》,文物出版社,2016年。

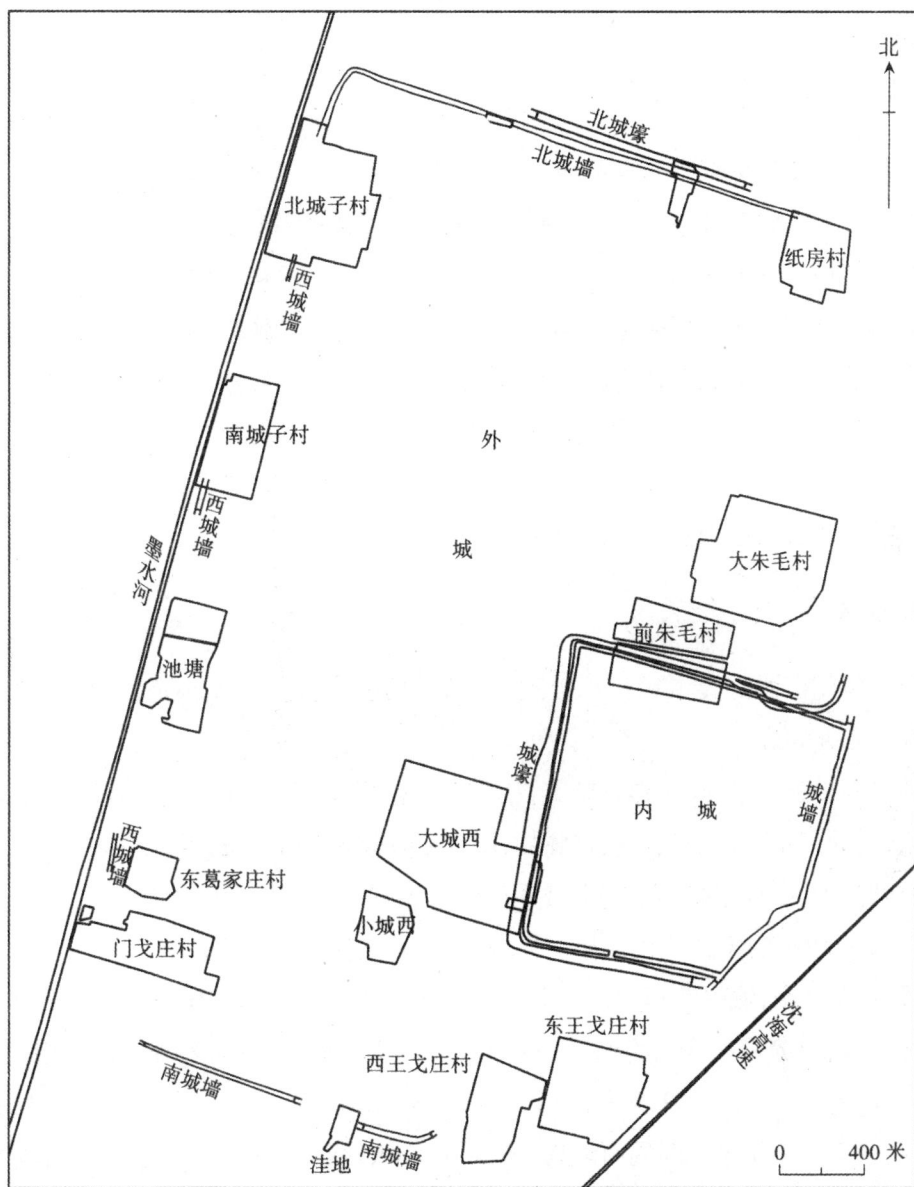

图七 即墨故城

内城位于外城东南部,平面近方形,南北最长 1.37、北部最宽 1.338 千米,面积约
1.6 平方千米。城墙宽 18—34 米,南墙有一缺口,似城门。内城外有壕沟,宽 25—35
米,最宽处 70 米,距墙基 6—20 米。

(二)甲 B 型

面积一百万平方米到一千万平方米的城址。

5. 营陵故城[1]

位于昌乐县城东南 25 千米的古城村。南靠金钗河,小浪河从南侧向东北流过。

营陵故城传说为杞国后期都城,公元前 646 年迁此,齐桓公"城缘陵"以安置杞成公。亦有观点认为营陵故城就是西周初年武王封姜尚的营丘,存疑。

营陵故城分外城和内城,基本呈方形(图八、九)。

外城南北 1500 米,东西 1480 米,面积约 2.22 平方千米(222 万平方米)。

内城位于外城的北部,内城北墙较外城北墙向北凸出,合用一道城墙。东西 513 米,南北 577.5 米,面积 29.5 万平方米。地表存北墙一段,宽 20 米,高 5 米,夯层厚 25—28 厘米,夯窝直径 7 厘米。勘探确定城墙宽 27 米。北墙外有城壕。内城有四门。北门中间有两道隔墙,分为三条门道,宽 3 米,进深 41 米。

6. 滕国故城[2]

位于滕州市西南姜屯镇南部。荆河流经故城东南,其支流小荆河自城北绕流。城内地势东北略高。

滕国为文王之子、武王异母弟错叔绣所封国。滕国建于西周早期,至战国中晚期亡于宋,期间未见徙都记载。秦置滕县,汉武帝时改为公丘,隋改为滕县。

故城为大、小相套的两个夯土城圈(图一○),平面形状呈不规则的长方形,小城位于大城内的中南部,共用南城墙。大城呈不规则的圆角长方形,东西最长 1450 米,南北最宽 1100 米,城内面积 160 万平方米。城墙宽 25—35 米,夯层厚 10—18 厘米。四面皆有城壕,宽 55—100 米,深 4—5 米。目前仅能确定大城和小城共用的南门。

小城(内城),东西长 960 米,南北宽 680 米,面积 65 万平方米。墙体宽 12—20米,夯层厚 7—17 厘米。四周有城壕,宽 50—70 米,深 3.5—4 米。城门四座,基本位于每道墙的中部。

大城应建于战国时期,两汉时期续用。小城应不晚于春秋晚期。

7. 薛国故城[3]

位于滕州市的官桥和张汪两镇之间。南侧及东西两侧有河。

———————————

[1] 庄明军等:《杞国与营陵故城》,《山东古城古国考略》,文物出版社,2016 年。

[2] 张东峰等:《滕国故城》,《山东古城古国考略》,文物出版社,2016 年。

[3] 杨光海、李鲁滕:《薛国故城》,《山东古城古国考略》,文物出版社,2016 年。

薛,任姓。"黄帝之子二十五宗,其得姓者十四人,为十二姓:姬……任……衣是也。"齐闵王三年,齐灭薛,为田氏邑。秦置薛县,汉因之……北齐废。

为大、小、内三城相套的故城(图一一)。

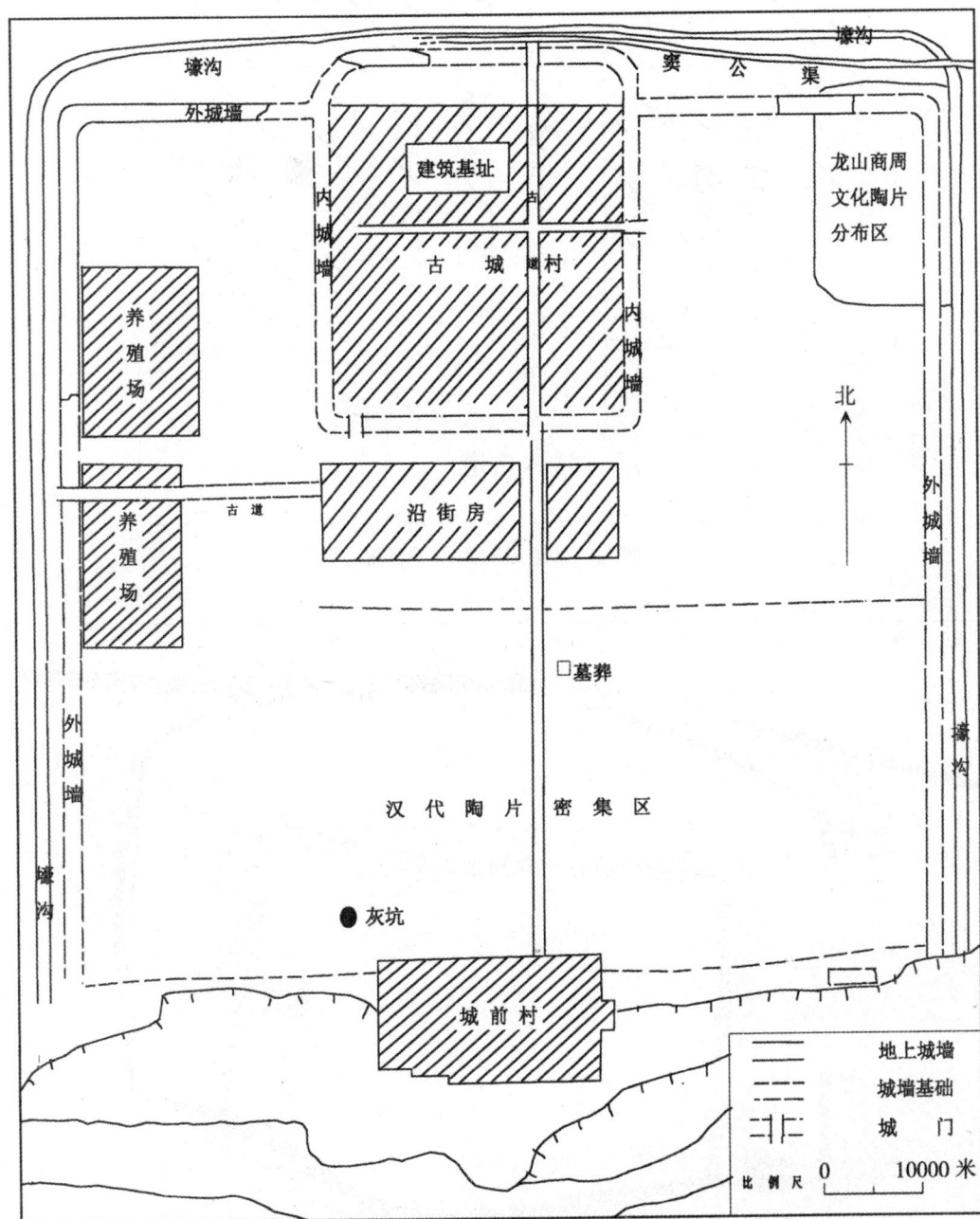

图八　营陵故城勘探平面图

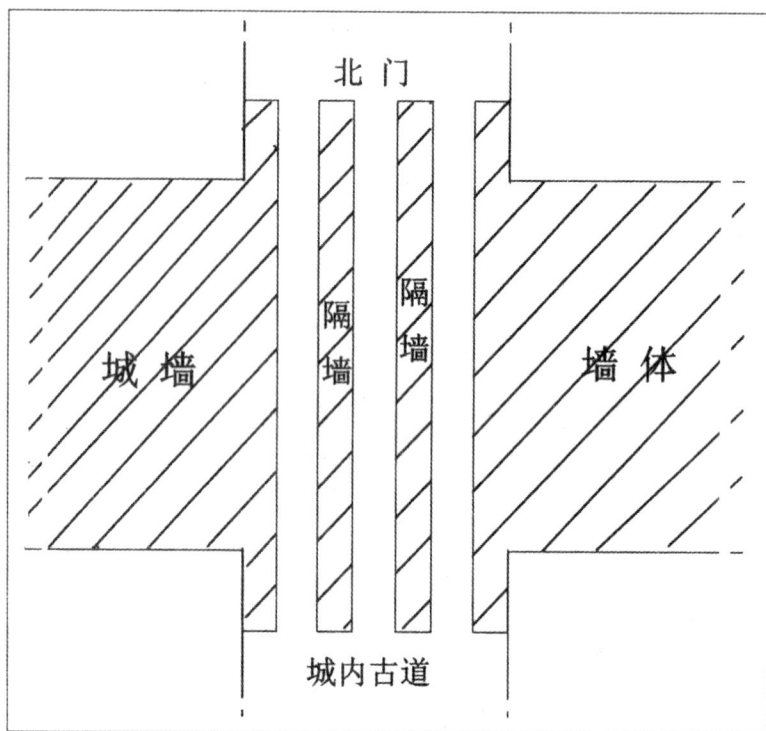

图九　营陵故城北门示意图

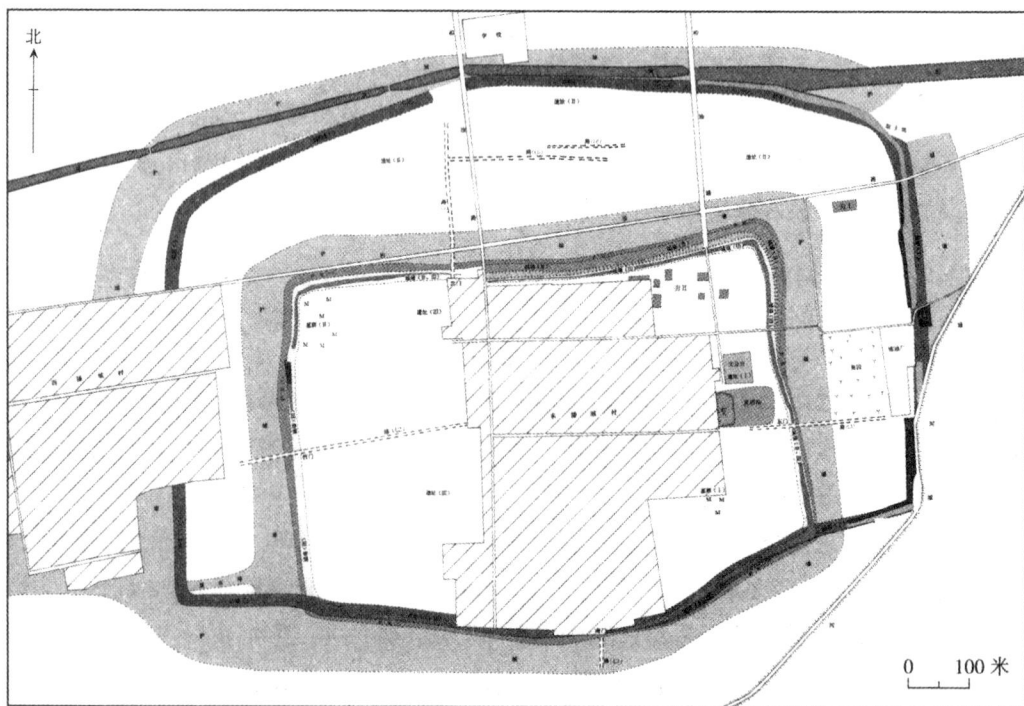

图一〇　滕国故城平面图

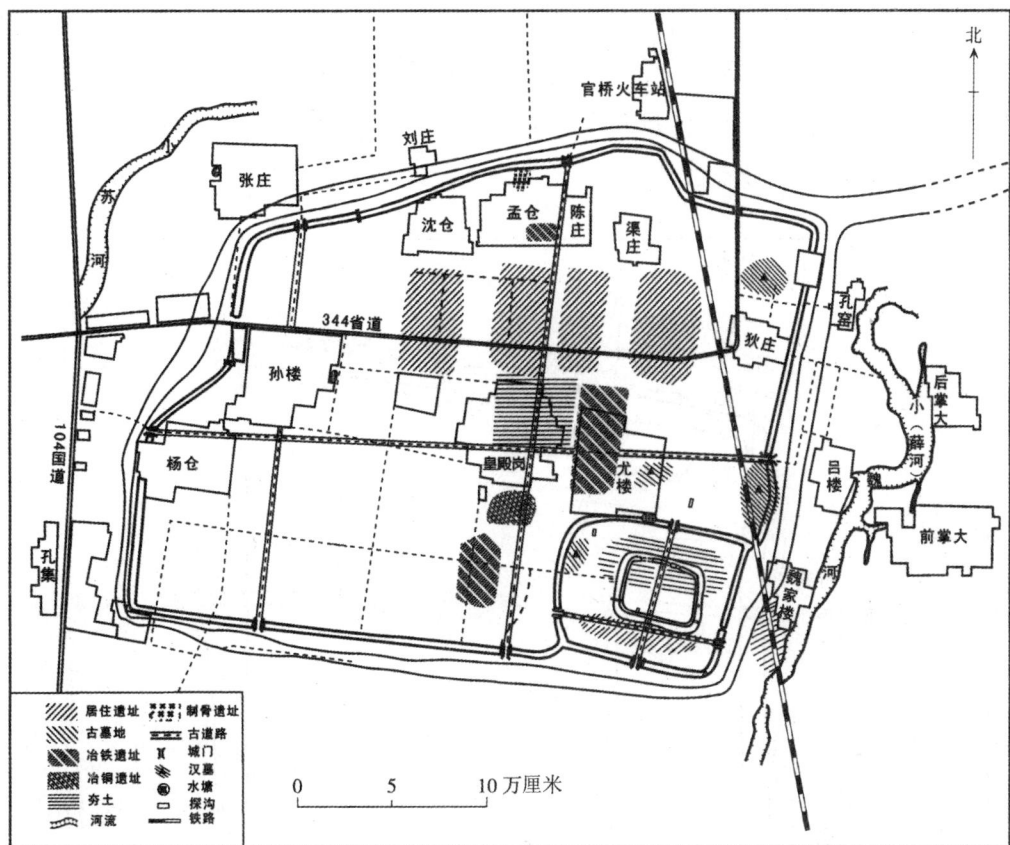

图一一　薛国故城

大城,俗称薛国故城,为战国中期的田婴、田文(孟尝君)所建,屡经修建,废于汉魏时期。平面呈不规则长方形。东墙 2480 米,南墙 3000 米,西墙 1860 米,北墙 3265 米,面积约 6.8 平方千米,东西各一城门,南北各两城门。

小城,为东西向长方形。东墙和南墙大部被大城叠压,东墙长 610、西墙长 570、南墙长 710、北墙长 810 米,面积 35 万平方米。南墙、西墙、北墙各探出一座城门,门道宽 8 米。城外有壕沟,宽 15—20 米。小城修筑于西周晚期到春秋早期,战国早期废弃。

内城,为东西 300、南北 200 米的长方形,面积 6 万平方米。外有城壕。应建造于西周早期。

8. 偪阳古城[1]

位于枣庄市台儿庄区张山子镇侯塘村。《左传·襄公十年》载(前 563 年)鲁、晋、

---

[1]　王泽冰:《偪阳故城》,《山东古城古国考略》,文物出版社,2016 年。

宋诸国联合攻打偪阳,夏五月"遂灭偪阳"。

　　故城呈南北向长方形(图一二),北墙长 606、残存墙基宽 38 米,西墙长 1019.26 米,南墙长 656.59 米,东墙长 1104.569 米。南北墙发现城门各一、东西墙城门各二,在北墙内侧发现大片夯土台基。

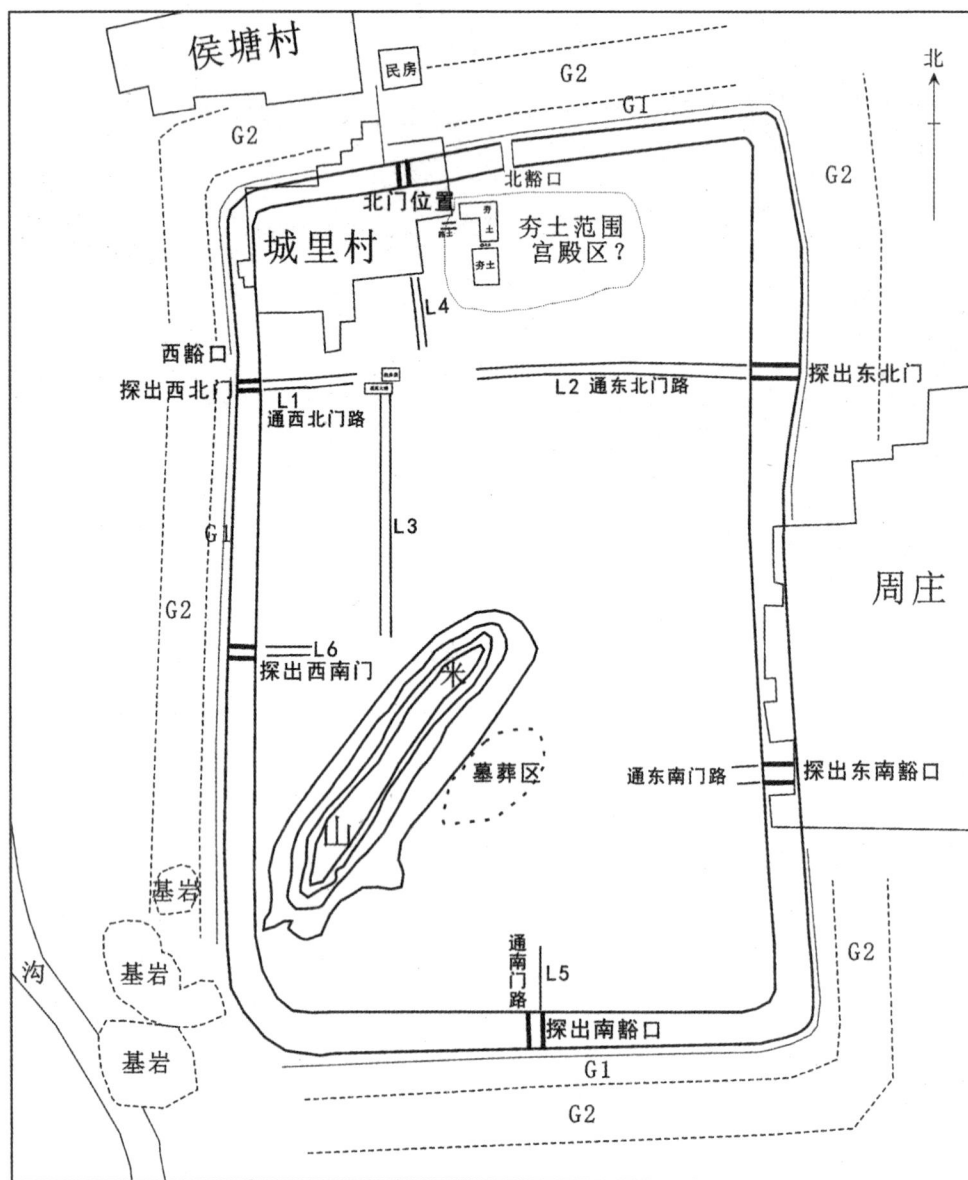

图一二　偪阳故城

　　勘探发现两周城壕,内侧城壕距离墙基 4.28—9.7 米,宽 7.45—23 米,推测原宽 30 米;外侧城壕打破内侧城壕,北部宽 46—59.2 米。这说明有两次大的修建。

9. 东平陵城[1]

位于章丘龙山镇闫家村北,西距城子崖遗址(春秋谭国故城)2 千米,地处平原地带。东平陵一带春秋时属谭国(城子崖),齐桓公二年,齐师灭谭,后属齐国;战国时归齐。汉设济南郡(齐国)、吕国、济南国。后魏置平陵县。至唐元和十年(815 年)并入历城县。

城址呈正方形(图一三至一五),边长 2000 米,面积约 400 万平方米。城墙保存较好,宽约 40 米,高约 7 米,城内无村庄民居。传说有十二门,勘探确定西墙仅一门,余三侧城墙无法确定。城墙外有城壕,宽 43 米,深 4 米。

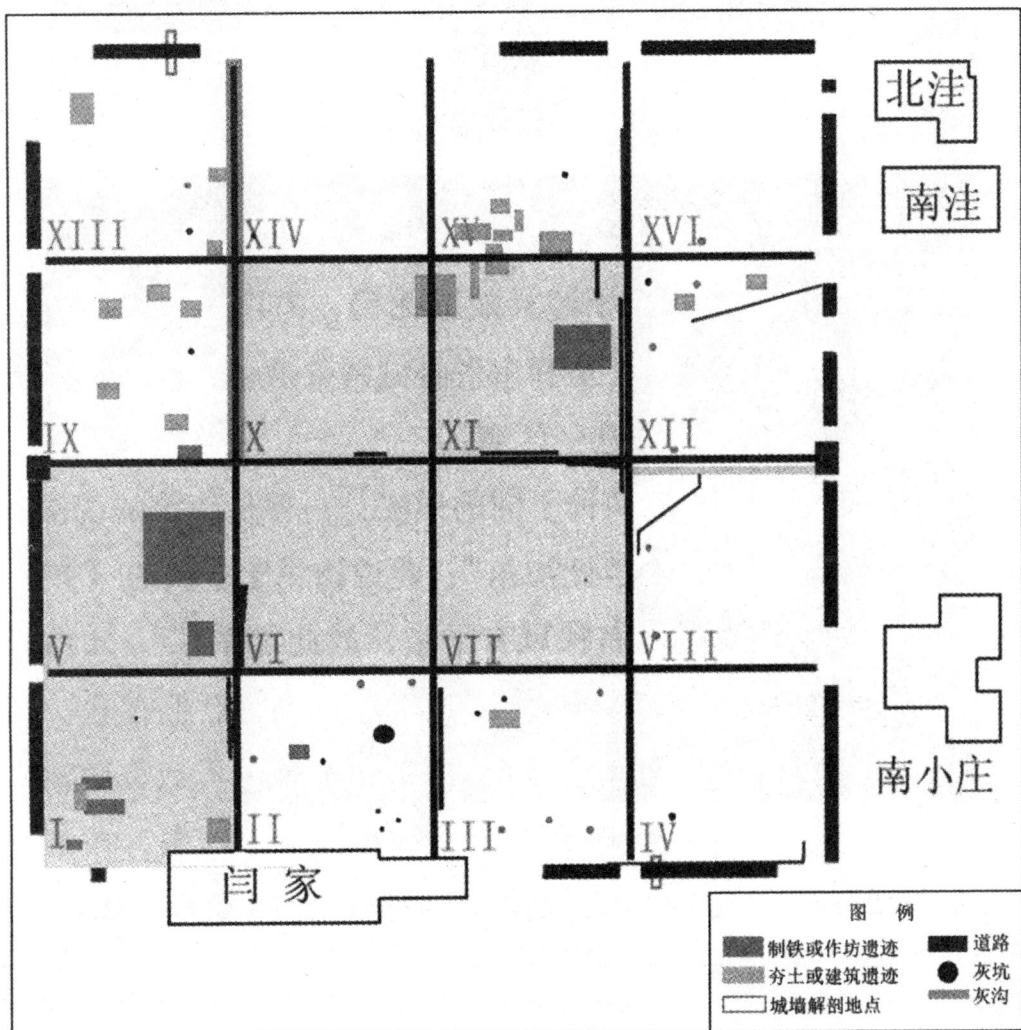

图一三 东平陵故城

---

[1] 郑同修等:《东平陵城与济南国》,《山东古城古国考略》,文物出版社,2016 年。

图一四、图一五　东平陵故城

　　南墙解剖探沟 2 米×45 米，确定南墙墙基宽 30 余米，高 5.8 米，系直接在地表上起建。夯土分为七期，一、二期为战国时期城墙，一期宽 11.7 米，墙体内侧有护坡。二期在一期内侧，保存较少。采用穿绳版筑、棍夯的夯筑方式，夯层 11—16 厘米，夯窝细密，圆形圜底，直径 2.5—4 厘米。每一层皆夯打结实，墙体或护坡的内侧经横向夯打，夯窝清晰。三到六期为两汉时期，城墙在原墙体的基础上向外加宽。夯层厚，夯窝直径 6 厘米，夯层内用了大量木骨，并发现固定木骨的木桩和绳索痕迹。第七期，在内侧,为堆筑的墙体,时代更晚。

始建年代在战国,后期增补。

城内勘探有夯土基址、作坊区、道路等。

10. 阳都故城[1]

位于沂南县砖埠镇孙家黄疃一带,沂河和汶河交汇处的西南部。

故城呈方形,由周代和汉代两期环壕组成(图一六)。

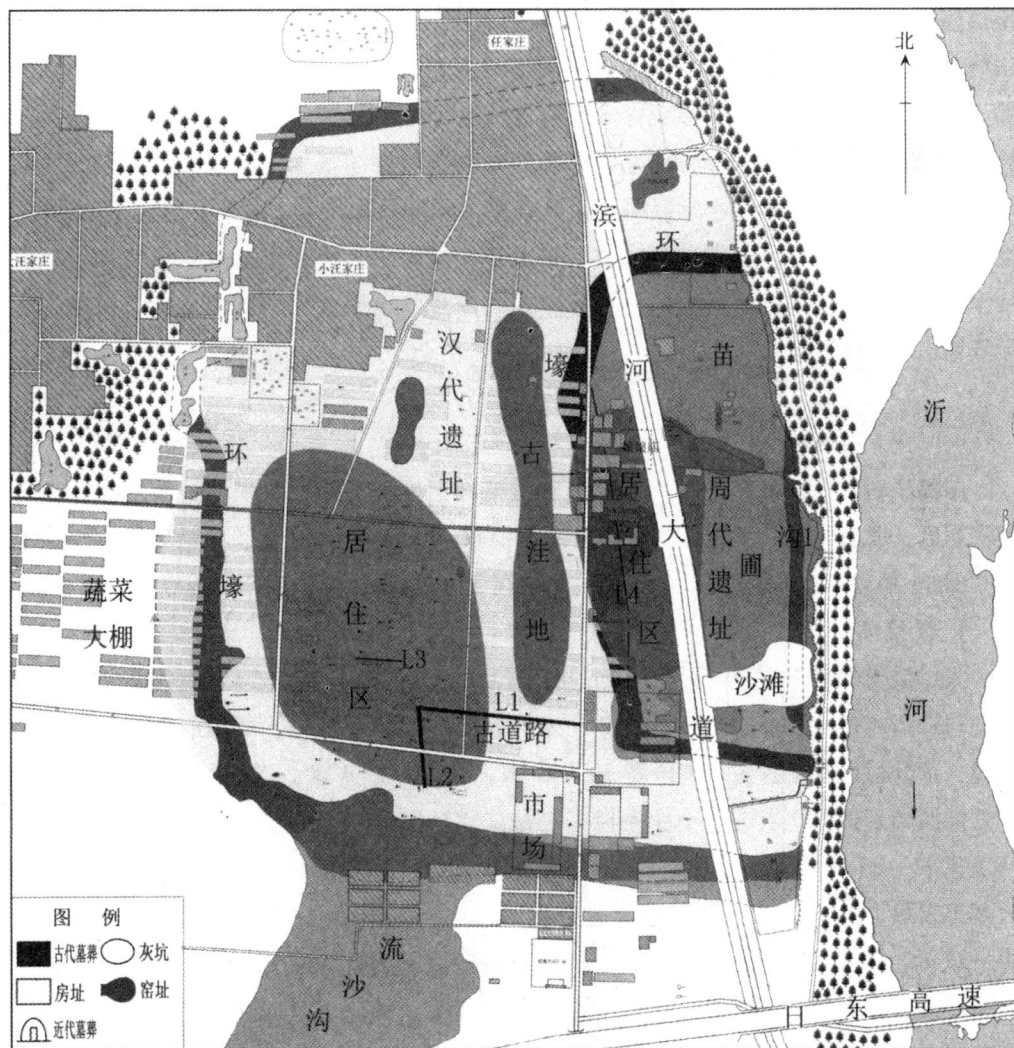

图一六　阳都故城

---

[1]　邱波等:《阳都故城》,《山东古城古国考略》,文物出版社,2016年。

周代环壕:南北约 640 米,东西 270 米,宽 20—30 米,环壕的入口、出口都与沂河相接。

汉代环壕:南北 1060 米,东西 850 米,宽 25—30 米,深三四米。

城墙无存,可能与历史上沂水多次泛滥有关。

11. 昌邑故城[1]

位于菏泽市巨野县大谢集镇昌邑集村。巨野春秋属宋国,前 286 年归齐国。秦设昌邑县。西汉先后设山阳国(前 144 年)、山阳郡(前 136 年)、昌邑国(前 97 年)。昌邑是西汉 49 处官办冶铁作坊之一。

城址平面略呈方形(图一七),东墙 1215 米,西墙 1377 米,北墙 1585 米,南墙 1720 米,面积约 200 万平方米。

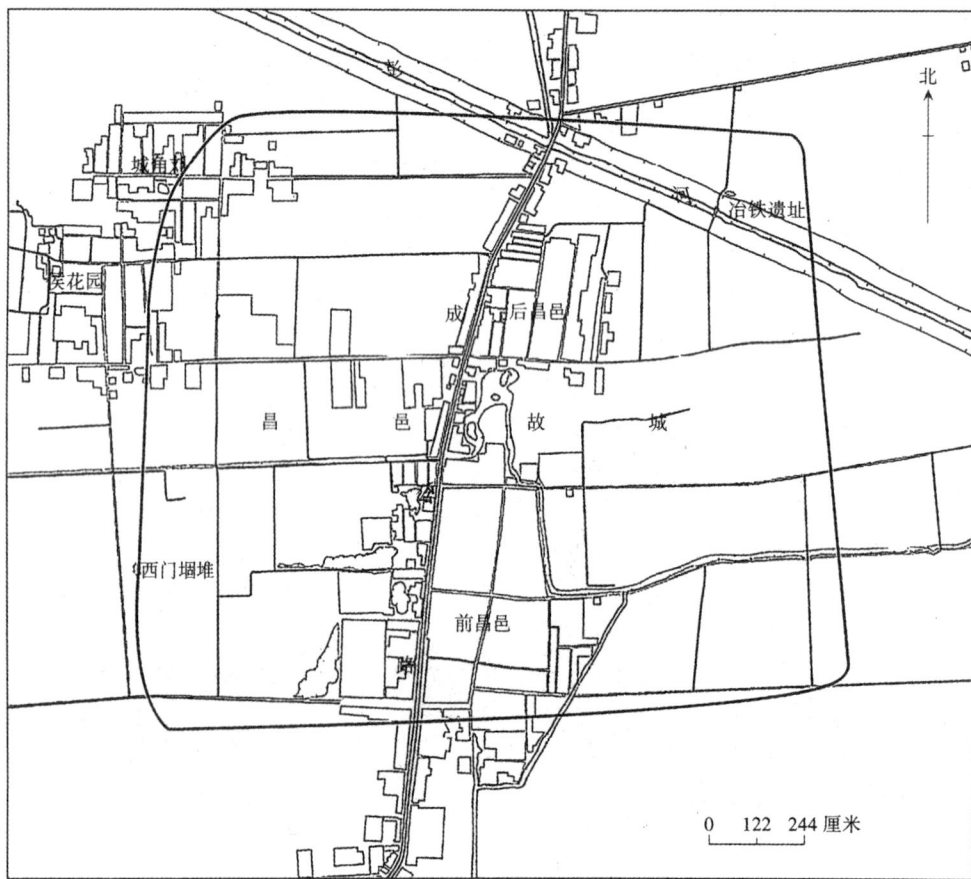

图一七　昌邑故城

[1]　王传昌等:《昌邑故城与红土山汉墓》,《山东古城古国考略》,文物出版社,2016 年。

城垣分段版筑,夯土中掺有石灰,夯层厚 9—11 厘米。

遗址仅做调查,从城的历史看,应该为汉代建造。其东北发掘的红土山汉墓可能为昌邑哀王刘髆的墓葬。

12. 东平故城[1]

位于东平县城西 2 千米的宿城村一带,大汶河的北岸。

汉宣帝甘露二年首置东平国。晋改为东平郡,隋唐为宿城县县城。

城址呈东西向长方形(图一八),东西长约 1600 米,南北宽约 1300 米,面积约 200 万平方米。北墙西段保存较好,长 180 米,宽 15 米,高 1—2.5 米。

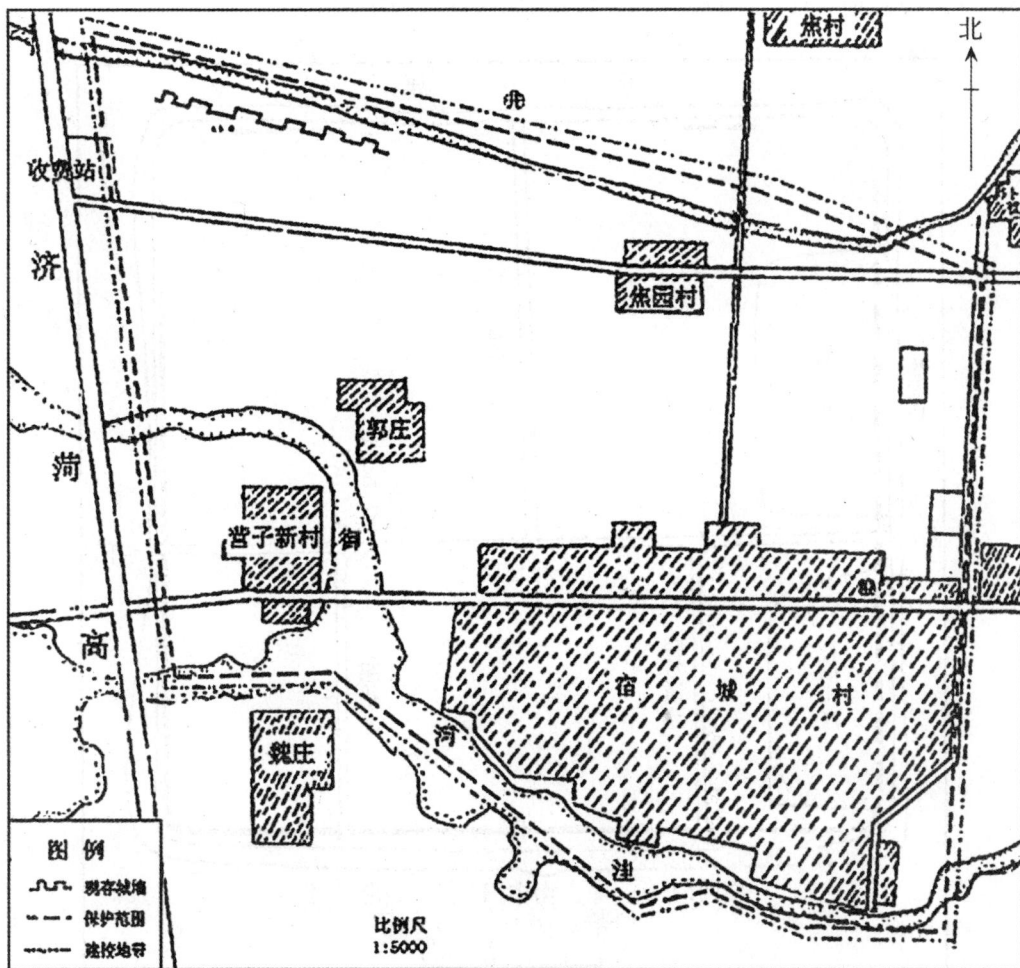

图一八　东平故城

---

[1] 李振光:《东平故城》,《山东古城古国考略》,文物出版社,2016 年。

2005 年解剖西墙中段,墙体上部宽 28 米,下部宽 32.2 米,残高 1.8—2 米。先夯筑中间部分,再向两侧扩展。夯土中铺设有龙骨,墙体底部用石头做基础。

13. 高密城阴城[1]

位于潍坊高密市井沟镇刘家庄东南。城筑于战国,为齐之高密。秦代设胶西郡,西汉文帝时设胶西国,宣帝更名高密国。延续到东汉初年。

故城平面近方形(图一九),南北长 1850 米,东西宽 1950 米,面积 360 万平方米。残存城墙宽处 32 米,最高 6.7 米。勘探确定,东西北各有城门一座,南侧有城门三座,中门宽 16 米,两侧小门宽 12 米。东门门道宽 15 米,北门门道宽 10 米,发现古道路四条,并发现甬路、宫殿建筑群等大型建筑、居住区、冶铜作坊区。

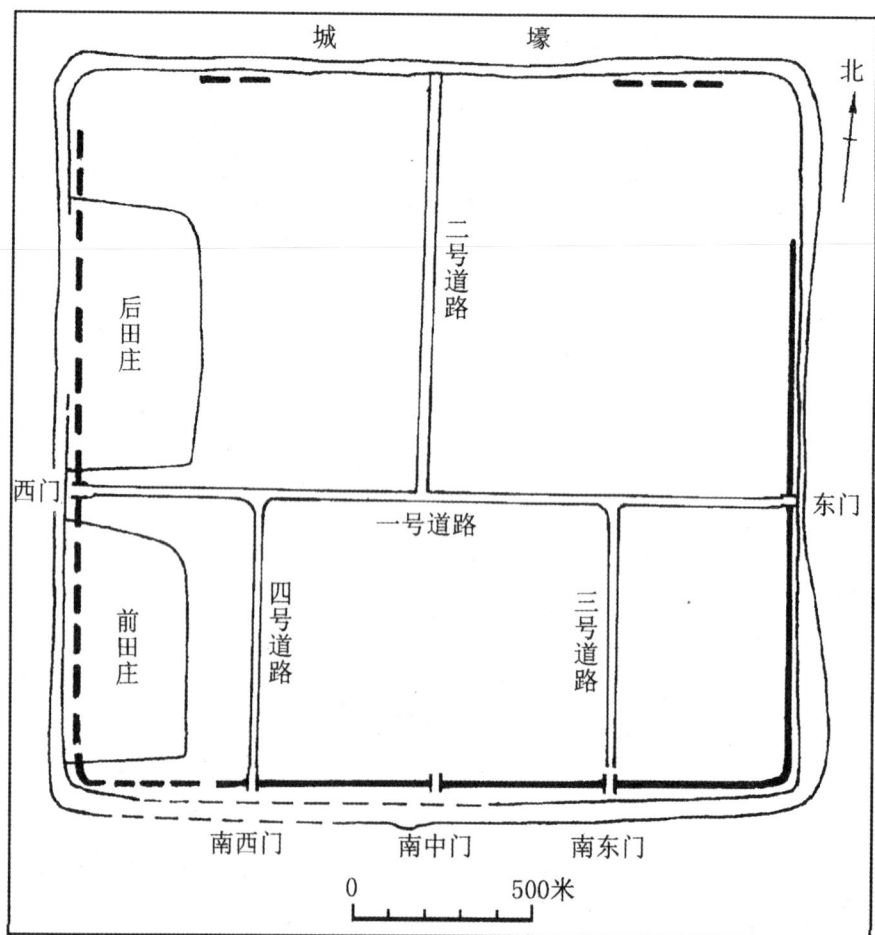

图一九　高密城阴城

[1]　李储森:《山东高密城阴城调查简报》,《考古与文物》1991 年第 5 期。

(三) 甲 C 型

面积十万平方米到一百万平方米的城址。

14. 嬴城故城[1]

位于莱芜市莱城区城子县村一带。此地为古代嬴族居住地,嬴姓是东夷的一个古老部落群,为少昊后裔。东周时称嬴邑,属齐国。秦置嬴县,汉沿秦置。城的东北有嬴汶河。

故城由大城、小城组成(图二〇)。大城呈梯形,东墙长 397 米,西墙长 270 米,北墙长 439 米,南墙长 453 米,面积约 15 万平方米。据文献记载,大城有东门和南北门。四周有城壕,壕沟宽 10—20 米,深 2.5—4.8 米,距墙基 10—30 米。

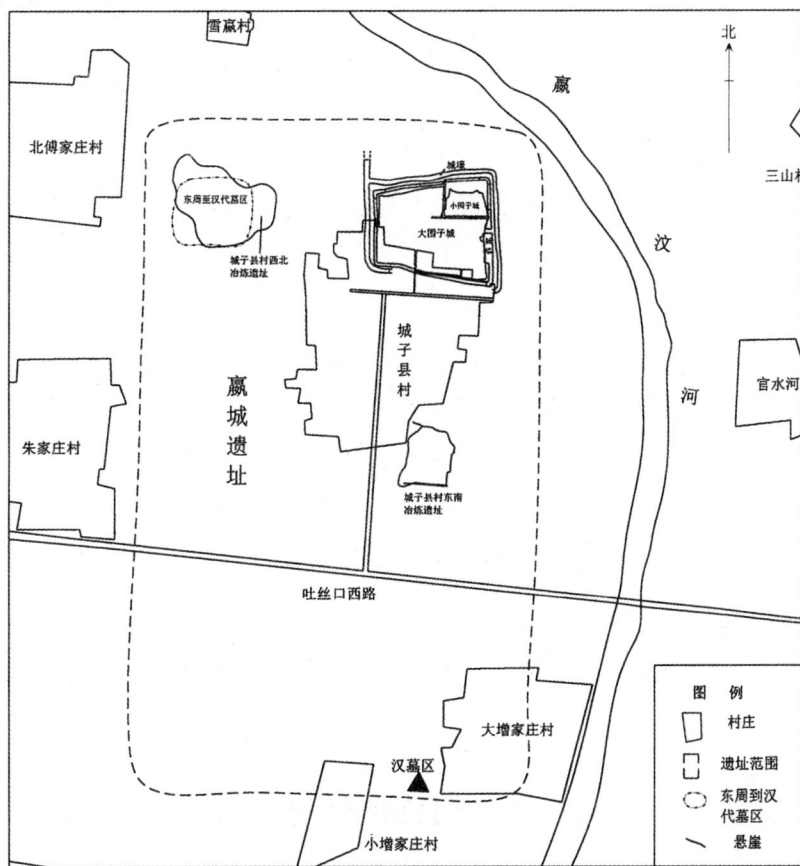

图二〇　嬴城故城

[1]　郝导华等:《嬴城故城》,《山东古城古国考略》,文物出版社,2016 年。

小城东、北墙与大城重合,南墙东西长177米,小城南北约140米,面积约25000平方米。门位于西南角。

15. 谭国故城[1]

位于济南章丘城子崖。谭国,古国。齐桓公二年(前684年),齐师灭谭。

基本借用原岳石文化故城,南北长约540、东西宽约430米,面积约20万平方米。故城分布在五源河旁高台地上。下面有龙山文化城和岳石文化城。

谭国故城为东周时期故城。

16. 狄城故城[2]

位于淄博市高青县,陈庄故城的东侧,小清河的北侧。约公元前800年,长狄人入侵,在济水北建鄋瞒国,都狄邑。公元前607年,齐王子成父打败长狄,收为齐地。

城址东西长800米,南北宽约700米,面积约56万平方米。西、北城墙保存较好,现存顶宽14—18米,残高2.6—4.2米,东墙保存一部分,南墙西段保存较好。东、北、南城墙外侧有壕沟,距离墙基4—6米,宽17—25米(图二一)。

城墙分为两期,早期建造年代为春秋时期;晚期建造年代为战国至西汉早期。

17. 曲城故城[3]

位于招远市蚕庄镇东曲城村,地处米山北麓,东、北有曲城河流过。

商周时曲城属莱国,春秋战国时属齐国,汉为曲城县。

故城呈长方形(图二二),南墙现存长度约545米,墙基宽7—15米,确定城门一座,宽约3米。南墙外有壕沟,宽24—33米。西墙现存墙体120米,残宽10米,其北侧探出城壕,北端距西南角约300米。现有夯土11层,上部8层夯层厚10—14.5厘米,夯窝直径11厘米。

东西两侧有曲城河界定其范围,如是推断,该城在18万平方米左右。

18. 鄫国故城[4]

位于临沂市兰陵县文峰山东麓,向城镇鄫城前村北,北依葬山、黄龙山,东临阳明

[1] 王传昌:《谭国与城子崖故城》,《山东古城古国考略》,文物出版社,2016年。

[2] 张光明等:《狄城故城》,《山东古城古国考略》,文物出版社,2016年。

[3] 王永波等:《曲城故城》,《山东古城古国考略》,文物出版社,2016年。

[4] 张子晓:《鄫国故城》,《山东古城古国考略》,文物出版社,2016年。

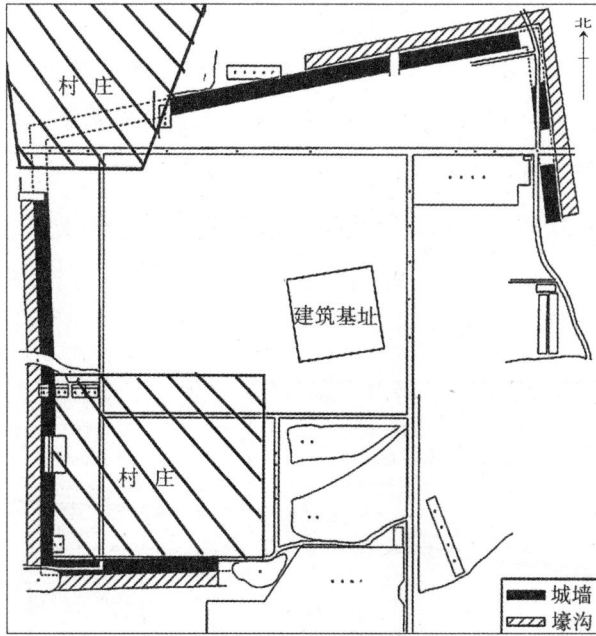

图二一　狄城故城

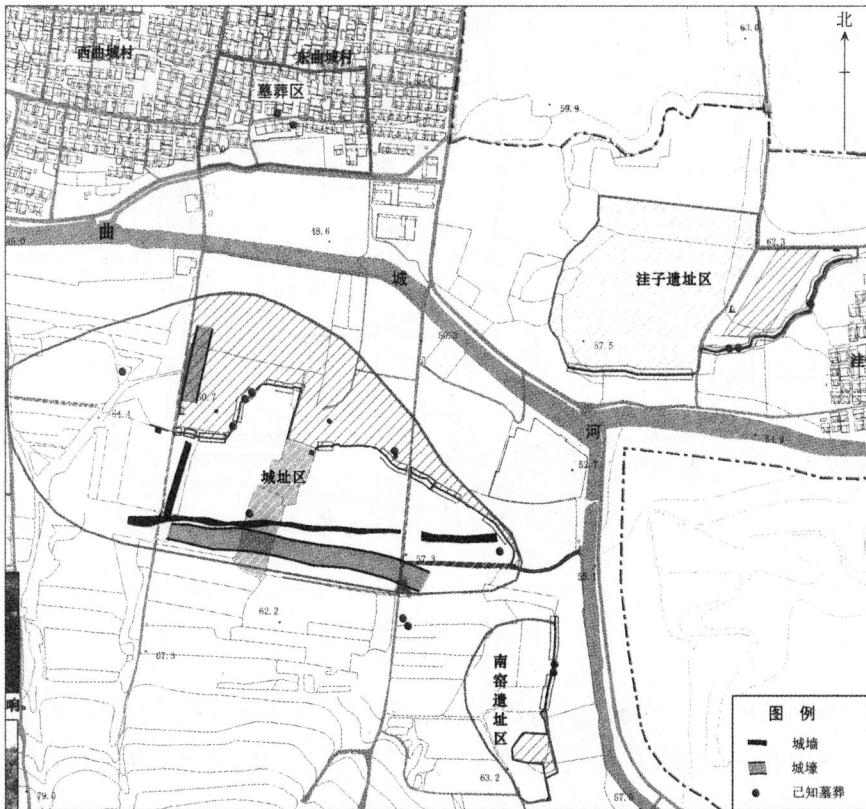

图二二　曲城故城

河,西靠季文子河。

鄑国为姒姓,夏的后裔国,可能在周武王时受封为诸侯国,附庸于鲁。春秋鲁襄公六年(前567年)为莒所灭,也有鲁人取鄑、越人亡鄑说。秦汉置县,东汉称缯国。

鄑国故城呈圆角方形(图二三),南北570、东西545米,面积约31万平方米。土筑城墙,平地起建,南墙长525、宽29—32米,城门处宽约42米;东墙长584、宽35—37米;北墙长564、宽28—32米。城墙外有城壕,距墙12—19米,宽42—65米。南北各有一座城门。城墙解剖分为五期。

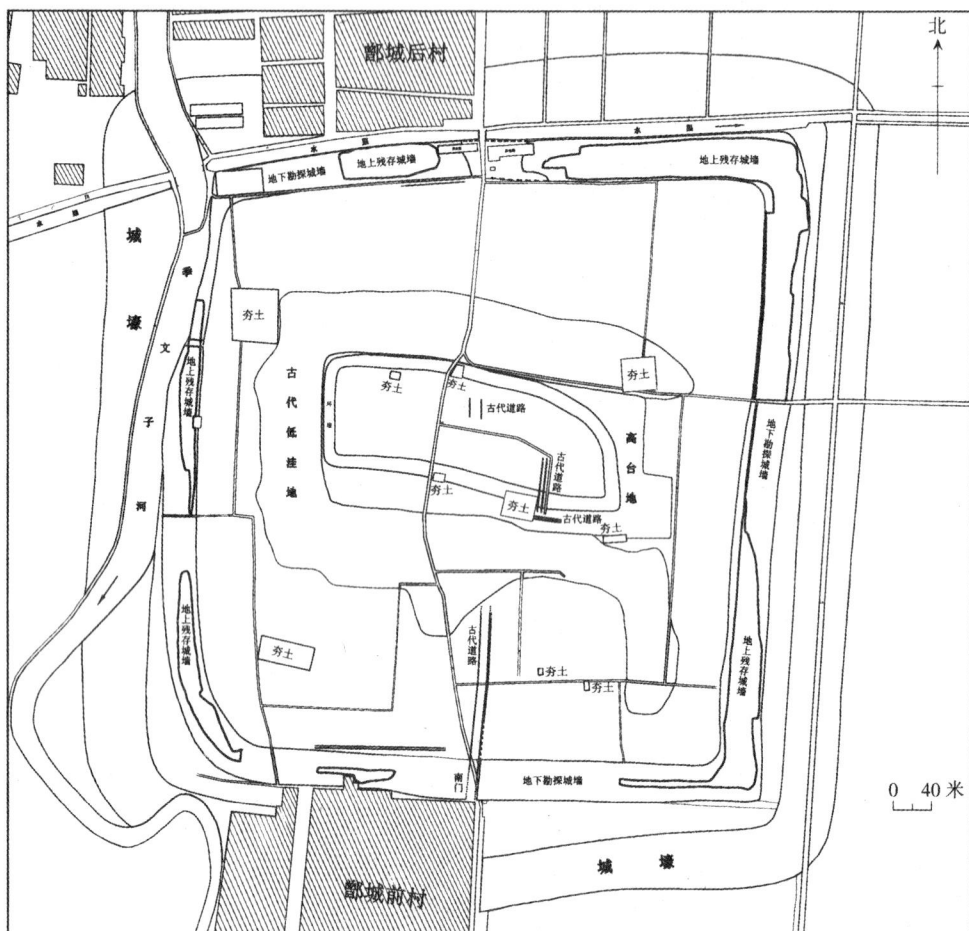

图二三　鄑国故城

城内有高台地,俗称"宫殿区",东西长330、南北宽140米,高于周边2—5米,人工堆成。城内有一条南北向的大道,东西宽约10米,东西两侧用石块垒砌排水设施。

高台地的下面有一环壕,环壕宽12—13米,深4.2—4.7米,距地表深2—3.1米。壕沟内侧东西长246米,南北宽87米,面积16800平方米。壕沟内堆积下层属西周,上层属春秋时期。

城墙、外壕沟、城内高台地、道路应为春秋以后形成。石头排水设施较晚,应为战国或者汉代。

高台地下的环壕及其内侧空间应为西周或春秋时遗迹,是否有城墙还没有确定。

19. 胡集(成阳)故城[1]

位于菏泽市区东北 25 千米处胡集镇陈楼村东。

胡集故城为东周"迁成之阳"的成阳国(郕国),汉代成阳县,隋唐雷泽县,至金代因河患城址被淤埋。

勘探确定,故城平面为东西向的圆角扁方形,北墙东西残长 1035 米,南墙东西残长 980 米,南北宽 650 米,面积约 67 万平方米。

试掘确定,城墙分两期,一期城墙顶部残宽 6—9 米,底部宽约 19 米,现存高度 6 米多,分块版筑夯打而成,夯窝小,有圆形平底和圜底两种,直径 3—8 厘米;二期墙体在一期墙体上加宽加高,也是版筑夯打而成,夯窝为圆形平底,直径 5—10 厘米。一期城墙被战国早期墓打破,推测一期城墙不晚于战国,可能始建于春秋中晚期。

该城址被深埋在淤土下,给考古勘探发掘工作带来困难。

(四) 甲 D 型

面积十万平方米以下的城址。

20. 陈庄故城[2]

位于高青县花沟镇陈庄村东,小清河的北岸。

城址近方形(图二四),略向西南偏斜。城东西、南北间距各 180 米,面积不足 4 万平方米。东墙、北墙保存较好,残高 0.4—1.2 米,顶部宽 6—7 米,底部宽 9—10 米。城墙解剖发现,夯层厚 8—15 厘米,可辨认出圆形圜底夯窝,直径 2—4 厘米,但分布比较凌乱。南墙中部有缺口,其北有宽 20—25 米的道路与之对应,应为南门。壕沟宽 25—27 米,距城墙 2—4 米。从东墙外解剖沟看,壕沟在西周、春秋、战国时期多次开挖。

该城始建于西周早期偏晚阶段,中期偏晚阶段废弃,西周晚期、春秋、战国演变为

[1] 高明奎:《胡集(成阳)故城》,《山东古城古国考略》,文物出版社,2016 年。

[2] 高明奎:《陈庄齐国早期都城》,《山东古城古国考略》,文物出版社,2016 年;山东省文物考古研究所:《高青县陈庄西周遗存发掘简报》,《海岱考古》(第四辑),科学出版社,2011 年。

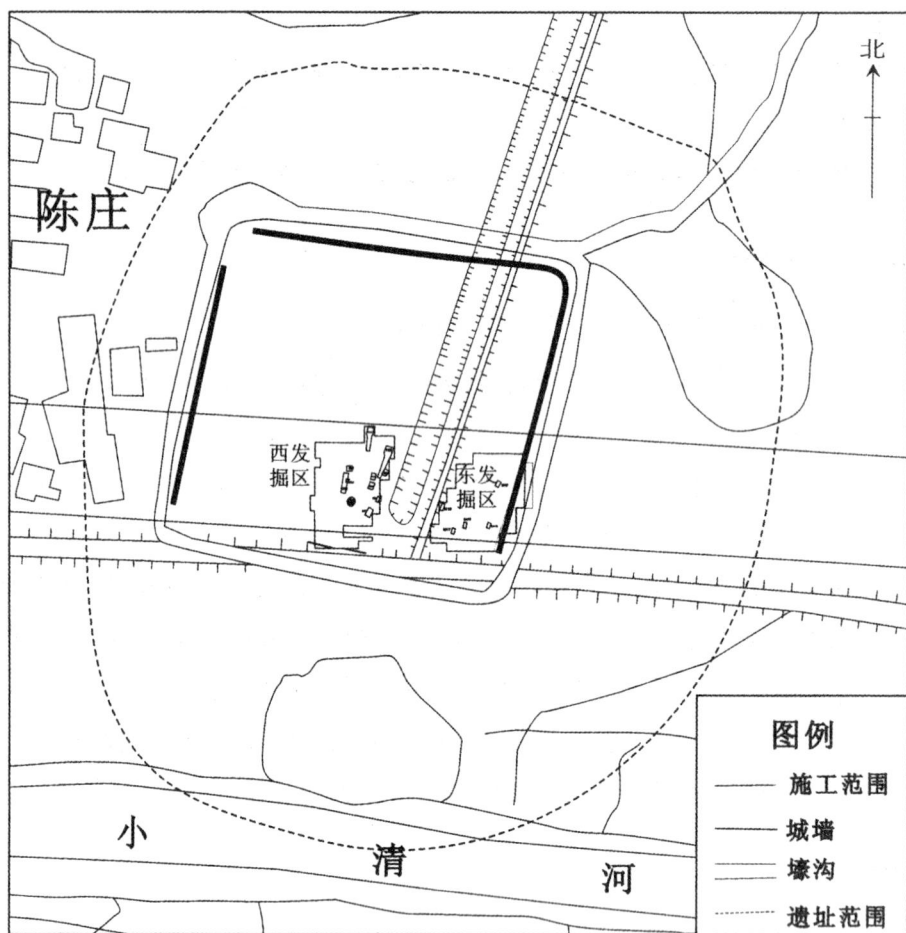

图二四　陈庄故城

环壕聚落。

城内发现有祭坛、车马坑、墓葬等。

对于城址的性质，学界有四种观点：其一，齐国早期都城——初都营丘或胡公所迁薄姑；其二，齐国封邑，或为齐国宗亲卿大夫"丰"的封邑；其三，齐国陵园；其四，为周公东征期间灭薄姑封建齐国所建立的军事城堡。发掘者认为该城址为齐国宗室的一个封邑，具有浓厚军事色彩。也可能是周王室在东方建立的一个军事基地，具有监视东夷旧部、帮助征伐"五侯九伯"的功能。

二、丘陵山地城址（乙类）

山地丘陵地带的城址多选择丘陵或山地中间的盆地或山前台地，依据当地的地形、河流布局。有的依据高山之险,结合人工修筑的城墙,构成坚固的防御体系。城址多为不规则形或较规则的长方形,这类城址的外城或者说郭城多依据周围山脊或岭脊设防,规模宏大。

丘陵地带城址(乙类)共 6 座,有龙口归城故城、荣成不夜城、莒南城子故城、平邑南武城、邹城邾国故城、费县故城。依据面积大小分为 A、B 二型。

(一) 乙 A 型

面积一百万到一千万平方米,有龙口归城故城、莒南城子故城、平邑南武城、邹城邾国故城、费县故城。

21. 归城故城[1]

位于龙口市黄城东南 6 千米处归城姜家村附近的丘陵盆地,南倚莱山,北朝渤海。源于莱山的两条河穿过城址,在城址东北角交汇成鸦鹊河,两侧为隆起的不规则山脊。内城坐落在盆地内,外城建造在山脊上。

城址由外城和内城组成(图二五至二七)。内城位于鸦鹊河两条支流间的台地上,平面呈曲尺状,西北侧内凹。东西长 525 米,南北宽 490 米,面积 22.5 万平方米。城墙现存三段,宽 20—35 米,城墙采用分段版筑的方式修建,夯层厚 6—20 厘米,未发现有基槽。西墙走向 17 度,在南墙偏西处发现一城门,与之对应的道路 L2 通向城外。

图二五 归城故城城垣布局

---

[1] 梁中合:《莱国与归城故城》,《山东古城古国考略》,文物出版社,2016 年;中美联合归城考古队:《山东龙口市归城两周城址调查简报》,《考古》2011 年第 3 期。

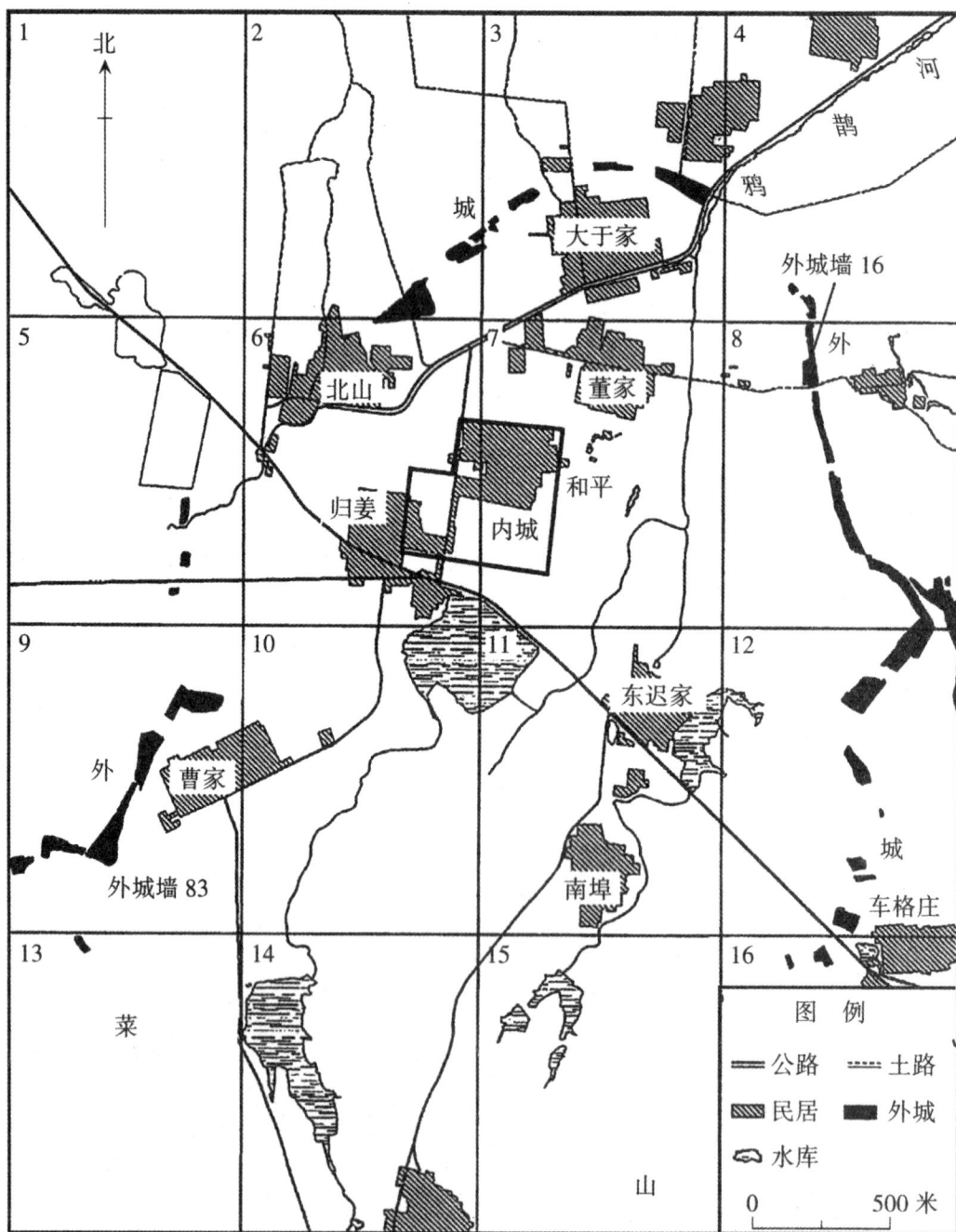

图二六　归城故城平面图

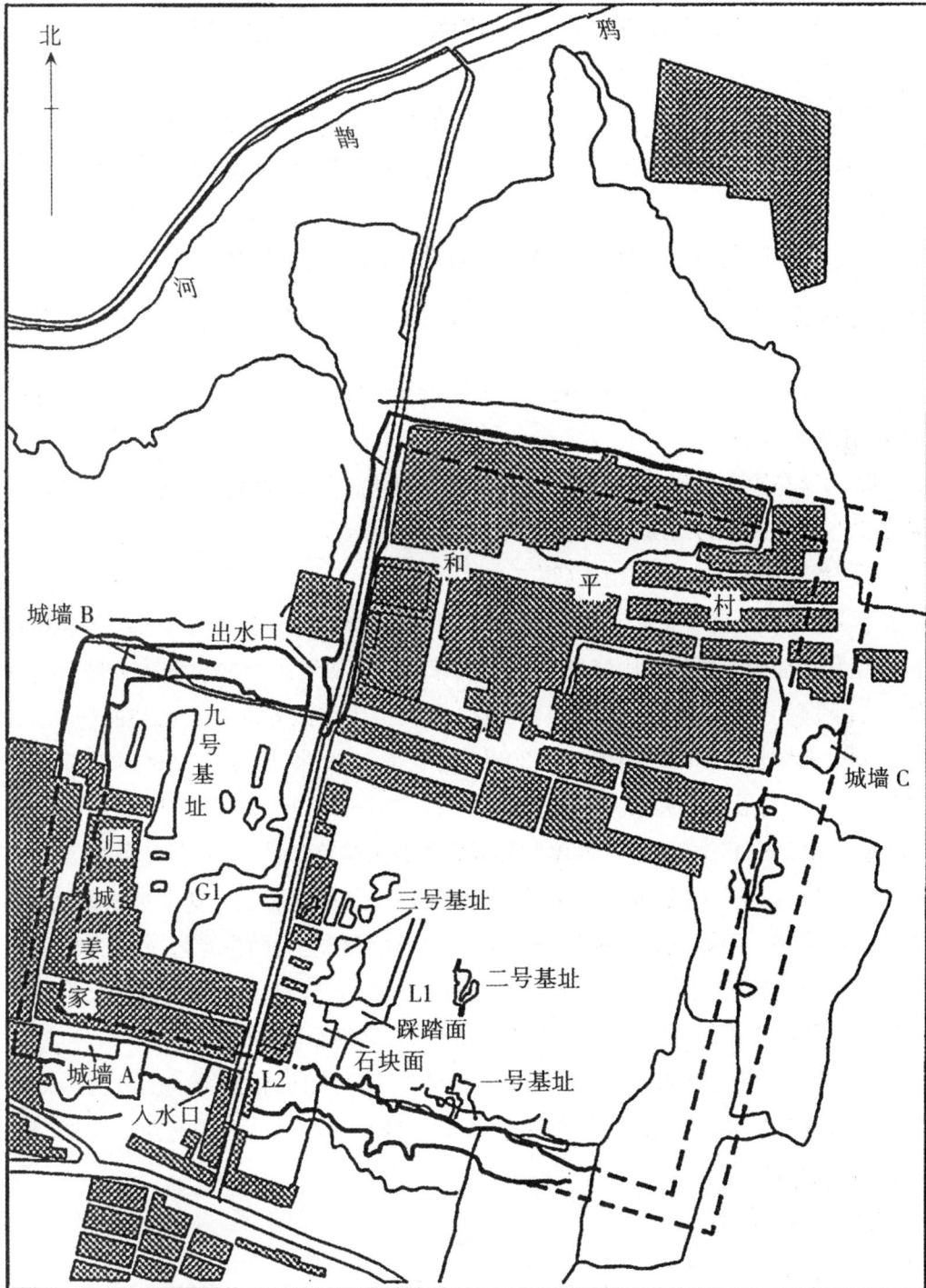

图二七　归城故城内城

南北墙及西墙外侧发现有城壕,宽6—32米,深4.2米。南墙内侧发现有内壕,宽7米,深2米。可能为内外两侧起土修建,内壕也可能为后期修补城墙用土形成。

共勘探发现17座夯土基址、2条道路和1条水沟。水沟在南城门西侧向北延伸。

外城呈不规则椭圆形,南北长3.6千米,东西宽2.8千米,面积约8平方千米。南侧借用莱山天险,未构筑城墙,余三面依托山势修建城墙,就地取土分段版筑,宽40—100米。

城内遗物年代相当于西周中期到春秋时期,与莱国历史相合。

22. 邾国故城[1]

位于邹城市南10千米的峄山镇,北依峄山,南枕郭山,东有木山,西为平原,地处三面环山的盆地。

邾国,是东夷土著建立的国家,邾国始封于周初武王,国君曹姓。公元前614年,邾文公"卜迁于绎(山)",从此峄山之阳便成为邾国新都。

邾国故城由外城和宫城组成(图二八)。

外城呈"《"形,北墙依峄山作为山险,东西墙与峄山山险陡峭处相接,与南墙相连,东墙和南墙依木山和郭山峰脊构筑。在峄山南麓构筑东西向隔墙将大城分为南北二区,北区为贵族墓葬区,南区为聚居区,宫城位于南区的北部。城址面积约400万平方米,东墙长1090米,西墙长2320米,南墙长1900米,隔墙长1980米。东西墙一般高3—4米,最高处7米。隔墙高1米左右,宽7—21米。南墙高1—2米,宽3—4米,墙基宽27—45米。东墙、西墙和隔墙均为夯土构筑,南墙以夯土墙为主,部分夯土外包自然石。早期夯层厚17—30厘米,夯面平,夯窝不明显。晚期夯层厚7—13厘米,夯面平整。西墙、东墙、隔墙外有城壕,金水河东北—西南穿过大城为城内供水。南墙中部自郭山主峰上的墙体向东南延伸300米,构筑了一个近似椭圆形的防御工事,应为防御用的"营垒",北部为夯土外包石,余为石块垒砌。

宫城北距隔墙200米,东西长440米,南北宽380米,面积约16.7万平方米。北部、东部发现有墙体;西侧南侧可能借助断崖,内侧用建筑代替,外有壕沟。城门三座,西墙二,东墙一。

墓区东墙可能有一门。

---

[1]　王云鹏等:《邾国与邾国故城》,《山东古城古国考略》,文物出版社,2016年。

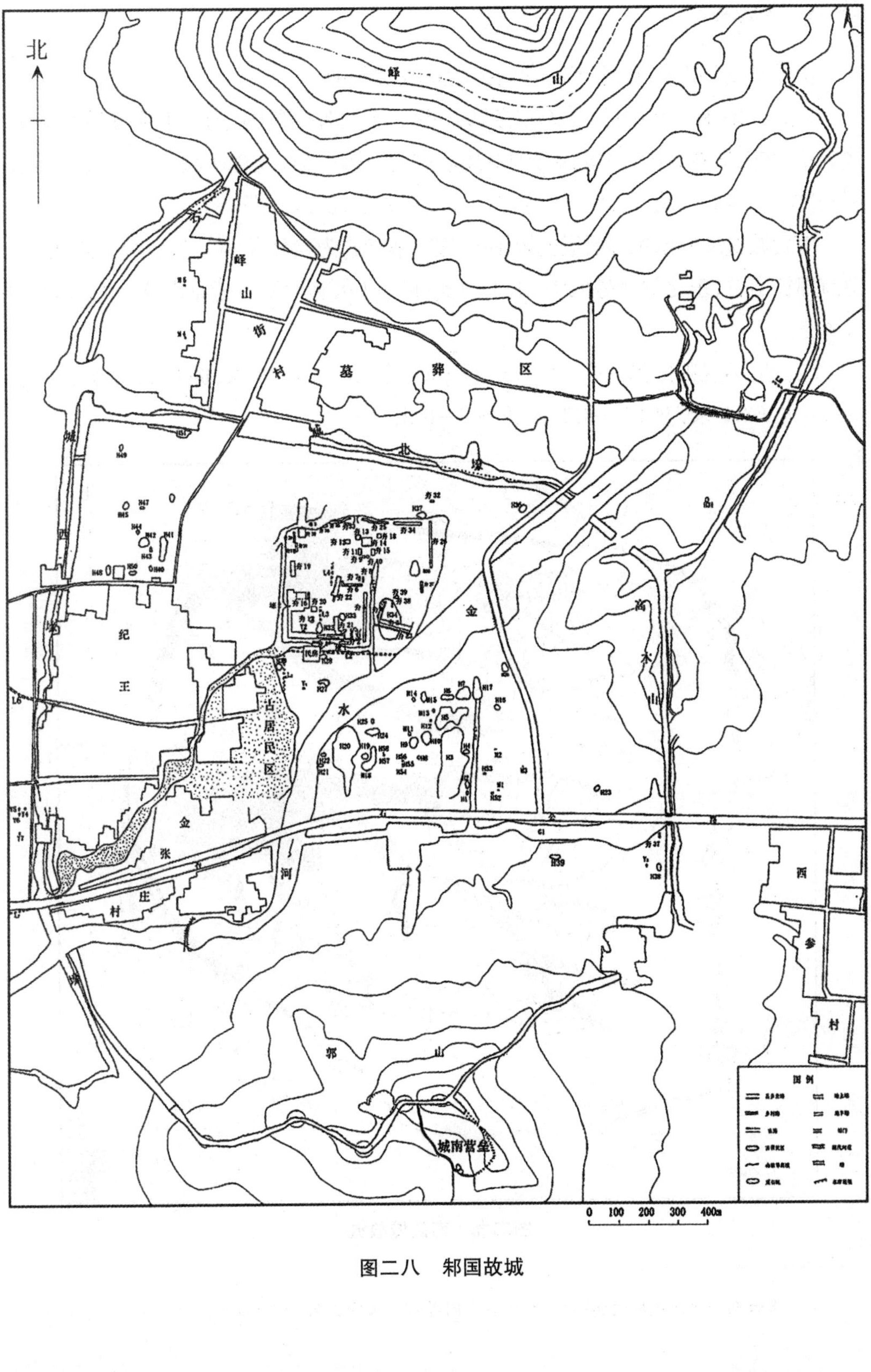

图二八　邾国故城

23.南武城故城[1]

位于平邑县南约 45 千米的郑城镇南武城村一带。

南武城始建于鲁襄公十九年(前 554 年)。春秋时属鲁国,为鲁国武城邑的治所。战国初,季氏据费为国,一度为费国所属。后为齐国占据,改称南城。战国末属吴国,后属楚国。秦始皇统一,属秦之薛郡。汉设南城县,属东海郡。

南武城遗址的南侧、西侧皆为山地,悬崖峭壁成为自然屏障。东南侧和西北侧为山前绵长山脊,东北侧地势低洼,山上河流冲沟向东北而下。遗址北侧有温良河,水资源充足。

城址呈不规则圆形(图二九),东西 1600 米,南北 1530 米,面积 214 万平方米。城墙总长 6370 米,宽 1.5—4.2 米,高 0.5—6 米。

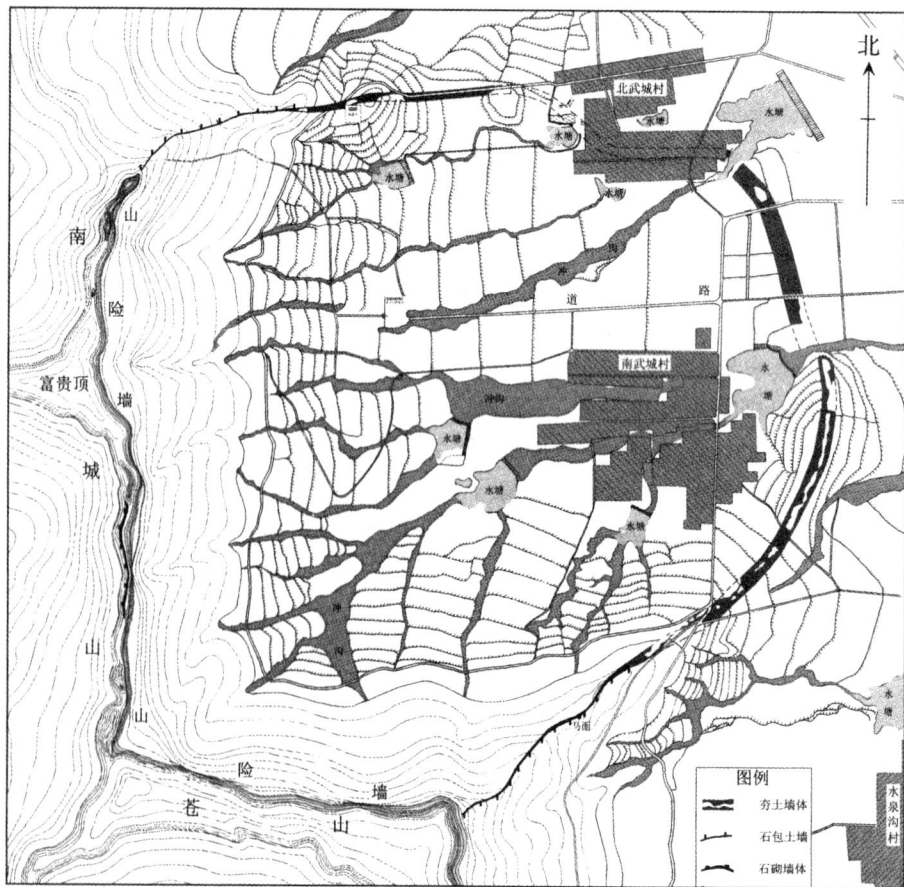

图二九　南武城故城

---

[1]　王云鹏等:《南武城故城》,《山东古城古国考略》,文物出版社,2016 年。

城墙分为四种类型:

山险墙:城址的南部、西部两侧,苍山和南城山山势连绵,山顶有六个崮顶,悬崖峭壁高达数十米,以山为险,形成天然屏障。长 1730 米。

石砌墙体:在山势缓处或山崖缺口处用石块垒砌墙体,外侧规整,内侧填以乱石。宽 1—2.6 米,残高 0.6—2.4 米。

石包土墙:在北墙中段和东墙南段,用砂土夯筑墙体,内外两侧用石块垒砌。长 980 米。

夯筑土墙:北墙中段和东墙北段用土夯筑而成,为地面起夯,未见基槽。

马面:在东墙南段的外侧发现马面,平面呈长方形,面积约 180 平方米。

时代:春秋—汉代。

24. 城子故城[1]

位于莒南县东北约 25 千米的涝坡镇城子村,马鬐山南侧,东、北、南三面环山。

城子遗址平面呈不规则形(图三○),东西狭长,南北宽窄不一,依自然地势而建。东西长约 2100 米,东部南北宽约 100 米,中部宽约 900 米,西部宽约 600 米,面积约 110 万平方米。城墙分为夯土墙体和石砌墙体,夯土墙体长约 2500、宽 23—35 米,分布在城的东、南、西三面,夯层明显,夯窝为圆形圜底夯窝。石砌墙体分布在马鬐山山顶及两侧山脊上。

从遗址发现的遗物看,应为东周时期故城。

25. 费县故城[2]

位于蒙山南侧,费县县城西北 12.5 千米处的上冶镇宁国庄、古城、西毕城三村间,浚河从城的南侧、东侧向北流过。

费,古方国。春秋初期为鲁懿公之孙费伯之邑。《左传·僖公元年》(前 659 年)“赐季友汶阳之田及费”,始为季氏邑。《左传·襄公七年》(前 566 年)夏,“城费”,《论语》所记孔子为鲁司寇时曾“堕三都”,费即为其一。汉置费县,北魏太和年间移治枋城,故城废。

故城现存南城墙、西城墙和东墙的南半段,宽二三十米,高 3—5 米。城址平面呈“日”字形,南半部为周代城圈,北半部面积较小,为汉代增补形成(图三一)。

---

[1] 王传昌等:《城子故城》,《山东古城古国考略》,文物出版社,2016 年。

[2] 李振光:《费县故城》,《山东古城古国考略》,文物出版社,2016 年。

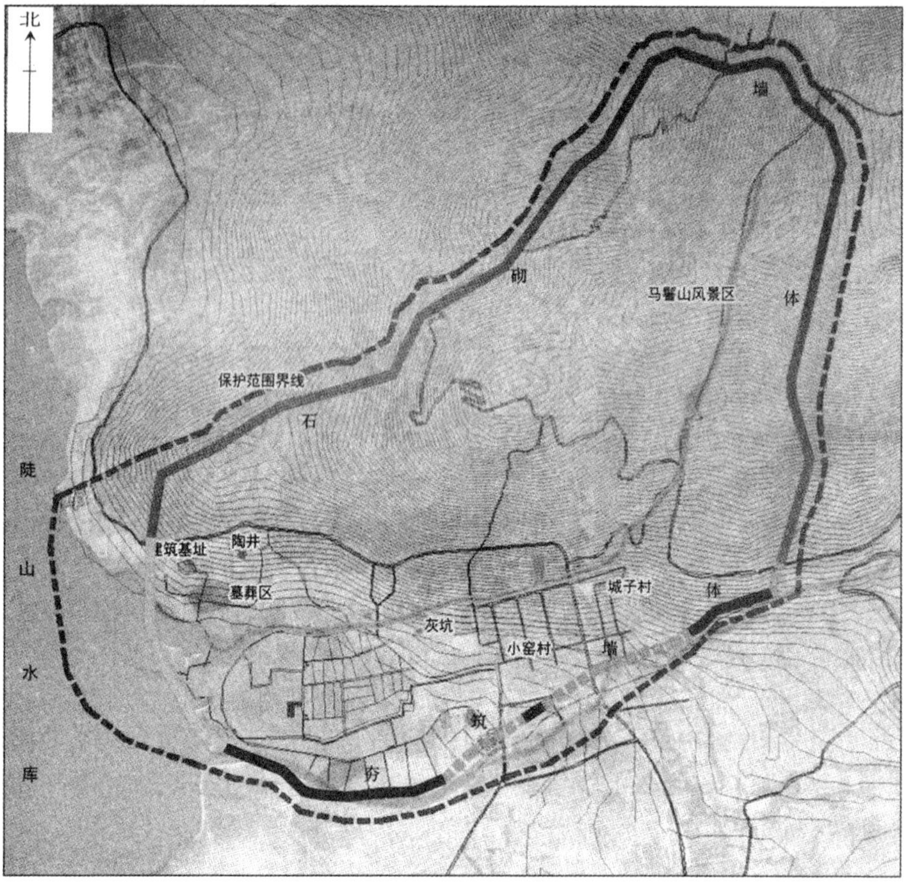

图三〇　城子故城

　　西毕城村南东西向岭子将故城分为南北两部分。岭子顶部有夯土城墙沿东西向岭脊分布,长 900 米,这是东周城的北墙;西墙沿宁国庄村西侧南北向长岭子南行;东墙位于古城村东,长 1600 米;南墙位于浚河北岸,长 900 米,形成南北长方形的东周城的大城。北墙分为两期,早期城墙在岭子顶部清理浅的基槽用土夯打而成,基槽宽 6.4 米,深 0.34 米;晚期在两侧修整增补,北侧加宽 1.44 米,南侧加宽 5.1 米。墙体残宽 13.34 米,高 2.14 米。夯层薄,皆为束棍法夯筑而成,夯窝直径二三厘米。夯土层中夹有东西或南北向的多层木棍起到筋骨的作用。这两期墙体皆为东周城墙。南城墙用土夯打而成,分为三期,早期夯土墙宽 18.75 米,高 2.15 米,底部挖两个不连续的基槽,北侧槽宽 2 米,南侧槽宽 6.75 米,槽深 0.25 米。中期夯土在南侧修补,宽 3 米,高 1.3 米,皆用束棍夯法夯打而成,夯层厚七八厘米,为东周时期城墙。晚期夯土在早中期夯土之上挖宽 13 米,深 1.4 米的基槽用金属夯具夯打而成,夯层厚 10—20 厘米,中部铺有一层南北向木棍,为汉代城墙。南墙外有壕沟,宽 23、深 3.5 米,圜底沟,北距城墙 15.5 米。

图三一　费县故城

在西毕城村南岭子的南坡修建有小城,借用大城的北墙,北墙西端向东 600 米处南拐构建小城的东墙,勘探确定东墙南北长 630 米。解剖确定墙体分为四期,残存墙体宽 12.5 米,残高 1.24 米。残存东墙向南 45 米,在现南北向公路的西侧发现一条东西向深沟,沟宽 12.5 米,深 3.5 米,可能是南墙外壕沟。后期大遗址勘探时,发现南墙残存有部分墙体,东西长七八十米。在东周大城西北角、西墙东侧一百米发现一段小城的西墙。小城东西约 500 米,面积约 33 万平方米。在小城内侧,岭子南坡发现有建筑基址和建筑构件。

在城的西北角筑半圆形土台(马面),南北约 90 米,东西约 50 米,对城的西北角起防护守卫的作用。

汉代城墙的东南西三侧城墙在东周大城城墙的基础上修整加固,北墙扩至岭子北侧平地、西毕城村南,北扩部分西墙向北延伸 560 米。北墙残存东西长 425 米,复原长 825 米,宽 15.5 米,残高 1.5 米,夯层厚 10—20 厘米,平底夯窝,用金属夯具夯打而成。城墙北侧有一条宽 6.5 米,深 1.8 米的沟,深至基岩,应为取土形成。

能够确定的城门仅南门一座,位于南墙缺口处,北侧与南北向道路对应。东门应该位于古城村村民称东门处,西侧与东西向道路对应。传说岭子顶部周代北墙上有门,从地形分析,北门应该位于岭子东侧低处西毕城村到古城村南北向道路附近,踪影皆无。

(二) 乙 B 型

一座,荣成不夜城。

26. 不夜城[1]

位于荣成市埠柳镇不夜村,伟德山北侧高埠上,北侧有沙埠东河、埠桥西河环绕。城址呈方形,面积约 75 万平方米(图三二)。

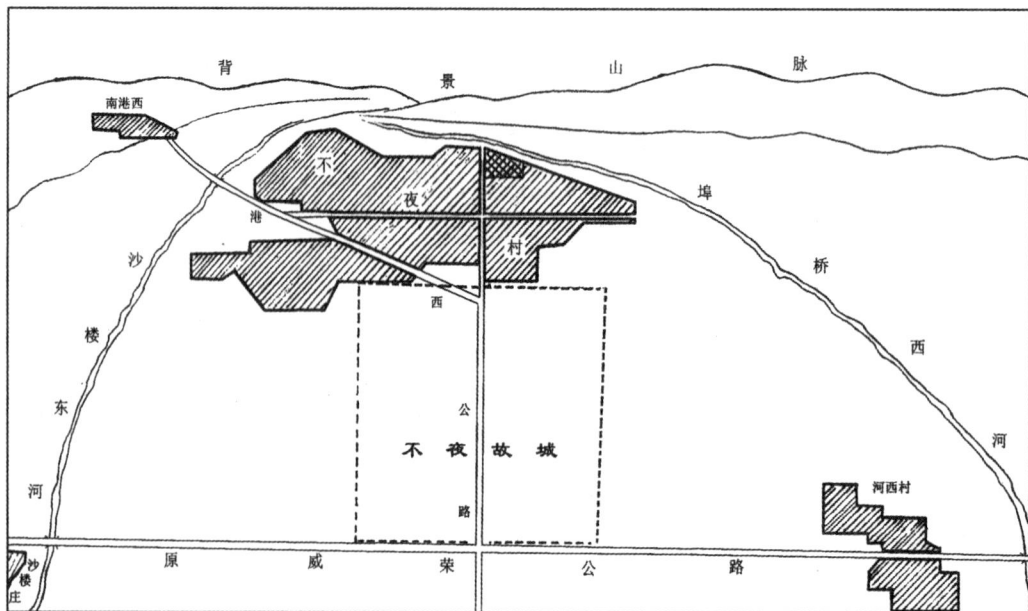

图三二　不夜城故城

[1]　王永波:《不夜城与成山日主祠》,《山东古城古国考略》,文物出版社,2016 年。

三、关于山东周代城址的思考

周初实行了"封建亲戚,以藩屏周"的分封制。在山东分封诸侯时,一方面树立周王室在东方的支柱,另一方面对殷民实行分而治之。分封在山东的诸侯国有数十个,封周公旦于鲁(曲阜、伯禽就封)、封功臣姜尚于齐(营丘),分封的小国还有曹、薛、郯、颛顼、黎、淳于、夷、纪、莒、滕、郕、须句、邢、遄、茅、阳、偪、任等。其他未列入的殷商方国,仍在旧地续存,并得到了周王室的认可。春秋诸侯争霸,战国诸侯称雄,大诸侯国实力增强,小诸侯国被削弱或兼并。而这些政治与经济的变化,也反映在城址中。

(一) 西周时期的山东故城

1. 目前能确定的西周时期城址较少,有陈庄故城、薛国故城、齐国故城。陈庄故城和齐国故城能够确定时代早到西周中期,薛国故城有的学者认为可以早到西周早期,还有待考古发掘去证实。

临淄齐故城西周时期城址位于遗址的东北部,边长在 2200 米左右,内有井字形道路,对应七座城门(北侧一座城门)。其建造时代在西周中期。齐国初都营丘,再迁薄姑,三迁临淄,随着国力的发展,至西周中期形成这样的规模应该是可信的。已经考古确定的房山琉璃河燕都故城[1]可为研究临淄西周城提供参考,该城北墙长 829米,推测城址呈方形或长方形,城墙宽 10 米左右。城的始建年代在西周早期,废弃年代不晚于西周晚期。

薛国故城内侧的内城为西周时期城址,东西 300 米,南北 200 米,为东西宽扁的长方形城址,面积约 6 万平方米。其建造时代为西周早期。

陈庄故城始建于西周早期偏晚阶段,中期偏晚阶段废弃。边长 180 米,面积不足4 万平方米。墙基宽 9—10 米,壕沟宽 25—27 米,仅南墙有一门。城内发现有祭台、贵族墓地。其性质应为军事封邑。这是目前山东考古工作做得最深入的西周城,对于我们认识这时期城的形制、构造提供了参考。

三个城址面积差别较大,反映了西周时期大小诸侯国及封邑城址的差别。这正反映了《左传·隐公元年》疏"天子之城方九里,诸侯礼当降杀,则知公七里,侯伯五里,子男三里"中所云周代对各诸侯国都城的严格规定。

---

[1] 许宏:《先秦城市考古学研究》,北京燕山出版社,2000 年。

2. 城墙的构筑,由陈庄故城看,应为用土夯打而成,夯层厚8—15厘米,可辨认出圆形圜底夯窝,直径2—4厘米,但分布比较凌乱。推测其夯打方法应为单根木棍夯打的棍夯,因为束棍夯的夯窝痕迹为有规律的团状。

3. 齐国和鲁国早期都城的寻找,是山东周代考古的重要课题。齐国的早期都城营丘和薄姑都无法确定。鲁国开始就封于曲阜,这么多年来也没有确定鲁国早期都城。这些问题困惑着人们,齐国、鲁国的早期都城在哪,是否筑有城墙,都是谜团。

许宏先生云:"与东周以后的中国古代城市'无处不城'的规制不同,在上述夏商西周三代王朝都城和方国都城中,城垣的筑建并不是一种普遍的现象,后世严格的城郭制度在这一时期尚未最后形成……三代都邑城垣或有或无,尤其是西周时代的三处王朝都邑均未发现城垣。""目前可确认存在有城垣的西周时期的诸侯国都城遗址还仅有北京市房山区琉璃河燕都遗址一处。"[1]

那么西周早期齐国、鲁国是否筑有城垣还有待思考,我们今后在确定齐国早期都城营丘及鲁国早期都城时也不能把城垣作为唯一标准,还应该从同时期遗址规模的大小、文化堆积的丰富程度、大型夯土台基及祭祀遗存的发现等方面去思考。

构筑城池需要一个过程,需要国力财力的累积。周人平定东方攻克了很多城池,齐鲁初封山东时是否存在借用旧国城池的可能? 如是,我们就要在西周早期遗存比较丰富的城址里寻找齐鲁早期都城的线索。

(二) 东周时期的山东故城

东周时期,政治上列国分立,各自为都;军事上兼并战争频繁,大国实力增强,形成春秋五霸、战国七雄,而一些小的国家则被灭国。这时进入了铁器时代,铁器的使用,促进了生产力的提高,农业、手工业和商业都有了长足的发展,城市数量增多、规模扩大,其功能和性质也发生了根本性的变化。这在山东故城也有着明显的反映。

1. 从城市布局上看,曲阜鲁故城、即墨故城大城小城相套,小城位于大城中部。滕国故城和营陵故城也是大小城相套,滕国故城的小城位于大城南部,共用南侧城墙;营陵故城的小城位于大城北部,共用北侧城墙。嬴城故城小城位于大城的东北角,共用两侧城墙。小城位于大城的中部较之位于一侧或者一隅,防守效果更好。

有的学者认为"临淄故城在春秋时期已具有小城居大城之中的'两城制'布局,到

---

[1] 许宏:《先秦城市考古学研究》,北京燕山出版社,2000年。

战国时小城转移到大城的西南隅"[1]。就是说在春秋时期,齐国故城应为大城小城相套的布局,小城位于大城内部。到战国中期以后形成了小城位于大城西南角的布局,又称为嵌入式布局。这种布局的形成有其政权更替的历史原因。

莒国故城和薛国故城皆为三重相套,小城位于多层守御中,更为安全牢靠。

莒国故城三重相套,即墨故城小城居于大城中部,加强了对内部小城的防守,使得城的防御更加稳固可靠,莒国故城和即墨故城也成为齐国没有被燕国攻破的最为坚固的两个城池。与之相比,小城居于一侧或一隅的城池防守更为困难,齐国都城临淄城即被燕国攻破。

龙口归城、郳国故城、南武城和城子故城皆位于山前的盆地或谷地中的高台地上,以高山陡崖为天险,在山脊或岭脊上修筑城墙,多用土夯筑城墙,在南武城和城子故城出现石头垒砌的城墙和内侧夯土外侧石头包砌的城墙,这反映了铁器出现后,人们能够利用石头作为建筑材料修筑城墙。这类郭城的范围较大,以远处山脊或岭脊作为城墙修筑的范围。郳国故城将郭城修筑成日字形,并形成了居住区和贵族墓葬区的分区。在龙口归城、郳国故城和费县故城,郭城内山前台地上修筑有内城,也是大城套小城的布局。

阳都故城仅存周、汉代两周壕沟,如果原来有城墙,也应该是大小相套的布局。

一周城墙的故城有偪阳古城、东平陵城、鄑国故城、高密城阴城、谭国故城、胡集故城、狄城故城、南武城故城和城子故城、不夜城、曲城故城。

我们发现平原地带城址的甲 A 类即一千万平方米以上的城址皆为大小城相套或三重相套。甲 B 类中时代较早的故城,如营陵故城、滕国故城、薛国故城也为二重相套,阳都故城可能也是这种布局;而这类城址中战国时期始建的,如东平陵城、高密城阴城却没有发现内城。甲 C 类城址中仅嬴城故城为大小城相套。乙类中,大小城相套的也是面积较大的城址。这样看来大小城相套或多重相套的城市布局,是和城址的规模有关系的。

2. 从城址的规模上看,临淄齐故城、曲阜鲁故城、莒国故城、即墨故城规模达十几平方千米。临淄齐故城、薛国故城与西周时期相比,面积扩大。

3. 从城址考古发现的数量上看,明显增多。

4. 从城的构筑技术上来看,春秋时期,夯具为夯棍,形成的夯窝为小的圜底夯窝,直径 2—4 厘米。使用单根夯棍形成的夯窝比较散乱。有的把夯棍捆在一起夯打,形成的夯窝痕迹呈团状,这通常称为束棍夯。棍夯形成的夯层较薄,六七厘米。

---

[1]　梁云:《战国都城形态的东西差别》,《中国历史地理论丛》2006 年第 4 期。

从战国早期开始使用金属夯具,在曲阜鲁故城小城发现能够确定的夯窝痕迹。夯窝呈平底状,直径 6 厘米,夯层厚达 6—17 厘米。金属夯具的使用时间较长,汉代大量使用金属夯具,在汉代墓葬中发现较多的铁夯具。

在曲城故城和胡集故城发现直径 10 厘米的夯窝,比较少见,具体何种夯具有待研究。

在曲阜鲁国故城还发现有战国晚期比较平整的夯面,这样的夯面是使用大而平整的夯具夯打形成的,一般来说采用的是石头夯具。只有在铁器广泛使用,能够加工石头后才会使用。说明在战国晚期可能开始使用石头夯具了。石头夯具的使用,使夯打更加有力,形成的夯层更厚(夯层厚 10—20 厘米)。

东周时期采用版筑技术夯筑城墙,在东平陵城战国墙体中出现连接两侧立板的穿绳痕迹,夯层内出现横向和立向的木棍,形成如后期钢筋混凝土作用的"木筋"夯土,使城墙更加坚固耐用。费县故城也存在木棍的用法。

关于城门,徐龙国先生认为,临淄齐故城和鲁国故城的城门都只有一个门道,"(鲁国故城)南东门形制特殊,外口两侧有夯土台基与城墙相连,台基东西宽 30、南北长 58、残高 1 米。此门为鲁城稷门,又称高门,为鲁僖公改建。两侧的夯土台基可能是两观"[1]。这都为后来的考古发掘所证实,2017 年秋天临淄齐故城的发掘,确定小城的北门仅有一门,宽仅 3.2 米。曲阜鲁国故城南东门的发掘,确定门道宽 5—7 米,应为单门道,并确定门外有阙台,这是目前发现最早的阙台遗迹。

有的城址用陶管构筑排水设施,开始用加工的石块修筑城内排水系统。

马面已经出现,在费县故城周代城的西北角、南武城东墙的南段修筑有马面设施,增强了城的防御。

邾国故城外城东南和西北拐角外凸,似修筑有角楼设施,南侧山顶上修筑有守卫驻军用的营垒。

四、关于秦汉时期山东故城的思考

秦兼并天下后,分天下为三十六郡(秦末增至四十余郡)。山东地区设有薛郡(治鲁县,位于今曲阜)、东郡(治郯县)、齐郡(治临淄)、琅琊郡(治东武,位于诸城)、泗水郡等。秦代统治时间短,反映在山东地区城址考古方面不是太清楚。

---

[1] 徐龙国:《中国古代都城门道研究》,《考古学报》2015 年第 4 期。

汉并天下之初,高祖即"令天下县邑城",汉代实行郡县制,分封有诸侯国。"汉兴,以其郡太大,稍复开置,又立诸侯王国……迄于孝平,凡郡国一百三,县邑千三百一十四,道三十二,侯国二百四十一。"以郡辖县,设郡治于较重要的县中。东汉时期全国有县邑 1180 个,有汉一代,县邑之城多达上千座。据徐龙国先生统计[1],山东地区发现秦汉城邑 109 座,数量与分布几乎与现代县城相差无几。

昌邑故城和东平故城为典型的汉代城址。东平陵城和高密城阴城在战国时期开始修建,汉代是诸侯国都城或郡城,因此也在汉代城址里进行分析。

1. 汉代城址的规模

山东汉代城址多沿用周代城址,如临淄故城、曲阜故城、费县故城等。但对前期城址的利用情况不一,有的是沿用原城址,有的是缩小规模,有的是增建。

据刘庆柱先生研究:"汉代城址有京城、诸侯国都城、郡治县城、一般县城、乡城和边城之分。"[2]

临淄为汉初(高祖六年)齐王刘肥的封国都城,以战国时代齐故城的大城作为齐王都城,其规模属于汉代诸侯国都城中的第一类。曲阜是从汉初刘交封国楚国中析置出来的鲁国都城,属汉代诸侯国都城的第二类,借用鲁国故城大城的南墙和西墙,重建东墙和北墙,形成汉代鲁国的都城,面积约 3.75 平方千米,较前代都城等级降低,规模缩小。东平陵城属于郡治县城中的一级,城的周长七八千米。费县故城则属于一般县城,周长在 4000 米,汉代在北侧增修新的城墙,城的规模扩大。另外,汉代还新建了一些县城和乡邑。

2. 城门

徐龙国先生认为:"秦汉时期考古发现的郡国城及一般县邑城总数达 630 多座,但城门无一是一门三道。"[3]就是说这时期郡国城及县城城门应该皆为一个门道。

鲁故城汉代城墙上发现城门 7 座,东南北各 2 座,西门 1 座。东南门门址凸出,外口宽 24 米,门道长 15 米,两侧墙基宽 10 米,门道外凸出部分方 5 米。如此,则门道最宽 14 米,应该是一门道。

营陵故城根据勘探资料,初步认定北门为一门三道,门道宽 3 米,隔墙宽 3 米,进

---

[1] 徐龙国:《秦汉城邑考古学研究》,中国科学出版社,2013 年。

[2] 刘庆柱:《汉代城址的考古发现与研究》,《远望集——陕西省考古研究所华诞四十周年纪念文集》,陕西人民美术出版社,1998 年。

[3] 徐龙国:《中国古代都城门道研究》,《考古学报》2015 年第 4 期。

深 41 米。这种情况有待发掘工作验证，也有待深入思考。

3. 布局

关于汉代城址的布局，刘庆柱先生认为："在西汉时代的城市建设上，似乎大小城已成定制。……诸侯王国都城、郡县城、一般县城和边城等只有一个小城。"[1]

东平陵城做了多次考古勘探工作，也进行了考古试掘和发掘工作。目前能够确定该城为方形城，以及城门、城内宫殿区、作坊区、道路，没有确定宫殿区外是否有小城。汉代鲁国故城目前也没有发现小城。这需要在今后的工作中去寻找确定。

4. 建造技术

汉代铁器广泛运用，已经普遍使用铁制夯具。用铁制夯具夯打形成的夯窝规整，直径六七厘米，平底，加工形成的夯层较厚。铁制夯具在汉代墓葬中大量发现。

另外战国晚期出现的夯打平整层面的石头夯具继续使用，这样形成的夯层厚度在 10—20 厘米。

这时期也普遍使用夯层中铺设木棍的做法。

---

[1] 刘庆柱：《汉代城址的考古发现与研究》，《远望集——陕西省考古研究所华诞四十周年纪念文集》，陕西人民美术出版社，1998 年。

河南新郑郑韩故城北城门遗址
考古发现与研究

樊温泉
河南省文物考古研究院

一、背 景 简 介

郑韩故城位于河南省新郑市市区及周围一带,在双洎河(古洧水)与黄水河(古溱水)的交汇处,是 1961 年由国务院公布的第一批全国重点文物保护单位。自西周末年桓公封于郑,至韩灭郑以后的一段时间里,新郑先后作为郑国和韩国后期政治、经济、文化中心,长达 539 年之久。

故城平面呈不规则三角形,城垣周长 20 千米,城内面积 16 平方千米,俗称"四十五里牛角城"。在城内有一南北走向的隔墙,把故城分为东西两城。据《左传》《史记》等古籍记载,郑都当时有皇门、纯门、时门、师之梁门、渠门、东门、北门、旧北门、仓门、墓门、闺门、桔秩之门等城门,经调查郑韩故城城墙现有 20 余处缺口,其中不少应为城门的位置,但在本次发掘之前,尚未通过考古发掘确定一处。

2016 年初,河南省文物考古研究院新郑工作站为配合郑韩故城国家考古遗址公园的建设,在报请国家文物局批准后,对位于郑韩故城东城北城墙与隔墙交接处的一处缺口进行发掘(图一)。我们旨在通过这次发掘,揭示出有关郑韩故城城墙建造体系、城门组织结构、道路年代走向、城外防御建筑等的遗迹,从而为郑韩故城城墙遗址公园的建设提供翔实的考古资料。同时,此次发掘也有助于我们对郑韩故城的历史进行综合研究。

此次共发掘 10 米×10 米探方 68 个,发掘面积近 7000 平方米(图二)。

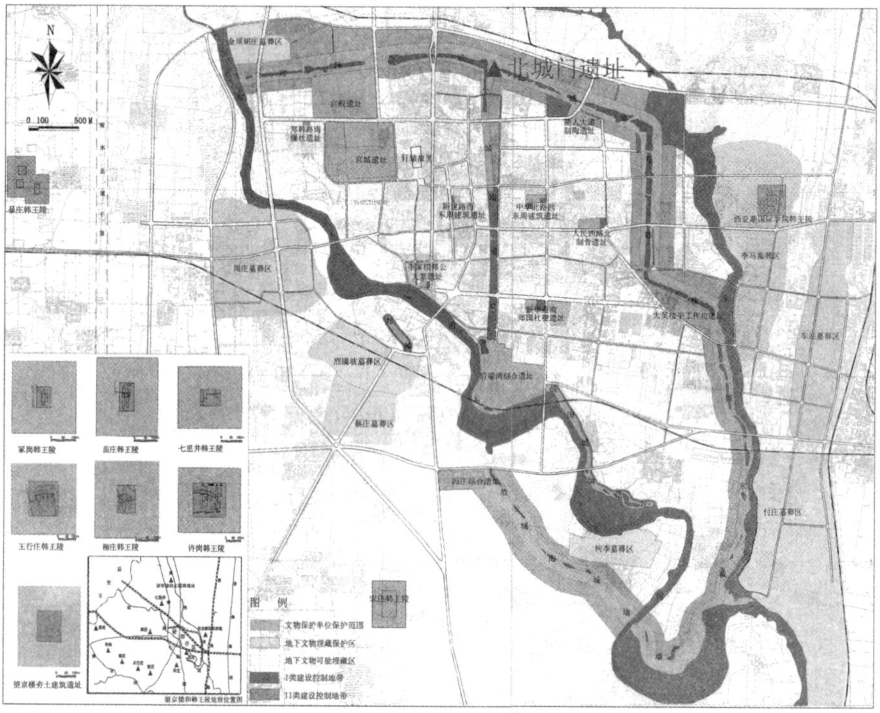

图一　北城门遗址发掘位置图

图二　北城门遗址航拍图

二、重 要 发 现

本次发掘清理出春秋战国至明清时期带车辙的道路、瓮城、城壕、水渠、排水管道、活动硬面、踩踏面、瓦砾层以及灰坑、水井、墓葬等遗迹,其中较为重要的遗迹有城墙、城壕、水渠、瓮城、城门、道路等。

(一) 城墙

我们对城墙缺口部分的剖面进行了清理,发现城墙的主体部分仍是春秋时期修建的,这一时期的夯层较厚,夯窝小而密集;在战国时期对墙体有了大面积的修补,并在缺口外侧增加了凸出的部分,战国时期的夯层较薄,夯窝大而疏散。经过解剖发现,这一段城墙是直接在生土上建造的,在对高低不平的生土面经过简单处理后,就在生土之上夯土成墙,这与其他位置的城墙修建有基槽不同(图三)。

图三 北城墙夯土剖面

(二) 城壕

在城墙外侧约 60 米处,发现有一条西北—东南走向的城壕,宽 50 米,最深处约 4.3 米,在城壕下层发现有黑色淤积层,城壕底部发现有大小不均的料礓石块。城壕南侧沟壁陡直,城壕北侧则呈缓坡。经过地质部门的取样分析后可知,城壕北侧在当时为大面积的沼泽地。

(三) 水渠

此次发掘中,我们在春秋时期道路的东侧发现了一条西南—东北向的水渠,这条水渠和道路并行进入了城内。从目前清理的情况看,水渠长 95 米,宽度在 14 米左右,最深处约 4.8 米,内有淤土(图四)。前几年在配合南水北调支线的考古发掘工作中,我们在该缺口以南约 400 米处也发现了一条类似的水渠,从两条水渠的开口层位、形状结构以及位置和走向判断,二者应属同一条。这条水渠可能和当时郑韩故城的城市排水设施有关,但也不排除这就是故城的水门或水关,从而印证了史书上对郑国"渠门"的记载,起到证史、校史的作用。

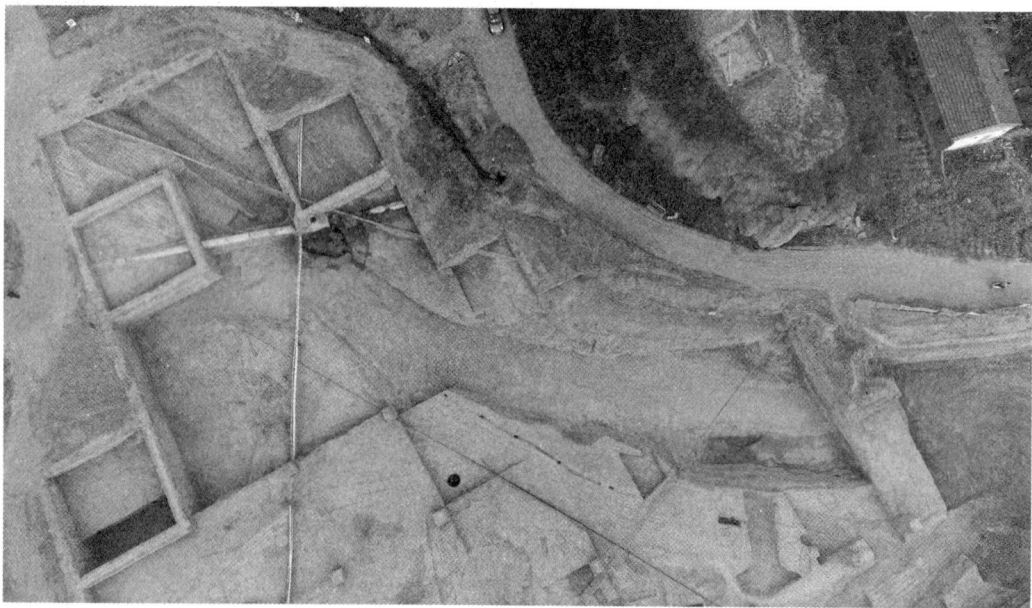

图四　水渠正视图

(四) 瓮城

通过发掘,在城墙缺口外侧约 50 米处,发现了一处大致呈东南—西北走向的夯土建筑,建筑顶部现保留宽度约 15 米(最宽处 32 米),高度在 2 米左右(最高处达 7 米),长度约为 90 米。通过分析,我们初步判断这处夯土建筑与北城墙上的凸出部分一起构成了瓮城(图五)。这就体现了筑城者加强城门防守的理念。

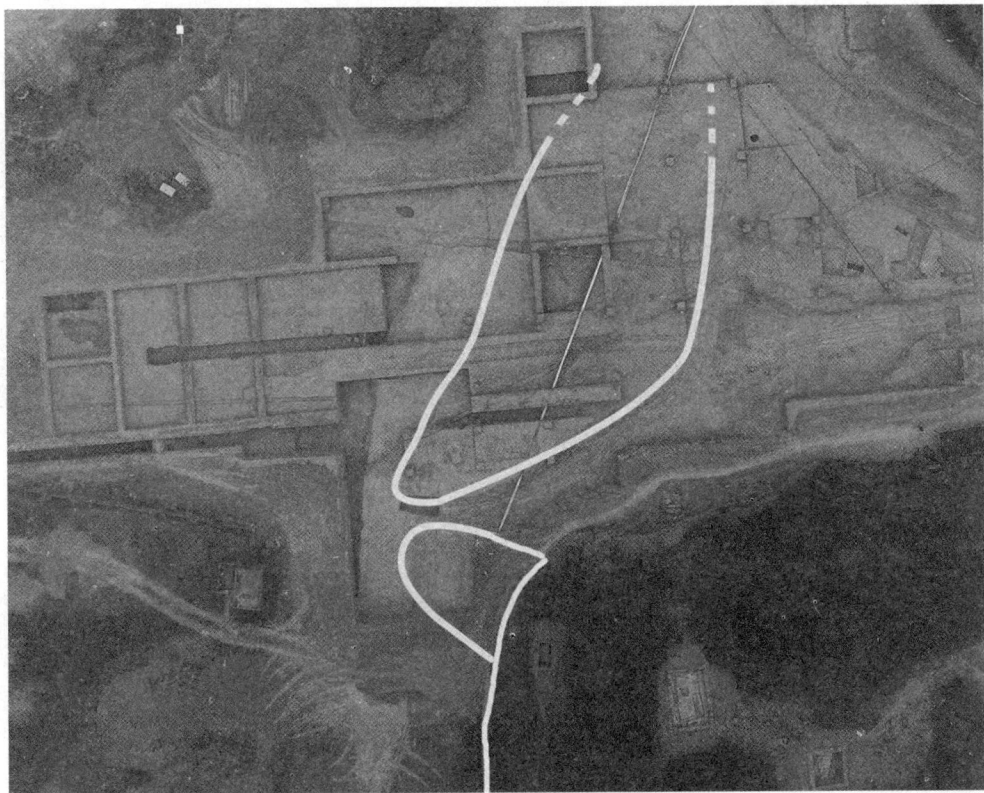

图五　瓮城墙体范围

其实,早在《诗经·郑风·出其东门》中,对郑韩故城瓮城就有过相关记载。"出其东门,有女如云。虽则如云,匪我思存。缟衣綦巾,聊乐我员。出其闉阇,有女如荼。虽则如荼,匪我思且。缟衣茹藘,聊可与娱。"其中,"出其闉阇"谓出此曲城重门,即为古代的瓮城。

(五) 城门

根据上述考古发掘,结合遗址遗迹层位关系及出土遗物判断,北城门形成于春秋时期,这个时期城门由北城墙、城壕、西南—东北向道路和水渠组成,也就是说郑韩故城春秋时期北城门的结构为一陆门一水门,结构较为简单(图六)。

战国时期,出于军事防御需要,在春秋时期原有城门建筑基础上,增设了西北向道路、东南—西北向的瓮城及与西北道路交会的环城路。

图六　城门结构

(六) 道路

　　截至目前,已经发现从春秋到明清时期的道路共 16 条,其中能够明确时代的道路有 9 条:春秋时期道路 1 条,战国时期道路 2 条,汉代道路 2 条,唐宋时期道路 3 条,明清时期道路 1 条。以上道路都有宽窄、深浅不一的车辙痕迹。春秋时期的道路较窄,宽度为 2 米,路面上发现有铺垫的碎陶片;战国时期的道路直接打破春秋时期的道路,宽度在 2.1—2.7 米,路边发现有散乱石块(图七、八)。汉代时期的道路宽度约为 2.5 米,宋元和明清时期的道路宽度也在 2 米左右。

　　新发现的战国时期的环城路位于城壕南部、瓮城北部之间,瓮城西边战国时期道路没有与护城壕交会,而是交会于这条新发现的环城路上。环城路宽 4.5—5.25 米,长度现存 50 米,车辙宽 0.08—0.15 米,深 0.01—0.02 米(图九、一〇)。

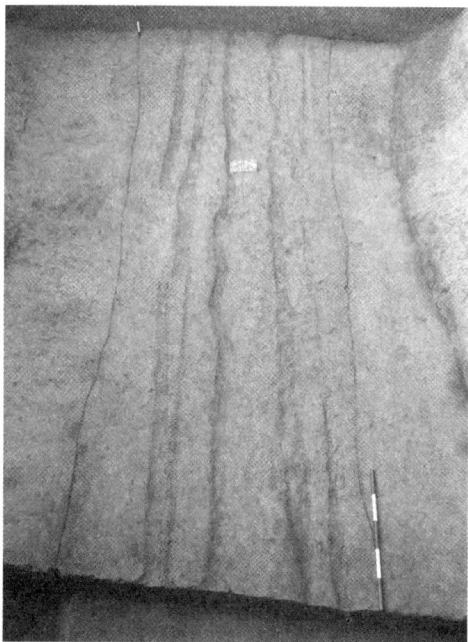

图七　战国时期道路

图八　战国道路出土陶片

图九　战国环城路

图一〇　战国环城路出土陶片

(七) 瓦砾层

在瓮城墙体上及其外侧，发现了大面积的瓦砾层，在瓦砾层之间还发现有小面积的夯土和排水管道，其年代应在战国到汉代，这些遗迹现象当和防御设施有关。

(八) 柱础

在瓦砾层北侧，发现了唐宋时期的大型柱础和大面积的瓦砾层，其间还掺杂有瓷片，目前已经清理出四组八个两两对称的柱础，柱础为方形，边长约 1 米，内填大量破碎的砖块和石块(图一一)。以上遗迹应为故城城壕废弃后的建筑。

图一一　柱础结构

(九) 灰坑、水井、墓葬

另外，还清理各个时期的灰坑 7 个、水井 2 眼、墓葬 33 座。其中墓葬年代绝大多数为明清时期，少数为宋代，这些墓葬均不同程度打破了春秋战国和汉代的道路，所以较为准确地确定了道路的使用年限。

三、主 要 收 获

1. 这是第一次科学发掘郑韩故城城门，厘清了春秋时期水陆并用的城门结构。这是国内发现的先秦时期唯一一处渠门类遗址，对研究中国古代城市规划与建设有极其重要的意义。

2. 战国时期以瓮城为中心的军事防御体系,在东周时期中原地区王城遗址中是首次发现。

3. 战国时期城墙的大面积修补及隔墙的发现,说明韩灭郑后除沿用郑都外,对都城布局还进行了重大改变,是研究先秦都城演变规律的重要对象。

4. 不同时期带车辙道路的发现,不仅为研究新郑城市的变迁提供了实物资料,更为研究中国古代交通史提供了重要材料。

5. 郑韩故城北城门的发掘,为科学制定郑韩故城国家考古遗址公园的展示与利用规划奠定了坚实基础,也为新郑这座历史名城提供了有力的实物支撑。

辽东地区青铜时代考古学文化的
交融与整合

张翠敏

大连市文物考古研究所

辽东地区,通常是指辽河以东地区,今辽宁省的东部、南部、北部以及吉林省的东南部地区。而辽东和辽西在古代地理、文化上的区分是以医巫闾山为界,分布于辽河以西的高台山文化自然也划入了辽东地区。除吉林东南部以外,辽东地区主要包括辽河平原、辽东山地以及辽东半岛三大区域。辽东地区地貌特征比较复杂,既有半岛、山地,又有平原、丘陵,河流众多,自古以来文化面貌呈现出多样性、复杂性的特点。地市包括大连、营口、丹东、本溪、鞍山、辽阳、沈阳、铁岭、抚顺等。青铜时代早期晚段(约商末周初),辽东地区文化面貌异彩纷呈,不同地域分布着不同的考古学文化,它们虽互相交流、影响,但各自特征仍非常突出。青铜时代中晚期(约西周至春秋时期),辽东地区文化面貌出现一致性,双房文化覆盖了该地区。

青铜时代早期,辽东地区分布着四支文化:半岛南部的双砣子二期文化,辽东山地的马城子文化(早期),辽河中下游平原的新乐上层文化(早期),辽河以西的高台山文化(早期)。青铜时代早期晚段,大约商末周初,辽东地区主要分布着四支文化,即半岛南部的双砣子三期文化,辽东山地的马城子文化(晚期),辽河中下游平原的新乐上层文化(晚期),辽河以西的高台山文化(晚期)。这些文化互相交流、碰撞、影响,相邻考古学文化之间出现一定相似因素。比如高台山文化与新乐上层文化相邻,二者的交流十分密切,所以二者的文化面貌呈现出较多的相似性。青铜时代中晚期,大约西周至春秋时期,个别地区延续至战国早期,辽东地区考古学文化出现了"大一统"现象,被双房文化所控制。双房文化遗存涵盖面广,遗址和墓葬内涵区别较大,所以命名一直没有统一,有双房文化[1]、双房类型、双房遗存[2]、曲刃青铜短剑遗存等称谓,另外还有新城子文化[3]等。双房文化特征比较突出,以曲刃青铜短剑、弦纹壶、石筑墓(包括石棺墓、石盖墓、石棚、积石冢等)、火葬等为特征,不同区域虽有个性差异,但总体面貌呈现出更多的相似性,应属于同一考古学文化。由于双房墓地发掘较早,又出土了一批具有典型特征的器物组合,因此本文暂以双房文化为名进行探讨。

一、青铜时代早期晚段考古学文化的时空关系

青铜时代早期晚段,辽东地区的考古学文化呈现出不同特征,它们之间相互交流、影响(图一),反映了辽东地区社会格局发生了较大变化,土著文化势力已完全控制了这个地区,但又在各自的分布地域演绎着本土文化,既有联系又有区别,文化面貌尚未出现整合现象。

1. 辽南地区

在双砣子三期文化之前,辽南地区一直与山东半岛保持密切联系,文化面貌与山东半岛呈现出较大的相似性。从大汶口早期开始到岳石文化时期,山东半岛文化对辽东半岛南部影响极为深刻,龙山时期达到顶峰,而辽东半岛对山东半岛影响比较弱,反映了两半岛考古学文化的不平衡。因此辽南地区成为与山东半岛联系紧密、文化面貌相似而与东北内陆区别较大的特殊区域。但到了双砣子三期,距今3300—3100年,大约相当于商末周初,辽南地区文化面貌出现了巨大变化,山东文化因素不见了,取而代之的是本地土著文化,这一变化反映了当时社会格局可能出现重大变革。

双砣子三期是辽南地区土著文化的大繁荣、大发展时期,分布范围广,内涵丰富,聚落面积增大,遗迹丰富,时代特征显著,遗址和墓葬数量众多。遗址不仅分布于沿海平原、缓坡,分布在高山顶部的也不在少数。据不完全统计,大连地区有双砣子三

[1] 吴世恩:《关于双房文化的两个问题》,《北方文物》2004年第2期;赵宾福:《中国东北地区夏至战国时期的考古学文化研究》,科学出版社,2009年。
[2] 王巍:《双房遗存研究》,《庆祝张忠培先生七十岁论文集》,科学出版社,2004年。
[3] 辽宁省文物考古研究所、本溪市博物馆、本溪县文物管理所:《辽宁本溪县新城子青铜时代墓地》,《考古》2010年第9期;华玉冰、王来柱:《新城子文化初步研究——兼谈与辽东地区相关考古遗存的关系》,《考古》2011年第6期。

双砣子三期	
马城子晚期	
新乐上层晚期	
高台山晚期	

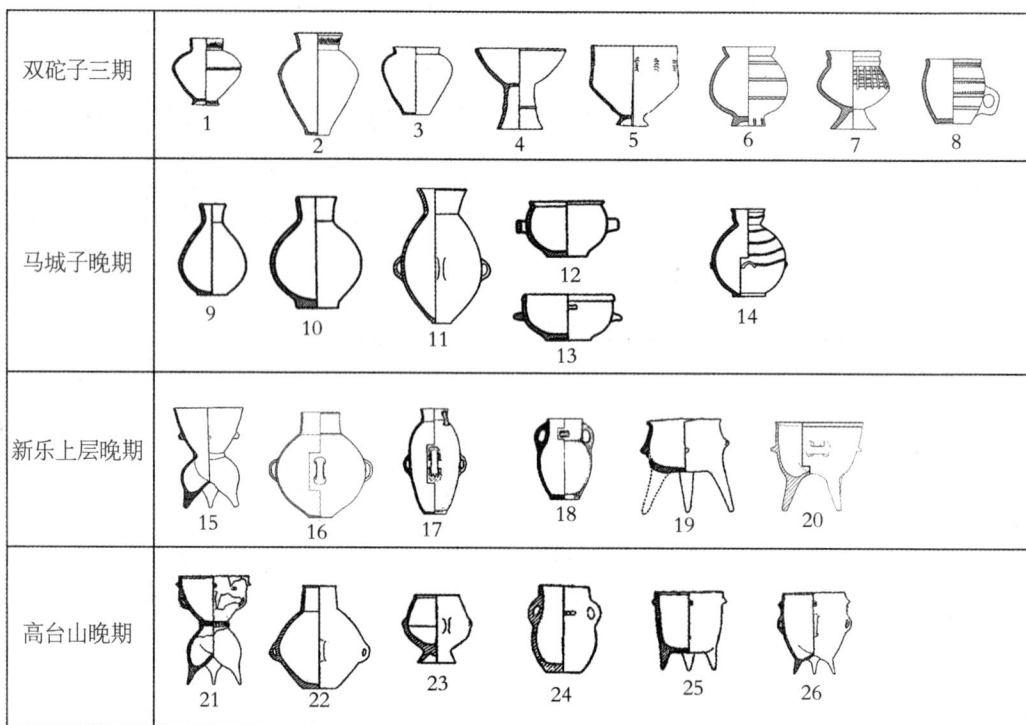

图一　辽东地区青铜时代早期晚段陶器

1—5.大嘴子　6—8.于家村砣头墓地　9、12.马城子　10、13.张家堡　11、14.山城子
15、19.新乐　16、20.千松园　17、18.辽大　21—26.东高台

期遗存百余处，最大聚落面积约 4 万平方米。已发掘的遗址有双砣子[1]、大嘴子[2]、大王山[3]、庙山[4]、于家村[5]、大砣子[6]等，已发掘的墓葬有于家村砣头墓

---

[1]　中国社会科学院考古研究所：《双砣子与岗上——辽东史前文化的发现和研究》，科学出版社，1996 年。

[2]　大连市文物考古研究所：《大嘴子——青铜时代遗址 1987 年发掘报告》，大连出版社，2000 年；辽宁省文物考古研究所、吉林大学考古学系、大连市文物管理委员会：《辽宁大连市大嘴子青铜时代遗址的发掘》，《考古》1996 年第 2 期。

[3]　辽宁省文物考古研究所、大连市文物考古研究所：《辽宁大连市大王山青铜时代遗址发掘简报》，《东北史地》2014 年第 2 期。

[4]　吉林大学考古系、辽宁省文物考古研究所、旅顺博物馆等：《金州庙山青铜时代遗址》，《辽海文物学刊》1992 年第 1 期。

[5]　旅顺博物馆、辽宁省博物馆：《旅顺于家村遗址发掘简报》，《考古学集刊》（第 1 集），中国社会科学出版社，1981 年。

[6]　大连市文物考古研究所、辽宁师范大学历史文化旅游学院：《辽宁大连大砣子青铜时代遗址发掘报告》，《考古学报》2006 年第 2 期。

地[1]、土龙子积石冢[2]等。双砣子三期文化特征:房址有圆形或方形土坑半地穴式、平地石砌式。陶器有壶、罐、盆、碗、钵、簋等,以大型壶罐类特征显著。石器比较发达,尤其以兵器类见长,如戈、剑、钺、矛、镞等数量较多。青铜器较少,仅见镞和鱼钩等小型工具类,与中原地区青铜器高度发达的情况形成鲜明对比。墓葬以积石冢为主,形制与新石器时代积石冢相似,应与新石器时代积石冢有明显渊源关系。如土龙子积石冢由多个冢组成冢群,每个冢内有若干墓室,一般呈单排分布,也有多排接筑现象。葬俗多样,有一次葬、捡骨葬、二次葬、火葬。于家村砣头墓地则为一个大的积石冢,内有58个墓室,呈网格状分布,葬俗为丛葬,最多一个墓室葬21人,有的仅葬2人,但不见火葬、捡骨葬。

2.辽东山地

分布着马城子文化[3],属于该文化晚期。马城子文化之前曾称为庙后山文化[4],主要分布于太子河流域,以洞穴墓为主,一般与早期遗存分布在一起。以马城子洞穴墓晚期、山城子B洞、张家堡A洞第2—3层、庙后山洞穴墓等为代表。陶器以素面无耳壶、双耳壶以及横桥耳钵(罐)为主要特征,器物组合为壶、罐、碗或者壶、罐、钵。在山城子C洞M2发现了双房文化代表器物弦纹壶。葬俗主要为火葬,还有捡骨火葬、原地火葬和未火葬等。

3.辽河中下游平原

分布着新乐上层文化[5],属于该文化晚期,在沈阳、抚顺、铁岭等地区有较大的分布范围,具体分布于秀水河以东、浑河流域。新乐上层文化分布区曾有顺山屯类型[6]、望花类型[7]、湾柳遗存[8]、老虎冲类型[9]等不同类型称谓。新乐上层文化遗

[1] 旅顺博物馆、辽宁省博物馆:《大连于家村砣头积石墓地》,《文物》1983年第9期。

[2] 吴青云:《辽宁大连市土龙子青铜时代积石冢群的发掘》,《考古》2008年第9期。

[3] 辽宁省文物考古研究所、本溪市博物馆:《马城子——太子河上游洞穴遗存》,文物出版社,1994年。

[4] 辽宁省博物馆、本溪市博物馆、本溪县文化馆:《辽宁本溪县庙后山洞穴墓地发掘简报》,《考古》1985年第6期。

[5] 李晓钟:《沈阳新乐遗址1982—1988年发掘报告》,《辽海文物学刊》1990年第1期;沈阳市文物管理办公室:《沈阳新乐遗址试掘报告》,《考古学报》1978年第4期。

[6] 辽宁铁岭地区文物组:《辽北地区原始文化遗址调查》,《考古》1981年第2期。

[7] 抚顺市博物馆考古队:《抚顺地区早晚两类青铜文化遗存》,《文物》1983年第9期。

[8] 辽宁大学历史系考古教研室、铁岭市博物馆:《辽宁法库县湾柳遗址发掘》,《考古》1989年第12期。

[9] 刘焕民、周阳生:《沈阳老虎冲青铜时代遗址发掘简报》,《博物馆研究》2005年第2期。

址较多，墓葬发现较少。陶器以夹粗砂灰褐陶、红褐陶为主，器型以鼎、甗、大型带耳壶为主，其他还有钵、双耳罐等，以圆锥足深腹鼎、实足跟甗最具特色。新乐遗址发现了房址和环壕，千松园[1]、郭七[2]、北崴[3]遗址等也发现了房址。在新乐、北崴等遗址发现了儿童瓮棺葬，瓮棺为大型陶壶和盆相扣。土坑墓发现较少。

4. 辽河以西

分布着高台山文化[4]，属于该文化晚期。主要分布于秀水河以西、柳河流域。高台山文化遗址和墓葬陶器区别较大，遗址发现较多灰坑，还有房址、窑址，出土陶器以夹砂红陶和红褐陶为主，器型有鬲、甗、鼎、钵、罐、盆、杯、瓮、壶、豆、碗等。墓葬为土坑墓，单人葬为主，也出现合葬，流行屈肢葬，随葬陶器组合最典型的特征为夹细砂红陶壶、高足杯相扣，其他还有双系罐、钵等。

上述几种文化在辽东地区分布区域比较清晰，各自文化特征比较明显，区别也比较大，陶器特征尤为突出，但它们之间也存在互相交流和影响。火葬习俗在双砣子三期文化积石冢(如土龙子积石冢)和马城子洞穴墓中均有发现，山城子C洞M2发现的弦纹壶[5]与于家村砣头积石墓地出土的弦纹壶非常相似，马城子洞穴墓和于家村砣头墓地都发现了丛葬习俗。马城子文化与新乐上层文化分布区域相邻，二者互相影响，互有对方因素。马城子文化的壶和横桥耳钵在新乐上层也有发现。马城子文化和新乐上层文化与分布于西流松花江流域的西团山文化[6]关系更为密切。马城子文化的横桥耳钵、壶都可在西团山文化中找到演变轨迹，而这两类器物是马城子文化和西团山文化数量最多、最为典型的器物，因此马城子文化应是西团山文化的源头之一。新乐上层的鼎和甗在西团山文化中也可找到演变轨迹，西团山文化中的鬲，当为高台山文化与新乐上层文化交流后影响的结果，所以新乐上层也是西团山文化的源头之一。

与新乐上层分布区接壤，分布于辽河以西的高台山文化与新乐上层有过亲密接

[1] 沈阳市文物考古研究所：《沈阳炮师千松园遗址2003年发掘报告》，《沈阳考古文集》(第2集)，科学出版社，2009年；赵晓刚：《新乐上层文化综述》，《庆祝宿白先生九十华诞文集》，科学出版社，2012年。

[2] 沈阳市文物考古研究所：《沈阳市道义镇郭七遗址发掘报告》，《沈阳考古文集》(第4集)，科学出版社，2014年。

[3] 见沈阳市文物考古研究所2007年发掘资料。

[4] 沈阳市文物管理办公室：《沈阳新民县高台山遗址》，《考古》1982年第2期。

[5] 辽宁省文物考古研究所、本溪市博物馆：《马城子——太子河上游洞穴遗存》，文物出版社，1994年，第263页，图二一二，4。

[6] 东北考古发掘团：《吉林西团山石棺墓发掘报告》，《考古学报》1964年第1期。

触和交流。在新乐上层晚期阶段,高台山晚期器物融入其中,如鬲、双耳罐、钵等,同样在高台山晚期遗存中也见到新乐上层晚段器物,如圆锥足鼎、实足跟鬲等。顺山屯类型与高台山晚期器物有一定相似,与新乐上层更为接近。高台山文化因与新乐上层地理上相邻,二者的交流和影响比较深刻,所以二者在文化面貌上的相似度更高。尽管二者有较多相似因素,但主要特征还是有较大区别。新乐上层以鼎、鬲为主,高台山则以鬲、壶和高足钵为主。高台山晚期墓葬中高足钵和壶相扣的器物组合在新乐上层几乎不见,同样新乐上层体型较大的竖耳、横耳壶在高台山少见。新乐上层发现的瓮棺葬也少见于高台山。高台山文化对新乐上层产生影响的同时,也对马城子文化产生了一定影响。

二、青铜时代中晚期考古学文化的时空关系

青铜时代中晚期(大约西周至春秋时期),辽东地区文化格局发生了巨变。之前分布在这里的四支文化消失,取而代之的是以石筑墓、曲刃青铜短剑、弦纹壶为特征的考古学文化,即双房文化控制了辽东地区。尽管不同区域有不同类型差异,但考古学文化面貌大致相近(图二)。

1. 辽南地区

因最早在双房墓地发现了完整的器物组合和墓葬形制而闻名,这类遗存叫法多样,因遗址少、墓葬多、遗址和墓葬有较大区别,所以认识并不统一。如遗址有上马石上层[1]、尹家村一期[2]等,代表性墓地有双房墓地[3]、岗上楼上墓地[4]、卧龙泉积石冢[5]、上马石青铜短剑墓[6]、碧流河大石盖墓[7]等。上马石位于大连长海县大

[1] 辽宁省博物馆、旅顺博物馆、长海县文化馆:《长海县广鹿岛大长山岛贝丘遗址》,《考古学报》1981年第1期。

[2] 中国社会科学院考古研究所:《双砣子与岗上——辽东史前文化的发现和研究》,科学出版社,1996年。

[3] 许玉林、许明纲:《新金双房石棚和石盖石棺墓》,《文物资料丛刊》(第7辑),文物出版社,1983年。

[4] 中国社会科学院考古研究所:《双砣子与岗上——辽东史前文化的发现和研究》,科学出版社,1996年。

[5] 中国社会科学院考古研究所:《双砣子与岗上——辽东史前文化的发现和研究》,科学出版社,1996年。

[6] 旅顺博物馆、辽宁省博物馆:《辽宁长海县上马石青铜时代墓葬》,《考古》1982年第6期。

[7] 旅顺博物馆:《辽宁大连新金县碧流河大石盖墓》,《考古》1984年第8期。

大连	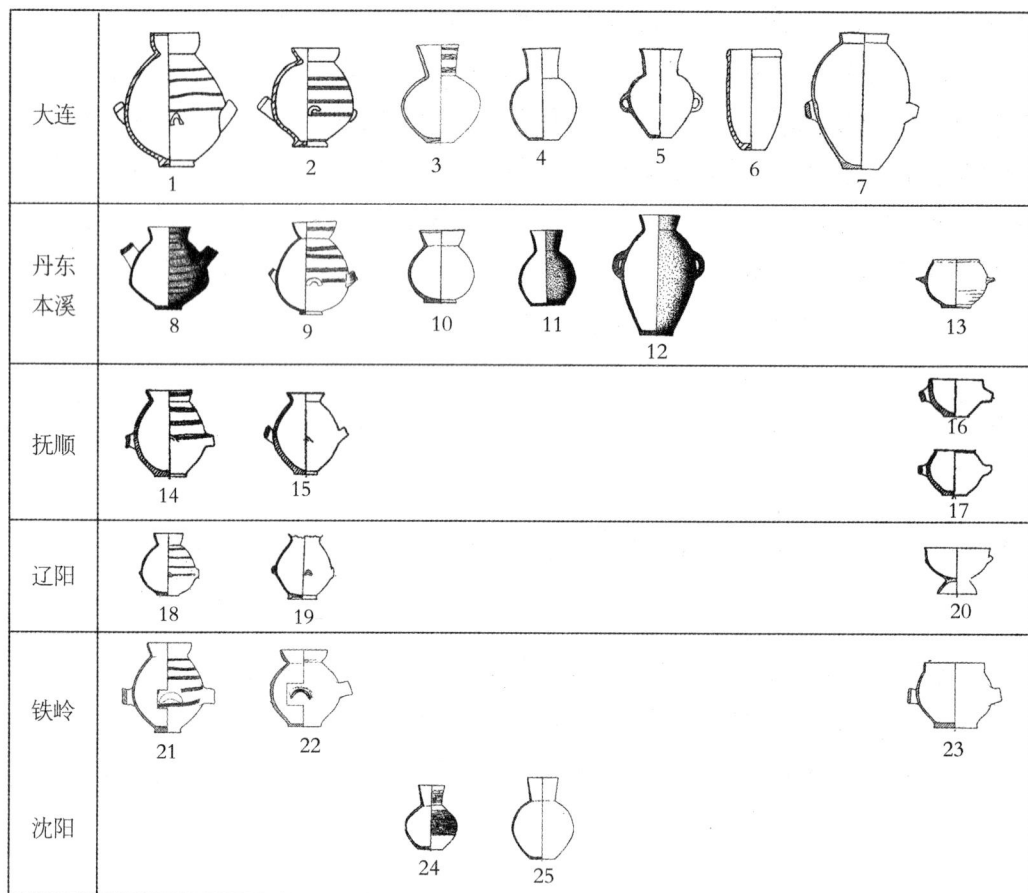
丹东本溪	
抚顺	
辽阳	
铁岭	
沈阳	

图二　辽东地区双房文化陶器

1、2、6. 双房　3. 岗上　4、7. 上马石　5. 王屯　8、11、12. 东山　9、10、13. 新城子
14—17. 大伙房水库　18—20. 二道河子　21—23. 东沟　24、25. 郑家洼子

长山岛,上马石下层和中层属新石器时代,上马石上层属青铜时代。上马石上层以夹砂红褐陶为主,器型主要有甗、横耳罐、叠唇罐、碗等,可看出双砣子三期的遗风,说明其与双砣子三期文化有密切关联。尹家村一期发现土坑火葬墓,陶器以褐陶为主,器型有甗、罐、碗、杯等,可看出双砣子三期同类器之遗风。器耳和贴耳发达,器体高大的横桥耳罐在辽东地区广为分布。上马石上层与尹家村一期文化面貌相似,可代表双房文化遗址特征。

双房文化的墓地形制较多,有积石冢、石棺墓、石盖墓、石盖石棺墓、石棚,还有极少数土坑墓。岗上墓地属于一个单独积石冢,内有23座,墓室的布局是由中心墓室向外放射性分布,墓葬形制多样,以石板底墓为主,还有少量土坑墓。葬俗主要为多人火葬,个别墓室人骨未经火烧,有的墓室最多葬18人,有的仅葬2人,整个墓地共葬有144人。随葬品有陶器、青铜器、石器和小件装饰品等。陶器以壶、罐、豆为主,

发现6件曲刃青铜短剑,宽叶,剑节凸出,属于曲刃青铜短剑的早期形制。岗上附近的楼上墓地,也是一个独立的积石冢,形制和火葬习俗与岗上墓地相似,但出土的曲刃青铜短剑叶比较窄,剑节不凸出,属于曲刃青铜短剑晚期形制。另外卧龙泉积石冢和上马石青铜短剑墓出土的曲刃青铜短剑都属于晚期形制。双房墓地墓葬形制较多,有石盖墓、石棺墓、石棚、石盖石棺墓。双房2号石棚出土的夹砂红褐陶壶与双砣子三期同类器相似,双房6号石盖石棺墓出土一组具有典型特征的器物(包括弦纹壶2件、叠唇罐2件、曲刃青铜短剑1件、滑石斧范1套),其中曲刃青铜短剑被认为是较早形制。弦纹壶特征最为显著,钵形口,垂腹,圈足,横弦纹,其源头可追溯到双砣子三期文化的于家村砣头墓地。于家村砣头墓地共出土8件弦纹壶,贴耳发达,除了没有横耳外其他特征与双房6号墓弦纹壶一致,因此弦纹壶的演变轨迹非常清晰。叠唇罐在辽东地区广为分布,口部叠唇,有锯齿纹或者刺点纹,在上马石上层、尹家村一期等遗址都有出土,墓葬出土也很多,形制基本相似。这类叠唇罐流行时间比较长,在本溪、朝阳地区战国时期还有发现,所以叠唇罐也是双房文化典型器物之一。普兰店王屯石棺墓[1]、碧流河大石盖墓属于双房文化,这类墓葬未发现青铜短剑,但出土陶壶与岗上墓地相近,斧范、叠唇罐与双房墓地一致。碧流河大石盖墓为火葬。因此,辽南地区双房文化墓葬也存在一定差异。

2. 辽东山地

目前遗址类发现较少,墓葬较多。如新城子大片地[2]发现的一批石盖石棺墓,出土了一批弦纹壶和素面壶,横耳钵数量少,弦纹壶与双房6号墓出土同类器相似,因此新城子墓地的年代应与双房6号墓相当,属于双房偏早阶段。新城子墓地葬俗推测为二次葬和骨灰葬。这种石盖石棺墓或石棺墓分布范围较广,从辽南到辽北都有广泛分布,形制大同小异,均出土弦纹壶。新城子墓地不见曲刃青铜短剑、石斧范和叠唇罐,除了新城子外,辽东其他地区普遍发现曲刃青铜短剑,石斧范也常出土。抚顺甲帮[3]、大伙房水库石棺墓[4]出土的弦纹壶横耳宽大,与横耳钵成组出现,横耳钵与马城子洞穴墓出土的横耳罐相似,也与西团山文化同类器相似,壶与横耳钵是马城子洞穴墓典型随葬品组合,说明受马城子文化遗风影响,同时与西团山文化有密

[1] 刘俊勇、戴廷德:《辽宁新金县王屯石棺墓》,《北方文物》1988年第3期。

[2] 辽宁省文物考古研究所、本溪市博物馆、本溪县文物管理所:《辽宁本溪县新城子青铜时代墓地》,《考古》2010年第9期。

[3] 徐家国:《辽宁抚顺市甲帮发现石棺墓》,《文物》1983年第5期。

[4] 佟达、张正岩:《辽宁抚顺大伙房水库石棺墓》,《考古》1989年第2期。

切联系。横耳钵广泛分布于太子河流域,向北传播影响了沈阳、抚顺、铁岭地区,在发展演变过程中,逐渐成为西团山文化横耳钵的源头。

丹东东山大石盖墓[1]除了有弦纹壶外,还出土了竖耳壶和素面壶,可看出有马城子文化晚期遗风,与新城子墓地也有相同之处。东山石盖墓出土的竖耳壶和无耳壶与马城子洞穴墓如张家堡 A 洞[2]同类器相似,弦纹壶与辽东地区普遍流行的同类器相似。但东山石盖墓和新城子墓地一样,不出辽南常见的叠唇罐和青铜短剑、铜斧,所以双房文化应有地方类型的差异。

3.辽河中下游地区

沈阳地区没有发现石棺墓,土坑墓的发现也比较少。沈阳郑家洼子[3]出土了曲刃青铜短剑和高领壶,剑叶变窄,剑节凸出不明显,与早期的曲刃剑形成明显对比,与辽南地区的楼上积石冢、卧龙泉积石冢和上马石青铜短剑墓出土的短剑相似,属于过渡形制,时代接近双房文化晚期。新近,在沈阳新民北崴遗址发现一把曲刃青铜短剑[4],形制比较早,为研究沈阳地区青铜短剑源流提供了新材料。

铁岭、抚顺、辽阳等地广泛分布石棺墓。铁岭西丰县发现了数量较多的石棺墓,比如大山嘴子[5]、诚信[6]、东沟[7]等墓地均为石棺墓,出土弦纹壶和曲刃青铜短剑。大山嘴子发现的曲刃青铜短剑虽为采集,但出处可靠,时代与双房 6 号墓相近,属于双房文化早期。这种类型的曲刃剑与双房、甲帮、二道河子[8]、清源门脸[9]、北崴等地曲刃剑一致,剑节凸出,叶宽大,属于曲刃剑的早期形制,因而墓葬时代偏早。东沟墓地出土的弦纹壶和横耳钵,与西团山文化有相似因素,西团山墓葬形制也是石棺墓,出土壶和横耳钵,所以地域相近,互相影响不可避免。东沟墓地时代为春秋晚期至战国时期,横耳壶虽然不存弦纹,胎体厚重,但形制与早期的弦纹壶相近,属于双

---

[1] 许玉林、崔玉宽:《凤城东山大石盖墓发掘简报》,《辽海文物学刊》1990 年第 2 期。

[2] 辽宁省文物考古研究所、本溪市博物馆:《马城子——太子河上游洞穴遗存》,文物出版社,1994 年,第 189 页。

[3] 沈阳故宫博物馆、沈阳市文物管理办公室:《沈阳郑家洼子的两座青铜时代墓葬》,《考古学报》1975 年第 1 期。

[4] 朱明宇:《辽宁北崴遗址出土东北地区年代最早青铜剑》,《中国新闻网》2018 年 2 月 10 日。

[5] 铁岭市博物馆:《辽宁铁岭市大山嘴子青铜文化遗址调查》,《北方文物》2011 年第 2 期。

[6] 辽宁省西丰县文物管理所:《辽宁西丰县新发现的几座石棺墓》,《考古》1995 年第 2 期。

[7] 辽宁省文物考古研究所、铁岭市博物馆:《辽宁西丰县东沟遗址及墓葬发掘简报》,《考古》2011 年第 5 期。

[8] 辽阳市文物管理所:《辽阳二道河子石棺墓》,《考古》1977 年第 5 期。

[9] 清原县文化局:《辽宁清原县门脸石棺墓》,《考古》1981 年第 2 期。

房文化晚期。

可见,双房文化以石棺墓为主,还有积石冢、石棚、石盖墓、土坑墓等形制,以石筑墓最多,主要分布于辽南、辽东、辽中、辽北地区,与这一带多丘陵山地有关。土坑墓发现较少,沈阳地区除了郑家洼子墓外少有发现。双房文化存在地域差异,出土遗物略有不同,但不影响其整体面貌的一致性。根据出土物类型学对比研究,双房文化有一定时空关系,早晚有一定差异。早期以双房、岗上、新城子、甲帮、二道河子、大山嘴子等为代表,时代应为西周至春秋早期;中晚期以上马石、卧龙泉、郑家洼子等为代表,时代为春秋中晚期,曲刃剑属于过渡形制;最晚的是楼上墓地青铜短剑,刃部基本变成直刃,T柄仍存,属于曲刃青铜短剑衰退形制,时代应为春秋晚期。

三、考古学文化的交融与整合

辽东地区在地理上呈现出多样性特点,有半岛、平原和山地,考古学文化也呈现出多样性特征,而且特征鲜明。青铜时代早期晚段,辽东地区自南向北分布着双砣子三期文化、马城子文化、新乐上层文化和高台山文化。这些相邻文化之间的互相交流、互相影响是非常明显的,形成了你中有我、我中有你的现象,只是影响强弱不同而已。不同文化都显示出各自的特征,区别是主要的。这些文化的发展演变轨迹十分清晰,与双房文化有着千丝万缕的关系,使得双房文化的源头逐渐清晰。到了西周至春秋时期,辽东地区考古学文化出现了一次明显的整合现象,文化面貌呈现出近乎一致的特征,尤其是在墓葬结构和随葬品方面出现了非常相似的现象,说明这个时期社会格局发生了较大变化,双房文化控制了辽东地区。虽然各地有地方类型差异,但总体文化面貌呈现出相似特征。双房文化从早到晚的发展变化比较明显。

青铜时代早期早段,辽南地区分布着双砣子二期文化(相当于岳石文化时期),但分布范围有限,主要分布于半岛南部的尖端。早期晚段,辽南地区分布着双砣子三期文化,分布范围扩大,遗存大量增加,遍及辽南地区。辽东山地的马城子文化,早期相当于夏商时期,晚期与双砣子三期相当,洞穴墓特色鲜明。辽河中下游平原分布着新乐上层文化,新乐上层早期相当于夏商时期,晚期与双砣子三期和马城子晚期相当。辽西平原分布着高台山文化,高台山早期相当于夏商时期,高台山晚期与双砣子三期、新乐上层晚期、马城子晚期大致相当。高台山因与新乐上层相邻,交流十分频繁,二者的文化面貌有较多的相似因素。

双砣子三期文化在辽东半岛南部地区分布较广,遗址数量众多,文化面貌与双砣子二期区别甚大,一改往日与山东半岛文化的亲缘关系,山东文化因素已完全消失,变成比较纯净的本地土著文化。有土坑半地穴、石筑房址,陶器以大型壶、罐、盆为特征,器物组合还有簋、豆、碗、钵、盂、鬶、舟形器等,石器比较发达,特别是石兵器,青铜器发现较少。流行积石冢,葬俗比较复杂,有一次葬、丛葬、火葬、捡骨葬等多种形式。辽东山地分布着马城子文化,以洞穴墓为主,墓葬多但遗址发现较少,晚期墓葬流行火葬、捡骨葬和一次葬,器物组合主要为壶和横耳钵。辽河中下游平原,地域比较开阔,分布着新乐上层文化,发现遗址较多,而墓葬相对较少。新乐上层房址有长方形、圆形和不规则形,在千松园等遗址发现了环壕,器物组合有鼎、鬲、鬶、壶、罐、钵等。由于新乐与高台山相距较近,二者互相交流和影响都比较深,新乐上层文化深受高台山文化影响,在器物组合和墓葬形制、葬俗上有一定相似因素。新乐上层没有发现高台山墓葬壶、钵相扣的典型器物组合;高台山流行土坑墓、屈肢葬,新乐上层也有发现,但数量少;新乐上层发现一定数量瓮棺葬,在高台山少见。马城子文化对新乐上层产生了一定影响,但高台山文化对辽河中下游平原的影响力度要大于马城子文化的影响,同样新乐上层文化对马城子和高台山也产生了一定的影响。高台山晚期的鼎和鬶是新乐上层影响的结果,新乐上层的鬲当为高台山文化影响的结果。

新乐上层文化、高台山文化与分布于吉林东南部的西团山文化有更多相似因素,前者的鼎和鬲都可以在西团山文化中找到轨迹,可以说新乐上层、高台山文化是西团山文化的源头之一。马城子文化的壶、横耳钵在西团山文化中也能找到演变轨迹,说明马城子文化也是西团山文化的源头之一。西团山文化的石棺墓与辽东地区双房文化石棺墓形制相似,特别是与铁岭西丰境内的石棺墓更为接近,因此辽东地区石棺墓对西团山文化也产生了重要影响。

如果说青铜时代早期辽东地区考古学文化多样性还比较突出,那么到青铜时代中晚期辽东地区则出现了"大一统"的文化面貌,考古学文化出现了一次明显整合现象,普遍流行一支以石棺墓、石盖墓、积石冢、石棚等石筑墓为主要特征,以弦纹壶、长颈壶、叠唇罐、曲刃青铜短剑、斧范等为典型器物的考古学文化,即双房文化。目前这类遗存墓葬多、遗址较少,尽管有地方特征区别,但墓葬形制、随葬品相似度非常高,应有一个大的文化分布范围。所谓区别,辽东半岛南部墓葬形制多样,有石棺墓、石盖墓、积石冢、石棚等,器物组合略显复杂,有弦纹壶、叠唇罐、长颈壶、曲刃青铜短剑、斧范等,有的墓葬不出青铜器。辽东山地流行大石盖墓,器物组合主要为弦纹壶和横耳钵。辽河中下游地区发现少量土坑墓,如郑家洼子青铜短剑墓。铁岭、抚顺、辽阳等地都发现了大量的石棺墓,出土随葬品大同小异。

双房文化与双砣子三期文化有明显亲缘关系,于家村砣头墓地出土弦纹壶,当为

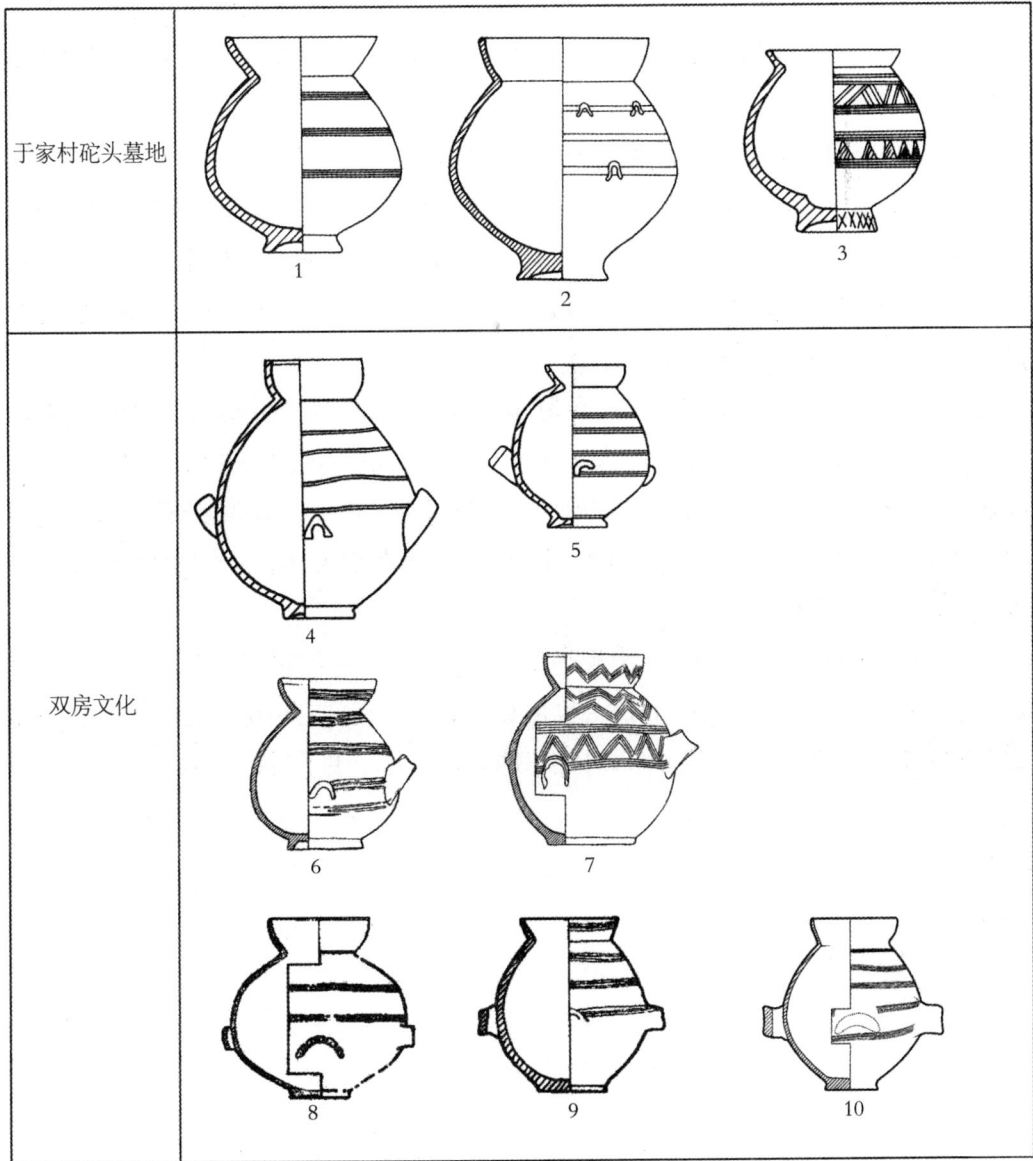

图三　于家村砣头墓地与双房文化弦纹壶对比

1—3. 于家村砣头墓地　4、5. 双房　6、7. 新城子　8. 诚信　9. 大伙房　10. 东沟

双房文化弦纹壶之源头(图三),于家村砣头墓地弦纹壶的贴耳发展到双房则演变为上翘的横耳。双房文化积石冢也应源于双砣子三期文化积石冢,葬俗的继承关系非常清晰。而双砣子三期和双房文化积石冢的共同源头可追溯到辽南地区新石器时代晚期积石冢,不论是墓葬形制,还是葬俗特征都有很大相似性。双房文化典型器物从早到晚的演变轨迹比较明显。辽东地区积石冢与高句丽早期墓葬关系十分密切。新

近,桓仁小北旺[1]等积石冢的发现,揭示了其与辽南岗上、楼上等积石冢的渊源关系。桓仁冯家堡子高句丽积石冢[2]等的发掘,反映了辽东地区石筑墓对其深刻的影响及与其的亲缘关系。

双房文化遗址虽然少,但是也发现了具有代表性的遗址。如辽南的尹家村一期、上马石上层,发现了具有典型特征、在辽东地区分布广泛的体型较大的横耳壶。尹家村土坑墓出土的曲刃青铜短剑,时代相当于春秋中晚期,在双房文化中常见。尹家村二期的叠唇罐可以看到双房文化叠唇罐的演变轨迹。上马石上层的叠唇罐、袋足鬲也是双房文化最为常见的器物。

曲刃青铜短剑属于复合剑,由剑身与T字柄、加重器组合而成,这类剑一般都作为随葬品,质地软,含铅高,很少作为实用器。曲刃青铜短剑的演变轨迹和时代变化最具特征,从早期剑叶肥硕、剑节凸出居中到剑叶变瘦、剑节不太明显;再发展为剑节消失,但仍存T柄;最后到了战国时期,T柄、曲刃完全消失,取而代之的是柄和剑一体的直刃剑。

辽南地区新石器时代积石冢出现最早,该地区青铜时代积石冢与之有密切的渊源关系,当为青铜时代积石冢的源头,也是双房文化石筑墓的祖源。辽南地区积石冢从早到晚演变规律清晰,自成体系,对辽东地区石筑墓产生了重大影响。

　　[1]　见辽宁省文物考古研究所 2017 年发掘资料。
　　[2]　辽宁省文物考古研究所、本溪市博物馆、桓仁县文物局:《辽宁桓仁县冯家堡子积石墓群的发掘》,《考古》2016 年第 9 期。

海岱地区两周时期东夷文化流变与融合

钱益汇

首都师范大学历史学院

史前至夏商时期的海岱地区历为东夷之地。《说文解字》:"夷,东方之人也,从大,从弓。"《说文通训定声》:"夷,东方之人也。东方夷人好战、好猎,故字从大持弓会意。"《周礼·夏官·职方氏》辨九服之邦国,认为蛮服之外五百里曰夷服。《礼记·王制》:"东方曰夷,被发文身。"郭沫若认为:"从黄河下游到江淮流域是东夷和淮夷活动的地方,共有九部……合称'九夷'。"[1]

商代卜辞中多称"东夷"为"夷方"或"人方""尸方",如"王来征尸方"等[2]。从二里岗上层开始,商人就开始其东扩进程,如大辛庄、桓台史家、青州苏埠屯都是重要据点,著名的就是"商末的征人方"。商人征服东夷后,东夷文化开始其逐渐商化的过程。在未征服地区,东夷传统文化得到尊重和保持,势力强大,有的成为商人的属国。

周人与东夷也有亲缘关系。《史记·周本纪》:"周后稷,名弃。其母有邰氏女,曰姜原。"《正义》曰:"邰,天来反,亦作'釐'。""釐"在铭文中与"莱"通假,而莱夷主要居于胶东半岛一带。西周王朝在海岱地区的封国以齐、鲁、莒为代表,他们对东夷文化采取了不同的政策,而不同区域内文化背景存在较大差异性。有周一代,东夷文化在不同区域以不同形式与其他文化融合共生,成为中华文明形成与发展的重要源头之一。

---

[1] 郭沫若:《中国史稿》(第一册),人民出版社,1976年,第112—113页。

[2] 郭沫若:《卜辞通纂》,科学出版社,1983年,第463页。

一、鲁 北 地 区

西周立国,实行大分封制度,封建诸侯,不仅包括宗室皇亲,而且包括大量被征服的土著和灭国。为维持灭国和被征服地的安全,周王朝派驻重兵把守,封武庚,设三监。海岱地区是东夷人的聚居之地,周王封重臣姜太公和宗亲周公于鲁北和鲁南之地,建立齐、鲁,代周行政,镇抚东方,以夹辅周室。齐鲁两国对东夷族人实施了不同的民族政策,从而开始了周人征服和同化东夷的步伐。武庚与三监之乱,迫使周公东征,先后残奄、灭薄姑等东方五十余国,商人和夷人势力大为削弱。与此同时,齐国从立国起,对当地土著文化采取了"因其俗,简其礼"的政策,从经济、文化上同化东夷,从而实现征服。

从西周早期开始,周文化在进入鲁北地区后,就保持着与商文化、夷文化共处的传统。齐文化就是多种文化因素在长期共存的过程中互相吸收、互相融合而形成的一种新文化形态,包括对东夷文化的包容、吸收和融合。

西周早期遗址中,寿光大荒北央遗址出土盔形器、绳纹鬲、素面鬲、商式鬲和陶簋[1];寿光薛家庄遗址也出土有素面鬲、矮柄豆和弦纹罐等[2];青州赵铺遗址出土的西周初期遗物多为素面鬲等,极富地方特色,但是 F1 和 F2 属西周早期偏晚阶段,周文化因素已开始占据主导地位,如绳纹鬲占多数;昌乐邹家庄遗址西周早期遗存中也是多种因素并存,商式鬲、素面鬲、周式鬲出土于同一遗址中;邹平一带出土的商末周初两种陶系,一种是灰陶系的绳纹鬲、盆、豆等,形态与中原同类器接近,另外一种以褐陶为主,素面鬲为其代表[3];章丘宁家埠遗址西周早期 M2、M61、F8、H9、H5,含有周式鬲和商式豆、簋,说明文化的延续性[4];位于章丘西巴漏河东部的马安遗址西周遗存主要为灰坑和墓葬,其中墓葬均土坑竖穴,有二层台和腰坑,腰坑内殉小动物[5]。这些遗

[1] 山东大学东方考古研究中心、寿光市博物馆:《山东寿光市大荒北央西周遗址的发掘》,《考古》2005 年第 12 期。

[2] 山东大学东方考古研究中心、寿光市博物馆:《山东寿光市北部沿海环境考古报告》,《华夏考古》2005 年第 4 期。

[3] 山东省文物考古研究所、邹平县文管所:《山东邹平县古文化遗址调查简报》,《华夏考古》1994 年第 3 期。

[4] 济青公路文物考古队宁家埠分队:《章丘宁家埠遗址发掘报告》,《济青高级公路章丘工段考古发掘报告集》,齐鲁书社,1993 年。

[5] 郭俊峰等:《山东济南马安遗址抢救性发掘成果丰硕》,《中国文物报》2005 年 7 月 27 日第 1 版。

址中周文化是占主要地位的,而东夷文化因素和商文化因素则是次要的。

在齐国、纪国等政治区域的边远地区,因为政治控制力和文化辐射力的原因以及东夷文化因素的背景等,在文化面貌中,表现为东夷文化因素的高比例。如淄川北沈马遗址西周初期遗存保留了大量素面夹砂红褐陶的因素,包括素面鬲、簋等;位于鲁北地区和胶东地区交会处的潍坊会泉庄遗址,则发现了比较纯正的东夷因素。

到西周晚期和春秋早期,在漫长的文化融合中,东夷文化因素和周文化因素逐渐融合,发展成新的文化因素,即齐文化。章丘宁家埠遗址中西周晚期到春秋早期之间的 M5 和 M30、春秋早期的 M3 均出土有素面鬲,而素面鬲的形制却为周式鬲[1]。这种风格实际上是周式和东夷式的结合体,是周文化和东夷文化融合的产物,说明齐文化至迟在两周之际已经形成,东夷文化也已经开始成为齐文化中非常重要的成分之一。

东周时期,东夷文化的因素并不因齐文化的最终形成而彻底退出历史舞台,相反,东夷文化因素在齐文化的发展中得到延续和发展,在发展中不断变化,并最终完全融合到齐文化体系中。

章丘宁家埠遗址东周墓葬甲组 16 座墓中,7 座有熟土二层台,个别有腰坑,M57 为一棺一椁;头向以北向为多,东向、西向、南向均有;年代从两周之际到战国早期;M58 为春秋晚期,出有素面鬲。乙组 28 座墓中大部分墓底四周有二层台,少量有壁龛或腰坑;葬具多为一棺或一棺一椁,个别两椁一棺;头向以东向为主,北向次之,少数西向或南向;有 6 墓殉狗,1 墓殉人;保留了部分商人作风;年代有战国早期、中期、晚期[2]。济南马安遗址 60 多座战国墓葬中多数有二层台,一棺一椁,多东西向;37 座小墓中有的有腰坑[3]。

1982 年,淄川区太和公社南阳村发现春秋早期墓葬 1 座,竖穴土坑,东西向,出土铜器、陶器共 10 件[4]。位于淄博市淄川区磁村的墓葬共 4 座,排列有序,皆为竖穴土坑墓,东西向,有成组的青铜礼器随葬,年代为春秋中期和晚期。该墓葬保留了很多商人和夷人因素,如 M1：9 红陶夹砂素面鬲、墓葬的东西方向、墓室填土中殉狗等[5]。而在战国中晚期,齐国仍然保留有这种习俗,如淄博市南韩村墓群南边 11 座

[1]　济青公路文物考古队宁家埠分队:《章丘宁家埠遗址发掘报告》,《济青高级公路章丘工段考古发掘报告集》,齐鲁书社,1993 年。

[2]　济青公路文物考古队宁家埠分队:《章丘宁家埠遗址发掘报告》,《济青高级公路章丘工段考古发掘报告集》,齐鲁书社,1993 年。

[3]　郭俊峰等:《山东济南马安遗址抢救性发掘成果丰硕》,《中国文物报》2005 年 7 月 27 日第 1 版。

[4]　张光明:《山东淄博南阳村发现一座周墓》,《考古》1986 年第 4 期。

[5]　淄博市博物馆:《山东淄博磁村发现四座春秋墓葬》,《考古》1991 年第 6 期。

墓均为东西向,M1、M11、M13 有生土二层台,M10 还有腰坑[1]。有腰坑的墓葬见于其他齐国墓葬,也见于昌乐岳家河 M123。位于临淄齐故城城墙东南 0.5 千米的郎家庄墓,殉 9 人、陪葬 17 人、狗 8 只,此墓是目前所知两周殉人墓殉人最多的一例,说明到春秋晚期齐国还存在人殉现象[2]。

长清仙人台遗址 M5 有腰坑,殉狗,一棺一椁,是目前所见最晚的一例。M1—M6 都有腰坑,年代从西周晚期到春秋晚期早段[3]。

春秋晚期的阳谷张秋镇景阳岗村墓葬,长方形土坑竖穴,墓底有长方形腰坑,头向东,坑内殉狗 1 只,一棺一椁,共出土陶器、铜器、骨器 1770 余件[4]。

邹平大省墓葬 M4、M7、M1 为东西向;M4 为生土二层台,余为熟土二层台;M4、M7 有腰坑;M7 为一棺一椁,M4 为双棺,余为单棺[5]。

可见,周初齐国分封到营丘,因为莱的强大,齐国被迫与其争营丘,至七世始都临淄。齐国"因其俗,简其礼",较多地尊重东夷文化,广泛吸收土著文化因素和商代文化因素,逐步形成了独具个性的"齐文化"。

二、鲁 南 地 区

周王朝以殷民六族分封鲁国,对于当地文化鲁国则采取了完全不同于齐国的措施,对土著文化实施了较为强硬的"变其俗,革其礼"政策,导致周文化与土著文化截然对立,如曲阜鲁国故城可见的甲乙两类遗存就是其反映。虽然这种措施不利于当地土著文化的继承和发展,也遭到东夷土著人的反对,但从当时周人征服东夷的效果上看,则是迅速地实现了周化的过程。该地区的文化面貌是比较单纯的周文化,较大程度地保存了周文化的原味,难怪孔子时称"周礼尽在鲁矣"。

曲阜鲁国故城甲组墓共 78 座,全部为长方形竖穴土坑墓,采用熟土二层台,29 座墓底有腰坑,各殉狗 1 只。头向绝大多数(57 座)向南,只有 13 座向北,2 座向东,6 座不明。M202 还发现殉人。器物多置于棺椁之间,或头部和身侧。甲组墓年代属西周

---

[1] 于嘉芳:《淄博市南韩村发现战国墓》,《考古》1988 年第 5 期。

[2] 山东省博物馆:《临淄郎家庄一号东周殉人墓》,《考古学报》1977 年第 1 期。

[3] 山东大学历史文化学院考古系:《长清仙人台五号墓发掘简报》,《文物》1998 年第 9 期;山东大学考古系:《山东长清县仙人台周代墓地》,《考古》1998 年第 9 期。

[4] 聊城地区博物馆:《山东阳谷县景阳岗村春秋墓》,《考古》1988 年第 1 期。

[5] 山东省惠民地区文物组、邹平县图书馆:《山东邹平县大省村东周墓》,《考古》1986 年第 7 期。

早期到春秋晚期,腰坑仅流行于西周,春秋早期有孑遗,此后消失。豆式簋流行于西周早期到春秋中期,春秋晚期消失,出现华盖簋[1]。

出土陶鬲 26 件,M501：1 和 M107：5 均素面,多数为夹砂红褐陶,器形也较多吸收了商文化和东夷文化因素。陶簋 30 件,M501 和 M107 所出均为豆式簋。

甲组墓和乙组墓制度的差别,反映了不同的族群吸收不同的文化因素形成了不同风格的文化群体。两组年代发展大致相同,但同一时期内两组墓葬的文化面貌仍然不同,说明两组墓葬所代表的人群是不同的。

甲组西周墓随葬陶鬲早期用明器,中晚期用实用器,不见仿铜陶鬲,流行豆、簋等圈足器,腰坑殉狗,这些都保留了大量商人的作风。甲组墓的文化面貌到后期更多地倾向于齐文化面貌,如盖豆等。"葬在这两片墓地内的土著族居民很可能是属于国中的手工业者家族。……是封土内的二等公民。"[2]

乙组墓西周时期随葬陶器主要是仿铜陶鬲和罐,没有豆、簋,无腰坑和殉狗。另外 M48 和 M30 出土有带铭铜器,显示器主为鲁侯、鲁司徒,说明其为鲁宗室成员,乙组墓是周人墓。

两组墓葬从西周早期直到战国早期在文化面貌上都存在较大差异,而且长期共存于一个城内,说明鲁国并没有完全革除商人和夷人习俗,而是针对不同人群采取不同的政策。正如杜预注《左传·定公四年》曰:"启,开也。居殷故地,因其风俗,开用其政。"但是周人族群和土著佣民在生活习俗等各个方面保持文化上的独立性,而且保持时间很长,说明当时阶层分化明显,而且十分严格。

西吴寺遗址周代遗存文化面貌总体上与鲁故城更加接近。西周早期遗存总体上保留了大量商文化因素,如陶鬲 H87：1 和 H565：1 与邹县南关遗址同类器很相似。该期陶器面貌与丰镐地区的陶器群有较大差异,西吴寺无周式瘪裆鬲,没有甗,甑大量存在,无粗把豆,多见凸棱细把豆,无碗形簋,多见高圈足簋,多小盆,罐和瓮的形制与丰镐地区差距较大。可见,西周早期西吴寺遗址更多地吸收了当地商人和土著因素[3]。西周中期以后,周式陶器逐渐占据主导地位,反映了周文化的强势影响。春秋以后,文化面貌更多与中原地区趋同。

防故城位于费县东,发掘墓葬 6 座,有 2 座墓底有腰坑。随葬陶器组合和形制如鬲和盂均与临沂中洽沟春秋早期所出同类器相似,说明其受夷文化因素影响较深,但

[1]　山东省文物考古研究所、山东省博物馆等:《曲阜鲁国故城》,齐鲁书社,1982 年。

[2]　朱凤瀚:《商周家族形态研究》(增订本),天津古籍出版社,2004 年,第 257 页。

[3]　国家文物局考古领队培训班:《兖州西吴寺》,文物出版社,1990 年。

同时鲁文化因素的器型同出[1]。尹家城遗址 M5 和 M6 葬具均为一棺一椁，有较多随葬品，随葬铜舟和仿铜陶礼器，表明墓主人身份较高，其余的身份较低。这批墓葬中除了 M5 有一件仿铜陶礼器，具有鲁故城乙组墓的风格外，其余基本与鲁故城甲组墓、郭家泉东周墓、凤凰泉东周墓一致，如盛行腰坑，以狗殉葬，随葬品以使用的陶鬲、盂、豆、罐组合为主，少见仿铜陶礼器。说明尹家城遗址周代居民较多地保留了当地商文化因素和夷人因素[2]。

在鲁南一带，直到春秋晚期和战国早期，仍有东夷文化的孑遗。春秋晚期莱芜戴鱼池墓为东西向竖穴土坑，保留了部分夷人特点。后里遗址出土有夹砂红褐陶，尤其是夹砂素面红褐陶，如战国早期 H18 和 G1 的素面鬲，卷沿罐 H18：6、H26：6、H28：1 和圈足罐等[3]。

在鲁南地区的滕国、薛国和邾国文化区内，也可见较多的东夷文化遗存。1982 年，滕县姜屯镇庄里西村发现西周早期墓葬，有腰坑，一棺一椁[4]。邹城灰城子遗址较为重要，是一处以西周遗存为主的遗址，发现的铜器和陶器都较为丰富，1973 年发现的青铜器组合簋、盘和匜，其中匜形态具有明显的东夷作风。西周中期田村遗址发现的陶鬲，卷沿溜肩，亦具有东夷作风[5]。薛故城 MD2 墓地 M1—M9 年代为春秋中期到战国早期，M1—M3 都保留有东夷殉葬习俗，墓圹底部有一个不规则的长方形竖穴殉人坑。因为薛人原为东夷人的一个支系，其文化具有浓厚的东方夷人文化特征，也具有明显的夏夷交融痕迹。

可见，在鲁文化核心区域，对待东夷文化的态度也是有阶层差别的。在上层社会，鲁国尊崇周礼，对夷文化采取了截然对立的态度，直至战国时期仍然未见二者融合的迹象。而在中下层社会，采取了文化延续的政策，尊重原有的商文化和东夷文化因素，在发展中逐渐融合，成为其新文化的因素之一，但是因受鲁文化影响，文化面貌最接近中原周文化。直到春秋晚期和战国早期，仍可见东夷文化的孑遗。而在鲁南的滕国、邾国和薛国文化区内也能见到东夷文化的保留和影响，尤其东夷古国薛文化区内东夷文化影响更深。

---

[1]　防城考古工作队：《山东费县防故城遗址的试掘》，《考古》2005 年第 10 期。

[2]　山东省文物考古研究所、泗水县文物管理所：《2000 年泗水尹家城遗址发掘报告》，《海岱考古》（第二辑），科学出版社，2007 年，第 353—399 页。

[3]　山东省文物考古研究所、蒙阴县文物管理所：《山东蒙阴后里遗址发掘简报》，《山东省高速公路考古报告集（1997）》，科学出版社，2000 年，第 209—220 页。

[4]　滕县博物馆：《山东滕县发现滕侯铜器墓》，《考古》1984 年第 4 期。

[5]　中国社会科学院考古研究所山东工作队、邹县文物保管所：《山东邹县古代遗址调查》，《考古学集刊》（第三集），中国社会科学出版社，1983 年，第 98—108 页。

战国时期,鲁南文化区内的东夷文化因素也因多种政治变迁逐渐与其他文化融合甚至消失。宋国灭滕,齐国又灭宋,占据滕之地,文化区域纳入齐文化系统内。同样,薛国无论是楚国所灭还是齐国所灭,后为齐所有,深受齐文化影响;此地后又为鲁所有,最终灭于楚,所以薛文化区内的东夷文化因素随着政治文化变迁逐渐融入各种不同的文化系统中。邾国灭于楚,其东夷因素当也随着政治变迁而发生融合甚至消失。最后,鲁南文化区内的东夷文化因素也随着秦国灭楚和齐的结局而逐渐成为秦汉文化体系中的一种重要成分。

三、鲁东南地区

鲁东南地区商文化基础较弱,而夷人文化则十分强大。周人采取以夷制夷的策略,一方面通过分封的方式让一些较大的商代古国臣服于周,如莒、阳、鄅等国,文化面貌与周文化保持一定统一性;另一方面允许所封古国保存大量夷人的成分,如莒文化的文化因素,还有临沂凤凰岭东周墓等都是这种面貌的反映。最初多种文化因素共存,在特殊的地理背景和文化背景下,多种文化因素逐渐融合形成新的文化面貌,如莒文化。

位于胶县西南40千米的胶县西庵遗址被认为是西周早期莒国都城,1975年发现车马坑和墓葬M1、M2,车舆底部殉葬一人。M1正东方向,底部有腰坑,一椁一棺,有殉人迹象,出土陶器有晚商风格的陶簋,还有素面鬲、罐、甗等,陶盆为周式特征[1]。反映出西周早期莒国也是多种文化因素并存。

崂山夏庄镇前古村墓葬年代属西周中期,长方形土坑竖穴,东西向。出土铜鼎1件,腹上部饰对称鸟纹,典型的周式风格;陶簋为泥质灰陶,圈足,素面,集中了商文化因素和土著文化因素[2]。

西周中晚期,莒国境内周文化因素和东夷文化因素融合形成新的文化——莒文化,其代表性器物是莒式鬲。莒式鬲可能来源于山东本地,如位于山东诸城正北65千米处前凉台村东的前凉台遗址,东临潍河,该遗址出土的龙山文化陶甗,残余下部,瘪裆,袋足,足跟呈扁凿形,腹饰一周附加堆纹[3]。莒式鬲的主要特点就是弧裆、溜

---

[1] 山东省昌潍地区文物管理组:《胶县西庵遗址调查试掘简报》,《文物》1977年第4期。

[2] 孙善德:《青岛市发现西周墓葬》,《文物参考资料》(3),文物出版社,1980年。

[3] 诸城市博物馆:《山东诸城史前文化遗址调查》,《海岱考古》(第一辑),山东大学出版社,1989年,第228页。

肩、高足等，它也是周文化与东夷文化的融合体，见于陶器和铜器器形中。莒文化体系中仍然保留了大量东夷文化因素，即使经历了政治文化变迁，依然没有消失，有的延续时间很长，如齐文化代替莒文化后，东夷文化因素仍然可见，反映了其旺盛的生命力和影响力。

沂源姑子坪遗址中三座周代墓葬的葬俗和陶器特征具有明显的莒文化或土著因素[1]，年代从西周中期到春秋中期偏晚阶段。从铜器和陶器反映的文化因素来看，此地经历了文化的变迁。西周中期到春秋早期，该地为莒国的疆域，墓葬葬俗如腰坑、殉犬、朱砂、头向和随葬的铜方彝、铜盘、陶鬲、陶盆等具有明显的莒文化因素。但是到春秋中期阶段，齐国占领该地，其地入齐，器形和器类均表现出齐文化的特征。

西周晚期莒县西大庄墓葬位于莒县东北 12 千米处的店子集镇西大庄村，墓葬为长方形竖穴土坑木椁墓，方向 20 度，基本上属于东西向，有熟土二层台[2]。

周人反对殉葬制度，到西周晚期周文化中基本不见这种习俗。而山东境内东夷诸国终春秋之世犹有以人为殉，甚至以人为牲的野蛮习俗。《左传·僖公十九年》："夏，宋公使邾文公用鄫子于次睢之社，欲以属东夷。"《左传·定公三年》："春二月辛卯，邾子在门台，临廷……滋怒，自投于床，废于炉炭，烂，遂卒。先葬以车五乘，殉五人。"《左传·昭公二十三年》："莒子庚舆虐而好剑，苟铸剑，必试诸人，国人患之。"

殉人习俗见于莱阳前河前己侯墓地 6 具、滕县薛城薛国墓地 5 具、莒南大店莒国墓葬 20 具、临沂凤凰岭东周墓 14 具，它们与鲁故城乙组周人墓葬有很大差异，说明临沂凤凰岭东周墓为春秋晚期东夷族墓葬。

在春秋时期东夷诸国中，除普遍存在人殉、人牲，还存在殉狗、腰坑习俗，如大店子 M2，莱阳前河前 M2、M3、M4。凤凰岭东周墓的殉狗和腰坑习俗与莒南大店 M2 和鲁故城甲组墓相同，说明其为东夷墓葬。

莒南大店墓葬位于莒南县城北 19 千米，西距沭河 4 千米。M1 殉 10 人，置于主人椁外的东、西、北侧，随葬器物 144 件，其中陶器 37 件，铜器 107 件。M2 头向东，墓室中有方形腰坑，殉狗 1 条，殉 10 人，所出莒式豆和莒式鬲带有明显的夷人因素[3]。M1 年代当为战国早期，所出器物特征与 M2 有所差异，所出铜器中，铜舟与铜盘受齐文化影响较深，所出铜鼎则已经深受楚文化的影响。可见，在莒文化系统中，东夷文

　　[1]　山东大学考古系、淄博市文物局、沂源县文管所：《山东沂源县姑子坪遗址的发掘》《山东沂源县姑子坪周代墓葬》，《考古》2003 年第 1 期。
　　[2]　莒县博物馆：《山东莒县西大庄西周墓葬》，《考古》1999 年第 7 期。
　　[3]　山东省博物馆、临沂地区文物组、莒南县文化馆：《莒南大店春秋时期莒国殉人墓》，《考古学报》1978 年第 3 期。

化所占比例较大,影响也较深;但当莒文化受到外界文化冲击时,东夷文化同时也受到很大冲击,所占比例也发生明显变化。

战国中期莒国已经亡于楚国,同时也深受齐文化影响,但是仍然保留了部分夷人因素。莒县大朱家村墓葬 M11、M12、M14 均为长方形竖穴土坑墓,一座双人合葬,一座单人葬,仰身直肢,头向东。总体文化面貌受齐文化影响较深,但同时保留部分莒文化因素,如夷人因素的墓葬特点及部分陶器[1]。另有莒县杭头遗址 M6 头向接近于东西向,棺下有腰坑,随葬器物包括高柄豆、高领罐、陶盂等,具有典型齐文化特征,但同时受夷人文化因素影响[2]。

郯城县城东南角发现三座墓葬,郯国在春秋战国时期为鲁国的附庸国,多次朝聘鲁国,从考古学文化面貌分析,该地也受鲁文化影响。M1 和 M2 的陶鼎均与周式鼎的风貌趋近,M1 出土的陶豆也是典型的周式豆。同时该地区也保留大量的夷人因素,如 M1 出土的Ⅱ式豆、Ⅰ式鬲,M3 出土的Ⅱ式鬲以及编钟编磬等都与莒南大店、莒南大朱家村、临沂凤凰岭东周墓等很相似,属于夷人风格。以上说明,郯国在深受鲁文化和其他周围文化影响的同时,也很好地保留了夷人风格[3]。

到战国晚期,随着楚国势力的强大和东侵,楚国开启了其与齐国争强的序幕。楚国先后伐灭山东南部周代古国郯、小邾、邾、莒、鲁等国,该地区文化中也多见楚文化因素。从此,夷人势力逐渐缩小,一部分融入其他文化中,还有小部分由鲁南、鲁东南一带向南迁徙。秦国先后灭楚国和齐国,统一了山东全境。自此以后,东夷文化基本从山东土地上消失,当然其对海岱地区周代后续文化的影响是长远的,难以磨灭的。

四、胶 东 地 区

考古资料表明,商末的东征并未越过潍河。所以商末周初,在潍河以东的地区还普遍分布着文化面貌较单纯的东夷文化,即珍珠门文化。西周早期后段,周王朝开始加强对胶东地区的经营,以据点为基础逐步推进,实行文化渗透,对于降服顺从的莱国加以分封。莱国在周人征服的过程中,不断融合东夷文化因素,在长期发展中逐步形成特点鲜明的莱文化。而那些不顺从的土著东夷人的领域越来越向东南萎缩,最

[1]　何德亮:《山东莒县大朱家村发现战国墓》,《考古》1991 年第 10 期。

[2]　山东省文物考古研究所、莒县博物馆:《山东莒县杭头遗址》,《考古》1988 年第 12 期。

[3]　刘一俊、冯沂:《山东郯城县二中战国墓的清理》,《考古》1996 年第 3 期。

后被完全周化，有的可能逃至日本列岛和朝鲜半岛。

西周早期的珍珠门文化同样也保留了浓厚的地方特色，如素面乳状袋足鬲、甗、簋、碗等，与南黄庄有明显的承袭关系。同时珍珠门文化中也有少量的中原文化因素，如绳纹鬲、罐、盆，说明珍珠门文化在极力保持自身文化特色的同时，也不得不接受周文化的影响，当然这种文化影响可能属于殖民性质，导致以珍珠门文化为代表的东夷文化到西周中期向胶东东南部的乳山、文登和荣成一带迁徙[1]。

潍坊会泉庄遗址位于潍坊市寒亭区朱里镇会泉庄东南，东距潍河约 5 千米。遗址中以 H10 为代表的第三段年代为西周早期，其文化遗存中不管是陶质、陶色、纹饰，还是器类及其形态，均直接承袭了岳石文化的特点，是商周时期的土著文化，属东夷文化系统，其文化面貌与胶东半岛的珍珠门一类遗存一致，应同属珍珠门文化遗存[2]。说明到西周早期，夷人因素已经越过潍河，可能向西到达弥河一线，而且在潍河以西存在相当大的势力，所以才出现齐国初封于营丘，与莱人相争的局面。另外，同类遗存还见于潍坊姚官庄、昌乐后于刘、青州赵铺、青州凤凰台等地，多分布于弥河东、潍河西之间。可以看出，东夷文化因素的空间分布存在由西向东逐步增加的趋势。

西周中期，随着周人在胶东半岛势力、控制力的增强以及文化渗透面的扩大，珍珠门文化势力范围继续缩小至烟台、乳山、荣成等狭小区域，南黄庄文化是其子遗，其余地区基本全为周文化所影响或征服。即使如此，东夷文化因素也并没有彻底消失，而是在长期发展中，逐渐与周文化融合成新文化因素，成为其中重要文化成分之一。

南黄庄遗址位于乳山县东 24 千米的南黄乡，墓葬集中分布于南黄庄村东、西、北的坡地上。1983 年共发掘墓葬 22 座，15 座为石椁墓、5 座为石棺墓、2 座不详，墓向多为东西向。随葬陶器以夹砂陶为主，次为夹云母陶，质地松软；陶色以红褐陶为主，次为灰褐陶、灰陶；纹饰有绳纹、附加堆纹、乳钉纹、弦纹、划纹等。鼎、鬲、簋组合具有中原地区墓葬组合形式特点，但器形保留了浓厚的地方特色，较少受到周文化的影响[3]。同于南黄庄的材料也见于乳山的俞介庄、大浩口、合子、海疃、寨山等地，文登、荣成也有一些线索。

在胶东半岛中西部的烟台、莱阳、龙口、蓬莱一带发现的西周早中期墓葬和遗址

————————————

[1]　严文明：《东夷文化的探索》，《文物》1989 年第 9 期。

[2]　山东省文物考古研究所、寒亭区文物管理所：《山东潍坊会泉庄遗址发掘简报》，《山东省高速公路考古报告集(1997)》，科学出版社，2000 年，第 119—132 页。

[3]　北京大学考古系、烟台市文管会、乳山县文管所：《山东乳山县南黄庄西周石板墓发掘简报》，《考古》1991 年第 4 期。

面貌与此地截然不同,它们与周文化保持较多一致性,受周文化影响强烈,这部分遗存当为接受周人改造的莱文化遗存。《后汉书·东夷列传》:"《王制》云:'东方曰夷。'……夷有九种,曰畎夷、于夷、方夷、黄夷、白夷、赤夷、玄夷、风夷、阳夷。故孔子欲居九夷也。昔尧命羲仲宅嵎夷,曰旸谷,盖日之所出也。"《尚书尧典》孔注:"东表之地称嵎夷。"马融注:"嵎,海隅也。夷,莱夷也。"

南黄庄遗存从西周中期(M15)、西周晚期(M2、M3、M6)一直延续到春秋早期(M5),这是珍珠门文化最后的孑遗。有的慢慢逃往海外,有的逐渐融入莱文化中。

莱文化系统中仍然是以周文化为主体,但是东夷文化因素亦保留了较大的比例,很多文化面貌都能反映出这个特点。蓬莱村里集柳格庄西周中期 M11,亦是东西向的长方形土坑竖穴,有殉人。村里集一带发现的西周墓群和古城遗址,均保留了很多东夷文化因素。

即墨北阡遗址位于胶东半岛南部西岸,即墨市东北金口镇北阡村北的高台地上,发现一座西周晚期墓葬,一棺一椁,有头箱,墓底有腰坑,出土殉狗一只。随葬品中一些器物仍保留有典型的地域原住民文化特色,但是从棺椁形制、铜鼎和仿铜陶礼器等器物的使用情况来看,此地在当时已是周风拂面[1]。

周文化东进的进程实际上是与夷人东退的过程相一致的。代周行政的齐国行使其征伐大权,"东至海,西至河,南至穆陵,北至无棣,五侯九伯,实得征之"。征伐的过程实际上是周人的代表齐国向东夷实施周化的过程,只是采取的是突进的方式。先后并吞周围国家,扩展疆土,尤其春秋晚期齐国灭莱,将山东胶东半岛纳入齐国版图,从此鲁北地区和胶东半岛全部属于齐国统治。所以,春秋晚期,齐灭莱后,鲁北地区和胶东半岛基本上实现了齐化的过程,而夷人一部分被周文化同化,一部分南迁,有的甚至向海外逃散。

这种政治变迁很明显地反映到考古遗存的面貌上,从此,齐文化逐渐代替了居于胶东的莱文化,原来莱文化的许多因素也逐渐融入齐文化中,但其中仍可见到东夷文化的较多影响。莱西下马庄遗址出土遗物多属春秋时期,AI 式绳纹鬲、簋具有西周晚期特点,多与青州凤凰台一带相似。遗址从西周晚期一直延续到战国晚期,文化面貌总体上与潍河、淄河流域保持一致。遗址也保存有较多土著因素,如泥质褐陶卷沿圜底盂、柱状鬲足、素面鬲等均具有浓郁的地方特色[2]。战国早期栖霞杨家圈墓所

[1] 林玉海:《青岛市北阡贝丘遗址考古发掘的意义》,《中国文物报》2007 年 9 月 21 日。

[2] 山东省文物考古研究所、莱西市文物管理所:《山东莱西市下马庄、仙格庄遗址发掘简报》,《山东省高速公路考古报告集(1997)》,科学出版社,2000 年,第 221—233 页。

出陶鬲,素面,保留了周文化和土著因素。栖霞大丁家村战国中期墓 M1、M4 和战国晚期墓 M2,土坑竖穴,有熟土二层台和腰坑;M4 有墓道,头向东,陶器以素面居多。这批墓葬和出土器物形制特点明显,保留了大量土著因素,当是齐文化充分吸收东夷因素和周文化的结果。

五、结　语

　　齐国和鲁国对当地文化采取不同的政治路线,导致不同地区的土著文化因素所占比例以及生存方式有着很大的差别。齐鲁两国不同的政策形成了两种不同的文化风格,也使东夷文化处于两种不同的文化发展背景,所以两地东夷文化面貌是不同的。

　　以齐国为代表的鲁北地区比较尊重文化传统,在文化发展中逐渐融合周文化和东夷文化、商文化因素,形成新的文化面貌,使东夷文化成为其文化成分中重要的组成部分。新文化的形成并没有完全摒弃东夷文化,东夷文化因素在新文化中有选择性地得到很好的延续、融合和发展。

　　以鲁国、滕国、薛国和邾国为代表的鲁南文化区,在对待东夷文化问题上则出现明显不同的态度。在鲁文化核心区域,对待东夷文化的态度是有阶层差别的,在上层社会,鲁国尊崇周礼,对夷文化采取了截然对立的态度,直至战国时期仍然未见二者融合的迹象。而在中下层社会,采取了文化延续的政策,尊重原有的商文化和东夷文化因素,在发展中逐渐融合其文化因素,成为新文化的因素之一,但是因受鲁文化影响,文化面貌最接近中原周文化。直到春秋晚期和战国早期,仍可见东夷文化的孑遗。而在鲁南的滕国、邾国和薛国文化区内也能见到东夷文化的保留和影响,尤其东夷古国薛文化区内东夷文化影响更深。鲁南文化区内的东夷文化因多种政治变迁导致其逐渐与其他文化融合发展,有的甚至消失。

　　鲁东南地区商文化影响不深,东夷文化背景浓厚,周人采取以夷制夷策略。以莒国为代表,在接受周文化的同时,对东夷文化也有较多继承和发展,尤其那些东夷古国更是如此。西周中晚期,莒文化形成,但其体系中仍然保留了大量东夷文化因素,即使经历了政治文化变迁,依然没有消失,有的延续时间很长,反映了其旺盛的生命力和影响力。

　　胶东地区也是东夷文化分布的核心区域。西周早期前段,夷人因素已经西越潍河,且有相当大的势力,东据胶东半岛,东夷文化因素的空间分布存在由西向东逐步增加的趋势。西周早期后段,周王朝开始经营胶东半岛,以据点为基础逐步推进,实行文化渗透,对于降服顺从的莱国加以分封,并不断融合东夷文化因素逐步形成莱文化。西周中期,随着周人对胶东半岛控制力的加强,珍珠门文化缩小至烟台、乳山、荣成等狭小区域,南黄庄文化是其孑遗。直到春秋早期,其余地区基本全为周文化所影响或征服,最后被完全周化,有的可能逃至日本列岛和朝鲜半岛。莱文化系统中仍然是以周文化为主体,但是东夷文化因素亦保留了较大的比例,很多文化面貌都能反映出这个特点。

周文化东进的进程实际上是与夷人东退的过程相一致的。代周行政的齐国通过征伐向东夷实施周化,齐灭莱,鲁北地区和胶东半岛基本上实现了齐化的过程,原来莱文化的许多因素也逐渐融入齐文化中,但其中仍可见到东夷文化的影响。

战国晚期,齐国逐渐完成对山东北部地区的统一,楚国先后伐灭山东南部周代古国,从此,东夷文化因素分散于两大政治区域内。随着秦国灭楚和齐的结局而逐渐成为秦汉文化体系中的一种重要成分。

海岱地区商周墓葬棺椁与墓室装饰研究

赵国靖[1]　相培娜[2]

1. 山东省文物考古研究院　2. 日照市东港区文物管理所

文献记载两周时期贵族墓葬对棺椁进行装饰,现代学者较多引用的是《礼记·丧大记》中的记载:"饰棺,君龙帷三池,振容。黼荒,火三列,黼三列。素锦褚,加伪荒。纁纽六。齐,五采五贝。黼翣二,黻翣二,画翣二,皆戴圭。鱼跃拂池。君纁戴六,纁披六。大夫画帷二池,不振容。画荒,火三列,黻三列。素锦褚。纁纽二,玄纽二。齐,三采三贝。黻翣二,画翣二,皆戴绥。鱼跃拂池。大夫戴前纁后玄,披亦如之。士布帷布荒,一池,揄绞。纁纽二,缁纽二。齐,三采一贝。画翣二,皆戴绥。士戴前纁后缁,二披用纁。"棺饰种类繁多、仪式繁缛,在考古发掘中发现的多为以下几类[1]:

(1) 墙、柳、荒、帷:合起来看是罩在棺椁上的木框架及其上的布帛覆盖物。上面的架木部分为柳,周边木框部分为墙,柳上加荒,墙外覆帷。柳乃"诸饰于所聚也",即荒、帷、池、鱼、振容、齐、纽、戴等皆附着或连接在柳上。荒、帷、池、振容、齐、纽、戴等本体多为有机质,仅偶见痕迹,但其上附着的铜铃、铜鱼、蚌贝、骨玉石等装饰却能保存下来。考古发掘中在椁盖、椁四周、棺椁之间、棺盖处发现的饰件,常成组出现且分布有一定规律,应当属此类装饰。

(2) 在棺四周边缘发现的铺首、棺环、铜片、金片、棺钉、小腰等,是棺本体上的装饰,或是附着于棺上的装饰。

(3) 翣,本是丧仪用具,"大丧,持翣"。郑玄注解汉翣多是木柄,用布蒙,上有彩绘,但考古中发现的多为铜翣[2]。

---

[1] 对文献中棺饰各种名称的解释,可参看乔卓俊:《两周时期中原地区的棺饰研究》,《东方考古》(第7集),科学出版社,2010年。

[2] 转引自张天恩:《周代棺饰与铜翣浅识》,《考古学研究》(八),科学出版社,2011年。

本文所称的棺椁饰,主要包含以上三类,下文笔者对海岱地区商周时期的此类饰件进行梳理分析,探讨其时代与区域特征。

商周时期一些墓葬会对二层台、墓壁、墓底进行装饰,本文称为"墓室装饰",也进行简要梳理。齐国的棺椁和墓室装饰,已有文进行专门研究[1],本文仅少量涉及。

一、棺椁装饰(附表一)

海岱地区商周墓葬发现较多,但系统发掘不多,墓葬盗掘的情况也有,有棺椁饰的墓葬资料并不太多。早年简报或者报告多较简略,对于棺椁饰类小物件描述较少;且由于此类饰件器形较小,墓葬平面图中多不能获得准确位置信息,大多数无法明确究竟是棺、椁、荒帷、池、振容等哪一部分上的装饰,给具体分析造成困难。本文也有这样的困扰,只能就材料本身进行分析,统称为"棺椁装饰",不当之处还请学者指正。

1. 商代

此时期中原地区已有较为系统的棺椁饰,如安阳大司空 T1418M225 棺上有画幔,画幔四角各悬挂一组蚌饰,且均与 1 件铜铃共存,应是蚌饰与铜铃集束在一起悬挂于画幔四角。T0608M374 还用骨锥将画幔固定于墓壁或二层台上。M303 棺木四角外侧各有一组遗物,均由数十件穿孔小蚌鱼、穿孔贝饰和 1 件铜铃组成,可能是悬挂于棺木或者棺木织物上的饰件,棺南侧出土一些玉饰,发掘者判断有可能是覆盖棺木的织物上的饰品[2]。

滕州前掌大、青州苏埠屯、济南刘家庄墓地等发现棺椁饰线索,数量少,种类单一。如前掌大 M214 发现铜铃 2 件,1 件发现于盗洞、1 件位于墓室一角,还发现铜鱼 1 件(盗洞),另有数量较多的骨管、骨饰、蚌饰等;M222 发现铜铃 2 件以及若干蚌饰;M24 发现铜鱼 1 件[3]。苏埠屯 M8 头端棺椁之间放置 8 件铜铃,蚌饰、蛤蜊壳

[1]　徐倩倩:《两周时期齐国的棺椁和墓葬装饰研究》(待刊)。本文关于齐国棺椁饰的具体材料皆转引自此文,后文不再赘述。

[2]　中国社会科学院考古研究所:《安阳大司空——2004 年发掘报告》,文物出版社,2014 年。

[3]　中国社会科学院考古研究所:《滕州前掌大墓地》,文物出版社,2005 年。后文中前掌大的资料若无特别指出,均出自本报告。以下引用各墓葬的资料均与此相同,前文已有注释,后文不再注明。

等[1]。刘家庄 M121 出土 5 件铜铃,其中 1 件是殉狗的项饰,其余 4 件两两成组,分别位于西南、东南两角[2]。

2. 西周

此时期墓葬资料数量增多,在滕州前掌大、济阳刘台子、曲阜鲁国故城、莒县西大庄墓地均可见。前两处墓地年代属西周早中期,后两处墓地有西周晚期资料。

前掌大墓地西周早期墓在棺椁饰上延续商代晚期的风格,一部分墓中有骨管、蚌片、牙片等小型饰品,有的与象牙玉觿、玉鱼等同出,成堆置于墓室一侧或一角,都带穿孔,明显是缀于织物上。如 M201 西二层台上发现铜铃、蚌片等,墓室东、西两侧有牙形饰品、片形玉器,西南角有牙片、象牙玉觿、玉鱼等,都带有穿孔。M214 扰乱严重,在墓室南部、二层台上残留较多小骨管、蚌片等。M203 墓室东南部散落蚌片、骨管、蚌泡等。M119 棺盖板上发现两面嵌蚌牌饰,长 0.32、宽 0.25 米,系用蚌片磨出各种形状再镶嵌出兽面纹图案。M21 在棺内及椁外东西两侧均有一组由蚌片、蚌泡组成的牌饰,应当是二层台或者其上覆盖物上的装饰,M21 还发现骨小腰(报告称为骨坠)。

前掌大墓地出土多件嵌蚌漆牌饰,一般采用双面对称方法,将磨制好的蚌片摆出兽面纹图案或用红、黑等不同颜色绘出动物或几何形图案,蚌片周围有彩绘。有 2 件牌饰分别压有石磬 1 件,故发掘者认为嵌蚌漆牌饰与石磬的悬架有关;也有学者研究认为嵌蚌漆牌饰是木制漆鼍鼓的残存部分,推测是双面蒙鼍皮[3]。笔者认同后一种观点,但同时认为有一些牌饰,如 M21 所出牌饰,体量较小,排列简单,位于二层台和棺椁之间,应当是棺椁饰。

1998—2001 年,滕州市博物馆对前掌大村南墓地 41 座墓进行抢救性发掘,其中几座墓葬可见棺椁饰。如ⅠM101 椁顶放置蛤壳。Ⅰ103 被盗扰,但在棺南侧未扰部分棺盖之上呈“H”形密布穿孔蚶壳(图一,1)。Ⅰ105 西侧二层台上有蚌泡、海贝等。村东南墓地Ⅱ213 头部棺椁之间一角有蚌鱼 17 件[4]。

[1] 山东省文物考古研究所、青州市博物馆,《青州市苏埠屯商代墓地发掘报告》,《海岱考古》(第一辑),山东大学出版社,1989 年。

[2] 济南市考古研究所:《济南市刘家庄遗址商代墓葬发掘报告》,《海岱考古》(第十一辑),科学出版社,2018 年。

[3] 洪石:《鼍鼓逢逢:滕州前掌大墓地出土“嵌蚌漆牌饰”辨析》,《考古》2014 年第 10 期。

[4] 滕州市博物馆:《滕州前掌大村南墓地发掘报告(1998—2001)》,《海岱考古》(第三辑),科学出版社,2010 年。

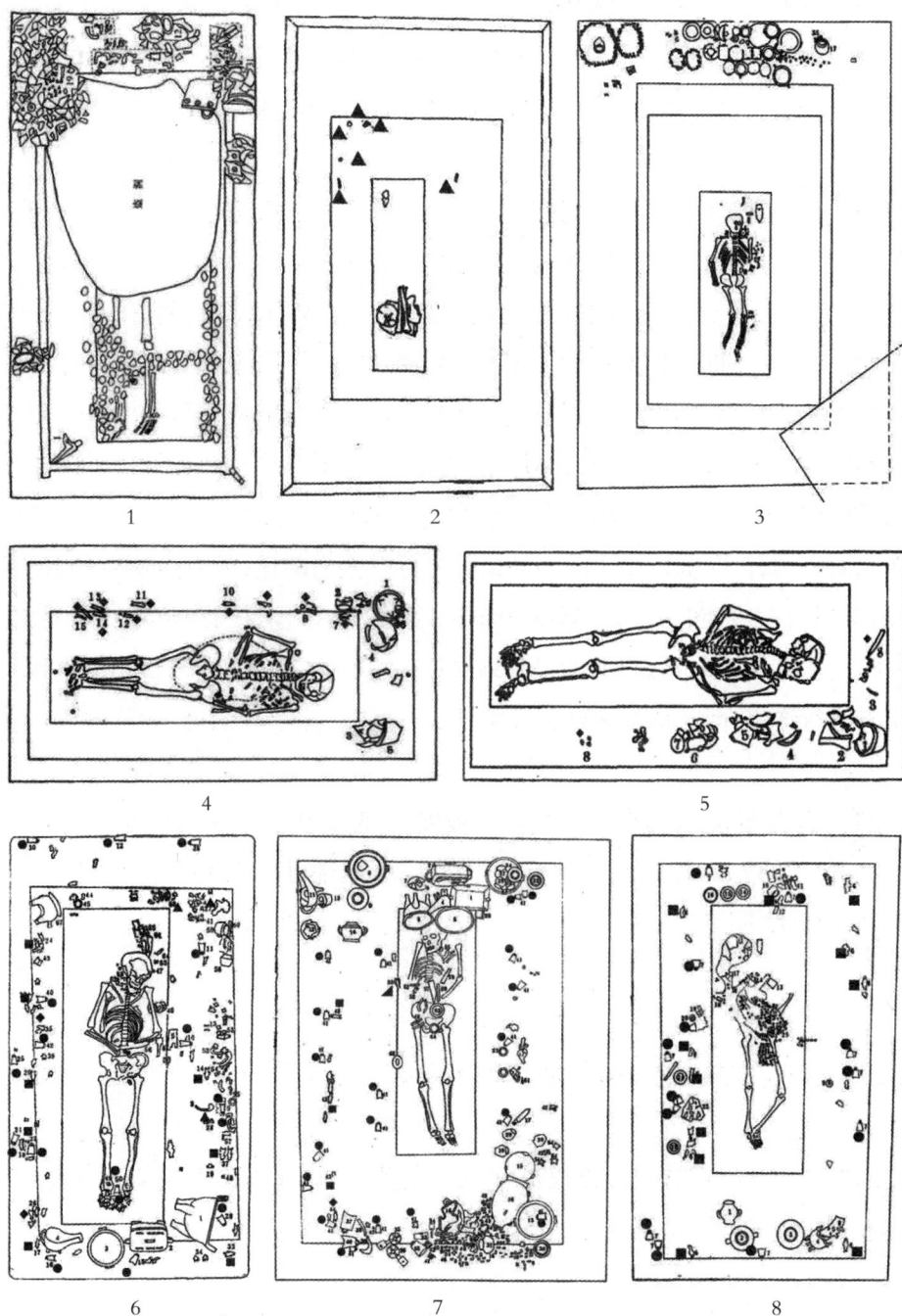

图一 商、西周部分墓葬棺椁装饰示意图

1.前掌大南岗子Ⅰ103 2.刘台子 M3 3.刘台子 M6

4—8.鲁国故城(4.M310 5.M320 6.M30 7.M48 8.M49)

●:铜铃;▲:蚌壳、蛤蜊、海贝、蚌条、蚌饰等;■:铜鱼;◆:蚌鱼;◢:细腰

(鲁国故城 M49 平面图未标注蚌鱼位置)

　　刘台子墓地大部分墓葬被破坏，残存一些棺椁饰。M1 在北侧二层台上有玉、石、骨、蛤蜊等有孔饰物，应当是挂在丝织品上的[1]。M3 出土圆形、菱柱形蚌饰 31 件，蚌泡 3 件，扰土中有骨细腰出土（报告称为骨制线轴形器；图一，2）。M4 出土蚌饰、蚌泡等[2]。

　　鲁国故城经过系统地勘探和发掘，一部分墓葬未经盗掘保存完好。有 15 座西周时期墓葬可见铜铃、铜鱼、蚌鱼、蚌泡、蛤蜊壳、骨细腰等，大部分出土于棺椁之间，有成组分布的现象，还有一些墓葬中出土兽面棺钉。如 M310 棺东侧有 10 件蚌鱼，两两成对（图一，4）。M320 棺西侧和头端均有蚌鱼，数量不明，但均成组分布（图一，5）。M30 四周都有铜铃、铜鱼、蚌鱼、蚌饰等，应是这几种组合而成串饰，头端的墓壁有 3 件单独的铜铃均匀分布（图一，6）。M48 椁周围有一周铜铃、铜鱼和蚌鱼，其中铜鱼和蚌鱼组合出现，在东南和南侧棺椁之间还发现一些兽面钉；铜铃四面都有，蚌鱼和铜鱼只在西面一侧有，西侧棺椁之间的装饰明显可以分为两道，外侧由铜铃、铜鱼、蚌鱼组成，内侧只有铜铃（图一，7）。M49 中铜铃、铜鱼、蚌鱼也是围绕棺椁一周均匀分布（图一，8）。还有一些墓葬如 M120、M138、M11、M20、M31、M39、M42、M46、M57 等，报告中未进行详细介绍，从墓葬登记表中可知，这些墓葬中有铜鱼、铜铃、蚌鱼等饰件出土[3]。

　　1996 年莒县西大庄清理一座墓，墓葬被破坏，但发现 2 件翣[4]。翣整体片状，上部作山字形，下部为一扁平柄，两侧向外作鸟头状，局部可见织物痕迹。通高 43.8、宽 28.8、厚 0.2 厘米（图二，1、2）。

3. 春秋

　　此时期资料在曲阜鲁国故城、滕州薛国故城、莒县大沈刘庄、长清仙人台、临沂凤凰岭等有发现。

　　鲁国故城春秋时期的棺椁饰仅见于三座墓葬。M301、M401 仅从墓葬登记表中可知出土骨小腰、蚌鱼、蛤蜊等，两座墓前者为春秋中期、后者为春秋晚期，棺椁饰种

---

　　[1]　德州行署文化局文物组、济阳县图书馆：《山东济阳刘台子西周早期墓发掘简报》，《文物》1981 年第 9 期。

　　[2]　德州地区文化局文物组、济阳县图书馆：《山东济阳刘台子西周墓地第二次发掘》，《文物》1985 年第 12 期。M3、M4 的发掘资料均源于此。

　　[3]　山东省文物考古研究所、山东省博物馆、济宁地区文物组等：《曲阜鲁国故城》，齐鲁书社，1982 年。

　　[4]　莒县博物馆：《山东莒县西大庄西周墓葬》，《考古》1999 年第 7 期。

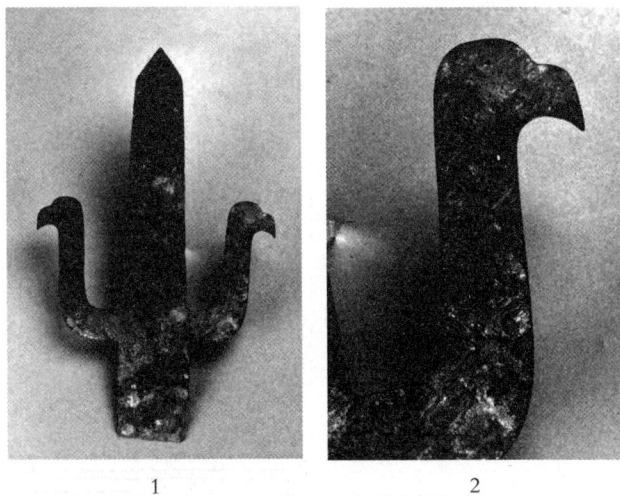

图二 莒县西大庄出土翚

1. 翚 2. 局部

类与西周时期差距不大，推测在墓中的排列方式与西周时期大致相同。M2 为春秋末期墓，在椁室周围发现骨楔以及 22 件铜铃；内棺四角以三角铜片包裹，外表底部有兽面铜钉两行，排列整齐，行距 6 厘米，左右间距 10 厘米；内外棺之间有鎏金铜泡，十余串石串珠多在外棺四周(图三,1)。根据沂源东里东台地一号战国墓的发掘情况[1]，鲁故城 M2 的铜铃可能是悬挂在荒帷上的丝织物上的。

薛国故城 M1—M3 出土器物较多，从墓葬平面图中可获知棺椁饰的大概位置。M1 随葬品大部分位于器物箱、棺内以及棺椁之间，出土骨小腰(报告称为"骨绞具")14 件、海贝 380 件、蚌贝 40 件、蚌鱼 70 件，发掘者称"蚌鱼散见于椁室周围"。M2 随葬品大部分位于器物箱、内外椁之间、棺与内椁之间及棺内，出土铜铃 4 件、蚌鱼 98 件、蚌贝 80 件、骨串珠 35 件，内外椁之间还有玉璜、方形玉饰、条形骨器等，两组骨串珠分别位于内外椁之间的两角。M3 被盗，可见铜铃和蚌鱼，蚌鱼散落在棺椁之间、棺内等[2]。

莒县大沈刘庄春秋墓被破坏，在椁顶东部有带钩、西部有滑石贝[3]。

长清仙人台 M5 的骨管、海贝等放置于棺椁之间的西北角，棺椁之间南侧放置玉蚕串饰一组，棺盖板上放置玉龙、玉虎各 1 件[4]。M4 在椁顶放置骨细腰、海贝等，在

［1］ 任相宏、郑德平、苏琪等：《沂源东里东台地一号战国墓及相关问题的思考》，《管子学刊》2016 年第 1 期。

［2］ 山东省济宁市文物管理局：《薛国故城勘查和墓葬发掘报告》，《考古学报》1991 年第 4 期。

［3］ 张开学、刘云涛：《山东莒县大沈刘庄春秋墓》，《考古》1999 年第 1 期。

［4］ 山东大学历史文化学院考古系：《长清仙人台五号墓发掘简报》，《文物》1998 年第 9 期。M5 的平面图只有部分器物，对于骨管、海贝等的功能只是推测，发掘者认为海贝等可能是马车上的饰件。

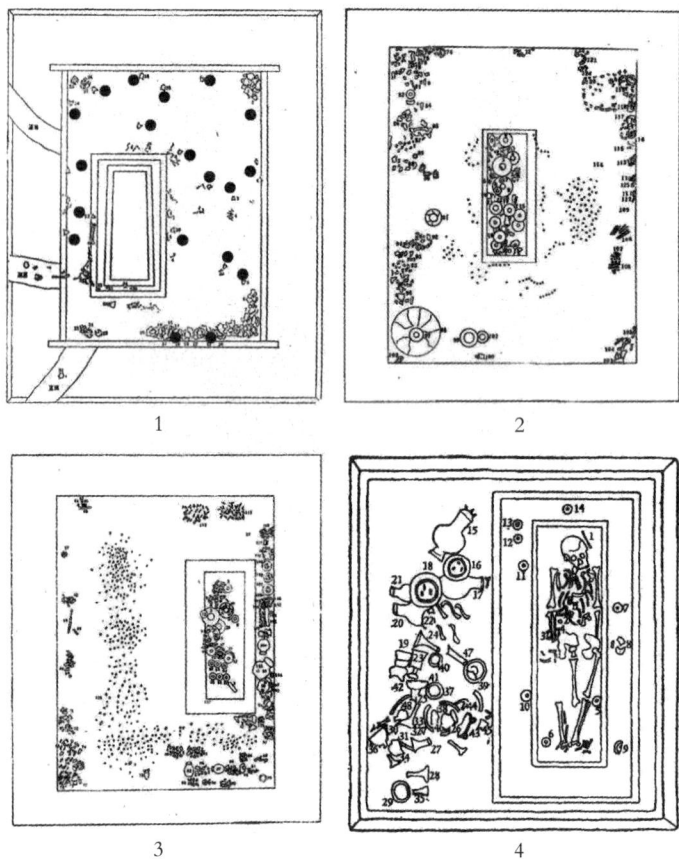

图三　春秋战国棺椁饰示意图

1. 鲁国故城 M2(图中圆点为铜铃)　2. 鲁国故城 M52
3. 鲁国故城 M58　4. 薛国故城 M5

棺上还发现"棺束"的痕迹[1]。

临沂凤凰岭春秋墓在墓主棺外发现三周锡质的棺链[2]。

4. 战国

此时期墓葬资料有曲阜鲁国故城 M3、M52、M58,滕州薛国故城 M5,庄里西战国墓,沂水县全美官庄东周墓,诸葛镇大暖峪村战国墓,泰安康家河战国墓等。

鲁国故城 M3 棺饰鎏金铜泡,还发现铜椁钉 21 个,棺椁之间有 15 串石串珠。

---

[1]　山东大学历史文化学院考古与博物馆学系:《山东济南长清仙人台周代墓地 M4 发掘简报》,《文物》2019 年第 4 期。

[2]　山东省兖石铁路文物考古工作队:《临沂凤凰岭东周墓》,齐鲁书社,1988 年。

M52 椁盖上铺木炭、蚌片,椁壁上部有成排的圆帽铜钉,间距 0.15 米,应是固定帷帐之物。内外棺四角用铜片包裹,铜片两侧各有一行圆铜钉,间距 10 厘米。在棺盖上放置石圭、铜剑,棺的周围散落许多骨石串珠。总计发现椁钉 7、骨石串珠 9、圆金泡 4、小圆金泡 4、三角形金泡 3、金叶 2 件(图三,2)。M58 椁盖覆盖河蚌片和木炭,椁壁上部有成排的圆帽铜钉,间距 0.15 米。内外棺四角用铜片包裹,铜片两侧有两行铜铆钉,以圆帽钉与兽面铜钉相间排列,间隔 0.1 米(图三,3)。

2018 年冬曲阜鲁国故城望父台墓地发掘一座战国时期竖穴土坑墓葬,在棺、椁处散落大量棺钉,近底部的排列整齐;四面墓壁上也保留排列均匀的棺钉。这些棺钉多是圆形钉帽,棺椁处的棺钉钉帽向外,尖端朝内;墓壁上的棺钉尖端钉在墓壁上,钉帽向内朝向棺椁[1]。棺椁上的棺钉应是加固棺椁兼有装饰功能,另外在棺椁之间和椁外,都有成组分布的串饰,由玛瑙环、冲牙等组成,大部分紧靠棺外壁或者椁外壁,明显是棺外壁和椁外壁的装饰。

薛国故城 M5 在内外棺之间较为均匀地放置 10 件石璧(图三,4)。

山东滕州庄里西战国墓被盗,损毁严重,发现 16 件骨尖状器,即新泰周家庄墓地报告中的"骨楔"[2]。

沂水县全美官庄东周墓被冲塌,见 99 件铜桥形饰、14 件小铜铃[3]。

沂水县诸葛镇大暖峪村战国墓被破坏,发现陶桥形饰 24 件、石璧 3 件[4]。

泰安康家河 M2 被破坏,在墓室西北角分布着成组石璧,东南角放置玉环 14 件(应为玛瑙环)、铜铃 12 件、骨饰件近 190 件。出土时铃上多有织物痕迹,有可能是棺椁上覆盖物的痕迹[5]。

二、墓室装饰(附表二)

1. 商代

仅在滕州前掌大和青州苏埠屯墓地可见。前掌大墓地多体现在对二层台的装饰上,如 BM4 南、北、东二层台上施有彩绘图案,惜均被盗坑破坏,二层台上多处留有席

---

[1] 山东省文物考古研究院 2018 年发掘资料。

[2] 滕州市博物馆:《山东滕州庄里西战国墓》,《文物》2002 年第 6 期。

[3] 马玺伦、宋桂宝:《山东沂水县全美官庄东周墓》,《考古》1997 年第 5 期。

[4] 山东沂水县博物馆:《山东沂水县近年发现的几座战国墓》,《文物》2001 年第 10 期。

[5] 山东省泰安市文物局:《山东泰安康家河村战国墓》,《考古》1988 年第 1 期。

纹,西南角二层台上有残镶嵌蚌片漆牌饰 6 块。M213 西二层台上北侧残存一片黑底红彩饰,但破坏严重不辨纹样。参考殷墟地区资料,安阳大司空有不少商代墓中棺椁上面铺有芦席,少数盖彩绘画幔,或两者都有,有的棺椁下面还垫有一层席[1]。前掌大的墓葬也应在椁顶部、二层台上铺席和画幔。

另外前掌大商代晚期到西周早期墓中共出土骨钎 20 件,是利用动物肢骨劈刨磨制而成,制作粗糙,发掘者判断是在墓内起固定帷帐的作用。前掌大商代墓 M214、M215、M216、M222 中都出土骨钎。

苏埠屯 M8 椁室北部的铜礼器出土时,器表有一层厚约 0.5 厘米的附着物,有的器表遗有麻布痕迹,发掘者认为是铜器曾以物装盛或者麻布包裹,笔者认为这或许是画幔痕迹。

2. 西周

在滕州前掌大、济阳刘台子、长清仙人台、沂源姑子坪、栖霞吕家埠等墓地中发现一些遗迹现象。

前掌大 M201、M214、M205、M206 等几座墓葬二层台台面有席纹、纺织品痕迹,还有彩绘痕迹,颜色丰富,以橙黄、浅红、大红、白、灰、黄、黑等颜色绘出几何形图案。BM3 除了席纹、纺织品痕迹以外,还有骨锥插在二层台台面上。北Ⅰ区 BM11 二层台上残存彩绘漆画,底为黑漆,以红、白相间的颜色勾勒出带卷角羊的正面形象,左右两侧分别绘有呈匍匐状的两只虎额形象,两虎头朝羊头。前掌大南岗子Ⅰ M101 二层台东北角陶器之上放置一块朱漆牌饰,牌饰自下而上髹黑、红漆,镶嵌以圆形蚌泡为目、几何形蚌片为口鼻的兽面。Ⅰ103 北端二层台上放置 2 件朱漆牌饰,一大一小。Ⅰ105 西侧二层台上有蚌泡、海贝,还有 1 件漆牌饰。

刘台子墓地 M1 二层台上发现红黑相间的丝织品印痕多处。M3、M4 可见以秫秸篾编制的"人"字形纹席子痕迹。M6 北二层台上摆放的器物可分为两行,第一行西端用海贝摆成两个圆圈,西圈直径约 0.5 米,正中放置 1 件陶鬲;东圈椭圆形,径 0.35—0.45 米;中部自西向东放置玉泡、蚌泡等。第二行西端放置蚌片和骨管,中部摆放 2 件海贝组成的圆圈,直径 0.2—0.28 米[2](图一,3)。这些海贝、玉泡、蚌泡等可能是二层台上的装饰,也可能是其上覆盖物上的装饰。

[1] 中国社会科学院考古研究所:《安阳大司空——2004 年发掘报告》,文物出版社,2014 年。

[2] 山东省文物考古研究所:《山东济阳刘台子西周六号墓清理报告》,《文物》1996 年第 12 期。

仙人台 M3 在椁室盖顶及边箱上均铺有一层席子[1]。

姑子坪 M1 使用席子铺盖墓底和椁室，M2 墓底铺有席子[2]。

栖霞吕家埠 M1、M2 的墓底均发现粗布纹灰痕迹[3]。

3. 春秋

在长清仙人台、滕州薛国故城、临沂凤凰岭东周墓中发现一些迹象，与西周比较为简单。

仙人台 M6 椁室内发现多层席子朽痕；椁室盖板上有三层，呈黑色；内外椁之间有一层，呈白色；内椁和外棺之间有八层，呈黑色。M5 椁盖板上有一层白色铺垫物和一层草木灰，发掘者认为是纺织品和编织物的痕迹。M4 中席子用于包裹棺木及铺设椁室与器物箱的底板、盖板等，数量很多。

薛国故城 M1 椁盖板上铺有苇席。

临沂凤凰岭东周墓，在器物坑器物之上覆盖一绘有彩绘图案的织物[4]。

4. 战国

上文提到的 2018 年发掘的望父台墓葬，墓壁上的棺钉应当是用于加固附于墓壁上的装饰物，或是丝织品或是席子，也可能两者均有。

三、初 步 认 识

1. 商代

山东地区商代已经开始使用棺椁饰，种类有蚌饰、牙片、骨管，少量铜铃、铜鱼等，较大的墓葬二层台多施有彩绘、铺席子；小型墓葬仅可见铜铃、蚌饰等。与殷墟核心区域同时期墓葬相比显得较为简单，这种现象与墓葬被盗掘、保存不佳、墓葬级别不高有关。不过棺椁饰的种类、墓室装饰方式均与殷墟较为一致。

[1] 山东大学考古系：《山东长清县仙人台周代墓地》，《考古》1998 年第 9 期。M3、M6 的资料均见于此报告。

[2] 山东大学考古系、淄博市文物局、沂源县文管所：《山东沂源县姑子坪周代墓葬》，《考古》2003 年第 1 期。

[3] 栖霞县文物管理所：《山东栖霞县松山乡吕家埠西周墓》，《考古》1988 年第 9 期。

[4] 山东省兖石铁路文物考古工作队：《临沂凤凰岭东周墓》，齐鲁书社，1988 年。

2.西周

　　此时期资料集中于鲁西南地区,西周早中期的棺椁饰有铜铃、牙蚌饰、骨饰等,以牙蚌饰、骨饰为主;西周晚期多为铜铃、铜鱼、蚌鱼、蚌壳等,铜鱼、蚌鱼等西周晚期才开始出现,铜铃虽商代就有,也是在西周晚期使用更广泛。

　　鲁国故城的部分墓葬可以大致推测出棺椁饰的组成方式。如 M310 应为 2 件蚌鱼一组,多组串饰组成一道,位于墓主人右侧。M30 是 1 件铜铃、2 件铜鱼、3 件蚌鱼及若干蚌壳组成串饰(图四),墓主人右侧有两道装饰;在墓壁边缘均匀分布铜铃,说明棺椁上应当原有荒帷,这几件铜铃是缀于荒帷边缘的。M48 为 1 件铜铃、1 件铜鱼、1 件蚌鱼组成的串饰,墓主人右侧为两道,靠近墓主人身侧的一道仅由铜铃组成。M49 为 1 件或者 2 件铜铃与 2 件铜鱼组成,人骨右侧的串饰数量多于左侧,且右侧有 1 件玉片、玉玦。以上有 3 座墓葬在墓主人右侧均有两道棺椁装饰,内侧一道装饰棺外壁,外侧一道则是棺椁之上覆盖物上的装饰,形如张天恩先生文中所引用的蓝田石函图案(图五)。棺椁饰少的可能仅置一面装饰,且均置于墓主人右侧。有的墓葬四面均有装饰,但有一面与其他三面

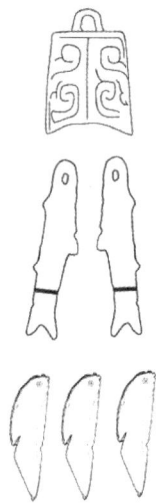

图四　鲁国故城 M30 棺椁饰复原示意图

的装饰明显不同。鲁国墓葬对于墓主人右侧的重视,与齐国墓葬对头端的重视可能是同样的目的,应该是具有指示方向的作用。

图五　蓝田石函图案(转引自张天恩《周代棺饰与铜翣浅识》)

与同时期其他诸侯国的墓葬相比,山东地区西周墓葬棺椁饰较为简单,主要原因是未发现级别较高的墓葬。如梁带村大型墓 M502 棺椁饰为"目"字形,使用大量的铜鱼、石贝,还有蚌饰、石牛首饰等;中型墓 M586 棺椁饰为"日"字形,大量的铜鱼和蚌壳组成串饰,发掘者认为每组串饰是 1 件蚌壳加 2 件或者 3 件铜鱼[1]。即使是梁带村一些中型墓中规模较小的墓葬,棺椁饰的数量也较为可观,山东地区同等规模的墓葬无法与之相较。

西周晚期的莒县西大庄发现 2 件铜翣。山东仅发现两处翣,另一处是战国时期相家庄 M5 发现的羽毛翣[2]。西大庄发现的翣为薄铜片状,其上附有织物痕迹而未见穿孔(图二,2),推测此件翣使用时应当是下部的扁平柄部插入木头柄中,上部的山字形部位表面可能附有布帛(或带有图案)。相家庄的羽毛翣为木柄,翣体为扇形或者椭圆形,羽毛编织而成。《说文》:"翣,棺羽饰也。"信阳楚墓 M1 遣册中记载有:"一长羽翣,一翠翣,二竹箑。"[3]说明翣可以用鸟羽、竹、木等多种材料制成。山东目前发现的翣较少,应该与保存状况不佳有关,一部分铜翣未被识别出来。

从墓室装饰来看,前掌大、刘台子多见在二层台上铺席子,有彩绘;仙人台和姑子坪两处的墓室装饰,仅棺椁盖板上铺多层席子。

3.春秋

此时期资料更多,已经开始表现出不同地域特点。

鲁国故城 M301、M401 为小型墓,见骨细腰、蚌鱼、蛤蜊壳等,原报告中未对两墓的具体情况进行描述。关于其棺椁的具体情况,可以对比中原地区同时期的小型墓葬,例如洛阳王城广场东周墓 XM75 仅在棺外一侧有少量玉珩、玉片饰[4];洛阳市西工区 M8832 在棺外一角放置铜环、石璜、玛瑙珠、蚌贝等[5]。M301、M401 与上述两墓棺椁饰种类不同,但是装饰方式应该相同,是在棺外一侧或者一角放置。

薛国故城 M1—M3 出土数量较多的棺椁饰,多使用铜铃、蚌鱼等,装饰方式与鲁国有相似之处,由于棺椁饰数量较多而平面图中并未完整表现出来,无法进行复原研究。但值得注意的是这几座墓等级较高,棺椁饰种类不多,但每一类数量多,有的还

[1] 陕西省考古研究院、渭南市文物保护考古研究所、韩城市景区管理委员会:《梁带村芮国墓地——二〇〇七年度发掘报告》,文物出版社,2010 年。
[2] 山东省文物考古研究所:《临淄齐墓》(第一集),文物出版社,2007 年。
[3] 河南省文物研究所:《信阳楚墓》,文物出版社,1986 年,第 122、129 页。
[4] 洛阳市文物工作队:《洛阳王城广场东周墓》,文物出版社,2009 年。
[5] 洛阳市文物工作队:《河南洛阳市西工区 M8832 号东周墓》,《考古》2011 年第 9 期。

使用小件玉器,却未见铜鱼;虽使用铜铃,但与鲁国故城相比铜铃较少。西周时期鲁故城甲组墓仅有蚌鱼,乙组墓则是铜铃、铜鱼、蚌鱼等均有。甲、乙组墓之间的这种差别可能与墓葬规模关系不大,甲组墓的 M138 比乙组墓的 M30 稍大一些,但是棺椁饰种类仍较少。鲁国故城甲组墓是土著墓,乙组墓为周人墓,薛国为任姓国,不知使用铜鱼、铜铃的多少是否代表族属的差异。

薛故城为国君墓,级别较高,棺椁饰数量较多,也未见梁带村等所见的“目”字形、“田”字形等棺椁装饰,仅是在棺椁之间四周或者两侧分布。造成这种差别的原因可能是梁带村靠近周人统治中心,而山东地域较偏。

仙人台只在墓室中铺席子,临沂凤凰岭东周墓仅在器物坑中有彩绘覆盖物,少见其他棺椁饰,与鲁国、薛国有较大差别。此时期在枣庄东江、徐楼、郯城大埠、莒南大店、莒县刘家店子等地还发现一些重要墓葬,大都为小国国君墓,级别较高,墓葬形制上有一些相似性,如多重棺椁、有器物箱(有的一个墓中还有多个器物箱),有殉人。但这些墓葬中均未见棺椁饰的迹象,少量墓葬可见覆盖物而无其他。这些墓葬大都属于鲁南、鲁东南的东夷小国,在春秋时期大放异彩,但这些东夷古国丧葬习俗中对棺椁和墓室的装饰近乎空白。

4. 战国

从春秋末期到战国时期,山东地区棺椁饰的种类有较大转变。鲁国多使用鎏金铜泡、圆钉、铜片等,齐国则大量使用陶璜、石璧、石璜等,具有明显区别,形成两大传统;但仍然相互影响,如都大量使用骨石串珠。除沂源东里东台地一号战国墓与女郎山一号战国墓,此时期的大型墓葬多被盗严重,目前资料无法复原具体的装饰方式。对比洛阳王城广场战国早期大型东周墓 XM145,虽被盗但外椁顶板、棺顶板上有铜铃、蚌饰、玉片饰、石珠、玉珠、玉贝、玉环等。推测此时期山东地区较大型墓葬的装饰应该类似,棺椁饰的种类较多且数量较多,在棺盖上、椁板上应当都有装饰。

此时期中原地区中小型墓使用的棺椁饰种类有铜璜、铜铃、滑石环、滑石璧、骨石串珠、蚌饰、石圭等,但组合较为随意,一个中小型墓中使用 2—4 种棺椁饰组合,级别稍高的墓葬有玉饰件。例如洛阳西工战国墓 C1M1112,在棺与内椁之间分布 17 件铜铃、40余件铜璜,其中铜铃西侧 3 组、东侧 2 组,铜璜西侧 3 组、东北角 1 组、南端 1 组[1]。洛

---

[1]　洛阳市文物考古研究院:《洛阳西工战国墓 C1M1112 发掘简报》,《中国国家博物馆馆刊》,2014 年第 11 期。

阳王城广场战国早期墓西区 M37，椁上放置玉片饰、蚌饰、铜铃、铜剑等，东侧棺椁之间分布大量蚌饰、骨贝等，南侧棺椁之间分布大量骨贝，北侧棺椁之间为蚌饰，西侧分布有骨贝、玉饰、蚌饰等[1]。山东地区中小型墓棺椁饰的装饰方式应与此相同。

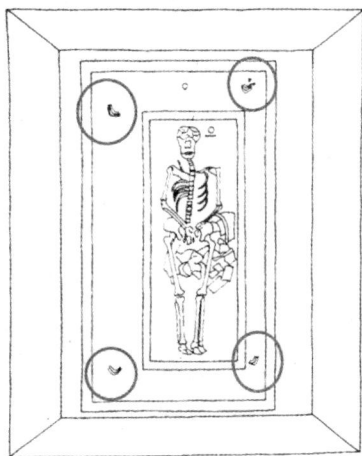

图六　新郑双楼 M85

铜桥形饰是本期新出现的饰件种类[2]，山东地区多散见。铜桥形饰的使用方法，可以参考新郑双楼东周墓地战国时期 M85，在椁四角分别置铜璜共21 件，尺寸多在 10 厘米左右，北端正中有一玉环(应为滑石环)，东北角有一铜铃(图六)[3]。铜璜均是成组位于四角放置。

四、结　语

山东地区商代墓葬的棺椁饰虽与中原地区一致，但较简单、结构单一、种类少、数量少，原因是墓葬保存状况不佳，墓葬级别不高。西周早中期的情况与此类似，棺椁饰的种类与使用方式与中原地区保持一致，但较为简单。

从西周晚期开始，一直到战国早期，山东地区的棺椁饰与墓室装饰就存在两种方式。一种是从商代一直延续下来的，以曲阜鲁国故城、济阳刘台子西周墓等为代表，棺椁饰与墓室装饰均与中原地区相同；另一种则以长清仙人台、沂源姑子坪为代表，可以称之为"简化装饰"，仅见墓室中铺席子的现象而未见其他装饰，也少见棺椁饰。到春秋时期，第二种简化装饰传统得到较大发展，特别是在鲁南、鲁东南地区。这两种方式反映的应当是周文化系统与山东当地文化系统的区别。

从春秋末期到战国时期，棺椁饰有较大转变，以薛国棺椁饰的转变为例。薛国临近鲁国，春秋时期鲁国文化繁荣、政治经济辐射力强，薛国的棺椁饰种类与使用方式

---

[1]　洛阳市文物工作队：《洛阳王城广场战国墓(西区 M37)发掘简报》，《文物》2009 年第 11 期。

[2]　有的报告称为铜佩、铜璜、铜饰件等。关于铜桥形饰的用途，已经有作者进行专门论述。见岳洪彬：《我国古代铜桥形饰及相关问题》，《考古求知集》，中国社会科学出版社，1997 年。岳洪彬：《铜桥形饰的性质和用途再考》，《华夏考古》2002 年第 3 期。铜桥形饰有多种用途，在墓中出土的是棺椁饰。

[3]　河南省文物考古研究院：《新郑双楼东周墓地》，大象出版社，2016 年。此墓原报告定时代为东周，从出土遗物看，时代应为战国。

与鲁国虽有一些差别,但较为接近,均使用铜铃、蚌鱼、海贝等,只是薛国故城 M1—M3 墓葬等级较高,棺椁饰数量多。而到战国时期,薛国故城 M5 棺椁饰变为石璧,与齐国类似。这种转变体现的是齐国势力范围和影响力的扩大,鲁文化系统影响力的减弱,即使是鲁故城的墓葬,到了战国时期,也大量使用骨石串珠这类战国时期齐国墓葬中经常出现的器物。不过鲁国的传统也并未完全消失,战国早期的两醇 M2032[1] 棺椁饰中,除了石璜、石环、滑石管等,另见 4 件蚌鱼分别位于棺椁之间的两角。蚌鱼不见于齐国传统,却是鲁国棺椁饰常用之物。但随着齐国疆域扩大、势力渐强,带有齐文化特点的棺椁饰分布范围在战国也渐大并逐渐占据主导地位。

　　本文初稿完成后,承王青、刘延常两位先生提出诸多修改意见,谨向两位老师表示谢意!

---

　　[1]　山东省文物考古研究院:《临淄齐墓》(第二集),文物出版社,2018 年。

表一　商周棺椁装饰一览表

	地点	墓葬形制、大小	葬具	保存状况	时代	棺饰概况	出处
商代	前掌大 M214	双墓道竖穴土坑,墓口长8,宽7.15米	不详	被盗	商代晚期	发现铜铃2,1件发现于盗洞,1件位于墓室一角;铜鱼1(盗洞),还有数量较多的骨管、骨饰、蚌饰等。	《滕州前掌大墓地》
	前掌大 M222	长4.55,宽3.18米	不详	被盗	商代晚期	铜铃2,蚌饰等。	
	前掌大 M24	长2.5,宽1.05米	一棺		商代晚期	铜鱼(盗洞)。	
	苏埠屯 M8	甲字形土坑竖穴,墓口南北长7.5,东西宽6.5米	双椁一棺		商代晚期	头端棺椁之间放置8件铜铃,还有蚌饰、蛤蜊壳等。	《青州市苏埠屯商代墓地发掘报告》
	刘家庄 M121	长3.3,宽1.5米	一棺一椁	被打破	商代晚期	出土5件铜铃。除丁1件是殉狗的项饰外,其余4件两两成组,分别位于西南、东南两角。	《济南市刘家庄遗址商代墓葬发掘报告》
西周	前掌大 M201	南、东两墓道。墓口长4.42,宽2.16米	棺长3.4,宽2.16米	被盗	西周早期	西二层台上发现铜铃、蚌片等。墓室东、西两侧有牙形饰品、片形玉器;西南角有牙片;象牙玉觿、玉鱼。	
	前掌大 M214	南、北两墓道,墓口南北长8,东西宽7.15米	盗扰严重,无法判断棺椁的结构和尺寸,应为双椁一棺。	被盗	西周早期	扰乱严重,墓室南部,二层台南部残留较多小骨管、蚌片等。	《滕州前掌大墓地》
	前掌大 M203	单墓道,墓室南北长5.2,东西宽4米	棺椁散乱,尺寸不详		西周早期	墓室东南部散落较多蚌片、骨管、蚌泡等。	

续　表

地点	墓葬形制、大小	葬具	保存状况	时代	棺饰概况	出处
前掌大 M119	墓口南北长 3.38、东西宽 2.27 米			西周早期	棺盖板上发现两块嵌蚌啤饰,长 0.32、宽 0.25 米。两块啤饰图案相同,叠压在一起,系用蚌片磨出各种形状,用以镶嵌出兽面纹图案。	《滕州前掌大墓地》
前掌大 M21	墓室南北长 3.28、东西宽 1.74—1.85 米	一棺一椁		西周早期	在棺内以及椁外东西两侧均有一组由蚌片、蚌泡组成的啤饰,应当是二层台或者其上覆盖物上的装饰。	《滕州前掌大墓地》
前掌大 I M101	长 2.82、宽 1.4 米	一棺一椁		西周早期	椁顶原放置陶篮、小罐及蛤壳。	《滕州前掌大村南墓地发掘报告(1998—2001)》
前掌大 I 103	长 2.7、宽 1.3 米	一棺一椁	被盗扰	西周早期	棺南侧未扰部分,棺盖之上呈"H"形密布穿孔蚌壳。	
前掌大 I 105	长 4.18、宽 2.44 米	一棺一椁	被盗	西周早期	西侧二层台上有蚌泡、海贝。	
前掌大 II 213	长 3.7、宽 2.1 米	一棺一椁	被打破	西周早期晚段	头部棺椁之间一角有蚌鱼 17 件。	
鲁国故城 M57	长 2.51、宽 1.26 米	一棺		西周早期	随葬品有铜铃、铜鱼、蚌鱼。	《曲阜鲁国故城》
刘台子 M1	长 3.7、宽 2.1 米	一棺一椁		西周早期	在二层台上的饰物都是小件,有孔,估计原有丝线穿在一起。有玉、石、骨、蛤等饰物。	《山东济阳刘台子西周早期墓发掘简报》
刘台子 M3	东壁 4.2、西壁 4.4、南壁 2.9、北壁 2.55 米	一棺一椁		西周早期偏晚	出土蚌饰 31 件,蚌泡 3 件,扰土中有骨细腰出土。	《山东济阳刘台子西周墓地第二次发掘》
刘台子 M4	长 4.25、宽 2.4 米	一棺一椁		西周早期偏晚	北端棺椁间出土蚌饰,蚌泡 5 件。	

续　表

地点	墓葬形制、大小	葬具	保存状况	时代	棺饰概况	出处
鲁国故城 M120	长 2.63、宽 1.67 米	一棺		西周早期	随葬品中有海贝 26、蚌鱼 14。	
鲁国故城 M138	长 3.1、宽 0.85 米	一棺		西周中期	随葬品有蚌鱼。	
鲁国故城 M310	长 2.75、宽 1.2 米	一棺一椁		西周中期	棺东侧有 10 件蚌鱼,有两两成对的迹象。	
鲁国故城 M320	长 2.35、宽 1.1 米	一棺一椁		西周中期	棺西侧有蚌鱼,头端也有蚌鱼,数量不明,但都成组。	
鲁国故城 M11	长 2.6、宽 1.5 米	一棺一椁		西周中期	有铜铃、铜鱼。	
鲁国故城 M20	长 2.54、宽 1.37 米	一棺		西周中期	铜鱼。	
鲁国故城 M30	长 2.86、口宽 1.63 米	一棺一椁		西周中期	在棺椁之间或者近墓壁处有铜铃、铜鱼、蚌鱼、铜蛤等,此墓中还有铜鱼和蚌鱼伴同出的情况。另外,小石圭、蚌饰,小石片、铜喇叭片等,可能也与棺椁装饰有关。出有铜铃 21、细腰 5、铜鱼 45、饕餮头 18、小石片 15、蛤蜊壳 146、蚌鱼 65。	《曲阜鲁国故城》
鲁国故城 M31	长 2.6、宽 1.2 米	一棺		西周中期	有铜鱼、蚌鱼。	
鲁国故城 M39	长 2.65、宽 1.17 米	一棺		西周中期	有铜铃、铜鱼。	
鲁国故城 M42	长 2.9、宽 1.5 米	一棺	被打破	西周中期	有铜鱼。	
鲁国故城 M46	长 2.4、宽 1.22 米	一棺		西周中期	有铜铃、铜鱼、蚌鱼。	
鲁国故城 M48	墓口略大于墓底。墓底长 3.6、宽 2.72 米	一棺一椁		西周中期	出有铜铃 23、铜鱼 20、蚌泡 6、蛤喇壳 40、蚌鱼 20。其中 3 个铜铃较大,位于墓葬南端,蚌鱼亦位于南端。	
鲁国故城 M49	长 3.15、宽 1.95、深 2.3 米	一棺一椁		西周晚期	椁底周围有一圈铜铃,铜鱼和蚌鱼。铜铃可能悬挂于椁顶上。铜铃 13、铜鱼、蚌鱼数量不详。有 2 件玉玦,分别位于棺椁之间,且位置大致对称。	
鲁国故城 M15	长 3.13、宽 1.8 米	一棺		西周晚期	铜鱼。	

续　表

地点	墓葬形制、大小	葬具	保存状况	时代	棺饰概况	出处
莒县西大庄	长4.6、残宽3米			西周晚期	发现2件篓。	《山东莒县西大庄西周墓葬》
薛国故城M1	长方形竖穴土坑,墓口长7.74、宽4.7米	双棺双椁	春秋	春秋早期	海贝成堆放置,蚌鱼散见于椁室周围。出土骨绞具(小腰)14件,海贝380件,蚌贝40件,海鱼70件。	《薛国故城勘查和墓葬发掘报告》
薛国故城M2	墓口长7.6、宽4米	双棺双椁		春秋早期	出土铜铃4件,蚌鱼80件,骨串珠35件,骨串珠之间有玉璜,方形玉饰、条形骨器等。	
薛国故城M3	墓口长6.4、宽4.9米	双椁一棺	被盗	春秋早期	出土铜铃、蚌鱼等。	
鲁国故城M301	墓口长3.3、宽2.1—0.75米			春秋中期	出土骨细腰。	《曲阜鲁国故城》
鲁国故城M401	墓口长3.58、宽2.72米	棺长2.36、宽1.36	被盗	春秋晚期	随葬品有蚌鱼、蛤蜊。	
鲁国故城M2	墓口长15、宽13、椁室长7.8、宽6.4米	双棺一椁	被盗	春秋末期	在椁室周围发现骨镂数枚。内棺髹漆,未表黑地,其四角以三角铜片包裹,内棺外表底部有兽面铜钉两行,上下行距6厘米,左右间距10厘米。铜铃22件,大都分布在椁室的四周,十余串石串珠在外椁四周,内外棺之间有鎏金铜泡,应当也是棺上的装饰。	
大沈刘庄春秋墓			被破坏	春秋	椁顶东部有带钩,西部有滑石贝。	《山东莒县大沈刘庄春秋墓》

续　表

地点	墓葬形制、大小	葬具	保存状况	时代	棺饰概况	出处
仙人台 M4	长 3.45—3.65，宽 2.5—2.65 米	双椁一棺		春秋中期至偏晚	在棺的两端及中部发现三处用丝带进行捆扎的竹痕，疑为棺束。	《山东济南长清仙人台周代墓地 M4 发掘简报》
仙人台 M5	长 4.6，宽 3.3 米	一棺一椁		春秋中期晚段	骨管、海贝等放置于棺椁之间的西北角，棺椁之间南侧放置玉蚕串饰一组，棺盖板上放置玉龙、玉虎各 1 件。	《长清仙人台五号墓发掘简报》
临沂凤凰岭春秋墓	长 11.2，宽 9.45 米	一棺一椁		春秋晚期	棺外有 3 匹锡质棺链，每节长 12，径 2 厘米。	《临沂凤凰岭东周墓》
				战国		
鲁国故城 M3	墓室南北长 6.4，东西宽 5.7 米	一椁，未知是否重棺。	被盗	战国早期	棺髹红漆，饰有鎏金铜泡。另外还发现铜椁钉 21 个，鎏金铜泡 2 件，在棺椁之间发现 15 串石串珠。	《曲阜鲁国故城》
鲁国故城 M52	墓口长 12.5，宽 12 米	双棺一椁	未被盗	战国早期	椁钉 7、骨石串珠 9、圆金泡 4、小圆金泡 4、三角形金泡 3、金叶 2。椁盖上铺木炭，椁壁上部有成排的圆帽铜钉，间距 0.15 米，应是固定帷帐之物。内外棺均髹朱漆，四角用铜盖板上有大石圭 1 件。铜片两侧各有一行圆铜钉，铜钉间距 10 厘米，在棺盖上放置大石圭。铜片的周围散落许多骨石串珠。	《曲阜鲁国故城》
鲁国故城 M58	墓圹东西长 11.6，南北宽 10.7，墓室南北长 6.25，东西宽 5.4 米	双棺一椁	未被盗	战国早期	椁盖覆盖蚌片和木炭，椁壁上部有成排的圆帽铜钉，间距 0.15 米。外棺盖上有大石圭 1 件，棺盖用朱红漆，四角用两侧铜铆钉，以圆帽钉与兽面铜钉相间排列，间隔 0.1 米。铜片两侧铜卯钉，棺盖放以石圭。	

续　表

地点	墓葬形制、大小	葬具	保存状况	时代	棺饰概况	出处
薛国故城 M5	方形土坑竖穴，墓口长 2.7、宽 2.4 米	双棺一椁	完好	战国	内外棺之间均匀放置 10 件石璧。	《薛国故城勘查和墓葬发掘报告》
泰安康家河战国墓 M2	竖穴土坑，长 3.2、宽 2.23 米		被破坏	战国中期	棺椁不辨，但在墓室西北角分布着成组石璧。东南角放置玉环 14（或为玛瑙环）、铜铃 12、骨饰伴近 190、水晶珠 36、水晶管若干。出土时铃上多有织物痕迹。	《山东泰安康家河村战国墓》
沂水县诸葛镇大暖峪村			被破坏	战国	发现陶柝形饰 24 件，石璧 3 件。	《山东沂水县近年发现的几座战国墓》

表二 墓室装饰一览表

地点	墓葬形制、大小	葬具	保存状况	时代	棺饰概况	出处
前掌大 BM4	竖穴土坑墓,南北两墓道,南北长 9.18,东西宽 5.54—5.95 米	双椁一棺	被盗	商代晚期	南、北、东二层台上施有彩绘图案,均被盗坑破坏。北、东两面上有多种色彩痕迹。二层台上多处留有席纹。	《滕州前掌大墓地》
前掌大 M213	墓口长 3.77,宽 2.08—1.96 米	一棺一椁		商代晚期	西二层台上北侧残存一片黑底红彩饰,不辨纹样。	
苏埠屯 M8	甲字形土坑竖穴,墓口南北长 7.5、东西宽 6.5 米	双椁一棺		商代晚期	外椁以苇杆构成。苇杆捆扎成束,直径约 5 厘米。上下叠垒,四角各竖立一束,以维系四壁框。只有椁底与盖,未发现与盖。椁室北部的铜礼器出土时,器表有一层厚约 0.5 厘米的附着物,有的器表则遗有麻布痕迹。	《青州市苏埠屯商代墓地发掘报告》

商代

续　表

地点	墓葬形制大小	葬具	保存状况	时代	棺饰概况	出处
				西周		
前掌大 M201	南、东两墓道。墓口南北长4.42，东西宽3.45米	棺长3.4，宽2.16米，有腰坑	被盗	西周早期	西二层台上有彩绘痕迹。	《滕州前掌大墓地》
前掌大 M214	南、北两墓道。墓口南北长8，东西宽7.15米	盗扰严重，无法判断棺椁的结构和尺寸，应为双椁一棺	被盗	西周早期	南墓道与墓室衔接处放置7块近方形的彩色牌饰，以黄色勾边，中间着褚、黑，红彩饰。周边有灰黄色朽烂痕，似为木椁或者木框痕迹。这些彩绘饰上残留有成片的席子印痕。东侧二层台中部上面也有红、黑、黄色彩饰，无成形图案。椁室仅发现及东、西两角保存较好。南边有三道红、白、黑、黄彩绘印痕。西对应的北侧在盗洞内侧也可见有成片的类似彩绘，推测为椁的北侧残留部分。椁（椁）的南端残存一片彩绘，有多种色彩，出土时十分鲜艳。彩绘同铺有两层丝织品，可能为椁盖或者棺盖上覆盖的绘画残迹，也可能为棺体漆饰。	
前掌大 BM3	单墓道，墓口南北长8，东西残宽3.3—3.4米	一椁一棺		西周早期	东、西侧二层台上都留有席纹与纺织品痕迹，有骨锥插在台面上。	
前掌大 M205	单墓道，长5.25，宽3.40米	一椁一棺		西周早期	二层台上多处有彩绘痕迹。	
前掌大 M206	单墓道，长5.3，宽4.36米	一椁一棺		西周早期	西二层台上有嵌蚌饰。	
前掌大北 I 区 BM11	长3.77，宽2.08米	一椁一棺		西周早期	二层台上残存彩绘漆画，底为黑漆，以红、白相间的颜色勾勒出带卷角羊的正面形象。左右两侧分别绘有呈匍匐状的两只虎额形象，两虎头朝羊头。	

续　表

地点	墓葬形制、大小	葬具	保存状况	时代	棺饰概况	出处
前掌大ⅠM101	长2.82，宽1.4米	一棺一椁		西周早期	二层台东北角陶器之上放置一块未漆牌饰，牌饰自下而上綦黑、红漆，镶嵌以圆形蚌泡为目，几何形蚌片为口鼻的兽面。	《滕州前掌大村南墓地发掘报告（1998—2001）》
前掌大Ⅰ103	长2.7，宽1.3米	一棺一椁	被盗	西周早期	北端二层台上放置2件朱漆牌饰，一大一小。	
前掌大Ⅰ105	长4.18，宽2.44米	一棺一椁	被盗	西周早期	西侧二层台上有蚌泡、海贝，还有1件朱漆牌饰。	
刘台子M1	墓圹长3.7，宽2.1米	一棺一椁		西周早期	二层台上发现红黑相间的丝织品印痕多处。	《山东济阳刘台子西周早期墓发掘简报》
刘台子M3	墓圹东壁长4.2，西壁长4.4，南壁长2.9，北壁长2.55米	一棺一椁		西周早期偏晚	墓口下1.27米处有以秸篾编制的"人"字形纹席子一层，铺满墓圹面。椁板外侧有红、黑彩绘。	《山东济阳刘台子西周墓地第二次发掘》
刘台子M4	墓圹南北长4.25，东西宽2.4米	一棺一椁		西周早期偏晚	墓口下1.33米处有以秸篾编制的"人"字形纹席子，铺满墓圹面，下为椁板，板上散落零星朱砂。	
刘台子M6	墓口长6.04，宽4.3米	一棺一椁		西周早期偏晚	北二层台上器物大致分为两行，第一行西端用海贝摆放两个圆圈，西圈直径约0.5米，正中放置1件陶高；东圈椭圆形，径0.35—0.45米；中部自西向东放置玉泡、蚌泡、陶高。第二行西端放置蚌片和骨管，中部摆放2件海贝组成的圆圈，直径0.2—0.28米。	《山东济阳刘台子西周六号墓清理报告》
仙人台M3	长方形竖穴土坑，长4.4，宽2.7米	一棺一椁，一边箱		西周晚期	椁室盖顶及边箱上均铺有一层席子。	《山东长清仙人台周代墓地》

续　表

地点	墓葬形制、大小	葬具	保存状况	时代	棺饰概况	出处
姑子坪 M1	长方形竖穴，墓口长5.3、宽5.26米	双椁三棺，三器物箱		西周晚期	使用席子，用以铺盖墓底和椁室。	《山东沂源县姑子坪周代墓葬》
姑子坪 M2	仅存墓底，长方形竖穴土坑，墓口长3.72、宽2.72—2.92米	一椁一棺，一器物箱	被破坏	西周晚期	墓底铺有席子。	《山东沂源县姑子坪周代墓葬》
栖霞松山乡吕家埠西周 M1	长方形竖穴土坑，现存墓口东西长4.8、南北宽3.2米	一棺一椁	被破坏	西周晚期	墓底中部有长2、宽0.7—0.8米的朱墨两色云雷纹漆皮和粗布纹灰痕迹。	《山东栖霞松山乡吕家埠西周墓》
栖霞松山乡吕家埠西周 M2	长方形竖穴土坑，现存墓口长4.6、宽2.6米	一棺一椁	被破坏	西周晚期	墓底发现厚约1—2厘米的漆片，布灰，朱色。	《山东栖霞松山乡吕家埠西周墓》
仙人台 M6	长方形竖穴土坑，长4.6、宽4.5米	双椁双棺	春秋	春秋早期偏晚	椁室内发现多层席子朽痕，其中椁盖板以上有三层，呈黑色。内外椁之间有一层，呈白色。内椁和外椁之间有八层，呈黑色。腰坑内狗骨架上下各有一层。	《山东长清县仙人台周代墓地》
仙人台 M5	长方形竖穴土坑，长4.6、宽3.3米	一棺一椁		春秋中期晚段	椁盖板上有一层白色铺垫物和一层草木灰，可能是纺织品和编织物的痕迹。	《长清仙人台五号墓发掘简报》

续 表

地点	墓葬形制、大小	葬具	保存状况	时代	棺饰概况	出处
仙人台 M4	长方形竖穴土坑，长3.45—3.65，宽2.5—2.65米	双椁一棺		春秋中期至偏晚	席子用于包裹棺木及铺设椁室与器物箱的底板，盖板等，数量很多。有"人"字形、"十"字形纹。	《山东济南长清仙人台周代墓地 M4 发掘简报》
薛故城 M1	长方形竖穴土坑，墓口长7.74，宽4.7米	双棺双椁		春秋早中期	椁盖板上铺有苇席。	《薛国故城勘查和墓葬发掘报告》
大沈刘庄春秋墓			被破坏	春秋	椁底上部铺有人字形竹席。	《山东莒县大沈刘庄春秋墓》

略论山东"海岱廊道"的形成
及其历史地位

朱　艳

青岛理工大学

"海岱廊道"(Hai Dai Corridor)是指位于海岱地区泰沂山脉南北两侧,沿泰沂山脉山前冲积平原及丘陵地带的边缘,南北10—30千米宽,东西500多千米长(暂以齐长城的长度618千米为是),连接山东沿海和内地的主要交通干线。海岱廊道向西连接海岱文化与河洛文化,向东经海上丝绸之路连通中华文化与日韩文化。海岱廊道东起琅琊(今青岛西海岸新区,齐长城东起始端),北线经胶州—高密—潍坊—青州—临淄—章丘到达济南长清(齐长城西起始端),往西经肥城—东平—曹县(今山东最西南端)进入中原地区,再经开封—洛阳—长安,与古丝绸之路连接起来。海岱廊道的南线也是从琅琊(今青岛)出发,经日照—莒县—滕州到达曹县,在曹县与北线会合,一路往西到达长安与古丝绸之路相连接。海岱廊道在秦始皇时期并入东方道,对促使地域文化——齐鲁文化走向全国成为中华传统文化的重要组成部分起到了桥梁作用。

"海岱廊道"连接陆上丝绸之路并向东延伸与"海上丝绸之路"北航线紧密相连。海岱廊道北线向东在潍坊开始分叉,向南、向东环绕山东半岛:一条向南沿高密、胶州到达琅琊,与海岱廊道的南线会合;另一条向东经昌邑、莱州、蓬莱、烟台(芝罘)到达威海,转过成山头,经乳山、田横岛、即墨到达青岛的胶州湾和琅琊,沿半岛形成一个环线,将山东半岛的诸多优质古港口串联起来,使中国与东北亚之间的海上诸港口紧密相连,成为唐宋及之前,我国与朝鲜半岛和日本列岛进行文化和外交活动的主要海上交通大通道,对中华传统文化海外传播、形成世界儒家文化圈起到了不可磨灭的作用。

"海岱廊道"的形成,经历了一个长期的历史过程,具体可以归纳为萌芽、形成两个阶段。

一、"海岱廊道"的萌芽

"海岱廊道"萌发于史前时期到青铜时代,主要表现为海岱地区与河洛地区之间,不同文化区的族群在不停断的迁徙过程中,进行了大量的文化交流,从而形成了朦胧却又实际存在的交通廊道。从考古学的视角看,主要指从后李文化、北辛文化到大汶口文化和龙山文化时期。

海岱地区或称海岱历史文化区,在考古学上是远古时期与中原河洛文化区相邻的、我国东部泰沂山脉往东直达大海的东方区域文化的专有名词。其空间分布以山东泰沂山系为中心,主要包括黄淮河下游地区和胶东半岛地区。它东临黄渤海,西接中原与河洛文化区相邻,南北分别与太湖、燕辽两大文化区相邻。早在 30—40 万年前的沂源猿人就生活在这一地区,数以十计、百计的旧石器时代与细石器时代石器地点、遗址和数以千计的有陶新石器时代遗址的发现,证明了数十万年来海岱地区历史的连绵发展。距今 9000—7000 年的新石器时代中期(后李文化时期),泰沂山北侧山前地带出现了若干群落。一部分南下成为马家浜文化的渊源之一;另一部分北上,生息繁衍于泰沂山北侧东段山前地带,目前这一地带已发现后李、彭家庄、前埠下 3 处遗址[1]。按照现有考古资料看,海岱地区的后李文化与河洛地区的裴李岗文化属同一时代,二者之间已经有了较小范围和小规模的交流。但是,裴李岗文化对后李文化具有单向文化传播倾向,如宿县古台寺遗址发现有裴李岗文化因素的圆锥形鼎足和篦点纹装饰,而后李文化中则没有裴李岗文化的遗存[2],说明了这一时期裴李岗文化的先进性。交流的方式主要是通过人员的迁徙而完成,所经线路主要是海岱廊道南线。

河洛文化区位于黄河中游的洛河流域,以伊洛盆地为中心,包括豫中山地丘陵盆地地区、豫西三门峡盆地、豫西南南阳盆地、豫南山地丘陵区、黄淮平原区和华北平原区六个部分。其中的黄淮平原区与海岱地区的鲁中南山地丘陵区、鲁东南苏北平原丘陵区紧邻,华北平原区与海岱地区的鲁西北平原区紧邻[3]。从宿县古台寺遗址可

---

[1] 张学海:《海岱考古与构建山东古代史》,《海岱考古》(第二辑),科学出版社,2007 年。

[2] 靳松安:《试论河洛与海岱地区史前文化交流的格局、途径与历史背景》,《中州学刊》2010 年第 3 期。

[3] 靳松安:《论自然环境对河洛与海岱地区古文化形成和发展的影响》,《许昌学院学报》2010 年第 1 期。

以发现,这一时期海岱地区和河洛地区的文化交流主要是通过海岱地区南侧的淮河流域进行的(属于海岱廊道的南道)。淮河是古代豫东、鲁西南和皖西北地区的主要河流,其北侧的支流颍河、涡河、浍河、沱河等大都呈西北—东南流向,干流和支流纵横交错,构成了十分便利的交通网络。裴李岗文化就是沿着上述河流到达皖西北地区,再由此溯沱河、濉河北上至鲁中南和鲁北地区。随着生产力的发展,人口的增加,海岱地区后李文化的诸多群落向西即鲁中南地区扩展,到北辛文化时期,海岱地区与河洛地区之间进行的交流更多,而且呈双向性。海岱地区北辛文化中含有更多来自河洛地区仰韶早期文化的因素,如瓮棺葬及小口细颈折腹瓶;而河洛地区仰韶早期文化中则只包含少量北辛文化的因素,如三足釜、釜形鼎等,所以,这一时期仰韶文化的发展水平依然略高于海岱地区的北辛文化。而且,仰韶时代两地区的文化交流与传播大多也是经海岱廊道南道进行的。究其原因,首推河洛地区更靠近黄河中下游,是中华文明的起源地之一,所以,从中华文明的中心向四周扩散的方向看,河洛地区的裴李岗文化和仰韶文化要略高于海岱地区的后李文化和北辛文化,是符合逻辑的;其次,河洛地区位于海岱地区的西南方向,按照文化传播是由高向低进行流动的规律,高水平的裴李岗文化和仰韶文化要从河洛地区向海岱地区流动,一定是从西南方向向东北方向流动的。所以,在后李文化和裴李岗文化时期,海岱廊道的南侧通道就是这样,在遵循文化传播规律由高水平的河洛地区向海岱地区不断地迁徙和流动中,在一个个聚落不断向下一个聚落点进行迁移和流动中萌芽。

　　到大汶口文化、龙山文化时期,海岱文化区对河洛文化区产生强势逆转影响。栾丰实[1]和靳松安都认为,发生这一变化并非是地理环境和气候条件的转变所致,而是由社会经济的巨大发展、社会组织结构的复杂化以及人类自身生产能力的提高造成的[2]。例如,龙山文化时期河洛与海岱地区的农业和制陶业发展水平都比较高,农业生产工具也比较先进,不仅形制复杂多样,有铲、镰、刀等,而且农作物种类较为丰富,在日照两城镇和胶州赵家庄遗址中都发现了粟、黍、水稻等植物遗存;特别是在山东胶州湾畔的赵家庄聚落遗址中,发现了密度较高(每升土样中有9.68粒稻)的植物遗存,说明水稻是其最主要的农作物,其次是粟[3]。加之从海岱地区龙山文化遗址中出土的鬶、蛋壳杯、筒形杯、觚形杯等大量饮酒器具可以推断,海岱地区的农业水

　　[1]　栾丰实:《海岱地区古代社会的复杂化进程》,《文史哲》2004年第1期。
　　[2]　靳松安:《试论河洛与海岱地区史前文化交流的格局、途径与历史背景》,《中州学刊》2010年第3期。
　　[3]　靳桂云等:《山东胶州赵家庄遗址龙山文化炭化植物遗存研究》,《青岛考古》(一),科学出版社,2011年。

平不仅较高,而且粮食作物种植较为广泛。这也是中国水稻从南方北上,经山东半岛从海路传播到辽东半岛、朝鲜半岛和日本群岛的证据之一。

　　社会经济的发展带来的不仅仅是生活水平的提高,更产生了等级和贫富分化,出现了阶层和阶级,龙山文化墓葬大、中、小、狭小的分类及随葬品的多寡不均,都证明了原始社会已经解体,社会已经进入文明时期[1]。最典型的标志就是这一时期城市大量兴建,国家的雏形开始形成。据目前考古资料看,海岱地区发现的龙山文化时期城址约15座,集中分布在黄河下游的山东省境内,其中2座分布在泰沂山南麓,13座分布在泰沂山北麓,沿古济水呈东西一线分布一直到达今天胶东半岛的黄渤海边。这些古城址,规模宏大,如城子崖城址、景阳岗城址、教场铺城址等,发掘出来的遗址面积都是中原城池无法企及的。如果把这些史前遗址用一根红线串起来,就会清晰地看到一条蜿蜒曲折的廊道从泰沂山脉北侧的丘陵边缘通过(我们暂且把它称为"海岱廊道"),将海岱地区和中原河洛地区以及其他地区联结起来,这在一定程度上佐证了海岱地区与我国黄河中游和中原地区联系非常密切。且文化上的大致同步性,一方面说明了当时中华文明各系之间的交通相对通畅,区域叠加比较明显;另一方面也说明了中华文明各系之间的相互联系和相互影响也是十分密切的[2]。这就为后期丝绸之路的繁荣和畅通打下坚实的基础。

　　同理,海岱廊道的南线亦是早期河洛文化与海岱文化交流的通道,除山东境内的日照尧王城、两城镇之外,还有苏北的藤花落、皖北的尉迟寺等一系列大汶口文化和龙山文化聚落。如果把这些聚落点连接起来,就形成一条在海岱地区南侧,东起黄海之滨的青岛、日照,经苏北、鲁南、皖北、鲁西南、豫东北直至河洛地区的文化遗址长廊,剔除行政区块划分,这条联结东方和中原的大通道就是海岱廊道南线。王守功的《山东龙山文化》[3]和张学海的《试论莒地古文化古城古国》[4]中也都论述了这条文化遗址长廊的存在。如张学海在《试论莒地古文化古城古国》一文中指出:"莒地龙山文化属两城类型。该类型的范围大体在沂蒙山东南,尼山以东,以鲁东南地区沂沭河流域为中心,北包鲁东胶州、崂山、青岛市区等地,南含江苏淮北东部地区,是龙山文化的主要地方类型之一。除莒地的四个龙山聚落群以外,尚有临沂东部沂沭河中游

　　[1]　于海广:《山东龙山文化墓葬浅析——兼谈龙山文化时期的社会性质》,《山东龙山文化研究文集》,山东大学出版社,1992年。

　　[2]　张学海:《海岱考古与构建山东古代史》,《海岱考古》(第二辑),科学出版社,2007年。

　　[3]　王守功:《山东龙山文化》,山东文艺出版社,2004年。

　　[4]　张学海:《试论莒地古文化古城古国》,《中国古都研究》(第十六辑),研究出版社、杭州出版社,2003年。

图一　山东龙山文化遗址分布图

群,临沂西部、费县东北部、平邑北半部沂河中游、祊河流域群,沂南东部、临沂北境、莒县西南端沂河上游群,苍山南半部、枣庄东南部群,此外北面的诸城中北境、高密南境、胶州西境似有一小群,其东的胶州东北部、青岛市区尚有少数遗址,不足10处,未作群体对待;南面的临沭、郯城及同其接境的江苏赣榆、东海、新沂也应有两三个小群,总计达11个聚落群,仅山东境内就有遗址450处以上,占山东境内龙山遗址总数的三分之一强。"

所以,到龙山文化后期,联结东方山东半岛和中原地区的"海岱廊道"已经从萌芽状态不断向比较稳定的文化交通廊道转变。

二、海岱廊道的形成

海岱廊道定型于夏商周三代,即从公元前21世纪到公元前8世纪近一千多年的时期。这一时期是中华民族从蒙昧向文明过渡的阶段(包括青铜器和银铜器),也是海岱廊道形成的时期。这一时期的农业、畜牧业、冶炼业、纺织业、医药,甚至商业贸易等多方面都得到极大发展,因此中华大地上各个文化区块之间的交融也有加快的趋势,并向海外扩展。夏商时期,海岱地区的古国遍地开花,各个古国之间互有往来,形成较为稳定的交通廊道。商末三杰之一箕子,曾率族人东渡朝鲜,从山西沿着海岱廊道来到胶州湾,然后从这里乘船沿海岸水行,绕过成山头北上,经庙岛群岛东渡到达朝鲜半岛北部并建立朝鲜王国(又称箕子朝鲜)。周朝的周公、成王东征东夷,主战场就在海岱地区,战争进一步荡平了海岱地区与中原之间的交流障碍,使海岱廊道进一步确定下来。

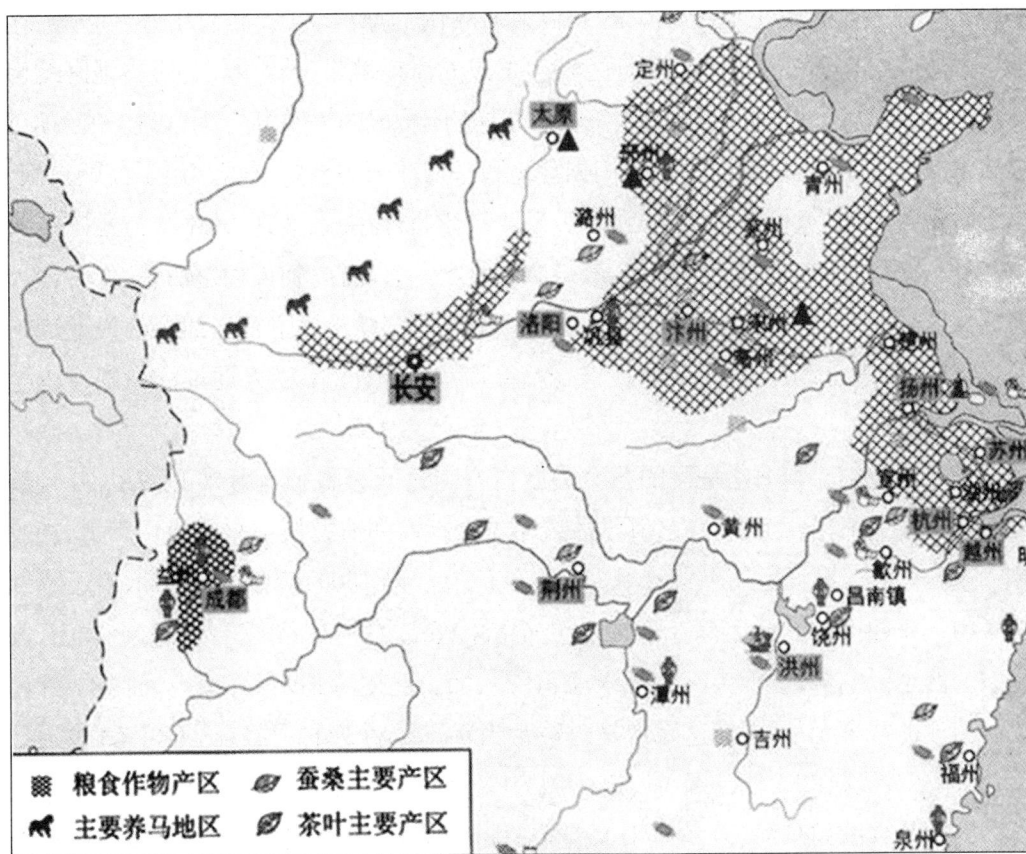

图二　古代农业分布图[1]

在全国各省市中,山东省的古国、古城是最多的。迄今为止发掘并保护的三代古城址有 70 多座,这些古城址遍布整个山东,很多延续到秦汉、隋唐,甚至到今天依然与现代化的新城相依相伴。这说明,这一时期的人们已经基本安定下来,完全不会因受到自然和环境因素的影响而经常迁徙,即便有迁徙,也大多是由战争和朝代更替等

---

[1]　此图出自农业部。古代山东土地肥沃冠天下,主要粮食作物产地几乎都在山东及其周围地区。

社会政治因素导致的。如果我们把这些古代城址连接起来，依然可以看到一条环绕海岱地区南北的环线，向东连接山东半岛沿海环线，继续向东延伸与"海上丝绸之路"北航线相连；向西延伸至中原腹地，与陆上丝绸之路相连。

殷商时期，中原政权和海岱地区的东夷集团之间联系更为密切，其主要原因在于"商出于夷"，甚至从近几十年豫北和海岱地区的考古发掘中可以推断出先商文化也许就是岳石文化的一支。殷商文明，很可能有两个先商的源头：使用粗制灰色饰绳纹的日常烹饪陶器的被统治阶层可能来自豫北冀南的漳河流域，而使用夯土基址、城墙、铜器、文字等的统治阶级，则可能来自东方的海岸地带[1]。所以，海岱地区的南侧和西侧，也就是处于淮河和鲁西南一带的夷族所构成的一系列方国，当初和商朝应当属于联盟关系，海岱廊道成为他们相互之间密切往来的重要通道。到了商朝末期，由于纣王荒淫无道、横征暴敛，导致众叛亲离，方国联盟关系破裂，其中人方古国带头起义反对商纣王，加之周王的崛起，最终商朝灭亡。然而，商朝灭亡之后，一部分商人遗族又联合起来反对周朝统治，从而引起周公、成王的东征；还有一部分商人遗族不愿做亡国奴，逃亡他方，箕子就是在这一社会历史背景下，率族人通过海岱廊道出走朝鲜的。

正是由于中原与海岱地区的各个夷族古方国之间有着千丝万缕的联系，并且有与海外连通的海岱廊道的存在，箕子才能带领大批商朝遗民从中原经海岱廊道，在胶州湾东渡朝鲜，建立箕子朝鲜王国。其实，在比箕子早1500年的黄帝时期，就已经开拓了中国东西南北的迁徙行走途径。《史记》言黄帝，谓"（黄帝）东至于海，登丸山，及岱宗。西至于空桐，登鸡头。南至于江，登熊、湘。北逐荤粥，合符釜山，而邑于涿鹿之阿。迁徙往来无常处"。这是否是对黄帝当年真正行迹的记载，已不可考，也不足全信，但至少当时的人们已经可以以阿城为原点，向东南西北各个方向进行不断地迁徙。其中从泰山到东海（今黄渤海）只能沿泰沂山脉的山前小平原由西往东进行迁徙，直至黄渤海边。特别是泰沂山脉的北侧，山前往北10—30千米的距离就是黄泛区，人们在这里无法繁衍生息，自然也无法形成有文化层的遗址。在有文字记载的三千多年里，黄河决口泛滥达1593次，较大的改道（摇摆）有26次。改道最北端时黄河经海河，出大沽口，入渤海；改道最南端时黄河经淮河，入长江到黄海。每次黄河改道都是围绕海岱地区这个中轴线南北摇摆，从而在泰沂山脉的山前小平原和黄泛区之间形成了南北两条十分明显的狭长区域。我们的先人紧紧依靠这块狭长地带进行生

---

[1]　中国社会科学院考古研究所、美国哈佛大学皮保德博物馆：《豫东考古报告："中国商丘地区早商文明探索"野外勘察与发掘》，科学出版社，2017年。

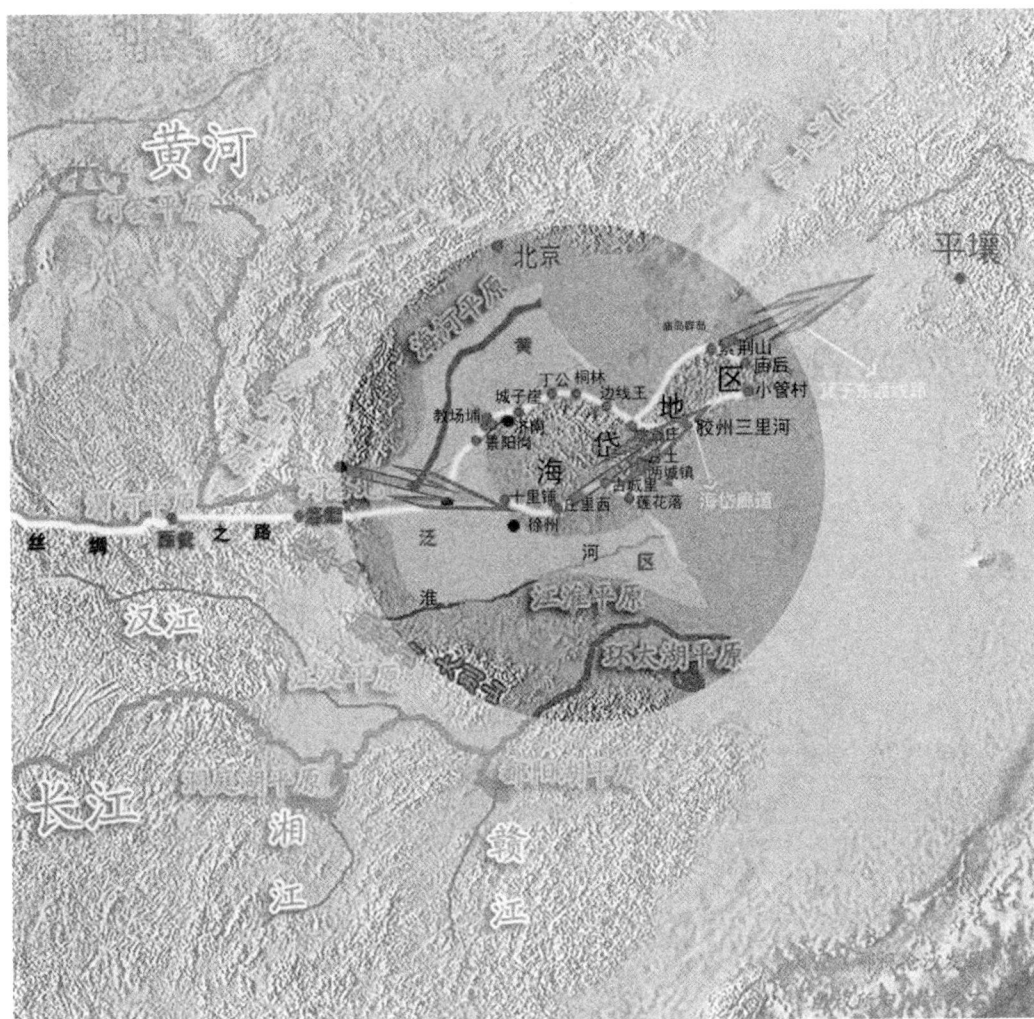

图三 海岱廊道与丝绸之路连接图

活劳作,形成大量丰富多彩的文化遗存和古城址,不能不说这些文化遗存和古城址是我们的先人生活智慧的结晶。所以,箕子想要率领族人渡海去朝鲜半岛,既不可能经过黄泛区,也不可能穿越海岱地区的崇山峻岭,其首选无疑是通过相对平坦又有补给的海岱廊道到达胶州湾,然后从这里东渡朝鲜半岛。

  夏商周三代时期,生活在海岱地区(今山东、淮河、苏北、淮北等地区),活动在今泰山周围的众多部落和方国的古人(统称为东夷族),在长期的生活生产中创造了光辉灿烂的文明。这一时期的农业不断发展,社会中已经形成比较稳定的从事农业的人口,曾经逐水草而居的迁徙生活逐渐固定下来,从聚落慢慢形成城市,再由城市形成古方国。以前经常迁徙的征途以及各个村落和城市之间相互交流贸易的道路,也在长期的行走中固定下来,形成稳定的海岱廊道,一直福泽后代子孙直到两千多年后的今天。

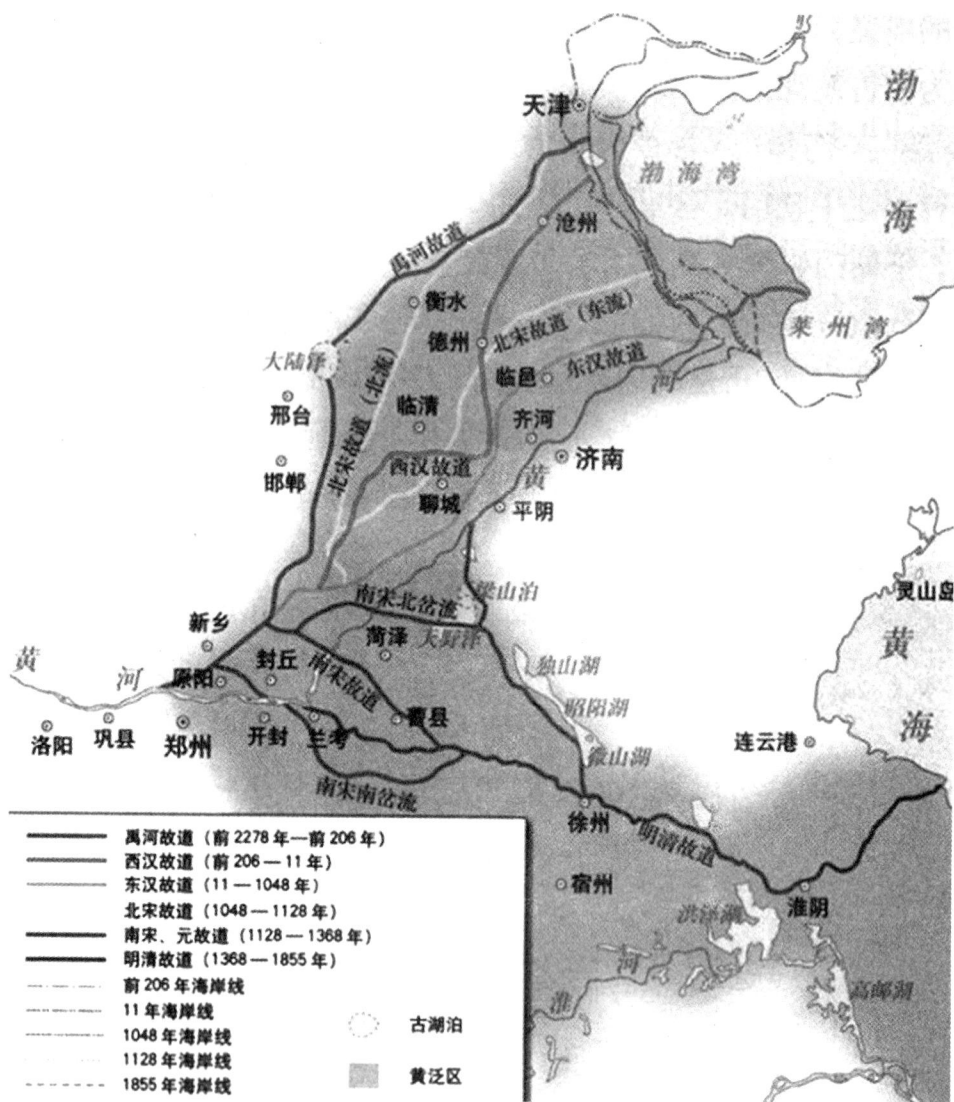

图四　黄河下游河道变迁图

三、"海岱廊道"的历史地位和作用

　　一个国家和民族不仅要同其他国家和地区进行文化交流,其内部不同地区、不同民族之间也要进行密切交流。中国作为一个多民族的大国,内部的不同文明发展区域和不同民族之间的交流自然十分频繁,而海岱廊道在中华民族的形成和发展中,就起到了促进不同文化、不同民族之间相互交流的重要作用。

1. 海岱廊道对中华文明的起源起到了重要的推动作用

苏秉琦先生曾将中国古代文明划分为六大区块,分别是以燕山南北为中心的"北方";以晋陕豫为核心的"中原";以山东半岛为中心的"东方";以洞庭湖为中心的"西南方";以太湖为中心的"东南方"和从九江到广州的"南方"。并认为各个文化区块之间都存在一定的交流,而相邻的文化区块之间的交流更是紧密。苏先生提出的第三个以山东半岛为中心的"东方",就是考古学上所说的海岱文化区,它与其他文化区之间的交流主要是通过"海岱廊道"进行的,其中,因与河洛文化区在地理位置上相邻,双方之间的文化交流最为密切。所以,从后李文化到大汶口文化,中原文化通过海岱廊道对海岱地区文化影响重大,虽然到了龙山文化时期,文化的传播方向发生逆转,但是,传播的路径依然是通过海岱廊道完成的。而这一时期正是中华文明的萌芽阶段,因此,海岱廊道对中华文明的萌发起到了重要的助推作用。

2. 海岱廊道将齐鲁文化推向全国,使之成为中华文明的重要组成部分

齐鲁文化作为地域性文化,有着独特的文化属性,是海洋文化和内陆文化的结合,也是商文化和农耕文化的融合。秦始皇统一中国,其设计的九大驰道之一的东方道进入海岱地区后即并入海岱廊道。秦始皇五次东巡三次到达琅琊并派徐福东渡,以及汉武帝七巡胶东等活动,都带来了齐鲁文化发展的新浪潮;加之"罢黜百家、独尊儒术",齐鲁文化逐渐从一个地域性的文化发展成整个中华文化的重要组成部分,而海岱廊道就是齐鲁文化广泛传播的助推器。

3. 海岱廊道是连接陆海"丝绸之路"的重要廊道

海岱廊道从它产生之日起就承担着联结不同文化区域的重任,所以,当统治阶级将皇权的中心建立在中原长安,修建以咸阳为中心的驰道时,联结中原和东方富饶物产的海岱廊道,必然要被划入其中,成为为统治阶级提供各种物资和材料的交通大通道。特别是丝绸之路产生后,海岱地区的丝绸更是大量运往长安。如《汉书》记载当时最重要的丝绸产地有三处:东织室和西织室、临淄三服官、襄邑三服官。东西织室就设在长安,"主织作缯帛之处"[1],每年费钱五千万;而临淄三服官专为皇室提供大量丝织品,每年花费数亿钱;襄邑(今河南睢县)三服官,产品主要供九卿以下官员作服饰之用,每年费钱五千万。所以"故时齐三服官输物不过十笥,方今齐三服官作工

各数千人,一岁费数巨万……三工官官费五千万,东西织室亦然"[1]。临淄三服官的精美丝织品,全部通过海岱廊道运往京城长安,除汉皇室自己消费一部分外,其他或用于赏赐或走上西出长安的漫漫丝绸之路。再如 20 世纪初在敦煌出土的西汉时期"任国亢父缣",都证明了山东海岱地区的丝绸已成为丝绸之路西行的重要货源地[2]。如果从丝绸之路的形成、发展以及作为贯通两种不同文化的交流通道的角度看,东方的海岱廊道已经和西部的天山廊道一样重要和不可或缺,都是丝绸之路历史发展的重要内容。

同时,海岱廊道还连接着海上丝绸之路北航线,与朝鲜半岛和日本群岛相互联通,一直到隋唐时期,遣隋使和遣唐使还主要经过海上丝绸之路北航线来中国[3]。即使在唐朝末年已经开辟了南方经东海到达日本的航线,但还是经常发生船毁人亡的事件。如《鉴真东渡日本》中记载:"然东海风骤浪高,或船覆,或粮匮,或失向,历十二载,五渡未成。"因而大批去高丽和日本的商船还是从胶州半岛出发走成熟的"海上丝绸之路"北航线。

总之,海岱廊道作为连接陆海"丝绸之路"的重要交通廊道,在历史上对中华文化的产生和发展起到过重要的促进作用,在今天我们建设"一带一路"的宏伟大业中也具有积极的启迪意义。

---

[1]　《汉书·贡禹传》。

[2]　姜颖:《山东丝绸史》,齐鲁书社,2013 年,第 56 页。

[3]　刘凤鸣:《山东半岛——东方海上丝绸之路》,人民出版社,2007 年,第 116 页。

先秦时期齐鲁交通的考古学观察

庞小霞

中国社会科学院考古研究所

齐、鲁是周初分封至东方地区的两个大国。齐鲁之间尤其齐都临淄和鲁都曲阜之间的交通路线,是两国交往的主要路线,同时齐鲁其他地区也有多条路线沟通。前人对齐国交通、齐鲁间交通已有一定研究[1],本文在此基础上,主要从考古学视角对东周时期齐鲁间的交通线路进行更系统地梳理,并试对西周、商代甚至更早时期的这些路线的概貌作一钩稽,期望对先秦齐鲁交通研究有所裨益。

一、东周时期的齐鲁交通

东周时期齐鲁之间南北的交通线路主要有三条。其一,最西边的平坦大道:从齐都临淄西行至谭(今章丘、历城)过平阴要塞(今平阴广里)经须句(今东平湖内)之后大致在宿(今东平无盐故城)、鄣(今东平鄣城故城)渡汶水再南下至郕(今宁阳、汶上一带)即达鲁都曲阜或再向南到任、邾、滕、薛等国(大概今济宁、滕县、枣庄)。这条路线中齐都临淄到平阴的东西道路是东周齐地的东西交通干道,再东可经寿光到潍坊或到东北至归城并达沿海。文献中晋伐齐之战、鞍之战、乐毅伐齐之战等战争路线的记载,考古发掘东周遗址的分布,出土的钱币、玺印等古文字材料均表明至少在东周

---

[1] 史念海:《春秋以前的交通道路》,《中国历史地理论丛》1990年第3期;史念海:《春秋时代的交通道路》,《人文杂志》1960年第3期;史念海:《战国时期的交通道路》,《中国历史地理论丛》1991年第1期;朱活:《从山东出土的齐币看齐国的商业和交通》,《文物》1972年第5期;陈隆文:《从货币出土看战国秦汉时期环东中国海地区的交通》,《先秦货币地理研究》,科学出版社,2008年;郝导华、董博、崔圣宽:《试论齐国的交通》,《东方考古》(第9集),科学出版社,2012年。

时期这条东西大道是存在的,对此史念海、郝导华等先生已有详细论述。齐鲁之间的这条线路从地理形势看经平阴要塞向西南南下绕道泰沂山系的西缘,是齐鲁之间较为平坦的大道,但相较其他道路路途稍远。而从考古材料看,上述诸封国遗存的发现说明这一路线在当时是存在的,对此不再一一列举。

其二,齐鲁两都城之间还有一条穿行于鲁中南山地的山间谷道——莱芜谷道(也称长峪道)——这是近年来不少学者提到的一条齐鲁间重要的通道[1]。大致从齐都临淄沿淄水上行,经莱芜故城(今太河镇城子村)西行过嬴城(今莱芜市羊里镇城子县村古嬴城遗址)、博邑(今泰安泰山区邱家店镇后旧县村博县故城遗址)、阳关(今泰安市东南约30千米)而达鲁国曲阜。《左传·哀公十一年》记载鲁、吴伐齐战于艾陵,战役中涉及的嬴、博、艾陵正在此古道的几个关键位置,表明艾陵之战的行军线路正是利用了齐鲁之间的这一南北谷道。莱芜谷道的东北端谷口在临淄齐都城的东南[2]。今临淄齐陵镇淄河店遗址至仉行东周墓之间是一密集的先秦遗址群,尤以东周遗址居多,根据地形地貌,这一带可能是莱芜谷的东北谷口。谷道南口大概距嬴邑不远,或在今莱芜西南[3]。谷道中段有莱芜故城(今太河镇城子村),是汉代莱芜县治所,故城附近有齐长城遗址。莱芜故城东北段谷地中,发现不少东周时期遗址,如南王镇的南仇遗址、路口遗址、边河乡西柳征遗址、小寨遗址;也有新石器时代的遗存,如淄河镇大口头遗址、青州邵庄镇陈黍遗址等[4]。经莱芜故城再沿淄水上行的谷地中发现的遗址较少,在谷口西南段今苗山镇一带有两三处战国墓群(黄土岭墓群、五亩地战国墓群、见马墓群)[5],这一带地势较为平坦,正北方向不远即齐长城青石关,此地东北行即入莱芜谷地,北行则通青石关,地理位置十分重要,附近的南文字村曾是北朝时期嬴县治所。莱芜谷道过淄河谷地(即莱芜谷)后的关键地点是嬴、博二邑。嬴

[1]《水经注》卷二四《汶水注》,今据郦道元、杨守敬、熊会贞:《水经注疏》,江苏古籍出版社,1989年,第2057页;严耕望曾有详细论述,可参见:严耕望遗著,李启文整理:《唐代交通图考》(第六卷),中研院史语所,2003年,第2128—2135页;王京龙:《长峪道——一条新发现的古代齐鲁大道》,《烟台师范学院学报》(哲学社会科学版)2005年第1期;陈絜:《卜辞京、鸿地望与先秦齐鲁交通》,《史学集刊》2016年第6期;陈絜:《"鸡麓"地望与卜辞东土地理新坐标》,《古代文明》2017年第1期。

[2] 严耕望先生认为东北端谷口在齐都的西南,并标出具体的经纬度。但是根据其文所言谷口南部莱芜故城的位置及莱芜谷东北段为淄水谷地,则东北端的谷口必在齐都的东南,因为齐都城东南才是淄水。参见:严耕望遗著,李启文整理:《唐代交通图考》(第六卷),中研院史语所,2003年,第2128—2135页。

[3] 严耕望先生认为西南谷口在今莱芜县西南约三十里处,但并无详细考证,笔者对此仍有困惑,待以后再考。

[4] 上述遗址均参见《中国文物地图集·山东分册》,中国地图出版社,2007年。

[5] 墓群的具体信息参见《中国文物地图集·山东分册》,中国地图出版社,2007年。

邑,杜注:齐邑,属泰山郡。其地望,杨伯峻认为"在今山东省莱芜县西北,据《一统志》俗名城子县"[1]。经考古调查,在今山东省莱芜市莱城区羊里镇城子县村发现一遗址——嬴县故城[2],故城平面近方形,东西长约500米,南北宽约400米,面积约20万平方米,遗址中目前还可以看到城墙、冶铸、粮仓等遗存。2016年夏,笔者曾到此遗址调查,根据遗址地表陶片和之前出土的器物,初步判断遗址存在大汶口晚期、龙山时期、商周及秦汉时期遗存。嬴城遗址西边和西南距嬴城10千米以内有两处东周墓群,西上崮和戴鱼池墓群。遗址北边和东边有嬴汶河环绕而过,北距泰山山地5千米左右,这一带地势平坦,位于山前河旁台地,不仅扼守莱芜谷道和青石关线的西出口,而且章丘至莱芜的黄石关、锦阳关两条路线也在此会合,其交通枢纽的地理意义非同寻常。

博邑,杜注:齐邑,属泰山郡。杨伯峻据张云璈说,指出在"今泰安县东南三十里旧县村"[3]。目前在泰安市邱家店镇旧县村西400米发现一座战国至汉代的城址——博县故城[4],故城东西长2500米,南北宽1250米,遗址面积3125000平方米。城址北墙和西墙残存状况较好,其中北墙残高20余米,北墙外有护城河遗迹。调查发现,天封寺一带出土有制作精良的龙山中晚期磨光蛋壳黑陶,城内广泛分布东周至秦汉时期的陶片。博县故城南临大汶河北岸,大汶河上游三大支流——石汶河、嬴汶河、牟汶河在其东北邱家店镇以东的渐汶河村附近汇合,城址西南为发源于泰山东南麓的大汶河北岸支流——庞河。城址西北距泰山山地约17千米,东南距徂徕山不到5千米。博县故城所在位置不仅地势平坦、水资源丰沛,且扼守泰山和徂徕山二山之间河谷通道的最窄处,地理位置十分险要。

嬴、博二邑的地理重要性确非一般城邑可比,二邑沟通鲁南与鲁北交通的意义在于其正处于临淄至章丘间几个重要的山间谷道南下后的必经之路。其实这就是东周时期齐鲁间交通线路的另外几条便道——莱芜谷道之附属便道。

其三,莱芜谷道的附属便道:之一,青石关线。出临淄齐故城西南行过古昌国(今淄博市)、今博山、青石关至嬴城,再过博邑至鲁都曲阜。此道路民国《莱芜县志》仍有记载,口镇经和庄、青石关至博山一线,每日车推肩挑、骡驴驮运的商客络绎不绝[5],说明清代今莱芜和博山之间的青石关仍是一条重要的商路。青石关处于南北向的一

[1] 杨伯峻:《春秋左传注·桓公三年》(修订本),中华书局,1990年,第96页。
[2] 国家文物局:《中国文物地图集·山东分册》(下册),中国地图出版社,2007年,第658页。
[3] 杨伯峻:《春秋左传注》(修订本),中华书局,1990年,第1661页。
[4] 国家文物局:《中国文物地图集·山东分册》(下册),中国地图出版社,2007年,第485页。
[5] 张梅亭、王希曾:《莱芜县志》,济南启明印刷社,1922年。

条峡谷之中,往东北方向 3 千米处便进入淄博盆地,地形逐渐开阔;其南部虽仍为峡谷,但是地形却较为开阔,最宽处东西可达 1.5 千米。关口设置于东丰山与西小山两峰之间的山垭上,两山对峙,略呈"V"字形,这一条狭长的关道,长度不足 3 千米,最宽处不足 10 米,最窄处仅 2 米,即便在古代,也仅能容一车通行,当地俗称"瓮口道"或"关沟"。青石关正处齐鲁交通要道的咽喉所在,地理位置非常重要,与此同时青石关作为东周时期齐国重要的军事要塞,在博山境内有南北平行东西走向的两条齐长城,北面为齐长城主线,经博山区中部的几个乡镇,八陡镇、山头镇等;而南部复线很短,在博、莱交界处,青石关即位于复线之中心,足见青石关的军事位置之重要[1]。

现在所见的青石关关城遗址为清代重修,四周修筑城墙,外侧以毛石垒砌,中填土夯实。在南、北、西三面各辟一门,关门上皆建有门楼和炮台。关城为南北通衢,城内石板铺路。北门关外亦以石板铺路,路面长约 100 米,路面中间为车道,可见清晰的车辙痕迹。东西两侧山头仍保留东周长城的石墙体,清咸丰十一年重修,又在墙体上增建不规则的堞墙[2]。

经青石关的齐鲁通道沿线均发现东周时期的遗址,北端有张店区沣水镇昌国故城(战国齐邑,采集有战国灰陶高柄豆)和南定镇漫泗河遗址(战国,面积约 6300 平方米,采集有战国灰陶豆)[3]。稍南的杨寨镇牛家庄、董家庄、殷庄三处遗址面积6000—20000 平方米,均属于东周时期遗址,城南镇前来及前来西北两处遗址也有东周遗存。此外商家镇、城南镇还有至少十余处东周遗址,面积在 3000—100000 平方米之间,显然这一带是一处东周聚落群。其中前来西北面积 30 万平方米,主要是东周遗存,可能是这一带的聚落中心。临近青石关由于山势渐陡,遗址较少,在青石关谷口以北的沙沟河附近有北域城战国墓群(约 3.6 万平方米,土坑竖穴小墓,采集到陶器和青铜剑等)和簸箕掌战国墓群(15 万平方米,土坑竖穴墓,采集有陶器及铜戈)。在谷地的南端,莱芜境内有普通战国墓群(9400 平方米,采集过陶豆和铜剑)和见马墓群(15 万平方米,采集到陶器及玉璧等)。另外在稍南的杓山以南有长勺之战遗址,遗址西起苗山镇灰堆村,沿方河而下,经杓山前,东至苗山镇石湾子村东,东西长约 13 千米,南北宽约 1 千米。遗址东南、北、西北面均环山,出口在西南方向,西南地势较低有小河名曰杓山河从东向西流,汇入方河,属于嬴汶河的二级支流,整个遗

---

[1]　此处关于青石关口地理形势及军事要塞的介绍均引自赵益超:《东周时期齐地关隘的考古学研究》,山东大学硕士学位论文,2013 年。

[2]　国家文物局:《中国文物地图集·山东分册》(下册),中国地图出版社,2007 年,第 658 页。

[3]　国家文物局:《中国文物地图集·山东分册》(下册),中国地图出版社,2007 年。限于篇幅下文出自该书的相关遗址资料不再一一夹注。

址所在乃典型的山间小盆地。在盆地西北部一块高台地前树立两个"长勺之战遗址""杓山遗址"遗址碑,周围出土有很多春秋时期的兵器。"三普"之前的遗址名称是长勺氏遗址,多认为周初长勺氏的一支迁至此。盆地东南方向形状似勺的山,当地人称为杓山,山下则有名为西杓山的村子。"三普"调查后确认盆地大范围内存在商周遗址,遗存最丰富的即是西北一处高台地。2016 年夏笔者曾调查该遗址,当时在高台地的花生地里到处可见陶片,发现有龙山文化扁三角形带按窝的鼎足和商末周初的夹砂灰陶鬲足,从台地的断崖观察,文化层至少厚 5—6 米。

便道之二,黄石关线。自章丘东南南下经黄石关、嬴城、博邑至鲁都曲阜。黄石关,位于今章丘阎家峪乡三台村南,正处在章丘与莱芜边界东段,关南为莱芜茶叶口镇上王庄。黄石关修筑在东西两山间之谷地,关口宽约 12 米,其东为辟林尖山,西侧为俊林山,海拔均在 600 米以上,关西黄石崖下有沙河水自北向南流入雪野水库。目前这里是章丘通莱芜的东路要道,今有公路 X302 通过。关口两侧墙体仍有部分残存,均为石灰岩片石干垒,地表以上残高 1—3 米不等,宽 0.8—1.5 米。关口东西各有山头一座,山顶各筑有一座绕山头的团城,团城保存较好。除此之外,在黄石关附近有不少山顶障城遗址,关东 2—3 千米内就有三处障城遗址:瓦岗寨顶障城、布谷顶障城、霹雳尖山障城。经黄石关的交通线路在莱芜以北属于山地,考古工作较少,除了齐长城关塞附近山顶的障城及西尖山建筑遗址,不见普通聚落遗址,莱芜北的茶叶口镇也未发现东周时期遗址,但是既然齐长城的重要关隘修筑于此,东周时期这条道路应是畅通的。

便道之三,锦阳关线。自章丘南下经锦阳关、嬴城、博邑至鲁都曲阜。锦阳关,也称通齐关,位于章丘文祖镇三槐树村南,与莱芜雪野镇娘娘庙村搭界。关口所在的山谷较宽,设关的两侧山峰也不似其他关隘险要,山坡较为平缓,至关口处仍有 60 米宽。现存关口乃清咸丰年间重修。锦阳关关口目前仍是章丘通莱芜的中路要道,省道 S242 已将关址压于路下。东周时,它的战略位置同样十分重要,在其周围的山峰之上,今天仍保存多处障城和烽燧遗址,西北垛庄镇有石子口障城(沿山崖边修建,多为块石和条石垒砌,西南面高墙上设置瞭望口)和西岭障城(石子口障城南,环山巅而建,圆形)。

自章丘南下文祖镇至锦阳关的线路上,文祖镇以北遗址分布密集。从遗址分布情况来看大致呈两条带状,一条从龙山镇经圣井镇、埠村镇到文祖镇;一条大致从枣园镇、明水街道向南到埠村镇,再东南到文祖镇。文祖镇的东周遗址除了齐长城遗址外其余聚落遗址尚不见,文祖镇以南就是齐长城的主要分布区。这一线再向南进入莱芜雪野镇,雪野镇鲁地村西北 1.2 千米有东周鲁地东便门遗址,也称锦阳关东便门,石砌筑,拱券顶,高 2.80 米,内宽 2 米,进深 3.30 米。便门两侧现存长城城墙长 1150 米,块石垒砌,外设女墙。

便道之四,北门关线,经章丘埠村镇南行过章丘垛庄镇北门关,在嬴、博二邑之间入莱芜,之后可西行过博邑进入曲阜。北门关位于章丘垛庄镇桥子村东南 3 千米,与莱芜鹿野乡接壤,现在有莱芜通往章丘的省道 S244 经过,是章丘通莱芜的西路要道。关口从山垭中穿过,关口底宽约 20 米。关东关西的山顶还设有便门,齐长城在这些关口、便门之间有断断续续的城墙,多已倒塌。北门关附近山顶上也有障城遗址,如大铜顶障城、抬头山障城等。另外在关口所在山间谷地通道的最南端略偏西的位置,今莱芜大王庄镇西上崮村曾发现一战国墓群——西上崮墓群,出土了大量的青铜兵器,有铜剑、铜戈和铜镞等,墓地年代为春秋晚期至战国早期[1]。此墓群向南不足 5 千米还有一战国墓群——戴鱼池墓群,面积 560 平方米,1986 年抢救发掘的一座墓葬出土了大量随葬品,除了日常陶器、铜礼器还有许多武器,如铜剑、矛、戈、镞和车马器等[2]。这两个遗址和东边的嬴城遗址相距不超过 10 千米,说明东周时期北门关这一通道可能是畅通的。

便道之五,天门关线。经章丘埠村镇南行过垛庄镇经天门关南下沿石汶河支流进入今泰安市境内,西南行仍过泰山和徂徕山之间的博邑至曲阜。天门关位于章丘垛庄镇南麦腰村与莱芜大王庄镇独路村的边界上。关设在东西两座海拔八九百米山峰中间的山脊上。关隘道路险要,关南为独路村,关口正处于分水岭,北为西巴漏河的支流,南为石汶河支流源头,随河道可直通泰安岱岳区的平原地带。关口所控制的就是这两条河谷所贯通的自章丘经莱芜至泰安的道路(今省道 S243)。齐长城通过此关,西侧尚有城墙保存,本有关门,20 世纪 60 年代修路时关口被毁[3],曾有调查者在关口附近的独路村发现齐刀币[4]。天门关出谷道南端不远在西侧的山口镇山口村发现山口战国墓(现存封土高 6 米,曾出土铜剑镞及东周陶器),东南祝阳镇有姚庄遗址(面积 150 万平方米,年代早至商,包含东周遗存)。因此,天门关在东周时期也是齐鲁之间通道之一。

需要说明的是,不管是莱芜谷道,还是这五条便道,均会集于今泰莱盆地,而该地区至曲阜,上文主要据文献、遗址分布及地形地貌等指出多经嬴、博二邑再南下而至。

[1] 刘慧:《山东莱芜西上崮出土青铜器及双凤牙梳》,《文物》1990 年第 11 期。

[2] 莱芜市图书馆、泰安市文物考古研究室:《山东莱芜市戴鱼池战国墓》,《文物》1989 年第 2 期。

[3] 宋继荣主编:《莱芜市文物志》,华文出版社,2004 年,第 84—85 页,转引自赵益超:《东周时期齐地关隘的考古学研究》,山东大学硕士学位论文,2013 年,第 29 页。

[4] 路宗元主编:《齐长城》,山东友谊出版社,1999 年,第 21 页。

根据地形地貌,并结合遗址分布,其实,泰莱盆地至曲阜也可以自嬴邑南下再经徂徕山东侧和莲花山之间南下,而自莲花山西侧经今牛泉镇南行过雁岭关南下也是一条齐鲁之间常用的古道。在雁岭关关口之南的台地上发现一岳石文化遗址,并有周代遗存,在关口以北的林家庄也曾发现有周代遗址[1]。此外,不经博邑也可以经徂徕山东缘南下,再转至徂徕山南而行,此后或直接南下,或沿徂徕山南侧西行至宁阳再南下均可至曲阜。有意思的是在徂徕山东南侧化马湾乡沙沟村东发现一面积10万余平方米的商至汉代遗址——燕语城遗址,其中两周时期遗存丰富,调查发现有鼎、簋、铜壶、镞等[2]。而徂徕山南部,今天宝镇黄花岭村也发现有春秋时期及西周时期青铜器[3]。根据地形地貌,结合这两处遗址看,经嬴邑、燕语城南下的这一线大致即今天的 S244,可能也是泰莱盆地至曲阜的古道之一。

长清至曲阜除了最西的大路,紧邻泰山西侧南行也有两条穿越山间谷地的便道。其一,过张夏谷地南行经泰安、大汶口镇达曲阜。张夏谷地北口处于长清和济南中间,南通泰安,今天津浦铁路、G3、G104 等重要交通线仍穿行谷地。先秦时期这里也是沟通鲁南、鲁北的重要通道。谷地北口为崮山镇,南端至万德镇界首进入泰安境,谷地长约50千米。谷地南口有齐长城呈东西向穿越,最窄处的长清万德镇长城村南设置有关口——长城铺。谷地内及南北出口遗址很多,南北口部较为集中,谷地内基本呈线形分布。谷地北口有北孙、大崮山、土山、前大颜等包含新石器、商、东周等多个时期遗存的遗址,也有单纯的东周遗址如东台、前大颜东等。谷地中部的几处遗址如石店、土门、井子坡均包含先秦多个连续时期的遗存,可见曾有人长期生活。谷地南口遗址集中于万德镇,万德南、官庄、陈家庄均含有东周遗存,春峪口和万德则属于新石器及夏商早期遗址。出谷地南行不远,有龙门口和太平店等东周遗址。总之,张夏谷地,新石器时代应该就是沟通鲁南、鲁北的重要通道,且持续利用,东周时期遗址的密集出现说明在东周时期齐鲁交流频繁使用这一通道。

其二,过马山谷地南行经肥城、宁阳也可至曲阜。马山谷地是连通肥城和长清的一条要道,谷地北部较为平坦宽阔,进入谷道内也较宽阔,在肥城市的老城镇大石铺村北形成最窄的通道,这里有一齐长城的关口——大石关。关口附近地势较为险要,设有障城和烽燧,军事意义重要。马山谷地及其南北遗址较多,基本呈线形分布。谷地北口西侧是月庄、小屯、北河洼遗址,东侧是岗辛遗址。月庄遗址从新石器时代至

---

[1]　惠夕平:《山东新泰雁岭关遗址调查》,《华夏考古》2011年第1期。

[2]　刘康主编:《泰安文物大典——第三次全国文物普查实录》,泰山出版社,2013年。

[3]　林宏:《山东泰安市黄花岭村出土青铜器》,《考古与文物》2000年第4期。

汉代多个时期遗存保存丰富;小屯是著名的商代遗址,出土大量青铜器,也有战国遗存;北河洼则包含新石器和战国遗存;岗辛为战国墓葬,规格较高。谷地中部的大崖遗址和季家遗址均属于东周时期遗址,宋村遗址则包含新石器和夏商时期遗存。过大石关向南仍在谷地穿行,但是较为开阔,谷地南口发现的东周遗址有北坦遗址(新石器和战国时期遗存)和著名的小王庄遗址。小王庄遗址位于潮泉镇小王庄村南,春秋时期,面积3万平方米,已发现的墓葬出土有"陈侯"铭文的铜壶、鼎、鬲、盘等[1]。过肥城市区南行,还有王晋、锁鲁城、夏谨城址等东周遗址。上述遗址尤其马山谷地中的遗址基本沿 S104 两侧线状分布,再据遗址年代,说明马山谷地可能自新石器时代就已经是长清南下肥城、宁阳的重要通道。密集的东周遗址则表明该道路东周时期在齐鲁南北沟通中起着重要作用。

需要说明的是,上述谷道的险要处几乎均有齐长城的关隘遗址,关隘周围尚有障城和烽燧,这些设施体现了这些谷道的军事作用,战争期间具有防御守卫并占据有利地形作战的功用,和平时期则守卫警戒关下的通道,具有驿站功能,保障了鲁南、鲁北的商贸交流。

此外从齐都临淄东行至寿光南下经穆陵关至莒国的道路中,从穆陵关西行也可至曲阜,齐鲁之间有上述多条道路通行,这条路尽管可以通行,但是绕道较远,绝非齐鲁之间常用道路。

二、西周时期的齐鲁交通

齐国在西周时还未扩张,疆域不大,西周早中期,齐国的中心可能在临淄的西北部今高青、博兴一带。鲁国西周时面积也不大,盖在曲阜、兖州一带。《诗经》所言的鲁道——莱芜谷道在西周时期如何? 近有学者陈絜根据西周铜器塦方鼎铭文,并结合卜辞和文献中一些地名的考证,认为周公东征路线正是齐鲁间经汶水、淄水沟通齐鲁的"鲁道";此外他还有几篇关于商周东土地理的考证文章,其指出西周早期的周公东征或已利用这一通道,并进而考证晚商时期商人东征在鲁中的行进路线大致也是这条通道[2]。细读文章,其对商周东土地理有很多新认识,"鲁道"可能确实已经存

---

[1]　齐文涛:《概述近年来山东出土的商周青铜器》,《文物》1972 年第 5 期。

[2]　陈絜:《塦方鼎铭与周公东征路线初探》,《古文字与古代史》(第四辑),中研院史语所,2015 年,第 261—290 页。

在,但是周公东征是否自奄沿着"鲁道"北进,尚有可商之处。邵望平、郝导华等先生认为西周早期的东征以梁山为据点,在鲁北地区,沿泰山以北的古道从西向东,一直到海,这一认识仍有道理。

西周早期与西周中晚期海岱地区的政治地理格局差别较大。西周早期的东征及随后的分封使得海岱地区形成周夷交错的地理格局[1]。

首先是豫东和鲁西南地区,这一区域自晚商伊始和殷墟文化面貌近似,晚商晚期,商丘市及其以北以东的曹县、菏泽等地或已属于商人的王畿地区[2]。西周早期,根据文献记载,这一区域分封了不少诸侯国,如宋、陈、曹、郜、茅等,但是发现的周文化遗存却相对较少。在鹿邑太清宫[3]、栾台[4],淮阳泥河村[5],成武城湖故城[6]等处发现大型墓葬和城址迹象;在梁山出土西周早期青铜器。目前尚无法将封国地望和遗址一一对应起来。豫东鲁西南位于泰山西侧,从海岱地区内部看其沟通泰山南、北两区,又遏控汶水中部谷道,地理交通意义十分重要。从和外部的周之东都洛阳的关系看,这个区域空间上是中原核心区和海岱地区的接壤区,自龙山晚期、二里头时期这个区域就一直是中原与东方文化的交会区。由于有商一代商人对东方的着力经营[7],这一地区几乎已经纳入商人的王畿地区,因而周人十分清楚若要实现对大东地区的控制,这个区域是不能置之不理的,所以西周早期先是武王褒封先王后裔在这个地区,如封舜后裔于陈(今淮阳),封夏后裔于杞(今豫东杞县)[8],封微子于曹县一带,后又封于宋(今商丘)[9];东征后又封曹、郜等姬姓国族在此。此外这个区域北连济水,南通淮泗,江淮地区的铜、鲁北渤海的盐等资源正是利用古济水和古泗水、淮水等转运到中原地区的。先秦时期定陶天下经济都会的地位正是其重要的交通区位决定的。而梁山七器出土于此或许正如邵望平先生所言,周初东征中梁山一带对于控

[1] 朱继平:《从淮夷族群到编户齐民——周代淮水流域族群冲突的地理学观察》,人民出版社,2011年,第152页。

[2] 林欢:《晚商地理论纲》,中国社会科学院研究生院博士学位论文,2002年,第33—34页。

[3] 河南省文物考古研究所、周口地区文化局:《河南鹿邑县太清宫西周墓的发掘》,《考古》2000年第9期;河南省文物考古研究所、周口市文化局:《鹿邑太清宫长子口墓》,中州古籍出版社,2000年。

[4] 河南省文物研究所:《河南鹿邑栾台遗址发掘简报》,《华夏考古》1989年第1期。

[5] 刘东亚:《河南淮阳出土的西周铜器和陶器》,《考古》1964年第3期。

[6] 郅同林、宫衍军、郭立:《郜国都城考》,《青铜器与山东古国学术研讨会论文集》,上海古籍出版社,2017年,第214—221页。

[7] 庞小霞:《夏商王朝对其东方地区经略的历史地理考察》,《考古学集刊》(19),科学出版社,2013年。

[8] 王恩田:《从考古材料看楚灭杞国》,《江汉考古》1988年第2期。

[9] 陈立柱:《微子封建考》,《历史研究》2005年第6期。

制海岱北区具有重要战略意义[1]。

洙泗流域及薛河流域发现的西周早期文化遗存不多,主要有滕州庄里西[2]、滕州前掌大[3]、济宁市区墓[4]、新泰市区墓[5]。西周早期该区域北部的鲁国、偏南的滕国等姬姓封国已经分封,西部近邻的是一些被褒封的神守之国:任、宿、须句、颛顼等,大致分布在济宁至东平一带。

鲁北地区,周人对之扫荡较鲁南彻底,鲁北发现的西周早期遗存较为丰富,主要有高青陈庄、济阳刘台子、章丘王推官庄、章丘焦家、章丘宁家埠、桓台荀召、临淄东古、临淄后李、青州吕宋台、寿光古城、昌乐于家、黄县(今龙口)归城曹家村、黄县小刘庄等遗址。可见,从鲁西北到胶东整个鲁北都有西周早期遗存分布,从地理分布和聚落形态看这些遗址主要集中在三大区域:一是在淄河以西分别形成以高青陈庄和济阳刘台子为中心的聚落群,前者可能是早期齐国政治中心,后者则可能与文献中的夆国有关。二是在淄河和潍河之间区域,分别在北部靠近渤海地区形成以寿光双王城为主的制盐中心和稍南的寿光古城中心。寿光古城一带是商代纪国所在,西周早期可能被周人征服后分封在旧地。三是在胶东半岛形成以黄县为中心的聚落中心,黄县发现多处西周早期的青铜器遗存,说明西周早期周人已经控制黄县的一些地区。但是胶东半岛的其他地区基本还是夷人控制,潍河以东主要还是以珍珠门文化为代表的夷人势力范围,以潍坊会泉庄、烟台芝水、莱阳前河前、莱州黑山羊、乳山寨山等遗址为代表。

由西周早期政治地理格局并结合考古学文化分布情况,在西周早期鲁北地区自平阴要塞、历城、章丘、邹平、桓台再东经寿光、昌邑直到龙口的东西大道应该已经畅通,并且周初东征鲁北地区很可能正是沿着这一线东进的。齐鲁交通或曰鲁南和鲁北的沟通,沿鲁北平原西进最后经泰山西缘南下的通道应该是畅通的,也是齐鲁常用通道。而沿淄水汶水的谷道(莱芜谷道)在西周早期或已存在,但是这个时期齐鲁间

　　[1] 邵望平:《考古学上所见西周王朝对海岱地区的经略》,《燕京学报》(新十期),北京大学出版社,2001年,第77页。

　　[2] 滕县文化馆:《山东滕县出土西周滕国铜器》,《文物》1979年第4期;滕县博物馆:《山东滕县发现滕侯铜器墓》,《考古》1984年第4期;何德亮:《滕州市庄里西村龙山文化至汉代遗址》,《中国考古学年鉴·1996》,文物出版社,1998年;滕州市博物馆:《1989年山东滕州庄里西西周墓发掘报告》,《中国国家博物馆馆刊》2012年第1期。

　　[3] 中国社会科学院考古研究所:《滕州前掌大墓地》,文物出版社,2005年。前掌大墓地以商代晚期墓为主,还有一部分西周早期墓葬,其中M11、M120、M119、M18等几座面积较大且出土青铜器较多。

　　[4] 田立振:《山东省济宁市出土一批西周青铜器》,《文物》1994年第3期。

　　[5] 魏国:《山东新泰出土商周青铜器》,《文物》1992年第3期。

交通或许并没有经常利用这一通道。西周早期,鲁中山地东部和东南部的沂沭河谷等地仍为反叛的夷人占据,并不时通过莱芜谷道侵扰周人占领区域,这也是西周早期金文文献记载不断东征的背景和原因。同时汶水流域主要分布的是当地旧族,这个地区周人控制薄弱,山间谷道路程便捷,但地势险峻,很多地方是一夫当关的关口。从考古材料看,西周早期周文化遗址在鲁中山地、汶水河谷几乎不见。西周早期齐鲁势力尚弱,应该均未控制汶水河谷的通道,一些学者所言的大东地区的中线[1]可能尚未被周人掌控。总之西周早期齐鲁交流、大规模用兵用莱芜谷道的可能性不大。

西周中期基本是承前启后的过渡时期,政治地理格局特征不是很明显,因而在此虽言西周中晚期,但确切地说是在西周晚期形成的政治地理格局和西周晚期海岱地区的聚落形态基础上,对齐鲁交通的探索。

西周中晚期,尤其西周晚期海岱地区才逐渐形成齐鲁莒三大文化区或四大文化区[2]。公元前 859 年齐献公迁都临淄,以临淄齐故城为中心,齐国势力向四周均有扩张。东边纪国仍在弥河流域,西周晚期在胶东半岛数个遗址出土的含有"己"字铭文的铜器表明其已向胶东半岛渗透。齐国向西吞并了济阳的夆国,长清仙人台地区则崛起了一个邿国。西周晚期鲁南地区鲁国以曲阜鲁故城为中心,势力范围涵盖汶泗流域。西周中晚期齐鲁间的沟通交流一定会利用莱芜谷道及其便道,尤其齐国都城迁至临淄,正处于淄水近旁,沿淄水上行经莱芜谷道是到达鲁国最便捷的通道。与此同时西周中晚期的金文中有不少征东夷、南夷、南淮夷的记载,如班簋、师寰簋、晋侯苏钟、史密簋等。朱继平博士研究指出西周中晚期汶水的中上游河谷是东方族群冲突的重点地区[3],她根据史密簋铭文记载,考证铭文中协助周人征战的东土地方势力——齐师、莱、纪——分布在今淄博至平邑之间,跨越淄水至潍水两大河流。当时侵扰齐之边鄙并被称为"南夷"的莒及与之联合叛乱的杞夷,则分布在今胶州、新泰两境,恰位于上述齐师、莱、纪三者的东南和西南两端。最后双方交战的地点长必或在今莱芜的长勺,或在今高密县西南 20 千米处的高密故城遗址。无论在何地,正如其文分析,史密簋记载的战争形势表明,参战的各个国族正是利用了莱芜谷道的便捷

[1] 李峰:《西周的灭亡——中国早期国家的地理和政治危机》,上海古籍出版社,2007 年,第 348 页;徐良高:《西周时期侯、伯性质与大东地区政治格局的考古学观察》,《青铜器与山东古国学术研讨会论文集》,上海古籍出版社,2017 年,第 42—54 页。

[2] 刘延常、徐倩倩:《山东地区周代古国文化遗存研究》,《两周封国论衡——陕西韩城出土芮国文物暨周代封国考古学研究国际学术研讨会论文集》,上海古籍出版社,2014 年;王青:《海岱地区周代墓葬与文化分区研究》,科学出版社,2012 年。

[3] 朱继平:《从淮夷族群到编户齐民——周代淮水流域族群冲突的地理学观察》,人民出版社,2011 年,第 127 页。

交通才能实现远距离跨越鲁、沂山地[1]。

从具体考古材料来看,在莱芜谷道的主道沿途,临淄区淄河两岸遍布西周中晚期文化遗存,后李遗址位于齐故城东南淄河沿岸,属于沿淄河而下进入齐故城的东南门户。沿淄河上行,今稷下街道孙徐西遗址面积9.5万平方米,包含两周时期遗存,可能是谷道沿途重要遗址。再上行沿河发现有不少东周遗存和西周之前的遗存,但是西周遗存发现较少。由于西周以前的遗存在谷道中发现较多,所以推测这种山间谷道可能在新石器时代就已经被利用了,西周遗存较少,可能有多种原因:西周遗存不丰富,被后期破坏掉;调查和发掘工作涉及的这个区域西周遗存相对较少;也可能西周时,这条谷道利用较少。

五条便道中,从考古材料看,青石关一线发现的西周遗存最丰富。从淄博市区西南进入淄川区基本沿孝妇河直达青石关,沿途遗址线状分布的特征比较明显。张店区从北向南的遗址依次为:马尚镇冢子坡遗址、马尚镇西寨遗址、傅家镇南家遗址、沣水镇寨子遗址、傅家镇黄家遗址。其中仅有南家遗址面积达20万平方米,其余均不超过7万平方米,南家遗址可能是这一通道中的重要据点性遗址。沿孝妇河再西南行遗址有杨寨镇法家庄、双沟镇肖庄、商家镇东商、商家镇东商西、城南镇公孙庄、城南镇后来崖、城南镇前来、城南镇七里店、七里店东北、城南镇南石谷、磁村镇三台等。这些遗址中仅前来遗址面积达20万平方米,余下多2—3万平方米。有意思的是在东周时期前来遗址的西北不到1千米发现另一遗址,面积30万平方米,应该也是这一带的中心性遗址。

总之,西周中晚期,齐鲁的经济交流和沟通或许利用莱芜谷道及附属便道,但是鉴于东方这种整体族群冲突的背景,齐鲁交通可能仍以选择泰山西缘为主。

三、商代及以前鲁南鲁北交通探寻

大汶口及龙山文化时期,鲁中大汶河的支流石汶河、嬴汶河、牟汶河、柴汶河流域大汶口、龙山文化遗址分布较为密集,且有地区性中心遗址。其中牟汶河流域的汶阳遗址位于莱芜市莱城区凤城街道办事处汶阳村北汶河之阳的高台地上,面积至少15万平方米,出土大汶口文化的白陶鬶、白陶高足杯和龙山文化的蛋壳黑陶等,该区域

————————

[1]　朱继平:《史密簋所见赞国地望新探》,未刊稿。此文成稿与朱继平讨论交流甚多,今又承蒙使用未刊稿,在此致谢。

大汶口文化应该是以汶阳遗址为中心的。在今新泰境内的柴汶河流域大汶口、龙山文化遗存同样丰富,史前遗址多集中在柴汶河干流两岸,中上游均有重要史前遗址分布。其中有三个史前遗址值得关注:汶南镇抬头寺遗址可能是新泰市东部史前时期的中心聚落,且延续时间较长。光明水库李家村遗址应是新泰中部一处重要的大汶口晚期至龙山时期的中心聚落遗址。果庄镇的瑞谷庄遗址位于羊流河东岸,北边为雁岭关,是牟汶河流域和柴汶河流域之间重要关口,地理位置重要[1]。近年章丘焦家遗址出土丰富的大汶口遗存,文化面貌和鲁南的大汶口遗址非常近似,焦家遗址和汶河流域的大汶口文化如何沟通交流? 鲁中南山地应该在沟通鲁南大汶河下游和鲁北平原的新石器时代文化中起重要作用。目前来看,东周时期的锦阳关线、黄石关线均是从章丘到汶河下游较近的路线,而根据现有材料从城子崖、焦家一线向南直到锦阳关北部的文祖镇均有新石器时代遗址发现,很可能,这一路线大汶口时期已被利用。同时莱芜谷道中鲁北临淄区沿淄水上行整个沿线均有新石器时代遗址发现,说明莱芜谷道在新石器时代鲁南与鲁北地区的沟通中也起到重要作用。从淄博市区到青石关再进入鲁中南山地的汶水流域的青石关沿线大汶口、龙山文化遗址分布广泛,说明新石器时代青石关一线也是沟通鲁南、鲁北的重要通道。另外鲁东南的日照两城地区在大汶口晚期到龙山早期文化比较发达,自龙山文化中期(具体分期的四期)开始,海岱东部地区(大概以淄河、鲁山、蒙山一线为界)龙山文化后期遗址显著减少,而西部则不见减少,在一些遗址中还有增加,尤其龙山文化遗存中属于晚期的遗存比比皆是[2]。这种鲁东南到鲁西北的族群流动,对于鲁南鲁北早期交通道路的形成也起到重要作用。

岳石文化时期,岳石文化六个类型[3]的分界几乎均和自然地貌的分割相吻合,每个文化类型的分布范围多属于一个小的地理单元,很少有横跨两个地理单元的类型。如郝家庄类型主要分布于鲁北淄、潍、弥河流域;尹家城类型主要分布于汶泗流域;王推官庄类型分布于鲁西北古济水、徒骇河、马颊河的山前冲积平原;下庙墩类型主要分布于沂沭河流域。山东中部的泰、鲁、沂、蒙山将六个类型分成南北两列,不存在以某个类型为中心周围其他类型环绕分布的向心式分布格局。

根据其文化分布格局,并分析岳石文化两次向外扩张的因素和背景,笔者曾指

---

[1] 详细参见庞小霞、王芬等:《汶河流域田野考察记》,中国考古网,2016 年 8 月 5 日。

[2] 栾丰实:《试析海岱龙山文化东、西部遗址分布的区域差异》,《海岱考古》(第九辑),科学出版社,2017 年。

[3] 方辉:《岳石文化区域类型新论》,《海岱地区青铜时代考古》,山东大学出版社,2007 年,第137—169 页。

出岳石文化内部不存在如二里头国家这样强有力的政权中心,而很可能是由多个分散的规模势力大体相当并相互竞争的政治实体所组成的松散联合体[1]。同时从岳石文化各个类型的文化因素分析,岳石文化内部的交流多是相邻类型的交流。东部的照各庄和汶泗流域的尹家城类型的交流就很少,而尹家城类型和鲁北郝家庄类型接近,和鲁西北王推官庄类型也有很多近似之处,这些表明岳石文化时期汶泗流域和鲁北潍河以东的平原地区交流较多。最新的考古调查材料表明在鲁中山地的莱芜,原来岳石文化的空白区域已经发现了岳石文化遗址,如莱芜的西杓山、张里街、大石家庄等[2]。总之,尽管目前岳石文化时期鲁南和鲁北文化交流的通道并不清晰,但是曾经被新石器时代充分利用的鲁中山间谷道这个时期或许仍被利用。

中商以后,伴随着商人继续东扩,海岱地区人文地理格局发生重大变化,形成夷商杂处,东夷土族与商人族群交错并存的分布格局。中商时期商文化东进明显地重点经略两个区域,即古济水、小清河流域和汶泗、滕州地区,这与二者十分重要的地理位置密切相关。商人控制的是前文所言西周时期的南线和北线,与西周早期类似,中商时期汶泗流域的商人尚未控制大汶水中上游的河谷地带,商人占据的区域远小于西周。鲁南鲁北的交流主要通过泰山西缘的两条谷道和南北大道进行。

晚商早期,商文化东进的脚步和中商相比放缓很多。主要体现在鲁南地区,商文化明显比中商时期衰落了。商人已退出徐淮地区,汶泗流域及滕枣一带密集的遗址群不复存在,甚至不见中等规模的遗址。相对而言,豫东鲁西南区变化不大。鲁北地区的商文化在延续中商时期势力范围的同时向东有所拓展,商人的"重北轻南"主要体现在这个时期。晚商早期鲁南鲁北的交流主要通过泰山西缘的两条谷道和南北大道进行。

晚商晚期,海岱地区商文化较前一阶段有明显发展,遗址数量大大增加,尤其在鲁南地区,甚至向苏北地区渗透。在鲁北和鲁南分别出现了苏埠屯、前掌大这样可能属于方国性质的大型中心遗址。而夷人势力在商人的步步紧逼下,逐步东退,沂河以东的鲁东南地区可能仍为夷人占据。苏北地区的商人势力可能有所扩张,但是这一地区属于夷商文化交会区,淮河以南已属夷人势力范围。鲁北地区,代表夷人遗存的珍珠门文化在本期主要从淄弥流域退出,但仍在潍河流域保持一定影

[1] 庞小霞:《岳石文化衰变原因新探》,《夏商都邑与文化(二)——"纪念二里头遗址发现55周年学术研讨会"论文集》,中国社会科学出版社,2014年,第518—519页。

[2] 方辉、惠夕平、郭晓东等:《山东莱芜地区三普重点区域调查工作结束》,《中国文物报》2009年4月22日第2版。

响并占据潍河以东的胶东半岛。鲁中南山地见到少量商文化遗存(莱芜嬴城遗址出土商晚期青铜器、新泰市出土商晚期铜器等),最近莱芜还发现商晚期遗址——垂杨遗址,因而,鲁中南虽然商代多数时间为夷人占据,但是商人尤其晚商时期可能曾一度控制该区域。因此鲁中南山地在沟通鲁南鲁北的交流中的作用在商代晚期应该值得重视,有商一代,鲁南鲁北的交流应该是汶水上游的山间谷道和泰山西缘的大道同时并用。

致谢:本文是 2016 年大汶河流域田野调查后写成的,在此特别感谢山东省文物考古研究所刘延常老师在考察和写作中提供的各种帮助。

鲁故城及周边墓葬相关问题初步分析

韩　辉[1]　　王春云[1]　　田树标[2]

1. 山东省文物考古研究院　　2. 曲阜市文物保护中心

曲阜鲁国故城为周、汉鲁国的都城,其田野考古工作已有七十多年的历史,1977—1978 年山东省博物馆等单位对鲁故城进行了系统勘探、发掘,出版了《曲阜鲁国故城》报告(以下简称《鲁故城》)[1],为研究鲁城、鲁国、鲁文化等提供了宝贵资料。据《鲁故城》,墓地分布于城内西部,包括药圃、斗鸡台、县城西北角和望父台墓地。根据墓葬葬俗和随葬品组合,可分为两类,分别称为甲组墓和乙组墓。除了系统发掘之外,鲁故城内还有过 8 次清理和发掘,为北关、坊上、小北关村区域和林前村、万古长春坊区域,主要为东周时期的墓葬和马坑。以 1984 年,山东省文物考古研究所在林前村发掘的三十余座东周墓葬规模最大。

张学海、李学勤、王恩田、崔乐泉、许宏、王青等先生对墓葬的分期和文化面貌、族属等进行过重要论述[2]。虽然学界对《鲁故城》部分墓葬年代存有异议[3],但普遍认同张学海先生对西周至春秋时期甲乙组墓的区别和对应族属的认识。

雷兴山、蔡宁先生及笔者又从鲁故城内两大族群在居葬面貌上的不同,认同甲乙

---

[1]　山东省文物考古研究所、山东省博物馆、济宁地区文物组等:《曲阜鲁国故城》,齐鲁书社,1982年。后文所及"报告"都指该著作。

[2]　张学海:《试论鲁城两周墓葬的类型、族属及其反映的问题》,《中国考古学会第四次年会论文集(1983)》,文物出版社,1985 年;李学勤:《曲阜周代墓葬的两种类型》,《比较考古学随笔》,广西师范大学出版社,1997 年;王恩田:《曲阜鲁国故城的年代及其相关问题》,《考古与文物》,1988 年第 2 期;崔乐泉:《山东地区东周考古学文化的序列》,《华夏考古》1992 年第 4 期;许宏:《曲阜鲁国故城之再研究》,《先秦城市考古学研究》,北京燕山出版社,2000 年;王青:《海岱地区周代墓葬与文化分区研究》,科学出版社,2012 年。

[3]　近年又有如下文章论及鲁故城墓葬年代:如王震、滕铭予:《新泰周家庄墓地的年代上限、国别及相关问题》,《文物》2016 年第 11 期;张吉:《试论曲阜鲁国故城晚期乙组墓》,《古代文明研究通讯》(总第七十九期),北京大学震旦古代文明研究中心,2018 年。

组墓的分类[1]。

此次,结合曲阜鲁国故城国家考古遗址公园新发掘成果和鲁故城周边墓葬进行分析,在许宏、王青等先生修正过的鲁故城墓葬年代基础上,讨论鲁文化的墓地葬俗、器用制度、族属等相关问题。

一、鲁故城乙组墓的新认识

鲁故城乙组墓包括望父台墓地、林前村墓地,西周时期至春秋晚期面貌相对清晰。2018年配合望父台墓地遗址公园建设,新发掘33座墓葬[2]。墓葬时代为西周晚期及春秋早期、中期、中晚期、晚期,沿承有序,无缺环。另有战国时期大墓。墓地布局明显经过规划,基本无打破现象,时代稍早的中型墓葬居中,周边分布几座小型墓,应为小的家族墓地单元。葬俗与《鲁故城》所述几无二致。进一步的认识有春秋时期,乙组墓普遍使用河蚌、海贝为主的荒帷和殉牲肉习俗,普遍使用石圭;初步辨识墓位为男西女东。陶器组合方面,男性墓葬均为鬲、罐组合。在年代、性别基本确定的墓中,陶器组合中的罍出于女性墓。鬲为1、3数,罐以偶数为多,多为4或6数。以两对中小型(10—13平方米)夫妻并穴墓为例证:M16、M17和M9、M6。第一组并穴墓年代约为春秋早期晚段。M17,女性。随葬铜盘1、盂1、舟1,盘带铭文,为媵器;陶器为鬲1、罐4;胸前饰梯形玉牌串饰,由梯形玉牌、方形玉片、玛瑙珠、铜珠、海贝等串联而成。M16,男性。随葬铜鼎1、盘1、匜1、舟1,大量车马器(其中銮铃5),兵器(戈2、镞3);陶器为鬲1、罐6。另一组并穴墓年代约为春秋晚期。M9,女性。随葬铜舟1、敦1、盖豆2,陶罍3、罐4、鬲1。M6,男性。随葬铜盘1、舟1,车马器若干,兵器1;陶鬲1。另有一处春秋晚期女性墓,M11。随葬铜鼎1、豆2、匜1、舟1、盘1,陶鬲1、罍3、罐1、彩绘圈足陶壶1,玛瑙器、水晶较多。

此外发掘战国墓葬M1,面积近45平方米。与1977、1978年发掘的M1、M2年代相仿。竖穴土坑墓,一椁两棺。椁内壁、内棺外壁饰成排铜棺钉和大量组玉配饰。玉

---

[1] 蔡宁、雷兴山:《论曲阜鲁故城两种居葬形态》,《保护与传承视野下的鲁文化学术研讨会论文集》,上海古籍出版社,2018年;韩辉、张海萍:《浅析鲁故城西周遗存》,《青铜器与山东古国学术研讨会论文集》,上海古籍出版社,2017年。

[2] 据山东省文物考古研究院望父台墓地发掘资料,现整理中。

组佩以玛瑙(玉)环、玛瑙觿、璜为基本组合。随葬陶器为釜(鬲)、罐、罍,铜器为盆、镵壶、舟、提梁盉等。

二、鲁故城甲组墓

鲁故城甲组墓与乙组墓自西周到战国早期,区别明显。张学海先生对墓圹比例、腰坑葬狗习俗、器用制度等均有论述[1],主要是头南向、腰坑葬狗和陶器偶数同型问题。下面谈一下新的认识。

(一) 墓地分布

甲组墓分布于城内西部,城外北部、东南部。西周至春秋晚期,多位于城内,与居住、生产址相近。春秋晚期至战国早期,墓地逐步迁移至城外,如城东南的杏坛学校墓地和城北、泗河南边的南张羊墓地。"孔子葬鲁城北泗上",根据墓地位置,是符合该时代特征的。此时,可能出现墓地独立于居住区之外的特点。

(二) 居葬关系、墓位个案分析

曲阜老农业局墓地为2017—2018年发掘的一处家族墓地,年代为春秋晚期至战国早期[2]。其北部为窖穴区、道路,再向北推测为居住区,南部为墓地,这种布局具有商系墓地[3]的特征。

整个墓地基本发掘完整,其布局基本能反映墓地面貌。此次发掘竖穴土坑墓54座,南北向,头北;单人葬,仰身直肢。墓葬有南北三排,东西向排列,每排呈向南凸出的弧形。由北向南、由西向东,年代渐晚。最晚一批墓葬没有遵循成排分布的规律,集中分布在墓地西南部。在墓地南部,分布大小型车马坑6座和猪坑、牛坑各1,推测为墓地的公共祭祀区域。

---

[1] 张学海:《试论鲁城两周墓葬的类型、族属及其反映的问题》,《中国考古学会第四次年会论文集(1983)》,文物出版社,1985年。

[2] 据山东省文物考古研究院曲阜老农业局遗址发掘资料,现整理中。

[3] 蔡宁、雷兴山:《论曲阜鲁故城两种居葬形态》,《保护与传承视野下的鲁文化学术研讨会论文集》,上海古籍出版社,2018年。

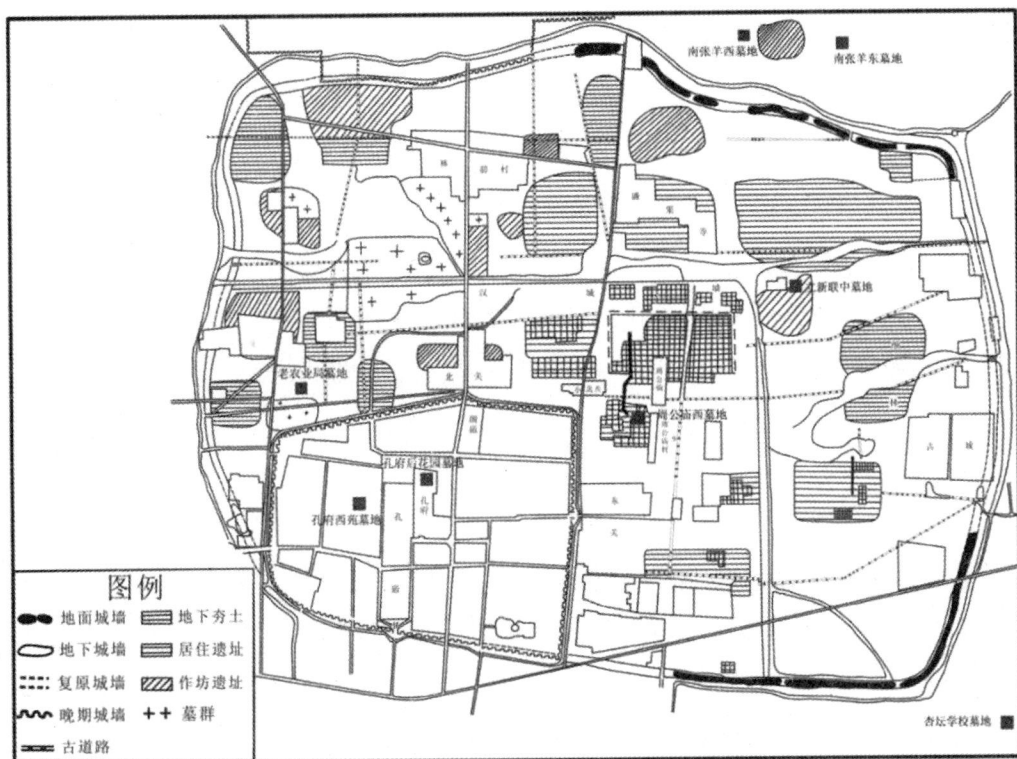

图一　鲁故城墓地分布图(黑色方块为新确认、发掘墓地)

(三) 葬俗

葬俗研究主要关注头向、殉人、腰坑殉狗、二层台、壁龛、边箱等。腰坑殉狗习俗于鲁故城西周墓葬中普遍存在,新的发掘材料证实,墓葬腰坑殉狗现象于春秋晚期至战国早期存在于鲁故城外,见于曲阜杏坛学校墓地。城内墓地未见,仅老农业局墓地车马坑车舆内殉狗,应是西周时期腰坑殉狗风气的延伸。该习俗在城内春秋早中期墓葬中见有 3 例,如王青先生新隶定为春秋中期的 M305。老农业局 1 号车马坑有殉人,也可追溯至县城西北角春秋中期 M202 的殉人现象[1]。

老农业局墓地头向均为北向,南邻的县城西北角墓地头向也以北向为主。二者距离极近,可能为甲组墓的一个族群。药圃墓地(基本为南向,仅 3 座北向,这 3 座为一组单独的墓葬)、斗鸡台墓地(主要为南向,另有 4 座东向),可能为另一个族群。

---

[1]　王青:《海岱地区周代墓葬与文化分区研究》,科学出版社,2012 年。

(四) 陶器反映的器用制度

墓葬内铜器更多反映的是贵族共同的风尚,陶器则更能反映一般墓地族属自身特征。鲁故城甲组墓器物典型组合为鬲、簋、豆、罐,偶数同型。早期流行豆、簋等圈足器,春秋晚期之后流行华(花)盖器。

斗鸡台墓地等级较低,有 19 座未随葬陶器,即使随葬陶器的数量也较少。仅有春秋中期 M305 随葬铜舟 1。时代最早的西周中期 M310,陶器组合为鬲 3、盂 1、罐 1。另外,西周时期陶器还有豆或钵。该墓地未见簋,春秋时期出有罍。

药圃墓地墓葬分西周晚期和春秋晚期到战国早期两段,出土器类最符合我们对甲组墓的认识。如西周晚期的 M107,随葬鬲 4、簋 4、豆 4、罐 5。不见盂,西周晚期出有罍。

县城西北角墓地年代最早可至春秋早期,级别较高,随葬铜器较多。M202,春秋中期。铜盘带铭文,陶器组合为鬲 2、盂 2、罍 2、罐 1、豆 2,其他组合多为鬲、簋、豆、罍。M213 盖豆和豆、簋共出,年代应接近春秋晚期。M210、M211 中设有腰坑。根据 M211:1 豆盘壁特征和鬲、簋、罍、豆器物组合,二者年代也应接近晚期。

春秋晚期到战国早期墓地为城内药圃、老农业局和城外南张羊、杏坛学校墓地。该时期,甲组墓器类组合和陶器特征发生了大的变化,该时期流行仿铜陶礼器,器类多样,器形规整,装饰华丽,器表饰彩绘、锡衣,彩绘仿青铜器和漆器纹饰,锡衣仿青铜纹饰[1]。

根据陶器类型学研究和器物组合,可把这个时期的墓葬分为三个阶段。春秋晚期以陶鼎、华盖壶、盖豆(盖豆可分两型,为深腹大碗形、矮高台圈足豆和细柄豆)、簠、罍等仿铜陶礼器为主,如老农业局 M18、药圃 M115;春战之际,以鼎、华盖壶、盖豆、卮、方座龙耳簋、圈足龙耳簋、匜、舟、盆、斗等仿铜陶礼器为主,如老农业局 M48、药圃 M116。战国早期新增瓒和斗并存,另有盒、耳杯,如南张羊墓地 M7,大部分器物饰朱砂彩绘,主要器类如盖豆、壶、簋、簠等仍遵循偶数同型原则。

曲阜地区西汉早至中早期的陶鼎、盒、匜、圈足小陶壶组合应该由鲁故城战国中晚期墓葬器物组合发展而来。其中盒见于如鲁故城宫城城墙外侧小型墓 M17,东西向竖穴土坑,随葬陶豆、盂、罐、杯、盒。陶盒在该时期出现,即战国中晚期。圈

---

[1] 　郭梦、殷晏华:《山东地区东周时期的锡衣陶》,《中国文物报》,待刊。

足小陶壶则大量发现于乙组墓 M3、M54 中[1]，该器类的铜器版本来自如乙组墓
18WFTM1 战国早、中期的圈足壶。故推测鲁故城战国中晚期时，未必再有甲、乙
组墓的分类。

图二　老农业局墓地 M18 部分陶器
1. 盖豆　2. 器盖　3. 壶　4. 敦　5. 罐　6. 鼎

　　彩绘陶与锡衣陶均从春秋晚期开始出现，二者装饰在仿铜陶礼器上，不重复装饰
于同一器物。在鲁故城内，锡衣陶级别应更高，体现在鼎、匜、盖豆、罍上，如老农业局
M18 鼎上腹部装饰。

―――――――――――

[1]　张吉:《试论曲阜鲁国故城晚期乙组墓》,《古代文明研究通讯》(总第七十九期),北京大学震旦古代文明研究中心,2018 年。

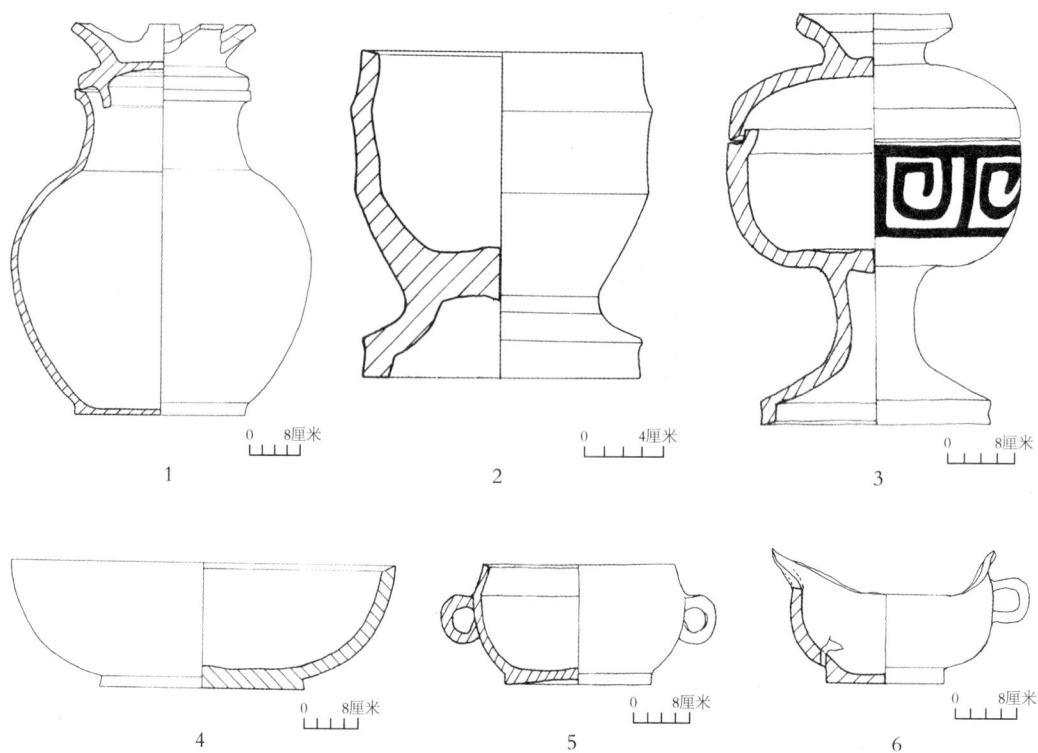

图三　老农业局 M48 部分陶器

1. 壶　2. 簋　3. 盖豆　4. 盆　5. 舟　6. 匜

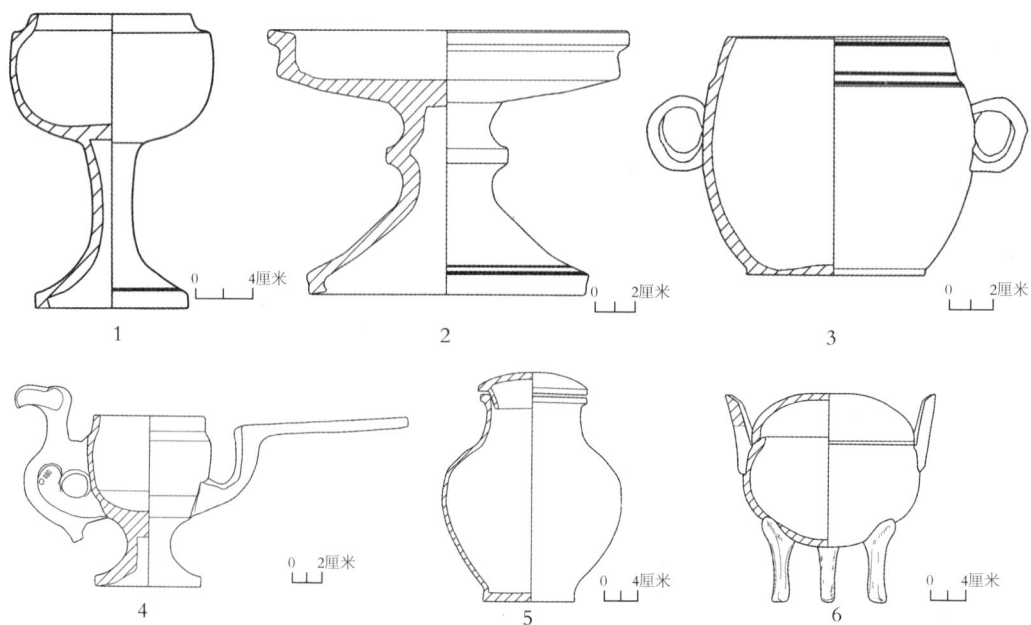

图四　南张羊墓地部分陶器

1. 豆　2. 笾　3. 舟　4. 瓒　5. 壶　6. 鼎

(五) 鲁故城墓葬初步分析

1. 陶器反映的文化因素

关于陶器的文化因素,王青先生在《海岱地区周代墓葬与文化分区研究》中,有过详尽论述。鲁故城陶器自西周到战国早中期,主要受三方面文化因素的影响,京畿地区西周(丰镐王城)、东周(洛阳王城)的周文化因素,商因素,东夷因素,共同影响了鲁文化的陶器面貌。自春秋晚期开始,吴越、楚等文化因素影响到鲁国,一直到战国、汉代。

目前看,西周时期鲁文化主要继承周原和京畿地区周人传统,结合鲁南夷人文化传统,形成了该时期的鲁文化面貌。

乙组墓主要继承周人因素,且贯穿于西周春秋时期。相比而言甲组墓与京畿地区差异明显,其墓葬等级较低,与生产、居住遗址相近,沿河分布[1],推测其墓主应为当地夷人,由别处迁移而来。根据文献记载和考古发掘资料,曲阜地区在中商、晚商时期,均为核心区域,该区域的夷人有着浓厚的商文化背景。在曲阜周边西周中期聚落,如果庄遗址中,陶鬲、簋、罐可见有商、东夷文化因素[2]。

无论甲乙组墓,西周晚期到春秋早期,均在一段时间内流行过素面褐陶鬲,包括乙组的扉棱鬲和甲组的柱状足小鬲。素面红(褐)陶器为东夷人特征,其背后的原因需要进一步探讨。

春秋早期之后,扉棱鬲消失在乙组墓墓葬组合中,作为明器的小鬲在甲组墓中也消失不见,甲、乙组墓均代之以折沿有肩鬲。甲组墓西周时期的豆式簋转变为宽沿高柄杯式簋,其形制与发展进程甚至与胶东半岛的簋相近,应为东夷人对簋的改造。乙组墓鬲、罐组合一直延续至春秋晚期,在男性墓中,该组合没有任何大的变化,可见乙组墓代表的鲁人对先周葬制的继承。到了战国早中期,乙组墓陶器组合变为釜(鬲)、罐,是对春秋时期的继承和发展。战国中晚期后,陶器呈现另一种面貌,张吉先生有专文论述[3]。乙组墓地中的女性墓很有特点,春秋晚期出有铜盖豆、陶彩绘圈足陶

[1] 韩辉、张海萍:《浅析鲁故城西周遗存》,《青铜器与山东古国学术研讨会论文集》,上海古籍出版社,2017年。

[2] 山东省文物考古研究院:《曲阜果庄遗址考古发掘报告》,《海岱考古》(第十二辑),科学出版社,2019年。

[3] 张吉:《试论曲阜鲁国故城晚期乙组墓》,《古代文明研究通讯》(总第七十九期),北京大学震旦古代文明研究中心,2018年。

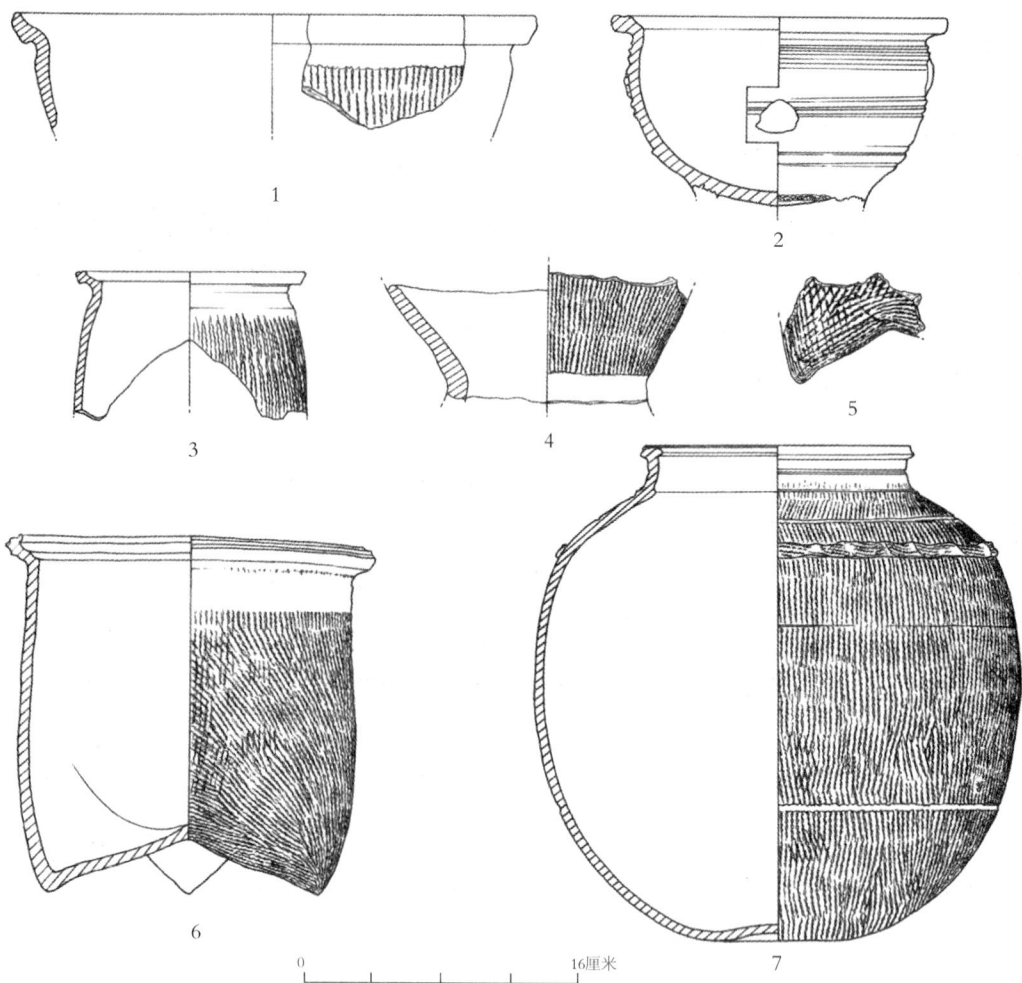

图五　曲阜果庄遗址西周陶器

壶,这在《鲁故城》中,都被看作是甲组墓的特点。应是婚姻造成随葬器物的不同,也可以看作是甲组墓对乙组墓的影响。

春秋晚期甲组墓出现的大量仿铜陶礼器,烧造火候较低,呈规模化生产,为明器,与东周王城、燕、晋、楚等地相似。其来源和发展变化应与中原因素相关,但又有自己的特点。鲁故城甲组墓乃至鲁中、鲁南陶器的器表彩绘和锡衣除了受中原影响外,还有楚文化南渐和殷墟晚期锡衣陶制作风格的隔代遗传,在春秋晚期可能有复古倾向。

鲁故城内的吴越、楚文化因素,刘延常先生有过论述。作为陶礼器的筵从器形到纹饰均受到漆木器的影响,可能是南方文化北进导致。

甲组墓与乙组墓之间也互有影响,如药圃、老农业局墓地出土较多石圭,应是受乙组墓的影响。

2. 族属

学界一般认可乙组墓为姬姓周人墓。甲组墓西周乃至东周时期为东夷人或殷遗民还存在争议。

一般大家认为，陶器偶数同型，腰坑葬狗为商人特征。但如张学海先生所言："夷人和商人有着密切联系，社会经济发展阶段也大致相同。……人殉作为一种习俗，是殷俗、夷俗；作为一种葬制，是殷礼和夷礼。""近年在临淄齐故城发掘了一批西周末年至战国时期的墓葬，其中西周末年至春秋中期墓的陶器组合有鼎（呈三足钵和三足盘形）、豆、簋、罐和鬲、豆、盂、罐两种，每器各以四或六的偶数组成组合。鲁城甲组西周、春秋墓的'四四''四二'陶器组合原则，显然与上两地有密切联系，应属于同一文化系统。说明这种以四种陶器为主，并基本上各以相同的偶数组成的组合，是山东地区我国东部地区墓葬陶器组合的一种稳固的制度。"[1]

甲组墓西周时期不见铜礼器，地位较为低下，为殷遗民手工业贵族的可能性较小。春秋时期，甲组墓地位明显上升，显著体现在县城西北角、老农业局墓地上，尤其是老农业局墓地。老农业局墓地被盗非常严重，仍有5座墓出铜鼎。其中M6残留铜鼎3个，另有铜舟3、敦4、盘1、匜1、簋2、豆2；陶器为罍、罐、盖豆，年代为春秋晚期早段。男性墓随葬石圭是受乙组墓的影响，男性墓中车马器、兵器较常见，彩绘角镳非常精美。最大的M40面积可达30平方米。墓地南部分布6处车马坑，其中1号、2号大型车马坑为4马1车。1号车马坑埋有4车、20匹马，显然为僭越行为。《左传·定公六年》载"阳虎又盟公及三桓于周社，盟国人于亳社"，反映了国人地位的上升，东周时期身份特殊者在随葬品（至少车马的随葬）的使用上可能超越了当时社会认定的由随葬品标志身份的限制，以超过其身份等级的随葬品数目来作为墓主人非凡身份及财富的象征。

甲组墓春秋晚期的随葬品绝大多数为仿铜陶礼器，器表纹饰精美，富有浓重艺术气息。《孔子家语·相鲁》："孔子初仕，为中都宰。制为养生送死之节……路无拾遗，器不雕伪。为四寸之棺，五寸之椁，因丘陵为坟，不封、不树。行之一年，而西方之诸侯则焉。""器不雕伪"，应为器表不进行装饰的意思。《周礼·地官司徒第二·司市》"凡市伪饰之禁，在民者十有二，在商者十有二，在贾者十有二，在工者十有二。"东汉时期，王符认为市场上，"好造雕琢之器巧伪饬之"，提倡"物以任用为要，

---

[1] 张学海：《试论鲁城两周墓葬的类型、族属及其反映的问题》，《中国考古学会第四次年会论文集（1983）》，文物出版社，1985年。

以坚牢为资"《潜夫论·务本》,反映了孔子与王符对器物形制的共同偏好,也反映了孔子时代器表装饰风气的盛行。孔子虽然为殷商人后裔,但崇尚周人习俗,"吾从周也"。

另外,甲组墓内部应存在不同族属,并且有等级的差异。上文提到,老农业局墓地、县城西北角墓地和药圃墓地、斗鸡台墓地,可能为两个族群,需要进一步的考古工作证实。老农业局墓地内部也存在等级差异。如 M9、M79 为小型墓,出有陶盂,属日用陶器,与罐同出,鬲则不多出,其中一件随葬在墓葬填土顶部一侧,为后补上的器物,可见春秋晚期鬲作为随葬品的随意性。

甲组墓不同的族属容易与西周早期分封给鲁国的殷民六族产生关联。目前,仅兖州李官发现"索氏"铜器[1],可能为索氏部族所在。以此推测,"殷遗民"墓中应该出土有族名铜器。王恩田先生认为,鲁国所分殷民六族,为鲁南自商末即存在的六个部族,后封给鲁,未必存在于鲁故城内。

下面,我们要结合鲁故城周边墓地与鲁故城进行比较研究。

三、鲁故城周边墓地

(一) 泗水尹家城周代墓地[2]

墓地位于泗水县西部,泗河南部,应为鲁国腹心区域。报告将周代墓地分为三期,分别为西周晚期、春秋早中期和春秋晚期。

1. 器物组合

一期器物组合以陶豆、盂、罐为主,见鬲、簋。如 M8。

二期器物组合在前期基础上新增鬲、豆(罐)组合。M15、M16 随葬器物为陶鬲、豆、罐,M22、M24 随葬器物为陶豆、盂、罐。

三期器物组合以陶豆、盂、罐和鬲、豆为主,新出现盖豆、盘、匜、罍等器物。M5 随葬器物有盖豆、瓶、罍、盘、匜等仿铜陶礼器,另有盂、罐等日用器,年代可能晚至春战之际。

---

[1] 郭克煜:《鲁国出土金文考》(油印本,未出版)。

[2] 山东省文物考古研究所、泗水县文物管理所:《2000 年泗水尹家城遗址发掘报告》,《海岱考古》(第二辑),科学出版社,2007 年。

2. 葬俗阶段性变化

均为长方形土坑竖穴墓,仰身直肢。

一期:有的带二层台及腰坑,腰坑内殉狗。头向东南。

二期:大部分墓葬带二层台及壁龛,个别二层台上有狗骨,少部分墓葬带腰坑并殉狗。头向各个方向都有,以东南和东北方向居多。

三期:均带有二层台,无腰坑,无壁龛,出现一棺一椁葬具。头大多朝向东南。

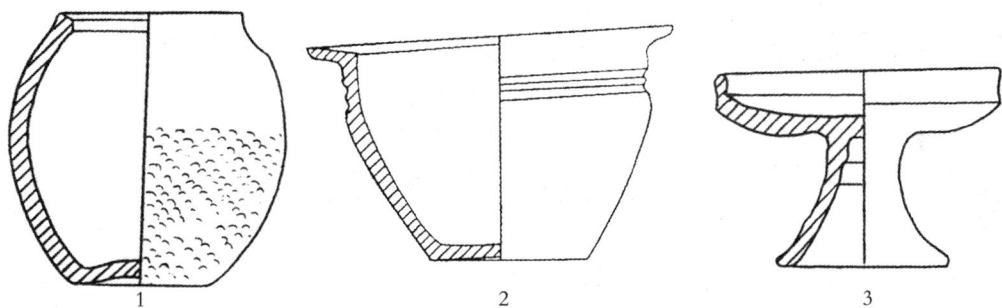

图六　尹家城周代墓葬一期陶器组合(M8)

1. 罐　2. 盂　3. 豆

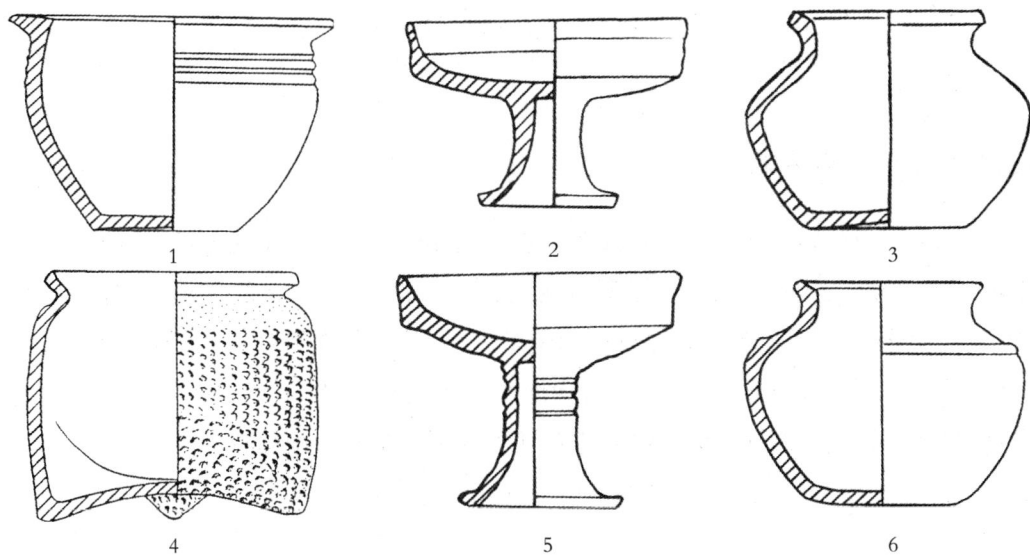

图七　尹家城周代墓葬二期陶器组合(M22上　M16下)

1. 盂　2、5. 豆　3、6. 罐　4. 鬲

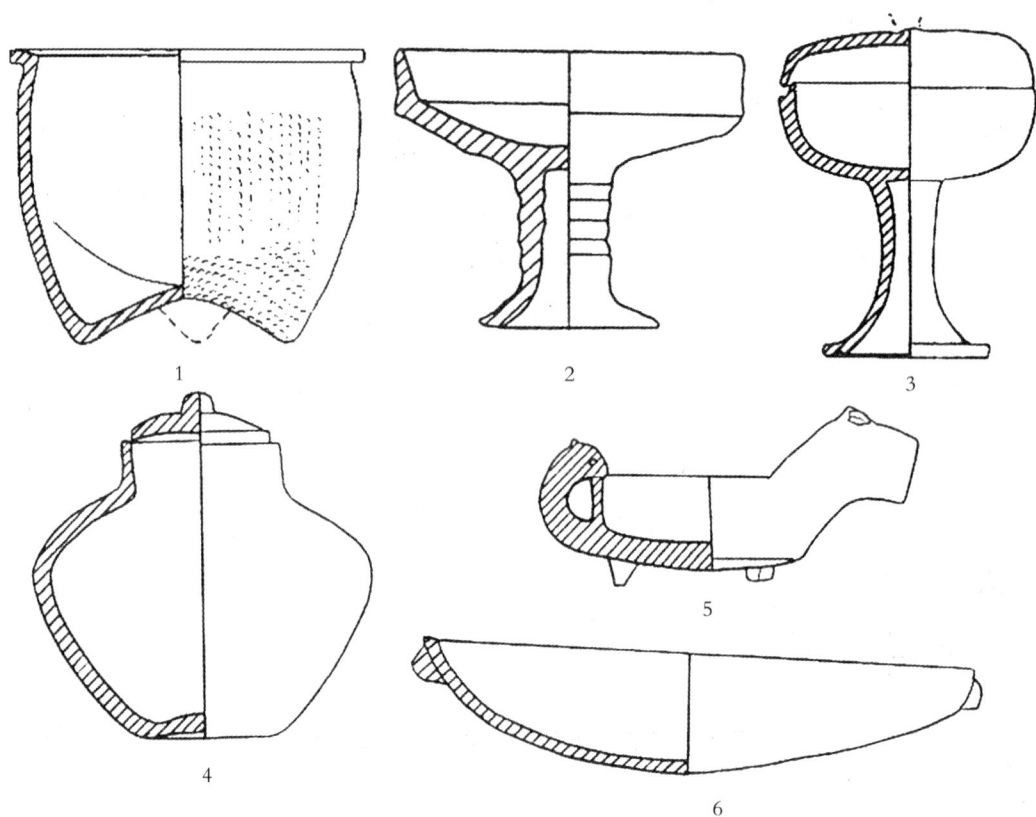

图八　尹家城周代墓葬三期陶器组合(1—2:M3　3—6:M5)
1.鬲　2.豆　3.盖豆　4.罍　5.匜　6.盘

(二) 泗水天齐庙遗址[1]

遗址位于泗水县东部,泗张镇天齐庙村北,泗河上游。墓葬为土坑竖穴墓,没有发现葬具痕迹。随葬物品贫乏,器型有陶鬲、罐、簋、豆。报告自称"(第五阶段)墓葬的形制、随葬品组合等,都同鲁故城甲组墓基本相同"。器物组合与药圃墓地相仿,文化因素更加复杂,殷商遗风、东夷因素和淮系风格均有,体现了该地区文化面貌的复杂性,也体现了该时期该地区族群的稳定性和鲁国的东部边地面貌。

---

[1]　国家文物局田野考古领队培训班:《泗水天齐庙遗址发掘的主要收获》,《文物》1994 年第 12 期。

图九　泗水天齐庙陶器

1. 豆(M57：1)　2. 罐(M55：3)　3. 簋(M55：2)　4. 鬲(M55：4)

(三)新泰郭家泉墓地[1]

墓地位于新泰市小协镇郭家泉村北柴汶河北岸,1982 年山东大学在此发掘 21 座东周墓葬,报告把墓葬分为三期五段。

1. 器物组合

一期 3 座,年代为春秋中期。随葬陶器以日用陶器为主,器物组合为鬲、盂、豆、罐,其后两期均延承该日用陶器组合。仿铜陶礼器有鼎、甒。

二期 5 座。前段年代为春秋晚期,仿铜陶礼器有鼎、盖豆、甒、卮,豆、盖豆、鼎等主要器类,尤其是盖豆,遵循偶数同型原则。后段年代为春战之际,仿铜陶礼器有鼎、

---

[1]　山东大学历史系考古专业、山东省新泰市文化局:《山东新泰郭家泉东周墓》,《考古学报》1989年第 4 期。

罍、匜。

三期 7 座。M16、M17 为战国早期,彩绘陶盖豆、圈足陶盖壶出现。M5、M6 等为战国中期、战国中晚期,此时出现齐文化高柄豆、盖豆、盖壶、匜,均为彩绘陶器。

2. 葬俗阶段性变化

均为小型长方形土坑竖穴墓,仰身直肢。墓葬木椁四周及上下一般填含砂的青膏泥。

一期:头向东。陶器如 M1 就置于椁外,棺椁之间随葬铜剑、戈。

二期:头向南北、东西均有,设壁龛。如 M11 东西向,设有壁龛。M9 南北向,头北;壁龛内置陶鼎、盖豆、豆各 2,罍 3,舟、盘、匜各 1;棺椁之间铜舟 1。M14 棺椁之间陶鬲、罐、钵各 1,豆 2。

三期:延承上一期。

(四) 平阴周河遗址[1]

遗址位于平阴县洪范池镇周河村北浪溪河支流旁的高台地上。1994 年山东大学在此进行考古发掘,发现大汶口、东周时期的墓葬、灰坑、沟、房址等,共清理发掘 6 座东周墓葬。

1. 器物组合

均为陶器。

一期(春秋中期)器物组合主要为鬲、簋、豆、罐和鬲、盂、豆、罐。M5 随葬器物有鬲、簋、豆、罐,M6 随葬器物有鬲、盂、豆、罐。

二期(春秋晚期)器物组合与前期差别不大,仍以鬲、簋、豆、罐和鬲、盂、豆、罐为主。M2 随葬器物有鬲、簋、豆、罐;M7 随葬器物有鬲、盂、豆、罐,鬲为素面;M3 的器物组合中少罐,为鬲、盂、豆。

2. 葬俗阶段性变化

中小型墓葬,皆为竖穴土坑墓。

一期(春秋中期):头向各个方向都有。墓葬多为熟土二层台、壁龛及腰坑的组合,随葬品多位于壁龛内或二层台上。多为单棺,仰身直肢葬。M6 一棺一椁,头向

---

[1] 平阴周河遗址考古队:《山东平阴县周河遗址东周遗存发掘简报》,《考古》2018 年第 12 期。

东,为侧身屈肢葬,有腰坑和壁龛。另外,M5 填土内埋有狗骨,M10 足端置石块。

二期(春秋晚期):多在头端带二层台。均为单棺,仰身直肢葬,头向各个方向均有。另外,M3 有随葬蚌器的葬俗,M7 有口含海贝的葬俗。女性墓葬中出土陶纺轮。随葬品多置于棺内、二层台上或壁龛内。

(五) 新泰周家庄墓地[1]

墓地位于新泰市青龙街道办事处周家庄东南,地处鲁中山区。2002 年山东省文物考古研究所联合新泰市博物馆对其进行了发掘,清理东周墓葬 78 座。《新泰周家庄东周墓地》报告将墓地分为四期,第一期为春秋晚期早段,其余三期分别为春秋晚期晚段、战国早期和战国中期。

根据墓葬器物组合,锡陶、彩绘陶器表装饰分析,周家庄墓地早期与鲁故城甲组墓具有较强的一致性,体现明显的鲁文化风格,以一期为例。

1. 器物组合

日用陶器常见素面蛇纹鬲,体现当地土著因素。仿铜陶礼器常见鼎、盖豆、壶、簠等,主要器类偶数同型。以典型墓葬为例。M9 随葬仿铜陶礼器鼎 2、盖豆 2、罍 2、匜1、盘 1,日用陶器为素面蛇纹鬲 2、罐 1。M48 随葬仿铜陶礼器鼎 1、盖豆 4、罍 2、盘 1、卮 2、有领罐 2。盖豆上压印的短横线纹饰,应为锡衣陶装饰。有领罐,鲁故城内老农业局墓地同类器物饰锡衣,带盖,为陶礼器。铜器共存鼎 1、盖豆 2、舟 2,另有兵器和车马器。戈胡部有"叔中"二字铭文。该墓墓主应为士一等级。M7 随葬仿铜陶礼器鼎 4、有领罐(或为壶)2、华盖壶 4、龙耳簠 8(方座簠 4)、笾 4。

小型墓如 M47 随葬仿铜陶礼器陶豆 2、盖豆 2、罐 2、罍 2、敦 1。

2. 葬俗

一期墓葬中,12 座头北,3 座头东。均为长方形土坑竖穴墓,多仰身直肢葬。如M9 南北向,头北,熟土二层台,置动物骨骼。M7 东西向,头东,有二层台,设腰坑、边箱,棺内放石圭,二层台殉 2 人。小型墓葬如 M58 可见椁底部使用青膏泥现象,另设脚箱,置羊骨,椁顶殉狗。M62 脚坑内葬小狗。

---

[1] 山东省文物考古研究所、新泰市博物馆:《新泰周家庄东周墓地》,文物出版社,2014 年。

四、鲁文化墓葬特征初步分析

1. 葬俗

目前,仅于鲁故城内才存在乙组墓,为姬姓周人墓地。葬俗上文已经谈到,继承了典型周原地区先周时期周人葬俗,体现了"周礼尽在鲁矣"的特点。

鲁故城之外的墓葬,综合葬制葬俗与随葬器物,尹家城东周墓地、周河墓地等级较低;郭家泉墓地为"有禄之士",等级稍高,与鲁故城城内甲组墓近似。

头向:墓地中东西向墓葬普遍,头东为主。鲁国东部的尹家城墓地、东境的天齐庙周代墓地、北境的平阴周河东周墓地,东西、南北向均有。东北境的新泰郭家泉墓地春秋中期东西向,春秋晚期到战国中期东西、南北向均有。

二层台:鲁故城、尹家城、周河等多有二层台。周河墓地为头端设台。

腰坑殉狗:在尹家城墓地西周晚期到春秋中期均存在,晚期不见,春秋中期个别二层台上有狗骨。周河春秋中期有腰坑,M5填土内埋有狗骨。说明西周晚期至春秋早期,鲁故城及周边腰坑较为普遍;春秋中期后,数量减少。

壁龛:郭家泉墓地、周河墓地春秋中期至春战之际,壁龛置器物。尹家城春秋中期有壁龛。

青膏泥:郭家泉墓葬木椁四周及上下一般填含砂的青膏泥。

鲁故城内甲组墓有熟土二层台;头东向见于斗鸡台墓地,主要为南向和北向;腰坑殉狗盛行于西周中晚期,延续至春秋中期,春秋晚期及战国早期移至城外较低等级甲组墓。

2. 陶器器用制度

日用陶器:陶器组合为豆、盂、罐(或加鬲)。尹家城墓地西周晚期至春秋中期,与西周时期鲁故城斗鸡台墓地类似,西周晚期的豆、罐有地方特色。新泰郭家泉墓地随葬陶器兼日用陶器和仿铜陶礼器,日用陶器一直为鬲、盂、豆、罐,鬲见有足尖抹光特点,应有商的因素。

陶器组合为鬲、罐、簋、豆,见于泗水天齐庙周代墓地,与鲁故城药圃、县城西北角墓地春秋晚期之前近似。周河东周墓地器物组合鬲、簋、豆、罐和鬲、盂、豆、罐兼有。为鲁文化陶器器类,簋具有地方特点。

仿铜陶礼器:尹家城墓地春秋晚期出现了仿铜陶礼器盖豆、盘、匜、罍,与鲁国故城一致,但是数量较少,没有彩绘。

郭家泉墓地春秋中期即有仿铜陶礼器鼎、罍。M9 出有彩绘陶罍。罍饰彩绘在鲁故城内未发现,在滕州大韩墓地[1]则为普遍现象。如王青先生所说,罍为东夷人创造的器类。春秋晚期仿铜陶礼器与鲁故城主要器类一致,风格相近。圈足壶也同样出现于战国早期,彩绘与鲁故城不同,为红白彩,仿铜纹饰。彩绘,春秋黄彩;战国改用白地红彩,红黄、红白复彩,与洛阳中州路东周墓地[2]彩绘相近;战国中期之后,受齐文化影响较大。

偶数同型原则:仿铜陶礼器鼎、盖豆、簠、壶等主要器类普遍执行该原则。

3. 再议周家庄墓地

周家庄墓地为一处特殊的墓地,文化因素复杂。其等级较高,多为士,高至大夫级。头向以南北向为主,设腰坑、边箱,低等级墓均施青膏泥。近似郭家泉墓地。

周家庄墓地陶器大量使用仿铜陶礼器,与鲁故城甲组墓组合相近、风格相近,尤其是华盖壶、簠、匜、龙耳簠,执行偶数同型原则;大量使用红色朱砂彩绘和锡衣装饰陶礼器,也与鲁故城一致。鲁故城老农业局墓地 M18 陶器通体饰黑陶衣,绘红彩图案,该风格常见于滕州大韩墓地,周家庄少见黑陶衣。老农业局墓地晚于 M18 的 M48 则与周家庄一致,彩绘直接施在器表上,多灰陶,或有一层陶衣,纹饰主要使用几何纹,包括波曲纹、雷纹、涡纹、重环纹等。据李零先生《山纹考》的纹饰考证,周家庄、鲁故城华盖壶盖及腹部装饰纹饰可解释为山纹。小型墓如 M10 陶礼器少,鼎、敦、盆器形也与鲁故城基本一致。综上,周家庄墓地陶器风格与齐文化有很大不同,与鲁故城甲组墓更为一致。

另外周家庄墓地文化因素较多,包括众多当地因素,主要体现在日用陶器上。鬲为最敏感的一种器类,周家庄陶鬲多为素面,上部饰蛇纹,为当地夷人风格,兼具北方因素。M3 的浅盘豆、绳纹鬲、鼎均有东夷土著风格,鼎为三足钵或三足盘形,与齐故城同时期相近;壶盖顶蛇纹为土著特征,壶龙形耳也可视为当地因素,该墓从葬俗到器物均夷人因素较多。M58 簠、簠纹饰为花枝纹,较为细密繁缛,与鲁故城不同,壶盖饰云气纹延续至汉代。

另外个别墓葬,如 M28 墓内用河卵石支垫,受齐文化影响。

如王青先生所言"周家庄墓地的埋入人员除了齐国将士和居民外,还有大量已被

---

[1] 据山东省文物考古研究院滕州大韩墓地发掘资料。

[2] 中国科学院考古研究所:《洛阳中州路(西工段)》,科学出版社,1959 年。

征服的当地原属鲁国的居民及其后裔"[1]。

周家庄墓地较郭家泉东周墓地等级更高，在被齐国征服前，与鲁国都城联系更为密切。《春秋·宣公八年》载鲁国"城平阳"，即指周家庄一带，为鲁地，故含有浓厚的鲁文化因素，尤其是鲁礼的代表——仿铜陶礼器器类。

4. 认识

通过鲁故城及周边墓葬葬俗和器用制度分析，可知鲁故城内甲组墓，周边近的如尹家城墓地，远的如北境的周河墓地、东北的郭家泉、周家庄墓地等，以头东向（大部分）、腰坑殉狗、壁龛等葬俗，早期随葬日用陶器，晚期崇尚仿铜陶礼器为特征，构成了相对鲁故城乙组墓的第二类墓葬群，应为东夷土著墓地。其葬俗及陶器器型、器用制度，与山东周代，如齐地墓葬，有较多的共同处，但更多的是不同。主要体现在殉人、器物箱和仿铜陶礼器的组合及特征上，原因应是文化因素来源的差异。曲阜地区是东夷、商文化的核心区之一，又是"周礼"的继承者。在鲁故城及周边区域，以周文化因素为主的各类文化融合发展，形成了鲁文化区。

鲁文化区地理环境较为复杂，古部族众多，文中各墓地各有自身特点。鲁故城周边，于新泰、泗水等区域还存在着鲁国"邑"级别的中心聚落，新泰为"平阳邑"，泗水为"卞邑"（泗水县还清理有其他春秋晚期士一级墓地，出土铜器和大量彩绘陶礼器）。其族属应主要为东夷土著，与姬姓周人共同组成鲁国的主体阶层。曲阜周边如宁阳、汶上县，兖州市等区域还需要进一步的考古工作来推进鲁国、鲁文化研究。

---

[1] 王青：《研究东周时期齐国南疆城邑的典型样本——〈新泰周家庄东周墓地〉读后》，《考古》2017 年第 1 期。

齐鲁文化的考古学解读

刘延常[1]　刘　智[2]

1. 山东省文物考古研究院　2. 山东大学历史文化学院

齐鲁文化泛指今天山东地区的古代传统文化,狭义的概念则是周代以齐国、鲁国为代表的东方地域文化,因多种文化及其因素的互动与融合,形成了以孔子与儒家学说为代表的思想文化体系,汉代以后逐渐成为中华传统文化的核心组成部分。本文以考古发现与研究为基础,解读齐鲁文化的构成要素、形成背景和形成过程,旨在深入挖掘、阐发、弘扬和传承齐鲁文化,发挥考古学的独特作用,对讲清楚中华民族传统文化的渊源、文化心理认同和价值理念的传承延续具有重要的学术价值和现实意义。

一、齐鲁文化内涵的考古学文化构成

本文齐鲁文化内涵主要包括山东地区周代考古学文化、古国文化遗存和周边周代文化遗存,这三大部分文化遗存的演变、交流与融合,是齐鲁文化形成的内因。

(一) 山东地区周代考古学文化

包括齐文化、鲁文化、莒文化、莱文化、珍珠门文化和泗河中游地区的周代文化,各考古学文化具有自己的特征、时空变化和发展轨迹,相互之间的交流融合日趋频繁,考古学文化发展变化与交流融合是齐鲁文化形成的基础。

1. 齐文化

关于齐文化,其考古资料最丰富,研究成果最丰硕。齐文化发展是动态的,范围不断扩大,形成于西周中晚期,春秋时期快速发展,战国时期最为繁荣。西周中晚期

　　齐文化主要分布在以临淄为中心的鲁北地区中部,向西至高青县、广饶县,向东发展到青州市、昌乐县,文化面貌彰显出自己的特点;齐文化在春秋早中期向东到达潍水以西地区,向西分布至济水以东济南地区,向东南部到达沂山山脉以南区域;春秋晚期则重点向齐国的西南——汶河上游地区扩张,向东扩展至胶东半岛;战国早中期齐文化已经分布至汶河上游,向东南扩展至沂沭河上游地区;战国晚期向东已经到达长岛列岛,向西至济水以西区域,向东南达鲁东南地区腹地和苏北地区[1](图一、二)。

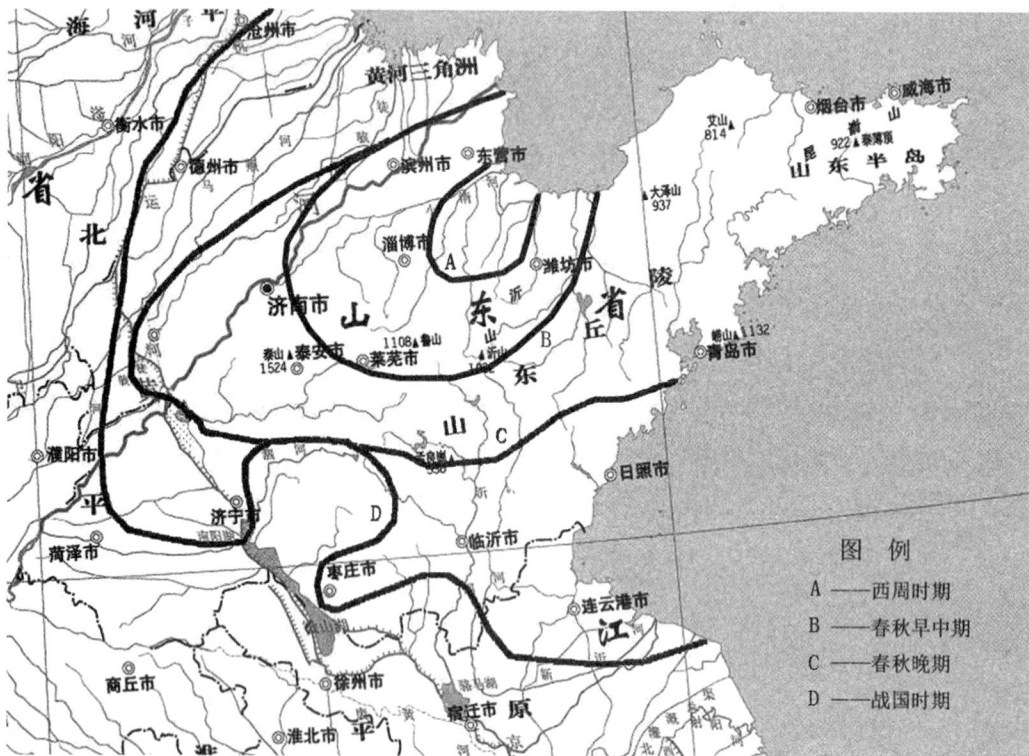

图一　齐文化动态发展分布示意图

　　以临淄为中心的鲁北地区在商代晚期其文化面貌即由商文化与土著文化融合形成了一种新的地方文化,有商文化因素、夷人文化因素(珍珠门文化)和融合的文化因素。西周早中期周文化与夷人文化融合、共存,西周中晚期形成齐文化——以周文化因素为主,东周时期齐文化地域特点形成——具体体现在墓葬、陶器组合及其特征、青铜器群及其特征等诸方面。齐文化早期吸收商文化、周文化因素较多,东周时期则呈现出更多的东夷文化特点,如夹砂素面红褐陶器从商代晚期至战国早中期不同程

　　[1]　刘延常、王子孟:《考古学视野下的齐文化发展与融合》,《管子学刊》2019年第2期;刘智:《鲁东南苏北地区的东周齐文化遗存及相关问题浅析》,见本书。

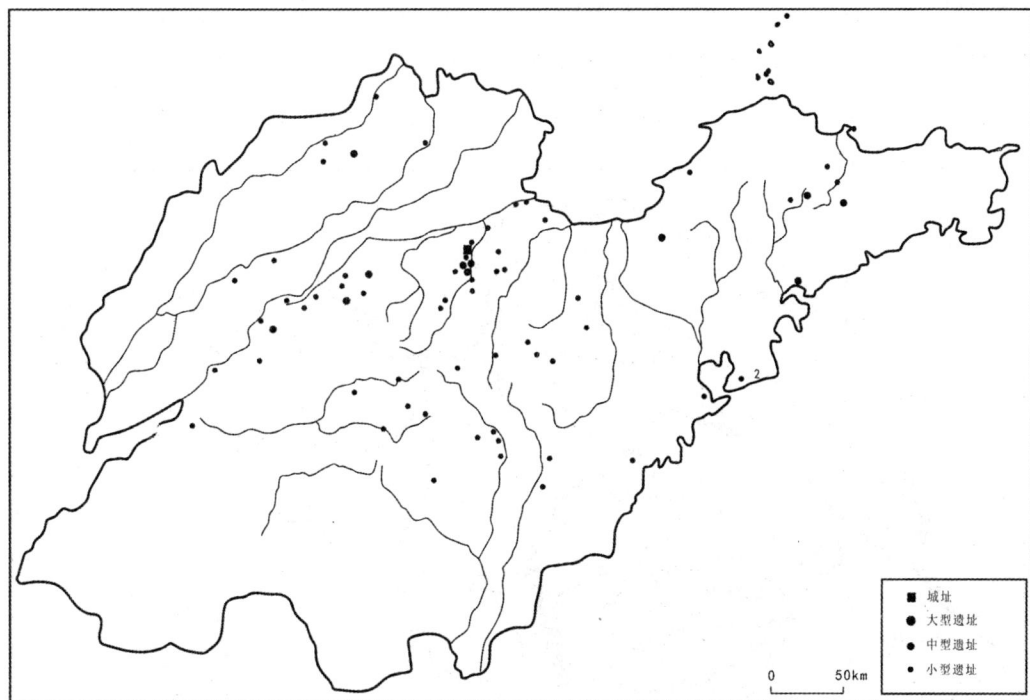

图二　齐文化重要遗存分布示意图

度地存在,所以说齐文化区的基因是东夷文化,同时接受商文化、周文化因素形成的。

　　齐文化与胶东半岛的莱文化在西周中晚期至春秋中晚期是并行的,春秋晚期以后齐文化代替了莱文化;齐文化与鲁东南地区的莒文化在西周中晚期至春秋晚期是并行的,战国早期以后齐文化代替了莒文化;齐文化与其西南部、西部的鲁文化在西周中晚期至春秋晚期早段是并行的,春秋晚期晚段以后至战国时期,齐文化覆盖了鲁文化北部的广大区域。因此,齐文化与莱文化、莒文化、鲁文化有密切关系,其中就包括莱国、纪国、莒国、鲁国等诸多文化因素,在齐文化区域内也发现诸多吴、越、楚、燕、宋、赵、魏、韩等古国文化因素。

　　总之,齐文化是以东夷文化为基础不断扩展的,与周边文化不断交流融合的,自始至终是包容开放、兼收并蓄的文化,是齐鲁文化的核心组成部分。

2. 鲁文化

　　鲁文化主要分布在汶泗流域,其发展变化是动态的,随着从西周早期到春秋早期再至战国时期的发展,其空间分布也由小变大再缩小。西周晚期至战国早期,鲁文化向南至邹城市北境,从最近两年发掘的邹城邾国故城、枣庄东江遗址出土陶器分析,战国中晚期鲁文化向南至滕州市中南部、枣庄山亭区;从新泰市周家庄春秋晚期至战国晚期墓葬的发掘分析,泰安市、莱芜市境内大汶河支流——牟汶河流域及新泰市境内柴汶河流域出土较多的战国中晚期齐文化墓葬、兵器,证明鲁国势力及鲁文化已退缩至大汶河中游一带;费县故城及浚河流域鲁文化则延续至战国早中期[1](图三)。

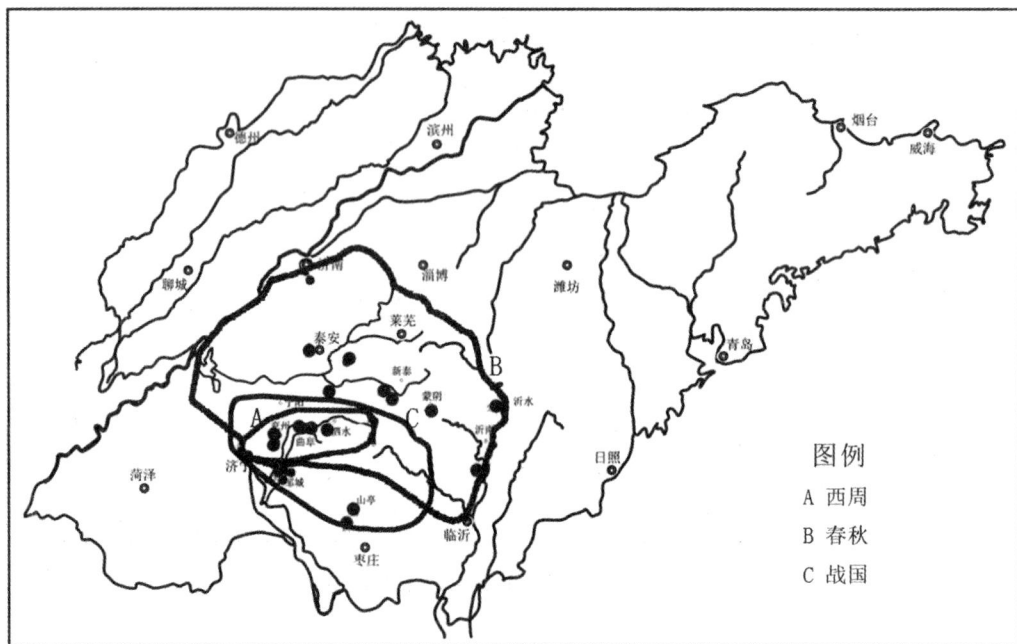

图三　鲁文化动态发展分布示意图

从墓葬特征和陶器群及其要素分析,鲁文化是周文化的继承与传承,这与文献记载也是符合的,鲁国因继承周人的礼乐典章制度和推行周王室政策而享誉诸侯,进入东周之后更是周文化的代表,与齐文化、莒文化等明显不同。春秋时期鲁文化最为繁荣,向北到达济南西部,向东至沂河以西,对莒文化和泗河中游地区影响较大,如陶盉及其变体分布范围很大。鲁文化中少量陶鬲为莒文化系统,少量盂、豆等为齐文化因素,部分楚文化因素如青铜鼎、蚁鼻钱、陶大口鬲等,少量越文化因素如青铜鼎、瓷罐、葬俗等。鲁国铭文青铜器在山东滕州、山亭、邹城、泰安、济南、莒县,河南登封等地均有发现,反映了鲁国通过姻亲、会盟等交好策略与邾国、小邾国、莒国、郑国等诸侯国的友好交流。

山东新泰、济宁、兖州、邹城、滕州等地发现的西周早期青铜器,具有晚商文化遗风,或可证明有殷遗民存在。从商代至西周,与鲁北地区不同,鲁文化区域内不见夷

---

[1]　刘延常、戴尊萍:《曲阜鲁国故城、鲁文化与传统文化》,《保护与传承视野下的鲁文化学术研讨会论文集》,上海古籍出版社,2018年。

人文化遗存。换句话说,汶泗流域在商代、西周初期,中原文化替代夷人文化比较彻底。

总之,鲁文化是周文化的延续,曲阜鲁故城及其发现是核心内容,鲁文化因素对鲁东南和鲁中南地区影响较大,鲁文化是孔子和儒家思想产生的土壤,对周文化传统的继承与传播、促进文化交流融合发挥了重要作用,是齐鲁文化的核心组成部分。

3. 莒文化

莒文化是分布于鲁东南地区西周中晚期至战国早期的考古学文化,该区域文献记载的古国包括莒国、向国、鄋国、阳国、郯国、鄫国等,以莒国势力最为强大,结合金文发现"莒"字等,将这支考古学文化称为莒文化。莒文化在西周中晚期形成自己的特点,主要表现在陶器方面,分布日照市境内;莒文化在西周晚期、春秋初期主要分布于鲁东南地区北部,青铜器开始形成自己的特点;莒文化在春秋早期、中期分布最广,也是莒国势力最强盛的时期,北部基本是与齐国的分界线,西部基本是与鲁国的分界线,南部至郯城北部;春秋晚期、战国早期,莒文化主要分布在鲁东南地区南部、东南部,战国早期以后基本消亡[1](图四)。

莒文化在西周时期继承吸收了周文化而形成了自己的特点,春秋时期又吸收了齐文化、鲁文化、楚文化、吴文化、越文化因素,莒文化区域内包括阳国、鄋国、郯国、鄫国等文化遗存,还包括齐国(莒县西大庄西周墓葬)、莱国(日照崮河崖西周墓葬)、陈国、黄国(沂水刘家店子春秋墓葬)、江国(沂水纪王崮春秋墓葬)铭文青铜器等,应为媵器,或为赗赙品,或为战利品与赠品。

莒文化陶器群、部分青铜器(如鬲)与江淮地区的淮夷文化关系密切,莒文化区域是春秋时期东土青铜器群的主要分布区域,许多新的器类产生于这里,对外传播交流较多,对东周时期青铜器种类、组合、形制、功能等产生了重要影响。

莒文化区域在商代以商文化遗存为主,而夷人文化——珍珠门文化遗存极少[2];之后周文化较早地到达这里,西周早期东夷文化因素亦很少。西周中晚期莒文化陶器呈现出周文化为主的现象,开始形成自己的特点,西周晚期至春秋初期青铜器出现自己的特点,之后莒文化大放异彩,具有鲜明的地方特色,如墓葬规模较大、棺

[1] 刘延常:《莒文化解读——一种文化发展模式的思考》,《李下蹊华——庆祝李伯谦先生八十华诞论文集》,科学出版社,2017年。

[2] 刘延常、赵国靖、刘桂峰:《鲁东南地区商代文化遗存调查与研究》,《东方考古》(第11集),科学出版社,2015年;刘延常:《从鲁东南地区商文化遗存的发现谈商人东征》,《中华之源与嵩山文明研究》(第三辑),科学出版社,2017年。

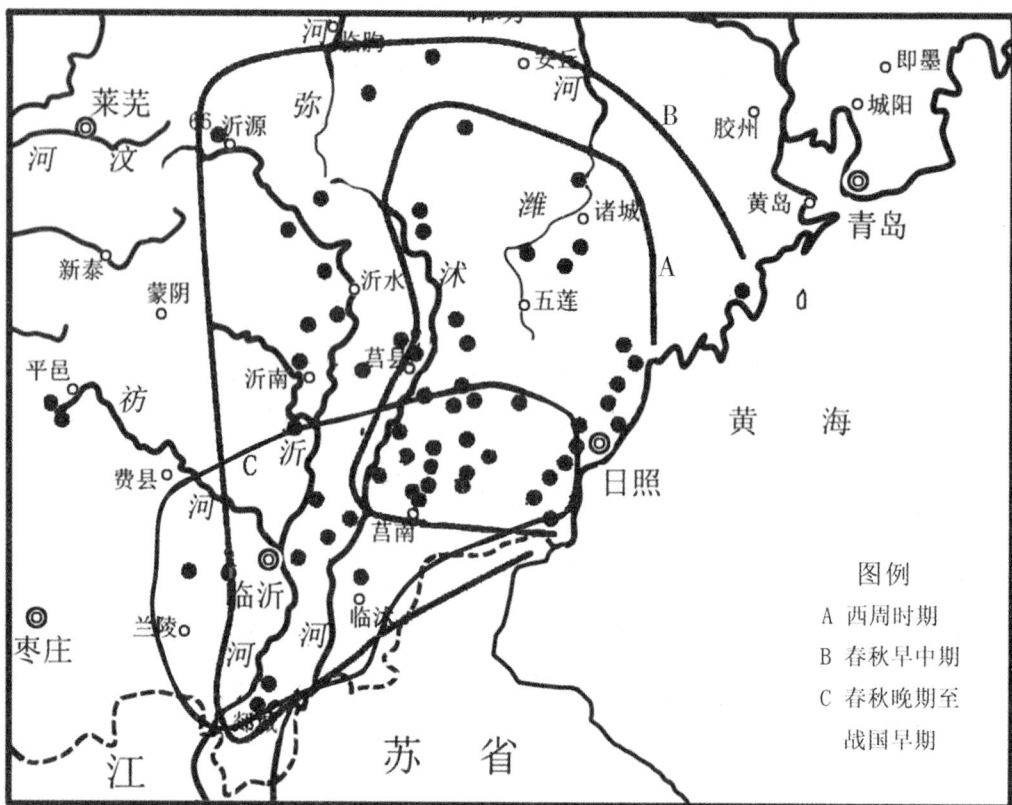

图四　莒文化动态发展分布示意图

椁重数多、殉人数量多、器物组合及其形态极具个性。

总之,莒文化受莱文化与齐文化的影响较多,与淮夷及相关古国关系密切,对鲁文化和泗河中游区域及邾、小邾等古国影响较大。莒文化具有相当活力,是齐鲁文化的重要组成部分。

4. 莱文化

莱文化主要分布于胶东半岛,形成于西周晚期,春秋早中期最为丰富,陶器和青铜器均具有地方特色,彰显出夷人文化的特点,目前王青先生对莱文化已有所论述[1](图五)。西周早中期,胶东半岛存在两种文化系统:一是周文化系统,以龙口归城为中心,周边和招远等地出土诸多铭文青铜器[2],证明周王室委派启、芮、齐等贵

---

[1]　王青:《海岱地区周代墓葬与文化分区研究》,科学出版社,2012年。

[2]　中国社会科学院考古研究所、哥伦比亚大学东亚语言和文化系、山东省文物考古研究院:《龙口归城——胶东半岛地区青铜时代国家形成过程的考古学研究(公元前1000—前500年)》,科学出版社,2018年。

族征伐莱夷与镇抚胶东半岛,陶器群明显是周文化风格;二是珍珠门文化为代表的夷人文化系统[1],以夹砂素面褐陶为代表的土著文化,代表了文化小传统。西周晚期,随着周王室的衰亡,齐国王室的内乱,莱国、纪国的复苏和回归,胶东半岛成为莱文化的核心。莱文化以周文化为主,融合土著文化而呈现出自己的特点,出现了一些新的青铜器,如折线纹壶与瓶、舟、提链小罐等,其中器类、纹样等均具有自己的特点,并传播影响至鲁东南、江淮等区域,是东土青铜器群的重要源头和主要组成部分[2]。春秋晚期,胶东半岛则成为齐文化分布区。

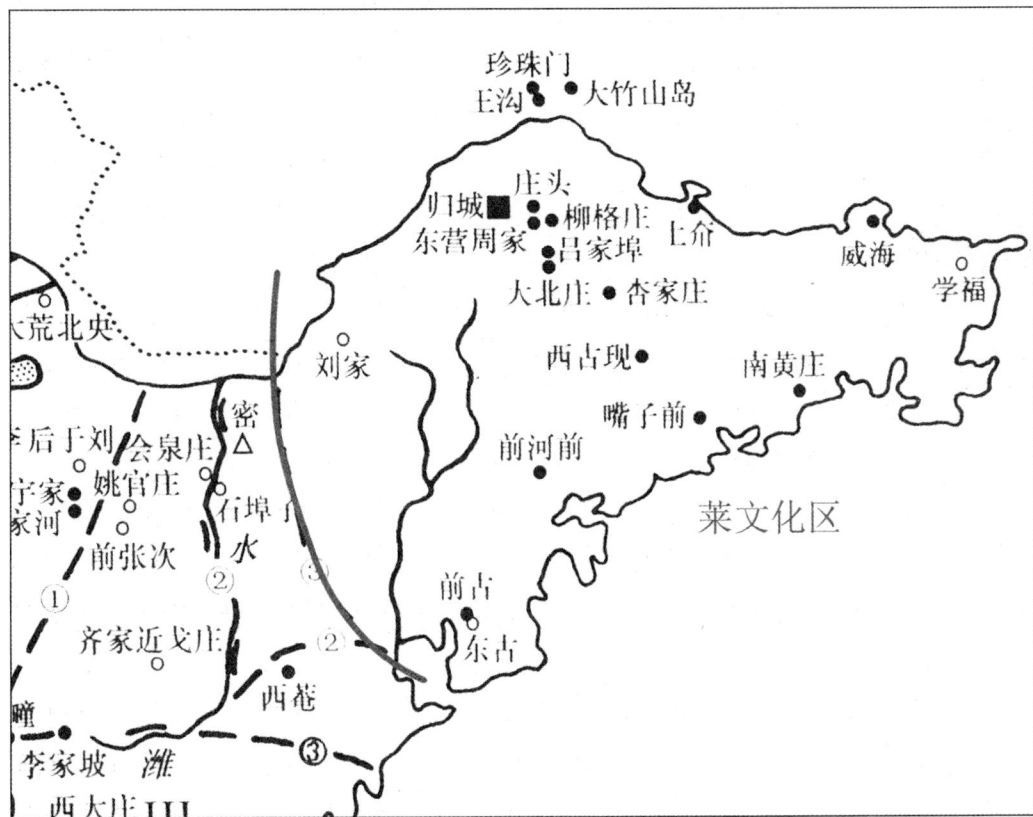

图五　莱文化分布示意图(采自王青《海岱地区周代墓葬与文化分区研究》,略有修改)

胶东半岛是商代、西周初期莱夷等土著势力聚居地,随着周王室的军事打击与控制,周文化强势进入胶东半岛,同样以怀柔策略统治夷人,形成了周文化与夷人文化并存、融合的现象——周文化背景下的东夷文化风格,具有边地文化的非凡活力。莱

---

[1]　刘延常:《珍珠门文化初探》,《华夏考古》2001 年第 4 期。

[2]　刘延常、徐倩倩:《西周晚期至春秋早期山东地区东土青铜器群的转变与传承》,《青铜器与金文》(第一辑),上海古籍出版社,2017 年。

文化是莒文化的重要源头,与莒文化、淮夷文化相关古国,泗上十二诸侯国等交流密切,春秋晚期以后融入齐文化。

总之,莱文化的特征、影响和形成过程反映了周代文化融合的大趋势,体现了周文化与土著文化的融合,莱文化与齐文化的融合反映了齐文化的发展过程,莱文化是齐鲁文化的重要组成部分和主要基因。

5.珍珠门文化

珍珠门文化是岳石文化之后的商代晚期至西周早中期的夷人文化遗存,分布于胶东半岛、鲁北东部和鲁东南地区,以夹砂素面褐陶为代表的陶器群是其主要特征,聚落等级低,文化发展水平落后[1](图六)。随着商王朝、周王朝的向东扩张,珍珠门文化逐渐东退,在鲁北地区与地方文化融合比较密切,其孑遗延续至战国早期。根据目前考古发现,珍珠门文化遗存在潍坊以东和胶东半岛分布比较密集,鲁东南地区只发现8处[2](沭河以东至大海的区域,商文化、西周早中期遗存更少),鲁北地区临淄中心的青州、寿光、昌乐、淄川等区县发现众多珍珠门文化遗存,但是多与商文化、周文化以共存形式出现,呈现出文化融合的繁荣景象。近几年在济南东郊的唐冶遗址发现了单纯的珍珠门文化遗存,目前仅此一例,可以视为东夷势力的反弹。

珍珠门文化在鲁北地区与商文化的融合,是齐文化形成的基础,而土著文化是齐文化、莱文化的基因。威海市乳山南黄庄墓地年代为西周晚期至春秋早中期,其夹砂素面红褐陶器,是珍珠门文化的发展延续,是东夷文化遗存,分布范围局限于胶东半岛东南沿海,有学者称其为南黄庄文化[3]。苏北地区的沭阳万北遗址出土商代晚期素面鬲,鲁南地区枣庄二疏城出土西周晚期素面鬲等,或许说明鲁南南部与苏北地区亦是东夷文化分布区。江淮地区及江南地区出土的周代素面鬲,一般认为与淮夷文化相关,也应该表明东夷文化与淮夷文化有渊源关系。而处在胶东半岛与江淮地区之间的鲁东南地区莒文化分布区,不见素面鬲为代表的夷人文化遗存,这对我们深入分析东夷文化与淮夷文化的关系、周王朝对东夷和淮夷的征伐控制策略等具有重要启发意义。

总之,珍珠门文化、南黄庄文化是商代和周代夷人文化的代表,尽管范围越来越小,文化发展水平不高,但是它们反映了东夷文化的持续存在,反映了东夷文化与商

---

[1] 刘延常:《珍珠门文化初探》,《华夏考古》2001年第4期。

[2] 刘延常、赵国靖、刘桂峰:《鲁东南地区商代文化遗存调查与研究》,《东方考古》(第11集),科学出版社,2015年。

[3] 王锡平:《胶东半岛夷人文化考》,《东夷古国史研究》(第一辑),三秦出版社,1988年。

图六 珍珠门文化和商代夷人遗存分布示意图

1. 济南大辛庄遗址 2. 济南唐冶遗址 3. 淄博临淄后李遗址 4. 青州赵铺遗址 5. 昌乐后于刘遗址
6. 乳山寨山遗址 7. 乳山南黄庄遗址 8. 沂南高家坊庄遗址 9. 沂南埠子顶遗址 10. 沂南孙家黄瞳遗址
11. 沂南榆林遗址 12. 莒县西苑遗址 13. 莒县石龙口遗址 14. 莒南王家坊庄遗址 15. 长岛珍珠门遗址
16. 烟台芝水遗址 17. 黄县归城遗址 18. 胶州西庵遗址 19. 寿光达字刘遗址 20. 寿光呙宋台遗址
21. 章丘王推官遗址 22. 青州郝家庄遗址 23. 牟平照格庄遗址
24. 莒县塘子遗址(21—24 为岳石文化中晚期遗址)

文化、周文化的融合过程与方式,是齐文化、莱文化的基因,是莒文化的重要源头,与
淮夷文化关系密切,是齐鲁文化的底色之一。

6.鲁中南泗河中游区域考古学文化

鲁西北、鲁西南绝大部分地区被黄河淤积土覆盖,考古发现极少,导致了商周
时期考古学文化面貌不清楚,虽然其他地区的文化遗存丰富、考古资料众多,但也
存在研究不平衡的问题。随着近几年鲁中南泗河中游地区周代考古发现的增多,
和周边区域考古学文化研究的逐渐深入,我们对该地区考古学文化面貌有了基本
认识。泗河中游地区地处鲁中南山地西侧,河流密布且均向西注入泗河,泗河以西
地区属黄泛区,北接曲阜、南至徐州。该区域北部为鲁文化分布区,东部为莒文化
分布区,南部则先后为徐文化、吴文化、越文化和楚文化分布区,西部为宋国等中原
文化区。

目前该地区周代主要考古发现有:西周时期的滕州前掌大、庄里西;东周时期的

邹城邾国故城[1]，滕州薛国故城[2]、滕国故城、庄里西墓地[3]、大韩墓地[4]、东康留墓地[5]、东小宫墓地[6]，枣庄峄城徐楼[7]、东江贵族墓地[8]、横岭埠墓地[9]，徐州邳州九女墩墓地[10]、梁王城遗址[11]等(图七、八)。根据墓葬头向、葬具、殉人等葬俗，陶器群、组合、器物形态、陶色等要素，青铜器群、组合、形态、铭文等要素，结合文献记载和其他学者研究成果，我们对泗河中游地区周代考古学文化遗存有如下认识：

西周早中期的滕州庄里西贵族墓葬及铭文青铜器，包括2019年解剖的滕国故城，是滕国文化遗存；以滕州前掌大贵族墓葬为代表的文化遗存，自晚商延续下来，我们倾向于其与薛国有关，薛国故城发掘有西周中晚期城址及丰富的遗存，证明了薛国文化遗存的存在；北部以曲阜鲁故城为中心，属鲁文化遗存。春秋早期至战国早期分为两个文化区：北部以邹城邾国故城、栖驾峪墓葬、滕州东小宫墓地、东江贵族墓地、大韩墓地为代表，墓葬头向东、设器物箱、殉人较多，陶器多黑皮陶，陶器组合为鬲(盂)、豆、罐和鼎、豆、壶，器物形态有自己的特点，不同于鲁文化、莒文化和滕州南部同时期文化遗存，从出土青铜器铭文和文献记载可知，这里分布着邾国、小邾国，因此我们暂时称其为邾文化(将专文论述)；滕州南部和枣庄地区，春秋时期以薛国故城、

————————————

[1]　山东大学历史文化学院考古系、邹城市文物局：《山东邹城市邾国故城遗址2015年发掘简报》，《考古》2018年第3期。王青、路国权、郎剑锋等：《山东邹城邾国故城遗址2015—2018年田野考古的主要收获》，《东南文化》2019年第3期；山东大学邾国故城遗址考古队：《山东邹城邾国故城遗址2017年发掘简报》，《东南文化》2019年第3期；山东大学历史文化学院、山东大学文化遗产研究院、邹城市文物局：《山东邹城市邾国故城遗址2017年J3发掘简报》，《考古》2018年第8期。

[2]　山东省济宁市文物管理局：《薛国故城勘查和墓葬发掘报告》，《考古学报》1991年第4期。

[3]　滕州市博物馆：《山东滕州庄里西战国墓》，《文物》2002年第6期。

[4]　郝导华、张桑、刘延常：《山东滕州大韩东周墓地发掘重要发现》，《中国文物报》2018年7月27日。

[5]　山东省文物考古研究所、滕州市博物馆：《山东滕州东康留周代墓地发掘简报》，《文物》2013年第4期。

[6]　山东省文物考古研究所、滕州市博物馆：《山东滕州市东小宫周代、两汉墓地》，《考古》2000年第10期。

[7]　枣庄市博物馆、枣庄市文物管理委员会办公室、峄城区文广新局：《枣庄市峄城徐楼东周墓葬发掘报告》，《海岱考古》(第七辑)，科学出版社，2014年。

[8]　枣庄市博物馆、枣庄市文物管理办公室：《枣庄市东江周代墓葬发掘报告》，《海岱考古》(第四辑)，科学出版社，2011年。

[9]　2016年山东省文物考古研究所发掘资料。另外，缴获被盗铭文青铜器，现存山亭区公安局。

[10]　徐州博物馆、邳州博物馆：《江苏邳州市九女墩春秋墓发掘简报》，《考古》2003年第9期；四川大学历史文化学院、江苏省邳州市博物馆：《江苏邳州市九女墩三号墩的发掘》，《考古》2002年第5期。

[11]　南京博物院、徐州博物馆、邳州博物馆：《邳州梁王城遗址2006—2007年考古发掘收获》，《东南文化》2008年第2期。

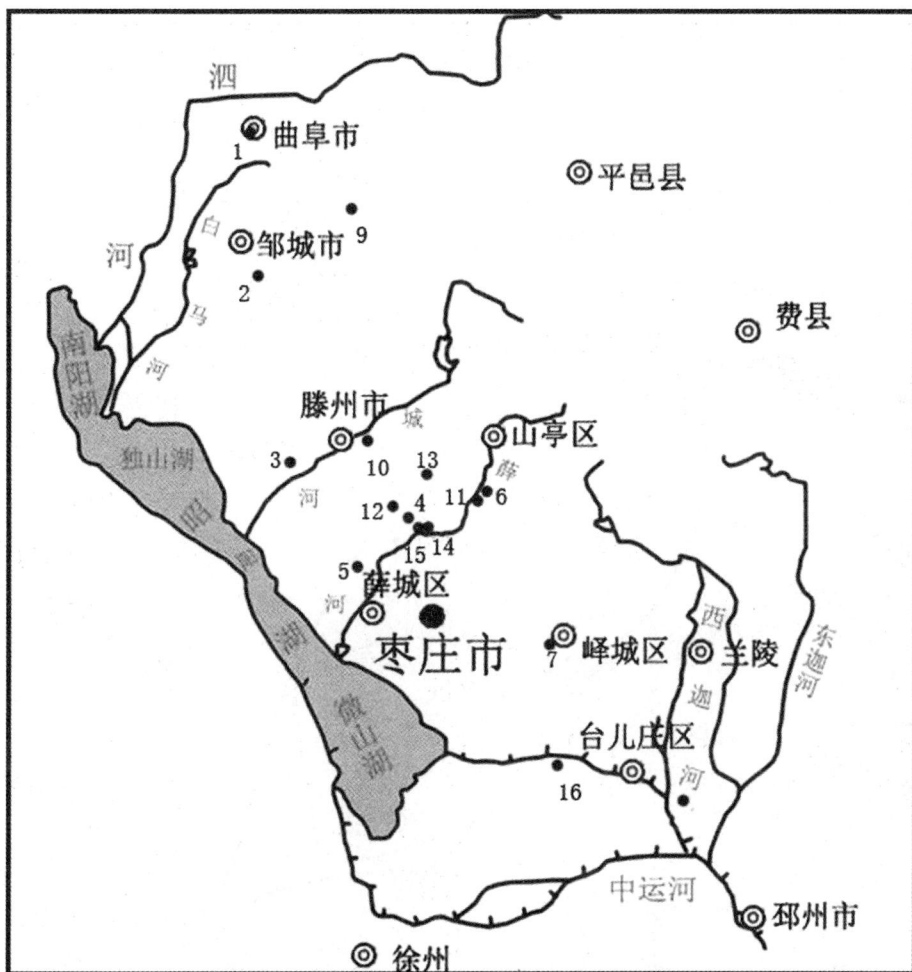

图七　泗河中游文化动态发展分布示意图

1. 曲阜鲁国故城　2. 邹城邾国故城　3. 滕州庄里西滕国贵族墓地　4. 滕州大韩墓地
5. 滕州薛国故城　6. 枣庄东江小邾国贵族墓地　7. 枣庄徐楼东周墓　8. 邳州九女墩墓地
9. 邹城栖驾峪　10. 滕州东小宫　11. 山亭区前台　12. 滕州官桥镇善庄　13. 滕州官桥镇安上
14. 滕州官桥镇北辛　15. 滕州官桥镇坝上　16. 枣庄伊家河(邳伯罍)

峄城徐楼墓葬为代表,墓葬要素、陶器、青铜器均有自己的特点,也与周边文化不同,我们暂时称其为薛文化(将专文论述)。以徐州邳州九女墩墓地和梁王城遗址为代表的文化遗存,与鲁南地区差别明显,我们同意林留根先生的意见,暂时称其为徐文化(2016 年曲阜"保护与传承视野下的鲁文化学术研讨会"发言与提交论文)。

战国中晚期,邾文化基本消失,被鲁文化所取代;以大韩墓地、薛故城为中心的区域,呈现多种文化面貌,有邾文化、薛文化、齐文化、楚文化和燕赵文化因素等,具有自己的特点。根据徐州邳州梁王城遗址出土的战国中晚期齐国陶文等,结合周边齐文化遗存和文献记载分析,这里应属齐文化范畴。

图八 泗河中游文化动态发展分布示意图

总之,泗河中游地区自然地理上属于南北交通要道,是商、西周王朝向东扩张的重要前沿,东周时期为泗上十二诸侯国的腹地,古国众多、交流频繁,文化消长、融合是其主要特点,体现了传统文化的形成过程,是邹鲁之风、墨家学说的发源地,是齐鲁文化的重要组成部分。

(二) 山东地区周代古国文化遗存

自周初分封齐、鲁等国家镇抚东方以来,山东地区就分布着众多古国,至春秋时期见于文献记载的就达六十余个。从考古学文化时空关系和都城、大型墓葬、出土青铜器及其铭文等方面综合分析,目前基本能够确认的有齐、逢、纪、莱、莒、鄣、郯、邾、鲁、滕、薛、小邾、邾等 13 个古国文化遗存[1]（图九）。还发现芮国、黄国、江国、华国、陈国、吴国、燕国、杞国、曾国、宋国、邘国等古国的有铭文青铜器。

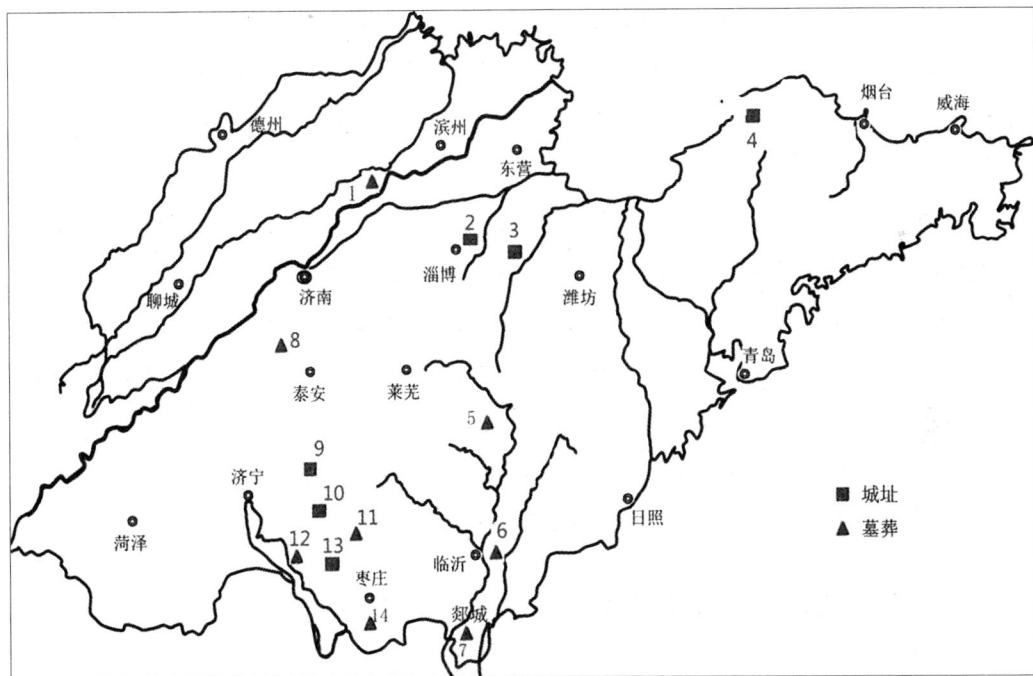

图九　山东古国遗存发现分布示意图

1. 逢国:济阳刘台子西周墓　2. 齐国:临淄齐国故城遗址　3. 纪国:寿光纪侯台遗址　4. 莱国:龙口归城遗址
5. 莒国:沂水刘家店子遗址　6. 郳国:临沂凤凰岭春秋墓　7. 郯国:郯国故城遗址　8. 邿国:长清仙人台遗址
9. 鲁国:曲阜鲁故城遗址　10. 邾国:邹城邾国故城遗址　11. 小邾国:枣庄山亭区东江墓地
12. 滕国:滕州庄西里墓地　13. 薛国:滕州薛国故城遗址　14. 枣庄峄城区徐楼墓地

对周代古国有如下认识:不断发展变化、融合,从属古文化的古国,如齐国、鲁国和莒国。发现国君墓葬和有铭青铜器,直接证明为古国文化遗存的,如逢国、邿国、小邾国、滕国、纪国、薛国、莱国。根据都城、墓葬规格并结合文献证明为古国文化遗存的,如郳国、郯国、邾国。发现铭文青铜器、大量文化遗存或文化因素,结合文献记载为占领或有战争关系的古国,如楚国、燕国、吴国、越国、韩国、魏国、赵国等。为媵器或赠品类,如陈国、黄国、华国、江国、宋国、芮国。出土有铭文青铜器,但无其他依据,目前不能确定地望的,如杞国、费国。

从属性来分析,鲁国、滕国是姬姓,齐国是姜姓,但都来自关中地区;纪国、莱国、莒国、邿国、邾国、小邾国、郳国、郯国等为本土古国,属东夷文化;薛国、杞国、费国、鄫

---

[1]　刘延常、徐倩倩:《山东地区周代古国文化遗存研究》,《两周封国论衡——陕西韩城出土芮国文物暨周代封国考古学研究国际学术研讨会论文集》,上海古籍出版社,2014 年。

国等源自上古，逐渐本土化。西周早中期的古族古国，包括殷遗民和归降类等。受周王室委派征伐、镇抚东夷的，如芮等。与江淮地区古国来往密切的，如陈国、黄国、江国、樊国、徐国，体现了其与东夷古国的渊源关系。随着春秋争霸、战国称雄的进程，会盟、人员往来、战争、贸易等交流密切，山东地区周代古国与周边古国交流频繁，如吴国、越国、楚国、魏国、韩国、赵国、燕国；与中原地区郑国、宋国、晋国等，有姻亲或赠赙往来。

总之，目前发现的古国以东周时期为主，春秋时期最多。西周早中期和战国时期古国数量少，反映了西周早中期分封、西周晚期一些古国复苏、春秋时期王室衰弱诸侯四起和战国时期战争兼并的历史背景。既有古老的本土东夷古国，也有商代古族古国，西周分封的姬姓国家、异姓古国等。山东地区本土古国具有东夷文化基因，分封的姬姓古国传播周文化，和中原、南方、北方地区古国往来交流密切，作为文化大传统的古国文化遗存，是齐鲁文化形成的主导力量，与考古学文化代表的文化小传统相得益彰，构成了齐鲁文化融合发展的内涵与特点。

（三）山东地区周边周代文化遗存

除了考古学文化、古国文化遗存以外，山东地区还发现了比较丰富的周边地区古文化、古国文化遗存，以东周时期为主，主要有青铜礼乐器、兵器、钱币、原始瓷器、印纹硬陶等典型器物，其中诸多具有铭文纪年的标型器。其文化属性包括吴文化、越文化、楚文化、三晋文化、燕文化等，结合文献记载分析，这些古国与山东地区诸国有会盟、婚姻、人员往来、战争、赠赙、馈赠等交流方式，有的古国或长或短统治、占领山东某一区域。这些文化遗存和文化因素，是齐鲁文化融合形成的重要因子和催化剂。

1. 山东地区吴文化遗存

主要分布于泰沂山脉以南的鲁东南和鲁中南地区，年代集中在春秋晚期，以吴国兵器遗存为主[1]（图一○），其中新泰市周家庄东周墓葬出土兵器最为集中[2]。兵器的形制、纹样、铸造工艺等如剑首为同心圆纹（一般 11 周）、剑身与矛饰菱形纹、复合剑都是典型的吴国兵器特征，更有几件剑的铭文直接为吴王夫差和诸樊之子通等，出土吴国兵器的墓葬属于齐国、莒国、郳国、邾国等诸多古国。吴国兵器主要出土在鲁东南地区、汶泗流域和胶东半岛，与文献记载吴国北上和齐国争霸的路线吻合，如

---

[1]　刘延常、曲传刚、穆红梅：《山东地区吴文化遗存分析》，《东南文化》2010 年第 5 期。

[2]　山东省文物考古研究所、新泰市博物馆：《新泰周家庄东周墓地》，文物出版社，2014 年。

吴国以水师伐齐国、艾陵之战等,新泰市周家庄东周墓葬出土数量较多的吴国兵器就是很好的例证。文献记载吴国季扎巡礼、季扎挂剑、子贡出使吴国、齐国庆封奔吴、齐国国君女儿嫁吴、孙武任吴国军师等,也说明吴国与山东地区古国交流密切。

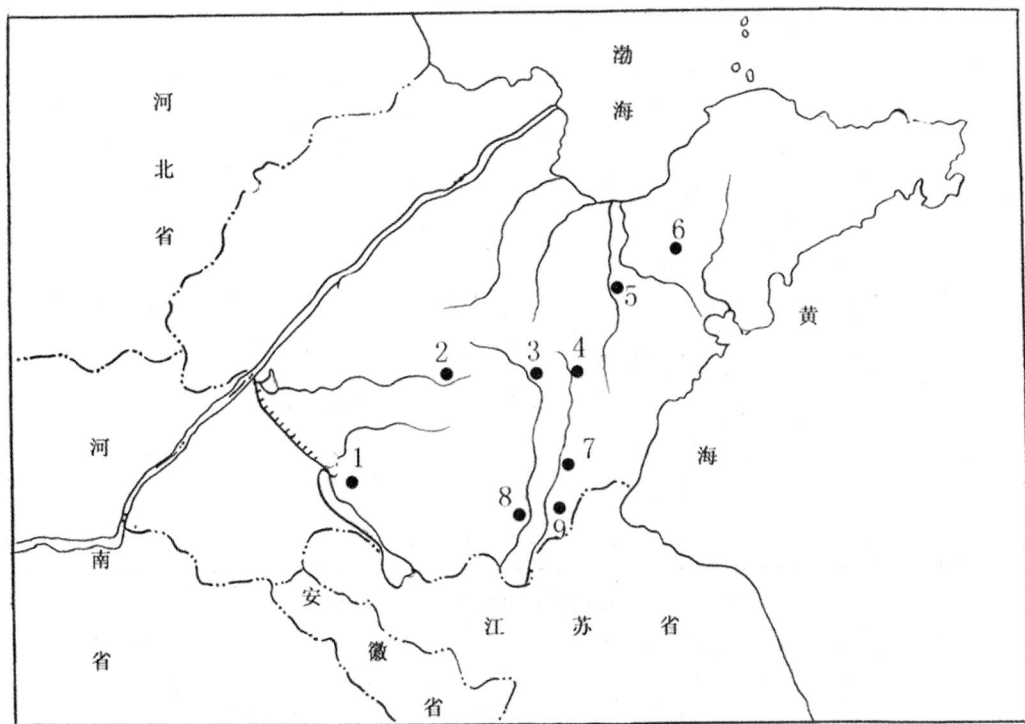

图一〇　山东地区吴文化因素分布示意图

1. 邹城城关镇　吴王夫差剑　2. 新泰周家庄　3. 沂水诸葛镇　吴王剑　4. 莒县东莞镇大沈刘村　矛
5. 临朐县冶源镇湾头河村　剑　6. 平度　吴王夫差剑　7. 莒南县坪上镇东南沟村　铜钵
8. 临沂凤凰岭　9. 临沭北沟头　印纹硬陶

2.山东地区越文化遗存

山东地区越文化遗存集中在春秋末期、战国早中期,主要发现于鲁东南南部、鲁中南地区和鲁北齐国故城附近,青铜器应是馈赠品或战利品,印纹陶和印纹硬陶则是日常生活用品,属舶来品[1](图一一)。近两年,我们在临淄齐文化博物院见到临淄齐故城南部几个遗址新出土的几件越国青铜剑,有的剑首镶嵌绿松石、错金银铭文、同心圆纹,剑身为菱形纹。

2017—2019 年山东省文物考古研究院主持发掘的滕州大韩东周贵族墓葬出土了几柄越国青铜剑,其中一件铸有铭文"越王州勾",有两座墓葬出土原始瓷杯、印纹

---

[1]　刘延常、徐倩倩:《山东地区越文化遗存分析》,《东方考古》(第 9 集),科学出版社,2012 年。

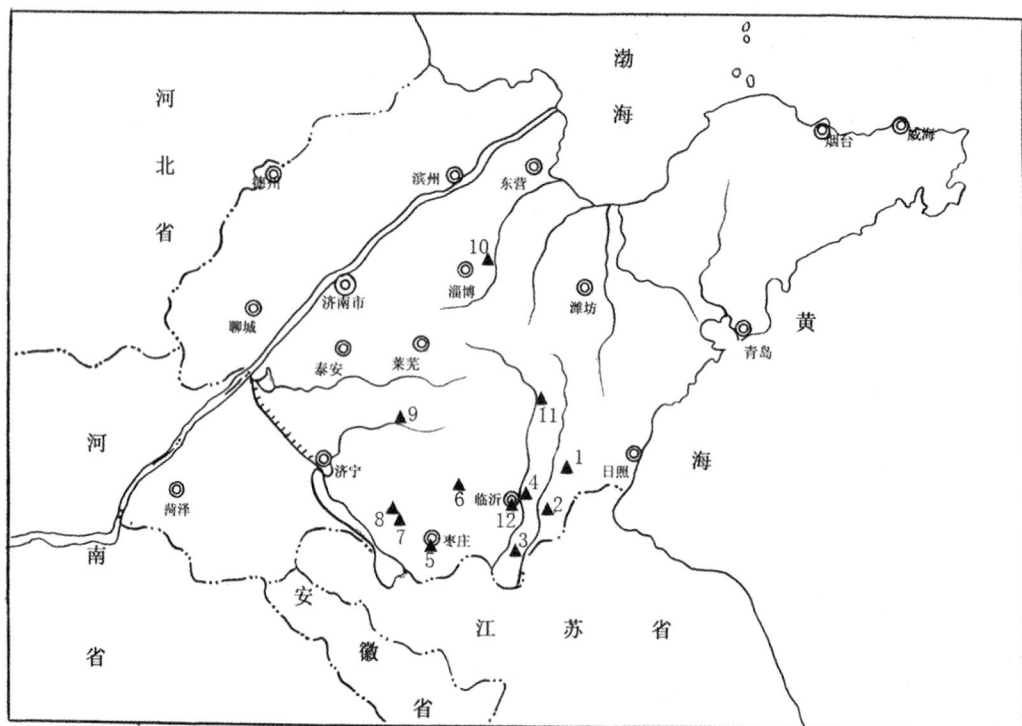

图一一　山东地区越文化因素分布示意图

1. 莒南县城子遗址　2. 临沭北沟头遗址　3. 郯城县古城遗址　4. 临沂市河东区故县村遗址
5. 费县故城遗址　6. 枣庄市南郊青铜戈出土地点　7. 滕州坝上遗址　8. 滕州市庄里西遗址
9. 曲阜市西百村遗址　10. 临淄区阚家寨遗址　11. 沂水县鸟篆文戈出土地点
12. 临沂市罗庄区陈白庄遗址

硬陶罐,四座墓葬出土越式青铜鼎(矮小长方形立耳、直腹、素面、细长足外撇)等[1]。济南地区出土两批越国青铜句鑃,1992年章丘市区东南的小峨嵋山出土青铜器窖藏,其中10件为句鑃[2];2017年济南市考古研究所在济南市历城区发掘梁庄战国大墓(齐国墓葬),出土青铜句鑃[3]。2018年山东大学考古系发掘邹城邾国故城,其中M1战国大墓出土原始瓷杯,亦为战国早中期越国器物。越国在春秋末期就开始了与鲁国的往来,并干预鲁国、邾国的内务;越灭吴后,北上与齐国、鲁国会盟,取得霸王称号;战国早中期势力强大,莒国依附,伐齐、灭滕、亡郯。大量越国文物的出土,表明越国与山东地区古国的关系密切,尤其是与鲁北地区的齐国和泗上十二诸侯国往来更多,对山东地区古代文化产生了诸多影响。

---

[1]　大韩墓葬资料正在整理过程中,文物藏山东省文物考古研究院。

[2]　宁荫棠、王方:《山东章丘小峨嵋山发现东周窖藏铜器》,《考古与文物》1996年第1期。

[3]　房振、刘秀玲、郭俊峰等:《济南历城发现战国大型墓葬和周代木构水井》,《中国文物报》2017年7月14日。

3.山东地区楚文化遗存

主要发现于鲁东南和鲁中南地区,春秋时期楚文化因素比较少,地点分散,主要出现于大中型墓葬中,应是友好交流(包括政治联盟、联姻、媵赗等方式)的结果[1]。如出土春秋时期楚系的陈国、黄国、江国青铜器,墓葬自春秋早期开始多使用青膏泥、随葬漆器等,明显受楚系文化的影响,也证明了莒文化区域与江淮地区的密切关系与交流融合。战国中晚期楚文化因素较多,如铜鼎、豆、盉、罍,陶鬲、壶、罄等,有些器物是典型楚器,许多器物具有楚文化风格,尤其是众多地点出土了楚国金属货币等(图一二)。战国时期楚文化因素的特点是在楚国逐渐东进争霸的过程中形成的,楚灭鲁后疆域扩展到曲阜一带,鲁中南地区、鲁东南部分地区在战国中晚期属楚国占领区,考古发现与文献记载是吻合的。

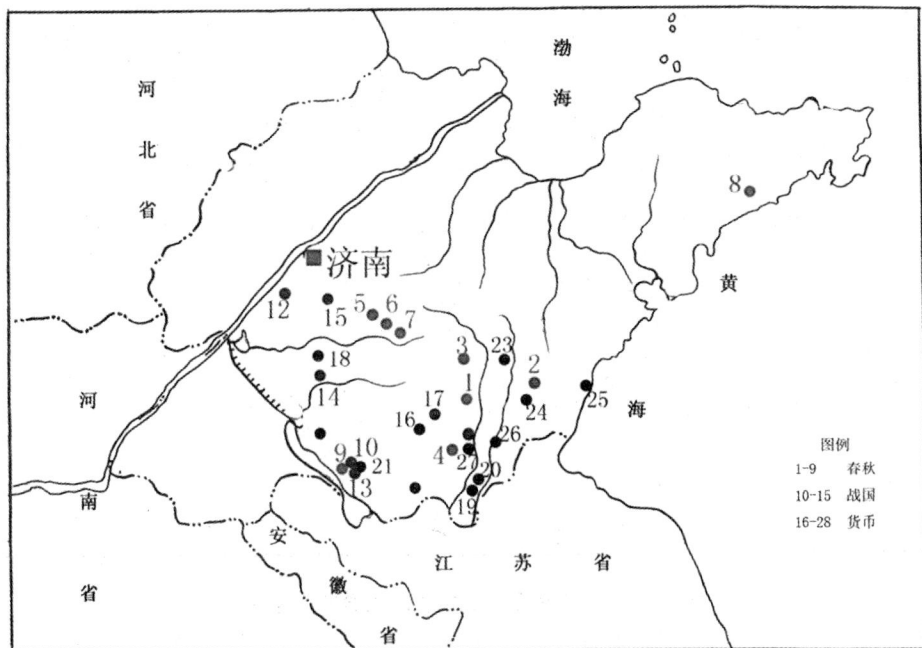

图一二　山东地区楚文化因素分布示意图

1.沂南县西岳庄大中型木椁墓　2.莒南大店 M1　3.沂水刘家店子 M1　4.临沂凤凰岭大墓
5.新汶县凤凰泉小型墓葬　6.新泰郭家泉小型墓葬　7.新泰周家庄　8.海阳嘴子前
9.滕州薛故城 M6　10.滕州薛故城 M5　11.郯城二中战国墓　12.长清岗辛战国大墓　13.薛故城 M8
14.鲁故城 M3、M8　15.泰安东更道村　16.费县石井镇城后村　17.费县探沂镇城子村
18.曲阜城北董大城村　19.郯城县郯国故城北关五街村　20.邹城邾国故城　21.薛故城　22.临沂
23.莒县　24.莒南　25.兰陵苍山　26.日照　27.临沭县　28.临沂义堂镇

---

[1] 刘延常、高本同、郝导华:《山东地区楚文化因素分析》,《楚文化研究论集》(第七集),岳麓书社,2007年。

4. 山东地区晋文化遗存

西周、春秋时期晋国与齐国、鲁国等交往甚多,包括会盟、通婚、人员与使者往来、战争等,但是在山东地区目前还没有发现西周和春秋时期的晋文化遗存。战国时期山东地区发现的文化遗存主要是韩国钱币、魏国和赵国兵器[1](图一三)。2017—2019 年山东省文物考古研究院主持发掘的滕州市大韩贵族墓葬,也出土一些赵国文化相关的器物,如青铜鬲形鼎、陶鸟柱盘等,从地域看主要是与齐国战争、贸易的遗存。

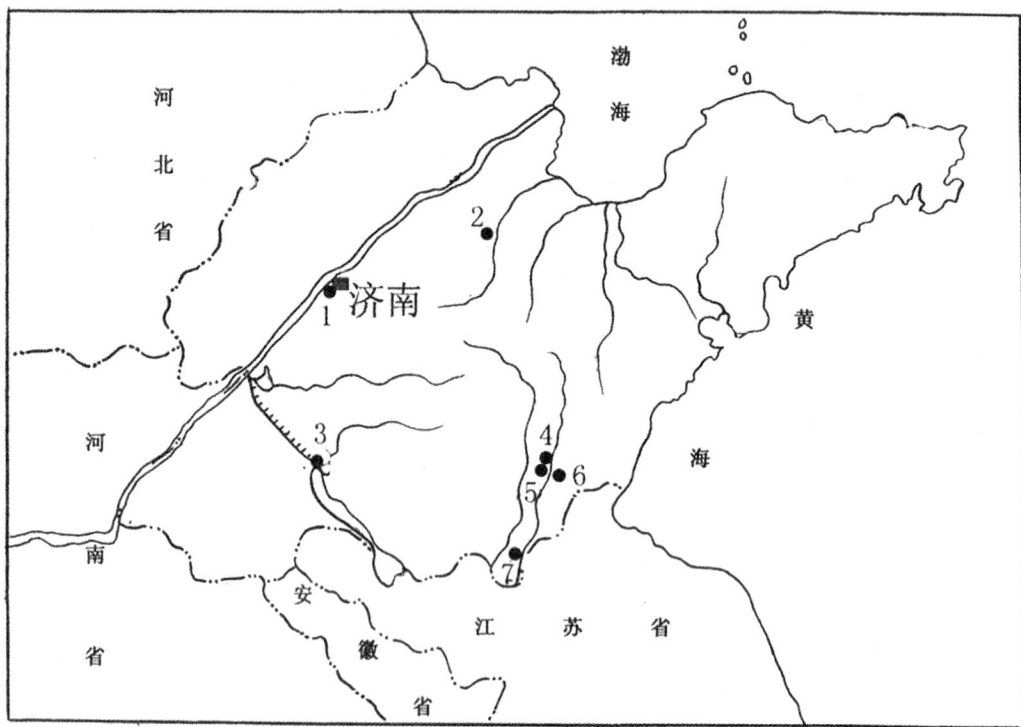

图一三　山东地区三晋文化因素分布示意图

1.济南　魏　"元年闰"矛　2.临淄城北　赵　建信君铍　3.济宁　魏　虞一釿　韩一釿
4.莒县城阳镇　韩　十年洰阳令戟　5.莒县　赵　承德铍
6.莒南县十字路镇　赵　十年得工铍　7.郯城　魏

5. 山东地区燕文化遗存

山东寿张梁山出土 7 件西周早期燕国青铜器(梁山七器),河北易县出土春秋中期"齐侯四器"(齐国媵器),除此之外,还有春秋齐庄公时期伐燕的"庚壶",战国时期

---

[1]　刘延常:《山东地区三晋文化遗存分析》,待刊。

齐国伐燕的"陈璋壶"，燕伐齐的"燕王职壶"，以及大量燕国戈、剑和刀币等[1]
(图一四)。2017—2019 年山东省文物考古研究院主持发掘滕州市大韩贵族墓葬，其
中战国墓葬 M45 出土胡部有三子刺的青铜戈(戟)，又增加了燕文化遗存的分布地
点。山东地区发现的燕文化遗存及其他燕、齐文物证明了燕国与齐国之间较多往来
的事实，与文献记载相对照，反映出两国相互之间文化的交融，包括战争、婚姻、会盟、
人员往来等。特别是山东广大地区出土较多战国晚期燕国文化器物，集中在临淄齐
故城、莒县莒国故城、平度即墨故城周围，以兵器、小刀币为主，与文献记载公元前
284—前 279 年燕国占领齐国、围攻莒邑和即墨城等相吻合。长岛王沟战国墓葬、滕
州大韩战国墓葬出土的刻纹青铜器，临淄淄江花园战国墓葬出土的镶嵌红铜壶等，应
是燕国文化遗存。

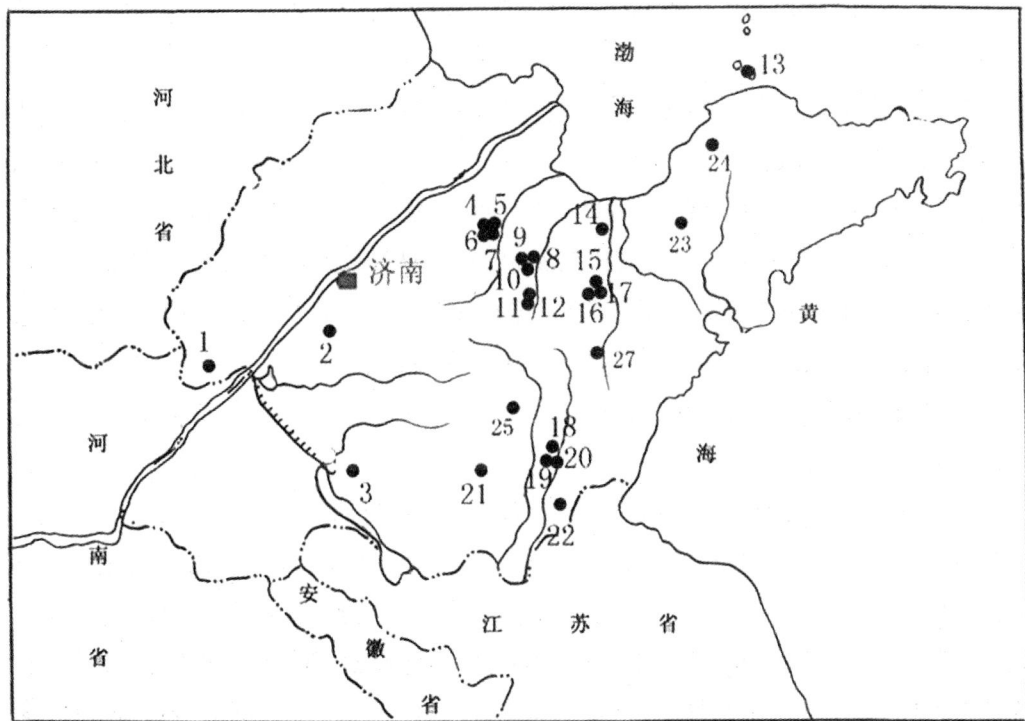

图一四　山东地区燕文化因素分布示意图

1. 寿张　梁山七器　2. 肥城店子村　戈　3. 邹城小胡庄　戈　4—7. 临淄齐故城　剑、尖首刀
8—10. 青州　博山刀、矛　11、12. 临朐　矛、尖首刀　13. 长岛王沟东周墓　戈　14. 昌邑　明刀
15—17. 潍坊　戈、刀币、玺印　18—20. 莒县　刀币、刀范、戟　21. 费县　戈　22. 临沭　戈
23. 平度　刀范　24. 招远　刀币　25. 沂水袁庄乡　戈　26. 泰安东更道村"右冶尹楚高"罍
27. 济南附近出土　28. 沾化县冯家乡西堼村　戈

[1]　刘延常、徐倩倩:《山东地区燕文化遗存分析》,《中国考古学会第十五次年会论文集》,文物出版社,2013 年。

另外,战国晚期秦文化遗存在山东地区亦有发现,如临淄商王墓地出土青铜蒜头壶、青州西辛大墓出土银豆等,说明了秦文化与齐文化的交流。

总之,山东地区出土众多东周时期古国文化遗存,表明其与周边古国之间的往来密切,形成了文化融合的繁荣局面。与周边古文化的交流与融合是齐鲁地域文化形成中必不可少的外在动力,体现了包容开放、兼收并蓄的特点。

二、齐鲁文化形成机制——内部文化融合与周边文化互动

通过以上考古学文化遗存的梳理与分析,周代七百多年的历史画卷在山东地区徐徐展开,可谓波澜壮阔、绚丽多彩,为我们解读齐鲁文化找到了金钥匙——文化融合。

西周早中期周王室对东方的分封、控制,使得周文化与商文化、夷人文化在山东地区初步融合,促进了夷商文化因素后期的融合,进一步奠定了土著文化基因,也奠定了齐文化、鲁文化、莒文化的格局。之后,莱文化、莒文化的兴盛消亡,齐文化的扩展,促进了周文化与地方文化的融合,新的地域文化闪亮登场。鲁文化对周文化礼乐文明的继承、传播和坚守,在争霸称雄的时代赋予了新生;邾文化、薛文化的发展、传承,与江淮地区、中原地区的交流融合显示出了区域活力。考古学文化的产生、发展、演变与互动,代表了大众的、民众的文化,是齐鲁文化形成的基础。

山东地区周代古国众多,渊源有自,互动频繁,并与周边古国交流融合,如会盟、婚姻、人员往来、战争、赠赙、馈赠等。这种贵族文化及古国间的交流,对文化传播与融合产生了积极带动作用,奠定了齐鲁文化的文化大传统。齐国争霸称雄,文化扩展,是齐鲁文化交流融合的集大成者;鲁国对周礼继承、传播,是礼崩乐坏、战乱时代的精神砥柱,是文化传统的坚守与传承,是齐鲁文化重要特点的创造者;其他众多古国均是文化的传播者、文化融合的积极参与者,是齐鲁文化灿烂的组成部分和融合催化剂。

东周时期周边古国之间的互动,体现了社会变革阶段的时代特征——争霸称雄,促进了文化艺术的繁荣,也促进了地缘文化的融合。

总之,考古学文化的融合演变、古国文化遗存的交流融合及周边古文化古国的互动交流,为齐鲁文化的最终形成搭建了成功的平台,是孔子、儒家思想和诸子百家学说诞生的良好土壤。

三、齐鲁文化形成的历史背景——纵向继承与传承

同时期文化充分融合是齐鲁文化形成的内因,而对传统文化的继承发展,同样是齐鲁文化形成的必要条件。东夷文化是山东地区古代文化基因,龙山文化逐鹿中原与中原地区及其他文化融合,商文化东渐与东夷文化再度融合,形成不同区域特点。周文化与东夷文化、商文化和地方文化第三次融合,夷、商、周文化的融合与继承,是齐鲁文化形成的历史背景。

1. 东夷文化是齐鲁文化的基因

山东地区史前时期文化序列为后李文化—北辛文化—大汶口文化—龙山文化,山东龙山文化是传说时代的东夷族团,东夷文化谱系一脉相传:大汶口文化—龙山文化—岳石文化—珍珠门文化。山东地区史前时期文化谱系完整、自成体系,文化发展水平极高,是中华文化多源之一,是文明发祥地之一。大汶口文化中晚期开始出现了城址、大墓、玉器、祭祀、阶层分化等文明要素,显然已经进入古国阶段,并大规模向中原、南方地区扩展与传播;龙山时代城址林立,山东地区如同全国一样,进入万国林立的传说时代,龙山文化时代中后期参与"逐鹿中原",与华夏族团、南蛮族团大规模融合;三大族团联合建立夏代国家政权,东夷族团曾一度"后羿代夏",形成夷夏东西对立局面,山东地区则全部演变为岳石文化。夏代及以前,东夷文化是山东地区古代文化的基因,并积极进行文化融合。

2. 商文化东渐,与夷人文化融合是齐鲁文化形成的基础

商王朝建立后,迅速向东扩展,商文化东渐,中原地区商文化与东夷文化大规模融合。至商代晚期,商文化向东扩展至潍水至沂河一线以西地区,东部地区为夷人文化——珍珠门文化分布区。而商文化分布区的文化面貌也不尽相同,鲁北地区夷商文化共存、关系密切;鲁中南地区则不见夷人文化,商文化替代了东夷文化;鲁东南地区西部为商文化、东部为珍珠门文化(图一五)。

山东地区商文化遗存丰富,是商文化的重要组成部分,古族和方国众多,是商王朝的东土,聚落、人口密度大,军事势力强大。夷商文化融合和商代晚期的文化格局,影响了周公东征后的分封及其统治策略,如齐国"因其俗,简其礼"、鲁国"变其俗,革其礼",军事政治制度与统治措施奠定了齐文化、鲁文化的走向和基础。

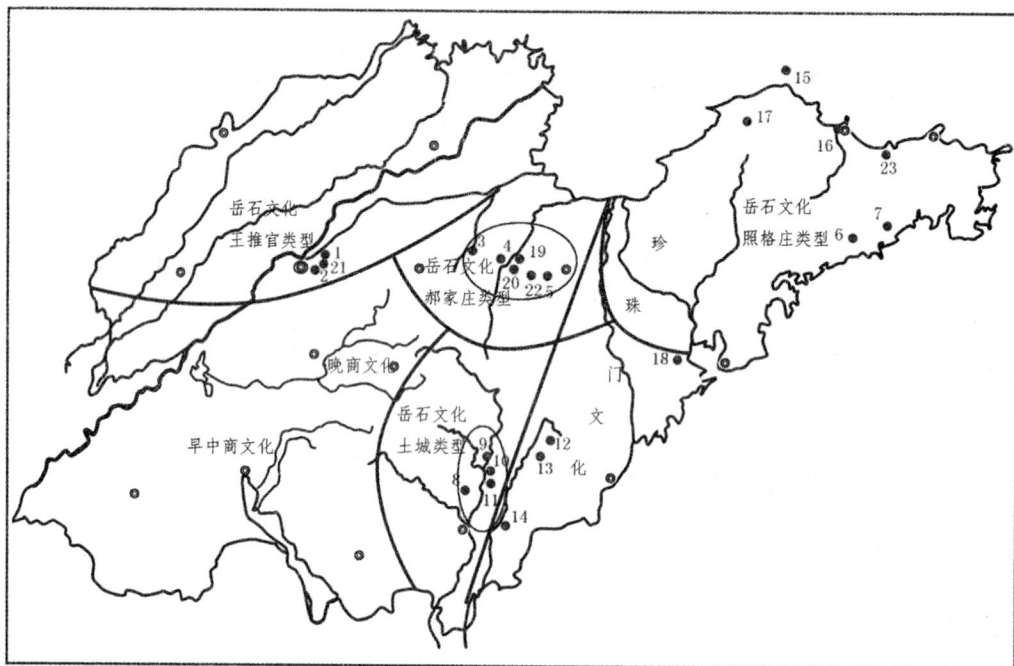

图一五　山东地区商代夷人文化遗存分布示意图

3. 周王室分封齐、鲁和对东土的控制,周文化与商文化、夷人文化的融合,是齐鲁文化
　 形成的必要条件

　　周公东征后,成王分封齐、鲁、滕等国家镇抚山东地区,周王室又派出启、芮等贵族势力镇抚胶东半岛夷人势力,再派出王师帮助齐国镇抚鲁北地区,在临淄、寿光、寒亭、桓台、淄博等地亦布局贵族势力,帮助齐国稳定鲁北局势后,又在齐国西部边缘地区册封归降的逄国。

　　分封滕国和归顺的薛国镇抚鲁南地区,分封鲁国掌控鲁中南地区,济宁、邹城出土西周早中期青铜器,说明周王室在此布局贵族势力与鲁国共同稳定局势。泰安龙门口、新泰府前街出土西周早期青铜器应属归顺的商贵族,布局在鲁国北部边缘区域(图一六)。

　　西周早期周王室控制山东地区的模式主要分为北部和中南部两大部分。分封齐国镇抚稳定鲁北地区,同时采取诸多措施稳定局势(派出贵族势力、王师、册封归顺的小国稳定边区局势,布局贵族势力拱卫齐国地位)。分封鲁国镇抚鲁中南地区,周边布局贵族势力拱卫稳定鲁国局势,同时分封滕国协助镇抚鲁南地区,北部、南部边缘地区则布局归顺的商贵族。

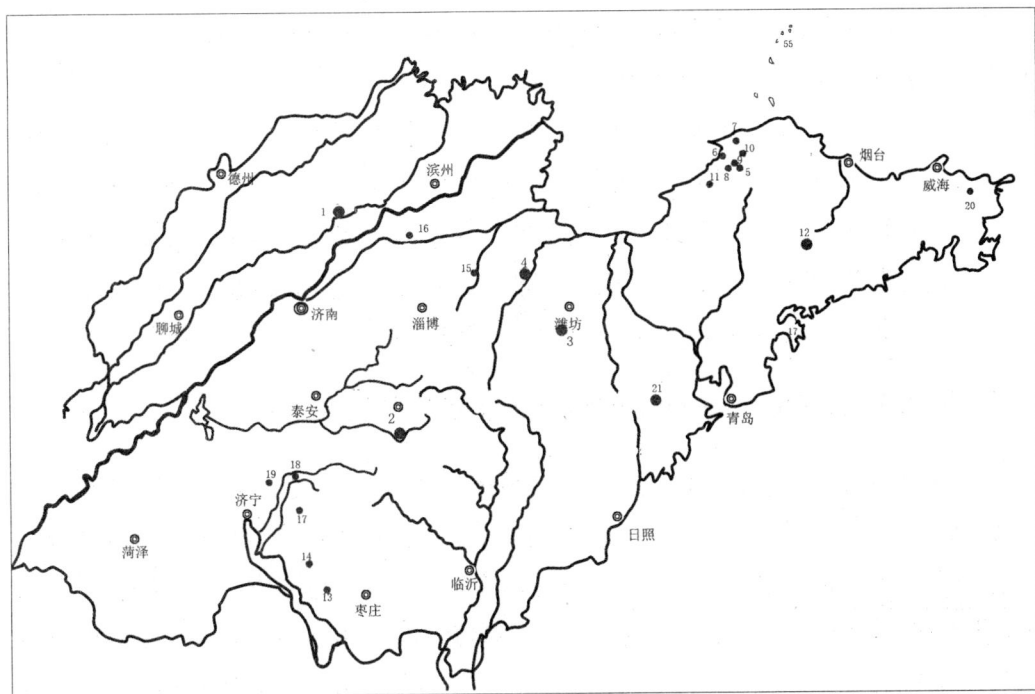

图一六　西周早中期青铜器出土地点示意图

1. 济阳刘台子　2. 新泰市府前街市政府宿舍　3. 寒亭鞠家庄(现为坊子区)　4. 寿光呂宋台
5. 龙口归城姜家村　6. 龙口海云寺徐家村　7. 龙口归城和平村　8. 龙口东营周家村　9. 龙口韩栾村
10. 龙口归城小刘庄　11. 招远东曲城村　12. 海阳尚都(现为上都村)　13. 滕州官桥镇前掌大村
14. 滕州庄里西村　15. 临淄河崖头村　16. 高青陈庄　17. 邹城小西苇村　18. 曲阜苟家村
19. 兖州嵫山南(现为兹山)　20. 荣成学福村　21. 胶州西皇姑庵

在此基础上,齐国、鲁国根据地利和文化格局分别走向了不同的发展道路,和各自地方文化不断融合,形成了齐文化、鲁文化,同时影响了其他文化的消长与演变,随着时代与形势的变化,古国、古文化不断交流融合,最终形成了齐鲁文化。

四、加强齐鲁文化的研究与弘扬——考古学应发挥其独特作用

1. 齐鲁文化是产生儒家思想和诸子百家学说的摇篮

我们认为齐鲁文化有三个显著特点:一是东夷文化是其底色和基因,二是其是周文化的继承与延续,三是多种文化因素融合最为充分。在时代背景和齐鲁文化基础上才能产生孔子儒家思想、诸子百家学说,经战国时期诸子百家的交流融合、儒家学

派的发展,最终形成了齐鲁地域思想文化,西汉"罢黜百家,独尊儒术"后,以新儒家思想为核心的齐鲁文化上升为中华传统文化的主流文化。

孔子创立儒家学说,上承三代,祖述尧舜,宪章文武,集文化之大成。孔子以前两千多年的文化在山东地区历经多次充分大融合、积累沉淀,是齐鲁文化形成产生的历史背景,也是孔子儒家思想产生的历史背景,更是中华优秀传统文化的形成过程。

战国晚期开始"齐鲁"并称,汉代因之,并与"山东"关联,概指齐鲁文化融合、儒家思想与儒学盛行之风,后世沿用至今,以齐鲁文化著称。

2. 考古学在研究、阐发、弘扬和传承传统文化方面具有独特作用

本文以考古学视野对齐鲁文化进行了系统解读,彰显了考古学的独特作用,同时证明考古学能够为历史文献、思想文化、哲学、儒学研究和弘扬传承齐鲁文化等诸多方面提供可视可触可用的资料。考古学在研究古代社会文明的核心内容——制度文物、礼仪风俗(如聚落布局、建筑、墓葬、器用制度、礼俗、生产、技术、生活、军事、艺术等文化遗存),在研究文化互动与交流因素——媵器、赗赙、赠品、战利品、贸易商品、技术输入与输出品,在研究文化大传统——贵族文化和文化小传统——大众平民文化等方面,能够发挥独特作用。

五、结　语

在当今中华民族伟大复兴的中国特色社会主义建设过程中,应加强对中华优秀传统文化的研究阐发、保护传承与交流弘扬,这对提高文化素养、凝聚共识、坚定文化自信,对建设经济文化强国等具有重要的现实意义。

齐鲁文化代表了周代山东地区的传统文化,其充分融合形成的文化传统,彰显了地方地域特点,与东周时期中原地区的晋与三晋文化、关中地区的秦文化、长江上游地区的巴蜀文化、中游地区的楚文化、下游地区的吴越文化、北方地区的燕文化一样成为重要的地域文化,是中华传统文化的重要组成部分,对研究中华传统文化和文化传统的形成与传承具有重要价值。

如何让文物活起来,如何弘扬和传承齐鲁文化与中华优秀传统文化,值得我们持续思考、关注与努力。应加强考古学科体系、学术体系和话语体系的建设,发挥考古学优势作用,考古学要与历史学、哲学、社会学等结合,跨学科、多部门联合攻关、综合研究,为挖掘、阐发、弘扬和传承中华优秀传统文化作出更大贡献。

齐等姜姓邦国受封在鲁北地区的文化基础[*]

燕生东[1]　　相培娜[2]

1. 山东师范大学历史文化学院　　2. 日照市东港区文物管理所

西周早期,分封在鲁北地区的邦国有哪些? 周王朝势力到达该地区前,即晚商时期和周初,鲁北地区文化面貌和社会发展情势如何? 目前,随着考古新材料的不断出现,可以进行一下探讨。

一、以齐为首的姜姓诸封国位置

周王朝在东方地区的姜姓姻亲封国齐、逢、纪均位于鲁北一带(图一)。

姜姓齐、纪等邦国受封,依《潜夫论·志氏姓》"炎帝苗胄,四岳伯夷,为尧典礼,折民惟刑,以封申、吕。裔生尚,为文王师,克殷而封之齐,或封许、向,或封于纪,或封于申",不只是因其参与灭商有功,也与其为先圣王炎帝苗胄有关。

当然,姜姓诸国受封,也主要与姜姓同周王室世代通婚有关。《国语·周语》"昔挚、畴之国也由大任,杞、缯由大姒,齐、许、申、吕由大姜,陈由大姬,是皆能内利亲亲者也",齐、许、申、吕诸国受封是由于周太王之妻太姜之故。太公望之女邑姜亦为周武王后妃,而王姜之名还多次出现在成王、康王时期铜器铭文上,王姜不但多次率军出征,主持封赏,而且有幕僚,还与大保共同辅佐周王,地位之崇高,权力之重大,在周

* 本文为国家社科基金项目"东方地区商代考古研究"(13BKG008)、教育部人文社会科学重点研究基地齐鲁文化研究院重大项目"东夷文化、齐鲁文化与中华文明的起源、早期发展"阶段性成果,泰山学者工程专项经费(NO.tsqn20161024)资助。

初可与周公、伯懋父和召公相匹[1]。

1. 关于齐国位置。司马迁认为吕望因辅佐周武王灭商首功而封于齐,《史记·周本纪》(武王)"于是封功臣谋士,而师尚父为首封。封尚父于营丘,曰齐",《史记·齐太公世家》"齐由此得征伐,为大国",《左传·僖公四年》"昔召康公命我先君大公曰:'五侯九伯,女实征之,以夹辅周室!'赐我先君履,东至于海,西至于河,南至于穆陵,北至于无棣"。周初,齐国权力比较大,尤其是能代表周王征伐"五侯九伯",今西至河北黄河、沧州一带,东至黄海,南至穆陵关的区域都是齐国的征伐范围。

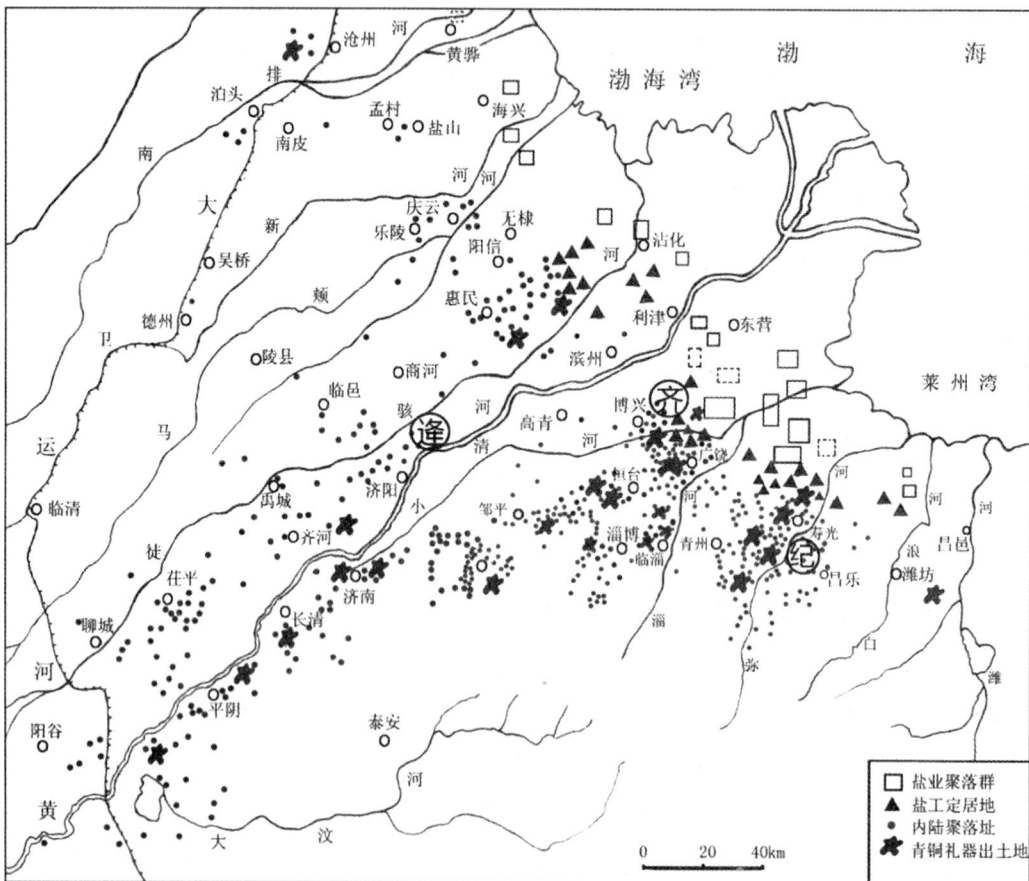

图一　西周齐、纪、逄封国位置与鲁北地区晚商文化聚落分布示意图

关于早期齐国疆域,《晏子春秋·内篇杂下》载"昔吾先君太公受之营丘,为地五百里,为世国长",《国语·齐语》更是明确提到了齐桓公时代的国土范围,"既反侵地,正其封疆,地南至于岱阴,西至于济,北至于河,东至于纪酅。有革车六百乘,择天下

---

[1]　杜正胜:《古代社会与国家》(第三部分:封建政治与社会),允晨文化实业股份有限公司,1992 年。

之甚淫乱者而先征之"。酅,纪国城邑,在临淄齐国故城东 9 千米,后世称安平故城。西周、春秋时期的黄河大约在今天津市静海一带入海。《管子·小匡》也有类似记载,齐桓公在管仲的建议下,修内政、安四邻、用兵于外事,"四邻大亲,既反其侵地,正其封疆,地南至于岱阴,西至于济,北至于海,东至于纪随,地方三百六十里"。看来,春秋早中期之前,齐国疆域范围西至今济南的济水南岸,北至天津、河北沧州一地的古黄河,东至纪国的酅(随)邑,南至泰山山脉北侧。

　　关于齐国都城,西周晚期及春秋时期位于临淄是毫无争议的。然而齐国早期都城在哪里,学术界一直有争议[1]。《礼记·檀弓上》《吕氏春秋》《晏子春秋》《史记》《盐铁论》等周汉文献均言齐封于营丘,国号"齐"。但《孟子·告子章句下》《韩非子·外储说右上》《吕氏春秋·仲冬纪》《战国策·楚策》《韩诗外传》《论衡》等周汉文献均曰姜太公封于"齐"。齐在商末周初本身也是地名、国名(殷墟卜辞中还提及商王征人方时路过齐地,传世青铜器有"齐妇"鬲、"齐嫄"尊、"齐嫄"爵等)。《左传·昭公二十年》《晏子春秋·卷七外篇》等文献,还说姜太公封于薄姑,据《毛诗正义·烝民》,周宣王时期,齐国"去薄姑而迁于临菑也",齐国在周宣王重臣仲山甫的帮助下迁都临淄,说明齐国较早时期的都城在薄姑(学者多认为在古济水下游北侧的博兴寨下或以北5千米的贤/嫌城)。司马迁在《史记·齐太公世家》篇对诸看法作了调和,说齐国早期都城在营丘,后迁至薄姑,因内部争斗,周夷王时期由薄姑迁往临淄。

　　《史记·货殖列传》云:"故太公望封于营丘,地潟卤,人民寡。"《盐铁论·轻重》也描述:"昔太公封于营丘,辟草莱而居焉。地薄人少。"《汉书·地理志》记载同《史记》相似,有:"太公以齐地负海潟卤,少五谷而人民寡。"这些文献都记录了齐国初封之地位置偏僻,环境恶劣,盐碱遍地,草莱茂盛,不利于农业生产和人口增长,这同济水下游地区地貌、环境、土壤、植被特点完全相同。

　　关于"齐"与"济"字之间的关系,《水经注·济水》引《春秋说题辞》"济,齐也;齐,度也,贞也",又引《风俗通》"济者,齐也,齐其度量也",这也表明"济"与"齐"在古代当为一字。商代和周代的齐国应位于济水流域。

　　据《礼记·檀弓上》,齐太公定都于营丘,之后的四世四君均都于此。关于营丘的具体位置,汉代就有临淄、昌乐营陵之争,后世又增加了章丘阳丘、寿光呙宋台、昌乐河西、青州臧台等诸说。因姜太公又称吕望,其子丁公被称吕伋,傅斯年等学者认为齐国初封之地在河南中南部的吕国。最近文物部门在古济水南侧的高青县陈庄遗址

　　[1] 关于齐国早期都城的讨论可参见张学海:《齐营丘、薄姑、临淄三都考》,《张学海考古论集》,学苑出版社,1999 年。

发现了西周初期城址、若干座西周早期齐国贵族墓葬、大型殉马车坑以及西周中晚期掌握齐国军事大权的引族墓地,后来又钻探出 20 多座大中型墓葬。出土青铜器铭文记录了"丰肇"为齐太公铸作铜卣、簋等彝器。有学者认为陈庄就是齐国都城营丘,最起码应为齐国公室封邑。但无论如何,这些不仅证明了齐国受封之地就在鲁北一带,而且也说明齐国早期都城距济水下游不远。

如此看来,齐国的早期都城营丘(或齐)、薄姑及齐太公直系贵族丰肇、齐国军事统帅引均在古济水附近,而齐国的得名应与济水有关,后世记录齐太公所在齐地或营丘的恶劣环境也与济水下游景观相符。换句话说,齐国早期都城或者核心区应在古济水下游及其南部地区。

2. 关于逄国位置。《国语·周语》云"我姬氏出自天鼋……则我皇妣大姜之姪,伯陵之后,逄公之所凭神也"[1],逄国所信奉之神为周皇妣太姜之姪伯陵。文物考古部门在济阳县刘台子发现了多座西周早期逄国贵族墓葬[2],墓葬内出土了 10 多个带有"逄"字铭文的青铜器,铭文中还有"王姜作龙姬宝尊彝"。看来西周早中期的逄国位于古济水旁的济阳一带,并与周王室保持着通婚的密切关系(图一)。

3. 关于纪国位置。寿光市南部纪国故城附近曾出土过西周中晚期的纪侯簋、编钟等铜器。寿光北部古城清理了一座西周初期的贵族墓,出土青铜器上多有"己(纪)并(邢)"二字[3],"并"即《春秋·鲁庄公元年》所说纪国的三大城邑之一"邢"邑。看来,西周时期纪国在寿光及周边地区应没问题(图一)。

总之,西周早期齐、纪、逄邦国的受封范围大体在今济南以东黄河两岸,淄河、弥河、白浪河以西的鲁北地区(图一)。

二、鲁北地区晚商文化发展情势

商代中期商文化已进入鲁北地区的济水、潍河、白浪河一带。目前,在博兴利代、东关,临淄桐林、于家,青州萧家,寿光董家营、丁家店子等遗址发现了中商文化的陶器、铜器等遗存。20 世纪 50 年代末,在潍坊市白浪河上游姚官庄遗址曾发现两件中商文化的陶簋,一件簋沿唇下垂,弧腹下垂,圈足有"十"字镂空;另一件为平卷沿,腹

---

[1] 徐元诰:《国语集解》第三卷,中华书局,2002 年。

[2] 山东省文物考古研究所、济南市文物局等:《山东济阳刘台子玉器研究》,众志美术出版社,2010 年。

[3] 寿光县博物馆:《山东寿光县新发现一批纪国铜器》,《文物》1985 年第 3 期。

较直,高圈足。近年来,潍河东岸的昌邑山阳遗址也发现了中商时期的锥状鬲足和篮口沿。说明中商文化已经到达了博兴、临淄、寿光、潍坊及潍河东岸一带[1]。鲁北地区发现的这一时期聚落数量最少,年代上也稍晚于大辛庄商文化最早期,聚落分布上较零散,单个聚落规模也不大,人口数量似乎不会太多。聚落文化堆积单薄,延续时间不长。萧家遗址面积约10万平方米,还出土了象征军事指挥权的青铜钺,该聚落应是本区域的中心之一。看来,商代中期,淄河、潍河流域还不是商王朝重点经营的地区。

而晚商,即殷墟时期,在沧州东部、鲁北沿海地区(古今黄河三角洲和莱州湾沿岸)发现了十多个规模巨大的盐业聚落群,数百处单个盐业聚落。目前,滨海平原上这一时期的盐业聚落群分布范围非常广大,东至寒亭的丹水,向西经寒亭、寿光、广饶,向北过小清河,经东营、垦利、利津、沾化、无棣、庆云等县市,最北至河北的海兴、黄骅一带,横跨250余千米。盐业聚落多以群的形式出现,每群大约由几十处制盐作坊组成。每一聚落群的面积从上百平方千米、数十平方千米至十几平方千米不等,规模非常宏大。经过详细发掘和钻探,每一处盐业聚落规模一般在4000—6000平方米,为一个制盐作坊;个别在1万平方米左右,包含2—4个制盐作坊,非常有规律,这显然存在着统一规制。围绕着盐业聚落群内侧即咸淡水分界线周围还发现了相当数量的同时期盐工定居聚落群[2],单个聚落面积在1万—2万平方米。

鲁北滨海平原出现大规模盐业聚落群的同时,内陆腹地晚商文化聚落骤然增加至400余处以上,人口数量明显增多,经济与文化空前繁荣。聚落数量是中商时期的十倍之多,达到甚至超过该地社会发展高峰期的龙山时期。该地区短时间内集聚了大量聚落和人口,应是外来人员在短时间内由周围地区集中迁入的结果。鲁北沿海地区(也包括沧州东部沿海地区)成为商王朝直接控制的唯一的产盐之地与唯一能通往海洋之地方。基于沿海平原上盐业资源和海洋资源(贝类、蛤类、螺类、海扇类、鱼虾类等)的开发,与之相邻的咸淡水分界线和内陆腹地的聚落与人口空前增多,社会、经济与文化得到了长足发展,在其辐射下,潍坊、淄博、滨州、济南、德州、聊城及沧州西南部,商文化也迅速发展起来,聚落和人口数量显著增多。殷墟时期,鲁北沿海和内陆腹地在短时间内就形成了以沿海盐业与盐工定居地为导向的聚落分布格局。商王朝的一些王族、族群,可能还有些封国驻地大都布局在这一核心区域内。此时,鲁北、沧州沿海及相邻内陆腹地成为东方甚至整个商王朝境内人口最为密集,经济、文

[1] 燕生东、丁燕杰:《商文化前期在东方地区的发展特点》,《中原文物》2016年第6期。

[2] 燕生东:《商周时期渤海南岸地区的盐业》(第三、四、五章),文物出版社,2013年。

化最为发达的地区之一[1]。

鲁北地区所见晚商文化聚落大体划分为十几群，每群的规模比较大，往往在上百平方千米或数百平方千米不等，聚落之间间距在 3 千米左右，比较有规律，显示出聚落布局上有一定的规划。单个聚落规模一般不大，面积(不含墓地)多在 3 万—6 万平方米，每个聚落都包含房址、水井、灰坑、窖穴、墓地以及生产、生活垃圾堆积，说明当时有一定的规制[2]。聚落内功能布局多有明显的划分，一般分为居住区、窖藏区、取土区、垃圾倾倒区，部分聚落还有专门的制陶、制石、制骨作坊区。墓地则多位于居住区一侧或环壕外围，如，济南大辛庄的墓地在居住区东部、中南部、西南部，桓台史家在壕沟外北部，桓台唐山在壕沟外东南部，桓台于堤在居住区西部，滨城兰家位于居住区东部。在桓台李寨、淄博黄土崖、临淄田旺西路、济南卢家寨、大辛庄等聚落还发现了陶窑，有些成组成排出现，显示有一定生产规模。卢家寨遗址一座陶窑内还发现烧好未取走的满窑陶鬲，数量达 50 多件[3]。每七八处聚落围绕一个中心聚落，中心聚落多有壕沟围护，有随葬青铜礼器的墓葬；中心聚落出土的牛骨、卜骨、卜甲数量超过一般聚落。

目前所见出土青铜容礼器、兵器(往往为贵族墓葬出土)或有环壕的中心聚落主要有沧州倪杨屯，滨城兰家，惠民大郭，博兴贤城、寨卞，桓台唐山、史家、旬召，广饶花官、西华村，寿光古城、桑家庄，潍坊蔺家庄，坊子院上，青州苏埠屯、于家、涝洼，临淄范家、东古、官道，张店昌国，临朐北菠萝，沂源东安，章丘涧溪，邹平长山，济南大辛庄、刘家，长清小屯、崮山、孝里，平阴洪范，齐河郝庄，新泰府前大街，莱芜城子等等。而从墓地(聚落)规模、墓葬规格、殉人、随葬铜器及聚落发现的其他特殊遗存等显示出的等级程度而言，还有凌驾于这些区域中心聚落之上的更大、更高的高等级聚落，如苏埠屯、大郭、贤城、大辛庄、刘家等，高等级聚落数量明显多于中商时期。多数青铜器上还有不同的徽识符号，说明各个聚落群隶属于不同族群。青铜器的族徽符号多与安阳殷墟及周边地区所见相同，显示东方地区的贵族群体多是从殷都(今安阳殷墟)及周边地区迁来。鲁北地区经过详细考古工作的聚落，时代都从殷墟文化一期延续至四期，特殊功能和较高等级的聚落也未发生过更替，说明当时的聚落发展是稳定的、连续性的，其所代表的社会组织建构也应是稳固的。

　　[1]　鲁北沿海地区先秦盐业考古课题组：《鲁北沿海地区先秦盐业遗址 2007 年调查简报》，《文物》2012 年第 7 期；燕生东：《商周时期渤海南岸地区的盐业》(第七、八章)，文物出版社，2013 年。

　　[2]　燕生东、魏成敏、党浩等：《桓台西南部龙山、晚商时期的聚落》，《东方考古》(第 2 集)，科学出版社，2006 年。

　　[3]　《孙村卢家寨商代陶窑的发掘》，李铭主编：《济南考古图记》，济南出版社，2016 年。

　　显然,殷墟时期,鲁北沿海地区及相邻的内陆腹地已成为商王朝重点拓展、重点经营的区域[1]。

　　鲁北地区出土的商文化陶器无论种类,还是形态与纹饰样式都与殷墟同类器物基本一致。如鬲、甗、盆、豆、盘、簋、瓮、罐的形态特征与殷墟各期相同或相近:陶簋,侈口较高、厚方唇、鼓腹、矮圈足,腹上刻饰细绳纹及三角划纹;鬲,宽沿方唇上翻、分裆、空肥足、无实足根,形体稍矮、胖,腹上拍印粗绳纹,属于典型晚商文化系统(图二)(而学者常提及的鲁北地区与商文化"共存"的红褐素面鬲、甗、簋等,其时代已属于西周早期)。

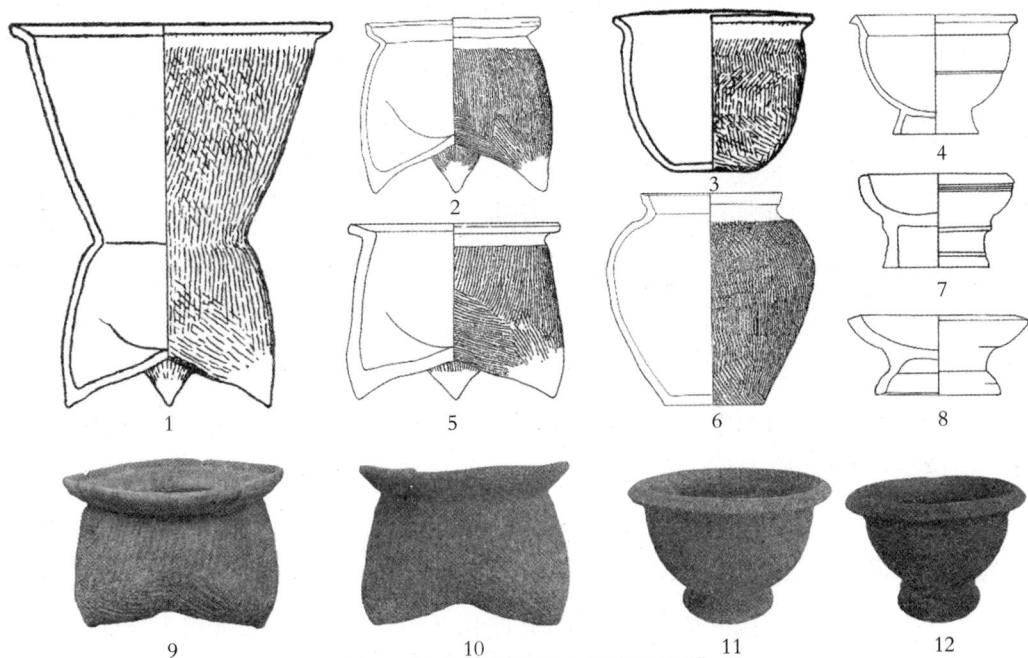

图二　鲁北地区晚商文化常见陶器

1.甗(邹平丁公 H36∶2)　2、5.鬲(桓台前埠 H129∶1、H129③∶1)　3.盆(邹平丁公 M23∶1)
4.簋(滨州兰家 BLSZ∶22)　6.瓮(阳信李屋 H46∶1)　7.豆(滨州兰家 BLSZ∶9)
8.圈足盘(桓台唐山 H122③∶3)　9.鬲(阳信李屋 M47∶1)　10.鬲(滨州兰家 BLSZ∶19)
11、12.簋(滨州兰家 BLSZ∶3、25)

　　大郭位于惠民县麻店乡大郭村南,经钻探,墓地面积达数万平方米。20 世纪 70 年代发现的一座墓,据介绍,墓室南北长 12、东西宽 6 米,有二层台,台上殉葬 6 人;墓东、西、北侧各有一墓道,内有殉人殉狗。墓室外有殉马坑[2]。随葬品早年被盗,残存铜鼎、方彝、觚、爵、铙、戈、矛、刀、锛以及玉钺、环等。铙内壁、方彝盖、腹内壁、铜戈

[1]　参见燕生东:《商文化后期在东方地区的发展》,《海岱考古》(第十辑),科学出版社,2017 年。
[2]　山东惠民县文化馆:《山东惠民县发现商代青铜器》,《考古》1974 年第 3 期。

上均有"⬛(戎)"徽识符号。传世铜器有"戎作从彝"卣、"戎翼"爵等,有学者考证"戎"氏族属于商王族[1]。该墓是鲁地目前发现的规格最大的商代墓葬之一,仅次于青州苏埠屯一、二号大墓。如是,大郭就是黄河三角洲地区最重要的高等级聚落。

先秦和两汉有关文献里记录,商末,博兴一带有薄姑国,周初,薄姑还成为不服周王朝管制的东方大国象征之一。薄姑曾参与管叔、蔡叔、武庚、商奄发动的叛乱,因而被灭[2]。在周人话语霸权下的族属分类系统中,薄姑曾被划为东夷。但学者多认为,薄姑、蒲姑、亳古是亳、薄等字音缓读而成,泛指殷商族群居住地[3]。至于晚商时期薄姑都城的具体位置,文献记录说是在博兴寨卞或以北5千米的贤(嫌)城。寨卞遗址的多次考古发掘表明,其虽是晚商时期的中心聚落,但该遗址内所见古城属于战国时期,未见西周中晚期堆积,显然与文献所说薄姑曾为西周中期的都城不符。位于寨卞遗址以北5千米、支脉河以南的贤(嫌)城遗址,面积在上百万平方米,还钻探出夯土城墙,遗址内堆积主要属于晚商、西周和战国时期[4],位置也在古济水北,贤(嫌)城属于薄姑城的可能性比较大。博兴、广饶、临淄等一带发现上百处本阶段的聚落,在相邻沿海地带还发现了这个时期的数个规模巨大的盐业聚落群,如东赵、东北坞、南河崖、坡家庄、刘集等。如是,该地区应有更高等级的聚落薄姑国都。

苏埠屯墓地位于一土岭上,南北约300、东西约200米,面积超过6万平方米,时代从殷墟三期晚段延续至西周初年。经过多次调查、发掘,目前已经发现了至少15座大、中型墓葬,2座车马坑[5]。其布局以位于土岭中心最高点的最大墓葬M1、M2、车马坑及苏埠屯村东水塔下那座大型墓为中轴线,其他各等级的墓葬则位于其南北两侧。其中,带四条墓道的大墓1座(M1),面积近160平方米,人殉和人祭计48人,

[1]　丁山:《甲骨文所见氏族及其制度》,中华书局,1999年。

[2]　如《左传·昭公九年》"及武王克商,蒲姑、商奄,吾东土也";《左传·昭公二十年》"昔爽鸠氏始居此地,季薊因之,有逢伯陵因之,蒲姑氏因之,而后大公因之";《今文尚书序》"成王既践奄,将迁其君于蒲姑,周公告召公,作《将蒲姑》"(《将蒲姑》一文已佚);《汉书·地理志》齐地"汤时有逢公柏陵,殷末有薄姑氏,皆为诸侯,国此地。至周成王时,薄姑氏与四国共作乱,成王灭之"。

[3]　王晖:《盘古考源》,《历史研究》2002年第2期。

[4]　张学海:《齐营丘、薄姑、临淄三都考》,《张学海考古论集》,学苑出版社,1999年。

[5]　祁延霈:《山东益都苏埠屯出土铜器调查记》,《中国考古学报》(第二册),商务印书馆,1947年;山东省博物馆:《山东益都苏埠屯第一号奴隶殉葬墓》,《文物》1972年第8期;山东省文物考古研究所、青州市博物馆:《青州市苏埠屯商代墓地发掘报告》,《海岱考古》(第一辑),山东大学出版社,1989年;夏名采、刘华国:《山东青州市苏埠屯墓群出土的青铜器》,《考古》1996年第5期;王恩田:《益都苏埠屯亚醜族商代大墓的几点思考》,《金玉交辉——商周考古、艺术与文化论文集》,中研院史语所,2013年;张履贤著,唐友波整理:《苏埠屯铜器图录》,上海书店出版社,2014年。

是商王朝周边地区发现的规格最高的墓葬。带两条墓道的"中"字形大墓 1 座(M2)，墓室面积近 70 平方米。带有一条墓道的"甲"字形大墓至少有 5 座。如此看来，苏埠屯墓地为高等级贵族(包含国君性质)集中埋葬区。苏埠屯历年出土了大量青铜器，据学者整理分析，仅出土的"▨(亚醜)"族徽符号的青铜器就有 103 件，其中，容礼器就 80 件以上[1]，包括了成组的方鼎、方爵、方尊、方罍、方斝、方彝、方觚、方觥、方簋、方盉，还有成组铜铙乐器。方形容器和乐器系贵重礼器，代表着拥有者的身份较高。带有一条墓道的 M8，出土的铜方鼎、圆鼎、簋、斝、觚、爵、尊、觯、罍、卣等上有"▨(融)"或"作册▨(融)"族徽符号，所出土兵器的数量占总随葬品的 70% 以上。一座残墓出土的铜方鼎、盉、角、觚、觯、盘、卣上有"▨(藝)"族徽符号。可见苏埠屯墓地至少存在三个族氏集团："▨(亚醜)"族氏、"作册▨(融)"族氏、"▨(藝)"族氏。出土"▨(亚醜)"族氏青铜器的苏埠屯 M1 是除了安阳殷墟以外的唯一一座带四条墓道、"亚"字形椁、殉人最多、埋葬规格最高的墓葬。关于苏埠屯墓地主要是 M1 墓主人的身份，有学者认为其为仅次于商王的王室成员或高级贵族；发掘者认为为商王朝封君之类的人物[2]。关于青州苏埠屯"▨(亚醜)"族氏，甲骨文中有"辛卯，王……小臣醜……其作圉于东对，王占曰：大(吉)"(《甲骨文合集》36419)的记录，醜曾为商王朝的内服百僚小臣官职。有学者认为"作圉于东"就是作疆于东，可能就是封国[3]；或者，"作圉于东对"就是作圉于东封，"对"意与"邦"近[4]。总之，卜辞意思就是占问小臣醜在东方建国是否得当。如是，小臣醜就是商王朝封国国君之类的人物。"▨(亚醜)"方觥、方爵、方罍、甗等上有"▨，者(诸)后以太子尊彝"铭文，有学者认为属于醜祭祀王后和太子的礼器，醜这一族氏可为殷商王族，地位比较高。醜还给商王通报过夷方的动向[5]。总之，"▨(亚醜)"族氏来源于商王朝小臣"醜"，商王命小臣"醜"率其族人戍守于东方边疆[6]。这些说明亚醜族氏与商王朝(室)的关系非常密切，这与苏埠屯 M1、M2 等墓的规格、埋葬习俗、随葬器物组合及特点、时代等都是完全相符的。

　　苏埠屯、寿光古城等贵族墓葬(地)墓葬形制、埋葬制度、随葬品组合及风格特点

[1] 李海荣：《"亚醜"铭铜器研究》，《辽海文物学刊》1995 年第 1 期。

[2] 王恩田：《山东商代考古与商史诸问题》，《夏商周文明研究——97 山东桓台中国殷商文明国际学术讨论会》，中国文联出版社，1999 年。

[3] 李学勤：《重论夷方》，《走出疑古时代》(修订本)，辽宁大学出版社，1997 年。

[4] 杜正胜：《古代社会与国家》(夏商时代的国家形态)，允晨文化实业股份有限公司，1992 年。

[5] 李学勤：《海外访古续记·杞妇卣》，《四海寻珍》，清华大学出版社，1998 年。

[6] 郭妍利：《也论苏埠屯墓地的性质》，《三代考古》(三)，科学出版社，2009 年；董珊：《释苏埠屯墓地的族氏铭文"亚醜"》，《古文字与古代史》(第四辑)，中研院史语所，2015 年。

都与安阳殷都地区的商人墓葬保持了高度一致。比如，随葬青铜器组合、样式，尤其以爵、觚搭配为核心，呈多等量配置与殷墟完全一致。古城墓葬中的陶鼎、爵、尊形器为仿铜器，这在殷墟之外是少见的[1]。最值得一提的是殷墟及都畿地区墓葬中常见的陶制礼器觚、爵、圈足盘等在苏埠屯和济南刘家庄也有发现(图三)，这是殷墟及都畿外的周边地区比较罕见的特例。这也充分说明苏埠屯、古城、刘家庄与殷都关系之密切。

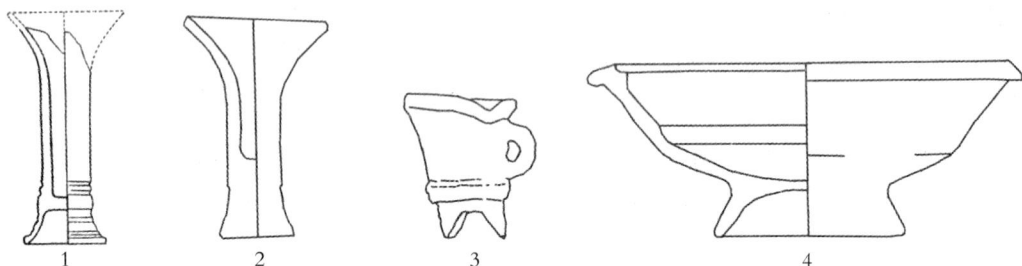

图三　青州苏埠屯墓葬出土的部分陶器
1.觚(M1∶68)　2.觚(M7∶21)　3.爵(M7∶20)　4.盘(M7∶30)

苏埠屯所处地理位置比较重要，周围有上百处同时期聚落，以东60千米即为胶莱平原和胶东半岛，那里是当地文化会泉庄与芝水二期类型分布区，即东夷人居住区域；以北的沿海平原上有多处规模巨大的盐业聚落群，如巨淀湖、双王城、东北坞、央子和杨家庄等。苏埠屯一带无疑是商末整个潍、淄河流域的政治、军事、文化、管理中心。

三、商末周初鲁北地区的东夷文化

晚商时期，鲁北地区商文化分布圈以东，即潍河以东的胶莱平原、鲁东沿海地区、胶东半岛存在着当地考古学文化(应是岳石文化后续)会泉庄—芝水二期类型。为了更好地说明渤海南岸地区商文化的特征，还可以看看这个时期当地考古学文化——潍河流域的会泉庄遗存以及胶东半岛芝水二期遗存的特征[2]。会泉庄—芝水二期类型遗存有自己的制陶业，陶胎壁是通过刮削使之变薄，陶坯经拍打加固后，器表多

---

[1]　郜向平：《商系墓葬研究》(第五章)，科学出版社，2011年。

[2]　山东省文物考古研究所、寒亭区文物管理所：《山东潍坊会泉庄遗址发掘报告》，《山东省高速公路考古报告集(1997)》，科学出版社，2000年；北京大学考古实习队、烟台市博物馆：《烟台芝水遗址发掘报告》，《胶东考古》，文物出版社，2000年。

被抹平或刮削,未留下什么特殊印痕或纹饰,形成了通常所说的素面陶。陶器的羼合料多为云母及分选较好的细砂粒,个别为蚌片末。器物群主要有鬲、甗、圈足盆、豆、实足碗、圈足碗、钵、簋、罐、瓮等(图四)。具体到某些器物,如鬲,多有乳状实足根,以"斝式鬲"最有特点,即上半部制成罐状,鬲足分制,手制,然后再拼接而成,器壁非常薄,分段连接的凹痕很明显,来自岳石文化传统的筒腹形鬲和斜腹无实足根鬲(包括甗的鬲部)很有特点;甗类器发达,也比较有特点,甑部与鬲部相接处的腰部多有一周附加堆纹。陶器多是在氧化焰环境下烧成的(可能与使用敞口窑烧制有关),因而烧出的陶器器表颜色多呈红或红褐。无论制陶和烧造方法,还是器物种类与形态,都与商文化的制陶技术及产品迥然有别。不唯陶器如此,像是石器中长条形、直背、弧刃、双孔或多孔石刀等物质遗存也不见于商文化圈。鲁北地区的商文化和白浪河以东的当地文化聚落内基本上互不见对方的物质文化,甚至与商文化遗址相隔数千米的会泉庄遗址内,也见不到商文化的影响。看来,该阶段的商文化与当地文化不是融合,而是二元对立。

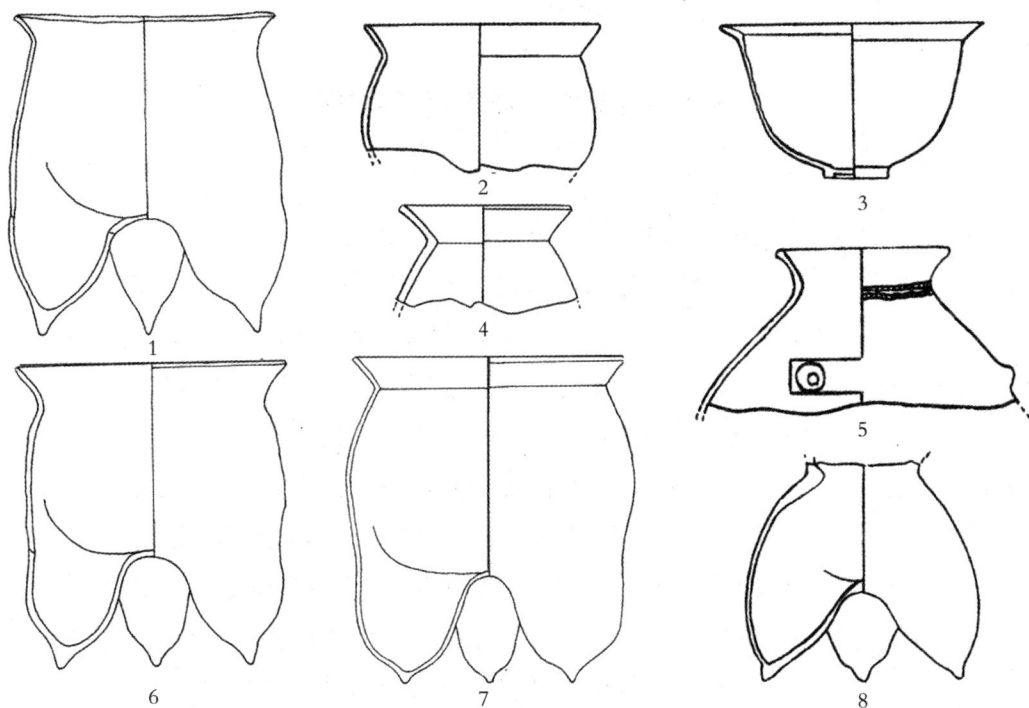

图四　白浪河东部地区的会泉庄类型陶器

1、6、7.陶鬲　2、8.陶甗　3.圈足盆　4.罐　5.瓮

1、7.昌乐后于刘(H52∶1、2)　6.潍坊姚官庄(M3∶1)

2—5、8.潍坊寒亭会泉庄(H1∶1、H6∶2、H4∶7、H16∶1、H12∶20)

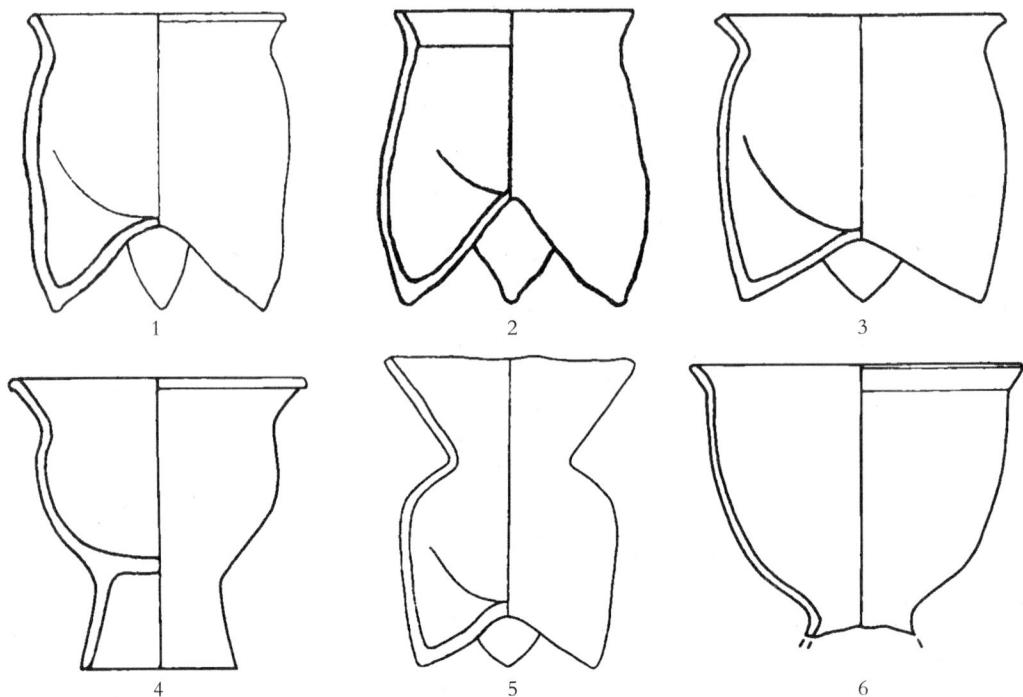

图五　鲁北地区发现的周初东夷式陶器

1—3. 鬲　4. 簋　5、6. 甗

1. 青州凤凰台 H009：1　2. 青州赵铺 M1：2　3、5. 淄川北沈 H5：2、64　4、6. 济南唐冶 H138：2、H48：1

　　周初，同会泉庄与芝水二期类型相关联的素面甗、素面鬲、高圈足簋、碗等(图五)夷人文化陶器突然广泛出现于泰沂山北地的潍淄河流域各聚落内，向西到达古济水南岸的历城唐冶一带[1]，向南至淄川北沈马[2]。从考古学文化看，出现夷商、夷周融合现象。夷人文化大规模向西扩张的态势，也突显了这个时期夷人势力的崛起和强大。

　　总之，以齐国为首，包括纪、逢等姜姓国家，主要位于晚商文化最为发达、人口最为集中，商势力最强的济水、潍河、淄河流域(即鲁北地区)。齐国紧靠文献中的"薄姑"国(族)，纪国南部紧邻苏埠屯"亚醜"族，北为"丼"族，而逢国东北部为惠民县"戎"族。他们之间还在西周早期(个别至西周中期)共存过，这些邦国北部、东部沿海地区还曾是殷商王朝盐业生产中心。而周初，鲁北地区出现了夷人大规模西迁的态势。看来，这些姜姓邦国受封在鲁北地区的目的是控制和羁縻殷商遗民与夷人。

────────────────

　　[1]　济南市考古研究所：《济南市唐冶遗址考古发掘报告》，《海岱考古》(第六辑)，科学出版社，2013 年。

　　[2]　任相宏、张光明、刘德宝主编：《淄川考古——北沈马遗址发掘报告暨淄川考古研究》，齐鲁书社，2006 年。

齐长城布局和建置的考古学研究

张　溯[1]　王泽冰[2]　张子晓[3]

1. 山东省文物考古研究院　2. 山东省水下考古研究中心　3. 临沂市沂州文物考古研究所

齐长城是东周时期齐国修筑的大型军事防御工程,是山东境内规模最大的建筑遗迹。它西连济水,北连渤海,东跨泰沂山系以至黄海,将渤海(古称北海)、黄河(古济水)、黄海(古东海)串联到一起。齐长城始建于齐宣公十五年(公元前 441 年)[1],其后威王、宣王、湣王时期逐渐加筑完成。公元前 221 年,秦灭齐之后,齐长城被破坏和废弃,共沿用了二百余年的时间。到晚期尤其是清代时,齐长城的部分段落仍作为军事防御工事被加以利用。

1977 年,齐长城被列为山东省第一批重点文物保护单位,2001 年被评为全国重点文物保护单位。齐长城的兴废与齐国历史及东周时列国关系息息相关,因此历来受学界的关注。本文以考古调查为基础,结合文献和出土文物对齐长城的布局和建置进行分析和研究。

一、齐长城的调查与研究简史

齐长城的调查与研究工作自 20 世纪 50 年代开始。20 世纪 50 年代,山东省文管会的王献唐先生曾对长清、博山、临朐、沂水等地的长城作过调查,著有《山东周代的齐国长城》一文[2]。

1979 年,张维华先生出版《中国长城建置考》(上编)一书,对中国周代长城进行

---

[1]　张溯、梁洪燕:《清华简〈系年〉与齐长城考》,《中国国家博物馆馆刊》2017 年第 1 期。
[2]　王献唐:《山东周代的齐国长城》,《社会科学战线》1979 年第 4 期。

了系统论述,首篇即为《齐长城》,用文献资料对齐长城的行经道里和建置年代进行了系统的考证[1]。

80 年代,结合文物普查和四有档案的建立,长城沿线县、市、区的文物管理部门普遍对辖区内的长城进行普查,并建立了文保档案。

1991 年,山东省文物考古研究所对长清、章丘、莱芜、临朐、沂水、安丘、莒县、五莲、胶南、黄岛等地的部分长城进行了调查。调查队由罗勋章、王会田、张忠、张子晓、齐炳学组成,历时 26 天。长城沿线的文物干部参加了所在地的长城勘察并提供了勘察资料。这是山东省文物部门对齐长城的第一次全线调查,从而使文献和田野资料相互印证,罗勋章先生著有《齐长城考略》一文[2]。

1996—1997 年,泰安市路宗元等五位退休老人组成的齐长城考察队首次对长城全线进行徒步测绘考察,并著有《齐长城》一书,为齐长城的调查和研究提供了详细的资料[3]。

2008—2009 年,山东省文物局组织山东省齐长城资源调查工作队,对齐长城进行了全面的调查测绘,并对调查资料进行了整合编写。这是第一次由文物部门组织的全线系统调查,基本厘清了齐长城泰沂山段的长度、路线、建筑方式、保存状况。

此外还有许多学者对齐长城的年代、功能和布局进行了研究。如张华松先生著有《齐文化与齐长城》[4],任相宏先生著有《齐长城源头建置考》[5],王永波先生的《齐长城的人字形布局与建制年代》[6],国光红先生的《齐长城肇建原因再探》[7],罗恭先生的《从清华简〈系年〉看齐长城的修建》[8],陈民镇先生的《齐长城新研——从清华简〈系年〉看齐长城的若干问题》[9],拙作《试论齐长城源头及相关问题》[10]《清华简〈系年〉与齐长城考》[11]等。

————————

[1]　张维华:《中国长城建置考》(上编),中华书局,1979 年。

[2]　罗勋章、王站琴、张忠:《齐长城考略》,《海岱考古》(第四辑),科学出版社,2011 年。

[3]　路宗元:《齐长城》,山东友谊出版社,1999 年。

[4]　张华松:《齐文化与齐长城》,中国戏剧出版社,2000 年。

[5]　任相宏:《齐长城源头建置考》,《东方考古》(第 1 集),科学出版社,2004 年。

[6]　王永波、王云鹏:《齐长城的人字形布局与建制年代》,《管子学刊》2013 年第 2 期。

[7]　国光红:《齐长城肇建原因再探》,《历史研究》2000 年第 1 期。

[8]　罗恭:《从清华简〈系年〉看齐长城的修建》,《文史知识》2012 年第 7 期。

[9]　陈民镇:《齐长城新研——从清华简〈系年〉看齐长城的若干问题》,《中国史研究》2013 年第 3 期。

[10]　张克思:《试论齐长城源头及相关问题》,《海岱考古》(第六辑),科学出版社,2013 年。

[11]　张溯、梁洪燕:《清华简〈系年〉与齐长城考》,《中国国家博物馆馆刊》2017 年第 1 期。

二、齐长城的布局

齐长城的主体分为两段,济水段和泰沂山段,分别位于齐国的西边境和南边境,构成统一的防御体系,护卫齐国腹地。济水段沿济水修筑,其南端点始于谷城,位于济南市平阴县东阿镇,沿济水东北行,终点至于渤海[1]。泰沂山段西以平阴故城西南为起点,城址位于济南长清区孝里镇大街村,沿泰山余脉东行,跨泰沂山系,至黄岛于家河村入海。两条线路使用不同的建筑方式,济水段长城主要以土筑;泰沂山段主要以石筑,并有土筑、土石混筑、山险等多种建筑方式(图一)。

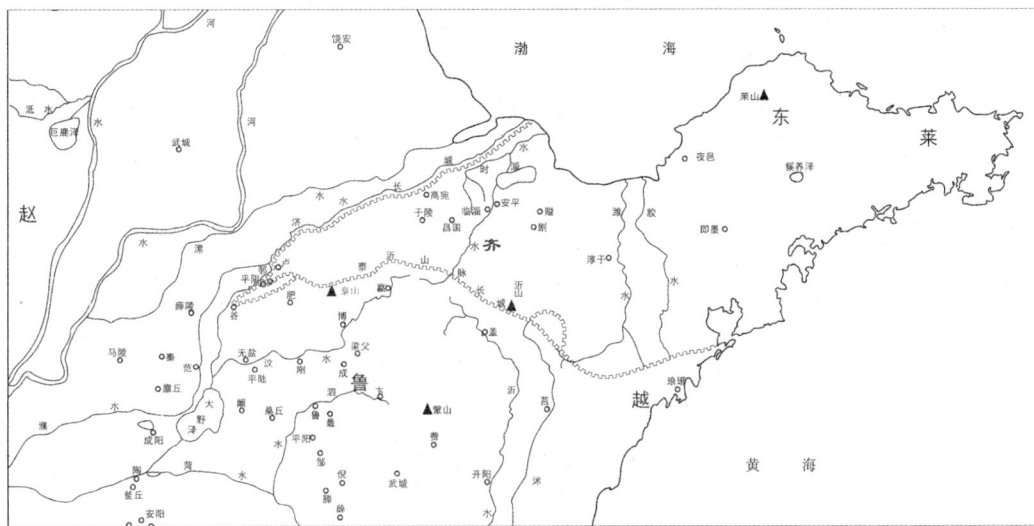

图一　齐长城布局示意图

(一) 济水段

对济水段长城的认识主要来自文献,这是因为黄河夺济入海之后,历朝历代均修筑河堤,规模越来越大,直至现代,致使周代的长城难以保存、确认和寻找。然而,济水段长城也少见于文献记载,并且长期以来这些文献没有被正确释读,以至于隐而不显。直至清华大学藏战国竹简《系年》中记载的齐长城史料被正确释读后,才有了清楚的认识。

清华简《系年》中说:"晋敬公立十又一年,赵桓子会(诸)侯之大夫,以与越令尹宋

[1]　张溯、梁洪燕:《清华简〈系年〉与齐长城考》,《中国国家博物馆馆刊》2017年第1期。

盟于巩,遂以伐齐,齐人焉始为长城于济,自南山属之北海。"为长城于济"指沿济水修筑长城,南山指泰山,北海指渤海。由于这条文献的出土,使《史记》《左传》《竹书纪年》中对齐长城的记载得到了正确的解读。

《史记·楚世家》中记载射者对楚襄王曰:"若王之于弋诚好而不厌,则出宝弓,碆新缴,射嘻鸟于东海,还盖长城以为防,朝射东莒,夕发浿丘,夜加即墨,顾据午道,则长城之东收而太山之北举矣。"长城之东、泰山之北正是齐国的疆域,此处的长城指济水段长城。《史记·楚世家》张守节《正义》引《太山郡记》云:"太山西北有长城,缘河径太山千余里,至琅邪台入海。""缘河"指沿河水,又位于泰山西北,指济水段长城,"径太山"指泰沂山段长城,琅邪台为琅邪之误。

济水为古四渎之一,《尔雅·释水》:"江、河、淮、济为四渎。四渎者,发源注海者也。"济水古名沇水,发源于今河南省济源市王屋山,流经河南、山东入渤海,现今黄河下游大约是原济水故道。济水发源于河南省济源市,由菏泽入山东,西北流入渤海,流经菏泽、济宁、泰安、聊城、德州、济南、滨州、淄博、东营9个地市。齐国修筑的济防长城,经济南、德州、滨州、淄博、东营5个地市入海,长300余千米。

(二) 泰沂山段

泰沂山段长城经过齐长城调查队较为详细的调查和测绘,对其线路、建筑方式、保存状态都有比较明确清楚的认识。这段长城西接济水(今黄河),跨泰山、鲁山、沂山、五莲山、小珠山等主要山系,翻越大小山头1500余座,东至黄岛市区于家河入海,跨长清、肥城、岱岳、泰安、历城、章丘、莱芜、博山、淄川、沂源、临朐、沂水、安丘、莒县、诸城、五莲、胶南、黄岛十八个县(市、区)。

泰沂山段齐长城的西端点位于大街村南102省道西侧的洼地,由西端点往东,地表仍可见城墙遗迹。西端点之西为孝里洼,襄公十八年,晋伐齐,齐灵公"堑防门而守之广里"。京相璠云:"平阴城南有长城,东至海,西至济,河道所由名防门,去平阴三里,齐侯堑防门,即此也。"[1]其水引济,故渎尚存。孝里洼当即齐灵公所挖壕沟处,至晋代还可以看到,这条壕沟连接济水。该地以平阴城作为关卡设置防御,平阴城东南侧有高大宽广的城墙,至今尚存。跨过102省道往东,长城墙体逐渐增高,平阴城东山上的长城以石筑,一直顺山势往东延伸,至泰山西麓的钉头崖处为止。

泰沂山段长城经过两次比较准确的测量,约为625千米,加上济水段长城,齐长

---

[1]　杨伯峻:《春秋左传注》(修订本),中华书局,1990年,第1037页。

城总长度应在 900 余千米。

济水是中原通往齐国最重要的交通线，《左传》《史记》《系年》《�羌钟铭》等文献记载晋、宋、鲁、卫等国进攻齐国时多次由这条路线进入鲁北。济水段长城和泰沂山段长城于两个地点相连接，分别是谷城和平阴城[1]。该处为复线，并以城代关，是齐国重点防守的地区之一。两段长城往东修至长清三岔沟合为一条。

三、齐长城的建筑形制

齐长城的构成以墙体为主，并与城址、关隘、烽燧、塞堡等组成统一的防御工程。

齐长城沿线上的城址主要有谷城、平阴城、城子、安陵邑，分别位于济南平阴县东阿镇、济南长清区大街村、淄博市淄川区城子村、青岛市黄岛区于家河村附近。

（一）长城墙体的类型

齐长城墙体的修筑具有因地制宜的特点，所用的材料均为就地取材，建筑方式因山川地形而定。长城墙体主要有石砌墙体、土筑墙体、土石混筑墙体、山险墙四种类型。

1. 石墙

石筑墙体主要发现于长清段、章丘—莱芜段、博山—淄川段、沂源段等处。按照结构的不同，石墙可分为单边墙和双边墙两种，这是根据地形所进行的选择。

（1）单边墙

单边墙主要见于较缓的山脊上。外侧削直砌墙，内侧为缓坡。这种形制的墙体主要见于章丘段，如章丘疙瘩岭段即这种结构，在齐长城沿线上保存也最好。这是因为这一带的山岭外侧较陡，内侧较缓，因此采用单边起墙的方式进行防御，可以节省许多劳力(图二)。

（2）双边墙

双边墙以石块垒砌，两侧起墙，是最常见的长城墙体。长清段、博山段、淄川段等地都有发现，且局部段落保存较好。这种墙体与后世的长城建筑形制相同(图三)。

---

[1] 杨伯峻:《春秋左传注》(修订本)，中华书局，1990 年，第 1037 页。

图二　章丘疙瘩岭段单边墙(由西南往东北拍摄)

图三　长清段长城墙体(由东往西拍摄)

2.土筑墙

土筑墙体为砂土层层夯筑而成,以济水段为主,此外泰沂山段也有部分地区使用土筑墙,如泰沂山段的东端平阴城段、西端诸城段和于家河段等。土筑墙体以黄褐粉砂土层层夯打而成,与城墙的建筑方式相同(图四)。

图四　诸城段土筑墙(由西南往东北拍摄)

3.土石混筑

土石混筑墙体主要分布于泰沂山东部丘陵地区。因这些地区多为丘陵,地表无较纯净的砂土可用,地表的土均土石混合,因此将土石混筑到一起,层层夯打而成。这种墙体以胶南段为主(图五)。

图五　胶南段长城墙体(由东北往西南拍摄)

4.山险墙

山险墙以陡峭的山险代墙,没有修筑墙体,如章丘—莱芜段(主要是东部)、泰山段、博山段部分地区和沂源段的大部。据调查资料,大约有 130 千米为以山险代墙,并没有修筑墙体(图六)。长清段石筑墙体东修至钉头崖,往西为山险墙,以泰山作防御屏障。据民间传说,负责筑长城的将领把长城修到这里后再也无法往上修筑,因此被处决,并将其头钉于崖上,故名钉头崖[1]。虽然只是个民间传说,但从侧面可知钉头崖之东确实没有修筑墙体,这与我们的调查结果正相符合(图七)。

图六　博山段山险墙(由西南往东北拍摄)

图七　济南市长清区钉头崖处的石墙和山险(由东往西拍摄)

----

[1]　路宗元:《齐长城》,山东友谊出版社,1999 年。

(二) 附属设施

除长城墙体之外,齐长城的附属设置主要有关隘、烽燧、壕堑、军营等。

1. 关隘

关隘是长城线路上于交通要道处设置的出入关防。济水上的关口在文献中一般称作石门。《水经注·济水》引《地理志》曰:

> 县有济水祠,王莽之谷城亭也。水有石门,以石为之,故济水之门也。《春秋·隐公五年》,齐、郑会于石门,郑车偾济,即于此也。京相璠曰:石门,齐地。今济北卢县故城西南六十里,有故石门,去水三百步,盖水渎流移,故侧岸也。[1]

《水经注疏》熊会贞注曰:"下引京说卢县故城西南有石门。在今平阴县北,长清县西南,圮于河。"又"《左传》杜《注》,或曰济北卢县故城西南,济水之门。《释例》齐地内作卢县故城西南,济水以石为门。"[2]文献中记载的石门,当为济水堤防上所留的出入口,亦作为济水段长城上的关口。

经调查发现泰沂山段齐长城关隘共有十余处,包括北门关、锦阳关、天门关、东门关、黄石关、风门道关、穆陵关等,大多数关隘遗迹无存。据文献记载,长清防门、沂水穆陵关、左关等应为东周修建,部分关隘时代待定。现保存较好的青石关关门系清代重建。

在这些关隘中有4处可以确定为以城代关,分别是句俞之门(谷城)、平阴城、城子和左关(安陵)。

(1) 句俞之门

句俞之门是济水段齐长城的第一道关口。清华简《系年》第二十章记载:"晋幽公立四年,赵狗率师与越公朱句伐齐,晋师围长城句俞之门。"原整理者认为"句俞之门"应读为"句渎之门","句俞之门"可能与"句渎之丘"相关[3]。《左传·桓公十二年》有"句渎之丘",杜预注曰:"句渎之丘即谷丘也。"杨伯峻先生于"句渎之丘"下注云:"句

---

[1] [北魏]郦道元著,陈桥驿校证:《水经注校证》,中华书局,2007年,第208页。
[2] [清]杨守敬纂:《水经注疏》,科学出版社,1957年,第735页。
[3] 清华大学出土文献研究与保护中心编,李学勤主编:《清华大学藏战国竹简》(二),中西书局,2011年,第186—188页。

渎之丘即谷丘,急读之为谷,缓读之为句渎。"[1]则"句渎之门"即"谷之门"。谷是齐国西南境的城邑。《春秋·僖公二十六年》:"公以楚师伐齐,取谷。"《左传·文公十七年》:"齐侯伐我北鄙,襄仲请盟。六月,盟于谷。……襄仲如齐,拜谷之盟。"[2]《左传·昭公十一年》:"齐桓公城谷而寘管仲焉,至于今赖之。"[3]清华简《系年》第七章第四十一简:"楚成王率诸侯以围宋伐齐,戍谷。"谷丘位于今山东省东阿县南东阿镇。东阿镇属平阴,位于平阴故城(今济南长清区孝里镇大街村)西南。

(2)平阴城

平阴城位于泰沂山段长城西端,即今济南长清区孝里镇大街村。该城西临济防,又位于泰沂山段齐长城的起点,城墙与齐长城连为一体。平阴城位于济南长清大街遗址,2005年,山东省文物考古研究所对大街遗址进行过勘探、发掘。经过勘探可知,整个遗址呈条带状南北延伸,长约2100、宽约300米,面积约54万平方米。由南向北文化遗存分布有渐晚的趋势,其中大街村西南部以商周时期的堆积为主;大街村西北部主要是东周时期的遗存,还有较多的宋元及隋唐时期的遗迹;而最北部,即四街村西北,主要为战国、汉及唐宋时期的墓地[4](图八)。

图八　从陡岭上远望平阴城和齐长城(由西往东拍摄)

---

[1]　杨伯峻:《春秋左传注》(修订本),中华书局,1990年,第134页。

[2]　杨伯峻:《春秋左传注》(修订本),中华书局,1990年,第624、627页。

[3]　杨伯峻:《春秋左传注》(修订本),中华书局,1990年,第1328页。

[4]　山东省文物考古研究所2005年勘探发掘资料。

(3) 南天门

南天门位于济南市历城区上藕池村南,坐标为东经117°16′05.40″,北纬36°27′02.70″,海拔828米。地处历城西营镇和泰安下港乡交界处,关口两侧为海拔830余米的山峰。从地形上分析,此处位于山上不应有关,原关址应该位于山峰两侧,山上保存有齐长城坍塌痕迹和后来所修建的部分石墙。该地区水系发达,《水经注·济水》:"济水又东北,右会玉水。水导源太山朗公谷,旧名琨瑞溪。有沙门竺僧朗,少事佛图澄,硕学渊通,尤明气纬,隐于此谷,因谓之朗公谷。……水亦谓之琨瑞水也。其水西北流,迳玉符山,又曰玉水。"[1]玉符山就在卧虎山附近,玉水今名玉符河。玉符河是济南泉水的主要来源地,并被截流形成锦秀川水库和卧虎山水库,两者是现今济南主要饮用水供应地。此处三川汇合,顺玉符河谷地西北行可直达历下,东南行可到达鲁和莱,沿谷地东行顺着今省道327可至垛庄,又沿省道324北上可达章丘东平陵城。

(4) 天门关

天门关位于章丘市南麦腰村南,坐标为东经117°22′56.20″,北纬36°26′13.30″,海拔615米。关口遗迹不存,关南有村名为"后关"。现有章丘通莱芜的公路由此经过,两侧石砌长城墙体痕迹隐约可见。

(5) 北门关

北门关位于章丘市桥子村南,坐标为东经117°27′26.30″,北纬36°28′13.40″,海拔438米。关口正处于章丘垛庄乡和莱芜鹿野乡的交界线上,现有327省道穿过关口处。关口遗迹已不存,文物部门于此立有"齐长城遗址北门关"保护碑。关口两侧为500余米的山峰,关东山顶较平坦,有山寨(或为兵营)遗址。两侧石砌长城残存部分墙体,以片状砂岩干垒而成。

(6) 锦阳关

锦阳关位于章丘市文祖镇三槐树村南,坐标为东经117°31′22.30″,北纬36°30′18.10″,海拔323米。锦阳关又称通齐关,正处于章丘、莱芜的分界线上,此关位于平陵城与齐都临淄之间,战略位置非常重要,为齐国南境的名关要隘。现存长城墙体及关口为晚清时为抵御捻军在齐长城原址上所筑。清代关楼楼阁内祀关帝,下为通关拱门,高约6米,宽4米,进深8米,与两侧长城相连,关门上方有一块长2.5、宽0.5米的青石匾额,镌刻"锦阳关"三字。原关楼于1938年毁于日寇战火[2],今存新建关楼。关口两侧清代长城保存较好,高3—6米,宽2米,上有垛口、瞭望孔。关西

[1] [清]杨守敬纂:《水经注疏》,科学出版社,1957年,第742、743页。

[2] 路宗元:《齐长城》,山东友谊出版社,1999年。

山顶有烽燧遗址,地名为"烟火台"(图九)。

图九　锦阳关(由西往东拍摄)

(现存长城墙体为清代所建,并有近代所建的关楼位于关口处)

(7)东关

东关位于莱芜市鲁地村北,坐标为东经 117°32′20.00″,北纬 36°30′38.80″,海拔 359 米。东关又称鲁地便门,为条石砌筑拱形门,门洞高 2.5 米,宽 2 米,进深 3.3 米。东关东距锦阳关约 2 千米,应是方便两地百姓交通而留的关门。东关与锦阳关由清代所修建的长城连为一体,是锦阳关的一部分,与锦阳关构成统一的防御体系(图一〇)。

图一〇　东关(由东南往西北拍摄)

(8)黄石关

黄石关位于章丘市阎家峪乡三台村南,关南为莱芜市茶叶口乡上王庄,坐标为东经 117°41′23.48″,北纬 36°31′09.67″,海拔 378 米。关口位于两山之间的谷地,四赋峪与猴子崖之间。该处长城由西至东,山势急降 300 余米,地势极为险峻。关口西为黄石崖,崖上有烽燧遗址,崖下有沙河自北向南流过,此河由章丘东南阎家峪乡起源南下,穿过章丘与莱芜交界,最终流入雪野湖。黄石关处依河形成一条南北要道,现有章丘通往莱芜的公路从关口处穿过。黄石关原关隘遗迹已被破坏无存(图一一)。

图一一 黄石关(由西南往东北拍摄)
(左侧的黄石崖上还保存有烽燧遗迹)

(9) 风门道关

风门道关位于博山区夹山村南,坐标为东经 117°45′19.80″,北纬 36°31′03.20″,海拔 756 米。关口遗迹不存,现有"齐长城遗址风门道关"保护碑立于关口处。风门道关两侧长城为西北东南走向,行经山峰海拔均在 800 米左右。关口两侧还保存有部分石砌墙体,保存较好的墙高 1.6—2.3 米,宽约 1.2 米。关口长城往东南行至双堆山,再往南至北大岭悬崖。

(10) 青石关

青石关位于莱芜市莱城区和庄乡青石关村,坐标为东经 117°49′07.50″,北纬 36°26′16.20″,海拔 411 米。关口位于山峦夹峙的峡谷之中,是齐国的南大门,自古有"直淄之门,与南之冲,为出兵索跨"之称。北、东、西三面与博山搭界。原关口遗迹已经不存,现存城堡原有南、西、北三个门,与东西两侧的墙体连为一体,形如"瓮城"。北门洞用长条青石砌成,洞口高 4 米,宽 2.56 米,进深 8.7 米,洞顶原有玄帝阁,后被毁,现尚存柱石;西门现存几米长的炮台墙;南门不存,但是地上还可以见到用青石铺成的石板路,"青石关"匾额仍然可见。青石关原有南北穿越城堡的通衢,又称九省直道,北门外道称瓮口道,为通往博山的关沟。沟道上有人工凿刻的攀登石阶,中间辙痕最深处达 15—20 厘米(图一二)。

图一二　青石关(由南往北拍摄)
(现存关楼为清代所建,曾国藩曾于此镇压捻军)

(11) 城子

城子位于淄博市淄川区口头乡城子村,坐标为东经 118°04′02.40″,北纬 36°27′24.50″,海拔 307 米。村子原名古城,两侧为海拔 700 余米的山峰,山峰对峙,巍峨险峻。淄河由南向北,在城子村处呈"S"形大拐弯,将其环绕其中。城子三面临水,成为齐长城上最为险要的关口。该处原有城址和扼守淄河的关口,现已无存,其西侧为山险,东侧还保存有石墙和兵营遗址(图一三)。

关于城子村,《水经注》中有记载:"(淄水)东北流迳莱芜谷,屈而西北流,迳其县故城南。《从征记》曰:城在莱芜谷,当路阻绝,两山间道由南北门。汉末,有范史云为莱芜令,言莱芜在齐,非鲁所得引。旧说云:齐灵公灭莱,莱民播流此谷,邑落荒芜,故曰莱芜。《禹贡》所谓莱夷也。"[1]杨守敬按:"汉县属泰山郡,后汉、魏、晋因,后废。《地形志》,牟县贝丘并有莱芜城。盖当二县之交,在今博山县东五十里,名城子庄。"[2]汉代莱芜县在今淄川区淄河镇城子村。《春秋·定公十年》:"夏,公会齐侯于夹谷。"对于夹谷的地望,各家主张不同。顾炎武《日知录》认为,夹谷在莱芜县南三十里,也就是现在的莱芜谷。那么夹谷之会的地点应该就在城子村以南三十里处。莱芜故城和夹谷之会的位置正好处在淄河谷地,是南北交通的要冲。熊会贞说:"《一统

---

[1] [北魏]郦道元著,陈桥驿校证:《水经注校证》,中华书局,2007 年,第 621 页。

[2] [清]杨守敬纂:《水经注疏》,科学出版社,1957 年,第 2224 页。

图一三　城子(由西往东拍摄)

志》,长峪在青州府城西南,志名马陉,亦曰弇中谷,亦名莱芜谷。《府志》,自临淄西南至古莱芜有长峪,界两山间,逾二百里,中通淄河。"贯穿南北的这条道路又称长峪道。《左传·成公二年》载鞌之战时的"晋师从齐师,入自丘舆,击马陉"概指此处。《左传·襄公二十五年》也有记载:"闾丘婴以帷缚其妻而载之,与申鲜虞乘而出……行及弇中,将舍。婴曰:'崔、庆其追我!'鲜虞曰:'一与一,谁能惧我?'遂舍,枕辔而寝,食马而食,驾而行,出弇中,谓婴曰:'速驱之!崔、庆之众,不可当也。'遂来奔。"《博山县志》载:"长裕(峪)一道,自莱芜达临淄,两山旁夹,淄水内流,长一百五十里。"又"长裕道在县东六十里,《左传》之弇中是也。鱼盐负贩,经此为多,山道往来,实为险要。"长峪道在古代"北通青州、武定府,南接沂州、泰安府",是南北交通的一条齐鲁大道,"古代的盐贩子用牲口贩盐,往返于青州博山一线,就是走的这条道路"[1]。

城子扼守长峪道,这条古道经过淄河谷地(也就是莱芜谷)、艾陵,沿汶水而下,过嬴、博可以达阳关,是齐鲁大道中的一条[2]。顺淄河北上50千米即可达齐都临淄,因此该处的战略地位非常重要。据称村北两个村庄"南镇后村""北镇后村"因齐国驻兵于此而得名。现城子村东山头仍可见长城石砌墙体,村中原有土筑墙体,高近3米,后来建村拆除,并出土过剑、镞等兵器,今地表仍可见较多战国陶片、砖瓦等遗物。

[1] 王京龙:《长峪道:一条新发现的古代齐鲁大道》,《烟台师范学院学报》(哲学社会科学版)2005年第1期。

[2] 郝导华、董博、崔圣宽:《试论齐国的交通》,《东方考古》(第9集),科学出版社,2012年。

（12）穆陵关

穆陵关位于沂水县马站镇和临朐县大关乡的交界处，坐标为东经 118°42′32.20″，北纬 36°08′51.80″，海拔 319 米。因位于大岘山垭口处，又名大岘关，当地称作"关顶"。《齐乘》大岘山条："大岘山即穆陵关也。沂山东南曰大弁山。大弁，今人讹作大屏，字相类而误。唐沈亚之《沂水杂记》又讹作太平山，因顶平八九十里，故云。当从《水经》作大弁者是。大弁东南，即大岘也，其山峻狭，仅容一轨，故为齐南天险。刘裕伐南燕，兵过大岘，指天而喜曰：'虏已入吾掌中！'即此山也。山北数里有裕祭天五坛。"[1] 今有 227 省道穿越此处。

周初已有穆陵之名，《左传·僖公四年》管仲曰："昔召康公命我先君大公曰：'五侯九伯，女实征之，以夹辅周室。'赐我先君履，东至于海，西至于河，南至于穆陵，北至于无棣。"穆陵关为齐南天险，扼守汶、沭河之间的要道，作为齐国的南大门，位置非常重要。为加强防御，齐国在此建有两道长城，从而形成了重关。穆陵关往北，约 5 千米处，有大关。穆陵关和大关，一前一后，链锁重山，形成"齐南天险"。从调查的情况分析，北侧长城早于南侧长城。可能修筑此段长城时齐国的势力还没有到达穆陵一带，后来随着疆土的扩张，复在穆陵修建长城建置关隘。

（13）大关

大关位于穆陵关北约 5 千米处，即《齐乘》大岘山条中"沂山东南曰大弁山"处，今又称太平山。此处有大关镇、大官（关）庄、小官（关）庄、大关水库、大关河等地名。太平山东西两侧均有长城，作为穆陵关的北线，此段长城墙体先于穆陵关段，是以大关的建置应早于穆陵关。大关建置位于汶水的上游，扼守通青州的要道。

（14）黄草关

黄草关位于五莲县松柏镇前长城岭村北，坐标为东经 119°18′10.10″，北纬 35°46′40.10″，海拔 148 米。黄草关因关隘两侧黄草茂密而得名，《诸城县志》载："自喜鹊岭北折，历矾石、高朵二山，入县境为黄草关。关在县西南七十里，岭势峻隘，多黄倍草故名。"关隘地处马耳山与喜鹊岭之间，关口处有潍河支脉经过，现有长城岭水库于此。关口两侧有烽燧遗址，山上还保存有部分墙体，底宽 5 米左右，高 2 米左右，墙体坍塌成土隆状。相传战国时期，孙膑在此地打败袁达、李睦、独孤臣。天书顶西侧，有据传为孙膑读书处的"孙膑书院"。

（15）城顶关

城顶关位于安丘任家旺村东城顶山上。城顶山海拔 400 余米，呈南北向，山顶较

---

[1]　[元]于钦撰，刘敦愿、宋百川、刘伯勤校释：《齐乘校释》，中华书局，2012 年。

平坦,尚保存有宽 10 余米的长城墙体。据称山顶原有城门,后被拆除,遗迹无存。

(16) 西峰关

西峰关位于胶南小珠山西峰与大黑润山之间,关口坐标为东经 120°04′83″,北纬 35°58′21.98″,海拔 237 米。两侧新建有长城和关隘,但在南侧还保存有 400 余米的原墙体,底宽 6 米,高约 1.8 米。关口南侧为山涧,北侧地势较缓和,顺山路可达黄岛开发区。

(17) 左关

左关不见于史书记载。咸丰七年(公元 1857 年),胶南市灵山卫古城旁出土著名的"齐量三器"——子禾子釜、陈纯釜、左关𬭁,人们始知左关之名。陈纯釜外壁有铭文 34 字,提到"安陵""左关"两个地名。对于左关的位置学者多有推断,或认为位于瞅侯山与徐山之间[1],或认为在徐山[2]。徐山原有两座宽 1 米左右的门洞,当地称东门、西门,有道路过关可通南北,后来两门被毁。这两座门应该是晚期所修建,并不是原齐长城的关门。齐长城从瞅侯山往东至入海处,也就 2 千米多的距离,左关在徐山附近当是无疑的。

自齐灵公灭莱,把疆土东扩到大海,吴、越、楚先后北上,齐国东部的防御就变得越来越重要。因此齐国修建安陵城,筑长城,设置左关。通过齐量三器的铭文可知,安陵城负责管理左关,同时监控海防。左关不但是齐长城上一处重要的关口,同时也是东部沿海一条重要的交通要道、滨海走廊,由此南下可达吴、越和楚。现在环绕胶州湾的公路均通过此处。

2. 壕堑

济水段长城修筑于济水的内侧,即齐国所在的东南侧,因此属于以济水为壕。沿河修筑长城这种建置方式是东周时期列国筑长城的一大规律。因为河边有堤防,稍加增筑即可,节省许多人力,既可用于障水,又可用于防御。《史记·魏世家》记载有惠王十九年(公元前 351 年)"筑长城,塞固阳"。此段长城南起于郑(陕西华阴),越渭水,沿洛河东岸的堤防北上,到固阳(今内蒙古包头东)为止。沿河修筑长城也便于防守,外侧的河流自然成了长城的壕沟。齐国始筑长城正是利用了原来的济防,对其增修加固,并在关口的位置驻兵戍守,进而使原来障水的防兼具了防御的性质。《竹书纪年》记载"齐筑防以为长城",正是说防与长城的这种关系。战国文献中多以"长城"

---

[1] 张华松:《齐长城》,山东文艺出版社,2004 年。

[2] 李居发:《齐长城的边陲军事重镇——安陵城探考》,《青岛考古》(一),科学出版社,2011 年。

"钜防"并称，也是由于山地长城与济防共同构成统一的防御体系。

　　此外，调查在长清岚峪北发现一条东西向壕沟，沟宽二十余米，深十几米。壕沟地处山谷平地，方向也不同于山谷地带的自然冲沟。由于地势原因，自然冲沟绝大多数为南北向，而这条大沟为东西向。沟的东西与山脊上的石筑城体相连接。据当地村民介绍，壕沟的北侧在六七十年代还保存有较高的土墙(图一四)。这条土墙当为齐长城的土筑墙体，土墙南侧大沟当为长城的壕沟。

图一四　长清岚峪北壕沟(由西往东拍摄)

3. 烽燧

烽燧包括台状烽火台和深坑式烽燧两种。

台状烽火台发现 3 处，平面多呈圆形或椭圆形，多为砂土夯筑，或外砌石墙内填土石。如万南烽燧，呈方形土台状，现存残高约 6 米，长、宽约 15 米，为黄色粉砂土夯筑。万南烽燧周边有东周时期的遗址。

深坑式烽燧共发现 5 处。通常是在山顶挖出直径 3—5 米的方形或圆形土坑，周边垒砌出略高于地面的石圈。

4. 寨堡

通过系统调查，齐长城调查队于长城沿线的山顶上发现石砌寨堡 27 处。寨堡多用石块砌筑围墙和寨门，有的还保存有石砌房屋。这些遗存的年代及其与长城的关系有待进一步的研究。部分寨堡当与长城守卫有关，多数可能属于晚期的山寨。

四、结　语

《战国策》记载："苏秦为赵合从，说齐宣王曰：'齐南有太山，东有琅邪，西有清河，北有渤海，此所谓四塞之国也。'"除齐国外，《战国策》中记载的四塞之国还有秦国，分别为东方和西方两大国。齐国的地理位置极为优越，而齐长城进一步加强了齐国的防御能力，其西至清河，北至渤海，南至泰山，东至琅邪，与齐太公封疆的区域正相符合。

经过田野调查和研究，齐长城绵延 900 余千米，是由墙体、城址、关隘、壕堑、烽燧、寨堡构成的统一的防御体系。经过两千余年的风雨，齐长城受到了较大的破坏，但仍有部分遗迹得以保存，尤其是崇山峻岭上的长城墙体保存较好。齐长城墙体有土筑、石筑、土石混筑、山险墙四种建筑形制，因地制宜的特点科学地节省了民力。齐长城的附属设施主要有关隘、壕堑、烽燧、寨堡，重要关隘以城代关，开创了后世长城建筑的基本建筑方式。

齐长城与"防"关系之辨析

任会斌

中国社会科学院历史研究所

"长城"一词始见于战国文献,2011 年出版的《清华大学藏战国竹简》(二)即《系年》中就见有"晋敬公立十又一年……齐人焉始为长城于济,自南山属之北海"[1]的记载。时至今日,虽然学界对于长城的准确界定,或以文献记载,或以建筑形态,或以功能为依据而有所差异,但其中一点是为学界基本认同的:即长城属于战略防御设施,是具有全局性、长久性的军事战略工程。就其本质而言,人们比较一致的认识是——长城是防御用的绵亘不绝的城墙。

齐长城,即东周时齐人所修筑的长城,它首开中国长城建筑先河,因山就势,蜿蜒绵亘千余里,是"唯——个最早可以把国土的整个一面从西到东护卫完整的长城",是古齐国高超土石建筑技术的集中体现和春秋战国纷繁兵事的形象见证,亦是齐文化的重要组成部分。古时虽无专门对齐长城进行记载和研究的文献,但其于史籍中也有多处记述。《左传·襄公十八年》云:"齐侯御诸平阴,堑防门而守之广里。"防门,即今济南市长清区孝里镇广里村北的防头,亦即齐长城源头。《战国策·秦策》载张仪说秦王:"昔者齐南破荆,中破宋,西服秦,北破燕,中使韩魏之君,地广而兵强,战胜攻取,诏令天下,济清、河浊,足以为限,长城、钜防,足以为塞。"《管子·轻重丁》管子问于桓公:"管子曰:'长城之阳,鲁也;长城之阴,齐也。'"类似的记载,还见于《吕氏春秋》《竹书纪年》等,汉及以后的文献,如《史记》《汉书》《水经注》等也都有所涉及,至于晚近的地方史志对齐长城也都有所记载或是抄录。此外,驫羌钟钟铭及《清华简·系年》等出土文献也载有相关信息。驫羌编钟系 1928—1931 年出土于河南省洛阳金

---

[1] 清华大学出土文献研究与保护中心编,李学勤主编:《清华大学藏战国竹简》(二),中西书局,2011 年,第 186 页。

村,共 14 件,其中个体较大者 5 件,钲间铸铭 61 字,内容为记述一次晋伐齐之战,见有"入长城,先会于平阴……"的内容,因此是推断齐长城始建年代的重要依据之一。而《清华简·系年》的问世,使我们对齐长城的修建时间、性质和作用等又有了新的认识,诸多成果也将齐长城研究进一步推进和深化[1]。

　　齐长城规模宏大,其"建置必有所因",张维华《齐长城》一文系研究齐长城的力作,后收入其《中国长城建置考》(上编)一书中。文中指出:"齐长城之建,其先乃因于济水之防。"并且强调:"知春秋之初,齐人必于临济之地,有筑防用以障水之事矣。此防既成,因居形势之要冲,其后则渐增修而成为军事上防守之地,则又为必然之事。"[2]以防为障水,史籍中亦多有记载。《水经注·济水》云:"河道所由名防门,去平阴三里。齐侯堑防门,即此也。其水引济,故渎尚存。今防门北有光里,齐人言广,音与光同,即《春秋》所谓守之广里者也。"由此,张维华认为"防为齐城之别名",系"一物之异名"。

　　此观点在齐长城研究乃至长城研究领域都有一定影响,《清华简·系年》的整理者就认为齐长城最初应当是在济水的防护堤坝的基础上进一步加固改建而成,甚至有学者不但认为齐长城源自堤防,且进一步推论堤防是中国长城的前身和起源。《中国大百科全书·考古学》中提道:"长城这种军事防御工程,是从修筑堤防的工程技术发展来的。楚的方城,就是利用山岭高地再连接河流堤防而形成的,故或称'连堤'。秦的堑洛长城即是扩建北洛水的堤防。齐长城、魏的西长城、赵的南长城,也都是连接和扩建堤防而成。"[3]张增午在《豫北长城遗址的探索》一文中也认为长城是从修筑堤防的工程技术发展来的,春秋时筑堤经验已丰富,至战国时代,工程较前规模扩大,也更坚固。"'楚方城',就是利用山岭高地再连接河流堤防而形成的,故或称'连堤',秦的堑洛长城即是扩建北洛的堤防。齐长城、魏长城,也都是连接和扩建堤防而成的。"[4]

---

　　[1] 相关的主要研究文章可见有:董珊:《读清华简〈系年〉》,复旦大学出土文献与古文字研究中心网站,2011 年 12 月 26 日;罗恭:《从清华简〈系年〉看齐长城的修建》,《文史知识》2012 年第 7 期;陈民镇:《齐长城新研——从清华简〈系年〉看齐长城的若干问题》,《中国史研究》2013 年第 3 期;王永波、王云鹏:《齐长城的人字形布局与建制年代》,《管子学刊》2013 年第 2 期;王屹埜:《出土简帛史料价值刍议——以清华简〈系年〉为例》,《常熟理工学院学报》2014 年第 1 期;代生:《清华简〈系年〉所见齐国史事初探》,《烟台大学学报》(哲学社会科学版)2015 年第 1 期;陈民镇:《驫羌钟与清华简〈系年〉合证》,《考古与文物》2015 年第 6 期。

　　[2] 张维华:《齐长城》(初刊于《禹贡》第 7 卷 1—3 期合刊,1937 年),《中国长城建置考》(上编),中华书局,1979 年,第 22 页。

　　[3] 夏鼐主编:《中国大百科全书·考古学》,中国大百科全书出版社,1986 年,第 643 页。

　　[4] 张增午:《豫北长城遗址的探索》,《中国长城博物馆》2009 年第 2 期,第 17 页。

《拭去尘埃——找寻真实的长城》[1]一书中,作者也提出长城起源于堤防,认为在舜禹时,人们修筑堤防和壕堑,用来决九川、陂九泽,疏导洪水,到春秋战国,因诸侯纷争,一部分水患消退后的堤防和壕堑所形成的独特地理地势,被人们在战争中加以利用,伴随战争范围的扩大,各诸侯国在堤防和壕堑的基础上,修筑和补建了长城。

我们说,"长城"与"防"两者概念不同,并非是"一物之异名"。防,《说文》:"防,堤也。"段玉裁注云:"《周礼·稻人》曰:'以防止水。'注云:'偃豬者,畜流水之陂也。防者,豬旁堤也。'引申为凡备御之称。""豬"同"潴",义为水聚积的地方。《左传·襄公二十五年》见:"数疆潦,规偃潴。"《周礼·考工记》云:"凡沟必因水埶,防必因地埶,善沟者水漱之,善防者水淫之。"如此,"防"的正训则为积水旁的堤堰,为障水的设施,是水利工程。"大者为之堤,小者为之防",所以,文献中多言"河堤""济防"。防初始只用于障水,当然在一定情况下也可以用来防御外患,试想黄河沿岸的堤防,使黄河之险更为险要,足以阻挡车阵渡河,应该是具有一定御敌效果的。但这里要明确的是其障水的作用仍居主要,其本质仍是"堤防",而非"长城"。

《汉书·沟洫志》载:"盖堤防之作,近起战国,雍防百川,各以自利。齐与赵、魏,以河为竟。赵、魏濒山,齐地卑下,作堤去河二十五里。河水东抵齐堤,则西泛赵、魏,赵、魏亦为堤去河二十五里。"是言防之兴作,应当是起于战国时之齐国。事实上,春秋战国时期许多国家都曾修筑过不同的"防"。建筑堤防,虽然"各以自利",且"以邻国为壑",但是堤防在防止水灾,保护农业生产上确实有着不可替代的作用,同时还可以开辟耕地,可以说,堤防的出现和建设对于保障人民生命财产,促进农业生产发展,还是起了一定的积极作用。

济水又称济渎,古时与长江、黄河、淮河并称华夏"四渎"。《史记·殷本纪》引《汤诰》:"古禹、皋陶久劳于外,其有功乎民,民乃有安。东为江,北为济,西为河,南为淮,四渎已修,万民乃有居。"据考证,济水发源于今河南济源,《禹贡》记载有:"导沇水东流为济,入于河,溢为荥,东出于陶丘北,又东至于菏,又东北会于汶,又北东入于海。"此为战国时期济水大致走势。济水流经地区主要在当时的黄河之南,后在今荥阳县北横越过黄河,和黄河相互交叉。据《水经注·济水》,济水在荥泽和巨野泽(今山东梁山、郓城、巨野、嘉祥县境)之间分成两条水道流向东北,南为南济,北为北济,分别流入巨野泽,再由巨野泽流出,东注于海。济水由巨野泽流出后,不再分南北两支。史载南济东汉时因黄河北移,荥泽补给消失,逐渐消亡。北济至清朝还一直潺潺东流,这主要是由于巨野泽蓄水较多,不断给北济补水,直至清咸丰五年(公元1855

---

[1]　老雷:《拭去尘埃——找寻真实的长城》,东方出版社,2002年。

年),黄河在兰阳铜瓦厢(今兰考东坝头)决口,袭夺北济河水道入海,北济完全湮灭,自此以后,古代的济水便消失了[1]。至于古代黄河,单就山东范围说,是在济水西北,也就是现在的黄河西北。历代黄河变迁很多,在春秋周定王五年就曾迁徙过一次,直到新莽时再改,《国策》所说的"浊河",应该就是指这一时期。从位置来看,黄河在当时齐国国防线外围的西北,济水则在内围的西南。齐国正好位于济水和黄河下游,地势低洼,故而水灾频仍,而其腹地所在的淄潍平原,也是河川众多,它们多发源于南部的泰沂山区,向北注入渤海,落差比较大,水患更是时有发生,因此,齐国人一向都给予水患的防治和堤防的修筑以极高的重视。《管子·度地》说:"善为国者,必先除其五害。""五害之属,水最为大。"[2]

比较齐国的其他地区,带济负河的西部地区所面临的水患威胁则更为严重,《管子·轻重丁》见:"齐西水潦而民饥,齐东丰庸而籴贱。"济水正好位于黄河南支"禹贡"河之东,平行北流,是齐国西部边境的重要天险,而济水受到泰山西部山地的阻遏,折东北流去,其大拐弯正处在今鲁西断裂带上,受地势影响,极易形成水灾。同时,春秋时齐国地理范围还是比较狭小的,西至河,东至纪,可以说,河、济两流域占据了当时齐国的大半疆土。据考证,春秋时各国已经积累了非常丰富的筑防经验,技术非常成熟,齐国也不例外,相关遗迹很多。齐国修筑济防、河堤,一方面是为了防水患,同时也是为了开发鲁西北一带的土地,因此,有理由认为齐国人很早就在平阴邑西边和南边修筑了堤防。《晏子春秋》就记载有:"景公登东门防,民单服然后上,公曰:'此大伤牛马蹄矣,夫何不下六尺哉?'晏子对曰:'昔者吾先君桓公,明君也,而管仲贤相也,夫以贤相佐明君,而东门防全也,古者不为,殆有为也。蚤岁溜水,至入广门,即下六尺耳。乡者防下六尺,则无齐矣。夫古之重变古常,此之谓也。'"

齐长城以西段最为要害,年代最早,被称为齐长城源头,就齐长城始建与防之关系,此亦为考察重点。《左传·襄公十八年》见:"齐侯御诸平阴,堑防门而守之广里。"《史记·苏秦列传》裴骃《集解》引徐广语:"济北卢县有防门,又有长城东至海。"《水经注·济水》见:"京相璠曰:'平阴,齐地也,在济北卢县故城西南十里。'"郦道元注:"平阴城南有长城,东至海,西至济,河道所由名防门,去平阴三里,齐侯堑防门,即此也。"

---

[1] 杨铭、马捷:《济水湮灭考证》,《安阳师范学院学报》2015年第5期,第86页。
[2] 关于齐国筑防的常法,《管子·度地》云:"春三月,天地干燥,水纠列之时也。山川涸落,天气下,地气上,万物交通。故事已,新事未起。草木荑,生可食。寒暑调,日夜分。分之后,夜日益短,昼日益长。利以作土功之事,土乃益刚。令甲士作堤大水之旁,大其下,小其上,随水而行。地有不生草者,必为之囊。大者为之堤,小者为之防。夹水四周(道),禾稼不伤。岁埤增之,树以荆棘,以固其地;杂之以柏杨,以备决水。民得其饶,是谓流膏。令下贫守之,往往而为界,可以毋败。"

以上可知,齐长城西起自平阴城南防门。就古平阴防门的明确地望,学界多从《左传·襄公十八年》中所记的晋伐齐一役予以考证。此段文字,不仅详细记载了襄公十八年晋伐齐的原因及整个过程,还提及了齐长城源头处的济、防、平阴、卢、邿、京兹等地名,为我们解决这一问题提供了丰富的线索和依据。

由《左传·襄公十八年》可知"防门距平阴故城甚近",但文中的平阴非今平阴,古平阴城当在今长清孝里南的东障一带。嘉庆十三年《平阴县志》卷二《疆域志》云:"孝里铺南有村,曰东长,其西南三里有村,曰广里,曰防头,今皆隶肥城。"光绪十七年《肥城县志》卷二《古迹志》云:"防门即今之防头。"任相宏考证后指出,"防门至平阴三里",其间是不可能再放下一个广里的,何况其西尚有一湄湖,"广里作为地名,应是由此而后起的"。况依《左传》之言,"大敌压境,我们也很难理解齐侯御诸平阴,堑了防门之后又跑到广里去守之",因此,"防门既防头也",防门、广里,即齐长城源头。其论证缜密、合理,可从[1]。

齐长城西端的具体位置,"结合实地勘察,齐长城源头就位于现在山东省济南市长清区孝里镇广里村以北 400 余米处,北距孝堂山 3.5 公里,西距黄河 4 公里,正处于三市四县六乡镇的交界之处,地理位置非常重要"。

齐长城西端头之建,起因为济水之防,是由此地段极为特殊的地理形势所决定的。正如《清华简·系年》中说"齐人焉始为长城于济",齐长城西端毗邻古济水,其起始地点之所以在此,是因为当时济水水深难渡,为一道天险,而济水在古平阴一带河水又较浅,于是成为东西往来的要道。这一位置,即使来犯之敌渡过了济水,进抵平阴城还需要翻越过长城,可见对平阴城的保护意图。同时,齐长城西端紧邻济水,再往西则是广阔无垠的鲁西北冲积平原,东岸则有一条南北向狭长的山前冲积地带,若生水患,后果严重,建障水之防,实为必要。而此地又正处在三市四县六乡镇的交界之处,居"西通中原之要卫",左凭泰山之险,右据济水、湄湖之障,实为一天然要塞,修缮增固障水之防也是一件顺理成章之事,所以,齐人很早就修建了平阴邑南面的防。但是,我们不能因此就以偏概全,事实上,泰山西侧的几处钜防是早在平阴之战前就已竣工的,即便原有的防客观上具有一些军防的价值,也丝毫改变不了其水利工程的性质[2]。

齐长城虽然起始于济水之滨,但济水整体与齐长城的走向并不一致。济水由黄河分流出来后,流入荥泽,后分为南济和北济。南济故道是由今原阳县南、封丘县南、

[1]　任相宏:《齐长城源头建置考》,《东方考古》(第 1 集),科学出版社,2004 年,第 273 页。
[2]　张华松:《齐长城修筑的时间以及所备御的国家》,《齐鲁文化研究》,2002 年,第 183 页。

开封市北、兰考县北、菏泽县西南,再经定陶县和曹县之间,绕定陶县城的东北,至巨野县西境流入当时的巨野泽中。北济在今山东省境内,故道应是现在的赵王河。南济和北济同流入巨野泽,再由巨野泽流出。今东平湖水由湖北小清河流入黄河,由这里起直至济南市东北的黄河都是济水的故道[1]。这样看来,齐长城源头一段,向东几乎垂直于济水故道,而长城墙体与济水之间也还有山梁相隔,所以,不可能是"引济故渎"或"障水堤坝",更不能说齐长城是济水河堤增修的结果。

《战国策·秦策》张仪说秦王:"昔者齐南破荆,中破宋,西服秦,北破燕,中使韩魏之君,地广而兵强,战胜攻取,诏令天下,济清、河浊,足以为限,长城、钜防,足以为塞。"《史记·苏秦列传》载:"燕王曰:'吾闻齐有清济、浊河,可以为固;长城、钜防,足以为塞。诚有之乎?'对曰:'天时不与,虽有清济、浊河,恶足以为固。民力罢敝,虽有长城、钜防,恶足以为塞。'"其中见有"长城""钜防"之说法,因此有人指出文中的"钜防"即"长城",两者为同指一物,但从文句分析看来,并非如此。

《战国策》和《史记》中把"长城""钜防"与"清济""浊河"相提并论,反映出"长城""钜防"与"清济""浊河"是并列关系。就"清济""浊河"具体内容而言,济是济水,河则指黄河,黄河这一称呼的出现当在秦汉以后。对济水和黄河相互交叉而又不相干扰这一说法,历来有种种解释,其中很有代表性的就是"清浊说",即济水是清,黄河为浊,济水从黄河中穿过,但并不混淆。缘何济水称为"清济",事实上,济水由黄河分出时,同样是浑浊的,但济水流到荥泽后,从上游挟带的泥沙经过荥泽的沉淀,逐渐减少,水质也变得清澈。同时,现在的郑州荥阳,在古代曾有若干小河流入济水,这些支流源短流促,泥沙较少,汇入后也会使济水水质好转。据相关文献,战国时期,清济这一说法只存在于济水下游的燕、齐等国,而居于济水上游的魏国则没有对济水清澈的称道,所谓清济,应当是指济水的下游。据谭其骧《西汉以前的黄河下游河道》一文,在春秋战国时期,黄河下游分为东、西两支,东支自宿胥口(在今河南滑县境内)东北流,经濮阳、内黄、馆陶、东光、黄骅入海;西支自宿胥口北流,经巨鹿、高阳、霸县(今霸州市)、天津入海[2]。现在的黄河下游,即为古济水故道。战国时期,黄河东支恰在齐国与赵国、燕国的边界附近,济水距齐国西部边境也不算太远。因此,齐国便把黄河东支和济水当成是防御赵国、燕国以及其他邻国的天险,文献中"齐有清济、浊河,可以为固"即是指此而言。

通过以上分析,文献中"长城""钜防"与"清济""浊河"相对,"钜防"与"长城"明显

[1] 史念海:《济水变迁史考》,《济源古代文化研究》,中州古籍出版社,2006年。
[2] 谭其骧:《西汉以前的黄河下游河道》,《长水集》(下),人民出版社,1987年。

是指两个不同的对象，因此，把"长城钜防"连读，认为"钜防"就是指长城，是不确切的[1]。

　　所以，尽管齐长城始建与"防"关系密切，但"防"不等同于"城"，即使个别防在某些时候具有一定的防御功能，其本质仍是障水，虽然河流山脉有与国之边界重合的情形，但两者并非完全一回事，齐长城与堤坝不可混为一谈。据推断，平阴邑西边和南边的防应该早已建成，与此同时，济水整体与齐长城的走向也不同。事实上，此地若无济水西邻，仅凭位置之重要，城亦不可少，反之，也必然"筑防以障水"。"防""城"互用，也是因地制宜，并非像《中国长城建置考》中所言为"一物之异名"。《左传·襄公十八年》所记载的"齐侯御诸平阴，堑防门而守之广里"并不意味着当时已修筑长城，这是需要明确的。

　　长城起源，是长城研究中一个十分重要的问题。顾炎武《日知录》中"长城"一节见："春秋之世，田有封洫，故随地可以设关。而阡陌之间，一纵一横，亦非戎车之利也。观国佐之对晋人，则可知矣。至于战国，井田始废，而车变为骑。于是寇钞易而防守难，不得已而有长城之筑。"[2]就长城之起源，学界虽已做了不少工作，但一直未有统一意见，除"堤防"说外，还有"列城"说、"城"说、"楚方城"说、"封"说等不同观点。

　　《水经注·汝水》载：春秋之时，"楚盛周衰，控霸南土，欲争强中国，多筑列城于北方，以逼华夏，故号此城为万城，或作方字"。《长城》一书指出："根据防御建筑工程发展的过程推断，长城是由烽火台和列城等单体建筑发展而成的。"[3]"所谓列城，就是由一系列防御工事和小城连接起来的规模较大的军事防线……列城逐步发展到用城墙把它们联系起来，这种在城与城之间联以城墙的防御工程，就是今天所见的长城。"[4]苏秉琦也曾多次提到夏家店下层文化石城堡群，称之为"原始长城""长城雏形""类似'长城'的小堡垒群""四千年长城原型"等[5]。《长城起源的考古学考察》一文中也认为："夏家店下层文化石城堡带与长城有很多相同或相似之处，因此，把它看作长城的雏形或原始长城，是完全正确的。"[6]

　　周兴华则认为长城起源于防御垣墙："防御垣墙起源于原始人类的房屋墙壁和院

　　[1]　景爱：《中国长城史》，上海人民出版社，2006年，第66页。

　　[2]　[清]顾炎武：《日知录》卷三十一，中国文史出版社，1999年。

　　[3]　罗哲文：《长城》，清华大学出版社，2008年，第11页。

　　[4]　刘志庆：《关于长城文化的思索》，《安徽商贸职业技术学院学报》2002年第4期，第66页。

　　[5]　苏秉琦：《辽西古文化古城古国——兼谈当前田野考古工作的重点或大课题》，《文物》1986年第8期，第41页。

　　[6]　姜念思：《长城起源的考古学考察》，《中国文物报》2006年8月25日第7版。

墙。……为了扩大城市的防卫范围,环绕城市再建垣墙,这就产生了廓(郭)。廓范围的不断扩大,形成了具有各种防卫功能的长城体系。"[1]

《左传·僖公四年》载:"楚国方城以为城,汉水以为池。"鲁僖公四年为公元前656年,《汉书·地理志》南阳郡叶县条目下见:"叶,楚叶公邑,有长城,号曰方城。"故学界有观点认为"楚方城"就是长城的最初形态。不过,"方城"一词在楚地理中多次出现,并非单指长城[2]。

张玉坤等在《"封"——中国长城起源另说》一文中提出了长城起源于"封"的观点,"封",意即疆界。"长城的产生并非来源于某种实物形态'城''列城'或'堤',只是有可能在修筑技术上借鉴了筑堤、筑城的技术而已……长城的起源有更为深远的形态,即国之边境启土、挖沟、种树之'封'。"[3]

景爱于《中国长城史》一书中论证后指出:长城是社会生产力发展到一定历史阶段的产物,"长城来源于城","由'城'演变而来"[4]。个人认为,此观点基于对长城产生的地理环境因素与社会文化背景的全面考量,较为合理。

"城",并非我们通常说的"城市"。《说文解字》:"城,以盛民也。"迄今,山东、河南、内蒙古、湖北、湖南等地已发现多处具有"环壕"特征的史前城址。所谓"环壕",就是指在古代人类居住地,尤其是在居住区周围设置的防御性壕沟,壕沟性质当是聚落的防御工事。类似的聚落环壕,在临潼姜寨遗址、西安半坡遗址、安徽蒙城尉迟寺遗址等都有发现。但是,壕沟本身的局限性使得其在新石器时代后期被逐渐淘汰,人类开始以土墙作为防御设施。

城墙是环壕的发展,同样也主要是出于军事防御的需要,可以说是同一文化现象在不同发展阶段上的具体表现。在距今6000年以前的湖南澧县城头山古城遗址中

[1] 周兴华:《中国长城溯源(代序)》,见周兴华、周晓宇:《从宁夏寻找长城源流》,宁夏人民出版社,2008年,第2页。

[2] 概括起来主要有:1.方城是山。《后汉书·郡国志》南阳郡下:"叶有长山,曰方城。"《括地志》载:"方城,房州竹山县东南四十一里。其山顶上平,四面险山峻。山南有城,长十余里,名为方城,即此山也。"《春秋经传集解》杜预注云:"方城山在县(叶县)南。"《荀子·议兵》杨倞注曰:"方城,楚北界山名也。"2.方城是塞。《淮南子·坠形训》曰:"何谓九塞? 曰:太汾、渑阨、荆阮、方城、殽阪、井陉、令疵、句注、居庸。"高诱作注说:"方城,楚北塞也,在南阳叶。"3.方城是城。《水经注·潕水》见:"苦莱、于东之间,有小城名方城,东临溪水。寻此城致号之由,当因山以表名也。"4.万城。《水经注·汝水》载:"醴水又屈而东南流,迳叶县故城北。《春秋·昭公十五年》,许迁于叶者也。楚盛周衰,控霸南土,欲争强中国,多筑列城于北方,以逼华夏,故号此城为万城,或作方字。"

[3] 张玉坤、李哲、李严:《"封"——中国长城起源另说》,《天津大学学报》(社会科学版)2009年第4期,第318页。

[4] 景爱:《中国长城史》,上海人民出版社,2006年,第43页。

就发现有夯土墙,城内还发现有夯土台基。在北方地区,史前城址以河南郑州西山仰韶文化城址为最早。龙山文化时期,筑城技术进一步发展,在章丘城子崖、邹平丁公、淮阳平粮台、新密古城寨、登封王城岗、连云港藤花落等遗址中均可见有相关遗迹[1]。及至夏商,城址规模扩大,技术大为提高,二里头遗址、偃师商城遗址、郑州商城遗址、洹北商城遗址、殷墟遗址等皆为其典型代表。环绕墙体所形成的城,不管其形状如何,都是一种封闭式的居住空间,原始社会的早期城,文明初期的王城,以及后来形形色色的城,都是如此,这也是城最基本的特征之一。

西周时期,"统一"和"集权"的特征更为突出,分封在瓦解了原有的以血缘关系为纽带的氏族组织的同时,也使得疆界的概念明确化了。国家组织开始冲破血缘关系的羁绊,地缘关系逐步成为主体的社会关系。进入战国后,"天下共主"的格局被冲破,各诸侯"皆以相敌为意",互相征伐,与此同时,各国大都实行了普遍征兵制,战争的规模和方式也发生了极大变化。车兵减弱,而不受地理环境制约的步兵和骑兵则脱颖而出,战场遍及山林薮泽,大规模的以车、步兵结合的包围战和以攻城略地为主要目的的城防之战代替了以整齐车阵御敌的野战和冲击战。种种变化迫切要求各国加强边境交界地带的防御能力,守土拒敌成为各国的头等大事,于是"除利用自然天险以外,又利用原有的城邑和新修的城邑,作为防敌的军事据点。然而城邑比较分散,所能保卫的地面空间相当有限,即使比较大的都城,也只能控制一隅之地。要保卫大片的国土,只靠分散的城邑显然是有困难的。于是,人们在城的基础上想出了新的办法,即将封闭性的城墙打开,改作连续性、单向性的城墙,就可以保卫一个地区的领土不受侵犯。这种连续性的城墙都很长,可以长到数百里数千里以上,于是,人们给它起了一个新名字叫作'长城'"[2]。"战国者,古今一大变革之会也。"长城就是在春秋战国这一特殊的历史环境,及因这种特殊历史环境所产生的特殊的国家关系、特殊的边界特点的背景下,产生的新形态的地面防御工程体系,其性质已不仅是界墙,更是出于防御目的而建造的军事设施。

就齐长城的修筑,当与春秋末齐国南部防线面临晋、鲁、越、卫、宋等国的巨大军事压力密切相关。其具体修建时间,传世文献多有记述,但说法不一,综合各说,并结合驫羌钟铭及《清华简·系年》等新出文献可大致推断齐长城应始建于齐宣公之世,即公元前441年左右,也即《清华简·系年》二十章中所提到的"晋敬公立十又一年"。当然,齐长城工程量巨大,显然不是一次性筑就,必是历经多王多世,多次修筑才最后

[1] 张玉石:《中国古代版筑技术研究》,《中原文物》2004年第2期,第59页。
[2] 景爱:《中国长城史》,上海人民出版社,2006年,第54页。

完成。另外,需要注意的是,秦以后,尤其是汉晋以来,直到晚清民国,部分地段的齐长城一直被后人不断地加以改造和扩建,形成了一些晚期的遗迹,尤其是元明清三代,泰沂山区匪患严重,各级政府很重视对部分关城的维修和防护,到晚清咸丰、同治年间,为防堵捻军,齐长城西段也曾有大规模的修复之举[1]。因而,我们现在所能见到的所谓的齐长城,其性质表现是非常复杂的,并非单纯或是整齐一致。

[1]　张华松:《齐长城与晚清御捻战争》,《齐鲁文化研究》,2005年,第231页。

齐国腹心地区商周时期古城古国的考古学研究与思考

张光明

淄博市博物馆

　　齐国腹心地区是指以今淄博市为中心的鲁北地区,北至高青、广饶,东至淄河,南至泰沂山脉以北的博山区、淄川区,西至今邹平孝妇河流域,此即《史记》所载的齐国所谓"四塞之国"[1]和《孟子》所言齐国之初疆域"方百里"之地域[2]。而近年该地区出土西周时期青铜器的地点也证明了这一地区确应为齐初百里之域的腹心地区。时间概念指历史上的商代和西周时期。早在三十年前笔者即依据文献和考古资料论证商代晚期的东方诸侯国蒲姑国、逄国,齐早期都城营丘应均在此范围之内。又据《左传·昭公二十年》载:"昔爽鸠氏始居此地,季萴因之,有逄伯陵因之,蒲姑氏因之,而后大公因之。"推论以临淄为中心的齐国腹心地区还应存在有东夷方国爽鸠氏和夏商之际的季萴氏、逄伯陵、蒲姑氏诸方国。近年我们在齐之腹心地区的考古发现和研究使对上述所列古城古国的探索又有了新的进展,可视为齐文化研究的重大成果。现粗略整理成文,敬请学术同仁指教。

一、对商代蒲姑国的考古发现与研究

1. 桓台唐山一带以史家为中心商代城组的发现与蒲姑国文化研究

　　文献记载商代晚期在我国东方建立的主要诸侯国有奄国和蒲姑国(蒲姑即薄姑),

---

　　[1]《史记·苏秦列传》载:"齐南有泰山,东有琅邪,西有清河,北有勃海,此所谓四塞之国也。齐地方二千余里。"

　　[2]《史记·十二诸侯年表》载:"齐晋秦楚,其在成周,微甚,封或百里,或五十里。"《孟子·告子下》载:"太公之封于齐也,亦为方百里也。"

周公东征灭两国后建立了齐、鲁两诸侯国。文献又载蒲姑国在今博兴柳桥一带,近年的考古调查和勘探在此地发现有龙山文化、东周至汉代遗址,但无大型城址发现,也没有发现商周文化遗存,因而时代不符,此地不可能为蒲姑国的都城所在。1996—1997年我们在桓台史家进行的考古发掘取得了重大突破,发现了岳石文化大型木构祭祀遗迹和商代祭祀遗址、商代贵族墓地,出土岳石文化甲骨文、商代青铜器和大型祭祀遗迹,发现了史家、唐山、旬召三座城址,城址的时代在岳石文化和商周时期,其面积大者30万平方米,小者10万平方米,是山东鲁北地区夏商周文化的重大新发现。旬召城址发现的商代青铜器又发现了"叔龟"铭文,在此周边存在着史家、唐山、旬召、李寨等新石器时代大汶口文化和商周时期的城址,根据城址、青铜器、甲骨文、祭祀遗址等重要发现,笔者认为此地应是蒲姑国都城所在,对此的研究在《商奄、蒲姑钩沉》一文中已有详述[1]。蒲姑国活动时间应在商代晚期,活动范围应以齐之腹心地区的今淄博市为中心,按当时城址之规模均较小的情况思考,商代晚期方国都城应是一城址组团或由多个同时代功能不同的城组构成,祭祀、墓地、居住等功能不可能在一座中小型城址中完全具备。此对探索鲁南地区奄国及鲁国早期都城位置有一定的借鉴意义。

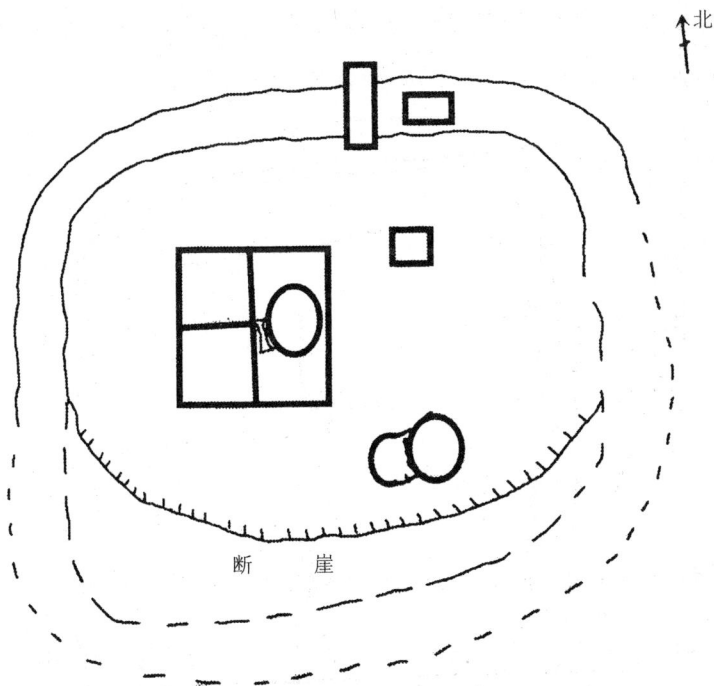

图一　桓台史家岳石文化、商代城址

---

[1]　常兴照、张光明:《商奄、蒲姑钩沉》《商奄、蒲姑钩沉》(续),《管子学刊》1989年第2—3期。

2. 张店冢子坡商代城址的发现与思考

据考古资料显示,商代晚期蒲姑国的地域在今邹平以东、淄河以西、南至泰沂山脉、北至渤海的范围之内,此地与齐之腹心地区大致相同。最近山东大学历史文化学院对张店冢子坡遗址进行了考古勘探,探出龙山文化至商代城址,面积约 20 万平方米,具体情况还有待考古发掘证实。这一发现非常重要,它与周边早已发现的张店南家制陶作坊遗址,周村商家、水磨头商代遗址,2015 年山东省文物考古研究所发掘的张店黄土崖商代遗址组成一聚落遗址。这一组聚落遗址北依蒲姑国都城,南为山区,实为蒲姑国南部一文化中心。这一区域的商代文化遗存,应以张店冢子坡城址为中心。

3. 临淄范家商代城址的发现与研究

2013 年在临淄区稷下街道范家村发现了一座东西长约 162 米,宽约 154 米,面积约 2.5 万平方米的城址,时代属商代晚期。此城址近似方形,规模较小,向东不远就是淄河,此处商代遗存发现较少,不可能为聚落区域。而据靠近东部淄河的地理位置推论,该城址应是蒲姑国为东部边境屯兵设置,带有边关驻兵的性质,此对确定商代晚期蒲姑国东部边界疆域和军事设防形制有着重大的学术价值。

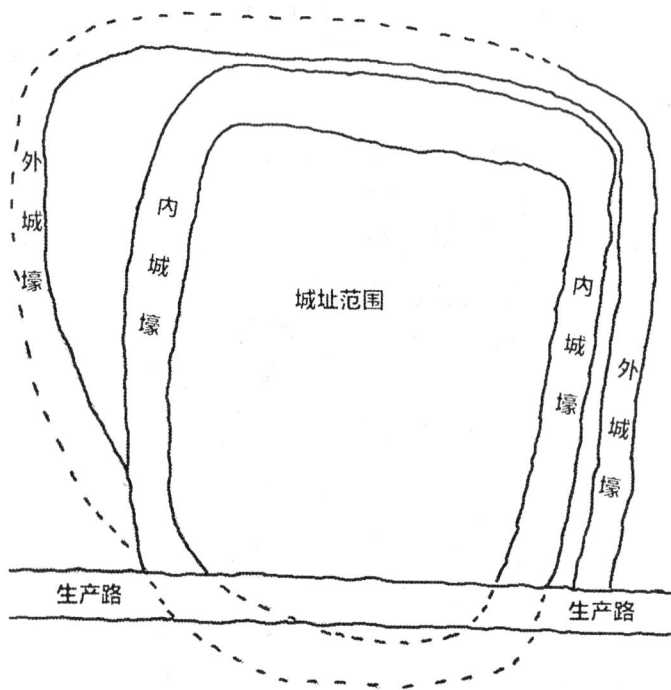

图二　临淄范家商代城址

二、对商代逄国遗存的发现与研究

1. 周村逄伯陵故城的勘探与思考

前已言及,商代在齐之腹心地区还存有逄国,即文献所载的逄伯陵,这是鲁北地区文献记载和考古发现唯一证实存在的一个商代古国。逄国,炎帝后裔,少昊支系,姜姓齐国的先祖,商代齐地土著成立的邦国。20 世纪八九十年代在山东济阳曾发现西周时期贵族墓,出土"夆"字铭文青铜器,证明确有其国[1]。关于逄国李学勤先生在《有逄伯陵与齐国》一文中予以考证,认为"逄为姜姓,炎帝之后,商代取代季萴,都于齐"[2]。孙敬明先生在《逄史献苴》一文中予以考证,认为商代的逄国都邑应在临朐西朱村一带,春秋时期逄氏东迁今胶东肥城铸乡,蓬莱、安户逄王冢皆东迁后遗存[3]。逄国最早见史载是夏朝逄蒙,《孟子·离娄下》:"逄蒙学射于羿。"商代见史载为逄伯陵,认为在临淄一带。据此探寻,在周村区王村镇沈古村西有一遗址为逄陵故城。遗址发现于 19 世纪 80 年代,汉代仅为石鼓城,调查和考古勘探证明此地是一处龙山文化至汉代文化遗址,无大型城址发现,故此处与逄陵故城无关[4]。

2. 邹平於陵故城的发现与思考

又据北京大学侯仁之教授指出周村南有於陵故城,为周村城的前身[5]。19 世纪八九十年代笔者进行考古调查时遗址规模大,地面暴露商周时期的陶片,断壁暴露分层清晰,也应是一处大型商周文化城址。2016 年为了推进逄国文化的研究,淄博市文物局与山东大学历史文化学院对周村逄陵故城遗址进行了考古勘探,探明此处为一处龙山文化至汉代文化遗址,并无城址发现,此地定为逄国故城已无可能。对此笔

---

[1]　德州行署文化局文物组、济阳县图书馆:《山东济阳刘台子西周早期墓发掘简报》,《文物》1981 年第 9 期;德州地区文化局文物组、济阳县图书馆:《山东济阳刘台子西周墓地第二次发掘》,《文物》1985 年第 12 期;山东省文物考古研究所:《山东济阳刘台子西周六号墓清理报告》,《文物》1996 年第 12 期。

[2]　李学勤:《有逄伯陵与齐国》,《齐文化纵论》,华龄出版社,1993 年,第 459 页。

[3]　孙敬明:《逄史献苴》,《考古发现与齐史类征》,齐鲁书社,2006 年。

[4]　张光明:《淄博市张店周村古遗址调查报告》,《海岱考古》(第一辑),山东大学出版社,1989 年。

[5]　侯仁之:《淄博市主要城镇的起源和发展》,《历史地理学的理论与实践》,上海人民出版社,1979 年。

者认为於陵故城遗址应为逄国故城所在，应对该遗址开展考古工作，以求为逄国故城地望的解决提供线索，从而推进逄国文化的研究。张富祥在《逄国考》一文中也认为逄国在立国之初，其都邑在於陵故城，逄陵也称於陵，即周村前身——先秦齐邑於陵故城。但笔者不同意将丰伯、蒲姑、逄伯陵混为一族说[1]。

三、对齐国西周早期都城的研究与思考

众所周知，今临淄齐国故城文献记载建于西周中期齐献公时期，公元前851年。但五十多年的考古工作证实今所见齐故城规模形成于战国早期的威王、宣王时期。齐献公迁都临淄在何处建城？今齐国都城又是如何兴建和扩建的？西周早期营丘城邑地望何处？一直是齐文化研究的重点课题，对此的考古研究进展也可称为齐文化研究的重大进展。

1. 高青陈庄西周早期城址的发掘与营丘城的研究

2009年高青陈庄西周早期城址的发现[2]，引起国内外学界的极大关注，由此也再次引起了对齐国早期文化，特别是早期都城营丘的讨论，从而推动了对齐文化的全面深入研究。众所周知，对营丘城的探索始于汉代，即有临淄、昌乐说；20世纪90年代，第二次全国文物普查结束后，根据调查发现又提出了寿光窝台、青州藏台、张店昌城诸说。

笔者根据新的考古发现和商周时期齐地的地理情形，推断营丘城邑应在齐国初期"方百里"的腹心地区。2009年高青陈庄西周城址的发现和发掘材料公布后，凡城址、贵族墓葬、祭坛、甲骨文，特别是墓葬出土带"齐公"铭文铜器在山东均为首次发现，其学术价值重大。学界一致认为"齐公"即指姜太公，为姜氏后裔所铸造，此为首次发现与姜太公此人相关的青铜器，故有的学者对此资料研究后又有营丘、军事城堡、墓陵诸说[3]。观其城址，规模偏小，南有一城门，南部是一祭坛，虽有灰坑、井、小型房屋等遗迹，但并无大型宫殿遗迹发现，多见墓葬，已探明26座中型贵族墓葬，北部多为空地，据此笔者推断此城很有可能是一处西周时期齐国姜氏统治者的墓陵。

---

[1] 张富祥：《逄国考》，《管子学刊》2010年第4期。

[2] 山东省文物考古研究所：《山东高青县陈庄西周遗址》，《考古》2010年第8期。

[3] 任相宏、张光明：《高青陈庄遗址 M18 出土丰簋铭文考释及相关问题探讨》，《管子学刊》2010年第2期。

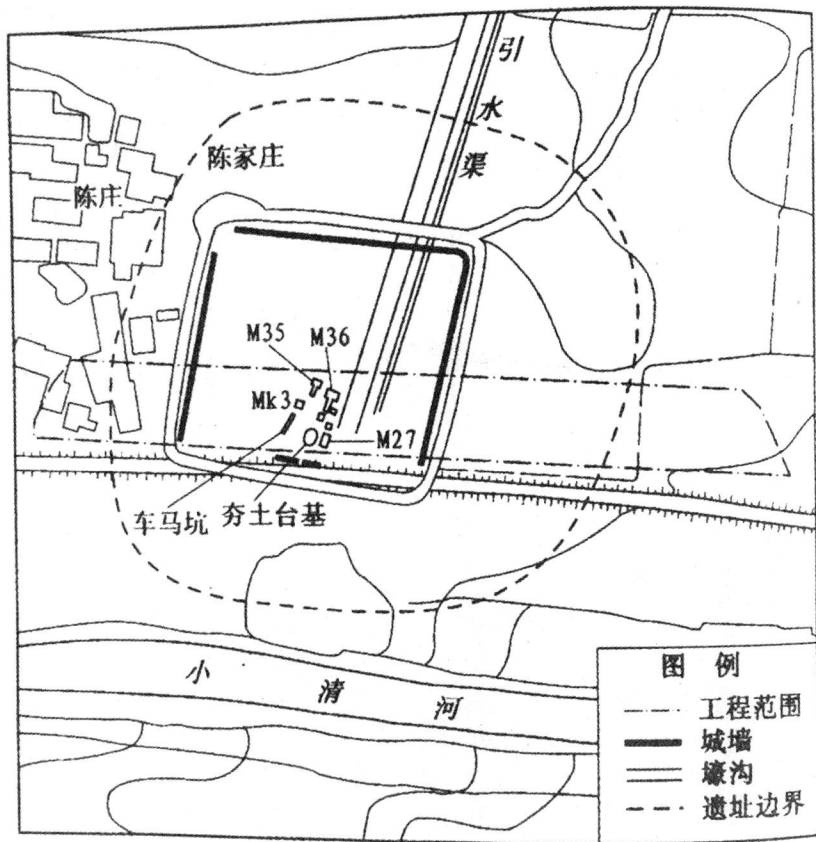

图三　高青陈庄西周城址

春秋时期姜齐墓陵在临淄齐故城河崖头一带,此地已探明大型贵族墓20余座,尤以春秋时期齐景公墓大型殉马坑最为著名,而战国至汉代齐国贵族墓葬多在其城南一带。既然西周时期姜氏统治者的墓陵在这里,按当时情景分析齐国早期都城——营丘城邑也应在此不远的区域内,高青陈庄西周城址的发现对探索营丘都邑的位置具有坐标意义。近年我们在高青又做了如下考古探索。

(1)高青狄城遗址的勘探与试掘

狄城遗址地处高青北部,现为高城镇政府所在,第二、第三次文物普查时发现此遗址,并断定为一处汉代遗址。狄城遗址与陈庄遗址一样,地处济水(老黄河故道)北岸,是一处高埠遗址。文献记载,此处原是夙沙氏和鄟瞒国所在地,时代可早至商周时期。齐之北境长期存在戎、狄等少数民族,随其势力发展,时而南进,时而北退,该处应为狄、戎等北方少数民族势力强大后修筑的最近南部的城池。齐地夙沙氏世业煮盐,此当与渤海南岸盐业生产相关。2014—2015年山东大学对遗址进行了勘探和试掘,勘明此地是一处面积约60万平方米的大型城址,从夯土出土遗物分析,时代可从岳石文化、商周战国时期晚至汉代[1]。后山东大学历史文化学院与高青县政府在高城成立了"齐文化考古实践基地",并对狄城遗址进行了正式发掘,发掘多见战国时期和汉代遗存,与营丘城邑的时代不符。故该城址还应是狄、戎等少数民族所建,可能与营丘无关,但此对研究夷戎和齐狄的关系意义重大。

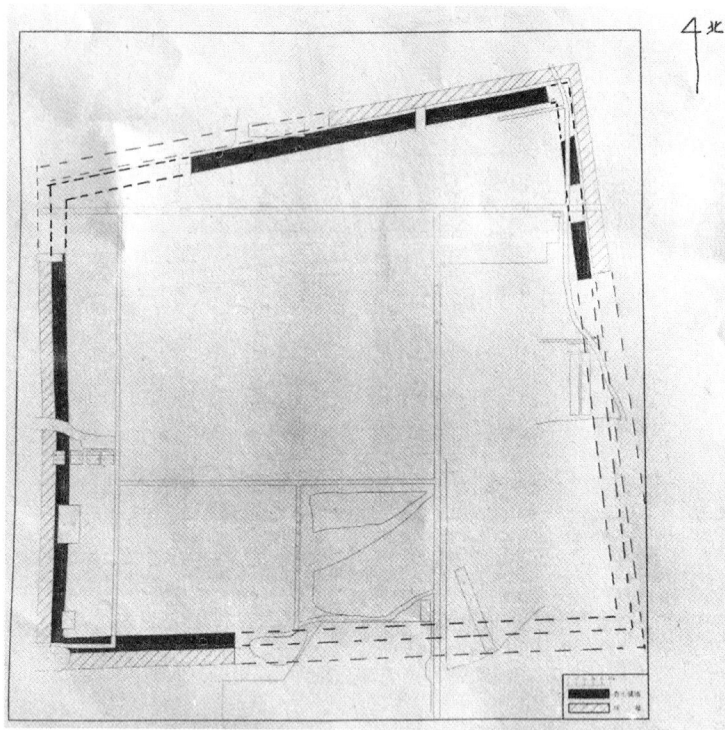

图四　高青狄城周代城址

(2)高青贾庄商周时期大型遗址的发现与思考

2017年我们在高青花苑沟镇贾庄村东又发现了一处大型遗址,南距陈庄城址约4千米,遗址南有一古河道,为老济水故道。遗址原为大型高埠,面积约为100万平方米。十几年前因村砖厂取土,在其中心部位约10万平方米范围内下挖了3—5米,今大量灰坑、墓葬暴露在外。此地还出土有精美玉器、骨器、陶瓷等文化遗物,时代早至龙山文化至商周,晚至汉代。商周时期陶片随处可见,且档次较高。据调查此地还出土有甲骨文、骨刻文和竹简等重要文物。当地政府已采取保护措施,准备与山东大学合作对遗址进行考古发掘和勘探,希望有重要发现,为营丘故城的地望探索研究提供新的线索。

[1]　张光明、于崇远、李新:《齐文化大型城址考古的又一重大发现——山东高青狄城故城遗址初探》,《管子学刊》2016年第1期。

　　高青,春秋战国时期为高宛,为齐国养马之地,后为田横故里,汉为千乘国。境内河流纵横,水系发达,主要河流为济水、小清河。境内的大芦湖与博兴的芦湖、桓台的马踏湖在汉代以前为一大的水面,此水面为渤海南部最大的湖,海拔 0 米,史称少海。即文献记载的春秋晚期,齐景公与晏婴站在柏寝台观少海之少海,史载出《晏子春秋》。少海地处我国东部也称东海,笔者认为此少海即史载的"太公东海人氏"之东海,也即"精卫填海"之海,"后羿射日"之东夷首领后羿为逢蒙(逢伯陵之地)之师,故事也应发生在此,所以高青的考古发现,为探索齐国早期都城——营丘提供了重要线索。我们将以此为据,通过不断地在鲁北地区开展考古工作,推动齐国早期文化的全面深入研究。

2. 临淄齐都"古城"的认识与齐故城的迁都和扩建

　　余生在古城,学在北京,生长在淄博。古城是一古老地名,处齐故城东北部,由仁和、义合、田家、东古四村组成。笔者在近四十年的史学和考古学研究思考中,近年才认识到"古城"是齐故城最早建城的地方。

　　今临淄齐故城规模宏大,功能齐全,在全国先秦时期城市建设中独具特色,是我国春秋战国时期东方商贸都市,有古罗马之称誉,也是齐国城市文化研究的中心。众所周知,今齐故城内的文化堆积和出土器物多见西周中期,尤以战国和汉代最为丰富,此与史载西周中期齐献公迁都临淄的时间基本吻合。且所见西周时期遗迹和遗物均出土在今故城东北部的东古、河崖、阚家村附近,证明此地应是齐故城最早的区域。近年齐故城内的考古工作证明东北部有城址,面积为 50 万—60 万平方米。此城的建筑时间当在齐献公迁都临淄之时,也就是说,此城是今齐故城内最早建筑的城址,时间可早至西周时期。因该城的建筑年代要早于大城,故称其为"古城"。

　　近年的考古工作证明齐故城在春秋时期逐渐向南扩建,今齐故城东南部多见春秋时期齐国作坊遗址可证。因今齐故城西部(临淄—古城公路以西)迄今未见早于春秋时期的遗迹,是证今齐故城西部为战国早期田氏齐国所建,使用至东汉时期[1]。齐国统治中心也由东北部的东古、河崖一带迁移至西南部俗称"金銮殿"的桓公台一带。由此证明,临淄齐国故城自西周中期齐献公(公元前 851 年迁都此地)始建城邑,至战国早期完成大城建设(公元前 300 年前后),先后历经了 400—500 年时间。临淄齐故城作为齐国都城长达六百余年,也是齐国政治、经济、文化中心,创造了开放、包容、实务的齐文化,为中华文化的形成作出了卓越的贡献。

---

　　[1]　山东省文物考古研究所:《临淄齐故城》,文物出版社,2013 年,第 532 页。

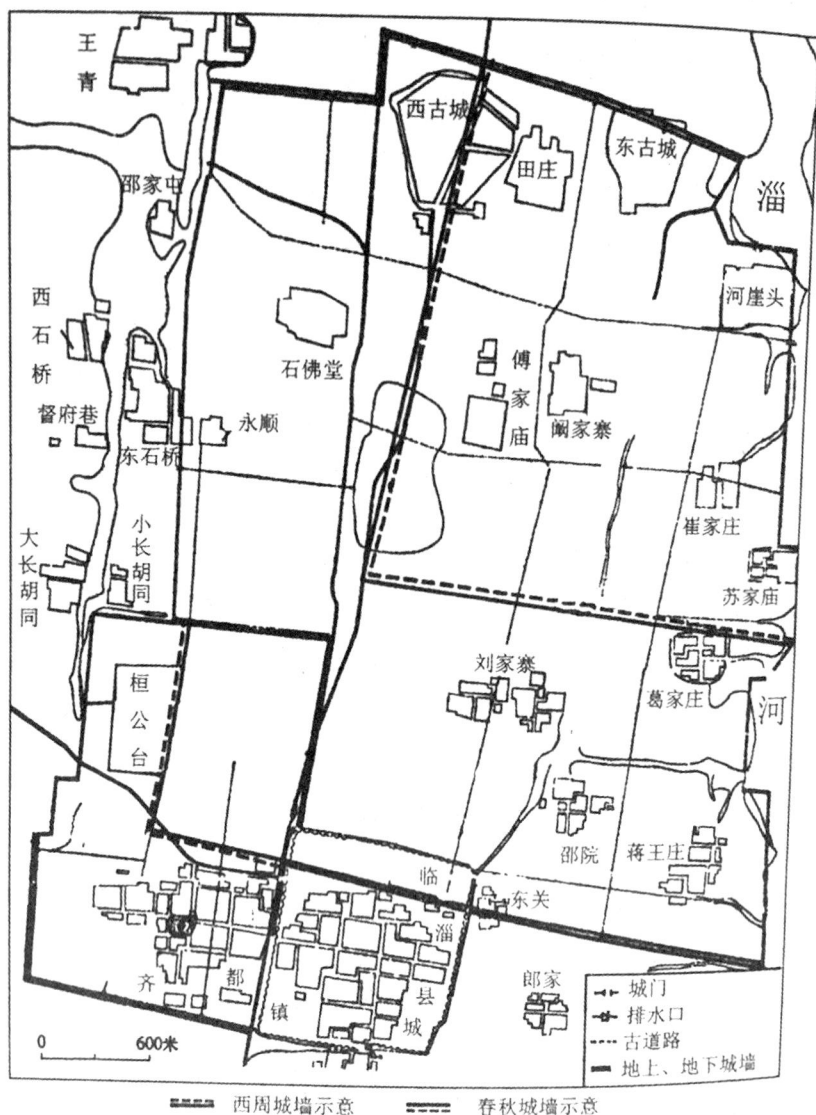

图五　临淄齐故城西周始建、扩展图

四、对齐国腹心地区西周时期青铜器的出土与
齐国早期文化的研究与思考

　　齐国疆域的变迁经历了一个由小到大的过程。《孟子》载齐初封之地,方圆百里,
其周边皆为宗周京畿之地。齐初封之百里之地,当在今淄博市范围之内,故称之为齐
国腹心地区,而淄博市齐国西周时期青铜器的出土,可基本确定其在此百里的范围。

通过出土的齐国西周时期青铜器的特征,我们还可进一步了解西周时期齐文化与宗周文化、地域文化的关系,进而了解西周时期早期齐文化的特征及变迁过程。

1. 齐国腹心地区西周时期青铜器的出土情况

考古所见,今淄博地区为西周时期齐国青铜器出土地点的主要有临淄齐故城、高青陈庄西周城址、桓台唐山、张店沣水、淄川太河五个地方。另沂源西鱼台、东里出土的青铜器应为鲁国之器,淄河以东出土的青铜器应属莱国之器。现介绍如下:

(1) 高青陈庄西周城址出土青铜器

2008—2010 年山东省文物考古研究所发掘陈庄遗址大型贵族墓,出土西周中期青铜器 50 余件。其中 12 件带"齐公"铭文,更显其重要;还有 6 件玉器、1 件甲骨。此对研究齐国早期文化意义重大。

(2) 临淄齐故城出土青铜器

出土的青铜器均在东北部"古城"之内,有:

① 1964 年河崖头村出土大型铜盂等铜器 12 件。

② 1984 年在河崖头殉马坑保护工程中发现一座西周中期墓,出土青铜器 20 余件。此外在河头一带还零散出土了一批西周时期的青铜器。

③ 2013 年东古村南出土铸"太公"铭文青铜器。

(3) 桓台唐山、旬召出土青铜器

1986 年桓台唐山遗址东南出土 1 件西周晚期青铜鼎,今藏桓台博物馆。

1986 年夏旬召遗址出土 1 件青铜器,铸有"叔龟"铭文,另有 2 件西周早期青铜觯和鼎。

(4) 张店沣水昌国故城西山坡出土青铜器

1987 年,张店沣水镇西山坡出土 1 件西周晚期青铜鼎,品相良好,此应与昌国故城有关。

(5) 淄川太河出土青铜器

1982 年 11 月,淄川太河发现一座西周晚期墓葬,出土一批青铜器。计有鼎、甗、戈 3 件[1]。

综观以上 5 处西周时期青铜器出土地点,皆在今淄博市境内。由此可以基本确定齐国初封之时"方百里"之范围所在,并可观青铜器组合、装饰、造型之特征,进而为齐国早期历史文化研究提供珍贵资料。

---

[1] 张光明:《山东淄博南阳村发现一座周墓》,《考古》1986 年第 4 期。

2. 西周青铜器的出土反映齐国早期历史文化的相关问题

(1) 西周时期青铜的出土地点可以确定齐初分封"方百里"的范围。

北:今黄河以南,小清河(济水)以西;

南:淄川(泰沂山脉以北);

东:淄河以西;

西:孝妇河以东(周村、邹平以东)。

包括今临淄、广饶、博兴、周村、邹平、临川、博山、高青、张店。

(2) 西周时期青铜器特征的一致性证明周王朝统治的稳定性。

齐地出土的西周时期青铜器特征与周王朝高度一致,这些青铜器有些可能来自周王朝,或赏赐所得,或地方铸造。其造型、纹饰、组合的高度一致性说明齐文化是周文化的重要组成部分,是周文化在齐地的直接反映,证明了西周时期周王朝统治的统一性和稳定性。而青铜器的特征发生变化当在春秋前期,是证进入东周时期周王朝实力渐弱,诸侯国国势渐强的历史现实。

3. 西周时期出土陶器的多样性反映平民文化融合演进的过程

青铜器是贵族文化的反映,陶器则是平民文化的反映,周初齐地出土的陶器反映出商、周、土著东夷文化渐进融合的过程。如鬲:齐地出土有周式鬲、商式鬲和土著素面鬲,西周晚期开始发生变化,这种融合统一完成的时间在春秋晚期,战国时期则统一为鼎、豆、壶的器物组合。反映出齐国陶器文化的渐进过程是齐国文化多样性和复杂性的体现,也是齐国地域特色文化的重要构成因素,对此文化现象应给予高度关注。

笔者通过近年齐国腹地商周时期的考古工作,对该地区内商周时期古城古国,特别是齐国早期文化研究提出一些不成熟的认识和思考,谬误之处在所难免,敬请指教。

鲁东南苏北地区的东周齐文化遗存及相关问题浅析

刘 智

山东大学历史文化学院

齐国自分邦建国以来,大力发展农业和手工业,富甲一方,是春秋五霸、战国七雄之一,在整个东周时期势力强大,对周边地区有重要影响。鲁东南地区是周代莒文化的重要分布区,文化具有浓郁的地方特色。但进入东周时期以来,鲁东南部分墓葬资料呈现出齐文化特征,结合文献记载,应与齐国南下扩张、莒国势力逐渐衰亡而形成的文化融合有关。本文结合考古资料与历史文献,就鲁东南和苏北地区齐文化遗存进行初步分析。文中鲁东南苏北地区范围以莒县、莒南县为中心,北抵沂源和安丘一带,东北至诸城和黄岛一带,西到沂水、沂南和平邑一带,南至郯城、兰陵及苏北涟水一带,东部包括日照市全境。

一、齐文化遗存的发现与年代分析

根据目前的研究成果,齐文化的文化特征已较为明确,文化发展序列也比较清晰[1],为在鲁东南和苏北地区甄别齐文化遗存奠定了重要基础。检索鲁东南和苏北地区已有考古资料,主要有十一处遗址的墓葬含有齐文化特征,即莒县大朱家、杭头,沂源东里东,沂水石景村、上常庄、马兰村、埠子村、下泉村,五莲丹土,诸城臧家庄、葛布口,其位置分布见图一。以下举其重要者作一介绍和梳理。

---

[1] 王青:《海岱地区周代墓葬与文化分区研究》,科学出版社,2012年。

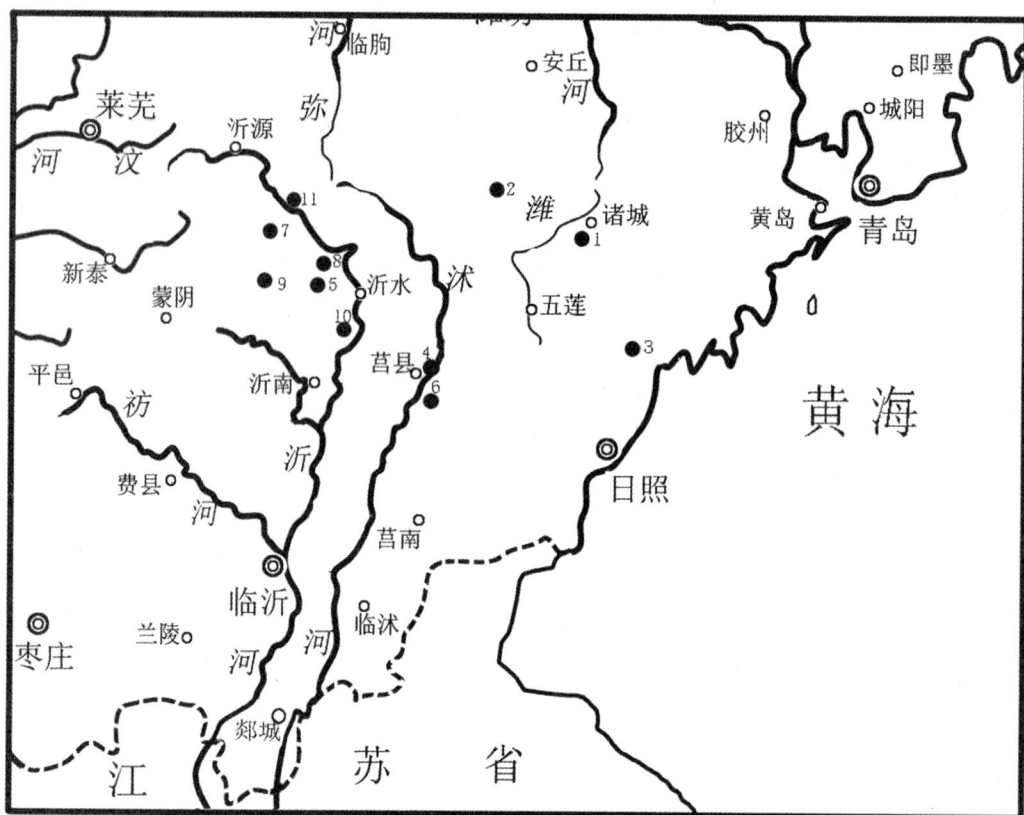

图一　鲁东南和苏北地区齐文化遗存分布示意图

1. 诸城臧家庄　2. 诸城葛布口　3. 五莲丹土　4. 莒县大朱家　5. 沂水上常庄　6. 莒县杭头
7. 沂水石景村　8. 沂水下泉村　9. 沂水马兰村　10. 沂水埠子村　11. 沂源东里东

1. 1986 年沂水县博物馆在沂水县城西北约 40 千米的石景村发现一座墓[1],墓口被破坏,墓底长 3.2、宽 1.8 米,出土陶豆 4、鬲 3、盆 2、投壶 1、盖形器 3 件(图二),另有铜带钩和铁削各 1 件。其中陶鬲鼓肩、直腹、矮弧裆、袋足,是春秋晚期特征,陶盂深腹、圜底,器盖、投壶又与莒南大店 M2 同类器近似[2]。因此,墓葬年代应为春秋晚期。

2. 1980—1981 年,沂水县文物管理站在沂水上常庄、马兰村分别清理一座墓葬[3],上常庄 M1 长 2、宽 1.3 米,墓内发现有板灰、白膏泥,出土陶器有鬲、簋、鼎、豆、壶、杯;铜器有剑、戈(图三)。其中盖豆为弧顶盖,属仿铜豆;鬲为袋足、矮联裆,均为

[1]　沂水县博物馆:《山东沂水发现一座东周墓》,《考古》1988 年第 3 期。

[2]　山东省博物馆、临沂地区文物组、莒南县文化馆:《莒南大店春秋时期莒国殉人墓》,《考古学报》1978 年第 3 期。

[3]　沂水县文物管理站:《山东沂水发现两座战国墓》,《文物》1986 年第 6 期。

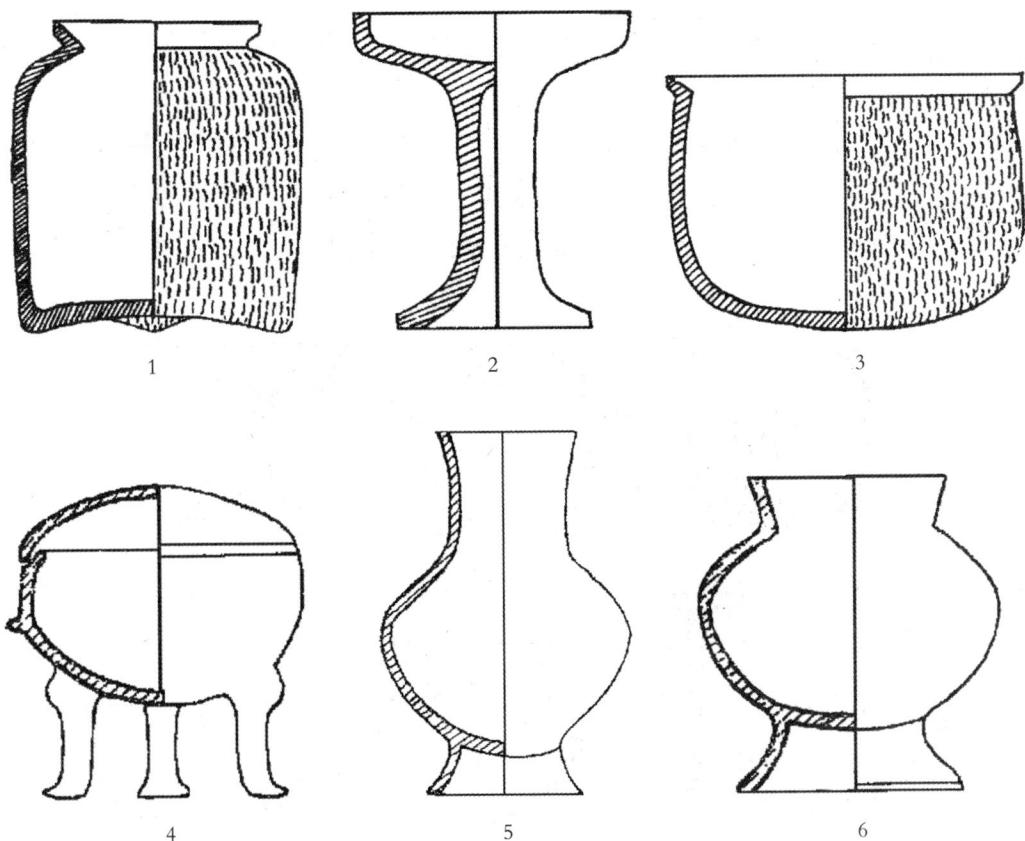

图二　沂水石景村、下泉村墓出土陶器举例

1. 石景村陶鬲　2. 石景村陶豆　3. 石景村陶盆　4. 下泉村陶鼎　5. 下泉村陶壶　6. 下泉村陶壶

典型齐式陶器。而仿铜陶壶颈部较长,腹部较深,圈足底缘未出现台座,与章丘宁家埠 M110∶1 陶壶形态相似[1],结合鬲的袋足、豆盘豆柄和鼎的形态综合来看,此墓应为齐文化战国中期墓。马兰村 M2 长 2.3、宽 1.5 米,出土陶器有鬲、鼎、豆、壶;铜器有剑、戈(图三)。其豆盘较深、豆柄较矮、喇叭圈足较大,鼎深腹、圜底、足较矮,年代应较上常庄 M1 稍早,定为战国早期较合适。

　　3. 1990 年沂水县博物馆在沂水县城南约 15 千米的埠子村清理了一座战国墓[2],墓葬为边长 2.7 米的近正方形土坑竖穴墓,出土陶鼎 2、豆 6、鬲 2、罐 4、敦 2、簋 2、匜 2、舟 2、簋形器 1、四瓣盆形器 4、方盒 1、盘形镂孔器 1、器盖 1、杯 2、龙头形饰 4、牛头形饰 2、鸟形饰 3 件等(图四)。墓葬出土陶豆在盘、柄、圈足处饰多组弦纹,陶匜

[1]　济青公路文物考古队宁家埠分队:《章丘宁家埠遗址发掘报告》,《济青高级公路章丘工段考古发掘报告集》,齐鲁书社,1993 年。

[2]　沂水县博物馆:《山东沂水县埠子村战国墓》,《文物》1992 年第 5 期。

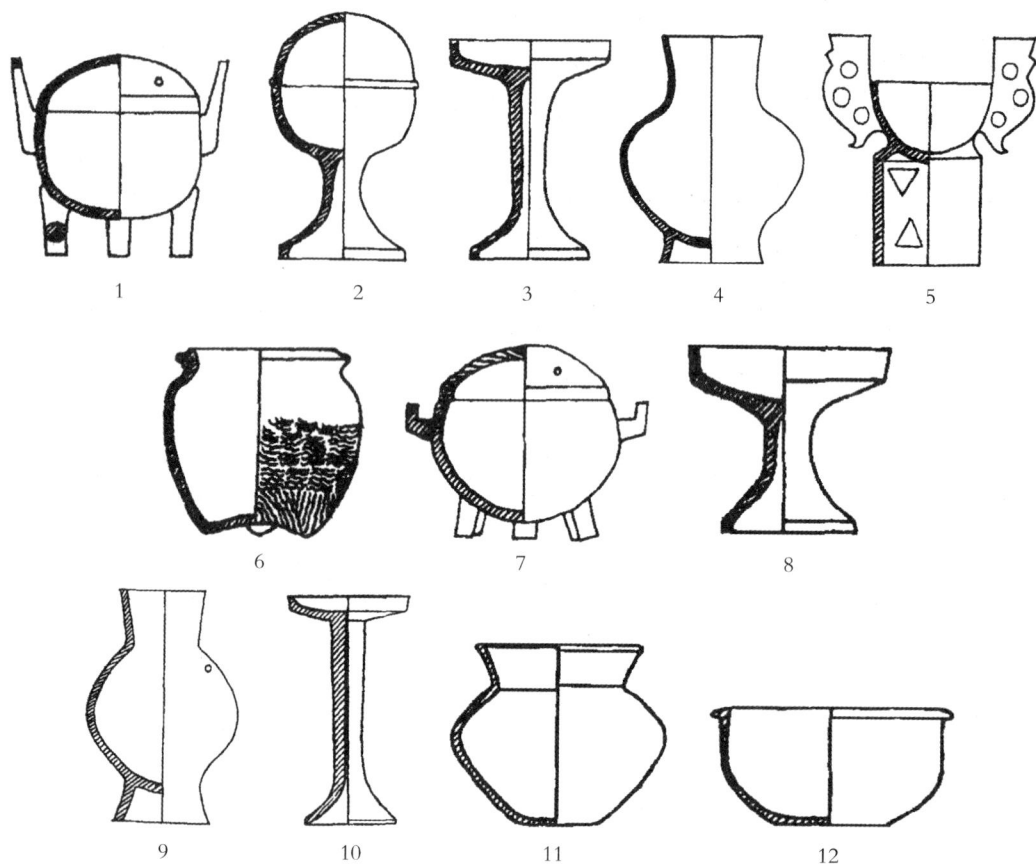

图三　沂水上常庄 M1、马兰村 M2,莒县杭头 M6 出土陶器举例

1. 上常庄陶鼎　2. 上常庄陶盖豆　3. 上常庄陶豆　4. 上常庄陶壶　5. 上常庄陶簠　6. 上常庄陶鬲
7. 马兰村陶鼎　8. 马兰村陶豆　9. 马兰村陶壶　10. 杭头陶豆　11. 杭头陶罐　12. 杭头陶盂

平底浅腹呈葫芦形等,均为齐文化典型器物。原报告将此墓年代定为战国晚期,但其陶豆浅盘细高柄、陶匜平口宽短流、陶敦近球腹,与女郎山 M1、两醇 M3201 所出同类器形相似[1],故推测此墓应属战国中期。

　　4. 1988 年沂水县博物馆在沂水西约 20 千米的下泉村清理一座墓[2],长 2.5、宽 1.3 米,出土陶器有鼎、豆、壶,铜器有剑、戈(图二)。其中陶鼎圜底腹较深、蹄形足较细高,陶豆高柄浅盘折腹,陶壶长颈、腹较深、圈足较高。因此,墓葬为齐文化战国中期小型墓特征。值得一提的是,同墓所出铜剑剑身饰菱形纹,剑首似为同心圆,有越

　　[1]　济青公路文物考古队绣惠分队:《章丘绣惠女郎山一号战国大墓发掘报告》,《济青高级公路章丘工段考古发掘报告集》,齐鲁书社,1993 年;山东省文物考古研究所、齐城遗址博物馆:《临淄两醇墓地发掘简报》,《海岱考古》(第一辑),山东大学出版社,1989 年。

　　[2]　沂水县博物馆:《山东沂水县发现五座东周墓》,《考古》1995 年第 4 期。

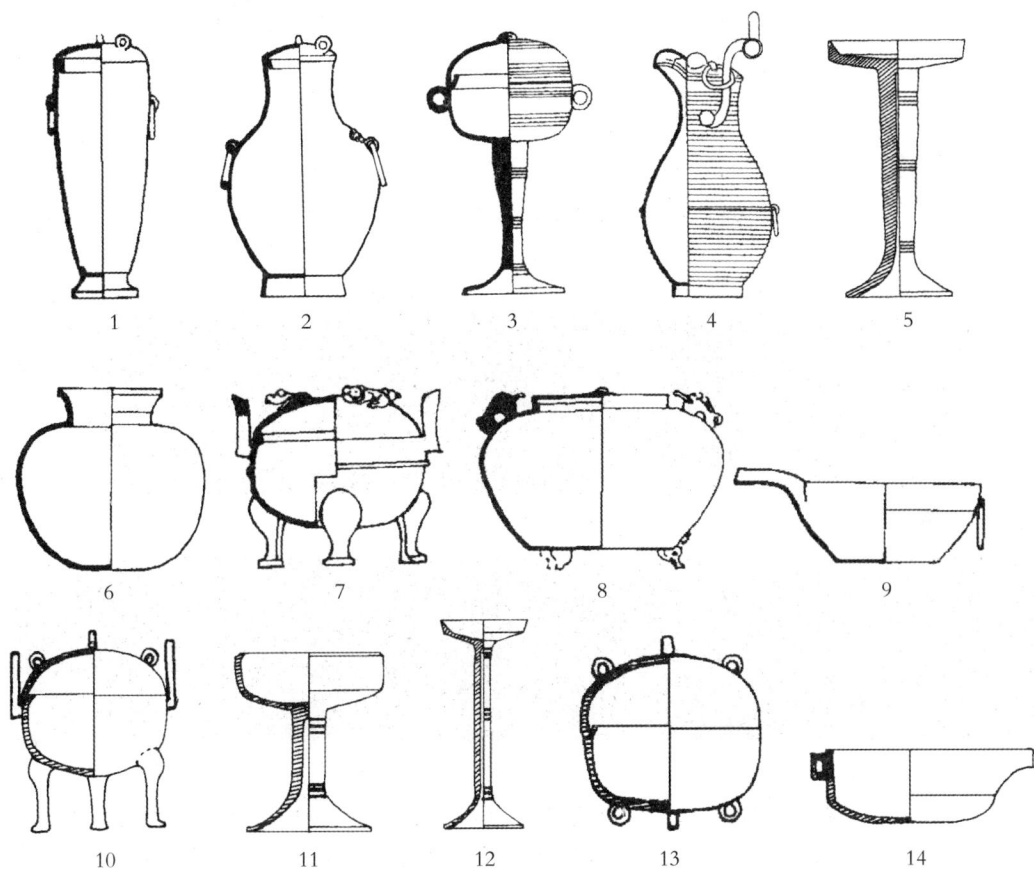

图四　诸城臧家庄墓、葛布口村墓,沂水埠子村墓出土陶铜器举例

1.臧家庄铜壶　2.臧家庄铜壶　3.臧家庄铜豆　4.臧家庄铜壶　5.臧家庄陶豆　6.臧家庄铜罐
7.葛布口铜鼎　8.葛布口铜罍　9.葛布口铜匜　10.埠子村陶鼎　11.埠子村陶豆　12.埠子村陶豆
13.埠子村陶敦　14.埠子村陶匜

文化因素。

　　5. 2010 年,在沂源县东约 23 千米的东里镇东里东村发现一座大型战国墓[1],保存基本完好,随葬品丰厚,有铜器、陶器、陶俑、玉石器、马车、荒帷,及大量有机质随葬品(图五)。此墓的形制、葬俗和随葬品均呈现出明显的齐文化特征,与山东章丘女郎山大型战国墓十分相似,青铜器组合、陶器组合完全相同,部分器形特征也一致,故年代应为战国中期。发掘者已通过历史文献和地望考证,推测此墓为齐国盖邑大夫的夫人之墓[2]。

――――――――――

　　[1]　山东大学历史文化学院、沂源县文物管理所:《沂源东里东台地一号战国墓及相关问题的思考》,《管子学刊》2016 年第 1 期。
　　[2]　山东大学历史文化学院、沂源县文物管理所:《沂源东里东台地一号战国墓及相关问题的思考》,《管子学刊》2016 年第 1 期。

6. 2000 年,山东省文物考古研究所等在五莲县东南约 30 千米的丹土遗址发掘一批中小型墓葬[1],其中两座墓属齐文化。M4014 长 2.7、宽 1.4 米,出土陶器有盂、豆、罐,其中盂为窄斜沿、下腹部折收,罐的颈部较高,豆浅盘折腹、细高柄,为战国晚期特征。M4033 长 3、宽 1.64 米,出土陶器有鼎、豆、壶、盂、投壶,其中鼎为直壁、足削制而较高,豆盘弧折而较浅、豆柄较细高,盂为折腹、小平底,均呈现战国中期特点(图五)。

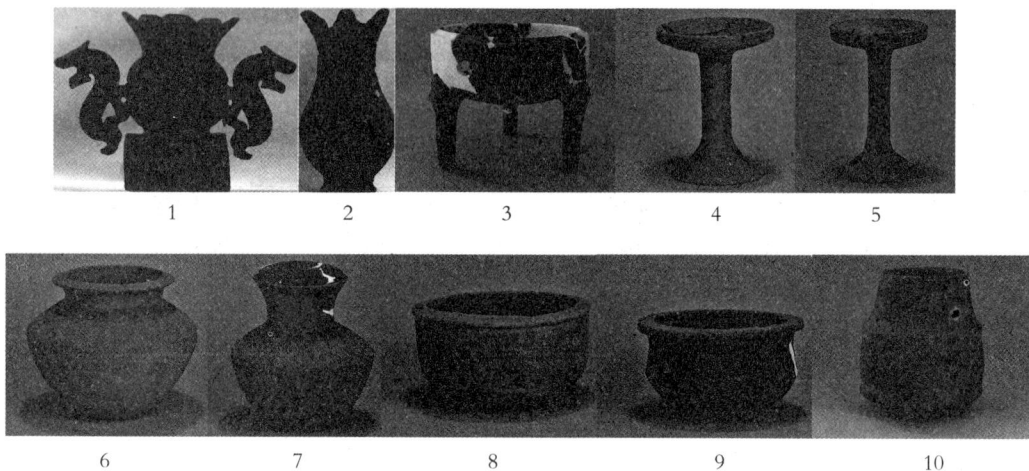

图五　沂源东里东墓,五莲丹土 M4014、M4033 出土陶器举例

1. 东里东陶簠　2. 东里东陶壶　3. 丹土 M4033 陶鼎　4. 丹土 M4014 陶豆　5. 丹土 M4033 陶豆
6. 丹土 M4014 陶罐　7. 丹土 M4033 陶罐　8. 丹土 M4014 陶盂　9. 丹土 M4033 陶盂
10. 丹土 M4033 陶投壶

7. 1979 年,山东省博物馆在莒县大朱家村遗址清理了三座战国墓葬[2],均为小型墓葬。其中 M12 长 2.75、宽 1.52 米,一椁一棺,出土陶器有鼎、豆、盖豆、盂、盘、匜等,组合属于齐文化战国晚期,其中鼎足较高,豆盘平折、豆柄细直,罐为长颈、圜底,盂为弧壁、小平底,盘为方唇、平折沿、颈部明显,均为战国晚期早段特征。M11 长 2.2、宽 1.2 米,双人仰身直肢葬,头向东,出土一铜剑。M14 长 2.5、宽 1.5 米,一棺,出土陶器有盂、豆、罐,其中罐颈部较长;豆盘略深、底部弧折、豆柄较矮粗,年代早于 M12 陶豆,故 M14 年代应为战国中期偏晚(图六)。

8. 1983 年,山东省文物考古研究所等在莒县东南约 7.5 千米的杭头遗址发掘了

---

[1]　山东省文物考古研究所、五莲县博物馆:《五莲县丹土大汶口文化、龙山文化城址和东周时期墓葬》,《中国考古学年鉴(2001)》,文物出版社,2002 年。资料整理待发表,实物现存于山东省文物考古研究院。

[2]　何德亮:《山东莒县大朱家村发现战国墓》,《考古》1991 年第 10 期。

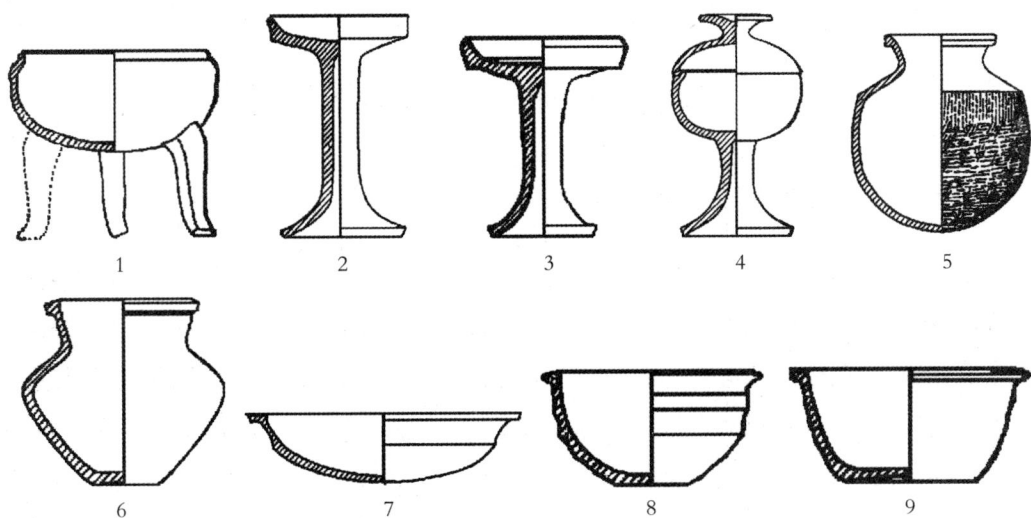

图六　莒县大朱家村 M12、M14 出土陶器举例

1. M12 陶鼎　2. M12 陶豆　3. M14 陶豆　4. M12 陶盖豆　5. M12 陶瓮
6. M14 陶罐　7. M12 陶盘　8. M 陶盂　9. M14 陶盂

一座战国墓葬 M6[1]，长 2.2、宽 0.9 米，一椁一棺，棺下有腰坑，出土陶罐 1、豆 2、盘 1、盂 1、环 4 件(图三)。其高领鼓腹陶罐、圜底钵形陶盂、高柄浅盘陶豆、棺下腰坑置一豆盘，都为典型齐文化墓葬特征。墓葬出土豆浅盘、实心柄细高，罐的领部较高，盂为直壁、缓收腹、平底较大，年代应为战国晚期偏早。

9.山东诸城县博物馆 1965 年在诸城葛布口村、1975 年在臧家庄分别清理一座战国墓[2]。葛布口村墓发现铜罍 1、提梁炉 1、罐 1、匜 1、贴金铜饰件 3、盘 2、提梁壶 1 件。此前在 1956 年发现直耳小鼎 1、三兽鼎 1 件(图四)。其中三兽鼎为球形腹、矮粗蹄足，典型战国晚期特征，匜也与鼎年代一致。臧家庄墓东西长 5.8、南北宽 4.5 米，椁底向内倾斜呈船底状，出土陶豆 6 件，铜编镈 7、编钟 9、鼎 5、豆 5、壶 2、杯形壶 2、熏炉 1、罐 1、觚 1、勺(灯)1、插(牌)1、朱雀形足 3 件，还有镞、残破镜片、鎏金盘残片、小残斧刃等(图四)。其中编钟、编镈均有铭文，可知此墓为齐"公孙朝子"墓。墓葬出土铜鼎、铜壶与战国晚期济南千佛山墓中铜鼎、铜壶形制基本相同[3]，陶豆也多有相似，浅盘高柄，且在柄上饰多组弦纹，此外铜杯、豆、盖豆、鹰首提梁壶等也为战国晚期特征。

---

[1]　山东省文物考古研究所等、莒县博物馆:《山东莒县杭头遗址》,《考古》1988 年第 12 期。

[2]　山东诸城县博物馆:《山东诸城臧家庄与葛布口村战国墓》,《文物》1987 年第 12 期。

[3]　李晓峰、伊沛扬:《济南千佛山战国墓》,《考古》1991 年第 9 期。

二、齐文化南下阶段与文化特征分析

1. 鲁东南苏北春秋晚期之前的文化面貌

根据学界已有研究可知,鲁东南苏北地区在春秋时期为莒文化分布区,遗迹遗物呈现出鲜明的莒文化特征[1]。遗迹以墓葬为主,遗物多为墓葬出土。春秋早期以临沂中洽沟墓、沂南西岳庄大墓等为代表,春秋中期以沂水刘家店子大墓、纪王崮大墓、李家坡墓等为代表,春秋晚期以临沂凤凰岭大墓、姜墩大墓、莒南大店 M2 等为代表。

从墓葬来看,春秋时期莒文化的文化特征比较鲜明,与齐文化有明显区别。大型墓墓向向东,墓底填青膏泥或白膏泥,多熟土二层台,墓室分椁室和器物库两部分,殉人较多,椁底多有腰坑,内殉狗(图七)。陶器组合为鬲、簋、豆、罐、瓮、器盖,或鼎、鬲、豆、罐、壶等;铜器组合为鼎、鬲、甗、簋、壶、盘、匜、舟等。中小型墓墓向多向东,椁室周边施白膏泥或青膏泥,多有熟土二层台,随葬品多放置在边箱或头箱内,少数有殉人,腰坑殉狗较为常见(图八)。陶器组合为鬲、簋、罐(或瓮),鼎、鬲、豆、簋、罐,鼎、豆、壶、敦;随葬铜器有鼎、鬲、甗、簋、壶、盘、匜、舟、敦等。

图七　临沂姜墩春秋大墓(自西向东拍摄,临沂市沂州文物考古研究所张子晓所长提供)

---

[1]　刘延常:《莒文化探析》,《东南文化》2002 年第 7 期。

综合分析各墓的随葬陶铜器,春秋时期莒文化的典型器物主要有:鬲,鼓肩、弧裆、高实足跟;簋,豆形,口沿由宽斜折、窄斜折、卷沿到平沿演变,柄逐渐细高,喇叭圈足逐渐变小;罐,鼓肩、曲收腹;瓮,鼓肩、收腹、小平底;铜匜,流由宽渐窄、由低渐高,腹由瓢形发展为椭圆形;铜舟,形状由圆形、椭圆形向舟形演变,口由敛口到大口,腹由圆腹、鼓腹到收腹等(图九)。

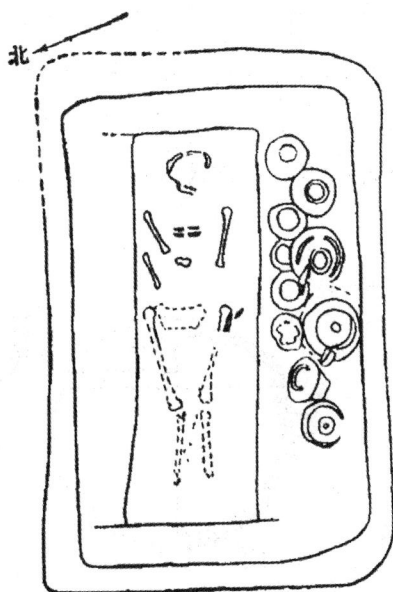

图八　莒县杭头 M2 平面图

2. 齐文化南下过程的阶段划分

从春秋晚期开始,齐文化逐渐南下深入到莒文化分布区。根据上述对有关墓葬年代和性质及莒文化特征的对比分析,可将齐文化南下至鲁东南苏北地区的过程分为两个阶段。

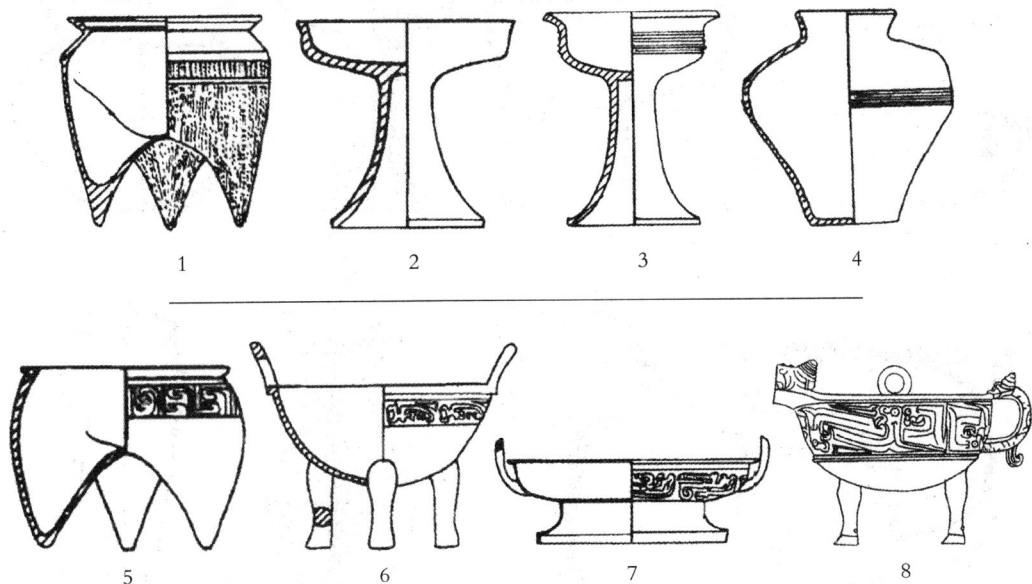

图九　鲁东南苏北地区春秋时期莒文化的典型陶器(上)和铜器(下)

1.临沂中洽沟陶鬲　2.临沂凤凰岭陶豆　3.临沂凤凰岭陶簋　4.沂南西岳庄陶罐
5.沂水东河北铜鬲　6.沂水东河北铜鼎　7.临沂中洽沟铜盘　8.临沂中洽沟铜匜

第一阶段为春秋晚期到战国早期,这一阶段齐文化的墓葬零星分布在鲁东南地区中部,发现较少,主要有沂水石景村墓、沂水马兰村 M2,典型器物如图一〇上。

　　第二阶段为战国中期到战国晚期,这一阶段齐文化墓葬发现数量较多,遍布整个鲁东南地区,主要有沂水上常庄 M1、沂水埠子村墓、沂水下泉村墓、沂源东里东大墓、五莲丹土 M4014 和 M4033、莒县大朱家村三墓、莒县杭头 M6、诸城臧家庄大墓和葛布口村大墓,典型器物如图一〇下。

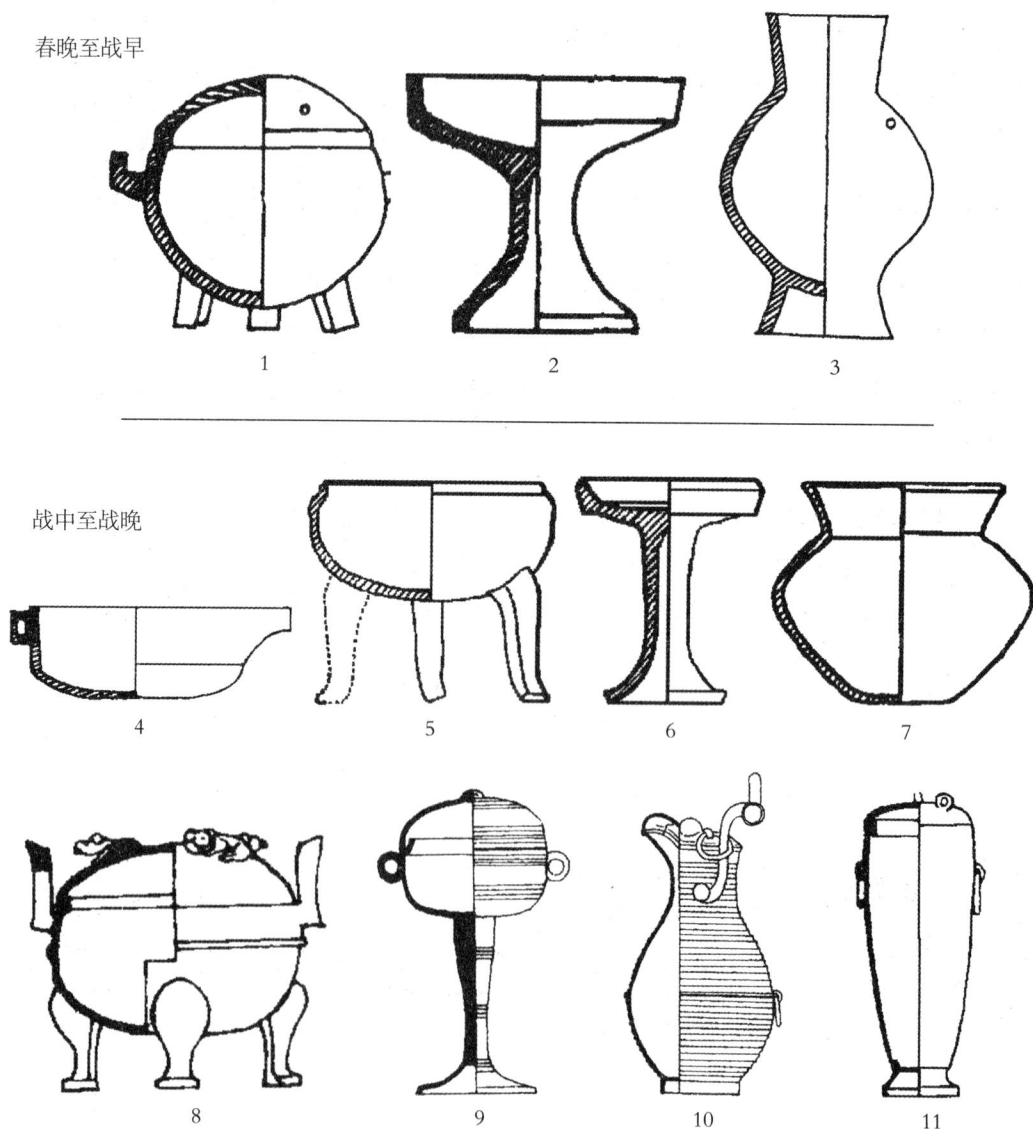

图一〇　齐文化南下第一阶段(上)、第二阶段(下)典型器物图

1. 马兰村陶鼎　2. 马兰村陶豆　3. 马兰村陶壶　4. 埠子村陶匜
5. 大朱家村 M12 陶鼎　6. 大朱家村 M14 陶豆　7. 杭头 M6 陶罐
8. 葛布口铜鼎　9. 臧家庄铜豆　10. 臧家庄铜壶　11. 臧家庄铜壶

3.齐文化南下文化特征分析

　　总结现有的材料,可发现鲁东南地区的齐文化遗存以墓葬为主。第一阶段春秋晚期到战国早期陶器组合为鬲、豆、盆、投壶或鬲、鼎、豆、壶;铜器随葬剑和戈。第二阶段战国中期到战国晚期的陶器大多以仿铜陶礼器的形式出现,组合流行鬲、鼎、豆、罐、敦、壶、盘、匜、舟,部分还有盉、投壶等;铜器方面,中小型墓葬不见铜器或有剑、戈,大型墓铜器组合为鼎、豆、壶、罐、罍、盘、匜,有的墓还有编镈、编钟。从葬俗来看,中小型墓为一椁一棺、一棺或无,头向东较多,多设腰坑,到战国中晚期,腰坑殉狗的习俗已较为少见,改为腰坑内置一豆盘(图一一);大型墓有二层台,椁板周围施青膏泥,有多个壁龛,且随葬有车马器(图一二)。

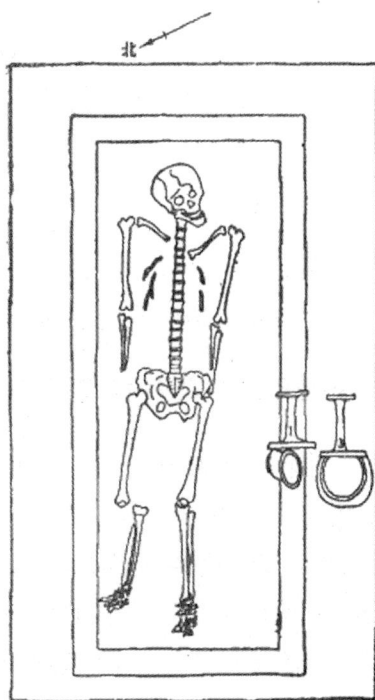

图一一　莒县大朱家村 M14 平面图

图一二　沂源东里东一号大墓(自北向南拍摄)

三、齐文化南下扩张及齐长城东段修筑的背景

通过上述考古资料的分析，齐文化南下扩张的时空范围已比较明确，其线路也比较清楚。再结合有关文献记载进行分析，会发现齐文化的南下扩张与齐国南下经略的历史背景密切相关，进一步又能对齐长城东段的修筑背景有新的认识。

1. 齐文化南下扩张的背景分析

根据考古发现可知，在春秋早期前后，齐文化遗存基本位于鲁东南地区西北部，有沂源姑子坪墓、临朐泉头墓，所处位置应在齐国东南边境。同时从墓葬特征来看，沂源姑子坪墓腰坑殉狗，陶鬲耸肩、袋足实足尖，是莒文化陶鬲的风格，可见此时鲁东南莒文化已然影响至齐边境。春秋时期，莒国势力强盛，常与周边各国相互攻伐，给齐国带来威胁，在两国交接地域发现有齐文化大型墓葬，可能与齐国在东南边境设置前沿阵地并分派贵族势力驻扎、设防有关。此外，在莒县西大庄墓中，分体甗上有"齐侯作宝"的铭文，但墓葬器物组合和铜器应为莒文化特征[1]，说明至迟在西周晚期齐、莒两国的贵族之间已有往来。

春秋晚期到战国中期，齐文化遗存已大幅南下深入到沂水等地，有沂水石景村墓、沂水上常庄 M1 和马兰村 M2、沂水埠子村墓、沂水下泉村墓。可见自春秋晚期始，齐文化遗存已插花式分布在鲁东南地区腹地，这与齐国势力范围的扩张和莒国的衰亡有关。这背后也有齐、莒两国国势兴衰的深刻背景。

根据文献记载，从春秋晚期开始莒国恃强而自大，在与各诸侯国相互征伐的同时，内部也出现了纷争。《春秋》载：周匡王四年（公元前 609 年）"莒弑其君庶其"，公元前 542 年"莒人弑其君密州"；公元前 528 年"莒杀其公子意恢"。可见莒国不断发生内乱，上层矛盾激化，互相杀伐。这期间，逐渐走向强盛的齐国也乘机多次伐莒，如《春秋》载"（鲁）公及齐侯平莒及郯"，公元前 598 年"公孙归父会齐人伐莒"，公元前 596 年"齐师伐莒"，公元前 549 年"齐崔杼帅师伐莒"，公元前 523 年"齐高发帅师伐莒"，公元前 520 年"齐侯伐莒"。这些文献记载的事件应是齐文化开始南下扩张的背景。进入战国早期，莒国灭亡，鲁东南土著文化因素逐渐萎缩。据《史记·楚世家》记载，莒国是在战国早期（公元前 431 年）被楚简王伐灭，传世的中子化盘有铭文"中子

---

[1]　莒县博物馆：《山东莒县西大庄西周墓葬》，《考古》1999 年第 7 期。

化用保楚王,用正(征)枏(莒),用择其吉金,自作浣盘"[1]。可见,战国早期莒应为楚所灭,地处鲁东南南部的郯城二中墓等所出器物也有楚文化特征[2]。另据研究,楚灭莒后可能因距离本土较远,且北临强齐,不能长时间稳固地控制所占区域,鲁东南地区遂逐渐并入齐国势力范围[3]。但这一阶段鲁东南地区土著势力尚有残余,且南方的吴、越、楚北上征伐,使齐文化的影响尚不能深入鲁东南的大部地区。

　　到战国中晚期,齐文化遗存抵达整个鲁东南地区及苏北部分区域,有沂源东里东墓、莒县大朱家村墓、莒县杭头 M6、五莲丹土 M4014 和 M4033、诸城臧家庄墓、诸城葛布口村墓、临沂大城后村齐刀币遗存、五莲盘古城齐文化遗存、莒国故城刀币遗存、江苏邳州梁王城齐陶文遗存和涟水三里墩齐墓(图一三)。《史记·燕召公世家》载:"(燕昭王)二十八年,燕国殷富……与秦、楚、三晋合谋以伐齐。齐兵败,湣王出亡于外……齐城之不下者,独唯聊、莒、即墨,其余皆属燕,六岁。"可见战国晚期之时,聊、即墨和莒是齐邑。考古资料来看,莒县的莒故城历年曾出土过不少刀币和陶范[4],其中小刀形制与燕国刀币近似,可能跟乐毅伐齐时的燕齐战争有关。五莲县迟家庄的盘古城边也曾发现战国齐兵器和玺印,玺印为朱文"左桁(横)正(征)木(玺)",应是齐国玺印[5]。这一发现表明,战国中晚期齐国可能已在日照地区设关收税。此外,临沂市大岭乡大城后村也发现一批齐国刀币,共有两千多枚,铸造精美,保存较好,全部出自同一窖藏的陶盆内[6]。这批齐刀币表明战国中晚期的临沂地区已为齐地,且可能经济比较繁荣。另在苏北邳州梁王城遗址出土七件陶文,陶文内容有"廪玺""陈赓""莒齐陈驲"[7]。其中"廪"字在齐系陶文中多有发现,"陈"字陈下从土,为典型的"田氏代齐"后写法,可见在战国晚期很长一段时间,梁王城为齐地且被齐国重视。苏北涟水三里墩齐墓原报告定为汉墓[8],但据王恩田先生观点,其墓葬遗物除五铢钱外均属战国时期,且形制为典型齐墓[9]。可知涟水一带在齐灭宋吞并楚国淮北地区之后也属于齐国。

　　综上所述,齐文化自春秋晚期始自西北向东南逐渐扩张与南渐。齐文化遗存在

[1]　陈絜:《中子化盘铭文别释》,《东南文化》2008 年第 5 期。

[2]　刘一俊、冯沂:《山东郯城县二中战国墓的清理》,《考古》1996 年第 3 期。

[3]　黄盛璋:《山东出土莒之铜器及其相关问题综考》,《华夏考古》1992 年第 4 期。

[4]　苏兆庆:《山东莒县出土刀币陶范》,《考古》1994 年第 5 期。

[5]　孙敬明、高关和、王学良:《山东五莲盘古城发现战国齐兵器和玺印》,《文物》1986 年第 3 期。

[6]　冯沂:《山东临沂市出土一批齐国刀币》,《中国钱币》1992 年第 2 期。

[7]　原丰:《邳州梁王城遗址齐陶文的发现与研究》,见本文集。

[8]　南京博物院:《江苏涟水三里墩西汉墓》,《考古》1973 年第 2 期。

[9]　王恩田:《对三里墩出土齐小刀币铸行年代的讨论》,《中国钱币》1993 年第 3 期。

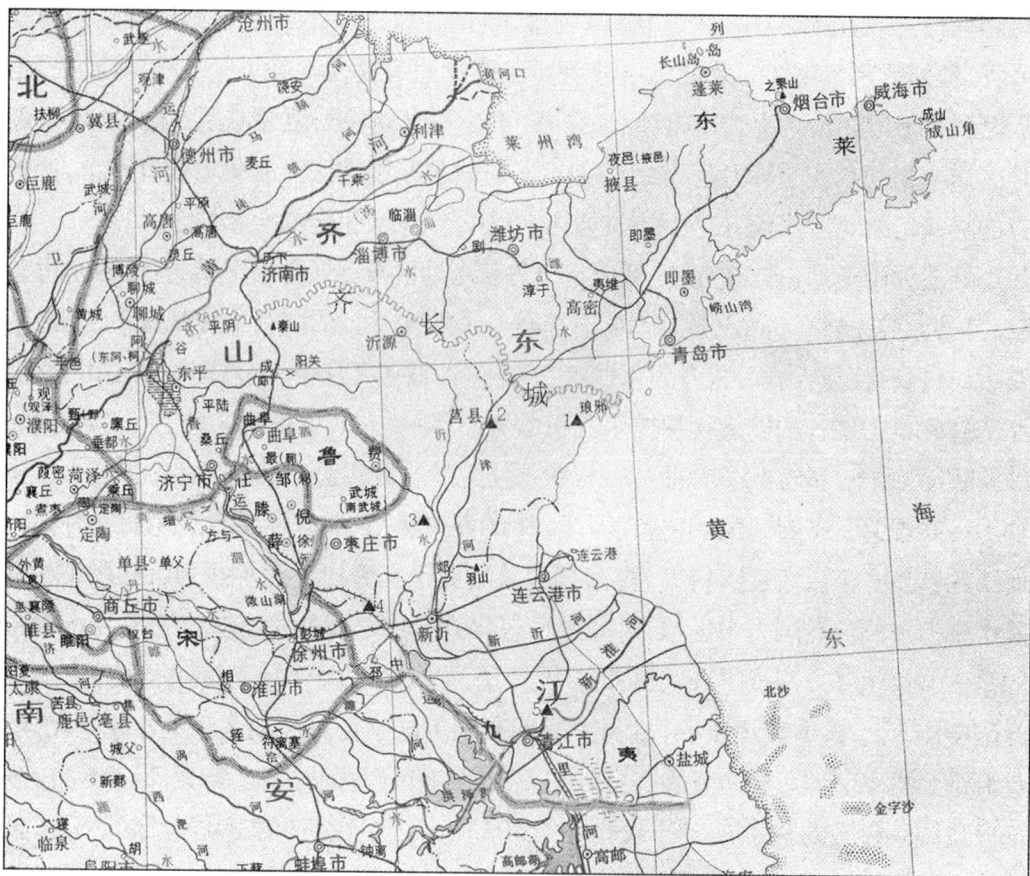

图一三　战国中晚期形势图及齐文化部分遗址(黑三角)分布示意图

1. 五莲丹土　2. 莒国故城　3. 临沂大城后　4. 邳州梁王城　5. 涟水三里墩

战国中期晚段之前,插花式分布在鲁东南地区中部;到战国晚期,基本已占据整个鲁东南地区及苏北部分区域。齐文化也自然而然地板块式向东、向南推进,基本完成了经略目的。

2. 齐长城东段的修筑背景分析

据王献唐等先生的研究,齐长城从春秋时期开始修筑西段,后来又断续向东修筑至海,绵延一千多千米[1]。齐长城东段自穆陵关向东,经鲁东南地区修筑至海,近年在沂源、临朐、沂水、莒县、五莲均有齐长城的建筑遗迹发现[2](图一三)。通过以上梳理分析笔者认为,齐长城东段应是不同时期为防御不同诸侯国逐步修筑,最终作为

---

[1]　王献唐:《山东周代的齐国长城》,《社会科学战线》1979年第4期。

[2]　仝晰纲、孙亚男:《齐长城东段防御体系的修筑与形成》,《管子学刊》2018年第3期。

防御楚国北侵的战略防线而连筑建成的。

从地理位置来看,齐长城莒县一段位于莒北,长城作为齐国南线重要防御工事,应始建于莒灭亡之前,与齐国东南境部分关隘一同为防御莒而建。后来吴越先后北上争霸,促成齐长城东段至黄海部分的续筑。《左传·哀公十年》载"徐承帅舟师将自海入齐,齐人败之,吴师乃还",可见此时吴国已具备一定海上作战能力;《史记·越王句践世家》载"王之侯卒,子王无彊立。王无彊时,越兴师北伐齐,西伐楚,与中国争强",可见越国的崛起给齐国南境带来威胁。齐长城东段应是在这一背景之下续筑的,其中东线到达五莲后向东北修筑至海,应有海防的重要意义。张华松即认为,齐长城是集山地防御、济水防御、海洋防御为一体的防御工事[1]。

另据《史记·楚世家》正义引《齐记》载:"齐宣王乘山岭之上筑长城,东至海,西至济州千余里。"学界多据此认为,齐长城应在齐宣王时全部修筑完成。此时楚国国力日渐强盛,陆续灭掉越、莒、杞、邾、鲁等国,严重威胁齐国南境,因此齐长城东段应是在原有的基础上继续补筑完善、连缀而成。但从上述出土齐文化遗存的临沂大城后、邳州梁王城、涟水三里墩等遗址的地理位置来看,其北距齐长城东段已有数百千米(图一三),亦即战国中晚期的齐长城东段应远离齐、楚对峙前线。这说明,齐长城东段应是作为防御楚国北侵的战略防线而存在的,其最终连筑建成应是固守泰沂山脉以北之齐文化传统地域的战略考虑使然,否则无法合理解释齐长城东段远离齐、楚对峙前线这一事实。与此有关的问题有待今后继续探讨。

四、结　语

通过梳理分析鲁东南苏北地区的齐文化遗存,可以看出齐国最迟在西周晚期就与相邻的鲁东南地区莒国有联系与往来,从春秋晚期开始齐国向南对该地区的扩张明显加强,并逐渐将该地区纳入势力范围,到战国中晚期已占据鲁东南大部地区及部分苏北区域。这期间,齐国与鲁东南诸小国的频繁结盟与战争应是重要的历史背景,正是在这一历史背景下,齐长城东段才逐渐修筑完成。而齐文化与当地土著文化的不断交流融合,对鲁东南苏北地区的文化面貌转变也产生了重要影响。

鲁东南苏北地区北邻齐国、西连鲁国,南部受楚、吴、越文化影响,再加上当地诸多土著小国,文化地理形势十分重要。但目前的考古资料多以墓葬为主,城址、房址

---

[1]　张华松:《齐文化与齐长城》,中国戏剧出版社,2000 年。

和其他遗存的田野考古工作还很少，相信随着今后考古工作的不断进展、相关遗存的不断发现，相关国家间的战争、联姻、迁都、吞并等历史问题能够更好地研究呈现，鲁东南苏北地区的齐文化遗存也能更多地受到重视。

本文的写作得到山东大学考古系王青、山东省文物考古研究院刘延常先生的热情帮助，在此表示衷心感谢！

齐国南疆作干城

——从平阳出土陶文和题铭兵器谈起

孙敬明

潍坊市博物馆

近年,海岱区域先秦考古工作既配合工程建设所需,又立科研课题主动发掘,由此取得一系列科学成果。如新泰田齐陶文之发现和周家庄东周墓地之发掘,在齐国都城临淄之外出土大量陶文——由此对齐鲁体系东周文字的分域断代以及与都城所见陶文进行比较研究,探索齐国商业经济的宏观布局;尤其出土数量众多的青铜兵器,其中不少带有铭文,单个墓葬出土兵器数量之多堪居同时期之首,凡此将见于文献记载的信史与地下出土资料相合证,对研究齐国城邑设置、军事战略布局,及其与鲁、莒、邾、滕、薛,甚至远达江淮之吴、蔡、越、楚等国族之间的关系和区域文化的交相融合,乃至齐文化考古之系列分期与文化地域特色等等,均具有全新的突破性意义。

山东大学历史文化学院考古学系、山东博物馆与新泰市博物馆合编《新泰出土田齐陶文》[1](以下简称《陶文》),山东省文物考古研究所、新泰市博物馆合编《新泰周家庄东周墓地》[2](以下简称《周家庄》),凡此两部皇皇巨著,珠璧映辉,不仅资料丰富,便于应用,而且体例科学,识见新颖,尤其对于陶文和兵器的研究卫松涛与刘延常先生等有着极好的见解。本人留意先秦考古和古文字有年,欣承著作者雅意惠贶大作,拜读数复,受益良深。借此齐文化考古盛会,爰就思考所及对相关问题稍作补苴;然限于学力,难免续貂之讥矣!

---

[1] 山东大学历史文化学院考古学系、山东博物馆、新泰市博物馆:《新泰出土田齐陶文》,文物出版社,2014年。

[2] 山东省文物考古研究所、新泰市博物馆:《新泰周家庄东周墓地》,文物出版社,2014年。

一、平阳沿革

　　新泰古称"平阳"。所以，开篇必须首先探讨先秦两汉时期平阳的地名变化与行政隶属。《春秋·宣公八年》(前601)"城平阳"。杜注："今泰山有平阳县。"杨伯峻《春秋左传注》："平阳，鲁邑，即汉之东平阳，在今山东省新泰县西北。哀二十七年《传》之平阳则为西平阳，与此非一地。"《汉书·地理志第八上》：泰山郡下辖县二十四：奉高、博、茌、卢、肥成、蛇丘、刚、柴、盖、梁父、东平阳、南武阳、莱芜、钜平、嬴、牟、蒙阴、华、宁阳、乘丘、富阳、桃山、桃乡、式。《后汉书·志第二十一·郡国三》：泰山郡统辖十二城，有：奉高、博、梁甫、钜平、嬴、山茌、莱芜、盖、南武阳、南城、费与牟，"南城故属东海。有东阳城"。注："《吕氏春秋》夏孔甲游田于东阳萯山。《左传》哀八年'克东阳'。襄十九年城武城，杜预曰南城县。哀十四年司马[牛]葬丘舆，杜预曰县西北有舆城。"王献唐《春秋邾分三国考》附《三邾附近国邑考》："舆。鲁哀公十四年，司马牛卒于鲁郭门外，葬诸丘舆。舆为鲁邑。《左传》杜注，南武城西北有舆城，案即今费县西境，逼近邾之东鄙。""东阳、五梧、蚕室。鲁哀公八年，吴伐我，克东阳而进……东阳在今费县西南七十里，名关阳镇。"[1]由此可见平阳、东平阳为一地，并与东阳地不同。如上称引《后汉书·志第二十一·郡国三》泰山郡所辖："梁甫侯国，有菟裘聚。"注："《左传》隐公'使营菟裘，吾将老焉'，杜预曰县南有菟裘城。"《春秋左传注》隐公十一年(前712)隐公曰："使营菟裘，吾将老焉。"杨伯峻注："菟裘古为嬴姓之国，其后土地并于鲁。梁履绳《左通补释》引张云璈之言云：'山东省泰安县东南九十里近梁父有菟裘城。'"在今新泰市西楼德镇。《新泰文化大观》称汉朝建立后："在今新泰境置东平阳县，属兖州泰山郡，故城在今市城南部，俗称南故城。与此同时还在今县西境设置两县，一为梁父、一为柴城。梁父县置于汉武帝时，故址在今天宝镇古城村，今城垣尚存。柴城故城在今柴城村……至东汉初期，平阳因遭战祸波及，户口减少，建武六年(30)汉光武诏令'县国不足置长吏者，并之'(《后汉书·世祖纪》)，乃并平阳于梁父县(按《新泰县志》称'省入南城'，不确，今以《后汉书》诸羊传推之，当时省入梁父)；东汉中末叶，因县内羊氏、鲍氏诸家族崛起，于是恢复平阳建置(《后汉书》称羊续'泰山平阳人'，知是时已复置平阳)。"[2]可知春秋菟裘与汉代梁父县城此两城址均在今新泰

　　[1]　王献唐：《春秋邾分三国考三邾疆邑图考》，齐鲁书社，1982年，第53页。
　　[2]　王尹成主编：《新泰文化大观》，齐鲁书社，1999年，第25页。

境内。东汉时梁父成为侯国,故将西汉平阳归并。从春秋时期鲁国的平阳,到西汉泰山郡下辖之东平阳,再到东汉梁父侯国所辖,其地在今新泰城区南部。

清乾隆《新泰县志》载《新泰县舆图》所示,当时县城在曝书山以南,柴汶河之北;东依平阳河,西临西周河。而平阳故城则位于清代乾隆时期县城以南郊区,柴汶河之阳[1]。《新泰县舆图》标注村名周全,位于县城西南郊,迄今周全村仍存,而当时图标平阳故城位于周全村东南。与现在新泰市政区图比较,平阳故城的大体位置,应在新泰市办事处之陈家庄、名公村以西,北通莱芜钢城的铁西路以东[2]。

二、陶 文 推 阐

齐国境内集中大量出土陶文并伴存制陶遗址的地点有二,一即临淄,最早发现于清代同治时期;一即新泰,新泰陶文的大量出土在 20 与 21 世纪之交,20 世纪末出土过如"平阳市节"陶量残片。临淄为齐国西周晚期至战国末年之国都;新泰由于陶文的出土和墓葬随葬大量兵器,一改人们对其先秦历史地位的传统印象,吸引诸多关注的目光。

20 世纪 70 年代新泰市区就曾发现过陶文,2000 年以后出土陶文的地点有四:①新泰第一中学 392 件;②西南关 376 件;③南关 5 件;④南西周 7 件。在这些地点同时发现陶窑址以及制陶工具等相关文物,故可判断这些地点应该属于陶器烧造区域。齐国都城临淄制陶窑址主要分布在淄河西岸,都城的西与北郊,这是由城市周近生产区域的规划制约和制陶手工业生产方式及其对城市居住人口生活的影响所决定的。而平阳故城当时制陶手工业区域的规划似乎与临淄相同。这些出土陶文的地点均位于平阳河西岸,其北不远即为周家庄齐国东周墓葬区所在,由此推断东周时期的平阳城应在这些陶文出土地点以南,即乾隆《新泰县舆图》所标平阳故城遗址。

新泰第一中学战国制陶遗址,文化层堆积较厚,可知此地文化从先秦一直延续到唐宋时期。其中第⑤层应为春秋战国时期,出土遗物数量多达 5651 件,其中只有 1 件石器,余均为陶器残片。出土筒瓦、板瓦陶片 1076 件,与其他类出土物相较数量较大。由此看出此处不仅烧制日用陶器,同时还烧制建筑材料。出土陶杯 607 件,上面大都钤有长方形印文。陶杯通常高 11 厘米左右,口径 14 厘米左右,用小米测量,容

---

[1] 王尹成主编:《新泰文化大观》,齐鲁书社,1999 年,第 41 页。

[2] 王尹成主编:《新泰文化大观》,齐鲁书社,1999 年,开篇彩图第 3—4 页。

量1000毫升左右。还出土罐形釜陶片3940件。《陶文》推测"东周时期,此处为一官营制陶作坊遗址",可从。出土陶文大都为陈某立[事]内容。这种印文内容的格式,与临淄有关但又有区别,临淄格式为"陈某立事岁某","立事岁"以年岁增加而作"再"或"叁",如"平陵陈得立事岁,系公";而新泰者则省略作"叶陈得叁仆",尽管有所简约,但内容形式还是基本相同的。这些陶杯形制大致可分两种,容量约为1000或800毫升,推测其应为军队战士量取粮食所用。战国时期军队战士大多数人一灶分炊,凡此可参考孙膑减灶两日由十万到五万及三万的故事。

西南关制陶作坊遗址,发现陶窑1座,灰坑3个。其中H3出土陶器及残片900件,主要有盆、豆、钵、盒、壶、盂、器盖、拍垫等,其中豆、盒、壶、盂上的圆形印文均为"寤",或可释之为"圣"。由此可推断此处制陶作坊与新泰第一中学的性质与产品种类有别,根据陶文的内容和产品可以推断此处为私营制陶业作坊。

南关遗址出土印文陶片3件,刻文陶片3件(按:《陶文》第3页称5件,第5页称6件)。其中1件为量杯,印文"平阳市节";其余5件为豆、罐与杯的残片,文字印或刻大都不清或不识。这件陶文非常有趣,从文字内容可见其为平阳市所用,应该属于市场上专用的公共量器,或作市场征收商税之用。从文字形体可见,印文"平"与陶器残片文字"平阴"之"平"相同;还有新泰一中出土的陶量印文"平阳廪",前两字与"平阳市节"之"平阳"字体相同,证明此三件均为平阳当地所造。同时还发现豆、壶、杯、陶拍以及建筑用瓦等残件。《陶文》认为"此处或为一处官营制陶作坊"。

城北砖厂出土大量陶瓦,但没发现建筑遗迹,故《陶文》推断此处为烧制建筑用瓦的窑厂。

南西周遗址采集标本8件,其中豆3、壶2、盆2件均带1字陶文,陶拍1件。《陶文》认为此处为民窑制陶作坊。

齐国临淄的公私制陶作坊,各自产品有所划分,公者生产量器或大型建筑瓦件与排水管道;私家则生产日用器皿,私家之中又有区别,如大城之北的东周傅、西周傅窑址主要生产陶豆,且延续时间较长。平阳公私制陶业与临淄相同,即公私各有分工。临淄官营陶器的"立事"或称监造者均为陈氏,而平阳者亦与之相同。临淄监造者的籍贯有华门、雍门、昌齐鄙、尾鄙、平陵、邑都、郑阳等,还有表出身者如"王孙陈棱""王卒左轨"等。平阳只是标注监造者的籍贯,格式较临淄者简约,所见立事者籍贯有:

叶陈得叁岁月

阊门外陈得立缰

郑阳陈得叁亳

平阴陈得

北郭陈喜岁

另外还有陈叔(忞)、陈匽(安)、陈屮、陈佗、陈中、陈悭(惕)、陈顷、陈不斁、陈并、陈志、陈尹、陈種、陈华等未知籍贯的立事者。这与临淄有相同之处,如陈固右廪钵釜(《缀遗斋彝器考释》28·19·1),"陈槫叁立事岁"(《衡斋金石识小录》陶印)。

陶文的"立事"者应该是陶器制造的监督和管理者。

叶,应是齐国长城以北城邑名,然未详所在。

闾门早见于临淄陶文,应该是齐国临淄都城西门雍门,临淄城西谢家、娄子、西石、邵家圈、王青由南往北有蔓延数千米的制陶遗址。而这位籍贯雍门外的陈得,不但为陈氏,属于陈公子完的后裔,在战国时期具备"立事"的资格,同时又生活在历史上制陶业发达的区域,所以作为制陶业的管理者可谓应当其份。

郑阳亦先见于临淄陶文,齐国扁鹊又称秦越人,其籍贯为齐之郑地,此地应在齐国临淄西北,距离燕国不远。齐国铜器陈璋罍铭文曰:"唯王五年,郑阳陈得再立事岁,孟冬戊辰,大臧戈孔。陈璋入伐匽亳邦之获。"(《海岱》[1]1168—1169)这是记载齐国宣王时期征伐燕国之事。郑阳陈得统帅战役,因其家乡地近燕国,固有优胜之处。

平阴应与今地相近。

北郭,应为临淄城之北郭。《晏子春秋·内篇杂上第五》晏子乞北郭骚米以养母,骚杀身以明晏子之贤第二十七:"齐有北郭骚者,结罘罔,捆蒲苇,织履,以养其母,犹不足。踊门见晏子……晏子见疑于景公,出奔,过北郭骚之门而辞。北郭骚沐浴而见晏子……北郭子召其友而告之。"[2]北郭为齐都城北墙外地理方位之名称,北郭骚因居住在此而得称。同时北郭骚又称北郭子,骚其名,子则其美称。凡此皆因于北郭。

齐都城门有"章华门"(或称"华门")、"高闾门",齐春秋战国陶文习见临淄都城城门华门、高闾(门)等名,而文献所记齐国宫城与郭约有城门十数座。华门在文献中亦称"章华门",如《史记·田敬仲完世家》齐闵王"三十六年,王为东帝,秦昭王为西帝。苏代自燕来,入齐,见于章华东门。"《集解》:"左思《齐都赋》注曰:'齐小城北门也。'而此言东门,不知为是一门非邪?"《正义》:"《括地志》云:'齐城章华之东有闾门,武鹿门也。'"《战国纵横家书·苏秦谓齐王章》载:"矗以为善。臣以车百五十乘入齐,矗逆于高闾,身御臣以入。"注:"高闾应是临淄城门。"齐国巨族高氏,封邑、垄墓皆在临淄城北,并且白兔

[1] 陈青荣、赵缊:《海岱古族古国吉金文集》(以下简称《海岱》),齐鲁书社,2011年。

[2] 吴则虞:《晏子春秋集释》,中华书局,1962年,第361—362页。

丘高傒墓出土春秋"高子戈"（《山东金文集成》[1]771）。古地、氏、人名三者之间关系尤为密切，高间门得名与高氏有关，其为临淄城北郭东北门。齐国陈氏同姓名者极为普遍，新泰出土陶文之北郭陈喜，还见陈喜壶，器藏山西省博物馆。新泰其他未标籍贯的立事陈氏还有十数位，他们也应该来自齐国长城以北，或大都来自临淄及其附近。

　　战国时期齐国南疆的平阳，烧制建筑陶器，以及军用、日用生活器具和量器。量器不仅用于关市，如"平阳桁""平阳市节"；还用于仓廪，如"平阳廩"，说明此地还设立有关市与仓廪。1964 年五莲盘古城出土"左桁征木（鈢）"13 方，盘古城属于齐国长城东方关口，而其应即玺印之"左桁"所在[2]。还有清代光绪年间胶州灵山卫古城出土齐陈氏三量（《海岱》1001、1004、1005），铭文所记三量行用的地点在"左关"，再则 1954 年泰安东更道村出土"右征尹楚高罍"（《山东金文集成》649、650）。"左关""左桁"与"右征"都有征收关税的职责。

　　旧所著录的兵器铭文"平阳高马里戈"（《殷周金文集成》11156；另，《殷周金文集成》11017 号"平阳左库"戈之铭文内容、书体与齐国兵器不类，应属三晋所铸兵器）、"平阳右司马鈢"（《古玺汇编》0062），说明平阳还铸造兵器。从新泰出土"柴内右"戈，可知柴城设立左右武库。《汉书·地理志第八上》：泰山郡下辖县二十四：奉高、博、茌、卢、肥成、蛇丘、刚、柴、盖、梁父、东平阳、南武阳、莱芜、钜平、嬴、牟、蒙阴、华、宁阳、乘丘、富阳、桃山、桃乡、式。《新泰文化大观》称汉朝建立后："在今新泰境置东平阳县，属兖州泰山郡，故城在今市城南部，俗称南故城。与此同时还在今县西境设置两县，一为梁父、一为柴城。梁父县置于汉武帝时，故址在今天宝镇古城村，今城垣尚存。柴城故城在今柴城村。"[3]

　　还有旧所著录传清代博山出土的"平阳冶宋"刀币，其"平阳"两字与新泰陶文形体一致。

三、兵器铭文

　　考古发掘和清理新泰周家庄墓葬 78 座，大多数墓葬都随葬数量不等的兵器，其中 43 座墓葬中出土兵器 384 件，而带有铭文的有 19 件，凡此墓区出土兵器数和

---

［1］　山东省博物馆：《山东金文集成》，齐鲁书社，2007 年。

［2］　孙敬明、高关和、王学良：《山东五莲盘古城发现战国齐兵器和玺印》，《文物》1986 年第 3 期。

［3］　王尹成主编：《新泰文化大观》，齐鲁书社，1999 年，第 25 页。

带铭文量之多,乃海岱考古同时期所罕觏;且铭文内容所涉及古国数量之多,亦属少有。

《周家庄》称:2002—2004 年山东省文物考古研究所与新泰市博物馆三次共发掘东周墓葬 78 座。墓葬出土人骨经鉴定多为青壮年,只有 26 座夫妇合葬墓。其中 52座墓葬出土铜器 960 余件(组),主要为礼乐、兵、车马和杂器等。43 座墓葬出土兵器384 件,主要有戈、矛、戟、殳、铍、钜、镞、剑、匕首、鐏、镦等。其中铜剑 72 件、戈 136件、矛 39 件、戟 23 件、殳 19 件、镞 83 件,铜马衔 78 件(实用 57 件)、鹿角马镳 76 件,4辆木质马车。出土带有铭文的兵器 19 件,其中 M1 出土 10 件、M2 出土 3 件、M3 出土 1 件、M11 出土 2 件、M32 出土 2 件、M48 出土 1 件。

典型墓葬 M1 出土铜器 205 件:礼器 11 件、乐器 15 件、兵器 95 件、车马器 64 件(组)、杂器 17 件(组)、其他 3 类(组)。

其中 M1∶57 剑脊两侧各有铭文一字,曰"姬剑"。书体修颀婉转,饶有江淮吴越体系文字特点。并且,"姬"书体与春秋蔡大师鼎,蔡侯申盘、缶铭文"姬"字尤相近似;"剑"与春秋吴季子之子剑"剑"字形体最相似,故推断其为吴国或蔡国所铸造。

铜戈 9 件带铭文,均位于援后与胡相接处,其中带铭文"王武之车戈"的 2 件,铸铭文"车戈"的 7 件;M1∶25 明显为刻款,7 件"车戈"铭为铸款。《周家庄》第五章认为"王武之车戈""也应当是吴国兵器",属于齐国的战利品[1],但是铭文明显属于齐国,如"王"字顶上缀加"·",呈"主"形是齐国最为典型之特点。2 件"王武之车戈"形制与 7 件"车戈"明显不同,如《周家庄》所谓应属于齐国战利品,但是,铭文则属后来刻款。这应是齐国战士所俘获,为彰显齐威王之威武,纪念战争胜利,而在 2 件戈上刻记铭文。铭文寓意与 1960 年湖北荆门县漳河车桥大坝战国墓中出土的那件战国铜戚的铭文"大武辟兵"相类似[2]。

M2 出土铜器 59 件:礼器 12 件、兵器 18 件、车马器 27 件(组)、狗项串饰件 1 组(20 件),其中铜戈 1 件,铸铭"王",且"王"上缀加"·",呈"主"形,与齐国陶文书体相同;铜矛 2 件,莆部各有一"王"字。《周家庄》认为:"M2 出土 3 件铭文兵器应是吴国某王的兵器。"[3]战国时期铭文"王"字缀加"·"作"主"形,乃齐国之特点,故 3 件"王"戈应为齐国所铸造。

---

[1]　山东省文物考古研究所、新泰市博物馆:《新泰周家庄东周墓地》,文物出版社,2014 年,第482 页。

[2]　孙敬明:《"王武之车戈"刍议》,为纪念《管子学刊》创刊 30 周年而作。

[3]　山东省文物考古研究所、新泰市博物馆:《新泰周家庄东周墓地》,文物出版社,2014 年,第482 页。

M3 出土铜器 52 件：礼器 8 件、乐器 4 件、兵器 14 件、车马器及其构件 26 件（组）。其中 1 件铜戈援内侧铸铭文"公戈"，此戈铭文内容格式极简约，与沂水刘家店子莒国大墓出土 7 件铜簠铭文自称"公簠"之格式相同，与"莒公"戈 1 件、"公铸壶"7 件铭文格式相似[1]。还有 3 件铜戈组装成的多戈戟，明显为江淮流域兵器。当时，齐、鲁、莒、邾诸国之间经常发生战事，从铭文格式及此戈的形制与莒公戈相似推断，时代亦应相同。而《周家庄》将 M3 定为一期，时代为春秋晚期早段，这与沂水刘家店子墓葬时代相当。

M11 出土铜器 18 件：礼器 4 件、乐器 7 件、兵器 7 件，其中戈 2、矛 2、戟 1、剑 2。一件铜剑脊两侧铸铭文："攻吴王姑发反之子通自作元用。"一件铜戟戈援铸铭文一字"季"，《周家庄》认为"季"戟应为鲁国所铸，可从。

M32 出土铜器 31 件（组）：礼器 4 件、兵器 12 件、车马器 14 件（组）、其他类 1 组。报告称其中 1 件铜戈内上铸铭文 2 字，经观察似是 3 字，曰"作丘戟"。从墓葬出土此戈与矛并列，并与铭文合证知其为戈矛组合之戟的戈；还有一件为戈，但铭文自称"裔曾敦年戟"（《周家庄》认为为鲁国兵器，亦可从），同样是戈矛组合之戟的戈。齐国戟有铭文，曰"事孙作丘戟"（《海岱》1060），丘应为行政区划建置名，陈梦家先生引证《说文》云："虚，大丘也，昆仑丘谓之昆仑虚；古者九夫为井，四井为邑，四邑为丘，丘谓之虚。"[2]所谓"作丘戟"，应该为齐国境内高于邑的建置所铸造的兵器。齐国陶文习见"丘齐某里某""曼丘鄹"（《古陶文香路》八·一）"肤（莒）丘鄹"（此地应在今临淄故城遗址以北广饶以南，其名与齐城北墙东门"高间"有关），或可证明当时齐境存在井、邑、丘、都的行政建置。

M48 一件铜戈胡部有铭文曰"叔中"。《周家庄》定 M48 为春秋晚期，可从。"叔中"时代属于春秋晚期，其与"莒公"戈，以及周家庄 M3 出土的"公"戈时代相当，且《周家庄》亦定 M3 为春秋晚期。鲁国有"鲁正叔"盘（《海岱》2665）、"干氏叔子"盘（《海岱》2684）、"叔孙氏造戈"（《海岱》2668）、"叔孙邾戈"（《海岱》2675）等，故援例推断"叔中"戈为鲁国所铸。

20 世纪末新泰城区北部出土"淳于公之御戈""淳于左造"戈各 1 件[3]。

1977 年新泰市翟镇崖头河岸边发现"柴内右"戈 1 件[4]。

————————

　[1]　山东省文物考古研究所、沂水县文物管理站：《山东沂水刘家店子春秋墓发掘简报》，《文物》1984 年第 9 期。

　[2]　陈梦家：《殷虚卜辞综述》，中华书局，1988 年，第 30 页。

　[3]　王尹成主编：《新泰文化大观》，齐鲁书社，1999 年，第 124 页。

　[4]　魏国：《山东新泰出土一件战国"柴内右"铜戈》，《文物》1994 年第 3 期。

四、相关问题

首先，春秋时期齐国依据管子的思想，作内政以寄军令，凡此不仅见于《国语·齐语》，在《管子·小匡》中也有具体的记载："择其贤民，使为里君，乡有行伍，卒长则其制令，且以田猎，因以赏罚，则百姓通于军事矣。桓公曰：善。于是乎管子乃制五家以为轨，轨为之长。十轨为里，里有司。四里为连，连为之长。十连为乡，乡有良人，以为军令。是故五家为轨，五人为伍，轨长率之。十轨为里，故五十人为小戎，里有司率之。四里为连，故二百人为卒，连长率之。十连为乡，故二千人为旅，乡良人率之。五乡一帅，故万人为一军，五乡之帅率之……是故卒伍政定于里，军旅政定于郊。内教既成，令不得颉徙。故卒伍之人，人与人相保，家与家相爱，少相居，长相游，祭祀相福，死丧相恤，福祸相忧，居处相乐，行作相和，哭泣相哀。是故夜战，其声相闻，足以无乱；昼战，其目相见，足以相识；欢欣足相死；是故以守则固，以战则胜。"[1]从临淄出土陶文的"王卒左轨"，足可证战国时期齐国仍实行管子的内政与军令相结合的政策。如上所揭"平阳高马里戈"，可证"平阳"邑下辖之"高马里"亦有军事建置，或仍如《管子》所谓"十轨为里，故五十人为小戎，里有司率之"。都城郊区的鄙、邑、里的乡民平时按伍轨居处生产生活，战时则挥戈从戎，有的则从事手工业生产，如烧造陶器、铸造兵器与钱币等。如《晏子春秋·内篇谏下第二》景公以抟治之兵未成功将杀之晏子谏第四："景公令兵抟治，当腾冰月之间而寒，民多冻馁，而功不成。"注引孙星衍云："疑抟埴，埴治声相近。"王念孙云："案'治'者，砖也，'抟治'，谓抟土为砖。《广雅》曰：'治，砖也。'"孙星衍云："'腾'当为'腊'，《左传》：'虞不腊矣。'《说文》：'冬至后三戌腊祭百神。'"于省吾云："按下第十三亦有'冰月服之'之语，陈逆簠'冰月丁亥'，吴式芬谓冰月见《晏子春秋》，即十一月也。"[2]由此更可看出齐国兵农合一的政策，前者称"兵"，后则谓"民"，知兵民一体。

《周家庄》第478页，刘延常先生云："根据墓葬形制结构，主要陶器组合及其形态、主要青铜器形态、丧葬习俗等分析，周家庄墓地为春秋晚期至战国中期齐国以军事营地将士为主的墓葬。"此言允当。还有周家庄墓地的 M26 为小型墓葬，属战国中期，一棺一椁，墓主为男性，45—50 岁，随葬品共 5 件（组）。墓主左臂侧随葬铜剑、戈各 1 件；右股放置铁铲 1 件；头左侧随葬圆陶片 3 件、河卵石 3 件，陶片直径约 2.4 厘

---

[1]　钟肇鹏、孙开泰、陈升：《管子简释》，齐鲁书社，1997年，第172—173页。

[2]　吴则虞：《晏子春秋集释》，中华书局，1962年，第110页。

米, 河卵石长 2、宽 1.4 厘米; 左腿外侧随葬狗下颌骨 1 块。凡此现象表明墓主将陶片、河卵石当作贝币随葬。此人既随葬青铜兵器、犬, 又随葬铁铲和陶片, 证明其身份为普通的战士, 应是《管子》所谓平时从事生产, 战时挥戈搏杀的典型。

其次, 从《管子》《晏子春秋》以及《国语》所记, 结合临淄与平阳出土的陶文, 可以推断新泰的制陶手工业管理制度应与临淄相当。从制陶窑址所在的地理位置, 及其与平阳邑城的关系, 可看出制陶窑址是经过统一规划的。陶文所见平阳立事者二十余人, 籍贯明确者多为齐国长城以北之人, 有的来自临淄, 或属于田齐贵族裔嗣。国家因军事和政治的需要, 召集临淄及其周边的有制陶管理经验和社会地位的陈氏裔嗣来到平阳, 继续监造当地所需要的陶器; 而这些制陶工人则应有不少当地的民人。由于平阳、临淄南北区域文化的差异, 尽管是在效仿临淄的法式, 但反映在陶文格式、内容和书体诸方面依然不同, 皆在情理之中。平阳墓葬多数随葬兵器, 也可证明当地浓郁的军事文化气氛, 居处此地的民人平时从事各自的农业、手工业和工商业活动, 一旦突发战事则随地随时投入防守或搏杀。旧所著录和新所出土的"平阳高马里戈", 证明战国时期平阳还设置有军事武库, 当时齐国境内有武库三四十处, 凡其所在均为军事战略地位极其重要的通邑大都。同时由此证明, 平阳不但铸造钱币, 还铸造兵器。而在其西方不远处的柴城, 也同时设置左、右军事武库。平阳与柴两地近在咫尺, 同时设置武库, 共同形成东西连线防卫体系, 也表明齐国在其南疆的军事防御体系之完备。

复次, 旧所著录的"平阳冶宋"刀币, 尽管数量极少, 但仍透露出当地战国时期曾经铸行刀币的信息。齐国大刀币面文地名有"齐""节墨""安阳"; 小刀币或称为"博山刀", 面文为所谓的"明", 背文地名则有"莒"和"平阳"。众所周知, 临淄、即墨、安阳都属齐国重要都邑, 战国晚期燕国伐齐尽取城邑七十余座, 唯有即墨与莒不曾攻下, 这两座城邑最终成为齐国得以复国的策源地, 由此可知战国时期平阳的军事政治地位举足轻重。结合近年莒县莒国故城发掘出土的"莒冶得""莒冶安""莒冶丙"等刀币铭范, 同样可以断定平阳刀币就在平阳铸造, 并且背文不止"平阳冶宋"一种。

平阳还出土有"平阳桁""平阳廪"与"平阳市节"等, 证明此地的商业贸易尤为发达。齐国关市见于金文与玺印的主要有: 安阳 (在今青岛黄岛灵山卫附近)、即墨、不其 (在今即墨境)、莒、穆陵 (在今临朐南境)、鄣 (在今郯城)、左关 (在今五莲)、右征 (在今泰安)。齐国关市大都设在长城沿线, 如其中之安阳、左关、穆陵、右征等, 还有的在大的商业经济发达的重要城市。平阳出土的陶文、兵器铭文, 以及与之相关的种种资料证明, 在战国早中期这里应是齐国南疆最为重要的军事防御与商业贸易城市。卫松涛所撰《陶文》第五章第三节研究极为精彩, 兹将其结语迻录于次:"综合说明从春秋晚期开始, 齐国占领新泰平阳, 到战国时期, 出现了发达的官营和民营制陶业, 能够进行兵器冶铸,并曾经铸造钱币,有官市和仓廪,有管理山林的职官,有居址和大型墓地等等。该地区手工业和商业比较发达,具有鲜明的军事特色,应为齐国在长城以南的军事重镇和关市税赋来源地。"[1]

《史记·田敬仲完世家》载:"康公之十九年,田和立为齐侯,列于周室,纪元年。齐侯太公和立二年,和卒,子桓公午立……六年,救卫。桓公卒,子威王因齐立……遂起兵西击赵、卫,败魏于浊泽而围惠王。惠王请献观以和解,赵人归我长城……齐国大治。诸侯闻之,莫敢致兵于齐二十余年……威王二十三年,与赵王会平陆。二十四年,与魏王会田于郊……威王曰:'寡人之所以为宝与王异。吾臣有檀子者,使守南城,则楚人不敢为寇东取,泗上十二诸侯皆来朝。吾臣有盼子者,使守高唐,则赵人不敢东渔于河。吾吏有黔夫者,使守徐州,则燕人祭北门,赵人祭西门,徙而从者七千余家。吾臣有种首者,使备盗贼,则道不拾遗……'……二十六年……十月,邯郸拔,齐因起兵击魏,大败之桂陵。于是齐最强于诸侯,自称为王,以令天下……三十六年,威王卒,子宣王辟强立。"可以推断当时所言"南城"应是齐国所据有的鲁国城邑平阳,此城正当齐境正南,是齐国戍守南疆的最为重要的城邑。正因为齐国威王时期已经在平阳建立起稳固的军事防御基地,经济、文化、商业贸易极为发达,所以到齐宣王时期才得以广拓疆域;而缗王时期则形成了"南割楚之淮北,西侵三晋,欲以并周室,为天子。泗上诸侯邹鲁之君皆称臣,诸侯恐惧"的局面。

刘延常先生在《周家庄》488页指出:"以柴汶河流域为中心的新泰市境内发现东周时期兵器的文物点多达24个,出土兵器与周家庄墓葬随葬兵器特点基本一致,绝大部分是齐国兵器;放城乡南涝坡出土'陈□造戈',是典型的战国齐兵器。考古发现证明齐国在春秋晚期至战国时期牢牢控制了这一地区,背依长城,拒吴抗楚,为齐国的称雄奠定了牢固的基础。"还有"柴内右"戈、"淳于公之御戈"、"淳于左造"戈等,愈证诚哉斯言也。

最后,需要说明的是,从陶文所见立事者和陶工的名字,以及陶器的形制与文字内容形体等,似可推断平阳烧制陶器最为繁盛的时期在战国早中期,同时亦是平阳最为发达,军事战略与防御功能最为重要的历史时期。

　　　　　　　　岁次强圉作噩月在夷则于潍水之湄九龙山知松堂南牖下

---

[1] 山东大学历史文化学院考古学系、山东博物馆、新泰市博物馆:《新泰出土田齐陶文》,文物出版社,2014年,第299页。

即墨故城遗址

郝导华[1]　曲　涛[2]　韩　辉[1]

1. 山东省文物考古研究院　2. 平度市博物馆

即墨故城遗址是山东胶东地区最重要的古文化遗址之一,现已列入山东省遗址公园立项名单,具有十分重要的文化与科学研究价值。即墨故城因齐威王时期即墨大夫的吏治廉洁、业绩辉煌而声名远扬;同时因为田单曾在古即墨城下以火牛阵大破燕军而闻名遐迩;还因胶东国康王都此,人称"康王城"。即墨故城遗址不仅民间传说众多,其社会知名度亦甚高,在当地有深远的影响,其所蕴含的历史价值普遍被社会公众接受,因而也具有重要的社会宣传效应。即墨故城遗址与六曲山墓群是胶东地区延续时间较长且规模最大的城址和墓群,故其必将成为大遗址保护规划的重要基地,对古代城市布局结构的研究具有重要意义。即墨故城遗址所处位置优越,在古代是胶东半岛东西、南北交通的要冲。因此,通过对其进行考古工作,不但能够深度揭示其本身的文化内涵,还必将助推周围相关地区古代文化及其关系的研究。即墨故城素有"朱毛城,临淄土"之称,"二贞庙""洗心河"等传说充斥民间,这些人文资源极具开发价值,在发掘和保护的同时,对其文化面貌和古代传说进行展示,充分发挥其应有的社会职责,促进公众考古工作的进展和人民大众文化水平的提高。1984 年,即墨故城遗址被青岛市政府列为市级文物保护单位;1992 年,山东省人民政府公布其为省级文物保护单位;2001 年被国务院公布为全国重点文物保护单位。

一、地理位置及历史沿革

即墨故城遗址地处胶东半岛西部,坐落在平度市东南约 30 千米的古岘镇大朱毛村一带,地跨古岘镇和仁兆镇,现占有大朱毛、前朱毛、纸房、北城子、南城子、东葛家庄、门戈庄、大城西、小城西、西王戈庄、东王戈庄等 11 个自然村庄的土地。此地地势平坦,土壤肥沃,在古代是理想的栖息地。东与莱隔小沽河相邻,东南隔大沽河与即墨市相望。即墨故城遗址交通较为发达,现南距蓝村铁路站约 31 千米;荣潍、青新高速公路分别从其北面、西面经过,沈海高速公路从其东部穿过;394 省道横贯东西、217 省道在其西面纵贯南北。

关于即墨的由来,《玉海》引《郡县志》云:"故城临墨水,故曰即墨。"其名称最早出现在《战国策》《国语》《史记》等典籍中。夏商周属莱夷,春秋为莱国的棠邑。齐灵公十五年(前 567 年),齐师伐莱灭棠,棠地入齐。后来,朱毛受封为齐国东部的大夫,成为统治即墨城的官吏。战国时,即墨城繁荣发展。《战国策》载:"齐有即墨、琅琊之饶,渤海、泰山之险,联袂挥汗,与临淄并夸殷盛。"公元前 348 年,齐威王以万家封勤政廉洁的即墨大夫,即墨闻名于世。战国时,即墨常与临淄并举,如"临淄、即墨非王之有也"等,还有过"即墨城,临淄土"的说法,即修筑即墨城所用的土石砖瓦是由临淄运来的。这时,即墨商贾云集,其繁华与临淄媲美,因此又有"齐下都"的美誉,例如货币中即有"节(即)墨之法化(货)"的字样。至齐湣王四十年(前 283 年),燕将乐毅伐齐,破临淄,下七十余城,齐国只有莒和即墨两城未破。即墨大夫战死后,即墨人推举田单为将坚守孤城。田单使用反间计,使燕王改以少谋的骑劫为将;后又设奇计,以火牛夜袭,杀骑劫,大破燕军,复齐七十余城,齐得复国,创造了中国历史上以少胜多的经典战例。

至秦统一天下,齐王田建降秦,即墨归秦。秦汉之际,战争纷乱,故齐田氏子弟争相参与亡秦斗争。项羽时分封,齐地分为临淄、济北、胶东三国,其中田市为胶东王,都即墨,这是即墨城成为诸侯王国都城之始。而后战乱不止,至汉代刘邦时,封其庶长子刘肥为齐王,胶东成为齐国所辖齐郡之一,即墨再为郡治。汉文帝时,将齐国分割,封刘雄渠为胶东王,都即墨。景帝时,发生了吴楚七国之乱,刘雄渠是叛乱首要之一,败后自杀,胶东王国废除,即墨又成了胶东郡城。公元前 153 年,景帝封刘彻为胶东王,但后改立刘彻为太子,实际刘彻并未到胶东就封。后来,景帝又封其子刘寄为胶东王,即墨再为胶东王都,刘寄便是在平度历史上留下深远影响的"康王"。刘寄为王 28 年,死后谥"康",今平度民间仍称即墨故城为"康王城",即墨城在康王时陆续进行了大规模的改建或扩建。刘寄及其子孙传国六世,共 150 多年,与西汉王朝相始终。王莽时,胶东国被废为郡,改名郁秩,即墨则改名即善。后来,郡治移到郁秩县城,自此,即墨故城丧失其在胶东半岛的行政中心地位,被降为县城。东汉刘秀分封,贾复被封为胶东侯,食郁秩、即墨等六县。章帝建初元年(76 年),贾宗被封为即墨县侯,食一县。"胶东"作为政区名称也正式降为县级,此时,即墨成了北海郡的属县。

至北魏时期,即墨成为长广郡的属县。而到了北齐文宣帝天保七年(556年),属长广郡的即墨县被撤销,合并到以今平度城为县治的新长广县中,即墨最终结束了它作为名城的历史进程。隋文帝仁寿元年(601年)时,在现即墨市重设即墨县,新即墨辖境约当汉晋时的不其县(今青岛城阳)。1898年,德国强租胶州湾,把青岛从即墨分割,即墨时间长而青岛时间短,所以有"千年即墨,百年青岛"之说[1]。

二、考古工作概述及历年出土的遗物

以2011年为界,即墨故城遗址的考古工作先后可为两个阶段。第一阶段为2011年以前,是以考古调查为主的碎步走阶段。第二阶段为2011年至今,是在大遗址保护规划下,勘探、发掘、调查等考古工作和多种考古技术手段综合运用,有系统、有计划、分步骤、大规模实施的阶段。

第一阶段工作主要有:

1982年,潍坊地区文物调查组对即墨故城遗址进行调查。调查了即墨故城的大致范围,并采集了部分文物资料。

1988年,青岛市文物调查组对即墨故城遗址进行调查。

1996年,中国社会科学院考古研究所对即墨故城遗址进行考查。

1997年,山东省文物考古研究所对即墨故城遗址进行调查[2]。

第二阶段工作主要有:

2011年12月至2012年1月,山东省文物考古研究所(2017年改为山东省文物考古研究院)对即墨故城遗址的外城进行了调查勘探,基本探明了即墨故城外城墙地上、地下夯土的分布范围和结构、北城壕的宽度和深度等。

2012年4至5月,山东省文物考古研究所对即墨故城的内城进行了调查勘探,基本探明了内城的位置、内城城墙的走向及城壕的宽度和深度。

12月,青岛市文物保护考古研究所对即墨故城东南一处坍塌较为严重的城墙做了解剖发掘,基本了解了即墨故城东南城墙的地层堆积状况,进而初步了解了城墙的建筑方式和建筑年代,同时还发掘一处瓮棺葬。

---

[1] 李树:《上古名城即墨兴废考略》,吴绍田主编:《源远流长的东莱文明——大泽山文化研究》,山东人民出版社,2002年,第26—39页;伊昕舟:《古城即墨的历史沿革》,《沧桑》2014年第5期;毛公强:《即墨故城与即墨刀货》,《管子学刊》1992年第3期。

[2] 党浩、郝导华:《山东即墨故城调查》,《华夏考古》2003年第1期。

2014年10月至2015年1月,山东省文物考古研究所对即墨故城内城北部进行勘探,勘探面积140000平方米,基本探明了这一区域地下遗迹的分布情况,发现了较多建筑基址。

2015年12月至2016年1月,山东省文物考古研究所解剖了即墨故城遗址外城东南城墙,了解了这段城墙的结构和堆积情况。

2016年10月至2017年5月(中间略有间断),山东省文物考古研究所对即墨故城内城中北部建筑基址进行了发掘,了解到建筑基址的夯土结构和基本分布情况。

除以上科学的考古工作外,即墨故城一带历年来常有遗物出土,如铜钫、弩机、剑、戈、箭镞、刀币(有"即墨之法化""齐之法化""安阳之法化""齐法化"及燕国"明"字刀等)。通过查询资料,虽然记载不甚明确,但主要有以下几批[1]:

1915年,出土齐刀数千枚。

1958年,出土刀币一坑,共94枚。

1965年,平度县(现为市)的文物工作者从村民家中征集1件半两石钱范。

1976年,平度博物馆的工作人员从村民家中征集1件汉代五铢铜钱范。

1978年,出土齐刀币100余枚及少量燕国刀币。

1980年,在"金銮殿"附近拣到1件青铜犀牛。

1985年,大朱毛村沙埠顶出土3把铜剑。

1986年,前朱毛村东南出土28千克燕国明刀。

1987年,冷戈庄出土2件西汉石质半两钱范和几枚碎半两钱。

2003年,采集有东周时期泥质灰陶罐、豆盘、树木卷云纹半瓦当、齐刀币、燕刀币、铜弩机、剑、戈、鼎;汉代泥质灰陶几何纹方砖、卷云纹瓦当、空心画像砖及铜钫、铜"五铢"钱范等。

三、遗址概况

虽然即墨故城遗址宏大,每年的工作范围有限,对遗址的了解还不全面,但经过以上的考古工作,特别是2011年以来的大面积勘探和局部考古发掘工作,对遗址已经有了一个初步的认识,为以后分年度、有步骤的工作奠定了基础。据考古工作情况,即墨故城遗址的主体是城址,城内则是由大型建筑(宫殿)基址、一般居住址、手工

---

[1] 主要参考毛公强:《即墨故城与即墨刀货》,《管子学刊》1992年第3期,其他材料十分零散。

业作坊址、道路、水系等构成的统一体。这几年工作的主要收获是内、外城的确认和对外城东南城墙及城内大型建筑基址的发掘,下面主要介绍这几方面的情况。

经过勘探,城址分为内、外城,主体均属汉代,是否存在更早的城墙有待发掘证实。外城东临小沽河,西近墨水河,平面总体呈不规则的长方形,东南缺角。外城南北长约4.5、东西宽约3.2千米,面积约14.4平方千米。内城位于外城东南部,平面近长方形,南北最长约1.37、北部最宽约1.338、南部探明宽度0.89千米,面积约1.6平方千米(图一)。

外城城墙可分为东城墙、北城墙、西城墙、南城墙、东南城墙等几部分。

东城墙位于小沽河西岸,基本为南北向而有弯曲,南端位于东王戈庄东北,与故城东南城墙相接,城墙中部西邻大朱毛村,北端位于纸房村,全长近2900米。经过勘探,自南向北可分两段。第一段南端位于省保护碑以北城墙拐弯处,北端位于前朱毛村以东。此段城墙为地上城墙段,勘探长度近840米,底残宽18—34米,稍有收分,城墙被大量姜窖破坏。夯土位于地表堆积以下1.3—1.8米,厚3.0—4.9米,褐色,含少量的泥质灰陶片、草木灰等。第二段南端与第一段相接,北端位于纸房村。此段为未发现或不存在城墙段,长度近2200米。

北城墙东端位于纸房村内,西端位于北城子村北部,与西城墙北端相接,全长2300多米。现城墙地面相对平坦,地表为耕地,部分被村庄、道路占压。勘探发现城墙夯土在耕土层下,呈灰褐色,夯土厚0.3米左右,含少量的陶片、草木灰等,宽度不等。中间稀疏分布几处地上城墙,其中北城墙中部的地上城墙,东西长约64、南北宽约30米,高出现地表1—3米。

西城墙北端位于北城子村北近300米处,向南穿越北城子村和南城子村,经过东葛家庄村西与门戈庄,南端位于门戈庄村南。城墙西临墨水河,全长4500米。地形相对平坦,地表今为耕地,有些墙基则被道路、村庄占压。勘探共发现地下夯土四段:第一段位于北城子村北至与北城墙相接处,夯土位于耕土层下,宽24、厚0.3米左右,呈灰褐色;第二段位于北城子村南,长70、宽15、厚0.2米左右,位于耕土层下,呈灰褐色;第三段位于南城子村南,长75、宽15、厚0.2米左右,位于耕土层下,呈褐色;第四段,位于门戈庄村北、东葛家庄村西,长60、宽18、厚0.3米左右,位于耕土层下,呈灰褐色。

南城墙位于门戈庄村南、西王戈庄村西南,此处地势两端稍低,中部稍高,地表被耕地、道路、现代坟地等占压。南城墙发现两段夯土:第一段位于门戈庄南,长730、宽22、厚0.2—0.6米,位于耕土层下,为夹沙褐色土;第二段位于西王戈庄村西南,长约240、宽约30、厚0.6米左右,位于耕土层下,为夹沙褐色土,含少量的草木灰等。

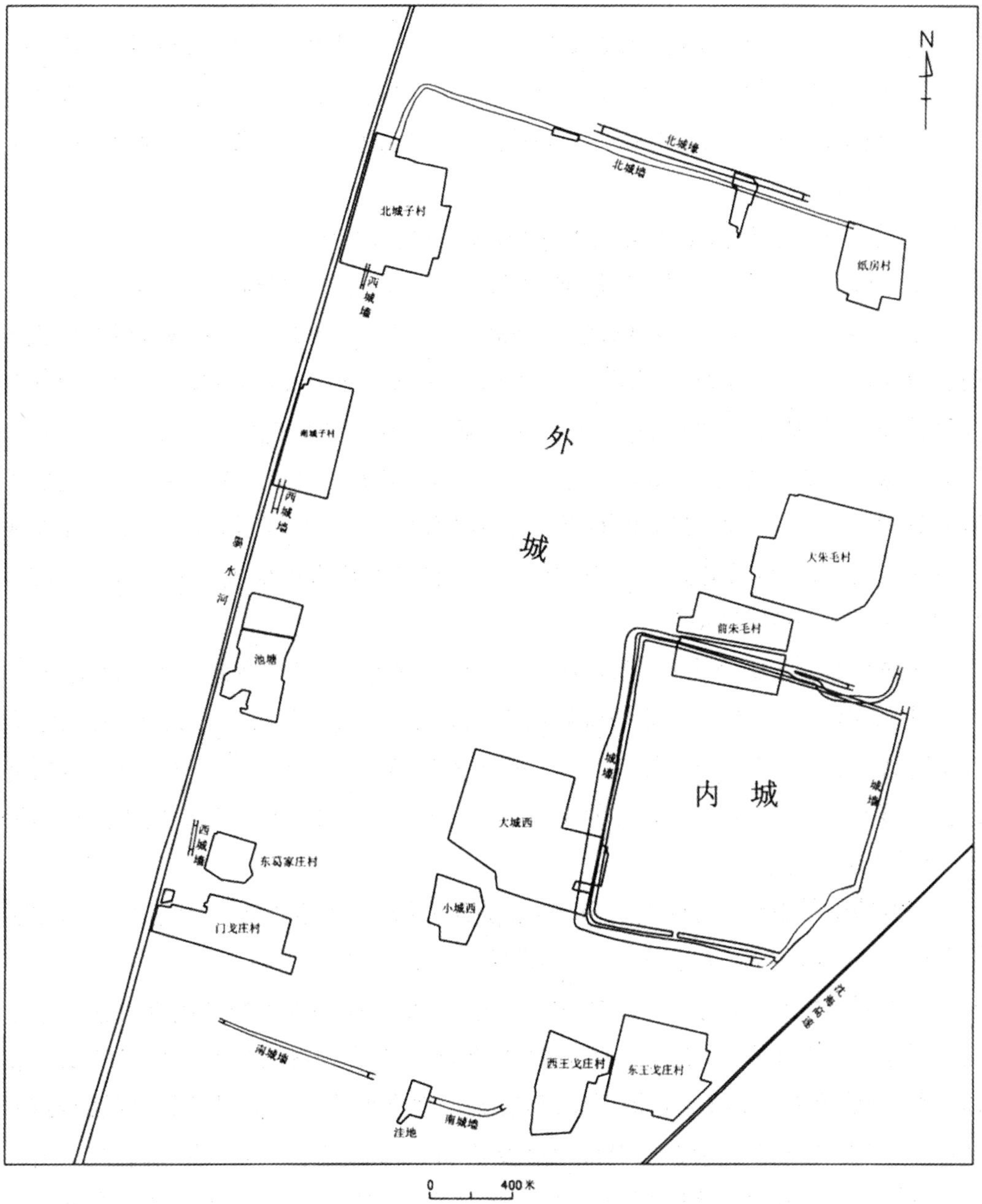

图一　即墨故城遗址平面图

　　东南城墙西南端位于西王戈庄村西南,中部穿越西王戈庄、东王戈庄村,东北端连接东城墙,全长约 2100 千米。此城墙发现夯土三段:第一段位于西王戈庄西南,长约 77、宽 30、厚 0.3—0.4 米,位于耕土层下,呈黑褐色;第二段位于东王戈庄东北,紧靠第三段地上城墙,长近 300、宽 20、厚 0.5—0.6 米,位于耕土层下,为黑褐色土,含少量的砂粒;第三段位于第二段的北部,为地上城墙,长 260、宽 14—20、厚 0.5—2.0 米,为褐色土,含少量草木灰等。

除以上的城墙外,对北、南城壕亦做了工作,北城壕位于北城墙墙基北 30—40米,宽 28—34 米不等,深 1.2—1.6 米,底部不平,河道内堆积以黑色淤积土或泥土为主,土质较松,含水分较大并有大量碎陶片、腐朽植物根茎等。南城壕则不太明显,有待以后工作验证。

内城城墙可分为东城墙、北城墙、西城墙、南城墙等几部分。

东城墙与外城的东城墙、东南城墙部分重合,地上残存墙体长约 820、底宽 18—34 米,稍有收分。夯土呈灰褐色,含少量泥质灰陶片、草木灰等。北城墙横穿前朱毛村,西端至村西,东接故城外城墙,宽约 20 米。夯土开口距地表 0.3—0.4 米,村西部保存较好,东部受河流冲积破坏严重。西城墙北端始于前朱毛村西约 180 米,南端穿越大城西村东部,至村东南 180 米止,宽约 20 米。墙基南北两端保存较好,开口距地表 0.3—0.4、厚约 0.5 米,夯土呈褐色。南城墙西端位于大城西村东南,东端位于东王戈庄村东北,南邻西王戈庄,宽 18—25 米。城墙夯土开口距地表 0.3—0.4、厚 0.5—1.6 米,夯土呈褐色或黄褐色。

内城城壕位于城墙外围,只能确定北、西、南城壕,东部待确定。勘探表明,其与北、西城墙相距 8—12 米,与南城墙相距 6—20 米。北城壕西部宽约 25、深 2.5 米,东部不明;西城壕宽 25—70、深 2.1 米;南城壕宽约 35、深约 3.5 米。城壕内陡外缓,底部较平,在废弃前应经过多次清淤疏通。壕内堆积大致分为两层,上层为黑褐色淤土,下层土呈灰褐色。

南城墙中段距离南墙西端约 390 米处发现 1 缺口,东西长 63 米,距地表 0.3 米为粗砂层。该缺口北部正对宫殿基址,疑似城门一类遗迹。

在对即墨故城遗址进行勘探的同时,对外城东南城墙地上墙体的南端进行了发掘。开宽 2.4 米的探沟一条,发掘面积 132 平方米,共发现城墙夯土三期,沟 7 条。总体上看,城墙分为地上城墙和地下基槽两部分,地上部分夯土质量较好,局部夯窝清晰可见,为平底夯,但被现在的姜窖严重破坏;地下基槽部分,夯土质量较差,土质较软。城墙夯土之间存在叠压打破关系,有的还存在修补痕迹。4 条沟分布在城墙的外围(东侧),其中 1 条沟位于上部,其堆积应为壕沟废弃后淤积所致;另 3 条沟相互打破,应是城墙外的壕沟,并与三期夯土相对应。在城墙内侧(西侧)亦发现 3 条沟,其中 1 条沟较窄,应与城墙没有关系;其他 2 条存在打破关系,是否为城墙的壕沟,有待进一步的发掘证实。城墙夯土较纯净,出土陶片极少,沟内出土陶片稍多,但多为碎片,仅在西侧的文化层中出土较多陶片,可复原陶瓮 1 件。从陶片及夯土结构等特征观察,城墙与沟的年代均为汉代。

　　另外,对内城中北部建筑基址亦进行了发掘,发掘区的地层堆积较简单,第一层为耕土层;第二层为黄褐色粉沙土,土质较疏松,厚 0.06—0.25 米,出土物较少,属近代文化层;第三层为红褐色粉沙土,土质较疏松,厚 0.06—0.2 米,出土大量陶片及少量瓷片等,该层为宋—明文化层;第三层下为汉代夯土建筑基址。由于发掘面积的限制,这次发掘只揭露了大型建筑基址的一部分,建筑基址的全貌只有经过分年度有计划的工作才能完全揭示出来。此次发掘最重要的收获是发现了大型石柱础及与其对应的建筑基址(图二),现在还留在原位的石柱础共发现 8 个(其中 1 个周围被下挖,1个被砸碎),对应的其他 5 个石柱础因被后期灰坑打破而无存,但是其位置非常明确。这些石柱础排列十分规整,是大型建筑的重要组成部分,每个石柱础皆被加工过,虽然局部加工不精细,但总体上十分规整,直径均为 85 厘米,厚 48 厘米,说明了当时建筑的考究。在大型石柱础的东南部,发现了一段长约 5 米的"拦边墙",其外围可能为铺地砖的分布区域,但是揭露出的面积狭窄,又被后期破坏,只有等待以后做进一步工作来证实。这是首次对即墨故城遗址大型建筑基址进行发掘,虽然只揭露了建筑基址的一部分,但对这个建筑基址的结构及分布情况有了较深入的了解,进而认识到本地汉代城址的布局及演化趋势。

　　除以上工作外,在内城也进行了局部勘探,发现内城文化堆积厚 1—2.5 米,有的地点厚至 3 米以上。勘探中曾发现多处建筑遗迹,从探孔遗物分析,遗迹主要属汉代。据传说,内城有"金銮殿""点将台""东西仓""贮货湾""养鱼池""梳妆楼"等遗迹,当时的运粮河(即今小沽河),经过东南城门洞,可直接与城内的贮货湾相通,至今城

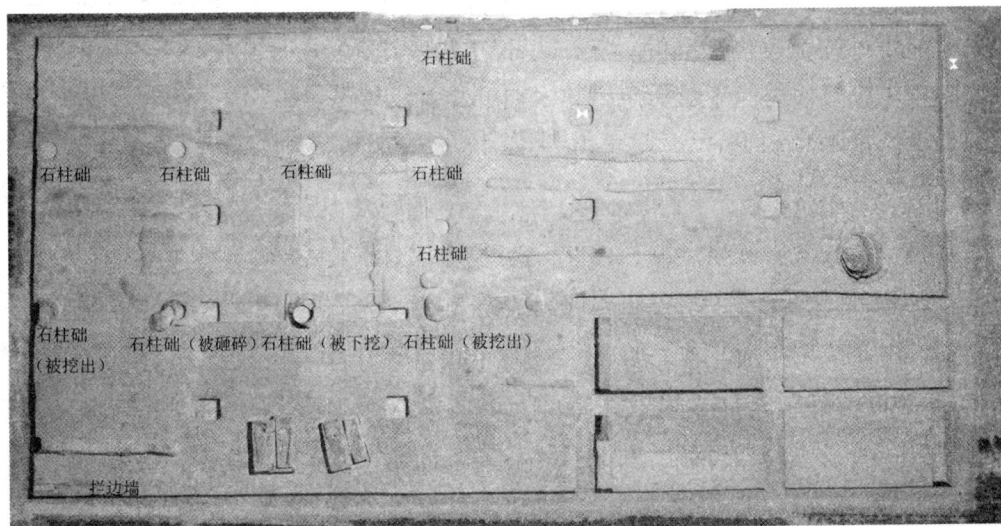

图二　大型石柱础分布及"拦边墙"位置图

墙尚有缺口。值得一提的是,在外城东北部的纸房村内还发现了炼铁炉群等遗迹,虽然未经勘探,但据村民介绍,此炼铁炉群呈长条形分布,东西长约 120 米,南北宽约 50 米。具体情况,只有经过下一步的勘探来探明。

四、存在的问题与下一步的工作重点

经过几年的努力,对即墨故城遗址的勘探和发掘已经初步取得了可喜的成果,但是还存在诸多问题,主要有以下几个方面:

1. 即墨故城遗址范围大、占地广,每年勘探占的比例很小。同时,每年发掘审批的面积较少,而建筑基址面积较大,单靠一年的工作无法揭露一个完整的基址,只有通过连续几年的发掘,才能揭露一个大型建筑基址的整体布局。

2. 无论勘探还是发掘,遇到的多为汉代遗迹,虽然有大量战国陶片等遗物,但明确的战国遗迹发现较少,与战国时期的即墨城很不相应。因此,寻找战国城和墓葬等遗迹是今后一项重要的工作。

3. 关于即墨故城虽然民间传说众多,但文献记载不太详细。如何复原即墨故城当初的情形,及其在胶东半岛的政治地位和在古代交通中所处的地位,还需要多方面努力搜集资料。

4. 城内外的水系、道路、城门及内城的“金銮殿”“点将台”“东西仓”“贮货湾”“养鱼池”“梳妆台”等遗迹位置及范围的确定还需要做进一步的工作,即墨故城的大遗址保护还处在摸索阶段。

5. 即墨故城遗址与其西北的六曲山墓群是一个整体,两者皆规模宏大。不但要把两者进行整体考虑,探索遗址、墓群与周围环境的关系,遗址、墓群的内在联系及与周围其他考古学文化的关系;同时,还要对大沽河和小沽河流域进行调查,摸清这两条河流周围遗存的分布情况及与即墨故城遗址、六曲山墓群的关系。

以上存在的问题,也是我们下一步工作的着力点,只有经过长期不懈的努力,才能摸清即墨故城遗址的结构和布局,找准古代城市发展演化的脉络,为以后大遗址保护及遗址公园的建设奠定良好的基础,为我们的研究提供切实准确的资料。

从三晋诸侯王陵管窥田齐王陵

马俊才

河南省文物考古研究院

东周时期诸侯王陵代表了最高级的埋葬制度,是考古学和历史学的重要研究对象。列国争霸的大环境下,文化激烈交流碰撞,产生了既有共性又有个性的陵墓文化。战国时期三晋地接或近田齐,陵墓上的共性与个性同样突出。本文拟从考古工作较多的韩、魏、赵三国王陵的考古成果上,管窥考古工作较少的田齐王陵的特点与大致内涵。

一、韩 国 王 陵

目前考古发现的韩国陵墓基本上都在韩都新郑周围,经过多年来的勘探调查已发现了新郑冢岗、许岗、苗庄、王行庄、柳庄、宋庄、冯庄、暴庄、胡庄、七里井、渔夫子冢和新密市小侯庄等 12 处有大型封土的战国韩国高级贵族墓葬区,并对一些重要陵区进行了考古发掘。分别是王行庄 1 号殉马坑;许岗中字形大墓 M3、M4,甲字形大墓 M5,中小型墓 M6、M7、M8、M9,大型车坑 K3,大型马坑 K5;胡庄中字形大墓 M1、M2 与陵园环沟、墓旁建筑、灰坑、水井等。获得重要考古成果如下:

1. 最大的特点是分散的头向北的“南向独立陵园制”,有规律地从西向东分布在各自的岗岭上。各陵园间最近的不足 1 千米,最远的在 5 千米以上。站在大墓封土之上,晴天时远处的韩都历历在目,居高临下一览无余,突出了至高无上的君主气派。

2. 战国晚期末段的胡庄王陵有三层长方形环壕,战国中期的许岗王陵可能不存在陵园环壕或围墙,其他的陵区因所做工作较少,陵园的有无和形制尚不能完全确定。但可肯定的是,韩王陵园存在从无到有的发展过程。

3. 东西一排的带封土大墓是陵区的核心,是国王和夫人的墓葬,王陵是中字形,后陵或夫人陵是中字形或甲字形。比夫人级别低的女性墓葬在大墓南墓道之间或旁边,形制有甲字形和长方形两种。

4. 封土的面积不大,仅涵盖大墓墓室和南北墓道口部分。从胡庄王陵中字形封土的发现,结合其他陵封土形状与类似情况看,中字形的封土冢是韩陵的共性。在中字形封土的半腰,存在单体的中字形墓上建筑。从实用的角度看,墓上建筑主要是保护封土冢的,也可能起到陵寝的作用。

5. 陵墓旁存在墓旁建筑,居住人可能是守护陵墓的卫士或服务人员。

6. 筑墓时大概都考虑到了防雨的因素,修建椁室时陵墓底部设有防雨棚或渗水措施,甚至较大的中型陪葬墓的墓口也有防雨设施。

7. 墓室结构比较复杂,积石积炭是共性。从战国中期起,椁的形态就用夯土、木板、绳子等构筑成两面坡式的房顶形状,与两层木椁壁和积石积炭椁构成了一间房屋的形状,象征墓主人生前居住的居室。

8. 墓圹结构至少存在两类,即墓道直通墓室底形和墓道直通椁盖口形。两种形制决定了构筑积石积炭椁室不同的工艺流程,于是产生了椁外夯土斜坡、边垒石边夯筑两种新颖的韩陵构筑技法。

墓道非常宽阔,多数墓道口仅比墓室宽略宽 1 米以内,一些甚至相齐,平面近似舟字形,只是在下部象征性地留上 4 个几十厘米宽的拐角,以备"中"之形态。

9. 通过许岗王陵和胡庄王陵的发掘,可以肯定王陵埋葬存在一个大致的过程:挖圹→做墓室基础→搭防雨建筑,造渗水设施→在临时工棚内构砌木椁室→木椁室完工后,四周积石积炭至椁口→精装修墓室墓道,象征生前的宫殿院落,等待下葬→葬日时抬棺入椁,放随葬品,封椁盖→构筑椁室屋顶过程中,为了减少防雨面积,从墓道口向外板筑回填→夯筑回填封盖椁室屋顶,有的另在夯土中放置整层的圆木防止椁室下塌→从地面起封土→造墓上建筑,陵墓主体完工。筑陵与下葬过程漫长,体现了"天子七月而葬,诸侯五月而葬"的葬制。刘绪先生曾对春秋时期诸侯的丧日与丧月作过深刻研究,认为诸侯丧后三至五月而葬。

10. 韩陵葬具,从战国中期许岗王陵的单椁单棺或双棺,发展至胡庄王陵的双椁双棺。棺椁一般是工字形的,椁上素面,棺内外髹红漆。均有不同等级的荒帷遗迹,椁中还葬种类不一的帐或肩舆。

11. 随葬品的质地有青铜、金、银、铁、玉、石、骨、蚌、陶、木、皮等,种类有礼器、车马器、兵器、杂器等,放置在棺椁之间留有"回"字形的走廊区域。在这个区域发现的大量青铜构件和圆形帐顶、盖弓帽等表明,椁室内随葬有多种帐类,棺上还可能有荒帷类装饰。女性墓葬中不随葬兵器。内棺中除了常见的玉器外,虽被盗严重,还出土了较多的方形、长方形、梯形等近石质穿孔玉片,每片以穿 4 孔为多,分布紧密相连,可能是玉衣。

12. 分布在各大墓墓道以北不远处的陪葬坑均呈东西向的长方形,有车坑、马坑、车马混葬坑等。马均是杀死后侧躺平放在坑底的,一般摆放很有规律,没有马具随葬,马具取下放在墓中。车是整车葬,上面还放有兵器。没有发现殉人现象。

13. 这 12 处韩国陵园,超过了韩国在新郑时的 8 代王侯数量。除末代的韩王安没有陵墓外,应有 7 代韩国君主葬在新郑。按照上述标准,新郑许岗、苗庄、王行庄、柳庄、暴庄、胡庄 6 处当为韩王侯陵墓,其中胡庄应是韩王安父亲桓惠王夫妇的陵墓。其他的双冢陵宋庄、渔夫子冢、七里井,单冢陵冯庄、冢岗、小侯庄中,只有 1 处为韩王陵墓,尚待考古工作证实。

二、魏 国 王 陵

目前仅在辉县的固围村、毡匠屯、路固村发现,其中固围村陵区的 3 座中字形积石积沙墓已于 1950—1951 年由老一辈考古学泰斗郭宝钧、苏秉琦、石兴邦等发掘,并在发掘报告中定为战国晚期以前的魏国大墓。因陵墓距离开封大梁城很远,不像其他诸侯王陵分布在都城周围一带,墓主的身份一直是学界关注和争论的焦点,主要有魏国王陵、魏国高级贵族、赵国王陵 3 种观点。笔者从新郑韩国王陵、洛阳东周王城内二十七中东周王陵、洛阳金村东周王陵几处姬姓王陵的葬制葬俗规律,结合出土《竹书纪年》的魏襄王陵所在地推测,以固围村为代表的陵墓就是战国魏王陵,但时代要早到战国中期前段。具体原因为:1.按《晋书·卷五十一列传第二十一·束皙》记载,不准所盗出土《竹书纪年》的魏襄王陵位于汲郡,汲郡治所在的卫辉市就在辉县正东约 30 千米处,当时的辉县为汲郡所辖,魏襄王陵应该也在这一片的浅山丘陵区。从盗掘情形看,盗掘对象不是难度最大的固围村积石积沙大墓,应另有它址,但反映了战国魏王陵所在的公墓区就在汲郡所辖地的客观事实。2.从墓葬形制、规模、随葬品等级等方面,固围村大墓属王陵级别是学界共识,新郑韩王陵的考古成果也证明了这一点。3.战国韩国王陵和东周王陵揭示的姬姓王陵的基本特征有:以夫妻关系为主的独立陵园制,王陵为南北向中字形,与稍小的中字形或礼降一等的后陵东西向一字排开布局,没有殉人,东周或晋系特征明显的铜陶器等,固围村大墓符合姬姓诸侯王陵的本质特点。4.都城大梁所处的开封一带地势低平,水患严重,其亡国也是水患,陵墓一般位于高处的丘陵或山地上方可安全,归葬在辉县一带的风水宝地是可行的。而且此地距大梁直线距离约 100 千米,也不甚远。还不能排除附近远眺可见的共城是魏国陪都的可能性。

由于毡匠屯与路固村虽也为同等规模的积沙大墓,但没有做考古工作,面貌不清楚,只能以固围村魏王陵概括魏国王陵特点如下:

1. 为以夫妻关系为主的独立陵园制,各陵区均选址在附近岗岭上,相距不远。有长方形的夯土围墙。

2. 所选岗岭地势高亢,数十里景象晴日一览无余,体现了君临天下的气派和王陵选址的共性。

3. 王与后或夫人陵东西一线排列,均为中字形大墓,总长度均在百米之上,是陵区的核心。

4. 王与后陵的墓道南部布置有大型的车马类陪葬坑,已发现的陪葬墓在大墓西侧,可能周围还有。

5. 大墓原有大致与墓等大的长方形夯筑封土,并有涵盖封土的大型单体墓上建筑便于护陵,和韩陵十分相近。

6. 墓南有专门的守陵人居住址,比韩陵的大型墓旁建筑规制小。

7. 以后陵 M1 为代表的墓圹上涂青泥抹平后用白色涂料绘制城垛形图案,象征死者死后居住的宫城,椁室象征房屋,围墙象征大城,是一派视死如生的缩影。

8. 大墓旁设有大而较深的埋祭玉帛的祭祀坑,与韩陵的浅小祭玉坑有很大不同。

9. 葬具均为二椁一棺,棺木装饰豪华。

10. 积沙积石防盗设计巧妙,3 座大墓各不相同,体现了古人的高度智慧。

11. 随葬品中陶器数量较多,并有 9 列鼎,是级别的反映;错金银青铜器和铜构件体现了魏国高超的青铜铸造装饰技法,与其他诸侯国类似。漆器也很发达。

12. 与韩陵一样,也存在防雨类建筑和全过程的埋葬流程,体现了“诸侯七月而葬”的特点。

三、赵 国 王 陵

战国赵王陵发现在邯郸县与永年县交界处的紫山东麓丘陵地带,东南距离赵都邯郸故城较远,已发现 5 处陵园,占地 28 平方千米。按照段宏振先生《赵都邯郸城研究》一书的编号,位于陈三陵村北的编为 1 号陵园,西北的编为 2 号陵园,正西的编为

3 号陵园;位于温窑村西北的编为 4 号陵园,正北的编为 5 号陵园。陵台海拔 142—170 米,超出周围平地 50—70 米,视觉高大雄伟,其中 1 号陵园距邯郸大北城址西北角城垣约 10 千米。这 5 座陵区明显可分为南北两大部分,南陵区有 3 座陵园,位于邯郸县陈三陵、周窑一带,依次呈东北西南向斜向排列,间距 800—1200 米。北陵区有 2 座陵园,也依次呈东北西南向排列,相距约 500 米。南北二陵区直线距离约 3500 米。最大的 5 号陵园南北长约 340、东西宽约 216 米,高于周围低地二十多米;其他的陵园稍小。20 世纪 50 年代以来多次对陵园进行调查,1978 年还对 3 号陵园中位于主墓西北角的周窑 1 号陪葬墓进行了发掘,探知了王陵级赵国大墓的一般规律。因1997 年 2 号陵园北大墓被盗,并出土了 3 匹青铜马、1 件铜兽面、1 件金质透雕牌饰、178 片玉衣片等珍贵文物,引起了文物部门的重视,于 2000—2002 年对 2 号陵园进行大规模勘探,发掘了 2 座陪葬坑 K1 与 K5(车马坑)以及陵园内西北角的寝殿建筑基址。结合对盗洞底部的观察,基本弄清了陵园的基本要素和王陵级大墓的结构,发现二大墓均为东向中字形大墓,北墓还有侧洞室并积炭,封土顶至墓底深 32 米,车马坑内葬实用整车 4 车与 14 匹马,是赵王陵考古的重大发现。并在 3 号陵园以西 200 米处发现一处面积约 4 万平方米的战国同期建筑,为探索赵陵陵邑制度提供了资料。1998—1999 年 4 号陵园北大墓被盗,现场勘查可知该墓为竖穴土坑木椁结构,封土顶至墓底深 32 米。从已有的考古发现和对盗墓现场的勘查,赵国王陵的特点大致可归纳为以下几点:

1. 为相对集中的"独立陵园制",与同为嬴姓的秦国王陵一样均为东向,王陵与后陵的方向也为东向,是夫妇异穴合葬墓,体现了强烈的姓氏葬俗特点,与韩、魏、东周三国姬姓王陵北向的葬俗明显不同。

2. 各陵均由高凸的长方形陵台、夯土围墙、1—2 座中心带封土的大墓、列于东侧的陪葬坑、寝殿、陪葬墓、长而宽的斜坡陵道诸要素组成。中心大墓可能均为 2 号陵园北墓和 3 号陵陪葬墓 M1(原温窑 M1)般的中字形积石积炭大墓,总长度一般在100 米以上,特点与韩、魏、东周诸侯王陵雷同,仍遵循着中字形的诸侯王陵惯制,但存在有因地制宜而产生的穿山岩洞室异象。

3. 中心的近方形封土大墓是王和后的陵墓,王陵在南后陵在北。但存在着布局和多少的不同,分为三种。第一种是一王一后陵南北一线布局式,2 号陵和 4 号陵为此。第二种是只有偏于南侧正对陵道的 1 座王陵,北部对应的后陵位置空置,1 号陵和 5 号陵为此,但是否后陵封土被起平还是没有后陵,尚需考古证实,笔者认为可能因某种原因后陵没有兴建。第三种是王陵在前,陪葬的 2 座封土大墓在陵后侧角部,即 3 号陵,陵台最小,围墙范围很大,十分特殊,其王陵在较小的陵台中部，二大墓所在的南北一线上还有一些小型的无封土陪葬墓，这 2 座大墓是否就是王后或夫人陵呢？

4.5 座陵园均选择了小山之巅，地势高亢，居高临下向东南方向眺望，晴日里邯郸城历历在目，这种风水特色很浓的选址规律，与韩魏王陵相同。从已发掘的 3 号陵 M1 看，其封土上是存在冢上建筑的，王与后陵上有没有值得注意。陪葬坑只有 2 号陵明确，位于二大墓东墓道的南侧，每墓有 2—3 个，是马坑或车马坑类，车辆实行整车葬。其他 4 处王陵的陪葬坑可能也是这种布局。陪葬墓比较复杂：2 号陵的陪葬墓十分有规律，分布在陵道的两侧与前方，经严格整齐规划，方向均朝向陵道或陵台，陪葬特色浓厚，但身份不明；3 号陵中的陪葬墓因在陵园内，其身份可能像许岗韩王陵一样为赵王的夫人、世妇、嫔、妾类。由长方形夯土墙围合的陵园内均存在寝殿类建筑，和一些韩王陵类似。3 号陵西的战国遗址十分重要，可能具备陵邑的功能。因王、后陵墓均未考古发掘，具体内涵不清晰，但盗出的玉衣反映了赵王陵已出现玉衣制度，与韩王陵类似。关于每座陵园的主人，历来说法众多。笔者认为 5 处陵园分为南北两区，大致呈东北向西南排列，应是赵王完整的公墓区，东北为上方，此处陵早于西南方的陵墓。其时代关系有两种可能，一是从东北向西南分别是 5 号陵、4 号陵、1 号陵、2 号陵、3 号陵。二是存在昭穆分区，5 号陵与 4 号陵在昭区，5 号陵早于 4 号陵；1、2、3 号陵在穆区，时间依次。但总体上 5 号陵应为此公墓区最早的赵王陵，至于每座陵园对应的赵王，还有待考古工作确定。

四、田 齐 王 陵

从前述三晋王陵的特点可知，以一代国王夫妻关系为核心、王与后陵左右并列设置的"独立陵园制"是其共性，各陵园均处在范围广大的公墓区中，地理位置有按辈分高低或昭穆制分布的特点，微地形上相互独立，主陵都有高大的封土、陪葬坑、陪葬墓，陵墓中均有积石，个别有积炭。墓向上采用传统的姓氏葬俗，随葬品均有同时代的错金银或鎏金银铜器，一些陵墓出现了玉衣。那么同时代的田齐王陵有什么特点呢？

田齐王陵一直是齐文化考古工作的重点，历经多次调查，特别是 1992 年秋山东省所罗先生等开展了对田齐王陵的调查与勘探，勘探面积约 560 万平方米，在二王家和四王家周围发现封土墓 30 余座、无封土大墓 74 座、小墓 300 余座，其中多为田齐战国墓，少量为汉墓。"大墓面积一般在 400 平方米左右，大的如 M51，面积达 2000 平方米。大墓都有斜坡墓道，平面呈中字形、甲字形或曲尺形。墓道方向以南向为主。"张学海和罗勋章先生在实地勘探调查的基础上专文对发现的田齐王陵进行了报道和深入研究,本文就是在这些材料和研究成果上的梳理和推断。

特别高大的封土一向是战国陵墓的重要指示标,在临淄齐故城东南方 8 千米左右的泰沂山系东北麓向东就分布着 5 组这样的王陵级封土大墓,分别是临淄齐陵镇的二王冢、四王冢,青州普通镇尧山"田和冢",东高镇南辛庄冢和点将台冢。其中二王冢与四王冢相距很近,仅隔一胶济铁路,可视为一组陵区;南辛庄冢、点将台冢相距很近,可视为另一组陵区。南辛庄冢西北距二王冢约 1600 米,点将台冢西北距四王冢约 1900 米。尧山冢位于较远的东南方,单独为一组。四王冢和二王冢是田齐王陵已是公论。从罗勋章先生《田齐王陵初探》刊示的照片和数据看,尧山冢、南辛庄冢、点将台冢从气势和规模上看确与前二陵相当,可能因所处地多为较平耕地,常年被破坏略显低矮罢了(数据详见下表)。所以笔者的看法同罗勋章先生一样,此 5 陵均为战国时期田齐王陵,并概括特点如下:

表一 临淄田齐王陵地表遗迹概略表 单位:米

墓例	全长	下部方基				上部圆坟		资料出处
		层数	东西	南北	高	直径	高	
四王冢西第一冢		3	155		8.5	48.6	12.8	张学海《田齐六陵考》
第一冢北陪葬冢		3	118	118				同上
四王冢第二冢			138		7.1	53	16	同上
四王冢第三冢		2	145		3.4	44.7	14.2	同上
四王冢第四冢	东西 700、南北 245	3	155		10.3	44	14.8	同上
"田和冢"		3	200	200	16	长椭圆形,长 74	10	罗勋章《田齐王陵初探》
南辛庄南冢东墓		3	110	110	12.8	22	9	同上
南辛庄南冢西墓		2	110	110	7.8	27	8.7	同上
南辛庄西南冢(点将台)		4	180	180	12	台上无圆坟,边长 68		同上
二王冢西冢	东西 320、南北 190	3	东西 190				12	张学海《田齐六陵考》
二王冢东冢							不足 12	同上

(选自贺云翱、郭怡《古代陵寝》一书表格,文物出版社,2008 年)

1. 选址在距都城较近的小山之巅或高岗上，南依山岭，北面淄河，晴日都城历历在目，与三晋王陵的选址有异曲同工之妙，当为一种流行的规制。

2. 大方基圆坟是田齐王陵的最大特色。田氏代齐后，为了显示其正统地位，宣扬本姓陈姓为黄帝之后，推崇黄老之学。而天圆地方是道家宇宙观的核心认识，田齐王陵的形式可能就是"天圆地方"的具象化，突出了田齐王朝的文化正统性。

3. 各陵园仍为与三晋类似的以每代国王夫妇陵墓为核心的"独立陵园制"，主陵墓东西一字并列。

4. 主陵墓的形制还不清楚，最有可能的还是东周诸侯王级的南北向中字形积石大墓，但也有可能是南向墓道的甲字形大墓，就像1990年配合济青公路发掘的位于四王冢北700米处的2号甲字形积石大墓布局一样：墓室宽广，有宽大的二层台，台上有器物坑、殉人棺和车辆，中心为积石大椁，墓室北侧有大型殉马坑。这种布局是姜齐贵族大墓的遗风，田齐王陵极可能继承了这种布局。

5. 整齐规划的陪葬墓是田齐陵墓的另一大特色。"墓葬大部分分布在四王冢周围。仅四王冢正北600米见方范围内就有附葬墓27座，井然有序分作四排。一排五座，其中三座有封土；二排九座；三排九座；四排四座。一、二排墓葬，几乎与四王冢平行，东西直列。没有前后相互交错或相互叠压现象。其余墓葬，或三座一组，或二座一组。或孤立一墓，散布各处。二墓一组的，墓室往往大小不一，并列埋葬，孰东孰西，无一定规律。类似这种情况，临淄其他地方多有发现。有的二墓同在一座封土下埋葬，应是夫妻异穴合葬墓。"罗先生的这段话已充分阐释了陪葬墓的特点，笔者认为这是"一王一朝一家"的陪葬模式，与赵王陵十分类似。

6. 按照《七国考订补》卷十《田齐丧制》引刘向云"昔齐威王卒，从死七十二人"的记载，殉葬制在田齐王陵中盛行，与韩魏东周姬姓王陵一般不殉人的葬制有别。

7. 田齐王陵因没有进行过科学考古发掘，形制和内涵还存在诸多待解问题，如有无冢上建筑、陵园围墙、墓旁建筑，陪葬坑的位置等，还需考古工作证明。但从宽大的方基看，笔者推测陪葬坑应位于方基之下主陵墓的周围。

8. 关于墓主人的身份，笔者同意罗先生的推断，5处陵园对应5个齐王及夫人，最东面的尧山田和冢传说可靠，是太公和的陵墓，齐侯剡、齐湣王地兵死不入兆域，齐王建失国不能有陵，余下的4陵应为桓公午、威王因齐、宣王辟疆、襄王法章夫妇的陵墓，具体尚难对应。

本文系草就而成，许多资料不及领略，多有不当之处，还望与会方家斧正。

临淄河崖头墓地齐国青铜器年代的认识

胡嘉麟

上海博物馆青铜器研究部

临淄河崖头墓地自 20 世纪 60 年代发掘以来,主要有四次比较重要的发现。第一次是 1964—1965 年发现大中型墓和殉马坑二十余座[1],编号为 M1—M7。其中 M1—M4 均为带墓道的甲字形墓,M6 是 M5 殉马坑的一部分,M7 属于小型墓。这几座墓葬被盗严重,仅存车器和极少的随葬品。第二次是 1965 年淄河岸边出土了一批青铜器[2],包括鼎 1、簋 4、盂 1、瓶 1、镈 1。第三次是 1975 年发掘清理了 M5[3],这是目前已知春秋时期规模最大、规格最高的齐国墓葬。墓室结构复杂,并且在墓室东、西、北三面都有大型的殉马坑。但是墓中随葬品基本被盗一空,仅有些铜锈、漆片和殉牲骨骸。第四次是 1988 年在 M5 殉马坑下部清理了三座墓葬[4],编号为 M101—M103。墓葬保存相对较好,随葬有比较完整的青铜器组合,时代为西周中期。

有学者认为第二次发掘在 1972 年发表的资料中仅提到铜簋、铜盂和镈钟出于同一窖藏,时代也应相同,并认为属于西周晚期的遗物[5]。"而这件鼎是否为窖藏同时出土则未明言,从鼎的纹饰和器形特征看要明显晚于上述簋、盂、镈钟,或非同一窖藏所出,因此鼎的年代应属于春秋早中期。"[6]该文将通常所称的波曲纹称作"山形重

---

[1] 群力:《临淄齐国故城勘探纪要》,《文物》1972 年第 5 期。

[2] 山东省文物考古研究所:《临淄齐故城》,文物出版社,2013 年,第 526—528 页。

[3] 山东省文物考古研究所:《齐故城五号东周墓及大型殉马坑的发掘》,《文物》1984 年第 9 期。

[4] 临淄区文物局、临淄区齐故城遗址博物馆:《临淄齐国故城河崖头村西周墓》,《海岱考古》(第六辑),科学出版社,2013 年。

[5] 齐文涛:《概述近年来山东出土的商周青铜器》,《文物》1972 年第 5 期。

[6] 山东省文物考古研究所:《临淄齐故城》,文物出版社,2013 年,第 530 页。

环纹",认为"在齐鲁地区比较盛行,具有鲜明的地域特征。主要流行于西周晚期至春秋早期"[1]。并以此将铜簋、铜盂的年代定在"上限不早于西周晚期,下限不晚于春秋早期"[2]。《齐国故城遗址博物馆馆藏青铜器精品》[3]《泱泱大国——齐国历史文化展》[4]两书均沿袭这种说法将这组青铜器的年代定为西周。上海博物馆收藏有春秋晚期的洹子孟姜壶、战国早期的禾簋,表明这种波曲纹在齐文化中使用的时间跨度比较长,仅以一种纹饰作为断代依据显然是不合理的。本文将对第二次发掘的器物进行研究,具体探讨其时代和文化因素特征。

河崖头出土四件龙耳簋,报告称尺寸、形制和纹饰完全相同。其中一件龙耳簋(图一)高22.3厘米,口径25厘米,重7.8千克。盖面隆起,捉手残缺,残损遗迹表明这种捉手应为镂空的莲瓣形。莲瓣形捉手少见于西周,且基本都是实心状。进入春秋时期,这种捉手数量增多,大部分装饰于壶盖,例如湖北京山苏家垅出土的曾仲斿父壶[5]。龙耳簋的颈部微束,腹部扁

图一　河崖头龙耳簋

鼓,两侧有龙形耳下附垂珥,矮圈足,并且残留有方座痕迹。颈部和圈足饰重环纹,盖面、腹部和方座饰波曲纹。河崖头龙耳簋与北京故宫博物院藏龙纹簋(图二)、美国旧金山亚洲艺术博物馆藏龙耳簋(图三)形制、纹饰基本相同,时代大体相近。

图二　北京故宫博物院藏龙纹簋

图三　美国旧金山亚洲艺术博物馆藏龙耳簋

[1] 山东省文物考古研究所:《临淄齐故城》,文物出版社,2013年,第529—530页。
[2] 山东省文物考古研究所:《临淄齐故城》,文物出版社,2013年,第530页。
[3] 齐国故城遗址博物馆:《齐国故城遗址博物馆馆藏青铜器精品》,文物出版社,2015年。
[4] 秦始皇帝陵博物院:《泱泱大国——齐国历史文化展》,三秦出版社,2015年。
[5] 湖北省博物馆:《湖北京山发现曾国铜器》,《文物》1972年第2期。

北京故宫博物院和美国旧金山亚洲艺术博物馆的两件龙耳簋时代为春秋晚期,后者传1940年山东临淄近郊出土。春秋时期的方座簋数量锐减,表明周文化因素在迅速衰退。虽然这个时期的齐国青铜簋发现数量并不多,但根据目前资料来看,与中原其他诸侯国的面貌基本一致,都是流行使用圈三足簋。例如,临淄区古城村的窃曲纹簋(图四)、棕榈城的窃曲纹簋(图五)与河南新郑祭祀坑出土的窃曲纹簋[1](图六),在器形、纹饰和铸造工艺方面大体相同,附耳均为榫卯结构的二次铸造。然而,棕榈城簋三足加高的特点已经显示出齐国青铜器向高体化特征发展的趋势,时代晚于古城村簋。

图四　临淄区古城村窃曲纹簋　　图五　棕榈城窃曲纹簋　　图六　河南新郑祭祀坑出土窃曲纹簋

2011年临淄区刘家新村发掘一座墓葬,南北长3.9米、东西宽2.8米、深3.5米。墓室设有熟土二层台,中央放置一椁一棺。随葬品置于二层台,有三鼎、四簋、一甗、二壶、一铺、一盘、一匜(图七)。一件鼎的腹部略深,两件鼎的腹部较浅呈扁鼓状,附耳均外撇,蹄足较高,装饰的抽象动物纹颇具东夷文化特点,与曲阜鲁国故城M201鼎[2]相似。甗的甑部自颈部斜收,鬲部扁鼓,蹄足较高,与蓬莱村里集M6甗[3](图八)相近。蓬莱村里集墓地的年代并非简报所推断的西周,其中M2、M3发现有铺,M7发现有提链罐,M11交龙纹鼎、M6交龙纹壶都是春秋中期的器物。刘家新村圆壶与随州均川镇刘家崖春秋中期的涾叔壶[4](图九)基本相似,高三足簋与棕榈城簋完全相同,表明这种样式是春秋中期齐国青铜簋的一种地域特征。

[1]　河南省文物考古研究所:《新郑郑国祭祀遗址》,大象出版社,2006年。

[2]　山东省文物考古研究所、山东省博物馆、济宁地区文物组等:《曲阜鲁国故城》,齐鲁书社,1982年。

[3]　山东省烟台地区文管组:《山东蓬莱县西周墓发掘简报》,《文物资料丛刊》(3),文物出版社,1980年。

[4]　随州市博物馆:《湖北随县刘家崖发现古代青铜器》,《考古》1982年第2期。

图七　临淄区刘家新村墓葬随葬品

图八　蓬莱村里集 M6 甗　　　　图九　洛叔壶

在春秋、战国之际,有的诸侯国开始流行一种复古风潮,原有周文化因素的器物在消失一段时间后,又开始大量出现。其中以方座簋的流行最具代表性,例如河南淅川徐家岭 M10 的波曲纹簋[1](图一○)、上海博物馆藏楚昭王的标准器昭王之諻簋[2]、安徽寿县蔡侯墓出土的蔡侯申簋[3](图一一)等等。龙耳方座簋在齐文化圈的出现也是大势所趋,并且表现为对波曲纹装饰的特殊爱好。

图一○ 河南淅川徐家岭 M10 波
曲纹簋

图一一 蔡侯申簋

上海博物馆所藏的禾簋[4](图一二),传 1940 年山东临淄附近出土,是战国早期的一件标准器。根据铭文记载,器主禾与国家博物馆藏子禾子釜之器主为同一人,即史书中的田和,为姜齐康公时人。《战国策·魏策》记:"昔曹恃齐而轻晋,齐伐釐、莒而晋人亡曹,缯恃齐以悍越,齐和子乱,而越人亡缯。"此器为田和还未"称侯代齐"之前所作的器物。台北故宫博物院藏有陈侯午簋[5](图一三),器主陈侯午为田齐桓公。铭文记载,此为田齐桓公十四年(公元前 361 年)为先母孝大妃所作的祭器,所以,这件器物为战国中期的标准器。

[1] 河南省文物考古研究所、南阳市文物考古研究所、淅川县博物馆:《淅川和尚岭与徐家岭楚墓》,大象出版社,2004 年。

[2] 陈佩芬:《夏商周青铜器研究》(东周篇),上海古籍出版社,2004 年,第 139 页。

[3] 安徽省文物管理委员会、安徽省博物馆:《寿县蔡侯墓出土遗物》,科学出版社,1956 年。

[4] 陈佩芬:《夏商周青铜器研究》(东周篇),上海古籍出版社,2004 年,第 304 页。

[5] 陈芳妹:《商周青铜粢盛器特展图录》,台北故宫博物院,1994 年,第 379 页。

图一二　禾簋　　　　　　　　　　　图一三　陈侯午簋

表一　齐文化方座簋的圈足纹饰

美国旧金山亚洲艺术博物馆龙耳簋	河崖头龙耳簋
上海博物馆藏禾簋	台北故宫博物院藏陈侯午簋

　　从春秋晚期到战国中期齐文化特色的龙耳方座簋的发展轨迹还是比较清楚的。将河崖头簋放置在这个器物谱系中,可以发现河崖头簋颈部和圈足装饰的重环纹与北京和旧金山藏的两件器物相同。禾簋和陈侯午簋的颈部不饰纹饰,圈足纹饰变化为垂鳞纹,龙耳的样式也大不相同。北京和旧金山藏的两件簋附耳的龙形粗壮、弯曲,龙角发达、华丽,龙口吐舌与颈部相交,龙腹下有小龙攀附,尾部勾曲似作垂珥,这些特点与河崖头簋的龙形耳基本相同。反而是禾簋和陈侯午簋,龙形的颈部稍直,龙首昂起,不吐舌,龙角装饰朴素,龙形耳周身饰重环纹等特点均不见于河崖头簋。

　　北京和旧金山两件簋的波曲纹,在波峰和波谷之间装饰有"盾形"纹饰;河崖头簋在相背的"C形"纹饰和"盾形"纹饰之间,还有一个两端内旋的"环形"纹饰。这种"环形"纹饰还见于禾簋和陈侯午簋,不过这两件器物纹饰内旋两端的间距较大,并且"盾形"纹饰已经消失。由此可以看出,河崖头簋的波曲纹是处在从北京簋和旧金山簋,向禾簋和陈侯午簋过渡的中间环节。上海博物馆藏洹子孟姜壶[1]波曲纹的"环形"

---

　　[1]　陈佩芬:《夏商周青铜器研究》(东周篇),上海古籍出版社,2004年,第176页。

纹饰与河崖头簋相同,即内旋的两端结合紧密,时代要略早于禾簋和陈侯午簋。波曲纹的整体风格从粗犷向逐渐细化的方向发展,禾簋方座上波曲纹风格与龙耳簋相同,腹部的波曲纹则开始变得较平、线条较细,正好体现了过渡环节的交替特征;至陈侯午簋,纹饰已经完全浅平细腻。因此,河崖头簋的年代略晚于北京簋和旧金山簋,早于禾簋和陈侯午簋,大致为春秋晚期早段。

表二 齐文化方座簋的附耳装饰

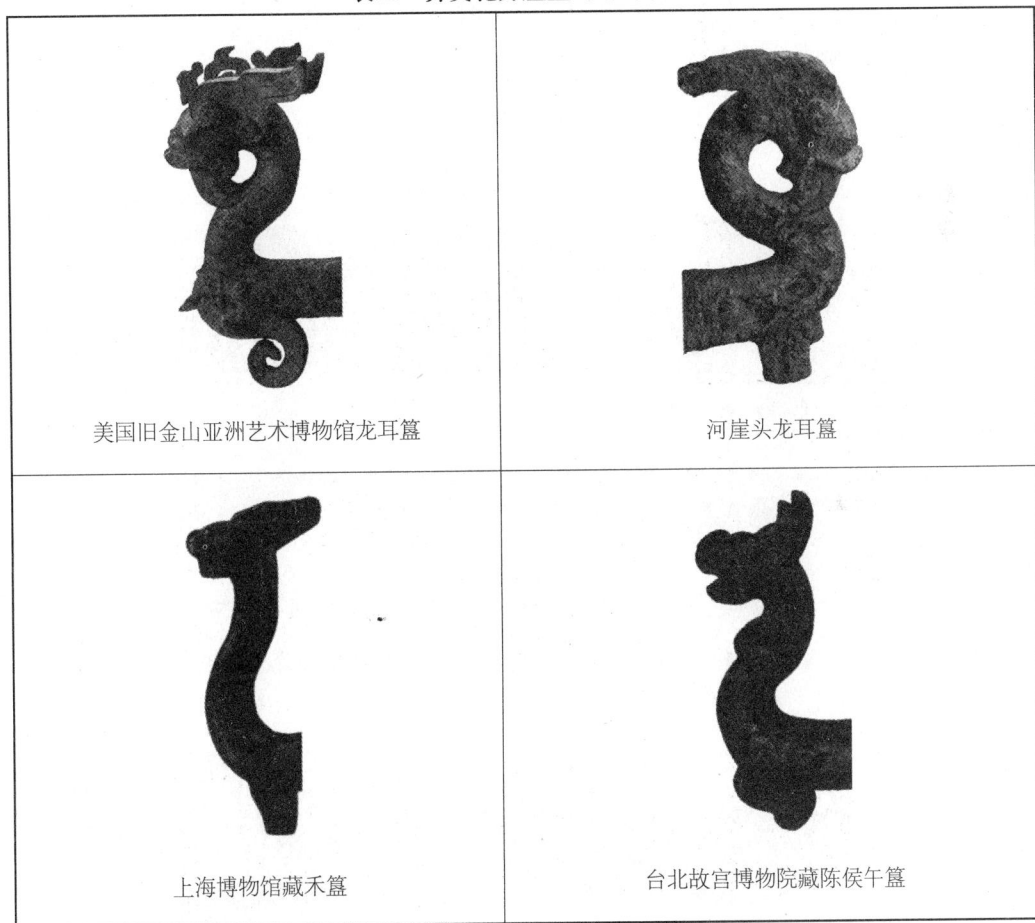

美国旧金山亚洲艺术博物馆龙耳簋	河崖头龙耳簋
上海博物馆藏禾簋	台北故宫博物院藏陈侯午簋

河崖头的波曲纹盂(图一四)与龙耳簋的纹饰完全相同,也是同一时期的器物。河崖头盂腹部一侧有粗壮的凸榫,根据痕迹推测与龙耳簋类似,都是单凸榫的附耳结构。此器甚重,高43.5厘米,口径62厘米,重35.5千克。颈部和下腹部饰S形窃曲纹,中间夹有波曲纹,圈足饰"四折式"窃曲纹。

春秋时期发现的青铜盂数量不多,长清仙人台M6的波曲纹盂[1](图一五)腹壁

[1] 山东大学考古系:《山东长清县仙人台周代墓地》,《考古》1998年第9期。

较直,近底部低垂,圈足斜侈起高台,左右为衔环耳,前后为重环纹附耳,附耳低于口沿。此器时代为春秋早期晚段,腹部和圈足饰波曲纹,但是颈部的"扣合式"窃曲纹与河崖头盉的纹饰类型不同。1957 年河南洛阳中州路出土的齐侯盂[1](图一六)口沿较侈,颈部微束,最大径在腹部下部,腹部均匀地设有四个龙形衔环耳,龙体上还攀爬有一小兽,圈足起高台,台沿内凹。此器高 43.5

图一四　河崖头波曲纹盉

厘米,口径 75 厘米,自名"宝盂",时代为春秋晚期。圈足不施纹饰,腹部饰双层波曲纹,与河崖头盂纹饰相比已经没有"盾形"纹饰,表明河崖头盂的年代要稍早于齐侯盂。

表三　齐文化青铜器的波曲纹

北京故宫博物院龙耳簋	长清仙人台波曲纹盉
临淄河崖头龙耳簋	临淄河崖头波曲纹盉
上海博物馆洹子孟姜壶	洛阳中州路齐侯盂
上海博物馆禾簋	台北故宫博物院陈侯午簋

---

[1]　张剑:《齐侯鉴铭文的新发现》,《文物》1977 年第 3 期。

图一五　长清仙人台 M6 波曲纹盂

图一六　齐侯盂

2012 年沂水纪王崮 M1 出土的江伯厚之孙鉴[1]（图一七）自名为"滥盂"。郳陵君鉴铭文有"王郳姬之滥"（《集成》10297），即"王郳姬之鉴"。因此，江伯厚之孙鉴的"滥盂"，应为"鉴盂"。这件器物高 30.5 厘米，口径 61.2 厘米，底径 25.8 厘米，与河崖头盂的口径相当，因为不设圈足，高度比之略矮。齐文化中，河崖头盂、齐侯盂这种器物也可能是作为大型水器的鉴。河崖头盂的 S 形窃曲纹在中间兽目的两侧分别出歧，与沂水纪王崮 K1 窃曲纹鼎[2]、薛国故城 M2 窃曲纹鼎[3]的纹饰相同；圈足所饰的"四折式"窃曲纹又见于沂水纪王崮 M1 窃曲纹鼎[4]，反映了春秋中晚期的一种纹饰特色。

图一七　江伯厚之孙鉴

[1]　山东省文物考古研究所、临沂市文化广电新闻出版局、沂水县文化广电新闻出版局：《沂水纪王崮春秋墓出土文物集萃》，文物出版社，2016 年，第 87 页。

[2]　山东省文物考古研究所、临沂市文化广电新闻出版局、沂水县文化广电新闻出版局：《沂水纪王崮春秋墓出土文物集萃》，文物出版社，2016 年，第 31 页。

[3]　山东省济宁市文物管理局：《薛国故城勘查和墓葬发掘报告》，《考古学报》1991 年第 4 期。

[4]　山东省文物考古研究所、临沂市文化广电新闻出版局、沂水县文化广电新闻出版局：《沂水纪王崮春秋墓出土文物集萃》，文物出版社，2016 年，第 27 页。

表四　齐文化青铜器的窃曲纹

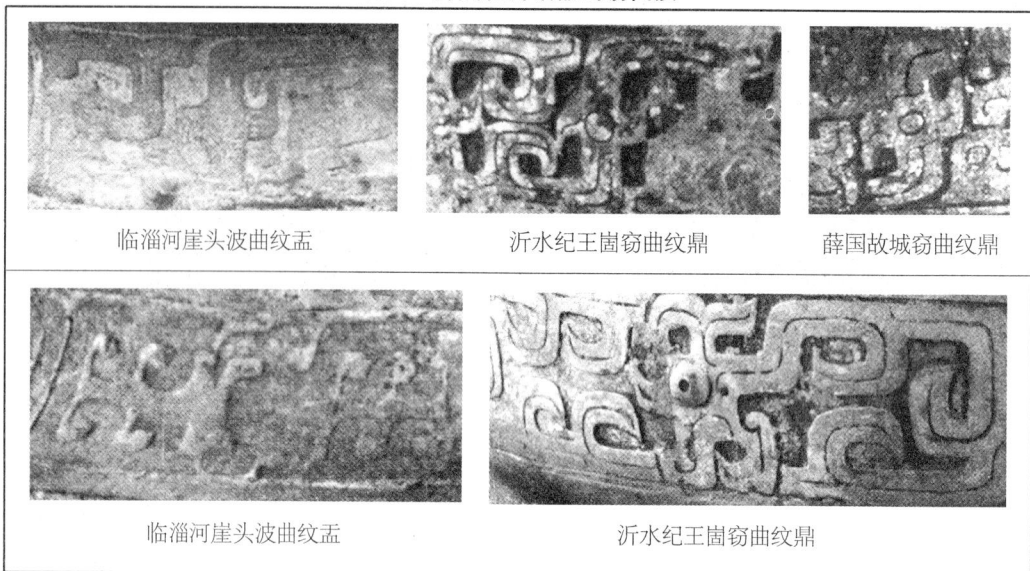

| 临淄河崖头波曲纹盂 | 沂水纪王崮窃曲纹鼎 | 薛国故城窃曲纹鼎 |

| 临淄河崖头波曲纹盂 | 沂水纪王崮窃曲纹鼎 |

河崖头的重环纹瓿(图一八)为方唇,呈盘口状,高15厘米,口径15.2厘米。这种口沿在春秋中期以后的越式鼎中比较常见,例如衡阳保和圩出土的春秋中期盘口鼎[1](图一九),腹部装饰一周重环纹,两侧各伸出一个鸟喙形饰。相似的器形和装饰风格还见于蓬莱柳格庄 M4 的两件兽首瓿[2],一件为侈口短颈,肩部伸出两个长兽首(图二〇);另一件为敛口鼓腹,腹正中伸出两个短兽首(图二一)。同墓出土有鍑,陶鼎为典型的胶东地方特征,反映了河崖头瓿的装饰艺术应该是来自东夷文化。

图一八　河崖头重环纹瓿　　　　图一九　衡阳保和圩盘口鼎

[1]　湖南省博物馆:《湖南衡南、湘潭发现春秋墓葬》,《考古》1978 年第 5 期。
[2]　烟台市文物管理委员会:《山东蓬莱县柳格庄墓群发掘简报》,《考古》1990 年第 9 期。

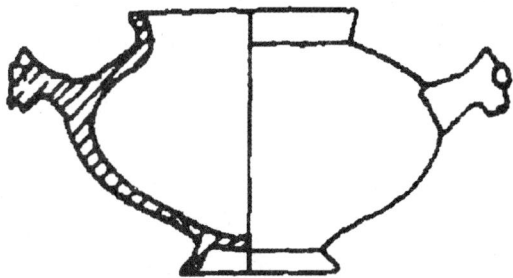

图二〇　蓬莱柳格庄 M4 兽首瓿

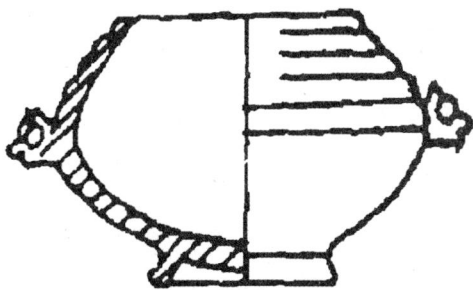

图二一　蓬莱柳格庄 M4 兽首瓿

　　河崖头瓿的鸟喙形饰十分少见,相似的装饰还见于临沂市博物馆藏的龙纹镈[1](图二二),据调查这件镈出土于苍山县,通高 34.1 厘米,镈钮内侧有这种勾喙形装饰,鼓部饰相背的卷龙纹,篆部饰双首龙纹,龙口吐舌,是春秋早中期流行的纹饰。长清仙人台 M6 的牛首凤尾形饰件[2](图二三),通长 24 厘米,出土于甬钟附近,可能为钟架的饰件。凤尾两侧亦有相似的勾曲形装饰,可能是东夷文化的一种装饰特点。

图二二　临沂市博物馆藏龙纹镈

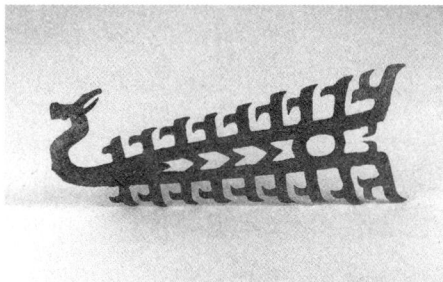

图二三　长清仙人台 M6 牛首凤尾形饰件

　　河崖头的龙纹镈(图二四)为扁平钮,无钲部,圆枚呈三行排列,枚饰火纹,篆部无明显界格,饰有 S 形双头龙纹。纹饰与河崖头盂 S 形窃曲纹基本相同,中间的兽目有分歧,只不过这件镈的 S 形窃曲纹两端各为一龙首。高 41 厘米,铣口长 27 厘米,宽

　　[1]　《中国音乐文物大系》总编辑部:《中国音乐文物大系·山东卷》,大象出版社,2001 年,第 43 页。
　　[2]　山东大学考古系:《山东长清县仙人台周代墓地》,《考古》1998 年第 9 期。

24 厘米。相似的器物有 1973 年烟台牟平埠西头矫家长治村的龙纹镈[1](图二五),通高 45 厘米,钲部较狭但是还未消失。1978 年海阳市盘石店镇嘴子前村 M1 的龙纹钟[2](图二六),钲部更狭,枚饰火纹。这座墓葬的撇足鼎、宽沿豆为本地特色,同出的束颈有盖敦是齐文化的典型器物,时代为春秋中期。

图二四　河崖头龙纹镈　　　图二五　矫家长治村龙纹镈　　图二六　嘴子前村 M1
　　　　　　　　　　　　　　　　　　　　　　　　　　　　　　　龙纹钟

　　长清仙人台 M5 的云纹钟[3](图二七),钟钮浑圆,反映了春秋早期钟钮、镈钮的时代特征。虽然仙人台 M5 钟的钲部已经有所收狭,但是中原风格仍比较突出。山东省博物馆藏龙纹钟[4](图二八),传沂水出土,通高 21.7 厘米,浑圆的钟钮较之扁平钮时代要早,钲部素面,两侧饰龙纹。1959 年海阳市发城上都村出土的龙纹钟[5](图二九),钟钮圆中见方,已经开始向扁平钮转变,年代稍晚于沂水龙纹钟。两者的纹饰和构图虽然基本相同,但是海阳龙纹钟的钲部已经消失。由此说明钟、镈的钲部收束以至于消失的特征在胶东地区比较普遍,很可能是东夷文化的一个特点,并且钲部消失的器物基本都在春秋中期以后,早不到春秋早期。河崖头镈无钲部的特征与海阳钟相同,但是钮部形状要晚于海阳钟,时代应为春秋晚期。

---

　　[1]《中国音乐文物大系》总编辑部:《中国音乐文物大系·山东卷》,大象出版社,2001 年,第42 页。

　　[2] 滕鸿儒、王洪明:《山东海阳嘴子前村春秋墓出土铜器》,《文物》1985 年第 3 期。

　　[3] 山东大学历史文化学院考古系:《长清仙人台五号墓发掘简报》,《文物》1998 年第 9 期。

　　[4]《中国音乐文物大系》总编辑部:《中国音乐文物大系·山东卷》,大象出版社,2001 年,第83 页。

　　[5]《中国音乐文物大系》总编辑部:《中国音乐文物大系·山东卷》,大象出版社,2001 年,第82 页。

图二七　长清仙人台 M5 云　　　图二八　山东省博物馆藏　　图二九　发城上都村龙纹钟
　　　　　纹钟　　　　　　　　　　　　　龙纹钟

　　河崖头的交龙纹鼎(图三〇)为子母口,盖顶设环柱钮,腹部微鼓,圜底近平,长蹄足,盖顶和腹部饰有交龙纹,高 28.2 厘米,口径 21.8 厘米。这是春秋晚期中原地区较常见的一类器物,例如 1979 年山西侯马上马墓地 M2008 出土的蟠龙纹鼎[1](图三一),这座墓葬被认定为春秋晚期早段。如果这件交龙纹鼎与簋、盂、瓿、镈并非一坑出土,那么其时代也是同一时期的。

图三〇　河崖头交龙纹鼎　　　　　图三一　上马墓地 M2008 蟠龙纹鼎

---

　　[1]　山西省考古研究所:《上马墓地》,文物出版社,1994 年。

　　综上所述,1965 年临淄河崖头发现的这批青铜器可以分为三组。第一组是典型齐文化的铜簋和铜盂,方座簋的龙形附耳和波曲纹均早于战国早中期的同类器物和纹饰。第二组是有东夷文化特点的铜瓿和铜镈。第三组是具有中原特点的铜鼎,其年代比较明确。因此,这批青铜器的年代应定在春秋晚期早段,断不会早到西周时期。

东周齐国殉马葬俗的考古学观察

吴伟华

河南省文物考古研究院

殉马是商周时期贵族墓葬中常见的葬俗,在一定程度上反映了墓主的等级身份。东周时期齐国贵族墓葬有的也殉葬马匹,且具有自身显著的特点,对此种葬俗作深入的研究,有助于认识东周时期齐国贵族墓葬制度。学界关于此问题的研究,可举出《临淄殉马考辨》[1]《齐国殉马探略——先秦齐及诸国殉马发现略述》[2]《论临淄齐故城五号东周墓殉马坑的特点——与郑国祭祀遗址殉马坑等对比》[3]等,此外还有一些关于商周车马制度的研究成果涉及齐国殉马问题,此不一一列举。这些成果深化了我们对东周齐国殉马葬俗的认识,但仍存在一些薄弱之处。本文拟在前人研究的基础上,通过考古发现的东周齐国殉马遗存对齐国殉马葬俗作进一步探讨,同时结合文献记载对齐国殉马的来源作分析,敬请指正。

一、东周齐国殉马遗迹的考古发现

根据已经发表的资料,东周时期齐国的殉马遗迹主要有以下三处:

(一) 1974—1976 年,在临淄齐故城村西部先后发掘了五座大墓,其中,在五号墓

---

[1] 张龙海、吴诚鸿、李翼贤:《临淄殉马考辨》,《管子学刊》1993 年第 2 期。

[2] 张光明、边希锁:《齐国殉马探略——先秦齐及诸国殉马发现略述》,《管子学刊》2002 年第 1 期。

[3] 印群:《论临淄齐故城五号东周墓殉马坑的特点——与郑国祭祀遗址殉马坑等对比》,《管子学刊》2016 年第 3 期。

附近发现大型殉马坑一座[1]。殉马坑位于墓葬东、西、北三面，呈曲尺状，坑长约215、宽约4.8米，坑深浅不一，坑壁不平。考古工作者对殉马坑做了部分发掘，其中，在北面清理出殉马145匹，西部南面清理83匹。根据马匹的排列和坑的长度估计，坑内殉马的总数当不少于600匹。年代为春秋晚期。

（二）1990年，在齐故城东南约3千米的齐陵镇后李庄村西北、淄河东岸发现两座殉车马坑[2]。其中，1号坑呈南北向，平面为不规则长方形，坑壁不甚规整，长31米、宽3.6—4.2米、深1.2—1.7米，坑内葬车10辆、马32匹。2号坑位于1号坑东南部，与1号坑平行，长7.6米、宽3米、深约2.1米，坑内有殉马6匹。除了殉马之外，坑内还有车，从马匹的摆放情况看，车有3辆。根据出土的兵器及车马饰件形制判断，1号坑的年代在春秋中期或略偏早，2号坑与1号坑的年代相同。

（三）1990年，在临淄淄河店发掘了四座战国墓。其中，二号墓附有大型殉马坑[3]。殉马坑位于墓葬的北侧，南距墓室13米，与墓室前后平行，东西两侧超出墓室部分左右对称。马坑开口于耕土层下，东西长45米、南北宽2.15—2.8米，坑底西侧距地表0.9米、东侧距地表1.8米。四壁结构不同，南、北、西三面为直壁，壁呈斜坡状。马坑内共殉马69匹。年代为战国早期。

除了上述殉马遗存外，2001年在齐故城南中轩集团工地还发现了一座殉马坑，内殉马4匹，属于战国时期[4]。资料尚未发表，具体情况不详。

二、齐国殉马葬俗的特点

上述三处殉马遗存真实地反映了东周齐国殉马状况，极大地弥补了文献记载之不足，是我们了解齐国贵族殉马葬俗的主要资料。由其可知，东周时期齐国殉马葬俗具有以下两个鲜明的特点：

---

[1]　山东省文物考古研究所：《齐故城五号东周墓及大型殉马坑的发掘》，《文物》1984年第9期。

[2]　李振光、王守功：《淄博市后李官庄大型春秋车马坑》，《中国考古学年鉴（1991）》，文物出版社，1992年；王守功：《淄博市后李官庄2号春秋车马坑》，《中国考古学年鉴（1995）》，文物出版社，1997年。

[3]　山东省文物考古研究所：《山东淄博市临淄区淄河店二号战国墓》，《考古》2000年第10期。

[4]　张光明、边希锁：《齐国殉马探略——先秦齐及诸国殉马发现略述》，《管子学刊》2002年第1期。

（一）殉马葬俗集中见于中高级贵族墓葬中，因墓主等级身份的不同，殉马数量也存在较大差异。临淄齐故城五号墓，墓口南北长 26.3 米、东西宽 23.35 米，面积达 614 平方米，墓室被盗严重，难以从器物来判定墓主的身份。根据墓葬的规模及陶片的年代，结合文献之记载，发掘者认为墓主为齐景公，学界对此无异议。墓主使用殉马达 600 匹以上。临淄淄河店二号墓，墓口南北长 16.5 米、东西宽 16.3 米，面积约 269 平方米，斜坡墓道残长约 7 米，出土鼎、鬲、簋、豆、壶、盘、匜、鉴、禁等仿铜陶礼器，此外还有 12 个殉人，皆为年轻女子。从出土器物来看，鼎簋匹配的数量关系为七鼎六簋，据此可知，墓主当为卿一级的贵族。又，墓室中出土有铭铜戈一件，铭文作"国楚造车戈"，据此可知墓主应是国楚。文献记载国氏为齐国旺族，属齐国上卿，春秋时期屡次执政，战国时期仍具有显赫的地位。1956 年临淄曾出土一组列鼎，共 8 件[1]，鼎腹内有铭文"国子"，年代为战国早期，使用 8 件列鼎，器主地位当仅次于国君，与文献记载国氏拥有极高的地位一致。墓主使用殉马的数量为 69 匹，殉马数量少于前者，当与其身份稍低有关。齐陵镇后李一号车马坑，所附属之墓葬不详。据报道，清理一号车马坑以前，在一号坑东北部约 5 米处发掘了春秋中期前后的大中型墓各一座，其中，大型墓墓室墓口长 7 米、宽 6.8 米，墓道向东，长 36 米，但从墓葬与车马坑的布局及规模来看，两者明显不相称。据此，一号车马坑所附属之墓葬面积当更大，墓主可能属于大夫一级。该坑殉马 32 匹，数量少于上述两坑。

由上可知，殉马葬俗集中见于齐国中高级贵族墓葬中，说明齐国贵族有喜欢马匹的倾向，这在文献中也有相关的记载。"（齐景公）好治宫室，聚狗马，奢侈，厚赋重刑。"（《史记·齐太公世家》）国君喜好马匹，贵族们自然也不会例外。但从考古发现看，殉马在齐国并不流行，仅见于上述几座高级贵族墓葬中，已知的其他齐国高级贵族墓葬中，罕见有殉马。这表明殉马葬俗在齐国规制性似较弱，尚未成为齐国贵族墓葬的基本组成部分。

在其他地区的东周墓地中，殉马葬俗有的不但见于中高级贵族墓葬中，而且也可见于低级贵族墓葬中。如在中原地区三门峡上村岭虢国墓地[2]中，M2001 殉马 64 匹（另有车 13 辆），随葬七鼎六簋，墓主为国君。M1811 殉马 10 匹（另有车 5 辆），墓中随葬五鼎四簋，墓主应属于卿大夫。87 峡 M14 殉马 2 匹[3]（另有车 1 辆），墓中随

[1]　杨子范：《山东临淄出土的铜器》，《考古通讯》，1958 年第 6 期。
[2]　河南省文物考古研究所、三门峡市文物工作队：《三门峡虢国墓》（第一卷），文物出版社，1999 年。
[3]　胡小龙：《浅谈三门峡上村岭虢国墓地车马坑》，《华夏考古》1993 年第 4 期。

葬一鼎,墓主属于士一级。在属于楚文化遗存的淅川下寺楚国贵族墓地[1]中,M2 殉马 19 匹(另有车 6 辆),被盗后余列鼎 6 件,从铭文可知墓主为楚王之子午,其地位仅次于楚国国君。M8 殉马 10 匹(另有车 3 辆),M36 殉马 8 匹(另有车 2 辆)。两墓被盗严重,从墓室面积及被盗后所余器物来看,墓主身份要低于王子午,高于士,应属于大夫一级的贵族。M11 殉马 2 匹(另有车 2 辆),出土列鼎 2 件,应属于士一级的贵族。上述墓地不同等级贵族墓葬同殉马与车,墓主等级越高,所殉马、车数量越多;等级越低,所殉马、车数量越少,表明殉马和车已经形成了一种规制,是贵族墓葬的重要组成部分,只是马的多少并不完全取决于车之数量。

(二)殉葬所用马匹应按照一定的标准精挑细选,而非随意使用。如在上述四处殉马遗迹中,齐故城五号墓殉马经过了鉴定[2]。头骨长 50—60 厘米,颈骨长 60—70 厘米,身骨 140—150 厘米,前腿骨 120—145 厘米,后腿骨 110—120 厘米。殉马高约 150 厘米,长 230—250 厘米,相当于现在的中上等身形的马。已清理出来的马有 228 匹,能够反映体貌特征的骨骼差别不明显,表明用于殉葬的马匹是按照一定标准(如身高、体形等)进行了严格地挑选。从牙齿来看,经过对切齿和犬齿的观察可知,大部分殉马属 3—5 岁口的青壮年马,且母马占有一定数量。从四肢长短、粗细、曲线及光滑度看,殉马中未见有用骡、驴充数的,也未见用关节肿胀、骨质增生、四肢断残的病马代替的现象。这表明殉葬的马匹在年龄、健康状况方面也有一定的要求。综上可知,这批用于殉葬的马匹,应该是根据体貌特征、健康状况及年龄等方面精挑细选的良马,而非随意选取的一般马匹,更不会用病马或带有伤残的马。其他几处殉马遗迹的殉马未做过鉴定,推测应该也是按照一定标准挑选的,惟墓主身份低于国君,挑选的标准可能也会略低。

除了上述两个特点之外,还有学者指出,齐国殉马的殉杀方式与中原地区有明显不同:中原地区是将马杀死后殉葬于坑内;齐国是将马弄昏迷之后,殉葬于坑内[3]。齐国单独殉葬的马匹或是如此;车马同殉的马,未必是先将马弄昏迷,也可能是采用先杀后殉的方式。

---

[1]　河南省文物研究所、河南省丹江库区考古发掘队、淅川县博物馆:《淅川下寺春秋楚墓》,文物出版社,1991 年。

[2]　张龙海、吴诚鸿、李翼贤:《临淄殉马考辨》,《管子学刊》1993 年第 2 期。

[3]　印群:《论临淄齐故城五号东周墓殉马坑的特点——与郑国祭祀遗址殉马坑等对比》,《管子学刊》2016 年第 3 期。

三、马匹殉葬的方式

从已知的资料来看,东周齐国贵族殉马的方式包括车马同殉和单独殉马两种。

(一)车马同殉。在上述四处殉马遗迹中,齐陵镇后李庄村西北两座车马坑中车马均是同殉,但两者的摆放方式存在一定的区别。一号坑中,车马南北向整齐摆成一排,车置于坑内东半部,马位于西半部,呈驾乘状。6辆车各有4匹马驾挽;4辆车各有2匹马驾挽。马头上有多种饰件,4匹马的辔头由互相连接的海贝构成,其中每4个组成梅花状图案;此外,在马骨架的周围也发现有多种饰件,上述饰件应属于车马出行时马匹身上所装饰的饰件。此种放置方式应是当时车马出行状态的真实反映。二号坑车马不呈驾乘状,殉马6匹。马头西向,南北排成一排,位于坑内约1.1米深处。所葬之车位于马匹的下部,车数为3辆。从清理结果看,车马在殉葬时,先将车放置在坑底部,稍做填埋之后再放置马匹。此种车马同殉的方式十分罕见,目前在其他地区尚未见到。

(二)单独殉马。临淄齐故城五号墓殉马坑之殉马从西面的南端起,由南向北,从西朝东,排为两列。马皆侧卧,昂首,头向外(即西面的朝西,北面的向北),前左足压于前马的身上,右足呈蹲曲状(图一),发掘者认为这些殉马明显是被打死后按照一定的葬式来摆放的。在骨骼上下发现有席纹及乱草的痕迹。西面南端的五匹马颈下有小铜铃,可能是墓主生前出行时所用之马,其余的都没有随葬品。临淄淄河店二号墓之殉马东西单行排列,殉马姿势基本相同,头北面东,昂首;前肢弯屈较甚,叠压于侧马颈之上;后肢略弯屈,两肢上下相叠(图二)。殉马的排列比较整齐,显然是在马死后对其进行了特别地摆放。在清理马坑时仅在马骨下发现有苇席的痕迹,未见任何器物随葬,苇席应是在葬马时铺垫于坑的底部。上述殉葬方式将殉马成排摆放至坑内,气势磅礴,在其他地区罕见。

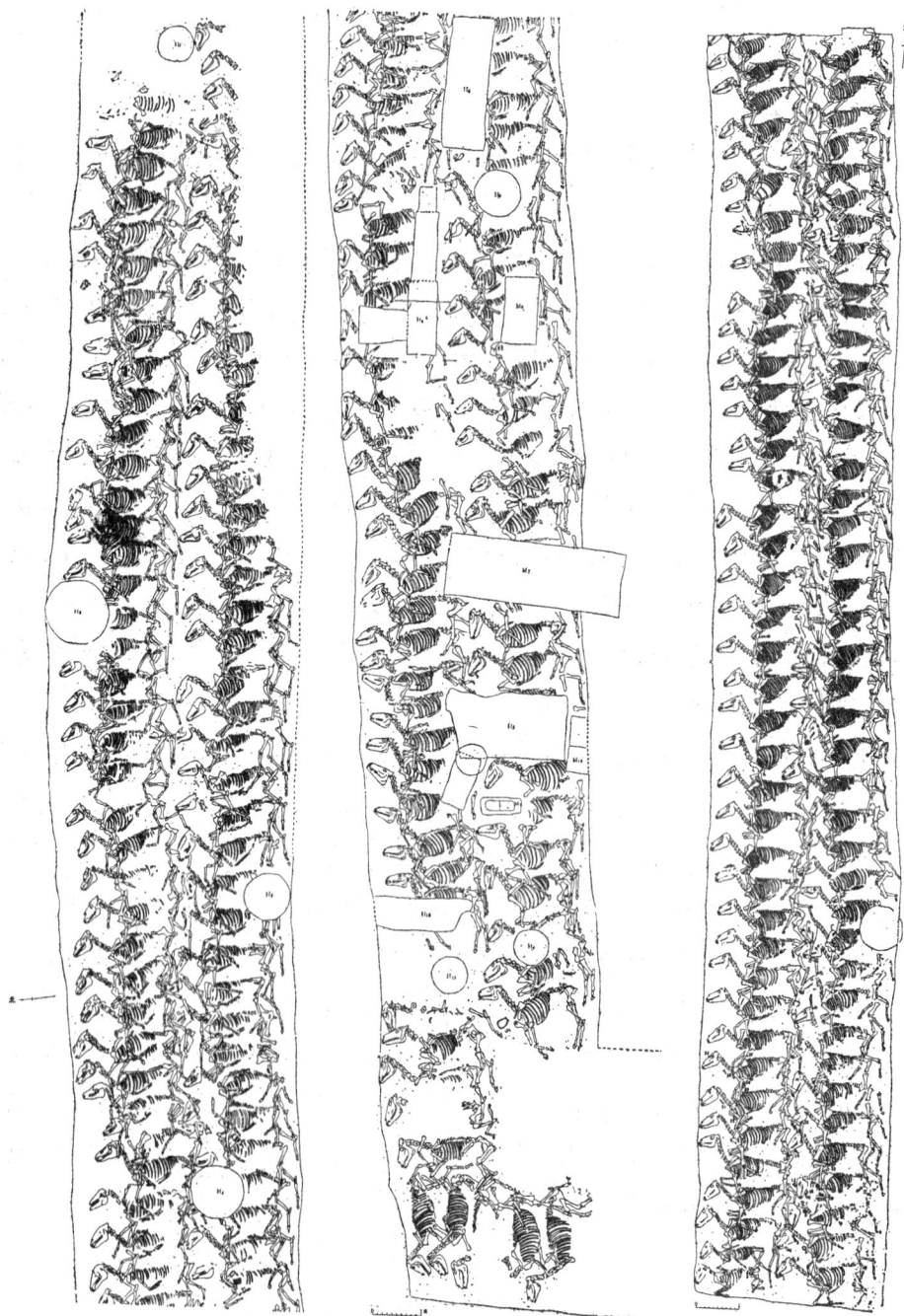

五号墓殉马坑北面平面图

五号墓殉马坑西
面南段平面图

图一　临淄齐故城五号墓殉马坑

图二　临淄淄河店二号墓殉马坑

四、齐国马匹的来源

根据上述几处殉马遗存可知,春秋晚期至战国时期齐国马匹资源应是十分丰富的。如齐故城五号墓之殉马数量多达 600 匹以上,是目前已知规模最大的东周殉马遗存。经过鉴定,殉马多在 3—5 岁口,属于马的壮年时期,此岁口的马匹正是装备军队的极佳年龄。按东周规制,600 匹马最多可以用来装备 300 辆车。"只有在马资源超过了装备军队和上层社会猎马、驾马还有大量剩余的条件时,才会使大量殉马成为可能。"[1]此外还有一个值得注意的现象是,在殉葬的马匹中还有相当数量的母马。在商周时期马匹既是财富的象征,又是重要的战略资源,其作用举足轻重,而母马在繁殖马匹方面起着决定性的作用。由此推测,齐国的马匹资源应是相当丰富的,否则上述殉马中不会有为数不少的母马。文献记载齐国自然条件较差,并不适宜发展畜牧业。《汉书·地理志》曰:"古有分土亡分民,太公以齐地负海潟卤,少五谷而人民寡,乃劝以女工之业,通鱼盐之利,而人物辐凑。"从土壤的类型来看,齐国土地多为盐碱地,适合发展鱼盐业,但养殖马匹则存在先天性的不足。有学者指出,齐国的马匹一部分是齐国本地饲养的;另一部分是齐国靠战争的方式从东面的莱夷和西北方的戎狄掠夺的[2]。窃以为,东周时期齐国马匹的来源并非一成不变,春秋早中期,应主要靠外部输入,但其输入地不是西北方向的戎狄,而是东面的莱国;春秋晚期初年,莱国亡于齐,本为莱国版图的胶东半岛被并入齐国,成为齐国马匹的主要供应地。换言之,自春秋晚期开始齐国的马匹主要属于本国所养。

---

[1]　张光明、边希锁:《齐国殉马探略——先秦齐及诸国殉马发现略述》,《管子学刊》2002 年第 1 期。

[2]　张光明、边希锁:《齐国殉马探略——先秦齐及诸国殉马发现略述》,《管子学刊》2002 年第 1 期。

戎狄属于古老的族群。戎作为族类之称最早是在西周时期,狄则更晚[1],当在春秋前期。西周时期狄主要分布在成周的东北、西北及东部,西周金文中对其有较多的记载。如1978年河北元氏县西张村发现一座墓葬[2],年代为西周早期。墓中出土青铜器34件,其中臣谏簋刻有长篇铭文,记载邢侯博戎之事。著名的传世器班簋(《集成》8·4341)也有关于戎的记载。东周时期戎狄分布范围广泛,主要生活在今河北、山西、陕西、山东等地,中原腹地的洛阳地区也有戎狄存在[3],戎狄与华夏族处于杂居的状态。戎狄属于游牧民族,骁勇善战,春秋中晚期之时曾多次侵扰齐国及中原国家,对诸侯国的安全造成了严重的威胁。为此,齐国曾对戎狄进行过数次征伐,如:

公元前664年,山戎侵燕,是年九月,桓公、管仲率军伐山戎。

公元前661年,齐伐狄救邢,败狄师。

公元前659年,赤狄攻邢,齐、宋、曹之师救邢。

公元前650年,齐、许伐北戎。

公元前648年,齐桓公使管仲平戎于周,使隰朋平戎于晋。(《国语·齐语》)

上述几次征伐戎狄的战争,目的主要是保护周王朝及所封国家免受戎狄的侵害,而非掠夺马匹或是其他物资,具有较强的防御性。虽然齐国可能得到了一些马匹作为战利品,或者迫使戎狄向齐国进贡一部分马匹,但齐国并未与戎狄形成稳定的臣服纳贡关系。因此,仅靠几次征伐战争,齐国就可以从戎狄持续获得大量的马匹,显然是不现实的。

莱国属于莱夷建立的国家,位于齐国的东部,邻近齐国。《史记·齐太公世家》载:"于是武王已平商而王天下,封师尚父于齐营丘。东就国,道宿行迟。逆旅之人曰:'吾闻时难得而易失。客寝甚安,殆非就国者也。'太公闻之,夜衣而行,犁明至国。莱侯来伐,与之争营丘。营丘边莱。莱人,夷也,会纣之乱而周初定,未能集远方,是以与太公争国。"莱国境内拥有发达的畜牧业,《尚书·禹贡上》:"莱夷作牧。"《左传·襄公二年》曰:"齐侯(齐灵公)伐莱,莱人使正舆子赂夙沙卫以索马牛,皆百匹,齐师乃还。"莱国在受到齐国攻伐时贿赂齐人的马匹多达百匹,表明莱国马匹资源应是十分丰富的,这也暗示着齐国在马匹方面较为匮乏。由此可知在春秋早中期两国和平交往的时间中,莱国的马匹会以贸易或交换的形式输入齐国。公元前567年,莱国被齐国所灭。齐故城五号墓的墓主,学界一般认为是齐景公,其在位时间为公元前547—

[1]　辛迪:《两周戎狄考》,北京大学博士学位论文,2006年,第25页。

[2]　河北省文物管理处:《河北元氏县西张村的西周遗址和墓葬》,《考古》1979年第1期。

[3]　吴业恒:《河南伊川徐阳发现东周陆浑戎贵族墓地》,《中国文物报》2016年4月22日第8版。

490年。齐国本不适宜养马,但齐景公墓葬殉马的数量竟在600匹以上。根据文献记载,齐景公死亡的时间恰恰是在齐国灭莱之后,而非灭莱之前。由此可见,齐国灭莱之后获得了莱国的畜牧业,马匹需求有了充分地保障,齐国国君才可以使用如此之多的马匹殉葬。因此,灭莱之前,齐国的马匹应主要来自莱国;而灭莱之后,齐国的马匹不再主要靠外部输入,而是靠本国饲养了。笼统地说齐国马匹是齐国本地饲养和靠战争掠夺,忽略了齐国马匹来源的变化,忽略了齐国灭莱这一重大历史事件对齐国马匹来源所产生的深远影响。

新泰周家庄墓地分析

朱凤瀚

北京大学中国古代史研究中心、出土文献与中国古代文明研究协同创新中心

2002—2004年,山东省文物考古研究所、新泰市博物馆等单位在新泰北郊周家庄发掘的78座东周墓,集中于约1万平方米的墓地上(全部墓地面积约5万平方米)。对于这处已发掘的墓地,除发掘报告外[1],亦有研究者写过文章,多数意见认为这是东周时齐国墓地(或以齐国墓葬为主的墓地)。但对此墓地作更细致的分析,则可知墓地情况较为复杂,其性质与墓主人身份似均非简单。本文仅对周家庄墓地的构成与性质作初步研究,恳请专家学者指正。

新泰地处山东曲阜东北、临淄西南,在东周时正在齐、鲁之间。发掘报告引《春秋·宣公八年》(前601)所记鲁宣公"城平阳",杜预注"今泰山有平阳县",认为春秋时新泰属鲁国所有。杜预是西晋时人,所云"泰山"即晋泰山郡,所辖平阳县,位于今新泰区域内,杜预认为鲁宣公所建平阳即晋时之平阳,在今新泰[2],故周家庄一带即当属鲁平阳。但至春秋晚期,齐势力南下,此地或成为齐、鲁势力交错区。此片墓地内墓葬年代的大致范围,确如发掘报告所言,应在春秋晚期至战国早期,其中所定个别春秋晚期墓或已进入战国早期。

以下依照时代先分析春秋晚期墓,再分析战国早期墓,然后在此基础上,讨论一下墓地的性质。

---

[1] 山东省文物考古研究所、新泰市博物馆:《新泰周家庄东周墓地》,文物出版社,2014年。

[2] 谭其骧主编《中国历史地图集》(第七册)"春秋时期"的"齐鲁"地图,即将平阳标在今新泰。中华地图学社出版,1975年。

一、春 秋 晚 期 墓

(一) 并穴墓

此墓地中,属于春秋晚期的墓中有若干座以并穴墓形式分布在墓地中部,可分为东向(指头向,下文同)和北向墓两种。

其中,东向墓有 M2、M80、M68、M69、M49、M50、M13、M14、M21、M22;北向墓有M35、M36、M48、M62、M39、M28、M10、M9、M73、M72。

并穴墓中,皆是一座墓有兵器,另一座墓没有兵器,根据以往多数商周墓地已知的情况可以推断,随葬兵器的多是男性墓,未随葬兵器的多是男性的配偶女性墓。这与发掘报告所注明的经过骨骼鉴定的墓主人性别是一致的。这样并穴的两座墓,年代应是大致相同或相近的。由于夫妻并穴墓中,妻墓随葬的物品,虽从道理上讲,应

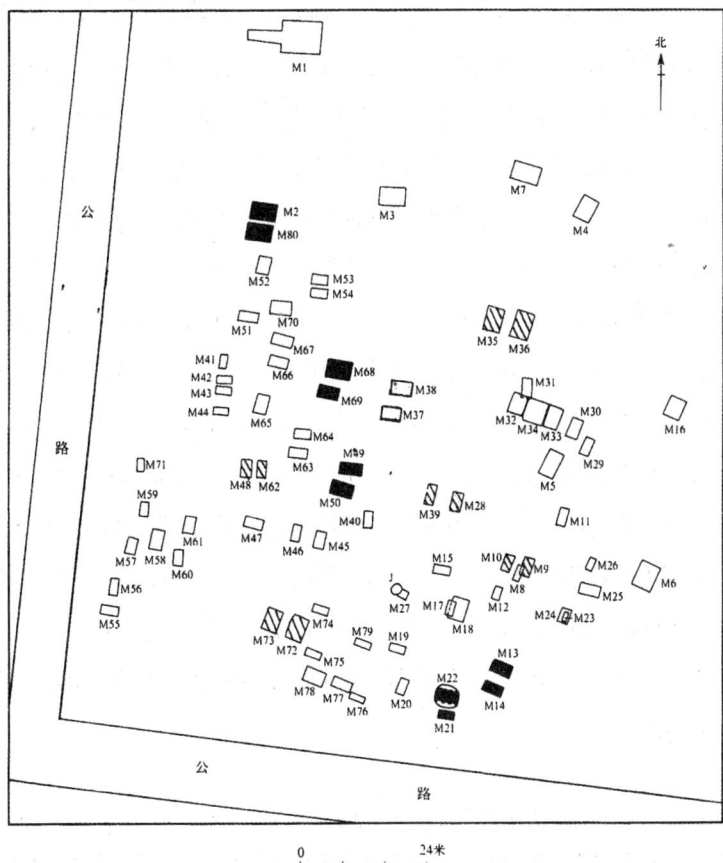

图一　周家庄墓葬春秋晚期并穴墓分布图

该主要反映夫家习俗,但也会有一些器物可能是作为陪嫁物来自其父氏(母家),所以由随葬品推测并穴墓墓主人国别属性时,应适当考虑此因素。

属此一时段的东向并穴墓与北向并穴墓随葬习俗有某种差别,其差别主要表现于:

东向墓	常在二层台一角落(西北、西南、东北)随葬一陶鬲	常有殉狗在腰坑、脚坑或椁顶、椁底
北向墓	多在椁顶放陶器	会在随葬容器内放猪、羊肢体

在随葬陶器与铜器组合上,二者也有一定差别(以下所列指较完整组合,括号内器类表示非常见):

	陶器	铜器
东向墓	鬲(单鬲) 鼎、豆、罐(鬲、敦、罍、盘、匜)	鼎、豆、壶、铺、盘、匜
北向墓	鼎、鬲、豆、罐、罍(敦、卮、盘、匜)	鼎、豆、铺、盘、匜(甗、敦、壶)

这样看来,周家庄春秋晚期并穴墓中,东向墓与北向墓的随葬品组合差异,在陶器上表现得更为明显,北向墓覆钵式盖罍常见,与东向墓有明显区别;铜器组合与形制差别较小。这说明在此时期,国别(族属)埋葬习俗的差别,在青铜礼器方面已较小(与皆源于中原传统周文化有关,比如自春秋晚期开始的"鼎、豆、铺、盘、匜"组合形式),而陶器仍是反映族属、国别文化差异较明显的器物。

春秋晚期齐墓的陶器组合资料较少,已知者如昌乐岳家河春秋晚期墓为鬲、豆、罐,鬲、豆、盂,亦有鼎、豆、罐、盂[1];章丘宁家埠甲组春秋晚期墓的组合为鬲、豆、罐、盂[2]。大致是以鬲或鼎配豆、罐、盂,罐、盂或不重出,罕见罍。春秋晚期齐墓的铜器组合资料亦甚少,可举出淄博淄川磁村春秋晚期墓 M1、M01、M02、M03,其铜器组合为鼎、敦、铺,鼎、豆、敦、铺[3]。新泰周家庄东向并穴墓的陶、铜器组合,与已知上述齐墓组合有一定差别,也有共性。共性,如陶器中皆有豆、罐,可与鼎或鬲相配,皆不见(或少见)罍;铜器均有鼎、铺,有豆或敦。不同点,如周家庄墓陶器不见盂而多出单鬲,已知齐墓铜器不见壶。鉴于现所了解的春秋晚期齐墓陶、铜器组合资料不系统,这种比较还是较粗略的。

[1] 山东省潍坊市博物馆、山东省昌乐县文管所:《山东昌乐岳家河周墓》,《考古学报》1990 年第 1 期。

[2] 济青公路文物考古队宁家埠分队:《章丘宁家埠遗址发掘报告》,《济青高级公路章丘工段考古发掘报告集》,齐鲁书社,1993 年。

[3] 淄博市博物馆:《山东淄博磁村发现四座春秋墓葬》,《考古》1991 年第 6 期。

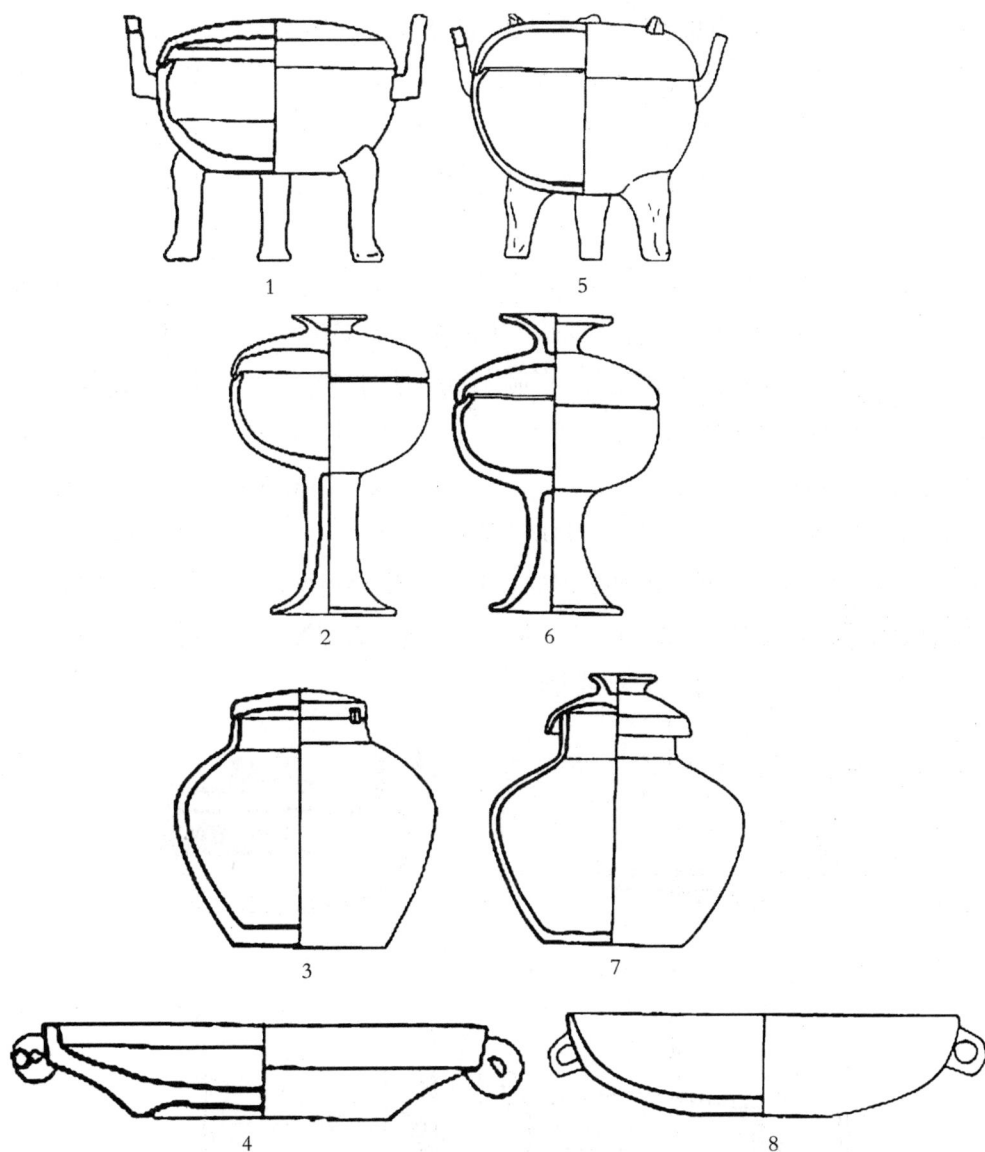

图二　春秋晚期东向与北向并穴墓随葬陶器比较

(1—4.东向 M22,5—8.北向 M48)

1. M22：27、26　2. M22：31、38　3. M22：36、44　4. M22：34
5. M48：14、35　6. M48：6、4　7. M48：44 、48　8. M48：43

春秋晚期典型的鲁墓(如曲阜鲁故城甲组墓)陶器组合资料亦较缺乏。曲阜鲁故城甲组墓及新泰郭家泉墓的陶器组合,以鼎、鬲、豆、罐、罍、盂为基本组合成分[1]。

[1]　山东省文物考古研究所、山东省博物馆、济宁地区文物组等:《曲阜鲁国故城》,齐鲁书社,1982 年;山东大学历史系考古专业、山东省新泰市文化局:《山东新泰郭家泉东周墓》,《考古学报》1989年第 4 期。

春秋晚期鲁墓较完整的铜器组合同样缺乏,曲阜鲁故城甲组墓中同时期的铜器墓多被盗,其中 M116 亦被盗,然所余铜器尚多,有鼎、盨、豆、盘、匜,M103 仅余鍪。周家庄北向墓的陶器组合形式与郭家泉墓同时期的组合形式相近,只是未见盉。铜器组合方面,周家庄墓组合中的鼎、豆、盘、匜与鲁故城 M116 相同,惟周家庄同时期墓中未见有盨。

上述春秋晚期两种墓向的并穴墓不仅在陶、铜器组合形式上有所不同,分别接近同时期齐、鲁墓中的组合,而且在器物形制上亦有较明显的差别(图二)。

春秋晚期东向并穴墓所出器物在形制上与同时期的齐器也有相近合处,如东向并穴墓中所出陶鼎,多数皆腹部较浅,三蹄形足相对较长。其中 M69 所出陶鼎(M69：5、6;图三,1)的形制特征与淄博淄川磁村属齐国的春秋晚期墓 M01 出土铜鼎(图三,2)的腹、耳、足部颇为相近[1]。磁村 M01 这件铜鼎,是齐国春秋晚期青铜器中相当有特色的器型。与周家庄 M69 形近的陶鼎,很可能属于同型仿铜器。此型陶鼎,在稍晚的齐国墓葬中仍有出土,如章丘宁家埠 M137 所出鼎(图三,3)、昌乐岳家河 M125 所出鼎(图三,4),皆已属战国早期或稍晚。

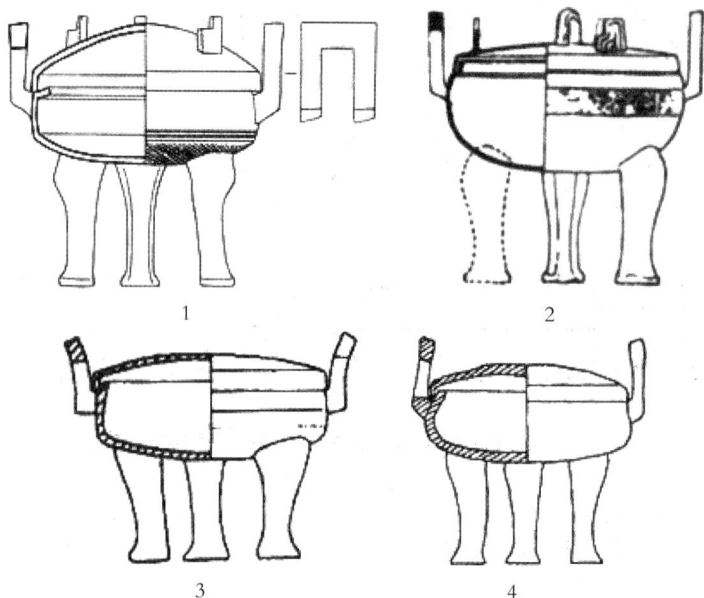

图三　春秋晚期东向墓 M69 出土陶鼎与齐墓出土铜、陶鼎

1. 周家庄 M69：5、6　2. 淄博淄川磁村 M01：1(铜鼎)

3. 章丘宁家埠 M137 出土鼎　4. 昌乐岳家河 M125：5

[1]　淄博市博物馆:《山东淄博磁村发现四座春秋墓葬》,《考古》1991 年第 6 期。

　　北向并穴墓中所出陶器形制,则与曲阜鲁故城及新泰郭家泉墓所出器物有近似
处,如彩绘陶罍、陶𠤎与曲阜鲁故城同期墓所出同类器相似(图四)[1]。此外,北向并
穴墓中所出陶鼎多数腹较深,与东向并穴墓所出陶鼎明显不同;特别是,北向并穴墓
中陶鼎三足较粗,足外表多削成多棱形,而此特征亦见于郭家泉春秋晚期墓出土鼎,
如郭家泉 M9∶6(图四,2)。

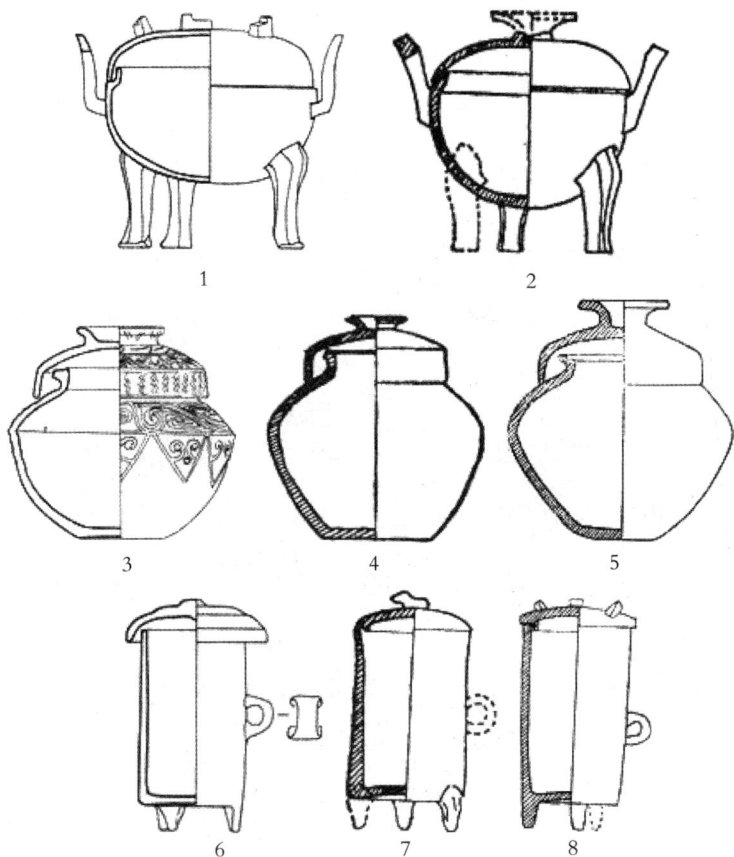

图四　春秋晚期北向并穴墓与鲁墓出土陶器的比较

1. 周家庄 M10∶1　2. 郭家泉 M9∶6　3. 周家庄 M73∶14　4. 郭家泉 M18∶3
5. 曲阜鲁故城 M209∶11　6. 周家庄 M48∶41　7. 郭家泉 M18∶1　8. 曲阜鲁故城 M104∶11

　　综合上述分析,周家庄墓地春秋晚期并穴墓中,东向并穴墓大致应归属齐墓;北
向墓则与新泰郭家泉春秋晚期墓及曲阜鲁故城同期墓较为接近,大致可归属鲁墓。

---

[1]　王震、滕铭予:《新泰周家庄墓地的年代上限、国别及相关问题》,《文物》2016 年第 11 期。

(二) 零散墓

此墓地内可以划为春秋晚期的墓中,除上述并穴的成组墓外,还有独立存在的较零散的墓。

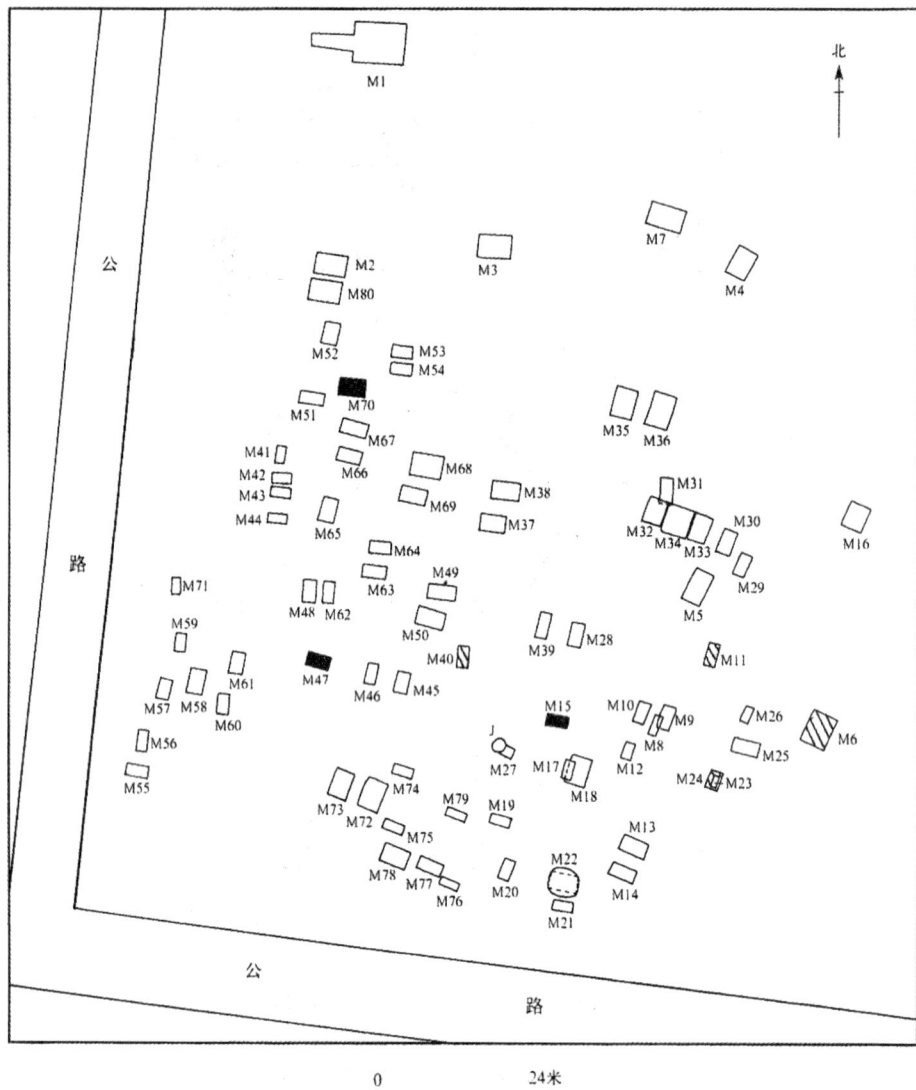

图五　周家庄墓地春秋晚期零散墓分布图

其中东向墓有 M15、M47、M70,北向墓有 M6、M11、M24、M40。东向、北向墓的国别,除北向墓 M6 无陶器,不好判断外,余大致可知分别同于东向或北向的并穴墓。此七座零散分布的墓中,除 M47 墓主人为女性外,余皆为男性,其中有四座可测知年龄的,年龄均在 25—40 岁,且都随葬有兵器,可知当皆是战死的军士。

二、战国早期墓

(一) 并穴墓

周家庄墓地中的战国早期并穴墓也有墓向的区别,即东向与北向两种。其中属于东向的并穴墓,有 M37、M38,M66、M67,M63、M64(按:M63 女性墓无随葬品,M64仅随葬一件剑,其年代暂依发掘报告所定);属于北向的有 M45、M46。

这几组战国早期并穴墓,已对部分人骨做性别鉴定,且有男性随葬兵器这一习俗可助推断,知凡并穴墓亦皆是男女并穴墓。其中东向墓组中,M63(女)、M64(男)均无陶器随葬,M64 有青铜兵器。M67(男)的陶器组合是豆、罐、罍,M37(女)的陶器组合是鼎、豆、罐。值得注意的是,以上诸墓中的豆皆已包括有盖豆与浅盘豆两类,这一组合特征符合战国早期齐墓陶豆的组合形式,在同时期的鲁墓中并无这种现象。所以此时期并

图六　周家庄墓葬战国早期并穴墓分布图

穴的东向墓很可能与春秋晚期东向并穴墓相同,大致当归属齐墓。此外男性墓 M38(此墓无陶器)与 M67 所出青铜器也多与战国早期齐墓所出同类青铜器形近(图七)。

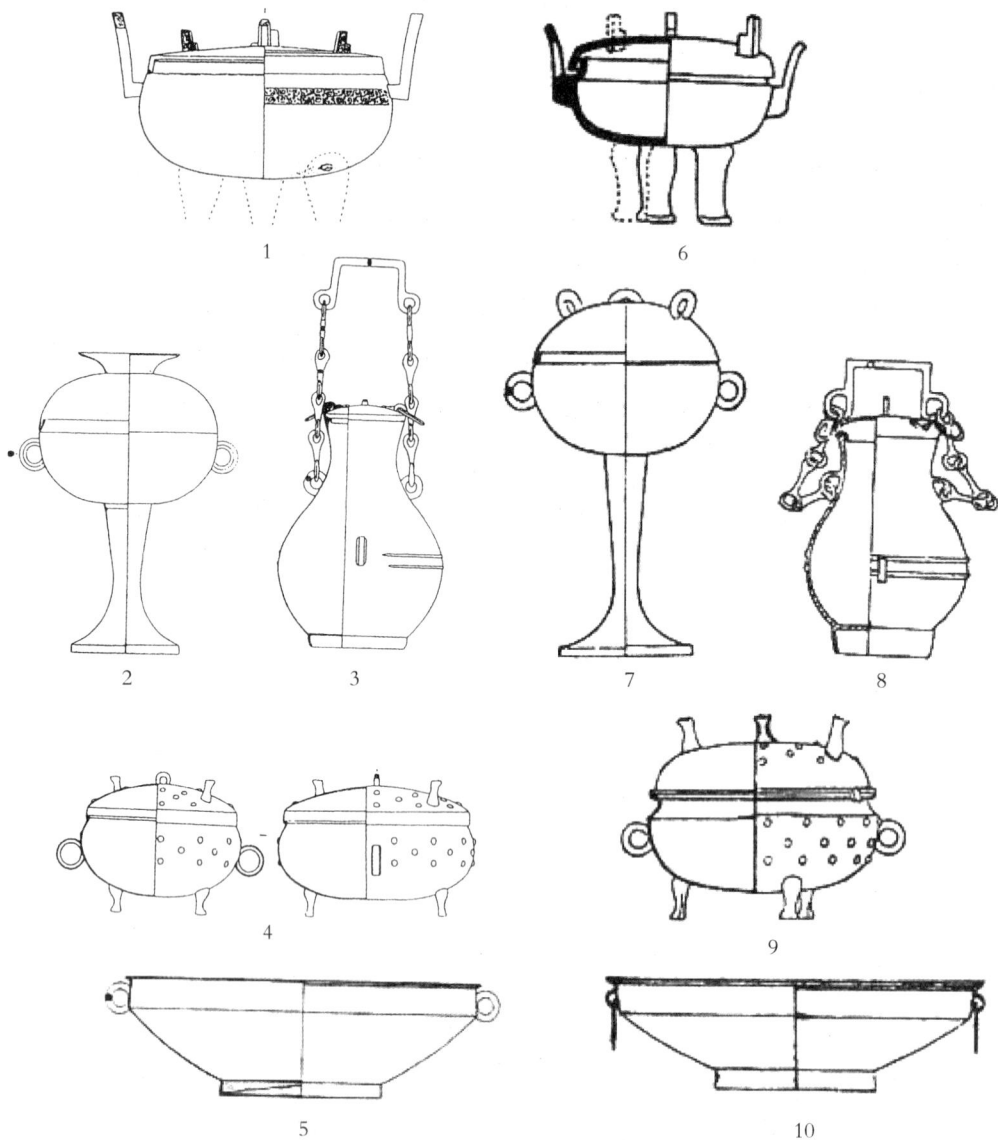

图七　战国早期东向并穴墓 M38 出土青铜器与齐墓青铜器的比较[1]

1. 鼎 M38∶41、44　2. 豆 M38∶34、36　3. 壶 M38∶35　4. 敦 M38∶39、38　5. 盘 M38∶45
6. 栖霞杨家园墓出土鼎　7. 济南左家洼 M1 出土豆　8. 长岛王沟 M1 出土壶
9. 左家洼 M1 出土敦　10. 左家洼 M1 出土盘

---

[1]　山东省博物馆:《山东栖霞县战国墓》,《考古》1963 年第 8 期;长岛王沟 M1 出土青铜器,存烟台市博物馆,转引自王青:《海岱地区周代墓葬研究》,山东大学出版社,2002 年;济南市文化局文物处、历城区文化局:《山东济南市左家洼出土战国青铜器》,《考古》1995 年第 3 期。

周家庄墓地中,战国早期北向的并穴墓仅有 M45、M46。据发掘报告,男性墓 M46 亦未出兵器,性别当据骨骼鉴定。所出豆,皆仅有盖豆一类,且二墓中均有覆钵式盖罍,是此墓地春秋晚期北向并穴墓中几乎必见的器物;此二墓中所出罍的形制亦近于曲阜鲁故城甲组墓中发掘报告定为Ⅸ、Ⅹ式的罍;M45 出有彩绘陶豆,在郭家泉墓地中,彩绘豆亦出现于战国早期墓,其中 M17 出土盖豆(失盖)器身形制与彩绘位置均与周家庄 M45 出土豆(M45∶6、5)相近同,曲阜鲁故城战国早期墓中亦出有形近的彩绘豆(M111∶2);所出器盖同形敦,亦见于同墓地中春秋晚期北向并穴墓 M39。

因此,战国早期的并穴墓中,东向并穴墓似仍当归属齐墓,北向并穴墓似仍当归属鲁墓,如是,则表明此墓地直至战国早期可能仍有两种国别的墓并存。

(二) 构成墓组的墓

此墓地中的战国早期墓除上举并穴墓外,在墓地的南、西南与东北边缘还存在三组多数墓以相同墓向聚合的墓组(图八)[1]。

其中南墓组,包括 M19、M20、M74、M75、M76、M77、M78、M79 八座墓。除 M20 北向外,余均东向。M76 无随葬品,性别不详。M20 报告著录为女性;M74 仅有陶器,墓主人有为女性可能。余五墓皆随葬兵器,墓主人为男性。随葬的陶器组合与形制特征,如诸墓多有常见于此墓地春秋晚期北向墓中的覆钵式盖罍与形制相近的罐,陶豆皆只有盖豆,无浅盘豆,M78 陶鼎蹄足外表有刮削痕迹,且有深腹陶卮,凡此均与春秋晚期并穴墓中北向墓的陶器组合与器物形制特征相同,所以,此墓组虽多东向,但更有归属鲁墓的可能。

西南墓组共八座墓,包括 M55、M56、M57、M58、M59、M60、M61、M71,仅最南边的 M55 为东向,系女性墓,余皆北向。随葬品情况较为复杂,诸墓所出陶器与齐墓相近,如 M56、M61 均出近平裆绳纹鬲;M58 男性墓有齐式莲花瓣顶敦、双龙耳莲花瓣盖顶簋;M57 出陶高柄浅盘豆,与盖豆组合,陶鼎形制亦近于春秋晚期齐墓所出鼎。所以此八座墓中至少应有较多的齐墓。八墓中,除 M55、M60(只有陶罐,无兵器)为女性墓,M71 男性墓无兵器外,余五墓均为随葬有兵器的男性墓。所以,此墓组虽多为北向,但很可能多为齐墓,与同期并穴墓中齐墓为东向不同。

东北墓组均为北向墓,共七座,包括 M5、M29、M30、M31、M32、M33、M34,其中

---

[1] 在此墓地西边尚有由北向墓 M41 与三座东向墓 M42、M43、M44 构成的一个墓组,M41 随葬浅盘豆一件、盖豆一件,与战国早期齐墓陶器组合同;M42、M43、M44 均无随葬品。

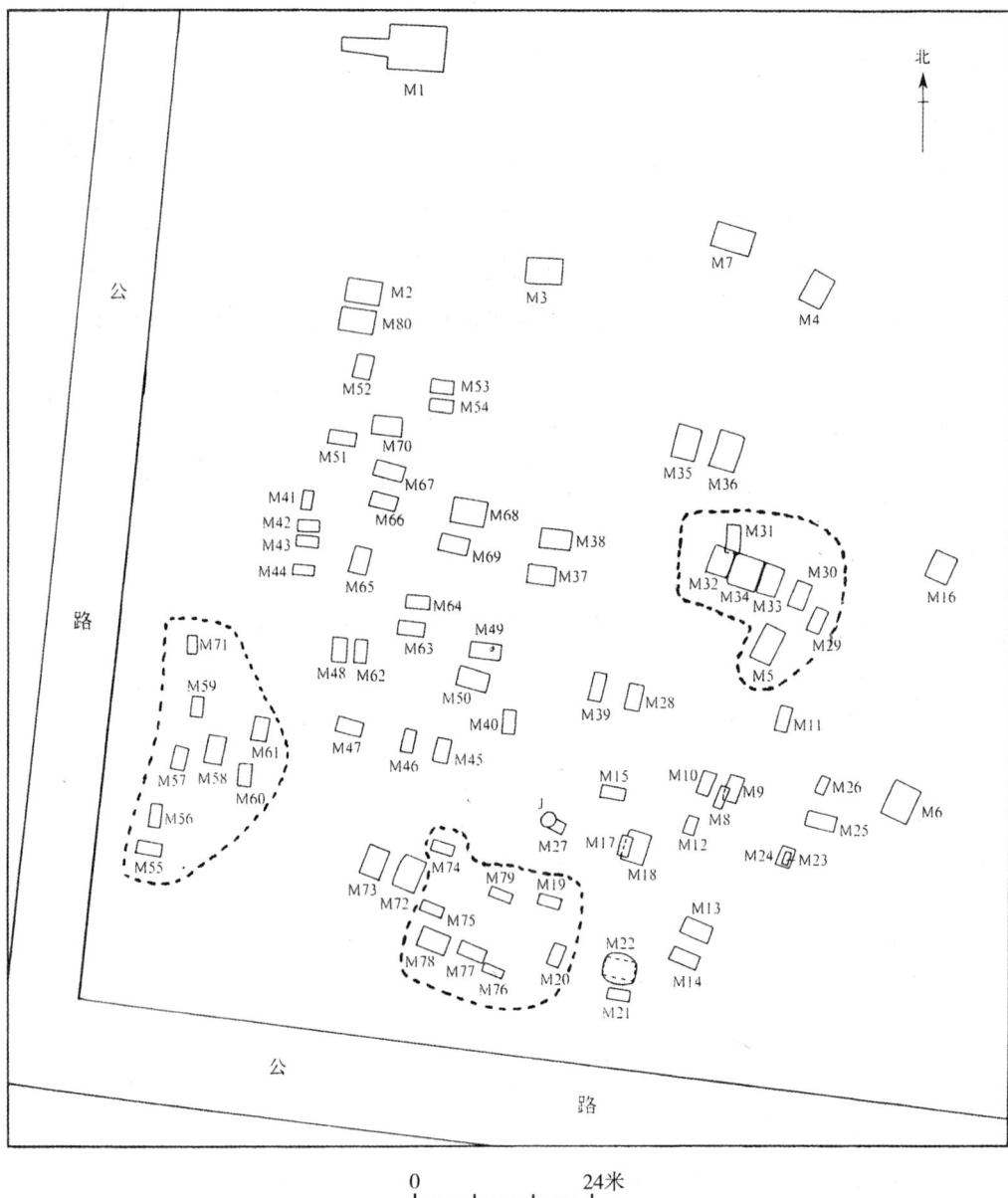

图八　周家庄墓葬战国早期成组墓分布图

M32、M33、M34 三墓东西并列相近。M31 无随葬品,其余墓从陶、铜随葬品形制看,大致应归属齐墓(如 M32 有球形敦;M34 有齐式莲花瓣盖顶壶、簋,双龙耳簠)。七墓中除 M31 性别不明,M29、M34 可能为女性墓外,余四墓均为随葬兵器的男性墓。相靠拢的 M32、M34 墓葬规格相近,不排除为夫妻墓的可能。

　　综上所述,从以上三个墓地边缘属战国早期的墓组情况看,东向为主的南墓组约当归属鲁墓;多为北向的西南墓组,有可能多属齐墓;均北向的东北墓组,则约当归属齐墓。看来到了战国早期,这种非并穴的单葬的墓组成的墓组与春秋晚期至战国早期的并穴墓中,北向并穴墓属鲁墓、东向属齐墓的情况可能并不相合。这三个战国早期墓组中,除上述东北组包含有可能为夫妻并穴墓的 M32、M34 外,没有可定为男女并穴的小墓组,墓位排列也没有严格秩序,墓主人除少数女性外,绝大多数为男性,并随葬有兵器。

(三) 零散墓

战国早期零散的墓中,有几座较大的墓,集中于墓地北部与东部,如最北边的甲字形的 M1,稍靠南的 M3、M7,以上皆东向墓。东北边还有北向的 M4,东边有北向的 M16。此外尚有东向的 M70、M25,北向的 M6、M26 等墓散布于上举诸并穴墓与墓组间。

从随葬品情况看,M1 为男性墓,此墓已被破坏,所遗留的除大量铜兵器、车马器外,尚有铜镈、铜钟,墓葬的甲字形构造、墓室面积,还有随葬乐器、玉饰等,均显示了较高的等级地位。但 M1 周边无与之组合的墓,M1 与此墓地主体内涵似无关。

M3、M7 相隔约 20 米,均约当为战国早期齐墓,M3 为男性墓,M7 为女性墓。二墓墓室面积较大,皆随葬有齐式双龙耳陶簋,M7 有齐式莲花瓣盖顶的簋与壶,有无可能为夫妻墓,尚待进一步研究。

M4 北向墓仅有铜器,国别尚不能确定。

M16 亦北向墓,墓主人男性,随葬铜兵器、车马器,并有齐式双龙耳陶簋,有属齐墓之可能。

其他零散穿插在并穴墓与诸墓组间的墓:

M70,男性墓,随葬有铜兵器,齐式双龙耳陶簋,莲花瓣顶盖簋、壶,应属齐墓。

M25,女性墓,随葬有齐式双龙纹陶盖,亦当属齐墓。

三、墓 地 性 质

这里所谓性质,主要是指墓地的国别与墓主人身份。

(一) 根据以上对墓地春秋晚期至战国早期墓葬的分析,此墓地内墓葬并不单纯,似非纯粹的齐国墓地,而是夹杂有齐、鲁(更近于新泰郭家泉类型)两国自春秋晚期至战国早期的墓葬[1]。由于对墓葬年代还未能再作更细致的区分，所以还不能严格划分不同国别墓葬形成的更细小的时段，只能认为在此一时段内，墓地曾为齐、鲁两国共用。但到了战国早期以后，墓地内可以大致判定为齐墓的墓葬确实明显增多。

（二）墓葬大致可分为东向、北向两类，而墓向与国别的关系在春秋晚期至战国早期似有所变化。对于此墓地大量春秋晚期至战国早期的面积较大的并穴墓而言，东向并穴墓属齐墓，北向并穴墓大致应属鲁墓。非并穴墓的较大型墓，也大致有以上规律。但是到战国早期以后，非并穴而以同向墓构成的墓组中的墓或零散的面积较小的墓不再有上述规律，东、北向墓有分别属鲁、齐的可能。

（三）春秋晚期至战国早期并穴墓，多为男女并穴，男性墓主人皆随葬青铜兵器。其他非并穴墓，从数量看，绝大多数墓也是随葬有青铜兵器的男性墓。这样看来，过去学者们已指出的，周家庄墓地是将士墓是有道理的。这个墓地应大致可以认为是专门埋葬齐、鲁两国军人的公共墓地，战国早期以后应以埋葬齐国军士为主。相比较而言，春秋晚期墓，特别是并穴墓，从墓制与随葬品情况看，墓主人身份等级较高。战国早期以后墓多数随葬品简陋，且男性军人墓已多有明器兵器，显示出相对较低的等级身份。

春秋晚期至战国早期，在今新泰地区戍守或作战的军人（或为外籍）阵亡或病逝后埋葬于此。由于军人墓地并非家族墓地，所以周家庄墓地不具备一般族墓地的布局特征（比如较大面积的墓葬有序排列，不同层级的族墓地相互有序分隔等），因此出现不同时期、不同国别、墓主人等级身份有差别的墓葬穿插分布，似非像有的研究者所认为的那样排列规整。

（四）此墓地中并穴墓的女性墓主人，应该是男性墓主人的夫人。零散墓中少数面积较小的女性墓，不排除是下层军士的配偶或其他随军女子。存在的问题是，据发掘报告，并穴墓中的女性，年龄多在 20—50 岁，且以 30—40 岁为多。男墓主人作为军人，较年轻即阵亡是可能的，但其配偶如非战死，似不当多卒于这个年龄，为何会同埋葬于此军人墓地？即使是死后移葬于此与其夫并穴同葬，也不会在此年龄段故去。较年轻的女性与战死的男性并穴而葬，应该有特殊的造成同时死亡的原因，这个问题亦是可以再研究的。

（五）墓地虽可大致认为是齐、鲁（更近于新泰郭家泉类型）两国墓地，但从随葬

---

　　[1]　王青《新泰周家庄东周墓地的几个问题初识》（《青铜器与山东古国学术研讨会论文集》，上海古籍出版社，2017 年）已曾指出："周家庄墓地的埋入人员除了齐国将士和居民外，还有大量已被征服的当地原属鲁国的居民及其后裔。"从此墓地中的有可能是鲁墓的墓葬情况（墓位、墓葬规格、随葬品）看，墓主人似不像是被征服后地位已降低的状态。

习俗以及随葬品看,又与齐都、鲁都地区典型的齐、鲁文化墓地有某些差别,特别表现在随葬陶器的器类、组合形式及形制上,都有一定的区域性文化特征。这既可能与埋葬于此的齐、鲁两国将士个人之籍贯、家族文化差异有关,也可能是埋葬时部分使用了较便于取得的新泰本地区制造的器物。

(六)今新泰地区在春秋晚期大致主要归属鲁国,齐国势力南下,此区域成为被齐鲁两国军事、政治力量交相控制的区域。如依上述,此一墓地中确实存在着两国军人的墓葬,战国以后以埋葬齐军人为主,反映了进入战国后,齐国势力已逐渐控制这一区域。此墓地可为了解此一时段齐鲁两国的相互关系,特别是在吴国等南方列国势力北上背景下的相互关系提供重要参考。

补记:

本文写成付排后,笔者看到山东省文物考古研究院《临淄齐墓》(第二集,文物出版社,2018年)所刊两醇墓地发掘报告,对本文可作如下补充:

1. 两醇墓地春秋晚期墓的陶器组合亦以鬲、豆、盂为主要形式,或有鼎、敦。

2. 本文图三中春秋晚期齐陶鼎形制亦多见于两醇墓地。

3. 本文言战国早期齐墓陶器组合形式,包括有盖豆与浅盘豆两类,此一特征在两醇墓地战国早期(乃至整个战国时期)墓中亦存在。

八主祭祀研究

王 睿

故宫博物院考古所

　　"八主"在文献中亦称为"八神",是指"天""地""兵""日""月""阴""阳""四时"八种祭祀对象,祭祀地点分布在今山东半岛上,"天""地""兵"在半岛腹地鲁中部和西南一带,其余五处在沿海地区(图一)。

　　最早记载八主祭祀的是《史记·封禅书》:"八神将自古而有之,或曰太公以来作之。齐所以为齐,以天齐也。其祀绝莫知起时。八神:一曰天主,祠天齐。天齐渊水,居临淄南郊山下者。二曰地主,祠泰山梁父。盖天好阴,祠之必于高山之下,小山之上,命曰'畤';地贵阳,祭之必于泽中圜丘云。三曰兵主,祠蚩尤。蚩尤在东平陆监乡,齐之西境也。四曰阴主,祠三山。五曰阳主,祠之罘。六曰月主,祠之莱山。皆在齐北,并勃海。七曰日主,祠成山。成山斗入海,最居齐东北隅,以迎日出云。八曰四时主,祠琅邪。琅邪在齐东方,盖岁之所始。皆各用一牢具祠,而巫祝所损益,珪币杂异焉。"[1]相关祭祀情况出现在《史记》《汉书》中有关皇帝的祭祀活动中,八主祭祀在秦皇、汉武时期最为兴盛,经过汉代昭帝、宣帝、元帝等几代后,在汉成帝宗教改革中地位开始动摇,新莽时期确立了以国都长安为中心,祭天于南郊、祭地于北郊的郊祀制后被彻底废止[2]。在正史文献中被载录的时间跨度只有秦、汉两代。

　　八主祭祀在秦汉时期以前未见提及,秦汉时期突然兴盛,后又隐匿不现,它出现的时间、社会思想背景等基本问题均需要研究。

　　按照司马迁的推断,八主祭祀出现的时间有若干种情况:"自古而有之""太公以

---

[1] [汉]司马迁撰:《史记·封禅书》,中华书局,1959年,第1367—1368页。

[2] [汉]班固撰:《汉书·王莽传》,中华书局,1962年,第4082页。

来作之""其祀绝莫知起时"。其中最晚的是西周初年齐国始封之时,但综合分析八主祠的分布地点及周代侯国的疆域划分和管控情况,此说难以成立。

西周以来,齐、鲁两个封国是山东半岛上最主要的政治势力[1]。齐长城横亘半岛东西,"长城之阳,鲁也;长城之阴,齐也"[2],齐、鲁分踞半岛中部的南北,它们西有曹,齐东有莱,鲁东有莒、杞等地方势力(图一)。战国时期随着周王室式微,诸侯间互相侵伐,齐地又有越、楚、秦等势力的侵入。至战国最晚期,各诸侯国相继殄灭,秦齐对峙,曾被各方势力把持的齐地才归属于齐。

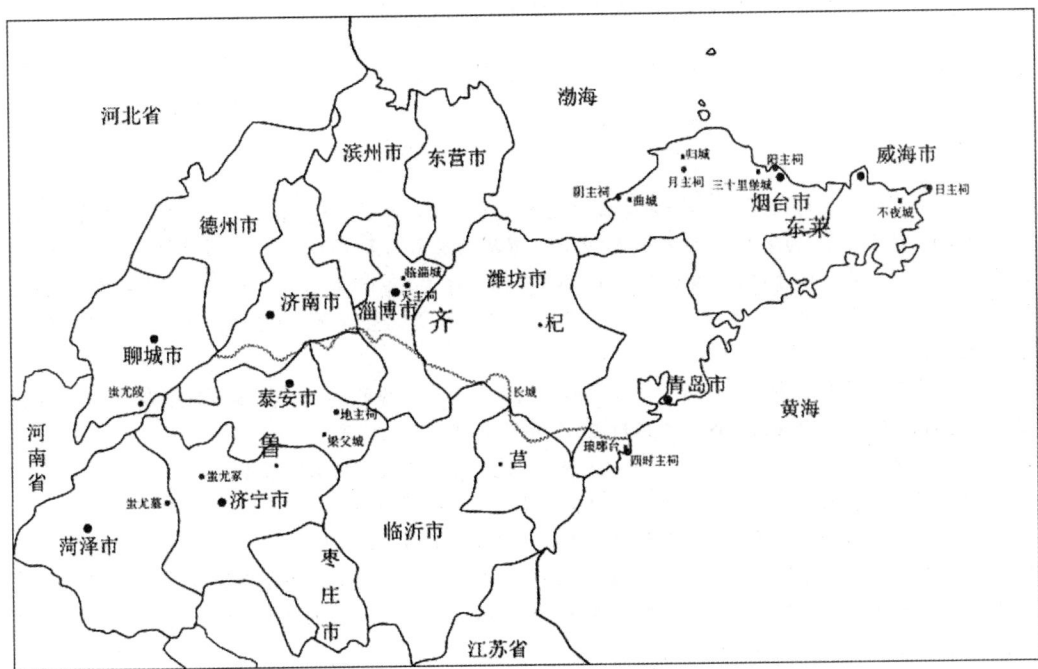

图一　八主祠地点分布图

八主祠中,天主祠因居齐都临淄南郊一直为齐所有,其他祠祀之地自西周至战国时期都有几经分属的情况。

地主,祠泰山梁父,梁父山为泰山下的众小山之一,位于鲁国腹地。济水源出河南省济源市王屋山,春秋时期济水流经魏、曹、齐、鲁之境,为曹、鲁分界[3]。济东鲁

---

[1]《史记·鲁周公世家》,第1515页;《史记·齐太公世家》,第1480页。

[2] 黎翔凤撰,梁运华整理:《管子校注》,中华书局,2004年,第1500页。

[3]《左传·僖公三十一年》:"取济西田,分曹地也……分曹地,自洮以南,东傅于济,尽曹地也。"见杨伯峻:《春秋左传注》(修订本),中华书局,1990年,第485—486页。

地当在今巨野县、寿张县、东平县之间，兵主祠地当属鲁。战国晚期鲁为楚所灭[1]，旋即秦灭楚，齐实有其地[2]。

山东半岛本为莱人之地[3]，在商末周初外来势力侵入之前，东部沿海区域分布有珍珠门文化和岳石文化等土著莱人的物质文化遗存，黄县（今龙口市）莱阴出土的西周初期的莱伯鼎，乃是该地区本为莱国之地的明证[4]。阴主祠、月主祠和日主祠附近的城邑曲城、归城、不夜城等作为城邑的时间虽然在西周早中期以降，但在此之前都是当地土著的大型聚居地[5]。莱国于春秋晚期被齐所灭[6]，阴主、月主、日主等祠祀地域归齐所有。

根据文献和出土青铜器铭文，阳主所在的烟台市区属夷国[7]。鲁庄公四年（公

---

[1] 楚灭鲁具体时间有争论，一为鲁亡于楚考烈王七年或八年，"（顷公）二十四年，楚考烈王伐灭鲁。顷公亡，迁于下邑，为家人，鲁绝祀"。见《史记·鲁周公世家》，第1547页。《六国年表》分为两节，楚取鲁在八年，灭鲁在十四年："（楚考烈王八年）取鲁，鲁君封于莒。""（楚考烈王十四年）楚灭鲁，顷公迁下，为家人，绝祀"。见《史记》，第748、749页。刘歆说鲁灭在周灭后六年，即楚考烈王之十三年，见《汉书·律历志》，第1022页。

[2] 鲁国腹地泰山脚下东更道曾发现战国晚期齐人用获自鲁的楚器祭祀泰山的遗存，见李零：《东更道七器的再认识》，《中国国家博物馆馆刊》2017年第10期，第128页。

[3] "（太公）黎明至国，莱侯来伐，与之争营丘"，《史记·齐太公世家》，第1480页。

[4] 陈梦家：《西周铜器断代》（上册），中华书局，2004年，第118—119页。

[5] 几地多有与莱相关的记载和传说。曲城，"周成王十四年，秦师（清孙渊如校正本作齐师）围曲城，克之"，见[南朝]沈约撰：《竹书纪年注》卷下，四部丛刊景明天一阁本。归城即为莱人故城，或多有相关传说，"黄，有莱山松林莱君祠"；"不夜"，颜师古引《齐地记》云："古有日夜出，见于东莱，故莱子立此城，以不夜为名。"见《汉书·地理志》，第1585页。

[6] 《左传·襄公六年》，传为："十一月，齐侯灭莱，莱恃谋也。……四月，晏弱城东阳，而遂围莱。甲寅，堙之环城，傅于堞。及杞桓公卒之月，乙未，王湫师及正舆子、棠人军齐师，齐师大败之。丁未，入莱。莱共公浮柔奔棠。正舆子、王湫奔莒，莒人杀之。四月，陈无宇献莱宗器于襄宫。晏弱围棠，十一月丙辰而灭之。迁莱于郳"。见《春秋左传注》（修订本），第947—948页。齐侯镈钟是事于齐的宋穆公后代所作，作于齐庄公（前553—前548年在位）时，铭文中提到齐灵公灭莱，当春秋晚期。"余命女（汝）司予釐，造国徒四千"，见《两周金文辞大系图录考释》（二），《郭沫若全集考古编》第8册，科学出版社，2002年，第431页。

[7] 《左传·隐公元年》："纪人伐夷。"杨伯峻注："故城当在今山东省寿光县南。"见《春秋左传注》（修订本），第17页。《齐乘》："寿光南三十里，春秋之纪国。"见[元]于钦撰：《齐乘》卷四，清乾隆四十六年（1781）刻本。烟台市区毓璜顶西南侧缓坡上出土的己爵，其年代据铭文风格和器形特点应为西周早期。林仙庭：《扑朔迷离看己国》，《考古烟台》，齐鲁书社，2006年，第125、126页。上夼村西周晚期至春秋早期墓葬中出土了夷侯鼎、己华父鼎，两器铭文一作"夷"，一作"己"，证明"夷""己"本系一国之称。1975年莱阳县前河前村出土八件己国器，鼎2、壶2、瓢1、盘1、匜1，另有一件器形无法辨认，其中一壶一瓢有铭作："己侯作眉寿壶，使小臣□津永宝用"，时代属于西周中期。李步青：《山东莱阳县出土己国铜器》，《文物》1983年第12期，第7页。1951年归城南埠村出土了八件春秋时期夷国铜器，其中四簋及盘、匜皆有铭文，盘、匜应为夷侯媵器。王献唐：《黄县夷器》，《山东古国考》，齐鲁书社，1983年，第1—158页。

元前690年),齐襄公伐纪,纪国灭亡[1]。

四时主祠在今青岛市黄岛区(原胶南市)琅琊台,西周以来分属不同政治势力。地方属国莒包括现今山东东南部和江苏北部[2],四时主当在莒境。楚灭莒后[3],齐与楚等可能在此对立[4]。战国晚期在秦的逼迫之下,楚与琅琊相隔甚远未能权倾其地,则成齐之属域。

周代分封的诸侯国之间疆域分明,"天子非展义不巡守,诸侯非民事不举,卿非君命不越竟"[5]。以下两条记载非常形象地说明了当时的情况:"(齐桓公)二十三年,山戎伐燕,燕告急于齐。齐桓公救燕,遂伐山戎,至于孤竹而还。燕庄公遂送桓公入齐境。桓公曰:'非天子,诸侯相送不出境,吾不可以无礼于燕。'于是分沟割燕君所至与燕。"[6]"(鲁庄公)二十三年夏,公如齐观社,非礼也。曹刿谏曰:'不可……诸侯有王,王有巡守,以大习之。非是,君不举矣。'"[7]

各诸侯王拥有的不只是疆域,还有疆域内神灵的祭祀权以至于疆域所对应的天上二十八宿、十二次[8]。楚昭王和周夷王有疾时祭祷对象的不同,说明诸侯对神灵祭祀的越位是对疆域的侵犯,只有周王才享有各国疆域内神灵的护佑。"(楚)昭王有疾,卜曰:'河为祟。'王弗祭。大夫请祭诸郊。王曰:'三代命祀,祭不越望。江、汉、睢、漳,楚之望也。祸福之至,不是过也。不谷虽不德,河非所获罪也。'"周夷王病,"王愆于厥身,诸侯莫不并走其望,以祈王身"[9]。

---

[1]《春秋左传注》(修订本),第165页。

[2] 莒为方国。"平丘之会,晋昭公使叔向辞昭公弗与盟。子服惠伯曰:'晋信蛮夷而弃兄弟,其执政贰乎。'"韦昭注:"蛮夷,莒人。兄弟,鲁也。"见徐元诰撰,王树民、沈长云点校:《国语集解》,中华书局,2002年,第189页。"考莒原有国土,其都居莒,即今山东莒县,其属域有介根,在今高密县境;有密,在今昌邑县境;有渠邱,有防,有寿余,在今安丘县境;有且于,在今莒县境;有寿舒,蒲侯氏,大庬,常仪糜,亦在今莒县境,有兹,在今沂水县境。是莒之领域,当春秋之际,其地略有今莒县安丘昌邑诸城高密沂水赣榆等县之全境或其一部。"见张维华:《齐长城考》,《禹贡半月刊》第七卷第一二三合期,1937年,第145页。

[3]"简王元年(公元前431年),北伐灭莒。"见《史记·楚世家》,第1719页。

[4]《竹书纪年》载:"梁惠成王二十年,齐筑防以为长城。"见[北魏]郦道元注,[民国]杨守敬、熊会贞疏:《水经注疏》,江苏古籍出版社,1989年,2258页。"至于其东南境长城之建筑,似在楚人灭莒之后。"见张维华:《齐长城考》,《禹贡半月刊》第七卷第一二三合期,第146页。

[5]《春秋左传注》(修订本),第235—236页。

[6]《史记·齐太公世家》,第1488页。

[7]《春秋左传注》(修订本),第225—226页。

[8] 参见刘瑛:《〈左传〉〈国语〉方术研究》,人民文学出版社,2006年,第25—42页。

[9]《春秋左传注》(修订本),第1636页,第1475—1476页。

　　战国晚期齐成为"南有泰山,东有琅邪,西有清河,北有勃海"的四塞之国[1],八主的八个祠祀地点才尽属齐域。分属不同诸侯国的不同神祇只有在专属齐国时才有可能被整合为八主祭祀,司马迁历数八神时以"齐"为中心来叙述其方位,即所谓"齐地八神",故八主祭祀应该出现在战国晚期。

　　人通过自身所处的环境来感知天、地、日、月的客观存在,通过气温降雨的律动来体会四时的交替变化,在中国祭祀传统中对天、地、日、月的祭祀历史久远[2],再加上"四时""阴""阳""兵"组合为八主祭祀体系,它的成因可以查究战国晚期的社会思想背景。

　　阴阳是古人对事物对立转化的本质、发展变化内在原因的认识。事物的对立性很容易从客观世界感知,如以山川为基准所分阴阳之位,卜辞反映的商人已具备的上下天土对立之观念就是为阴阳二极之张本[3]。山东黄县出土的"异伯寏左"盨铭文中的"其阴其阳"是对于盖、器而言,盖下覆为阴,器上仰为阳[4]。《老子》在公元前300年就被广泛地接受并形成稳定的文本[5],其最珍贵的哲学遗产就是它揭示了事物所具有的相互间对立转化的基本属性,即"万物负阴而抱阳,冲气以为和"[6],对立转化的原则被推广运用到社会生活的各个领域,正所谓"凡论必以阴阳(明)大义"[7]。

　　胡适在谈及齐地宗教时认为齐地宗教经过整理,把各地拜物拜自然的迷信,加上一点系统,便成了天、地、日、月、阴、阳、兵与四时的系统宗教了。在初期只有拜天脐,拜某山而已[8]。在传统的祭祀对象天、地、日、月中加入新神祇阴、阳、四时应该与战国时期以来思想家们热衷于讨论的宇宙生成模式有关。

　　从传世和出土文献材料中可以窥知战国时期以来关于宇宙生成模式的各种,或许也只是当时的部分思潮。在对世界本原问题的认识上,既有神明类造物主"太一""太极",如出土于湖北荆门市战国中晚期墓葬中的《太一生水》[9];也有世界由无而

---

[1]《史记·苏秦列传》,第2256页。

[2] 参见王睿:《八主祭祀研究》,北京大学博士学位论文,2011年,第30—39页。

[3] 陈梦家:《古文字中之商周祭祀》,《燕京学报》第十九期,1936年,第131—133页。

[4] 王献唐:《黄县异器》,《山东古国考》,齐鲁书社,1983年,第21页。

[5] 李零:《从简帛古书看古书的经典化》,2005年2月24日在清华大学的演讲。

[6] 高明:《帛书老子校注》,中华书局,1996年,第29页。

[7]《称》,见裘锡圭主编:《长沙马王堆汉墓简帛集成》(肆),中华书局,2014年,第187页。

[8] 胡适:《中国中古思想史长编》,上海古籍出版社,2013年,第147页。

[9] 荆门市博物馆:《郭店楚墓竹简》,文物出版社,2005年,第125页。对于"太一""太极"的性质是"无"还是神明的认识有不同意见,高亨倾向于为"无","太极者,宇宙之本体也。宇宙之本体,《老子》名之曰'一',《吕氏春秋·大乐》篇名之曰'太一',《系辞》名之曰'太极'"。高亨:《周易大传今注·系辞上》,齐鲁书社,1998年,538页。从《包山楚简》和西汉武帝时期的"太一"崇拜情况看,应为神明。

生的《老子》类世界观,如《恒先》[1]《道原》[2]《鹖冠子·度万》[3]《淮南子·天文》[4]等。从宇宙构成要素和运行模式上区分,五行论认为木、火、土、金、水是构成万物的五种基本要素,它与阴阳学说相结合,用相生相克的关系来解释政治、社会、人生、自然各方面的变化,是一种循环论模式。"太一生水"是线性发展模式,构成要素则是水、天、地、阴、阳、日、月、四时。邹衍的九州观带有浓厚的地理景观观念,"以为儒者所谓中国者,于天下乃八十一分居其一分耳……中国外如赤县神州者九,乃所谓九州也。于是有裨海环之,人民禽兽莫能相通者,如一区中者,乃为一州。如此者九,乃有大瀛海环其外,天地之际焉"[5]。湖南长沙子弹库战国时期楚墓出土的帛书则是图式化的一种宇宙论[6],帛书上的图像用来模仿式,中宫虽然没有画太一和北斗,但有互相颠倒的两篇文字,以模拟天左旋和地右转。它以春夏秋冬分居四正,青赤白黑四木分居四隅,构成四方八位。边文左旋排列,代表斗建和小时;四木右旋,代表岁徙和大时[7]。帛书为历忌之书,说明了这种宇宙模式在当时的社会生活中影响广泛。

天、地、日、月、阴、阳、四时是战国时期多种宇宙生成论中的构成要素。

《太一生水》:"大一生水,水反辅大一,是以成天。天反辅大一,是以成地。天地(复相辅)也,是以成神明。神明复相辅也,是以成阴阳。阴阳复相辅也,是以成四时。四时复(相)辅也,是以成沧热。沧热复相辅也,是以成湿燥。湿燥复相辅也,成岁而止。故岁者,湿燥之所生也。湿燥者,沧热之所生也。沧热者,(四时之所生也)。四时者,阴阳之所生(也)。阴阳者,神明之所生也。神明者,天地之所生也。天地者,大一之所生也。是故大一藏于水,行于时,周而或(始,以己为)万物母;一缺一盈,以纪为万物经。此天之所不能杀,地之所不能厘,阴阳之所不能成。"[8]

《吕氏春秋·仲夏纪·大乐》:"音乐之所由来者远矣。生于度量,本于太一。太一出两仪,两仪出阴阳。阴阳变化……四时代兴,或暑或寒,或短或长,或柔或刚。万物所出,造于太一,化于阴阳。"[9]

[1] 马承源主编:《上海博物馆藏战国楚竹书》(三),上海古籍出版社,2003年,第287—299页。

[2] 《道原》,见《长沙马王堆汉墓简帛集成》(肆),第189页。

[3] 黄怀信撰:《鹖冠子汇校集注》,中华书局,2004年,第162—163页。

[4] 刘文典撰,冯逸、乔华点校:《淮南鸿烈集解》,中华书局,1989年,第79—80页。

[5] 《史记·孟子荀卿列传》,第2344页。

[6] 李零:《长沙子弹库战国楚帛书研究》,中华书局,1985年,第34页。

[7] 李零:《"式"与中国古代的宇宙模式》,《中国文化》1991年第1期,第1—30页。

[8] 《郭店楚墓竹简》,第125页。

[9] [战国]吕不韦著,陈奇猷校释:《吕氏春秋新校释》,上海古籍出版社,2002年,第258—259页。

《十六经·观》篇中亦有相关论述，如黄帝所说"始判为两，分为阴阳，离为四时"[1]。

《礼记·礼运》："是故夫礼，必本于大一，分而为天地，转而为阴阳，变而为四时，列而为鬼神。"[2]

承继了战国时期思想的汉代文献中也多见相关宇宙论的内容。

《汉书·礼乐志·玄冥六·邹子乐》假托邹衍所作，内容上反映了宇宙生成模式，"惟泰元尊，媪神蕃厘，经纬天地，作成四时。精建日月，星辰度理，阴阳五行，周而复始。云风雷电，降甘露雨，百姓蕃滋，咸循厥绪"[3]。

《淮南子·天文训》："道始于虚廓，虚廓生宇宙，宇宙生气。气有涯垠，清阳者薄靡而为天，重浊者凝滞而为地。清妙之合专易，重浊之凝竭难，故天先成而地后定。天地之袭精为阴阳，阴阳之专精为四时，四时之散精为万物。积阳之热气生火，火气之精者为日；积阴之寒气为水，水气之精者为月。日月之淫为精者为星辰。天受日月星辰，地受水潦尘埃。"[4]

天、地、日、月、阴、阳、四时既在宇宙论中充当构成要素，也用来张本论事，作为制定人间社会秩序的依据，在战国晚期和汉初的文献中都有反映。

《周易·系辞上》："是故《易》有太极。是生两仪。两仪生四象。四象生八卦。八卦定吉凶。吉凶生大业。是故法象莫大乎天地。变通莫大乎四时。县象著明莫大乎日月。"[5]

《文子》中的《道原》："大丈夫恬然无思，淡然无虑，以天为盖，以地为车，以四时为马，以阴阳为御，行乎无路，游乎无怠，出乎无门。"《精诚》："（黄帝）调日月之行，治阴阳之气，节四时之度，正律历之数……"[6]

《管子》中的《四时》："阴阳者，天地之大理也。四时者，阴阳之大径也。刑德者，四时之合也。刑德合于时则生福，诡则生祸。"《版法解》："版法者，法天地之位，象四时之行，以治天下。"[7]

《淮南子·原道》："以天为盖，以地为舆，四时为马，阴阳为御，乘云陵霄，与造化

[1]《长沙马王堆汉墓简帛集成》（肆），第152页。

[2] 孙希旦撰：《礼记集解》，中华书局，1989年，第616页。

[3]《汉书》，第1057页

[4]《淮南鸿烈集解》，第79—80页。

[5]《周易正义》，《十三经注疏》，上海古籍出版社，1997年，第82页。

[6] 彭裕商：《文子校注》，巴蜀书社，2006年，第4—5、33—34页。

[7]《管子校注》，第838、1196页。

者俱。"[1]

用兵前祭神是古老的传统,称为"禡祭"。《诗经·周颂·桓》:"桓桓武王,保有厥士……于昭于天,皇以间之。"毛序:"桓,讲武类禡也。桓,武志也。"郑玄笺:"类也,禡也,皆师祭也。"孔颖达疏:"谓武王将欲伐殷,陈列六军,讲习武事。又为类祭于上帝,为禡祭于所征之地。治兵祭神,然后克纣。"[2]关于蚩尤的记载很早,《书·吕刑》中即有"蚩尤惟始作乱"[3];《庄子·盗跖》中有"与蚩尤战于涿鹿之野"[4]。战国时期黄老道盛行,随着黄帝地位的日益突出,蚩尤作为黄帝的对立面也名声大噪。比较详细的记述见于《逸周书·尝麦》,蚩尤臣属赤帝,赤帝在与黄帝的争战中失败,杀之以取悦黄帝[5],《十六经》中的《五正》《正乱》对黄帝大战蚩尤和对蚩尤的惩罚有着戏剧化的记述[6]。

蚩尤与战争、兵器有关而成为兵主,《山海经·大荒北经》:"蚩尤作兵,伐黄帝。"[7]《管子·地数》:"葛卢之山发而出水,金从之,蚩尤受而制之,以为剑、铠、矛、戟。"[8]许慎《五经异义·公羊》:"甲午祠兵。祠者,祠五兵:矛、戟、剑、盾、弓矢,及祠蚩尤之造兵者。"[9]应劭曰:"《左传》曰:'黄帝战于阪泉,以定天下。蚩尤好五兵,故祠祭之求福祥也。'"[10]

兵主纳入八主祭祀系统反映了当时的政治思想观念。李零认为天地人三者并称和相互关联在战国时期很流行,称为"三才"(也叫"三仪""三极""三元"),就是用天地所代表的自然法则作为人间秩序的终极依据,把天、地、人贯穿起来[11]。三者的关系当是比照"夫人生于地,悬命于天,天地合气,命之曰人"[12],三者之中,人最重,"天地之性(生)人为贵"[13]。军事是立国治民之本,"国之大事,在祀与戎"[14],人道依存于

[1] 《淮南鸿烈集解》,第 8 页。

[2] 《毛诗正义》,《十三经注疏》,第 604—605 页。

[3] [汉]孔安国传,[唐]孔颖达正义:《尚书正义》,上海古籍出版社,2007 年,第 771 页。

[4] [清]王先谦集解:《庄子集解》,中华书局,1987 年,第 262 页。

[5] 黄怀信、张懋镕、田旭东撰:《逸周书汇校集注》,上海古籍出版社,1995 年,第 781—783 页。

[6] 《长沙马王堆汉墓简帛集成》(肆),第 155、159 页。

[7] 袁珂校注:《山海经校注》,上海古籍出版社,1980 年,第 430 页。

[8] 《管子校注》,第 1355 页。

[9] [清]陈寿祺撰:《五经异义疏证》卷中,清嘉庆刻本。

[10] 《史记·高祖本纪》集解所引,第 351 页。

[11] 李零:《"三一"考》,《中国方术续考》,东方出版社,2000 年,第 239 页。

[12] [清]张隐庵集注:《黄帝内经素问集注·宝命全形论》,上海科学技术出版社,1959 年,第 103 页。

[13] 《孝经注疏》,《十三经注疏》,第 2553 页。

[14] 《春秋左传注》(修订本),第 861 页。

兵道[1],"兵主"祭战神蚩尤,就相当于祭祀"人主"[2]。

战国时期在诸侯兼并的态势下,以求自保和发展的各国诸侯渴求人才,由此发展起来的诸子学说呈融合之势,其指向无一不是治国方略,正所谓"百家殊业而皆务于治"[3]。《管子》《吕氏春秋》《周礼》等可以说是学术思想转化为意识形态的代表作,以秉持的政治思想为基础来构拟新型社会制度。《管子》《吕氏春秋》的理论基础是五行论,它们与四时强行配比来力图证实其合理性。《周礼》是依据天地和春、夏、秋、冬四时的节律来安排社会活动、规定行事内容和制订标准。《周易》则是猜测宇宙运行与人事间的互动规律。八主是在宇宙论、人与自然关系的思想基础上的一种新型祭祀体系的创设。

八主祭祀虽然未能指认具体的创立者,但大致属于齐国稷下学宫中的黄老学派。稷下学宫中黄老之道大盛,它的宇宙观为自然观,不认同神创宇宙,有很深的阴阳思想。马王堆帛书中收录的战国晚期的"黄老言"和《鹖冠子》与八主思想最为接近;帛书中《十六经·观》《道原》与《鹖冠子·度万》中的宇宙生成模式[4],《经法·六分》与《鹖冠子》中《近迭》《泰鸿》论述的人与自然的关系[5],其基本思想与八主类同,并且《十六经》中的《五正》《正乱》和《鹖冠子·世兵》都有与蚩尤相关的内容[6]。

公元前11世纪开始的分封制经历了九百年,在血缘关系为主导的宗法制社会中,确定血缘的来龙去脉就等于确认身份、地位、权力的正当与否,祖先祭祀成为权力合法性的最好证明[7]。战国时期,血缘纽带关系变得薄弱,诸侯国间攻伐不止,灭国灭宗事件屡有发生,周天子只能维持其表面的"天下共主"的象征意义。面对靠血缘关系维持的和谐秩序坍塌的社会现实,思想界在以血缘关系为基础的祖先祭祀之外寻求新的宗教支持。

在盛行探讨宇宙论的风气背景下,属于时空系统的天地日月四时、物质的阴阳属

---

[1] "庞子问鹖冠子曰:'圣人之道何先?'鹖冠子曰:'先人。'庞子曰:'人道何先?'鹖冠子曰:'先兵。'"见《鹖冠子汇校集注》,第114—115页。

[2] 李零:《花间一壶酒》,同心出版社,2005年,第103页。

[3] 《淮南鸿烈集解》,第427页。

[4] 相关内容参见《长沙马王堆汉墓简帛集成》(肆),第152、189页;《鹖冠子汇校集注》,第162—163页。

[5] 相关内容参见《长沙马王堆汉墓简帛集成》(肆),第134页;《鹖冠子汇校集注》,第114—117、138—139、227页。

[6] 相关内容参见《长沙马王堆汉墓简帛集成》(肆),第155、159页;《鹖冠子汇校集注》,第272页。

[7] 葛兆光:《中国思想史》(第一卷),复旦大学出版社,2013年,第34页。

性等哲学层面上的宇宙论思想不仅应该顺应协调,还升格为神明成为祭祀的对象,并强调了以"兵主"所代表的人的位置,生成了一种新型祭祀体系。八主祠祀地点的选择是利用各地原有神祠来对应八主的祭祀对象,地点在方位的分配上也暗含着阴阳的划分。"天齐"本来是齐国原有的用泉水来借喻天之腹脐的祭祀,用为天主。"封禅"中禅地的地点之一是梁父,梁父由此作为祠地主的地点。蚩尤祠在山东半岛早已存在,作为兵主祠。阴主、阳主、月主、日主、四时主祠的地点原属于当地自然神祇的祭祀地点,被战国时期思想家重新指认利用,祠祀地点日主、阳主祠在东,月主、阴主祠在西,东方、日为阳,西方、月为阴[1]。

在宇宙论和政治思想基础上建立起来的八主祭祀体系,在战国时期可能只存留于思想层面而并未真正得到王侯的认同和实施。

秦非周的"亲戚"之国,是由军功被封为诸侯的,政权基础是论功行赏而非以血缘为基础的世卿世禄。汉承秦制,对王朝的控制不再依赖血缘关系而是由地缘政治来主导,它们均实行皇权下以郡统县的二级行政制度。秦和汉代前期的统治,除郡县制等垂直管理模式外,还沿袭了古老的行政宗教手段"巡狩""封禅"来加强对领土的直接控制。

政治体制的变化必然导致国家宗教等意识形态的变化,秦皇汉武时期就是国家宗教的转型期。秦的宗教政策是在保有和突出秦原有宗教祭祀的基础上,全面接纳原各诸侯国的山川祭祀,通过对神祇祭祀的专擅来标志对领土的占有。汉建国初期,汉高祖、汉文帝因个人经历和兴趣的不同对神祠祭祀只是偶有调整,如汉高祖在长安建蚩尤祠、文帝去除移祸之令,对秦代的宗教政策是全面接受的。秦汉的宗教政策"特点是衔接古今,协同上下,调和东西,折衷南北。如他们对各地原有的宗教和民间的宗教都是采取兼收并蓄,分级设等,由太祝设祠官领之;郊祀与封禅也是东西并行,甚至对北方匈奴地区和南方两粤地区的宗教也加以利用。他们强调的是政治上的一元化和宗教上的多元化,这种格局的奠定对后世影响很大"[2]。

随着秦皇汉武利用巡守和封禅来实施对东方的经略以及对长生不老之术的痴迷,精研天地之奥秘和人事之废兴,练就了一套伴君左右政治生存术的东方思想家成功兜售了他们的宗教思想。根据文献记载,天主祠未得到过秦汉皇帝的祭祀;秦始皇曾禅梁父,汉武帝至梁父礼祠地主;阳主祠所在的芝罘,秦始皇曾三至,秦二世曾从游始皇并于二世元年亲至,汉武帝也曾亲临;日主祠所在的成山,秦始皇曾二度亲临,汉

---

[1] 李零:《秦汉礼仪中的宗教》(补记四),《中国方术续考》,第203页。

[2] 李零:《秦汉礼仪中的宗教》,《中国方术续考》,第185页。

武帝到过的次数不详；秦始皇、秦二世、汉武帝均曾多次到过四时主所在的琅琊。汉宣帝于寿良祠兵主，于曲城祠三山八神，遍祠阳主、月主、日主、四时主[1]。

八主祭祀的政治宗教理念暗合了王莽改制中确立并在中国延续了两千多年的郊祀制。

顺应时世之变并以兼济天下为己任是儒家在意识形态领域最终取得独尊地位的重要原因，从早期的"子不语怪力乱神"等无神论思想，到战国中晚期援道家的宇宙观入儒，儒家思想的核心"礼"也受到制约，"是故夫礼，必本于大一，分而为天地，转而为阴阳，变而为四时，列而为鬼神。……夫礼必本于天，动而之地，列而之事，变而从时，协于分艺"[2]。汉初董仲舒把以思、孟为代表的神秘主义"天一合一论"与黄老学派的慎到思想相融合，天道成为最高的普遍原则，人道是天道的体现和反映，把"天人感应论"作为社会发展进化的思想基础，在政治思想上确立了君权的一统地位，但需要天道来限制；在宗教上，"郊重于宗庙，天尊于人也"[3]。

汉武帝时力图对诸神祭祀进行秩序化建构，薄忌太一坛、三一坛、甘泉太一坛乃至明堂的设立均以太一领天、地，其下为众神[4]，再加上承继先王所立祠畤，祭祀对象数量的增长和祭祀仪式的繁复使得祭祀成本大幅提高。由于国家经济的不堪重负和思想风潮的转向，汉元帝时期开始了一系列宗教改革，虽然改革的理由或据经或托古，但改革的方向是按照儒家思想来实施的，主要是减少宗庙的祭祀数量和简化祭祀仪式[5]。

汉成帝时匡衡为相，继续宗庙改革的同时罢祀群神，改为不到原地祭祀而是迁至长安，立郊祀制，是南郊祭天、北郊祭地的雏形[6]。此后多次反复，最终在汉平帝元

---

[1] 秦始皇事见《史记·封禅书》，第1367、1370、1377页；《史记·秦始皇本纪》，第244、249、250、263页；《汉书·郊祀志》，第1205、1209页。秦二世事见《史记·封禅书》，第1370页；《史记·秦始皇本纪》，第260、267页。汉武帝事见《史记·孝武本纪》，第474、475、480、485页；《史记·封禅书》，第1397、1398、1401、1403页；《汉书·郊祀志》，第1234、1235、1243、1247、1248页；《汉书·武帝纪》，第196、206、207页。汉宣帝事见《汉书·郊祀志》，第1250页。

[2] 《礼记集解》，第616页。

[3] [汉]董仲舒著，周桂钿译注：《郊事对》，《春秋繁露》，中华书局，2011年，第200页。

[4] 薄忌太一坛、三一坛，见《史记·封禅书》，第1386页；亦见于《汉书·郊祀志》，第1218页。甘泉太一坛，见《史记·孝武本纪》，第469页；《史记·封禅书》，第1394页；《汉书·郊祀志》，第1230页。明堂，见《史记·封禅书》，第1401页。

[5] 《汉书·韦贤传》，第3116、3117、3120—3121页。

[6] "（建始）二年春正月，罢雍五畤。辛巳，上始郊祀长安南郊。诏曰：'乃者徙泰畤、后土于南郊、北郊，朕亲祗躬，郊祀上帝。'"见《汉书·成帝纪》，第305页。"四百七十五所不应礼，或复重，请皆罢。"见《汉书·郊祀志》，第1257页。

始五年(公元 5 年)王莽当政时确立下来[1]。

郊祀制成为中国延续两千年的国家祭祀体制,中华民国建立后才被彻底废除。郊祀制以国都为中心,阴阳观念体现在对天地祭祀的对应和方位的安排上,构筑了以君王为中心的微型宇宙,是简略版的八主祭祀。

---

[1] 祭祀地点于永始元年(公元前 16 年)迁回原地,绥和二年(公元前 7 年)再迁至长安,建平三年(公元前 4 年)恢复原地,见《汉书·郊祀志》,第 1264—1265 页。

浅谈考古发现与胶东"四主"祠

赵　娟[1]　迟晓丰[2]　王立华[3]　闫　勇[4]

1、4 山东省烟台市博物馆　2. 山东省烟台市烟台山文物管理中心

3. 山东省栖霞市牟氏庄园管理处

胶东，一般指今烟台、威海地区。最早以"胶东"命名的行政建置是秦代设立的胶东郡[1]。齐地八主，又称八神，指齐地传统祭祀的天、地、日、月、阳、阴、兵和四时八个神主，其中日、月、阳和阴主位于胶东地区，被称为胶东"四主"。本文浅谈考古发现与胶东"四主"祠，以期抛砖引玉。

一、日　主　祠

日主，祠成山。

（一）文献记载与考略概说

《史记·封禅书》："日主，祠成山。成山斗入海，最居齐东北隅，以迎日出云。"此条下案语："斗入海，谓斗绝曲入海也。"[2]顾炎武《日知录》"《史记》注"条言"成山斗入海谓斜曲入之如斗柄然"[3]。有学者认为："头""斗"，在当地人的发音基本相同，"成山头"即为地方语音中的"成山斗"[4]。

---

[1]　范文澜：《中国通史》(秦郡县图)，人民出版社，1994 年。

[2]　[汉]司马迁撰：《史记·封禅书》，中华书局，1959 年。

[3]　[清]顾炎武著，黄汝成集释，栾保群、吕宗力校点：《日知录集释》，上海古籍出版社，2006 年。

[4]　王树明：《莱夷索隐》，《高明先生纪念文集》，科学出版社，2006 年。

据《汉书·地理志》东莱郡属县"不夜"下注:"有成山日祠。"[1]此说最早见于《齐地记》:"古有日夜出,见于东莱,故莱子立此城,以不夜为名。"[2]

西汉汉高祖六年(前201年),封刘肥为齐王,始建不夜县,属东莱郡,不夜县治所为不夜城。王莽时,改不夜为夙夜,置夙夜郡。东汉初,不夜县并入同郡的昌阳县,此后不见于史。

清光绪《荣成纪略·疆域》:"不夜城,城西三十里,周莱子所筑造迹,今可识,城边耕夫,辄古刀钱。秦皇宫,在成山上,始皇东游时筑,后人以其遗址,为始皇庙。道光六年,道人徐复昌改筑,祀滕收军国祥。天尽头碑,始皇东游,立石成山,刻诉讼公所四字。日主祠,汉武八祠之一,在成山下,海岸尽头处。秦皇桥,在成山下,海中怪石嵯峨,乃人力为之,石柱二,随波出没。"[3]

清林培阶《废铎吰》:"按文登县治东八十里有废城旧址曰不夜,故文邑亦号不夜。云《太平寰宇记》以为日出于东,此城故名不夜,亦犹《尧典》所云旸谷昧谷其义最为的确。""世居成山不夜村即不夜故址。"[4]咸丰时官宦孙福海所著《古不夜城记》:"不夜城者古莱子国也,本海隅出日之地当日城名不夜或取义在斯。然其地旧注文登。自我朝雍正十二年改成山卫为县,令其地在荣成城西三十里。向名不夜村,村前高阜之处曰官厅,曰城顶村内亦有后仓旧名。其余古迹湮而形势自若。"[5]

不夜城遗址位于山东省荣成市埠柳镇不夜村内,其东26千米处即著名的成山头,地理上称为成山角或成山岬。现属威海市荣成市成山镇。

(二)考古调查与发现

成山,现称成山头,位于今胶东半岛的最东端,这一区域现分布着分散的山林和瘠薄的农田,居民世代以渔农为生,村庄主要有卧龙村、岗上村、瓦房村等。

在成山头三山子南峰南侧海边有一块突出的岩石,东边为海岸峭壁,南北两侧各有一条自然冲沟,岩石上原有底径约20、高约2米的土堆,俗称"酒棚"。1979年10月,因工程建设,在平整岩石上的土堆时,发现一组4件玉器,包括1件玉璧、2件玉圭和1件玉璜。1982年7月,在第一组玉器附近又发现了一组3件玉器,包括1件玉璧和2件玉圭。两组均为玉璧居中、圭置两侧,第一组玉璜在上,方向不明。王永波先

[1] [汉]班固撰:《汉书·地理志》,中华书局,1962年。
[2] [汉]班固撰:《汉书·地理志》,中华书局,1962年。
[3] [清]刘应忠撰:《荣成纪略》,清光绪三十三年(1907)刻本。
[4] [清]林培阶撰:《废铎吰》,1917年铅印本。
[5] [清]李天骘修,岳赓廷纂:《荣成县志·艺文考》,清道光二十年(1840)刻本。

生根据成山头出土的两组玉器特征，认为其年代大致应在战国末至西汉初，酒棚土堆应为祭日之坛，玉器很可能就是秦始皇奉祀日主的遗物[1]。

关于"不夜县"的范围，按现在的行政区域大致包括牟平的东半部、文登和荣成的北半部。不夜城旧址在今荣成市埠柳镇不夜村一带，现不夜村一带的田间地头，汉砖汉瓦随处可见，有些瓦当的图案非常华丽。1981 年春，烟台市文物管理委员会在不夜城西的梁南庄，清理一座夫妇合葬墓，出土遗物有铜器、漆器、玉器和陶器等，尤其是出土的玉璧，直径 19 厘米[2]。1982 年 9 月，山东省文物考古研究所对周围地区进行了清理发掘。2008 年，"山东'八主'祭祀遗址的调查与研究"项目组对这一区域进行田野调查，2011 年项目组对南马台遗址进行发掘。

从上述考古调查和发掘的资料判断成山头的祭祀遗址共有五处，分散分布，彼此间的距离在数百米之内：成山中峰遗址、成山南峰的秦刻石遗迹、酒楼遗址、南马台遗址、灯塔地遗址、庙下遗址等[3]。

二、月　主　祠

月主，祠之莱山。

（一）文献记载与考略概说

《史记·封禅书》："月主，祠之莱山。"[4]《汉书·地理志》东莱郡属县"黄"下注："有莱山松林莱君祠。"[5]月主祠，全称为"延光月主真君祠"，俗称"莱山庙"。

《黄县志·坛庙》：莱山月主祠东南二十里莱山之麓，行宫一在南关，一在东三里泉水疃，一在西二十五里，一在东北唐家村。

明代戚景通莱山月主祠碑文（拓片）："予旧岁十一月间，捧檄守备邹（县），城中士夫及居民交呈府衙抗，而切望不果至。除日西行，路过莱山，慕神威灵，欲登叩以乞其佑。车至山数里许，忽闻异香冉冉而来，达神祠方绝。及至邹县，巨城坏下，未敢一诣城下，岂非呵护于冥冥之中耶？因成俚言一律也，（彰）神之威灵，以纪事云尔：檄书远

［1］　王永波：《成山玉器与日主祭——兼论太阳神崇拜的有关问题》，《文物》1993 年第 1 期。
［2］　烟台市文物管理委员会：《山东荣成梁南庄汉墓发掘简报》，《考古》1994 年第 12 期。
［3］　见"山东'八主'祭祀遗址的调查与研究"项目组调查材料。
［4］　［汉］司马迁撰：《史记·封禅书》，中华书局，1959 年。
［5］　［汉］班固撰：《汉书·地理志》，中华书局，1962 年。

捧备邹城,欲叩神祠伏厥(诚)。途次一心张敬切,马头十里异香迎。戎旌西向无郊垒,铁骑东归有颂声。呵护忧愚杂力致,效灵应是感皇明。正德七年八月朔日,登州卫指挥佥事戚景通拜书。"[1]

莱山两侧各有古刹一处,西为"延光月主真君祠",东为"真定寺"。延光月主真君祠俗称"莱山庙",位于今莱山北麓庙周家村南。

归城,位于今龙口市黄县旧城南 12.5 千米的莱山之阴,又名灰城。《登州府志·灰城下》:"其建置遗址,沿马岭山坡起,包括南埠、迟家两村,北经烟台顶西南麓,西逾莱阴河,沿凤凰山南坡,经董家、大于家、北山诸村之北,至姜家村西。相其形势,当系沿岗阜之顶,包括曹家村而东,回环相接,周约十余里。又内有城址遗形,起于姜家村之东南角,环绕沟南、沟北两村,由沟北村西延至姜家村西,回环约三四里。"[2]

归城城址,位于山东省烟台市龙口市城东南 6 千米处,遗址南侧背倚莱山,北面朝向大海,距渤海海岸约 17.5 千米。归城即坐落在莱山北侧的山前丘陵地带,外城城墙的东、西两侧均直通到莱山脚下,所在区域属黄水河流域。现城址范围包括姜家、和平、北山、大于家、董家、东迟家、南埠、曹家(含小刘家)八个自然村。

(二) 考古调查与发现

莱山是龙口市境内第一高峰,月主祠位于莱山之上。

1984 年 5 月,烟台市博物馆对莱山主峰南侧俗称"庙墩"的地方进行了第一次发掘,主要是对"庙墩"顶部的建筑基址进行了清理,揭露出石墙、砖铺地面等[3]。2010年,再次进行了发掘,清理一处秦汉时期小型建筑基址,面积三十多平方米。建筑基址在各代多次翻建、修复使用,出土遗物有铺地砖、瓦等,时代自战国、两汉、北朝、初唐至明代。2009 年 3 月,"山东'八主'祭祀遗址的调查与研究"项目组对月主祠附近的鸦雀河流域进行了系统的田野调查工作。2010 年四五月,项目组又对夯土台秦汉宫殿遗址、莱山月主祠遗址和陶窑遗迹进行了发掘,出土遗物主要有筒瓦、板瓦、踏步砖、铺地砖等建筑构件。由此分析,庙墩上的建筑是莱山月主祠[4]。

归城遗址的文物调查:1973 年,烟台地区文管会对内外城址进行了调查,认为古

[1] 明代戚景通莱山月主祠碑现藏龙口市博物馆。
[2] [清]施闰章修,杨奇烈纂:《登州府志》,清顺治十七年(1660)刻本。
[3] 烟台市博物馆:《考古烟台》,齐鲁书社,2006 年。
[4] 见"山东'八主'祭祀遗址的调查与研究"项目组调查材料。

城城墙的年代主要是西周至春秋时期[1]。2007—2009 年,中美联合考古队又进行了调查,归城内城位于鸦雀河两条支流间的一处高约 5 米的台地上,平面呈曲尺形,在西北侧内凹,总面积约 22.5 万平方米。在南墙、北墙、西墙北段外侧以及南墙内侧的部分地点发现环壕,在南墙偏西处确认了一座城门遗迹,还发现了与内城年代相当的水沟、17 座夯土基址和 2 条道路遗迹。归城外城以内城为中心,起于莱山北侧的山前丘陵地带,北至北山村和大于家北侧山地,东侧至董家、东迟家和南埠东侧山地,南至莱山脚下,西至曹家西侧山地。归城外城形状不甚规整,大致呈不规则椭圆形,面积约 8 平方千米。南侧因背依险峻的莱山,未构筑城墙,仅东、西、北三面有城墙。归城的始建年代上限可能不早于西周中期,年代下限肯定是晚于齐国灭莱的公元前 567 年甚至可能要晚到战国时期[2]。

20 世纪 50 年代,在和平村村南出土铜器 30 余件,仅余己侯鬲口沿上有一周铭文,共 14 字,"己侯□□姜□□子子孙孙永宝用",属于春秋时期[3]。1965 年,和平村村东出土 1 鼎 1 矛,属于西周晚期[4]。1969 年,在董家村东南临近河岸的土台上,出土铜器 4 件,甗 1、盘 1、鼎 1、戈 1,属西周晚期。1973 年,烟台地区文管会清理位于和平村西部的车马坑,出土遗物有铜马镳、铜蛙饰方环等车马器,属于春秋时期[5]。1974 年,和平村出土 2 件铜甬钟,属西周晚期。小刘庄曾出土启尊、启卣[6]。南埠村出土了 8 件春秋时期铜器,4 盨及盘、匜皆有铭文[7]。归城附近位于莱山东麓的鲁家沟村,曾出土过西周时期的莱伯鼎等 10 件青铜器[8]。以上遗物的出土,为判断归城的时代提供了实物资料。

三、阳　主　祠

　　阳主,祠之罘。

---

[1]　李步青、林仙庭:《山东黄县归城遗址的调查与发掘》,《考古》1991 年第 10 期。

[2]　中美联合归城考古队:《山东龙口市归城两周城址调查简报》,《考古》2011 年第 3 期。

[3]　李步青、王锡平:《建国来烟台地区出土商周铭文青铜器概述》,《胶东考古研究文集》,齐鲁书社,2004 年。

[4]　齐文涛:《概述近年来山东出土的商周青铜器》,《文物》1972 年第 5 期。

[5]　李步青、林仙庭:《山东黄县归城遗址的调查与发掘》,《考古》1991 年第 10 期。

[6]　李步青、林仙庭:《山东黄县归城遗址的调查与发掘》,《考古》1991 年第 10 期。

[7]　陈梦家:《西周铜器断代(五)》,《考古学报》1956 年第 3 期。

[8]　王献唐:《黄县𦦎器》,《山东古国考》,青岛出版社,2007 年。

（一）文献记载与考略概说

《史记·封禅书》："阳主，祠之罘。"[1]《汉书·郊祀志》："阳主祠之罘，宣帝置。"[2]《汉书·地理志》东莱郡属县"腄"下注："有之罘山祠。"[3]谢道彪云："阳庭有青城山，始皇射鱼处，即之罘山也。因腄名清阳城，故之罘号青城山，阳庭即腄城。"[4]

腄，《史记》作"锤"。《始皇纪》《律历志》《主父偃传》，皆黄、腄并称，盖并入黄县。于钦《齐乘》言秦汉置腄县，后并入牟平。唐"麟德二年(665 年)，析文登县于此，重置牟平县。之罘山，在(文登县)西北一百九十里。"[5]《大明一统志》载芝罘岛有阳主祠、齐康公墓[6]。《登州府志·福山县》："之罘山，在县东北三十五里，三面距海，一名之罘岛。"[7]《福山县志稿·古迹》卷一之二亦云："阳主祠在之罘山隈，秦封八主之一。"[8]

金末元初，现阳主庙遗址区域已建有庙宇建筑"阳主庙"；元元贞元年(1295 年)邑人初才撰"八神阳主庙记"，说明元代此庙尚存。碑文："齐东多名山。福山，登之属邑，有之罘，高陡八九里，周则倍立有半，东西北三面皆海所环；南有蹊径，又海所夹。其山阳有庙，曰八神阳主之庙，远近之人咸知严事，水旱疫疠有祷必应。"[9]

清康熙内升户部尚书王骘《重修阳主庙碑记》载，重修后的阳主庙已形成由官厅、山门、钟鼓楼、大殿、东西配殿、后殿组成的一组庙宇建筑，山门外设戏楼一座，与拆毁前的阳主庙形制布局基本一致[10]。

（二）考古调查与发现

阳主庙遗址位于烟台市芝罘区北部芝罘岛老爷山南麓一处较为平坦的岭冈台地上。

---

[1]　[汉]司马迁撰:《史记·封禅书》,中华书局,1959 年。
[2]　[汉]班固撰:《汉书·郊祀志》,中华书局,1962 年。
[3]　[汉]班固撰:《汉书·地理志》,中华书局,1962 年。
[4]　[清]方汝翼、贾瑚修:《增修登州府志》,清光绪七年(1881)刻本。
[5]　[唐]李吉甫:《元和郡县图志》,中华书局,2008 年。
[6]　[明]李贤、彭时等:《大明一统志》,清文渊阁四库全书本。
[7]　[清]施闰章修,杨奇烈纂:《登州府志》,清顺治十七年(1660)刻本。
[8]　王陵基修,于宗潼纂:《福山县志稿》,1931 年铅印本。
[9]　见烟台市博物馆藏碑。
[10]　王陵基修,于宗潼纂:《福山县志稿》,1931 年铅印本。

建国初期，阳主庙的建筑和神像较为完好。1956 年，因遭暴风雨袭击，古庙稍有损坏，1957 年烟台市文物部门对其进行了修复和粉饰，历史学家陈叔通先生曾来视察，庙门口挂"元朝古迹"牌子；1965 年，烟台市（芝罘区）史志档案部门对阳主庙进行全面拍摄，主要以塑像和壁画为主。1967 年，仅余歇山顶戏台一座及马殿（老山门）。1972 年，文物普查时曾在老爷山山顶和阳主庙前发现大量春秋、战国时期的陶片和汉代板瓦，且老爷山岩石主峰有积土遗存，当为祠祀阳主活动的封坛和相关建筑，符合秦汉时期祠祀大山，山上封祭、山下埋祭的传统。1975 年 8 月，驻军施工，在原庙后殿之前侧离地表 1 米左右的长方形土坑内出土玉器两组，两组间距约 1 米，共出土 8 件祭祀用的青玉器。一组为 1 璧、1 圭、2 觽，璧平放在土坑内，圭放在璧孔中央，圭端东北向，直指芝罘岛最高峰"老爷山"，2 觽在璧两侧，时代约为战国后期至汉初。二组玉器与一组玉器同，惟器形略小。并发现圆雕石像一尊，即阳主神像。简报作者认为"出土的这批青玉器可能是秦始皇三登芝罘遗留下来的器物"[1]。两组玉器规格较高，符合帝王祭祀之礼及祠祀八神埋藏"圭币"的文献记载，由这一重要文物发现可以确认，战国以至秦汉礼祠阳主的地点是在阳主庙原址。1976—1979 年，考古工作者先后两次对位于芝罘岛大疃村东海滨黄土台地上（俗称东车）的 9 座墓葬进行了清理，均为土坑竖穴墓，墓主仰身直肢，出土文物有铜戈、剑、带钩及陶鼎、壶、盘、匜、罐、舟等，年代大致为春秋末期到战国时期，或许与阳主庙的祠祀人员相关。1997 年，再次对大疃村东的东周—汉代墓群、遗址进行考古发掘，发现了利用大型板砖和板瓦构筑的墓葬。2004 年，大疃村拆迁，原村址处，发现多处古井和灰坑遗迹，发现许多秦汉建筑构件，表明在大疃村附近历史上曾有较高等级的建筑，或为阳主庙早期祠祀建筑构件的再次利用[2]。

根据老照片和现状可推知，原阳主庙建筑群，坐北朝南，最前方为官厅 8 间及屋宇式大门 1 间，大门外正对戏台 1 座，大门坐落于 7 级台阶之上，大门内为坐落于 5 级台阶上的山门（马殿）3 间，山门东西各有钟、鼓楼 1 座，山门后砌有隔墙，正中为圆门，左右有长拱形小门。门内即大殿所在的大院落，其中大殿 3 间坐落于 5 级台阶之上，大殿左右各 1 间配殿，大殿前院落有东西廊房各 5 间，院内有鼎式铁香炉 1 座、东侧碑楼 2 座、西侧碑楼 1 座和焚帛炉 1 座。穿过连接大殿和寝宫的 3 间穿堂，即可进入寝宫后殿，寝宫 3 间，寝宫前东西厢房各 3 间。共计殿堂建筑 39 间，大殿和寝宫由穿堂相连，形成元、明时期典型的工字殿平面布局。

---

[1]　烟台市博物馆：《烟台市芝罘岛发现一批文物》，《文物》1976 年第 8 期。

[2]　见山东大学文化遗产研究院等：《烟台市阳主庙文物保护总体规划（2015—2030）》。

根据文献记载,结合考古调查,约在金末元初,现阳主庙遗址区域已建有庙宇建筑"阳主庙",其后元、明、清历代重修,至迟在清雍正年间,已形成了由官厅、山门、钟鼓楼、大殿、后殿、东西两廊组成的一组庙宇建筑,山门外设戏楼一座。1967年,庙宇拆毁。现存戏台为硬山顶三开间厅堂,前接卷棚歇山顶抱厦。戏台柱础及石柱样式古老,梁柱叠架有井干遗风,至迟为清代初期的珍贵建筑遗存。现存马殿为清代三开间硬山顶厅堂式建筑,招梁式、五檩架,前后出厦,原前置明柱檐廊,金柱位置明间设门、次间砖墙开有两圆窗[1]。

四、阴　主　祠

阴主,祠三山。

(一) 文献记载与考略概说

《史记·封禅书》:"阴主,祠三山。……皆在齐北,并勃海。"[2]《汉书·地理志》东莱郡属县"曲成"下注:"有参山、万里沙祠。"[3]"参山"即掖县三山岛。唐代史学家司马贞《史记·索隐》中指出:"小颜以为下所谓三神山。顾氏案:地理志东莱曲成有参山,即此三山也,非海中三神山也。"《齐乘》考记更为详:"三山,莱州北二十里,汉志秦祠八神四曰阴主祠。"明代的《莱州府志》亦记:"三山岛,在府城北六十里为海之南岸,《史记·封禅书》云八祀三山为阴主即此,祀址尚存。"[4]《大明一统志》和《大清一统志》均指明掖县三山岛为《史记·封禅书》八神中的阴主所祀三山。

曲城历史久远,在文献中出现很早,商周时期,此地属莱国。旧《招远县志》载:招远"汉为曲成县,在今县治西四十华里,属东莱郡,东汉因之……元魏(北魏)以其地,置东曲城"。其地与今之曲城故城相符。《掖县志》:"曲成城,城东北六十里,汉县属东莱郡,汉志注云曲成有万里沙祠……元魏析置东西曲成,此为西曲成,城旧址在金华山南。"[5]北齐文宣帝时,废曲城县并入掖县。唐高祖武德四年(621年)从掖县分出复置曲城县,武德六年又裁撤并入掖。金天会九年,析黄县西南境和掖

[1]　见山东大学文化遗产研究院等:《烟台市阳主庙文物保护总体规划(2015—2030)》。

[2]　[汉]司马迁撰:《史记·封禅书》,中华书局,1959年。

[3]　[汉]班固撰:《汉书·地理志》,中华书局,1962年。

[4]　[清]严有禧纂修:《莱州府志》,清乾隆五年(1740)刻本。

[5]　[清]张思勉修,于始瞻纂:《掖县志》,清乾隆二十三年(1758)刻本。

县东境置招远县，曲成属之。曲城故址在招远市蚕庄镇东曲城村南。

关于三山的地点还有以下几说，《汉书·地理志》琅邪郡属县"朱虚"下班固自注："有三山、五帝祠。"师古曰：五帝祠，在汶水上。《大明一统志》认为朱虚县"故城今临朐县东北庙山社，土人呼城头"。[1] 民国时期编纂的《福山县志稿》中认为"阴主祠在磁山下，八主居四"。王骘《移建阴主庙记》载："阳主祠故置之罘西南麓，阴主祠今置磁山东北麓，两祠又相顾望。"[2]

（二）考古调查与发现

三山岛古称参山，毗邻渤海莱州湾，位于今莱州市区正北 25 千米处，原是耸立于海中的三个山头，三山毗连，突兀挺拔，故名。

1988 年，烟台市博物馆林仙庭先生对三山岛进行考古调查，在三山的中峰及其南坡山脚下发现遗迹遗物，中峰发现周代的鬲足等陶片，南坡山脚下采集到汉代板瓦片、北朝圆瓦当等建筑构件。2009 年 4 月和 2012 年，"山东'八主'祭祀遗址的调查与研究"项目组对三山岛与曲城之间的区域进行覆盖式调查，确认三山岛中峰顶端为一处遗址，面积 80 余平方米，发现有周代、汉代、唐宋时期的陶片，中部有明清烽火台遗迹，未发现文化层。三山岛村北的三山岛山坡阳面即原海神庙旧址[3]。

曲城故城，位于今招远市蚕庄镇东曲城村南，西距莱州三山岛阴主祠约 15 千米，北距渤海约 10 千米。遗址周边地形属小盆地，三面环山，一面平缓。城址东西长约950 米，南北宽约 200 米，总面积约 19 万平方米。

1958 年春，在曲城村南土崖处出土一批西周时期青铜器，有鼎、盆、壶、簋等。1980 年，文物部门开展第二次全国文物普查工作，编写曲城故城址调查记录。1987年文物复查，在曲城清理一座墓葬，出土几十件陶器，多残，时代为西周时期。同时，在东南城南断崖上发现十余座战国至汉代墓葬，多为土坑竖穴，亦有砖室墓。1988年，烟台市博物馆等重点调查了曲城河北岸的文物出土地点，编写《山东招远出土西周青铜器》[4]。2012 年 10—11 月，"山东'八主'祭祀遗址的调查与研究"项目组对曲城遗址及其周边区域进行系统调查，并对曲城遗址进行了考古勘探，了解了故城的城

---

[1] ［明］李贤、彭时等纂修：《大明一统志·青州府·古迹》，明天顺五年（1461）刻本 1965 年影印本，第 1671 页。

[2] ［清］王骘：《移建阴主庙记》，《福山县志稿·文翰》，1931 年铅印本。

[3] 见"山东'八主'祭祀遗址的调查与研究"项目组调查材料。

[4] 李步青、林仙庭、杨文玉：《山东招远出土西周青铜器》，《考古》1994 年第 4 期。

墙、壕沟及部分重要遗迹和文化堆积情况[1]。2014 年 4 月,为了对曲城遗址进行保护规划而进行的勘探,重点了解了南窑遗址点的文化层分布范围及堆积情况。

文物调查表明,城址内文化层堆积较厚,文化内涵极为丰富。采集到的陶片多为夹砂灰陶,次为夹砂红陶,可辨器型有豆、盆、缸、鼎、瓮、筒瓦、板瓦、方砖等,时代属西周至汉代[2]。

五、结　语

根据考古发现,结合胶东"四主"祠相关文献资料的梳理与分析,可以了解到"四主"祠的祭祀始于战国末期;秦汉时期,统治者把"八主"祭祀纳入王朝的祭祀体系中,多次东巡,祭祀"八主",为我们确认胶东"四主"祠地望提供了珍贵的实物资料。日、月和阳主祠地望与文献记载相符,但"阴主"祠地望存有争议,仍然受到证据不足的困扰,因此今后需要加强阴主遗存的田野考古和研究,准确把握阴主兴衰的具体年代和原因,作出更为客观、全面的判定。

---

[１]　见"山东'八主'祭祀遗址的调查与研究"项目组调查材料。

[２]　见招远市文物管理所《曲城文物调查材料》。

近年来山东地区盐业考古发现与研究

王子孟[1]　孙兆锋[2]

1. 山东大学历史文化学院、山东省文物考古研究院　2. 烟台市博物馆

一、引　言

　　山东地区是我国盐业考古重点关注的区域之一。2001 年春,山东大学东方考古研究中心等对寿光大荒北央西周制盐遗址的试掘,拉开了山东以科学发掘进行盐业考古研究的序幕。接着,以山东省文物考古研究所、山东大学东方考古研究中心和北京大学中国考古学研究中心三家单位为主力,陆续开展了对鲁北滨海平原盐业遗址的系统调查、钻探和考古发掘工作,尤其是 2008—2010 年间,山东大学等单位对广饶南河崖 GN1 遗址和山东省文物考古研究所等单位对寿光双王城水库四处盐业遗址的大规模发掘工作,比较完整地揭示了晚商和西周早中期制盐作坊的面貌[1]。由各个学科介入的后续研究也迅速展开,确认了商周时期海盐生产的煮盐工具和产盐区域,诸多学者对盐业的生产流程、制作工艺、组织管理、贸易流通等进行了研究,并就规模化生产、专业化水平、物资流动、经销网络等背后所映射的经济、政治、社会内容进行了深入探讨。已有学者对 21 世纪头十年来的山东盐业考古进行了总结和评述,认为其在此阶段打下了良好基础,作为一个专门的研究领域已正式出现,以晚商至西周时期取得的成果为中心,基本搭建起了盐业考古的研究框架,并成为全国范围内盐

　　[1]　山东大学东方考古研究中心、寿光市博物馆:《山东寿光市大荒北央西周遗址的发掘》,《考古》2005 年第 12 期;山东大学考古系、山东省文物考古研究所、东营市历史博物馆:《山东东营市南河崖西周煮盐遗址》,《考古》2010 年第 3 期;山东省文物考古研究所、北京大学中国考古学研究中心、寿光市文物局:《山东寿光市双王城盐业遗址 2008 年的发掘》,《考古》2010 年第 3 期;燕生东:《商周时期渤海南岸地区的盐业》,文物出版社,2013 年。

业考古的重点地区[1]。

　　2010年以来,以山东省文物考古研究所为代表的考古部门在以课题为导向的主动性考古和配合经济建设的基建考古中继续对盐业考古深耕厚植,为学界提供了大量新的田野资料,基于此的研究成果也不断面世。星移物换,在21世纪第二个十年之尾,笔者希望介绍近年来山东地区盐业考古田野工作的新收获,梳理新的研究成果,兼谈一些个人感悟和思考,以期促进盐业考古的进一步深入研究,谬误之处尚请批评指正。

二、田野考古新收获

(一) 考古发掘

1. 东营广北农场一分场一队东南盐业遗址

　　为配合省道319改线工程,山东省文物考古研究所于2013年4—6月对工程占压的一分场一队东南遗址进行了发掘工作[2]。

　　遗址位于东营市滨源新材料公司东300米处,西北距广北农场一分场一队驻地约400米。遗址平面略呈椭圆形,面积约为25000平方米,待建公路从遗址南部穿过。本次发掘面积700平方米,共清理沟4条、灰坑15个、墓葬2座、灶1处,井5眼。其中沟均为长方形,下挖较浅,有的底部存特殊的青灰色、豆绿色黏土,有的铺有草木灰;灰坑多为椭圆形,深浅不一,另有一种直径较小、集中分布的小坑;墓葬分土坑墓和砖椁墓;灶形制简单,似为临时性搭设;井平面近圆形,贴壁有芦苇、木棍编织的井圈。初步定性的遗迹有盐井、沉淀池、卤水沟,另范围广布的草木灰堆积可能是淋灰刮卤的摊场,其上密布的条状痕迹可能是车辙;集中分布的小坑可能是淋卤坑或储物坑。

　　遗址文化层堆积较薄,遗迹简单,出土遗物不多。有陶片、少量瓷片、木制品、铁制品等人工遗物,也有少量与人类活动有关的动物遗骸、植物遗存等自然遗物,在盐井内部有保存较好的芦苇和木棍,另有制盐过程中残留的黄白色钙化物、灰白色堆积

　　[1] 王青:《山东盐业考古的回顾与展望》,《华夏考古》2012年第4期。
　　[2] 山东省文物考古研究院、西北民族大学历史文化学院、东营市历史博物馆:《东营广北农场一分场一队东南盐业遗址发掘简报》,《海岱考古》(第十辑),科学出版社,2017年,第213—232页。

块和烧土块。经初步整理的陶、瓷片，可见器型有碗、盆、壶、罐、瓮、缸等，瓷片仅有 2 片，为 1 瓷碗残部，时代约为魏晋、北朝时期。

结合相关遗迹、遗物情况，遗址性质应为魏晋、北朝时期的煮盐作坊。开井取卤水，草木灰层可能起到摊场提纯卤水的作用，初步判断此时也用淋煎法生产食盐。未发现盐灶，可能是此时生产规模较大，盐井区、制卤区、煮盐区有一定区划，结构异于商周时期盐业遗址。

2. 东营广北农场一分场一队西南盐业遗址

同前文，山东省文物考古研究所于 2013 年同期对东营一分场一队西南遗址进行了发掘工作[1]。

西南遗址位于东营市广北农场一分场一队居民点西南约 1200 米，广饶县齐润化工厂西侧。发掘区位于遗址中部，面积约 100 平方米。由于历年平整土地和修建公路，遗址文化层堆积破坏严重，共分 9 层，①—③层为近现代扰乱层，④层为明清时期淤积层，⑤—⑨层为东周时期文化层，多含少量草木灰、红烧土粒和残陶片，以盔形器居多。包括遗址发掘区东北侧的南北向排碱沟遗迹，本次共清理东周时期灰坑 5 个、窑 1 座、沟 1 条。出土遗物主要是陶器，器型有盔形器、绳纹鬲、盆、豆、罐、盂、陶拍、圆陶片等，部分豆柄部印有陶文。

调查、勘探和发掘情况表明，西南遗址时代分属晚商、两周、汉、宋、元等多个时期。此地从晚商开始制盐，周代地属齐国，是齐国的一个重要产盐区域。从采集和出土遗物分析，该遗址在商周时期是一个集陶器制作、居住和制盐于一体的多功能遗址。至宋元时期，这里也是主要盐业生产基地。

3. 昌邑火道一廒里遗址群 01(唐央)遗址

火道一廒里遗址群 01 遗址，原称"唐央遗址"，位于昌邑市下营镇火道村东南约 1.6 千米，西南距昌邑市区 15 千米，北距莱州湾约 20 千米，西距潍河约 5 千米。遗址所处原为高地，因唐代有军队曾驻扎此地，当地人称之为"唐央"。1982 年，曾对遗址进行调查，采集有盔形器、罐、瓮、豆等陶器残片。

2009 年底，山东省文物考古研究所对遗址进行了调查，2013 年对遗址进行了勘探。经过调查与勘探，遗址东西 260、南北 200 米，面积 5 万余平方米。地势较四周高

---

[1] 山东省文物考古研究所、东营市历史博物馆：《广饶县广北农场一队西南商周汉代及宋元时期盐业遗址》，《中国考古学年鉴(2014)》，中国社会科学出版社，2015 年，第 288 页。

1—2 米,部分区域耕土层下即为厚 1 米以上的文化层堆积。2014 年 10 月至 2015 年 2 月,对遗址进行了发掘[1]。发掘区位于遗址西南部,面积 500 余平方米,发现了丰富的东周时期文化遗存。

发掘区地层堆积较厚,分 6 层,⑤、⑥层为东周时期文化层。遗迹主要有灰坑、灶、井、沟等。出土遗物有铜、陶两类,铜器仅铜削 1 件,陶器有盔形器、鼎、鬲、盆、甑、罐、盂、豆、陶垫、陶拍、纺轮、支座等,多残留部分口沿及腹片。遗址文化遗存分为三期,时代从春秋中期延伸至战国晚期阶段。

遗址具有多种功能,既可制盐,又烧制生产和生活用陶器。本次工作是该地区首次进行的考古发掘,极大地丰富了莱州湾南岸盐业遗址的考古资料,对该区域春秋中晚期至战国时期的生产和社会生活有了更深入的了解。

4. 寿光市机械林场盐业遗址

为配合黄水东调水利工程的施工建设,山东省文物考古研究院对沿途线路进行调查和勘探,于寿光市羊口镇国有机械林场内发现一处盐业遗址(省道 226 与省道 320 交叉口东南约 1500 米处)。随后,于 2017 年 4—6 月对该遗址进行了发掘[2]。

依据前期勘探情况,选择文化层堆积比较好的区域进行布方发掘,分别编号为第一地点、第二地点、第三地点。第一地点清理有灰坑、墓葬、灶等遗迹单位共 19 处,出土有鬲、豆、缸、瓮等陶器残片,时代约为东周时期;第二地点见灰坑、灶等 16 处遗迹单位,出有少量瓷片,与陶片、碎砖多混杂在一起,年代约为宋元时期;第三地点有灰坑、沟、井、灶等遗迹单位共 11 处,出土有豆、盆、缸、瓮等陶器残片,时代约为东周时期。

通过发掘,对遗址整体空间布局、聚落时空的位移,甚至地貌变迁背后的人地互动关系都有了初步的了解。第一地点和第三地点,相隔距离较近,文化堆积年代一致,从遗迹类型和出土器物分析,应是东周时期的制盐遗址。形制分明的盐灶、盐井,附近大量的陶片堆积,均表明这是一处煮盐遗址。第二地点圆形、方形或椭圆形的灰坑,分布在盐灶的周围,推测这是处制盐工艺有别于其他两个地点的遗存。

————————

[1] 山东省文物考古研究院、昌邑市博物馆:《昌邑火道—廒里遗址群 01(唐央)遗址发掘简报》,《海岱考古》(第十辑),科学出版社,2017 年,第 150—177 页。

[2] 山东省文物考古研究院等:《寿光机械林场盐业遗址发掘简报》,待刊。

（二）考古调查、勘探

1. 小清河下游盐业遗址调查

2010 年 2—4 月，山东大学盐业考古队对鲁北地区小清河下游进行了一次较大规模的全覆盖式盐业遗址调查[1]，面积约 200 平方千米，涵盖广饶县丁庄镇、寿光市羊口镇及东营市广北农场。共新发现和复查单个遗址点 340 余个，采集各类遗物标本 1600 余件，按时代可分为龙山、晚商至西周、东周、汉代以后共四个大的阶段，并对不同时段的遗址性质与功能进行了初步分析。

2. 沾化杨家盐业遗址勘探

杨家遗址群位于滨州市沾化县城北，北距海岸线约 50 千米，调查估计面积约 24 平方千米，徒骇河穿过其西部、太平河流经其东部。2011 年 11—12 月，山东省文物考古研究所对其进行了勘探[2]。

在遗址群北部发现遗址单元 5 处，均位于地势较高处，地表散落大量盔形器残片。遗址面积介于 3500—48000 平方米之间，文化层堆积距地表 0.5—1.5 米，个别遗址中心区域耕土层下即为文化层，文化层厚 0.3—2.5 米，包含物有陶片、草木灰和烧土粒等。勘探遗迹类型有灰坑、灶、池等，灶多呈东南—西北方向，平面圆形或椭圆形，长 6—14、宽 2—5 米，灶内堆积有盔形器残片、红烧土块、草木灰等。勘探及调查初步表明，遗址群年代属于商周时期。

3. 广饶南河崖遗址勘探

南河崖盐业遗址群位于东营市广饶县南河崖村周围，处于古贝壳堤的内侧，寿光市东桃园、西桃园村以北，小清河穿过遗址群的南部，东距渤海约 22 千米，南临小清河，北距支脉河约 5.7 千米。为配合南河崖盐业遗址群大遗址文物保护规划编制，并进一步了解其分布现状与地层堆积情况，山东省水下考古研究中心于 2018 年春对其

---

[1] 山东大学盐业考古队：《山东北部小清河下游 2010 年盐业考古调查简报》，《华夏考古》2012 年第 3 期。

[2] 山东省文物考古研究所、滨州市文物管理处、沾化县文化体育新闻出版局：《沾化县杨家商周盐业遗址群》，《中国考古学年鉴（2012）》，文物出版社，2013 年，第 268 页。

进行了细致勘探和调查[1]。

此次工作是在 2007 年燕生东考古调查、2008 年山东大学考古发掘、2010 年山大考古系系统调查的基础上进行的,基本明确了遗址群分布范围、群内遗址点分布、文化堆积、保存现状等系列问题。对 2007 年发现的 59 处盐业遗址进行普探(不含寿光境内 N61、N62 号遗址),发现其中 27 处已经遭到破坏并基本消失,同时又新发现盐业遗址 17 处(中间可能包含 2010 年调查时发现的遗址),目前遗址群内还残存遗址 49 处。属于商末周初的 45 处,属于东周时期的 14 处,其中 10 处遗址为商末周初时期使用,不久即废弃,至东周时期又继续使用。商末周初盐业遗址多分布在遗址群西部、南部和东部,北部这一时期盔形器残片发现相对较少;东周时期盐业遗址多集中在遗址群中部、北部,并呈现向东北部发展的趋势。部分遗址也存在晚期遗物,如 N1 有汉代陶片,N11 有魏晋时期瓦片,N63 有宋元时期瓷片,N74 有隋唐至明清时期瓷片。

4.昌邑滨海盐业遗址勘探

滨海盐业遗址群界于昌邑市下营、龙池两镇,地处大莱龙铁路以北、莱州湾以南,胶莱河与虞河相间区域,可分为火道—廒里、东利渔、鄑邑故城三个独立的盐业遗址群。其中,火道—廒里遗址群处于胶莱河与潍河之间,大莱龙铁路以北区域,东西 6、南北 8 千米,面积约 50 平方千米,调查发现单体遗址点 170 处;东利渔遗址群处于虞河东、潍河西,东利渔村东北 2 千米的滩涂处,东西约 4、南北约 3 千米,面积 12 平方千米,调查发现单体遗址点 41 处;鄑邑故城遗址位于东利渔村东南 2 千米,鄑水(丰产河)东岸,北距莱州湾约 16 千米。为配合昌邑市滨海盐业遗址群保护规划编制工作,山东海岱文化遗产保护咨询服务中心于 2017 年冬末至 2018 年夏初对其进行了细致勘探和调查[2]。

本次勘探范围仅限于火道—廒里盐业遗址群和鄑邑故城遗址具备勘探条件的区域。火道—廒里盐业遗址群的勘探基本弄清了遗址群的确切分布范围、群内单体遗址点的四至及保存状况,明晰了各遗址点性质、堆积内涵、制盐设施形状与规模、盐工居住地、制陶作坊以及墓地分布情况等;鄑邑故城遗址确定了夯土城墙和围壕遗迹,

[1] 山东省水下考古研究中心等:《东营市广饶南河崖盐业遗址群 2018 年考古勘探工作报告》,内部资料。

[2] 山东海岱文化遗产保护咨询服务中心等:《昌邑滨海盐业遗址群考古勘探工作报告》,内部资料。

探明了城址外西南窑址群四至范围，并在城址南侧发现古河道一段。从遗物和遗迹来看，两个盐业遗址群年代均介于东周、周汉、宋元时期。

5. 垦利刘家盐业遗址勘探

刘家遗址位于东营市垦利区董集镇刘家村村南水库南侧，为进一步明确遗址分布范围、地层堆积情况和保护现状，山东省水下考古研究中心于 2018 年 4—6 月对其进行了详细勘探和调查[1]。为更好地完成工作目标，做好大遗址保护与学术研究相结合的工作，本项目引入磁力技术进行勘探，试图根据不同物体磁力特性的不同，来辨别不同的遗物或遗迹。

勘探基本明晰了遗址的分布范围，平面呈东南—西北走向，东西最长约 300 米，南北宽 116—159 米，面积约 43000 平方米，东北侧区域被水库破坏。遗址核心区域在中部偏南，分布有大量遗迹，发现有制盐作坊一处，分布有东西 3.5、南北 5 米的红烧土堆积，部分厚近 1 米，推测此范围应为制盐作坊的盐灶区域。遗址核心区域外围地层仅厚 0.05—0.1 米，未见有更深厚的文化堆积现象。从采集及探出陶片分析，遗址年代在商末至西周初期，且应为性质单一的制盐作坊遗址。

三、研究工作新进展

从考古发现来看，盐业遗址作为特殊的手工业遗存逐渐开始得到更多重视，商周时期盐业遗址被大量发现，周代以后的盐业遗址 2013 年之后逐渐被发现并揭露。近几年来的考古发现，使鲁北沿海地区盐业考古工作取得了较大进展，其所获材料为我们探讨东周、魏晋、宋元时期山东北部沿海地区的制盐工艺、制盐规模、运作模式等盐业考古框架内的相关课题，提供了文献之外真实可靠的资料。

从 2001 年大荒北央盐业遗址的发掘开始，盐业考古研究逐渐走上正轨。经过二十年的发展与探索，学者们的研究涉及盐业地理与环境研究、盐业遗存性质判定、盔形器的年代与分期、煮盐工艺流程和作坊复原、盐业聚落考古研究（作坊布局、遗址群功能分区及布局、遗址群历时性变迁等）、盐业生产与古代社会研究、盐业考古发现与历史文献的互证、盐业考古工作的初步总结和理论思考等方面。对这些研究进行系

---

[1] 山东省水下考古研究中心等：《2018 年东营市垦利区刘家遗址物探及考古勘探工作报告》，内部资料。

统梳理,可以弄清盐业考古的研究思路与方法,对今后的发掘和研究极具启发意义。笔者认为,可以将目前的研究粗分为以下几个方面:

(一) 制盐工艺研究

对于盐业考古来说,工艺流程的复原是最基础也是最重要的问题。具体到鲁北沿海商周时期海盐生产工艺问题,学界目前主要有两种观点。一是燕生东先生据寿光双王城遗址发掘资料,并结合科技检测成果,进而复原的制盐技术流程,其 2013 年出版的博士论文中有详细介绍[1]。可初步归纳为,先从坑井取出卤水,再经过蒸发池的沉淀、蒸发制成高浓度卤水,然后再放入网架结构的灶室内煎煮成盐。二是王青先生据寿光大荒北央和广饶南河崖遗址发掘材料,并结合《熬波图》《天工开物》等古代文献,进而提出商周时期的煮盐工艺应为原始淋煎法,即主要由挖坑取卤→摊灰刮卤→筑坑淋卤→设灶煮盐→破器取盐几个流程组成,这在其 2014 年出版的《环境考古与盐业考古探索》一书中有更为全面的阐述[2]。

彭鹏在其硕士论文中,指出双王城 014A、SS8 两个遗址没有发现“草木灰层和白色沉淀物硬面”遗迹构成的摊场,却发现了一组卤水坑池;双王城 014B、南河崖、大荒北央三个遗址发现了摊场遗迹,却罕见卤水坑池。而且双王城 014A、SS8 两个遗址大致处于商代晚期,双王城 014B、南河崖、大荒北央三个遗址大致处于西周早期。所以他认为,上述两种制盐工艺是年代不同的反映,在商末周初的某个时期采用了“摊灰刮卤”的方法来制造高浓度的卤水,导致了制盐工艺的变革[3]。付永敢在其硕士论文中对王青与燕生东两位先生的观点进行了辩证分析,认为二者所复原的技术放在商周时期都有些过于先进,对煮盐流程中重要的制卤环节提出了自己的看法,认为草木灰在坑池中起到了提纯和净化卤水的作用[4]。

党浩先生分析了昌邑北部沿海地区的盐业遗址调查资料,认为东周时期制盐工艺总体上与商周时期基本相同,即自卤水井汲取制盐原料,经过蒸发、提纯、去除杂质,然后熬煮成盐。但这一时期发现的遗迹和遗物状况也有所改变,遗迹如卤水井数量大大增加,盐灶尺寸也有缩小,结构明显改变;遗物即盔形器形体变得十分高大厚

[1] 燕生东:《商周时期渤海南岸地区的盐业》,文物出版社,2013 年,第 77—100 页。

[2] 王青:《环境考古与盐业考古探索》,科学出版社,2014 年,第 262—266 页。

[3] 彭鹏:《鲁北莱州湾沿岸陶器制盐工艺初探——以双王城遗址群考古发现为例》,北京大学硕士学位论文,2011 年,第 37—57 页。

[4] 付永敢:《山东北部商周时期煮盐工艺初步研究》,山东大学硕士学位论文,2012 年,第 58—65 页。

重,形态变化也很大,可以看出东周时期的制盐产业有了长足的发展,制盐技术更加先进,生产能力也大大提升[1]。燕生东先生曾复原了东周时期的制盐流程,从井里提取卤水放在坑内(或中口圜底瓮)稍加净化,并提高卤水浓度,把制好的高浓度卤水放到中口圜底大型瓮储存,最后把卤水放在大口圜底罐(盆)形器内慢火熬煮成盐,其制作高浓度卤水环节与晚商、西周时期有异[2]。蒲珅杉在其硕士论文中对寿光机械林场遗址战国时期制盐遗存进行详细梳理和分析,并与晚商西周时期的制盐遗存进行对比,探讨了战国时期齐国海盐的制作工艺流程,认为东周齐国采用原始淋煎法进行制盐[3]。

王子孟首次对魏晋、北朝时期盐业作坊进行了复原研究。对遗址中的遗迹进行了功能上的辨认,认为该时期也存在刮卤摊场,此时海盐生产技术依旧沿用淋煎法,但是煮盐器具应该是汉代以来的"牢盆"[4]。燕生东先生分析了莱州湾南岸元明时期地下卤水坑井、过滤沟、沉淀坑、盐灶以及盐工居住的房屋等遗存,据其复原了该地区包括制盐季节、原料、取卤与制卤方式、煮盐方式与场所在内的制盐工艺流程,认为与其复原的双王城商周时期制盐工艺基本一致。并且与传世文献记录相较,进而认为莱州湾南岸元明时期制盐工艺流程比较特殊,与已有文献记录都有区别[5]。

另外关于煮盐季节问题,王青先生首先提出煮盐活动是季节性行为。李慧冬对南河崖出土的贝类遗存进行切片观察,发现贝类死亡季节集中于"入秋降温时节",由此认为煮盐季节应在深秋至来年开春阶段[6]。燕生东先生根据季节性房屋、灶口朝向、蒸发池中碳酸盐形成温度为32℃,认为煮盐季节集中于春季和夏初[7],但其对东周时期盐业遗址进行研究后认为,在收割燃薪后的秋冬季节及春夏之交都可以煮

　　[1]　山东省文物考古研究所、山东昌邑市博物馆:《山东昌邑市盐业遗址调查简报》,《南方文物》2012年第1期。

　　[2]　燕生东:《考古所见周代齐国的盐业》,《蹴鞠与齐文化——第22届国际历史科学大会淄博卫星会议文集》,文物出版社,2019年,第280页。

　　[3]　蒲珅杉:《战国时期齐国制盐工艺浅析——以寿光机械林场遗址为中心》,山东大学硕士学位论文,2019年,第62—65页。

　　[4]　王子孟、孙兆锋:《鲁北沿海魏晋、北朝时期制盐业的考古学观察——东营市广北农场一分场一队东南遗址的个案分析》,《东方考古》(第12集),科学出版社,2015年,第284—295页。

　　[5]　燕生东、赵守祥:《考古所见莱州湾南岸地区元明时期制盐工艺》,《盐业史研究》2016年第2期。

　　[6]　李慧冬:《南河崖西周煮盐遗址贝类采集季节的初步分析》,《华夏考古》2012年第3期。

　　[7]　燕生东:《商周时期渤海南岸地区的盐业》,文物出版社,2013年,第115页。

盐[1]。付永敢对上述两种观点进行了对比研究,他首先认为基于科技检测的结果可能存在取样上偏颇的问题,通过吸收现有研究成果的合理成分并分析相关文献和考古遗存等方面的线索,他推测商周时期可能是在春秋两季从事制盐活动,而春季很有可能是其"黄金季节"[2]。

与制盐工艺相关的问题不止于前述,涉及原料来源、取卤、制卤(提高卤水浓度)、如何煮盐以及制盐场所、季节等,现仅选取学界聚焦、成果较多的部分进行介绍。记载制盐工艺的文献仅追溯至元代,先秦时期的工艺难以从文献中找到详细有价值的线索,所以复原研究制盐工艺必须寄希望于不断的考古发现,对每一个遗迹现象进行科学解释,再结合文献、民俗学和自然科技成果进行综合分析。

(二)盐业聚落形态研究

盐业聚落形态研究,指的是对制盐作坊、盐业聚落、盐业聚落群及内陆聚落之间进行空间布局、功能定位、资源流动等内容的研究,具有重要的作用和意义,一直以来即受到学界重视。

燕生东先生在田野调查和发掘中自始至终强调聚落考古意识,取得了丰硕成果,认为晚商至西周时期鲁北沿海围绕制盐业已形成了三个层次的聚落布局,沿海地区、咸淡水分界线两侧、内陆地区的聚落各有分工,简言之,分别承担煮盐、盐工居住、统筹分配物资和管理等职能,详见其博士论文和双王城简报。王青先生则倾向于当时的聚落分布可能只有沿海和内陆两级[3],并撰文就聚落形态的三级组织形式、聚落群内盐场及制盐单元数量等问题,与燕生东先生进行商榷[4]。

2010年山东大学对小清河下游地区进行了全覆盖式考古遗址调查,发现了大量商周时期尤其是东周时期的盐业遗址,徐倩倩以这批材料撰写硕士论文。她把这些遗址分为晚商到西周、东周两个时段来进行分析,认为晚商到西周时期的盐业生产已经有一定规模,遗址点数量多、分布密集、成群分布,地位较为突出的点可能是在生产过程中为适应生产的需要而自然产生,负责生产、生活物资分配,盐制品外运等过程中的协调,行政管理功能不强。而东周时期,盐业生产的力度大为增强,盐业遗址数

---

[1] 燕生东:《考古所见周代齐国的盐业》,《蹴鞠与齐文化——第22届国际历史科学大会淄博卫星会议文集》,文物出版社,2019年,第280页。

[2] 付永敢:《山东北部商周时期煮盐工艺初步研究》,山东大学硕士学位论文,2012年,第23—28页。

[3] 王青:《环境考古与盐业考古探索》,科学出版社,2014年,第256—257页、232—237页。

[4] 王青:《环境考古与盐业考古探索》,科学出版社,2014年,第278—279页。

量大为增加,密度大,盐业遗址群内的层级机构明显而清晰,管理机构的地位突出,体现其功能的加强,管理方式应异于晚商到西周阶段[1]。王青先生认为此次调查印证了东周尤其是战国时期齐国盐业大幅发展的史料记载,并初步判断这一时期的盐业遗址单位应有生产和管理两种不同性质[2]。

于成龙撰写的硕士论文虽然着眼于对鲁北沿海出土的盔形器进行综合研究,但在分析盔形器产地之后,其结合文献和地学研究成果,对盐业遗址功能定位也有所阐发。他认为,沿海地区、咸淡水分界线两侧、内陆地区出土盔形器的遗址在功能上是有差异的,分别是煮盐工厂、盐业生产的综合管理部门和一般聚落(包括盐的消费地和盔形器产地)[3]。付永敢对商周煮盐作坊的聚落形态与空间分布进行研究,提出晚商西周时期煮盐作坊密集分布于央子和湖沼附近,聚群态势明显,认为其布局形态与地貌类型有相关性,选址倾向易于建设盐灶和获取淡水的地方。但到了东周时期,盐业遗址虽略有聚群之势,却呈现出更为分散的特点,并体现出脱离淡水、食物等资源限制的分布趋势,由附近的大型聚落提供主要的生活物资[4]。

近年来随着盐业遗址发掘资料的增多,对具体遗址进行微观聚落形态研究的案例不断涌现。王子孟对东营市广北农场一分场一队东南魏晋、北朝时期盐业遗址进行个案研究,认为其制盐作坊结构异于商周时期,与以单个盐灶为中心的商周时期盐业遗址布局有所不同,一个盐业生产单元,包括井口密布的盐井区、面积广大的摊灰制卤区和相对独立的煮盐区,各区彼此间有一定的距离和分隔区划,布局结构分化更为专业、面积更为广大[5]。蒲珅杉对寿光机械林场东周盐业遗址进行研究,认为战国时期齐国的煮盐作坊与卤水制备作坊可能是两个相对独立的作坊区,当时的盐业生产应该有官方直接参与,而卤水制备区与煮盐作坊区分开建设也有利于管控,是食盐官营的直接产物[6]。党浩先生对昌邑火道—廒里遗址群01(唐央)遗址进行研究,认为该遗址应是集生活聚落、制陶和制盐于一体的"复合型遗址"。与周围调查发现

[1] 徐倩倩:《小清河下游商周制盐遗址聚落考古分析》,山东大学硕士学位论文,2011年,第42页。

[2] 山东大学盐业考古队:《山东北部小清河下游2010年盐业考古调查简报》,《华夏考古》2012年第3期。

[3] 于成龙:《鲁北地区商周时期盔形器的初步研究》,山东大学硕士学位论文,2012年,第57—60页。

[4] 付永敢:《山东北部晚商西周煮盐作坊的选址与生产组织》,《考古》2014年第4期。

[5] 王子孟、孙兆锋:《鲁北沿海魏晋、北朝时期制盐业的考古学观察——东营市广北农场一分场一队东南遗址的个案分析》,《东方考古》(第12集),科学出版社,2015年,第284—295页。

[6] 蒲珅杉:《战国时期齐国制盐工艺浅析——以寿光机械林场遗址为中心》,山东大学硕士学位论文,2019年,第46—47页。

的盐业遗址相比较,01遗址地势高,面积大,文化层堆积厚,遗迹丰富,遗物多,具有多种功能,应是这一片区域的中心。周围的遗址则属于单纯的制盐产业遗址,仅发现供制盐所用的卤水井、盐灶和大型盔形器,生活用器很少发现,是专门的制盐作坊[1]。

(三) 资源环境与科技考古研究

制盐作为一个开发利用特定资源的手工业门类,其资源来源和环境背景信息历来为学者所重视。具体到鲁北沿海古代盐业考古,王青先生结合渤海沿岸的贝壳堤、第四纪地下卤水等地质信息以及考古发现复原了先秦时期的三条海岸线,并指出现今鲁北沿海海拔10米及以下的地区存在盔形器密集分布带。这个密集分布带是商周时期浅层地下卤水埋藏区,该区域应该是商周时期的产盐区,制盐的原料是地下卤水[2]。燕生东先生结合地学与史志资料的研究成果也与上述观点一致。总之,诸位学者成果可以概括为:鲁北莱州湾地带的地下卤水资源是煮盐取之不尽的原料;干燥和大风为制盐提供了良好的蒸发条件,有利于卤水的进一步浓缩;当地的芦苇、茅草等野生植物为煮盐提供了充足的燃料。前人的研究有力说明了商周时期鲁北地区的自然环境可以发展盐业生产,为该地区盐业遗址的判定提供了地理背景上的合理性。

利用科技考古手段检验鉴定盐业遗存是盐业考古中很重要的一个环节。之前,不少学者已经开展了盐业遗迹的科技分析工作,主要是针对可能的制盐陶器盔形器内外残存物进行检测分析。如王青先生与朱继平先生合作,采用 XRD(X 射线衍射)和 XRF(X 射线荧光光谱)等技术对大荒北央遗址盔形器及附着土样进行物相和盐度分析,认为遗址出土的盔形器应是专门生产海盐的器具[3]。有学者认为,盔形器表面的食盐晶体有可能是后期埋藏过程中土壤的盐碱浸入形成的,不仅仅是制盐过程遗留下来的,单纯分析陶器的含盐量或者 Na、Cl 元素在器壁表面的分布情况来判断陶器是否和制盐相关,其结论是值得疑虑的[4]。虽然现在看来该实验检测方案有待商榷,但瑕不掩瑜,这次尝试为以后的工作提供了良好的基础和可资借鉴的经验

---

[1] 山东省文物考古研究院、昌邑市博物馆:《昌邑火道—廒里遗址群01(唐央)遗址发掘简报》,《海岱考古》(第十辑),科学出版社,2017 年,第 176 页。

[2] 王青:《环境考古与盐业考古探索》,科学出版社,2014 年,第 210—218 页。

[3] 朱继平、王青、燕生东等:《鲁北地区商周时期的海盐业》,《中国科学技术大学学报》2005 年第 1 期;王青、朱继平:《山东北部商周时期海盐生产的几个问题》,《文物》2006 年第 4 期。

[4] 崔剑锋、燕生东、李水城等:《山东寿光市双王城遗址古代制盐工艺的几个问题》,《考古》2010 年第 3 期。

教训。

　　除了对盔形器的科技检测之外，考古工作者还将大量精力投入到对制盐遗迹的研究中，并尝试根据遗迹对制盐单元进行复原，进而推测古代制盐工艺流程。崔剑锋先生等对莱州湾沿岸双王城遗址内出土的和制盐密切相关的遗存进行了包括 XRD、锶同位素、氧碳同位素等在内的多项科学分析。综合所有的分析结果，总结出鲁北莱州湾沿海商周时期盐业遗址的制盐工艺流程：以地下卤水为煮盐原料，采用温火慢炖的方式，在盔形器内逐步蒸发，蒸发至盐的温度在 60℃ 左右[1]。同时，崔剑锋先生还对双王城 014B 遗址盐灶两侧成排圆形小坑和南侧坑池草木灰堆积分别取样分析，认为，圆形小坑可能是使用草木灰去除 Mg、Ca 离子杂质、提高卤水纯度的淋滤设施，而不是先前发掘者以为的灶棚柱洞；草木灰层存在吸卤和除杂功能，否决了有些研究者认为的草木灰是燃料灰、坑池是垃圾池的观点[2]。彭鹏在撰写硕士论文过程中，对莱州湾沿岸地区商周时期的制盐遗存进行分析和比较，在崔剑锋先生工作基础上，对部分关键遗迹做了有针对性的重新解剖和取样工作，并进行了后期的实验室观察和分析(如显微镜观察、碳十四测年，以及 LA－ICP－AES、XRF 等分析技术)，以便更深入明确地了解各制盐作坊中遗迹的性质和功能。对两类内涵不甚明确的制盐遗迹——"成排的圆形黏土洞"和"草木灰层和白色沉淀物硬面"进行了定性分析，认为圆形黏土洞应为一种淋滤设施，"草木灰层和白色沉淀物硬面"应为"摊灰刮卤"所用的"摊场"，并进而分别对晚商和西周时期的制盐工艺流程进行合理阐释[3]。

　　崔彪另辟蹊径，尝试用新的方法对寿光双王城 014A 遗址不同位置的土壤样品成分进行分析，表明卤水在遗址中的坑池 1 上游得到了沉淀净化，在坑池 1 下游和坑池 2 处得到了蒸发和浓缩，印证了考古学者对盐业生产流程和遗迹功用的推测。对灰绿土进行物相和有机碳含量测试，认为其不是人工涂抹的海相沉积层，可能是坑池中生长的"藻垫"经过夯打和长期埋藏后形成的，这说明早在商代晚期，先民就在制盐活动中发现了藻垫，认识到藻垫的防渗特性并有意识地加以利用，反映了当时制盐水平的高超[4]。

---

　　[1]　崔剑锋、燕生东、李水城等：《山东寿光市双王城遗址古代制盐工艺的几个问题》，《考古》2010年第 3 期。

　　[2]　崔剑锋：《山东寿光双王城制盐遗址的科技考古研究》，《南方文物》2011 年第 1 期。

　　[3]　彭鹏：《鲁北莱州湾沿岸陶器制盐工艺初探——以双王城遗址群考古发现为例》，北京大学硕士学位论文，2011 年，第 41—57 页。

　　[4]　崔彪、李乃胜、杨益民等：《山东寿光双王城商代盐业遗址土样的初步科学研究》，《中国文物科学研究》2015 年第 4 期。

立足于发掘材料的科技检测能有效校正发掘者的经验判断,极大地推进了制盐工艺研究。虽然近年来鲁北沿海盐业考古中的科技工作依然是以之前研究为基础,但自然科学技术介入盐业考古研究应该是学术发展的趋势。希望在研究思路、实验手段和案例尝试上有更大的实践和突破,需要一线考古发掘人员加强多学科思维和学术前沿视野的拓展,更需要科技工作者的通力合作。

(四)文献与史学研究

综观山东盐业,依据文献、运用史学手段对其进行研究历来为学界所重视,相关的学术专著、文章很多。纪丽真女士曾以古代山东盐业经济地位、古代山东海盐生产技术及产地、古代山东盐区的盐政盐法问题、山东盐业考古、近代山东盐业研究等专题为切入点,归纳了21世纪以来史学界对山东盐业的研究概况,并总结了研究亮点与不足之处[1]。本文不再一一赘述,现仅就近年来考古学界对出土资料进行文献史学研究的成果进行梳理。

王青先生对《世本》记载的"盐宗"夙沙氏和《吕氏春秋》记载的商代名臣胶鬲进行考证,认为夙沙氏是最早从事海盐生产的部落,与齐国的宿沙卫应该有联系,可以在广饶寿光一带的大汶口文化遗址中寻找宿沙的踪迹,商代起于鱼盐之中的胶鬲可能是夏代有鬲式的后裔,踪迹应该在鲁西北一带;其考证了《管子》中与海盐相关的篇章,认为盔形器是煮海为盐的器具,煮盐原料是卤水而非济水,渠展之盐的范围应在鲁北现今海拔10米以北至当时海岸线之南;其梳理了元代以来的《熬波图》和《天工开物》等文献记载,结合考古资料,认为海盐生产的淋煎法至迟产生于商代晚期,并一直沿用到宋元时期;其对《熬波图》版本及内容进行考证,认为该书作者应是瞿守义和陈椿二人,纠正了《四库提要》的考证疏误[2]。

燕生东先生对此也着力甚多。其系统梳理了相关文献记载,分盐业生产状况、齐国盐政、制盐原料方法与食盐流通区域几个专题,对山东地区晚商至宋元时期的盐业进行探讨,可谓一篇力作[3];其结合考古发现对《管子·轻重》诸篇进行了考证,认为从制盐场所分布范围、制盐工艺流程、盐年产量、外销路线及有关盐政来看,《管子》相关记载与目前在渤海南岸地区发现的东周时期盐业遗存一致,其成书年代也应在战国时期或者稍后[4]。

---

[1] 纪丽真:《20世纪以来山东盐业研究综述》,《盐业史研究》2014年第1期。

[2] 王青:《环境考古与盐业考古探索》,科学出版社,2014年,第286—335页。

[3] 燕生东:《商周时期渤海南岸地区的盐业》,文物出版社,2013年,第219—299页。

[4] 燕生东:《从盐业考古新发现看〈管子·轻重〉篇》,《古代文明》(第9卷),文物出版社,2013年。

也有学者以古文字为切入点来进行考察。方辉先生较早涉足了此方面，在《商周时期鲁北地区海盐业的考古学研究》一文中释读了出土于滨州兰家的青铜卤铭文，认为该字为"卤"，器主人可能是一位"卤小臣"或其下属的盐业官员，结合滨州及其周围的商代遗址均分布于古济水和徒骇河之间的特点，进而认为古济水是山东北部交通中原的重要航道，海盐通过古航道运到王畿地区[1]。冯时先生通过对商周古文字资料的分析，认为商王朝对东方的海盐进行了垄断，作为王室用盐的主要来源，滨州兰家遗址出土铜器铭文可能为"甾"，该家族以制造盛盐之器为职，而青州的"覃"氏以煮盐为职业[2]。刘海宇先生研究了寿光北部盐业遗址出土的齐国陶文，认为与齐都临淄的陶文几乎一致，表明这些陶器为齐都临淄近郊的私营制陶作坊所烧制。其时间跨度，从战国早期到末期都有存在，说明寿光北部盐业遗址存在了很长一段历史时期。战国时代齐国的煮盐产业大都是雇工进行，只在每年冬季的十月至十二月期间生产，他们很可能是齐都临淄附近农闲期的农民，正是这些人在制盐遗址留下了齐都临淄所烧制的陶器[3]。

以上是近年来考古学界的文献史学研究情况，揭示了盐业史研究的显著变化，学者们开始注意结合考古发现来对文献进行梳理，并且考古工作者多参与其中，这是盐业史和盐业考古相结合的案例尝试。另外，还有从历史地理、盐业经济与贸易角度对古代盐业以及盐业背后的社会进行综合研究，不再逐一而论。

四、关于盐业考古的思考与展望

如前文概述，过去十多年来，山东地区盐业考古调查和发掘工作不断进行，研究成果推陈出新。研究内容从特定制盐生产工具、遗迹功能判定以及遗址的辨识与分析，逐渐过渡到盐的生产与流通、煮盐作坊空间布局、盐业聚落形态、沿海与内陆资源互动以及盐政经略等方面，不断走向深入，山东地区盐业考古取得了长足进展。但山东盐业考古作为一项长期的研究课题，就学科发展趋势与业界状况而言，无疑还有很多方面的工作需要加强。对此，王青先生从加强田野考古基础工作、加强多学科合作及科学检测工作、加强与国外同行的交流与合作、加强文献史料及口碑资料的收集与

［1］　方辉：《商周时期鲁北地区海盐业的考古学研究》，《考古》2004 年第 4 期。

［2］　冯时：《古文字所见之商周盐政》，《南方文物》2009 年第 1 期。

［3］　刘海宇：《寿光北部盐业遗址发现齐陶文及其意义》，《东方考古》（第 8 集），科学出版社，2011年，第 219—224 页。

整理、开展实验考古与模拟重建工作、开展制盐遗址的保护与展示工作等六个方面来阐述,对山东地区的盐业考古工作进行了思考和展望[1],从宏观视野对山东地区盐业考古工作提出了方向和要求。

笔者作为一线考古人员,在学界已有研究工作基础上,结合近年来的工作体会,就今后工作中亟需加强或改善的地方谈下个人感悟。

一是加强田野考古工作的主动性和系统性。21世纪前十年的山东地区盐业考古田野工作,多数调查和发掘还是主动性的。近年来,较多为基本建设考古或配合地方文保单位编制规划展开,工作缺乏计划性、前瞻性和系统性,断续、偶然的田野工作也必然对盐业研究造成影响。山东北部沿海产盐区面积广大、盐业遗址众多,需要考古部门通力合作、制定详细规划,以课题意识为引领来进行全覆盖调查和重点发掘工作。

二是加快田野报告编写、改变报告编写方式。田野资料是深入研究的基础,尽快全面地公布发掘资料是学界所期待的,但多数发掘点与地方馆藏资料尚不能及时刊布,这对于盐业考古基础薄弱、盐业遗址点发掘较少的现状是极为不利的。传统分型分式的报告多是列举重要遗迹和陶器,未能全面刊布遗址中的非盐陶器和遗迹,这些对辨别遗址性质、功能和级别都是很重要的。希望考古部门和发掘者意识到该问题的重要性,考古单位在时间、物力方面多给予发掘者支持,发掘者也得不用扬鞭自奋蹄;在快速出版田野报告的同时,更得注意报告质量,采用新的编写方式,全方位、多维度、立体地介绍发掘成果和考古工作信息。

三是加强田野与研究工作的全面、深度覆盖与融合。山东地区盐业考古目前存在着研究时间和内容不均衡的问题,时间上多侧重于先秦时期,薄弱于晚段历史时期;内容侧重于海盐产地、制盐技术流程、盐业聚落形态及生产关系等,薄弱于盐业的流通与消费环节、资源互动、制盐人身份与盐商、盐制与盐业对社会的影响等问题。需要田野工作的扎实推进,对晚段考古调查和发掘的重视,更需要解决田野发掘与研究两张皮脱离的现象。考古工作者既要发挥专业长材,又要增强研究实力、拓展学术视野,在已有成果积累基础上,充分利用好掌握一手发掘资料的优势,在资料整理和后续研究上均有所建树,为学界提供全面、科学的信息和可靠、深度的研究成果。

四是强化多学科合作及科技检测介入。以考古学与现代科学技术相结合为主要内容的多学科合作研究已深入到盐业考古田野及整理的全过程之中。如,植物考古能了解当时的植被情况、食物消费和燃料种类;动物考古能知晓当时的肉食资源种

[1] 王青:《环境考古与盐业考古探索》,科学出版社,2014年,第282—285页。

类、来源和制盐季节;地学界成果能复原当时的海岸变迁和产盐区范围;历史文献学能解释制盐遗迹现象、归纳研究制盐工艺和社会功能问题;实验考古能模拟重建古代场景,获得科学实验数据,证明发掘资料的科学性与可实验性;民俗学材料是展示制盐方法的鲜活案例,能帮助分析文献记载的盐业生产和考古发现的制盐遗存;科技检测能定性制盐工具和制盐遗迹等,对确定盐业遗址和复原制盐技术流程起了重要作用。已经发掘的盐业遗址多数均开展了多学科合作,且取得了丰硕的成果。但随着学科发展和时代进步,科技考古手段和多学科合作方法都在不断进步和加强,这方面的工作需要继续强化。需要考古工作者具有多学科视野和团队合作精神,在发掘伊始,就要设计多学科合作的发掘方案,发掘期间邀请其他学科研究人员来工地实地感受和指导发掘工作,后续整理研究期间更要借鉴其他学科成果和建议,强力发挥跨学科和科技考古的优势作用。

五是加强盐业考古理论体系的建设。山东地区的盐业考古经历了文献梳理、考古调查发掘、多学科综合研究的历程,目前仍缺乏科学的理论支撑,研究方法和手段也不统一。盐业考古理论尚处于探索阶段,但部分学者在对既往工作进行回顾和展望未来时,提出了具有理论方法指示意义的观点。

王青先生曾总结盐业考古的内涵,即盐业考古是指从考古学角度研究古代食盐的生产、流通和消费及其对人类社会发展的重要作用,可概括为对古代人盐关系进行考古学研究;又概括了盐业考古的研究趋势,认为盐业考古不久就会和农业考古、冶金考古、陶瓷考古、贸易考古等构成新的考古学分支学科——经济考古学或生业考古学[1]。燕生东先生也对盐业考古作过总结,认为盐业考古不仅研究生产技术,还研究盐业生产、销售、运输及相关物资生产与流动的社会管理和组织等,且据其多年田野工作经验,强调聚落形态在盐业考古田野调查、勘探、发掘和整理过程中的作用,并归纳了盐业遗址聚落形态田野作业的三个步骤;同时还提出了系统论的观点,盐业生产作为商周时期渤海南岸地区"产业系统"的重要组成部分,应该把其置于商王朝和地方封国控制下的社会系统考察[2]。上述总结虽然没有明确上升到理论高度,但基本涉及了盐业考古的定义、研究内容、研究方法和研究趋向等,已经具有了理论层面的意义。

经过几百年的工作实践和理论探索,国外的盐业考古已具备了相对完整的理论方法体系,并注重与历史学、人类学、民族学及现代科学技术的结合,相关案例和理论

---

[1]　王青:《环境考古与盐业考古探索》,科学出版社,2014年,第267、285页。

[2]　燕生东:《商周时期渤海南岸地区的盐业》,文物出版社,2013年,第11、14页。

研究均成果丰硕。学习、吸收、消化和运用国外先进的理论和方法对于构建山东地区盐业考古理论是必要的,但更要从山东盐业考古的历史与实际出发,在前人基础上对盐业考古手段和方法进行归纳总结,形成适用于该研究领域的方法论,以指导未来山东地区的盐业考古工作。

盐业考古作为专注资源、环境和社会互动的一项长期研究课题,不仅关注生产工艺,还关注规模化生产、专业化水平、物资流动、经销网络等与之相关的背后所映射的经济、政治和社会内容。其相关成果必将对历史抑或史前时期的政治、经济、文化、历史、贸易、军事等研究起到积极的推动作用。尤其是山东地区的盐业考古工作,在研究细节、手段、内容、目的和科技考古的支持上,均有很大的发展空间,需要我们一如既往地扎实工作来逐步开展。

承蒙山东海岱文化遗产保护咨询服务中心刘相文老师与山东省水下考古研究中心孟杰、杨小博二位师弟提供原始材料,在此一并致谢。

"渠展之盐"考辨

郭长波

青岛市黄岛区博物馆

曾仰丰在《中国盐政史》中指出"论者谓古代盐产之富,莫盛于山东"[1],山东滨海地区是古人熟知的产盐之地,先秦、秦汉典籍中多有"青州贡盐""北海之盐""渠展之盐""煮沂水为盐""齐国鱼盐之地三百里"等记载。其中"渠展之盐"在《管子》中多有提及,但学界对其具体位置众说纷纭,兹结合史籍文献和近年来盐业考古资料再作考辨。

一、"渠展"在古济水入海口考

《管子·地数》载:"夫楚有汝、汉之金,齐有渠展之盐,燕有辽东之煮,此三者亦可以当武王之数。"《管子·轻重甲》载:"楚有汝、汉之黄金,而齐有渠展之盐,燕有辽东之煮,此阴王之国也。"又载:"今齐有渠展之盐,请君伐菹薪,煮沸火为盐,正而积之。"[2]据《管子》记载渠展为齐国产盐之基地。房玄龄注《管子》言:"渠展,齐地。沂水所流入海之处,可煮盐之所也。故曰'渠展之盐'。"[3]杜佑《通典·食货十》[4]同此说,认为渠展之地在沂水入海处。但房玄龄、杜佑皆未标明沂水在何处入海。《汉书·郊祀志上》载:"于是自崤以东,名山五,大川祠二。曰太室。太室,嵩高也。恒

[1] 曾仰丰:《中国盐政史》,上海书店1984年据商务印书馆1937年版影印,第66页。
[2] 黎翔凤撰,梁运华整理:《管子校注》,中华书局,2004年,第1364、1422、1423页。
[3] [唐]房玄龄注,[明]刘绩补注,刘晓艺点校:《管子》,上海古籍出版社,2015年,第454页。
[4] [唐]杜佑撰,王文锦等点校:《通典》,中华书局,1988年,第226页。

山、泰山、会稽、湘山。水曰沇、曰淮。"颜师古注曰:"沇,音子礼反,此本济水之字。"[1]王爱民《齐"渠展之盐"概说》、王明德《齐国"渠展之盐"考》皆认为《汉书》中"济水"都写作"沇水",并指出"济水"作"沇水"或始于汉代班固[2]。《汉书·郊祀志下》(神爵元年)"自是五岳、四渎皆有常礼。东岳泰山于博,中岳泰室于嵩高,南岳灊山于灊,西岳华山于华阴,北岳常山于上曲阳,河于临晋,江于江都,淮于平氏,济于临邑界中,皆使者持节侍祠"[3],即以"济"为本字;而《汉书·地理志上》称"沇、河惟兖州",颜师古注曰:"沇本济水之字,从水㳂声,言此州东南据济水,西北距河。"[4]故《汉书》中"沇"与"济"或通用。此为"渠展为济水入海处说"的最初依据。《说文解字·水部》:"沇,水出河东东垣王屋山。东为泲。""泲,沇也。东入于海。"[5]《尚书·禹贡》曰:"导沇水,东流为济。入于河,溢为荥。东出于陶丘北,又东至于菏,又东北会于汶,又北东入于海。"[6]段玉裁注"沇"曰:"《尚书》《周礼》《春秋三传》《尔雅》《史记》《风俗通》《释名》皆作济。《毛诗·邶风》有泲字,而《传》云地名,则非水也。惟《地理志》引《禹贡》《职方》作泲。"[7]但孔颖达《尚书正义》引《地理志》亦作"济",云"汶水出泰山莱芜县原山,西南入济也"[8]。

成书于三国时期的《水经·济水》条:"出河东垣县东王屋山,为沇水;又东至温县西北为济水……又东至乘氏县西,分为二:其一水东南流,其一水从县东北流,入巨野泽。又东北过寿张县西界安民亭南,汶水从东北来注之……又东北过临济县南,又东北过利县西,又东北过甲下邑,入于河。"郦道元注曰:"济水东北至甲下邑南,东历琅槐县故城北。《地理·风俗记》曰:'博昌东北八十里有琅槐乡,故县也。'《山海经》曰:'济水绝巨野注渤海,入齐琅槐东北者也。又东北,河水枝津注之。'《水经》以为入河,非也。斯乃河水注济,非济入河,又东北入海。郭景纯曰:'济自荥阳至乐安博昌入海。'"[9]黄河支流注入济水之后,济水在博昌东北 40 千米处入海。

---

[1] [汉]班固撰,[唐]颜师古注:《汉书》,中华书局,1962 年,第 1206、1207 页。

[2] 王爱民:《齐"渠展之盐"概说》,《滨州学院学报》2008 年第 4 期,第 40 页;王明德:《齐国"渠展之盐"考》,《盐业史研究》2014 年第 2 期,第 27 页。

[3] [汉]班固撰,[唐]颜师古注:《汉书》,中华书局,1962 年,第 1249 页。

[4] [汉]班固撰,[唐]颜师古注:《汉书》,中华书局,1962 年,第 1525 页。

[5] [汉]许慎撰,[清]段玉裁注:《说文解字注》,上海古籍出版社 1981 年影印经韵楼版,第 527、528 页。

[6] [汉]孔安国传,[唐]孔颖达正义:《尚书正义》,上海古籍出版社,2007 年,第 235、236 页。

[7] [汉]许慎撰,[清]段玉裁注:《说文解字注》,上海古籍出版社 1981 年影印经韵楼版,第 528 页。

[8] [汉]孔安国传,[唐]孔颖达正义:《尚书正义》,上海古籍出版社,2007 年,第 203 页。

[9] [北魏]郦道元著,陈桥驿校证:《水经注校证》,中华书局,2007 年,第 187—213 页。

后代典籍据济水入海口推测渠展在利津。《(雍正)山东通志》卷九《古迹·利津县》载："(渠展)在县北,滨海境,古置盐官所也。《管子》:'齐有渠展之盐,此阴王之国也。'注云:'渠展,齐地,济水入海处,可煮盐之所也。'《寰宇记》:'海畔有一沙阜,高一丈,周围二里。俗呼为阚口淀,是济水入海处,海潮与济相触,故名。'今淀上有井,可食。海潮虽大,淀终不没,百姓其下煮盐。"[1]《(光绪)利津县志·利津文征》收清代李含章《渠展怀古》、李华《渠展怀古》诗,清末利津尚有渠展精舍、渠展书院等[2]。

利津位于黄河三角洲,迟至春秋时期尚为海隅一角,三面环海。目前在利津发现的煮盐遗址主要有南望参遗址群和洋江遗址群。南望参遗址群位于利津明集乡南望参村西北 3 千米,1975 年发现,遗址被淤土覆盖,曾出土过晚商各时段陶器,利津文管所藏此遗址出土的盔形器属于西周早期。南望参遗址群东 12 千米是洋江遗址群,20 世纪 90 年代修水库时发现,出土陶片主要是盔形器,应属于盐业遗址,时代约在殷墟四期到西周早期[3]。有学者据此认为南望参和洋江遗址群为"渠展在利津说"提供了佐证,并断言渠展指的就是利津西北至东南一带[4]。《(雍正)山东通志》卷九《古迹》引《寰宇记》称"(渠展)海畔有一沙阜,高一丈,周围二里。俗呼为阚口淀,是济水入海处,海潮与济相触,故名"。齐国煮"渠展之盐"以兴鱼盐之利,"十月始正,至于正月,成盐三万六千钟"[5],若渠展果如《山东通志》所载,以方圆 1 千米的范围很难支撑齐国大规模的盐业生产。再者济水自利津入海是在唐宋之后,如果说"渠展为济水入海处"成立,则清代以来的"济水在利津入海"说尚阙疑。

据《中国历史地图集》标注西周时期济水在营丘东北入海,春秋时期在临淄东北入海;西汉时期称泲水,在琅槐东北入海;东汉时期又称济水,在利县东北入海[6],以上区域现皆属广饶县境。《续修广饶县志·舆地志·河海》:"故小清河,古本济水,至历会洣,东合淯、漯至广饶入海。……民初志曰:旧志略云,古惟济水,唐始有清河之名,宋又有南北清河之目,南渡后复有大小清河之分。今小清所经,自历城以东,如章丘、邹平、长山、新城、高苑、博兴、乐安诸县,则皆古济水所行。而大清所经,自历城以

[1]　[清]岳浚等修,[清]杜诏等纂:《(雍正)山东通志》,《钦定四库全书》文渊阁本。

[2]　[清]盛赞熙纂修:《(光绪)利津县志》,光绪九年(1883)刻本。

[3]　鲁北沿海地区先秦盐业考古课题组:《鲁北沿海地区先秦盐业遗址 2007 年调查简报》,《文物》2012 年第 7 期,第 11、12 页;燕生东:《商周时期渤海南岸地区的盐业》,文物出版社,2013 年,第 64、68 页。

[4]　王震:《渠展之盐·南望参盐业遗址群及古代黄河三角洲海陆变迁探微》,《中国文物报》2011 年 11 月 25 日第 6 版。

[5]　黎翔凤撰,梁运华整理:《管子校注》,中华书局,2004 年,第 1423 页。

[6]　谭其骧主编:《中国历史地图集》,中国地图出版社,1996 年,第一册第 17、18、26、27 页,第二册第 19、20、44、45 页。

上至东阿固皆济水故道,而自历城东北如济阳、齐东、青城则皆古漯水所行,蒲台以北则古河水所经。故《元和志》《寰宇记》皆云济水最南,漯水居中,河水最北。盖唐宋时河尝行漯渎,及河去,而济行河、漯二渎,济之如漯端在此时。岂得谓小清源于泺而昧其为济故道乎!"[1]

若济水入海口在广饶,即现在的小清河入海口,那么"煮沸水为盐"便是煮小清河水为盐,小清河水是淡水,在入海处含盐量也很低,不可能用来煮盐。《湖北先正遗书》本《管子补注》称"海出沸无止",而杨忱序《宋本管子·重乙》"沸"作"沸"[2]。清代学者洪颐煊《管子义证》中指出"沸当作沸,沸水清不能为盐",何如璋说"沸当作海,沸不可煮盐也",闻一多指出"洪谓沸为误字,良是。然沸字义亦难通,今谓沸当为沛字之误也"[3]。《文献通考》"煮水为盐"注曰"煮海水",又注"渠展"曰"渠展,齐地,沸水所流入海之处",校勘记"沸"原作"沛",据《管子·轻重甲》注、《通典·食货十》改[4]。吕祖谦《大事记解题》卷十二《汉孝武皇帝元狩五年罢三铢钱行五铢钱初榷盐铁》条称:"渠展,齐地,沛水所流入海之处,可煮盐之所也。"[5]至于沛水在何处,没有言明,史籍中也不见齐国有沛水之记载。因此,渠展在济水入海处,或"沛水入海处"之说皆不能成立。

二、"渠展"在黄河三角洲区域考

《管子·轻重乙》中称:"夫海出沸无止,山生金木无息。草木以时生,器以时靡币,沸水之盐以日消。"[6]自宋本《管子》以来,多称"海出沸",明中都四子本《管子》作"海出沸"[7]。清人于鬯《香草续校书》言:"沸,盖谓盐之质。盐者,已煮之沸;沸者,未煮之盐。海水之可以煮为盐者,正以其水中有此沸耳。故曰煮沸水为盐。……然

[1] 王文彬等修,王寅山纂:《续修广饶县志》,1935年铅印本。

[2] [唐]房玄龄注,[明]刘绩补注,刘晓艺点校:《管子》,上海古籍出版社,2015年,第458页;[唐]房玄龄注:《宋本管子》,清光绪五年(1879)据黄丕烈旧藏宋本影刻(即杨忱序本)。

[3] 黎翔凤撰,梁运华整理:《管子校注》,中华书局,2004年,第1366页。

[4] [宋]马端临著,上海师范大学古籍研究所、华东师范大学古籍研究所点校:《文献通考》,中华书局,2011年,第418、444页。

[5] [宋]吕祖谦著:《大事记解题》,同光间(1868—1877)永康胡氏退补斋刻本。

[6] 黎翔凤撰,梁运华整理:《管子校注》,中华书局,2004年,第1444页。

[7] [唐]房玄龄注,[明]刘绩补注:《管子》,民国十二年(1923)沔阳卢氏慎始基斋《湖北先正遗书》影印本,上海古籍出版社2015年版《管子》即以此为底本。

窃谓洓、沸二字既各本歧出，未可偏执。且在古音，旡声弗声同部，又安见不可相假。要作洓，非水名之济。洪谓洓水清，不能为盐，则误矣。若作沸，亦非煮海水使沸涫之谓，实通指海水中盐质而已。何以见之？《轻重乙篇》云'夫海出洓无止'，是明明洓出于海水，出于海水而可为盐。非盐之质乎？若为水名之济，济水何尝出于海。彼文洓字，宋本亦作沸。若谓煮海水使沸涫，则曰海出沸，可通乎？抑洓之言醝也，至今俗语盐醝连称。醝洓并谐旡声，然则作洓殆较作沸为近云。"[1]马非百更直接指出："洓水云者，当即今之所谓卤水。"[2]王青在《山东北部盐业考古研究》中转引《中国科学技术史》称"海水中的食盐含量并不算很高，每公斤海水中平均大约含有 27 克，而食盐的浓度要达到每公斤海水含 265 克时（30℃）才会结晶出来，所以若直接煮海水提取食盐，燃料要消耗很大，效率相当低"，并据此认为，在明代兴起海水晒盐之前，山东北部应主要是开采地下卤水生产海盐[3]。因此，"煮洓水为盐"的"洓水"应当是生产海盐的主要原料——地下卤水。

《管子》称"齐有渠展之盐"，又称"煮洓水为盐"，可理解为齐国在渠展之地利用地下卤水煎煮产盐，所言"渠展"不是一个具体的地名，而是指利用洓水煮盐的广泛区域。史籍记载语焉不详，历代注疏和现代学者的解释也是众说纷纭，究其原因，主要在于对"洓水"性质的不同认定和考证多限于文献梳理，缺乏考古实物的支持。近年来，结合山东北部渤海湾沿岸地区商周考古工作成果，诸多学者在认同"洓水"为地下卤水的前提下，进行了重新的认识和考证。

在山东北部的商周遗址中，多有盔形器的发现，尤以沿海地区出土量大。王青曾对此作过相关统计，鲁北地区已出土盔形器的遗址大约 80 处，包括了西起乐陵东至昌邑的 19 个县市区，其中沿海地区出土盔形器的遗址多位于海拔 10 米以下，距海较近。盔形器出土数量非常大，像寿光大荒北央遗址地面散布的盔形器俯拾即是，考古发掘的出土器物中盔形器占到 90％以上；而沾化杨家遗址、阳信李屋遗址和寿光双王城遗址也与之相似；广饶西杜瞳遗址盔形器比例略低，但也在出土陶器总数的一半以上。鲁北地区渤海湾沿岸发现的盔形器内壁多有白色凝结物，经鉴定主要成分为碳酸钙，是食盐形成过程中沉淀析出的钙化物硬层，因此可以确定该区域发现的盔形器为海盐生产的专用工具。

王青根据考古资料和地学分析资料，对鲁北地区海陆变迁进行综合研究认为距

［1］［清］于鬯著，张华民点校：《香草续校书》，中华书局，1963 年，第 88 页。

［2］马非百：《管子轻重篇新诠》，中华书局，1979 年，第 421 页。

［3］王青：《环境考古与盐业考古探索》，科学出版社，2014 年，第 256、257 页；赵匡华、周嘉华：《中国科学技术史·化学卷》，科学出版社，1998 年，第 478 页。

今 6500—5000 年的海岸线约在现今海拔 10 米附近,具体就在沿河北沧县南—盐山西—山东庆云东宗北—阳信小韩东—滨州卧佛台西—滨州—博兴黄金寨南—广饶寨村、五口、狮子行、前埠下北—平度韩村北—平度三埠李家西—莱州中扬、西大宋西一带。到商周时期,海岸线后退 20—40 千米,逼近现代海岸线。由此看来,商周时期鲁北地区浅层卤水分布范围基本是距今 6500—5000 年的海岸线,即在现今海拔 10 米附近,这也与盔形器的密集分布带重合。王青据此推断"渠展之盐"应当具体指山东北部现今海拔 10 米以北至当时海岸线以南地带,而不是笼统地认为是渤海湾南岸地区[1]。

王爱民在王青观点的基础上对"渠展"的具体范围进行了修订,认为其地域主体主要指黄河三角洲地区,即以黄河三角洲为中心的海盐生产区。王爱民指出在渤海岸边的鲁北、鲁西北,包括滨州、东营、潍坊等市的许多地方都发现了商周时期的盐业生产遗址,如沾化的杨家、陈家,阳信的李屋,滨城区(原称滨县)的兰家、小赵家,利津的南望参,还有寿光的大荒北央、双王城等地发现了大量具有鲜明地方特色的盔形器,某些遗址还发现了煮盐的盐灶和提取地下卤水的卤坑[2]。王爱民所认为的黄河三角洲地区应包括滨州、东营和潍坊寿光的滨海地区,此即为"渠展"之地。李靖莉等学者也认为"渠展"之地应位于黄河三角洲渤海近岸。她根据《管子·轻重丁》"北方之萌者,衍处负海,煮沸为盐"和《管子·地数》"北海之众毋得聚庸而煮盐",指出齐人所言之"北海"当指渤海,北方主要指齐国北部的黄河三角洲地区,其所认为的黄河三角洲区域较王爱民范围缩小,约相当于现在的滨州市滨城区、无棣、沾化、阳信、博兴等地,以及东营市利津、广饶等县[3]。

黄河三角洲地区是先秦时期齐国重要的盐业生产区域,相关考古工作也证明了这一点。但是,据此称"渠展"之地在黄河三角洲区域亦显得笼统。"渠展"是齐国盐业生产的核心区域,但根据目前聚落考古研究认为,"渠展"的核心范围在商到西周和春秋之后是略有变化的。在二里岗下层时期,商文化的影响范围扩展到了豫东、微山湖西侧、济宁、济南及德州一线,在济南大辛庄遗址出土的素面鬲和素面甗与当地岳石文化的同类器物相差较大,就整体形态而言是模拟二里岗下层文化的绳纹鬲和绳纹甗。但这一阶段东方地区商文化聚落较少,人口也不是很多。在二里岗上层到殷墟一期前段时期,商文化在东方地区的扩张达到了鼎盛时期,发现的聚落数明显增

[1]　王青:《环境考古与盐业考古探索》,科学出版社,2014 年,第 239、297 页。

[2]　王爱民:《齐"渠展之盐"概说》,《滨州学院学报》2008 年第 4 期,第 41 页。

[3]　李靖莉、赵惠民:《黄河三角洲古代盐业考论》,《山东社会科学》2007 年第 9 期,第 108 页。

多,其范围已达到潍坊的白浪河、沂水、莒南、苍山等地。鲁中南、鲁西南泗水流域和济南周围成为当时商文化的中心,聚落分布密集。这一时期,商人的势力逐渐向渤海沿岸和莱州湾南岸一带扩展,其东界应该在白浪河流域。但是这一区域的遗址数量较少且分散,并且滨海地区也未发现这一时期的制盐遗存,说明该阶段商人在东方地区以开疆扩土为主,还没有开发该区域的盐业资源。到第三阶段的殷墟一期后段、殷墟二期、殷墟三期,鲁北地区、莱州湾南岸和黄河三角洲地带聚落、人口数量猛增,考古文化空前繁荣。这一时期在该区域发现了十几处盐场和数百个制盐作坊,渤海南岸成为殷墟时期商王朝直接控制的、唯一的产盐之地和唯一能通往海洋的地方。基于沿海地区盐业资源的开发,莱州湾南岸地区最终形成了以沿海盐业和盐工定居地为导向的聚落分布格局[1]。

西周初期,太公封齐,都营丘,封国地域狭小。《史记·贷殖列传》记载:"太公望封于营丘,地潟卤,人民寡。"[2]《左传·昭公二十年》,齐国大夫晏婴对齐景公言:"昔爽鸠氏始居此地,季荝因之,有逢伯陵因之,蒲姑氏因之,而后大公因之。"[3]"蒲姑"一作"薄姑",本殷周间诸侯,其国都在今滨州博兴县湖滨镇东南8千米寨下村西北,小清河之阳,东南距齐都临淄25千米。《尚书·蔡仲之命》:"成王既践奄,将迁其君于蒲姑。"[4]《汉书·地理志》:"殷末有薄姑氏,皆为诸侯,国此地。至周成王时,薄姑氏与四国共作乱,成王灭之,以封师尚父,是为太公。"[5]据西周时期齐国营丘[6]、蒲姑、临淄三都的位置以及近年来发掘的淄博高青陈庄西周中期遗址来看,当时齐国的疆域大致相当于今天的高青、博兴、临淄、广饶一带,活动区域不会超过淄河以东,与《孟子·告子下》所载"太公之封于齐也,亦为方百里也,地非不足也,而俭于百里"[7],正可以互相印证。这一区域正位于渤海南岸黄河三角洲地区卤水带上,土地盐碱化严重,地寡人稀少五谷。太公因地制宜,提出了"因其俗,简其礼,通商工之业,便鱼盐之利"的经济国策,从而达到了"人民多归齐,齐为大国"[8]的目的。

---

[1] 燕生东:《商周时期渤海南岸地区的盐业》,文物出版社,2013年,第254—256页。

[2] [汉]司马迁撰,[宋]裴骃集解,[唐]司马贞索隐:《史记》(修订本),中华书局,2013年,第3923页。

[3] 杨伯峻:《春秋左传注》(修订本),中华书局,1990年,第1421页。

[4] [汉]孔安国传,[唐]孔颖达正义:《尚书正义》,上海古籍出版社,2007年,第664页。

[5] [汉]班固撰,[唐]颜师古注:《汉书》,中华书局,1962年,第1659页。

[6] 营丘地望主要有北海营陵(今昌乐境内)、临淄二说,此从临淄说。近年王恩田先生又提出高青陈庄说。

[7] 杨伯峻:《孟子译注》,中华书局,1988年,第290、291页。

[8] [汉]司马迁撰,[宋]裴骃集解,[唐]司马贞索隐:《史记》(修订本),中华书局,2013年,第1785页。

殷墟时期到西周早期(距今 3300—2900 年)是莱州湾沿岸地区的第一个盐业生产高峰。这一时期已经发现的盐业遗址主要有广饶县东北坞、南河崖、东赵、坡家庄,寿光的双王城、大荒北央、王家庄以及潍坊市滨海经济开发区央子(包括韩家庙子、固堤场、河北岭子、烽台、西渔利、崔家央子、昌邑东利渔)等近 10 处殷墟时期到西周早期大型盐业遗址群[1]。其中,属于齐国疆域的盐业遗址群主要分布在今广饶,而这一区域最初是蒲姑的势力范围。

西周建国之初,东有纪国。纪国为姜姓封国,故址在今寿光纪王台附近。《太平寰宇记》言:"纪城,古之纪侯之国,姜姓也。今废城在县南,剧南城,古纪国,《汉书》为剧县焉。"[2]《春秋·庄公元年》《春秋·庄公三年》载:"(元年)齐师迁纪郱、鄑、郚。……(三年)秋,纪季以酅入于齐。"杨伯峻注曰:"郱、鄑、郚为纪国邑名,齐欲灭纪,故迁徙其民而夺取其地。郱音瓶,故城当在今山东省安丘县西。鄑音赀,故城当在今山东省昌邑县西北二十里。郚音吾,故城当在今安丘县西南六十里。"[3]纪国除去都城位于今寿光纪王台之外,尚有鄑、郱、郚、酅四个城邑。由鄑、郱、郚、酅四邑所在,可以概见西周到春秋时期纪国疆域的大致范围为:西至临淄东,东至昌邑,南至安丘、临朐,北至海。由此可见,从商代末期到鲁庄公四年(前 690 年)齐襄公灭纪之前,酅邑以东的潍坊滨海地区为纪国所有。

顾炎武《日知录》称:"《河渠书》'东海引钜(巨)定',《汉书·沟洫志》因之。东海疑是北海之误。按《地理志》齐郡县十二,其五曰钜(巨)定,下云'马车渎水首受钜(巨)定,东北至琅槐入海'。"[4]李靖莉、赵惠民认为"巨定"也作"巨淀",即今广饶东北的清水泊,"渠展"之音同"巨淀",疑为同一湖泊,并据此认为古齐国鱼盐产区在黄河三角洲的渤海沿岸[5]。以音相似而推断"渠展"的范围,未免牵强。但结合目前考古资料可知,位于今潍坊市滨海经济开发区央子的盐业遗址群属纪国所有,齐襄公之前齐国的盐业生产主要集中在今广饶一带,原属于蒲姑国,故太公盐业国策自然是在

[1] 燕生东:《莱州湾沿岸地区发现的古代盐业遗存》,《海盐文化研究》(第一辑),中国海洋大学出版社,2014 年,第 5 页。

[2] [宋]乐史撰,王文楚等点校:《太平寰宇记》,中华书局,2007 年,第 62 页。

[3] 杨伯峻:《春秋左传注》(修订本),中华书局,1990 年,第 156、157、160 页。

[4] [清]顾炎武著,黄汝成集释,栾保群、吕宗力校点:《日知录集释》,上海古籍出版社,2006 年,第 1430 页。

[5] 李靖莉、赵惠民:《黄河三角洲古代盐业考论》,《山东社会科学》2007 年第 9 期,第 108 页。王明德《齐国"渠展之盐"考》称安作璋先生认为"渠展"之地在今广饶、寿光交界的巨淀湖一带(见王明德:《齐国"渠展之盐"考》,《盐业史研究》2014 年第 2 期,第 28 页)。安作璋先生在主编的《山东通史·秦汉卷》中引《日知录》指出汉武帝时期水利工程"东海引巨定"应为"北海引巨定",未涉及"渠展"范围的论述。(见安作璋主编:《山东通史·秦汉卷》,山东人民出版社,1993 年,第 204 页。)

继承蒲姑氏业已存在的海盐生产习俗的基础上提出的。

进入春秋之后,随着齐国国力的强大,逐渐尽有纪国、莱国之地,其盐业生产中心逐渐转移到了莱州湾地区。孙敬明认为莱州湾有广阔滩涂,风浪较小,近海有 20 多条淡水河流注入,鱼虾资源丰富,海水浓度较高,是发展浅海捕捞和煮盐牧马的理想之地,且循海东西可抵燕赵及辽东胡地;并引证郭沫若《管子集校》黄模云:"贾侍中曰'渠弭,裨海也',对海为大海而言。《管子》'弭'作'弥',未详厥义。考齐地有巨洋水亦曰朐弥。"认为"渠展"之"渠"即弥水,"展"为平广之义,此谓弥水入海口滩涂平阔[1]。但此说区域过于狭窄,莱州湾南岸平原地区由淄水、潍水、弥水等多条河流冲积而成,其范围不应仅为弥河一隅。

三、"渠展之盐"考

鲁庄公四年、齐襄公八年(前 690 年),齐灭纪,使齐国疆域向东扩展到胶莱河西岸,全部占有了渤海南岸的卤水资源,为管仲改革和齐桓公称霸奠定了基础。纪国疆域内除都城纪王台以北的双王城遗址,尚有央子(包括韩家庙子、固堤场、河北岭子、烽台、西渔利、崔家央子、昌邑东利渔)盐业遗址群,属于纪国四邑之酁邑。酁邑故城遗址位于今昌邑市龙池镇东利渔村东约 2 千米处,南北宽 200 余米,东西长 300 余米,面积约 6 万平方米,历年采集到的遗物有板瓦、筒瓦、瓦当、青铜剑、刀币等,其周边即是东利渔盐业遗址群[2]。《世本·氏姓篇》:"訾氏,其先齐大夫,食邑于纪之訾(訾即酁)城,后人因以为氏。"[3]《古今姓氏书辩证》:"訾,音兹,其先齐大夫,食邑于纪之訾城,北海都昌县西訾城是也。后人因以为氏。"[4]由此可见,齐灭纪后,并没有将酁城毁掉,而是派大夫前往治理,其目的是控制周边区域的鱼盐资源。至齐灵公十五年(前 567 年),"十一月,齐侯灭莱"[5],齐国尽有莱国之地,今莱州市以西的莱州

[1] 孙敬明:《从货币流通看海洋文化在齐国经济重心之发展形成中的作用——论临淄、海阳、临沂所出土的大批货币》,《山东金融》1997 年第 1 期,第 58 页;孙敬明:《海岱古钱新解》,齐鲁书社,2016年,第 89 页。

[2] 2012 年,山东省文物考古研究所、昌邑市博物馆联合对该遗址进行了勘探,没有发现城墙遗迹。随即对遗址西南侧进行了局部发掘,清理出有规律布局的西汉时期烧造板瓦、筒瓦的窑址 21 座,并有大型建筑基址一处。

[3] [汉]宋衷注,[清]秦嘉谟等辑:《世本八种·陈其荣增订本》,商务印书馆,1957 年,第 327 页。

[4] [宋]邓名世撰,王力平点校:《古今姓氏书辩证》,江西人民出版社,2006 年,第 41 页。

[5] 杨伯峻:《春秋左传注》(修订本),中华书局,1990 年,第 947 页。

湾沿岸产盐地区尽为齐国所有。

目前发现的东周时期莱州湾沿岸地区盐业遗址群分布非常广泛,向东跨过胶莱河到达莱州,经昌邑、寒亭、寿光、广饶,向西越过小清河,再向北经东营一带,横跨200余千米。这一区域内,已经确定的盐业遗址群有莱州海仓、西大宋,昌邑唐央—火道、辛庄、廒里、东利渔,寒亭西利渔、丰台、固堤场、韩家庙子,寿光单家庄、王家台、官台、大荒北央,广饶东马楼、南河崖等近20处,每个遗址群有盐业遗址数百处。这些遗址群虽遭破坏,但发现遗址数仍在30—50处,说明当时每个盐业生产群的制盐作坊当在40—50个,单个作坊面积在2万平方米上下,据此推测当时的年产盐量相当可观。在莱州湾南岸广大地区内制盐作坊群同时出现,每处盐场的分布、数量规模和内部结构非常一致,出土制盐工具的形态和容量也大体相似,这显然是统一或整体规划的结果。盐业遗址群出土生活器皿的特征、发现墓葬的形制、随葬品组合特点与齐国内陆地区完全相同,说明其物质文化已属于齐文化范畴[1],而物质文化的转变应该是在齐桓公之后完成的。

《管子·地数》载:"夫楚有汝、汉之金,齐有渠展之盐,燕有辽东之煮,此三者亦可以当武王之数。"管子将齐国的"渠展之盐"与楚国的"汝、汉之金"、燕国的"辽东之煮"并称,说明三者属于同一时期,且以楚国的"汝、汉之金"最为著称,齐国、燕国之盐次之。"汝、汉之金"指楚国有丰富的铜矿资源,但周昭王之前楚国的铜矿资源并不丰富。据《过伯簋》等铭文记载昭王南征时楚国贫弱之极,所用者"桃弧""棘矢",连金属武器都没有太多。至西周晚期在熊渠统治之下楚国才慢慢强大起来,而位于鄂东地区扬越人所拥有的铜矿资源大部分为楚国所得,所以天马—曲村晋侯墓地出土的楚公逆(前799—前791年在位)编钟称"内飨赤金九万钧"[2]。至僖公十八年(前642年),"郑伯始朝于楚,楚子赐之金,既而悔之,与之盟曰:'无以铸兵!'故以铸三钟"[3]。楚庄王问鼎中原曰:"楚国折钩之喙,足以为九鼎。"[4]另外仅淅川下寺楚墓即出土青铜礼器168件,还有大量的车马器和兵器等[5]。无论是文献还是考古资料均证明春秋早期楚国实际掌握了鄂东地区的铜矿资源,而以铜矿丰富

[1] 燕生东:《莱州湾沿岸地区发现的古代盐业遗存》,《海盐文化研究》(第一辑),中国海洋大学出版社,2014年,第11—15页。

[2] 山西省考古研究所、北京大学考古学系:《天马—曲村遗址北赵晋侯墓地第四次发掘》,《文物》1994年第8期,第10页。

[3] 杨伯峻:《春秋左传注》(修订本),中华书局,1990年,第377页。

[4] [汉]司马迁撰,[宋]裴骃集解,[唐]司马贞索隐:《史记》(修订本),中华书局,2013年,第3039页。

[5] 河南省丹江库区文物发掘队:《河南省淅川县下寺春秋楚墓》,《文物》1980年第10期,第14页。

闻名天下[1]。"燕有辽东之煮"指燕国对辽东湾地区盐业资源的控制。在齐桓公北伐山戎、孤竹之前，今辽东湾一带的产盐区虽然是当时山戎、孤竹等少数民族的聚居区，但这些少数民族并未发展成国家政权，并且东北的古代少数民族在政治上多是长期依附于中原王朝，古代的中原王朝也视其为己臣。早在周武王时古老的肃慎族就曾多次向周朝进贡"楛矢石砮"，而周统治者亦称"肃慎、燕、亳，吾北土也"[2]。燕国之建立就在于扼守北方，"以亲屏周"。至春秋初期，诸侯称雄，燕国地少人稀，实力最为弱小，已不能有效地控制周边部族，甚至经常受到山戎、孤竹、令支等部的威胁和侵扰。即使如此，在侵扰与防御之间也总伴随着经济、文化等方面的交流，同时受历史上燕对辽西少数民族长期管辖关系的影响，到春秋早期，辽东湾的盐业资源如同扬越铜矿由楚国掌控一样，实际由燕国把控，所以才有了管仲所谓"燕有辽东之煮"。

四、结　　语

所谓"齐有渠展之盐"的形成时间应在春秋早期前后。西周时期齐国产盐地主要集中在黄河三角洲区域，齐襄公灭纪、齐灵公灭莱完成了齐国对莱州湾南岸地区盐业资源的实际掌控，而莱州湾南岸地区的产盐量远大于黄河三角洲地区。因此，管仲言"齐有渠展之盐"，从产盐地分析，"渠展"应包括莱州湾南岸至黄河三角洲地区，是齐国所有产盐地的统称；就产盐量而言，"渠展"的核心区域在莱州湾南岸，即莱州、昌邑、寒亭、寿光北部滨海地区。

---

　　[1]　参考尹弘兵：《西周春秋时期的楚国与江南铜矿》，《湖南省博物馆馆刊》（第七辑），岳麓书社，2011年，第498页。

　　[2]　杨伯峻：《春秋左传注》（修订本），中华书局，1990年，第1308页。

浅论滨州在齐文化形成与发展中的
重要作用和地位

张 卡

滨州市博物馆

古滨州是齐国的重要组成部分,古滨州的经济文化发展也为齐国的经济文化发展作出了重大贡献。自殷商时期开始,位于河济之间的滨州,聚落遗址数量骤然增加,遗址规模也不断扩大,包括滨州在内的河济下游、渤海西南岸地区成为整个商王朝境内人口最为密集,经济、文化最为发达的地区之一[1]。后来,随着商王朝的灭亡,周人势力的东进和齐国的分封,该地区的村落、人口以及文化、经济与社会都被齐国所承继。今滨州中南部的博兴、邹平、滨城、阳信、惠民一带遗址密布,滨州北部沿海的沾化、无棣一带则分布着大量的盐业生产遗址,是齐国"得鱼盐之利"的主要地区。直至周初齐国迁都临淄之前,现滨州境内应该是齐国经济文化最为发达的地区之一,甚至有可能是齐国早期都城的所在地。而盐业生产则一直是齐国经济的主要产业支撑,滨州的盐业、交通及水利特点都深深影响着齐文化的形成和发展,在齐国政治、经济和文化的发展过程中起到了十分重要的作用。

一、齐文化遗址分布密集,古国众多

滨州境内的齐文化遗址主要是延续商文化遗址而来,不仅分布十分广泛,而且数量较多,遗址规模也非常大,动辄达到几十万平方米,甚至近百万平方米。这些遗址虽然大多未经发掘,但仅就考古调查所采集的遗物,其文化内涵非常丰富。

---

[1] 燕生东:《河济汇同:濡养河济文明》,《联合日报》2014 年 4 月 12 日。

　　据不完全统计,滨州境内的齐文化遗址大概有158处,远远多于岳石文化和龙山文化时期的遗址数量。其中邹平境内有60处,博兴境内有44处,滨城境内有8处,惠民境内有18处,阳信境内有20处,无棣境内有2处,沾化有6处[1]。而且很多遗址一直深入到沿海滩涂地带,如无棣境内的无影山遗址,沾化境内的杨家盐业遗址群、郑家古窑址、陈家古窑址、西茔遗址等。

　　殷商晚期和西周时期,滨州一带不仅聚落遗址数量众多,而且还出现了多个出土青铜容礼器和兵器(多为贵族墓葬出土)的高规格聚落。如滨城兰家遗址出土有卣、觚、爵、戈、豆、鬲等器物[2],其中青铜礼器卣上还有族徽符号"卤"字。惠民大郭遗址则出土有鼎、小方彝、爵、觚、铙、戈、矛、刀、钺、锛等青铜礼器、乐器和兵器,以及玉钺、玉环等,可见该遗址的地位是相当高的[3];特别是其中出土的1件通长20.3厘米的玉钺更是祭祀或仪仗专用器物,是权力的象征;大郭遗址出土铜铙的内壁、方彝盖和腹内壁、铜戈上均有一"戎"字徽识符号,可能是"戎"族的族徽[4]。位于博兴的寨卞遗址亦曾于1970年村民修挖溢洪河时出土有青铜鼎、爵和一批青铜镞,显示该聚落的等级较高,也应是该区域的中心聚落之一。

　　这一时期的各个村落还非常注重整体规划和布局。如兰家遗址的聚落布局就有着明显的规划,聚落中有专门的居住区、贵族墓地、平民墓葬区、骨器作坊区和生产盔形器的制陶区。博兴的东关遗址则发现有大型堆筑(建筑)工事,由内侧到外侧逐次逐层堆筑,逐层交互叠压,层层夯打加工而成,可能是当时为维护聚落安全所做的建筑遗迹,具有防御功能。

　　据文献记载,殷商西周时期,分布于滨州境内的古国大概有时、邹、落姑、夫于、於陵、重氏国、逢和薄姑国等[5],其中又以薄姑国势力最为庞大。薄姑,文献又作薄丘、蒲姑等,是商末周初东夷大国,很多文献认为其故城在今博兴境内。薄姑国历史悠久,《竹书纪年》载:"太戊,五十八年,城蒲姑。"《水经注·济水》曰:"济水又径薄姑城北……《地理书》曰:吕尚封于齐郡薄姑。薄姑故城在临淄县西北五十里,

　　[1]　滨州市文物局:《滨州文物通览》,齐鲁书社,2014年;滨州市文物管理处:《滨州市第三次全国文物普查资料汇编》,2010年滨第10号内刊本;滨州文化志编纂委员会:《滨州文化志(1949—2009)》,方志出版社,2011年。

　　[2]　滨州市文物局:《滨州文物通览》,齐鲁书社,2014年,第19—21页;山东省地方史志编纂委员会编:《山东省志·文物志》,山东人民出版社,1996年,第68页。

　　[3]　山东惠民县文化馆:《山东惠民县发现商代青铜器》,《考古》1974年第3期。

　　[4]　滨州地区文物志编委会:《滨州地区文物志》,山东友谊书社,1992年,第6页。

　　[5]　政协滨州市委员会:《滨州区域文化通览·综合卷》,中国文史出版社,2012年,第46—48页。

近济水。"杜预注《左传·昭公二十年》文曾曰："爽鸠氏,少暤氏之司寇也。季蒯,虞夏诸侯,代爽鸠氏者。逢伯陵,殷诸侯,姜姓。蒲姑氏,殷周之间代逢公者。"基本勾画了商周之交以前此一地域文化发展的序列[1]。周初,周公平定"三监之乱",薄姑氏因国力强盛,成为反叛主力,更是遭到了周公的残酷镇压,将其灭国、毁社,并把薄姑的君及其遗民迁徙到关中地区,以便于直接管辖[2],东方大国薄姑从此消亡。

二、滨州位于齐国东西交通要道的中心

东西交通古道的形成,促进了文化的交流和发展。随着商王朝的东进,至迟到商代晚期,山东北部滨州境内形成了三条横贯中原与海岱地区的东西交通大道,滨州也成为这三条东西古道最为重要的节点之一。

水路一直是东西交通的主要方式,而古黄河及古济水作为贯通东西的两条主河道更是承担着东西方交流的重任。黄河与济水在相当长的时间内流经滨州境内,形成南济北黄的格局。黄河下游与济水下游流域,为海岱地区与中原地区、京津地区文化交流的重要通道,也是最早融入中原文化区的区域。大约在距今 100 万年前的中更新世晚期阶段,黄河开始进入豫、冀、鲁地界。济水则发源于晋豫两省交界处的济源县王屋山,它流经了河南中部、东部,鲁西南、鲁北地区,河道走向在山东境内与黄河基本平行。整个鲁西南、鲁西北和鲁北平原及今黄河三角洲地区,都是济水和黄河下游流经范围。这两条水路也相应成为东西之间最便捷、最经济的两条主要交通要道。

同样,至迟到商代晚期,鲁中山区北麓开始形成一条横贯中原海岱的东西陆路交通大道。这条东西古道在今滨州南部的邹平及邹平礼参、长山等地经过,与胶济铁路线基本平行,但略微靠北,它自古以来就是中原地区和山东半岛文化交流和经济联系的大动脉。其最初的萌芽,可以上溯到山东龙山文化繁荣的时代,济南大辛庄、章丘城子崖、邹平丁公、临淄桐林、寿光边线王等都在这条东西古道的两侧,而滨州邹平正处于这条东西古道的中心位置。齐国建都临淄之后,这条位于鲁中山地北麓的东西古道更是得到了迅速发展,成为周王朝控制山东地区的主要经济、文化、交通干道,也

---

[1] 郑杰文:《黄河三角洲文化的历史进程及基本特征》,《光明日报》2007 年 1 月 5 日。

[2] 李白凤:《东夷杂考》,齐鲁书社,1981 年,第 83—84 页。

成为齐国通向半岛的主要军事交通线[1]。

三、发达的盐业促进了齐国经济的发展

滨州濒临渤海，沿海有大量的滩涂及地下卤水资源。据考古和文献记载，先秦时期东方地区的盐业生产中心主要集中在包括滨州在内的渤海南岸地区，到了汉代才逐渐转移到胶东半岛及鲁东南沿海一带。

《尚书·禹贡》中有这样的记载："海、岱惟青州……厥贡盐𫄨，海物惟错。"上古滨州属青、兖二州，包括滨州在内的渤海西南岸地区，早在夏代就是海盐的重要产区。《世本·作篇》中则有"宿(夙)沙作煮盐"，学者多认为宿(夙)沙氏生活在炎帝和黄帝时期，其族人分布在齐国沿海一带[2]。宿(夙)沙氏因首创煮盐，还被后世尊为"盐宗"。

提及渤海南岸地区盐业生产情况的还有战国早期文献《左传》。《左传·昭公三年》记载春秋末期晏子在回答叔向关于齐国近况的询问时，说田氏为笼络百姓、收买人心，"山木如市，弗加于山，鱼、盐、蜃、蛤，弗加于海"[3]，这说明当时田氏施行了与姜齐不同的政策——食盐销售过程中不另加盐税的惠民策略。《左传·昭公二十年》还载，齐景公横征暴敛，导致人们苦病不堪，"山林之木，衡鹿守之；泽之萑蒲，舟鲛守之；薮之薪蒸，虞候守之；海之盐、蜃，祈望守之"，齐国海边的盐业由祈望官看守和管理着。在晏子的劝说下，齐景公才"使有司宽政，毁关，去禁，薄敛，已责"[4]。这些文献表明，春秋末年，齐国的盐业活动如盐业生产和盐制品销售曾受到政府的严格控制。战国中晚期文献《国语·齐语》《管子·小匡》和《管子·戒》等也有类似盐政的记载。战国中晚期的许多文献都提及渤海南岸一带的盐业，如"齐有渠展之盐""青州贡盐""北海之盐""齐国鱼盐之地三百里""齐之海隅鱼盐之地"等记载。在当时人眼里，渤海南岸地区的"渠展之盐"是天下最有价值的资源之一，也是齐国财富的象征。齐

---

[1] 侯仁之：《淄博市主要城镇的起源和发展》，《侯仁之文集：历史地理学的视野》，生活·读书·新知三联书店，2009 年；朱活：《从山东出土的齐币看齐国的商业和交通》，《文物》1972 年第 5 期；齐文涛：《概述近年来山东出土的商周青铜器》，《文物》1972 年第 5 期；李象润、李浴洋：《东夷契刻：中国书法的原生态——直插中华汉字根底基因的哲理对话》，《书法赏评》2014 年第 1 期。

[2] 郭正忠：《中国盐业史·古代编》，人民出版社，1997 年，第 19—22 页；陈伯桢：《中国早期盐的使用及其社会意义的转变》，《新史学》17 卷第 4 期。

[3] 杨伯峻：《春秋左传注》(修订本)，中华书局，1990 年，第 1235—1236 页。

[4] 杨伯峻：《春秋左传注》(修订本)，中华书局，1990 年，第 1417—1418 页。

国姜太公"便鱼盐之利"和管仲"设轻重鱼盐之利"的政策是齐国富民强国的主要条件之一。

　　滨州境内自 20 世纪 50 年代以来,在北起无棣、沾化,南到博兴、邹平的广大地区,发现了大量商周时期的煮盐器具盔形器以及盐业生产、聚落遗址。这些遗址尤以黄河以北的沾化、无棣、阳信、滨城一带分布较为密集,如滨城区兰家、小赵家、侯家、秦皇台、卧佛台、高家、后尹等,沾化杨家、西𡑞、陈家、郑家、明家、西范等,阳信棒槌刘、三崔、东魏、雾宿洼、台子杨等遗址。处于渤海南岸制盐区域中间位置的滨州一带,不仅有着发达的盐业生产,而且也是这一带最早发现盐业遗址的地区之一。20世纪 50 年代,徒骇河道疏浚加宽时,便在沾化富国街道办事处杨家村西北发现了大量盔形器及烧窑遗迹[1]。

　　这些遗址群中做过较多工作的是位于沾化的杨家盐业遗址群(原杨家古窑址)[2]。该遗址距现海岸线大约 4.5 千米,徒骇河穿过遗址群的西部,太平河由遗址群东部穿过,于 1950 年发现,1955 年徒骇河疏浚加宽时出土了大批盔形器。同时,在河岸边发现大量草拌泥烧土块、窑渣,并有南北排列的六七座陶窑。从平面看,这些陶窑可分为圆形和椭圆形两类,窑内壁直接在原生土上挖削而成,直径在 2.5 米左右,内呈青灰色,外呈火红色,有的内壁抹有草拌泥。陶窑附近还暴露有大量盔形器残片,器壁厚重,质地坚硬,烧制火候高。根据出土陶器分析,这批陶窑以烧制盔形器等煮盐用具为主。位于杨家盐业遗址群南部的东杜、刘彦虎等地也出土有盔形器和盐灶。其中东杜残存的盐灶直径约 2 米,残深 1 米左右,有十几个盔形器立在红烧土上,盔形器内壁有白色垢状物。

　　当年,山东省文管处为配合徒骇河加宽工程,对其进行试掘,开 5 个探方,清理东周墓一座,出土贝币、青铜剑、矛等器物。1978 年,惠民地区文物工作队又对其进行了调查、钻探。该遗址地表、排水沟、太平河内所见陶片几乎全是盔形器残片,虽然遗址大多被淤土覆盖,但依然可以观察到较多的遗物集中区,每处遗物集中区面积在500—1000 平方米,应是制盐作坊内盐灶和盐棚所在地。2007 年春,部分专家学者以遗址保护碑为中心向四周勘探,调查范围南北长 1700 米,东西宽 1500 米。其中,仅在遗址保护碑周围 15 万平方米的区域内就发现了 10 处商周时期制盐遗址、2 处东周时期制盐遗址。2011 年和 2014 年,山东省文物考古研究所对其进行了两次考古勘

　　[1]　王思礼:《惠民专区几处古代文化遗址》,《文物》1960 年第 3 期。
　　[2]　燕生东:《渤海南岸地区商周时期盐业遗址群结构研究——兼论制盐业的生产组织》,《古代文明》(第 8 卷),文物出版社,2010 年,第 88—137 页;滨州地区文物志编委会:《滨州地区文物志》,山东友谊书社,1992 年。

探,共发现各类遗迹 22 处,其中古烧窑 12 处、炉灶 2 处、坑池 5 处、遗址 3 处,时代主要属于战国,个别遗迹早到西周早期。

经历次调查勘探,大体确定杨家盐业遗址群南北长约 8 千米,东西宽约 3 千米,面积约 24 平方千米,最南端直至沾化城区,是黄河三角洲区域最大的盐业遗址群之一。该遗址为研究春秋战国时期齐国在北部沿海地区的盐业生产,探索鲁北沿海商周时期制盐业的生产方式、规模、海岸线的变迁以及当时的社会经济等问题提供了重要资料。1977 年 12 月,该遗址被山东省革命委员会公布为第一批省级文物保护单位。2013 年 3 月,被国务院公布为第七批全国重点文物保护单位。

目前,虽然由于黄河淤积过厚,考古工作做得相对较少,但各种盐业生产遗址还是大量发现,且分布比较集中。特别是这一带不仅发现了大量的制盐工具盔形器,而且还在沾化区冯家镇孙家村发现一件青铜煮盐器。该煮盐器口径 83 厘米,深 31 厘米,壁厚 2.4 厘米,环绕腹部一周有 6 个錾手,如此大型的青铜煮盐器证明了当时当地盐业生产的发达。

四、滨州为寻找齐国早期都城提供了重要线索

对于齐国早期都城的寻找,这些年一直没有间断过,其说法也有多种,如高青陈庄说、博兴说、临淄说等,但都没有明确的考古发现和证明。根据《史记》等文献记载,齐国前七世从战争到稳定建国的 200 多年间曾二徙其都,先是立国营丘,后又迁都薄姑城,二者皆在薄姑境内。到了齐献公时,齐国内乱,其都城才开始由西北古济水下游的薄姑一带迁往东南淄河西岸的临淄。

《史记·齐太公世家》记载:“(齐)哀公时,纪侯谮之周,周烹哀公而立其弟静,是为胡公。胡公徙都薄姑,而当周夷王之时。哀公之同母少弟山怨胡公,乃与其党率营丘人袭攻杀胡公而自立,是为献公。献公元年,尽逐胡公子,因徙薄姑都,治临菑。”大约公元前 9 世纪初,姜太公吕尚五传至齐哀公,齐哀公得罪了纪侯,纪侯便向周夷王进谗告状。周夷王三年(前 883),夷王听信谗言,将齐哀公在鼎中处以烹刑,并立哀公异母弟姜静为胡公,是齐国第六代国君。齐胡公(?—前 860),名姜静,谥胡,姜太公五世孙。但他不为齐人所拥护,所以胡公只好将都城由营丘迁往薄姑城,薄姑故城由此成为齐国国都达 24 年。周厉王十九年(前 860),齐哀公的同母少弟姜山“怨胡公,乃与其党率营丘人袭攻杀胡公”,将其杀死在贝水一带。随后,姜山自立为齐献公。献公即位的第一年,便将胡公的儿子全部放逐,都城则迁至临淄,齐国以临淄为都城

便由此开始。

《诗经·大雅·烝民》记载:"王命仲山甫,城彼东方。四牡骙骙,八鸾喈喈。仲山甫徂齐,式遄其归。"正义曰:"东方,齐也……古者诸侯之居逼隘,则王者迁其邑而定其居……盖去薄姑而迁于临菑也。"虽然未提到营丘,但明确提到齐早期都城是由薄姑迁往临淄,时间是在西周晚期周宣王时,迁都原因是齐国都城薄姑城位置狭隘、偏僻,故而迁往地势土质条件更好的临淄。《史记·货殖列传》也提道:"故太公望封于营丘,地潟卤,人民寡,于是太公劝其女功,极技巧,通鱼盐,则人物归之,繦至而辐凑。"《汉书·地理志》亦说:"太公以齐地负海舄卤,少五谷而人民寡,乃劝以女工之业,通鱼盐之利,而人物辐辏。"《盐铁论·轻重》也描述:"昔太公封于营丘,辟草莱而居焉。地薄人少,于是通利末之道,极女工之巧。"这几条记载说明齐国早期都城所在地地理位置相对较为狭隘,与《毛诗》的记载是吻合的。

以上文献记载,都说明齐国早期都城与薄姑有着千丝万缕的联系,而由薄姑迁往临淄的原因一是齐国内乱,二是薄姑地理位置近海狭隘,地碱人少。但不论哪条原因,要想找到齐国早期都城所在,似乎都要先弄明白薄姑的地望。

那么薄姑国在哪,薄姑国故城又在哪,对寻找齐国早期都城就显得格外重要了。《左传·昭公二十年》记载齐地沿革时说:"昔爽鸠氏始居此地,季荝因之,有逢伯陵因之,蒲姑氏因之,而后大公因之。"蒲姑即薄姑,这与《史记》和《毛诗》之中的记载是吻合的,也为寻找薄姑国提供了重要的线索。

薄姑本是商在东方的与国,周初武庚叛乱后,薄姑与徐、奄等东方国家起兵响应。周公平定武庚、管、蔡之后又继续东征,薄姑等国被相继平定,而作为反叛主力的薄姑则落了个灭国、毁社、迁君、徙民的下场。《尚书大传》载:"奄君、薄姑谓禄父曰:'武王既死矣,成王尚幼矣,周公见疑矣,此百世之一时也,请举事。'然后禄父及三监叛。"禄父即商纣王的儿子,谥武庚。今本《竹书纪年》载:"(武王)十六年,箕子来朝。秋,王师灭蒲姑……(成王)二年,奄人徐人及淮夷入于邶以叛……三年,王师灭殷,杀武庚禄父。迁殷民于卫。遂伐奄,灭蒲姑。四年……王师伐淮夷,遂入奄。五年春正月,王在奄,迁其君于蒲姑。夏五月,王至自奄。"李白凤在《东夷杂考·蒲姑熊盈考》中这样描述薄姑:"我国古代典籍中消灭得几乎无踪无影的这一个部落氏族,有着比其他各氏族消灭得更彻底的感觉;它是最为古老的古代氏族之一,又是文化相当发达的氏族之一。"西周王朝"首先灭蒲姑于博兴一带……蒲姑族的痕迹几乎就要被周人从历史中完全抹掉"[1]。这造成了史书记载薄姑的内容非常之少,又进而造成了现在寻

──────────

[1]　李白凤:《东夷杂考》(蒲姑熊盈考),齐鲁书社,1981年,第81—93页。

找薄姑城的困难。幸运的是,1927年,陕西宝鸡出土了一尊青铜鼎——丰白鼎,鼎上面有35个铭文,其中有"隹(唯)周公于征伐东尸(夷)、丰白(伯)、尃古(薄姑),咸□(灾)",即记载了薄姑国灭亡的史实。陈梦家先生将此鼎称为"周公征东方鼎"。薄姑,文献中又作薄(蒲)丘、蒲姑、勃姑、亳姑[1]等,是济水入海的地方,博兴、蒲台之名,渤海之称,似乎都应源于此。薄姑之名最早所见的传世文献为《左传》,《左传·昭公九年》记为"蒲姑":"王使詹桓伯辞于晋,曰:'我自夏以后稷……及武王克商,蒲姑、商奄,吾东土也。'"《尚书·周官》作"亳姑":"周公在丰,将没,欲葬成周。公薨,成王葬于毕。告周公,作《亳姑》。"《尚书注疏》卷十七:"亳姑,即前序蒲姑,亦即薄姑也。亳、薄古字通,用蒲、薄则音之转耳。"《路史·国名纪》:"薄姑,商诸侯,即薄丘。"

关于薄姑国都具体在今何处,一直没有定论。但大部分史籍如《水经注》《路史》《括地志》《地理志》《山东通志》都认为是在博兴一带,甚至认为就是现在的博兴寨下遗址。《史记正义》引(唐李泰)《括地志》云:"薄姑故城在青州博昌县东北六十里。薄姑氏,殷诸侯,封此,周灭之也。"博昌为汉晋时期县治,地点在今博兴县城以南10千米。《水经注·济水》曰:"济水又径薄姑城北,《后汉郡国志》曰:'博昌县有薄姑城。'《地理书》曰:'吕尚封于齐郡薄姑。薄姑故城在临淄县西北五十里,近济水。'"《路史·国名纪》卷二九载:"薄姑,商诸侯,即薄丘,一曰蒲姑,在青之博兴。《地志》有'薄姑城,在临淄西北五十里'。"《齐乘·博兴州》:"府西北百四十里古薄姑地,东南有薄姑城。"《齐乘·古迹》:"薄姑城,《元和志》:在博昌东北六十里,即殷末薄姑氏旧都。"《左传·昭公九年》载:"及武王克商,蒲姑、商奄,吾东土也。"西晋杜预注:"乐安博昌县北有蒲姑城。"[2]今人杨伯峻注:"'蒲姑'亦作'薄姑',今山东博兴县东南十五里。"[3]道光二十年刊印的《重修博兴县志·疆域志·古迹考》载:薄姑城"在县南十五里柳桥社"。清代学者叶圭绶《续山东考古录·博兴县》在逐一考证各家之说后,认为薄姑城即博兴县东南7.5千米的柳桥:"薄姑国城在(博兴县)东南十五里,今柳桥。"

也有人认为薄姑故城当为博兴北部的贤城遗址。《齐乘》记载:"《元和志》:在博昌东北六十里,即殷末薄姑氏旧都,今博兴东北俗呼为嫌城者是。"《重修博兴县志·

---

[1]　亦有学者认为,薄姑实即亳姑,本由商人宗社的共名亳社之称转来,因此薄姑氏应该只是商末征东夷时为监视"九夷"而建立的子姓直系封国,并非东夷土著。见王志民、徐振宏主编:《中国地域文化通览·山东卷》,中华书局,2013年,第66页。又见张富祥:《东夷文化通考》,上海古籍出版社,2008年,第507页。

[2]　《春秋左传正义》卷四十五,中华书局影印《十三经注疏》本。

[3]　杨伯峻:《春秋左传注》(修订本),中华书局,1990年,第1308页。

疆域志》:"奄城,《通志》在县东北十里。《书序》'成王东伐淮夷,遂践奄,迁其君于蒲城',即此地也,俗名嫌城。"宣统《山东通志》载博兴县一条时说:"奄城,在博兴县东北十里。昔成王既践奄,将迁其君于薄姑,此其故城,今俗称名嫌城。"奄城、嫌城,都是指今天的贤城。据《尚书·周书·蔡仲之命》记载:"成王东伐淮夷,遂践奄,作成王政。成王既践奄,将迁其君于蒲姑。"《史记·周本纪》:亦记载:"召公为保,周公为师,东伐淮夷,残奄,迁其君薄姑。"很多学者认为,周王灭掉位于现在山东南部的奄后,将其国君迁到了今天山东北部的博兴贤城,从而认为现在的博兴贤城就是薄姑城所在地。

通过以上的众多文献可知,薄姑故城位于今博兴寨下遗址或贤城遗址的可能性较大,近年来的考古调查和勘探也在一定程度上支持这一观点。寨下遗址位于山东省博兴县寨郝镇寨卞村北1千米处,南临小清河,北濒溢洪堤。遗址于1976年发现,1982年、1987年曾对遗址进行了调查、钻探。2002年10—12月,为寻找齐国早期都城,山东省文物考古研究所与博兴县博物馆再次对该遗址进行了调查、勘探、发掘工作。此次工作首先对该遗址进行了调查和勘探,在发现城墙后进行了详细的勘探、试掘。经勘探发现,该遗址有夯筑和堆筑的城墙墙体,城址大体呈方形,东西约380米,南北约350米,南、北墙中部各有一缺口,下部发现有路土,可能为城门所在,西墙没有发现城门痕迹。城墙外与墙体相隔10余米处发现有宽20余米的壕沟,深度因水位较高,只清理到宋金时期的淤积层。城墙分早晚两大期,晚期城墙叠压春秋时期的灰坑和墓葬,年代属于战国时期;早期墙体只在东墙北部和北墙东部,被春秋早期的墓葬和遗迹打破、叠压,其下又叠压商代文化层,墙体内的包含物也属于晚商时期,故早期墙体的相对年代上限不早于商代晚期,下限不晚于春秋早期。另在城址西北部发现一面积10余万平方米的商周时期遗址。2008年10—12月,为配合南水北调东线调水工程,对该遗址进行了第二次发掘,证明该遗址在商周时期已经存在[1]。现在,寨下遗址南部尚存一土丘,民间传为"旧城子"。1970年村民修挖溢洪河时,曾发现过墓葬,出土了殷墟三期的青铜鼎、爵和一批青铜镞,显示该聚落的等级较高,应是该区域的中心聚落之一。

贤城遗址位于滨州市博兴县城东街道办事处贤城村西,面积约100万平方米,文化堆积厚1.5—2米。1987年、2002年,山东省文物考古研究所在此进行了调查勘探,探得东西、南北城墙各长约1000米,城墙基厚20米左右。

[1] 魏成敏、王泽冰:《博兴县寨下商周时期遗址》,《中国考古学年鉴·2009》,文物出版社,2010年,第245—246页。

　　寨卜或者贤城到底是不是,或者哪一个是齐胡公所迁的薄姑城,现在还难以确定,需要以后进一步开展工作。这两个遗址虽然所做考古工作较少,但无疑为寻找齐国早期都城提供了十分重要的线索。两个遗址不仅规模大、级别高,而且正好处于古济水(今小清河)下游一带,其意义就显得更不一般了。特别是随着高青陈庄遗址的发掘,沿着小清河两岸寻找齐国早期都城的观点渐渐多了起来。

　　2008 年 10 月至 2010 年 1 月,在南水北调东线山东段建设工程中,山东省文物考古研究所对高青县陈庄遗址进行了大规模的考古勘探和发掘,发现了西周早中期的夯土城址、包括甲字形大墓在内的贵族墓葬、祭坛、(车)马坑、带有"齐公"字样的有铭铜器、刻辞卜甲等等重要遗存。陈庄遗址的发现,让有些学者提出了陈庄即营丘的结论,不过随着工作的开展,更多的学者渐渐否定了陈庄即营丘的观点。但如此高规格的遗存在陈庄遗址集中出土,使人有理由把它与齐国早期的权力中心联系在一起。

　　虽然很多学者认为陈庄遗址不是齐国营丘,但沿着小清河寻找齐国早期都城的观点开始得到学术界很多学者的认可。小清河即是古代的济水。周初齐国立国之地的营丘,应属薄姑范围之内,位于济水下游一带的可能性非常大。济水原称齐水,齐国之名亦源于齐水。《水经注·济水》引汉代《春秋说题辞》:"济,齐也;齐,度也,贞也。"又引东汉应劭《风俗通》:"济者,齐也,齐其度量也。"表明古者"济"与"齐"当为一字,济水即是齐水。

　　齐地之先有北齐国[1],姜姓,其地在齐地,逢伯陵国故地。据《路史·国名纪一》载:"齐,侯爵,伯陵氏之故国,以天齐渊名。吕尚复封,都营丘。"又载:"北齐,内传齐之先有逢伯陵,盖伯陵前封逢,后改于齐。故《山海经》有北齐之国,姜姓……伯陵之子尧代有殳戕,即齐地冒淳也。一作朱,故《传》作朱戕。"逢伯陵以天齐渊名,后改逢国为北齐国。北齐国故地,后姜太公居之,复封为齐国,称周代齐国。齐不仅在太公受封以前就已是姜姓集团的统治区,而且"齐"之名称也多次出现在殷墟卜辞之中。殷墟文字甲编中有一片甲骨"庚寅卜,在齐师",还有一为"在齐次(师),隹王来征人方"。齐是帝辛征人方所过的地方,人方就是夷方,地在山东。王献唐认为商代山东确实早已有了齐,《左传》《国语》《山海经》的记载是相当可靠的。郭沫若也认为:"齐,当即齐国之前身,盖殷时旧国,周人灭之,别立新国,而仍其旧称也。春秋时,齐地颇广大。殷代之'齐'当指齐之首都营丘附近。"《史记·齐太公世家》说太公是"东海上人",《吕氏春秋》也说其是"东夷之士",可见姜太公的原籍为山东。周王封太公于齐,

---

　　[1]　逢振镐:《山东古国与姓氏》,山东人民出版社,2006 年,第 72、73 页;王献唐:《山东古国考》,齐鲁书社,1983 年,第 163—165 页。

是有目的地采取以姜族治姜族的策略。

根据文献记载,齐国营丘与薄姑故城皆因济水而建,那么寻找齐国的早期都城就只能沿古济水沿岸去寻找,而现在的小清河就是"四渎"之一的古济水下游自济南入海的一段。《尔雅·释水》曰:"江、河、淮、济为'四渎'。"济即济水,小清河原是古济水自济南至莱州湾的入海河段,济南即因在济水之南而得名。济水在唐代时,由于黄河浸淤,上游已湮没。《水经注》:"今枯渠注巨泽,巨泽北则清口。"《禹贡锥指》曰:"唐人谓之清河。"这时,山东以上已无济水。唐人为区别黄、济两河,将山东境内的济水改称清河,即现在的小清河。李学勤先生在《滨州通史·序》中写道:"种种迹象表明,姜太公建立齐国是从中原地区,顺济水而下,在济水下游……一带建国的可能性更大,而从陆路到临淄直接去建国的可能性极小。"[1]济水是当时连接中原和山东的主要交通要道,走水路也是当时最为经济和方便的交通方式。而且,不仅薄姑都城临济水而建,营丘临济水而建的可能性也较大。《尔雅·释丘》:"水出其右,正丘。水出其左,营丘。"从而可以得出营丘应该是临近水源的高台地,这个水源应该就是济水,即现在的小清河。《水经注·济水》记载薄姑故城亦在济水之畔:"济水又径薄姑城北,《后汉郡国志》曰:'博昌县有薄姑城。'《地理书》曰:'吕尚封于齐郡薄姑。薄姑故城在临淄县西北五十里,近济水。'"所以,要想寻找齐国早期的都城营丘和薄姑城,有必要在小清河两岸去下功夫寻找一番。

根据近几年的考古发现,今小清河两岸遗址分布最为密集的地方为滨州博兴段和淄博高青段,其中又以博兴段遗址数量最多。如博兴的寨卞遗址、贤城遗址、院庄遗址等不仅位于小清河两岸,而且面积规模都相对较大,寨卞和贤城遗址还发现了早期城址。这都说明小清河两岸的博兴一带有重要发现的可能性很大。

武王灭商,建立周朝,分封诸侯,姜子牙复建齐国。姜子牙率众自西向东沿济水而下,落脚地点选在位于古济水下游的薄姑故地,建都兴邦,蒲姑一带遂成为齐国文化最早的中心。齐国建立之初,便以营丘为中心,方圆仅百里,是典型的小国寡民。《孟子·告子下》亦记载:"太公之封于齐也,亦为方百里也。""齐,海国也。"[2]刚刚建立的齐国不仅地处东夷,靠海多碱,不适于农业生产,而且地少人稀,当地的风俗习惯也与周人不同,被征服者随时有可能发生暴乱。太公姜尚在此情形之下,因地制宜,采取了"因其俗,简其礼"[3]的统治策略,利用依山靠海的自然条件,"通商工之业,便

---

[1] 李学勤:《滨州通史·先秦—魏晋南北朝卷·序》,张卡、李沈阳:《滨州通史·先秦—魏晋南北朝卷》,山东人民出版社,2017年。

[2] 梁启超:《论中国学术思想变迁之大势》,上海古籍出版社,2007年,第29页。

[3] 《史记·齐太公世家》

鱼盐之利,而人民多归齐"[1],逐渐形成了尚武、重商、功利、开放的大国面貌。周初的这段时间,包括滨州在内的黄河三角洲地区被纳入姜齐势力范围,由于齐国"因其俗,简其礼"的政策,使当地既保持了晚商以来较高的物质生产发展水平,又吸纳了齐文化的革新、开放、包容精神,推动了当地社会物质生产的发展,吸引了众多周边居民会聚此地开发经营,人口渐众[2]。此时滨州的盐业、交通及水利特点都深深影响着齐文化的形成和发展,直至齐献公将都城由古济水下游一带迁往东南的淄河西岸的临淄,其政治、经济、文化中心才相应地转移到临淄一带。可以说,滨州不论是在经济还是在政治文化方面,都对齐国作出了相当重要的贡献,滨州在齐文化研究中应占有较高的地位,其作用也不应忽视。

[1] 《史记·齐太公世家》

[2] 郑杰文:《黄河三角洲文化的历史进程及基本特征》,《光明日报》2007 年 1 月 5 日。

齐国扩张时期的章丘

李 芳 潘 攀

济南市章丘区博物馆

春秋时期,齐国强大起来,在管仲治理齐国的四十多年间,实行了一系列改革内政外交的重大措施,使齐国在政治、军事、经济等方面都取得了优势,成为春秋五霸之首。而章丘作为齐国的西部边界地区,一直是齐国通往西方各国的要塞。商代,章丘东北部为薄姑国;商末,西部为谭国(都城在今龙山街道城子崖)。公元前 684 年,齐桓公灭谭,谭国全境属齐国,为齐国贵族封地,境内有赖邑、宁邑、台邑、崔邑等;战国时,属田齐。

上千年的历史更迭中,在章丘这片山清水秀、风光宜人且文化积淀深厚的土地上,出现了众多历史古迹,在多年来的考古发掘中,笔者也有一些发现和思考,待更多的专家学者考证。

一、谭 国 故 城

在龙山文化的发祥地——章丘龙山镇城子崖遗址,有一个古老的小国家,它就是《春秋》中所记载的谭国。据考证,谭国是由原始社会中的居民点逐渐发展成的一座城堡,传说是伯益所建。伯益是大禹治水和建立夏朝时的功臣,声望非常高,是各部落公认的大禹"合法"继承人。但大禹的儿子启为了争夺王位,率兵击败杀死了伯益,继承了王位。伯益虽死,但谭国却幸存了下来,依附于强大的夏、商;公元前 1027 年,周武王灭殷,又附属于周朝。《诗经》中记载的济南地区现存最早的诗歌《大东》,其作者就是谭国的一位大夫。诗中曰"周道如砥,其直如矢",可见当时周王朝从都城洛邑修筑途经谭国通向东方的大道的雄伟奇观。春秋时期,齐国强大起来,势力西侵,谭国地处齐国通往西方各国的交通要道上,战略地位非常重要,故而成为齐桓公觊觎的对象。

齐国为了长期控制谭国,就在谭城西面,即今鲍山一带,设置齐国贵族鲍叔牙的鲍邑;再往西南,在今长清县归德镇一带,设置齐国贵族的卢邑;在谭城往东,设置齐国直接控制的平陵邑[1];再往东,也即今济南章丘的小峨嵋山一带,设置齐相管仲的谷邑,这就形成了钳制谭国之势。谭国为摆脱被动,谋求发展,主动与周天子搞好关系,谭伯在周王室谋得了一个职位,以图东山再起。不幸的是,北方的狄人突然讨伐周襄王,谭伯被狄人所杀,从此谭国一蹶不振。

公元前684年春,齐鲁展开了长勺之战,结果齐桓公大败而返,半道借口谭国“不敬”,突然挥师伐谭,率兵灭之,谭国国君谭子逃奔莒国(今莒县)。《左传·庄公十年》这样记载:“齐侯(齐桓公)之出也,过谭,谭不礼焉。及其入也,诸侯皆贺,谭又不至。冬,齐师灭谭,谭无礼也。谭子奔莒,同盟故也。”有近千年历史(前11世纪至前684年)的古谭国遂告灭亡。逃散时,谭国人不忘故国,誓约以国为姓。之后,随着谭国人的逃亡流落、繁衍迁徙,谭姓也就分居于华夏各地了。但谭国原来的国家组织仍旧保留着,从此章丘一带正式成为齐国的西部边疆。齐桓公灭谭后,改谭为平陵邑,此为“平陵”地名的最早出处。

谭国留给后人的最重要的文化遗产之一,是那首被收入《诗经·小雅》里的著名诗篇《大东》,也是济南地区有记载的最早诗歌。《大东》是周代东方谭这样的诸侯小国怨讽西周王室诛求无已、劳役不息的诗。

关于谭国都城的具体位置,《左传》注:“谭国在济南郡平陵城西南,此言甚确。其以东平陵为谭国者,误矣,旁有城子崖亦呼为山城。”显然,谭国故城当在城子崖附近,今山城村东北一带。该地从地理位置上与史书吻合,按《水经注》所说,武原水北迳谭城东,又北迳东平陵县西。谭城在关卢水与武原水之间,又与龙山镇相对,故山城村的东北方向当为周代谭国故城。也有考古学者认为周代谭国就在城子崖之上,但商代谭国在城子崖并没有可靠的史证。

二、三　相　封　邑

齐国称霸以管仲、宁戚功劳最大,齐桓公便将土地肥沃、水源充足的章丘作为管、

---

[1]　摘自博文:《齐国西疆——春秋时期的济南历史》。

宁二人的封地。管仲在谷城修建宫殿，开办工场，兴修水利，发展农业。宁戚则在刁镇修起了宁戚城，发展渔牧业，一时经济飞速发展。130 年后齐景公又将帮其夺权的主力崔杼分封到临济，崔杼在临济建起了崔氏城，章丘就成了"春秋三相封邑"之地。

(一) 管仲封地谷城

管仲(？—前 645 年)，名夷吾，一作叔仲，字仲。春秋初期政治家，齐国大臣。先事公子纠，后由好友鲍叔牙推荐，被齐桓公任用为相，尊称为仲父。管仲在齐国实行富国强兵的政策，攘夷狄，尊周室，九合诸侯，一匡天下；著有《管子》86 篇。就是这位辅齐国称霸的显赫人物，其封地却世说不一。《春秋·桓公七年》："夏，谷伯绥来朝。"《春秋·庄公三十二年》："春，城小谷。"杜预注："小谷，齐邑，济地谷城县城中有管仲井。"《左传·庄公三十二年》："城小谷，为管仲也。"杜预注："公感齐桓之德，故为管仲城私邑。"丁山先生认为："此谷介于齐鲁之间。即谷伯绥国所在，商代的谷氏也可能在此。"有史以来，夷夏交流一直是中国历史的主要内容，东夷族的西迁和华夏族的东征几乎成为夏商历史的主要脉络。所以，山东、河南一带常有一国两地、一名两国现象。若论管仲受封之小谷即商代之谷氏旧墟，史证较足，于理亦通。就如己氏在山东建国，服务于王室，所事皆甚亲切，己之器在河南亦多见，是同样道理。

管仲之封，世人多依杜预之说，地在"济地谷城县"，即今平阴东阿镇。清人顾炎武曾作《小谷辩》，认为"谷与小谷非一也，仲所居者，谷也，《春秋》庄三十二年所城者，小谷也。《春秋》有言谷而不言小者甚多，盖书小谷者别于谷也。"那么，小谷又在何处呢？《谷梁传》范宁注："小谷，鲁邑。"孙复《春秋尊王发微》谓："曲阜西北有小谷城。"顾炎武、叶圭绶等皆依此说。但是，若以《左传》"城小谷，为管仲也"而论，则小谷不能为鲁地。左氏为传，偏于史实，与公羊、谷梁等偏于义理有异，其说必有所依。笔者认为，书小谷乃别之于谷，此说可从。但论此小谷，仍当为齐地，且与管仲有着密切的关系。管仲有大功于齐，食邑非一，经籍多有记载，除谷之外，另有小谷为管仲别邑，完全可通。据《历城县志·山水考》载："鲍山、鲍邑故城，在县东三十里处。"又《隋志》历城有鲍山，则管仲之小谷，或与其比邻也未必不能。结合宁戚地理相近之论证，小谷多半在历城、章丘一带[1]。

旧志记章丘有汉土谷城。《章丘县志·古迹考》(道光版)："土谷城在县治东南二十五里明水镇东。"《水经注》云："(济水)右纳百脉水，水出土谷(鼓)县故城西。"百脉水即今绣江河，源出百脉泉及东麻湾，所以，土谷城应在明水之东侧。汉土谷县因何

---

[1] 章丘市文物保护管理委员会：《章丘文物汇考》，济南出版社，1994 年。

而立,旧志失载。明水东南有小峨嵋山曾先后出土大批春秋青铜礼器,乃王侯祭天祀山之物,经专家推断,可能为齐国相管仲祭祀的地方[1]。管仲,任齐相,功高盖世,齐桓公称为"仲父"。《史记·管晏列传》:"富拟于公室,有三归、反坫,齐人不以为侈。"《礼记·礼器》:"管仲镂簋、朱纮、山节、藻梲,君子以为滥矣。"可见管仲在齐国是不太尊重周礼的礼乐制度的。综上所述,管仲封邑谷或小谷,当为商代的谷氏之旧墟、汉代的土谷县、现在的绣水以东地区。

(二) 宁戚故城

1972 年章丘刁镇张官砖厂出土了一尊石刻造像,出土地张官砖厂一带,1984 年全国第二次文物普查时曾发现一处遗址。1989 年山东省文物考古研究所为了解这个遗址的范围和内涵,曾对这个地方进行过钻探,结果发现这个遗址的范围东西长约 600 米,南北宽约 400 米,总面积达 24 万平方米,比城子崖遗址的面积还要大;文化遗存从 6500 年以前的北辛文化晚期开始,至大汶口文化、龙山文化、岳石文化、商周文化到汉止,内涵极其丰富,证明这个遗址范围广大,历史悠久,可能是一处古代城市遗址,许多专家也认为其可能是历史上的"宁戚故城遗址"。

《吕氏春秋》:"宁戚欲干齐桓公,穷困无以自进,于是为商旅将任车以至齐。暮宿于郭门之外,桓公郊迎客,夜开门,辟任车爝火甚盛,从者甚众。宁戚饭牛居车下,望桓公而悲,击牛角疾歌。桓公闻之,抚其仆之手曰:'异哉,之歌者非常人也。'"这段记载清楚地说明,宁戚年轻时贫穷有才,想做大事,于是为商旅赶车来到齐国,苦于没有礼物进见齐桓公,在齐国城门外夜宿时,正赶上齐桓公晚上开门迎客,于是在城门外击牛角而歌,桓公听了,认为他是个人才,于是拜为上卿,后又为国相。宁戚为桓公相,史书记载不多,到底他为齐国作了多大贡献,少有典籍可查。

宁戚主管齐国的农业生产,在管仲一些政策的引导下,他采取了一系列具体的措施,实施效果都很好。当时齐国盐碱地很多,叫"潟卤",他们就治理盐碱地,兴修水利。还有"相地而衰征",这是管仲提出来的,就是根据土地的肥沃贫瘠来相应地多收或者少收税收,这个政策灵活多变、符合实际,提高了农民的生产积极性。

据史书记载,因为宁戚为齐桓公称霸作出了巨大贡献,被桓公封于章丘并建宁戚城。到了汉武帝元朔三年,宁戚城被汉武帝封于鲁恭王子恬为宁陵侯之邑。据明嘉靖《章丘县志》载:"宁戚城在县东北三十里。旧志载,亦为汉武帝封鲁恭王子恬为宁陵侯之邑。"《汉书·王子侯表》:"(武帝元朔三年,前 126 年)三月乙卯封,五十二年

---

[1]　常兴照、宁荫堂:《山东章丘出土青铜器述要兼谈相关问题》,《文物》1989 年第 6 期。

麑。"说明西汉时期宁戚城仍是像平陵城一样繁华的邑城。

但宁戚城的位置一直以来没有定论。《齐乘》云:"章丘东北三十里。"《水经注》云:"(杨绪水)西北迳章丘城东,又北迳宁戚城西。"两个记载都言宁戚城在章丘城东,看来大方向没错。

道光版《章丘县志》里对宁戚城作过详细考证:"《齐乘》云章丘城东北三十里,又云汉孝武帝封鲁恭王子恬为宁陵侯之邑,按汉书王子侯表,孝武所封有宁阳节侯恬为鲁恭王子,无宁陵侯,孝文功臣表有宁陵侯吕臣又异姓,《齐乘》所引或误。省志云,齐大夫食采于此,其说较是。《水经注》云:'杨绪水西北迳章丘城东又北迳宁戚城西而北流注于济。'按杨绪水即今漯河与百脉水俱迳章丘城东,相去四五里。百脉水迳女郎山东麓至山之东北则折而西。杨绪水近长白山西麓而北迳宁戚城西,古济水自西而来东北趋海,故杨绪水北流之,则宁戚城当在济水之南,漯河之东,旧志图在漯河西误矣。"

这个考证今天看来有失偏颇。查《章丘县志》(道光版)周、汉代疆域图,周、汉代时,杨绪水即漯河在小清河、济水故道正南流注于济,交汇处的夹角几乎为直角,而宁戚城的位置就在小清河故道南侧、杨绪水东侧的夹角处,此时"杨绪水迳宁戚城西,则宁戚城在济水之南,漯河之东",为《水经注》记载的位置;到五代、魏时疆域图上,不知为何宁戚城位置没有标注;一直到清道光时疆域图上,宁戚城作为古迹又在图上标注,而这时的杨绪水即漯河在"北流注于济"前又向东行约至邹平浒山泊处才汇入济水。这样一来,宁戚城的位置就成了"杨绪水迳宁戚城东,则宁戚城在济水之南,漯河之西"了,这是"旧志图在漯河西"说法的原因,差误可能在此。其实只是因为杨绪水(漯河)的水道改变了,城址并无变化。

明嘉靖《章丘县志》载:"宁戚城在县东北三十里。"县志中记载:"……(漯河)西水经玉皇顶西刁家庄中北流入万家口其经流至柳塘口东南入小清(即《水经注》所云迳章丘城东又北迳宁戚城西而北流注入济水也)。"这样看来,如按《县志》所云:宁戚城在"章丘城东北三十里",又在漯河故道以东位置,大约就是在刁镇北部堤张村、请十户、小辛庄一带了;如按现漯河水道,"宁戚城在济水之南,漯河之西",则大约位置在刁镇王官村、张官村或者山河村、小坡村一带,只是距"章丘城"距离不符,因为自"章丘城"到张官村、王官村一带距离不足 10 千米,更没有 15 千米,似乎差得太多。看来宁戚城具体在哪里,还需要考古勘探后再作定论了。

(三) 崔杼封邑崔氏城

崔杼,春秋齐大夫,立景公而相之。据《史记·齐太公世家》记载:崔杼开始有宠于惠公(前 608—前 599 年),惠公死后,立其子无野为顷公,顷公逐崔杼奔卫。到灵公时(前581年),立子光为太子,高厚辅之;后又生子牙,立子牙为太子,仍高厚辅之,这时灵公从卫国将崔杼迎回。灵公死后,子光即位,是为庄公,庄公杀子牙,崔杼杀高厚。晋国听说齐国发生内乱,趁机起兵伐齐,打到章丘的水寨一带。齐庄公六年(前548年)棠公死,崔杼前往吊唁,见棠公妻姜,棠姜长得很美,便娶之。棠姜与齐庄公私通,被崔杼发现,于是联合庆封杀庄公,立杵臼为王,是为景公。景公因崔杼、庆封有功于他,立崔杼为右相,庆封为左相,并令崔杼在章丘建造崔氏城。后崔杼妻亡,留下两个儿子:崔成、崔疆;崔杼又娶东郭女,生明。东郭女唆使自己与前夫所生的两个儿子无咎和偃,争夺当时住在崔氏城的成和疆的封邑,被成和疆杀死在家中,于是庆封率兵攻打崔氏城,杀成与疆,崔杼自杀,崔明奔鲁。

崔氏邑城的位置据《山东考古录》:"在西北七十里,今土城。"《左传·襄公二十七年》(前546年):"成请老于崔。"杜预《释地》云:"济南东朝阳县西北有崔氏城。"土城位于章丘黄河镇西南部,现有三个自然村,行政归华庄。因地处黄河大堤,加之早年风沙淤积,现遗址已不明显。但据道光《章丘县志·古迹考》:"土城,乃崔氏城也。"就具体位置而言,应在土城至临济一带[1]。既然崔氏在此筑城,那当时此处一定是这一带的政治、经济、文化中心,且土地肥沃,水源丰富,人口稠密,城区较大,这也给以后沿革创造了有利条件。

楚汉相争,韩信攻入历下,东进齐都,曾在临济斩齐王田广。至汉武帝设朝阳县,隋又将朝阳改为临济县。虽然历史沿革、归属屡变,但临济从县到镇,由镇到村,至今没有改动。随着历史变迁的风尘,崔氏城被滚滚黄河卷来的沙土淹没,变成了一个只有几十户人家的小村庄,村中也早已无崔姓人家居住了。但崔季子的后人在漫漫的历史长河中,繁衍生息,已遍及华夏各地。

三、结　语

章丘作为齐国的西部地区,一直是齐国通往西方各国的要塞。众多历史古迹,也孕育了章丘深厚的历史文化。本文对章丘境内与齐国有关的谭国故城、齐国三相封邑等历史遗迹作了简单的考证,揭示其本来历史面貌,还有待于更多考古资料和更深入的研究。殷切期望专家和同行能就上述问题不吝赐教,共同探讨,促进学术研究的进一步深入明朗。

---

[1]　宁荫堂:《三相封地——春秋三相封邑考略》,《章丘历史与文化》,齐鲁书社,2006年。

试论科技在齐国青铜器中的应用

王滨

淄博市博物馆

一、引　言

科技的进步是推动人类文明进步的强大动力,我国早在石器时代就已经有了科学技术的萌芽。青铜器的出现,是科技迈向成熟的重要标志,并加快了科技发展的历史进程。齐地龙山文化时期,已经能够铸造和使用纯铜器,从而进入了"铜石并用时代"。随着青铜时代的到来,青铜器冶铸技术日渐成熟,开启了科学技术的新纪元,彻底改变了人们的生活方式。科技自古以来就与生产、生活息息相关,科技源于生活,生活是一切科技活动的核心,而提高生活的质量和便利性,则需要各种科技的应用来实现,这也正是科技的重要性所在。它渗透于冶铸、纺织、造纸、印刷、陶瓷、建筑等与人类生活有关的各个领域,同时,科技对其发展有着重要的影响。一般来说,科技分为科学与技术两个层面。科学泛指人们对相关自然规律和现象的正确认识以及在此基础上形成的各种知识体系,包括数学、天文学、地理学、物理学、化学、医学等各门学科。而技术则是指人们在社会实践活动中所积累起来的,在劳动生产中体现出来的认识和经验,也泛指其他操作方面的技能与技巧,可分为建筑、陶瓷、冶金、服饰、造纸、印刷等门类。古代的"科技",即是我们通常所说的科学与技术的结合体,它从萌芽到发展再到成熟,伴随着科技水平的每一次提升,不仅改变着生活,让生活更加便利,同时还推动了人类社会的进步。

二、齐国青铜科技概述

齐国建立伊始,姜太公因地制宜、因势利导,"修政,因其俗,简其礼,通商工之业,便鱼盐之利"(《史记·齐太公世家》),由于姜太公制定了一系列以发展工商业为主的方针政策,使齐国的手工业得到了迅速发展。齐国在春秋时期已是"九合诸侯,一匡天下"(《史记·货殖列传》)的五霸之首;至战国时期,经济、军事、手工业等综合国力更是列七雄之冠,尤以独具特色的齐文化而著称于世。齐国不仅重视手工业的发展并取得巨大进步,而且不断推陈出新、大胆变革,把科技兴国和对科技人才的奖励政策上升为一项基本国策,这些措施的推行,对齐国科技的振兴与繁荣起到了积极的推动作用。

科技文化作为齐文化的重要组成部分,以其特有的魅力备受世人瞩目,在齐国科技文化中,青铜科技便是一项重要内容。齐人的阔达足智,思想观念的自由开放,使他们易于接受来自各方的文化信息,政治的变革、经济的繁荣,极大地促进了科学文化事业的发展[1]。过去由于资料匮乏,专家学者对齐国科技这一领域的研究甚少。近几十年来,由于在齐国故都临淄及周边地区齐墓中出土了大量青铜器,其中不乏精品,有的堪称惊世之作,为揭示和研究齐国青铜器工艺特色和科技内涵,提供了重要的实物资料和理论依据。

齐国是较早认识多种科学原理并将其运用到青铜器铸造中的国家,青铜器冶铸本身就是一项科技应用,就当时的齐国青铜器制作而言,已经达到相当高的水平,特别是由于科技元素的注入,造就了一批独具匠心、方便灵巧、具有科技含量的不朽之作。齐国青铜器高超精湛的制作水平,是建立在齐地丰富的矿产资源和发达的冶铸技术基础之上的,优越的自然资源和发达的冶铸技术,成就了齐国青铜器的辉煌。

(一) 丰富的矿产资源

青铜器的冶铸离不开矿产资源和采矿业。齐国疆域地处海岱地区,作为重要资源的铜矿分布较广。通过考古发现,较为成规模的有福山王家庄、栖霞牙山、昌乐青上、莱芜铁铜沟、章丘文祖和邹平大临池等铜矿。另据调查,济南、新泰等地也有铜矿分布,有的矿区还发现有古人开采过的老窟。相对丰富的铜矿资源为齐国早期冶铜

---

[1] 于孔宝:《稷下学宫与中国古代的百家争鸣》,《中国人》2009 年第 1 期。

业的产生和发展,提供了必要的物质基础[1]。除此以外,齐国境内的临朐、莒县、莱芜等几个重要铜矿产区,在文献中均有记载。如临朐七宝山铜矿在《元史·食货志》载有:"铜在益都者,至元十六年拨户一千,于临朐县七宝山等处采之。"这些铜矿资源对齐国的强盛产生了重要影响,为齐桓公称"霸"和战国时代齐国称雄于"世",甚或一度称"帝",奠定了雄厚的物质基础[2]。

　　齐国地域不仅有着丰富的矿产资源,史料文献中也记载了先民们在寻矿中的丰富经验。《管子·地数》中记载,当时齐国境内"出铜之山,四百六十七山,出铁之山,三千六百九山","上有丹沙者,下有黄金;上有慈石者,下有铜金;上有陵石者,下有铅、锡、赤铜;上有赭者,下有铁"。可见当时齐国的矿产资源,不仅品类多,藏量大,而且已被智慧的齐人所认识、掌握,并被开发利用。齐国还实行"官山海"(《管子·海王》)的政策,加强了国家对矿山的管控,采取官督民办的方式采矿冶炼,并制定相关的矿山保护法令,使采矿业得到较大发展,促成了国力的强盛[3]。正是有了这些丰富的矿产资源作为基础和保障,才成就了发达的冶铸业,从而使齐国冶铸业尤其是冶铜业远远走在了时代的前列[4]。

(二) 发达的冶铸技术

　　自西周初年至春秋战国时期,齐国的青铜器冶铸技术一脉相承,虽然由于受政治制度等因素的影响,各时期形成的造型及装饰等风格各异,但青铜冶铸技术却得到了空前的发展,在冶铸实践中积累了丰富的经验,能综合运用浑铸、分铸、焊接等铸造技术,不仅掌握了科学的合金配比,而且还可以根据火焰的颜色来判定是否精纯,即为后世的"火焰鉴别法",为青铜器冶铸技术的不断进步和创新,打下了坚实的基础。

　　春秋时期,齐国的制铜业有了长足进步。主要表现在冶铜规模的扩大和技术水平的提高。据考古勘探调查显示,在齐故城临淄小城及大城东北分布有春秋时期规模大小不等的两处冶铜遗址,发现有大量铜渣、炉渣、烧土等遗迹、遗物。另外,齐国还制定了让犯人用铜兵器、铠甲赎罪来减轻刑罚的制度,据《国语·齐语》载:"制重罪赎以犀甲一戟,轻罪赎以鞼盾一戟,小罪谪以金分,宥间罪。索讼者三禁而不可上下,坐成以束矢。美金以铸剑戟,试诸狗马;恶金以铸锄夷斤欘,试诸壤土。"可见齐国为

　　[1] 方辉:《海岱地区青铜时代考古》,山东大学出版社,2007年,第42页。
　　[2] 王恩田:《曲城齐仲簠与"丁公伐曲城"——兼说铜资源与齐国强弱的因果关系》,《管子学刊》2016年第4期。
　　[3] 刘诗中:《中国青铜时代采冶铸工艺》,江西科学技术出版社,1997年,第27页。
　　[4] 宣兆琦、李金海:《齐文化通论》,新华出版社,2000年,第67页。

加强其武器力量，用甲兵赎罪来减轻处罚。然而无论是赎重罪用的甲兵，还是赎轻罪用的罚金，大部分都是铜器，由此可知春秋前期齐国的冶铜业已相当发达[1]。随着冶铸技术水平的进一步提高，齐国关于手工业生产技术经验的总结性文献典籍《考工记》诞生了。闻名中外的科技名著《考工记》，是我国第一部手工业技术汇编，也是齐人编撰的关于手工业技术规范的齐国官书[2]。它是齐国官府制定的一套指导、监督和评价官府手工业生产制作技术的规范，几经修订，最终成书于春秋末至战国初期[3]。战国时期，齐国的制铜业较之春秋时期又有了较大发展。

《考工记》的问世，无疑对当时手工业的发展产生了积极的推动作用，其中对青铜科技的影响尤为巨大，意义深远。例如，其记载的"六齐"的成分配比规定，是已知世界上最早的青铜合金配比法则[4]，它揭示了青铜机械性能随锡含量变化的规律，是齐国古代青铜技术高度发展的集中体现。经鉴定，其成分配比规定与现代科学的基本原理完全吻合。又如《考工记·栗氏》中记载的"凡铸金之状，金与锡，黑浊之气竭，黄白次之；黄白之气竭，青白次之；青白之气竭，青气次之，然后可铸也"，则准确地记述了熔炼青铜合金过程中不同阶段火焰颜色随炉温变化的规律。青铜冶炼刚开始加热时，由于炼铜原料含碳氧化合物，燃烧时会冒烟；后来随着炉温的升高，氧化物、硫化物和某些金属挥发，就形成了不同颜色的烟气；当非金属杂质跑掉，火焰变纯洁时，表明铜已炼好[5]。这种用肉眼来观测高温的技术，只有在青铜冶炼技术达到相当成熟的情况下，才有可能做到。这实际上就是物理学中的热学原理，是在冶炼中用实践经验总结出来的操作技术。

《考工记》的内容诚然以手工业工艺、技术为主，但同时又蕴含着丰富的科技知识，举凡物理学、化学、数学、天文学等诸学科都有涉猎。如物理学方面就涉及力学、声学、磁学等，其中有关力学方面的惯性原理、声学方面的震动学规律的记载都是最早的。过硬的技术是产生精工产品的关键，齐国在桓管时期能"工盖天下""器盖天下"，与先进的技术密切相关[6]。正是由于在掌握了精湛的青铜器铸造技术的同时，不断进行经验总结，最终成就了齐国发达的青铜器冶铸技术，这对于齐国青铜器形成

[1] 宣兆琦、李金海：《齐文化通论》，新华出版社，2000年，第256页。

[2] 郭沫若：《十批判书·古代研究的自我批判》，科学出版社，1956年，第10页。

[3] 于孔宝：《东周齐文化》，山东人民出版社，2004年，第242页。

[4] 王滨、许志光：《试论临淄商王墓地出土的战国铜镜》，《管子学刊》2004年第3期。

[5] 刘诗中：《中国青铜时代采冶铸工艺》，江西科学技术出版社，1997年，第116页。

[6] 吴蕴昆、张杰：《我国第一部手工业工艺技术典籍——〈考工记〉》，《光明日报》1998年12月11日。

鲜明的地域特色并能独树一帜,起着关键作用,对后世金属冶炼工艺的传承与发展,有着极高的借鉴价值。

三、齐国青铜器中科技应用探索

齐国科技历史悠久,是我国古代较早认识和掌握科学技术的诸侯国之一,且十分重视科技的应用与发展。科技的应用在《考工记》中也有着专门著述。如弓箭是古代战场上广泛使用的常规冷兵器,箭的制造和使用量较为庞大,箭制作水平的高低,直接影响到战争的胜负,《考工记》中特别分析了箭的制造技术,便是运用了“空气力学”原理。在《考工记·矢人》中:“水之以辨其阴阳,夹其阴阳以设其比,夹其比以设其羽,参分其羽,以设其刃,则虽有疾风,亦弗之能惮矣。”即要使箭保持飞行中的稳定,就要把箭上的羽毛按比例对称地排列,然后再套上箭头,就不怕风带来的影响了,这就考虑到了风阻系数。“前弱则俛(俯),后弱则翔(仰),中弱则纡(纡回旋转之意),中强则扬。羽丰则迟,羽杀则趯。”意思是箭杆如果前轻后重,或前重后轻,都会影响飞行的高度;中间轻重配置不当,会影响飞行的稳定性;羽毛太多,则飞行速度慢,而羽毛太少,箭就容易落到一旁,不能命中目标,所以,箭各部分的综合平衡性是箭制作的基本标准。以上这些论述,以其独特的风格首开流体力学的先河,其中的空气动力学知识,比起亚里士多德认为抛射体沿直线前进的理论来,更有过之而无不及[1]。这些论述不仅充分说明齐国科技的运用是非常广泛的,而且能够作为统一标准,为批量生产出质量稳定合格的青铜器(如箭镞、箭杆的批量加工制造)提供了强有力的技术保证。

齐国青铜器在进一步促进和加强其实用性和功能化的同时,积极寻求新的突破,将创新思想和科技理念融入其中,使之更加方便快捷、更趋生活化、功能性更强。如果说青铜器铸造是技术与艺术的结合,那么,融入了科技元素的青铜器所得到的二次升华,使传统意义上的青铜器有了质的飞跃。在出土的大量造型各异的齐国青铜器中,具有代表性的当属铜鸭形尊、铜汲酒器和铜餐具等经典之作。齐国工匠们充满智慧的创新思维,在青铜器制作与科技应用中得到集中展现。《老子·十一章》中的“埏埴以为器,当其无,有器之用”虽指陶器而言,但强调的却是如何造器实用的辩证关系。《庄子》曰“造物者为人”,阐述的就是“造物”的主体是人本身,

---

[1]　闻人军:《〈考工记〉中的流体力学知识》,《自然科学史研究》1984年第1期。

而人的行为必定反映着人的思想意识并服务于人，这同时也是青铜器制造的最终目的。

　　器物的功能性、科学性和艺术性，三者互为补充，是青铜器再创造的最高境界。科技的进步不仅推动了青铜器艺术的发展，同时又是齐国国力强盛的重要标志。

　　下面就出土的齐国青铜器科技应用的实例进行探索分析。

（一）"力学平衡"

　　"力学平衡"也是我国较早掌握的科技知识之一，广泛用于青铜器的制作。如青铜器中出现较早的器型爵、斝、鼎等三足器中，其重心落于三足点形成的三角区域，从物理力学角度分析，通过物体的重心和平面垂直的线维持在这一物体的支撑面里，保持其相对稳定性，即重心与平衡的关系。齐国工匠在一些青铜器制作中，经过科学配置，即便是一个重心点且接触面积较小，也会相对平衡。"力学平衡"运用于青铜器制作的实例见 1996 年出土于临淄相家庄战国墓的鸭形尊[1]。该尊为盛水器，整体造型为鸭形，头、颈前伸，口衔鱼，鱼腹向前，腹部有两排锥形管，每排六管并上下交错排列。鱼腹中空，与鸭颈腹相通。鸭背有凸字形长方注水口，孔有盖，凸出部分贯有横轴，两端插入注水孔圆槽中，使盖能沿轴开合。盖顶钮为一立鸟，下有关键与钮相连，旋钮转带动关键，控制主盖之启闭，当鸟头向前向下时，盖能开启，反之可闭锁。当向鸭腹腔注水并前倾时，水便从鱼腹管中喷洒而出，为了使鸭形尊能平稳站立，采用重心平衡的力学原理，使鸭身的着力点集中在两只脚上(图一)。

图一　鸭尊

　　该鸭形尊设计新颖别致，具有较强的实用功能，它是将力学重力平衡等科技原理运用其中，集艺术性、实用性、科学性于一体的青铜器佳作。其后 1968 年河北满城西汉中山靖王刘胜墓出土的朱雀铜灯[2]、1969 年甘肃武威雷台汉墓出土的东汉铜奔马[3]，均使"力学平衡"得到很好的运用，展现出精湛的铸造技术。

---

[1]　山东省文物考古研究所：《临淄齐墓》（第一集），文物出版社，2007 年，第 294—295 页。

[2]　河北省文物管理处：《河北省平山县战国时期中山国墓葬发掘简报》，《文物》1979 年第 1 期。

[3]　王元甲：《东汉铜奔马准确命名之浅见》，《丝绸之路》2011 年第 20 期。

（二）"转轴"

　　铜壶作为盛器，是齐国较为常见、用途广泛、使用周期较长的生活用器，有的经过作器者的改良和创新，将科技因素注入其中，增强了生活中的实用性和便利性。1970 年诸城臧家庄出土的战国鹰首提梁壶，即为此类壶的代表作[1]。该壶壶盖与器口为鹰首形和鹰喙形，当提着横梁倾斜倒酒时，鹰嘴的上唇会自然打开；如果将壶直立，鹰嘴又可自动闭合。整个壶盖用铜环与提梁相连，既能自由开启，又可避免脱落。该器物采用力学运动原理，巧妙地将实用性、艺术性与功能性完美结合。1996 年临淄相家庄战国墓出土的一件鹰首提梁壶，形制和功能与臧家庄出土的极为相似[2]（图二），足以说明壶以该种方式进行制作，具有相当的普遍性。

图二　鹰首壶

　　在壶的设计上，齐国工匠不断寻求功能上的方便实用，临淄商王墓地出土的高柄壶与上述两件铜壶有着异曲同工之妙（图三）。该壶的口沿一侧伸出一个直角曲尺形的合页并与盖相连，连体的设计，既能及时盖盖，还能防止盖的丢失，是比较少见的设计。盖为平顶呈覆斗形，与合页相对的一侧有一转轴，可在 180°范围内自由开合[3]。这些铜壶在设计中对转轴的应用，无不将力学等科技元素巧妙融入其中，再通过严谨精密的铸造，使科技与实用和谐统一。

图三　高柄壶

[1]　山东诸城县博物馆：《山东诸城臧家庄与葛布口村战国墓》，《文物》1987 年第 12 期。

[2]　山东省文物考古研究所：《临淄齐墓》（第一集），文物出版社，2007 年，第 293 页。

[3]　山东诸城县博物馆：《山东诸城臧家庄与葛布口村战国墓》，《文物》1987 年第 12 期。

(三)榫卯结构

"榫卯结构"是我国最早掌握用于木质的一种连接方式,设计科学,有较强的承载性和平衡稳定性,且拆卸、组合方便,具有极高的实用价值,在世界上也占有极高的地位。榫是构件的凸起部分,卯是构件的凹进部分。现已发现最早的实物资料为距今约7000年的浙江河姆渡文化遗址出土的大量榫卯结构的木质构件,有多种榫卯形式,主要用于该地区"干栏式"房屋的建造[1]。齐国工匠在科技应用上,别出心裁地将这种主要用于木材的连接(承接)结构方式,移植到青铜器的制作中,且运用纯熟,在战国时期也是极为罕见的。在齐墓中出土较多的"榫卯结构"实例,见临淄商王墓地战国墓中出土的8件编钟、编磬架与木横梁连接的铜构件[2],其中Ⅲ型铜构件用的是被称为万榫之母的"燕尾榫"榫卯结构,当它们相扣合二为一时,为了防止受拉力脱开,有意将榫头加工成"梯形",形似燕尾,故名曰燕尾榫(图四)。它们扣合后,贴合非常严密,且能经受住上下(垂直)和左右(两侧)反方向的压力和拉力,最重要的是扣合后再拆卸时方便自如,既有很好的连接性又有较高的装饰性。榫和卯对铸造工艺要求极高,显示了齐国青铜器精湛高超的铸造技术。

图四　钟磬架构件

作为照明用具,目前发现最早的为战国时期的青铜灯,至秦汉时期青铜灯广为流行,最具代表性的是人物俑灯。1957年山东诸城葛埠村出土的人形座铜灯就是其中的精品[3](图五)。该灯整体为一身着短衣像武士的男子作双手擎举灯盏状,该男子双手各擎一弯曲带叶竹节形盘柄,盏盘下的榫卯结构与盘柄插合,采用的即是榫卯结构形式中的"管脚榫",特点是可根据需要随意插拔组合,构造精巧且又不失稳定性。该灯在设计上巧妙地运用子母榫口分体结构,在搬运收纳时,拆卸安装极为方便。

---

[1] 吴汝祚:《河姆渡遗址发现的部分木制建筑构件和木器的初步研究》,《浙江学刊》1997年第2期。

[2] 淄博市博物馆、齐故城博物馆:《临淄商王墓地》,齐鲁书社,1997年,第42—44页。

[3] 秦始皇帝陵博物院:《泱泱大国——齐国历史文化展》,三秦出版社,2015年,第99页。

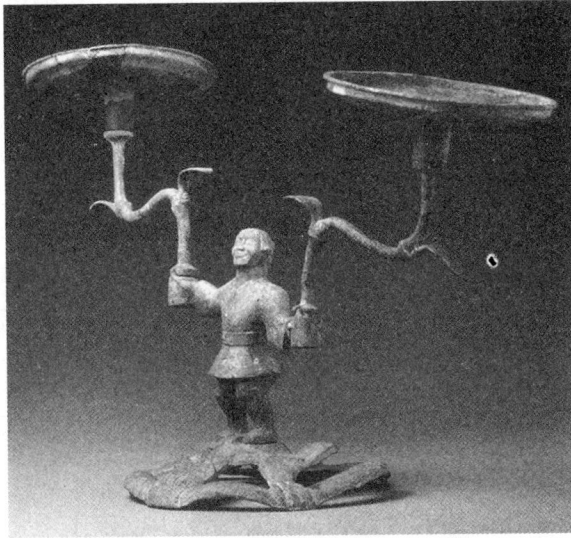

图五　人形座铜灯

把常用于木材的榫卯结构应用于青铜器的制作中,充分说明了齐国工匠在加强钻研新技能的同时,还善于运用新科技,虚心学习和借鉴其他领域的先进科技并加以融会贯通、合理使用,打破了不同手工业之间的界限,进一步加强了青铜器的功能性,充分体现了齐国开放包容、兼容并蓄的文化特色。

(四) 大气压力

中国是最早发现、研究和利用大气压力的国家之一,其成果曾处于世界领先地位[1]。我国古代没有明确提出大气压力这一概念,但在 1973 年湖南长沙马王堆汉墓出土的先秦时期医学方术帛书——《五十二病方》中却有着关于利用大气压力的文献记载。书中提道:"牡痔居窍旁,大者如枣,小者如枣窍(核)者方,以小角角之,如孰(熟)二斗米顷,而张角,挈以小绳,剖以刀。"[2]其中的"角之""张角"等,经专家学者考证,就是后世利用内外负压的"拔罐"法。除此之外,对于"虹吸"现象的认识,也是我国古代较早认识大气压力的例证。出现于东汉末年灌溉用的由虹吸原理制造的虹吸管"渴乌",是较早有文献记载的应用实例。再如有少数民族用一根去节弯曲的长竹管饮酒,也是利用了这一原理。

齐国是我国古代较早认识大气压力这一物理现象的,并且能够自然巧妙地运用

---

[1]　粟新华、申莉华:《中国古代对大气压力的探索和利用》,《邵阳学院学报》(自然科学版)2005 年第 4 期。

[2]　马王堆汉墓帛书整理小组:《马王堆汉墓帛书·五十二病方》,文物出版社,1979 年,第 87 页。

到青铜器的制作中。如1992年临淄商王墓地战国墓出土的铜汲酒器[1]，就是利用这一原理制作而成。该器为汲取酒浆之器，使用时先将其竖直放入铜壶等容器中，酒液通过底部圆孔进入汲酒器中与液面持平，然后再用拇指堵住上部方孔，提离液面，酒液会滴水不漏地转移到其他盛酒器中，拇指一松，酒液徐徐流下。经过科学的水容实验，铜汲酒器最大容量为240毫升(水位达到方孔下缘时)；水位在荷蕾上方箍状处时容量为200毫升。同墓一起出土的银耳杯、银匜和铜耳杯等盛器的容量多在230和500毫升左右，与该汲酒器容量相当或是其两倍，即一般汲取一次或两次便可。这充分说明该汲酒器是根据实际需要作器，并且经过严格测算、科学设计和精心铸造。齐国当时普遍使用的贮酒器以铜壶为主，口小腹深，倾倒取用不便，汲酒器的发明无疑解决了这一难题。汲酒器在使用时手指的一按一松，看似简单，却集科学性、艺术性、实用性于一身，具有较高的科技含量，是古代酒器中的佳作(图六)。

汲酒器的出土，不仅说明战国时期齐国对大气压强这一物理现象有了充分的认识，而且也是我国古代能够明确将其运用到器物制造中的最早实例，它比1654年欧洲著名的有关大气压力的"雷根斯堡"实验，还要早近两千年，充分反映了齐人超凡的智慧和卓越的才能，体现了他们对自然科学原理的认识，并能够创造性地在生活中加以利用。

(五) 科技在青铜器中的综合应用

为了更贴近生活，齐国的青铜器在实用功能的设计上往往不拘一格，并根据实际需要，运用多种科技手段来进行制作，体现了齐国工匠的聪明才智。1995年在临淄张庄发掘的齐国大型战国墓陪葬坑中，出土了一批青铜礼器和生活用具，其中一套62件铜餐具，分为7个种类，由碗、盘、碟、盒、耳杯等组成[2](图七)。这些铜餐具均制作精良、保存完好，并且大小相次，套合紧密，丝丝入扣，如果次序错乱，将无法全部装入壶内。其制作过程极为复杂，从设计到制作完成要经过反复试验和修正。首先，众多成套的模具组合和制作，比一般单体铜器要复杂得多，为了充分利用铜壶内部的空间，在制作前要经过科学缜密的设计和测算，这就涉及了数学范畴。然后再设计好每一组不同类型餐具的尺寸规格，在之后的翻模铸造中，还需要高超的技术来确保各个环节精确到位，最终使之井然有序，否则稍有偏差将无法装入或取出。为了减轻重

[1] 徐龙国：《商王战国墓出土铜汲酒器考》，《临淄商王墓地》(附录三)，齐鲁书社，1997年，第183—185页。

[2] 秦始皇帝陵博物院：《泱泱大国——齐国历史文化展》，三秦出版社，2015年，第120页。

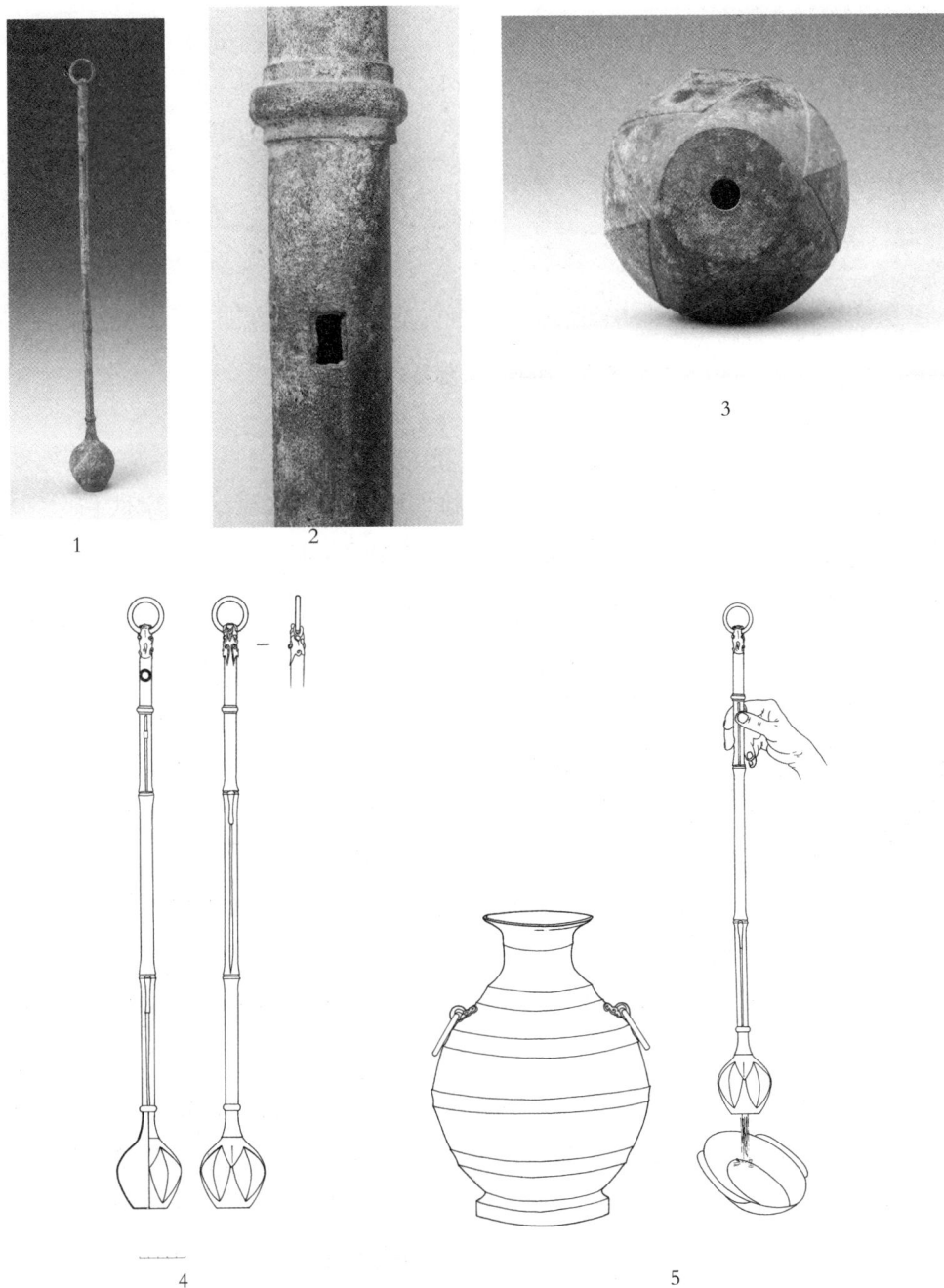

图六 汲酒器

1.汲酒器 2.汲酒器上部方孔 3.汲酒器底部圆孔 4.汲酒器线描图 5.汲酒器线描示意图

量,每一件器壁还要做得轻薄,这无疑增加了制作难度,从而使齐国铸造技术水平达到了一个新的高度。

　　该套组合铜餐具的特点是体积小、携带方便,适合游猎时使用。作为一套总共62

图七　铜餐具

件的铜餐具组合，是迄今为止全国出土的唯一一套，弥足珍贵。铜餐具从新颖绝妙的创意设计、制作工艺，再到实际功用，已经达到了相当高的水平，其科学性和实用性，也得到完美融合。这套凝聚着诸多科技因素的铜餐具，进一步印证了齐国高超的青铜器铸造工艺，是科技综合运用的经典之作。同时也为追溯"十人为宴"的饮食风俗源于齐地，提供了有力证据[1]，为研究我国古代饮食器渊源和青铜器的制作工艺，提供了宝贵的实物资料。

　　除此以外，齐国度量衡的铸造是科技综合应用的又一完美体现。齐国是我国古代较早施行度量衡制的诸侯国之一，齐国的量制与衡制具有典型的地域特征。据文献记载，最晚在春秋时期，齐国就有了较为健全的量制换算标准，战国初期的"田齐三量"又有了新发展。衡制方面的实物资料见春秋时期的"右伯君"铜权，重198.4克，属一斤权，也是目前发现最早的衡器[2]。经济的发达和商业的繁荣，对度量衡的制作标准提出了更加严格的要求，《考工记》中也详细记载了中国最早的度量衡标准器——齐国"栗氏量"[3]，并论述了包括其铸造、量制、器型、测量等工艺的规范和技术要求，器物的重量，釜、豆、升三个量器的规格尺寸和容量，使度量衡三个单位量集中在一个标准器上，更突显其较强的科学性。由于当时还不能精确地计算圆周率，故应用了"勾股定理"和"内方尺而圆其外"作为釜的底面积[4]，充分反映了齐国当时的数学、物理、冶铸诸方面的科学技术都达到了极高的水平，并在青铜器制作上得到广

---

　　[1]　张越：《齐国青铜艺术新探》，《东岳论丛》2012年第10期。

　　[2]　贾振国：《试论战国时期齐国的量制与衡制》，《临淄商王墓地》（附录三），齐鲁书社，1997年，第166页。

　　[3]　邱隆：《中国最早的度量衡标准器——〈考工记〉·栗氏量》，《中国计量》2007年第5期。

　　[4]　国家计量总局、中国历史博物馆、故宫博物院：《中国古代度量衡图集》，文物出版社，1984年，第5页。

泛的应用(图八)。

　　上述几件齐国青铜器,完美地将科学综合应用于制作中,集中反映了齐国发达的科技文化和手工业水平,对研究我国古代青铜器科技的发展,有着重要的参考价值。

图八　铜量

四、结　　语

　　综上所述,科技在齐国生产、生活等活动中,尤其是在青铜器铸造中,发挥着重要作用。齐国依托当地丰富的矿产资源、发达的青铜器冶炼技术、青铜器铸造的科学方法和经验,采取严谨规范的手工业管理和标准体系,从而成就了齐国发达的青铜器铸造技术。随着对科技的认识和应用的水平进一步提高,创新意识的逐渐加强,在不断注重其实用中的单一性向多元化发展的同时,针对青铜器不同的使用环境和条件而精心设计,自然巧妙地将科技元素融入其中。在这些旷世精品之作中,有的看似简单的设计,却赋予了青铜器强大的科学与实用性,凝结着齐国先民的智慧结晶,成为齐国青铜器科技与实用完美结合、独树一帜的一朵奇葩,是齐国经济繁荣、手工业发达的综合体现。这不仅为研究齐国科技在青铜器这一领域中的应用提供了宝贵的实物资料,而且对后世制造业中的科技运用,也具有重要的启迪和借鉴意义,同时也暗合了当今社会把"科学技术是第一生产力"作为科技强国的战略思想,其意义非凡,影响深远。

齐国用鼎制度试探

丁燕杰

中央民族大学历史文化学院

周人翦灭殷商，平定天下，陆续分封王室子弟、功臣谋士、姻亲及先圣王之后裔于周边各地，以蕃屏周，夹辅周室。作为周王室姻亲的姜太公因辅佐周武王灭商首功而封于齐。齐国作为山东地区最重要的封国之一，其文化渊源前人诸家多有讨论，或认为其来自西方周人文化，或认为其表现了本地"东夷"诸邦国文化传统。因用鼎制度是邦国文化的重要组成部分，故学者对齐国用鼎制度的认识易受上述讨论影响，仍有待全面探讨。近年来考古新资料的不断丰富，有助于进一步研究齐国用鼎制度。笔者试从现已发现的考古材料入手，谈点浅见，如有舛误之处，望学者方家不吝赐教。

一

关于周代礼制中的用鼎制度，《周礼》《仪礼》《左传》《公羊传》等传世文献中都有所体现。何休注《春秋公羊传·桓公二年》提出"礼祭天子九鼎，诸侯七、卿大夫五、元士三也"[1]，与《周礼》记载"王日一举，鼎十有二物，皆有俎"相矛盾，郑玄中和两说，提出"'鼎十有二'，牢鼎九，陪鼎三"[2]。

郭宝钧先生在《山彪镇与琉璃阁》中首次提出"列鼎"的概念，认为"一组铜鼎的形状、花纹相似，只是尺寸大小，依次递减"且"三、五、七、九成组"出现的情况即文献所

---

[1]　公羊寿传，何休解诂，徐彦疏：《春秋公羊传注疏》，北京大学出版社，1999年，第74页。

[2]　郑玄注，贾公彦疏：《周礼注疏》，北京大学出版社，1999年，第81页。

指诸侯"列鼎而食"中的"列鼎"[1]。郭宝钧先生对"列鼎"的论述,拉开了用鼎制度研究讨论的序幕。

继此之后,学者针对用鼎制度展开了一系列的研究讨论,取得了有价值的成果。俞伟超、高明先生合作发表的《周代用鼎制度研究》一文进一步将铜鼎按使用目的的不同,分为"镬鼎""升鼎"和"羞鼎"三类,并详细阐述列鼎数量与贵族等级的对应关系和相应的用鼎等级标准,建立了"诸侯用大牢九鼎,卿、上大夫用大牢七鼎,下大夫用少牢五鼎,士用牲三鼎或特一鼎"的升鼎使用制度[2]。这些有关周代用鼎分类问题与用鼎制度变化历程的讨论对后人研究仍有重要的启发意义,以后学者针对用鼎制度的研究,多基于此。林沄[3]、李学勤[4]、张闻捷[5]等先生都从不同角度对两周用鼎制度的标准、定义和列鼎的分类问题进行了研究和商榷,并注意到了齐国、楚国及淮河流域诸邦国用鼎制度中出现使用偶数列鼎的情况。

王恩田先生在《东周齐国铜器的分期与年代》中对齐国用鼎制度进行了研究讨论,认为齐国未见严格意义上与中原相似的牢鼎制度和鼎簋相配制度。同时,王恩田先生认为"齐国盛行形制相同、大小相等、呈偶数组合的鼎制",并认为齐国东周铜器组合与莒、邾等"东夷"国家更加一致[6]。张闻捷先生在讨论楚国使用偶数组合用鼎制度时,也以战国时期齐墓用鼎为例,认为齐鲁地区流行偶鼎制[7]。

以上诸位学者对用鼎制度进行的研究取得了十分具有启发性和建设性的成果,注意到了用鼎制度的区域性差异,但同时也存在进一步讨论的空间,主要表现在对齐国用鼎制度的认识还不准确,且没有注意到两周之际、春秋时期姜姓齐国与战国时期妫姓齐国用鼎制度的变化与差异。

[1] 郭宝钧:《山彪镇与琉璃阁》,科学出版社,1959年,第11页。

[2] 俞伟超、高明:《周代用鼎制度研究》,《高明学术论集》,上海古籍出版社,2013年。

[3] 林沄:《周代用鼎制度商榷》,《史学集刊》1990年第3期。

[4] 李学勤:《东周与秦代文明》,上海人民出版社,2016年。

[5] 张闻捷:《周代用鼎制度疏证》,《考古学报》2012年第2期;张闻捷:《楚国青铜礼器制度研究》,厦门大学出版社,2015年。

[6] 王恩田:《东周齐国铜器的分期与年代》,《中国考古学会第九次年会论文集(1993)》,文物出版社,1997年。

[7] 参考张闻捷:《周代用鼎制度疏证》,《考古学报》2012年第2期;张闻捷:《楚国青铜礼器制度研究》,厦门大学出版社,2015年。

二

本文所讨论之齐国墓葬用鼎制度,主要针对两周之际到春秋时期之姜姓齐国所使用的制度。现已发现的较为典型的齐国列鼎墓葬主要有莒县西大庄 M1、临淄东古城村 M1、临淄刘家新村 M28 和长清仙人台 M5。

(一)莒县西大庄 M1

莒县西大庄 M1 位于山东省莒县东北 12 千米处店子集镇西大庄村,坐落在峤山大水库西岸的黄土台地上,为两周之际墓葬。墓葬为长方形土坑竖穴木椁墓,方向 20 度,墓壁垂直,墓圹口大底小,有熟土二层台。由于葬具被人为破坏,棺椁与人骨情况不明。墓葬东部被破坏,墓内随葬遗物多被移动,原摆放位置不详,据村民讲述,随葬品主要放置在二层台的北部、西部及墓底东部,有青铜器、陶器、石器等。

关于墓葬国属,西大庄 M1 虽发现于莒国境内,但应为齐国墓葬。首先,墓内所出铜甗铭文曰:"齐侯作宝……子子孙孙永宝用。"通过铭文可知,此甗作器者为齐国国君,推测 M1 所出铜礼器应来自齐国。其次,从墓葬制度看,西大庄墓地墓向为南北向,无腰坑、殉人、殉狗且随葬器物放置在二层台上,与莒国墓葬头向多东向,流行大量殉人,随葬品多放置于器物箱或头箱的葬制有极大差异,而更倾向于华夏诸邦国墓葬葬俗。所以莒县西大庄墓地与刘家店子遗址、纪王崮遗址等属于不同的文化传统,结合"齐侯"铭文,推测西大庄 M1 应为齐国墓葬。

M1 中发现铜鼎 3 件,形制、纹饰相同,大小依次递减。鼎均为立耳圜底蹄足鼎,口沿外折,腹部较深,耳饰 2 道凹弦纹,口沿下饰重环纹,腹部饰凸弦纹。其中 M1:1 通高 23.8 厘米,口径 26.4 厘米,腹深 11.2 厘米;M1:2 通高 21 厘米,口径 24.6 厘米,腹深 8.8 厘米;M1:3 通高 20 厘米,口径 22.6 厘米,腹深 9.4 厘米。与鼎同出铜簋 4 件,形制、纹饰、大小皆相同,应为列簋[1](图一)。

根据传世文献《周礼》《礼记》等记载的鼎簋相配之制,列簋 4 件当配列鼎 5 件,而西大庄 M1 中仅 3 鼎配 4 簋,究其原因,或为墓葬清理时已被破坏,故推测墓葬中当有 2 件铜鼎被盗(也不能排除本身即缺 2 鼎的可能),原或葬有 5 件列鼎,与铜簋搭配形成 5 鼎 4 簋组合。

---

[1]　莒县博物馆:《山东莒县西大庄西周墓葬》,《考古》1999 年第 7 期。

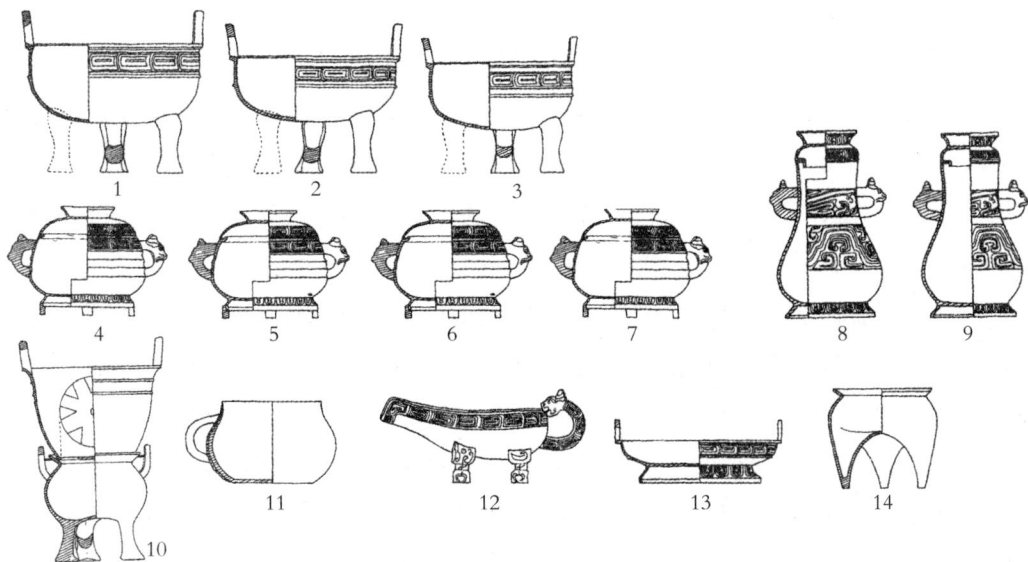

图一　莒县西大庄 M1 青铜器组合示意图

1—3.折沿立耳圜底列鼎(M1:1、2、3)　4—7.铜簋(M1:6、7、8、9)　8—9.铜壶(M1:10、11)
10.铜甗(M1:5)　11.铜舟(M1:14)　12.铜匜(M1:12)　13.铜盘(M1:13)　14.铜鬲(M1:4)

　　西大庄 M1 随葬列鼎为形制相同、大小相次的奇数列鼎,并搭配偶数铜簋以及壶、甗、盘、匜。这种用鼎制度与器物组合形式,与中原地区华夏诸邦国墓葬如三门峡虢国墓地、梁带村芮国墓地和北赵晋侯墓地的用器制度基本一致,而与莒国墓葬如沂水刘家店子、纪王崮、莒南大店等使用大小相同的列鼎组合不同。一方面,这可与上文关于墓葬国属的判断互证,即西大庄 M1 不属于莒国,而应是齐国墓葬。另一方面,说明自两周之际,姜姓齐国墓葬中已经开始使用成套列鼎列簋制度,具体表现为随葬形制相同、大小相次的奇数组合列鼎搭配偶数组合列簋,与中原及山东鲁、薛等华夏诸邦国一致。

(二)临淄东古城村 M1

　　临淄齐故城东古城村 M1 为两周之际到春秋早期墓葬[1],位于临淄区东北部东古城村村西,北距齐故城城墙 150 米,西北距齐故城城门 200 米,东南 1000 米处为殉马坑,南面则为东周作坊冶炼遗址及居住区,位置紧靠齐故城,应为齐国墓葬。墓葬呈南北向,其上端与北端均遭破坏,墓内棺木已朽,发现有人骨一具。墓中出土铜器、

---

　　[1]　作者按:原报告将此墓年代定为西周晚期至春秋早期。王青先生从出土铜器形制及纹饰上分析,将此墓年代定为春秋早期。

陶器等遗物 30 余件。

　　墓中出土铜鼎 3 件，大小相次。其中 M1∶1，平口外折沿，立耳外侈，圜底蹄足，足上端有乳钉 2 枚，沿下饰凸弦纹，通高 27 厘米。M1∶2，侈口，立耳蹄足，沿下饰重环纹，腹下饰凸弦纹，通高 22.4 厘米，口径 25 厘米。M1∶3，侈口平底，半环形立耳，空心半圆柱高足，耳饰绳纹，通高 20 厘米，口径 16.2 厘米。与鼎同出的礼器有形制、大小基本相同的铜簋 2 件，壶、盘、匜、铺各 1 件[1]。

　　由此可知，临淄东古城村 M1 使用 3 件大小相次的铜鼎和 2 件铜簋搭配成 3 鼎 2 簋的组合，与文献记载一致，基本符合华夏诸邦国用鼎制度。但是，3 件铜鼎虽大小相次，但形制有所差异，尚不能看作严格意义上的列鼎，而似 3 件鼎拼凑而成。其原因或是两周之际到春秋早期恰逢用鼎制度在东方诸国开始形成的时期，此时用鼎之礼制开始出现但尚不稳定，故在用鼎组合和形制上，仍有差异之处。另外，东古城村 M1 墓葬为 3 鼎 2 簋组合，从用鼎数量上看，墓主人等级不高，约相当于"士"阶层，所以不能排除墓主人本身经济条件有限，未使用严格列鼎的可能性。

（三）临淄刘家新村 M28

　　临淄刘家新村墓地年代为春秋中期，位于淄博市临淄区中北部、刘家新村西北角，东北距齐国故城约 3 千米，共发现 2 座墓葬，编号 M19、M28，为夫妻并穴合葬墓。其中 M19 被盗扰，随葬品保存情况不佳；M28 保存较为完好，且有铜列鼎出土，墓内铜器均未发现铭文。从墓葬地点来看，其与春秋时期齐国故城相隔不远，在齐国疆域中心之地，结合墓葬内随葬铜礼器鼎、簋、壶、甗、盘、匜组合，基本可以确定其为齐国墓葬。

　　M28 为长方形土坑竖穴木椁墓，墓向北偏东 10 度，墓底四周有熟土二层台。墓坑内葬一棺一椁，木质葬具均已腐朽。棺内骨骼头向北，呈仰身直肢葬。墓内随葬遗物包括铜礼器、兵器、车马器等，还包括少量陶器和骨器。其中车马器和兵器置于棺内，铜礼器置于棺椁之间。

　　M28 中随葬铜鼎 3 件，形制、纹饰基本相同，大小依次递减，为一组列鼎。3 鼎均为宽折沿，斜方唇，立耳外撇，半球形腹，圜底蹄足，器底有烟炱痕迹，腹部饰窃曲纹。其中 M28∶4 为直口，腹下饰凸弦纹，足内侧有纵向凹槽，通高 31.5 厘米，口径 29.2 厘米；M28∶3 为敞口，腹部与足对应处有纵向扉棱，通高 28.2 厘米，口径 27.8 厘米。与鼎同出有铜簋 4 件，形制、大小、纹饰均相同，为一组列簋[2]（图二）。

---

　　[1]　齐国故城遗址博物馆、临淄区文物管理所：《山东临淄齐国故城西周墓》，《考古》1988 年第 1 期。

　　[2]　临淄区文物局：《山东淄博市临淄区刘家新村春秋墓》，《考古》2013 年第 5 期。

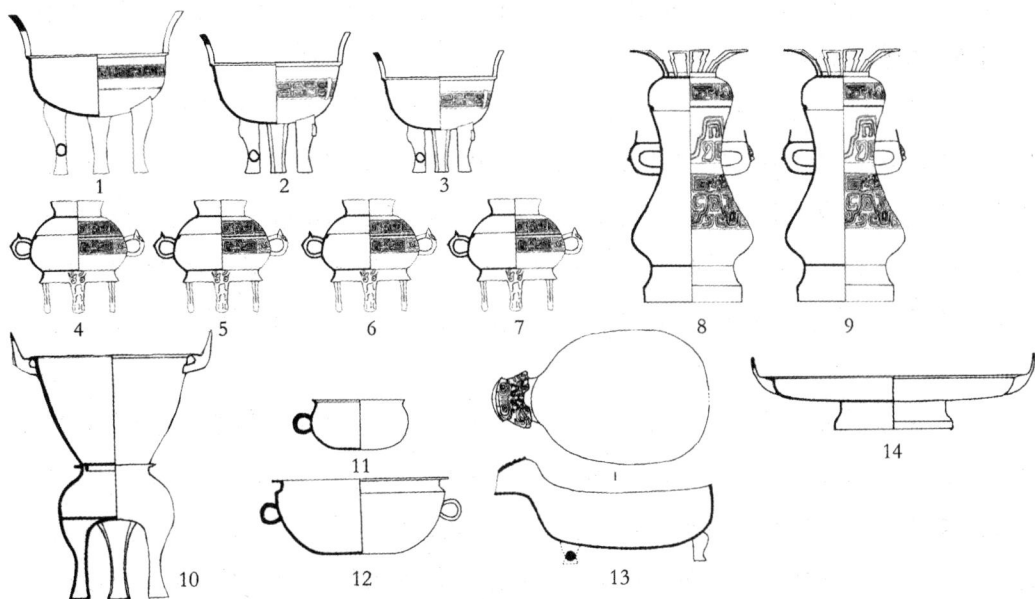

图二　临淄刘家新村 M28 青铜器组合示意图

1—3. 折沿立耳圜底鼎(M28：4、3、1)　4—7. 铜簋(M28：2、5、25、27)　8—9. 铜壶(M28：8、28)

10. 铜甗(M28：9)　11—12. 铜鉶(M28：31、30)　13. 铜匜(M28：29)　14. 铜盘(M28：26)

所以,临淄刘家新村 M28 墓主人使用大小相次的 3 鼎搭配 4 簋,与通常所见的 5 鼎 4 簋搭配有出入,同样的情况在莒县西大庄 M1 中也存在。考虑到刘家新村 M28 并未出现盗扰,推测墓葬内本身存在缺鼎现象,即墓葬本身应当使用 5 鼎 4 簋,但因种种原因,下葬时列鼎中缺少 2 鼎,故呈现 3 鼎 4 簋的情况。

总体来说,临淄刘家新村 M28 中鼎簋制度的使用,亦基本符合华夏诸国常见的"形制相同、大小相次的奇数组合列鼎搭配偶数组合列簋"的特点,与上文中莒县西大庄 M1 以及临淄东古城村 M1 鼎簋制度基本一致,且铜礼器组合与莒县西大庄 M1 用器组合也有高度相似性。刘家新村 M28 的墓葬形制、墓向、墓主人头向和随葬品摆放位置等诸多葬俗,也呈现出与齐国其他列鼎墓葬和华夏诸邦国墓葬相同的特点。

(四) 长清仙人台 M5

长清仙人台 M5 位于长清县城东南 20 千米处的仙人台邿国墓地最西端。墓葬为长方形土坑竖穴墓,方向 290 度,墓主为一成年女性,头向西。墓底有长方形腰坑,坑内殉狗,殉狗头向与墓主人相反,与仙人台其他邿国墓葬情况相同。墓内有熟土二层台,二层台北壁正中有盛放陶器的壁龛。墓内葬具为一棺一椁,棺位于椁室中部,棺底板下东西两端由南北向枕木垫起。M5 中共发现随葬品 100 余件,包括铜礼器、乐器、玉器、骨角器、陶器和车马器,多放置在二层台、壁龛、棺椁之间和棺内,其中铜礼器放在棺椁之间南部一侧。

仙人台 M5 虽位于郱国贵族墓地内,但其墓主人国属当非郱国,而应属姜姓侯国,不排除为齐国的可能,墓葬内所用青铜器亦遵循姜姓诸国文化传统。M5 中出土的郱子姜首盘铭文为认识墓葬及随葬礼器国别提供了线索。郱子姜首盘有铭文 6 行46 字,即:"郱子姜首及郱公典为其盥盘,用祈眉寿难老,室家是保,佗佗熙熙,男女无期,于终有卒,子子孙孙永宝用之,丕用勿出。"铭文表示,这件铜器是姜姓女子之媵器。

对于铭文释文的解释,学界围绕墓主的国别身份展开讨论,出现了几种不同的观点:李学勤[1]、方辉[2]认为 M5 为郱国墓葬,这批礼器为郱国贵族公典为嫁入郱国为妻的姜姓女子子姜所作;朱继平观点与此相似,认为盘铭反映了郱国贵族与齐国联姻之事[3];涂白奎亦认为此墓为郱国墓葬,礼器为郱国贵族公典为其女姜首出嫁所作媵器,并由此推断郱国为姜姓[4]。陈剑[5]、张志鹏[6]等则认为公典为齐国贵族,铜礼器是公典为嫁入郱国的齐国女子姜首所作媵器。

学者关于郱子姜首盘国别的讨论主要集中于以下几点:首先,M5 所出部分铜器器形与姜姓齐国同时期器物基本一致。如 M5 Ⅱ 型铜敦(M5:79)与淄博磁村 M01中 Ⅱ 式敦(M01:2)和河北易县所出"齐侯四器"中齐侯敦的造型几乎完全相同。郱子姜首盘形制亦与"齐侯四器"中齐侯盘、春秋早期夆叔盘和诸城所出隃孙叔子犀盘十分相似。

其次,从铭文来看,方辉、陈剑、张志鹏等学者都提到郱子姜首盘的铭文字体瘦长纤细,与仙人台墓地所出郱国其他铜器铭文风格差异较大。而同样风格的铭文亦见于上文提到的河北易县"齐侯四器"、山东滕县夆叔盘、隃孙叔子犀盘,这些铜礼器皆为姜姓国女子用器。此外,郱子姜首盘铭文行文中所用文辞格式如"佗佗熙熙,××无期"亦均见于以上姜姓国诸器,可见这种文辞模式为姜姓国作媵器的固定文辞之一。

[1] 李学勤:《郱子姜首盘和"及"字的一种用法》,《中国文字研究》(第一辑),广西教育出版社,1999 年,第 268—272 页。

[2] 方辉:《郱公典盘铭考释》,《文物》1998 年第 9 期。

[3] 朱继平:《周代郱国地望及相关问题再探》,《杭州师范大学学报》(社会科学版)2013 年第 3 期。

[4] 涂白奎:《〈郱公典盘〉及相关问题》,《考古与文物》2003 年第 5 期。

[5] 陈剑:《金文字词零释(四则)》,《古文字学论稿》,安徽大学出版社,2008 年,第 132—146 页。

[6] 张志鹏:《山东长清仙人台墓地五号墓国别与年代考》,《东南文化》2016 年第 1 期。

第三,从墓葬形制来看,仙人台5号墓既有与邿国其他墓葬相同的特征,又有与姜姓齐国墓葬相似的特点。M5与长清邿国墓地其他5座墓葬在形制制度上显示出一致性,如墓葬中墓主人头向均为290°—315°,有腰坑殉狗习俗,殉狗头向与墓主人头向相反,墓葬底部铺有朱砂,棺椁铺盖有苇席等,表现出明显的非华夏邦国葬俗。但是,M5的随葬品多摆放于棺椁之间及壁龛中,与鲁故城乙组墓地、临沂刘家新村墓地等葬俗相似,而同邿国墓葬随葬品多放置于边箱中的随葬礼俗不同,表现出明显的华夏邦国葬俗特点。

报告中指出M5墓主人为一成年女性,故推测仙人台M5墓主应为姜姓国出嫁于邿国的女子,其随葬铜器与墓葬形制都带有明显的姜姓国文化特色。

M5出土铜鼎3件,形制相近,应为一组列鼎。其中M5:72子母口内敛,浅腹外鼓,有附耳,器底近平,三蹄足;器盖顶部近平,中间有环形钮,边缘有三矩形钮;通高24.8厘米,口径21.8厘米。M5:76与M5:72形制相似,仅腹部饰蟠虺纹一周,无盖,通高24.6厘米,口径21.4厘米。原报告认为3件列鼎为大小相次排列,但从公布的2件鼎的尺寸数据来看,2件铜鼎口径仅相差0.4厘米,通高相差0.2厘米,目测差别不大。因另有1件鼎数据资料尚未公布,故3件列鼎是否作为大小相次的铜鼎下葬,尚有待进一步讨论。

墓葬内还发现陶鼎3件,均为夹砂黑陶,深腹盆形,斜方唇,宽折沿,沿面下凹,鼓腹,圜底,三蹄形足。3鼎应为大小相次,其中M5:3通高22厘米,口径26.1厘米;M5:5尺寸未发表;M5:6通高26.5厘米,口径34厘米(图三)[1]。

从仙人台M5用鼎情况来看,其使用形制相近的3件铜鼎和3件陶鼎列鼎组合,基本遵循了华夏诸国族"形制相同、大小相次、奇数组合"之用鼎制度,与同墓地其他邿国墓葬多使用大小相同的2鼎、8鼎等偶数列鼎组合的制度明显不同,而与上述临淄刘家新村M28、莒县西大庄M1和临淄东古城村M1一致。

三

综合以上已发现的4座典型齐国列鼎墓葬的用鼎情况,可知不晚于两周之际,齐国贵族墓葬中就已经使用制度化的用鼎制度,一直延续到春秋晚期仍较为稳定,表现为使用形制相同、大小相次的奇数组合列鼎,并搭配形制相同、大小相同的偶数组合盛食器(簋、敦等),形成5鼎4簋、3鼎2簋之组合。同样的用鼎制度亦出现在同为华

[1]　山东大学历史文化学院考古系:《长清仙人台五号墓发掘简报》,《文物》1998年第9期。

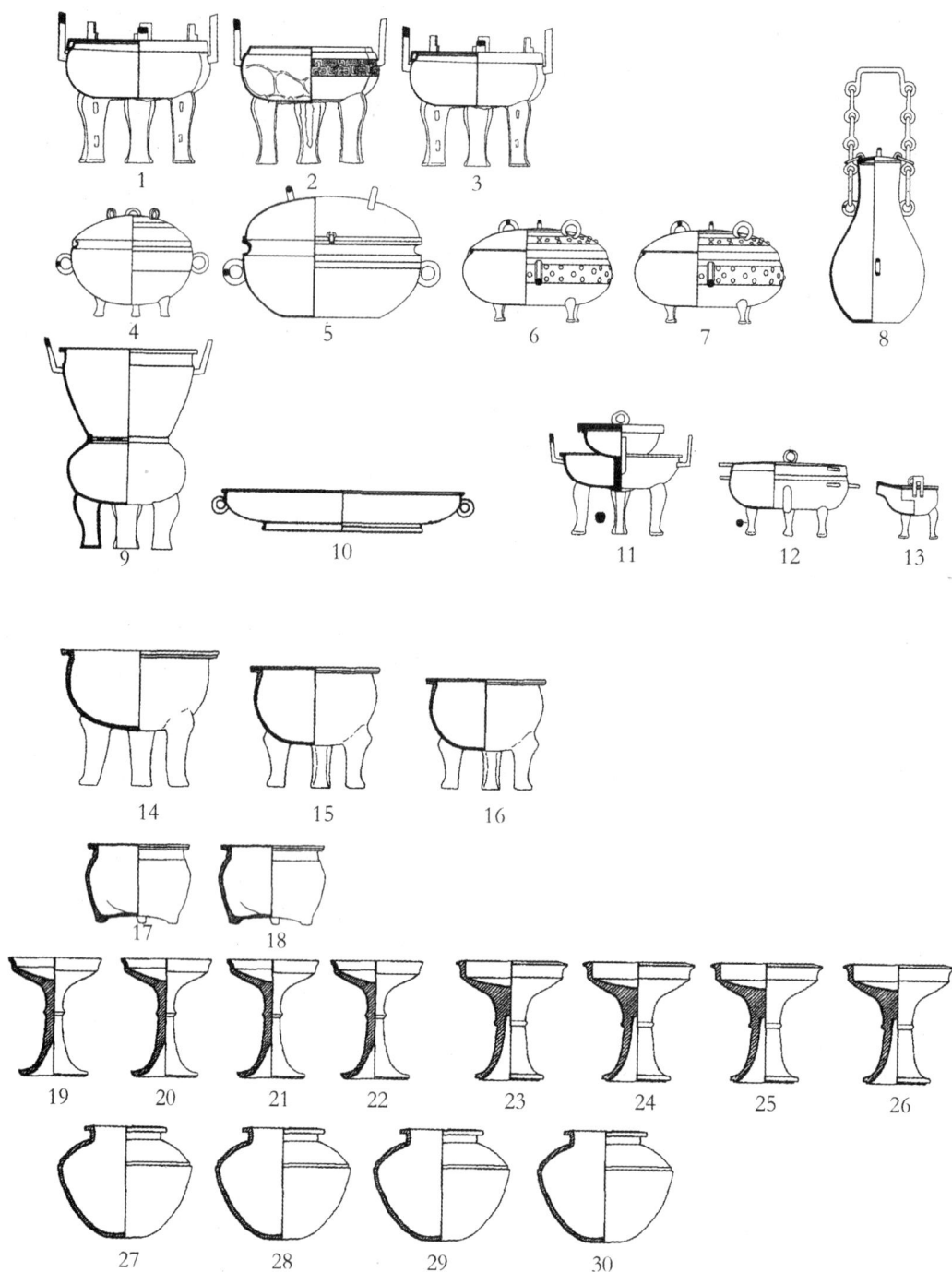

图三　仙人台 M5 出土铜器、陶器组合示意图

铜器:1—3. 鼎(M5:72、73、76)　4. Ⅰ式敦(M5:49)　5. Ⅱ式敦(M5:79)　6—7. 舟(M5:75,47、77)
8. 壶(M5:48)　9. 甗(M5:80)　10. 盘(M5:46)　11. 异形器(M5:86)
12. 舟形器(M5:84)　13. 带流鼎(M5:85)

陶器:14—16. 鼎(M5:03、05、06)　17—18. 鬲(M5:04、017)　19—26. 豆(M5:07—010、013—016)
27—30. 罐(M5:01、02、011、012)

夏邦国的鲁国、薛国、宋国列鼎墓葬中,鲁故城乙组 M48,薛故城 M1、M2、M4 以及枣庄徐楼 M1 宋国女子墓葬中均使用形制相同、大小相次的奇数组合列鼎,可以看出两周之际到春秋时期齐国使用的列鼎制度与鼎簋制度严格遵循了华夏诸邦国文化传统,亦与文献记载基本符合。

随着齐国国家实力的不断增强,齐国在军事战争中与"东夷"诸国的接触交流增多,国土疆域逐渐包含"东夷"小国的领土,文化上也不断受到其文化的影响。春秋战国之交田氏代齐之后,妫姓取姜姓而代之,齐国本身的统治上层的性质发生变化,原本承袭于华夏周人集团的礼制与文化传统也随之动摇。在用鼎制度上,即表现为齐国战国以后用鼎与春秋时期发生了明显的变化,"东夷"诸国常见的用鼎形式逐渐出现在齐国墓葬之中,使用形制、大小相同的偶数组合列鼎,与春秋时期常见的华夏邦国列鼎制度明显不同。

1956 年临淄齐故城南姚王村一带共发现铜鼎 8 件,形制、大小相同,均为有盖鼎,素面平口,附耳蹄足;鼎内有铭文"国子";鼎通高 33 厘米,口径 34 厘米。同出的还有铜豆 6 件、铜壶 2 件及铜簋碎片若干(图四)[1]。从铜鼎铭文来看,其拥有者为齐国国氏,是春秋晚期到战国早期与田氏斗争的重要卿族。姚王村出土大小相同的国子鼎 8 件,从形制、大小和数量来看都不符合华夏族的用鼎标准,而更类似于邾国、郯国等非华夏国族的用鼎制度。

战国中期以后,齐国墓葬中非华夏的用鼎传统表现得更为突出。这一时期开始,典型的华夏邦国用鼎制度基本不见,而墓葬中使用 2 鼎、4 鼎更为普遍。

梁山县东平湖土山的战国中期偏晚齐国墓葬,原报告推测其年代为公元前 4 世纪前后,大型甲字形墓葬,有东、西 2 个器物坑,位于墓室北端。墓内出土仿铜陶列鼎共 9 件,排列于墓室内东壁南段,分为 2 式。其中 I 式为无盖方唇立耳圜底蹄足鼎,5 件,形制相同,大小不同,最大者通高 60 厘米,最小者通高 54 厘米;II 式为有盖鼎,4 件,子口内敛,附耳外侈,鼓腹蹄足,4 件鼎形制相同,大小一致[2](图五)。从列鼎数量来看,墓主人应为当时齐国下大夫一级贵族。而其墓葬使用 2 个器物坑,与非华夏族相似,随葬列鼎又同时兼顾了大小相次的奇数组合与大小相同的偶数组合 2 种用鼎制度,可知战国中期以后"东夷"诸国的用鼎礼制被齐国有意识吸收。

临淄国家村 M4 也发现有偶数组合列鼎随葬现象,分别为铜鼎和仿铜陶鼎各 1 套,每套各为形制、大小相同的 2 件列鼎。M4 是战国晚期偏早墓葬,为甲字形土坑木

---

[1] 杨子范:《山东临淄出土的铜器》,《考古通讯》1958 年第 6 期。

[2] 山东省文物考古研究所:《山东梁山县东平湖土山战国墓》,《考古》1999 年第 5 期。

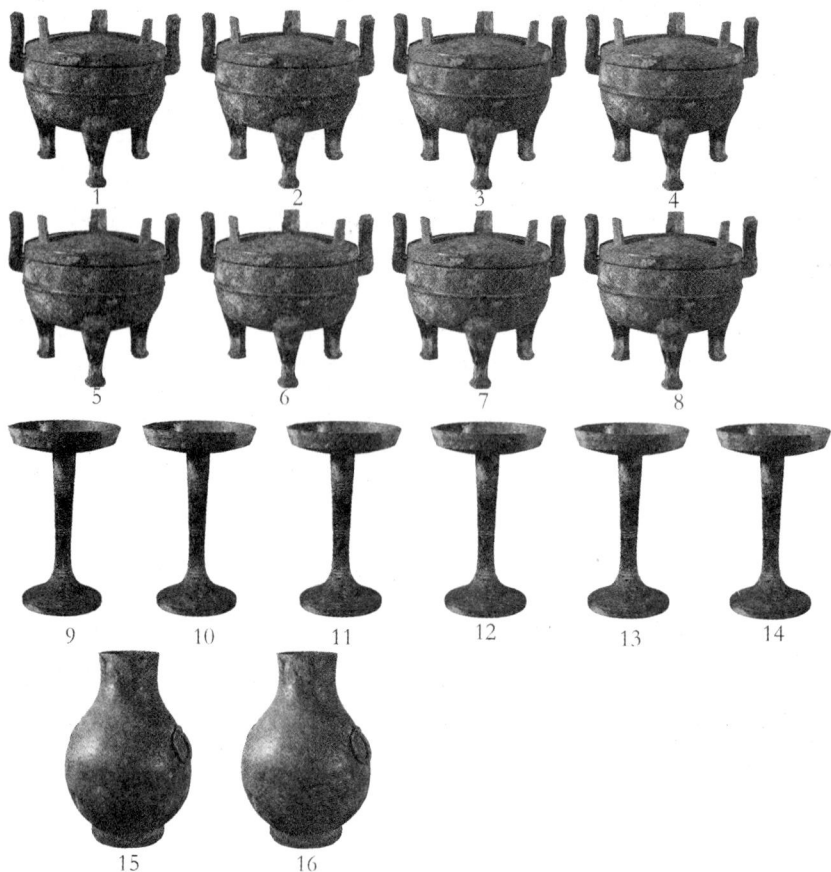

图四　姚王村出土青铜器组合示意图

1—8. 国子鼎　9—14. 国子豆　15—16. 国子壶

椁积石墓,椁室位于墓室中部,有一棺一椁,四周为生土二层台,二层台西侧有器物坑和2座长方形殉人墓。随葬品多放置于器物坑中,出土铜鼎2件,弧形三环钮盖,器身子母口,鼓腹圜底,附耳外撇,三蹄形足。鼎底部有烟炱痕,应为实用器,通高22.5厘米。又有仿铜陶鼎2件,弧形矩尺钮盖,有附耳,敛口鼓腹,圜底蹄足,通高25.8厘米(图六)。另外,临淄国家村M4东南8米处发现有M5,应与M4为一组夫妻并穴合葬墓[1]。M5墓葬形制与M4基本一致,亦出土2件大小、形制相同的仿铜陶鼎。

　　另外如长清岗辛墓葬、章丘女郎山M1、淄博市淄城区M1及临淄赵家徐姚M1中亦多见使用大小相同的偶数组合列鼎(表一),可以作为战国中晚期齐国用鼎特征非华夏化的例证。

---

[1]　淄博市临淄区文物局:《山东淄博市临淄区国家村战国墓》,《考古》2007年第8期。

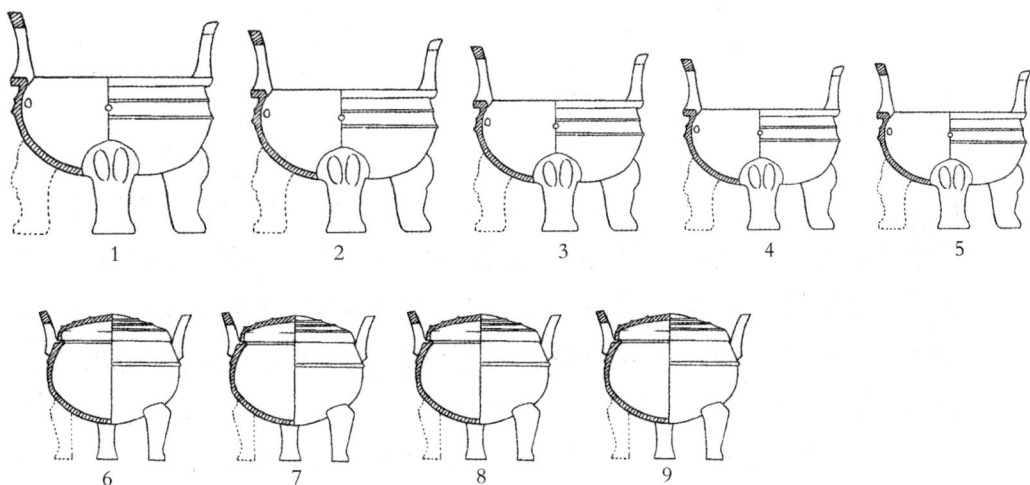

图五　梁山县土山墓葬用鼎示意图

1—5. Ⅰ式无盖列鼎　　6—9. Ⅱ式有盖列鼎

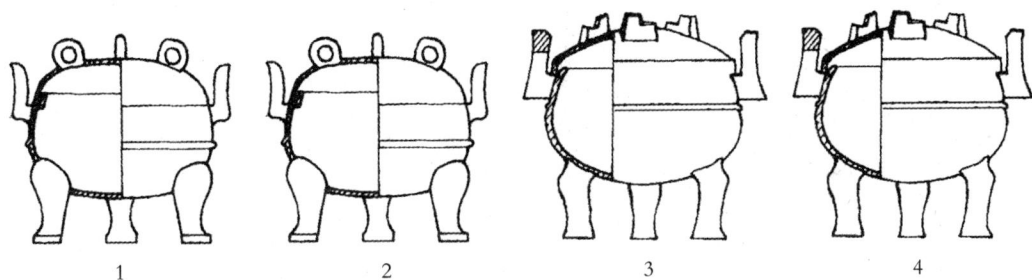

图六　临淄国家村 M4 用鼎示意图

1—2. 铜列鼎(M4：18、19)　　3—4. 陶列鼎(M4：9、10)

表一　战国中晚期部分齐墓用鼎情况简表

遗址	用鼎数量	大小	时代
岗辛	铜列鼎 4、明器 1	相同	战国中期
女郎山 M1	铜列鼎 4、大鼎 1		战国中期
淄城区 M1	仿铜陶鼎 2	相同	战国晚期
徐姚 M1	铜列鼎 2	相同	战国晚期

　　所以,随着从春秋到战国时代的不同和统治人群的变化,齐国贵族墓葬用鼎呈现出由严格遵守华夏邦国列鼎制度到逐渐东夷化的趋势。相较于春秋姜姓齐国统治时期齐国墓葬遵循华夏邦国列鼎特点,战国时期,齐国墓葬用鼎制度开始松动,逐渐呈现出"东夷"诸邦国用鼎特色,使用大小相同的偶数组合列鼎,呈 2、4、8 等数量组合。

总　　结

　　综上所述，从目前考古发现资料来看，齐国用鼎制度两周之际已经产生，在整个春秋时期严格遵循了华夏诸邦国用鼎特点，使用形制相同、大小相次的奇数组合列鼎，并搭配使用偶数组合盛食器，形成 5 鼎 4 簋、3 鼎 2 簋等用器组合形式，与鲁、薛、宋等邦国列鼎组合基本一致。战国时期，齐国用鼎制度发生明显变化，出现使用大小相同的偶数组合列鼎的现象，这种用鼎制度与邾国、郯国等"东夷"诸邦国较为一致，究其原因，或与周王室统治权威的衰落和齐国统治人群的变化有关。

齐侯匜刍议

马今洪

上海博物馆

一

　　齐侯匜高 24.7、流至錾长 48.1、流宽 19.9、腹深 10.2 厘米,重 6420 克。前部有高昂的宽流,流槽较长且弯曲,口缘较直,深腹圜底,下具四条龙形足,龙首朝下,耸背承托器底。后部龙形錾从下躬身蜿蜒而上,龙吻衔口沿作探首状,卷尾,体躯有鳞纹,背置棱脊。整器装饰横条沟纹(图一)。

图一　齐侯匜

内腹底部铸有铭文 22 字(其中重文 2):

　　齐厌(侯)乍(作)虢孟

　　姬良女(母)宝也(匜),

其蠤(万)年无彊(疆),

　子＝(子子)孙＝(孙孙)永宝用。(图二)

　　齐侯匜所装饰的横条沟纹较为宽疏,鋬之龙角作螺旋形,皆为西周中晚期的样式,但流口上扬,故属于西周末年之器。

　　齐侯匜为迄今所发现的同类器中最大者,重达6420克,有效容积约为3370毫升(小米沿口部最低处测量)。其魁伟庄重的造型,硕大的容积,体现了齐国的实力,王世民先生指出:齐侯匜"突出地反映姜齐作为西周时期东方大国,在政治经济等方面所处优越地位"[1]。

图二　齐侯匜铭文

二

　　齐侯匜最早的著录见于乾嘉时期著名收藏家曹载奎编著的《怀米山房吉金图》[2](图三)。曹载奎(1782—1852年以后)[3],字秋舫,据陆心源《金石学录补》卷四·二十,曹氏"居苏州盘门汲水桥,性嗜古,鉴别颇精,瓷、铜、玉、石无所不好,而于金尤甚"。《怀米山房吉金图》共两卷,曹载奎于道光十九年乙亥(1839年)三月,仿宋人刻石古器图,将所藏商、周、秦、汉青铜器精选60件,按图勒之于石,记载尺寸、重量、刻款所在,摹铭文并作释文。摹文者为王石香,绘图者为孔莲芗,刻石者为吴松泉。齐侯匜著于卷乙·一六,器名为周齐侯匜。这是齐侯匜最早的记载资料,齐侯匜是怎样流传至为曹氏所藏就不可考了。

图三　《怀米山房吉金图》著录齐侯匜

---

　　[1]　王世民:《西周时代诸侯方国青铜器概述》,《中国青铜器全集》(6),文物出版社,1997年,第15页。

　　[2]　本文采用的是日本明治十五年(1883年)京都文石堂翻刻木本。

　　[3]　曹氏卒年不详。

《怀米山房吉金图》编撰后的十余年中,齐侯匜一直收藏于曹载奎处,直到咸丰初年转售与张云岩。据《前尘梦影录》卷上载:"曹秋舫丈所藏商周钟鼎彝器,有七十五种,刻吉金图石刻以行世……后尽数归于张云岩,张偿以五千金,事在咸丰初。"[1]咸丰元年为1851年,咸丰初年应当为1851或1852年,这时曹载奎将包括齐侯匜在内的青铜器以五千金的价格转让给张云岩。又据《前尘梦影录》卷上载:"至庚申,粤寇陷吴,张弃家远避,所藏诸器俱为人攫取,至蠡市求售。"[2]庚申年为咸丰十年(1860年),是年,太平天国攻陷苏州,张云岩弃家避难,所收藏的青铜器皆被人掠夺,拿到蠡市变卖。蠡市即蠡墅,今属苏州吴中区长桥镇。

当齐侯匜再次出现在人们视野中的时候,已经归属于吴云。吴云《两罍轩彝器图释》[3]卷七"齐侯匜"云:"旧藏怀米山房曹氏。乱后为亲家杜筱舫方伯所得。先,余于旧肆中见一紫檀座子,'齐侯匜怀米山房收藏'数字。曹氏当年讲究装潢,精选名匠,大约非历数年不能藏工。吴中推为第一。余默念座子既在,其器或亦可购。姑收买之。越年余,筱舫从嘉兴购获古铜器数种,属余品定。此匜在焉。余不禁叹为奇遇。筱舫遂割爱相赠,因备记之。而余耆古之癖亦于此略见矣。"从这段文字可知,齐侯匜在蠡市被变卖后,吴云在一家店铺中购得齐侯匜的紫檀座子,过了一年多,齐侯匜在嘉兴又为杜筱舫所得,最终赠与吴云。乱后是指太平天国被平定之后,同治二年(1863年)苏州被清军攻克,1864年太平天国覆灭[4],而《两罍轩彝器图释》的刊行时间为1972年,齐侯匜为杜筱舫所得并转赠吴云应当是在这段时间内。

吴云(1811—1883年),字少甫,号平斋,晚号退楼、愉庭、罍翁、抱罍子,别署二百兰亭斋、两罍轩、听枫山馆、师酉二敦之斋、金石寿世之居,浙江归安人(今湖州)。道光二十四年(1844年)官江苏宝山、金匮通判,后治军扬州,咸丰八年(1858年)知镇江府,第二年任苏州知府。同治元年(1862年)辞官,时年51岁,解任后隐逸苏州。吴云善书能画亦能印,精于金石考据和书画鉴赏,性喜收藏,所蓄金石书画富甲吴门,除三代彝器之外,仅秦汉魏晋古印就达千钮,还有法书名画、宋元珍本,其收藏富且精。平生著述甚多,有《二百兰亭斋金石记》《二百兰亭斋古铜印存》《二百兰亭斋古印考藏》《两罍轩彝器图释》《两罍轩印考漫存》《焦山志》《盘亭小录》等,此外,还有《两罍轩尺牍》等诗文尺牍题跋若干卷。杜文澜(1815—1881年),字筱舫,浙江秀水人,为吴云的

---

[1] 徐康:《前尘梦影录》(卷上),中华书局,1985年,第17页。

[2] 徐康:《前尘梦影录》(卷上),中华书局,1985年,第17页。

[3] 清同治十一年自刻本。

[4] 白寿彝总主编,龚书铎主编:《中国通史》(第十一卷),上海人民出版社,1999年,第189页。

书画好友,在书信往来中,时常讨论书画卷册的鉴赏与收藏[1],两人交谊甚深,杜文澜将齐侯匜转赠与吴云亦顺理成章。

　　1951 年 12 月,"齐侯匜"由苏州过云楼顾文彬曾孙顾公雄的夫人沈同樾率子女捐赠给上海博物馆,同时捐赠的还有过云楼所藏的一批著名书画作品。顾氏过云楼以收藏闻著于江南,其严格意义上的收藏始于顾文彬,历经顾文彬、顾廷烈、顾麟士及顾公雄、顾公硕兄弟祖孙四代人的不懈努力,在书画、碑帖、古籍、文玩的鉴赏和收藏上取得令世人惊叹的成就[2]。

　　顾文彬(1811—1889 年),字蔚如,号子山,晚号艮庵,道光二十一年(1841 年)进士,授刑部主事,升员外郎,出任湖北汉阳知府,擢武昌盐法道,授浙江宁绍道台。后厌倦官场,称疾辞官归里后,在同治、光绪年间,营造怡园。怡园中又建"过云楼"(图四),收藏古代金石书画。著有《过云楼日记》《宦游鸿雪》,晚年精选所藏书画 250 件,编纂《过云楼书画记》10 卷,著录了他一生搜集、赏析、研究的历代法书名画。吴云与顾文彬同庚,为四十年交谊的密友。从《过云楼日记》《过云楼书画记》《两罍轩尺牍》可知,二人关系极为密切,交流内容几乎无所不包,涉及政务、鉴藏、家事种种。尤其是在金石书画等鉴藏方面,二人嗜味相投,且顾文彬颇为看重吴云的建议与意见。但齐侯匜何时从两罍轩转到过云楼,目前在公开发表的资料中尚未发现确切的记载。顾文彬在同治十一年(1872 年)四月的家书中写到,其大孙女顾麟保即将嫁于吴云长孙[3],顾麟保为顾廷烈之女,顾公雄的姑母。这条记载或许是一个线索。

图四　过云楼

　　[1]　吴云:《两罍轩尺牍卷四·杜筱舫观察文澜》,《近代中国史料丛刊》(第二十七辑),台北文海出版社,1987 年。

　　[2]　参见李军:《烟云过眼自怡悦:过云楼顾氏四世及其收藏》,《烟云四合——清代苏州顾氏的收藏》,凤凰传媒股份有限公司译林出版社,2016 年,第 10—21 页。

　　[3]　顾文彬:《过云楼家书》,文汇出版社,2016 年,第 148 页。

三

通过观察器身残留的范线,可以获知有关齐侯匜铸型的基本信息。

第一,匜的外底四周留有明显的范线,范线呈长方形连接四足的内侧面(图五);第二,器身的横条沟纹在錾部不间断,有两条与横条沟纹垂直的范线痕迹,为活块范的范线,錾内的范土为活块范的残留(图六);第三,錾的龙角两侧有范线(图七),錾的龙尾与底部中线亦有范线痕迹(图八),龙角与龙尾、底部的范线走向是不同的,龙角应当是独立的小范装配,再嵌在龙身的范上整体成形;第四,足部有明显的气孔,当为浇注系统的浇口、冒口(图九)。

图五　齐侯匜外底范线

图七　錾龙角两侧范线

图六　齐侯匜錾部范线痕迹

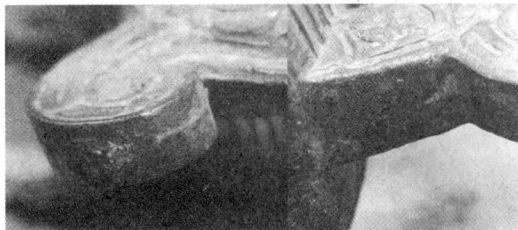

图八　錾龙尾与底部中线范线痕迹

图九　足部气孔

　　上述第二种情况为鋬与器身之间有活块范，这一现象说明鋬首与器身的连接方式应当为浑铸，浑铸是指器身与鋬一次性铸造成形。CT 图像表明，齐侯匜的鋬与器身的连接方式确为浑铸，观察 CT 图像，齐侯匜的鋬、器身之间，即青铜所显示的白色部分皆连为一体，两者之间没有缝隙，连接处器壁的厚度亦与其他部位大致相同(图一〇)。从受力的角度分析，鋬与器身浑铸强度要高于分铸。齐侯匜的器形硕大，自重达 6.42 千克，容积 3370 毫升，折合为液体至少有 3.3 千克以上，满装后的总重近 10 千克，采用浑铸能够确保鋬的牢固。上海博物馆另藏有一件西周晚期蔡侯匜(图一一)，其鋬和器身之间也是浑铸，CT 图像显示的鋬、器身的连接情况与齐侯匜基本相同(图一二)。从器身残留的范线观察，器身的重环纹在鋬部间断，鋬部没有纹饰，只有两条与之垂直的范线痕迹，亦为活块范的范线(图一三)。这个情况说明鋬、器身之间的活块范也有两种，一种有与器身相衔接的纹饰，一种则无纹饰。

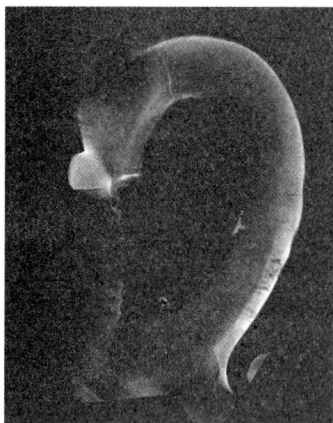

图一〇　齐侯匜鋬部CT图像

图一一　上海博物馆藏蔡侯匜

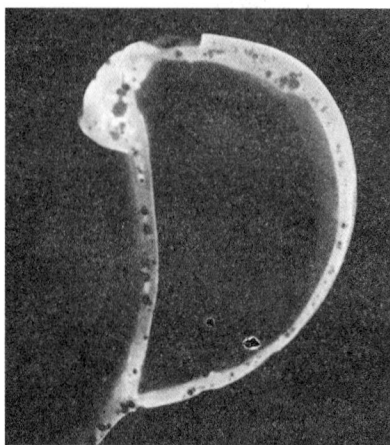

图一二　蔡侯匜鋬部CT图像

图一三　蔡侯匜鋬部范线痕迹

　　青铜匜鋬与器身的连接方式还有一种为分铸,即分两次将器物铸造成形。上海博物馆所藏的西周晚期函皇父匜(图一四),鋬与器身的连接采用的就是分铸成形,CT图像显示器鋬的两端皆连接于器身的凸榫(图一五),观察器与鋬的表面连接处,可以明显地发现鋬包含在器身内(图一六),这是先铸造鋬,将鋬嵌入器身的铸型中,再完成器身的铸造。《泉屋透赏——泉屋博古馆青铜器透射扫描解析》中所收的两件西周晚期青铜匜(108、109)[1],均采用分铸成形,CT图像表明,鋬的两端皆铸接于器身的凸榫,与函皇父匜的情况相同。

　　根据对齐国青铜器的分析研究,春秋早期及其之前,齐国青铜器与中原青铜器保持着较多的一致性,器物的类别、组合、形制、纹饰、铭文与中原铜器大多相同。从齐侯匜的情况来看,铸造方面亦当如是。

图一四　上海博物馆藏函皇父匜

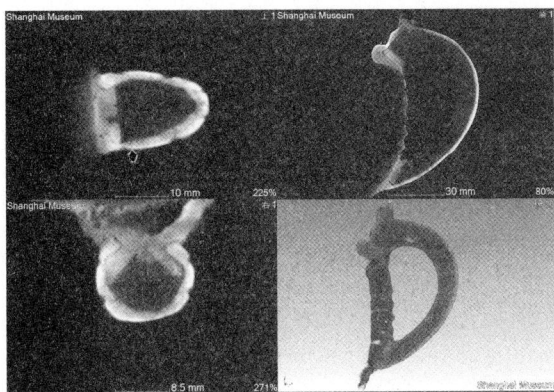

图一五　函皇父匜鋬部CT图像

图一六　函皇父匜鋬部

---

　　[1]　泉屋博古馆、九州国立博物馆:《泉屋透赏——泉屋博古馆青铜器透射扫描解析》,科学出版社,2015年,第322—325页。

附记:本文所用的 CT 图像,均为上海博物馆文物保护科技中心丁忠明副研究员拍摄,图像解析亦得到丁副研究员的帮助,特此致谢。

复丰壶探研

葛 亮

上海博物馆青铜器研究部

一、概　　述

上海博物馆于近年入藏春秋莲瓣盖波曲纹圆壶一对,据铭文可定名为"复丰壶"。

其中甲壶通高 63.7 厘米,重 15.8 千克;乙壶通高 63.6 厘米,重 15.5 千克。二壶上有镂空莲瓣状盖,盖为子口;壶身侈口方唇,长颈内束,鼓腹下垂;圈足,足沿下折。壶颈部各有一对兽首衔环耳(甲壶二环、乙壶右环系后配),兽首上另立"象鼻"状小兽首(甲壶左"象鼻"、乙壶二"象鼻"系后配;小兽首本有舌,现断缺)。壶盖上有莲瓣八片(经修补),内饰镂空交龙纹;盖顶面饰一周三角形几何纹,内饰交龙纹;盖外缘及壶颈下部各饰一道变形兽体纹(窃曲纹),壶颈上部及壶腹上、下部各饰一道波曲纹(山纹),均以云雷纹为底;圈足饰垂鳞纹。

二壶颈部各刻有铭文 137 字(含重文 3),记叙"齐大王孙复丰"受命率徒伐取并管理"诸割"一地,继而聘于鲁,得金作壶之事,是已知春秋时代刻铭金文中字数最多的一种。若就齐系壶铭而言,其字数则仅次于庚壶(《集成》9733)、洹子孟姜壶(《集成》9729、9730)而位列第三。

甲乙二壶铭文内容、行款全同,从字形及刻划形态看,两者或出于不同刻手,但应有共同的底本(或乙壶以甲壶为底本)。其中甲壶铭文相对规整,乙壶则较草率,笔画多有减省、脱讹之处,须对照甲壶方可读通。

1　　　　　　　　　　　　　　　　　　2

3　　　　　　　　　　4　　　　　　　　　　5

图一　复丰壶

1. 甲壶　2. 乙壶

3. 盖顶（乙壶）　4. 原有"象鼻"状兽首（甲壶右侧）　5. 原有衔环（乙壶左侧）

图二　甲壶铭文拓本
（缩放至 42%）

图三 乙壶铭文拓本
（缩放至 42%）

二、著　　录

　　吴镇烽先生编著之《商周青铜器铭文暨图像集成》[1]及《金文通鉴》电子资料库（2012 年以后版本）已收入此二壶，编为第 12447、12448 号，分别称"复封壶（复丰壶）甲""复封壶（复丰壶）乙"。其资料出处尚为"某收藏家"，所用器形照片拍摄时间相对较早，可见二壶尚未修补、去锈时的情形，即早于入藏上海博物馆时的面貌。

1　　　　　　　　　　　　　　　　2

图四　《铭图》复封壶（复丰壶）器形

1.《铭图》12447 器形（上博乙壶左侧）　2.《铭图》12448 器形（上博甲壶反面）

　　不过，《铭图》《通鉴》在编排中存在失误，其 12447 号"复封壶甲"的铭文拓本、铭文照片属于上博藏"甲壶"，形制描述、器形照片却属于"乙壶"；其 12448 号"复封壶乙"的铭文拓本属于上博藏"乙壶"，形制描述、器形照片却属于"甲壶"。如下所示：

―――――――――

[1] 吴镇烽：《商周青铜器铭文暨图像集成》（第 22 卷），上海古籍出版社，2012 年，第 412—422 页。以下简称《铭图》。

上博藏复丰壶	《铭图》《通鉴》情况	铭文形态
甲壶	形制描述、器形照片见 12448 铭文拓本、铭文照片见 12447	相对规整
乙壶	形制描述、器形照片见 12447 铭文拓本见 12448	相对草率

复丰壶铭文出于凿刻，字口细且浅，部分笔画不易拓出。《通鉴》所收拓本、照片尚属清晰，但印刷为《铭图》后，部分文字湮没不见，这给研究者释读铭文造成不少障碍。此外，壶铭字数为每器 137 字，含重文 3。《通鉴》误作 134 字，含重文 2；《铭图》误作 136 字，含重文 2。

三、年　　代

复丰壶的器形、纹饰、尺寸、铸造痕迹等，与山西隰县瓦窑坡墓地 M30 出土的一对铜壶（M30：14、M30：15）非常接近。两者仅在铜质盖顶面的有无、铺首及衔环纹饰、"象鼻"的弯曲角度上稍有差别。

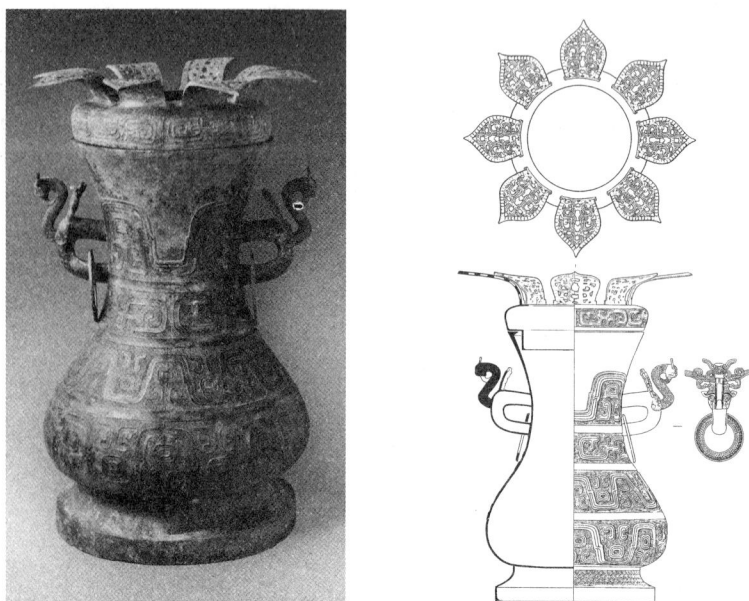

图五　瓦窑坡 M30：14 铜壶照片、线图（通高 60.2 厘米）

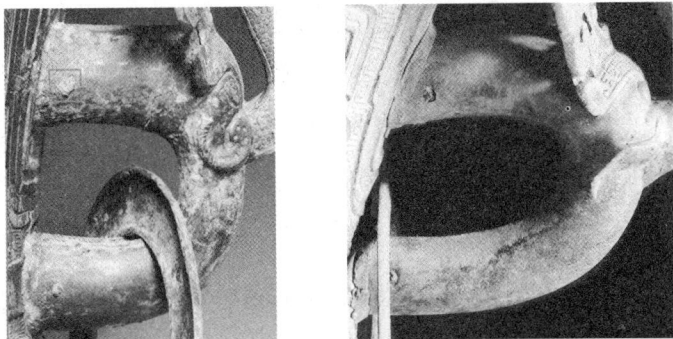

图六　铜壶耳部铸销痕迹
1. 瓦窑坡 M30∶14　2. 复丰壶乙

瓦窑坡墓地发掘者通过对出土器物的综合分析,认为 M30 的年代"大致相当于春秋中期,晚于春秋早期偏早阶段的中州路 M2415 而早于春秋中期偏晚的分水岭 M269 和 M270",其绝对年代"在西元前 600 年左右"[1]。

结合瓦窑坡 M30 的年代及春秋时代青铜壶的发展序列,我们可将复丰壶的铸造年代定为春秋中期(刻铭年代当与之相同或相近,详后)。在瓦窑坡铜壶发表之前,冯峰先生已正确地将复丰壶的年代标注为"春秋中"[2]。《铭图》《通鉴》定为春秋早期,则失之过早。

四、铭　文

复丰壶铭文可释写如下:

佳(唯)王三(四)月既(哉)生霸癸丑,齐大(太?)王孙逡(复)丰象(专?)嗣(司)右大徒,訟(毕/毖)龏(恭)娍(威—畏)謀(忌),不象(惰)殂(夙)夜,从其政事,徊₌(桓桓)乍(作)圣。

公命逡(复)丰衒(率)徒伐者(诸)剌(割—葛?),武又(有)工(功)。公是用大畜(富)之,圉(胃?—谓?)嗣(司)者(诸)剌(割—葛?)。易(赐)之幺(玄)

---

[1]　瓦窑坡出土铜壶情况蒙山西大学陈小三先生提示。相关图文均引自山西省考古研究所、山西大学历史文化学院、临汾市文物局等:《山西隰县瓦窑坡墓地的两座春秋时期墓葬》,《考古》2017 年第 5 期(M30∶15 的具体情况尚未发表)。

[2]　冯峰:《说醴壶》,《古代文明》(第 10 卷),上海古籍出版社,2016 年,第 252 页。

衣仪（黼）劃（纯），车马、衣裘，号（郊﹖）邑、土田，返其旧人。

公命遄（复）丰琒（聘）于鲁，不敌（敢）灋（废）公命，爰导（得）吉金。遄（复）丰及中（仲）子用乍（作）为宝壶，用高（享）用孝于其皇且（祖）、皇妣（妣）、皇万（考）、皇母，用崭（祈）釁（沬—弥）寿，屳（齿）岁难老，其万年无强（疆），子=（子子）孙=（孙孙）永保用高（享）。

其中标下划线者表示与《铭图》释文有别，以下择要说明，并附据原器所作摹本（均为原大）。

【餽（哉）生霸】

《铭图》等释首句月相名称为"既生霸"，所谓"既"字实作如下之形：

甲壶	乙壶	《铭图》释文	新订释文
		既	餽（哉）

此字从"食"从"丮"，当隶定为"餽"（"丮"下部有类化为"女"形的"横止"，不作隶定）。

战国以前，"既"字的结构十分稳定，均从"皀（簋）"从"旡"（"旡"亦声），未见改换构件之例。晚至战国楚文字中，才偶有改从"食"者，"旡"虽多讹与"次"同形，却从不与"丮"相混[1]。因此，春秋齐文字中的"餽"应非"既"字异体。

西周晚期以后 类化为从女之丮	战国楚文字 从食从"次"之既
多友鼎（"执"）	包山简205

---

[1] 参看李守奎、贾连翔、马楠：《包山楚墓文字全编》，上海古籍出版社，2012年，第197页。

在已知的古今文字中，"食"与"卂"的组合极其罕见，几乎只存在于"飢"字之中。董珊先生提示笔者，此处的"飷"可能是省"才"声的"飢"字，读为"哉"。这一观点应当是正确的，复丰壶铭文中的月相"飷生霸"，正相当于以往仅见于传世文献的"哉生魄"。

稍可补充的是，"飷"字的读音本应与"才""飢"近同，未必由"飢"省声而来，可径直读为"哉"。《说文》曰："飢，设饪也。从卂，从食，才声。读若载。"陈剑先生曾指出，甲骨文"飢"字既有从"皀"从"卂"会意的，又有从"皀"从"卂""才"声的。按照古文字构形的一般规律，包含两个以上意符，且意符相合可以看作会意字的形声字，其声旁大多是追加的。"飢"字应当就是在从"皀"从"卂"的会意字上加注声符"才"而成的（"皀"后来又改为"食"）[1]。

2003 年周公庙遗址所出甲骨文中有月相"飢（哉）死霸（魄）"，同样以"飢"表示"哉"（"卂"所从的"横止"偏左）[2]，正可与复丰壶之"飢（哉）生霸（魄）"相对照。

殷墟甲骨文飢	周公庙甲骨文飢	春秋中期金文飷
合集 32663	周公庙 2 号卜甲	复丰壶乙

见于《尚书》《逸周书》而不见于出土文献的月相名称，原有"哉生魄""朏""旁死魄"和"既旁生魄"。其中"旁死魄"已在晋侯苏钟铭文中出现（《铭图》15299，作"方死霸"），如今"哉生魄"又见于复丰壶铭文，这是金文月相的又一重要发现。20 年前，李学勤先生曾说："我们不能因哉生魄等未见，遽尔以为其不存在。它们或许只是在金文中习惯不用而已。"[3] 可谓远见卓识。

经由出土及传世文献互补，目前已知的、与"魄"相关的月相名称主要有如下三组：

---

[1] 陈剑：《释"皀"》，《出土文献与古文字研究》（第三辑），复旦大学出版社，2010 年，第 8—9 页。又参看李宗焜：《甲骨文字编》，中华书局，2012 年，第 1075—1076 页。

[2] 图像见周原考古队：《2003 年陕西岐山周公庙遗址调查报告》，《古代文明》（第 5 卷），文物出版社，2006 年，第 179 页，彩版十二、十四。参看李零：《读周原新获甲骨》，《古代文明》（第 5 卷），第 197—198 页；董珊：《试论周公庙龟甲卜辞及其相关问题》，《古代文明》（第 5 卷），第 244 页。

[3] 参看李学勤：《〈尚书〉与〈逸周书〉中的月相》，《中国文化研究》1998 年夏之卷（总第 20 期）。

月相	旁生魄	哉生魄	既生魄
传世	√	√	√
出土	（未见）	√仅见复丰壶	√
月相	旁死魄	哉死魄	既死魄
传世	√	（未见）	√
出土	√仅见晋侯苏钟	√仅见周公庙甲骨	√

"生魄""死魄"各由"旁"（将近），到"哉"（初始），到"既"（完结），其对应关系已较明确而整齐（《逸周书·世俘》尚有"既旁生魄"，未列入）。

【癸丑】

壶铭干支字"癸丑"作如下之形：

甲壶	乙壶	《铭图》释文	新订释文
		庚亥	癸丑

《铭图》释为"庚亥"，魏宜辉先生改释"癸亥"，均不确[1]。

【遀（复）丰】

作器者"复丰"之"丰"作如下之形：

甲壶	乙壶	《铭图》释文	新订释文
		丰（封）	丰

《铭图》隶定为"丰"，括注"封"。魏宜辉先生则认为此字"应当隶定作'圭'。'圭'字可以看作是'封'之省体"。

---

[1] 魏宜辉：《复封壶铭文补释》，《汉语史与汉藏语研究》（第一辑），中国社会科学出版社，2017年，第201—211页。本文引魏宜辉先生意见均见此文，以下不再出注。

《说文》"封"字下曰:"⟨字形⟩,古文封省。"壶铭之⟨字形⟩正与此"古文封"同形。不过,一般认为,古文字"丰"本就包含"土"形,如甲骨文、金文作⟨字形⟩⟨字形⟩者。那么,东周时期从"土"的⟨字形⟩仍可能是"丰"字。"封"是"丰"表示"封疆""分封"义的后起分化字,⟨字形⟩字用作"古文封",既可能是"封"字的减省,也可能是以"丰"表示"封"。至于人名⟨字形⟩,则未必应读为"封"。但也有学者认为,"丰"字本不含"土"形,下有"土"形者,实际都是"邦"或"封"的异构[1]。

值得注意的是,在已知的齐系文字中,表示"封"的字形一般是左右结构、独立出一"土"形(或重复叠加"土"形)的"⟨字形⟩",与《说文》"籀文封"同形,而与⟨字形⟩不同[2]。

鲁少司寇盘"封孙"	即墨之大刀"关封"	辅戠封人玺	《说文》籀文封
⟨字形⟩	⟨字形⟩	⟨字形⟩	⟨字形⟩

总之,人名"复⟨字形⟩"之"⟨字形⟩"未必表示"封"。稳妥起见,可称此壶作器者为"复丰"。

【豙(专?)翩(司)右大徒】

详后"不豙(惰)妖(夙)夜"句。

【諗(毕/毖)鼙(恭)妭(威—畏)諆(忌)】

壶铭"諗鼙威諆"即春秋时代的金文习语"毖恭畏忌"(或读为"毕恭畏忌"),《铭图》释为"识恭畏忌",则不成辞。二壶"諗"字构形小异,当以甲壶为正体:

甲壶	乙壶	《铭图》释文	新订释文
⟨字形⟩	⟨字形⟩	戠(识)	諗(毕/毖)

---

[1]　参看林沄:《豐豐再辨》,《古文字研究》(第三十二辑),中华书局,2018年,第14页。

[2]　参看孙刚:《齐文字编》,福建人民出版社,2010年,第345—346页;张振谦:《齐鲁文字编》,学苑出版社,2014年,第1635—1636页。二书"封"字下均收入《陶文图录》3.478之单字"丰",我们同样无法判断其表示的词是"丰"还是"封"。

甲壶之字应分析为从"言""柲"声，其右上部较"戈"少一横，为"柲"之初文[1]。乙壶之字所从"柲"形则讹作"弋"，这与《说文》混同"柲""弋"篆形的情况类似（《说文》小篆"弋"字作 ，与"必"字 中部的"柲"同形）。

吴镇烽先生先在《铭图》中将此字释为"戠（识）"，后改为"戠（识—毕）"[2]。但"戠""毕"古音远隔，并无通假的可能。孟蓬生先生亦释"戠"，而读为职部之"翼"[3]，但"翼恭畏忌"于辞例不合。魏宜辉先生已正确指出此字应读为"毖"，但将其声旁看作与"弋"混同的"必"，仍不准确。

由于"柲"字初文后世不传，壶铭之 可隶定为"詖"。后世字书另有"谧"字异体"詖"[4]，两者仅为同形关系。

以下二字《铭图》径释"龏""威"，均可稍作修正：

甲壶	乙壶	《铭图》释文	新订释文
		龏（恭）	鬶（恭）
		威（畏）	娀（威—畏）

"鬶"字右上部当有声旁"兄"（甲壶较明显，乙壶已错乱），"娀（威）"字从"戈"不从"戌"，均符合齐文字特征[5]。

---

[1] 参看裘锡圭：《释"柲"》，《裘锡圭学术文集·甲骨文卷》，复旦大学出版社，2012年，第51—71页。

[2] 吴镇烽：《晋公盘与晋公盎铭文对读》，复旦大学出土文献与古文字研究中心网站，2014年6月22日。

[3] 孟蓬生：《释清华简〈封许之命〉的"象"字——兼论"象"字的古韵归部》，复旦大学出土文献与古文字研究中心网站，2015年4月21日；《"象"字形音义再探》，《饶宗颐国学院院刊》（第四期），中华书局（香港）有限公司，2017年，第97页。前者括注"翼~禩"，后者只括注"翼"。

[4] 《正字通·言部》："詖，同谧，省。"

[5] 参看孙刚：《齐文字编》，福建人民出版社，2010年，第62、312页，张振谦：《齐鲁文字编》，学苑出版社，2014年，第338—341、1482—1483页。

【不彖(惰)夙(夙)夜】

"不彖"之"彖"作如下之形:

甲壶	乙壶	《铭图》释文	新订释文
		不彖(坠)	不彖(惰)

此字旧释"羕",不可信。新释有"彖""彖"等意见,今从陈剑先生说释"彖",将"不彖"读为"不惰"[1]。前文"复丰彖司右大徒"一句亦有"彖"字,作:

甲壶	乙壶	《铭图》释文	新订释文
		羕(遂)嗣(司)	彖(专?)嗣(司)

前后二"彖"字略有不同,就字形较可靠的甲壶而言,两者都是在"豕"的腹部加一圈(或一框),符合"彖"的字形特征(《铭图》均释"羕",也认为是一字)。字又有辞例"不彖夙夜"的限定,释"彖"当无问题。而"彖司"之辞前所未见,魏宜辉先生疑读为"专司",他认为:

> "专"亦有"主持、掌管"之义。《礼记·檀弓下》:"我丧也斯沾,尔专之,宾为宾焉,主为主焉。"郑玄注:"专,犹司也。"铭文中的"彖(专)"与"司"皆为"职司、掌管"之义,属于同义复语。

当然,"司"之也可能不是"彖",而是从"豕"的另一个字,其读法亦可再作考虑。

【彖司右大徒,毕恭畏忌,不彖(惰)夙夜,从其政事】

《铭图》将后十二字断作"毕恭畏忌不惰,夙夜从其政事",魏宜辉先生则断作"毕恭畏忌,不惰,夙夜从其政事",均不确。此句有韵,作"彖司右大徒(鱼部),毕恭畏忌

---

[1] 陈剑:《金文"彖"字考释》,《甲骨金文考释论集》,线装书局,2007年,第243—272页。释"彖"之说见前引孟蓬生先生文。

（之部），不惰夙夜（鱼部），从其政事（之部）"，可见"不惰夙夜"四字应连读。

与复丰壶同为春秋齐器的叔夷钟、叔夷镈有"汝小心畏忌，汝不象（惰）夙夜，宦执而政事"之辞（《集成》272、285）。旧释多在"不惰"下点断，而将"夙夜"属下读。现对照复丰壶铭文，可知"不惰夙夜"应连读。

类似语句又有师袁簋之"师袁虔不象（惰）夙夜，恤厥将事"（《集成》4313、4314），史墙盘之"孝友史墙，夙夜不象（惰）"（《集成》10175），师西簋（《集成》4288—4291）、师虎簋（《集成》4316）之"敬夙夜，勿废朕命"，逆钟（《集成》63）之"敬乃夙夜，用屏朕身，勿废朕命"等，其中的"不惰夙夜""夙夜不惰""敬（乃）夙夜"均应作一读。

【徊=（桓桓）乍（作）圣。公命遻（复）丰衒（率）徒伐者（诸）剌（割—葛?）】

甲乙二壶"徊"字左侧均有多道短斜笔，当表示"彳"旁，较金文习见之"趄"形略繁。甲壶之字"走"下另有"止"形，乙壶则无：

甲壶	乙壶	《铭图》释文	新订释文
		趄（桓）	徊=（桓桓）

二壶"徊"字右下各有重文号，《铭图》释文等均脱漏。金文"趄趄"，传世古书作"桓桓"，旧注多解作"威武貌"[1]。

《铭图》等将此句断作"桓作圣公命。复丰率徒伐诸剌"，除脱重文号外，"作圣公命"于文义亦不通。一则复丰不应称齐侯为"圣公"；二则复丰官司右大徒，他与"公命"的关系不应是"作"，而是接受、执行。

董珊先生指出，此句当在"圣"下点断，"公命"属下读；"作圣"不必破读，"桓桓作圣"是复丰说自己孔武的样子有名声。其说可从。将此句理解为"公"因复丰有孔武之名而派他外出征伐，前后文义十分顺畅。"公命复丰率徒伐诸剌"句，与下文"公命复丰聘于鲁"句各起一事，结构上也比较工整。

壶铭"衒（率）"字从"行"从"糸"：

---

[1] 前引孟蓬生先生文认为，秦公镈、清华五《封许之命》简3与复丰壶的"桓桓""都是指作器者自己而言"，不宜据传世文献解作"威武"。"《逸周书·谥法》：'克敬勤民曰桓。'用这个解释似乎较'威武'更为合适。"

甲壶	乙壶	《铭图》释文	新订释文	眚仲之孙簋率字
		谇（率）	衒（率）	

此形又见于春秋时期的眚仲之孙簋（《集成》4120）等，具有时代特征。《铭图》隶定为"谇"，则与"率"的早期字形混同。

地名"者（诸）剌"之"剌"，《铭图》未括注。此字当从郭永秉、邬可晶释为"割"，于此或读为"葛"[1]。后详。

【公是用大畜（畜）之，图（胃?—谓?）罰（司）者（诸）剌（割—葛?）】

此句《铭图》释作"公是用大畜（畜）之卤罰（司）者（诸）剌"，未点断。黄德宽先生在"卤"下点断，他认为：

> "公是用大畜之卤"，是说作器者复封征伐有功，公赏赐他以大量盐卤。"大畜之卤"中的"畜"训"养"，指以公所赐盐卤为畜养之资；"之"指受赏者，与"卤"为"畜"之双宾语。"司诸剌"，即命复封并主管征服之地"诸剌"，这也可能表明征服地"诸"乃近海产盐之地。[2]

我们同意黄先生"畜"训"养"、"之"指复丰的意见。以上说法的主要疑点，是公命复丰掌管"诸割"和赏赐"盐卤"之间缺乏直接的联系。关键问题，是"卤（鹵）"字的释读正确与否。

所谓"卤"字，二壶构形小异，仍当以甲壶为正体：

甲壶	乙壶	《铭图》释文	新订释文	对比典型"卤"字
		卤	图（胃—谓）	兔盘　　戎生钟

此字内部有四小点（乙壶之字省去左右两点，又将上下两点连成一竖），和不带小

---

[1] 郭永秉、邬可晶：《说"索""剌"》，《出土文献》（第三辑），中西书局，2012年，第99—118页。

[2] 转引自魏宜辉：《复封壶铭文补释》，《汉语史与汉藏语研究》（第一辑），中国社会科学出版社，2017年。

点的"囟（思）"字不同，不能读为"使"；此字上端不出头，和典型的"卤"字不同，如甲壶字形无误，也不能直接认定为"卤"。

单就甲壶字形🔶看，此字当是"囝"。"囝"本象胃中有食物残渣形，是"胃""屎"共同的表意初文。古文字"囝"与"卤"大体相似，区别就在于"卤"字上端笔画出头，而"囝"字不出头。

在东周文字中，独体的"囝"字基本未见，大部分已添加"肉"形作"䏝（胃）"，或从"艸"作"菌（屎）"，但其中的"囝"形确与复丰壶（甲壶）之字相合。

"胃"及从"胃"之字			从"菌（屎）"之字	"囝"形析出
鄦公鼎	鄦公簠	少虞剑	郭店·语丛三	鄦公鼎

董珊先生认为，壶铭"囝"字系"胃"之省，当读为"谓"，表示使令。其说可从。如此则全句应在"之"下点断，读为"公是用大畜之，谓司诸割"。"谓司诸割"即"公谓复丰司诸割"，前后主语相同，衔接顺畅，相比在此处插入"赏赐盐卤"一事，逻辑上也更合理。

不过，由于春秋时代"囝"字独用例过于罕见，我们也不能完全排除另一种可能：甲壶字形刻写不精，其上端不出头，只是偶然的失误，整体仍应视作"卤"形。那么，此字也可能不是"卤"，而是"酉"的省形。金文"酉"字省去下方一画而与"卤"同形之例，已见于矢令方彝（《集成》9901）等：

从"卤"之"酉"及省形	
矢令方彝盖	矢令方彝器

全句若读为"公是用大畜之，乃司诸割"，则"司诸割"的主语与"大畜"的宾语"之"均指复丰，同样顺畅可读。

【易（赐）之幺（玄）衣仪（黼）剸（纯），车马、衣裘】

"玄衣"之下二字作如下之形：

甲壶	乙壶	《铭图》释文	新订释文
（字形）	（字形）	攸（鋚）勒	仪（黼）劗（纯）

《铭图》释为"攸（鋚）勒"，不可信。一则其字形与"攸勒"明显不合；二则金文赏赐物中，"鋚勒"一般列于"銮旗"或车马之后，若排在"玄衣"和"车马"之间，则与赏赐的逻辑不合。

按照金文赏赐物通例，"玄衣"之后多是其修饰成分，最常见的是"黹（黼）屯（纯）"。结合字形看，本篇"玄衣"后二字也可能读为"黼纯"，其所用之字，则是罕见的"仪劗"。

仪		对比从"父"之字		对比同篇之"攴"
（字形）甲壶	（字形）乙壶	（字形）布	（字形）斧	（字形）甲壶"政"

"仪"字左下从"人"，右上部分与"父"形相近，而与同篇之"攴"（如"政"所从）不同，可见并非"攸"字。此字内部的空间关系也和其他从"父"之字类似，即"父"占据上部及一侧，其余部分占下侧一角。因此，从笔画、结构两方面看，此字均应释"仪"。

"仪"似是为表示男子美称的"父"或"甫"所造的字，此前已见于马王堆帛书《老子甲》，对应今本二十一章"众甫"之"甫"，《老子乙》则作"父"。此字又见上博（五）《竞建内之》，用作傅说之"傅"。壶铭之"仪"则应读为"黼纯"之"黼"。

"劗"字右侧从"刀"，左侧下部近于"火"，全形似不出"黑""熏"之类的范围。从其上部的"＋"形看，则更近于从"中"之"熏"。

劗		对比"熏"	
（字形）甲壶	（字形）乙壶	（字形）番生簋	（字形）三十三年逑鼎

"熏"当是"剸"字的声旁。"熏"是晓母文部字，"屯"是定母文部字，音近可通。《说文·木部》有"杶"字，或体作"櫄"，是其互用之例。由此可见，壶铭之"剸"可读为"黼纯"之"纯"。

金文中常见的"黹屯"究竟应读为"黹纯"还是"黼纯"，向来存在争议。复丰壶铭文中的"仪剸"若确读为"黼纯"，则是"黹屯"当读"黼纯"的明证。

【号（郊？）邑、土田】

"邑"上一字作如下之形：

甲壶	乙壶	对比同篇之"子"	对比"号"字初文
		 甲壶　　　乙壶	 老簋"灦"字及析出之"号"

《铭图》隶定为"㝛"。孙合肥先生释"子"，并引董珊、陈剑先生意见，将"子邑"读为"采邑"[1]。然而同篇另有"子"字及"孙""保"所从之"子"，均作两手上扬、足部向左外撇之形，与之明显有别。

对比"子"字，可知 字上部近乎"口"形，与后者呈三角形之头部不同。西周中期老簋（《铭图》5178）有"灦"字，张光裕先生指出，其左下部之 当为"号哭"之"号"的初形，"子"的头部作"口"，乃强调"子"之张口号叫。从"亏"之"号"则为讹变所致[2]。由此看来，壶铭 字亦当释"号"，且是目前已知独体"号"字中时代最早的一例。

金文中赏赐"某邑"者，已见宜侯夨簋之"宅邑"（《集成》4320）、矝簋之"令邑"（《铭图》5258）。复丰所得之"号邑"或可读为"郊邑"，"号""郊"均为牙喉音宵部字，音近可通。

---

[1] 孙合肥：《读〈商周青铜器铭文暨图像集成〉札记》，《出土文献》（第九辑），中西书局，2016年，第92—93页。

[2] 张光裕：《新见老簋铭文及其年代》，《考古与文物》2005年增刊《古文字论集》（三），第64—68页。参看张富海：《读新出西周金文偶识》，《古文字研究》（第二十七辑），中华书局，2008年，第233—234页；陈剑：《〈容成氏〉补释三则》，《出土文献与古文字研究》（第六辑），上海古籍出版社，2015年，第374—375页。

【不叞（敢）灋（废）公命】

壶铭"灋"字,《铭图》隶定为"贳"、释为"贷"、读为"怠",均误。金文中习见"勿灋（废）朕命""弗敢灋（废）乃命"之语,复丰壶之"不敢灋公命"亦当读为"不敢废公命"。谢明文先生将甲壶之字分析为从"贝""法"省声,认为可能是"费"字异体;将乙壶之字分析为从"矢""法"省声,认为可能是"废矢"之"废"的专字[1],均系《铭图》拓片不清导致的误解。今仔细观察原器后摹写如下:

甲壶	乙壶	《铭图》释文	新订释文	对比完整"灋"字
		贳（贷、怠）	灋（废）	师西簋

据此可知,壶铭"灋"字尽管刻写得相对草率,但与完整的字形相比,也只是省去了声符"去（盍）"下的"口"形而已。其左上"大"形仍在,左下斜笔表示"水"旁,右半为"鬲",全字仍应直接隶定为"灋"。

【爰导（得）吉金】

"爰"字,甲壶字形从"爪"从"又",中部又有一笔与"又"相叠:

甲壶	乙壶	《铭图》释文	新订释文
		爰（援）	爰

仅看字形,此字释"爰"或"孚"均有可能。从文义看,复丰聘于鲁,是因为不废公命而得到吉金（出自鲁侯或齐侯赏赐）,而不是从鲁国夺取、掠夺（"孚"）[2]吉金。因此壶铭之字只能释作"爰",表示承接关系,如同"于焉"。《铭图》释"爰"无误,括读为"援"则不确。

---

[1] 谢明文:《金文丛考》(一),《出土文献》(第五辑),中西书局,2014年,第42—43页。

[2] 关于"孚（捊）"与"掠",参看陈汉平:《金文编订补》,中国社会科学出版社,1993年,第448—450页。

甲壶	字形拆分	乙壶	《铭图》释文	新订释文
			睪（择）	旻（得）

　　"得"字，《铭图》误释"睪（择）"。魏宜辉先生已指出此字"当为'得'字的初文'旻'"。值得注意的是，甲壶字形上部从"贝"，下部较"又"多出一竖，似作"寸"形，全字可隶定为"尋"或"旻"。古文字从"又"之字大量变为从"寸"（实为"又"加饰笔，非尺寸之"寸"）的年代，主要是战国，若此"得"字确从"寸"，则是新见的春秋时代的例子。

　　【用籲（祈）麋（沫—弥）[1] 寿，齿（齿）岁难老】

　　"岁"前一字较难辨识，作如下之形：

甲壶	乙壶	《铭图》释文	新订释文
		韭（久）	齿（齿）

　　此字《铭图》释"韭"，读为"久"；魏宜辉先生释"亟"，读为"极"。二说均将其看作"岁"的修饰成分，表示"长久"，于文义较合，但字形上存在明显差距。释"韭"则此字不应有左右两侧的竖画，释"亟"更缺少"口""攴"等必要构件。实际上，"岁"前一字也可能表示"岁"的某个近义词，与"岁"同义复用。从字形、辞例两方面看，此字都应该是表示年龄的"齿"。

　　东周时期，六国文字"齿"仍有未添加"之"声的形体，整体上变得和"臼"形似。《说文》"古文齿""古文牙"所从之"齿"，以及传抄古文"齿"便多写作此类形体[2]：

---

　　[1]　参看沈培：《释甲骨文、金文与传世典籍中跟"眉寿"的"眉"相关的字词》，《出土文献与传世典籍的诠释——纪念谭朴森先生逝世两周年国际学术研讨会论文集》，上海古籍出版社，2010年，第19—46页。
　　[2]　参看徐在国：《传抄古文字编》，线装书局，2006年，第187页。

《说文》古文"齿""牙"	传抄古文"齿"

壶铭 [字形] 字本应与此类"古文齿"同形,只是中部弧形的数道弯折,因凿刻的关系变得平直、断开,笔画关系有所错乱。

传世古书中,同义复用的"齿岁"出现得较晚,如《汉语大词典》所引书证,最早已是《大唐西域记》的"有贵高明,无云齿岁"。与"齿岁"同构的"齿年"则已见于先秦古书,如《吕氏春秋·上农》有"齿年未长,不敢为园囿"。今据复丰壶铭文,可将"齿岁"初见的年代提前至春秋时期。

五、讨　论

疏通完铭文字词,其中尚有一些人物、地理问题需要讨论。讨论之前首先要明确复丰壶铭文刻写的年代。壶铭曰"公命复丰聘于鲁……爰得吉金。复丰及仲子用作为宝壶",可见复丰作壶(或加刻铭文)是在其聘于鲁、得吉金之后。因此,铭文的年代,可以认为与壶的铸造年代相去不远,即在春秋中期。

(一)"齐大王孙"的身份

周代的"王孙"本指周王之孙。在部分诸侯称王后,"王孙"也指已称王的诸侯之孙。如见于楚器的"王孙诰""楚王孙渔"等,见于吴器的"吴王孙无士"等[1]。

春秋时代,除了在周王室,未称王的诸侯国也多有王孙担任官职,如见于《论语·八佾》及《左传·定公八年》的卫大夫"王孙贾"等,这些王孙应当都是周王的后裔。其中,在齐国任职的王孙,有见于《左传·襄公二十三年》的"王孙挥",他曾在齐庄公伐卫的战争中担任先驱[2]。

在复丰壶铭文中,"王"均指周王,齐侯则称"公"。"齐大王孙"当分析为"齐｜大

[1] 参看吴镇烽:《金文人名汇编》(修订本),中华书局,2006年,第40—41、317页。

[2] 诸"王孙"的出处参看杨伯峻、徐提:《春秋左传词典》,中华书局,1985年,第160—161页。

王孙"，而非"齐大王｜孙"。《墨子·鲁问》有"子墨子见齐大王"事，其中的"齐大王"，学者多认为是田齐称王后，对其"太公"田和的追称[1]。壶铭"齐大王孙"与此"齐大王"无关。

此外，"王孙"成为氏名的年代，似应在战国以后。"齐大王孙"一语中以"大"修饰"王孙"，亦可见此"王孙"并非氏名，仍应指周王之孙。

总之，"齐大王孙复丰"的身份，当与"王孙挥"类似，属于来自周王室或其他姬姓国，而在姜姓齐国任职的周王之孙。不过，"大"当如何解释，是否应读为"太"，仍待讨论。

（二）"右大徒"的身份

复丰所司之徒称"右大徒"。"徒"上冠以大、小者，似属首见。齐器"齘镈"（《集成》271）有"余为大攻厄、大（太）事（史）、大 𣪘 、大（太）宰"一语，其中的"大 𣪘 "旧多释为"大途（徒）"。实则 𣪘 字从"杀"，当释"逐"，读为"遂"[2]，而与"大徒"无关。

"徒"上冠以左、右者，在已知的齐兵器中又有"左徒戈"（《集成》10971）[3]、"平阿左徒戟"[4]，其中的"徒"均指步兵。李学勤先生曾指出，"某地左／右"及"某地徒"类戈铭中的"左""右""徒"等，均指军队编制[5]。但是，由于有"某地左库／右库"铭文的存在，学者后来多倾向于"左／右"是"左库／右库"的省称[6]。

今见复丰壶铭文，从复丰"司右大徒"，并率"徒"伐取"诸割"之事看，指"军队编制"的"左""右""徒"应当是存在的。而兵器铭文中的"左／右"，似乎既可能是"左库／右库"的省称，也可能是指军队编制的"左／右"。其中究竟有何规律，尚待进一步研究。

此外，战国时代楚国有官名"左徒"，如屈原曾任楚怀王"左徒"，黄歇曾任楚考烈

---

[1] 参看王焕镳：《墨子集诂》，上海古籍出版社，2005年，第1129—1130页。

[2] 参看李家浩：《齐国文字中的"遂"》，《著名中年语言学家自选集·李家浩卷》，安徽教育出版社，2002年，第35—52页。

[3] 此戈1983年发现于山东省莒南县。参看蕴章、瑞吉：《山东莒南小窑发现"左徒戈"》，《文物》1985年第10期。

[4] 似未发表，释文见董珊：《战国题铭与工官制度》，北京大学博士学位论文，2002年，第196页第133号。

[5] 李学勤：《邻氏左戈小考》，《缀古集》，上海古籍出版社，1998年，第130—132页。

[6] 参看董珊：《战国题铭与工官制度》，北京大学博士学位论文，2002年，第194—199页。

王"左徒"。以往学者曾将其与"左徒戈"铭文错误牵合,彭春艳先生已辨明其非[1]。

(三)"诸剢(割)"的地望

复丰率徒伐取之地称"诸剢"。其中"剢"是"割"字初文,郭永秉、邬可晶先生已有详细论述[2]。

表示地名或族氏的"剢"多见于商代族氏金文及甲骨文。山东兖州李宫村曾于1973年出土"剢"氏铜器,李学勤先生等即据此认为"剢"地当在兖州附近[3]。《春秋·桓公十五年》有"邾人、牟人、葛人来朝"。清代学者已推测其中的"葛"在"今兖州之峄县,与邹接壤",或为"泰山旁小国"。而"葛""割"古音相同,且古文字"葛"多包含"索"形,似从"剢"的省形得声。因此,地名"剢(割)"很可能应读为"葛",在兖州一带[4]。

包含声符"索"之"葛"[5]			
上博四·采风曲目	三体石经·春秋	玺汇2263	上博三·周易

不过,兖州在鲁都曲阜附近,且位于曲阜西方,春秋时代的齐人恐怕不可能越过曲阜来伐取并管理此地。所以,此"割(葛)"当与复丰伐取之"诸割"无关。

关于"诸割"的地望,可以从复丰壶铭文中得出一些限定性条件:

一、复丰伐取"诸割",可见"诸割"当在齐国相对边远的地方。

二、齐侯在指派复丰管理"诸割"后,便命之"聘于鲁",可见"诸割"很可能位于齐鲁之间。

[1] 彭春艳:《左徒戈为徒戈考》,《考古》2011年第7期。

[2] 郭永秉、邬可晶:《说"索""剢"》,《出土文献》(第三辑),中西书局,2012年,第99—118页。

[3] 李学勤:《海外访古续记》,《四海寻珍》,清华大学出版社,1998年,第115页。

[4] 以上参看郭永秉、邬可晶:《说"索""剢"》,《出土文献》(第三辑),中西书局,2012年,第113—115页。

[5] 参看陈剑:《上博竹书"葛"字小考》,《中国文字研究》(第一辑),大象出版社,2007年,第68—70页。

既知壶铭"诸割"连言、其地在齐鲁之间、古文字"葛"多从"割"，那么综合以上三点，不得不使人联想到诸葛氏的起源。

一般认为，诸葛氏本为葛氏，因居于"诸"或出于"诸"（今山东诸城附近），而谓之"诸葛"。如《三国志·诸葛瑾传》裴松之注引《吴书》曰："其先葛氏，本琅邪诸县人，后徙阳都。阳都先有姓葛者，时人谓之诸葛，因以为氏。"[1]

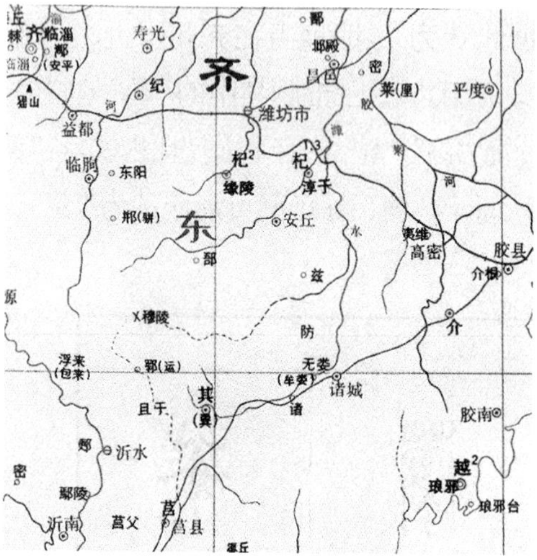

图七　春秋齐鲁地图局部

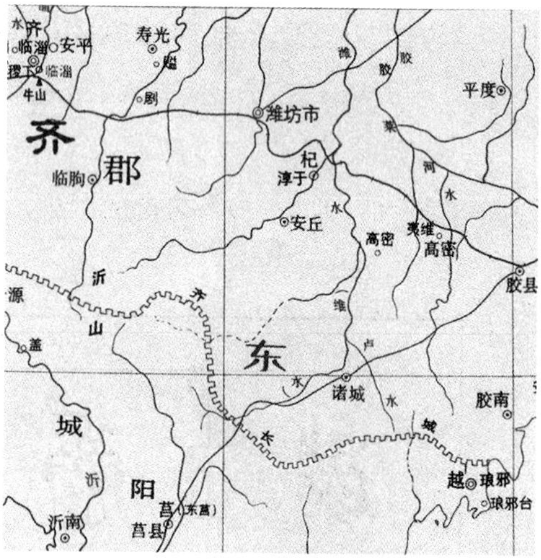

图八　战国齐鲁地图局部[2]

春秋时代，诸地恰在鲁、齐、莒之间。据《左传》记载，鲁庄公二十九年（前665年），鲁国"城诸及防"，此时"诸"及其北部的"防"为鲁邑。鲁文公十二年（前615年），鲁国的季文子再次"帅师城诸"，强调率领军队在诸地筑城，或许是因为鲁国刚刚夺回此地。而到了鲁昭公五年（前537年）"莒牟夷以牟娄及防、兹来奔"，可见此前已成为鲁邑的"防"及附近的"兹""牟娄"，又曾先属莒，再归于鲁。莒人把离鲁较远而距齐较近的三地献给鲁，似乎也说明这一带正是齐鲁势力交替之地。齐国取得诸地的确切年代尚不可考，但可以明确的是，到齐国在此修筑长城之时，诸地已包括在齐境之内了。

由此看来，齐鲁之间的"诸"与复丰壶铭文中的"诸割"，在名称、方位上都有共同之处，两者很可能有关。而结合古文字"葛"与"割"的密切关系及诸葛氏的起源看，

---

[1]　关于诸葛一姓的来源及旧说辨析，参看张崇琛：《诸葛氏之祖籍在诸县》，《寻根》1996年第3期。

[2]　截取自谭其骧主编：《中国历史地图集》（第1册），中国地图出版社，1982年，第26—27、39—40页。

"诸割"或许就应读为"诸葛"。"诸葛"氏的得名可能径由地名"诸葛"而来,而非指出于"诸"地的葛氏。

2012 年 1 月 5 日,复旦大学出土文献与古文字研究中心裘锡圭、刘钊、施谢捷、陈剑、周波等先生来上海博物馆参观时,曾对复丰壶铭文的释读提出不少意见,有的已写入本文(如"仪剸"读为"黼纯"、"号邑"读为"郊邑")。本文初稿又蒙周亚、陈剑、董珊等先生审阅指导,在此一并致谢!

2017 年 9 月 27 日初稿

2019 年 3 月 4 日改定

洹子孟姜壶新释

徐义华

中国社会科学院历史研究所

洹子孟姜壶又称齐侯壶，是重要的春秋时期齐国器，有多位学者进行过研究。有学者认为其记录的是齐侯女畾为陈桓子(或陈宣子)之妻，家有丧事，齐侯越制成服的事件；有学者认为其记录的是齐侯女畾为宋国南宫氏某位贵族之妻，丧失城邑，齐侯加以帮助的事件。有许多问题尚难说清，解释难以令人信服。

今校定洹子孟姜壶铭文如下：

齐侯女畾聿丧其斩。齐侯命大子乘 遷(驷)来句(敬)宗伯，听命于天子。曰："期则尔期，余不其使。汝受册，遄速(传)口御。尔其遵。"受(授)御。

齐侯拜嘉命。

(于)上天子用璧、备(佩)玉一司，于大无(巫)、司折、于大司命用璧、两壶八鼎，于南宫子用璧二、备(佩)玉二司、鼓钟一肆(肆)。

齐侯既遵。

"洹子孟姜丧，其人民、聚邑菫窭，无用从(纵)尔大乐。用铸尔羞铜，用御天子之事。洹子孟姜用乞嘉命，用祈眉寿，万年无疆。御尔事。"

本文认为此铭记录的事件是：

齐侯之女畾"丧其🔲"，齐侯派太子乘到京城见宗伯，听取周天子的意见。周天子下令说："按你定的日期，我不干涉。你授受典册，我赐给你驿传车马。你举行遵祭。"齐侯接受车马，拜谢天子的美命。齐侯用玉璧二、佩玉一司祭祀上天子，用璧一、两壶、八鼎祭祀大巫、司折、大司命，用璧二、佩玉二司、鼓钟一肆祭祀南宫子。齐侯完成了遵祭。齐侯对诸神的祷词说："洹子孟姜遇丧，她的人民和城邑贫穷，无法给您提供大规模的宴乐。今给您铸造饮食所用的铜器，用来执行天子的命令。洹子孟姜也用此器祈祷美好的命运,祈祷长寿,万年无疆。以执行您的命令。"

通读此铭文,值得注意的地方有二:

一是齐侯参与洹子孟姜丧的问题。

前称"齐侯之女",表明其为齐侯的女儿;后面称"洹子孟姜",表明她已经出嫁,为洹子之妻。故"洹子孟姜""丧其 ▨ ",应该是洹子家族的事,而齐侯却参与其中,显然需要更充足的理由。所以齐侯特意派太子到京城咨询专门管理祭祀事务的宗伯,并上报周天子,取得周天子"尔其遗"的命令后,才依王命致祭于上天子、大巫、司折、大司命和南宫子。这里齐侯通过周天子,将洹子孟姜的族事变成了国家事务,以齐国之君的身份致祭,而非以孟姜父亲的身份。

二是最后一段是祭祀中的祷词。

"洹子孟姜丧,其人民、聚邑堇寰,无用从(纵)尔大乐。用铸尔羞铜,用御天子之事。洹子孟姜用乞嘉命,用祈眉寿,万年无疆。御尔事。"应该是齐侯祭祀时对所祭神灵的祷词,而非洹子孟姜自己的话。这一点对于认识许多青铜器铭文的末尾部分很有作用,即相当部分的铭文末段,不是单纯表明器物的功能,而是向神的祈祷之词,是以作器者或器主的身份向神灵告白。

铜器铭文中经常直接引用盟誓或祈祷之词,在释读时加以关注和区别,有助于对铭文的理解。

从铭文内容看,此壶的铸造者应该是齐侯,但祭祀后应该是赠给了孟姜,所以称"洹子孟姜用乞嘉命,用祈眉寿,万年无疆"。

洹子孟姜壶铭文及其相关问题[*]

张俊成

曲阜师范大学历史文化学院

　　洹子孟姜壶又称齐侯壶,壶有一对,无盖,形制纹饰同,文字字形却互有差异,铭文二器多有脱衍,一件一百六十六字,一件一百四十二字^[1]。阮元、吴云旧藏,两件分别现藏中国国家博物馆和上海博物馆,《两周金文辞大系》图一八五、一八六,《中国青铜器全集》卷九、图版二十三,《集成》9729、9730 著录该器。

　　该壶铭文字体潦草,文句佶屈聱牙,释读存在很大困难。孙诒让、郭沫若、杨树达、白川静等先生都有考释,现就重要文句考释及相关问题略作陈述,为了讨论方便,现综合各家意见参以己见迻录铭文如下:

　　齐厌(侯)女嚚(雷)稀(聿)丧其斬(断),齐厌(侯)命太子乘遽来句(敬)宗伯,圣(听)命于天子,曰:昔(期)副(则)尔昔(期),余不其事(使)女(汝)受册^[2],遄速(传)淄(祇)御,尔其遵(跻)受御。齐厌(侯)攃(拜)嘉命,于二(上)天子用璧玉备(佩)一嗣(笥),于大无(巫)、嗣(司)折(誓)、于大嗣(司)命用璧、两壶、八鼎,于南宫子用璧二、备(佩)玉二嗣(笥)、鼓钟一肆(肆)。齐厌(侯)既遵(跻)洹子孟姜丧,其人民都邑董(谨)宴(宴)无(舞),用从(纵)尔大乐,用铸尔羞铜,用御天子之事。洹子孟姜用乞嘉命,用旗(祈)賡(眉)寿,万年无强(疆),用御尔事。

---

　　* 本文为国家社科基金一般项目"齐系金文整理与研究"(批准号:16BZS014)阶段性成果。

　　[1] 孙稚雏:《金文著录简目》,中华书局,1981年,第307页。
　　[2] 吴镇烽隶作"束",读作"刺",参见《商周青铜器铭文暨图像集成》(第22卷),上海古籍出版社,2012年,第423页。另《商周金文摹释总集》(五)亦释作"束",读作"刺",参见张桂光:《商周金文摹释总集》,中华书局,2010年,第1484页。

一、铭文补释

(一) 齐侯女䀉聿丧其斮

䀉为齐侯女名,即后文洹子孟姜。"斮",郭沫若释为"殻",假借为"舅"[1];李学勤先生认为"斮"字与《说文》"断"字古文同,战国文字作"斮","断"的意思是绝。古礼国君绝期以下,齐侯之女家的丧事,齐侯本应绝不成服,而自愿期服,这是超越礼制的行为,因此齐侯特命太子赶赴王都,通过管理礼制的大宗伯向周天子请示[2]。

(二) 于二天子用璧

"二天子",郭沫若先生释为"上天子",认为其意为"上帝"[3]。李学勤先生释为"二天子",并引包山楚简例证。1987 年出土的包山楚简,其卜筮祭祷部分所祀名有"二天子",与司命、司祸等同列,且以佩玉等为祀品,足与壶铭参照。宋华强[4]、杨华[5]、代生[6]等学者皆主此说。"二天子"之神,在楚简中常见,如包山简 213、215、219、237、243,也见于天星观、新蔡简中。在新蔡简中有向二天子各贡献佩玉的记录,如"归佩玉于二天子,各二……"(《新蔡葛陵楚墓》[7]甲三 81、182 - 1),"归佩玉于二天子,各二璧"(甲一 4)。孙刚先生认为旧释为"上"无疑是正确的[8]。笔者认为释为"上天子"是可取的,铭文中数词"二"皆写作几乎等长的两横,而"▬""▬"很明显上下并不等长,在写法上与"二"判然有别,所以释为"二"并不可信。"上天子"体现了齐人的上帝崇拜,下文详论。

(三) 于大无司折

大无,郭沫若先生认为:"大无司誓,无当是巫,与《诅楚文》之'大神巫咸'殆是一

　　[1] 郭沫若:《洹子孟姜壶》,《两周金文辞大系》,《郭沫若全集·考古编》(第八卷),科学出版社,2002 年,第 451—452 页。本铭考释所引郭说,皆出此文,不一一标出。

　　[2] 李学勤:《齐侯壶的年代与史事》,《中华文史论丛》2006 年第 2 期,第 4 页。本铭考释所引李说,皆出此文,不一一标出。

　　[3] 郭沫若:《齐侯壶释文》,《郭沫若全集·考古编》(第四卷),科学出版社,2002 年,第 160—169 页。

　　[4] 宋华强:《楚简神灵名三释》,简帛网,2006 年 12 月 17 日。

　　[5] 杨华:《楚简中的诸"司"及其经学意义》,《中国文化研究》2006 年第 1 期,第 20—31 页。

　　[6] 代生:《齐侯壶新研》,《考古与文物》2012 年第 2 期。

　　[7] 河南省文物考古研究所:《新蔡葛陵楚墓》,大象出版社,2003 年。

　　[8] 孙刚:《东周齐系题铭研究》,吉林大学博士学位论文,2012 年,第 364 页。

事。"宋华强先生对郭说提出异议，指出："天星观简神灵本有'巫'，所以'宫襦'之'襦'不大可能也是'巫'，如此'大无'之'无'也不会是'巫'。我们怀疑'宫襦'之'襦'与'大无'之'无'皆当读为'禖'。"并进一步解释："'禖'是主司生育之神，古人为求子而祭祷之。"[1]暂从其说。

司折，"司折"旧释"司誓"，有学者将其释为"司慎"[2]，"司慎"见于典籍和出土楚简，《左传·襄公十一年》，诸侯共盟于亳，其载书谓："……或间兹命，司慎、司盟，名山、名川，群神、群祀，先王、先公，七姓十二国之祖，明神殛之，俾失其民，坠命亡氏，踣其国家。"杜注："二司，天神。"疏谓："盟告诸神，而先称二司，知其是天神也。……司盟非一神也，其司慎，亦不知指斥何神。但在山川之上，知其是天神耳。"《仪礼·觐礼》贾疏："司慎司不敬者，司盟司察盟者，是为天之司盟也。"《新蔡简》："……[司]慎、公北、司命、司祸……"（《新蔡简》零266），司慎与公北、司命、司祸同受祭祀。晏昌贵先生则认为"折""慎"通假比较困难，认为"折"应读如本字，"折"一般当"早夭"或死亡讲，司折或即《楚辞》少司命[3]。张政烺先生也倾向"折"读如本字，并指出司折主死[4]。笔者认为当以张说为是，"折"当读如本字，"司折"当为"主死"之神，铭文下文还言及"大司命"当为"司生"之神。

（四）齐侯既遭洹子孟姜丧，其人民都邑堇窒

"遭"读为济，《尔雅·释言》："济，成也。"《国语·吴语》："焉可以济事。"韦注："济，成也。""窒"字郭沫若先生释为"宴"；马承源先生释为"窒"，读为"忧"[5]；吴振武先生释作"窭"[6]；陈汉平先生亦释作"窭"，"《说文》'窭，无礼居也'"，"窭当读本字，义为居"[7]；李学勤释为"要"字，即"约"意。李说为是，上古音"要"字为影纽宵部，"宴"字为影纽元部，古韵有宵部、元部之别。

[1] 宋华强：《楚简神灵名三释》，简帛网，2006年12月17日。

[2] 杨华：《楚简中的诸"司"及其经学意义》，《中国文化研究》2006年第1期。

[3] 晏昌贵：《楚卜筮简所见神灵杂考（五则）》，《简帛》（第一辑），上海古籍出版社，2006年，第236—237页。

[4] 张政烺著，朱凤瀚等整理：《张政烺批注两周金文辞大系考释》，中华书局，2011年，第143页。

[5] 马承源：《商周青铜器铭文选》（四），文物出版社，1990年，第550页。

[6] 吴振武：《〈古玺文编〉校订》，人民美术出版社，2011年，第36页。

[7] 陈汉平：《屠龙绝绪》，黑龙江教育出版社，1989年，第212页。

（五）用铸尔羞铜

"羞铜"，周法高先生释为"进献之铜器"[1]，"羞"见于甲骨卜辞，"羞"的甲骨文字形是"𦥑"，从手从羊，本义是进献牺牲[2]。郭沫若先生认为："羞铜者，即《书·顾命》中上宗奉同瑁之同。《白虎通·爵篇》引作铜。……今此器为壶而释之以'铜'，用知古者壶有铜名，省之则为同。酒器之钟，盛算之中，均是一音之转变。《顾命》之同，实当是壶。盖即盛算之中，有简册盛于其内。"[3]郭沫若先生认为《书·顾命》中的"同"即是壶。自汉代以降，历代学者对《书·顾命》中"上宗奉同瑁"的解释聚讼纷纭，孙星衍《尚书今古文注疏》即列举了汉宋儒的不同解释，刘起釪先生对此也有详细论述[4]。大致说来可以概括为两种意见，一说是同、瑁为一物，另一说同、瑁为二物。近来发现的一件青铜器为我们解决这一问题提供了绝佳证据。2009 年吴镇烽先生著文介绍了一件西安发现的名为"内史亳丰同"的铜器，并对该器铭文及相关问题进行了详尽的考释[5]。王占奎先生也对该铭文进行了研究[6]。该器铭文为："成王赐内史亳丰祼，弗敢虖(?)，作祼同。"学者对该器作器者的名字看法不同，吴镇烽先生认为是"内史亳丰"，王占奎先生认为是"内史亳"，笔者认为作器者的名字当是"内史亳丰"，吴说为是。王占奎先生把"丰"读为"醴"，当是醴酒，即比较粗糙的酒。其实该铭文中的赐"祼"即已包含赐酒之意。《书·洛诰》："王入太室祼。"孔颖达疏："王以圭瓒酌郁鬯之酒以献尸，尸受祭而灌于地，因奠不饮，谓之祼。"《周礼·春官·典瑞》："祼圭有瓒，以肆先王，以祼宾客。"郑玄注："爵行曰祼。"贾公彦疏："此《周礼》祼皆据祭而言，至于生人饮酒亦曰祼。"可见此祼即包含了赐酒，因此此"丰"字应上读，"亳丰"为作器者之名。该器最后一字"同"为该器之名，吴镇烽先生认为："'作祼同'一句为动宾结构，'同'是名词，必然是一种器物，从其上的修饰词'祼'可知它是一种用以祼祭的酒器。……本铭的'同'是祭祀时盛香酒及酌祼的一种酒器，所以就称为祼同。"[7]该器自名为"同"，而该器器型为我们考古学界通称的"觚"，因此我们所称为"觚"的器

[1] 周法高：《金文诂林》，香港中文大学，1975 年，第 1984 页。

[2] 徐中舒：《甲骨文字典》，巴蜀书社，2003 年，第 1584—1585 页。

[3] 郭沫若：《两周金文辞大系图录考释》，科学出版社，1957 年，第 78 页。

[4] 顾颉刚、刘起釪：《尚书校释译论》，中华书局，2005 年，第 1089—1818 页。

[5] 吴镇烽：《内史亳丰同的初步研究》，《考古与文物》2010 年第 2 期。

[6] 王占奎：《读金随札——内史亳同》，《考古与文物》2010 年第 2 期。

[7] 吴镇烽：《内史亳丰同的初步研究》，《考古与文物》2010 年第 2 期。

物可能实则称"同"[1]。故而,《书·顾命》中的"同瑁"实为两器,"同"是酒器,"瑁"为天子用以合诸侯所执的瑞玉,亦非郭沫若先生所指的"壶"。

二、年 代 问 题

关于该器的年代清末孙诒让作出过考证,孙氏认为铭文中的晶为陈桓子妻,即铭文中的孟姜,该器是陈桓子为孟姜丧终时作,《左传》《史记》中陈桓子是齐庄公、齐景公时人,据此把齐侯壶的年代定在了春秋晚期。郭沫若、杨树达、白川静等先生均持此说[2]。但该铭中洹子是否就是指陈桓子,似还无法确定。"洹",张政烺先生指出:"此字或与谥有关。《汗简》🗻释宣。齐亦有高宣子。"[3]近来也有学者指出:"洹子"的"洹"字,从孙诒让开始就一律不假思索地释为"桓",一直没有人提出异议,大概是认为洹、桓二字皆从亘,并且同音假借。金文中"桓"字多作"趄","陈桓子"在《陈逆簠》即作"陈趄子",符合普遍用字规则,也证明《洹子孟姜壶》中的"洹子"肯定不能释为"桓子"。清华简《系年》的出现,更加印证了这个看法。《系年》第一章中周宣王的"宣王"写作"洹王",而其他释为"桓"字者均作"趄"[4]。可见从"洹子"称谓上判定此器年代尚存在很大的不足,必须另谋他途。

近来,李学勤先生提出新说,认为将齐侯壶的年代列于春秋晚期其实是不妥当的,有必要大大提早,李学勤先生的观点是基于对齐侯壶器形进行分析的基础之上的。齐侯壶器形为圆壶,长颈,腹最大径偏下,低圈足;双耳上饰扁角龙首,垂环饰重环纹,颈饰波带纹,颈下有窃曲纹,腹饰两重波带纹,足饰顾首夔纹。此类形制纹饰的壶,王世民等先生《西周青铜器分期断代研究》列为壶Ⅱ型2式a,这种器形纹饰的壶多流行于西周中期后段至晚期后段。但齐侯壶耳上的龙首构形偏晚,铭文字形如"年"字从"土"等也更晚些,应比西周晚期再迟一段,怎样也不会在春秋早期之后[5]。

[1] "同"用为"器物"之名在铭文中仅此一例,"同"是否就一定为我们所习称的"觚"尚需更多的证据。

[2] [日]白川静:《金文通释》(卷四),白鹤美术馆,1978年,第388—403页。

[3] 张政烺著,朱凤瀚等整理:《张政烺批注两周金文辞大系考释》,中华书局,2011年。

[4] 陶金:《由清华简〈系年〉谈洹子孟姜壶相关问题》,复旦大学出土文献与古文字研究中心网站,2012年2月14日。

[5] 李学勤:《齐侯壶的年代与史事》,《中华文史论丛》2006年第2期,第2页。

《中国青铜器全集》也指出该器器形、纹饰和铭文字体"均保留春秋早期的风格"[1]。

李学勤先生对于该壶年代的推定主要是根据该器器形、纹饰等考古学上的方法，而考订青铜器年代的因素是多方面的，包括器形、纹饰、铭文等，但是它们所处的地位和作用是不同的。对此彭裕商先生曾有论述："考定青铜器年代的方法应包括两个方面，即考古学方面和铭文方面。但由于铭文所能提供的年代依据有限，并且还有很多铜器是没有铭文的，所以这里最有用的是考古学的方法，它能推断多数铜器的大致年代。但铜器铭文也有不可替代的重要作用，有少数铭文能提供非常准确的年代依据，由此可以确定一些年代准确的'标准器'，二者兼用，相互补充，才能取得最好的效果。"[2]因此，在推定青铜器年代上考古学的方法是最常用，也是最重要的手段。

笔者认为把齐侯壶的年代提前至春秋早期是可取的，其所饰波曲纹盛行于西周中晚期到春秋早期，田齐时代的青铜器中曾出现过仿古的纹饰倾向，因此在春秋晚期至战国早期的铜器上还使用较早纹样的波曲纹，如陈侯午簋、禾簋以及1957年河南孟津出土的齐侯盂[3]。战国中期以后波曲纹完全消失。齐侯壶的形制在彭裕商先生器形分类系统中属于壶 Ab 亚型 II 式，彭先生把其流行年代定在了厉王、宣王时代，因此从类型学的角度讲该壶不会晚至春秋晚期，再结合该器文字风格，笔者认为把该器定在春秋早期是合适的。

三、洹子孟姜壶所见上帝神祇

"国之大事，在祀与戎"（《左传·成公十三年》），据《史记·封禅书》记载，齐地有"八神之祠"：

> 于是始皇遂东游海上，行礼祠名山大川及八神，求仙人羡门之属。八神将自古而有之，或曰太公以来作之。齐所以为齐，以天齐也。其祀绝莫知起时。八神：一曰天主，祠天齐。天齐渊水，居临菑南郊山下者。二曰地主，祠泰山梁父。盖天好阴，祠之必于高山之下，小山之上，命曰"畤"；地贵阳，祭之必于泽中圆丘云。三曰兵主，祠蚩尤。蚩尤在东平陆监乡，齐之西境也。四曰阴主，祠三山。

---

[1] 中国青铜器全集编辑委员会：《中国青铜器全集》（第9卷），文物出版社，1997年，图版说明第8页。

[2] 彭裕商：《西周青铜器年代综合研究》，巴蜀书社，2003年，第14页。

[3] 张剑：《齐侯鉴铭文的新发现》，《文物》1977年第3期。

五日阳主,祠之罘。六日月主,祠之莱山。皆在齐北,并勃海。七日日主,祠成
山。成山斗入海,最居齐东北隅,以迎日出云。八日四时主,祠琅邪。琅邪在齐
东方,盖岁之所始。皆各用一牢具祠,而巫祝所损益,珪币杂异焉。

《晏子春秋·内篇谏上第一》记载:"景公疥且疟,期年不已。召会谴、梁丘据、晏
子而问焉,曰:'寡人之病病矣,使史固与祝佗巡山川宗庙,牺牲圭璧,莫不备具。'"由
此可见齐国当时将山川宗庙等都纳入祭祀对象。

"洹子孟姜壶"铭文中祭祀对象和所用祭品数量如下:

(1) 上天子:用璧、玉备一嗣

(2) 大无、嗣(司)折(誓)、大嗣(司)命:用璧、两壶、八鼎

(3) 南宫子:用璧二、备玉二嗣、鼓钟一鍱(肆)

关于"上天子""大无""嗣(司)折(誓)""大嗣(司)命""南宫子"的性质,郭沫若先
生在《两周金文辞大系图录考释·洹子孟姜壶》中指出:"上天子、大无、司誓、大司命、
南宫子均系神名。"

前已论及,"上天子"当为上帝,《晏子春秋·内篇谏上第一》"景公病久不愈欲诛
祝史以谢晏子谏第十二"章:

> 景公疥且疟,期年不已。召会谴、梁丘据、晏子而问焉,曰:"寡人之病病矣,
> 使史固与祝佗巡山川宗庙,牺牲圭璧,莫不备具,数其常多先君桓公,桓公一则寡
> 人再。病不已,滋甚,予欲杀二子者以说于上帝,其可乎?"会谴、梁丘据曰:"可。"
> 晏子不对。公曰:"晏子何如?"晏子曰:"君以祝为有益乎?"公曰:"然。""若以为
> 有益,则诅亦有损也。君疏辅而远拂,忠臣拥塞,谏言不出。臣闻之,近臣嘿,远
> 臣瘖,众口铄金。今自聊摄以东,姑尤以西者,此其人民众矣,百姓之咎怨诽谤,
> 诅君于上帝者多矣。一国诅,两人祝,虽善祝者不能胜也。且夫祝直言情,则谤
> 吾君也;隐匿过,则欺上帝也。上帝神,则不可欺;上帝不神,祝亦无益。愿君察
> 之也。不然,刑无罪,夏商所以灭也。"

此外,《管子·幼官图》也称:"六会诸侯,令曰:以尔壤生物共玄官,请四辅,将以
祀上帝。"所以无论从传世文献还是出土文献来看,"上帝"都应是齐国祭祀的重要
对象。

贾子叔子犀盘铭文考释

张志鹏

河南师范大学历史文化学院

《中原文物》2015年第1期所刊王宏、权敏《贾国青铜器及其重要价值探研》(以下简称王文)一文,对贾国有铭铜器及其所涉及的贾国历史问题进行了很好的研究。值得注意的是,该文还对贾子叔子犀盘的有关问题发表了看法,认为盘铭中的"贾子"是器主名,"叔子犀"为"贾子"的字,"孟姜"之"姜"为私名;器主当是曾以晋国贾邑为采邑的贾季狐射姑的后代,而非贾国始封君唐叔虞少子公明的后裔。对此,笔者有完全不同的看法。

其实,无论是以贾国为氏的姬姓贾氏,还是以晋国贾邑为氏的姬姓贾氏,贾子叔子犀均与之无关。贾子叔子犀盘应是姜姓齐国某位以商贾为业的姜姓贵族为其女儿孟姜所作的媵器。"子叔子犀"即叔犀,"贾"是"商贾"之贾,贾子叔子犀是一位名字为叔犀的商贾,很可能来自姜姓齐国公室。贾子叔子犀盘对我们了解姜姓齐国的商业具有重要意义。下面进行具体探讨,若有不当之处,敬请斧正。

一、贾子叔子犀盘为姜姓齐国器物

贾子叔子犀盘[1],现藏山东省诸城市博物馆,1981年10月山东省诸城市石桥子镇都吉台出土,同出还有一鼎,其具体情况不明。该盘直口窄沿,浅腹,底部近平,盘壁有一对环钮,通体光素。盘内底铸有铭文,尽管残泐,但仍可隶释,共三十一字,其

---

[1] 山东省博物馆:《山东金文集成》(下册),齐鲁书社,2007年,第674—675页;陈青荣、赵缊:《海岱古族古国吉金文集》(第一册),齐鲁书社,2011年,第126页;吴镇烽:《商周青铜器铭文暨图像集成》(第25卷),上海古籍出版社,2012年,第543—544页。

中重文二，一字因模糊无法识别，铭文释文为：

　　　　贾子叔子犀为子孟姜媵盥盘，其万年眉寿，室家是保，施施熙熙，妻□寿老无期。

　　盘铭中的"万年眉寿""施施熙熙""寿老无期"诸语为齐文化圈内青铜媵器铭文中常见祝福语。与之相近的此类祝福语，目前所知，还见于以下几件媵器铭文中：

　　（1）齐侯鼎（春秋晚期，《山东成》[1]212）：齐侯作媵寛圃孟姜善鼎，用祈眉寿万年无疆，施施熙熙，男女无期，子子孙孙永保用之。

　　（2）齐侯敦（春秋晚期，《山东成》427）：齐侯作媵寛圃孟姜善敦，用祈眉寿万年无疆，施施熙熙，男女无期，子子孙孙永保用之。

　　（3）齐侯盘（春秋晚期，《山东成》669）：齐侯作媵寛圃孟姜善盘，用祈眉寿万年无疆，施施熙熙，男女无期，子子孙孙永保用之。

　　（4）齐侯匜（春秋晚期，《山东成》706）：齐侯作媵寛圃孟姜善盂，用祈眉寿万年无疆，施施熙熙，男女无期，子子孙孙永保用之。

　　（5）庆叔匜（春秋晚期，《集成》[2]10280）：庆叔作媵子孟姜盥匜，其眉寿万年，永保其身，施施熙熙，男女无期，子子孙孙永保用之。

　　（6）鲍子鼎[3]（春秋晚期）：鲍子作媵仲匋姒，其获皇男子，勿或阑已，施施熙熙，男女无期，仲匋姒及子思，其寿君毋死，保而兄弟，子孙孙永保用。

　　（7）冥公壶（春秋早期，《集成》09704）：冥公作为子叔姜媵盥壶，眉寿万年，永保其身，施施熙熙，受福无期，子孙永保用之。

　　上列前四器即河北易县出土的所谓"齐侯四器"，是春秋晚期姜姓齐侯为其女儿或姊妹寛圃孟姜所作媵器；（5）庆叔匜是春秋晚期齐国世家大族姜姓庆叔为其女儿孟姜所作媵器；（6）鲍子鼎是春秋晚期齐国世家大族姒姓鲍氏鲍子为其女儿或姊妹仲匋姒所作媵器；（7）冥公壶是春秋早期齐国近邻姜姓冥国国君为其女儿叔姜所作媵器。依此类推，贾子叔子犀盘也应是一件齐文化圈内的媵器。器主贾子叔子犀为其女儿孟姜作媵器，其应是姜姓。

　　从字形来看，该盘铭文瘦长工整，竖笔多长垂而迂曲，与上提"齐侯四器"、庆叔匜、鲍子鼎，以及齐侯盂（《集成》10318）、鳅镈（《集成》00271）等齐国春秋晚期诸器一

_____

　　[1]　山东省博物馆：《山东金文集成》（下册），齐鲁书社，2007年。简称《山东成》，以下同。
　　[2]　中国社会科学院考古研究所：《殷周金文集成》（修订增补本），中华书局，2007年。简称《集成》，以下同。
　　[3]　吴镇烽：《鲍子鼎铭文考释》，《中国历史文物》2009年第2期。

样,呈现显著的齐文化特征。

综合贾子叔子犀盘出土于齐地,铭文内容、字形特征与多件春秋晚期姜姓齐国公室及世族重器一致,以及制盘者"贾子叔子犀"为姜姓来看,该盘应为姜姓齐国器物[1],且器主很可能来自姜齐公室。

二、贾子叔子犀之"贾"为商贾之贾

贾子叔子犀盘的制作者为"贾子叔子犀",而"子某子"之称习见于齐国各类文献之中,如子禾子左戟(《集成》11130)与子禾子釜(《集成》10374)铭文中之"子禾子"、子惻子戈(《集成》10958)铭文中之"子惻子"[2],玺印"子栗子信玺"中之"子栗子"[3]、"子夽子节"中之"子夽子"[4]等。孙敬明先生认为,以"子某子"称名是齐国的独特方式[5]。而杨琳先生则认为"子某子"之称为"子某"和"某子"两种称呼方式的叠加,用以表现称呼者更为尊敬的心情[6]。但无论如何,可以确定的是,齐器贾子叔子犀盘铭中的"子叔子"之称应与以上所列齐国各类文献中的"子某子"诸例同类。"子某子"之称中的"某"可为"氏"称,如传世文献中的"子墨子""子沈子""子列子"等;可为"私名",如上提"子禾子""子惻子"诸例。就贾子叔子犀盘铭文中的"子叔子"之"叔"而言,其应为"排行",而"犀"为名,"子叔子犀"其实就是叔犀。这种称呼上的文化特征,显然也可以作为贾子叔子犀盘为齐国器物的佐证。

至于"贾子叔子犀"之"贾"字,应是"商贾"之义,用来表明"子叔子犀"即"叔犀"所从事的职业与身份。关于金文中所谓"贾"字的考释,有众多学者参与,经历了一个持久、激烈的争论过程,至今也未能取得令人完全信服的定论。尽管学者间存在分歧,但较一致的看法是,该字与后来的"贾"字相对应,除了作国氏名之外,还可以解释为

---

[1] 孙敬明先生曾提及:"都吉台出土的青铜器中,有一件春秋时期的铜盘,内底铸铭文28字,其是姜姓贵族媵女之器,从相关人名称谓及姓名推考,其应为某国贵族所铸器。"孙先生所言之盘应该就是贾子叔子犀盘。参见氏著:《诸史揆度》,《文博研究》(第二辑),文物出版社,2002年。

[2] 孙敬明先生认为应为子阳子,即齐景公之子公子阳生,后来的齐悼公。参见孙敬明、王桂香、韩金城:《山东潍坊新出铜戈铭文考释及有关问题》,《江汉考古》1986年第3期。

[3] 倪文东:《名印赏析》(一),《书法》2015年第1期。

[4] 石志廉:《馆藏战国七玺考》,《中国历史博物馆馆刊》1979年第1期。

[5] 孙敬明:《齐都陶文丛考》,《考古发现与齐史类征》,齐鲁书社,2006年,第69—85页;孙敬明、王桂香、韩金城:《山东潍坊新出铜戈铭文考释及有关问题》,《江汉考古》1986年第3期。

[6] 杨琳:《"子"为尊美之称的由来》,《汉语史研究集刊》(第三辑),巴蜀书社,2000年,第144—153页。

商贾等义,如西周晚期颂组铜器[1]铭文所言周王命尹氏"官司成周贾二十家"之"贾"等。笔者认为,"贾子叔子犀"之"贾"应与之同义,也就是说,贾子叔子犀盘为春秋晚期商贾所作器物。商贾作器可追溯到商代晚期,如传世肇贾享父戊爵(《集成》09014);西周时期多见,如1986年信阳浉河港出土的西周早期晨(凤)诸器[2],1981年陕西岐山县祝家庄镇流龙嘴村出土的西周中期齐生鲁方彝盖[3],西周晚期的 𩵦 甗[4]等。铭文为"尹氏贾良作旅簠,其万年子子孙孙永宝用"的西周晚期器尹氏贾良簠(《集成》04553)也应是商贾所作器,"尹氏贾良"是尹氏所属商贾名良者。西周晚期的射壶铭文也言及"尹叔命射司贾"[5]之事,可知尹叔有自己所属的商业买卖。如此,尹氏有私属商贾也在情理之中。西周以后商贾所作之器过去虽未见,但结合之前情况来看,无疑也是有的,贾子叔子犀盘应即其例。像"贾良""贾子叔子犀"这种身份加名字的称谓形式在金文中也常见,官制类如大师某某、司徒某某等,再如青铜兵器铭文中的工师某某、冶某某诸类。值得注意的是,"贾"由动词"经商"引申出名词义"商贾",大约在西周晚期。

王文以"贾子叔子犀"之"贾子"为器主名,"叔子犀"为字,且认为"贾"是以晋国贾邑为氏的姬姓贾氏之称[6],笔者认为此说有失允当。《通志·氏族略第二》"贾氏"条载:"伯爵,康王封唐叔虞少子公明于此……为晋所灭,子孙以国为氏。又晋既并贾,遂以为邑。故晋之公族狐偃之子射姑,食邑于贾,谓之贾季,其后则以邑为氏。"[7]既然贾国为"唐叔虞少子公明"封国,以国为氏的贾氏显然为姬姓,贾伯组铜器(簠三、壶二[8])铭文"贾伯作邮孟姬尊簠/壶"亦为之证。《国语·晋语四》载叔詹谏郑文公语:"狐氏出自唐叔,狐姬,伯行之子也,实生重耳。"[9]既然狐氏亦出自唐叔为姬姓,那么以狐偃之子射姑食邑贾邑为氏的贾氏也应为姬姓无疑。然而,上文已经指明,"贾子叔子犀"为姜姓。由此可见,无论是以贾国为氏的姬姓贾氏,还是以晋国贾邑为氏的

[1]　包括颂鼎三(《集成》02827—02829)、簋或簋盖八(《集成》04332—04339)、壶二(《集成》09731—09732)、盘一(《文物》2009年第9期)。

[2]　信阳地区文管会、信阳县文管会:《河南信阳县浉河港出土西周早期铜器群》,《考古》1989年第1期。

[3]　祁建业:《岐山县博物馆近几年来征集的商周青铜器》,《考古与文物》1984年第5期。

[4]　吴镇烽:《商周青铜器铭文暨图像集成》(第7卷),上海古籍出版社,2012年,第235页。

[5]　朱凤瀚:《射壶铭文考释》,《古文字研究》(第二十八辑),中华书局,2010年,第224—235页。

[6]　王宏、权敏:《贾国青铜器及其重要价值探研》,《中原文物》2015年第1期。

[7]　郑樵:《通志二十略》,中华书局,1995年,第51页。

[8]　吴镇烽:《商周青铜器铭文暨图像集成》(第11卷),上海古籍出版社,2012年,第344—347页。

[9]　徐元诰:《国语集解》,中华书局,2002年,第330页。

姬姓贾氏,均与"贾子叔子犀"之"贾"无关。因此,认为"贾子叔子犀"之"贾"是以晋国贾邑为氏的姬姓贾氏的看法,显然有误。

王文以"贾子叔子犀"之"贾子"为器主名,"叔子犀"为字,也缺乏依据。联系1974年山西闻喜县桐城镇上郭村出土的春秋早期贾子己父匜(《集成》10252),传山西出土的两件西周晚期贾子伯晟父鬲[1],春秋早期贾子伯訦父壶(《铭续》[2]0838)与盘(《铭续》0947)的器主称谓,以王文的理解,贾子叔子犀器主应被称为"贾子叔犀(父)",而不是"贾子叔子犀"。此类例示在金文中颇多,此不赘述。将"贾子叔子犀"理解为"贾子"之"叔"字"子犀",即"子犀"为"贾子"之弟,似乎也不妥。若此,"贾子叔子犀"应被称为"贾叔犀(父)"。而依常理推断,该盘器主"贾子叔子犀"似乎应理解为"贾子"的"叔子"名"犀",即"犀"为"贾子"的儿子,排行为"叔"。当然,"贾子叔子犀"也有可能是指排行为"叔"而字为"子犀"的"贾子"。可是据目前所知材料来看,无论是以国为氏的贾氏,还是以邑为氏的贾氏,都为姬姓,均与器主"贾子叔子犀"应为姜姓相悖。当然,也有可能当时齐地确实存在一个文献失载的姜姓贾氏。然而,经仔细分析,此种可能不大。尽管由《左传·襄公二十五年》所载齐庄公二近臣各名"贾举",《左传·襄公三十一年》所载齐间丘婴之党"贾寅",可推知齐有贾氏,但先秦时期齐地范围内乃至整个海岱地区并无以"贾"为名的国族或城邑存在,存在姜姓贾氏的可能性实在很小。笔者认为,齐之贾氏当源于晋地二姬姓贾氏之一。《左传·襄公二十五年》所载陈国大夫"贾获",亦应源于姬姓贾氏。

必须指出的是,还存在另一种可能性,那就是贾子叔子犀来自以职业商贾之"贾"为氏称的姜姓贾氏。丁山先生在《甲骨文所见氏族及其制度》一书中指出,商代存在以"貯"(即贾)为名称的氏族,徐心希先生同意此种看法,认为一些从事商贾之业的氏族,有可能以"贾"作为氏族的族徽或名称[3]。不过,从现有与商周商业相关的材料来看,以商贾为职业的家族在商周时期不在少数,倘若商贾多以所从之业为氏称而没有规范的话,势必会造成姓氏的混乱。因此,笔者认为此种可能性也不大。

综合来看,"贾子叔子犀"之"贾"字应是用来表明"子叔子犀"即"叔犀"的商贾身份,并非氏称,与来源不同的两个姬姓贾氏均无关系。倘若以上所论无误的话,贾子叔子犀盘应是一件姜齐商贾所作的有铭铜器。该盘的制作者贾子叔子犀应是春秋晚期一位经商的姜齐贵族,很可能来自姜齐公室。

---

[1] 吴镇烽:《商周青铜器铭文暨图像集成》(第6卷),上海古籍出版社,2012年,第190—192页。

[2] 吴镇烽:《商周青铜器铭文暨图像集成续编》,上海古籍出版社,2016年。简称《铭续》,以下同。

[3] 徐心希:《谈商代商品经济的一些问题——兼谈甲骨文"贾"字的用法》,《福建师范大学学报》(哲学社会科学版)1987年第3期。

姜齐自太公立国之初就十分重视商业的发展,之后为历代君臣继承发扬,特别是在齐桓公时期,大力发展商业,这也是齐国南服强楚而霸诸侯的重要原因之一。1981年陕西岐山县祝家庄镇流龙嘴村出土的西周时期齐生鲁方彝盖,经李学勤先生考证,认为该器器主齐生鲁为齐乙公得之子,从事商贾之事,并以此为齐国有商业传统之明证[1]。而拙文对贾子叔子屖盘铭文考释的结论如果能够成立的话,无疑也为齐国的重商传统、商业繁盛添一佳证。

三、贾子叔子屖盘铭文中的“孟姜”之“姜”非私名

需要说明的是,王文以贾子叔子屖盘铭文中的“孟姜”之“姜”字为“私名”[2],也有失允当。盘铭中某某为子某某作媵器的句式结构在金文中并不少见,其中与“姜”姓有关的,除上列(5)庆叔匜、(7)曩公壶外,还有其他例示,如:

(8) 大师盘(春秋早期,《新收》[3]1464):唯六月初吉辛亥,大师作为子仲姜沫盘,孔硕且好,用祈眉寿,子子孙孙永用为宝。

(9) 齐侯盂(春秋晚期,《集成》10318):齐侯作媵子仲姜宝盂,其眉寿万年,永保其身,子子孙孙,永保用之。

(10) 公子土斧壶(春秋晚期,《集成》09709):公孙灶莅事岁饭者月,公子土斧作子仲姜盥之盘壶,用祈眉寿万年,永保其身,子子孙孙,永保用之。

不难看出,(5)庆叔匜是姜姓庆叔为其女儿“孟姜”所作媵匜;(7)曩公壶是姜姓曩公为其女儿“叔姜”所作媵壶;(8)大师盘是姜姓大师为其女儿“仲姜”所作媵盘;(9)齐侯盂是姜姓齐侯为其女儿“仲姜”所作媵盂;(10)公子土斧壶是姜姓公子土斧为其女儿“仲姜盥”所作媵壶。这五件器物显然均是姜姓的父亲为女儿所作的媵器。据此不难推断,贾子叔子屖盘也应是姜姓的“贾子叔子屖”为其女儿“孟姜”所作的媵器,以盘铭中的“孟姜”之“姜”为私名显然不妥。

需要注意的是,王文以贾子叔子屖盘铭文中的“孟姜”之“姜”为私名是有前提的,即认为“贾子叔子屖”之“贾”是指以晋国贾邑为氏的姬姓贾氏。其实,正如上文所论,两者并无关系。

---

[1] 李学勤:《鲁方彝与西周商贾》,《史学月刊》1985年第1期。

[2] 王宏、权敏:《贾国青铜器及其重要价值探研》,《中原文物》2015年第1期。

[3] 锺柏生、陈昭容、黄铭崇等:《新收殷周青铜器铭文暨器影汇编》,台北艺文印书馆,2006年。

齐太宰归父盘新释

黄锦前

兰州大学历史文化学院

齐太宰归父盘系陈介祺、刘体智旧藏,现藏上海博物馆[1]。器残,仅存盘底。铭作:

唯王八月丁亥,齐太宰归父雪为忌沫盘,以祈眉寿,灵命难老。

近年无锡博物院新入藏一件齐太宰归父盘[2],敞口浅盘,窄沿外折,腹部有一对乙字形附耳,平底,三蹄足,耳内、足底残存范土,纹饰间及外底范线清晰;两耳和腹部均饰蟠螭纹;时代为春秋中期偏早。盘内底有铭文,但为锈所掩盖,由 X 光片得知,与上海博物馆藏归父盘残底铭文前半相同,但缺后半 12 字:

唯王八月丁亥,齐太宰归父雪。

无疑,此二盘应系同人所作。上博藏盘器形缺失,无锡藏盘铭文不全,二者可互为补充。

这里着重要谈的,是盘铭"雪"字的释读及器主的身份问题。

据其在盘铭中所处的位置、上下文及有关文例,该字在盘铭中的释读有两种可能:一是表示人,与作器者有关;二是作为动词,与"铸造"有关。

东周铜器铭文中,表"铸造"一类意思时,用两个甚至三个字的现象皆有例可循,如:

[1]《殷周金文集成》(中国社会科学院考古研究所:《殷周金文集成》,中华书局,1984 年;《殷周金文集成》(修订增补本),中华书局,2007 年。以下简称《集成》)10151;陈佩芬:《夏商周青铜器研究》(东周篇),上海古籍出版社,2004 年,第 200、201 页。

[2] 吴镇烽:《商周青铜器铭文暨图像集成续编》(第 3 卷),上海古籍出版社,2016 年,第 274、275页,第 0932 号。

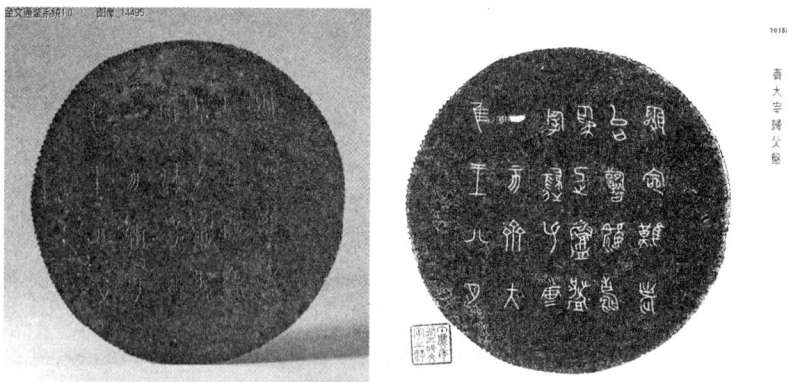

图一　齐太宰归父盘(上海博物馆)

图二　齐太宰归父盘(无锡博物院)

(1) 楚王酓前铍鼎[1]：楚王酓肯作铸铍鼎。

(2) 孿书缶[2]：余畜孙书也择其吉金以作铸缶。

(3) 楚王酓前盘[3]：楚王酓肯作为铸盘。

例(1)(2)的"作铸"及例(3)的"作为铸"[4]便是这种情况。但这种现象一般多见于东

<hr>

[1]　《集成》2479。

[2]　《集成》10008。

[3]　《集成》10100。

[4]　李零(《论东周时期的楚国典型铜器群》,《古文字研究》(十九辑),中华书局,1992年,第136—178页)认为此处"铸"字与孿书缶"以作铸缶"的"铸"字同例,是器名的限定修饰语。从更多的辞例来看,恐非如此,详参拙作:《楚系铜器铭文研究》,安徽大学博士学位论文,2009年,第105—131页。

周时期的楚系铜器铭文,而同时期的齐系题铭则很鲜见。因此,上述"雪"字在盘铭中用作动词,表"铸造"一类意思的可能性较小,或可排除。

那么就只有第一种可能,即应表示人,与作器者有关。据有关文例,这种情况大致也有两种可能:一是"雪"与上文的"齐太宰归父"为一人,"齐太宰归父"系"国名＋职官＋人名"的称名方式,"归父"为器主之字,据有关金文文例,接于其后的"雪"或应系器主之名,如曾伯宫父穆鬲[1]"曾伯宫父穆"、曾子仲宣丧鼎[2]"曾子仲宣丧"、曾仲大父螽簋[3]"曾仲大父螽"及伯家父鄀簋盖[4]"伯家父鄀"等便是如此。

另外一种可能,即"雪"与"齐太宰归父"非一人,而系关系密切的两个人,据有关金文文例,"雪"或应系其妻,如胡叔胡姬簋[5]"胡叔、胡姬作伯媿媵簋"等即是,再簋[6]"遣伯遣姬锡再宗彝"亦如此。

再看字形。该字原篆分别作雪、图,从构形看,与"妻"字接近,唯其下部所从非常见的"人"形,或系"人"形之省。有学者认为此字系"庄"字之省[7],据同时期古文字的"庄"字作图(趞亥鼎[8])来看,似无可能[9]。

铜器铭文中作器者称"某妻"或"某某之妻"之例亦不乏见,如:

(1)王妻簋[10]:王妻作宝簋。(西周早期)

(2)上郜獋妻鼎[11]:上郜獋妻自作尊鼎,其眉寿万年无疆,永宝用之。(春秋早期)

---

[1]《集成》699。

[2]《集成》2737;拙文:《伯家父鄀簋国别析论——兼谈曾子仲宣丧鼎与番君赢匜》,待刊。

[3]《集成》4203、4204。

[4]《集成》4156;拙文:《伯家父鄀簋国别析论——兼谈曾子仲宣丧鼎与番君赢匜》,待刊。

[5]《集成》4062—4067。

[6] 吴镇烽:《商周青铜器铭文暨图像集成》(第11卷),上海古籍出版社,2012年,第241—243页,第05213、05214号。

[7] 袁金平:《齐金文考释二则》,《考古与文物》2011年第5期,第93—96页。

[8]《集成》2588。

[9] 关于此字,过去学者还有其他一些意见,可参看孙刚:《东周齐系题铭研究》,吉林大学博士学位论文,2012年,第417页,不赘述。

[10] 北京大学考古学系商周组、山西省考古研究所:《天马—曲村(1980—1989)》,科学出版社,2000年,第494页,图六八九。

[11] 吴镇烽:《商周青铜器铭文暨图像集成续编》(第1卷),上海古籍出版社,2016年,第188、189页,第0176号。

（3）上郜獶妻壶[1]：上郜獶妻作尊壶，其眉寿无疆，子子孙永宝用之。（春秋早期）

（4）夫跌申鼎[2]：唯正月初吉丁亥，甫遮昧甚六之妻夫跌申择厥吉金作铸飤鼎，余以煮以鬻（享—烹），以伐四方，以挞攻吴王，世万子孙永宝用鬻（享）。（春秋晚期）

这表明，从文例角度而言，这样释读亦有理有据。

总之，据字形、上下文及有关文例，盘铭的"𩫏"应释作"妻"，"齐太宰归父妻"即齐太宰归父之妻是盘的作器者即器主，铭文云"齐太宰归父妻为忌沬盘"，"忌"应读为"其"，意即齐太宰归父之妻为自己制作盥洗用的盘。

文字方面的问题解决了，下面再看"齐太宰归父"的身份问题。

郭沫若认为，齐有国归父，乃国佐之父，见《左传·僖公二十八年》及《左传·僖公三十三年》《传》又称国庄子，或即此人[3]。论者多从之，并以此盘为齐昭公时期的标准器[4]。但这个说法是否可靠，尚需讨论。

众所周知，国归父即国庄子是齐国第二代国子，齐桓公时重臣国懿仲之子，齐国世卿，二守之一，曾任齐国执政，辅佐齐孝公、齐昭公，系赫赫有名的人物，其事迹见于《左传》等记载：

僖公二十八年：夏四月戊辰，晋侯、宋公、齐国归父、崔天、秦小子憖次于城濮。

僖公二十九年：夏，公会王子虎、晋狐偃、宋公孙固、齐国归父、陈辕涛涂、秦小子憖盟于翟泉，寻践土之盟，且谋伐郑也。

僖公三十三年：齐国庄子来聘，自郊劳至于赠贿，礼成而加之以敏。臧文仲言于公曰："国子为政，齐犹有礼，君其朝焉！臣闻之：服于有礼，社稷之卫也。"

分别记其率军参与城濮之战，击败楚国；代表齐国与诸侯会盟于翟泉（今河南洛阳孟津县），重温践土之盟，谋划伐郑；代表齐国出使鲁国，举止言谈合乎礼仪而审慎，受到

[1] 吴镇烽：《商周青铜器铭文暨图像集成续编》（第3卷），上海古籍出版社，2016年，第117页，第0834号。

[2] 江苏省丹徒考古队：《江苏丹徒北山顶春秋墓发掘报告》，《东南文化》1988年第3—4期合刊，第23页拓片三；商志䕙、唐钰明：《江苏丹徒背山顶春秋墓出土钟鼎铭文释证》，《文物》1989年第4期，第54页图四；杨正宏、肖梦龙：《镇江出土吴国青铜器》，文物出版社，2008年，第135、136页。

[3] 郭沫若：《两周金文辞大系图录考释》，上海书店出版社，1999年，第201页B。

[4] 马承源：《商周青铜器铭文选》（四），文物出版社，1990年，第533页；陈佩芬：《夏商周青铜器研究》（东周篇），上海古籍出版社，2004年，第200、201页。

臧文仲的称赞。据文献，国归父在齐国位列上卿，权倾朝野，是一个举足轻重的人物。盘铭云"齐太宰归父"，"太宰"据铜器铭文和文献记载，一般认为系宫廷类官或家臣一类的职官[1]，与上述文献所载的国归父身份、地位及事迹皆不相称。因此，从这个角度来讲，盘铭的"齐太宰归父"是否如郭沫若所说，系齐国赫赫有名的国氏国庄子，就很值得怀疑。

著名的齐器跋镈（原称齐侯镈）[2]铭曰：

> 唯王五月初吉丁亥，齐辟鲍叔之孙遵仲之子䣄作子仲姜宝镈……鲍子䣄曰：余弥心畏忌，余四事是台，余为大攻厄、太史、大迣、太宰，是辟可事……

器主鲍子䣄自称系"齐辟鲍叔之孙，遵仲之子"，一般认为即著名的齐卿鲍叔牙之后[3]；镈铭云"余为大攻厄、太史、大迣、太宰"，即器主曾任"太宰"职。

䣄镈的年代，一般认为系春秋中期齐昭公（公元前632—前613年）之世。齐太宰归父盘的时代，据形制纹饰亦系春秋中期偏早。上述郭沫若认为盘铭的"归父"即著名的齐大夫国归父，论者多从之，而将盘的时代定为齐昭公之世[4]，其所云人物关系虽未确，但将盘的时代定为昭公之世，庶几近之。因此，盘铭的"齐太宰归父"，与镈钟的器主鲍子䣄很可能为一人，"䣄"系其名，"归父"为其字。

《国语·齐语》："桓公自莒反于齐，使鲍叔为宰。"韦昭注："鲍叔，齐大夫，姒姓之后、鲍敬叔之子叔牙也。宰，太宰也。"古代多为世官制，这是大家所熟知的，䣄镈铭可知鲍叔牙之孙鲍子䣄亦曾为太宰，可与文献相印证；同时亦可佐证盘铭的齐太宰归父当与镈铭的鲍子䣄为一人，而非郭云之国归父。

总之，从时代、称谓、人物关系及有关文献记载来看，盘铭的齐太宰归父，当非如郭沫若所云系著名的齐大夫国归父，而与䣄镈的器主鲍子䣄很可能是一人，系鲍叔牙之孙，"䣄"系其名，"归父"为其字。

综上，据字形、上下文及有关文例，齐太宰归父盘铭的""应释作"妻"，"齐太宰归父妻"即齐太宰归父之妻是盘的作器者即器主，所谓"齐太宰归父妻为忌沫盘"，即

---

[1] 参看张亚初、刘雨：《西周金文官制研究》，中华书局，1986年，第40—42页。

[2] 《集成》271；中国青铜器全集编辑委员会：《中国青铜器全集》（第9卷），文物出版社，1997年；中国国家博物馆、中国书法家协会：《中国国家博物馆典藏甲骨文金文集粹》，安徽美术出版社，2015年，第294—299页。

[3] 杨树达：《积微居金文说》（增订本），中华书局，1997年，第82页；吴镇烽：《鲍子鼎铭文考释》，《中国历史文物》2009年第2期，第50—55页。

[4] 马承源：《商周青铜器铭文选》（四），文物出版社，1990年，第533页；陈佩芬：《夏商周青铜器研究》（东周篇），上海古籍出版社，2004年，第200、201页。

齐太宰归父之妻为自己制作盥洗用的盘。从时代、称谓及有关文献记载来看,盘铭的"齐太宰归父",当非如郭沫若所云系齐卿国归父,而应与鿔镈的器主鲍子鿔为一人,系鲍叔牙之孙,"鿔"系其名,"归父"为其字。

　　　附记:小文草成,蒙刘云兄指出一些疏失之处,谨以致谢!

"王武之车戈"刍议

孙敬明

潍坊市博物馆

由山东省文物考古研究所、新泰市博物馆合编的《新泰周家庄东周墓地》大型考古发掘报告(以下简称《周家庄》)[1]系统科学地揭列了 2002、2003 以及 2004 年陆续清理和发掘的 78 座东周墓葬资料,属于齐文化考古之重大成果。其中最引人关注者应数 M1:试想整个墓地 78 座墓葬共出土铜器 960 件(组),其中兵器 384 件,而仅 M1就出土铜器 205 件(组),其中兵器 95 件,铜器总数占全墓地的 1/5 强,兵器则占 1/4;78 座墓出土带铭文铜器 19 件,M1 出土 9 件,占 1/2 稍弱,由此可见该墓的地位非同一般。对 78 座墓葬的年代、性质、特点以及随葬礼、乐、兵器诸种,刘延常先生等都有着极好的见解,本人留意先秦考古和古文字有年,欣承著作者雅意惠贶大作,拜读数复,受益良深。借此盛会,仅就对 M1 出土两件铭文同为"王武之车戈"之思考缀为刍议,以就教于大方之家。

一、铭 文 甄 兑

M1 出土"王武之车戈"2 件、"车戈"7 件。《周家庄》断 M1 为战国早期。9 件铜戈之铭文,《周家庄》第五章认为:"战国早期 1 座墓葬出土 10 件,其中 7 件戈(M1:18—23、44)的胡部铸有 2 字'车戈',2 件戈(M1:24、25)铸有 5 字'王武之车戈','王'字上有一点(清华大学李学勤、吉林大学林沄先生均隶定为'王')……如上所述,'王武

---

[1] 山东省文物考古研究所、新泰市博物馆:《新泰周家庄东周墓地》,文物出版社,2014 年。

之车戈'之'王'与 M2 竹节戈铭文'王'一致,其上有点,应是吴国兵器,是齐国的战利品。"[1]

试以此 9 件铭文之"车戈",与齐国兵器铭文作比较,见于著录的如:

(1)"陈盉车戈"[2];

(2)"陈豫车戈"(《海岱》1183 页);

(3)"国楚造车戈"[3];

(4)"车大夫长画"戈[4]等。

"车戈"之外还有"车戟",如:

(1)"齐城右造车戟冶期"(《三代》20·19·1);

(2)"齐城左冶期所渮造车戟"[5];

(3)"桓左造车戟冶期所渮"[6]。

同时还有多件战国时期齐国所造"徒戈""徒戟",如:

(1)"武城徒戈"[7];

(2)"陈子山徒戈"(《三代》20·12·2);

(3)"陈子翼徒戈"(《海岱》1187 页);

(4)"陈子翼徒戈"(《海岱》1188 页,同铭两件,但戈之形体迥异);

(5)"切斤徒戈"(《海岱》1146 页);

(6)"切斤徒戈"(《海岱》1147 页,同铭两件,然书体有别);

(7)"平阿左造徒戟"[8];

(8)"子岂徒戟"(《海岱》988 页)等等。

古代车战,既有车上挥戈持戟之士,亦有地上步伍("徒")随而从之[9]。

2 件"王武之车戈",形制相同,然而两戈之形制,如内、援及胡 3 穿,还有援中间起

———————————

[1] 山东省文物考古研究所、新泰市博物馆:《新泰周家庄东周墓地》,文物出版社,2014 年,第482 页。

[2] 陈青荣、赵缊:《海岱古族古国吉金文集》(以下简称《海岱》),齐鲁书社,2011 年,第 1144 页。

[3] 山东省文物考古研究所:《山东淄博市临淄区淄河店二号战国墓》,《考古》2000 年第 10 期。

[4] 孙敬明:《"车大夫长画"戈考》,《文物》1987 年第 1 期。

[5] 董珊:《新见战国兵器七种》,《中国古文字研究》(第一辑),吉林大学出版社,1999 年。

[6] 林仙庭、高大美:《山东栖霞出土战国时期青铜器》,《文物》1995 年第 7 期。

[7] 傅德、次先、敬明:《山东潍县发现春秋鲁、郑铜戈》,《文物》1983 年第 12 期。

[8] 孙昌盛、马勇、寨丽丽:《山东蒙阴发现两件铭文铜戈》,《文物》1998 年第 11 期。

[9] 孙敬明:《齐兵戈戟与车战——从考古新见战国题铭和轮舆谈起》,《齐鲁文化研究》,2002 年第1 辑。

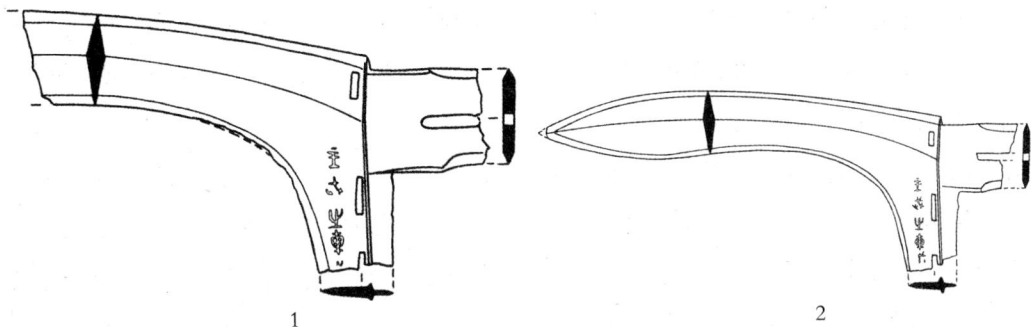

图一　"王武之车戈"

脊、内上下有刃等，显然与7件"车戈"皆不相同。所以《周家庄》称之为"是齐国的战利品"，正确。并且，其中一件明显为刻款（M1：25为刻款，有局部放大照片，参见《周家庄》·下编·彩版三·2）；另一件M1：24有摹本（参见《周家庄》·上编第66页·图三六·1）。依据铭文内容相同、刻款位置一致——均位于援后与胡相接处之栏左侧，推断M1：24亦同为刻款。7件"车戈"铭文为铸款，均具备齐国文字特点，应均为齐国所铸造。而2件"王武之车戈"铭文"王"字缀加"·"作"主"形，乃属于齐国典型字体，"武"与陈侯因齐敦铭文"用作孝武桓公祭器敦"之"武"形体相近同，"车"与齐国"车戈""车戟""车大夫"之"车"形体相同，而"之"则近乎春秋时期的书体。齐战国兵器铭文内容有地、人和侯名等，除去冶造者姓氏有别外，其余侯、监造者均为陈氏，这是由于陈氏为地方都邑大夫，有监督地方武库铸造兵器的权力。据此可以推断"王武之车戈"之"王武"既不是都邑大夫之名，亦更非齐国陈侯之名。

二、"武"义类推

　　1960年湖北荆门县漳河车桥大坝战国墓出土一件铭文为"大武辟兵"的战国铜戚。关于铭文"大武"，俞伟超先生认为："有关周舞名'大武'的记载甚多，《周礼·春官·大司乐》：'以乐舞教国子，舞云门、大卷、大咸、大磬、大夏、大濩、大武。''乃奏无射，歌夹钟，舞大武，以享先祖。'郑玄注：'大武，武王乐也。武王伐纣，以除其害，言其德能成武功。'即为一例。'大武'的内容，为表现武王伐纣的武功，故必用干、戚，如《礼记·明堂位》：'朱干玉戚，冕而舞大武。'《郊特牲》：'朱干设锡，冕而舞大武。'（孙希旦《礼记集解》曰：'锡，当作扬，钺也。"朱干设锡"，即《明堂位》所谓"朱干玉戚"也。《广雅》云："扬，戚斧也。"是扬、戚皆斧之别名，故戚亦谓之扬。'）又如《逸周书·世俘》：'钥人奏武，王入进万。'《夏小正》'万用入学'句戴传云：'万也者，干戚舞也。'

（'万舞'为大舞，周人用于宗庙的'文''武'二舞皆为大舞，《诗·邶风·简兮》毛传所云'以干羽为万舞'，系指'文舞'，戴传所指，则系'武舞'）都说明用干、戚而舞。据《礼记·乐记》所载，'大武'之舞，分为六成，自武王始出伐纣起，至周召分左右，复缀以崇天子而终。《乐记》又曰：'夹振之，而驷伐，盛威于中国也。'郑玄注：'驷当为四，武舞，战象也，每奏四伐，一击一刺为一伐。''大武'为'战象'，故用干、戚。……可知'大武'相传为武王克殷之后，命周公所作。……《礼记·郊特牲》又曰：'诸侯之官县，而祭以白牡，击玉磬，朱干设锡，冕而舞大武，乘大路，诸侯之僭礼也。'周代以周公之德广大，除天子外，仅鲁祀周公能舞'大武'，其他诸侯用之，则为'僭礼'。"[1]

马承源先生云："大武相传为周武王之乐，《礼记·乐记》郑玄注云：'……武舞，战象也，每奏四伐，一击一刺为一伐。'又《郊特牲》'冕而舞大武'，孔颖达疏云：'……诸侯得舞大武，故诗云：方将万舞；宣八年万人去钥是也。但不得朱干设锡冕服而舞。'是以万舞为大武之别名。《初学记》引韩诗：'万，大舞也。'《夏小正》'万用入学'戴传云：'万也者，干戚舞也。'指的都是大武舞（敬明按：此处有页下注曰："闻一多先生于万舞有说，在《闻一多全集》4·19诗简兮中他认为万舞有两种：一曰武舞；一曰文舞。这是和传统的说法一致的。"）诸侯除鲁以外，亦有使用大武的。按《左传》庄二十八年云：'楚令尹子元欲蛊夫人，为馆于其侧而振万也，夫人闻之泣曰："先君以是舞也，习戎备也……"'由此知楚亦用大武。"[2]尽管"大武"为周天子颂赞武德、祭祀先祖之舞，但是除鲁国之外，至春秋战国时期，像楚国用此舞者应非孤例。

黄锡全先生曰："'大武'本是周代祭祀先祖的一种乐舞，现在《诗经·周颂》里还保存着《大武》的歌辞，别的古书也有关于《大武》的记载。《吕氏春秋·古乐》：'武王即位，以六师伐殷，六师未至，以锐兵克之于牧野。归乃荐俘馘于京太室，乃命周公作大武。'《周礼·春官·大司乐》：'乃奏无射，歌夹钟，舞大武，以享先祖。'郑注：'大武，武王乐也。武王伐纣，以除其害，言其德能成武功。'在西周，只有周天子可以演奏《大武》，至于诸侯，除鲁国因为周公的功劳特大、国君在祭祀周公时可以演奏外，其他诸侯都是不能演奏的，大夫、士、庶人就更不用说了。但这种等级制度在当时未必贯彻得百分百，尤其是进入'礼崩乐坏'的东周以后，这个制度便逐渐破坏。……只有周天子能演奏的'大武'，由于后来为诸侯所僭用而逐渐引伸为能止暴乱、息兵患的强大武功。如《商君书·徕民》：'天下有不服之国……以大武摇其本，以广文安其嗣。'《左传》宣公十二年，楚庄王曰：'夫文，止戈为武。武王克商，作《颂》曰："载戢干戈，载櫜

[1] 俞伟超：《"大武辟兵"铜戚与巴人的"大武"舞》，《考古》1963年第3期。

[2] 马承源：《关于"大武戚"的铭文及图像》，《考古》1963年第10期。

弓矢,我求懿德,肆于时夏,允王保之。"又作《武》……夫武,禁暴、戢兵、保大、定功、安民、和众、丰财者也。'按'大武舞'共六成,第二成即《诗·周颂·武》,象征武王灭商。《武篇》说:'于皇武王,无竞维烈。允文文王,克昌厥后,嗣武受之,胜殷遏刘,耆定尔功。'"[1]由上所揭,可知"大武辟兵"戚为楚国或巴蜀的兵器,时代在战国晚期。其铭文"大武"原本是称颂周武王灭殷之丰功伟绩的舞名,所以《左传》庄二十八年楚国夫人称"大武"乃"先君以是舞也,习戎备也"。本义在于歌颂武德、教习武备,同时更是周天子身份地位的礼乐象征,犹如《礼记·乐记》所云:大武"夹振之,而驷伐,盛威于中国也",亦同郑玄所谓"大武,武王乐也。武王伐纣,以除其害,言其德能成武功"。然而随着时代发展,就像黄锡全先生所言:"由于后来为诸侯所僭用而逐渐引伸为能止暴乱、息兵患的强大武功。如《商君书·徕民》:'天下有不服之国……以大武摇其本,以广文安其嗣。'《左传》宣公十二年,楚庄王曰:'夫文,止戈为武。武王克商,作《颂》曰:"载戢干戈,载櫜弓矢,我求懿德,肆于时夏,允王保之。"又作《武》……夫武,禁暴、戢兵、保大、定功、安民、和众、丰财者也。'"更后则意义渐所引申,为列国诸侯所自作比附,用以颂赞自己的武功,以求"盛威于中国也"。

三、"王"者考复

《史记·田敬仲完世家》载:"三年,太公与魏文侯会浊泽,求为诸侯。魏文侯乃使使言周天子及诸侯,请立齐相田和为诸侯。周天子许之。康公之十九年(敬明按:《史记》称田和为诸侯之年在齐康公十九年,即前 386 年,但新编《中国历史年代简表》则主张在齐康公元年,亦即田齐太公元年,即前 404 年),田和立为齐侯,列于周室,纪元年。齐侯太公和立二年,和卒,子桓公午立。……六年,救卫。桓公卒,子威王因齐立。……遂起兵西击赵、卫,败魏于浊泽而围惠王。惠王请献观以和解,赵人归我长城。……齐国大治。诸侯闻之,莫敢致兵于齐二十余年。……威王二十三年,与赵王会平陆。二十四年,与魏王会田于郊。……威王曰:'寡人之所以为宝与王昇。吾臣有檀子者,使守南城,则楚人不敢为寇东取,泗上十二诸侯皆来朝。吾臣有肦子者,使守高唐,则赵人不敢东渔于河。吾吏有黔夫者,使守徐州,则燕人祭北门,赵人祭西门,徙而从者七千余家。吾臣有种首者,使备盗贼,则道不拾遗……'……二十六年……十月,邯郸拔,齐因起兵击魏,大败之桂陵。于是齐最强于诸侯,自称为王,以

---

[1] 黄锡全:《"大武辟兵"浅析》,《江汉考古》1983 年第 3 期。

令天下。……三十六年,威王卒,子宣王辟疆立。"

新泰 2 件同铭"王武之车戈",尽管形制似是稍早,但是,就刻款的书体与内容推断,应为战国中期;有上揭《史记》所载,至此,"王武之车戈"之"王",似是呼之欲出。故本文认为,凡此铭文所谓之"王",应该就是齐威王,而"王武"则是在颂赞威王之武德伟绩。

尽管《史记》称齐侯因齐于其继位后第二十六年称王,但是迄今所见铜器铭文,尚未发现有关其称王的记载。先从威王之父桓公午谈起,如:

威王之父桓公午铸造铜器,有十年陈侯午敦一件,铭文曰:"唯十年,陈侯午朝群邦诸侯于齐,诸侯享以吉金,用作平寿敦。以蒸以尝,保有齐邦,永世毋忘。"(《海岱》1152 页)还有十四年陈侯午敦(簋)四件,铭文大致相同,曰:"唯十有四年,陈侯午以群诸侯献金,作皇妣孝大妃祭器镈敦,以蒸以尝,保有齐邦,永世勿忘。"(《海岱》1153—1157 页)《史记》未记桓公称王,与铭文所记相合。关于齐桓公午在位年数,《竹书纪年》作十八年;《史记》载桓公在位六年卒;郭沫若据桓公午敦言"有本铭之'十四年',足证《纪年》是,而《史记》非"(《两周金文辞大系图录考释》);《中国历史年代简表》载桓公在位二十年。

图二 "大武辟兵"威

田因齐继位,迄今所见青铜器铭文中,唯其所自称者均为"齐侯",如:

陈侯因齐敦铭文曰:"唯正六月癸未,陈侯因齐曰:'皇考孝武桓公龚戴,大慕克成。其惟因齐扬皇考,绍踵高祖黄帝,继嗣桓文,朝问诸侯,答扬厥德,诸侯薦荐吉金。用作孝武桓公祭器敦。以蒸以尝,保有齐邦。世万子孙,永为典尚。'"(《海岱》1158—1160 页)

另外还有:

陈侯因齐戈,铭文曰:"陈侯因齐造,夕阳右。"(《海岱》1162 页)

陈侯因齐戈,铭文曰:"陈侯因齐之造。"(《海岱》1163 页)

陈侯因齐戈,铭文曰:"陈侯因齐造。"(《海岱》1164 页)

陈侯因齐戈,铭文曰:"陈侯因齐作南吕戈,奉于大宗。"(《海岱》1165 页)

陈侯因齐凿,铭文曰:"陈侯因齐。"(《海岱》1161 页)

尽管这些铭文未纪铸造年代,但是,显然有时代之差别,或者皆在因齐尚未称王之前。而陶文所见"王卒"及兵器铭文所见"王""王武"之"王",其中不少应为称齐威王者。

　　齐国称王铜器,有陈璋罍,铭文曰:"唯王五年,郑阳陈得再立事岁,孟冬戊辰,大臧戈孔。陈璋入伐匽亳邦之获。"(《海岱》1168—1169页)这是记载齐国宣王时期征伐燕国之最珍贵的资料,同时证明《史记》所载继威王之后,齐国君主仍得称王。

　　这2件铜戈与M1一同出土的7件"车戈"形制明显不同,且铭文为刻款,结合周家庄墓地出土鲁、莒、吴、蔡诸国铭文兵器多数应为战争俘获,足见该墓地所葬将士生前的赫赫战绩。而将士们将这一切都归功于齐王,所以在俘获的2件铜戈上刻铭"王武之车戈",用以铭记和彰显威王的武德。正如陈侯因齐所作铜敦铭文:"陈侯因齐曰:'皇考孝武桓公龚戴,大慕克成。其惟因齐扬皇考,绍踵高祖黄帝,继嗣桓文,朝问诸侯,答扬厥德,诸侯罋荐吉金。用作孝武桓公祭器敦。以蒸以尝,保有齐邦。世万子孙,永为典尚。'"两次称颂其父"孝武桓公",而自己则是"扬皇考,绍踵高祖黄帝,继嗣桓文,朝问诸侯,答扬厥德",以"孝武桓公""保有齐邦。世万子孙,永为典尚"。从这字里行间不难领略到所谓"大武"之意蕴。

岁次强圉作噩月在夷则于潍水之湄九龙山知松堂

商王铜杯与战国齐的重量单位"镒"

胡传耸

国家文物局文物保护与考古司考古处

战国时期的齐国衡制资料,考古发现数量不多,其中临淄商王战国墓出土的2件铜耳杯[1](为行文方便下文简称为"商王铜杯")及青州西辛战国墓出土的2件银豆[2](下文简称为"西辛银豆"),均刻有记载自身重量的铭文(下文简称为"记重铭文"),是近年来齐国衡制研究中重要的讨论对象,尤其是商王铜杯,因为出土时间略早,并且标明重量单位,对齐国衡制的研究产生了较大的影响,贾振国[3]、李零[4]等先生曾先后对其进行过讨论。不过,商王铜杯铭文中使用的量制单位"益",与齐国"升、豆、区、釜、锺"等量制单位不同,铜杯的记重铭文格式与西辛银豆也不尽相同,这些现象提示我们,商王铜杯及其铭文所载量制、衡制的国别,或许还有进一步探讨的必要[5],由此取得的关于齐国衡制的认识,也有必要重新审视。

先秦时期"益"既用以表示容量单位,也用以表示重量单位。传世文献中一般将重量单位"益"写为"镒"或"溢",将容量单位"益"写为"溢"[6]。除引文外,本文统一使用"益"字表容量单位、"镒"字表重量单位。为方便讨论,我们把商王铜杯、西辛银

---

[1] 淄博市博物馆、齐故城博物馆:《临淄商王墓地》,齐鲁书社,1997年。本文引述商王铜杯的资料均来自该书,下文不再一一注明。

[2] 山东省文物考古研究所、青州市博物馆:《山东青州西辛战国墓发掘简报》,《文物》2014年第9期。除特别注明外,本文引述西辛银豆的资料均来自该文,下文不再一一注明。

[3] 贾振国:《试论战国时期齐国的量制与衡制》,《临淄商王墓地》(附录三),齐鲁书社,1997年,第163页—167页。

[4] 李零:《论西辛战国墓裂瓣纹银豆——兼谈我国出土的类似器物》,《文物》2014年第9期。

[5] 笔者对于商王铜耳杯国别的思考,曾得到北京大学董珊先生的提示,谨此致谢。

[6] 郝士宏:《说益及从益的几个字》,《中国文字研究》(第六辑),广西教育出版社,2005年,第50—52页。

豆的铭文、重量、容量等相关信息先列在下面。

商王铜杯 M1：112－2，铭文“私之十冢(重)一益卅八展”[1]，重 517.47 克；

商王铜杯 M1：112－4，右耳铭文“少司马子□之造”，左耳铭文“杯大贰益冢叁十展”，重 116.71 克，以水测量容 400 毫升；

西辛银豆 B1：11，铭文“叓，一又卅分”，重 375.25 克；

西辛银豆 B1：12，铭文“叓，一又卅分”，重 385.03 克[2]。

一、商王铜杯非齐器

1. 量制与齐不同

商王铜杯 M1：112－4 左耳铭文中前四字“杯大贰益”，贾振国先生指出“系指这件铜耳杯的容量为两益”，贾先生的意见是正确的。韩国春成侯盉记容量的铭文为“大二斗”，长子盉记容量的铭文为“大一斗二益”[3]，均与此相仿。这里，“益”是容量单位，一益约合今 200 毫升。“益”作为容量单位除见于上引二器外，还见于韩国荥阳上官皿[4]、少府银圆器[5]以及赵国春平相邦鼎[6]等器。以上韩、赵诸器求得“益”的量值有两个范围，一个是约合今 160—169 毫升，另一个是约合今 191—193 毫升，均较商王铜杯所记“益”的量值小。

东周齐国的量制，文献有较为明确的记载，见于《左传·昭公三年》晏子与书向的对话，“齐旧四量，豆、区、釜、锺。四升为豆，各自其四，以登于釜。釜十则锺。陈氏三量皆登一焉，锺乃大矣。以家量贷，而以公量收之”[7]。显然，无论是姜齐旧制还是田齐新量，使用的都是升、豆、区、釜、锺五级容量单位体系。传世和考古发现的东周齐国陶文中，存在大量升、豆、区、釜等陶量文字，是历史的生动例证。与此相反的是，文献史料中并不见齐国使用容量单位“益”的记载，现存东周齐国陶文中，也从未发现

[1] 末字有“货”“偵”等释读，本文从陈剑先生释为“展”，参见陈剑：《释展》，《追寻中华古代文明的踪迹——李学勤先生学术活动五十年纪念文集》，复旦大学出版社，2002 年，第 49—54 页。

[2] 李零：《论西辛战国墓裂瓣纹银豆——兼谈我国出土的类似器物》，《文物》2014 年第 9 期。

[3] 唐友波：《春成侯盉与长子盉综合研究》，《上海博物馆集刊》(第八期)，上海书画出版社，2000 年。

[4] 李学勤：《荥阳上官皿与安邑下官锺》，《文物》2003 年第 10 期。

[5] 丘光明：《中国历代度量衡考》(量 60)，科学出版社，1992 年，第 168 页。

[6] 董珊：《五年春平相邦葛得鼎考》，《古文字与古代史》(第三辑)，中研院史语所，2012 年。

[7] 杨伯峻：《春秋左传注》(修订本)，中华书局，1990 年，第 1235 页。

可以确证为量器或容量单位的"益"字[1]。

丘光明先生根据现存东周齐国的量制资料,求得齐国一升约合今 206 毫升[2],这与商王铜杯一益的量值 200 毫升十分接近。战国时期各国量制中,很少见在同一量制体系中的某一个量级使用名称不同的两个单位。因此,从量制方面看,商王铜杯不宜定为齐国制品。

2. 衡制与西辛银器的差异

除 2 件银豆外,西辛战国墓出土的 2 件银盘、1 件银匜也刻有记载自身重量的铭文,银盘铭文均为"罂平,一又卅分",银匜铭文为"罂平,二又卅分",盘、匜损毁严重,完整的重量不明。西辛银器铭文中的"罂""平"两字均为典型齐国文字字体,可证西辛战国墓所出银器均为齐国制品无疑,这一点李零先生已有详细的论述[3],兹不赘引。

西辛战国墓 5 件银器铭文的格式是相同的,均省略了重量单位,不足一个重量单位的余数部分以分数来表示。我们假设这个省略掉的重量单位为 A,那么根据 2 件银豆的重量可以得到:$\frac{31}{30}$A=375.25 克、$\frac{31}{30}$A=385.03 克,由此可以得到重量单位 A 的量值约为 363.15 克或 372.61 克,$\frac{1}{30}$A 约为 12.11 克或 12.42 克。

商王铜杯记载重量的铭文,涉及两个重量单位"益"和"展",根据铜杯的重量可以得到:30 展=116.71 克、1 益+38 展=517.47 克,由此可以求得益的量值约合今 369.65 克,展的量值约合今 3.89 克。

从上面的计算结果可以看出,西辛银豆重量的余数部分大于一展的重量,约合展的 3.1 倍或 3.2 倍。如果西辛银豆与商王铜杯属于同一衡制下的称量对象,那么西辛银豆重量余数部分合理的表述方式应该是"三展十分展"或"三展五分展",而不是 $\frac{1}{30}$A。我们可以举出洛阳金村的考古发现来辅助说明这个问题。洛阳金村出土数件银器,其中铭刻"甘孝子"的银杯、银裸俑可以明确定为东周制品,铭刻"卅七年""四十年"的 2 件银器足可以明确定为秦国制品。东周银杯记重铭文内容为"五两半厉八分卅二分",银裸俑记重铭文内容为"再四两半厉八分",其中重量单位仅有两,不足一两的重量用"半(两)""八分(两)卅二分(两)"的形式表示。秦国卅七

---

[1]　孙刚:《东周齐系题铭研究》,吉林大学博士学位论文,2012 年。

[2]　丘光明:《中国历代度量衡考》,科学出版社,1992 年,第 139 页。

[3]　李零:《论西辛战国墓裂瓣纹银豆——兼谈我国出土的类似器物》,《文物》2014 年第 9 期。

年银器足的记重铭文为"重八两十一铢",其中包含两个重量单位"两"和"铢",不足一两的余数即以"若干铢"的形式表示,而不必像东周器那样使用分数来表示。我们认为,西辛银豆与商王铜杯记重铭文形式的差异,与金村银器的情况相同,是由于银豆与铜杯国属的差别造成的。

通过以上两点的考察,我们很清楚地看到商王铜杯的量制、衡制,与已知齐国典型的量制、衡制存在明显不同,商王铜杯应该不是齐国制品。那么,商王铜杯究竟是哪个国家的器物呢? 在讨论这个问题之前,我们想先考察一下西辛银豆记重铭文中省略的重量单位,也就是齐国衡制中的这个重量单位是什么。

二、西辛银豆与齐国的重量单位"镒"

通过前节的计算,西辛银豆记重铭文中省略的重量单位 A,得到两个量值:363.15 克和 372.61 克,这两个数值如此接近,让我们相信重量单位 A 的标准量值亦应与它们近似。那么,战国时期是否存在一个与此量值近似的重量单位呢? 李零先生认为是古书记载的相当于二十四两的重量单位"镒",他分析:

> 战国时期的两约重 15.6—15.8 克(作者按,此据丘光明《中国历代度量衡考》的研究总结所得),今取平均值,以 15.7 克为一两。如果"一又卅分"是一又三十分之一镒,有两种可能,一种取二十两为一镒说,"一又卅分"等于(15.7 克×20)+(15.7 克×20÷30),约合 324.5 克;一种取二十四两为一镒说,"一又卅分"等于(15.7 克×24)+(15.7 克×24÷30),约合 389.36 克。这两个数字,后一数字更接近器物的重量。

根据现存文献和考古发现的资料,李零先生的这个推断是很有道理的,我们赞同他的这个观点。在此还想作三点补充说明:

1. 关于二十四两的镒。一镒为二十四两的说法,见于《史记·燕召公世家》正义引孟康说[1]、《孟子·公孙丑下》赵岐注[2]、《文选·吴都赋》刘渊林注[3]以及《文选·枚叔七发八首》李善注引贾逵《国语》注[4]等。根据现有的考古发现,战国时期

[1] 司马迁:《史记》,中华书局,1982 年,第 1555 页。
[2] 焦循:《孟子正义》,中华书局,1987 年,第 261 页。
[3] 萧统编,李善注:《文选》,上海古籍出版社,1986 年,第 219 页。
[4] 萧统编,李善注:《文选》,上海古籍出版社,1986 年,第 1565 页。

使用重量单位镒的国家有楚、齐、三晋，使用重量单位两的国家有楚、赵、秦、周，镒、两仅共存于楚、赵两国的衡制中，而且，楚衡制一镒为十六两，赵衡制一镒为二十两[1]。西辛银豆、商王铜杯为目前仅见的二十四两之镒，但前者镒下并无次一级的重量单位，后者的次一级单位为㡆，都不是两。所以，24 进制的"镒—两"重量单位体系，还不能明确属于先秦时期哪个国家或地区的衡制，甚至它是否是战国时期真实存在的制度，可能也要打一个问号。

2. 关于斤与镒的关系。李零先生在分析西辛银豆衡制的时候，曾提到，古书记载齐国既用斤也用镒，并举《管子·山权数》《战国策·齐策》的记载作为证明。我们曾根据考古发现考察战国时期重量单位斤与镒的关系，发现史书中往往混用的"镒"与"斤"，并不共存于任何国家的衡制体系中，二者并不发生直接的关系，并且"斤"不见于秦国之外的其他国家[2]。古书记载的镒与斤的使用情况，并不完全可信，试举《战国策》中的一个例子对此进行说明：《战国策·赵策》记"李兑送苏秦明月之珠，和氏之璧，黑貂之裘，黄金百镒。苏秦得以为用，西入于秦"[3]，此处所记李兑送苏秦黄金的数量为"百镒"，而《秦策》记载苏秦入秦之后的结果，"（苏秦）说秦王书十上，而说不行，黑貂之裘弊，黄金百斤尽，资用乏绝，去秦而归"[4]，同样数量的一批黄金，两处所记一为"百镒"、一为"百斤"，则其中必有一误。先秦文献中多有"镒""斤"混用的情况，我们怀疑战国时期秦用斤而六国用镒，现存先秦文献中许多用斤的地方，原本应该为镒，此需专文辨明，兹不赘论。

3. 战国时期"镒"的量值。根据考古发现，战国时期镒的量值有三类，楚镒为十六两，三晋镒为二十两，再者为二十四两的镒，我们原本以商王铜杯证明齐国实行这个制度，现在可以说，西辛银豆证明齐镒为二十四两，商王铜杯证明还有另外一个国家使用的镒也是二十四两。

三、商王铜杯的国别推断

前文通过与齐国量制、衡制的比较，我们否定了商王铜杯是齐国制品的观点。接下来我们再把它与战国时期其他国家的量制、衡制作比较，以便对它的国别进行

————————

[1] 胡传耸：《关于重量单位"镒"的几点认识》，《北方文物》2017 年第 2 期。

[2] 胡传耸：《关于重量单位"镒"的几点认识》，《北方文物》2017 年第 2 期。

[3] 刘向集录，范祥雍笺证：《战国策笺证》，上海古籍出版社，2006 年，第 969 页。

[4] 刘向集录，范祥雍笺证：《战国策笺证》，上海古籍出版社，2006 年，第 142 页。

推断。

1. 可以排除的国别

根据目前的考古发现，东周时期容量单位用益的国家，主要是韩、赵，见前节举例。其他国家，未见使用容量单位益的。与益量值接近的（约200毫升）容量单位，另见有升、廪、紵。

升为齐、秦容量单位，前文已排除商王铜杯为齐器的可能。秦国用升的制度见于著名的商鞅方升，"十八年齐率卿大夫众来聘，冬十二月乙酉大良造鞅爰积十六尊五分尊壹为升"，经马承源先生实测计算秦国一升约合今201立方厘米[1]。

廪为楚国容量单位，见于九店楚简，董珊先生推断廪的量值约合今225毫升，寿县楚墓出土小铜量（经测量容200毫升）可能是其代表量器[2]。

紵为燕国容量单位，黄盛璋先生在讨论燕国铜器时已指出[3]。紵的上一级单位是觳，二者之间有十进制、十二进制两说，我们根据现有考古发现做过一些考察，觳的量值存在大、小两类，大量值的觳约合今2000毫升，小量值的觳合今1600—1800毫升，倘以十进制为准，则紵的量值约合今200毫升或160—180毫升[4]。

综合上述量制的情况，我们可以排除商王铜杯为秦、楚、燕国器物的可能，韩、赵尚不能完全排除。那么，我们再结合衡制方面的信息作一些分析。根据以往的考古发现和研究，我们曾归纳总结东周时期各国的衡制，其中秦国衡制实行"斤—两"制，东周实行"寽—冢"制，楚、赵实行"镒—两"制，魏、韩实行"镒—釿"制，中山实行"石—刀"制[5]，燕国的衡制尚不清楚。可见，目前东周时期国属明确的衡制体系中，尚未见到包含"镒—展"二级重量单位的衡制。使用容量单位"益"的韩、赵两国，其衡制中的重量单位"镒"均为二十两之镒，与商王耳杯的二十四两之镒存在量值方面的差异。

综合上面的论述，可以看出，商王铜杯所载的量制、衡制，与目前已知东周时期齐、秦、楚、燕、三晋各国的量制、衡制均不相同，因而商王铜杯不能认为是上述各国

[1] 马承源：《商鞅方升和战国量制》，《文物》1972年第6期。

[2] 董珊：《楚简簿记与楚国量制研究》，《考古学报》2010年第2期。

[3] 黄先生关于燕国量制的论述，可参见《战国燕国铜器铭刻新考》，《内蒙古师大学报》（哲学社会科学版）1983年第3期；《盱眙新出铜器、金器及相关问题考辨》，《文物》1984年第10期。两文中对于量制单位的释读不同，我们取后文释法。

[4] 胡传耸：《东周燕国量制初步研究》，《北京文博文丛》，2018年第3期。

[5] 胡传耸：《关于重量单位"镒"的几点认识》，《北方文物》2017年第2期。

制品。

2. 燕尾布与重量单位"屏"

战国时期流行一种大型布币燕尾布，币面铭文四字，存在"旆钱当釿""殊布当釿""枕比堂忻"等多种释读。币背铭文二字，旧释"十货"[1]；李家浩先生释为"七偵"，认为"偵"应是一个重量单位[2]；陈剑先生释为"七屏"，认为后一字与商王铜杯上的重量单位是同一字[3]。那么，燕尾布的分布区域，也就意味着重量单位屏的应用范围。据此，我们认为商王耳杯的国属，或许可以从燕尾布分布的区域中找到一些线索。

据黄锡全先生统计，燕尾布的分布区域主要集中在今河南东南部、山东西南部、安徽、江苏和浙江北部地区[4]。这一区域的北部为淮泗地区，南部为吴越腹地。战国时期，楚、齐、宋、越等国势力在淮北泗上此消彼长，战国晚期楚国东侵取吴故地至浙江，列国疆域沿革错综复杂。另外，出土燕尾布多为零散发现，未经科学考古发掘，埋藏信息匮乏，难以准确断定其年代。上述两种情况，直接导致钱币学界对于燕尾布的认识产生许多分歧，目前已有战国中晚期楚国货币[5]、越国货币[6]，春秋晚期至战国早期宋国货币[7]等多种观点。此外，因郑韩故城遗址曾出土燕尾布陶范，另有韩国货币说[8]。

燕尾布年代、国属的不确定性，不利于我们对于重量单位屏应用范围的准确把

---

[1] 关于燕尾布面、背铭文的释读可参吴良宝：《中国东周时期金属货币研究》，社会科学文献出版社，2005年，第235—244页。

[2] 李家浩：《关于鄝陵君铜器铭文的几点意见》，《江汉考古》1986年第4期。

[3] 陈剑：《释屏》，《追寻中华古代文明的踪迹——李学勤先生学术活动五十年纪念文集》，复旦大学出版社，2002年，第49—54页。

[4] 黄锡全：《"枕比堂忻"布应是楚币》，《中国钱币》1995年第2期。

[5] 黄锡全：《"枕比堂忻"布应是楚币》，《中国钱币》1995年第2期。楚国说有很多的支持者，我们在此仅以黄锡全先生的观点和文章作为代表进行讨论。

[6] 曹锦炎：《关于先秦货币铭文的若干问题——读〈中国历代货币大系·先秦货币〉札记》，《中国钱币》1992年第2期。

[7] 晏昌贵、徐承泰：《"枕比堂忻"布时代及国别之再探讨》，《江汉考古》1998年第1期。宋国说判断年代所依据的"釿"布减重规律，也还存在较大的争议，参见吴良宝：《货币单位"釿"的虚值化及相关研究》，《中国钱币论文集》（第六辑），中国金融出版社，2016年。

[8] 李德保、周长运：《河南新郑"韩都"发现"枕戈当忻"陶范》，《江汉考古》1993年第1期。韩国说的依据非常薄弱，因为燕尾布分布的区域，绝大多数不在战国时期的韩国境内。另外，郑韩故城遗址还曾出土战国时期赵国的"离石""蔺"圆足布范、"甘丹"刀范，魏国的桥足布范，这些钱币明确不是韩国货币，依此推断，燕尾布为韩币的说法也可以排除。

握。不过,根据前述列国衡制的对比,我们已经能够排除展为楚国、韩国衡制单位的可能,因此,重量单位展的应用范围应该可以缩小到宋、越两国。目前未见战国时期宋、越两国度量衡资料(也有可能是尚未辨识出来),缺乏可资对照的标准,只能期待以后的考古发现予以检验。

新泰东周墓出土货贝浅析

孙敬明

潍坊市博物馆

由山东省文物考古研究所、新泰市博物馆合编的《新泰周家庄东周墓地》大型考古发掘报告(以下简称《周家庄》)[1]系统科学地揭列了2002、2003及2004年陆续清理和发掘的78座东周墓葬资料,属于齐文化考古之重大成果。笔者反复拜读《周家庄》,并与新泰出土的陶文相结合,对陶文、兵器题铭以及相关问题试作浅析[2],兹再就东周墓随葬之货贝作初步探索。

一、随葬货贝

周家庄78座东周墓葬中,5座随葬海贝,1座随葬蚌贝。《周家庄》第57—58页称:宝贝(敬明按:海贝)7件,出自:M6、M10、M12、M22、M37;海贝饰件5件,出自M68。而对于墓葬中随葬的铜贝、骨贝,《周家庄》则认为是车马饰件。商周墓葬出土天然海贝以及人们用各种材质所仿制的海贝,通常是货贝,同时因其美观珍稀而有充当装饰品的性质。商代西周时期墓葬出土天然海贝数量最多,多数作为货贝,有的则为车马装饰;春秋战国时期则出现各种材质的仿制贝,如金、银、铜、鎏金、骨、玉、石、蚌与陶贝等。而考古所见海岱区域东周时期齐、鲁、莒、滕、薛、莱等国墓葬不同程度存在包括海贝在内的以各种材质所仿制的贝币,有的明显是用作货贝随葬,有的则属

---

[1] 山东省文物考古研究所、新泰市博物馆:《新泰周家庄东周墓地》,文物出版社,2014年。

[2] 孙敬明:《齐国南疆作干城——从平阳出土陶文和题铭兵器谈起》,为"传承与创新——考古学视野下的齐文化学术研讨会"而作;《"王武之车戈"刍议》,为"《管子学刊》创刊30周年暨《管子》及其当代价值学术研讨会"而作。

于装饰品。尽管这些所谓的贝具有装饰的性质,但是同样具备货贝的功能。所以本文姑且将周家庄墓葬出土的骨贝当作货贝参照。

1. M1 为大型墓,《周家庄》将其时代定为战国早期(以下分期均出自此处)。出土陶器、铜器、玉器、玛瑙器、骨角器等 215 件(组)。因属被破坏追缴文物,故数量应有差异。出土铜贝 4 枚,大小相似,体轻薄,形似海贝,大都长 2.5、宽 1.7 厘米。M1 为大墓,出土铜器 205 件,当年盗掘已致墓葬严重破坏,故推断该墓随葬货贝远不止此。

2. M3 为中型墓葬,春秋时期。随葬品 93 件(组),有陶器、铜器、金箔、铅器、骨角器。骨贝 1 组随葬于棺椁之间,共 412 枚,骨质,形似海贝,大都长 2.3、宽 1.4 厘米。同时还出土金箔 1 件,已成碎片。

3. M6 为中小型墓葬,春秋时期。墓主为男性,25—30 岁。随葬品 44 件(组),有铜器、骨角器与贝蚌器等。口含海贝 2 枚,已破碎。棺椁之间散落随葬骨贝 3 组,共 588 枚,大都长 2.6、宽 1.7 厘米。

4. M7 为大型墓葬,春秋时期。随葬品 34 件(组),有陶器、铜器、石器、骨角器等。棺椁之间与墓主足相对应处随葬骨贝 607 枚,一般长 2.5、宽 2.0 厘米,亦有长 2.4、宽 1.8 厘米者。

5. M10 为中小型墓葬,春秋时期。墓主为成年男性。随葬品 24 件(组),有陶器、铜器、骨角器、蚌器等。墓主口含海贝 1 枚,残长 3.3 厘米。

6. M12 为小型墓葬,未分期。随葬品 3 件,均属墓主口含,包括海贝 1、贝壳 2 枚,均残。

7. M13 为中小型墓葬,春秋时期。墓主为成年男性。随葬品 47 件(组),有陶器、铜器、骨角器、蚌器等。棺椁之间与二层台随葬骨贝 3 组(按:报告称 2 组,墓葬平面图标 2 组,编号 22 为 280 枚,编号 36 为 383 枚,2 组均在棺椁之间。随葬品位置则称二层台随葬骨贝,但墓葬平面图未标注出。故实际应为 3 组)976 枚,大都长 2.1、宽 1.6 厘米。

8. M18 为中小型墓葬,战国中期。墓主为男性,20—25 岁。随葬品 19 件(组),有铜器、骨角器等。边箱中随葬骨贝 2 组 580 枚,大都长 2.1 厘米。

9. M22 为较大型墓葬,春秋晚期。墓主为男性,40—45 岁。随葬品 36 件(组),有陶器、铜器、骨角器等。棺内墓主头部随葬海贝 1 枚(敬明按:应属口含),棺椁之间随葬骨贝 1 组 135 枚,大都长 2.5、宽 1.8 厘米。

10. M32 为较大型墓葬,战国中期。墓主为男性,35—40 岁。随葬品 40 件(组),有陶器、铜器、骨角器。棺椁之间随葬骨贝 1 组 304 枚,大都长 2.1、宽 1.5 厘米。

11. M35 为较大型墓葬,春秋晚期。随葬品 63 件(组),有陶器、铜器、玉器、骨角器等。棺椁之间随葬骨贝2组,墓葬平面图标注编号23骨贝20枚,编号52骨贝218枚,随葬器物表述则称2组248枚(敬明按:比2组数量之和多10枚)。大都长3、宽2.1厘米,有的长2.8、宽2厘米或长2.4、宽1.7厘米。

12. M37为小型墓葬,战国早期。墓主为女性,35岁左右。随葬品10件,有陶器、铜器、贝蚌器等。墓主口含海贝1枚。

13. M38为中型墓葬,战国早期。墓主为男性,35—40岁。随葬品44件(组),有铜器、玉器、骨角器等。棺椁之间随葬骨贝1组948枚,大都长2.4、宽1.7厘米。

14. M49为中型墓葬,春秋晚期。墓主为男性,35—40岁。随葬品42件(组),有陶器、铜器、玉器、骨角器、漆器等。棺椁之间随葬骨贝2组1000余枚,大都长2.7、宽2.1厘米或长2.2、宽1.7厘米。

15. M67为中型墓葬,战国早期。墓主为男性,35—40岁。随葬品56件(组),有陶器、铜器、骨角器等。棺椁之间随葬骨贝3组2000枚,大都长2.2、宽1.7厘米

16. M68为较大型墓葬,春秋晚期。墓主为男性,45岁左右。随葬品49件(组),有陶器、铜器、石器、玉器、骨角器等。骨贝1组11枚,随葬在脚箱中。《周家庄》第405页罗列M68所出蚌贝器,称:"蚌贝器:2件(组)。包括蚌贝饰1组(3件)、蚌壳1件。蚌贝磨成,体薄,形似海贝,略呈椭圆形,正面刻一竖槽,背面钻两小孔。标本M68:37,残碎。蚌壳1件。标本M68:45,残碎。"由此可见应为蚌贝3枚。用蚌制作海贝,亦是当时少见。

二、地 域 特 色

周家庄78座墓葬,随葬货贝的有16座,货贝分海贝、蚌贝、骨贝、铜贝4种。其中春秋时期的M6,为中小型墓葬,墓主为男性,25—30岁。随葬品44件(组),有铜器、骨角器与贝蚌器等。口含海贝2枚,已破碎。棺椁之间散落随葬骨贝3组,共588枚。M22为春秋晚期较大型墓葬,墓主为男性,口含海贝1枚,棺椁间随葬骨贝135枚,属于78座墓葬中既随葬海贝又随葬骨贝的两座墓葬之一。

随葬海贝的墓葬有M6、M10、M12、M22、M37共5座,其中前4座墓葬时代为春秋时期,它们应是随葬实物海贝的时代典型;M37的时代为战国早期,墓主为女性,随葬海贝,且属于最传统的习俗——口含。从《周家庄》第12页所载《周家庄墓葬分布图》可以看出,随葬海贝的墓葬集中在墓地东南部,其中M10、M12、M22几乎为南北纵向排列。M6墓主口含海贝2枚,棺椁之间散落随葬骨贝3组,共588枚,最为有趣

的是随葬海贝的 M6 与随葬石子的 M26 毗邻。由此可见这些随葬海贝的墓葬时代相当,习俗相同,故墓主的祖籍和生活习俗也该相同。M37 时代为战国早期,其墓葬位置处于墓区中心,与其他随葬海贝的 M6、M10、M12、M22 距离较远。

与 M6 相邻的 M26,尽管没有随葬骨贝或海贝,但其随葬品亦较为特殊。M26 为小型墓葬,时代为战国中期。一棺、一椁,墓主为男性,45—50 岁,随葬品共 5 件(组)。墓主左臂侧随葬铜剑、戈各 1 件,右股放置铁铲 1 件,头左侧随葬圆陶片 3 件、河卵石 3 件,左腿外侧随葬狗下颌骨 1 块。尤为引人注意的是:陶片直径 2.4 厘米,河卵石长 2、宽 1.4 厘米,仔细分辨陶片的形状并非真正的圆形,而更像海贝;河卵石几乎近同海贝的形状。凡此现象可与曲阜鲁故城发掘的 12 座口含石子、7 座口含海贝的乙组墓相比较(详下),表明墓主将陶片、河卵石当作贝币随葬。此人既随葬青铜兵器,又随葬铁铲和陶片,证明其身份为普通的战士,应与《管子》所谓平时从事生产,战时则挥戈搏杀的情形相似。

周家庄 78 座墓葬,大多数墓葬都随葬数量不等的兵器,其中 43 座墓葬共出土兵器 384 件,带铭文的有 19 件,此墓区出土兵器之多、带铭兵器之多,乃海岱地区同时期所罕觏;且铭文内容所涉及古国数量之多,亦属少有。但是随葬海贝、骨贝和铜贝的墓葬仅仅 16 座,由此可见在战争环境下,人们对武器的拥有似乎超越其他。并且随葬货贝的现象,并不是出于墓主身份地位的高低和墓葬的大小,而是在于一种相延已久的文化习俗。

三、比 较 鲁 薛

因为周家庄墓群所在为春秋早期的鲁国平阳,并曾属于当时鲁文化的主要区域,有鉴于此,我们试将此地与曲阜鲁国故城的墓葬资料作比较分析。

《曲阜鲁国故城》(以下简称《故城》)[1]报告 20 世纪发掘清理的两周墓葬 129 座,分为甲、乙两组。甲组墓葬 78 座,其中 M120 出土海贝 26 枚,位于墓主首、肩之间(《故城》94、110、218 页),该墓的时代为西周早期(《故城》114 页)。甲组墓 M118 被盗,出土石贝 23 枚(《故城》218 页);M204 出土骨贝 1 枚(《故城》219 页),这两座墓时代不明。

[1] 山东省文物考古研究所、山东省博物馆、济宁地区文物组等:《曲阜鲁国故城》,齐鲁书社,1982 年。

　　乙组墓葬 51 座,《故城》第 120 页称乙组:"有十二墓死者有口含,其中西周墓十一座(M14、15、16、17、19、22、26、45、50、53、56),口含石子,除 M26 加工成贝形,M22 个别呈磬形以外,其余都是自然的圆石子;东周墓一座(M54),口含石蝉。"根据《乙组墓一览表》,M18 随葬海贝 2 枚、M29 随葬海贝 6 枚、M30 随葬海贝 5 枚、M31 随葬石贝 28 枚、M32 随葬海贝 1 枚、M34 随葬海贝 7 枚、M39 随葬海贝 1 枚、M46 随葬海贝 4 枚。由此可见乙组墓的口含现象以及有 7 座墓葬随葬海贝等,都与甲组墓地有明确差异。

　　《乙组墓一览表》仅表列 M18、29、30、32、34、39、46 等 7 座墓葬随葬海贝,单座墓随葬海贝数量为:7、6、5、4、2、1,我们推断这些海贝应该大多属于口含。如此则 51 座墓葬,就有 19 座有口含,并且这 19 座均为小型墓葬。由于墓主生前生活并不宽裕,所以卒后只能以石子替代海贝,但从丧葬礼俗上看,还是把石子当海贝对待的。

　　同时乙组墓还出土金银器,这与甲组也不相同。其中 M3 出土圆形银饰 1 件、银带钩 1 件、筷形银筹 1 把、鎏金铜泡 2 枚(《故城》222 页),M52 出土圆金泡 9 件、小圆金泡 4 件、三角形金泡 3 件、金叶 2 件、银带钩 1 件(《故城》226 页)。根据分期,M15、19、22、26、56 属于西周晚期,M14、50 约属西周末期。

　　甲组墓中西周早期的 M120 随葬海贝 26 枚,属于甲乙两组 129 座墓葬中,出土海贝的 8 座墓葬之中数量最多者。如果与曲阜以南的滕州薛国墓地作比较,可以发现滕州薛国墓地的 111 座墓葬中,51 座墓葬车马坑随葬海贝,数量最多者 BM4 随葬 1400 余枚[1]。尽管滕州薛国墓地的时代为商代晚期,与新泰周家庄东周墓地时代有差距,但是对于探索海贝随葬习俗之渊源,还是有其借鉴意义的。由此可见,周家庄与滕州前掌大薛国墓地随葬海贝的习俗尤相近似。当时薛国中小型与中型墓葬以及车马坑殉人口中含海贝者 15 座,口中含海贝数量最多为 10 枚,最少为 1 枚,诸如 M46:10(凡此表示 M46 口含海贝 10 枚)、M119:10、M25:9、M39:9、M34:7、M13:6、M110:6,通常口含海贝 3—5 枚。同时有的墓葬,墓主口中含海贝,左右手握海贝,双足抵海贝;还有的仅口含、手握,或仅手握、足抵。M40 殉人腰部放 108 枚海贝,M120 殉人腰部放 2 串海贝 29 枚。这种口含、手握与足抵海贝的现象,反映当时人们对海贝的重视。同时,前掌大墓葬还发现有的墓主口中含玉龙,如 M103,墓主口中含玉龙,手握海贝 8 枚。比较其他墓葬,似是玉也具有海贝货币的某些因素。可见口含海贝的现象与曲阜乙组墓更为相似,而与新泰的也有可比之处。从周家庄墓地的地理

────────────

　　[1]　中国社会科学院考古研究所:《滕州前掌大墓地》,文物出版社,2005 年,第 61 页。参见孙敬明:《薛贝初探》,《齐鲁钱币》2012 年第 3 期。

位置和墓葬形制以及口含货贝的丧葬习俗,可以推断周家庄随葬海贝的墓葬,墓主或属于春秋时期的当地人。

四、权 衡 齐 国

大概至迟至春秋晚期,周家庄墓地所在的平阳已经归于齐国,作为齐国南疆的军事重镇,在这里戍守的应该更多的是齐长城以北的齐国人,所以再将此墓葬随葬贝币的情形与齐国进行权衡。高青陈庄遗存为近年山东西周考古重大发现,其内涵丰富,意义重大,有关青铜器铭文与城址、祭坛、墓葬、马坑与车马坑等,均为学界专家研究论及,而此地出土的齐国海贝则未见宏论。初步发掘墓葬 14 座,报告称"个别棺内有少量玉器或海贝、蚌串饰"。其中 M26 为中型墓葬,"随葬陶器 9 件,玉器 2 件及大量的海贝、蚌串饰等"。从报告所附图看,所有随葬陶器均位于头端的棺椁之间,而海贝似是随葬在墓主尸骨的颈部与足部。

发掘马坑 5 座,其中埋葬 8、6 匹马者各 2 座,2 匹马者 1 座,凡此 30 匹马,似是均未装饰缰索鞍鞯之类。车马坑 1 座,随葬 3 辆战车,每车各 4 马,所有马之首、身均缀饰大量海贝。这些墓葬与马坑、车马坑的时代大致为西周早中期[1]。此前齐国西周早期墓葬极少见,迄今未有可与之作比较者。但是齐国大地,在商代墓葬中已有海贝出土,如青州苏埠屯商代 M1 出土海贝 3790 枚、M7 出土海贝 3 枚[2],广饶傅家五村 M24 出土海贝 19 枚。1977 年发掘济阳刘台子西周墓葬,出土海贝 77 枚;1982 年发掘 M4 出土海贝 1 枚;后再发掘的 6 号墓出土海贝 460 枚,一般长 2.7、宽 1.9 厘米,尖头凿一孔[3]。由此可见齐地商代西周时期是随葬海贝的,这与薛国和殷商王朝并无多大差别。如高青 M26 随葬的大量海贝放置在墓主的颈部与足部,此现象与薛国同时期墓葬亦属一致。但是,西周时期齐国墓葬随葬海贝的数量与频率,较之其南境的薛国明显少而且低。

春秋墓葬中,1978 年发掘的滕州薛国故城春秋早中期 M1 为大型墓,出土海贝 380 枚、蚌贝 40 枚;M2 亦为大型墓,出土蚌贝 80 枚。同一墓地的其他墓葬中还出土"薛侯行壶",证明此处为薛国王室墓地[4]。蓬莱柳格庄 M1、M2、M6、M8 分别随葬

[1]　山东省文物考古研究所:《山东高青县陈庄西周遗存发掘简报》,《考古》2011 年第 2 期。

[2]　山东省博物馆:《山东益都苏埠屯第一号奴隶殉葬墓》,《文物》1972 年第 8 期。

[3]　山东省文物考古研究所:《山东济阳刘台子西周六号墓清理报告》,《文物》1996 年第 12 期。

[4]　山东省济宁市文物管理局:《薛国故城勘查和墓葬发掘报告》,《考古学报》1991 年第 4 期。

石贝 29、26、41、16 枚。海阳嘴子前春秋晚期一号墓出土石贝 3 枚,长 2.1、宽 1.65 厘米;春秋早中期二号墓出土石贝 2 枚,长 2、宽 1.4 厘米;春秋中期四号墓出土石贝 25 枚,长 2 厘米,同时出土大批青铜器,有陈乐君瓯、圣所献盉等,发掘报告认为此处为田氏贵族墓地[1]。1977 年济南东郊甸柳出土骨贝 115 枚,历城区北草沟出土骨贝 178 枚。昌乐岳家河 7 座东周墓出土海贝 12 枚,皆含在死者口中,多者 3 枚,少者 1 枚。临淄于家村春秋墓出土无文铜贝。淄博磁村 M01 出土无文铜贝 147 枚,长 2.3、宽 1.6—1.8 厘米;M03 出土骨贝 18 枚,长 1.9—2、宽 1.4—1.7 厘米,重 1 克;M1 出土骨贝 198 枚,三座墓均为小型铜器墓。临淄郎家庄春秋大墓出土包金贝 10 枚,大者长 4.3 厘米、小者长 2.8 厘米,铜贝 12 枚,另有大串的海贝散落在圹顶席子上。长岛东周墓 M10 出土海贝 420、石贝 450 枚,M8 出土骨贝 600 枚。

1993 年春发掘的江苏邳州九女墩春秋晚期徐国王室贵族 3 号大墓,墓中出土背部磨平的海贝数千枚,放于主室内。这是迄今所见自商代以来春秋墓葬中出土海贝最多的一次[2]。

战国墓葬中,平度东岳石 M1 出土骨贝 18、石贝 550 枚,M16 出土骨贝 662 枚;广饶傅家五村 M13 出土海贝 56 枚[3]。2008 年发掘的临淄孙家徐姚战国早期"甲"字形大墓 M1 出土海贝 16 枚,长 3 厘米,而同时发掘的另外数座战国墓则未见海贝[4]。

以上所列商周至战国墓葬主要在齐国境内,大部分属于齐国。众所周知齐与鲁、莒、滕、薛、徐等国在商周时期同样流通贝币,但是由于齐国独特的濒海地理环境,《管子》称之为"海王之国",有鱼盐之利,且丝织业发达,故于春秋早期即铸行刀币,并且由此开始,一直沿用铸行到战国末期。而临淄于家、淄博磁村春秋墓葬出土无文铜贝,这在考古所见数千座齐国墓葬中属少有的特例。平度、长岛战国早期墓中出土贝币,应与当地春秋中期以前属于莱国而保留旧俗有关。钱币学界依据鲁国春秋墓葬中出土的铜贝,以及鲁国境内出土大量的楚国铜贝,大都认定鲁国恪守传统而铸行铜贝。由春秋战国时期的齐地墓葬随葬大量骨贝、石贝的现象,以及在齐国广袤的疆域内,从春秋一直到战国晚期随葬石贝的形制、尺寸,大都相似,再将新泰周家庄墓地随葬骨贝的墓葬与之权衡,可以推断它们应属于齐长城之北齐国人的墓葬。随葬海贝属于最古老的习俗,鲁国亦应受此影响,但是乙组墓多口含石子,似是当时鲁国人的

[1]　烟台市博物馆、海阳市博物馆:《海阳嘴子前》,齐鲁书社,2002 年。

[2]　孔令远、陈永清:《江苏邳州市九女墩三号墩的发掘》,《考古》2002 年第 5 期。

[3]　本节所引有关贝币的出土资料,除注明出处者外,均可参考山东省钱币学会:《齐币图释》,齐鲁书社,1996 年。

[4]　淄博市临淄区文物局:《山东淄博市临淄区孙家徐姚战国墓地》,《考古》2011 年第 10 期。

习俗,而新泰 M26 随葬圆形陶片与河卵石各 3 枚。曲阜鲁故城乙组墓中 12 座口含石子,《乙组墓一览表》仅表列 M14 口含 20、M16 口含 4、M26 口含 7、M45 口含 6、M50 口含 5 枚石子,M54 口含 3 枚石蝉。可见口含石子 4、5、6、7 为常见数字,这与新泰 M26 亦颇相似。齐与莒还随葬金贝或鎏金铜贝,比较墓葬的随葬习俗,周家庄墓地齐文化的因素更为突出。尤其以蚌贝随葬,与齐地海洋文化的关系更显密切。

战国时期齐国陪葬墓中随葬石佩组饰相关问题研究

韦心滢

上海博物馆青铜器研究部

战国时期齐国诸多大型墓葬中皆设有陪葬墓,虽然高规格主墓多数皆被盗空,但陪葬墓则多有幸免,得以保持完整。齐国陪葬墓与同时期其他列国的殉人墓相比,具有数量较多、随葬品较为丰富的特点。本文拟就齐国陪葬墓中随葬石佩组饰的相关问题进行探讨。

一、随葬石佩组饰的墓葬

战国时期齐国大型墓葬内设有陪葬墓者,目前已发掘的有郎家庄墓地 M1[1],永流墓地 M3[2],东夏庄墓地 M4、M5、M6[3],辛店墓地 M2[4],淄河店墓地 M2、M3[5],尧王村墓地 M1、M2[6],孙家徐姚墓地 M1[7],相家庄墓地 M1、M2、M3、M4、

[1] 山东省博物馆:《临淄郎家庄一号东周殉人墓》,《考古学报》1977 年第 1 期。

[2] 临淄区文物管理局、齐故城遗址博物馆:《淄博市临淄区永流战国墓的发掘》,《海岱考古》(第九辑),科学出版社,2016 年。

[3] 山东省文物考古研究所:《临淄齐墓》,文物出版社,2007 年,第 52—132 页。

[4] 临淄区文物局:《山东淄博市临淄区辛店二号战国墓》,《考古》2013 年第 1 期。

[5] 山东省文物考古研究所:《临淄齐墓》,文物出版社,2007 年,第 302—402 页;山东省文物考古研究所:《山东淄博市临淄区淄河店二号战国墓》,《考古》2000 年第 10 期。

[6] 临淄区文物管理局:《山东淄博市临淄区尧王战国墓的发掘》,《考古》2017 年第 4 期。

[7] 淄博市临淄区文物局:《山东淄博市临淄区孙家徐姚战国墓地》,《考古》2011 年第 10 期。

M5[1],范家墓地 M91、M174、M175[2],单家庄墓地 M1[3],章丘绣惠女郎山 M1[4],
国家村墓地 M2、M4、M5[5],范家村墓地 M4[6]。

上述 25 座墓葬内的陪葬墓中有随葬石佩组饰者[7],依墓葬年代顺序将主墓墓
主身份、陪葬墓形制、墓主性别、随葬铜陶器情况归纳整理成表一。

表一 陪葬墓中有随葬石佩组饰之主墓墓主身份与陪葬墓形制、墓主性别、随葬铜陶器登记表

时代	主墓/墓主身份	墓葬形制	主墓随葬铜陶容器	陪葬墓/性别	墓葬形制	陪葬铜器、陶器
战国早期早段	郎家庄 M1(高级贵族)	竖穴土坑积石木椁墓,墓室面积 409.5m²。填土内殉人 9、殉犬 8,有 17 座陪葬墓。被盗。		P1 女(18—22 岁)	墓室面积 8.1m²,一椁一棺,头朝墓主	铜:车軎 2 带钩 7 节约 7 陶:鼎 1 豆 2 壶 2 盘 2 匜 1 敦 1 簋 2;陶俑一组
				P2 女(22—26 岁)	7.8m²,一椁一棺,头朝墓主	铜:车軎 2 带钩 6 节约 10 陶:鼎 1 豆 2 壶 2 盘 2 匜 1 敦 1 簋 2;陶俑一组
				P8 女(25—30 岁)	6.8m²,一椁一棺,头朝墓主	铜:车辖 2 带钩 10 节约 10 陶:鼎 1 豆 2 壶 2 敦 1 簋 2;陶俑一组
				P10 女(15—17 岁)	8.1m²,一椁一棺,头朝墓主	铜:车軎 2 带钩 9 节约 1 陶:鼎 1 豆 2 壶 2 盘 2 匜 2 敦 2 簋 1

[1] 山东省文物考古研究所:《临淄齐墓》,文物出版社,2007 年,第 182—216、238—254 页。

[2] 临淄区文物局:《山东淄博市临淄区范家墓地战国墓》,《考古》2016 年第 2 期。

[3] 山东省文物考古研究所:《临淄齐墓》,文物出版社,2007 年,第 138—158 页。

[4] 济青公路文物考古队绣惠分队:《章丘绣惠女郎山一号战国大墓发掘报告》,《济青高级公路章丘工段考古发掘报告集》,齐鲁书社,1993 年。

[5] 淄博市临淄区文物局:《山东淄博市临淄区国家村战国墓》,《考古》2007 年第 8 期;山东淄博市临淄区文物局:《山东淄博市临淄区国家村战国及汉代墓葬》,《考古》2010 年第 11 期。

[6] 淄博市临淄区文物局:《山东临淄范家村墓地 2012 年发掘简报》,《文物》2015 年第 4 期。

[7] 以下所列举的战国时期齐国大型墓葬设有陪葬墓的相关资料,皆出自上述所引各发掘报告中,为免重复,下概不出注。

时代	主墓/墓主身份	墓葬形制	主墓随葬铜陶容器	陪葬墓/性别	墓葬形制	陪葬铜器、陶器
战国早期早段	郎家庄 M1（高级贵族）	竖穴土坑积石木椁墓,墓室面积409.5m²。填土内殉人9、殉犬8,有17座陪葬墓。被盗。		P10 女（15—17岁）	8.1m²,一椁一棺,头朝墓主	铜:车軎2带钩9节约1陶:鼎1豆2壶2盘2匜2敦2簋1
				P12 女（约20岁）	7.4m²,一椁一棺,头朝墓主	铜:车軎2带钩7节约1陶:鼎1豆3壶3盘2匜1簋2;陶俑一组
	东夏庄 M4（卿大夫一级）	甲字形土坑积石木椁墓,墓室面积380.2m²。有1座兵器坑,19座陪葬墓。被盗。	陶:甗1鼎25盖鼎8簋8豆14方豆6莲花盘豆2盖豆11筜2敦9簠6罍7壶5牺尊1盘3匜1舟3罐4编钟7编镈7;彩绘马俑6彩绘乐舞俑18	P10 性别不明	2.6m²,一椁一棺,头朝墓主	铜:带钩1
	东夏庄 M6（卿大夫一级）	甲字形土坑积石木椁墓,墓室面积545m²。有22座陪葬墓,双人一组的有18座(1椁2棺),单人一组的有4座(1椁1棺)。被盗。	铜:舟1匜1陶:簋1豆25盖豆2筜1敦2壶2舟1盘5匜2杯1罐3编钟7人物俑4	P19X35 女（20—30岁）	头朝墓主	铜:带钩2陶:豆2罐1
战国早期	辛店 M2（高级贵族）	甲字形土坑积石木椁墓,墓室面积190.4m²。有1座器物坑,4座陪葬墓。被盗。	铜:甗1鼎9敦4三足敦2豆1盖豆4壶4提梁壶2厄1舟1盂1盘2匜1陶:甗1鼎5簋3鬲1豆3敦4筜3壶4罍1舟1盘3鉴2钵1;陶俑一组24件	P3	6.2m²,一椁一棺,头朝墓主	
				P4	5.2m²,一椁一棺,头朝墓主	铜:带钩1

续　表

时代	主墓/墓主身份	墓葬形制	主墓随葬铜陶容器	陪葬墓/性别	墓葬形制	陪葬铜器、陶器
战国早期晚段	范家 M91(中级贵族)	甲字形土坑积石木椁墓,墓室面积 129.3m²。有 7 座陪葬墓。被盗。	陶:鼎敦盖豆笾壶盘等 21 件	P4	3.9m²,一椁一棺,头朝墓主	铜:匜 1 车軎 1
				P6	3.3m²,一椁一棺,头朝墓主	铜:带钩 2
	相家庄 M2(中级贵族)	甲字形土坑积石木椁墓,墓室面积 252.6m²。有 9 座陪葬墓。被盗。		P7 女(25—35 岁)	2.7m²,一椁一棺,头朝墓主	
				P9 性别不明	2.6m²,一椁一棺,头朝墓主	铜:匜 1 匕 1 带钩 1
战国中期	相家庄 M3(M2 之妻)	甲字形土坑积石木椁墓,墓室面积 307.8m²。有 1 座器物坑,6 座陪葬墓。被盗。		P1 男(20—25 岁)	2.9m²,一椁一棺,头朝墓主	铜:环 3 带钩 1 陶:盖豆 2 壶 1
				P3 男(18—22 岁)	3.2m²,一椁一棺,头朝墓主	铜:鉌 1 肖形印 1 带钩 2 镜 1 梳 1 陶:盖鼎 2 盖豆 2 壶 1 三足罐 1
				P5 性别不明(25—30 岁)	3.6m²,一椁一棺,头朝墓主	铜:带钩 1 陶:盖豆 2 壶 1
	相家庄 M5(中级贵族)	甲字形土坑积石木椁墓,墓室面积 269.7m²。有 5 座陪葬墓。被盗。	陶:豆 1	P2 女(14—16 岁)	6m²,一椁一棺,头朝墓主	铜:带钩 2 陶:盖豆 2 壶 2
				P3 女(18—25 岁)	5.9m²,一椁一棺,头朝墓主	铜:带钩 1 镜 1 陶:鼎 1 豆 2 盖豆 2 壶 1 罐 2
				P4 男(13—14 岁)	7.2m²,一椁一棺,头朝墓主	铜:剑 1 削 1 带钩 3 镜 2 陶:鬲 1 盖豆 2 壶 2
				P5 男(16—18 岁)	4.6m²,一椁一棺,头朝墓主	铜:剑 1 带钩 2 陶:鬲 1 盖豆 2 壶 2

由表一得知,战国早期早段:郎家庄 M1 主墓虽被盗空,但 17 座陪葬墓中有 7 座未被盗掘破坏[1],基本随葬有陶鼎 1、铜车軎或辖与陶俑一组。陪葬墓墓主身份明显比同时期东夏庄陪葬墓墓主身份高,由此可判断郎家庄 M1 主墓身份级别应为齐国高级贵族。东夏庄 M4、M6 随葬铜礼器几被盗空,从墓葬规格以及各随葬陶编钟一套(7 件),陶鼎、陶豆多达 20 余件的情况来看,墓主身份应在卿大夫一级。然东夏庄 M4、M6 的陪葬墓中不仅未随葬陶礼器,且随葬品数量少,显示身份等级较低。

战国早期:辛店墓地 M2 随葬有青铜鼎 9[2],说明墓主的身份为齐国高级贵族。陪葬墓有 4 座,仅 P3、P4 随葬石佩组饰,性别不明,无随葬陶容器,其中 P2 墓室面积最大,为 7.4m²,却未随葬石佩组饰,估计与被盗扰破坏有关。

战国早期晚段:范家 M91 盗扰严重,出土陶礼器皆难以复原,7 座陪葬墓中,仅 P4、P6 随葬石佩组饰。P4 随葬有铜匜、铜车軎;P6 虽无随葬陶容器,但玉石配件数量种类多于 M91 其他陪葬墓,说明 P4 身份略高于 P6,P6 身份又高于其他。从陪葬墓随葬车器与铜容器来看,范家 M91 墓主身份应至少为中级贵族。相家庄 M2 被多次盗扰,铜陶礼器一空,9 座陪葬墓亦被侵扰,仅 P7、P9 幸免,两座皆随葬石佩组饰,P9 尚有铜匜 1、铜匕 1,P9 墓主身份等级应略高于 P7。由于相家庄 M2 未残留任何可供判断身份等级的随葬品,只能从 P9 随葬铜匜 1 与石佩组饰,推测其应与范家 M91 的 P4 等级接近,进而推判相家庄 M2 墓主身份等级亦应为中级贵族。

战国中期:相家庄 M3 与 M2 为夫妻异穴合葬墓。M3 遭盗掘一空,铜、陶礼器皆无。有 6 座陪葬墓,3 座被盗扰,P1、P3、P5 完好,皆为男性,随葬石佩组饰。P3 另随葬有铜鉥 1、陶盖鼎 2、壶 1,明显身份等级高于 P1、P5。相家庄 M5 亦被盗空,陶礼器中仅余豆 1,有 5 座陪葬墓,除 1 座被盗外,其余 4 座幸免于难。P2、P3 墓主为 14—25 岁女性,P4、P5 墓主为 13—18 岁男性,皆随葬石佩组饰、陶盖豆 2、陶壶 2,P3 尚有陶鼎 1,P4 有陶鬲 1、铜剑 1、铜削 1,P5 有陶鬲 1、铜剑 1 等,且墓室面积皆在 4.6m² 以上,与相家庄 M3P1、P5 的身份略同,由此可以推估相家庄 M5 墓主身份应亦和 M3 接近。

综上得知,战国时期齐国大夫或中级贵族以上等级的大型墓葬中常设置陪葬墓,而陪葬墓中随葬石佩组饰者,其身份等级明显高于未随葬石佩组饰者。

---

[1] P4 未随葬石佩组饰,故未列入表中。

[2] 《公羊传·桓公二年》何休注:"礼祭,天子九鼎,诸侯七,卿大夫五,元士三也。"此为东周文献所记用鼎数量与其对应的身份。然考古发掘资料显示春秋至战国时期,实际用鼎数量及所对应的贵族阶层与文献记载有所出入。

二、石佩组饰的种类与嬗变

　　战国时期石佩组饰的种类可以管、珠、石牌的串连组合形制分成三型：

　　1. A 型——石珠、管串连：枣核形滑石管、扁圆形石珠连接成串，佩戴方式从颈部悬垂至膝部，如图一。其流行时间为战国早期早段。

　　2. B 型——石珠、管＋方形石牌：方解石珠串成单行、双行或三行间以青石方片或蚌片。依其佩戴方式可分成二种，一是从颈部悬垂至股骨或膝部，流行时间为战国早期早段；另一是从腹部悬垂至下肢，流行时间为战国早期早段至战国早期晚段以前（图二）。

　　3. C 型——眼形佩＋方形石牌＋石璜/石环。串连方式基本以眼形佩为挈领，方形佩、长方形佩分两行并排，间以石璜或将石璜置于

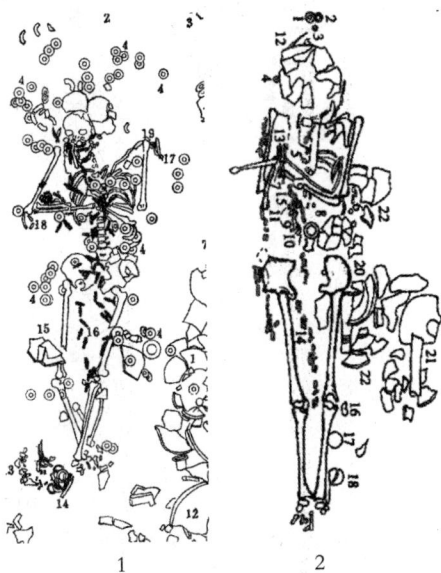

图一　A 型石佩组饰

1. 郎家庄 M1P2：16　　2. 东夏庄 M6P19X35

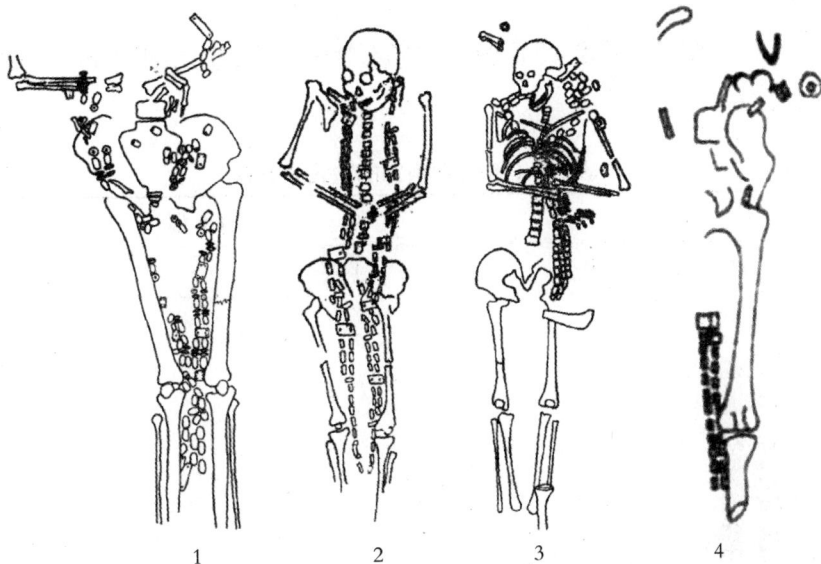

图二　B 型石佩组饰

1. 郎家庄 M1P8　　2. 郎家庄 M1P10　　3. 郎家庄 M1P12　　4. 辛店 M2P3

末端。搭配石环者,则多将石环穿插在方形佩与长方形佩之间,形成约束过渡的视觉
效果。佩戴方式有二,一是从颈部至下腹部,一是从颈部贯通至脚踝处(图三)。

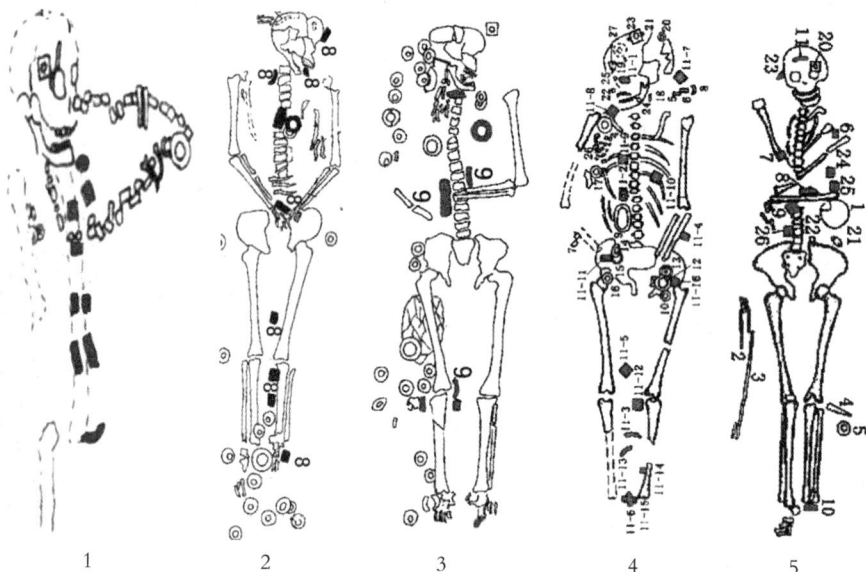

图三　C 型石佩组饰

1. 辛店 M2P4   2. 范家 M91P4：6   3. 范家 M91P6：8   4. 相家庄 M3P1：11   5. 相家庄 M5P3

依有环、无环,C 型石佩的排列组合,可再细分成二亚型,如表二:

1. Ca 型——无环。Ⅰ式:眼形佩＋方形石牌＋一璜;Ⅱ式:眼形佩＋方形石牌＋
二璜。

2. Cb 型——有环。Ⅰ式:眼形佩＋方形石牌＋二璜;Ⅱ式:眼形佩＋方形石牌＋
二璜＋琬圭形佩。

表二　C 型石佩组饰的型式分类表

型式 时期	Ca 型		Cb 型	
	Ⅰ式	Ⅱ式	Ⅰ式	Ⅱ式
战国早期	 1			

续　表

型式 时期	Ca 型		Cb 型			
	Ⅰ式	Ⅱ式	Ⅰ式		Ⅱ式	
战国早期晚段		2	3	4	5	6
战国中期			7		8	

1. 辛店 M2P4：2　2. 孙家徐姚 M22：1　3. 范家 M91P4：6　4. 范家 M91P6：8　5. 相家庄 M2P7：16
6. 相家庄 M2P9：14　7. 相家庄 M5P5：10　8. 相家庄 M3P5：7

　　从表二得知,C 型石佩组饰最早出现的型式为 Ca 型Ⅰ式,战国早期晚段发展转变成 Ca 型Ⅱ式,同时 Cb 型Ⅰ式、Ⅱ式出现,并延续使用至战国中期。

　　综上,A 型、B 型石佩组饰同时流行于战国早期早段,随葬 B 型石佩组饰的墓葬数量多于 A 型。然 C 型石佩组饰出现后,便彻底取代 A、B 两型而成为随葬石佩组饰的主流风格,一直延续至战国中期。战国晚期目前尚未发现,估计应与此阶段墓葬发掘数量少,且设置陪葬墓的习惯渐渐消失有关。

三、石佩组饰的性质

　　石佩组饰出土时皆位于棺内墓主身体上,判断若非是生前佩戴物,便是齐国特有的一种葬俗表现。以下分别讨论石佩组饰的性质为何。

石佩组饰选用的材质为临淄地区富含的滑石、方解石矿藏,而非珍贵的美玉、水晶、玛瑙等原料[1],且无论是石管、珠或石佩、环、璜等,皆具造型切割简单、表面打磨粗糙、多为素面少有雕花的特征,显见制作仓促简陋。由上知,石佩组饰应非生前佩戴饰物,而是专为丧葬准备的明器之属。

A 型石佩组饰单以石管、珠连接成串,这种形式亦见于西周至春秋时期中下等级墓葬随葬的玉质项饰中[2]。然 A 型石佩组饰虽同为项饰,长度却从颈部悬垂至膝部,与一般项饰最长至胸腹部的长度差别甚大。项饰在战国时期已非主流,佩戴玉质项饰之例仅见战国早期的曾侯乙墓[3],A 型石佩组饰亦只见于战国早期早段的郎家庄 M1P2 与东夏庄 M6P19X35 中,其后便消失不见。郎家庄 M1P2 随葬陶礼器与铜车器,身份明显高于东夏庄 M6P19X35,两墓皆随葬 A 型石佩组饰,说明此种形制未受身份等级高低的使用限制,但在材质的选择上,身份高的使用玉髓珠管,身份低的使用滑石等。

B 型石佩组饰以方形石牌为主要构件,间以石珠、管穿连,这种形式常见于西周晚期至春秋时期中上等级墓葬随葬的玉质项饰中。而出土 B 型石佩组饰的陪葬墓,亦出自身份等级较高的主墓,说明 B 型石佩组饰适用于身份等级相对较高的陪葬墓主。B 型石佩组饰的佩戴方式不限于悬垂于颈部,也有从腹部开始的例子,推测应是垂吊于腰带上,如郎家庄 M1P8、辛店 M2P3[4]。B 型石佩组饰出现于战国早期的陪葬墓中,具有双重悖逆时宜的现象,一是形制的僭越,一是组合形式与佩戴方式的复古。

C 型石佩组饰的组合形式,在西周至春秋战国时期的组玉佩中未见相似的例子,是深具齐国特色的随葬品之一。无论是 Ca 型或是 Cb 型,眼形佩皆是不可或缺的固定标配,数量只有一件,表二:4 未见眼形佩,估计是盗扰佚失之故。眼形佩、牌、璜、环之间可能以丝带串系(因牌、璜、环之间未发现有珠、管,且环上无穿孔),摆置固定于身体的中线上。若为生前使用饰物,则悬垂于身体中央,影响举止行走,有些佩牌制作粗糙、形制甚不规整,违逆美学规范[5]。另眼形佩出土时所在位置多靠近下颌,或许摆放起点是嘴部,而非颈部。石牌、环、璜等从嘴部起分置全身,宛若高级贵族墓

---

[1]　齐国玉矿藏量少或是乐毅将齐国玉料搜刮一空,见贾峨:《春秋战国时代玉器综探》,《中国玉器全集·春秋战国卷》,河北美术出版社,2006 年。

[2]　孙庆伟:《周代用玉制度研究》,上海古籍出版社,2008 年,第 165 页。

[3]　湖北省博物馆:《曾侯乙墓》,文物出版社,1989 年,第 422 页。

[4]　估计上半部因被盗佚失,从残留形式判断,原应从腹部垂悬至下肢。

[5]　山东省文物考古研究所:《临淄齐墓》,文物出版社,2007 年,第 234 页。

葬用玉殓尸的形式。战国时期组玉佩中少见璜而多用珩,珩弧形向下呈∩状,穿孔于正中上方;璜为弧形向上呈∪状,穿孔在两侧。C型石佩组饰中单璜、双璜的组合搭配,不符合当时组玉佩饰的时代趋势,而呈现浓厚的复古风格。出土C型石佩组饰的陪葬墓多随葬有陶礼器,说明C型石佩组饰受到身份等级的佩戴限制。

齐国石佩组饰普遍具有工艺粗糙、仿玉形制、复古风格的特点,显示石佩组饰的性质应是专为丧葬所作的陪葬品。其中A型、B型不具地域色彩,女性专用;C型则为齐国独有的形式,男女不拘,皆可使用。A型石佩组饰的使用,不受身份等级限制,B、C型石佩组饰的使用,受身份等级的约束与限制。

四、结　语

齐国由于厚葬观念使然,陪葬墓墓主身份不似主墓墓主高贵,不能使用玉器随葬,虽生前佩戴的水晶、玛瑙串饰多随葬墓中,或许仍嫌单薄,便运用当地蕴藏丰富的滑石、方解石等仿效玉器形制,制成石佩组饰,并进一步发展成为齐国特有的石佩组饰。

从目前出土齐国石佩组饰的墓葬来看,在中字形、甲字形等大型墓葬中未见,而多出于甲字形大墓或高等级墓葬的陪葬墓中。值得注意的是战国早期晚段孙家徐姚墓地 M22 为长方形竖穴土坑墓,一椁一棺,墓室面积 9.9m²,椁底有腰坑、殉犬 1,随葬品多达 330 件(套),其中有仿铜陶礼器一套(含陶鼎 3),并伴出数十件兵器,墓主应为士一级军事官吏[1],墓主身上摆放 C 型石佩组饰。另同为战国早期晚段的长岛王沟 M22 亦为长方形竖穴土坑墓,一椁一棺,墓室面积 34.7m²,随葬有陶壶,铜剑、戈、镞等兵器,墓主身上也摆放 C 型石佩组饰[2]。由徐姚 M22 与王沟 M22 随葬石佩组饰的案例,让我们得知石佩组饰的适用人群为身份等级低下的官吏或贵族。

笔者检视了战国时期齐国疆域涵盖范围内的墓葬,发现随葬石佩组饰的墓葬,仅集中在临淄齐国故城周围很小的区域内,长岛王沟 M22 是唯一的例外。据《史记·田敬仲完世家》:"宣公卒,子康公贷立。贷立十四年,淫于酒妇人,不听政。太公乃迁康公于海上,食一城,以奉其先祀。"或许长岛王沟墓葬群即康公一支及其家臣,才会在偏僻的海上唯独随葬齐国石佩组饰。说明齐国石佩组饰的使用习惯与田齐陈氏王室

[1] 淄博市临淄区文物局:《山东淄博市临淄区孙家徐姚战国墓地》,《考古》2011 年第 10 期。
[2] 烟台市文物管理委员会:《山东长岛王沟东周墓群》,《考古学报》1993 年第 1 期。

有较密切的关系。

　　齐国石佩组饰应源于西周用玉、佩玉习俗,逐渐发展成独具齐国特色的随葬品。A、B型石佩组饰完全脱胎于西周至春秋时期的玉项饰,针对女性身份等级的高低,予以A型或B型石佩组饰。齐国高等墓葬墓主以玉璧敛尸,低下身份等级的官吏、贵族则权变发展出C型石佩组饰,分置全身,以求达到同等效果。

齐国漆器探议

高晓阳

淄博市博物馆

我国是世界上最早用漆的国家。漆器作为我国一种古老的传统手工艺术品,具有胎轻体薄、坚固耐用、防腐耐酸碱的特征,加以装饰精美、色泽明亮、光彩夺目,兼具实用价值与审美价值于一体,从古到今,深受人们的推崇与喜爱。从考古出土实物来看,迄今为止我国发现的最早的漆器是 1978 年浙江余姚河姆渡新石器时代遗址出土的一件漆碗[1],距今已有 7000 年的历史。近年来,随着考古工作的不断深入,在齐国贵族墓中也发现了较多漆器,虽然受北方气候环境的影响而保存效果不佳,但这些发现对于研究齐国漆器及其制造工艺等问题,仍不失为重要的基础性资料,同时对丰富充实齐文化研究也是一个有益的探索。

一、齐国出土漆器概况

作为春秋五霸之首的齐国,自 1957 年 6 月在山东栖霞县战国墓出土第一批漆器以来,先后在临淄郎家庄一号东周墓、西汉齐王墓随葬器物坑、临淄东夏庄墓地、临淄商王墓地、海阳嘴子前春秋墓 M4、相家庄六号墓等大中型墓葬中出土了大批漆器残片及精美的漆器装饰附件。此外,在齐国墓葬中,因盗扰或保存不善等,还有少量漆器或其残痕发现。在春秋时期的齐故城五号东周墓器物坑发现有漆器残片;长岛王沟春秋晚期十号墓的墓室西侧出土了用漆木匣盛装的真贝 460 枚,内椁柏木上髹红漆[2];章丘绣

---

[1] 浙江省文物考古研究所:《河姆渡——新石器时代遗址考古发掘报告》,文物出版社,2003 年。

[2] 烟台市文物管理委员会:《山东长岛王沟东周墓群》,《考古》1993 年第 1 期。

惠女郎山一号战国中期墓器物库木板和棺椁板表面髹漆，有红、黑、黄等色[1]；长清岗辛战国墓出土 1 件漆木箱和施彩的髹漆帷架木杆[2]；临淄淄河店二号战国墓陪葬坑出土有漆器，木胎已朽，从器物痕迹可辨器型的有豆、壶、盘、耳杯等[3]。从现有考古资料来看，齐国最早用漆的年代可追溯至西周早中期，2009 年在山东高青县陈庄西周遗址发掘西周墓葬 M35，为"甲"字形大墓，棺板髹红漆，绘黑彩[4]。此外，据战国初期的手工业专著——齐国官书《考工记·弓人制弓》记载，漆，用来抵御霜露；最优良的弓没有漆痕，如尺蠖形等，说明在战国初期齐国就已熟练掌握了漆的性能。而齐国漆器的使用最早见于春秋末期或战国初期，1971 年 12 月，临淄郎家庄东周一号殉人墓中发掘的一批漆器[5]，是迄今为止在齐国地域内考古发现的最早的漆器。

　　齐国漆器出土时胎骨大多已腐朽，其器物的具体造型难以描绘，但大体上可分辨的有箱、盘、盒、樽、耳杯、案、奁、盾、弓箭、箱杆等，且大多器物上装饰有图案和金属附件，特别是金属附件制作极为精美，其胎骨以木胎和夹纻胎为主，还有少量皮革胎。

二、齐国漆器的制作装饰工艺

　　漆器工艺是胎型制作工艺和装饰工艺的简称。它始于殷商时期，盛于汉代，是我国工艺美术史的重要组成部分。漆器工艺具有较为鲜明的时代特征和地域文化特色，不同的时代、不同的地区所反映的漆器工艺也有所差异。

（一）胎型制作工艺

　　胎型制作工艺包括胎骨和器形两方面。根据现已出土的漆器及其漆胎朽迹分析来看，齐国漆器的胎骨主要以木胎和夹纻胎为主，还有少量皮革胎。木胎是指用各种木材制作器形较为规整的漆器底胎，其优点是因地制宜，就地选材，制作简单。制作推测有以下三种方法：一是旋木胎，即采用大小合适的木块，旋出外壁和底部，内腔则采用剜凿制作，如漆壶、漆瓶等；二是斫木胎，是利用木块或木板斫削出器形（包括刨、

　　[1]　济青公路文物考古队绣惠分队：《章丘绣惠女郎山一号战国大墓发掘报告》，《济青高级公路章丘工段考古发掘报告集》，齐鲁书社，1993 年。
　　[2]　山东省博物馆、长清县文化馆：《山东长清岗辛战国墓》，《考古》1980 年第 4 期。
　　[3]　山东省文物考古研究所：《临淄齐墓·淄河店墓地》，文物出版社，2007 年。
　　[4]　山东省文物考古研究所：《山东高青县陈庄西周遗址》，《考古》2010 年第 8 期。
　　[5]　山东省博物馆：《临淄郎家庄一号东周殉人墓》，《考古学报》1977 年第 1 期。

削、剜、凿等做法),如漆耳杯、漆盾、漆箭杆、漆案等;三是卷木胎,用于直壁器形,采用薄木片卷成圆筒状器身,接口处用木钉钉接,衔接处用胶粘合稳固后,用漆糊裱麻布于其上,再刮漆灰,经过打磨平顺后髹漆,底部是一块刨制的圆形平板,和器壁接合,一般在口沿或底部镶嵌金属扣,如漆奁。前两种为齐国早期主要的漆器胎骨制作法,第三种为齐国从战国初期开始逐渐流行的胎骨制作法,和夹纻胎一起成为齐国漆器胎骨制作的重要方法。夹纻胎即先用木头或泥土制成器形作为内模,用多层麻布或缯帛裱于内模上,逐层涂漆,待干后脱去内模制作漆器底胎,其特点是制作的器物轻巧、牢固,漆液渗透性好,粘附力强,适合于器形多变复杂的器物,因较之木质造形受限制少等优点而成为一种流行的做漆胎的崭新技术。皮胎漆器,实际上就是在皮革制品上髹漆的漆器。在齐国墓葬中只有少量发现,山东海阳嘴子前春秋晚期墓 M10 出土了一件施漆的皮革[1],皮革已朽,但漆片尚存。

(二) 装饰工艺

齐国漆器装饰工艺主要有描绘、镶嵌、彩绘和金银扣相结合,此外还有金箔片贴花和金银平脱。

一是描绘。描绘漆器是齐国春秋至汉代时期最普遍的一种漆器装饰法。即在完成的漆器表面上,直接用色漆描绘线纹或平涂花纹,所用色漆是加入油料或纯用油料调制而成的。这种装饰的特点是画工在线条上能根据纹样的特点,粗细刚柔相间,显得格外柔韧刚健;有的纹样间加平涂或点笞的技法,使"地"和"纹"互相衬托互为装饰,增加画面的活力,给人以明快调和的感觉。

齐国漆器的描绘装饰工艺最早见于春秋末期。临淄郎家庄一号东周殉人墓出土的一批漆木器中,大多漆器的装饰图案采用描绘技法。图案有长方形和圆形两种,色彩多为黑底白花,只有一件呈红底黑花,偶有白色勾边。题材有几何图案和写实图案两种,组成几何图案的单体有方形或长方形、斜长方形、浪花纹、叶状云纹、波状勾连纹、交错三角纹、简化雷纹、复合带状图案、单线锯齿纹九种;写实图案有一幅生活气息浓郁的绘画,在直径仅 19 厘米的圆圈内,共画了四座对称的房宇、十二个人物、四株花草、四只飞禽和十二只鸡,图中的禽鸟、花草既巧妙地与画面融为一体,又增添了画面的生活气息,开创汉画像石中此种风格的先河[2]。所有这些图案,构图严谨,用

[1] 烟台市文物管理委员会、海阳县博物馆:《山东海阳县嘴子前春秋墓的发掘》,《考古》1996 年第 9 期。

[2] 山东省博物馆:《临淄郎家庄一号东周殉人墓》,《考古学报》1977 年第 1 期。

笔流畅,画面生动,充分显示了画工精湛的艺术造诣。

山东海阳嘴子前春秋晚期墓 M4 发掘的棺椁上髹黑漆朱彩,出土了保存较好的一批漆器[1],其中一件漆罐口沿有对称的两个宽贯耳,耳部刻有华丽的兽头纹,内外均施黑漆,这是一种雕刻与漆绘相结合的装饰法;还有一件漆俎,通体施漆,朱红底,黑色花纹,四脚及横撑饰变体龙纹,反映了这个时期齐国漆器装饰技法的创新性。

战国早期临淄东夏庄四号、五号、六号墓中出土有漆器陪葬品[2],皆因盗扰严重和保存不佳,木胎已朽,但从器物的印痕和残存的漆片可以看出:四号墓的漆器器型有豆、盒、敦、舟、壶和耳杯等,外髹黑漆,朱绘纹饰,纹饰多三角形雷纹和卷云纹,线条流畅,色泽鲜艳;五号墓的漆器器型有方盘、盒等,外髹黑漆;六号墓的漆器器型有豆、耳杯、盾和一些兵器柄等,均有彩绘纹饰,或黑底朱彩、或红底黑彩、或绿底朱彩。战国早期相家庄六号墓也有很多漆器陪葬品[3],因盗扰火焚等,器胎多已朽,从器物的压印痕迹可辨器型有豆、簋、壶、罍、盘、匜、剑等,外多髹黑漆,并有朱绘纹饰,纹饰多云纹、雷纹和三角纹。其中一件漆豆足,髹黑漆,绘朱红色云纹、圆圈纹、四角星纹。临淄商王战国墓出土了 26 件漆器[4],胎均已腐朽殆尽,有木胎和夹纻胎两类,均髹黑漆,以朱漆描绘花纹,器型主要有盘、樽、壶、瓶、盒、案、奁、耳杯等。其中有两件方形漆盒,地髹黑漆,以朱红和银白漆彩绘图案,纹饰有云纹、龙纹和叶形纹,盒中部镶有铜环钮,圆形钮座,这是描绘与镶嵌装饰相结合的复合装饰工艺。从上述考古发掘的齐国漆器不难看出战国时期齐国漆器纹饰装饰的多样性,纹饰为以云纹为主,几何纹为副的装饰风格;战国晚期漆器制作工艺和装饰工艺开始走向复杂多变的复合工艺。

西汉齐王墓随葬器物坑出土 163 件漆器[5],胎朽毁殆尽,据残迹观察,多为木胎,少量为夹纻胎,可辨器型有箱、案、盒、耳杯、盾牌、弓、牌状漆器等,较多以描绘装饰为主的漆器:51 件漆盒,髹黑褐色漆,朱绘卷云纹;12 件漆盾,髹黑褐色漆,朱绘卷云纹,盾背面中间竖置木条加固,两端套有铜饰;1 件牌状漆器,牌面绘流云纹。这说明在西汉初期,描绘装饰仍然是齐国漆器重要的装饰方法。

上述情况反映了描绘漆器在春秋至西汉初期是齐国漆器最主要的装饰方法,木

[1] 烟台市文物管理委员会、海阳县博物馆:《山东海阳县嘴子前春秋墓的发掘》,《考古》1996 年第 9 期。

[2] 山东省文物考古研究所:《临淄齐墓·东夏庄墓地》,文物出版社,2007 年。

[3] 山东省文物考古研究所:《临淄齐墓·相家庄墓地》,文物出版社,2007 年。

[4] 淄博市博物馆、齐故城博物馆:《临淄商王墓地》,齐鲁书社,1997 年。

[5] 山东省淄博市博物馆:《西汉齐王墓随葬器物坑》,《考古学报》1985 年第 2 期。

胎居多,器型多样,纹饰百变,有少量雕刻与描绘结合的装饰方法,特别是临淄郎家庄一号东周殉人墓中出土的漆画非常珍贵,构成了这个时期齐国漆器制作和装饰工艺的主要时代特征和地域特色。

二是镶嵌。齐国的镶嵌工艺至迟在东周时期已臻于成熟[1]。镶嵌技术作为齐国的传统工艺,其源头可溯至大汶口文化,在大汶口文化墓葬中出土的骨器镶嵌绿松石便是例证。最早见于齐国漆器的实物镶嵌为春秋或迟到战国初期。在临淄郎家庄一号东周殉人墓中出土了少量镶嵌铜铺首衔环和骨饰的素面漆器[2],骨饰似作云雷纹。这种用骨饰作为漆器装饰的方法与商代安阳殷墟出土的雕花木器皿等漆器涂朱漆,在花纹间镶嵌经过雕琢磨制的蚌壳和小蚌泡作为装饰的装饰技法相似。这种螺钿镶嵌漆器的装饰法被认为是我国最古的一种漆器镶嵌装饰法,这也同时反映了齐国漆器在装饰上的借古今用。到战国晚期至汉代初期,齐国漆器的镶嵌工艺达到鼎盛时期,也是齐国漆器工艺由成熟发展到繁荣昌盛的时期,无论是漆器的品种、数量、质量,还是制作工艺,都达到了齐国漆器发展的"黄金时代"。这时期的漆器品种齐全、数量多、器形多变,且制作工艺精湛、装饰华丽,出现了较为复杂的复合装饰工艺。

在临淄商王墓地发掘的四座战国晚期墓葬中出土了 16 件漆器镶嵌金属扣及金属附件[3]:2 件漆盘镶嵌有银饰件(见下文金银平脱);4 件漆壶均镶嵌有三个器盖铜钮和一对鎏金兽面形铜铺首衔环;1 件漆案镶有四个铜包角;1 件漆瓶镶有铜瓶口,口颈之间饰两层浅浮雕莲花瓣纹,每层四叶花瓣;1 件漆奁镶有铜扣;5 件漆樽都镶嵌有银扣、铜扣及铜银饰件。其中 1 件漆樽,口镶铜扣;器身中部饰一周银箍,上面镶嵌一件环钮铜鋬耳;底部镶银箍一周,下面附三个蹄形铜足;盖缘镶银扣;顶镶银质柿蒂形饰,其周围嵌一周环带状银饰,银饰上有三个长方形小孔,镶嵌三个"S"形铜钮。这件漆樽制作精巧,采用镶嵌、描绘和银扣相结合的装饰工艺,尽显奢侈华丽。

临淄区大武镇窝托村发掘的西汉齐王墓随葬器物坑出土了 163 件漆器[4],多数漆器镶嵌有金属扣。其中 4 件漆箱的角部各饰一银包角,包角平面呈直角形,另有 1 件漆箱盖上镶嵌两个鹰首状金饰,铸工精良,纹饰细腻;2 件漆案髹黑褐色漆,木胎已腐,每件漆案的四角镶嵌四个铜包角,包角上饰鎏金花纹,纹饰线条流畅,做工精巧;50 件漆镲盒盖上镶有四个环形铜钮,钮下部有条形座镶于盒盖上;71 件漆弓两端镶有铜弭或骨弭;约上千余件箭杆前端饰两周黑色弦纹,后端镶骨括,呈凹槽状;10 件

[1] 李鸿雁:《齐国的金属细工工艺》,《管子学刊》,1999 年第 4 期。
[2] 山东省博物馆:《临淄郎家庄一号东周殉人墓》,《考古学报》1977 年第 1 期。
[3] 淄博市博物馆、齐故城博物馆:《临淄商王墓地》,齐鲁书社,1997 年。
[4] 山东省淄博市博物馆:《西汉齐王墓随葬器物坑》,《考古学报》1985 年第 2 期。

漆耳杯均镶嵌一对对称的银耳,呈月牙形,其中 1 件银耳饰鎏金勾连雷纹,足可见其华贵精美程度。虽这批出土漆器胎体都已腐朽,但从其出土残迹漆片纹饰和装饰金属饰件上可以看出,这个时期的齐国漆器制作和装饰都已达到繁荣鼎盛阶段,其精美程度仍可窥见一二。

　　三是彩绘与"扣器"相结合。彩绘漆器的边缘或器身中配合金银色的扣器,互相衬托和对比,使色彩更加灿烂。所谓"扣器"是指薄板胎、夹纻胎等漆器,因胎骨较薄,为加强器物牢固程度,在漆器口沿、底部边缘做上金属箍。箍金的称"金扣";银的称"银扣";铜的称"铜扣",还有铜扣鎏金的。扣器始于战国,盛于汉代。齐国的彩绘与"扣器"相结合的装饰工艺在战国晚期至西汉极为盛行。临淄商王墓地一号墓墓室内出土的 5 件漆樽[1],夹纻胎骨,已朽,均髹黑漆,以朱漆描绘花纹。其中 1 件漆樽,口饰银扣,器身中部饰一周带状银箍和一兽面环状錾耳;器底周缘镶铜扣,下附三个蹄形铜足;器盖弧面,镶三个云纹铜钮和三个圆形蓝色玻璃饰。这批战国齐国墓葬出土的漆器对研究齐国漆器制作工艺和装饰工艺都具有较高的科研价值和历史价值。

　　四是金银平脱。金银平脱亦属镶嵌工艺范畴。其指将金银薄片剪刻成各种人物、花卉、鸟兽等纹饰图样,镶嵌在髹涂打磨光滑的漆胎上面,用胶漆粘贴牢固,充分干燥后,全面髹涂两三层,再经研磨显出金银花纹,这样花纹与漆底就达到同样平底的效果,加以推广则成精美的平脱漆器。金银花纹,面较宽的地方还可以雕刻成细纹,但不能将金银片刻透,在古代称为"毛雕"。临淄商王墓地 M1 墓室中出土的 2 件漆盘[2],就属于金银平脱工艺的类型。该漆盘为木胎,已腐朽;口镶嵌银扣,内壁及内底平扣银质纹饰,银质纹饰系用银箔割制而成;内壁饰垂叶纹,内底中部饰一大一小龙纹,增强了画面的动感,外缘为一周叶形纹,整个纹饰布局合理、匀称,与器物巧妙结合,融为一体,突显了齐国发达的漆器装饰工艺水平及金属细工工艺水平。过去部分学者认为:战国时期漆器外缘镶嵌的一圈金银扣为平脱的最初状态,延至汉代才出现真正的平脱器物,唐初以金属为器胎的平脱器才开始出现。这种金银平脱器物的出现将这一断言否定,从而将这一工艺的历史推至战国时期[3]。从现有考古资料来看,此类型的漆器器物尚未在其他同时期的地区发现,说明在这个时期齐国漆器表现出了独特的时代特征和地域特色,以及发达的金属细工工艺制造水平。

　　五是金箔片贴花。利用金质软、延展性好和装饰性强的特点,将金延压成薄片,

　　[1]　淄博市博物馆、齐故城博物馆:《临淄商王墓地》,齐鲁书社,1997 年。

　　[2]　淄博市博物馆、齐故城博物馆:《临淄商王墓地》,齐鲁书社,1997 年。

　　[3]　李鸿雁:《齐国的金属细工工艺》,《管子学刊》1999 年第 4 期。

再剪刻成人物、动物、花卉等花纹,用胶漆粘贴在漆器面上作为装饰。齐国漆器的金箔片贴花装饰工艺历史悠久,其渊源可追溯至商代。1966 年,山东益都苏埠屯第一号奴隶殉葬墓中出土的 14 片金箔[1],均为漆器表面贴金花所用,漆器胎骨朽毁后脱落,其平面形状有长方形、三角形、菱形等,大小不一。1971 年在临淄郎家庄一号东周殉人墓中发掘的金箔残片,厚仅 0.04 毫米,用针刺出蟠龙兽面纹和绳索纹,针孔细密、整齐,似为漆器上的装饰品[2]。这种金箔片贴花与漆色相互衬托,形成炫目夺人的装饰效果,使漆器尽显高贵的品质。

三、齐国漆器相关问题的探讨

(一) 齐国漆器生产的历史背景

从现有考古资料来看,齐国漆器最早见于春秋末期或延至战国初期,到战国晚期至西汉达到鼎盛,至东汉后期已开始衰落。齐国漆器的这一发展脉络与齐国的政治和经济发展有着千丝万缕的联系。首先,齐国在姜太公建国至春秋时期,政治不稳定,经济发展相对滞后,造成各种手工业技术水平不高,专业化程度低;直到春秋齐桓公管仲时期,继承并发展了姜太公"因其俗,简其礼,通商工之业,便鱼盐之利"[3]和"劝其女功,极技巧,通鱼盐"[4]等激励性的工商方针和政策,实行士、农、工、商四民分工,通过定四民之居强化专业分工,促使从事不同行业的人都能与有利于本专业发展的环境相结合,并通过世代相传使本行业的技术精益求精,促进了社会分工的不断细化。而著名的作为手工业技术规范准则的《考工记》,就应该是一部战国时期齐国人所写的著作[5]。《考工记·弓人制弓》中就有了齐国人对漆弓制作严格的专业细分工和对漆的性能熟练掌握的记载,这也为后期齐国漆器的繁荣发展打下了坚实的技术基础。其次,齐国通过不断拓土扩疆,成为东方泱泱大国,这既增加了税收的来源,充实了国家的财力,又伴随着商品经济的繁荣发展,为齐国手工业的不断创新和发展提供了雄厚的物质基础保证。最后,这也与齐国在齐桓公时期开始的奢侈之风

[1] 山东省博物馆:《山东益都苏埠屯第一号奴隶殉葬墓》,《文物》1972 年第 8 期。

[2] 山东省博物馆:《临淄郎家庄一号东周殉人墓》,《考古学报》1977 年第 1 期。

[3] 《史记·齐太公世家》。

[4] 《史记·货殖列传》。

[5] 闻人军:《考工记译注》,上海古籍出版社,1993 年。

和汉代的厚葬习俗密切相关。据《管子·侈靡》："问曰：'兴时化若何？'莫善于侈靡。"即根据时代不同而改变政策最好的办法是发展侈靡消费，以至于到战国时期奢侈之风遍及朝野，故有"临淄甚富而实，其民无不吹竽鼓瑟，击筑弹琴，斗鸡走犬，六博蹴鞠者"[1]。另据《韩非子·内储说上》载："齐国好厚葬，布帛尽于衣衾，材木尽于棺椁。"《史记·齐太公世家》载晋永嘉末，人盗齐桓公冢，"得金蚕数十薄，珠襦、玉匣、缯采、军器，不可胜数"，由此可见齐国在春秋时期已盛行厚葬之风，至汉代时社会上层贵族的厚葬风气更浓，"世以厚葬为德，薄终为鄙"[2]。西汉齐王墓随葬器物坑出土的一万二千余件器物中，贵重器物达千余件，漆器一百六十件，可见其作为一位诸侯王的厚葬之重。齐国漆器也正是这种社会葬俗之下的产物，它和厚葬的关系，可以说是毛与皮的关系，"皮之不存，毛将安傅"[3]？

（二）齐国漆器的产地问题

从现有文献资料和考古出土的齐国漆器及残片与其金属附件分析来看，齐国应有自己的漆器制作作坊，而且其制作工艺在同时代诸国中处于前列。如临淄郎家庄一号东周殉人墓出土的漆器残存遗迹，其绘画装饰属于较为典型的北方绘画风格，图案严谨规矩、对称要求高、图案化严格的特点，与南方楚国地区的漆器绘画自由而浪漫的风格有别；临淄商王墓出土的战国晚期黑地朱绘银平脱龙纹漆盘[4]，采用齐国颇具特色的银平脱工艺制作而成，在同时代的中原地区与其他地区尚未发现，应为齐国本地官营漆器作坊制作。其原因有以下三点：一、《尚书·禹贡》载，兖州（今山东滋阳西）"厥贡漆丝"，《史记·夏本纪》曰"济、河维沇州……其贡漆丝"，可见，山东在夏朝时期就为贡漆之地；《史记·货殖列传》载山东在商周时期就有"山东多鱼、盐、漆、丝"和"陈夏千亩漆，齐鲁千亩桑麻"的说法，可见，山东自古以来就是产漆的主要地区之一。二、据文献记载，西汉时期齐国的漆器制作作坊中心位于齐临淄三服官，这有待考古发掘资料的佐证。三、从齐国墓葬中出土的大量漆器，特别是制作精美、装饰华丽的漆器"扣器"，以及当时的交通运输条件来看，齐国漆器不可能是漆器"扣器"产地蜀汉、广汉郡之外来品；另外，从漆器出土地、金银扣器的质地、纹饰图案等情况来看，齐国漆器有自己独立的漆器产地，可能在临淄或胶东两地[5]。

---

[1]　《战国策·齐策》。

[2]　《后汉书·光武本纪》。

[3]　《左传·僖公十四年》

[4]　淄博市博物馆、齐故城博物馆：《临淄商王墓地》，齐鲁书社，1997 年。

[5]　逢振镐：《汉代山东出土漆器之比较研究》，《江汉考古》1988 年第 4 期。

（三）齐国漆器的历史价值及意义

从现有考古资料来看，齐国漆器均出土于大中型的贵族统治阶级墓葬中。春秋时期的齐故城五号东周墓是一座大型墓葬，疑为齐景公墓[1]；临淄郎家庄一号东周墓是一座规模巨大、随葬器物丰富的大型墓葬，墓主为卿大夫一级的大贵族；西汉齐王墓是一座大型墓葬，随葬器物坑随葬器物巨多，墓主为西汉初年齐王；临淄商王墓地战国晚期墓是大中型墓葬，随葬器物异常丰富，墓主为当时的贵族或齐国王室成员；临淄东夏庄四号、五号、六号墓和相家庄六号墓都是大型"甲"字形墓，墓主均为卿大夫一级的贵族；等等，这说明漆器在当时作为贵重的生活用品和艺术品，大多流通于极少数贵族统治阶级们的手中，成为齐国贵族统治阶级死后仍享受的珍贵奢侈品，是齐国贵族阶级奢靡生活的真实写照，同时也是封建统治阶级剥削和压榨劳动人民血汗的缩影。齐国漆器装饰的精美金属构件反映了齐国较为发达的金属细工工艺，以及发达的金属冶炼和铸造工艺，其独具特色的银平脱工艺，更是让人们为齐国精湛的金属制造工艺而惊叹。

齐国漆器是研究齐国政治和经济文化的重要物质载体之一，它所反映出来的漆器胎骨制作和装饰工艺是研究齐国漆器工艺美术史的重要考古学资料，也是研究齐国人民物质文化和精神文化的重要素材，特别是它所创新的漆器平脱工艺在我国漆器工艺史上占有重要地位。

---

[1]　山东省文物考古研究所：《齐故城五号东周墓及大型殉马坑的发掘》，《文物》1984 年第 9 期。

战国齐俑与秦"泡钉俑"属性研究

付　建

秦始皇帝陵博物院考古部

2012年2月临淄稷下街道办范家墓地出土4件陶俑,由于火候极低及长时间在坑内挤压,出土时已成块状,后修复复原其中2件。2012年秦始皇陵9901坑出土的4号陶俑破碎较为严重,后修复复原,俗称"泡钉俑"。这两类陶俑在衣着服饰上均为"偏裻之衣",本文结合文献"服以旌礼"的原则,对其身份属性进行推测。

一、齐俑与秦俑的描述

山东淄博市临淄区稷下街道办范家墓地出土的战国晚期陶俑,均为空心,头、胳膊、耳为套接捏合而成,泥质黄褐陶,出土时彩绘色彩艳丽,因出土时间较长及风化等原因,彩绘色彩变淡,部分已经脱落,复原的2件陶俑形制基本相同。

范家墓地修复1号俑(图一),圆头,大眼,眼窝较深,叶形双目,弯月眉弓,长鼻梁隆起,两耳前兆,长方肥大,耳唇有一方孔,下颌圆凸,面部圆润丰满。右臂屈肘,下臂向上抬举,五指并拢,掌心向前;左臂自然下垂,屈肘前伸,手握拳,拳心中空。短颈,胸肌丰满,双乳尖凸,束腰,身着长裙,身体前倾,呈站立状。用黑彩绘出黑发,面部、颈、手涂施粉红彩,用黑、白彩勾勒出眼珠(脱落),长裙右侧涂施朱红彩,左侧施黄彩,肩部施黑彩条。头顶、颈下部以及腋下各有一圆孔。高56.5厘米。范家墓地修复2号俑(图二),除下颌、头顶圆滑;右臂屈肘,下臂向上抬举,手握拳,拳心中空;高59.5厘米外,其余同1号俑[1]。

---

[1] 淄博市临淄区文物管理局:《临淄文物志》,文物出版社,2015年,第143页。

图一　范家墓地 1 号俑　　　　　　　图二　范家墓地 2 号俑

　　秦始皇帝陵 9901 坑修复后的 4 号俑,俗称"泡钉俑"(图三)。通高 157 厘米(不含头部),其中身高 154 厘米,踏板厚 3 厘米,俑整体呈站立姿,身体稍向左侧扭转,左手臂上举,右臂搭于胸前,双腿分离,略呈小弓步。4 号俑的两臂一上一下呈不同的姿势,左臂向左前侧上举,与正面重心线呈 20 度角,侧面也呈 20 度角,上臂、前臂大部分残缺;右上臂从身体右前侧下垂,与正面身体重心线呈 30 度角,侧面呈 40 度角,右前臂与上臂呈近 90 度角,贴在身体的前胸右侧,右手暂残缺。双腿呈分离式站姿,右腿的大腿、小腿上下呈一条直线,与正面重心线呈 10 度角,右脚尖左前侧扭转,较正常站姿偏左 40 度;左腿的大腿与小腿呈折屈状,小腿竖立,大、小腿间呈 115 度角,膝关节凸出,几乎朝向身体的左侧,与侧面重心线呈 15 度角,左脚方向朝身体左侧,与膝盖的方向一致;两脚从身体的正面看,间距约 5 厘米。

　　俑上身着衣,下身为裳。该衣前后通长 125 厘米,其中前身上下长 63 厘米、后身上下长 62 厘米,胸围 81 厘米、腰围 79 厘米;主体部位装饰有上下方向 14 列、左右方向 20 排共 98 个圆形泡饰,圆泡平均直径 3 厘米、厚 1 厘米左右。主体部位的圆泡因为身体的遮挡,排布并不一致,衣的正面呈 5 列,其中 4 列位于身体正面,每列 9 个泡,另一列位于身体右前侧,只有上下 2 个泡,共 38 个泡;后身的泡排布规整,共 4 列,每列 9 个,共 36 个泡;右肩部只有上下 2 个泡,左肩部无泡;右腋下 2 列,上下 5 排,共 10 个泡;左腋下 2 列,上下 6 排,共 12 个泡。以上各部位原共有 98 个泡,由于脱落现存 92 个泡。

　　裳主体部位外观呈上小下大的圆桶状。根据现状,腰部被上衣下边缘所覆盖,推算其腰部延展长度 88 厘米,上衣下边缘延展长度 137 厘米,上下高 28.5—36.5 厘米,臀围 90 厘米;裳的下沿应有腰带,但是被上衣遮蔽,仅露出带结,位置在左腹前部;带

图三　9901 坑 4 号俑

环呈水滴状,上下长 4.5、左右宽 3.1 厘米,环的部位显示其结构为 6 股,带宽度为 0.4—0.6 厘米;带头显示其结构为 4 股,长 1 厘米,残宽 3 厘米,每股的宽度为 0.4— 0.8 厘米。下裳部位后侧面有一个戳印文字,前一字为"宫",后一字残缺,但从大体轮廓和主要结构可以判断为"臧",这应该是制作该俑的工匠的名字[1]。

二、齐俑与秦俑服制

《左传·昭公九年》:"服以旌礼。"杜预注:"旌,表也。"服既表示衣服,也表示车制,但这里讨论的仅是衣服,且只讨论穿在外边的"裼衣"。《礼记·玉藻》云"锦衣狐裘,诸侯之服也",郑玄注"非诸侯则不用锦衣外裼",中衣和内衣不在讨论之列。

《周礼》《仪礼》《礼记》《左传》等书中的各种礼仪场所,各类人身着不同的服饰,其身份地位不同,在礼仪过程中扮演的角色对仪式有指引作用。作为以宗法制为核心的中国古代社会,各宗族的宗主在不同场所要身着不同的服饰,而这些服饰也时刻提醒着宗主在某些特定场所要完成不同的任务。服饰在各个场合表现着不同的礼制,通过梳理商周秦

---

[1]　秦始皇帝陵博物院:《2011—2012 年度秦始皇帝陵 K9901 考古简报》,《秦始皇帝陵博物院》(2013 年总叁辑),三秦出版社,2013 年,第 54—95 页。

汉时期不同服饰及各服饰的名称,可以还原不同的服饰在不同场合的深层次意义。商周秦汉时代,服饰的样式主要有两种,上下裳分开制和上衣下裳连成一体制,这个时期的服饰都是在这两种样式上衍生而出的,且产生了很多不同名称、不同类型的服饰。

商周秦汉时期,帝王和王后的服饰一般分为便服、吉服和丧服。便服就是平常所穿的服饰,不同人群的样式有所不同,其不出现在朝宴等礼仪场合,如袍、元端和深衣。吉服就是参加各种祭祀礼仪活动所穿的服饰,穿着者主要是社会的上层,样式主要是冕和袞衣,如大袞等。《周礼·春官·司服》称:"王之吉服,祀昊天上帝,则服大袞而冕。"《乡师》注云:"吉服者,祭服也。"丧服就是丧礼上穿的衣服,但古代丧礼分为哀死亡、哀凶札、哀祸灾、哀围败和哀寇乱,由于国家的统一,仅剩哀死亡的丧礼了,那么丧服的组合就犹如《仪礼·丧服》中的"斩衰裳、苴绖、杖、绞带、冠绳缨、菅屦"。弁服,又称为常服,军装是弁服的一种,也可以归到吉服中。这些服饰除常服大多是上下连体外,其余基本都是上衣下裳式。

有各类不同的礼仪场合,也就有了服饰的等级和使用标准。一般情况下,便服的级别最低,使用场合也较多,使用人群相对较广;其次是吉服,吉服级别适中,上对下的各种场合都可以使用吉服,使用场合相对比较集中,使用人群相对较少;丧服和弁服比较特殊,使用场合单一,使用人群最少。各种服饰因为材料不同,又衍生出许多固定的名称,这些名称不随着服饰工艺的变化而变化;但由于礼制的不同,其自身的名称会发生变化。

范家墓地修复的1号陶俑,用黑彩绘出黑发,面部、颈、手涂施粉红彩,用黑、白彩勾勒出眼珠(脱落),长裙右侧涂施朱红彩,左侧施黄彩,肩部施黑彩条。9901坑4号俑用彩绘、雕塑和刻画表现衣服的具体部分,彩锦衣边直上到领部,直下到腰部,衣边宽约5厘米,为黑白相间的彩绘纹饰,上衣从后背处开合,右侧衽压住左衽;上衣的胁间饰有一条带子,且包边的内侧为柔软材质的衣服,这种衣服绘有太阳八角纹,四个太阳八角纹围着一个泡钉,从交叉叠压的衣襟推测,该衣应为丝质。包衣服边的锦为"纯",《礼记·深衣》云"衣纯以缋",郑玄注"纯,谓缘之也";而直上直下又在背后的为"裻",《国语·晋语一》云"是故使申生伐东山,衣之偏裻之衣",韦昭注"裻在中,左右异,故曰偏"。

通过上述梳理,基本可以确定范家墓地修复1号俑和9901坑4号俑身着的衣服不是便服与丧服。这类衣服,孙机先生认为"穿左右异色的偏衣,亦应归入法服之例"[1],最有可能的就是吉服了,法衣也就是吉服中的一类。至于"泡钉"是防护的

---

[1] 孙机:《中国古代的带具》,《中国古舆服论丛》(增订本),文物出版社,2001年,第253页。

铠甲的观点[1]，由于"大带""裕"以及下身黑白相间纹饰"裳"的出现，其可能性就更小了。

吉服，大多都是由首服、体服及足服组成。范家墓地修复 1 号俑和 9901 坑 4 号俑的头部没有任何的首服，身上的服饰均有背缝连接，服饰颜色均不正。范家墓地 1 号俑的脚部情况不清楚，9901 坑 4 号俑的脚部也赤裸无足服。范家墓地修复 1 号俑用颜色表示出服色不正，且身着上下量体的深衣；9901 坑 4 号俑为"上衣下裳"的衣制，两处带制，下层被上衣遮挡的是腰带，而上衣结系的是黑色的练带，襟直领，偏裻之衣，锦衣纯。

这几件陶俑身着的服饰有可能为一种简化的吉服。《礼记·玉藻》云："锦衣狐裘，诸侯之服也。"郑玄注："非诸侯则不用锦衣外裼……质略，亦庶人无文饰。"《周礼·天官·阍人》云："奇服怪民不入宫。"郑玄注："奇服，衣非常。"《说文》裻训"背缝"，即衣背缝也，则奇服为偏裻之衣。范家墓地的 2 件陶俑由于只有颜色，观察不到其他衣服部位。而 9901 坑 4 号俑着"锦衣"和"绅"都说明其地位较高，不可能是普通的百戏，但偏裻之衣的奇服又不能出现在礼制场合，说明这类衣服只能出现在特殊的场合。

三、齐俑与秦俑属性

在"服以旌礼"的先秦时代，服饰可以影响一个诸侯国的政治事件。《史记·晋世家》："太子帅师，公衣之偏衣。"裴骃集解："偏裻之衣。"《国语·晋语一》韦昭注："裻在中，左右异，故曰偏。"《内传》作"衣之偏衣。"杜预注："偏衣，左右异色，其半似公服。"裻在中，左右异色，故曰"偏裻"。裻，衣背缝，以衣背缝为界，衣服两半的颜色不同。《广雅》云"缝，合也"，指衣襟的结合部。《史记·赵世家》云"四年，王梦衣偏裻之衣"，《正义》引杜预注"偏，左右异色。裻在中，左右异，故曰偏"。《略谈楚墓中的偏衣俑》指出"墓中随葬偏衣俑，很可能也是为引导墓主人的魂魄出阴入阳、通神而置的"[2]，由此可见，着偏裻之衣的俑意义很特殊，衣之偏裻的太子申生在《左传》等书中的下场是很悲惨的，足见"服以旌礼"的礼制意义，而晋太子申生的死标志着身穿异服的"服

---

[1]　豆海锋：《秦始皇帝陵 K9901 陪葬坑新见 4 号陶俑甲衣渊源考》，《西北大学学报》（哲学社会科学版）2015 年第 1 期，第 16—19 页。

[2]　戴季：《略谈楚墓中的偏衣俑》，《长江文化论丛》（第六辑），吉林出版集团有限公司，2009 年，第 26—38 页。

妖"事件结束。

"偏裻之衣"的"偏"即所谓的异色在范家墓地1号俑和9901坑4号俑身上有所体现。范家墓地陶俑的长裙,右侧涂朱红彩,左侧施黄彩;9901坑4号俑的直领"襮"本身就是黑白相间,而背缝上的"纯"、下身裳上的纹饰也是黑白相间,甚至白色的泡钉和黑色的太阳八角纹都显示着这种黑白相间;陶俑的"裻"背缝从后颈的直领"襮"到上衣下缘的"纯"部就更明显了。范家墓地2件俑和9901坑4号俑所穿的衣服,就是晋国太子申生所衣的"偏裻之衣"。

偏裻之衣是古代森严礼制下的一种特殊服饰,出现在特殊的环境中,如祭祀表演的场所,光绪《茂名府志·风俗》卷六"风俗十二"篇记载:"自十二月到是月(农历二月)乡人傩,沿门逐鬼,唱土歌,谓之'年例'。或官绅礼服迎神,选壮者赤帻朱蓝其面,衣偏裻之衣,执戈扬盾,索厉鬼而大驱之,于古礼为近。"表现的就是《国语·晋语一》中的"且是衣也,狂夫阻之衣也"。

范家墓地俑和9901坑4号俑的衣服没有首服和足服,只着偏裻之衣的体服。东汉张衡在《东京赋》中所载"方相秉钺,巫觋操苅"的场面,即身着偏裻之衣的狂夫带领着"右爪扣在右膝上,左爪上举作招手状。大乳房、肚子、脐窝特别突出"的百隶[1],他们正在驱赶着恶鬼,完成驱傩的舞蹈场面。但到了汉以后,"狂夫驱傩"在《后汉书·礼仪志》中已不用"百隶",而是改用黄门子弟中十岁以上、十二岁以下的"侲子","方相氏"和"狂夫"也逐渐合二为一了。范家墓地陶俑、9901坑4号俑,以及西周中晚期以来的木俑,都是最为原始的方相氏。

---

[1] 罗西章:《试论汉代的傩仪驱鬼与羽化登仙思想》,《考古与文物》2001年第5期,第60—62页。

齐故都临淄出土战国陶俑初探

吴立国

临淄区文物管理局

随着历史的发展,人殉的葬俗逐渐改变,开始出现用茅草等扎束成人形来代替真人殉葬的葬俗,这些被扎束成人形的茅草,可能就是俑的最早表现形式,文献记载中称之为"刍灵"。随着这种用人形模拟物代替真人葬俗的出现,人们逐渐开始使用玉石、青铜、陶瓷、泥巴、木头等材料来制作人形模拟物,这就是俑。因此,俑的出现是社会进步的表现。孔子在看到用酷似真人的俑来殉葬时,仍然认为这是不人道的行为,抨击道:"始作俑者,其无后乎!"可见,以俑代替真人殉葬的葬俗在春秋末期已经广为流行。临淄战国墓中出土的陶俑,高4—11厘米,烧造火候低,俑头部以墨彩勾画眼眉,身上施彩绘,这些陶俑虽然制作粗糙,烧制火候低,易破碎,但它是中国早期陶俑的珍贵实物,对于研究陶瓷、雕塑、绘画等具有重要价值。

一、临淄出土战国陶俑概况

临淄郎家庄一号东周殉人墓出土陶俑6组,因为烧造火候低,出土时已成碎泥,大多不能复原,有几件仅保存了个体的较大部分,陶俑高10厘米左右,有男俑和女佣。女俑躬立或跪地作舞蹈姿态,发髻残缺,脸部削成斜面,以黑彩勾出眼眉,衣裙曳地,上施红黄黑褐色条纹,造型简洁生动,比例匀称。能确认的男俑仅存上身部分,披甲,手置于腹部作持物状。此外还有骑俑,骑者残缺,仅剩马身,似为杂技俑[1]。

临淄赵家徐姚战国墓出土彩绘陶俑57件,大部分出于壁龛内,保存较好,摆放位

---

[1] 山东省博物馆:《临淄郎家庄一号东周殉人墓》,《考古学报》1977年第1期。

置及组合情况都比较清楚;而出自壁龛外二层台上的陶俑由于墓室填土经夯实而被挤压碎,有 8 件已无法复原,经修复后的完整器有 49 件,包括人物俑 33 件、马 7 件、鸭 9 件[1]。

临淄辛店二号战国墓出土陶俑 23 件。其中人俑 14 件,脸部经削刻,面饰红彩,眼鼻饰白彩,用黑彩勾勒出眼眉及眼珠,高 7.5—8.2 厘米。狗 5 件,嘴、耳及四肢残缺,似为卧姿,曲颈,短尾。马 4 件,头、尾及四肢残缺,曲颈,腹部扁圆,周身涂白色,饰黑彩圆形图案[2]。

临淄范家村战国墓地出土陶俑 30 件,均用黄褐色泥土捏合而成,根据出土情况,分 3 组,每组 8 或 14 件不等。各自相对呈跪坐状,头发挽髻较长,直鼻隆起,小口,身着交领右衽长裙,俑高 8.2—10.4 厘米[3]。

临淄东孙战国墓出土泥俑、健鼓共计 58 件。位于椁室西南角二层台上。均呈泥质灰褐色,用整块泥土捏合而成,未经烧制,晾干成型后器表施彩绘。由于墓室填土经夯实而被挤压,出土时极为凌乱,有的变形,有的呈碎末状。陶俑包括人俑、马俑、羊俑、狗俑、鸭俑。

临淄褚家墓地出土陶俑 48 件,均为人物俑,高 4.7—10.3 厘米,放置于墓室西南角台面上,出土时面、脖颈裸露处施红彩,帽和发髻施黑彩,服装色彩艳丽;出土后因陶俑风化等原因,色彩变淡,有的甚至已脱落。由于陶俑烧制火候较低,墓室填土时夯打被挤压变形或已较碎,有 15 件无法复原。

二、临淄出土战国陶俑分类

根据近年来考古的成果,可以将临淄出土的陶俑分为两大类:人物俑和动物俑。

(一) 人物俑

古代制作陶俑是用来替代活人殉葬,俑的形象不追求表现人物的个性特征,而比较侧重于表现各种人物的不同身份。根据人物俑所表现身份内容的不同,可以将人物俑分为 A 型墓主俑、B 型舞俑、C 型乐俑、D 型杂耍俑和 E 型兵俑。

---

[1] 淄博市临淄区文化局:《山东淄博市临淄区赵家徐姚战国墓》,《考古》2005 年第 1 期。

[2] 临淄区文物局:《山东淄博市临淄辛店二号战国墓》,《考古》2013 年第 1 期。

[3] 淄博市临淄区文物局:《山东临淄范家村墓地 2012 年发掘简报》,《文物》2015 年第 4 期。

A型:墓主俑。墓主俑一般成对出现。图一为临淄赵家徐姚战国墓出土的陶俑。男俑头戴发冠,面部饰以红彩,眉以黑彩勾画,眼睛先以白彩绘出眼白,再以黑彩绘出眼珠,口部以白彩表示;身穿黑色长袍,双手袖于胸前,身体呈跽坐姿。女俑面目清秀,头梳偏左高髻,面部同样用红彩打底,用黑彩和白彩勾画出眼眉,身穿长袍,双手袖于胸前,姿态及表情特征与男俑基本相同。

图一　墓主俑　　　　　　　　　　图二　舞俑

(采自中国陵墓雕塑全集编辑委员会:《中国陵墓雕塑全集》卷1,陕西人民美术出版社,2011年)

B型:舞俑。关于古代舞蹈,今天人们难知其形象,但文献中多称"女乐二八",当时八人为一组,有两组舞女表演。按当时的规定"天子用八,诸侯用六,大夫四,士二",一列八人是周天子享用的舞蹈级别。到春秋晚期这些规矩已经不再遵循了。图二为临淄赵家徐姚战国墓出土的陶舞俑,舞俑身材窈窕,头戴黑色小帽,面部以红彩打底,以白彩勾画眼白和嘴巴,黑彩勾画眉和眼珠。身穿红色黑格曳地长裙,外穿束腰套裙,套裙的领口、前襟及袖子上饰以白色黑点的条带,腰部束以红白两彩的彩带。舞俑双臂展开,高于肩部,长袖飘拂、婀娜多姿、美妙动人,可以直观地看到古代歌舞人物的形象。

C型:乐俑。图三为两乐俑,两乐俑呈跽坐姿,色彩脱落比较严重,面部都施以红彩,同样用黑彩和白彩勾画眉眼和嘴部。左侧乐俑内穿白底黑格长裙,外穿套裙,双手托一乐器于嘴部,腮部鼓起,作吹奏状。右侧陶俑身穿红褐色条纹长裙,头略向下倾,双腿上有一类似古琴的乐器,双手置于该器物上,显得全神贯注。

D型:杂耍俑。图四陶俑双腿屈膝,上身挺直,面部朝向正前方。色彩脱落比较严重,但仍可看出该俑头上绾有发髻,身穿红白相间的长衣,一手缺失,一手伸向前,掌心略向下。从伴出的陶俑及俑的姿势推测该俑应为杂耍俑,此类陶俑相对比较少见。

E型:兵俑(图五)。俑仅残存上半身,身着甲胄,手置于腹部作持物状。

图三　乐俑（笔者拍摄于临淄足球博物馆）　　图四　杂耍俑（笔者单位提供）

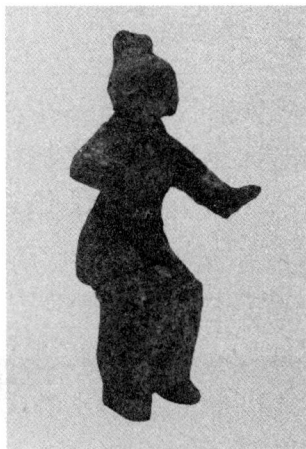

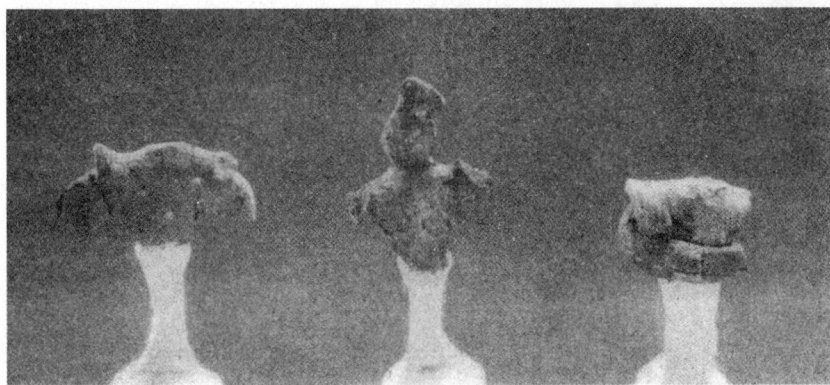

图五　兵俑

（采自山东省博物馆：《临淄郎家庄一号东周殉人墓》，《考古学报》1977 年第 1 期）

此外，临淄还发现一类较为特殊的战国人物俑（图六），此类陶俑与上述人物俑明显不同。一是体型较大，单体高度在 57 厘米左右，上述人物俑的高度普遍在 10 厘米左右；二是成型工艺不同，此类陶俑使用模制法制作，上述人物俑多为捏塑法制作；三是外貌特征较为特殊，此类陶俑面目清晰，大眼阔口，头顶有钥匙形孔直通腹腔，颈部以下有一小圆孔，上着短衣，下着长裙，面部及头部分别施以红彩和黑彩。

图六　战国人物俑

（笔者拍摄于齐文化博物馆）

(二) 动物俑

临淄出土的战国动物俑的数量,较人物俑而言相对较少,种类上主要为陶马和陶鸭。图七为临淄赵家徐姚战国墓出土的陶马,该陶马膘肥体壮,呈站立状,头偏向左侧,马鬃高高隆起,尾巴自然下垂,马身上施以白彩,并饰有黑色扁圆形图案,马笼头颜色为红色。图八为临淄辛店二号战国墓出土陶狗,嘴、耳及四肢缺失,呈卧姿,身上饰以斑点状的白彩。

(采自中国陵墓雕塑全集编辑委员会:《中国陵墓雕塑全集》卷1,陕西人民美术出版社,2011 年)

图七　陶马

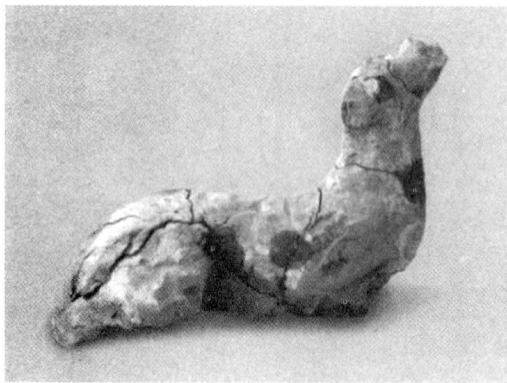

图八　陶狗

三、临淄出土战国陶俑工艺分析

制作陶俑大体上需要两个步骤:成型、装饰。现从这两个步骤对临淄出土的战国陶俑进行工艺分析。

成型工艺包括捏塑法、模制法、夹芯法、粘接法,临淄发现的战国陶俑除少数用模制法制作外,多为捏塑法制作。捏塑法是陶瓷成型技法之一,在新石器时代这种方法已经广为流行,在仰韶文化、红山文化、大汶口文化、龙山文化等文化遗址中都发现有用捏塑法制作的陶器。捏塑法是指徒手捏制陶器的方法,古代小型陶器一般多用捏塑法制作,通过手将湿泥捏制成型,往往会在陶坯上留有清楚的指纹。

　　装饰工艺包括刻画法、彩绘法及施釉法。刻画法是用竹刀、木刀等尖状工具刻画出陶俑的五官、衣褶等,一般会与其他装饰方式配合运用,属于辅助的装饰法。彩绘法是指在烧成后的陶俑上绘制彩色图案或图画,常先以白色颜料打底,再以其他颜色颜料在上面绘彩。临淄出土的战国陶俑主要运用了刻画法和彩绘法。陶俑捏制成型后,用刻画法刻画出陶俑的大致轮廓,然后入窑烧造,待烧制成型后,用彩料绘制出陶俑的五官、衣着、饰物等。

四、不同地域发现的战国陶俑对比分析

　　临淄发现的战国陶俑与其他省市发现的战国陶俑相比,有以下几个特点:

　　一是数量较多。临淄赵家徐姚战国墓、东孙战国墓、褚家战国墓等大型墓葬中都发现有陶俑,而且数量多达几十件。山西省长治市分水岭 14 号战国墓发现 18 个男、女俑(图九),身高 4.5—5.1 厘米,用黄土捏塑,体型较小,造型简单。陕西省发现的战国时期陶俑有 1954 年宝鸡市李家崖出土的乐俑,1995 年咸阳市塔尔坡秦墓出土的 2 件彩绘骑马俑(图一〇)。后者属于战国晚期,以捏塑的方法制成,未经烧制,仅仅表现出俑的用途及其身份,造型稚拙。2001 年西安市文物保护考古所在西安城南杜城村发现一组战国陶俑(图一一),包括 2 件骑马俑、4 件女侍俑、1 件御手俑、1 件陶马。从以上分析可知临淄战国陶俑数量多表现为两个方面,一是发现的总体数量多,二是个体单位中发现的陶俑数量多。

图九　长治市分水岭 M14 出土战国陶俑(图片来源于网络)

图一〇　咸阳塔尔坡骑马俑

(采自中国陵墓雕塑全集编辑委员会:《中国陵墓雕塑全集》卷1,陕西人民美术出版社,2011年)

图一一　西安城南杜城村出土陶俑

(采自王冬华:《罕见的战国末至秦时期陶俑》,《收藏》2017年第2期)

二是种类丰富。陶俑包括人物俑和动物俑,人物俑表现的内容较为丰富,包括墓主俑、舞俑、乐俑、杂耍俑、兵俑,动物俑包括陶马和陶鸭等。山西省长治市分水岭14号战国墓发现的只有人物俑,咸阳市塔尔坡秦墓出土的仅有2件彩绘骑马俑。西安城南杜城村发现的战国陶俑(图一一)种类稍多,包括骑马俑、侍俑、御手俑等,但是仍不及临淄发现的战国陶俑种类丰富。

三是制作工艺较为精细。临淄发现的战国陶俑与秦汉以后的陶俑相比,制作工艺较为粗糙,但与同时期的陶俑相比,表现出较高的制作工艺。通过捏塑法捏制出不同的造型及人物动作,然后通过彩绘刻画出人物的表情、穿戴等,尤其齐文化博物馆所藏的两件战国时期人物俑(图六),用模制法成型,神情刻画得惟妙惟肖,造型规整。如此体量的空心陶俑,烧造极为困难,要克服烧造过程中胎体应力不均衡所造成的炸裂,因此这两件战国陶俑反映出齐地先民们精湛的陶瓷烧造技艺。

本文已发表于《文物淄博——淄博市第一次全国可移动文物普查成果汇编》,齐鲁书社,2018 年。

檐椽风景

——寿光出土的齐瓦当

王德明

寿光市博物馆

正如齐文化在中华文化中所处的重要地位一样,齐瓦当在整个中国瓦当史上也占据极其重要的地位;作为齐文化的代表性符号之一,齐瓦当具有鲜明的地域特色和极其丰富的文化内涵。

从地域范围看,齐瓦当以齐国故都临淄为主要集散地,涵盖齐境内广大地区所出土的瓦当。从时间范围看,其上限可至西周,下限直至两汉时期,而不仅仅是指两周时期的齐国瓦当——这从文化的统一性和传承性来讲,更能全面反映齐瓦当的发展脉络,更具有合理性和必要性。

目前对于齐瓦当的研究,从著录研究到现代考古发现,从制作工艺到艺术特色,从分类分期到区域比较研究,时有大作面世。谈论瓦当时,恐有拾人牙慧之嫌。但考虑到,目前从全省角度来看,除临淄齐故城和章丘平陵城外,有关瓦当的出土资料还是甚少,希望通过介绍,为研究者提供这两地以外齐瓦当的分布状况及一些基本信息;同时深感目前各县市区博物馆及私人收藏的齐瓦当恐不在少数,然"养在深闺人未识",希望能抛砖引玉,引起大家足够的重视,共同来加强瓦当的研究。

现就寿光地区出土的齐瓦当作简要介绍。

一、出土地点

寿光境内出土的齐瓦当,以目前寿光市博物馆馆藏或代存的 370 件标本为例,以战国瓦当为主,共 245 件,所占比例约 66.2%;汉瓦当 125 件,所占比例约 33.8%。其中多出土于益都侯城故址,约60%;寿光故城次之,约18%;纪国故城约15%;此外在孙集、田马、王望等地都有出土。

益都侯城 益都侯城城址位于寿光古城街道古城村周围。1983年曾出土一批商末至西周早期的纪器,其中64件青铜器,19件有铭文,铭文多为"己"或"己并"(纪邢)。有学者认为早期纪都就在益都侯城附近。战国时期,这里称为赗,赗很可能是齐国重要的制币场所。战国后期齐铸"赗化""赗四化""赗六化"环钱,是否与此地有关,值得考证。汉武帝元朔二年(前127年)封淄川懿王子胡为益都侯。可见,从商末或西周早期直至汉,益都侯城一带一直是一个区域性的政治中心。

纪国故城 位于寿光纪台镇纪台村。史籍记载及众多考古发现可以证实,此地原为纪国旧都,齐灭纪后,纪国国都成为齐国一邑,更名为剧,原纪国统治区域皆称剧地。汉文帝十六年,封齐悼惠王刘肥之子刘贤为菑川王,食三县,都于此。元朔二年封刘志之子刘错为原侯,都于剧。王莽时,菑川国绝,剧作为菑川国的国都走到了尽头,也更名为俞。汉光武帝建武二年,以刘兴(刘秀的侄子)嗣兄仲,封为鲁王,建武二十八年徙封北海国,治所在剧。

寿光故城 与以上两故城相比,寿光建城时间似乎略晚。从文献记载看,公元586年(隋文帝开皇六年),在南朝宋博昌故城置寿光县,属北海郡。但战国时期前后,这里即便不是地区性中心聚落,也不排除存在大型建筑物的可能性。

其他如孙家集、田马等地出土瓦当数量较少,在此不一一介绍。

二、战 国 瓦 当

战国时期瓦当以树木纹半瓦当为主,共229件,占比超过93.4%。此外,还有素面纹半瓦当3件、绳纹半瓦当6件、同心圆半瓦当3件、各类云纹瓦当4件。

(一) 素面瓦当

素面瓦当是瓦当的起源,是最早的瓦当,其时代可追溯至春秋甚至西周。当面平坦,器壁厚实。筒瓦外壁布满细绳纹,尾端有凹槽。仅见3件,依次介绍如下:

标本042:当面边沿似有边轮。底径16.5厘米。

标本256:当面平坦,带完整筒瓦,当和筒之间结合得非常严密结实。底径14.6厘米。

标本257:当面平坦,带完整筒瓦。通长38.5、底径13.2厘米。

1

2

3

图一　素面瓦当

1. 标本 042:孙家集(具体地点不详)　2. 标本 256:益都侯城　3. 标本 257:益都侯城

(二) 绳纹瓦当

当面平坦,无边轮,当面布满有规律的绳纹,出现时代应略晚于素面瓦当。仅见 6
件,依次介绍如下:

标本 041:当面饰斜粗绳纹,底径 14 厘米。

标本 290:当面饰竖行粗绳纹,底径 14 厘米。

标本 291:当面饰斜粗绳纹,底径 14.1 厘米。

标本 292:当面饰横直粗绳纹,底径 14.4 厘米。

标本 298：当面饰横行粗绳纹，底径 12.7 厘米。

标本 308：当面饰横斜粗绳纹，底径 14.4 厘米。

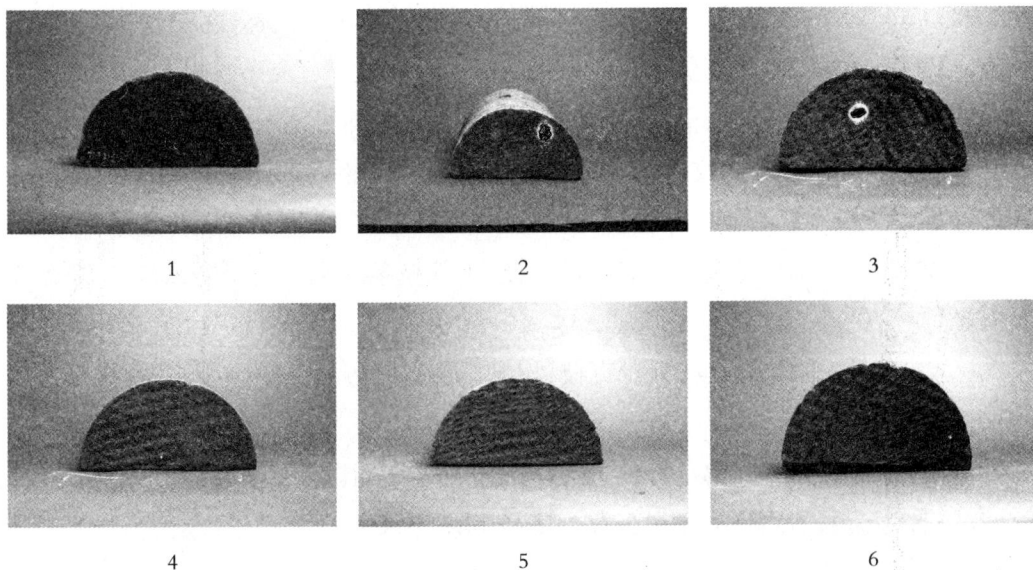

图二 绳纹瓦当

1. 标本 041：孙家集(具体地点不详) 2. 标本 290：纪国故城 3. 标本 291：纪国故城
4. 标本 292：纪国故城 5. 标本 298：益都侯城 6. 标本 308：益都侯城

（三）同心圆瓦当

最外侧可视为边轮，应晚于素面或绳纹瓦当而比图案形瓦当出现略早。仅见 3件，依次介绍如下：

标本 040：当面有五条较粗的同心圆凸弦线，底径 13.5 厘米。

标本 299：当面有三条同心圆凸弦线，底径 12.9 厘米。

标本 307：当面有六条同心圆凸弦线，分布较均匀，底径 12.8 厘米。

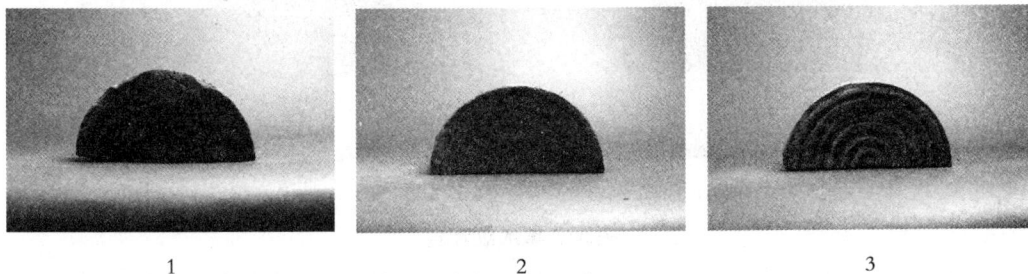

图三 同心圆瓦当

1. 标本 040：田马(具体地点不详) 2. 标本 299：益都侯城 3. 标本 307：益都侯城

(四) 树木纹瓦当

战国时期,树木纹是齐瓦当最普遍的纹饰。它以树木为母体,两侧或饰双兽、双骑等,或饰具有抽象风格的饕餮双目、双箭头、双钩、云纹等。今举要如下:

1. 单木纹。当面仅饰一单独树木。共7件,举例如下:

标本001:树干植于底纹,树枝右七左八,上部曲枝,下部底枝末端上卷呈卷云纹。底径17厘米。

标本073:树干植于底纹,上部五对直枝,下部枝条末端下卷呈卷云纹。底径17厘米。

标本060:树干植于底纹,三对直枝,树干两侧两下卷云纹皆发自底纹。底径17厘米。

标本379:枝条细密紧凑,集中于瓦当中部,两侧各留出大面积空间。树干植于底纹,直枝七对,底枝末端下卷呈卷云纹。底径14.7厘米。

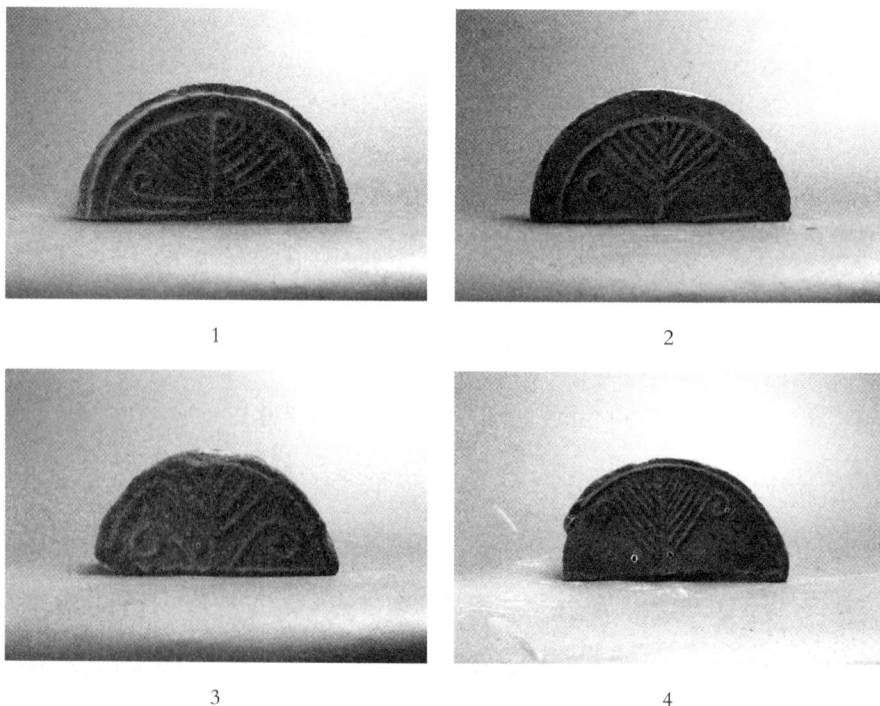

图四　单木纹瓦当

1. 标本001:纪国故城　2. 标本073:益都侯城　3. 标本060:纪国故城　4. 标本379:益都侯城

2. 多木纹。共2件。

标本070:树干皆植于底纹。中间为主树,直枝四对,上有锯齿形树叶。两侧各一树,顶端呈三角形,树干上有树枝一对,下卷云纹状。底径14.2厘米。

标本235:树干皆植于底纹。上部曲枝六对,近底纹处一对短枝下卷呈卷云纹。两侧小树树冠为重三角形。底径16.2厘米。

图五　多木纹瓦当

1. 标本070:孙家集(具体地点不详)　2. 标本235:纪国故城

3. 树木乳钉纹。共采集标本85件。此为树木饕餮纹的基本纹饰,树木底枝为卷云纹,下端饰乳钉,构成类似饕餮的纹样。乳钉有大有小,多位于卷云纹内侧,个别位于外侧。现按照样式差别举例如下:

标本003:主干粗壮,直枝十一对,底枝下卷呈涡旋状卷云纹,内侧两乳钉作为双目。底径16.8厘米。

标本093:直枝八对,底枝尾端内侧有两大乳钉作为双目。底径残长16.8厘米。

标本081:枝条七对,底枝下端及两侧分别有楔形凸钉和圆形乳钉。此瓦当与其他瓦当不同之处在于其是以底枝下端两楔形枝条为双目构成饕餮模样。底径15.2厘米。仅见1件。

标本114:枝条六对,底枝内外侧各两乳钉,其中内侧两乳钉位于圆圈内,作为双目。底径13.8厘米。仅见1件。

标本273:中部为树干,左右呈对钩形枝条,上侧两乳钉。枝条两侧分饰横A字形纹,下有大乳突作为双目,为弧线所托。底径14.6厘米。此类仅见2件。

标本278:底端中部有同心圆两周,内有半圆形泥突,作为口。同心圆上有小树,枝条四对,树下两小乳钉为双目。两侧饰内屈双钩,短线点缀。底径17厘米。此类仅见2件。

4. 树木圆圈纹。共8件,可分3式。

Ⅰ式,5件。标本058:树干植于底纹,直枝九对,底枝下卷呈云纹,内侧双圈作双目。底径14.4厘米。

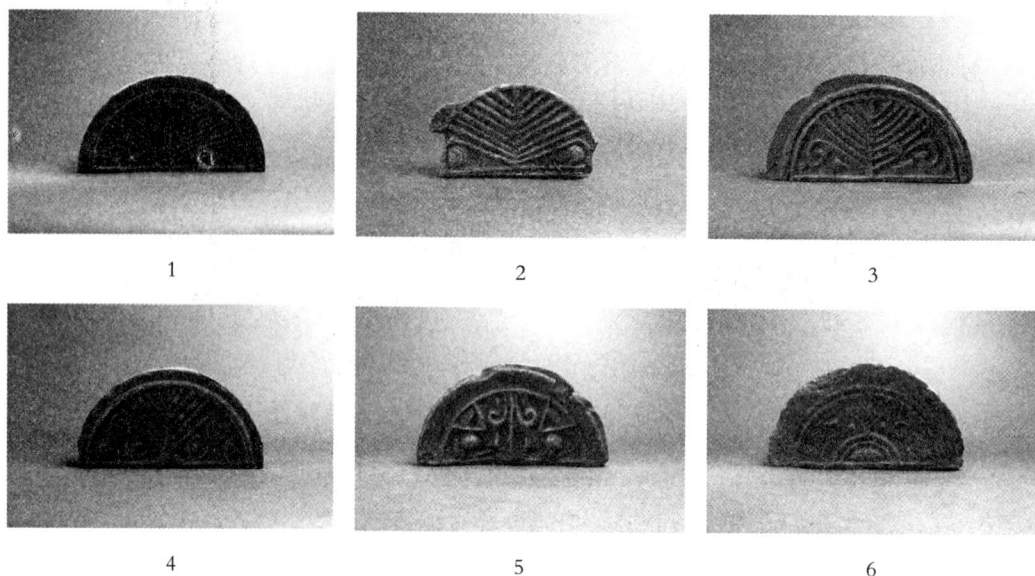

图六　树木乳钉纹瓦当

1. 标本 003:纪国故城　2. 标本 093:寿光故城　3. 标本 081:益都侯城
4. 标本 114:益都侯城　5. 标本 273:益都侯城　6. 标本 278:益都侯城

Ⅱ式,1 件。标本 089:与Ⅰ式基本相同,唯有底枝与树干结合处有圆形乳钉。底径 13.7 厘米。

Ⅲ式,1 件。标本 075:直枝五对,底枝内曲呈钩形,底枝下方树干上有圆形乳钉,两侧各一横枝与圆圈形双目相连。底径 13.7 厘米。

Ⅳ式,1 件。标本 280:此瓦复原成圆瓦当,上下左右应有四棵树,两树底枝间各有一圆圈。此半瓦尚存上部树木及两侧树木的一半,用双圈作双目。底径残长 14 厘米。

5. 树木箭纹(无双目)。共 3 件。以不同类型的树木及箭纹构成图案。

标本 350:树干植于底纹,直枝四对,树干两侧各一直角箭纹。底径 16.3 厘米。

标本 340:树干植于卷云形纹上,树冠四对曲枝上弧,布满小三角形树叶,树干两侧各有一回旋箭纹。底径 13.7 厘米。

标本 276:树干植于卷云形纹上,树冠直枝两对,树干两侧各有一回旋箭纹。底径 16.3 厘米。

6. 树木箭纹。共 41 件。与上一类相比,当面多了一对或两对乳钉作为双目。按枝条分,可分为直枝、曲枝、网状枝、折枝四类。

(1) 直枝类。26 件。举代表性例子如下:

标本 002:树干穿过云纹植于底纹,直枝四对,上有锯齿状树叶。两侧各有一回旋

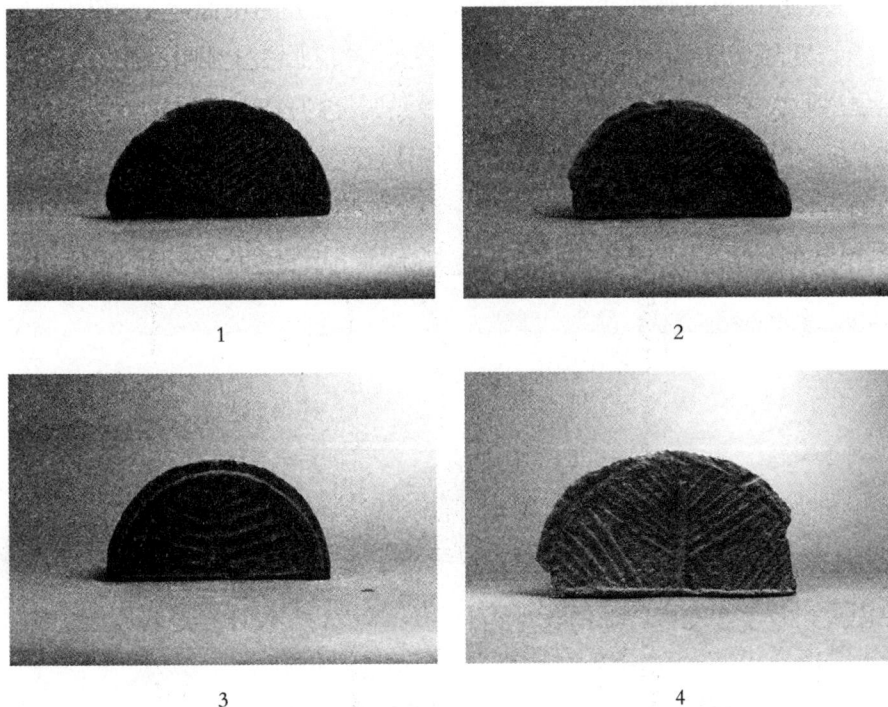

图七　树木圆圈纹瓦当

1. 标本 058:纪国故城　2. 标本 089:纪国故城　3. 标本 075:纪国故城　4. 标本 280:益都侯城

图八　树木箭纹(无双目)瓦当

1. 标本 350:益都侯城　2. 标本 340:益都侯城　3. 标本 276:益都侯城

箭纹,内侧各一乳钉为双目。底径 14.5 厘米。

标本 028:树干植于哑铃形纹上,直枝四对。两侧各有一回旋箭纹,内侧各一乳钉为双目。底径 14.8 厘米。

标本 021:树干植于卷云纹上,直枝二对,上有锯齿形树叶。两侧各有一回旋箭纹,乳钉为目,位于箭纹、底枝、卷云纹之间。底径 13.6 厘米。

标本 231:此瓦当将本应横切的圆瓦进行了竖切,形成半瓦,造成了视觉与构图上的与众不同。树干植于当面底纹,直枝四对,底枝呈三角形箭纹,箭头略呈心形,上有乳钉。径16.8厘米。

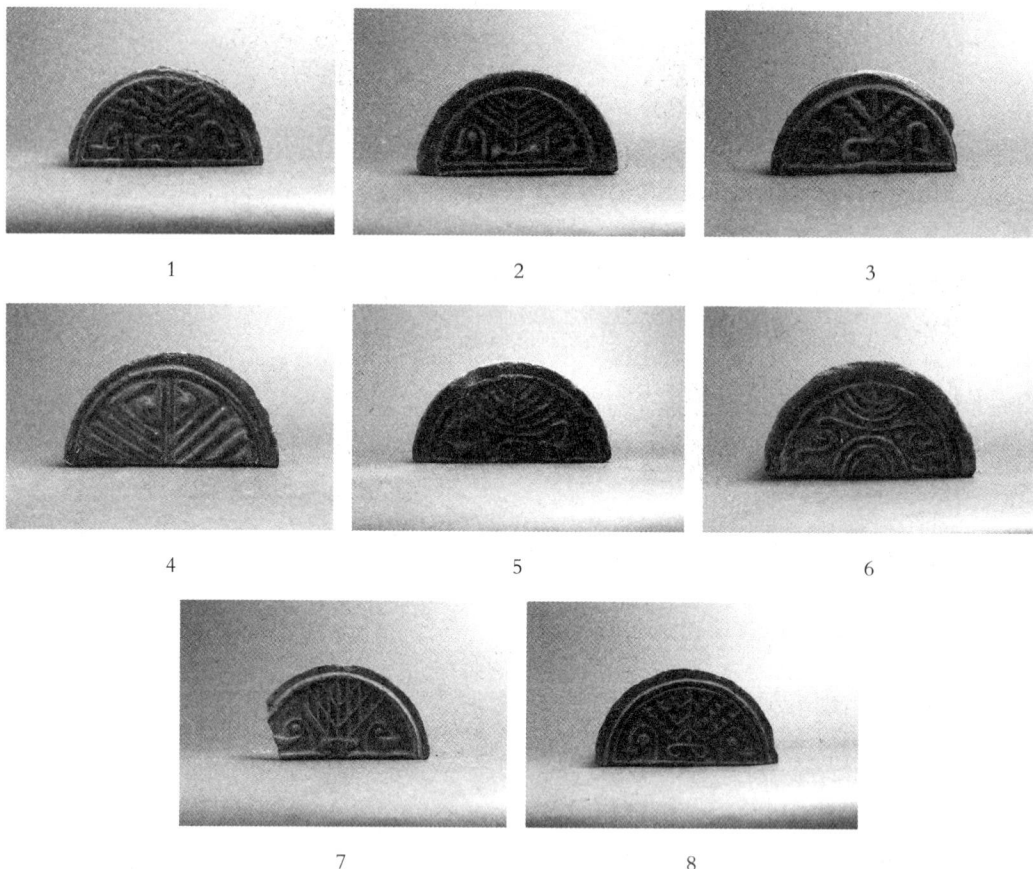

图九　树木箭纹瓦当
1. 标本 002:纪国故城　2. 标本 028:纪国故城　3. 标本 021:田马(具体地点不详)　4. 标本 231:益都侯城
5. 标本 342:益都侯城　6. 标本 023:益都侯城　7. 标本 012:寿光故城　8. 标本 024:益都侯城

(2) 曲枝类。7件。

标本 342:树干植于卷云纹上,曲枝六对,上部四对呈交错分布,上有锯齿形树叶。底枝无叶,末端下垂为箭纹,小乳钉为双目,位于箭纹与卷云纹之间。底径 15.2厘米。

标本 023:树干植于三周同心半圆纹顶部,曲枝四对,上部三枝上弧,底枝尾端内卷呈云纹,与 S 形云纹相勾连。乳钉作双目,位于底枝内侧。底径 17 厘米。

(3) 网状枝类。5件。

标本 012:树木呈扇形网状,植于云纹之上。双目位于两侧回旋箭纹回转处。高6.6厘米。

（4）折枝类。2件。

标本024:树干植于卷云纹上,折枝三对,上有三角形树叶。两侧为回转箭纹,内各有一乳钉,作为双目。底径13.4厘米。

7. 树木方格纹。共10件。今举例如下:

标本011:直枝四对,树干两侧饰方格纹,方格分别由两条对角线及中间垂线分割成外凸的六个三角形。树干与底径相交点的对角线沿外上角伸出方格外呈双钩状卷云纹,钩之内侧饰三角形乳钉。两底角处饰小树。底径19.3厘米。此类型2件。

标本270:直枝九对,上部六枝为直线,底枝末端内卷呈云纹。树干植于底纹,两侧各饰三方格纹,其中外侧四方格内饰上下两乳钉,内侧两方格内饰一条对角线及一乳钉。底径15.4厘米。

标本347:直枝六对,末端枝条向下内卷呈云纹,内侧饰两乳钉为双目。树干植于底纹,两侧饰两排十二个长条形方格纹。底径15.5厘米。

1　　　　　　　　　　2　　　　　　　　　　3

图一〇　树木方格纹瓦当

1. 标本011:寿光故城　2. 标本270:益都侯城　3. 标本347:纪国故城

8. 树木禽兽纹。共51件。

（1）单兽（禽）纹。2件。

标本142:树干植于底纹,直枝五对,上有锯齿形树叶。树干左侧拴一羊,右侧为卷云纹。底径12.3厘米。

标本086:树干植于底纹,上部直枝四对,下部枝条末端下卷呈云纹,左侧枝条下方有小鸟一只。底径残11.9厘米。

（2）双兽纹。49件。

寿光出土的兽纹瓦当,其动物造型可以明确地辨析出虎、马、羊、犬、鹤、鹿等。陶质大都为灰陶,部分施白地红色彩绘。现举例介绍:

标本326:树干植于底纹,曲枝三对,上有三角形树叶。两兽皆作回首状,肌肉有力,颇具动感。底径15厘米。

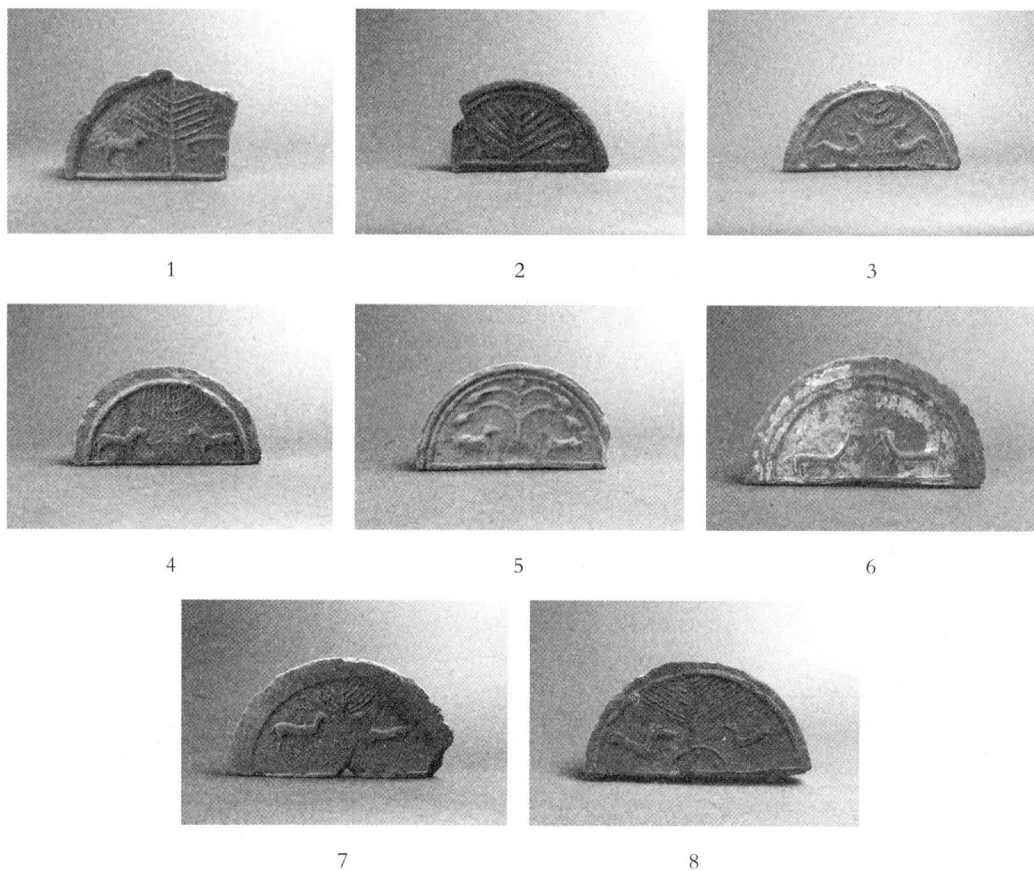

图一一　树木禽兽纹瓦当

1. 标本 142:益都侯城　2. 标本 086:益都侯城　3. 标本 326:纪国故城　4. 标本 144:益都侯城
5. 标本 146:益都侯城　6. 标本 148:益都侯城　7. 标本 151:益都侯城　8. 标本 160:益都侯城

标本 144:树干植于底纹,曲枝四对,树冠呈网格状。树干上有绳,拴二马,立耳,马首相对。底径 14 厘米。

标本 146:树干植于底纹,曲枝二对,尾端有花苞。树干两侧两犬。高 7.6 厘米。

标本 148:树干较粗,植于底纹。曲枝四对,树下两马相对,长颈长身。当面施白、红二彩。底径 18.3 厘米。

标本 151:曲枝五对,上有锯齿状三角形树叶。树干两侧拴两马相对。底径 19 厘米。

标本 160:树干植于半圆纹上,内有三乳钉。直枝十对,底枝向下内卷为云纹。树干两侧两兽相对,作奔跑状,左侧体型较大,右侧体型稍小。底径 20 厘米。

9. 树木骑纹。共 5 件。其中单人单骑 2 件,双人双骑 3 件。分别举例介绍:

标本 311:树干植于底纹,直枝四对。树干左侧为回旋箭纹,箭头向左;右侧为一骑,骑者手持器械,面向左侧而行。底径18.8厘米。

标本162:树干植于底纹,直枝四对。树干两侧各一骑,骑者持缰立马,相对而行。马颈下与树干间各一乳钉。底径14.5厘米。

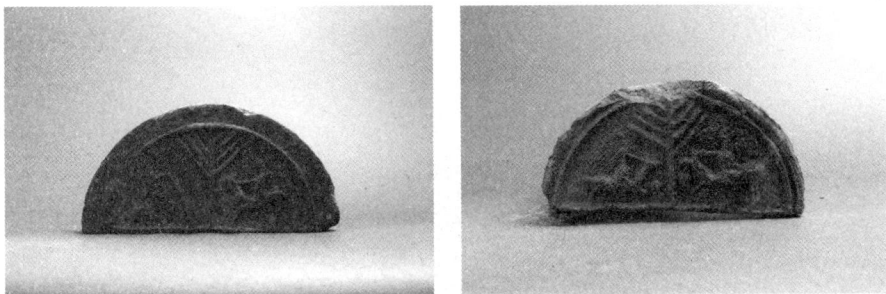

1　　　　　　　　　　　　　　　　2

图一二　树木骑纹瓦当

1. 标本311:纪国故城　2. 标本162:纪国故城

10. 树木双钩纹。共17件。其中有乳钉者2件。

标本009:树干植于底纹,树枝六对,上部五对直枝,底枝末端向下内卷与下方双钩状云纹相连,树干末端两侧与双钩内侧之间饰小乳钉。底径14厘米。

标本033:树干植于底纹,树枝三对,上部两对直枝,底枝末端向下内卷与下方双钩状云纹相连。底径17.5厘米。

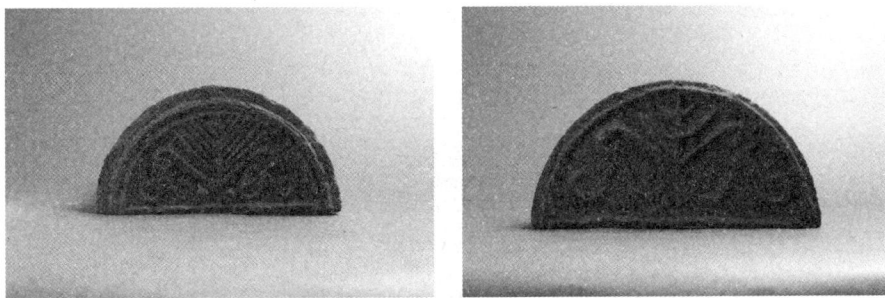

1　　　　　　　　　　　　　　　　2

图一三　树木双钩纹瓦当

1. 标本009:王望(具体地点不详)　2. 标本033:益都侯城

(五)云纹瓦当

与洛阳及秦国地区的卷云纹瓦当不同,齐文化区的瓦当云纹,早期多依附于树木,后期出现了各类变形云纹。其造型抽象简练,自由洒脱,有一种变化之美。现根据纹饰的不同,分为四类:

1. 灯台形云纹

标本 225:纹饰类似灯台。底纹及当面中部有两倒梯形,由两竖线相连。两梯形四上角各连一向下内卷云纹。当面中部梯形上方有一羊角形卷云纹。底径 14.8 厘米。仅见 1 件。

图一四　灯台形云纹瓦当

标本 225:益都侯城

2. 变形树木卷云纹

标本 206:图案正中竖线代表树干,横线代表树枝,枝头为卷云纹。树干两侧各有一乳钉,其外侧近底纹处各有一横线与底径平行,自内向外分别连接大小两朵卷云纹和一类似小窗的方框。底径 19.2 厘米。仅见 1 件。

图一五　变形树木卷云纹瓦当

标本 206:益都侯城

3. 勾连云纹

标本 238:当面中间自顶部向下一直线双钩形纹作为鼻,与两底角伸出的直线钩形纹勾连,下有二乳钉作为双目。底径 14.4 厘米。仅见 1 件。

图一六　勾连云纹瓦当
标本 238：益都侯城

4. 云山纹

标本 335：图案若峰峦叠嶂，自下而上由直线和阶梯状线条构成五层山形图案。底径 19.4 厘米。此瓦当在燕下都颇为常见，齐国地区出土很少。仅见 1 件。

图一七　云山纹瓦当
标本 335：纪国故城

三、汉　瓦　当

在寿光出土的这批瓦当中，汉瓦当共 125 件，其中半瓦当 64 件，圆瓦当 61 件。从纹饰看，汉代早期仍常见树纹及各类变形云纹，但以云纹为母体的瓦当逐渐取代树纹成为最流行的一种纹饰。其花纹特征是当面中心多为圆形，或饰以网格、连珠钮、花瓣纹、乳钉、连峰钮等；主纹为各类卷云纹，其中又以羊角形、蘑菇形最为常见。文字瓦当出现，寿光采集的文字瓦当品种较少，最多见为"千秋万岁"，此外还有"长乐未

央""大吉宜官"等。今分类介绍:

(一) 半瓦当

1. 勾云纹瓦当。共 13 件,可分为三式:

Ⅰ式,8 件。标本 287:当面中心饰一高一低左右对称的外卷勾云纹,两侧沿边缘饰内卷勾云纹。底径 14.1 厘米。

Ⅱ式,4 件。标本 208:自底纹中部及底角处伸出左右对称的两组钩形卷云纹,中间云纹上部一乳钉,下部云纹中间饰左右对称的两乳钉作双目。底径 18 厘米。

Ⅲ式,1 件。标本 179:与Ⅰ式结构基本相同,唯有云纹更加卷曲,呈涡旋状。底径 16.3 厘米。

1　　　　　　　　　　　2　　　　　　　　　　　3

图一八　勾云纹瓦当

1. 标本 287:纪国故城　2. 标本 208:纪国故城　3. 标本 179:益都侯城

2. 树木云纹瓦当。共 25 件。今将主要图案样式介绍如下:

标本 282:底纹中部为三重同心半圆形土丘,两侧及上方各有两三角形小乳钉,再上为树纹,曲枝四对,底枝向下内卷呈云纹,与土丘两侧的 S 形云纹相勾。底径 16 厘米。

标本 362:树干植于底纹,直枝四对,底枝下卷呈云纹。树干两侧各有一云纹。底径 14.6 厘米。

标本 226:树干植于半圆纹的顶部,曲枝三对,上有锯齿形树叶。自底枝沿边轮内侧双凸弦线、树干两侧、两底角伸出三组对称的涡旋状卷云纹。底径 15.1 厘米。

标本 236:中部为半圆纹如口,内有一凸起物似舌,半圆纹两侧各有一上卷云纹。树干植于半圆纹顶部,曲枝三对。左侧树枝与云纹之间似一鹤纹,回首向左,鹤纹与树干间一乳钉;右侧树枝与云纹间为一 S 形云纹。底径 17 厘米。

标本 351:树干植于底纹,曲枝五对。树干底部及两底角处有对称的钩形云纹。底径 13 厘米。

标本 243:树干植于底纹,曲枝六对,上面布满锯齿形树叶。树干两侧饰横 S 形云

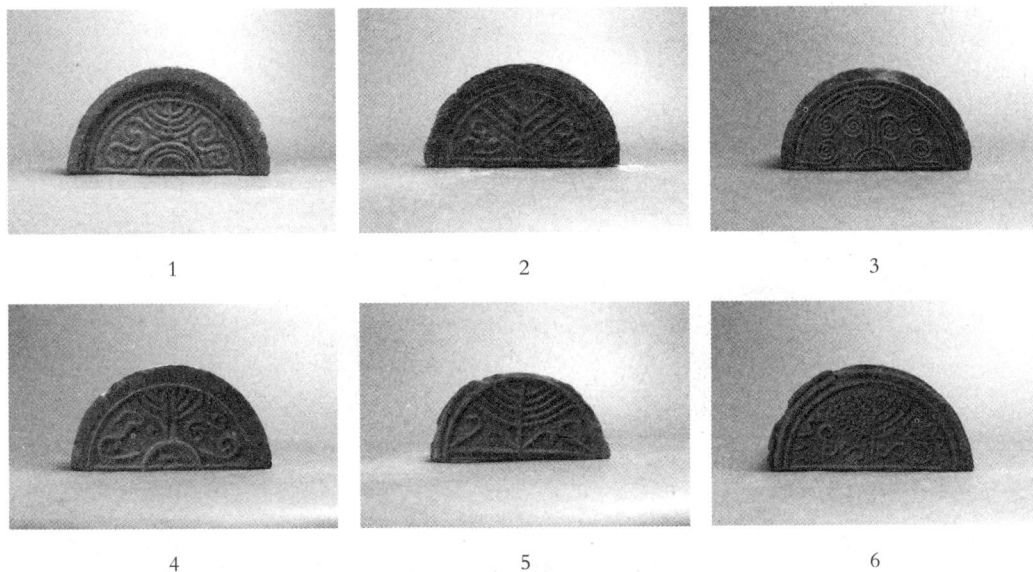

图一九　树木云纹瓦当

1. 标本 282:益都侯城　2. 标本 362:益都侯城　3. 标本 226:益都侯城
4. 标本 236:益都侯城　5. 标本 351:益都侯城　6. 标本 243:纪国故城

纹,再外饰竖 S 形云纹,近边轮处饰波折纹。底径 17.2 厘米。

3. 树木波折纹瓦当。共 2 件。

标本 214:当面分为内、中、外三区。外区饰两周波折纹,中、内区饰树纹。树干位于内区,植于底纹,两侧有对称钩形云纹;树冠位于中区,曲枝三对,底枝向下内卷呈云纹,底纹上还有对称的半截曲枝。底径 14.3 厘米。

标本 286:当面分为内外两区。内区为树纹,树枝不规整;外区为两周波折纹,间有小三角纹。底径 14.5 厘米。

图二〇　树木波折纹瓦当

1. 标本 214:益都侯城　2. 标本 286:纪国故城

4. 卷云箭纹瓦当。共 2 件。

标本 237:底径中部伸出对称的涡旋云纹,沿涡旋线外侧有对称的箭纹指向底纹。底径 15 厘米。

标本 275:与标本 237 图案基本相同,唯有纹饰顶部饰小三角形图案。底径 15.7 厘米。

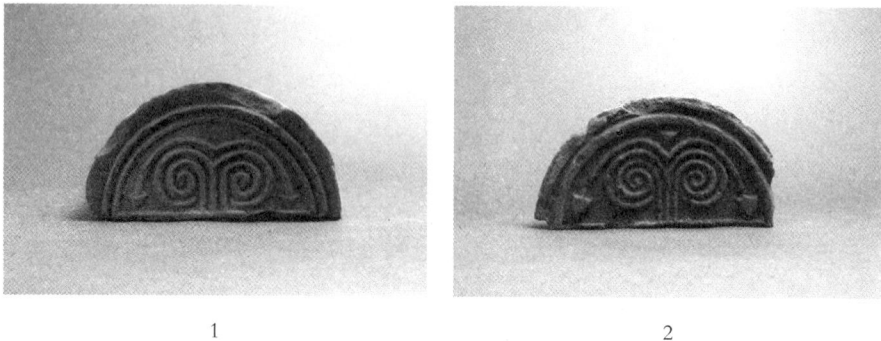

图二一　卷云箭纹瓦当
1. 标本 237:益都侯城　2. 标本 275:益都侯城

5. 网格卷云纹瓦当。共 20 件。可分为两式:

Ⅰ式,19 件。标本 120:半圆形当心内饰斜网格纹,其上饰羊角形卷云纹,两底角饰对称的涡旋形卷云纹。云纹内饰乳钉,间饰小三角形纹。底径 16.1 厘米。

Ⅱ式,1 件。标本 192:半圆形当心内饰斜网格纹,其上两竖线将当面分为左右两区,内饰蘑菇形云纹。底径 15.8 厘米。

图二二　网格卷云纹瓦当
1. 标本 120:寿光故城　2. 标本 192:寿光故城

6. 圆珠钮卷云纹瓦当。1 件。

标本 196:此瓦当在分割时略微偏上,造成当心大于半圆,圆珠形钮及两侧双直线可见。当心上方双直线两侧分饰卷云纹。底径 14 厘米。

图二三 圆珠钮卷云纹瓦当

标本 196:寿光故城

7. 八角星云纹组合。1 件。

标本 332:当心为小乳钉,外饰八角星纹。上侧自边轮内侧的凸弦线坠有内卷云纹,两侧饰勾连卷云纹,间饰乳钉。底径 19.3 厘米。

图二四 八角星云纹组合

标本 332:纪国故城

(二) 圆瓦当

1. 云纹瓦当。共 55 件。根据当心的不同,可分为八式:

Ⅰ式:八角星云纹瓦当,3 件。其基本特征:由当心部位的八角星纹与四周的云纹构成基本图案。

标本 221:以圆珠形大乳钉及外侧的八个小乳钉和大八角星纹为中心,四周绕四组内卷云纹。直径 15.2 厘米。

标本 211:以圆珠形乳钉及外侧的圆圈和小八角星纹为中心,由边轮内侧的四朵内坠卷云纹将当面分成四个区间,近边轮处两内卷云纹,间饰小乳钉;近当心处饰一小钩形云纹。直径 17.8 厘米。

标本172:以圆珠形大乳钉及外侧的两周圆圈、八个小乳钉和大八角星纹为中心,四周绕四组内卷云纹。直径14.3厘米。

Ⅱ式:圆珠钮卷云纹瓦当,12件。

标本175:以圆珠形乳钉为中心,图案分为四组,每组由两涡旋纹相背对卷,形成一组羊角形云纹,云纹上部及之间点缀小乳钉。直径19.2厘米。

标本185:以圆珠形大乳钉为中心,外侧饰四组外宽内窄的梯形图案和羊角形内卷云纹。直径12.5厘米。

标本190:由同心圆将当面分为三区。内区为圆珠形大乳钉,上饰图案不清;中区由三短线分为六格,内饰内卷羊角形云纹;外区饰网格纹。直径13.3厘米。

标本370:当面以圆形大乳钉为中心,上饰四小乳钉;四组双竖线将当面分为四等份,内饰蘑菇形云纹。直径17.5厘米。此类云纹在战国时期多见于东周王城。

标本371:图案与标本370基本相同,只有当心大乳钉上无小乳钉。直径15厘米。

Ⅲ式:规矩卷云纹瓦当,10件。

标本166:当面以双十字界格线划分为四等份,当心一圆也被分为四份,内饰小乳钉。各区内饰内卷羊角形云纹。直径14.1厘米。

标本177:图案与标本166基本相同,唯有当心圆形内未饰小乳钉,而是饰类似囧字的规矩纹。直径14.1厘米。

Ⅳ式:连峰钮卷云纹瓦当,1件。

标本212:以连峰钮为中心,由边轮内侧的四朵内坠卷云纹将当面分成四区,近边轮处两鹿角形内卷云纹,间饰乳钉;内坠卷云纹内也饰小乳钉。直径14.1厘米。

Ⅴ式:连珠钮卷云纹瓦当,5件。

标本171:边轮较当面外凸明显。三个同心圆将图案分为三区。内区由圆形乳钉和周围十六个小连珠组成。中区由四组双竖直线分为四等份,内饰四内卷羊角形云纹;外区饰网格纹。直径14.8厘米。

Ⅵ式,网格卷云纹瓦当,21件。其图案主要由网格纹、云纹组成,其中网格有直方格、斜方格、米格等形状,云纹有涡旋形、羊角形、蘑菇形等形状,间或在云纹间饰以小乳钉。

标本139:当面以直方格纹圆形为中心,以双竖线分为四等份,内饰内卷涡旋云纹,间饰小乳钉。直径17.6厘米。

标本240:当面以斜方格纹圆形为中心,以双竖线分为四等份,以双竖线为中心饰内卷云纹,内饰小乳钉;两云纹间饰小三角形。直径18.2厘米。

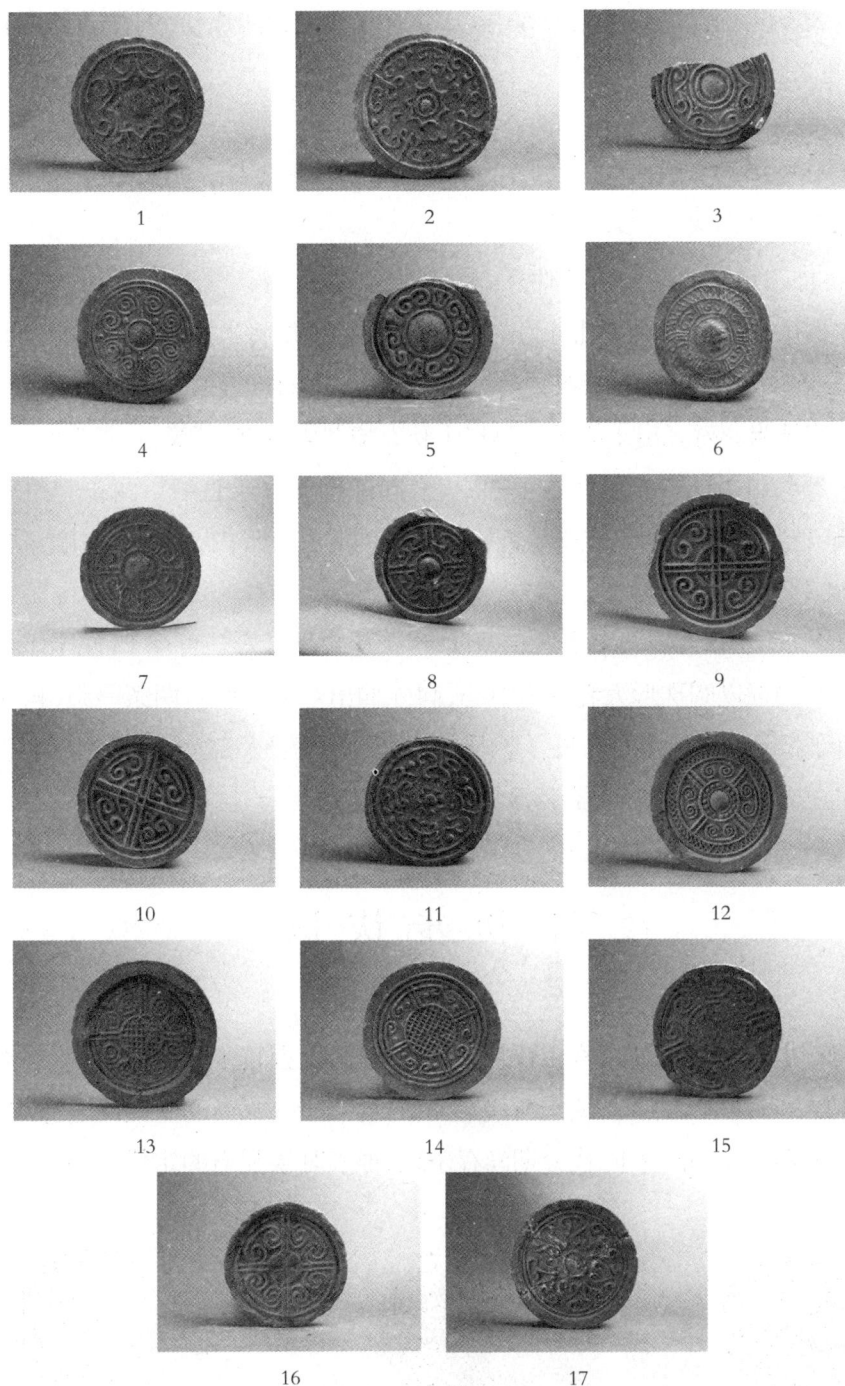

图二五　云纹瓦当

1. 标本221:益都侯城　2. 标本211:田马(具体地点不详)　3. 标本172:益都侯城　4. 标本175:益都侯城

5. 标本185:寿光故城　6. 标本190:寿光故城　7. 标本370:益都侯城　8. 标本371:益都侯城

9. 标本166:益都侯城　10. 标本177:益都侯城　11. 标本212:田马(具体地点不详)

12. 标本171:益都侯城　13. 标本139:寿光故城　14. 标本240:益都侯城　15. 标本204:益都侯城

16. 标本169:益都侯城　17. 标本210:田马(具体地点不详)

标本 204: 当面以米格纹圆形为中心, 以双竖线分为四等份, 内饰蘑菇形卷云纹。直径 15 厘米。

Ⅶ式: 花瓣钮卷云纹瓦当,1 件。

标本 169: 中心为圆形, 内饰四花瓣纹, 当面以双竖线分为四等份, 内饰蘑菇形卷云纹。直径 15.6 厘米。

Ⅷ式: 柿蒂钮卷云纹瓦当,2 件。

标本 210: 当面以圆形大乳钉为中心, 四心形柿蒂纹将当面分为四等份, 间饰两卷云纹, 由心形纹饰相连; 两卷云纹顶部饰小三角。直径 19.5 厘米。

2. 文字瓦当。 寿光出土不多, 仅见"千秋万岁""大吉宜官"等。

标本 258: 当面以圆珠形大乳钉为中心, 向外伸出八条直线。两条一组, 构成直角, 内饰羊角形卷云纹, 两侧点缀小乳钉。直角间的长方形内, 上下右左顺读"千秋万岁"。直径 14 厘米。

标本 043: "千秋万岁", 上下右左顺读, 当面施白地红彩。直径 13 厘米。

陶 646: 当面以圆珠形大乳钉为中心, 向外伸出八条直线。两条一组, 构成直角, 内饰羊角形卷云纹。直角间的长方形内, 上下右左顺读"大吉宜官", 其中"大"字头邻边轮, 其他三字头邻圆珠。直径 13.8 厘米。

四、初 步 认 识

总体来讲, 由于建筑使用寿命较长, 建筑遗址又发掘较少, 对比资料不够丰富; 再加上大多数瓦当为采集所得, 缺乏断代定期依据, 对研究瓦当的演变问题造成了很大困难。目前来看, 对瓦当的时代分期尚存争议, 很多时候瓦当的定代并不一致。经考

　　　1　　　　　　　　　　2　　　　　　　　　　3

图二六　文字瓦当

1. 标本 258: 纪国故城　2. 标本 043: 纪国故城　3. 陶 646: 圣城街道南胡村

虑,在此综合一些说法,暂时给出一个结论,算是提出问题,供大家分析研究。谬误之处,请大家批评指正。

从外形看,战国及西汉前期以半瓦当为主,西汉后期以圆瓦当为主,东汉时半瓦当消失。其中半瓦当多是由圆瓦当切割而成。从纹饰看,树木双(单)兽纹最早,由此演变出树木双骑纹及搭配箭纹、三角纹、卷云纹的树木双兽纹。其后则是双兽纹的消失,以树木纹配三角、箭纹、乳钉、卷云纹。再后,树木纹消失,云纹等成为主要纹样。文字瓦当出现于西汉早期,仅见"天齐"(或齐天)瓦当,除临淄齐故城外,其他地方未见相关出土资料;东汉时期开始出现各类吉语瓦当等。

从寿光出土的这批瓦当看,树木纹作为战国至汉代早期最重要的纹饰,无论是写实性很强的树木兽纹、树木骑纹,还是具有一定抽象性的树木箭纹、树木乳钉纹(饕餮纹)、树木云纹,抑或是变形树木纹,既是一种对生命的崇拜,又是对现实生活、生存环境及相关理念的反映。

葛涛先生在《古齐国树木纹瓦当探析》[1]一文中,提出了树木纹瓦当的新分类法,分析了齐国瓦当树木纹造型艺术特色,并在此基础上归纳了古代齐地社木图腾及树木崇拜之说。《管子·八观篇》:"山林虽近,草木虽美,宫室必有度,禁发必有时。"《管子·五行篇》:"出国衡,顺山林,禁民斩木,所以爱草木也。"由此可见,树木具有生命力、繁殖力强的特点,又具有保护、美化环境的作用,因此保护树木在齐地被作为一种理念、一种制度进行了明确的规定。

战国时期,齐瓦当上的云纹多依附于树木,线条简练抽象,自由洒脱;秦统一后,云纹不似战国时期的云纹那样过于抽象,更多继承了秦瓦当、洛阳瓦当的云纹形式,如涡旋云纹、S形云纹、蘑菇形云纹等,其当面中心多为圆珠形钮,或饰以规矩纹、方格纹等等。云纹瓦当逐渐取代树木纹瓦当成为齐地瓦当的主要图案,树木纹瓦当逐渐退出历史舞台的中央。

瓦当,作为屋檐上的一种建筑构件,是保护檐椽不受风雨侵袭的屏障,更是檐椽上的一道亮丽风景。瓦当上的花纹和文字,不仅对研究建筑学、美术史具有重要意义,同时也对了解古人审美情趣、社会观念等具有重要参考价值。

---

[1] 葛涛:《古齐国树木纹瓦当探析》,《艺苑》2011年第2期。

关于东夷古文字的思考

刘 悦

淄博师范高等专科学校

在山东的早期文字中,有很多特殊的文字,与甲骨文、金文殊不相同,难以看作是由同一个支脉发展而来。一些学者认为这些文字可能是东夷部族曾使用过的但未被传承下来的文字,对于这一观点,我们深以为是。因为,比较我国西南少数民族地区的古文字就会发现,很多民族都有自己独创的文字,如纳西族的东巴文、达巴文、玛丽玛萨文,景颇族的图画文字,彝族的古彝文,傈僳族的竹书文字等。这些文字中一些图画性的象形文字也存在共性,但它们仍是各自独立起源的文字。在山东这个很早就有人类活动的地域,最初产生的文字的种类也不可能是单一的。随着中原文化的东渐,这些早期文字都没有被继承下来。我们看到的一些出土古文字资料,当是这些被取代的文字的孑遗,我们姑且把这类文字称为东夷文字。东夷文字不是某一种文字,是历史上东夷部族曾使用过的各种类型文字的总称。

一、东夷族的历史分期与地理分布

旧石器时代是距今 300 万—1 万年的历史时期,旧石器时代的中期距今 10 万到两三万年间。我国大陆发现的最早的人类是距今约 170 万年的元谋人。山东地域发现的最早的人类活动遗迹属旧石器时代早期,距今约 40 万年,在淄博的沂源县、临沂的沂水县和平邑县、日照的秦官庄都有人类活动的遗迹。沂源发现的人骨化石现保存于山东博物馆,被命名为"沂源猿人"。沂源猿人与北京猿人的年代相当,是在山东地域发现的最早的人类,也是黄河中下游地区发现的最早的古人类,说明在旧石器时代早期,山东就有人类生存、繁衍。

在距今两三万年的旧石器时代晚期,山东地域发现了约二十处文化遗存。在淄博沂源县骑子鞍山千人洞发现了打制石器和哺乳动物化石;在泰安新泰市乌珠台村发现了一枚人牙齿化石和哺乳动物化石;在临沂沂水县胡埠西采集到旧石器 12 件;在临沂莒南县的烟墩岭和九顶莲花山采集到 151 件石制品;在日照沿海竹溪村等 7 个地点发现旧石器 700 余件;在临沂郯城望海楼采得 222 件石制品;在临沂平邑县蒙山南麓采集到 200 余件石制品;在烟台蓬莱村里集发现人骨化石和打制石器 5 件;在烟台长岛县、海阳县发现有打制石器和哺乳动物化石。这些人类活动遗迹的发现,说明山东远古人类的分布在旧石器时代早期主要集中在泰沂山区和鲁中南一带,在旧石器时代晚期发展到胶东半岛的沿海一带,活动范围逐步扩大。东夷文化就是在这一基础上产生、发展起来的。

距今 8400 年左右,山东进入了新石器时代。依次经历了后李文化(距今 8400—7700 年)、北辛文化(距今 7300—6100 年)、大汶口文化(距今 6100—4600 年)、龙山文化(距今 4600—4000 年)、岳石文化(距今 4000—3600 年)。

后李文化的命名来自该时期出土文化遗物丰富且典型的淄博市临淄区齐陵镇后李官庄遗址。后李文化时期的陶器工艺原始,种类单调,造型简单、古朴,以釜为代表,占陶器总数的 70% 以上。出土的石器制作简单,以打制器为主。墓葬均为单人墓,墓穴小,没有葬具,随葬品也极少。后李文化时期的房址近 70 座,均为半地穴式,面积多为 30—40 平方米,房内有平地垫支式烧灶,1 至 4 个不等。后李文化时期还没有发现陶器刻符。

北辛文化的命名来自该时期出土文物丰富且典型的枣庄滕州北辛遗址。北辛文化时期约 1200 年,山东北辛文化遗址有五六十处,分布范围广,包括从鲁南到鲁北除胶东以外的山东大部分地区。北辛文化时期的陶器主要有夹砂陶和泥质陶两种,多为素面,纹饰以压印纹、乳钉纹、掐印纹、堆纹、篦纹为主,鼎类器最多。出土石器有打制和磨制两种,多为与农业活动有关的石器,说明北辛时期农业是东夷族的主要经济活动,也代表着东方农业的起源。出土骨器的数量也很多。北辛文化时期出土的陶器上有简单的刻符。

大汶口文化的命名来自泰安大汶口墓葬遗址。已发现的大汶口遗址有六百余处,遗址的范围超越了北辛文化的分布范围,且超出山东,辽宁、江苏、安徽、河南均有大汶口文化遗址。大汶口文化早期以彩陶为主,晚期以灰黑陶为主。这一时期出现刻在陶尊上的图画文字十几个,这些文字被学界公认为山东最早的文字。大汶口时期的人类已经过着定居生活,有头骨人工变形和青春期拔牙的习俗。墓葬中随葬有狗、猪,死者常手握獐牙。社会结构从母权制过渡到父权制,家庭形态走向一夫一妻制。

龙山文化的命名来自济南章丘龙山镇城子崖遗址。龙山文化的分布范围比大汶口文化更广。龙山文化以黑陶为主要特征。出现了金属冶炼业。发达的龙山文化让人们重新审视中华文明的起源，山东地区的东夷文化有着与中原仰韶文化一样的发展水平，中华文明的起源地并不是唯一的。

岳石文化的命名来自青岛平度县东岳石遗址。岳石文化时期相当于中原地区的夏王朝。岳石文化遗址有二三百处。岳石文化时期已经掌握了青铜冶炼技术，陶器以手制为主，蛋壳陶绝迹。发现了刻字卜骨，其时代相当于夏代晚期。

文献中夏代的东夷人就是指聚居在山东及其周围地区的土著居民。根据对出土人骨的检测，山东居民在人类学种族特征上始终属于同一个种族，即东亚蒙古人种。从新石器时代早期直到汉代，山东境内的居民都有颅骨人工变形（枕型）和拔除两侧上颌侧门齿的习俗。在整个新石器时代，山东都是东夷族的领地，未发现有其他氏族居民存在，而且东夷族分布的范围在不断扩大，甚至超越了山东的地界。东夷族是一个历史悠久的土著民族，且具有高度的文明。

东夷族拥有很多不同的氏族部落。《后汉书·东夷传》记载"夷有九种"，这个"九"当是用来表示多数，他们主要居住在山东及其沿海一带。东夷族中以鸟为图腾的部落很多。蚩尤是东夷族著名的部落首领，据说，他被黄帝打败后，葬于今山东东平县西南。

东夷文化与中原地区的文化存在交互现象。在鲁西地区有中原仰韶文化和河南龙山文化遗址发现，在山东的其他地区未见。而山东大汶口文化、龙山文化的影响深入到河南腹地，并通过豫西到达陕西境内。可见，东夷文化对中原文化的影响是主动和巨大的，是中原古文化的重要组成部分。这种文化交流必定会伴有文字的交流。

《国语》《孟子》认为商的先祖是东夷人的一支，西进入主中原以后，与中原华夏族一起创造了以青铜文化为主要代表的文化。

齐地在殷商时为商之属国或势力范围，商文化对东夷文化影响深远。有学者考证，一部分姜炎族迁出陕西到了洛阳，最大的一支贵族被分封到了山东。可见，齐地的姜炎文化包含了大量商文化因子。

东夷文化与中国南部地区的古文化也关系密切。大汶口文化的范围向南一直到湖北的江汉平原，苏北地区是大汶口文化与南方良渚文化的接触地带。大汶口文化出土的陶器符号在良渚文化的玉器上也可见到。

二、东夷文字概况

对于北辛文化、大汶口文化、龙山文化各时期出土的抽象符号,专家们解说不一。若是把这些符号比附中原出土的类似符号,只能看出早期文字的一种共性,还难以确定它们之间具有渊源关系。但是认定山东早期陶器符号为东夷人曾使用的符号是没有问题的,这些符号当为东夷文字的萌芽状态,是东夷人自创的文字。

严文明曾指出:"在山东,早在大汶口文化晚期的陶尊上就已有许多刻划的原始文字或前文字,因为它是单个出现的,不能表达语言,和完全意义上的文字不同。人们可以从不同的角度去对它进行研究,但有一点是清楚的,即要充分估计其意义,一定要同它后来的发展路线结合起来进行考察,看看它是否被后来的商周文字所吸收也成为古汉字的一个来源,或者是独立发展,形成为一种独特的夷人文字。现在看来,后一种可能性是确实存在的。"[1]

山东出土的早期文字中,还有一些符号体态较为特殊的文字,疑为东夷文字。

三、东夷文字示例

1. 丁公陶文

目前丁公陶文的释读仍无定论。一些学者尝试从甲骨文、金文甚至其他民族古文字的角度去认知丁公陶文,结果却不理想。丁公陶文的字形中不仅有象形符号,也有抽象符号,且出现了连笔字,字的写法、结构与甲骨文、金文都有很大差距。这说明它们在当时已较为成熟且使用率很高。

2. 莱阳陶盉

莱阳陶盉上的文字与丁公陶文有相似性,如文字以圆笔道为主,动物的象形图案多。整体来看,文字诡谲,难以释读。

---

[1] 严文明:《胶东原始文化初论》,《山东史前文化论文集》,齐鲁书社,1986年,第76页。

3. 乳山陶鬲铭文

乳山出土陶鬲腹上部有一大一小两个卵形的圆划纹,专家认为该刻画符号应是东夷原始文字。总的来看,这些文字的共同风格是具有图画性,多动物图案,多为简笔摹画,圆笔多,图画特征与甲骨文、金文不同。

4. 城子崖陶文

济南章丘龙山文化遗址出土的陶片上的文字,属两周时期。董作宾释为"齐人网获六鱼一小龟",但这种释义没有太多的依据,多为主观臆测。陶文刻在陶瓮的内部,笔画纤细。从文字符号的构形上来看,有简笔画式图画符号的特征,也有指事符号。与丁公陶文和莱阳陶盉文字有一些共性。

5. 小董家遗址陶文

1974年,在济南章丘小董家遗址出土一泥质灰陶罐,其时代约为商代晚期。在陶罐口颈部阴刻三组图形符号,呈三角分布,线条刚劲有力。符号1为"亚"字形;符号2为网格状,似"田"字;符号3图形复杂凌乱,难以辨识。常兴照估测这是失传的夷人字符,可能与献祭活动有关[1]。

此外,在长岛大钦岛石板墓中出土一件舟,舟底有一铭文,无法辨认,商周铭文无此字[2]。

四、东夷文字与汉古文字关系

以上所列,可以看出东夷文字共同的风格是具有图画性,多动物图案,多为简笔摹画,圆笔多,图画特征与甲骨文和金文不同。

商部族与上古东夷人关系密切。山东龙山文化是五帝时期夷人的文化,岳石文化是夏代时期夷人的文化。商部族最早的活动地域在今鲁东南,后来随太昊集团迁移至豫东鲁西南,并继续向冀南及皖北散播。有商一代,夷人的势力还很强大,商王朝感到了严重的威胁,于是大举用兵以伐夷方。商王朝前期文化的分布未到山东,后

---

[1] 常兴照、宁荫堂:《论山东章丘县小董家所出陶罐及其刻画符号》,《北方文物》1995年第3期。

[2] 宋承钧、史明:《胶东史前文化与莱夷的历史贡献》,《东岳论丛》1984年第1期。

期文化仅到泰山一带,泰山以东还完全是夷人的天下。西周初年大封建,在山东建立了齐、鲁等国,夷人文化或被同化,或被迫偏于海隅。

商部族的先民有可能是从东夷部族学习和继承了契刻文字,并以此为基础发展成独具特色的甲骨文字。东夷族早在大汶口文化时期就开始使用龟甲,并且把龟甲作为随葬品。在泰安大汶口墓中,随葬龟甲共 20 块,有的龟甲上有人工钻孔,但还无法确定这些龟甲是否作占卜用。到了龙山文化时期,在聊城茌平尚庄发现了最早的卜骨,共 5 块,有烧灼痕迹。岳石文化时期,淄博桓台史家遗址出土了 2 片刻字的卜骨,比殷墟甲骨文早 300 年。这些发现说明东夷族很早就开始使用龟甲进行占卜,中原地区的占卜很有可能是渊源于东夷人。

东夷文字与古汉字之间的关系是自源的还是借源的,是一个值得研究的课题。前中国历史博物馆馆长俞伟超教授曾指出:“从黄河下游到黄河中游,有关这个时期(新石器时代晚期)的考古发现,已经相当多了,无论是制陶工艺或是玉器制作,乃至城市的形成,都表现出山东地区的文化发展程度要高于河南地区。所以,在这个地区首先出现文字,应当是可以理解的;而文字的较早出现,也正进一步表明那时这里的文化要高于河南一带。……四千多年前发生的一次延续了若干年的特大洪水,摧垮了龙山、良渚文化,才使黄河中游的夏、商、周文化得以先后强大起来。”[1]这是东夷文字与古汉字之间关系的一种合理推论。

东夷文化是山东地域的本土文化,齐、鲁封国之后,东夷族及其文化还延续了很长时间。齐桓公时,齐国主要是尊王攘夷,称霸中原,对东方的莱国还无暇顾及。西周初年,莱国势力逐步强大。莱国的中心区域在今潍淄流域,平度县以东的胶东半岛也是莱夷的居住范围。春秋中期,齐国的势力大规模向东扩张,齐灵公十五年(前 567年),齐灭莱,周文化、齐文化与半岛夷人文化才融合统一。

随着中原文化的东渐,山东地域的古文字为汉古文字所取代,但从山东地域出土的一些古文字资料可以看出其写法与中原地区明显不同,较为特殊。如 1983 年 4 月出土于龙口市中村镇海云寺徐家村的西周早期青铜簋辛卿簋上有五十余字铭文,该铭文字迹幼稚潦草,笔画多连笔,圆笔道多,与莱阳陶盉的书写风格相近。该铭文与典型的周代铜器铭文风格迥异,很有可能是东夷文字书写风格在汉古文字中的体现。龙口是莱夷和莱国旧地,铭中的王可能是莱国国君。

如果上述观点成立,且山东昌乐骨刻文是真实的,那么对骨刻文的认定是不必比附古汉字的,因为这本身就是两个来源或两种发展途径的文字。骨刻文与东夷地区

---

[1]　俞伟超:《专家笔谈丁公遗址出土陶文》,《考古》1993 年第 4 期。

出土的其他文字间的关系倒是应该重视的。

东夷文字对揭示中国文字起源有着重要价值,应当把它作为一种独立的早期文字加以研究。

说北方诸系战国文字中一类特殊写法的"赀"字及相关诸字

刘海宇

日本岩手大学平泉文化研究中心

齐系以及燕系等北方诸系战国文字中有写作"🔲"或"🔲"等形的字,例如:齐陶文的"🔲"字,见于《陶图》2·203、2·204、2·205,共 11 例[1];最近新泰出土的田齐陶文中亦见十余例[2]。燕玺有"🔲"(《玺汇》2792)字[3],燕陶文有"🔲"(《古陶》4·4)字[4]。另有与该字上部偏旁相关的字,例如:燕玺的"🔲"(《梦庵》)[5]与"🔲"(《玺汇》1670),三晋玺印的"🔲"(《玺汇》1036)等字。

燕玺的"🔲"字旧释"赍"[6],或释"贺"[7]。齐陶文的"🔲"字,徐在国先生在《谈齐陶文中的"陈贺"》以及《新出齐陶》中释作"贺"[8]。以这些释读验证其他相关诸字,多有未安。兹不揣浅薄,特作考释,望学者指正。

---

[1] 王恩田:《陶文图录》,齐鲁书社,2006 年,第 291—293 页。简称《陶图》,下文不再加注。

[2] 山东大学历史文化学院考古学系、山东博物馆、新泰市博物馆:《新泰出土田齐陶文》,文物出版社,2014 年,第 141—151 页。

[3] 罗福颐:《古玺汇编》,文物出版社,1981 年,第 266 页。简称《玺汇》,不再加注。

[4] 高明、葛英会:《古陶文字征》,中华书局,1991 年,第 110 页。简称《古陶》,不再加注。

[5] 太田孝太郎:《梦庵藏陶》,钤印本,日本大正九年(1920)。简称《梦庵》,不再加注。

[6] 吴大澂释"赍"(见丁佛言:《说文古籀补补》,中华书局,1988 年,第 67 页。简称《补补》,不再加注)。

[7] 见天津市艺术博物馆:《天津市艺术博物馆藏古玺印选》(文物出版社,1997 年,第 7 页)所收古玺"东郭贺"。

[8] 徐在国:《谈齐陶文中的"陈贺"》,《安徽大学学报》(哲学社会科学版)2013 年第 1 期;徐在国:《新出齐陶文图录》,学苑出版社,2015 年,第 189—206、1065 页,简称《新出齐陶》,不再加注。

一、齐系及燕系战国文字的"𧵩""𧵦"字是"赀"字

燕玺中的"𧵦"字，下文以 A 代替。见《玺汇》2792 号古玺，"雷[1]A"（图一，1）。

该字吴大澄释"赍"（《补补》67 页），陈汉平先生从之[2]。《玺征》作为不识字列入附录[3]。陈光田先生疑读为"赀"[4]。

《玺汇》3440 号古玺，"韦[5]闵（门）A"（图一，2）。

《玺汇》3816 号古玺，"司马 A"（图一，3）。陈光田先生疑读为"赀"（《分域》122页）。

《玺汇》2724 号古玺，又见于《艺术》收录古玺[6]，"夏 A"（图一，4）。陈光田先生疑读为"赀"（《分域》106 页）。

《玺类》收录古玺"公孙 A"[7]（图一，5）。

上述玺印中，"𧵦"字从贝从𦬠，偏旁"𦬠"右侧笔画下部均有一个小点。这个小点有时写作短横，下文以 B 代替。例如《津艺》收录齐系古玺印"东郭 B"（图二，1）。印文前两字，吴振武先生释复姓"东郭"[8]，第三字编者释"贺"[9]。陈光田先生疑读为"赀"（《分域》76 页）。

该字还见于燕国陶文，字形与 B 字形近同。例如：《陶图》所收 4·5·1 内容为

---

[1]　印文首字，丁佛言释"雷"（《补补》50 页），陈汉平释"周"（《屠龙》273 页）。笔者认为该字应从辰畾声，疑是𩅦字，见于《四声篇海》，即"雷"字异体[参见韩道昭：《改并五音类聚四声篇海》，《续修四库全书》（第 229 册），上海古籍出版社，1996 年，第 326 页]。

[2]　陈汉平：《屠龙绝绪》，黑龙江教育出版社，1989 年，第 282 页。简称《屠龙》，不再加注。

[3]　罗福颐：《古玺文字征》，石印本，民国庚午（1930）年，附录第 18 页。

[4]　陈光田：《战国玺印分域研究》，岳麓书社，2009 年，第 112 页。简称《分域》，不再加注。

[5]　印文首字为"韦"字省形，又见于《侯马盟书》507"韦书"。参见黄德宽：《古文字谱系疏证》，商务印书馆，2007 年，第 2869—2870 页。

[6]　王人聪、游学华：《中国历代玺印艺术》，香港中文大学出版社，2000 年，第 61 页。简称《艺术》。

[7]　小林斗盦：《中国玺印类编》，天津人民美术出版社，2004 年，第 25 页。

[8]　吴振武：《古玺姓氏考（复姓十五篇）》，《出土文献研究》（第三辑），中华书局，1998 年，第 77—78 页。

[9]　天津市艺术博物馆：《天津市艺术博物馆藏古玺印选》，文物出版社，1997 年，第 7 页。简称《津艺》。

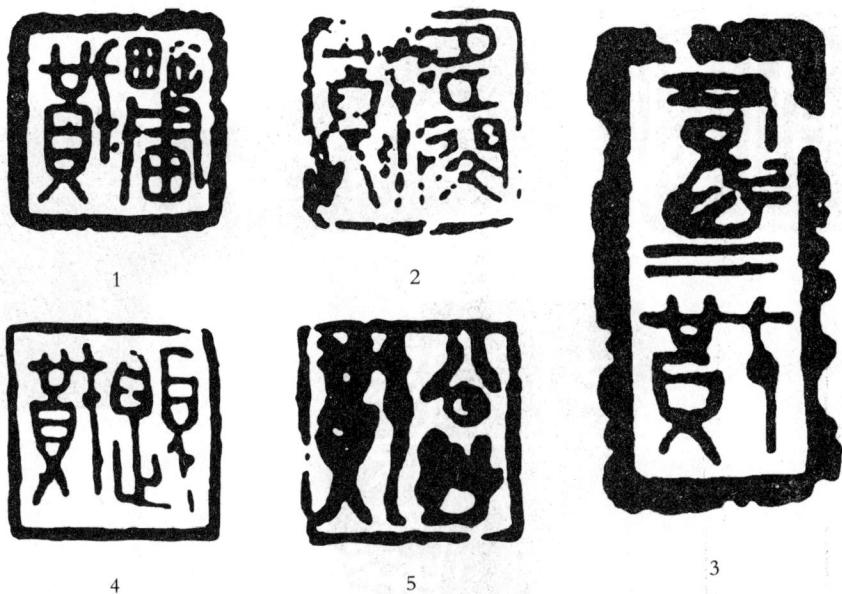

图一　A"赀"

1.《玺汇》2792 号　2.《玺汇》3440 号　3.《玺汇》3816 号　4.《玺汇》2724 号　5.《玺类》

"廿一年八月右陶尹。佐(佐)[1]疾敀(殷—轨)[2]B。右陶攻(工)汤"(图二,2);《陶图》4·6·3 内容为"廿一年▨。佐(佐)疾,敀(殷—轨)B"(图二,3)。

　　该字又见于《陶图》所收 4·9·4、4·10·1、4·11·1、4·17·3、4·19·1、4·20·2 等燕陶文之中,写法基本相同,均用作人名。

　　战国文字中"匕"形上往往都加有小点或短横,例如"旨"形或作"𠤎"(《国差𦉢》,《集成》10361)[3],或作"𠤎"(齐系陶文,《陶图》2·173·2),或作"𠤎"(《蔡侯盘》"尝"字偏旁,《集成》10171)。《玺汇》486"𩔖"与 487"𩔖"为同一字。所以,上述 A 字形与 B 字形无疑是同一个字。

　　齐系陶文中有"赀"字,见于《陶图》2·203、2·204、2·205(图三,1),共收录 11 例,内容均为"蒦圆(阳)𦉢(𦉢)里人赀"。此字高明先生等《古陶》隶定为"戳",王恩

---

　　[1]　该字多作"𠵳"形(见王恩田《陶文字典》225 页),从人从差字声符"𠂹",笔者认为可隶定为"佐",或读为"佐"。

　　[2]　该字释读众说纷纭,今从孙敬明先生说,隶定为"殷",读为"轨",义见《国语·齐语》"五人为伍,轨长帅之"。参见孙敬明:《齐陶新探》,《古文字研究》(第十四辑),中华书局,1986 年,第 221—246 页。

　　[3]　中国社会科学院考古研究所:《殷周金文集成》(修订增补本),中华书局,2007 年。简称《集成》,不再加注。

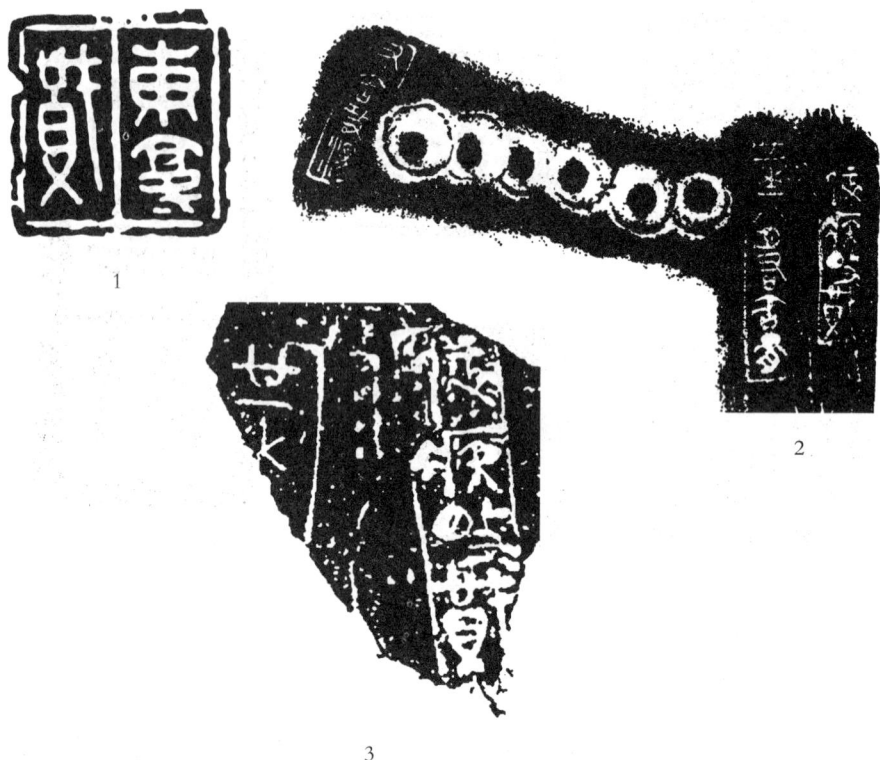

图二　B"贵"

1.《津艺》　2.《陶图》4·5·1　3.《陶图》4·6·3

田先生《陶文字典》隶定为"戬"[1]，张振谦先生《齐鲁文字编》隶定为"戬"[2]，均未有考释。高明先生、张振谦先生的隶定更加符合字形。该字形与燕系陶文、玺印的写法 A"贵"、B"贵"相比，圆点或短横写成了短竖画，右旁明显作"戈"，下文以 C 代替。

　　最近出版的徐在国先生编著《新出齐陶》收录"陈 C 立事"类陶文十余件，另外尚有一件"蒦圆(阳)匋(陶)里人 C"(图三,2)，徐先生释"C"字为"贺"(189—206、1065 页)。

　　"C"字又见于邹陶文，单字，作"贵"形(《陶图》3·172·1)。

　　上述齐系文字的"贵"(C)与燕系文字的"贵"(A)、"贵"(B)相比，"贵"(C)字上部偏旁右侧明显作"戈"形。齐系文字中，"戈"或作"戈"(《郱公铊钟》"我"字偏旁，《集成》102)，或作"戈"(《高密戈》，《集成》10972)，或作"戈"(《羊子戈》，《集成》11089)。我们知道战国玺印文字中作为偏旁的"弋"与"戈"多有形近讹混，何琳仪先生《通论》

────────────

[1]　王恩田：《陶文字典》，齐鲁书社，2007 年，第 315 页。简称《字典》，不再加注。

[2]　张振谦：《齐鲁文字编》，学苑出版社，2014 年，第 895—896 页。

1

2

图三　C"赀"

1.《陶图》2·203、2·204、2·205　2.《新出齐陶》

称"形近互作"[1]。所以,齐系陶文"赀"(C)与燕陶文"赀"(A)、燕玺文字"赀"(B)亦应为同一字。

但是,上述这些字在陶文或古玺中均用作人名,没有辞例可寻,无法分析上下文义,无论释作何字,均难以在辞例中验证其正确与否。值得庆幸的是,燕金文中也有近似字形的"赀"字,该字的出现为上述陶文或古玺人名用字的释读提供了新的线索。

金文的"赀"字见于山东莒县出土的《不降戈》(《集成》11286 号;图四,1)以及传世器《不降矛》(《集成》11541 号;图四,2)。

何琳仪先生《汇释》认为《集成》11286 号《不降戈》虽出土于山东莒县,但根据字体判断"不降"诸器均为燕国器[2]。两器铭文大半相同,《不降戈》(《集成》11286 号)铭文为"不降棘[3]余子之赀金,右军",《不降矛》(《集成》11541 号)铭文为"不降棘余

———————————

[1] 何琳仪:《战国文字通论订补》,上海古籍出版社,2017 年,第 284—287 页。简称《通论》,不再加注。

[2] 何琳仪:《莒县出土东周铜器铭文汇释》,《文史》2000 年第 1 辑。简称《汇释》,不再加注。

[3] 该字何琳仪《汇释》从孙诒让释"拜"。《集成》释作"棘",今从之。铭中用作姓氏,或应读作"革"。文献中多见"棘"与"革"通假,例如《论语·颜渊》人名"棘子成",《汉书·古今人表》作"革子成"(参见高亨:《古字通假会典》,齐鲁书社,1989 年,第 385 页)。

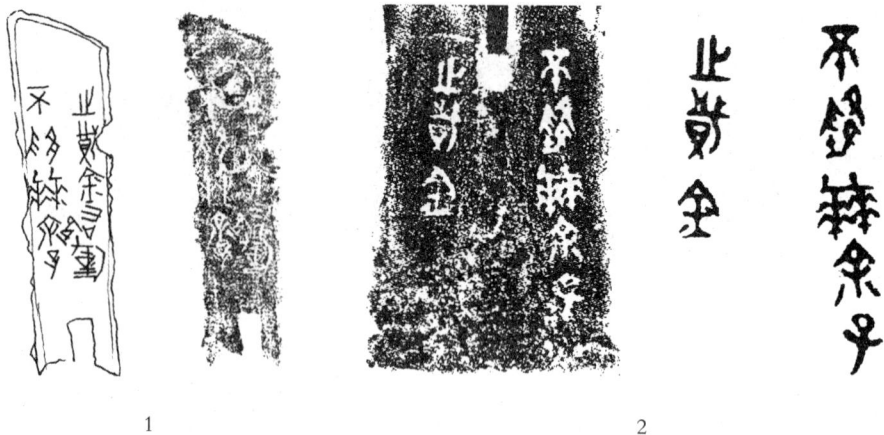

图四　金文的"䞷"字

1.《不降戈》　2.《不降矛》

子之"䞷金"。两器中的"䞷"（《集成》11286 号）与"䞷"（《集成》11541 号）无疑为同一字，该字孙诒让释"賨"[1]，何琳仪先生从之而读为"职"（《汇释》35 页），张亚初先生《引得》释"赀"[2]，《集成》以及吴镇烽先生《铭图》均从之[3]，田炜先生《古玺探研》隶定为"戠"而读为"造"[4]。

笔者认为释"赀"可信，其理由详见下文"㔾（此）"字的释读。"䞷"（《集成》11286号）字右旁似"戈"，"䞷"（《集成》11541 号）字与燕玺的 A 形"赀"写法较为近似。上文已经指出战国玺印文字中作为偏旁的"弋"与"戈"多有形近讹混，所以燕金文的"䞷""䞷"与齐系陶文的"賨"、燕陶文的"赀"、燕玺的"赀"是同一字，这些字均应释为"赀"。

"赀"，《说文》训"小罚以财自赎也"，义指罚缴财物，这大概是承自秦系文字的用法，多见于秦律[5]。《管子》"赀家""无赀之家"以及《晏子》"其赀千金"等齐系古文献中则多用为财货义，《玉篇》云："赀，财也，货也。"文献中，"赀"与"訾""资"通假（见《会典》）[6]，三字均多用作财货义。古代字义多名动相因，"赀"亦可用作动词，表示以财

[1]　孙诒让：《古籀余论》卷上，籀经楼刻本，清光绪年间，第 10 页。

[2]　张亚初：《殷周金文集成引得》，中华书局，2001 年，第 723 页。简称《引得》。

[3]　吴镇烽：《商周青铜器铭文暨图像集成》（第 32 卷），上海古籍出版社，2012 年，第 153 页。简称《铭图》。

[4]　田炜：《古玺探研》，华东师范大学出版社，2010 年，第 65 页。

[5]　参见睡虎地秦墓竹简整理小组：《睡虎地秦墓竹简·效律》（文物出版社，1990 年）中的"坐以赀""坐效以赀"，《秦律十八种·徭律》中的"赀一盾"等。

[6]　高亨：《古字通假会典》，齐鲁书社，1989 年，第 583—584 页。简称《会典》。

物交换。

燕金文"赀金"中的"赀"应用作动词,"赀金"即意为以财货交换来的青铜。"赀金"一词亦见于《管子·山国轨》:"管子对曰:龙夏之地,布黄金九千。以币赀金,巨家以金,小家以币。"黎翔凤云"赀犹抵也"[1]。此处"以币赀金"即以币帛交换金属通货。"不降"诸器铭文中的"不降"为地名,何琳仪先生《汇释》读为"无穷"。"棘(革)余子"为人名,"余子"意为庶子(《战典》533 页),以"余子"为名者又见于《玺汇》1651"左余子"等。铭文"不降棘余子之赀金",即居于不降之地的名叫棘余子的人以财物换取的青铜。

此外,燕系金文中也见名"赀"的工匠,如《十三年戈》(《集成》11339)[2]。文献中也可见先秦时期名"赀"之人,如《史记·十二诸侯年表》以及《楚世家》载楚文王名"熊赀"。

二、"屮屮"是"此"字

燕玺中有一个写作"屮屮"的字。

《玺汇》1670 号古玺,"易屮屮"(图五,1)。陈汉平先生释"世"(《屠龙》282 页)。何琳仪先生隶定为"吒",作为不识字列入《战典》附录(《战典》1530 页)[3]。

该字又见于《梦庵》所收古玺,该玺又为施谢捷先生《汇考》所收录[4],印文"长(张)屮屮"(图五,2)。施先生仅隶定为"长吒",未作考释。

另外,《玺汇》0756 号古玺,"长(张)屮屮"(图五,3)。第二字写法与"屮屮"左右偏旁倒置,施谢捷先生《汇考》认为两者是同一字。该玺又见于《赫连泉馆印存》[5]。

上述作"屮屮"形的字应是"此"字的一种特殊写法[6]。燕、三晋等北方诸系古玺文字中,"止"与"心"作偏旁时,写法往往混同。例如:《玺汇》3146"遉(遖)"的"止"旁与

---

[1] 黎翔凤:《管子校注》,中华书局,2004 年,第 1294 页。

[2] 李学勤、郑绍宗两先生释为"贺",认为该字位于铭文末尾,与其他字有一定距离,当是铸器工匠之名。见氏著:《论河北近年出土的战国有铭青铜器》,《古文字研究》(第七辑),中华书局,1982 年,第 128 页。

[3] 何琳仪:《战国古文字典——战国文字声系》,中华书局,1998 年。简称《战典》,不再加注。

[4] 施谢捷:《古玺汇考》,安徽大学博士学位论文,2006 年,第 261 页。简称《汇考》,不再加注。

[5] 罗振玉:《赫连泉馆古印存》,上海书店出版社,1988 年,第 97 页。

[6] 国学数典网友 tjsdxl 先生亦曾向笔者提示该字或许是"此"字(2017 年 1 月 1 日),在此谨致感谢。

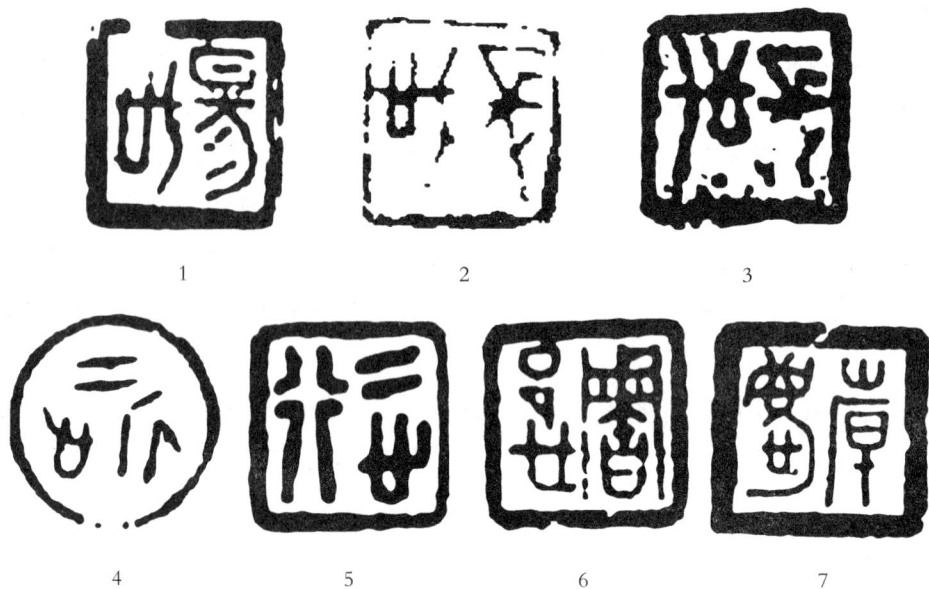

图五　"此"字

1.《玺汇》1670 号　2.《梦庵》　3.《玺汇》0756 号

4.《玺汇》4944 号　5.《玺汇》4316 号　6.《玺汇》3030 号　7.《玺汇》2340 号

3447"⿰⿱止心（虑）"的"心"旁；《玺汇》4944"恖（慎）"[1]（图五，4）、4316"恖（慎）行"（图五，5）、3030"悁"（图五，6）、2340"庆"（图五，7）字等的"心"旁均与"岁"字"⿰"（《玺汇》4425）、"⿰"（《玺汇》4426）所从"止"旁的写法接近。汉代碑刻文字中，"耻"又作"耻"，亦是受心与止写法混同所影响。

这类与"心"写法近似的止旁与匕旁共用一个横画，就成了作"⿰"形的"此"字。这种共用一个横画的写法多见于战国玺印文字，例如"忌"字"己"旁与"心"旁共用横画作"⿰"形，其例甚多[2]。何琳仪先生《通论》称这类共用笔画现象为"借用笔画"，并举出"司"作"⿰"、"厝"作"⿰"等例子（《通论》259—260 页）。"此"字在齐系金文《簠（莒）叔之仲子平钟》（《集成》177）中作"⿰"形，黄德宽先生在《疏证》中说"东周文字'此'所从止或讹作⿰，或作⿰，与⿰共用笔划"[3]。上引燕玺中这种写法的"此"字部首"匕"与"止"共用一个横画，而且"匕"旁的共用横画下部多加一个小点。

本文第一节所释齐陶文"⿰"字、燕陶文"⿰"字、燕玺文"⿰"字的上部偏旁无疑均是共用笔画写法的"此"字，所以这些字均应释作上部偏旁为"此"的"赀"字。

---

[1]　参见陈剑：《说慎》，《简帛研究二○○一》（上册），广西师范大学出版社，2001 年，第 207—214 页。

[2]　故宫博物院：《古玺文编》，文物出版社，1981 年，第 263 页。

[3]　黄德宽：《古文字谱系疏证》，商务印书馆，2007 年，第 2068—2069 页。简称《疏证》。

商周金文多见名"此"之人,如《亚此牺尊》(《集成》5569)、《此作父辛尊》(《集成》5886)、《此簋》(《集成》4303—4310)、《此鼎》(《集成》2821—2822)。

三、"㾻"是"疵"字

三晋系古玺中有一个从"疒"从"吡"的字。

《玺汇》1036,"肖(赵)㾻"(图六,1)。第二字陈汉平先生释"疕"(《屠龙》282页);何琳仪先生隶定为"㾻",作为不识字列入《战典》附录(《战典》1530页);施谢捷先生《汇考》仅隶定为"疵",未作考释。

上文已经考证"吡"即"此"字,那么"㾻"应是"疵"字。"疵",《说文》训"病也",以"疵"为名者亦多见于战国秦汉,古玺中以"疵"为名者又见于《玺汇》5654"侯疵"、《珍秦斋》"事(史)疵"[1],《战国策·赵策》有人名"李疵""郄疵",《汉印文字征》收录阎疵、王疵、张疵等八例[2]。

四、"𨝆"是"邮(酆)"字

齐系陶文有"𨝆"字,"陈𨝆"见于《陶图》2·18·1(图六,2)。

1   2

图六 "疵"及"邮(酆)"字
1.《玺汇》1036"疵"   2.《陶图》2·18·1"邮(酆)"

"𨝆"字从邑,此声,是《玉篇》训为"谷口"的"邮"字。《玉篇》又有"酆"字,训"谷

[1] 萧春源:《珍秦斋藏印·战国篇》,澳门基金会,2001年,第67号。
[2] 罗福颐:《汉印文字征》,文物出版社,1978年,第七卷19页。

名"[1]。《集韵》云"邨，谷名，在西海，亦县名。或作鄭"[2]。可见，"邨"与"鄭"互为异体。那么，"邨"字结构是"从邑，赀省声"，而"鄭"字则声符不省形。附带说一下，《清华简(陆)·郑文公问太伯》有地名"邨"，整理者读为"訾"，地在今河南巩县[3]。

五、结　　语

本文认为燕系等北方诸系战国文字中，作偏旁的"止"与"心"有时写法混同，与"心"写法近似的止旁与匕旁共用一个横画的"**此**"字应释为"此"字。结合燕系金文中"赀"字的写法，释齐陶文"**赀**"字、燕陶文"**赀**"字、燕玺文"**赀**"字为"赀"字。先秦古玺或陶文中作为人名用字的"赀"应取多财货义。齐陶文中的人名用字"邨"从"此"得声，是"鄭"的省声异体字，也应读作"赀"。

上述这类特殊写法的"赀"字在燕陶文、燕玺文、燕金文等燕系战国文字中最为多见，应是燕系文字的固有写法。在齐系文字中，该类写法的"赀"字仅见于陶文及玺文，应是受燕系文字影响所致。这或与乐毅率诸侯联军合纵攻破齐都并占领齐地六年的重大历史事件有关(《史记·燕召公世家》)。

还有一点需要指出的是，本文释北方诸系战国文字的"**此**"为"此"、"**赀**"为"赀"、"疕"为"疵"，并不是说正常写法的"此"及相关诸字都不存在了。正常写法的形体与这类特殊写法的形体同时存在于北方诸系战国文字中，例如三晋系文字中正常写法的"疵"字古玺亦见于著录，如《珍秦斋》"事(史)疵"的"疵"作"**疕**"形。齐陶文中也有从正常写法"此"旁的"觜"字作"**觜**"形(《新出齐陶》987 页)。正常写法应是承自传统，而本文所释"此"字的特殊写法应是受他国的横向影响所致。

---

[1]《宋本玉篇》张氏泽存堂刻本，北京中国书店，1983 年，第 43—44 页。

[2] 丁度：《集韵(附索引)》，上海古籍出版社，1985 年，第 28 页。

[3] 清华大学出土文献研究与保护中心：《清华大学藏战国竹简》(陆)，中西书局，2016 年，第121 页。

战国齐系陶文"郾瞒瓦豆"考释[*]

马保春

首都师范大学

　　《陶文图录》第一册编号 2・291・1—2・291・4 著录的是四件同铭的齐系陶文(图一),但没有交代出土地点,暂不知来源情况,亦不见于《古陶文汇编》。其中第一件和第二件从款识看应当是同一印章钤印的,其余两件款识则不同。编者释为"萩 阳 豆"[1],为五个字。笔者认为其所释第二字和第三字应合为一个字,共有四个字。

2・291・1 萩 阳 豆　　　2・291・4 萩 阳 豆

图一　《陶文图录》著录齐系陶文

＊　北京市社科基金重大项目"长城文化带研究"(18ZDA05)。

[1]　王恩田:《陶文图录》,齐鲁书社,2006 年,第 379 页。

首字为 ，"𤎩"形，从莑从炊，《图录》的作者释为"荻"，从字形看并无不可，可从。笔者读为菼，从莑与从艹同。菼，薍也。古音属谈部。《诗经·王风·大车》"毳衣如菼"，郑玄笺云："菼，薍也。"又《诗经·豳风·七月》"八月萑苇"，毛传："薍为萑，葭为苇。"孔颖达疏云："初生者为菼，长大为薍，成则名为萑。"孔疏又引樊光云："菼初生蒹……海滨曰薍。"《玉篇·艸部》亦云："菼，萑初生也。"萑或作藿，如《大戴礼记·夏小正》："藿未秀为菼。"又《尔雅·释言》："菼，骓也。"陆德明释文云："菼，字又作菼。"《说文·艸部》："薍，菼也。从艸乱声。八月薍为苇也。"《淮南子·本经》"芟野菼"，高诱注："菼，草也。"可见，菼、薍、萑（藿）、菼、苇是同一种植物在不同生长阶段或不同地域、不同时代的名称。

《尔雅·释草》亦云："菼，薍。"邢昺疏引陆机云："薍，或谓之荻，至秋坚成则谓之萑。"又《诗经·卫风·硕人》"葭菼揭揭"，朱熹集传云："菼，薍也。亦谓之荻。"又《诗经·秦风·蒹葭》"蒹葭苍苍"，陆机疏："菼，一名薍，薍或谓之荻，至秋坚成则谓之萑……扬州人谓之马尾。"则菼又可与荻通，均可指蒹草、芦苇之类。

《山海经·中山经》："泰山有草焉，名曰梨，其叶状如荻。"郭璞注："荻，亦蒿也。"《广韵·锡韵》："荻，萑也。"荻上古音在锡部，从艹狄声。《说文》："荻，萑也。"《尔雅·释草》："萧，荻。"注云："即蒿。"《战国策·赵策一》："公宫之垣，皆以荻、蒿、苦、楚廧之。"可见，菼与荻、狄、萑、萧、蒿亦可通用。萧上古音为幽部心纽字，蒿为宵部晓纽字，宵幽旁转，字音接近。《说文·邑部》收有一个字作"郻"，"北方长狄国也。在夏为防风氏，在殷为汪茫氏。从邑，窔声。《春秋传》曰'鄋瞒侵齐'。所鸠切"。在许慎看来，郻就是春秋时期侵伐齐国的"鄋瞒"。郻、鄋上古音均属幽部，同音可通。它们与属幽部的萧、属宵部的蒿应可通假，而荻自可与狄相假。由此则菼、荻、狄等或可与郻通用。本文所讨论四件陶文的首字可读为"郻"，即文献所见的"鄋"。

菼、狄、荻、萑（藿）、薍、蒹、蒿、萧等表示芦苇等从草类植物的词，在历史时期曾借指生存在有这类草类植物地区的民族，可能是非农业的，并进一步引申为农耕民族的财产侵盗者。如"萑苻"就是春秋时期郑国的一个沼泽名，据记载，那里密生芦苇，盗贼出没，后因以代指贼之巢穴或盗贼本身。菼虽然在传世文献中多指芦苇类植物，但从其构形来看，从莑从火似乎有焚草而搜猎之义，这与从宀手持火的甲骨文搜字（作 《合集》8185 反）所表达的在房屋内搜寻之义有相同之处，这也可能是二者可以通用的一个词源上的原因。

陶文第二字作 、形，上下结构。上部应该就是甲骨文中所见的，被张聪东[1]、

---

[1]　见松九道雄、高嶋谦一：《甲骨文字字释综览》，东京大学出版社，1994 年，第 251 页。

裘锡圭[1]等先生释为"瞽"的那个字或其简体。甲骨文中该字作 ▨（《合集》16013）、▨（《合集》16014）、▨（《合集》16015）、▨（《合集》17136）、▨（《合集》17179）等形，或作简体▨（《合集》16017）、▨（《合集》18936）等形，其简体正与陶文所见相同。岛邦男《殷墟卜辞综类》将该字从之前多数学者归入的"老"字组系中抽离出来，纳入与"目"有联系的"见"字类[2]。裘锡圭先生指出，《合集》16013 等所见该字上端作 ▨ 或 ▨ 等形的人以手拄杖之形，其上部应该与"目"有关。如将目眶下部的线条去掉，就变成了 ▨，如将像眸子的部分一并去掉就变成 ▨ 了。对"目"字作这样的改变，应该是为了表示目有残疾、目不能见。所以 ▨ 等形所像的应该是盲人，字表示出盲人需要依靠拐杖的特点[3]。

张聪东先生首先释该字为"瞽"，裘锡圭先生赞同，并指出了释为瞽的理由。一方面从传世文献来看，瞽是称盲人词中最常用的一个，为统治阶级服务的盲人乐师，一般就称为"瞽"。如《诗经·周颂》就有《有瞽》篇，"有瞽有瞽，在周之庭"下《毛传》云："瞽，乐官也。"《周礼·春官·叙官》"大师"的属下有称"瞽蒙"的。另一方面释该字为瞽在卜辞辞例中也是讲得通的。《合集》16013 有"呼多瞽"的说法，就是命令众多乐师之意。这与殷墟卜辞中的"多臣""多射""多犬""多工""多万"等是一样的，都是为商王朝服务的人员。

由此来看，我们所讨论陶文第二个字的上部应就是"瞽"的简体或其省写，或者我们可以借鉴说文体例称之为"从瞽省"。该字的下半部分从口而中有 ▨ 形，我们认为这个字可能就是圂字，里面的 ▨ 形可能就是"马"的简写。

《汗简》卷中之一"口部"收有一个见于《义云章》▨ 形的"满"字，正是从口马声。口内的"马"形比较形象，右边还有象征马脖子上鬃毛的三斜笔。《字汇补》口部亦云"圂，同满。"▨、圂应该是同义字，后者为讹变形体。《古文四声韵》卷三"上声"十六页亦收有四例从口从马的满字，分别见于《古孝经》《古老子》和《义云章》。《古陶文字征》就根据《古文四声韵》把这个字释为"满"[4]。《古玺文编》6·9 收有该字，作 ▨ 形，来自《古玺汇编》3223 所著录的一枚"圂悫"的古玺（图二）。黄锡全先生就根据《汗

[1] 裘锡圭：《关于殷墟卜辞的"瞽"》，《裘锡圭学术文集·甲骨文卷》，复旦大学出版社，2012 年，第 510—515 页。

[2] 岛邦男：《殷墟卜辞综类》，汲古书院，1971 年，第 108 页。

[3] 裘锡圭：《关于殷墟卜辞的"瞽"》，《裘锡圭学术文集·甲骨文卷》，复旦大学出版社，2012 年，第 510 页。

[4] 高明、葛英会：《古陶文字征》，中华书局，1991 年，第 145 页。

简》认为圌乃是古"满"字，玺印应读为"满愷"，乃私名，圌为姓[1]。若黄先生论断不误，则从口马声的圌字与满字相通。马为鱼部明纽字，满为元部明纽字，二者乃双声字，韵部也相去不远，故可通假。

图二　《古玺汇编》3223

《说文》水部"满，盈溢也。从水㒼声"，可见满是一个从氵㒼声的形声字，所以满是可以和㒼相通的。㒼字《说文》㒼部训为"平也"。《集韵·缓韵》亦云："㒼，平也。"《广雅·释诂三》："㒼，当也。"又《广韵·桓韵》："㒼，无穿孔状。"朱骏声《说文通训定声·乾部》云："㒼，今以皮帽鼓曰㒼，言平帖无缝也。"章炳麟《新方言·释言》云："今浙江谓物无窍穴为㒼。又通语谓置物覆器中，不令泄气亦曰㒼。"看来，㒼具有物体填满某一空间而呈现满而齐平状态的含义，又由此引申出"平""当"甚至是表示水置容器而"满"的义项。后来又引申为包裹或缝合得严密无缝等义，进一步引申为完全遮盖、隐藏等义。所以，从水㒼声的满应当是一个会意兼形声字，有水满则平之义。

基于以上分析，我们所讨论齐系陶文的第二字 📷 ，就可以看作是从"瞀"省满（㒼）声的一个字，可以释为"瞒"。《说文·目部》收有该字，云："平目也。从目，㒼声。"朱骏声《说文通训定声》亦作"晠"。段玉裁注云"今俗借为欺谩字"。"平目"之"平"与㒼有"平"的义项也有一定联系，大概是指瞀人因眼眸子缺失或残疾而使得眼睛扁平无凸起的特征。《庄子·天地》："子贡瞒然惭。"陆德明经典释文引《字林》云："瞒，目睂平貌。"《广韵·桓韵》："瞒，目不明也。"《集韵·桓韵》亦云："瞒，目不明也。"《荀子·非十二子》："则瞒瞒然，瞑瞑然。"杨倞注："瞒瞒，闭目之貌。"

第一字和第二字合起来就是"鄋瞒"，它是先秦的一个部族。《左传·文公十一年》云：

　　鄋瞒侵齐。遂伐我。公卜使叔孙得臣追之，吉。侯叔夏御庄叔，绵房甥为右，富父终甥驷乘。冬十月甲午，败狄于咸，获长狄侨如。富父终甥摏其喉以戈，杀之，埋其首于子驹之门，以命宣伯。

　　初，宋武公之世，鄋瞒伐宋，司徒皇父帅师御之，耏班御皇父充石，公子谷甥为右，司寇牛父驷乘，以败狄于长丘，获长狄缘斯，皇父之二子死焉。宋公于是以

———————

[1] 黄锡全：《利用〈汗简〉考释古文字》，《古文字研究》（第十五辑），中华书局，1986年，第136—137页。

门赏彤班,使食其征,谓之彤门。晋之灭潞也,获侨如之弟焚如。齐襄公[1]之二年,鄋瞒伐齐,齐王子成父获其弟荣如,埋其首于周首之北门。卫人获其季弟简如,鄋瞒由是遂亡。

杜注:"鄋瞒,狄国名,防风之后,漆[2]姓。"杨伯峻注云:"陶正靖《春秋说》谓'鄋瞒者,狄之种名,犹后世之部落云尔,侨如等则其酋长云尔'……据《山海经·大荒北经》《孔子世家》及《说苑·辨物篇》,鄋瞒为釐姓……鄋瞒国土,据《方舆纪要》谓在今山东省境。"章炳麟《訄书·原人》云:"岂直淳维,鄋瞒在三季矣。"可见鄋瞒是先秦有名的少数民族势力。《玉篇·邑部》亦云:"鄋,狄国名,在夏为防风氏。"又《广韵·尤部》:"鄋,北方国名。"看来"鄋瞒"曾与齐国接近,所以才有侵齐的可能。《汉书·地理志》千乘郡下有属县"狄",在今山东博兴、高青之间。王莽改称"利居",颜师古引应劭曰"安帝更名曰临济",因其近济水故。西汉于此地置"狄"县可能与此地曾有狄人鄋瞒族有关。《中国历史地图集》春秋时期"齐鲁"地图将"鄋瞒"标注在今山东博兴以西的位置,正符合近齐国的条件。到了战国时期,鄋瞒早已被齐国、鲁国、晋国、卫国所灭,其地亦有为齐所有者,虽然战国时期鄋瞒族建立的接近齐国的政治势力已不复存在,但其地名是可能被沿用至战国时期的。

第三字从字形看似豆而非豆,像一锥形物体上有一圆环。圆环可能表示转动之义,则该字或有转动的锥形体的含义。《诗经·小雅·斯干》:"乃生女子,载寝之地,载衣之裼,载弄之瓦。"毛传:"瓦,纺砖也。"马瑞辰《毛诗传笺通释》云:"古之捻线者,以砖为锤。"刘向《说苑·杂言》:"子独不闻和氏之璧乎?价重千金,然以之间纺,曾不如瓦砖。"可见瓦砖确实可作纺锤使用,由此古代有用泥土烧制的纺锤指代砖瓦器者。所以,我们暂释第三字为纺锤字之象形初文,而读为"瓦"。至此我们所讨论的齐系陶文可暂且考释为"鄋瞒瓦豆"。

需要稍作补充的是,获、狄多有种族名之义。《汉书·功臣表》:"获苴侯韩陶。"《史记·索隐》:"获苴,在渤海。"《正字通》《广雅》作"薍"。狄为族名,至迟在周代就已经存在,当时活动于晋卫、齐鲁之间。此后又有出自参卢氏者,传为炎帝姜氏之后裔,其始祖为孝伯,或称考伯,因为是在参卢(今山西潞城)居住,故称参卢氏。周成王封其于狄城,即今山东省高青县,正好在今博兴以西,今高青县城东南约17千米、高城

---

[1] 当为齐惠公,见杨伯峻:《春秋左传注》(修订本),中华书局,1990年,第584页。

[2] 或为"涞"之误,据王引之《国语述闻》、黄丕烈《国语札记》。见杨伯峻《春秋左传注》(修订本),中华书局,1990年,第581页。

镇西北 1 千米左右的狄城遗址[1]可能与鄋瞒族有一定的联系。

白狄春秋时期活动在山东、河南、河北之间,或因形体高大而称长狄,又名鄋瞒。《说文·邑部》徐锴《系传》引张华《博物志》曰:"鄋瞒,长二丈也。"可能说的是鄋瞒族人的身高为二丈。他们虽身材高大,但眼目低平,并不十分凸显,这也是其形体上的一个重要特征。

如上所述,鄋瞒或其一支在春秋早期与齐国分而自治,后来在齐、鲁、晋、卫等国的夹击下灭国,其地有归齐国所有者。由此推断齐系陶文"鄋瞒瓦豆"中"鄋瞒"不是少数民族自名,应该是其生活之地纳入齐国统辖后,齐国政府行政机构命名的政区地名。因此该豆可能生产于鲁文公十一年(公元前 616 年)或齐惠公二年(公元前 607年)之后。另外,清人洪亮吉认为"鄋瞒"之鄋为国号,瞒或其君之称[2],应该是有问题的。以前也有人指出"鄋瞒"为两个不同的部族,据此四例陶文推知可能非是。

---

[1] 张光明、于崇远、李新:《齐文化大型城址考古的又一重大发现——山东高青狄城故城遗址初探》,《管子学刊》2016 年第 1 期。

[2] 洪亮吉:《春秋左传诂》,中华书局,1987 年;亦见《清人注疏十三经》(四),中华书局,1998 年,第 101 页。

邳州梁王城遗址齐陶文的发现与研究

原 丰

徐州博物馆

梁王城遗址位于江苏省邳州市西北的戴庄镇李圩村西,北约 3 千米与山东省枣庄市接壤。2004—2009 年,南京博物院、徐州博物馆等单位对该遗址进行了持续大规模的抢救性考古发掘。考古工作表明,梁王城遗址面积大,文化层堆积厚达 5 米,内涵丰富,从大汶口文化、龙山文化、岳石文化一直延续到殷商、西周、春秋战国、南北朝、宋元、明清时期[1]。

春秋战国时期是梁王城遗址重要的发展、繁荣和鼎盛期,也是遗址得名"城"的重要缘由。这一时期,形成了以"金銮殿"高台为中心、四面筑城的东周城址,城址平面形状呈"凸"字形,由面积超过 100 万平方米的大城和 2 万平方米的小城组成。大城除东城墙遭破坏外,其余三面均保存有较完整的城墙和城壕,城墙夯筑而成,高约 3 米、宽 12—25 米,城壕弧壁圜底,宽达 50 米,深 2—3 米[2]。小城为宫城,即"金銮殿"高台所在,位于大城西部,是整个城址的核心所在。

考古发掘表明,遗址在东周时期人类活动频繁,文化层堆积在遗址中普遍存在。"金銮殿"高台作为城址的核心,东周时期文化层堆积更为深厚,约 0.5 米,局部堆积厚近 1 米,主要为堆积的第④、⑤或第⑥层[3];遗存极为丰富,发现有包括高等级建筑基址在内的各类房址、灰坑、灰沟、水井、道路、排水系统等丰富的遗迹,出土大量东

[1] 南京博物院、徐州博物馆、邳州博物馆:《梁王城遗址发掘报告·史前卷》,文物出版社,2013 年,第 10—11 页。

[2] 林留根、周润垦、张浩林等:《江苏邳州梁王城遗址发掘取得重大收获》,《中国文物报》,2005 年 7 月 22 日第 1 版。

[3] 南京博物院、徐州博物馆、邳州博物馆:《梁王城遗址发掘报告·史前卷》,文物出版社,2013 年,表 2-0-1,梁王城遗址各探方地层关系对应表。

周时期遗物。

一、齐陶文发现概况

遗址东周时期的遗物以陶器为大宗,另有少量的原始瓷器、硬陶器、铁器等。陶器(片)以夹细砂或泥质的灰陶为主,可辨器型有鬲、豆、罐、盆、盂、钵、壶、鼎、器盖等,其中高柄或矮柄的折腹豆、直口折腹平底钵、高领折沿鼓腹罐、宽折沿敞口盆等为常见典型器物组合。鬲、罐、盆器身多拍印绳纹,间以弦纹或附加堆纹;豆、盂、钵等器表多为素面,或仅饰弦纹;原始瓷器和硬陶器多为小型的杯、盅。根据地层叠压关系及出土遗物特征判断其相对年代为春秋晚期至战国初期(图一)[1]。

在所有出土陶片中,经甄别,共发现七处陶文材料,可分为戳印和刻划两类。

第一类:戳印陶文,共6件。即陶器制作过程中,在陶器制坯成型入窑烧制前,用印章钤印而成,印文规整。6件陶文材料中,4件为阴文(印章文字为凸起的阳文),2件为阳文(印章文字为下凹的阴文)。

陶文一:T7⑤:10,夹砂灰陶,陶色略泛橙色,陶片呈不规则形状,长17.5、宽10厘米。从残存陶片可清晰辨识其为陶盆底部,陶盆平底,底厚1.8厘米,因器壁较厚,烧制过程中形成器表橙色、中间灰色的夹心现象。从仅存的局部还可判断器表饰有绳纹,并能复原陶盆底部尺寸,内底直径为21厘米。印面完整,近方形,直边直角,长2.8、宽2.6厘米。横向钤印于陶盆底部中心,戳印阴文,共二字,从右向左文为"廪玺"(图二,1;图四,1)。

陶文二:H5:21,夹砂灰陶,残存盆底,斜腹平底,稍内凹,外底直径24、内底直径21、残高14、器壁厚1.2、底厚1.6厘米。器外壁满饰纵向绳纹,间以两周凹弦纹,内底饰交错绳纹。印面完整,位于内底中心,近方形,直边直角,长2.8、宽2.6厘米。横向钤印,戳印阴文,共二字,从右向左文为"廪玺"(图二,2;图三;图四,2,3)[2]。

陶文三:H1:1,夹细砂灰陶,陶片形状为扇形,约四分之一圆,可辨其为陶盆底部,平底,厚1.4厘米,内底轮制形成的同心圆痕迹清晰,根据残存陶片可复原该陶盆内底直径为21厘米。印文完整,位于陶盆内底中心,印面近长方形,直边直角,长2.8、

---

[1]《梁王城遗址发掘报告·历史卷》资料正在整理,根据地层堆积情况及器物特点看,东周时期遗存至少可分为早晚两期。

[2] 该陶文出土时保存较好,印文较为清晰,后搬运过程中损为两半,修复时拼接导致第二字模糊不易辨识,幸而该陶文曾有照片。

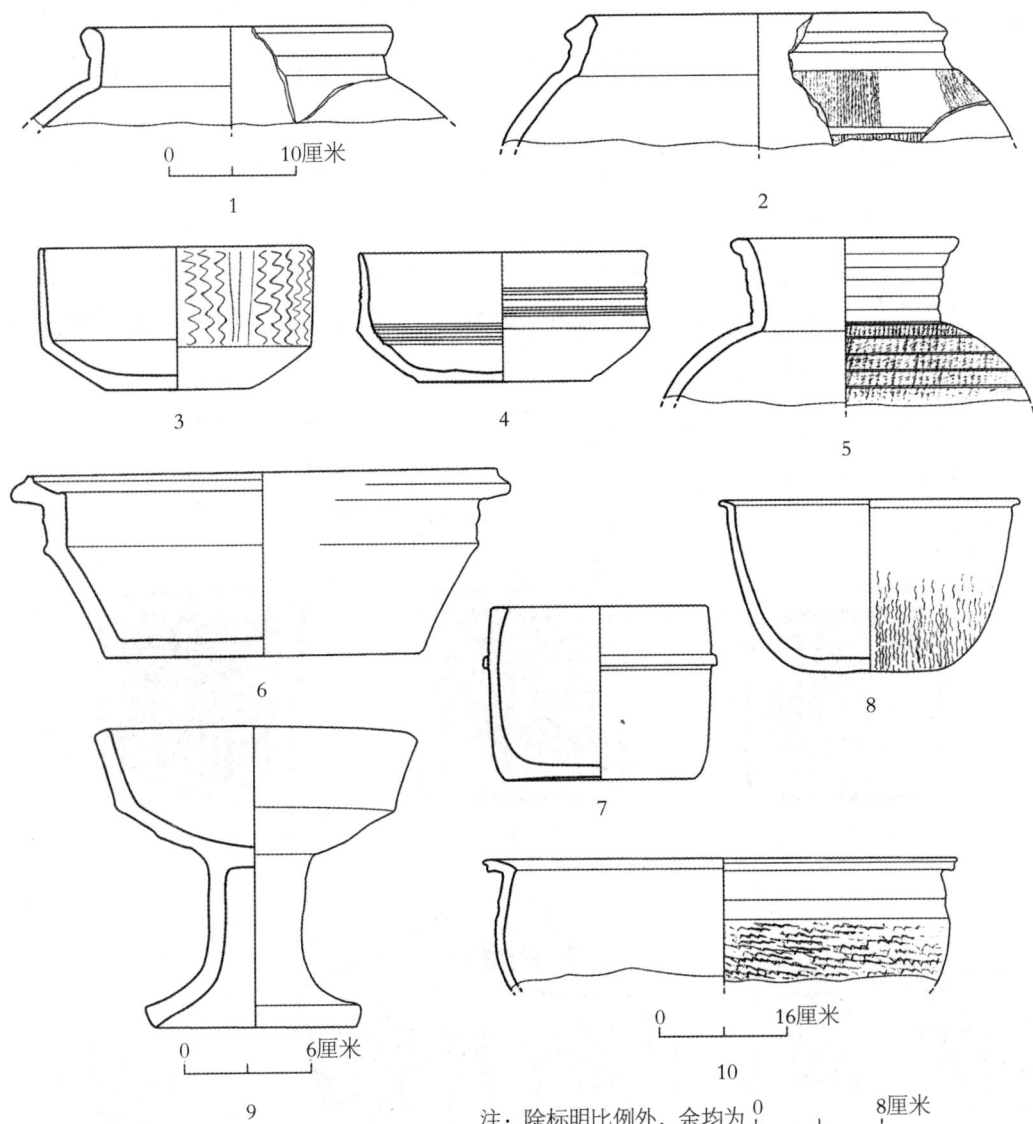

图一　梁王城遗址出土东周时期典型陶器

1. 陶罐 H170：6　2. 陶罐 H69：5　3. 陶罐 H5：9　4. 陶钵 T6⑥：17　5. 陶罐 H6：3
6. 陶盆 H5：20　7. 陶钵 H5：10　8. 陶盆 T6⑥：2　9. 陶豆 H5：8　10. 陶盆 H301：5

宽 2.6 厘米。戳印阴文，共二字，从右向左文为"廪玺"（图二,3；图四,4）。

　　陶文四：T6⑥：19，夹砂灰陶，陶片形状近半圆形，可辨为罐或盆底，平底稍内凹，底部厚 1.1 厘米，内底轮制的同心圆痕迹清晰，据残片可复原器内底直径为 22 厘米。印文位于器底中心，印面长方形，直边直角，长 4、宽 3.7 厘米。戳印阳文，共四字，从右向左文为"莒齐陈驲"（图二,4；图四,5）。

　　陶文五：H323：1，夹细砂灰陶，陶片形状为扇形，约四分之一圆，可清晰辨其为罐或盆底,该器深凹底,内凹 1.5 厘米,底厚 0.9 厘米,可复原器内底直径为 22 厘米。器底中心经过前后两次戳印,位置基本重合,方向交错,近乎垂直,两次印戳规格相同,印面均为长方形,直边直角,长 4.4、宽 3.4 厘米。横向钤印于器底,戳印阳文,第二次戳印印文清晰,共二字,从右向左读为"陈賡";第一次戳印印文被覆盖,从右字右上角和左字右下角局部推断印文同为"陈賡"(图二,5;图四,6)。

陶文六:H56 出土,夹砂灰陶,残存豆柄,可判断该器矮柄、喇叭状圈足、折腹浅盘。印文位于豆柄上,戳印阴文,印面为长方形,直边直角,两侧边框较为模糊,上下二字,尚未能释读(图四,7)。

第二类:刻划陶文,仅 1 件。陶文七:H44:3,夹砂灰陶,陶片形状不规则,可判断其为陶罐口沿下的一块腹片,器表满饰纵向绳纹,长 8、宽 7、厚 0.5 厘米。口沿下方横向刻划一箭头状符号,长 1.8、高 2 厘米(图二,6;图四,8)。

图二　梁王城遗址出土陶文

1.陶文一(T7⑤:10)　2.陶文二(H5:21)　3.陶文三(H1:1)
4.陶文四(T6⑥:19)　5.陶文五(H323:1)　6.陶文七(H44:3)

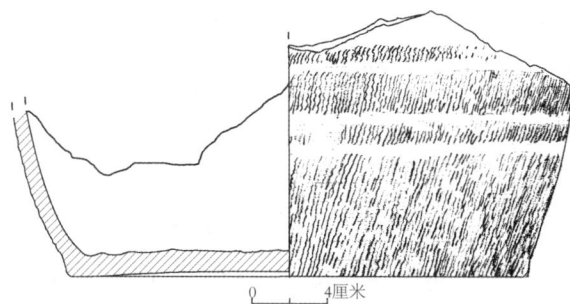

图三　陶盆(H5：21)

图四　梁王城遗址出土陶文

1.陶文一(T7⑤：10)　2、3.陶文二(H5：21)　4.陶文三(H1：1)　5.陶文四(T6⑥：19)
6.陶文五(H323：1)　7.陶文六(H56 出土)　8.陶文七(H44：3)

二、陶 文 的 释 读

前述陶文材料,均来自经过正式考古发掘的遗址,主要出现在地层和灰坑内,层位明确,器物组合关系清晰。根据印文形式,这些陶文可分为戳印和刻划两类,后者仅1件,为一刻划箭头符号;其余6件为戳印陶文,器类明确,其中一件为陶豆,另五件为陶盆或陶罐。从保存相对较好的 H5:21 看,该类陶器斜直腹、平底或平底内凹,与遗址内修复完整的陶器相比较,笔者认为该类器应为敞口、宽折沿、斜直腹的陶盆。该类陶盆均为夹砂灰陶,多轮制而成,器表满饰绳纹。戳印陶文位于陶盆内底中心,幸得盆底均可复原,据残片复原其内底直径基本一致,为21—22厘米。由此可以推断,五件戳印陶文所在陶器不仅同为陶盆,而且陶盆规格尺寸相当。

陶文一、二、三为戳印阴文,所在陶盆内底直径相同。因存在陶器质地差异、钤印时胎体干湿不一、使用过程中磨损状况不同等各种因素,致陶文轮廓、印文笔画、印面清晰度各有不同,但这三件陶文规格相当,印面大小相同。从印文内容看,虽然印面有不同程度的残损现象,但仔细分辨印文笔画发现这三件陶文内容是完全一致的,应为同一印章印制而成。初识以为有三字,从右向左为"廪□玺",然根据印面布局看,明显只有两个字的空间,故作"廪玺"解释更为妥当。陶文一、二"廪"字字面清晰,作"龕",从人回,象屋形,中有户牖。"玺"字笔画较浅,H5:21 陶文较为清晰,从玉,"玺"的写法在古代或为"金尔"、或为"土尔",因材料为铜、土不同而名,梁王城所见陶文"玺"字均为"金尔"。"廪"本义为米仓,与粮食储藏有关,西周时期始设置官名廪人,或简称廪,掌粮仓。《国语·周语上》:"廪协出。"韦昭注:"廪人掌九谷出用之数也。""玺"本义即印章,古时尊卑通用,无论官、私印都称"玺",封发物件时将印盖于封泥之上,作信验之用,自秦以后为皇帝专用的印章。"廪玺"为掌管粮食储藏的印信,应为当时的专用官印。

陶文四印面近方形,读序从上到下,自右向左,共有四字"莒齐陈骃";陶文五印面为横向长方形,读序从右向左,共有两字"陈賡"。两陶文均有"陈"字,且陈下从土。

战国时期,列国均有各自较为成熟的文字体系,在秦、齐、楚、韩、赵、魏、燕等国各自的故都遗址上多发现有相应时代的陶文,考古资料显示战国陶文以齐系地区出土数量最多,内容也最为丰富[1]。综合分析梁王城遗址出土陶文,发现其虽有差异,但

---

[1]　刘悦、孙启友:《海岱古文字概览》,文物出版社,2017年,第218页。

应属战国时期齐系陶文无疑,理由如下。

(一) 从出土的地点分析

梁王城遗址位于苏鲁两省交界地带,属于泗水流域,顺河而上约 3 千米即为枣庄台儿庄区。遗址所揭露出的新石器时代大汶口文化、龙山文化以及岳石文化等文化面貌与整个海岱地区文化面貌基本相同,源流一致。东周时期,齐国为东方最大的诸侯国,大约到田齐威王、宣王时期,国力强盛,齐鲁长城以南的莒、郓、郯、滕、邾、邳等地多已归齐。从目前齐国陶文出土地点看,主要集中于齐都临淄附近。除此之外,在距齐国都城不远的新泰一中,齐国东境的青岛东古镇、潍坊九龙山,西境的聊城东阿故城、菏泽郜国故城,北境的天津静海西钓台等遗址也都有发现。在齐国南境的邾、滕、薛等地也曾发现不少陶文,包括有钤印在量器上的"立事"陶文[1]。以往限于考古资料,学者一般认为齐国南境陶文仅限于枣庄一带。2016年,南京博物院等在徐州新沂钓台遗址的发掘中发现一片戳印陶文,发掘者认为其与齐国铜量上的印章相似[2],该件陶器应为量器。印章更似刻划而成,笔画随意,或可读为"廪玺",印章左侧刻划有"卅四年"。印文为田齐风格,34 年当为齐王在位年数。田齐在位达到 34 年的只有齐威王和齐王建,而齐王建三十四年为前 231年,此时其地当已属楚的范围。因此该 34 年应为齐威王三十四年,即前 323 年。梁王城发现的齐系陶文数量更多,表明苏北邳州、新沂一代在齐国统治范围内。

(二) 从陶文的器类分析

梁王城遗址陶文仅有一件戳印于陶豆豆柄,其余五件均发现于陶盆底部。目前所见资料显示,齐国陶文所在陶器种类丰富,大致可分为日用器、量器和板瓦,包括豆、罐、鼎、壶、杯、盆、盂、釜、板瓦、井圈等,其中陶文较多出现在陶豆、量杯、陶釜等器上,陶盆上只有零星发现。如山东青州博物馆所藏"96 件陶文,其中作于豆柄者 92件"[3];据孙敬明先生研究,"有文陶豆数量最多,约占考古发现陶文的 90% 左

[1] 中国社会科学院考古研究所山东队、滕县博物馆:《山东滕县古遗址调查简报》,《考古》1980年第 1 期。

[2] 南京博物院、徐州博物馆、新沂市博物馆:《江苏新沂钓台遗址发掘简报》,《东南文化》2017年第 5 期。

[3] 孙敬明:《齐陶新探(附:益都藏陶)》,《古文字研究》(第十四辑),中华书局,1986 年。

右"[1];新泰一中出土 392 件陶文,其中 117 件为量杯、265 件为陶釜[2];新泰西南关遗址 376 件陶文中 186 件为盒、173 件为豆[3]。上述所见,新泰一中和新泰西南关遗址所见陶文器类有很大差别,一中出土全部为量器,陶文戳印于器物腹部明显处;而西南关遗址则多为日常生活所使用的盛食器,陶文多戳印于器物腹部隐蔽处。发掘报告进一步指出西南关为民窑制陶作坊遗址,而一中为官营制陶作坊遗址。故此,不同地方陶文所在器类占比的不同与地域、生活习惯以及遗址性质有很大关系。陶文戳印的位置,依据陶器性质的不同而略有差别,官营量器多戳印于器物腹部明显位置,如陶豆豆柄,量杯腹部;私营制陶则施之于不明显或不影响功能的部位,如陶壶圈足、陶豆豆柄偏上等隐蔽位置。

梁王城遗址陶文六戳印于陶豆豆柄,这在齐国陶文中较为常见,但将陶文戳印于陶盆内底在齐国陶文中却较为少见。梁王城遗址目前所见的六件戳印陶文虽无法代表其文化全貌,但以陶盆为主要量器,戳印陶文于陶盆内底应是齐文化地域特征的体现。

(三) 从陶文的形式分析

梁王城遗址陶文多为戳印而成,有阴文和阳文之分,直角直边,形制规整。东方大国齐国重视发展商业和手工业经济,为加强税收和量制管理,通过官营制陶手工业来严格控制、掌握国家所通行量器之标准及生产权利。在齐都临淄附近发现的大量官制标准量器,其主要特征之一就是在陶器上戳印官方印章,"立事"陶文就是官营制陶业的典型代表。而为满足人们日常生活所需的私营制陶手工业也戳印陶文,标明陶者的籍贯、姓氏等。对照梁王城出土陶文,具有印面轮廓明显、印文清晰、文字形体较长等齐系陶文所共有的特点。所不同的是梁王城陶文较为简单,只有二字、四字两种,而齐系陶文形式多样,内容丰富,字数多者逾十,少者仅一字。

(四) 从陶文内容分析

梁王城遗址所见陶文内容有三种。

1. "廪玺"。共三件。"廪"在齐系陶文中已发现多例,如"廪豆""陈桿叁立事岁,

---

[1] 孙敬明:《齐国陶文分期刍议》,《古文字研究》(第十九辑),中华书局,1992 年。

[2] 山东大学历史文化学院考古学系、山东博物馆、新泰市博物馆:《新泰出土田齐陶文》,文物出版社,2014 年,第 236 页。

[3] 山东大学历史文化学院考古学系、山东博物馆、新泰市博物馆:《新泰出土田齐陶文》,文物出版社,2014 年,第 241 页。

右廩釜""陈固右廩亳釜"等[1]。此外，新泰一中遗址出土有一钤印于罐形釜外腹部的圆形印文，陶文为"平易廩"[2]。对比发现，梁王城遗址出土"廩"字陶文的笔画写法与之基本相同。"玺"字陶文则少有发现，粗阅资料，尚未见齐国陶文中有"玺"者，梁王城遗址"廩""玺"并用，是为官营仓廩的专用印章。

2."陈赓"。一件。

3."莒齐陈驲"。一件。

这两件陶文涉及两个人名，即"陈赓"和"陈驲"，"陈"字清晰可辨，陈下从土。众所周知，"陈下从土"这种书写形式是典型的战国齐文字写法。东周时期，齐国分为姜齐和田齐，公元前386年，田氏代齐，代齐田氏仍以"陈"自称，并于陈下缀土，成为田齐政权的一个典型特征。关于田氏代齐以后田和陈的关系，文献中多有记载，《史记·田敬仲完世家》："敬仲之如齐，以陈字为田氏。"《集解》："徐广曰：应劭云始食菜地于田，由是改姓田氏。"《索隐》："敬仲奔齐，以陈田二字声相近，遂以为田氏。"某些文献中田氏仍旧称陈，如田常，《左传·哀公十四年》称陈成子或陈恒，《吴越春秋·夫差内传》则称陈成恒。孙敬明等先生根据大量的文字资料，研究认为"陈字下缀'土'作堕，为田齐专用字。……春秋陈氏用陈不用田，陈不从土；战国田氏代齐，则陈皆从土，惟不见称田氏者"[3]。战国时期，田氏在社会交往中已不再用"田"为氏称，而是直接称陈氏。由此可知，梁王城陶文为典型的战国时期田齐陶文。

从内容看，梁王城遗址所见陶文均为官营陶文，有冠之以田齐贵族的"陈赓""陈驲"，有官印"廩玺"，表明这些陶器由国家统一制造，由陈氏贵族或官员监行其事。齐国开办官营制陶手工业的目的之一，就是通过此种手段严格控制、掌握国家所通行量器之标准及其生产权利，通过量器统一，保证国家经济收入、巩固政治上的集中与统一。另一方面，官营陶文在梁王城一带出现足以表明齐国统治者对于该地的重视。

综上所述：

1. 梁王城遗址出土陶文属于战国时期陶文，且为齐国官营陶文，显示当时统治者对于齐国南境的重视。

2. 梁王城遗址陶文器类以陶盆为主，且多戳印于陶盆内底，异于以往发现的齐系陶文，陶盆规格相当，当属量器。

------

[1]　孙敬明：《从陶文看战国时期齐都近郊之制陶手工业》，《古文字研究》（第二十一辑），中华书局，2001年，第199页。

[2]　山东大学历史文化学院考古学系、山东博物馆、新泰市博物馆：《新泰出土田齐陶文》，文物出版社，2014年，第224页。

[3]　孙敬明、李剑、张龙海：《临淄齐故城内外新发现的陶文》，《文物》1988年第2期。

3. 从陶文内容看,陶文"廪玺""陈赓""莒齐陈驷"等在齐系陶文集中出土的临淄、新泰等地尚未见到,属于新发现。

三、出土齐陶文所反映的梁王城城址性质

前文已述,梁王城遗址有保存较好的城墙和护城河。为弄清城址的时代,发掘者选择多个点位对城墙进行解剖,在解剖南城墙时发现了两座叠压于城墙下的灰坑,灰坑中出土的印纹硬陶片、折腹矮柄豆、陶罐等具有春秋中晚期的典型特征,基本确定了城址的上限,结合城墙夯土层中的出土遗物,目前一般认为该城址为春秋晚期营建,主要使用年代在春秋战国时期[1]。

关于城址的性质,孔令远[2]、耿建军[3]等学者在邳州九女墩春秋墓发掘后不久提出了自己的看法,尤其是根据九女墩二号、三号墓出土编钟的铭文均有"徐"的记载,认为九女墩墓群为春秋晚期徐国王族墓群,并结合文献记载,进一步提出梁王城为古徐国的后期都城。然而由于缺少考古资料的支撑,关于梁王城城址的性质还只是推断而已。自2004年梁王城遗址发掘后,城墙、城壕、城内建筑等遗迹愈多,出土文物愈为丰富,发掘领队林留根先生以发掘材料为依据,综合梁王城遗址及九女墩春秋墓群的发现成果,再次明确梁王城遗址为春秋中晚期的徐国都城,并进一步阐述其为"偃王北走彭城武原县东山下"的都城所在[4]。至此,春秋晚期梁王城城址的性质基本确定。

在兵戈扰攘、互相争斗、不断兼并的春秋战国时代,徐国最终消失在历史长河中。《左传·昭公三十年》:"冬十二月,吴子执钟吾子。遂伐徐,防山以水之。己卯,灭徐。徐子章禹断其发,携其夫人以逆吴子。吴子唁而送之,使其迩臣从之,遂奔楚。"公元前512年,徐国灭亡,随后梁王城一带先后成为吴、魏、齐、越、楚等国攻伐之地,多次易主。纵观梁王城遗址发掘资料,出土遗物主要为陶器,且组合稳定,以鬲、罐、豆、盆、钵、盂等为主,具有明显的海岱地区齐鲁文化的陶器特征,同时原始瓷、印纹硬陶

---

[1] 林留根、周润垦、张浩林等:《江苏邳州梁王城遗址发掘取得重大收获》,《中国文物报》,2005年7月22日第1版。

[2] 孔令远:《徐国的考古发现与研究》,中国文史出版社,2005年。

[3] 耿建军:《试论古徐国的后期都城》,《南京大学历史系考古专业成立三十周年纪念文集》,天津人民出版社,2002年。

[4] 林留根先生2016年在山东曲阜"保护与传承视野下的鲁文化学术研讨会"上宣读的论文。

等南方吴越文化中的典型遗物在该遗址中也较常见,可见战国时期梁王城遗址的文化面貌呈现出多样性和复杂性,与文献记载大致相似。出土遗物表明梁王城虽为徐国都城,但后期一度为齐所有。限于目前梁王城遗址的发掘资料未完全公布,对于其文化面貌尚无法作出准确的判断,然而梁王城遗址出土的齐系陶文为进一步的研究工作提供了重要依据,梁王城遗址战国时期的文化面貌至少在很长一段时间内表现为齐文化特征。

附记:本文陶文释读得潍坊市博物馆孙敬明先生赐教,写作过程中得到徐州博物馆李银德先生指教,特此鸣谢!

齐文化传承创新的实践与思考

马国庆

齐文化研究院副院长、齐文化博物院院长

故都临淄历史悠久,文化灿烂,作为西周齐国和"春秋五霸之首,战国七雄之一"的齐国都城长达八百多年,涌现了姜太公、齐桓公、管仲、晏婴、齐威王、孙武、孙膑、田单等一大批杰出人物,稷下学宫开百家争鸣之先河,《六韬》《管子》《晏子春秋》《孙子兵法》是公认的经典著述,齐故城是城市建筑学的经典案例,稷下学宫是中国和世界上第一所官办大学,蹴鞠被确认为世界足球之源,齐文化是华夏文明的重要发祥地之一。

一、统筹规划做好保护,守望齐文化

历史是燃烧过的激情,遗址是岁月的记忆,文物是远古派来的使者,文化是我们精神的家园。面对丰富的历史文化遗存,如同一个谨慎的阔家子弟面对祖上的一笔巨大遗产,诚惶诚恐。保护是一切传承创新的基础和前提,保护、守望好齐文化就是上上之功业。

历经岁月沧桑,齐文化的物质遗存在受到一次次岁月洗礼后越来越稀有和珍贵。作为齐国故都、历史文化名城、齐文化发祥地的临淄,有全国重点文物保护单位6处、省级10处、市级31处。特别是齐故城,东临淄河,南依山川,北面田野,西对系水,呈两河夹一城的形制。如"淄",东水南山北田,故城就在山之麓,水之畔,田之中。经过勘探与试掘,已基本探明故城包括大城和小城两部分。经考古钻探考证,城墙系夯土筑成,早在西周时期就已存在,历经春秋、战国、秦汉多次修补延续至今。已经探明城内有10条交通干道、三大排水系统、4处排水道口、6处冶铁遗址、2处炼铜遗址、2处铸钱遗址、4处制骨遗址,并有大量不同历史时期文物出土。另外,以齐故城为核心的周边地区遗址、遗迹星罗棋布,如姜太公衣冠冢、桓公台、城墙遗址、孔子闻韶处、东周殉马坑、排水道口、阚家寨冶铸遗址、东孙战国墓等。为加强保护工作,我们一方面就地建馆保护和展示,如古车博物馆、姜太公祠、管仲纪念馆、东周殉马馆、东孙战国墓博物馆等;一方面加强野外文物监控,建立反应和处理机制,对野外遗址遗迹圈围绿化,专人值守、巡查,如三士冢、孔子闻韶处、排水道口等,有效地防范了盗掘和破坏。

二、构建传承展示平台,传承齐文化

文物承载着文化,是先人留给我们的巨大而珍贵的资源,为了让传统文化的基因密码得到解读和流传,发挥文物的作用,临淄区从 2012 年起,规划建设了目前国内罕见的集典藏、展览、研究、教育、休闲体验、旅游观光等多功能于一体的文化旅游融合项目,一个现代化的博物馆聚落——齐文化博物院。

齐文化博物院位于太公湖畔,淄河百年防洪线之上,主要包括足球博物馆、齐文化博物馆、东孙战国墓博物馆、民间博物馆聚落和文化市场等组成部分,"一城二十馆",占地 29.71 公顷,建筑规模 15.18 万平方米,其中齐文化博物馆建筑面积 3.50 万平方米、足球博物馆 1.17 万平方米、民间博物馆聚落 7.92 万平方米、文化市场 2.59 万平方米,总投资 15 亿元。这些建筑自东向西排列,就像一条蜿蜒的巨龙,取"龙入东海"之意。

其中,齐文化博物馆依托原齐国历史博物馆建设,典藏文物三万余件,展出三千多件,是一座集文物收藏、展陈、保护、研究、教育、休闲、文化传播等多功能于一体的综合博物馆。它的俯瞰外形是一件石磬,造型如一部扭转的台历,体现了齐文化厚重的历史感,是代表临淄形象的地标性建筑。

足球博物馆(中国体育博物馆临淄分馆)是在 2004 年淄博临淄被确认为世界足球起源地后深入挖掘、整理齐文化和蹴鞠文化,广泛征集相关展品的基础上规划建设的,以"临淄的蹴鞠,世界的足球"为规划设计理念,浓缩了中国蹴鞠文化史和世界足球史,是一部足球文化的百科全书,是一处集参观游览、休闲娱乐、历史文化研发、传播和产品开发于一体的高水准世界性足球公园,是一处全面展示蹴鞠文化和世界足球发展风貌的特色专题博物馆,是目前国内仅有,世界唯一的全面展示蹴鞠和现代足球发展风貌的足球博物馆。

东孙战国墓是在齐文化博物院建设过程中考古勘探时意外发现的一处战国中后期贵族墓葬,主墓室遭历代多次盗掘,车马坑保存完好。我们进行了抢救性保护,就地建设了东孙战国墓博物馆。目前是一处全景展示战国时期齐国贵族葬俗的遗址博物馆,也是江北地区战国墓葬的标本。

围绕着齐文化博物院我们实施了绿色景观工程,总投资近3亿元,分三期实施,整个园区形成了立体化、园林化景观环境和特色楼宇照明效果。台地下33.33公顷的太公植物园连为一体,形成"湖光山色、馆园一体,园中建馆、馆中有园,开门见山、临淄而建"的建设格局,形成了自然与人文景观交相辉映的文化景观带。

整个绿化景观工程以一条500米的景观栈道所贯穿,如一条红丝带飘落于淄江之畔。绿化景观工程因形就势,树林草坂作底,花田旱溪交错,流水叠瀑点缀的独特精致,形成了花在坡上开,水在脚下淌,人在空中走的独特感受。特别是,整个园区濒临淄河,隔湖与有"东方金字塔"之称的田齐王陵相望。山水一色,置身其中,既有美景的滋润,还有文化的熏陶,春游芳草地,夏赏荷花池,秋饮菊花酒,冬吟白雪诗,慕先人之伟业,追春秋于故国!

三、科学合理利用,推动齐文化开发创新

就像真正的孝子决不会简单地继承遗产一样,历史的孝子总是善于创造历史。在做好文化遗产保护的基础和前提下,科学的传承与创新是历史赋予我们的责任。在做好物质文化遗产保护传承与开发的同时,我们也加强了齐文化历史文献史料、资料的整理、挖掘与开发。

齐文化的深入开发利用是伴随着改革开放的东风迎春染绿的,在历届党委、政府的关心支持下,临淄区齐文化研究界,以"抢救史料、综合研究、普及知识、服务现实"为工作宗旨,做了大量的工作和探讨,取得了丰硕的成果,使临淄的齐文化研究事业不断进步,繁荣发展。

临淄区于1988年5月26日成立了齐文化研究社;并于2003年2月成立了为正科级事业单位的齐文化研究中心,编制8名;2016年淄博市又成立了直属市政府的正县级事业单位齐文化研究院,编制30名。多年来,通过政府组织、民间参与、域内外广泛合作与交流,搜集、整理大量文献,编辑出版了大量期刊和专业刊物,成功举办了多次国内外学术会议和交流活动,推动了齐文化的传播和普及。

2004年,淄博临淄依托厚重而博大的齐文化,在党委、政府的领导和组织下,完成了一项影响深远的文化创新工程——世界足球起源地的论证和确认。2004年7月15日,在国家体育总局文史委的主持下,国内齐文化、体育史学和考古专家充分论证

形成一致结论:中国古代足球(蹴鞠)起源于春秋战国时的齐都临淄。7月8日,国家体育总局批示将该结果"公布介绍或使用",7月15日,在北京展览馆举行的世界足球博览会上,国际足联、亚洲足联、中国足协和国家体育总局文史委正式向淄博临淄颁发足球起源地认定证书和奖杯,国际足联主席布拉特向中外记者宣布:足球起源于中国一个叫临淄的城市,为中国鼓掌!

　　足球是世界共通的语言,淄博临淄被确认为世界足球起源地,使故都临淄获得了一张通向世界的金名片。这是齐文化保护、研究和开发创新的重大成果,也是齐文化考古、文史研究的重大胜利,更是我们多年守望文化遗产的最珍贵的回报。

　　2005年淄博代表团应邀访问国际足联,参加国际足联百年庆祝仪式,国际足联五大洲执委为淄博临淄签字,主席办公室前专门升起了五星红旗,据当地华侨讲,这是国际足联成立以来的第一次。2006年德国世界杯期间,淄博临淄应邀赴德国参加"魅力足球展",同年,淄博继武汉、青岛、成都和南京后,被亚洲足联正式列入"亚洲足球展望计划"项目城市。2007年,象征世界足球起源地的"圣球之源"青铜雕塑作为永久礼物陈列在国际足联总部,同年9月,在亚洲足联总部设立了永久性标志纪念物——"足球之源"。2010年4月,淄博临淄代表团访问国际足联,国际足联主席布拉特专门为临淄足球博物馆题写了英文馆名。

　　十年磨一剑,2014年是取得重大收获的一年,这一年是淄博临淄被确认为世界足球起源地十周年纪念,也是蹴鞠和世界足球起源地品牌传承创新成果总爆发的一年。

　　这年巴西世界杯和俄罗斯索契冬奥会期间,习近平主席访问巴西和俄罗斯,将临淄足球博物馆的蹴鞠产品作为国礼赠送。2015年8月27日至29日,被誉为"国际史学界奥林匹克"的国际历史科学大会百余年来首次在中国举行,以"蹴鞠和齐文化"为主题的第22届国际历史科学大会淄博卫星会议隆重召开。

　　2015年10月23日,国家主席习近平访问英国吸引了全球的目光,习近平主席在英国首相卡梅伦的陪同下,专门将临淄足球博物馆提供的临淄四片仿古鞠作为国礼赠送给英格兰国家足球博物馆,一小时后,我们跟英格兰国家足球博物馆同时在各自国家宣布签署全面伙伴合作协议。英格兰国家足球博物馆将一件维多利亚时期的七面足球永久借展给临淄足球博物馆,与习近平主席赠送的同款中国四片仿古鞠在我们足球博物馆共同展出,古今辉映、东西交融。2016年10月23日,在习近平主席访问英国一周年之际,首届世界足球文化高峰论坛在世界足球起源地淄博临淄隆重举行。从习近平主席手中接过临淄仿古鞠的英格兰国家足球博物馆馆长凯文·莫尔博士、国际足联世界足球博物馆馆长斯特凡·乔斯特先生,以及中英两国足球、历史文化学者齐聚一堂,让世界的目光停留在足球故乡,引发又一轮广泛热议。

2016 年 11 月 26 日,国务院副总理刘延东在德国科隆足球俱乐部出席中德足球发展座谈会时向德方赠送临淄足球博物馆提供的中国八片仿古鞠,使蹴鞠品牌再一次闪耀世界。2017 年 1 月 18 日,国家主席习近平在洛桑国际奥林匹克博物馆会见国际奥林匹克委员会主席巴赫。习主席再次向巴赫介绍中国蹴鞠,并向国际奥委会赠送了以《仕女蹴鞠图》为模板制作的苏绣和临淄足球博物馆提供的八片仿古鞠。2017 年 5 月 24 日,中德高级别人文交流对话机制首次会议在北京召开,临淄足球博物馆的蹴鞠展品作为中德足球合作的重要内容在现场的中德足球合作成果展上展出。笔者有幸受邀参加本次活动,受到两国副总理的接见并向刘延东副总理和德国副总理兼外交部长加布里尔介绍中国蹴鞠。

2017 年 3 月 3 日,2017 年中国足球协会超级联赛世界足球起源地迎取圣球仪式在淄博临淄举行并于次日在中超联赛开幕式现场惊艳现身,50 多个国家进行了现场直播,为国内外观众展示了足球之源的魅力。淄博临淄以蹴鞠为媒,结缘世界。2018 年,一个投资 16 亿元的蹴鞠小镇和青少年齐文化体验项目展现在我们博物院对面,继与世界足球先生梅西和卡卡进行蹴鞠交流后,南美足球先生贝隆专门来足球博物馆进行蹴鞠体验和交流。齐文化和蹴鞠影响突破文化领域界限,开始带动城市建设的发展和转型。

博大精深的齐文化记录着先辈的足迹,承载着我们的钟情和向往。前任省长郭树清,现任省委书记刘家义、省长龚正多次表示对齐文化保护开发工作的关心和关注,"齐文化传承创新示范区"被列入山东省十三五规划,淄博市正在积极进行该规划的编制和论证工作。以此为契机,作为"齐文化传承创新示范区"核心区的临淄确定了"一带两翼四极十点"的齐文化开发计划,即以临淄和齐文化母亲河淄河为纽带,以姜太公、管仲、稷下学宫和蹴鞠为突破点,全面实施齐都文化城、齐国故城考古遗址公园、田齐王陵风景区绿化等十个齐文化项目,推动示范区的建设和齐文化的传承和创新工程,从而带动临淄这座城市北移东扩战略的实施和产业结构的转型升级。

四、齐文化的传承创新及当代思考

(一) 城市的魅力在于文化,文化的核心是精神

出于对丰厚文化遗产的一种神圣责任,出于对齐文化的一份深刻认知和深沉的钟情,淄博在城市发展战略中提出了文化强市的战略决策。这一决策回应了历史,回

应了时代，又透视了未来。因为只有文化的竞争才是最根本的竞争，只有文化能够帮助我们剥离掉思想中顽固而坚硬的外壳，让明媚的阳光照射进来，帮助我们塑造丰富而坚实的精神世界，最深刻地决定着生命的姿态和方向！而这正是一个地区，一个国家和民族走向强大的恒久力量！

当欧洲在中世纪的漫漫长夜中沉寂近千年之后，他们迎来了一场荡涤心灵的文化运动——文艺复兴。但丁、达芬奇等文艺复兴的先驱用生动的文艺作品和灵动的时代精神，引领欧洲走出封建神学的泥潭，迎来了世界产业文明的曙光！

春秋战国时期，文化天空群星璀璨、汉河辉煌；百家争鸣，相映生辉；学派蜂起，如千川之汇海！作为一个文化现象特别多元而活跃的历史时期，其社会的变革也是深刻而巨大的，被称为人类文明的轴心时代。而近代新文化运动直接衍生出的五四运动，为中国吹响了科学与民主的号角，使我们迎来了德先生和赛先生。

从某种意义上来说，文化的落后与先进才是真正的落后和先进。当古代的日本人为自己的贫穷和落后困惑的时候，他们首先接受的是先进的唐朝文化；当近代的日本人为自己的落后和屈辱而痛苦的时候，他们首先接受的还是文化，并由此进行了彻底的明治维新。极具讽刺意味的是，中国近代"第一次睁眼看世界"的林则徐和魏源在面对麻木的眼神徒劳呐喊的时候，他们的文化和思维遗产——《四洲志》和《海国图志》却成为激发日本朝野进行"明治维新"的一份思想和文化资源，而林则徐和魏源只能在孤寂与苍凉中郁郁死去。这也就不难解释为什么"明治维新"让日本走向富强，而中国的"戊戌维新"却胎死腹中了。

传统可以浸润现代，历史可以拥抱今天。对齐文化的感情不能停留在简单的自豪和缅怀上，齐文化是一种以变革开放为主要特征的滨海商业文明，这与我们改革开放的时代相映衬。历史是燃烧过的火烬，它的余温可以点燃、照亮我们现代人的思维，传统文化可以启迪现代思维，历史的余温可以让传统文化穿越时空，注解现代人的青春和梦想。

（二）文化传承与开发要有国际性的视角和开放的视野

作为世界足球的起源，蹴鞠是依托以包容、开放、兼容并蓄为本质特征的齐文化而诞生的。正是开放、多元的大时代背景造就了蹴鞠的诞生、发展和全面繁荣，而蹴鞠在历史的长河中逐渐走向暗弱与沉寂正是其摆脱不了封闭、自守的社会环境造成的。蹴鞠的生命力和价值所在正是它与世界现代足球紧密地联系在了一起，蹴鞠是世界现代足球的起源，也正因为此，蹴鞠才伴随并凭借现代足球而为世人所知，具有广泛的世界影响。足球起源地的论证和确认使我们获得了一张通向世界的新名片，这就要求我们在足球起源地开发工作中要以开阔的国际视野、胸怀和经营理念打造足球起源地文化品牌。

临淄是齐文化的发祥地,而蹴鞠和足球文化无疑是齐文化中最灿烂的一脉,它一头连着传统,一头接着现代;这样,就为齐文化"走出去",推动齐文化走向世界获得了一张得天独厚的金名片,为齐文化的发扬光大创造了更广阔的发展天地和前景。没有文化内涵的厚重与丰富就缺少了文化的影响力。没有齐文化的传播与普及,齐文化就不可能走向民众,实现它的价值。我们应该在研究、挖掘的基础上强化齐文化的载体建设,将临淄打造成齐文化对外传播的中心,构建强有力的传播平台,使齐文化研究成果走向大众和世界。

(三) 传统蹴鞠暗弱与现代足球兴盛及思考

任何事物的诞生与发展都脱离不了时代的人文背景。蹴鞠和现代足球的发展演进与中国封建社会和欧洲资本主义的发展脉络是一脉相承的,是两种社会制度经济、社会和文化发展的产物与见证。

文艺复兴时期就是"需要巨人而且产生了巨人的时代"。正在形成中的资产阶级在复兴古希腊罗马文化的名义下发起了弘扬资产阶级思想文化的文艺复兴运动,其核心就是人文主义。

现代足球就是在资本主义最发达的英国兴起的。其自身所展示的精神与时代精神一脉相承:大机器和大航海时代呼唤的是集体合作意识,足球的核心精神也是如此;人性解放和人的价值与足球场上队员的精湛技艺暗合;公平竞争需要规则,现代足球的规则发展也印证了这一点;人文精神崇尚探索,于是现代足球场上不断创造着新的阵型和打法及技艺。总之,现代足球所追求的是作为人的价值的实现与时代精神的体现,而这些精神也在现代足球场上找到了它生动的注脚。

中国足球曾在民国时期辉煌一时,独霸亚洲,十次远东运动会中九获冠军。以球王李惠堂为代表的球队把强体与强国相提并论,从内心深处希望通过足球的强大推动国家的强大,正是这种精神支撑了他们强大的内心。1936 年参加奥运会时没有经费,他们就到国外踢球募捐,"乞讨参赛",赢得了全世界的尊重。所以,足球的强大归根结底是内心的强大,是精神的强大,是文化的强大。

我们在分析足球水平的高低时也不能仅仅停留在技艺和体能的层面上,而应该探索更深层次的精神和文化原因。所以,中国足球的落后绝不是体能和技艺上的不足,而是文化精神的失落。因为文化决定精神,精神决定人格,我们应该更多地从文化层面上去探索中国足球发展和改革的方向。

2017年8月31日出版的《人民日报》上发表题为《昂首阔步世界舞台》的文章,其中引用了我的一段感想:"淄博临淄作为足球发祥地,蹴鞠文化交流成为世界关注的焦点,淄博以蹴鞠为媒实现了和英国、德国、巴西、美国、加拿大等国的文化交流与合作,展示了中国传统文化的魅力,也更加坚定了文化自信。"

十八大以来,中国空前重视传统文化,文化也被提高到了一个国家和民族复兴的战略高度。正是在这样的背景下齐文化迎来了其保护、传承与创新的大时代、大机遇。文化、也只有文化能回答人类哲学的终极命题:你是谁? 你从哪里来? 你要到哪里去? 这正是我们的另一种文化自信。

希腊一位已故的文化部长为了希腊文明最后的尊严和梦想曾说:"我希望巴特农文物能在我死之前回到希腊,如果有那么一天,即便是我死去,我一定立即复活!"我敬仰他对民族文化的那份虔诚,也想借用他的话表达自己对齐文化的一分钟情与愿望:当齐文化伴着国家和民族的复兴走向复兴的时候,即便我已经死去,我将立即复活!

齐文化传承创新背景下的王渔洋文化研究与保护

魏恒远

王渔洋文化研究保护中心

一、引　　言

　　齐文化内涵丰富,博大精深,是淄博地区最具代表性的文化标志。对于齐文化的概念,也有多种解释,所谓横看成岭侧成峰,每个人所处的位置不同,学术研究的目的不同,对于齐文化概念的理解也有许多不同。个人观点,不外乎"齐国说"和"齐地说"两种。"齐国说"认为,"齐文化"是指齐国文化,是齐人创造的,存在于特定历史时空的物质文化和精神文化的总和,时间界限应主要定格在公元前 1045 年姜太公封齐建国,至公元前 221 年田齐为秦所灭这个时间段;存在的空间范围,主要以春秋后期时的齐国疆域为圈定范围,也就是今天的鲁北、鲁中及山东半岛地区。"齐地说",则在"齐国说"基础上,将时间界限上下延伸,把齐文化分为东夷文化、齐国文化、齐鲁融合、鲁文化四个时期。客观地说,这两种说法都有一定的道理,符合人们对齐文化的一般理解。随着时间的流逝和空间的变化,古老的齐国被划分成许多相对独立又密切联系的社会或行政单元,齐文化的概念相应出现新的变化,也是理所当然的。

　　2015 年 10 月,中共淄博市委、市政府发布《关于着力建设文化名城的意见》,指出要"以阐发齐文化时代内涵和打响齐文化品牌为主线"[1]。按照这个要求,文化名城建设中的齐文化的内涵与"齐国说""齐地说"相比似乎又出现了新的变化,我们是否

---

　　[1]　中共淄博市委、淄博市人民政府:《中共淄博市委、淄博市人民政府关于着力建设文化名城的意见》,《淄博日报》2015 年 10 月 23 日。

可以这样理解,淄博文化名城建设中的齐文化,就是淄博地区的优秀历史文化。按照这个理解,明清时期淄博地区呈现出的优秀历史文化,才能融入齐文化的范畴,而且更加体现了齐文化与时俱进的本质特征和开放、包容的齐文化精神,这也是淄博市建设文化名城的内在要求和应有之义。纵观淄博的历史文化,有两个繁荣期,一个以先秦时期的齐文化为代表,相关论述较多,不一一赘述;另一个就是明清时期淄博文化在文学上的贡献,特别是形成了以王渔洋、蒲松龄、赵执信为代表的孝妇河文化带,以及与此相辅的琉璃文化、商埠文化、孝文化等等。促进齐文化传承创新,建设文化名城,离不开这些优秀历史文化的支撑,王渔洋文化研究应该在齐文化传承创新和文化名城建设中有所作为。因此,加强王渔洋文化研究与保护,是齐文化传承创新和文化名城建设的重要内容。

王渔洋,名士禛,字子真,一字贻上,号阮亭,又号渔洋山人,世称王渔洋。生于明崇祯七年(1634),卒于清康熙五十年(1711)。身后因避雍正皇帝(胤禛)名讳,被改为士正。乾隆时诏改士祯,并赐谥文简。是清代集名臣、诗人、学者于一身的历史文化伟人,也是淄博地区最具影响力的历史文化名人之一。他官至刑部尚书,独创诗论"神韵说",领袖文坛半个多世纪,被誉为"诗坛圭臬、一代正宗"。生前著述等身,身后影响深远。无论在清初诗坛,还是在中国文学史上,王渔洋都占有十分重要的地位,产生了重要的影响。民国学者胡怀琛将王渔洋与屈原、陶渊明、李白、杜甫、白居易、苏轼、陆游等人并称为"中国八大诗人",称王渔洋是"《诗经》的嫡传"[1]。当代著名学者、中国社会科学院文学所古代文学研究室主任蒋寅教授评价王渔洋,是"中国古代诗学的集大成者"[2]。作为王渔洋的故乡,诞生了这样一位影响深远的文化伟人,是淄博的骄傲,也是齐文化与时俱进本质特征的重要体现。因此,研究"齐文化",不能不重视明清时期的淄博文化;推进齐文化传承创新,不能不重视王渔洋文化的研究与保护。

二、王渔洋研究的历程

纵观王渔洋以降三百多年来的研究历程,从目前王渔洋研究的现状,王渔洋所受到的重视,和王渔洋研究取得的成果看,尽管我们还面临着许多困难,我们的工作还有许多不尽如人意的地方,但不可否认的是现在已经进入了王渔洋研究的黄金时期,

[1] 胡怀琛:《中国八大诗人》,商务印书馆,1925年。
[2] 蒋寅:《王渔洋事迹征略·自序》,中国社会科学出版社,2014年。

对王渔洋研究工作的总体评价应该是成绩斐然，任重道远。

王渔洋研究的历史，大体可以分为三个时期，其一是清朝的研究，其二是民国时期的研究，其三是 1949 年以后的研究。每个时期又可分为两个阶段。

清朝时期以王渔洋生前至乾嘉时期为第一阶段，这个阶段既是王渔洋创作的高峰，也是王渔洋研究的顶峰。他创作了数量巨大的作品，创立了自己的诗学理论"神韵说"，被誉为"宇内圭臬"。《清史稿·王士禛传》称"高宗（乾隆）与沈德潜论诗，及士正，谕曰：'士正绩学工诗，在本朝诸家中流派较正，宜示褒，为稽古者劝。'因追谥文简""士禛以诗被遇，清和粹美，蔚为一代正宗"。清朝学者郑方坤形容王渔洋在当时的影响，是"户有其书，人诵其诗"。从乾嘉以后至清末为第二阶段。袁枚的"性灵说"，对此前及同时的诗派、诗人，如神韵说、格调说、肌理说等都提出批评。但是，批评归批评，从乾嘉直至清末，王渔洋依然是清朝文坛的一个热点和经典，王渔洋研究一直是清朝人的一个热门话题。上海大学张寅彭教授曾撰文《渔洋与非渔洋：清代诗学的主线脉之一》[1]，把王渔洋研究在清朝文坛的地位形象地表述出来。而且，因为王渔洋及其神韵说影响巨大，他的著作被康熙皇帝作为贵重礼品赠送给外国使者，前来就读的外国留学生也将他的作品带出国门，促进了国外王渔洋研究的开展。

民国时期以抗战为界可分为两个阶段。辛亥革命后，被打翻的不仅是帝制，还有清政府的统治，五四运动及新文化运动的影响，使学术界对明清诗文的研究日渐冷淡，对王渔洋的研究虽然也有朱东润、郭绍虞等著名学者撰写了部分文章，但总体是"深度与范围都不够"。抗日战争时期，中华民族的首要任务是救亡，抗日文学成为时代主流，作为古典文学范畴的王渔洋研究文章只有区区数篇。抗日战争结束后，文化大师钱钟书在《谈艺录》中称"渔洋提倡神韵，无可厚非，神韵乃诗中最高境界"[2]。虽然总体上钱钟书对王渔洋的诗学理论提出了尖锐批评，但有鉴于钱钟书先生大名，无论其观点偏颇与否，对王渔洋研究的影响都是深远的。

1949 年以后的研究，以改革开放为界，同样分为两个阶段。改革开放前，王渔洋的形象基本是非正面的，涉及其研究的文章不过五篇。"文革"期间，学术研究处于停滞状态，王渔洋研究更是少有人问津。即便如此，游国恩等主编的《中国古代文学史》上，王渔洋及其神韵说仍然占据了一席之地。改革开放以后，伴随着学术研究春天的到来，王渔洋研究步入坦途。不但在高等院校、社科研究机构，而且在民间也涌现出

[1]　张寅彭：《渔洋与非渔洋：清代诗学的主线脉之一》，《纪念王渔洋诞辰 380 周年全国学术研讨会论文集》，齐鲁书社，2016 年。

[2]　钱钟书：《谈艺录》，中华书局，1984 年。

大量在学术上颇有建树的专家学者,王渔洋及其神韵说的价值不断被发掘出来,研究成果大量涌现。袁行霈先生主编的《中国古代文学史》中,王渔洋及其神韵说所占内容增加到专占一章。值得一提的是,截至目前召开的历次国内、国际王渔洋学术研讨会,作为渔洋故里,桓台县委、县政府都积极参与发起,推动了王渔洋研究热潮的再度兴起。与此同时,王渔洋研究在国外继续升温,研究队伍逐渐扩大,研究成果不断涌现。在王渔洋的家乡,不仅建立了王士禛纪念馆,设立了王渔洋文化研究保护中心,修复改造了王渔洋故居以及与之相关的忠勤祠、四世宫保牌坊等,而且以"尚书府邸"为特征的新城古县城开发设计已经通过论证,其他历史遗迹、遗存的修复改造也在陆续进行中。2014 年 8 月,由山东省古典文学学会、中国社会科学院文学所古代文学研究室和中共桓台县委、县政府联合举办的"纪念王渔洋诞辰 380 周年全国学术研讨会"在桓台召开,104 位学者莅会,提交论文 90 多篇,总规模超过 100 万字,并且发起成立山东省王渔洋研究会,在王渔洋故里设立中国社会科学院文学所学术研究基地,受到社会各界,特别是学术界的广泛关注,王渔洋研究正在以前所未有的姿态走向未来。

三、新时期王渔洋研究的主要特点

综上所述,王渔洋研究经历了较为曲折的过程。改革开放以来,随着思想解放的不断推进,王渔洋的时代价值不断为人们所认识,王渔洋研究也逐渐步入坦途,进入黄金阶段。简言之,其标志有如下几个方面。

一是十一届三中全会的召开,重新确立了我们党实事求是的思想路线,为王渔洋研究创造了前所未有的学术氛围。特别是中央关于发展社会主义文化的决定,为在更高层次更广范围内推进王渔洋研究与开发注入了活力。改革开放以来,王渔洋学术文化研究不断深入,1986 年、1994 年、2014 年,先后三次举办国内、国际学术研讨会,区域性、行业性、专业性的研究活动屡见不鲜,王渔洋及其神韵说研究逐渐成为学术界的研究热点。

二是形成了有建树、高水平的研究专家群体,出现了一批学术领军人物。从地域说,有国内、国外。国内,体现在专家与民间两个层面。专家层面如袁世硕、王志民、蒋寅、王小舒、赵伯陶、张宇声、朱则杰、裴世俊、宫晓卫等一批颇有建树的专家。山东大学终身教授、明清文学研究泰斗、关注王渔洋研究三十多年的袁世硕先生在纪念王渔洋诞辰 380 周年全国学术研讨会上称:"王渔洋研究超过了以往数百年的成就。"中国社会科学院文学所古代文学研究室主任蒋寅教授曾出版专著《王渔洋事迹征略》《王渔洋与康熙诗坛》[1],从文学史角度,对王渔洋及其神韵说的历史地位进行论述。研究明清文学的学者,对王渔洋的价值均有着深入的认识,王渔洋成为研究清朝文学"绕不过去的大家"。民间层面,周边地区和本县出现了一批地方文化学者,有的达到了相当高的水平,比如桓台县地税局陈汝洁,在学术刊物上已经发表论文数十篇。国外的如日本相马肇基、山本珏、铃木虎雄、高桥和已、吉川幸次郎,美籍华人孙康宜等。在 2014 年 8 月召开的纪念王渔洋诞辰 380 周年全国学术研讨上,旅日学者张兵提交《日本王渔洋研究的动向和展望》[2],对日本的王渔洋研究进行了较为系统全面的介绍。目前,全方位研究王渔洋的网络已经形成,并开展了卓有成效的工作。

三是取得了一批颇有影响的研究成果,出版了王渔洋的主要著作。2007 年 6月,山东大学袁世硕教授主编的《王士禛全集》[3]由齐鲁书社出版,全集收入王渔洋诗、词、文、杂著等,共计 340 余万字,是王渔洋著述刊刻以来收集最全、体例较为严整的《全集》。尤其是收录的《落笺堂集》,仅见诸国家图书馆藏书,此前研究王渔洋者仅提及此书书名,未见征引诗作。《全集》出版为王渔洋研究奠定了文献基础。蒋寅先后出版《王渔洋与康熙诗坛》《王渔洋事迹征略》,2014 年,《王渔洋事迹征略》再次修订出版。《王渔洋与康熙诗坛》,最大限度地掌握文献,"从容揭开时间的帷幕,走进文学事件和文学史情境中去","弄清一个文学现象、一个文学事件的来龙去脉",从而"将理论问题历史化"。《王渔洋事迹征略》,是迄今为止考订最为细致的王渔洋年谱,这部书征引文献多达 1000 余种,注重对王渔洋交游及文学活动的钩稽,是迄今为止最权威的研究著作。王小舒的《神韵诗学论稿》,高度重视神韵诗学在中国文学批评史上的意义,并进而试图构建神韵诗派,具有较大的理论创新意义。他的《王渔洋与神韵诗》则是一部普及读物,《神韵诗学》被列为山东大学"名课精讲"丛书,是一部高校教材。其他著作,如宫晓卫的《王士禛》[4]、张明的《王士禛志》[5]、裴世俊的《王士禛传论》、黄河的《王士禛与清初诗歌思想》、王利民的《王士禛诗歌研究》、周兴陆的《渔洋精华录汇评》、孙纪文的《王士禛诗学研究》、赵伯陶选注的《王士禛诗选》等。这些研究论著的出版,标志着王渔洋研究已成为清代诗

　　[1]　蒋寅:《王渔洋与康熙诗坛》,凤凰出版社,2013 年。
　　[2]　张兵:《日本王渔洋研究的动向和展望》,《纪念王渔洋诞辰 380 周年全国学术研讨会论文集》,齐鲁书社,2016 年。
　　[3]　王士禛著,袁世硕主编:《王士禛全集》,齐鲁书社,2007 年。
　　[4]　宫晓卫:《王士禛》,上海古籍出版社,1993 年。
　　[5]　张明:《王士禛志》,齐鲁书社,2006 年。

学研究的热点。

此外,王渔洋的著作也多次出版,如《池北偶谈》《香祖笔记》《分甘余话》《古夫于亭杂录》《五代诗话》《古诗选》《带经堂诗话》《唐贤三昧集》《渔洋精华录》《衍波词》等。诸如此类,不一一列举。

四是研究领域不断扩大,表现形式日渐增多,王渔洋文化的当代价值再度得到人们的高度认可。通过广播、电视、报刊、网络等媒体,利用小说、戏剧、电视等形式进行广泛宣传。其中20集电视连续剧《王渔洋查案》已经在中央电视台播放,出版长篇小说《王渔洋传奇》,中国作协推出的全国重大出版工程"百位作家共写历史文化名人",王渔洋即为传主之一。中央电视台《走遍中国》《我有传家宝》《记忆乡愁》等名牌栏目均以较长篇幅对王渔洋故里及新城王氏家学加以宣传推介。与以往单纯注重学术不同,与王渔洋相关的新城王氏家族文化研究专著也陆续出版,如何成的《明清新城王氏家族文化研究》[1]由中华书局出版,第一次对新城王氏的家族文化进行系统全面的论述,为人们全面认识新城王氏开辟了全新的视野。王小舒、贺琴的《新城王氏家风》[2]收入"中国家风"系列,由人民出版社出版,系统解读了新城王氏兴盛三百年不衰的人文密码。2016年初,新城王氏家规家训被中纪委确定为山东两家典型之一,拍摄成《忠勤报国铸家魂》专题片,在中央纪委、监察部网站"中华传统中的家规"栏目播放,在全国引起了较大反响。省直机关工委将王渔洋故里确定为山东省直机关传统廉政文化教育基地。这些新领域的探索,极大地丰富了王渔洋研究的内涵。

五是设立了专门机构。20世纪80年代,专门设立王士禛纪念馆。2006年12月,专门成立了桓台王渔洋学术文化研究中心。2014年3月,新设立的副县级机构王渔洋文化研究保护中心成立。在2014年8月召开的纪念王渔洋诞辰380周年全国学术研讨会上,山东省王渔洋研究会正式成立,中国社会科学院文学所在桓台设立学术研究基地。这两个机构的设立,搭建起王渔洋研究的高端平台。

四、当前王渔洋研究存在的主要问题

尽管我们做了许多工作,但与王渔洋在文学史上的地位相比,王渔洋研究还存在

[1] 何成:《明清新城王氏家族文化研究》,中华书局,2013年。

[2] 王小舒、贺琴:《新城王氏家风》,人民出版社,2015年。

着许多方面的不足。归纳起来，主要有三个方面：一是学术界研究动力不足；二是通俗化乏力；三是迫切需要上级政府层面的重视与支持，将其纳入齐文化研究的轨道。

（一）学术界研究动力不足

王渔洋研究，虽然经过低谷后又有了良好开端，特别是学术界的研究，已经取得了较大成果。但是，这些成果尚处于基础阶段，离全面推进王渔洋研究，尚有较大距离。特别是在王渔洋研究的统筹协调方面，虽然已经依托山东省古典文学学会成立了山东省王渔洋研究会，但是，其运行尚未破题，学术活动尚未开展，发挥其作用还有待于进一步运筹。目前创办的一份《王渔洋文化》刊物，虽然得到袁世硕、蒋寅、王志民等学界权威的肯定，但因为属内部资料，缺乏学术影响力和吸引力，要想进一步提升王渔洋研究，仅靠学术界的自发是远远不够的。与此相比，蒲松龄纪念馆创办的《蒲松龄研究》，目前已创刊三十年，出版了 100 余期，学术影响日增；齐文化方面，山东理工大学齐文化研究院主办《管子学刊》，主办者本身就是学术机构。而这也正是王渔洋研究学术界动力不足的主要原因。

（二）王渔洋研究通俗化乏力

王渔洋是清初文坛领袖，一代诗宗，独创诗论神韵说，给后人留下著作 36 种 560 余卷，一生作诗近 5000 首，2007 年由齐鲁书社出版的《王士禛全集》收入文献达 340 多万字。但是，王渔洋的著述，虽然有《池北偶谈》等通俗的笔记丛谈类著作，但更多的是学术性强的著作，格调高雅，普及方面略显先天不足。与生前企盼依靠王渔洋提升自身影响力的蒲松龄相比，著作等身、名气巨大的王渔洋，身后的知名度却与蒲松龄严重倒挂。究其原委，虽然政治、社会、历史和文化自身的特点占了很大成分，通俗化乏力也是重要的原因。虽然在具体工作中，我们通过电视、戏曲、小说、诗歌等文学手段和形式进行尝试，近几年在挖掘王氏家风的现代价值方面取得了较为瞩目的成绩，但由于规模、品位、质量等方面的原因，这些努力与期望值还有较大距离，需要进一步加大力度。

（三）王渔洋研究尚未完全纳入齐文化研究范畴

作为成就巨大、影响深远，在文学史上占据一席之地的诗人、学者、文学家，也是齐文化发展到明清时期的杰出代表，王渔洋研究应该在更高层面上得到重视。由于我们的自身原因，也由于上级工作层面的宏观部署，王渔洋研究游离于齐文化研究的范畴之外，这与王渔洋在文学史与齐文化中的地位是极不相称的，也是淄博地区文化研究的一大损失。因此,推进齐文化传承创新,必须立足整个淄博地区的优秀历史文化,不应该局限在狭义的齐文化概念中。

五、提升王渔洋研究水平,助力齐文化传承创新和文化名城建设的对策建议

(一) 依托山东省王渔洋研究会,创办《王渔洋论丛》

山东省王渔洋研究会,是山东省古典文学学会的王渔洋研究专业委员会,与国内学术界联系广泛。调动学术界的积极性,发挥好研究会的作用,对于促进王渔洋研究和文化名城建设意义重大。为此,创办一份以王渔洋研究为主要内容的期刊作为学术平台,显得尤为重要。基于学术期刊难审批的实际,建议采用以书代刊的方式,创办《王渔洋论丛》,视情况一年出版一至二期,逐渐规范,进一步增加王渔洋学术研究的主动性和向心力。

(二) 加大通俗化力度,依托各种现代化手段,从内容与形式方面双管齐下

在学术推动的基础上,加大通俗化力度,是提升王渔洋文化影响力的重要一环。2015 年以来,我们在挖掘王渔洋文化的当代价值方面取得了一定的成果。《手镜》是王渔洋著述中极为普通的著作,是他在户部左侍郎任上为即将出任河北唐山知县的仲子王启汸写的家书。全文共 50 条,3000 余字,内容涵盖了修身、公务、生活等方面的注意事项,不仅是居官为政的座右铭,也是家庭教育的好教材。我们积极与纪检监察部门对接,推介《手镜》对于廉政教育的重要意义,引起了上级领导机关的关注,使王渔洋故居成为廉政教育基地。2016 年 6 月,中纪委网站推出《忠勤报国铸家魂》专题片,引起了社会各界的重视,收到了较好的效果。这些举措,都为推动王渔洋走向大众发挥了很大的作用。

(三) 主动有为,自觉融入上级政府对文化建设的宏观部署

以王渔洋为代表的新城王氏家族,明清时期号称"齐鲁第一进士家族"。在三百年的传承中,形成了独具特色的家学文化。王氏家学文化的精髓,融合了中华优秀传统文化的伦理要求。王氏家族的家训族规、教育模式、学术成就、仕宦业绩、家族制度等等,都符合当前社会的主流价值观。《明清新城王氏家族文化研究》《新城王氏家风》对新城王氏的家族文化进行了系统全面的论述,为推进王渔洋文化研究提供了新

的素材。今后，我们将主动有为，积极融入上级政府对文化建设的宏观部署；同时，也恳请把王渔洋文化研究与保护纳入齐文化传承创新范畴同规划、同部署，努力推动王渔洋研究合力的快速形成，为淄博市的文化名城建设贡献我们的力量。

齐文化中的科技兴国思想

朱献伟

临淄区齐文化研究社

齐文化博大精深，其中蕴含着丰富的科技思想，而科技兴国的思想为齐国历代君臣所重视和传承。齐国的兴盛和强大展现了高度的科技水平，大批精美文物的出土就是很好的证明。以《管子》和《考工记》为代表的论著中包含着系统的科技分类、管理及思想总结，而研究这些思想对当前科技兴国的举措是很有现实意义的。下面作简要概括和分析。

一、齐国历代君臣重视科技兴国

齐国开国之君姜太公从建国之始就鼓励全国百姓努力提高科学技术水平，这是富民强国的重要举措之一。《史记·货殖列传》载："故太公望封于营丘，地潟卤，人民寡，于是太公劝其女功，极技巧，通鱼盐，则人物归之，襁至而辐凑。故齐冠带衣履天下，海岱之间敛袂而往朝焉。"《盐铁论·轻重篇》亦载："昔太公封于营丘，辟草莱而居焉。地薄人少，于是通利末之道，极女工之巧。是以邻国交于齐，财畜货殖，世为强国。"姜太公"劝其女功""极女工之巧"，把一个"地潟卤、人民寡""辟草莱而居焉，地薄人少"的齐国变成了一个"齐冠带衣履天下""财畜货殖"的强盛国家。

春秋时期，桓管君臣同样重视科学技术的提高。主要措施有：

1. "四民"分居定业，提高经验和技能。《国语·齐语》载："四民（士、农、工、商）分居定业，世代固定。"这样，"四民"长辈的经验、技术、技巧、技能极易传授给下一代，或易为下一代人所接受，因为其子"少而习焉，其心安焉，不见异物而迁焉"。他们之间"相语以事,相示以巧,相陈以功",生产经验不断丰富,技术、技能不断提高。《管子·山至数》载:"使智者尽其智,谋士尽其谋,百工尽其巧。"鼓励"百工"贡献精工巧术。

2. 奖励有技术的蚕农,发展纺织业。《管子·山权数》载:"民之通于蚕桑,使蚕不疾病者,皆置之黄金一斤,直食八石。"政府以高额奖金奖励"通于蚕桑"者,调动蚕农的生产积极性和创造性。

3. "三倍"高薪致天下之"精材""良工"。齐国除重视国内科技人才外,还用重金招收天下之"精材""良工"。《管子·小问》载:"公曰:'请问战胜之器?'管子对曰:'选天下之豪杰,致天下之精材,来天下之良工,则有战胜之器矣。'……公曰:'来工若何?'管子对曰:'三倍,不远千里。'"用"三倍"于本国能工巧匠的工薪招请境外"豪杰""精材""良工",他们自然会"不远千里"而来齐国。这是齐国富国强兵的"战胜之器"。

齐国历史发展到威宣之时,对人才的重视更是在列国中尤为显著。稷下学宫中人才济济,其中不乏科技人才,或在各种辩论中涉及科技知识。

如三为祭酒的荀子在其著述中就有对自然科技的深刻认识。《荀子·天论》中说:"天行有常,不为尧存,不为桀亡。……天有常道矣,地有常数矣。"就是说自然界有自己的运行规律。荀子还对自然界的陨星、日食、月食等少见的自然现象给予了科学唯物的解释。

荀子还特别强调,要国富兵强人人有责,即每个人都要重视科技,都有一技之长。因为人"不能兼技"(《富国》),也就是每个人不可能什么都会,要有专长。"相高下,视硗肥,序五种,君子不如农人;通货财,相美恶,辩贵贱,君子不如贾人;设规矩,陈绳墨,便备用,君子不如工人。"(《儒效》)因各有专长,各具职能,故而要分工行事,彼此协调,正所谓"农分田而耕,贾分货而贩,百工分事而劝"(《王霸》)。只有如此,才能收到"皆使人载其事而各得其宜"(《荣辱》)之效。

另外,荀子还对蚕体生活作了细致的观察和研究,写下了著名的《蚕赋》。荀子在赋中概括了蚕的特点、习性和化育过程,指出蚕是"三俯三起,事乃大已"。"俯"和"起"讲的是蚕的休眠特性,三俯三起即为三眠蚕。关于蚕的生活习性,荀子概括为"冬伏而夏游,食桑而吐丝,前乱而后治,夏生而恶暑,喜湿而恶雨"。这也反映出,当时齐国大臣们对具体的科学技术的关注和研究。

正因为齐国历代君臣对科技的重视,才有了科技兴国的具体措施,齐国才拥有了科技人才,也才能国富兵强,最终成就了春秋称霸、战国称雄的宏伟大业。

二、从齐国出土的文物和发掘的遗址中看科技水平

(一) 从出土文物看当时的科技水平

到目前为止,考古发掘的齐国墓葬相当多,出土了丰富的随葬品。有很多精美的手工业品在齐文化博物馆中都有展示,大家可以通过展示的实物看出当时科技发展的水平。在这里仅以临淄郎家庄一号东周墓出土文物为例[1],作简要介绍:

1. 金属制造手工技术。该墓共随葬金属器物 300 件左右。这些金属器物,不仅数量多,而且制造精致,反映了当时齐国金属手工业生产技术的高超。出土的鎏金带钩、金箔等金属精品充分显示出"临淄地区金属细工的兴盛"。

2. 纺织手工技术。该墓出土了丰富的纺织品,主要是丝织品和麻布残片。锦为"经二重组织",是"典型的两色织锦残片","在织造工艺方面已臻于成熟"。

3. 漆器手工技术。该墓出土的漆木器可辨器形的有雕花彩绘条形器、朱地黑彩羊形器、施红黄绿三彩镇墓兽、黑地红彩漆豆,漆器上的彩绘图案题材有几何图案和写实图案两类。"这些图案构图严正规矩,用笔一丝不苟,线条纯熟流畅,描绘动物神态生动。充分显示出画工精湛的艺术造诣。"残存的漆器和彩绘图案充分显示出齐国有着发达的漆器手工生产技术。

(二) 从考古遗址看当时的科技水平

临淄已发现的手工业作坊遗址,主要包括冶铁、炼铜、铸钱和制骨。这些手工业作坊遗址的基本特点是:

1. 手工业作坊遗址面积大。齐国城内已发现的手工业作坊遗址面积共约 97.22 万平方米,再加上"范围尚不清楚"的大城炼铜遗址(以 2.3 万平方米计)、大城铸钱遗址(以 5 万平方米计)和"范围较广"的制骨遗址(以 16.2 万平方米计),总面积约 120.72 万平方米,即 1.207 平方千米,占齐故城总面积(15 平方千米)的 8.05%[2]。

2. 经济结构全。在手工业作坊遗址中,仅冶铁、炼铜遗址的面积就多达 95.52 万平方米,近 1 平方千米,占手工业作坊遗址总面积的 79.8%,如果将冶铁、炼铜,看作是当时的"重工业"的话,那么齐都临淄就是一座"重工业"为主的都城。另外还有其

---

[1] 山东省博物馆:《临淄郎家庄一号东周殉人墓》,《考古学报》1977 年第 1 期。

[2] 群力:《临淄齐国故城勘探纪要》,《文物》1972 年第 5 期。

他的如制陶、制骨、制车等遗址的不断发掘，可见当时的齐国制造业门类齐全，制造业水平发达。

3. 作坊遗址分布广。齐都城手工业作坊遗址在分布上不仅大城（郭城）有，而且小城（小宫城，国君所在地）也有。小城手工业作坊遗址除制骨遗址未发现外，冶铁、炼铅、铸钱都有，面积共约 8.22 万平方米。除在齐故城内发现有广布的制造业遗址，在城外也陆续发现制造业遗址，可见当时齐国制造业的繁荣和兴盛。

总之，从齐故都考古发掘情况来看，其手工业作坊特点也说明当时的齐国有发达的科学技术，如果没有生产领域中发达的科学技术是不可能有如此发达的手工业作坊的。横向对比来看，齐都临淄手工业作坊的发达，在先秦诸侯国中是少见的。因此，可以说，齐都临淄不仅是学术文化中心，也是科技中心。从这一侧面来看，齐国当时已有发达的科学技术，其水平堪称一流。

三、从齐国名著《管子》《考工记》看其蕴含的科技思想

齐国名著众多，而很多著作中都包含有丰富的科技思想，这里仅以《管子》《考工记》为例看其中蕴含的科技思想。

（一）《管子》中蕴含的科技思想

《管子》的主旨在于富国强兵，而要富国强兵离不开科技的进步。《管子》中有丰富的地学知识、农学知识、数学知识、医学知识、天文知识等，下面只选取几点加以说明。

1. 丰富的农学知识

《管子》的农学知识，归纳起来，有以下几个方面。

其一，注重天时，《管子》认为，农时对于农业生产至关重要，"地之生财有时"（《权修》），"不失其时，然后富"（《禁藏》），"力地而动于时，则国必富矣"（《小问》）。否则，"不务天时则财不生"（《牧民》）。《管子》还看到农时之宝贵，"今日不为，明日忘货。昔之日已往而不来矣"（《乘马》）。因此，《管子》要求制定相应的法规，以保证不误农时。

其二，主张因地制宜。《立政》说："桑麻不植于野，五谷不宜其地，国之贫也。""桑麻植于野，五谷宜其地，国之富也。"因此，《管子》要求派"司田"之官，进行督察。

其三,兴修水利。《管子》非常重视水在农业生产中的作用。《禁藏》说:"食之所生,水与土也。"既然水是人类赖以生存的重要因素之一,就不能不认识水的特性,并掌握其规律,具体主张是政府设置水官,去管理兴修水利的工作。

2. 先进的生态平衡思想

在大力发展经济的同时,《管子》提出了对自然资源取之有度和保护环境的思想。《八观》指出:"山林虽广,草木虽美,禁发必有时;国虽充盈,金玉虽多,宫室必有度;江海虽广,池泽虽博,鱼鳖虽多,罔罟必有正。"对自然资源开采利用要按时封禁与开发,使人民有永续利用的财物。

《管子》还建议国家采取一些具体措施加强对自然资源和生态环境的保护。其一,加强对森林资源的保护。要求人们保护林木大树,不得滥砍滥伐。警告人们要有防火意识,防止森林大火。《立政》说:"山泽不救于火,草木不植成,国之贫也……山泽救于火,草木植成,国之富也。"《管子》还要求人们在路边、地头、房前屋后等空闲地进行植树造林,对于植树造林有功者,主张给予重奖。

其三,加强对野生动植物资源的保护。《管子》提出对野生动物不能乱捕乱杀,对树苗、花草也不能随意采摘,以保护自然界万物正常生长。这种保护生态环境和生态平衡的做法,在当时是十分先进的。

3. 进步的生命科学知识

《管子》中有丰富的医学知识和进步的生命科学知识,归纳起来,有以下几个方面。

第一,精气是生命和身体健康的物质基础。《内业》说:"凡人之生也,天出其精,地出其形,合此以为人。和乃生,不和不生。"《内业》还认为,人的身体中有了精气就能健康长寿。

第二,"五味"与"五脏"的生成对健康的影响。《水地》说:"酸主脾,咸主肺,辛主肾,苦主肝,甘主心。五藏(脏)已具而后生肉。……脾发为鼻,肝发为目,肾发为耳,肺发为窍。"肯定"五味"对"五脏"的重要影响。这大概就是中国特色营养学产生的早期重要理论基础,也是中国人讲究"药膳"的理论根据。

第三,提倡"静"的养生之道。《管子》认为,只有"静",才能获得精气、留住精气,这是健身的基本条件。强调去除杂念,才能做到"静","能正能静……耳目聪明,四枝(肢)坚固"(《内业》)。

第四,强调情绪对人健康的影响。为了有利于健康,《管子》提出了节"五欲"、去

"二凶"的观点。对人的情绪要控制,过于喜怒哀乐都是有损于身心健康的。对于嗜欲和贪利更应加以节制,这样才能保持平衡的心态。五欲,即耳、目、鼻、口、心之欲;二凶,即指喜、怒。

第五,强调适度饮食对人健康的作用。吃不可太饱,否则伤害身体;但也不可太少,少则骨骼干枯,血流不畅。《形势解》还告诫人们不能挑食,要做到营养全面而平衡。

总之,从《管子》中蕴含的丰富而系统的科技思想来看,管仲不仅是位政治家、军事家、经济学家,还是一位科学家,这一点应该是确定无疑的。

(二)《考工记》中蕴含的科技思想

《考工记》蕴含着丰富的科技思想,这些思想既有来自工匠长期实践经验的总结,也有先秦哲学、物理、化学等观念对手工业技术的深刻影响。

1."和合"思想

"和合","和"的本义是和谐、和睦;"合"的本义是结合、联合。因此,"和合"就代表着不同质的要素联系构成的整体系统。在《考工记》中贯穿着"和合"思想,比如"天有时,地有气",这段文字的叙述就在中国古代技术传统中贯穿着一个深刻的造物原则或价值标准。

"和合"的科技思想,不仅体现于《考工记》制作器物的精良上,也体现在器物有效配合的要求上,如论述车与驾马的配合,"欲弧而无折,经而无绝。进则与马谋,退则与人谋。终日驰骋,左不楗;行数千里,马不契需;终岁御,衣衽不敝,此唯辀之和也"。就是说辀要弯曲适度而无断纹,顺木理而无裂纹,配合人马进退自如,一天到晚驰骋不怠,左边的骖马不会感到疲倦;即使行了数千里,马不会伤蹄怯行;御者一年到头驾车驰驱,也不会磨破衣裳。这就是辀的曲直调和。在这里强调的就是通过"和合"的方法和手段,以达到"和合"的境界和最佳效果。

2.模数设计思想

"模数"是指两个变量成比例关系的比例常数,它含有某种度量标准的意义。

我们以制车为例,来看《考工记》中对模数设计的运用:《考工记》所记是以轮崇(即轮直径)为基数来规定其他各部尺寸的。轮,由牙围、毂、辐三部分组成,而这几部分的尺寸均以轮崇为基数来确定。"舆人为车。轮崇、车广、衡长、叁如一,谓之叁称",即轮径=车厢宽=衡长。舆具体各部分的尺寸是这样的:"叁分车广,去一以为隧……以其广之半为之式崇,以其隧之半为之较崇。六分其广,以一为之轸围。叁分轸围,去一以为式围。叁分式围,去一以为较围。叁分较围,去一以为轵围。叁分轵围,去一以为轛围。"可见,车的主要部件的长短、大小、粗细都有模数关联。

其他一些器物制作也是如此,如制磬,"倨句一矩有半,其博为一,股为二,鼓为三。叁分其股博,去一以为鼓博,叁分其鼓博,以其一为之厚"。"倨句"是指磬的上股与上鼓所夹的顶角,"博"指股博、股宽。在这里也明确提出了以股博为基数的模数制。

3. 优化设计思想

《考工记》中不少器物的制作,已反映出有明确的优化设计思想。例如,春秋时期,作战惯用戈、戟、矛等兵器,《考工记》在制定这类兵器尺寸时充分考虑到与人身长的关系,指出:"凡兵无过三其身。过三其身,弗能用也,而无已,又以害人。"这里说的是所有的兵器,包括车战用的长兵器,均不能超过身长的三倍。兵器过长,不但不利于使用,反而要伤害执兵器之人。还指出:"攻国之兵欲短,守国之兵欲长。"因为"攻国之人众,行地远,食饮饥,且涉山林之阻,是故兵欲短;守国之人寡,食饮饱,行地不远,且不涉山林之阻,是故兵欲长"。这是说因攻守双方条件不同,使用兵器的长短也应有别,对兵器设计已考虑到了多种因素。

在确定人、弓、矢的合理搭配问题时,《考工记》中的优化设计思想表现更为精彩。射手因体形、性格、气质有差别,所使用的弓、矢的刚柔程度也有不同,有危弓(刚硬的弓)、危矢(剽疾的箭)和安弓(柔软的弓)、安矢(柔软的箭)之别。在这些兵器的设计制作中也融进了心理学、空气动力学、医学等理论。

综上所述,齐文化中科技兴国的思想代代相继,并随着时间的推移而与时俱进。这些科技思想闪闪发光,照耀着后来人勇攀科技高峰,使齐国不断创造出科技盛世。今天我们处在科技发展一日千里的新时期,更需要吸收齐文化中科技兴国的思想,为中华民族的伟大复兴而努力奋斗。

齐文化的务实思想是齐国图霸称雄的理论基础

王金智

临淄区齐文化研究中心

务实性是齐文化的一个显著特点。所谓务实性,就是一切从实际出发,实事求是,因时而动,因地制宜,因人而异,具体问题具体分析。齐文化的务实思想体现在政治、经济、军事、文化和社会管理等各个领域,贯穿了太公建国、桓管称霸、威宣称雄等齐文化重要发展时期,是齐国经济昌盛、文化灿烂、图霸称雄的思想理论基础,对当今社会具有重要启迪意义和借鉴价值。以下从五个方面来梳理齐文化的务实思想。

一、遵循自然规律的唯物主义务实思想

自然环境是人类社会存在和发展的必要前提。面对特定的自然环境,务实的态度就是遵循自然规律,因地制宜,充分发挥现有地理环境的自然条件优势,合理利用自然资源。太公、管仲、晏婴等齐国先贤都是这样治国理政的。

太公辅佐武王灭商后,在公元前1045年,因首功受封于齐地营丘。当时"齐地负海潟卤,少五谷而人民寡"(《汉书·地理志》),《盐铁论》则说:"昔太公封于营丘,辟草莱而居焉,地薄人少。"齐国自然环境非常恶劣,土地盐碱不适于农业生产。但是齐地濒临大海,有丰富的鱼盐资源;碱地虽薄,但适宜桑麻生长,人民又擅长植桑养蚕并且好"女工",因而手工业较为发达。根据这些实际情况,太公制定了"通商工之业,便鱼盐之利"的经济发展方略,一方面大力发展鱼盐生产,另一方面充分发展手工业和商业。这种扬长避短、充分发挥当地当时自然优势的做法,收到了很好的发展成效。在"农、工、商"三宝并举的宏观战略指导下,齐国制造的冠带衣履畅销天下,鱼盐流通列

国,诸侯纷纷前来朝拜,齐国逐步由偏僻荒凉的小国穷国发展为雄居于东方的大国富国,"人民多归齐,齐为大国"(《史记·齐太公世家》)。

管仲继承和发展了太公遵循自然的务实思想,进一步提出了充分利用土地的"尽地利"观点。管子认为"地者,万物之本原"(《管子·水地》),主张"因天材,就地利"(《管子·乘马》)。其基本内容,一是"度地之宜",要根据土地的实际情况,合理利用土地资源。他认为农民应因地制宜,"相高下,视肥硗,观地宜","使五谷桑麻皆安其处"(《管子·立政》)。在《管子·地员》篇中,管子就如何"度地之宜"作了具体深入的分析。另外,在《管子·国准》等篇中还有许多有关"度地之宜"的论述,其目的都是为了使地尽其用,以发展生产,改善百姓生活。二是实行集约化经营,提高土地利用率。在《管子·八观》《管子·小匡》等篇中,管子都提出,在土地有限的情况下,应对土地施以精耕细作,在定量土地上投入更多的劳动,以提高土地的生产能力,最大限度地利用土地资源,促进农业生产的发展。除"尽地利"思想外,在对待自然资源问题上,管子还有一些非常超前的思想,如保护生态平衡问题,他提出了"禁发有时"、注意森林防火等许多具体的保护自然资源的措施,这在当时的历史条件下,是非常难能可贵的。更值得一提的是管仲在中国思想发展史上第一个提出了"仓廪实,则知礼节;衣食足,则知荣辱"(《管子·牧民》)这一闪烁着朴素唯物主义思想光辉的论点,并大力发展经济,首先解决人民的吃饭穿衣问题,采取改革的措施以利民、富民(相地衰征、四民分业等),重视礼义廉耻和身心的道德教育,构建和谐社会,富国强兵,最终实现了"九合诸侯,一匡天下"的霸业。

二、不信天命的无神论务实思想

姜太公不信鬼神天命,反对卜筮迷信,力排众议,辅佐武王取得伐纣的胜利,从理论和实践上否定了天之至上权威,开启了齐文化无神论思想的先河。公元前1046年,武王伐纣时,在大军出发前术士用龟骨、蓍草占卜此次大举进军的吉凶,卦兆不吉。太公就说:"龟壳朽骨、蓍草枯叶,怎么会预知吉凶呢?"武王听后坚定了信心,决定照姜太公的指挥安排行动。大军个个争先,人人奋勇,各路诸侯也效法周军,义无反顾,直扑殷都朝歌,取得了兴周灭商的全面胜利。

管仲继承发展了太公无神论思想,解开了上天的神秘外衣,率先从理论上阐发了上天的自然本性。管子认为,上天是一种没有感情和意志、无私无亲的自然存在,"如地如天,何私何亲? 如月如日,唯君之节"(《管子·牧民》);"万物之于人也,无私近也,无私远也,巧者有余,而拙者不足"(《管子·形势》);"天地莫之能损益也"(《管子·乘马》)。透过这些论述,上天的真实面目便展露于人们面前。把传统的意志的天还原为自然界的天,使管仲的务实思想有了可靠的根基。

管子认为本性自然的天是按其固有规律运行的,"天不变其常,地不易其则,春秋冬夏不更其节,古今一也"(《管子·形势》)。这种"古今一贯"的规律是不以人的意志为转移的。而且,它"藏之无形",只有用心求索,才能真正把握它。晏婴也看到,天有自己独特的运行规律,他说:"天道不谄,不贰其命,若之何禳之?"(《左传·昭公二十六年》)并以此提醒君王,单靠"神道设教"来维系人心是不行的,只有做到"外内不废,上下无怨,动无违事"(《左传·昭公二十年》),才能巩固其统治。晏婴的务实思想已经显现。

因为天时不能违,所以太公、管仲就有了鲜明的抢时机、重时效行为。在灭商时机成熟时,太公指出:"且天与不取,反受其咎;时至不行,反受其殃。"(《太公金匮》)督促武王抓住时机,兴师伐纣;在出师前,武王卜兆不吉一度动摇伐纣决心时,他力劝武王不信天命鬼神,以免错过时机;在赴国上任途中太公受"逆旅之人""时难得而易失"之语的启发和激励,"夜衣而行,黎明至国",由此避免了因"莱侯"入侵而失国的危险。这些都是太公抢时机、重时效精神的表现。管仲是一位时效观念极强的人,他已经看到了天时对于农事的重要性,《管子·牧民》篇开首就讲:"凡有地牧民者,务在四时,守在仓廪。"因为"地之生财有时","不务天时则财不生"。《管子·版法》篇甚至把"风雨无违"当作君主功业的"三经"之一。同时,管仲还认识到了时间的一维性特点,指出:"时之处事精矣,不可藏而舍也。故曰,今日不为明日忘货,昔之日已往而不来矣。"(《管子·乘马》)由此,他提醒人们要"知时""勿怠","怠倦者不及,无广者疑神。……曙戒勿怠,后稚逢殃。朝忘其事,夕失其功"(《管子·形势》)。就是说如若因怠倦而延误时机,则将一事无成,可见管子在"时效"问题上的远见卓识,与时俱进的务实理念。"时至则为,过则去"(《管子·国准》),时机成熟就应该实施和作为,条件变化就要停止或修正,不能固守不变,墨守成规。"国准者,视时而立仪"(《管子·国准》),国家政策应根据时代的现实变化来制定合适的标准。时代变化,社会环境不同了,政策也要作出相应的调整,这也符合马克思主义哲学中"发展"的观点。

著名军事家孙武也把天明确看作是"阴阳、寒暑、时制"等自然之天,他反对求神弄鬼等一切迷信活动,指出:"先知者,不可取于鬼神,不可象于事,不可验于度,必取于人,知敌之情者也。"(《孙子兵法·用间篇》)强调,知或先知的取得,只能着眼于人事活动,要从调查和了解实际情况入手。这实际上就是一种务实的态度。孙武非常重视自然条件对战争的影响,在《孙子兵法》十三篇中有四篇专门论述战争与地理环境的关系。他说:"夫地形者,兵之助也。"(《地形篇》)地形在战争中有着不可低估的作用,"知此而用战者必胜,不知此而用战者必败"。孙武还对地形作了分类分析,在《地形篇》中,他把地形分为"通、挂、支、隘、险、远"六种类型;在《九地篇》中,他把战争环境分为"散地、轻地、争地、交地、衢地、重地、圮地、围地、死地"九种类型,并根据各种地形的利弊条件,总结出了许多因地制宜的作战方法,这些方法对后人的军事思想和用兵艺术产生了重大影响。

三、因俗简礼、以民为本的务实思想

建国之初在如何对待夷地风俗问题上,太公没有采取鲁公伯禽"变其俗,革其礼"的办法,不完全照搬周礼而是实行了"因其俗,简其礼"的以当地民俗民意为主的务实方针。一个地方的民俗具有相对稳定性,是长期延续形成,不是一朝一夕所能改变的。根据这一特点,齐国从姜太公开始就形成了因民俗的传统。这种明智、务实的做法,尊重、顺应了当地人的风俗习惯,得到了当地群众的拥护。这也是立国于濒海草莱之地的齐国之所以比地理条件优越的鲁国改革进程快的根本原因。

管仲继承发扬了太公因民俗顺民心的务实传统,提出了"政之所兴,在顺民心;政之所废,在逆民心"(《管子·牧民》),"俗之所欲,因而予之;俗之所否,因而去之"(《史记·管晏列传》)的理论。他看到民有"四恶"和"四欲",认为只有从民所欲才能调动民众的积极性,得到他们的拥护。他指出:"民恶忧劳,我佚乐之;民恶贫贱,我富贵之;民恶危坠,我存安之;民恶灭绝,我生育之。""故从其四欲,则远者自亲;行其四恶,则近者叛之。"(《管子·牧民》)因此他主张"修旧法,择其善者而业用之"(《国语·齐语》)。具体表现在:根据齐人竞相致富、以富为荣的社会风尚,"通货积财,富国强兵,与俗同好恶"(《史记·管晏列传》);顺应敬祖、祭天、盟誓等社会风俗,保留书社这一民俗组织;根据"群居相染谓之俗"的特点,实行"四民分业定居"制度;根据齐地受周礼宗法制度影响较小,人民"足智,好议论,地重,难动摇,怯于众斗,勇于持刺,故多劫人者"(《史记·货殖列传》)等社会风尚,对民实行教化为主、礼法并用的政策。

晏婴的民俗理论既有继承又有变革。一方面,他发扬传统,向齐景公提出了"一民同俗"的重要策略。他说:"古者百里而异习,千里而殊俗,故明王修道,一民同俗,上爱民为法,下相亲为义,是以天下不相遗,此明王教民之理也。"(《晏子春秋》)认为明王教民的方法在于尊重民习,顺应民俗。另一方面,他根据齐之民俗现状进行了诸多恰如其分的改革。如针对齐国当时虽实无积蓄,却仍要华服、丽室、豪居的世风,他主张尚节俭以移侈；面对齐景公时从国君到上层权贵贪婪、腐化、厚敛百姓、勾心斗角的恶风，他倡导尚清廉以抑贪；鉴于齐景公对民暴虐无礼，常常为了一只鸟、一匹马、一棵树、一株竹，便动刑于民的景况，他提出尚礼让谦恭以制暴。在晏子的极力倡导和身体力行下齐国社会风气大为好转。继承与变革相统一是齐国历代民俗理论的共同点，这一特点恰好吻合了唯物辩证法关于"扬弃"的观点。

四、任人唯贤、举贤尚功的务实用人思想

举贤不避卑贱，尚功多由业绩，靠人才建功立业，靠人才兴国安邦，是姜太公以来齐国的一贯传统。在封齐建国之始，太公就以"尊贤尚功"为用人国策。这一策略打破了以血缘关系为基础的亲亲尊尊传统，具有进取性、开放性和务实性，深得人民欢迎。管仲极力主张选贤任能，他要求君主打破等级观念，提拔农人中的优秀者为士，指出："秀民之能为士者必足赖也。有司见而不以告，其罪五。"（《国语·齐语》）提拔重用人才要根据工作实绩，而不是某些人的赞誉；处罚一个人也要根据他的实际罪过，而不是别人的诋毁，否则，就会造成国家和社会的治理混乱，"官之失其治也，是主以誉为赏，而以毁为罚也"（《管子·明法解》）。晏婴则提出"举贤以临国，官能以救民"（《晏子春秋》）的主张，并且认为"有贤而不知""知而不用""用而不任"是国家的"三不祥"。

战国时期，齐威王以布衣之士邹忌为相，以刑余之人孙膑为军师、以赘婿出身的淳于髡为卿，都是太公创立的"尊贤"传统的延续；而稷下学宫中，封七十六贤者皆为上大夫，并以高门大屋、丰厚俸禄尊崇之，更使"尊贤"政策的实施达到了登峰造极的程度。在这种代代相因的尊贤传统影响下，齐国形成了尊重知识、重视人才的风气和环境。齐国之所以能在内忧外患交相侵的八百年岁月中，始终以强国之貌立于春秋战国之世，其主要原因就在这里。

举贤尚功使齐国得以强盛数百年，而反空谈求致用则使齐国美名远扬，信誉大增。在这个问题上思想最为丰富的当数管仲和鲁仲连。管仲强调做事情不应只注重表面形式，而应着重看其实际内容。《管子·形势》篇所述："羿之道，非射也；造父之术，非驭也；奚仲之巧，非斫削也。"已经看到，后羿之道、造父之术、奚仲之巧，均不在其表面动作。而所谓"见与之交，几于不亲；见哀之役，几于不结，见施之德，几于不报"告诉人们，表面上的友好、亲爱和慷慨，是不可靠的，借以提醒国君要注意实际效果，扎扎实实做事。此外，管子还有很多关于讲求实效的论述；《管子·权修》篇主张

"量民之力",因为"地之生财有时,民之用力有倦","民力竭,则令不行矣";《管子·牧民》篇主张不图侥幸,不欺其民,"不处不可久者,不偷取一世也。不行不可复者,不欺其民也"等等。所有这些,其目的都是要求国君要以实际行动取信于民。稷下后学鲁仲连极力倡导"学以致用"。他在跟随其师徐劫参加稷下学宫的学术辩论会时斥问能"一日服千人"的田巴:"今楚军南阳,赵伐高唐,燕人十万,聊城不去,国亡在旦夕,先生奈之何? 若不能者,先生之言有似枭鸣,出城而人恶之,愿先生勿复言。"(《史记·鲁仲连邹阳列传》)鲁仲连的主张不仅折服了田巴,也扭转了为学术而学术、为争鸣而争鸣的不良辩论风气,同时鲁仲连也用自己的一生践履了他的这一主张。他善于客观实际地分析国际国内形式,剖陈利害,他的一席话,使得魏国国君放弃帝秦,缓解了邯郸之围;他的一纸书,使得燕将自杀,聊城重新回到齐国怀抱。在理论与实际相结合、理论为实践服务方面,鲁仲连为后人作出了典范。

五、以创新发展为目标、前提和基础的务实思想

姜太公封齐建国时,结合齐地自然条件和人文基础,创造性地提出三大基本国策,文化上"因其俗,简其礼",经济上"通商工之业,便鱼盐之利",政治上"尊有贤,赏有功",使齐国迅速发展壮大起来。

春秋时期,管仲任齐相国,周王中央政权衰微、地方诸侯势大,结合"礼崩乐坏"的现实,原来诸侯服从中央的规矩被打破,各诸侯势力做大,不服从中央,周天子的权威遭到削弱;"四夷交侵,(华夏)不绝如线",戎、狄等外族疯狂侵略华夏族诸侯各国,各国危在旦夕。管仲从天下大局出发,顺应时代要求,创新政治策略,提出了"尊王攘夷"的口号,并且不折不扣地实施,最终"九合诸侯,一匡天下"。所以,孔子曾赞扬管仲有"仁"德,慨叹如果没有管仲"尊王攘夷",保卫了华夏文明,自己恐怕将"披发左衽"(披散着头发,衣领朝左开),成为外族的奴隶。

晏婴历任三朝,特别是到了景公时期,朝野上下奢靡成风,腐败流行。晏子对穷奢极欲的行为进行了多次批评劝谏,他自己更是厉行节俭,严格要求和约束自己,多次拒赐美女豪宅车马,以节俭作表率,以防百姓过分追求物质享受而造成社会秩序的混乱和道德败坏。他管理国家秉公无私,一直勤恳廉洁从政,清白公正做人,主张"廉者,政之本也;让者,德之主也"(《晏子春秋》),最早提出了"廉政"的概念。史学家司马迁评价晏子:"假令晏子而在,余虽为之执鞭,所忻慕焉。"(《史记·管晏列传》)

总之,齐文化的务实思想,就是一切从实际出发,实事求是,真抓实干。也就是我

们现在所讲的"空谈误国,实干兴邦""踏石留印、抓铁有痕""撸起袖子加油干"。马克思主义的精髓就是实事求是,务实思想就是唯物主义。纵观齐文化的发展历史,坚持务实思想,齐国就会发展壮大,否则就会衰弱。我们要继承发扬齐文化的务实思想和精神,按照国家和社会发展的要求,贯彻习总书记系列讲话精神,处处强调实干、突显落实,靠实干使梦想成真,实现中华民族的伟大复兴。

对齐地考古文物形德思想的新研究

杜国建

淄博职业学院稷下研究院

齐国大政治家管仲,以敏锐的社会洞察力,把齐国社会的发展规律和官吏任命、农业生产、工匠制造、商贾经营,高度概括为"士、农、工、商"综合国家治理和德治、形制的发展体系。在管仲的德治思想体系,《管子》把社会治理定位于政德,把春耕生产定位于春德,把工匠制玉定位于玉德,把时节运行定位于时德,从而提出了一整套国家治理的德治制度和工匠形制标准。使齐国的德治、形制思想体现在社会的发展和工匠制作的器皿之中,为齐国八百年社会发展奠定了思想基础和物质基础。

"形不正,德不来"[1]是管仲在两千七百年前提出的著名形德思想,是影响中国的著名形学理论。在《管子》的理论体系中,人物形象和器物形制要充分体现道德思想和行为。从齐地出土的春秋时期青铜器中,我们能够看到春秋时期齐国工匠周正的工艺制作技艺和超然正气的齐国造物气象。从山东博物馆展出的春秋时期系列青铜器来看,我们能够看到桓管时期青铜器的法度和整体美的德治元素。这与管子形正和德正的社会治理理念形成完整、统一的思想体系。

今天,当我们走进山东各大博物馆,看到齐地精美的玉器、陶器、青铜器、建筑瓦当、雕塑、书简、画像石、纺织品等展品时,我们越发感到齐地考古文物所透射出的强大德治、形制文化魅力和卓越的工艺制作水平。

中国传统德治形制思想,自古就是中华民族传统文化思想中的重要组成部分,是中华民族道德思想形成的基础。德治形制教育,始终伴随着人格成长的全过程,被誉为中华第一教育。党的十九大制定了中华民族文化教育复兴的伟大战略目标,我们齐文化研究工作者要深入研究中国传统文物中的德形教育思想,深刻研究齐文化形

---

[1] 李山译注:《管子·内业》,中华书局,2009年,第267页。

德思想的物质传承与创新，以社会主义核心价值观为当代德治教育目标，为中华民族的伟大复兴培养更多德才兼备的优秀人才。

齐国曾是春秋战国时期中国德治形制教育思想的文化教育传播中心，作为中国传统文化重要组成部分的齐文化，具有系统的德治教育思想体系，曾为中华民族古代德治教育的建立和发展传播奠定了坚实的文化教育基础。今天，我们要继承中国传统文化，发展和创新中国当代文化，深入研究齐地考古文物德治、形制文化形成的历史渊源和发展规律，能够为当代德形教育文化建设提供坚强有力的教育文化支撑。

一、齐国德治体系形成的三个历史时期

齐国在中国历史的发展进程中，十分重视德形思想教育。从西周初年建立齐国的姜太公到辅佐齐桓公成为春秋五霸之首的管仲，再到战国田齐时期稷下学宫的诸子百家，齐国的德治思想和教育理念始终贯穿齐国社会的八百年发展历史。"治国有器"[1]"国有德则强，民有德则兴"[2]体现了齐国社会德治文化和德育思想的社会综合治理体系。

（一）齐国德治思想体系的建立

商末周初的姜太公，最早提出了"德之所在，天下归之"[3]的德形思想，最早建立了齐国德治形化的思想体系。姜太公在兴周灭商的社会大变革中，在归周、辅周、兴周、建齐的人生实践中，确定了德治形化思想的社会基础和历史文化作用，为齐文化德治思想的建立奠定了基础。《六韬·文韬》中，记述了姜太公的德治形化理念和国家德治思想。姜太公说：有恩德的国家，天下人才会归附。《六韬·武韬》："王其修德，以下贤惠民，以观天道。"[4]君子要首先修养好自己的品德，礼贤下士，才能普惠百姓。《六韬·武韬》："生天下者，天下德之。"[5]

从《六韬》的德治思想体系中，我们可以看到姜太公的德治思想体现在以下两个方面。

---

[1]　李山译注：《管子·制分》，中华书局，2009年，第166页。

[2]　杜国建：《齐国德育学》，校本教材，第16页。

[3]　曹胜高、安娜译注：《六韬·文韬·文师》，中华书局，2007年，第7页。

[4]　曹胜高、安娜译注：《六韬·武韬·发启》，中华书局，2007年，第50页。

[5]　曹胜高、安娜译注：《六韬·武韬·顺启》，中华书局，2007年，第69页。

第一,"德之所在,天下归之"是要求君子要有德,君子有德,才会德治天下,国家才会德育天下,人民才会顺应德治国家。在姜太公看来,"王其修德,以下贤惠民,以观天道"。君子要先修养好自己的品德,礼贤下士,才会恩泽百姓。

第二,"夫民化而从政,是以天无为而成事,民无与而自富。此圣人之德也"[1]。是说:民众听从教化就会顺从政令,所以上天清静无为就可以成就抚育万物之事,人民没有多余的负担就可以自然富足,这就是圣人的德政。

综观姜太公的德治思想,无不包含着齐国社会厚重的德治政治体系和齐国人民的德治价值观。姜太公在《六韬》中所倡导的德治精神是建立在以德为本的社会文化理念上的"德治"体系。在姜太公的文化理念治理中,德治思想的社会实践是通过德治道德教育的方式得以发展的。

(二) 齐国德治政治体系的建立

齐国的德治教育思想在齐桓公、管仲时代形成了齐国德育教育的政治体系。在《管子》的德治体系中,《管子·立政》把"德、功、能"定位为治国理政的三本。管仲认为:"故国有德义未明于朝者,则不可加以尊位;功力未见于国者,则不可授与重禄;临事不信于民者,则不可使任大官。故德厚而位卑者,谓之过;德薄而位尊者,谓之失。宁过于君子,而毋失于小人。过于君子,其为怨浅;失于小人,其为祸深。是故国有德义未明于朝而处尊位者,则良臣不进;有功力未见于国而有重禄者,则劳臣不劝;有临事不信于民而任大官者,则材臣不用。三本者审,则下不敢求;三本者不审,则邪臣上通,而便辟制威。如此,则明塞于上,而治壅于下,正道捐弃,而邪事日长。三本者审,则便辟无威于国,道涂无行禽,疏远无蔽狱,孤寡无隐治。故曰:'刑省治寡,朝不合众。'"[2]一个不具有"三本"的人不能授予爵位任大官。《管子》的德治思想把道德行为和提高个人的品德修养看成是治国平天下的重要前提和根本要求。

在《管子》的德治体系中,对齐国人的德治行为有着更加规范的要求,《管子·立政》说:"君之所慎者四:一曰大德不至仁,不可以授国柄。二曰见贤不能让,不可与尊位。三曰罚避亲贵,不可使主兵。四曰不好本事,不务地利,而轻赋敛,不可与都邑。此四务者,安危之本也。故曰:'卿相不得众,国之危也。大臣不和同,国之危也。兵主不足畏,国之危也。民不怀其产,国之危也。'故大德至仁,则操国得众。见贤能让,

---

[1] 曹胜高、安娜译注:《六韬·武韬·文启》,中华书局,2007年,第58页。
[2] 李山译注:《管子·立政》,中华书局,2009年,第36—37页。

则大臣和同。罚不避亲贵,则威行于邻敌。好本事,务地利,重赋敛,则民怀其产。"[1]《管子》认为:对于提倡道德而不真正做到仁的人,不可以授予国家大权;对于见到贤能而不让的人,不可以授予尊高爵位;对于掌握刑罚而躲避亲贵的人,不可以让他统帅军队;对于那种不重视农业,不注重地利,而轻易课取赋税的人,不可以让他做都邑的官。这四条巩固国家的原则是国家安危的根本。

从《管子》"三本"、"四固"的德治政治体系中,我们可以看到齐国社会国家治理的德治用人体系。正是由于桓管时期齐国所建立的德治文化政治体制,才使齐国在春秋时期成为诸侯国中的德治大国和人才大国,成为"春秋五霸"之首。

(三) 齐国德治教育体系的建立

战国时期,以齐国为代表的稷下诸子百家,成为我国传统德治思想传播的生力军,奠定了中国古代德治教育体系的基础。在齐国德治教育的传播与发展中,道家、儒家、法家、墨家、兵家在德治思想方面的论述,"百花齐放、百家争鸣"。在诸子百家的代表著作中对中国传统德育的社会问题都有经典的论述,构成了齐国百家德育教育思想,建立了我国传统文化的德育教育思想体系,对中国德育文化的发展产生了深远的影响。

传世的老子《道德经》实由战国时的环渊所纂,《史记·孟荀列传》指出,楚人环渊学黄老之术,著上下篇,也就是《道德经》的上下篇。但他是一个文学趣味太浓厚的人,在纂集老子遗说时,加了些文学性的润色和修饰,遂使《道德经》一书饱含了他自己的色彩。这本书的词藻多半是环渊的,但其精神是老子的。从《道德经》中"道生之,德畜之,物形之,势成之。是以万物莫不尊道而贵德。道之尊,德之贵,夫莫之命而常自然"[2],能够看到道教的伦理道德教育思想和兼容并包的自然德化思想。通过齐国黄老学的社会教育方式"修之身,其德乃真;修之家,其德有余;修之乡,其德乃长;修之于国,其德乃丰;修之于天下,其德乃普"[3]能看到齐文化的德治教育更为广泛,教育的对象更加普及。总之,民众和社会生活时时刻刻都要接受伦理道德的教育。

长期在齐国生活工作的孟子对德育教育有着更规范的阐述,孟子说:"善教,民爱

---

[1] 李山译注:《管子·立政》,中华书局,2009 年,第 50 页。
[2] [魏]王弼、楼宇烈校注:《老子道德经注校释》(第 51 章),中华书局,1976 年,第 137 页。
[3] [魏]王弼、楼宇烈校注:《老子道德经注校释》(第 54 章),中华书局,1976 年,第 143 页。

之……善教得民心。"[1]在孟子看来:"恻隐之心,人皆有之;羞恶之心,人皆有之;恭敬之心,人皆有之;是非之心,人皆有之。恻隐之心,仁也;羞恶之心,义也;恭敬之心,礼也;是非之心,智也。"[2]

他强调对于人的德行进行回复,是德育的一个重要作用,可以通过德育的教化,使人明白人与人之间的伦理关系。

曾在齐国稷下学宫三任祭酒的荀子更加重视德育教育,他提出的德育思想和德育理论对几千年的传统德育教育产生了极大的影响,对后来的儒家思想亦产生了重要影响。在德育教育思想方面,荀子极为重视德育教化的重要作用,认为德育可以激发人的善性。他指出,"礼"和"仁"是德育教育的核心内容,"礼"是规范和调整社会关系的重要原则,通过"礼"的规范,可以提高人对伦理纲常的认识,从而促进社会的和谐稳定;"仁"是社会规则中包含的重要精神,通过"仁"的思想教化,使人与人之间相亲相爱,进一步巩固通过"礼"的规范而形成的社会秩序。荀子认为"礼"应该作为德育的中心内容,礼是修身齐家治国平天下的重要保证,"故人无礼则不生,事无礼则不成,国家无礼则不宁。"[3]他认为要维护社会的政治秩序和等级制度就必须对人民进行礼教。

总之,战国时期的齐国稷下是中国德育文化教育的学术中心和传播中心,齐文化里的德育文化对中国传统文化的传播起到了巨大的推动作用,为中华民族的德育发展作出了巨大的贡献。

二、对齐国考古文物形制思想的研究

《管子·枢言》中说:"先王重其宝器而轻其末用,故能为天下。"[4]先代圣王能够看重人才和精工器械而看轻钱财,所以能够治理天下。《管子·内业》中说:"形不正,德不来。"管仲的这一思想,是影响中国古代制造业的著名理论,也为齐国工艺制造的发展奠定了理论和实践基础。在《管子》的理论体系中,人物形象和器物形制要充分体现道德思想和行为。从齐地出土的春秋时期青铜器中,我们能够看到春秋时期齐

[1] 万丽华、蓝旭译注:《孟子·尽心上》,中华书局,2016年,第295页。
[2] 万丽华、蓝旭译注:《孟子·告子上》,中华书局,2016年,第246页。
[3] 章诗同注:《荀子简注·修身》,上海人民出版社,1974年,第10页。
[4] 李山译注:《管子·枢言》,中华书局,2009年,第85页。

国工匠周正的工艺制作技艺和超然正气的齐国造物气象。从临淄高阳镇上河村出土的由齐国故城遗址博物馆收藏的春秋时期青铜鼎(图一),我们能够看到齐国制造业的国家法度和规划之美。随着桓管时期齐国综合实力的蓬勃发展,作为齐国等级制度与礼制反映的青铜器整体上依然保持着尊奉宗周的德治物化体制。自春秋桓管时期开始,齐国青铜器逐渐出现了鲜明的德治文化特色,并成为齐国青铜器整体而统一的形制特点。从山东博物馆和齐国历史博物馆藏春秋时期齐国青铜器的制作工艺来看,齐国春秋时期青铜器在西周青铜器制作工艺的基础上,形制及纹饰更加完美统一,"同时又保持了齐地海岱地域纹饰文化的特征,并保持周文化与东夷青铜文化的完美融合"。

图一　临淄高阳镇上河村出土春秋时期青铜鼎

《管子·制分》中说:"治国有器。"从山东博物馆、齐国历史博物馆展出的齐国春秋时期编钟来分析,编钟这种特殊的古代文化遗存是齐人表达道德情感的物质媒介,因此,齐编钟同其他器物一样具有年代、器形方面的鲜明特征,同时又具有音乐、演奏的特殊效用,其形制的变化与古人对不同音乐功能的追求有关,而对音乐效果的不同要求往往又是人们审美标准转化的结果。对编钟进行研究,不仅要从考古学角度对其外在形态、制作时间和发掘地点进行分析,以揭示其变化规律和发展序列;还要对其测音结果以及与发音有关的形制特征、制作方法等进行分析,以探求其音乐性能,复原其音乐德治教化的本来面貌;同时,还要结合实物资料深入研究编钟形制和齐国音乐的德治思想,以便将研究对象提高到道德文化的层面。

图二　铜编钟(春秋时期)　　　　图三　夔龙纹青铜盆(春秋时期)

从考古发现春秋时期齐国乐器的地域分布及年代来分析。按照乐器的发现地点,重点来研究临淄齐都和周边区域的乐器。其中,"临淄齐都附近出土的乐器全部是礼乐重器钟和磬,共计163件,占齐国春秋乐器考古发现总数的59.7%。临淄周边地区的乐器发现也以钟、磬为主,另外还有句鑃和陶埙等,共计89件,占总数的32.6%"[1]。齐都临淄及周边出土的乐器的种类和数量,能够反映出齐国音乐活动在规模与级别方面的差异。将各类乐器按照器形特征分别对比排序,梳理其年代,研究其各自的演变规律,结果表明,迄今所见春秋时期齐国乐器的时代上起春秋早中期、下迄战国末期。从春秋时期的编钟造型来看,齐国编钟造型、纹饰具有鲜明的齐国特色和东夷文化的基因。在德治、形制体系中,齐国编钟具有鲜明的礼制和等级制度,能够充分体现齐国制器壁薄、纹浅的诸侯国工艺特色,与周室厚重、深纹的大器有着等级的区别。由此看来,齐国的乐器形制具有鲜明的礼德思想。器物轻薄但整体统一、纹样浅刻但底蕴深厚,能够充分显示春秋时期齐国乐器张扬但不越级的礼德思想和造型特点。

从考古发现春秋时期齐国乐器的分类来分析。专家通过对春秋时期齐国各类乐器的器形、测音及与测音相关的乐器制作进行研究,并结合《考工记》等文献记载,发现齐国春秋时期各类钟器都有自身的器形演变规律,且大多具备可以科学发音的形制特征。以现存春秋时期齐国钮钟为例,这套钮钟是现存齐国春秋时期钟类乐器里唯一确定有音乐性能的,甲、乙两组分别可以在不同调高上构成七声音阶并在一定范围内旋宫转调。其在地域特点、时代特征以及功能属性、演奏方式等方面都有比较明显的反映,为齐文化德治音乐的发展提供了珍贵的实物资料,验证了文献中的相关记

[1]　米永盈:《东周齐国乐器考古发现与研究》,山东大学博士学位论文,2009年。

载,也证实了春秋时期齐国已经具备了制作和使用这些乐器的物质条件。

从考古发现春秋时期齐国乐器的文化特点来看,主要表现为以下几方面:一是乐器品类多,尤其是齐都临淄附近,是构成齐国音乐世界的德治文化中心。二是编钟制作工艺简约,质地轻薄,纹饰简单,镈钟、甬钟更能体现这一形制特点。三是钟、磬多成套使用,每套数量根据等级高低而不同,体现了齐国社会崇尚音乐的时代特点。

在音乐表现上,齐国音乐更注重礼教精神、注重德治教化和娱乐性。齐国生产关系的变化和社会等级的重组,证实了文献中关于齐国音乐的记载。这种德治音乐现象能够体现泱泱齐国的音乐气派,也证明了齐国人的文化修养和社会贡献。

春秋时期青铜器的法度和整体美的德治元素与管子形正和德正的社会治理理念形成完整、统一的思想体系。

三、齐文化形德思想传承与当代德育教育的创新

齐地考古文物具有丰富的形德文化资源,是中国传统文化形德内涵思想的重要组成部分,是构成中国古代德育思想最完备的实物体系。习近平总书记曾指出:"系统梳理传统文化资源,让收藏在禁宫里的文物、陈列在广阔大地上的遗产、书写在古籍里的文字都活起来。"[1]因此,提高中华文化的软实力,不断弘扬社会主义核心价值观,深刻挖掘齐文化中的形德思想,将齐地考古文物的形德教育思想放在核心地位,是我们齐文化研究工作者的中心任务。

开展齐地文化德育教育,传承与创新齐文化中的道德物化思想,培养当代青年崇高的人格和优秀的美德,是我们齐文化研究工作者义不容辞的责任。我们要结合当代青年的发展特点,以齐文化中的形德思想和德育内容开展丰富多彩的齐文化德育教育,使每个青年都能形成崇德向善的人格思想。在博物馆考古文物的德育展示方面,我们要充分运用展示与体验中国传统文化的方法来激发青年人追求道德理想的兴趣,养成好学、善学、乐学的习惯,实现青年人的道德自立;引导青年人自我认识、自我实现、自我超越,最终完成自我德育教育,提高自身的道德修养。

齐国优秀传统形德文化是人类文明进步的基石,没有德育的引领,就没有人民崇高的精神思想,也就不可能使全民族的创造力充分发挥。一个国家、一个民族之所以能够屹立于世界先进民族之林,往往是依靠德育教育的全面开展。习近平总书记历

---

[1] 2013 年 12 月 30 日,习近平在主持中共中央政治局第十二次集体学习时发表讲话。

来重视中国德育教育文化,自己在讲话和演讲中也经常引经据典,宣传和发扬中国优秀传统文化,丰富和拓展了我们的德育教育观念;同时,习近平总书记十分重视在中国优秀传统文化中挖掘向善的德育思想,提倡通过学习和发扬中国优秀传统文化增强我们的"德育自信",坚定我们的爱国主义精神和社会主义理想信念。他曾明确提出,一个国家、一个民族的繁荣昌盛,必须以优秀的文化为支撑,中华民族要实现伟大复兴的"中国梦",必须要以中华民族文化繁荣发展为条件[1]。

我们要认真学习习近平总书记讲话精神,在新时代德育传承与创新方面,要善于利用现代博物馆富有特色的体验活动。如在博物馆青铜器展厅中的春秋时期编钟馆藏展品区,积极开展学习、体验孔子在齐国欣赏《韶》乐、学习《韶》乐音乐形德思想的音乐体验活动,聆听大教育家、大音乐家、大文艺评论家孔子在齐国闻《韶》的故事,让我们的青年了解齐国"尽德、尽善、尽美"的《韶》乐艺术。

司马迁《史记·孔子世家》中记载:孔子"闻《韶》音,学之,三月不知肉味,齐人称之"[2]。孔子在齐国是怎样欣赏《韶》乐、学习《韶》乐的,竟然三个月不知道肉的味道呢?

第一,孔子在齐国学习和感悟到了《韶》乐的"善"。《韶》乐是歌颂上古舜帝功绩的音乐。相传上古时代,舜帝弹五弦琴,制作了《南风》之诗,中国诗歌中最有名的"诗言志"一词最早就出现在《尚书》中的《舜典》里。在歌颂舜帝的《韶》乐里,蕴含着舜帝高尚的孝德情操。舜帝为五帝之一,史称虞舜。相传他的父亲、继母、异母弟弟,多次想害他,舜毫不记恨,仍对父亲、继母、恭顺,对弟弟慈爱。帝尧听说舜非常孝顺,又有处理政事的才干,便把两个女儿嫁给了舜,经过多年的观察和考验,最终选定舜做他的继承人。舜登天子位后,去看望父母,仍然恭恭敬敬,并封弟弟象为诸侯。舜帝"孝感天地"被列为中国二十四孝之首。

孔子对《韶》乐的推崇,是感悟到《韶》乐中舜帝孝治、德治和大治的人格魅力。在《韶》乐的音乐世界里,舜帝善用贤人,他的道德像天地、太阳一样伟大和温暖,他的统治思想像四时一样顺应天时,他爱惜人的生命,四海之内的人都接受他的思想,并遍及四方的少数民族。

孔子赞叹:舜帝敬民,富民。齐国《韶》乐的善德意境,达到了至高至圣的音乐水平!

《礼记·乐记》中说:"凡音之起,由人心生也。人心之动,物使之然也。""知乐则

---

[1] 2013年12月30日,习近平在主持中共中央政治局第十二次集体学习时发表讲话。

[2] [汉]司马迁著:《史记·孔子世家》,岳麓书社,2017年,第367页。

几于知礼矣。礼乐皆得,谓之有德。"[1]

凡是音乐,都是从人心中产生。所谓"乐",是和伦理相通的。只有君子才会领悟音乐、创作音乐,君子由审察声音进而统领音调,由审察音乐进而统领政治。因此,通晓了乐,也就懂得了礼,礼乐两者兼备,就有了"善德"。

第二,孔子学习感悟到了《韶》乐的"美"。在孔子的心中,"美"是万物的和谐之美,"美"和"善"相辅相成、相得益彰。《韶》乐美的境界,在于"善的内容"和"美的形式"相互结合。《韶》乐中,舜在历山耕种,大象替他耕地,鸟代他锄草,表现了舜帝和古代劳动人民的劳动之美。《韶》乐中有"凤凰来仪",东方的凤凰翩翩飞来,麒麟从彩虹中而来,鸟兽都被舜帝的仁德所感动,"百兽率舞",这是《韶》乐的自然交响之美,是自然世界对舜帝仁德品质的伟大赞颂。

《韶》乐,在音乐美的表现形式上,通过齐国音乐师高超的演奏技艺,充分表现了凤凰翩翩起舞,百兽随风和唱的深邃意境。

第三,孔子之所以有这么高的音乐欣赏水平,与孔子孜孜不倦地执着学乐是分不开的。孔子十分善于学习,在孔子心里"三人行必有吾师"。孔子用他一生的经历来钻研、学习音乐,孔子走到哪里学到哪里,是中国历史上活到老学到老的伟大楷模。

孔子在学习《韶》乐的过程中,终于确定了舜帝和夔是《韶》乐的原创者。

《尚书·舜典》中记载:舜帝任命夔为乐官,用音乐教化年轻人要正直而温和、宽大而坚强。舜帝说:歌是唱出来的语言,音乐里的五声是根据歌唱而制定的,和谐六种音律、均衡五种声调才会产生和谐的音乐,才会不乱次序,官员们才会和睦相处。夔用轻重不同的节奏敲击乐石,鸟兽们都会跟着起舞,故而孔子认为,善政能够感化动物。古代的舜帝,功成则乐作。乐是天地之精华,只有圣人能够作乐,夔是帝舜的乐官,确实能够用音乐表达治理国家的情怀,教化万物。

今天,我们通过博物馆体验,全面分析孔子闻《韶》的形德故事,深入学习和研究孔子在齐国留给我们的宝贵文化遗产,用鲜活、生动的文化形象和寓教于乐的艺术表现内容来指导我们齐文化的德育课程教育、教学工作,提高我们职业德育教育的质量,为现代化中国培养更加优秀的人才。

在德育展示与创新方面,我们要深入阐发齐文化形德思想的精髓,加强对齐文化的德育研究和内涵展示,深入研究阐释齐文化形德思想的历史渊源、发展脉络。深刻阐明齐地考古文物历史传承能够滋养当代社会主义德育文化的创新与发展,深刻阐明传承发展齐文化是建设中国特色社会主义事业的实践之需,深刻阐明丰富多彩的

---

[1] 李慧玲、吕友仁译注:《礼记·乐记》,中州古籍出版社,2010年,第164页。

齐文化形德思想是中华文化的重要组成部分,深刻阐明齐文化是中国百家文化不断交流互鉴和丰富发展的成果,着力构建有中国底蕴、中国特色的当代德育教育体系、学术体系。加强齐国德育史及相关档案编修,做好教材编纂工作,巩固齐文化德育教育成果,正确反映齐文化德育史,推出一批教育研究成果。实施齐国德育文化资源普查工程,构建准确权威、开放共享的齐文化教育资源公共数据平台。开展齐国考古文物形德教学研究,建设齐文化德育文献目录和大数据库。实施齐文化德育古籍保护工程,完善齐文化珍贵古籍名录,加强齐文化德育典籍整理编纂出版工作。

在齐文化课堂教学方面,我们要围绕立德树人的根本任务,遵循学生的认知规律和教育教学规律,按照一体化、分学段、有序推进的原则,把齐文化道德教育全方位融入思想道德教育、文化知识教育、校园文化教育、社会实践教育各环节。以必修课和选修课双向教学模式为重点,构建齐文化德育课程教材体系。编写齐文化道德普及读物,开展“在校大学生传承中华传统美德”系列教育活动,创作系列绘本、歌词、动画等。推广齐文化德育系列课程教材,推动高校全面开设齐文化必修课,在体验课程中增加齐文化德育的体验内容。加强齐文化相关学科建设,重视保护和发展具有重要文化价值和传承意义的“展示体验”“融入体验”。推进院校齐文化传承与创新示范区专业点建设,丰富拓展校园文化,推进音乐、摄影、美术、戏曲艺术、传统体育等进校园,实施中华经典诵读工程、传统文化教育成果展示活动。研究制定齐文化德育教育大纲,开展好校园德育教育。加强面向全体教师的齐文化教育培训,全面提升师资队伍水平。我们要积极开展对齐文化德治思想的社会治理体系和学校教育体系的研究,努力培养出有道德修养、有文化内涵的淄博职业学院当代大学生。

在利用现代媒体开展德育教育方面,要重视齐文化德育融入新媒体德育的实践性,强化学生在新媒体中的道德体验实践,为学生营造积极的新型智能化德育空间,使学生在现代多媒体、大数据新智能网络实践中养成自觉履行道德要求的品格和习惯。努力弘扬健康向上的德育文化思想,抑制和消除不利于学生身心发展的消极因素。我们可以通过建立与学生互动的齐文化德治网站,激活现代德育教育的文化环境,为现代德育教育筑牢重要的现代媒体根基。

从现代媒体和传统媒体的传播形式上看,多媒体极大地扩展了学生的视野,网络成为一大强势媒体,它具有全球性、迅速性、自由性、抗控制性等特点。网络为大学生德育教育创造了一个全新的文化环境,为学生提供了大量的学习资源,利用网络实施齐文化德育教育,可以发挥传统德育教育无可比拟的优越性。

弘扬优秀传统文化,大力推进立德树人,深入学习领会习近平总书记关于弘扬中华优秀传统文化的论述。习近平总书记高屋建瓴地指出了社会主义核心价值观与道德教育的统一关系和必然联系,他指出:"'大学之道,在明明德,在亲民,在止于至善。'核心价值观,其实就是一种德,既是个人的德,也是一种大德,就是国家的德、社会的德。国无德不兴,人无德不立。如果一个民族、一个国家没有共同的核心价值观,莫衷一是,行无依归,那这个民族、这个国家就无法前进。这样的情形,在我国历史上,在当今世界上,都屡见不鲜。"[1]习近平总书记的这些讲话和论述,体现了他对我国德育工作的重视和关心,更说明了他意识到德育工作对于促进人的全面发展有着不可忽视的重要作用。在全社会大力开展德育工作,目的是通过德育工作引导人们自觉培育高尚的道德情操。

在中国特色社会主义新时代,我们要不断继承和发展齐文化形德思想的社会治理体系和德育教育体系,认真学习党的十九大会议精神,以社会主义核心价值观为当代德治教育的总目标,不断继承和发扬中国优秀传统文化,努力发展和创新新时期的齐文化德育教育思想,不断发展和创新当代多种形式下的德育教育,提高当代齐文化德治思想的教育质量,为中华民族的伟大复兴而努力奋斗。

2018 年 5 月

---

[1]　中共中央文献研究室:《青年要自觉践行社会主义核心价值观》,《十八大以来重要文献选编》(中),中央文献出版社,2016 年,第 3 页。

略论稷下学宫的历史价值及当代传承

刘　骏

淄博市博物馆

在中国历史上,春秋战国是思想和文化最为辉煌灿烂、群星闪烁的时代,是中国历史上诸子百家政治学术思想大融合的重要时期。这一时期,社会结构急遽变化,社会矛盾异常尖锐,兼并战争接连不断,文化思想空前活跃,出现了诸子百家彼此诘难,相互争鸣的盛况空前的学术局面,在中国思想发展史上占有重要地位。而齐国的稷下学宫就是当时诸子荟萃、百家争鸣的主要园地和学术交流、文化传播、教育的中心。稷下学宫是中国古代思想文化史上的一座里程碑,对后世文化的传承、传播与发展产生了深远影响。有人将稷下学宫与基本处于同一历史时期的古希腊柏拉图建立的希腊学园(又称阿卡德米学院、柏拉图学园)相提并论,这是有一定道理的。

一、稷下学宫概述

(一) 稷下学宫建立的背景

早在稷下学宫建立之前,中国教育史上就有"官学"之设,《孟子·滕文公上》载:"夏曰校,殷曰序,周曰庠,学则三代共之,皆所以明人伦也。"至迟到商代,就有了"大学"的设置,"殷人设右学为大学,左学为小学"(《礼记·明堂位》),但"殷人养国老于右学,养庶老于左学"(《礼记·王制》)。可见,三代所谓官办大学,实是养老、习射、习礼以及道德教育之所,与后来所说的大学在内涵、规模、层次等方面都有很大差异。春秋以降,礼崩乐坏,打破"学在官府",知识下移,私学兴起,官学不昌。

战国时期各诸侯国致力于富国强兵,对学术研究采取宽松的政策,允许学术自由,这就为各家学派著书立说创造了良好的条件,从而大大促进了战国时期的思想解放。

稷下学宫始创于齐桓公田午时期[1]。齐桓公田午是田齐的第二代国君,于公元前 374—前 357 年执政,在位 18 年。田午即位时,由于田氏代齐的时间不长,政权还不稳固,于是采取各种措施,励精图治、富国强兵。其主要措施之一就是继承姜齐尊贤重士的传统,效仿春秋第一霸主齐桓公小白设"啧室之议"的养士方法,在齐都临淄的稷门附近设立学宫,招致天下贤士,授徒讲学,著书立说,不治而议,史称稷下学宫。"建安七子"之一的徐干在《中论·亡国》中说:"昔齐桓公立稷下学官(宫),设大夫之号,招致贤人而尊宠之。自孟轲之徒皆游于齐。"由此可知,齐桓公田午时期,稷下学宫的基本模式已经确立,规模已经初具。从中国教育发展史看,与一百余年前孔子兴办私学的伟大创举相比,稷下之设的空前意义在于:它变一人之教为大师云集的众人之教;变一家之学的传承为百家思想的争鸣。并在儒家私学教育衰微、散落之时,通过齐国统治者的创新,实现了私学教育的转型发展:稷下学宫实际成为私学联盟性质的高等教育实体。一是诸子百家与私学结合在了一起,每个学派往往是一个庞大的私学教育集团,各家学派会聚稷下学宫,客观上使稷下成为若干私学教育集团的联合体。二是稷下各派学者,大多带弟子前来。从各派之间看,学术争鸣、相互交流是活动主体,就某一学派师生活动看,讲学授徒、传播思想与知识则是活动的主要内容。稷下学宫以其特有的方式创造了中国教育史上空前的辉煌。

(二) 稷下学宫的发展阶段

稷下学宫的创建与兴衰历史,基本上与田齐政权相始终,随着田齐的强弱而兴衰。学界比较普遍的看法是其创建于田氏取代姜族,夺取齐国政权后的第二代国君齐桓公田午时期;发展于齐威王时期,兴盛于齐宣王时期;中衰于齐湣王时期;中兴于齐襄王时期;亡于齐王建,秦灭齐时,大约存在了 150 年。战国时期,齐国经济发达、政治开明,有着良好的文化政策,齐国君王给予士人的优厚物质待遇,吸引了当时几乎所有的著名学派会集稷下,稷下学宫成为百家争鸣的主要学术场所。各诸侯国羡慕不已,纷纷效而仿之,几乎无一例外,成了当时的一种模式,其对后世产生的深远影响直至今日。在长达一百五十多年的历史进程中,稷下始终作为中国思想文化的中心,影响遍及列国,在中国乃至东方文化史上写下了光辉的一页。

总体说来,在春秋战国那样一个诸侯割据,长期分裂动荡的时代,稷下设于一国之中而历一百数十年之久,应是中国文化史上的奇迹之一。

---

[1] 于孔宝:《稷下学宫与齐文化研究》,中国戏剧出版社,2010 年,第 20 页。

(三) 稷下学宫的功能

既然稷下学宫是田齐王朝兴办的,其直接原因自然是政治需要。田氏代齐以后,历代君主无不发愤图强,励精图治,图谋称雄诸侯。稷下学士则为田齐君王们的政治需要,制造舆论、设计蓝图、拟定典章制度。因此,稷下学宫首先是一个智囊团性质的机构;其次,就是炫耀国力,标榜尊贤重士,吸引人才。这就为学术交流、教育培训、文化传播、百家争鸣创造了优越的政治环境。

1. 学术功能

稷下先生有对齐王进谏献策的权利和义务,但他们"不任职而论国事""不治而论",他们不是政府官员或幕僚政客,而是学有专长的饱学之士,主要任务是研讨学问、著书立说、宣扬自己的学术理论观点,并在与其他学派的辩论诘难中丰富、融合、完善自己一派的学术主张。因而,稷下学宫实际是一个学术研究中心和百家争鸣平台,具有很强的学术交流功能[1]。

稷下先生们研究的问题十分广泛,举凡政治、经济、军事、哲学、历史、教育、天文、地理、医药等等,他们无不探研,并独立思考绝不盲从,因而见解各异、彼此争辩。儒家、道家、墨家、法家、名家、农家、杂家、阴阳家、纵横家、小说家等各家学派之间自由论辩和批判,并在激烈的思想交锋过程中,相互渗透、交融和吸收,形成各学派兼容并蓄的博大胸怀。

稷下学宫为后世留下大量的学术著作,除《孟子》《荀子》外,《汉书・艺文志》著录了汉人所见稷下先生的个人专著,即有《孙卿子》《蜎(环)子》《田子》《捷子》《邹子》《邹子终始》《慎子》《尹文子》《宋子》等共十余种,二百五十余篇之多。

2. 政治功能

田氏代齐后,齐桓公田午、齐威王、齐宣王等几代开明君主无不发愤图强,励精图治,力图重振春秋齐国霸业之雄风,进而统一天下。欲达此目的,非有贤士出谋划策不可。田齐统治者深明此理,故而他们经常向稷下先生咨询治国平天下的道理和方法,而那些享受优厚政治、生活待遇的稷下先生们也没有辜负齐王的期望,他们讲古论今、出谋划策,为齐国在纷纭复杂的列国斗争中保持强国地位立下了汗马功劳。

---

[1]　宣兆琦:《齐文化发展史》,兰州大学出版社,2002年,第309页。

3. 教育功能

稷下是"学宫",是一个大师云集的高等学府。收徒授业并非始于稷下学宫,但在稷下学宫却得到了很好的继承和发扬[1]。从一所大学所必备的要素来看,稷下至少有三点颇为突出:一是有固定、宏大的校舍和优越充裕的设施条件,二是有众多的师生在此开展教学活动,三是有一定的规章制度和管理措施。据考证,《管子·弟子职》即是稷下学宫的学生守则。从内容上看,饮食起居、衣着服饰、课堂纪律、课后温习、尊敬师长、品德修养等都有具体的规定,说明稷下的管理制度是周密、严格的。稷下先生们大都是当时各学派的中坚和代表,为了使自己及其学派的学说发扬光大,他们广收门徒,传道授业,培育了众多的人才,为华夏文脉的创新传承作出突出贡献。

田骈是稷下先生中很有名气的一位,曾以"道术"说齐王。他的学生众多,据载有"徒百人",而田骈又是稷下先生彭蒙的弟子,可谓名师出高徒,也可见稷下学宫师徒相传的教学传统。孟子又比田骈胜出一筹,他在稷下学宫领取上大夫的俸禄,每当参加活动,都是浩浩荡荡,"后车数十乘,从者数百人"。稷下学宫元老淳于髡的弟子就更多了,他曾一日之内向齐王推荐了七位有才能的人,这些人很可能就是他的弟子。淳于髡死,"诸弟子三千人为衰绖"。其他稷下先生如邹衍、儿说、慎到、荀子等皆属名流,他们的弟子人数亦应可观。

(四) 稷下诸子学派及其代表人物

1. 稷下黄老学派:黄老学派培植于稷下学宫,发育于稷下学宫,昌盛于稷下学宫,黄老学是稷下学宫的官学。黄老学派的主要代表人物有慎到、田骈、环渊、接子等。

2. 稷下阴阳五行学派:阴阳五行学派又称阴阳学派或阴阳家。阴阳与五行的观念源远流长,战国时期,齐人邹衍将阴阳与五行结合起来谓之阴阳五行学说,并在稷下学宫中形成了一个影响深远的学派,即稷下阴阳五行学派,其主要代表人物有邹衍、邹奭等。

3. 稷下墨家:墨家创始人墨子曾多次之齐,授徒讲学的地点也常在齐国。战国时期,墨家与儒家并称显学,稷下墨家是稷下学宫中的一个重要派别,其代表人物为宋钘。

4. 稷下名家:稷下名家是稷下学宫中的一个重要派别,儿说的"白马非马"论,是名家的一个著名论题。稷下名家的主要代表有尹文、儿说、田巴等。

---

[1]　宣兆琦、张杰:《荀子与稷下学宫》,《邯郸师专学报》2001 年第 1 期。

5. 稷下纵横家：纵横家产生于战国时期，战国纷乱复杂的形势和激烈的兼并战争，为纵横家提供了施展政治、外交才能和辩智的大舞台。他们奔走游说、纵横捭阖，往往折冲樽俎之间，而决胜千里之外，成为备受各国统治者器重的学派。稷下学宫中，纵横家的代表人物是淳于髡。

6. 稷下儒家：春秋战国时期，儒家学派极具盛名，成为显学。稷下学宫作为战国时期的思想学术文化中心，吸引了众多学派到此进行思想学术文化交流，儒家亦不例外。孟子曾两度游学于齐，并长期居于齐国。《盐铁论·论儒篇》说："齐宣王褒儒尊学，孟轲、淳于髡之徒受上大夫之禄，不任职而论国事。"《风俗通义·穷通篇》说：孟子"尝仕于齐，位至卿"。可见孟子在齐国受到很高的礼遇。荀子，名况，字卿，又称孙卿，赵人。荀子15岁即游学于齐，齐宣王时，荀子在齐与孟子相遇，并与之辩论人性问题。齐湣王时，荀子曾劝谏湣王，无功而返，便离开齐国到楚国去了。齐襄王复国后，重整稷下学宫，荀子返回齐国。《史记·孟子荀卿列传》载："齐襄王时，而荀卿最为老师。齐尚修列大夫之缺，而荀卿三为祭酒焉。"从荀子一生的行迹看，他虽然生于赵，曾一度入秦、仕楚，并卒葬于楚，但其主要的学术活动是在稷下学宫进行的。稷下儒家的主要代表人物是孟子、荀子。

二、稷下学宫与希腊学园的比较

稷下学宫始建于公元前374—前357年齐桓公田午执政期间，是中国历史上创办最早、规模最大的国办大学堂。公元前387年，柏拉图在雅典城外西北角一座花园和运动场附近开办了一所学校，即希腊学园（又称阿卡德米学院、柏拉图学园）。几乎同时出现的稷下学宫和希腊学园分别是东西方高等学府的代表，它们不仅是师者传道授业的自由道场，也是古代思想学术繁荣的缩影，更是东西方文明发展的精神光源[1]。

从比较的角度看，稷下学宫与希腊学园各具特色，共同创造了世界文明史上的辉煌。前者是齐国统治者为广揽人才而创办，具有浓厚的政治色彩；后者是柏拉图为传播思想、科学而设，具有鲜明的科学理念。前者会聚诸子，多派并存，是各种学派思想的传承弘扬之地，百家争鸣的学术中心；后者主要传承柏拉图学说，探求真

---

[1] 刘莉：《轴心时代的东西方高等学府——稷下学宫与柏拉图学园之比较》，《教育与教学研究》2012年第9期。

理,追求科学,培育独立思考精神。前者为中国秦汉大一统帝国的形成作了理论上的充分准备,对后代政治、思想文化发展影响甚大;后者为西方大学教育奠基,对后代西方哲学、自然科学发展影响深远。稷下学宫与希腊学园极大地影响了东、西方不同学术思想与文化传统的形成,共同为构筑丰富多元的世界文明作出了贡献[1](表一)。

表一　稷下学宫与希腊学园比较表

内容	稷下学宫	希腊学园
创办时间以及存在时间	公元前 374 年左右—前 221 年	公元前 387 年—公元 529 年
创办者	齐桓公(田午)·国办	柏拉图·私学
办学目的	广揽人才,不治而论	传播思想,发展科学
社会性质	大学堂、社会科学院、政治参议院	大学堂、科学院
师生组合	各派学者,带徒讲学	柏拉图招生讲学(不懂几何者,禁止入内)
教学内容	面向现实政治,讲述学派理论,展开相互争鸣	哲学、数学、物理学、天文学、音乐
教学方式特点	期会、讲学、研讨、争论、谈说	对话、问答、反诘、辩说
管理者	国君任命祭酒,可以连任	柏拉图自任,门弟子选举,终身任职
学风特点	多派会聚,百家争鸣,游学为主,来去自由	传承师说,追求真理,学术平等,独立思考
历史影响	推动诸子百家争鸣,为秦汉大一统理论奠基,对中国政治、思想、文化影响深远	西方大学制度的先驱,基督教的哲学理论奠基者,西方科学、哲学发展的先导

　　除希腊学园外,经常与稷下学宫相提并论的还有吕克昂学园、廊下学园等。但正如齐文化研究专家于孔宝先生所说:"有人将稷下学宫与基本处于同一历史时期的古希腊柏拉图建立的阿卡德米学园、亚里士多德建立的吕克昂学园、芝诺建立的廊下学园相提并论,这种类比忽略了这样一个事实:齐国的稷下学宫是国家为知识分子提供的一个聚徒授学、自由议论政事的基地,而柏拉图、亚里士多德等所建的学园则是一家一派之学的活动园地。前者是公办的,后者是私办的,其规模与影响是不能等量齐观的。"[2]

---

[1]　王志民:《稷下学宫:文明史上的奇观》,《光明日报》2015 年 9 月 17 日。

[2]　李新泰:《齐文化大观》,中共中央党校出版社,1992 年,第 499 页。

三、稷下学宫的特点与影响

(一) 稷下学宫的主要特点

1. 尊师重道,待遇优厚,地位崇高。稷下先生官职高低的依据是学问的大小、学术水平的高低及个人威望、资历的高低长短和招收学生数量的多寡等。《史记·孟子荀卿列传》载:"自如淳于髡以下,皆命曰列大夫,为开第康庄之衢,高门大屋,尊宠之。览天下诸侯宾客,言齐能致天下贤士也。"

2. 兼容并包,来去自由。兼容并包是指不分国籍、学派,广招天下贤士来稷下讲学,这就打破了各家私学的门户之见,有利于各学派之间相互交流、相互吸收和进行广泛的争鸣。来去自由是指凡是游学于稷下的学士,不管是团体还是个人,都来者不拒,去者不止,而且还欢迎去而复归的。主持稷下学宫的齐国统治者不给稷下师生任何限制,让他们自由地出入于稷下学宫,自由地穿梭往来于诸侯之间,这极有利于学宫内外的学术交流与繁荣。在这个方面,荀子的经历就最为典型。

3. 百家争鸣,自由辩论。稷下学宫中各家各派辩论的范围之广,论辩之频繁,在中国教育史,乃至世界教育史上都是十分罕见的。不仅不同学派之间在辩,相同学派内部也在辩;不仅先生与先生辩,学生与学生辩,先生与学生之间也在辩;不仅学宫内部在辩,学宫内部的师生与齐国的统治者之间也在辩。通过激烈而广泛的辩鸣,解决了一系列的理论问题,开辟了新的研究领域,引起了人们对自然问题和社会问题,以及人类自身的生存、发展等问题的广泛思考。

(二) 稷下学宫的重要影响

1. 稷下学宫的建立与发展,使得齐国成为战国时期诸子百家开展学术文化交流的重要基地。

2. 稷下学宫的建立与发展,成为战国时期各国君臣争相效仿的一种模式。

3. 稷下学宫对中国传统文化的形成和发展产生了深远影响。

4. 发扬光大稷下精神是当代人类文明建设的需要。稷下学宫各家并存,兼容并包的精神,对于我们在新的历史条件下,让各种文明由相容到相融,在自我创新发展、变革提升中寻求新突破,共同构建新世界、新文化,具有很好的借鉴作用。

四、稷下学宫在当代的传承

齐文化是中华传统文化的主要来源之一，是祖先留给我们的弥足珍贵的优秀地域文化遗产，其开放、包容、创新、重商的文化精神，对于当今社会推动政治、经济、文化、教育等各个方面的发展，都有很好的启迪作用。目前弘扬齐文化，擦亮打响齐文化品牌，建设文化名城已经成为全市上下的共识。作为齐文化重要载体和象征的稷下学宫，如何深入挖掘、弘扬其深厚的历史文化内涵和思想精髓，如何让稷下学宫所代表的百家争鸣、自由平等的思想文化学术精神，在新时代焕发出更加璀璨的光芒，业已引起各级领导和各界学者专家的高度关注。作为文化名城建设的重要内容和齐文化传承创新示范区建设的重要方面，稷下学宫的研究、利用等方面的议题已经摆上市区领导的议程。初步设想如下：

一是借与北大全面合作之机，利用北大的文化人才资源，加大对稷下学宫历史意义和现实意义的深入研究和阐释。

二是组织考古力量，对稷下学宫的遗址进行考古发掘，展示其部分遗存。

三是根据现存记载，规划建设稷下学宫模拟展示馆，以稷下诸子人物及其思想的展示为中心，实现齐文化信息中心与共享平台、公众参与平台和休闲娱乐等拓展性功能[1]。同时，建设世界大学博物馆，并辅以国学教育、齐文化传承等功能。

四是积极推进与希腊学园的国际性合作，共同担当起东西方文化教育等研究、交流、利用的职责，推动世界文化融合发展。

---

[1]　武振伟：《关于建设稷下学宫模拟展示馆的若干思考》，《人文天下》2017 年第 10 期。

文化遗产类国家公园建设：
美国实践和中国探索[*]

王京传

曲阜师范大学历史文化学院

2013 年 11 月,党的十八届三中全会通过《中共中央关于全面深化改革若干重大问题的决定》,提出探索建立国家公园体制;2014 年 8 月,《国务院关于促进旅游业改革发展的若干意见》强调要"稳步推进建立国家公园体制,实现对国家自然和文化遗产地更有效的保护和利用";2015 年 1 月,发改委联合中央编制办等 12 部门共同印发《建立国家公园体制试点方案》,启动国家公园体制试点;2015 年 5 月,中共中央、国务院《关于加快推进生态文明建设的意见》提出,建立国家公园体制,保护自然生态和自然文化遗产原真性、完整性;2017 年 9 月 26 日,中共中央办公厅、国务院办公厅印发《建立国家公园体制总体方案》,标志着建立国家公园体制已经成为我国的重要国家战略。

一、中国需重视文化遗产类国家公园建设

根据《建立国家公园体制总体方案》,我国国家公园建设着眼于生态文明体制改革,着重于自然景观类国家公园建设,立足点是生态文明建设,注重的是对自然资源的科学保护和合理利用,但没有涉及对文化遗产类国家公园建设的谋划与设计。目前,正在进行的 9 个国家公园试点中涉及文化遗产的仅有 2 处,且其目标也是偏重于

---

* 国家社会科学基金一般项目(15BKG019)"国家考古遗址公园功能定位及其实现机制研究"阶段性成果。

生态系统保护。福建武夷山试点依托的是世界自然与文化双遗产,但是其突出生态保护,着力保护、维护独特的中亚热带森林生态系统[1];北京长城试点的目标是"立足代表性资源,自然生态系统与文化遗产保护互促",在保护八达岭长城、居庸关长城以及十三陵等文化遗产基础上,带动自然资源的保护和建设,实现人文与自然资源协调发展,形成完整的生态系统[2]。

但是,从国家公园体制已经较为健全的国家,特别是美国的经验来看,国家公园体制建设需要同时关注自然景观和文化遗产,对文化遗产类国家公园应同等重视。更重要的是,中国作为世界文明古国,文化遗产资源类型丰富、数量众多、历史久远。截止到 2017 年 12 月,我国已经拥有世界文化遗产 35 处、双重遗产 4 处、世界非物质文化遗产相关名录项目 39 项、全国重点文物保护单位 4296 处、国家历史文化名城 133 座、国家历史文化名镇 252 个、国家历史文化名村 276 个、国家历史文化街区 30 个、国家传统村落 4153 个、国家重要农业文化遗产项目 91 个、中华老字号 1128 家,以及数量众多的可移动文物和形式多样、内容丰富的非物质文化遗产[3]。这些文化遗产蕴含着中华民族特有之精神价值、思维方式、想象力,是中华优秀传统文化的综合性载体,蕴含着中国最深厚的文化软实力。在我国着力构建国家公园体制的背景下,依托它们建设文化遗产类国家公园正是文化遗产保护利用协同实现的有效途径,也是坚定中国人民文化自信的战略路径,正如《美国国家公园 21 世纪议程》(1992 年)所强调的"国家的历史遗迹、文化特征和自然环境有助于人们形成共同国家意识的能力"[4]。我国国家公园体制建设需要同时关注文化遗产保护地的保护利用,通过建设文化遗产类国家公园来实现国家层面对重要文化遗产及其周边环境的综合性保护、创造性转化和创新性发展。

二、美国文化遗产类国家公园建设的实践

美国是世界上国家公园建设起步最早,国家公园体制最为完善的国家。1872 年

---

[1]　李韶辉、刘政:《坚持保护优先、生态理念深植碧水丹山》,《中国改革报》2017 年 3 月 23 日。

[2]　徐赟、赵薇:《立足代表性资源、生态系统与文化遗产保护互促》,《中国改革报》,2017 年 3 月 28 日。

[3]　雒树刚:《国务院关于文化遗产工作情况的报告》,人民网(http://npc.people.com.cn/n1/2017/1225/c14576－29726955.html),2017 年 12 月 25 日。

[4]　冯艳滨、杨桂华:《国家公园空间体系的生态伦理观》,《旅游学刊》2017 年第 4 期。

美国建立了世界首个国家公园——黄石国家公园。目前,美国国家公园总数已达到413个,并拥有国家公园相关区域145个[1]。美国国家公园管理局强调国家公园的使命是保护未经损害的自然资源和文化遗产,以使当代人和后代人都可以享用、受到教育和得到启发[2]。可见,美国国家公园虽然起步于对自然遗产的保护利用,但已经将功能拓展到美国重要文化遗产领域,实现了国家层面对重要自然遗产与文化遗产的同等程度关注。

美国国家公园管理局建立之初,历史保护就是其一项重要义务。1916年,美国就建立了7处具有历史与考古属性的国家纪念碑和以保护北美洲印第安人文化遗迹保留地为目标的梅萨维德国家公园。1928年,美国国家公园管理局管理的历史和考古保护区域达到16处。20世纪30年代,国家公园管理局第二局长奥尔布赖特更加重视国家公园体系对文化遗产的保护利用,推动国家公园服务更加深入到历史保护领域。1930年在他主持下建立了华盛顿国家纪念碑和殖民地国家纪念碑,这标志着美国国家公园的保护利用工作进入了更综合性的范围。更值得关注的是,1928年4月美国内务部和陆军部共同提交国会的有关将原由陆军部管理的军事公园、国家纪念碑等转交给内务部的方案,首次提出了被时任内务部长威尔伯称之为"当时国家公园局最重要的国家公园项目"的国家历史公园。1933年,国家公园管理局建立了美国第一个国家历史公园——莫里斯镇国家历史公园,并认为其"与国家公园系统中美国西部自然景观项目具有同等地位和尊严"。同时,国家公园管理局1931年在教育和解说部门下成立了专门负责历史解说和博物馆活动的历史部;1935年成立了历史遗址和建筑部,负责当时正在快速扩张的历史项目,承担监督、协调与历史和考古遗址、建筑以及遗迹等相关的管理、政策、教育以及研究事务。1934—1935年,杰斐逊记忆地等4处历史或考古属性的区域被纳入美国国家公园体系。截止到2016年12月,美国现有的19个国家公园类型中有9个类型是主要依托文化遗产而建立的,而且文化遗产类国家公园成员的数量已经超过自然遗产类。其现有的413个国家公园成员中,有282个是建立于在美国发展历程中具有重要价值和重大意义的文化遗产基础上的,是基于公益性对这些文化遗产的整合性保护利用。而且,近年来美国更加重视文化遗产类国家公园建设。以国家历史公园为例,2000年以来美国国会已经批

---

[1] National Park Service, "National Park System", *Official Home Page of National Park Service*(https://www.nps.gov/aboutus/upload/Site-Designations-08-24-16.pdf),2016-12-03.

[2] National Park Service, "About Us", *Official Home Page of National Park Service*(https://www.nps.gov/aboutus/index.htm),2016-11-16.

准新建 15 个，是当前美国国家公园系统最为活跃的成员[1]。

美国国家公园体系对文化遗产的重视，也通过美国国家公园管理局提出的国家公园愿景得以直接体现。"发现美国故事"，是美国国家公园保护利用相关自然和文化遗产要实现的愿景。根据国家公园管理局的界定，该愿景包括四个方面：发现历史、探索自然、儿童项目、教师项目[2]。其中"发现历史"是指依托文化遗产类国家公园成员，让公众来欣赏美国历史重要地点和人物所承载的文化属性之美国故事；儿童项目旨在使家公园成为"每一个孩子的公园"，让孩子们能够在公园内获得快乐、取得知识和受到教育，其中美国历史与文化是其不可或缺的内容；教师项目意在使国家公园成为教室，成为教师的"美国课堂"，给学生创造学习自然知识、文化知识等的各种机会。

三、中国文化遗产类国家公园建设的探索

除北京长城国家公园试点外，目前我国已经开始了其他形式的文化遗产类国家公园建设实践与探索。2009 年底我国开始启动国家考古遗址公园建设，2010 年 6 月和 2013 年 1 月确定第一、二批正式建设单位 24 个和立项建设单位 54 个。2017 年 10 月，国家文物局出台《国家考古遗址公园创建及运行管理指南》；12 月公布第三批国家考古遗址公园正式建设单位 12 个和立项建设单位 32 个。2011 年 12 月，台儿庄古城被列为全国首个国家文化遗产公园。2016 年 3 月，国家"十三五"规划将国家文化公园建设列入"十三五"期间国家文化重大工程。

更重要的是，我们要看到目前我国文化遗产类国家公园建设正在由文化遗产保护的部门性行动向国家性行动转变。国家考古遗址公园、国家文化遗产公园以国家文物局为最高主管部门进行审批与管理，国家文化公园则在国家"十三五"规划中被列为国家文化重大工程。根据《国家"十三五"时期文化发展改革规划纲要》，我国将依托长城、大运河、黄帝陵、孔庙、卢沟桥等重大历史文化遗产，规划建设国家文化公园。目前，陕西延安黄帝陵、天津滨海新区"中国根"、河南泌阳女娲补天五彩石国家文化公园已经开始了建设立项论证。2017 年 1 月，我国出台的《关于实施中华优秀传

[1] 王京传：《美国国家历史公园建设及对中国的启示》，《北京社会科学》2018 年第 1 期。

[2] National Park Service, "Discover America's Story: the National Parks", *Official Home Page of National Park Service*(https://www.nps.gov/index.htm), 2016-09-26.

统文化传承发展工程的意见》进一步强调"规划建设一批国家文化公园,成为中华文
化重要标识"。这推动文化遗产类国家公园的功能定位由文化遗产保护利用维度上
升到基于创造性转化和创新性发展的中华优秀传统文化传承发展层面。

文化遗产类国家公园既超越于过去单纯关注保护的遗产管理模式,又不同于偏
重利用的城市公园运行方式,其所追求的是基于全民公益性的文化遗产保护利用协
同实现。我国建设文化遗产类国家公园所体现的是国际文化遗产保护理念和中国实
践的有机结合,所实现的是使文化遗产保护与当地经济社会发展协同,使文化遗产保
护成果惠及公众,有效发挥文化遗产保护在经济社会发展中的作用。这也正是践行
习近平总书记要像爱惜自己的生命一样保护好文化遗产,处理好历史文化和现实生
活、保护和利用的关系,让陈列在广阔大地上的遗产活起来之重要思想的直接途径。

国家"十三五"规划"传统文化和自然遗产保护传承"重大文化工程提出,加强国
家重大文化和自然遗产地、全国重点文物保护单位、中国历史文化名城名镇名村、国
家级非物质文化遗产等的保护传承,加强国家文化公园建设。我国文化遗产数量众
多、类型丰富,而且其体量规模、构成单元、保存程度以及与周边环境的融合程度等都
存在很大差异。这就要求我国必须要根据上述差异,借鉴美国国家公园建设的经验,
建设类型多样的文化遗产类国家公园,以"国家所有、全民共享、世代传承"为原则实
现对文化遗产的多元化保护利用。

从美国的实践来看,目前其国家公园体系中文化遗产类有国家历史或考古纪念
碑(84 个,保存和保护美国历史时期和史前时期的重要物质遗存)、国家历史公园(50
个,综合性保护与美国历史上特别重大事件相关的区域及其周边环境,展示与阐释过
去美国人的生活方式)、国家军事公园(9 个,保护美国历史上至关重要之军事行动发
生地)、国家战场(11 个,保护美国历史上具有突出重要性之军事行动发生地)、国家
战场公园(4 个,依托美国历史上具有突出重要性之军事行动发生地建立的公园)、国
家战场遗址(1 个)、国家历史遗址(78 个,保护具有美国国家历史意义的单体历史特
征物)、国际历史遗址(1 个)、国家纪念地(30 个,纪念美国历史上重要的历史人物或
历史事件)等[1]。同时,其直接以国家公园命名的 59 个成员中有梅萨维德、哈雷阿
卡拉等 4 个依托的是世界文化遗产、考古遗址等。此外,其国家公园体系之外的"相
关区域"之中还建设有 48 个国家遗产区域,由国会通过,州政府、非营利机构或私人
团队管理,国家公园管理局承担咨询角色和一定的技术、规划和财政支持,实现对大

[1] National Park Service, "National Park System", *Official Home Page of National Park Service*(https://www.nps.gov/aboutus/upload/Site-Designations-08-24-16.pdf),2016-12-03.

空间范围分布的遗产廊道、文化线路等区域性文化遗产进行整体性保护利用。整体来看,美国国家公园体系构建的是以国家公园为主体,国家主导、社会参与的文化遗产保护利用有效机制。

实际上,这也正与 2016 年我国出台的《国务院关于进一步加强文物工作的指导意见》所要求的"政府在文物保护中应发挥主导作用""发挥社会各方面参与文物保护利用的积极性"相一致。基于此,我国应将现有的国家考古遗址公园、国家文化遗产公园以及正在启动建设的国家文化公园作为文化遗产类国家公园建设的试点,并进一步将其他类型的国家重要文化遗产也纳入国家公园体系之中。基于保护传承对象的功能属性区分、空间分布特征差异、遗存丰富程度区别、文化生态系统完整性不同等因素构建易于国家统一管理、便于公众使用享用的多种类型之国家公园。在此基础上,按照《关于实施中华优秀传统文化传承发展工程的意见》提出的要求,坚持"保护为主、抢救第一、合理利用、加强管理"的方针,以文化遗产类国家公园建设为引导,保护传承文化遗产,并"鼓励和引导社会力量广泛参与,推动形成有利于传承发展中华优秀传统文化的体制机制和社会环境"。

齐国故城考古遗址公园项目建设及对策

韩伟东

临淄区齐文化发展研究中心

临淄是齐国故都、世界足球起源地、齐文化的发祥地。齐国故城考古遗址公园于2013年12月由国家文物局批复立项,2015年10月列入《淄博市文化名城建设20条》重点项目,2016年11月国家文物局《大遗址保护十三五专项规划》将齐国故城列入"具有带动和示范效应的十大保护展示工程",并将田齐王陵、临淄墓群列入其中,2016年12月《山东省文物事业十三五发展规划纲要》提出"重点突破临淄片区……推动齐文化传承创新示范区建设"的目标,2017年2月"齐国故都"列入山东省人民政府公布的"十大文化旅游目的地品牌"。

一、项目建设情况

齐国故城考古遗址公园规划投资10亿元,规划占地266.67公顷,规划选取10处不同类型的遗址,作为近期重点开放的展示点。包括游客服务展示中心(原齐国历史博物馆)、齐景公墓殉马坑、大城西墙排水道口、阚家寨冶铸遗址、桓公台宫殿遗址、小城城墙遗址、大城东墙及淄河历史环境、晏婴冢、三士冢、孔子闻韶处等。

2014—2019年,国家文物局对齐国故城考古遗址公园项目拨付文物保护专项补助经费达1.4673亿元,区财政配套资金6000余万元。区政府成立了考古遗址公园建设指挥部,区委常委、宣传部部长国爱梅担任指挥长,区文化出版局、区文物局、齐都镇、凤凰镇、国土、园林等部门有关负责人为成员,定期研究调度工作,加快工作进程。

(一) 已开工项目

1. 齐景公墓殉马坑。占地 5.33 公顷,位于齐国故城东北河崖头村。主要展示春秋时期齐国国君齐景公的主墓及殉马坑的陵寝规制。目前已经完成停车场提升改造、园区绿化园路铺装、马骨本体保护、展厅装修、主墓地上标识展示等,展示的亮点是增加了三维数字电影、增强现实、模拟考古等展示项目。山东省文物考古研究院在入口管理房处发现 2 处小型殉马坑,经检测与齐景公去世年代吻合,根据考古新发现调整的建设方案 2018 年 1 月获得国家文物局批复。2017 年 8 月区财政配套 1500 余万元拆迁项目区范围内的 34 处院落和民宅,为整体展示提供了条件。

2. 大城西墙排水道口。占地 2.53 公顷,位于齐国故城大城西北部凤凰镇王青村,主要展示春秋、战国、西汉时期大城西墙的城池排水及防御系统。目前,对城墙进行了夯筑复原、绿化标识、遗存剖面展示,恢复了排水道口及城内水系、城外系水的历史环境,建成游客中心,布置了"齐人智慧杰作,世界城建奇观"展览,利用数字技术制作了三维电影和"大齐箭侠"VR 游戏,实现了 wifi 全覆盖,引进了智慧导览系统。2018 年 6 月 8 日省文物局以排水道口为山东主场活动地点,成功举办了"推进齐文化传承创新示范区文物保护利用项目暨齐国故城国家考古遗址公园建设"活动。

3. 桓公台宫殿遗址。占地 18.67 公顷,位于齐国故城小城西北,主要展示战国田氏齐王宫殿建筑的规模形制。据北魏郦道元亲自测量,此台北魏时周长约 556 米,南高北低,南高约 28 米,北高约 23 米。现此台周长仅 312 米,高仅 14 米。目前已完成遗址南侧木栈道设置、封土本体保护等。

4. 小城城墙遗迹保护展示工程。占地 30 公顷,主要展示张皇路以北的小城城墙(3460 米)、小城北门及古道路、北城壕、排水系统等。区财政每年支出 300 万元对该区域 166.67 公顷土地进行流转。2018 年 5 月开工,进行了主体环境及施工面清理,完成了西墙城墙覆土、参观车行路和步道施工及城墙本体绿化等。

5. 张皇路以北小城环境整治。占地 166.67 公顷,主要包括建筑物拆迁、蔬菜大棚拆除、长胡村占压城墙 4468 平方米水泥道路拆除、电力通信线路迁移、现代墓葬迁移、园地迁移、林地整治、绿化植被整治等内容,2018 年 12 月开工。

(二) 拟开工项目

1. 阚家寨冶铸遗址环境整治和展示工程。占地 6.67 公顷,位于齐国故城大城北部偏东阚家寨村南。依托中国社会科学院考古研究所 2013 年在阚家寨的发掘成果,将建成 1800 平方米的小型遗址博物馆,举办以铜镜铸造为主题的专题展览并展示发掘出土的有关文物,同时展示铸镜遗址、冶铁遗址、制陶铸钱遗址发掘现场,其中西汉时期的铸镜遗址是世界上首次发现和科学发掘的古代铜镜铸造作坊。区财政配套300 余万元流转了 6.67 公顷土地,拆除了占压遗址的蔬菜大棚等构筑物。目前项目范围内的地上附属物全部拆除完成,生产路拆除调整到位。

2. 小城 10 号宫殿遗址。占地 6.67 公顷,位于齐国故城小城东北部,依托山东省文物考古研究院发掘成果,主要展示田氏齐王的宗庙建筑遗址。2017 年 4 月 19 日山东省文物局以鲁文考函〔2017〕32 号文件对中国建筑设计研究院有限公司编制的方案进行了批复,目前中国建筑设计研究院有限公司已完成施工图编制。

(三) 储备项目

1. 遄台遗址。占地 6.67 公顷,位于齐国故城小城西部小刘家村南。相传田忌赛马、晏子与齐景公辩和与同的故事就发生在此。国家文物局文物保函〔2017〕1407 号文件对"遄台遗址保护展示项目"进行了立项批复,目前正在编制方案。

2. 三士冢保护展示项目。2018 年 10 月国家文物局文物保函〔2018〕1174 号文件对项目进行了立项批复,目前正在编制方案。

3. 齐故城大城西墙北段保护修缮项目。2018 年 10 月国家文物局文物保函〔2018〕1174 号文件对项目进行了立项批复,目前正在编制方案。

二、存在的问题及对策

(一) 建设用地指标不足。这是制约项目落地的关键,齐国故城考古遗址公园规划建设用地 12 公顷,主要是建设遗址保护建筑、管理服务用房、停车场等,现有的可建设土地不足 2 公顷,尚欠缺 10 余公顷。主要对策是通过国土部门调整了规划,待国务院批复,将根据项目进展及时办理土地划拨手续。

(二) 相关法规建设滞后。齐国故城遗址尚未颁布专门的保护管理条例。临淄区已制定《临淄区文物保护管理实施细则》(临政发〔1997〕80 号)、临淄区人民政府《关于禁止在文物保护单位保护范围和建设控制地带内建设高温蔬菜大棚等项目的通知》(临政发〔2013〕67 号)等管理规章。下一步将通过市人大出台《齐国故城遗址保护管理办法》地方性法规来支持和指导齐国故城的保护与开发。

(三) 人员不足和管理体制问题。区文物管理局由原来的 5 个编制扩到了 16 个编制,并成立了内设机构齐国故城考古遗址公园管理处。目前实际在岗 8 人,不仅要负责考古遗址公园(含管仲纪念馆、姜太公祠、西天寺造像)的建设及运营,还要做好野外文物保护、文物科技保护、博物馆管理等工作,管理人才严重不足。考古、文物修复等专业人才每年招录都因报名人数不足而作废。下一步将积极协调成立有关组织:成立文物派出所以加大文物保护力度;增加考古遗址公园运营编制作为管理主体,引进保安保洁绿化社会化服务,成立临淄文化旅游投资运营管理公司负责临淄文化旅游的运营;建议政府成立由市主要领导挂帅的申报世界文化遗产领导机构,负责牵头"齐国故都与齐王陵"的申遗工作;成立高规格的文化传承创新示范区核心区管理委员会,负责核心区"一带两翼四极十点"项目落地。

我们将以习近平总书记"文物承载灿烂文明,传承历史文化,维系民族精神,是老祖宗留给我们的宝贵遗产""让文物活起来"等关于文物保护的指示为引领,力争2—3年内建成齐国故城考古遗址公园,使之成为反映周代齐国历史文化的都城类遗址公园,成为我国齐文化圈中的重要历史文化景观。

从博物馆陈列角度看齐文化的展示与利用

王鹏举

齐文化博物院

在博物馆陈列中,虽然展品是展览的基础,但是现在的展览陈列早已脱离"物"的简单堆积阶段,用博物馆的陈列向观众呈现文物背后的文化,越来越多地成为博物馆的自觉追求。"让文物说话,让文物活起来",话语简单,却包含了博物馆展览陈列理念的转变,展览陈列从文物主体,走向受众主体,从而实现博物馆的社会教育功能、文化传播功能。所以,展览策划在博物馆陈列中的作用日益突出——因为策划的水准,将很大程度上影响甚至决定展览的水准。

位于山东淄博临淄的齐文化博物院,将是笔者在这里分析探讨展览策划实践的样本。它是淄博市和临淄区立项的重点项目,因涉及齐文化等因素而为省里所关注。齐文化博物院当前的状态可以这样简单概括——它是博物馆类型的一个综合体:由当地政府及民间资本投资,是政府办馆和民间博物馆的结合体。政府所建博物馆包括齐文化博物馆,这是以展示齐文化历史及其物质遗存为主的综合性博物馆;足球博物馆是围绕齐文化的组成部分之一、国家非物质文化遗产蹴鞠而策划筹建的专题性博物馆;东孙战国墓博物馆则是为就地保护、展示齐地丧葬习俗原貌而建的博物馆。民间博物馆或艺术馆共16家,还有一处文化市场。

如果作博物馆的分析和研究,包括展览陈列策划,齐文化博物院会是一个很有研究价值的存在,即使仅在齐文化博物院内部展馆齐文化博物馆和足球博物馆之间进行比较,在展览策划前期准备工作中表现主题、总体定位、功能规划及陈列风格与手段等方面,对齐文化要素的展示、利用就有很大不同。在这里笔者只从展览策划的角度来作简要分析。

一、宏 观 层 面

　　表现主题的确定和相关团队的选择是影响展览策划方向的主要元素,这个阶段主要处于策展和招标阶段。

　　齐文化博物馆的基本陈列为"泱泱齐风——齐文化历史陈列",以三千余件物质文物的展示为基础,主题表现齐文化的历史状态;以齐国历史发展为主线,重点突出齐文化形成的背景、动因、亮点及齐文化的内涵。在展览推出之后,广受社会各界好评。

　　齐文化历史陈列的展览契合了当下复兴传统文化的热潮,它立足于表现以两周时期齐国都城临淄为核心区域,辐射海岱之间的齐文化;以齐文化的发展脉络为基础,围绕齐文化的核心精神"开放、包容、变革、创新"选择自先齐至秦汉的几个重点阶段,重点刻画齐文化奠基于先齐、形成于西周、成熟于春秋、鼎盛于战国、影响至秦汉的历史过程。

　　担纲撰写基本陈列大纲的是齐文化研究专家王志民先生,大纲撰写期间又多方征求历史专家、齐文化专家和博物馆专家的意见,前后十易其稿,形成的最终文本包括以下几个部分:先齐文化、西周之齐、春秋霸业、战国之齐、秦汉齐风、煌煌齐都、稷下学宫。在齐文化发展的整条脉络上,突出姜太公、齐桓公、管仲、晏婴、孙武、齐威王、孙膑、田单等八个历史人物。该陈列吸收了齐文化研究的最新成果,具有较高的学术价值。

　　足球博物馆基本陈列为"鞠韵长风——临淄的蹴鞠,世界的足球",临淄是国际足联确认的"世界足球起源地",足球博物馆就是在这样的背景下兴建的,并于2015年迁建新址。新的陈列重点表现中国蹴鞠、世界足球、中国足球三部分,全景式展示足球运动发展的脉络。足球博物馆是世界上第一家全面展示中国古代蹴鞠发展和世界足球形成发展历史的专题性博物馆。

　　足球博物馆展览陈列内容方面的策划者是蹴鞠文化研究专家、国家非物质文化遗产蹴鞠项目传承人、齐文化博物院院长马国庆先生,2012年齐文化博物院建设之前,他就是老足球博物馆的馆长,具有丰富的博物馆展览策划经验。在足球博物馆策展过程中,他强调突出三方面的工作:一是突出功能区设置,包括咖啡厅、室外观景平台在内,重点是互动体验区(室外蹴鞠表演场地和足球游戏互动体验区);二是二楼世界足球展区,侧重营造富有欧洲风情的街道空间,嵌入式展示世界足球的文物展品,足球游戏互动体验区则以足球场的空间造型使观众对足球运动的场地、设施等有更直观的认识,有更强的代入感;三是大纲的撰写和表现的重点要挖掘文化现象,揭示蹴鞠在中国衰落、现代足球在英国形成的历史、文化动因。这些都直接影响了展陈的面貌和水准。

齐文化博物馆展览设计团队选择了在国内展览界负有盛名的广东集美邵战嬴团队,在笔者与该团队的工作对接过程中,对其成熟的陈列设计规范和展览表现的侧重点有很深的感受。足球博物馆展览设计团队是苏州金螳螂展览设计工程有限公司,其概念设计很好地落实了前期策划的意图。在这里不再赘述两个公司各自的风格倾向、手法选择,也不从细节上描述两个公司在展陈节奏、展陈亮点方面的差别,不同的团队带来不同的展览,这是毫无疑义的。

二、微 观 层 面

树立展览为观众服务的观念,挖掘展品的文化价值、科学价值,突出可读性和参与性是展览策划的主要方向。这个阶段主要在深化设计阶段。

此处主要以"泱泱齐风——齐文化历史陈列"为例。

当广东集美展览设计团队拿出展览深化设计后,博物院专门聘请专家对深化方案进行了把关,从文物、文化和展陈手段等方面提出了针对性意见。随后,因展陈展览中的一些实际问题和资料征集的需要,博物院的工作团队(包括文字、文物、讲解)协同集美展览设计团队先后考察了山东省境内与齐文化历史内容相关的近20家博物馆,既搜集了细节资料,又了解了各博物馆展陈的面貌和特色,为齐文化博物馆展陈的落实作了有益补充。在资料准备方面,重点寻求了省考古所的支持,这确保了齐文化博物馆陈列中关于山东原生的文化类型、文化遗址和文物遗存资料的准确性。

负责齐文化博物馆文物工作的朱玉德先生,从事考古和文物工作五十年,先后在淄博市博物馆、山东省文物考古研究所、齐国故城遗址博物馆工作,他对山东省考古工作、馆藏文物有较全面而深入的研究和把握。我们在文物、文化解读相关图版文字策划过程中,充分发挥了这一优势,经过多次探讨,逐步明确了围绕文物、围绕揭示古人生活和思想状态做文章的基本思路,具体做法一是突出展示文物的科学价值和使用,比如石磨盘、石磨棒出现的背景和使用方法,比如临淄桐林(田旺)遗址出土大陶甗的礼器功能和使用,比如馆内重点藏品"牺尊"的制作工艺和使用特点;二是突出古人的生存环境和生活状态,围绕"后李—北辛—大汶口—龙山—岳石"这一山东地区特殊的文化类型系列,重点表现其发展的典型活动,使观众对文化发展历程的认识更加直观;三是对古籍著作的解读,如《考工记》,对书中记载的部分工艺做了提炼和多种形式的展示。

在深化落实方面,我们又针对齐文化要素的挖掘,重点搜集了近百种各种类型的研究资料和专著,在表现姜太公"通商工之业,便鱼盐之利"处使用了"历史时期渤海湾海岸线的变迁""商周时期齐地盐业遗址"及"盐宗夙沙氏的传说"等研究资料、考古资料和传说故事。在表现春秋时期管仲改革部分,主要选用了与农业改革"相地衰征"相关的一组资料,包括当代学者根据《管子·地员篇》记载对春秋战国时期黄河中下游地区五种土壤成分进行的分析;在兵制改革部分选用了"伍"的兵器配备和对敌方向的资料。在"秦汉齐风"部分,选用了秦始皇"礼祠八神"的内容,重点表现了"齐地八神"、始皇三次东巡齐地的路线;该处的"徐福东渡"章节,则重点表现了徐福东渡路线及秦汉齐地与朝鲜半岛、日本列岛商贸往来和文化交流等方面的内容。诸如此类,不一而足。这些历史研究资料的挖掘和呈现,增强了内容的可读性,是文物资料挖掘外的另一亮点。

本文虽然以笔者所参与的两个博物馆的部分展览陈列策划工作为例作了一些解读,但实际上策划存在于更广的范围,包括各个层面和各个环节。展览的目的往往决定了策展的角度,策展要考虑受众、考虑展览方拥有的资源。展陈公司(形式设计方)所拥有的技术能力,如何达到内容和形式的和谐、统一并进一步相互提升,以及策划的方式、特性、流程等方面,还要在对展览策划的深入研究中进一步总结并进行理论提升。

编后记

　　《传承与创新：考古学视野下的齐文化学术研讨会论文集》即将付梓，这是 2017 年 10 月 12—14 日由山东省文物考古研究院、山东大学历史文化学院、淄博市文物局、临淄区人民政府在临淄共同举办的"传承与创新：考古学视野下的齐文化学术研讨会"的学术成果。会议的召开和论文集的出版，是近年来山东地区商周考古研究的又一次全国性重要学术活动，对促进学术交流、齐鲁地域文化研究和齐文化传承与创新示范区建设等具有里程碑的意义。

一、会议召开的背景

　　山东地区周代考古学文化谱系清晰，古国众多，文化遗产丰富，周代考古的发现与研究成果，为考古学发展和历史研究作出了重要贡献。齐文化，有着鲜明的文化特点和独具特色的文化发展模式，是齐鲁地域文化的核心内容。

　　20 世纪 50 年代始，考古工作者已在齐故城及其附近地区开展工作，这里是山东两周考古中开始最早、持续时间最长、收获最丰的区域，因此齐文化成为学界熟知、关注和研究成果较多的周代考古学文化。21 世纪以来，随着众多考古工作的开展，在临淄及其周边、鲁北、胶东半岛、鲁东南、鲁中等区域发现了丰富的齐文化遗存，一系列具有突破性和填补空白的新发现，为深入研究齐文化提供了具象化史料。同时齐故城国家考古遗址公园建设稳步推进、齐文化博物院和博物馆群顺次开放、齐文化传承创新示范区的推进实施等，均使齐文化资源不断得到有效开发、保护和利用，齐文化和齐文化研究逐渐走向大众视野，诸多成果引起了国内外学术界和社会各界的广泛关注。

　　随着社会的快速发展，人民群众对文化生活需求越来越多，考古发现、研究成果逐渐走进大众生活，成为文化建设、文化自信的重要内容，我们考古工作者有责任、有能力做得更多更好。因此，按照学术发展规划，我们联合多家单位，与多位专家讨论，适时组织举办了这次齐文化会议。本次会议是继 2015 年在莒县召开"青铜器与山东古国学术研讨会"、2016 年在曲阜召开"保护与传承视野下的鲁文化学术研讨会"后举办的又一次规模大、规格高、主题集中、成果丰硕的全国性学术会议，会议的召开必将进一步推动山东文物考古研究事业的持续发展，促进齐鲁文化的深入研究。会议的召开也是对中共山东省第十一次党代会提出的"加强齐文化传承和保护，建设齐文化传承创新示范区"任务的推进，是深入学习贯彻习近平总书记关于中华优秀传统文化的研究、阐发、传承与弘扬讲话精神的重要实践。

　　会议强调考古学视野研究齐文化，旨在推动考古学的基础研究，发挥考古学科体系、学术体系和话语体系在齐文化传承与创新工作中的重要作用。

二、会议策划与组织

　　（一）会议策划：2016 年下半年开始计划召开齐文化会议，2017 年 4—9 月份我们联合山东大学历史文化学院、山东理工大学齐文化研究院和《管子学刊》编辑部、淄博市文物局、临淄区文物局、临淄齐文化博物院的专家和领导，经数次讨论确定了会议名称、主题、规模、参会专家学者和领导、考察内容与路线、致辞发言、会议筹备等，国庆节前夕李伯谦先生利用到山东参加学术活动的时间，还专程到临淄考察了会议准备情况。我们在临淄工作站开辟专场，将西周至战国的齐文化陶器以及商代晚期陶器计 10 个期别的陶器汇集展示，将按期别制作的齐文化考古发现分布示意图、相关行政区划图、地形地势图、文物分布图、齐故城遗址公园规划效果图等一并展挂，以供大家参观讨论。

　　（二）会议名称：传承与创新——考古学视野下的齐文化学术研讨会。

　　（三）会议主题：齐文化考古发现与研究，齐国与周边古国及其相互关系研究，考古学视野下的齐国经济、政治、思想、文化、军事、科技等传统文化研究，齐文化遗产保护与利用研究，以及齐文化专题（青铜器及铭文、陶文及古文字、长城、盐业、手工业遗存等）。

　　（四）会议酒店：临淄万豪大酒店。

　　（五）会议考察：考察齐文化博物院、足球博物馆、东周殉马坑、齐故城排水道口。

（六）会议规模：120余人与会，包括考古、历史、古文字、文化文物研究方面的专家与学者，有全国著名的老专家、中年骨干学者、青年学者，青年学者占比例较大；来自北京大学、中国人民大学、吉林大学、山东大学、首都师范大学、郑州大学、山东师范大学、曲阜师范大学、日本岩手大学等国内外20所高校，来自中国社会科学院考古研究所、历史研究所和上海、陕西、河南、安徽、江苏、辽宁、山东等17个省级以上科研机构（考古研究所、历史研究所和博物馆），来自山东省济南、淄博、潍坊、东营、临沂、烟台、济宁、青岛等10个地市的34家文博单位。

（七）会议提交论文或提要92篇，领导、专家致辞和主题发言、分组讨论计101人次发言，论文集共收录61篇文章。

三、会 议 收 获

（一）会议开幕式、闭幕式

开幕式由临淄区区委书记宋振波主持，北京大学考古文博学院教授李伯谦，山东省文物局副局长周晓波，淄博市委常委、宣传部部长毕荣青，北京大学中国古代史研究中心教授朱凤瀚，北京大学考古文博学院教授刘绪，中国社会科学院考古研究所原副所长白云翔，山东省文物考古研究院院长郑同修，山东大学历史文化学院院长方辉，淄博市文广新局局长周茂松，临淄区区长白平和出席开幕式。毕荣青部长、郑同修院长、周晓波副局长、方辉院长、白云翔先生先后致辞。

闭幕式由山东省文物考古研究院刘延常研究馆员主持并作大会总结，山东大学任相宏教授、淄博市文物局宓传庆局长、临淄区人民政府李玲副区长先后致辞，北京大学刘绪教授对会议作学术总结，北京大学李伯谦先生最后对大会进行专题点评并提出殷切期望。

（二）会议学术交流

会议学术交流分为主题发言、分组讨论、会议总结。

有10位专家作主题发言。山东省文物考古研究院刘延常研究馆员介绍了近二十年来齐文化的重要考古发现，从内容上细分为盐业、齐长城、八主祠、手工业、兵器等，在此基础上对齐文化动态发展的文化背景作出了新的解读，并进而提出了研究、保护、弘扬、传承、创新齐文化的新思考与新实践；山东省文物考古研究院魏成敏研究馆员对临淄齐故城历年来的考古工作进行了回顾，介绍了齐故城近年来的考古新成果和新认识，关于对其进行深入研究提出了新的观点和设想；中国社会科学院白云翔研究员介绍了临淄齐故城内外的手工业遗址点，结合部分考古成果对当时临淄城手工产业的结构和布局作了归纳和思考；北京大学朱凤瀚教授依据新刊布的新泰周家庄墓葬材料，对墓地性质和所属国别提出了自己的见解；山东大学王青教授以近十多年来鲁北地区商周时期盐业遗址的发掘和调查资料为基础，并结合文献史料，对齐国盐业的制盐工艺、制盐季节、聚落形态、盐政体制、制盐人身份等问题进行了初步探索；山东师范大学燕生东教授依据清华简《系年篇》中齐国另一条长城材料的出现，对历史上争议不断的齐长城修建年代和防御对象作了厘清和解读；故宫博物院王睿研究员对齐地"八主"祭祀进行了详细研究，提出八主祭祀是秦汉以来国家祭祀体系郊祀制的思想源头；中国社会科学院考古研究所常怀颖副研究员介绍了2017年河北省行唐县故郡村车马坑的发掘情况，分析了车马坑、殉兽坑的布局，进而通过车马埋葬方式推测了其背后所属的人群类别；山东理工大学《管子学刊》编辑部主任于孔宝教授对齐文化典籍、齐文化文献学、思想史等研究情况进行了梳理，进而为齐文化研究构建了新的思路和切入点；齐文化博物院马国庆院长对齐文化的传承和创新，提出了诸多可行的新实践和新思考。

依据提交论文的内容，会议分为考古发现研究组、综合研究组对齐文化进行分组讨论，近60位学者围绕相关议题，从不同角度分享了各自的研究成果。

考古发现研究组共提交论文35篇，现场有27位学者发言。内容包括周代社会的宏观研究、齐国始封地研究、齐国疆域、齐国葬俗、齐长城、战国王陵、盐业考古、齐国手工业考古等专题研究，还包括周边古国、都城、城门、重要墓地、大遗址的保护和遗址公园建设研究等。诸位学者的精彩发言契合主题，以多元维度和纵深向度对齐文化、齐地考古遗存及两周时代文明和社会运行机制进行了有益的探讨。安徽省文物考古研究所宫希成研究馆员、首都师范大学钱益汇教授代表小组作总结发言，扼要介绍各位学者的研究成果，并对部分观点提出自己的见解，最后总结此次研讨会的学术价值和意义。综合研究组共提交研究成果34篇，现场有30位学者发言。内容包括齐文化、青铜器、瓦当、陶文、出土文献和古文字、齐文化的传承与实践、汉画像石中的齐文化因素研究等。学者们对齐文化来源、内涵、传承、影响地位进行精准的阐述，通过研究考古材料、文献史料以及青铜器对齐国历史及相关问题提出许多新的观点和认识。中国社会科学院历史研究所徐义华研究员、上海博物馆马今洪研究馆员代表小组作总结发言，分类介绍各位学者的研究成果，提纲挈领地分析相关研究特色，归纳出了"创新、提高、专而精"的特质，对各位学者发言内容给予极高评价。

会议总结由陕西省文物考古研究院王占奎研究馆员主持，由来自陕西、山西、河南、安徽、江苏、北京、辽宁的7位学者逐一介绍了关中、中原及山东周边地区两周时期考古工作现状和研究新进展,内容充实、涉及全面,总结了自身的文化特色,探讨了区域间文化互动的关系,并提出了下一步的工作思路和研究目标。

(三) 会议学术收获

通观本次会议文集,无论是综括论析、专题研讨,还是理论总结、史实考订、个案分析,抑或文化遗产资源开发和保护,文章研究内容上取得了诸多值得重视的学术成果,研究理念和研究方法也有许多新提升。

1. "二重证据法"到"多重证据法"或"多学科结合"的研究范式

学界齐文化研究的热点以往主要集中在人物包括诸子思想的研究,以及政治、经济、文化、军事诸专题的研究上,但从本次提交论文来看,涉及考古发现和在此基础上进行研究的文章有近40篇,主要有古国、都邑、墓地和重要遗址,及在此基础上进行的古文化、古国和周代社会的宏观研究,齐国始封地研究,齐国疆域变迁,齐国葬俗研究等。诸位学者以多元维度和纵深向度对齐文化、齐地考古遗存及两周时代文明和社会运行机制进行了有益的探讨。这表明在对齐文化的深入研究中,考古学逐渐扮演着十分重要的角色。考古学的跨学科研究特性,使之可以获得古代社会的生态环境、生业和经济、人口、食谱、营养和疾病、手工业发展、交换与贸易、社会结构与等级、聚落形态和社会演变、意识形态和宗教信仰等历史信息,新的考古成果突破了文献对历史记载的局限性,极大地丰富了历史学和传统文化的研究内容,也形成了新的研究视野,从原先的"二重证据法"进一步发展为"多重证据法"或"多学科结合"的研究范式。

2. 类型多样的专题探讨拓宽了齐文化研究领域

有近30篇论文涉及齐文化专题研究,主要有长城、盐业、手工业遗存、青铜器及铭文、陶文及古文字和史学研究等专题,可以看出,随着时代的发展,从资源、环境、手工业、经济、产业开发利用等角度来研究齐文化各专题逐渐成为学界的潮流,对齐国发达的铜器制造业、盐业和其他手工业的研究能揭示技术发展、生产方式、政府经略以及背后所反映的社会经济运作模式等,对与其相关的文字、图像资料的研究更是探讨当时政治、经济、文化、社会发展和互动关系的关键。依托与以上专题相关的考古遗存和文献记载,学者们深入探讨了不同类型齐文化遗存的性质、功用和文化意义,拓宽了齐文化的研究领域,并对齐国历史及相关问题提出许多新的观点和认识。

3. 齐文化遗产传承与保护模式不断推陈出新

有近 10 篇文章探讨齐文化遗产传承与保护方面的内容,围绕齐文化传承创新实践这一主题,分享实践案例、碰撞学术观点,如对齐故城考古遗址公园建设、博物馆群展陈设计、齐文化推广和思想研究的成功案例,突显了新时代背景下齐文化遗产资源的传承与保护逐渐得到官方重视和社会认同。政府主导、部门牵头和社会参与,在传承与保护齐文化遗产的具体实践中不断推陈出新,形成了"思路新、策略新、形式新"的多个成功模式,对推进齐文化传承创新示范区建设、打造齐文化品牌、建设历史文化名城、保护利用齐文化、精进研究齐文化起到了重要作用。

(四) 专家寄语

李伯谦先生在会议最后阶段作了专题讲话,对会议的召开及取得的丰硕成果给予充分肯定,从学术角度和宏观视野对齐文化考古与研究工作提出了期望。首先,对齐故城及其周边区域历年来考古工作与研究进行了回顾,建议及时集中于对早期齐文化和齐国始封地的研究;其次,认为要把齐文化研究作为山东考古工作的重中之重,建议山东省文物考古研究院对此要予以重视;第三,山东省内其他相关高校科研院所要协同发展、精诚合作,共同把齐文化考古研究工作做好做扎实;最后,在全社会重视传统文化的背景下,勉励考古工作者继续努力,并对齐文化研究内容、山东考古发展方向提出了殷切期望。

四、致　谢

众多大学、科研机构、文博单位的专家和学者共襄盛会,积极提交论文和发言,是会议取得圆满成功的重要标志和出版文集的重要前提。李伯谦、朱凤瀚和刘绪先生亲临会议,认真考察、听会、交流和讲话,其治学态度和学术精神为我们树立了榜样,对我们不断组织举办学术会议给予了莫大的支持。许宏、徐良高、宫希成、种建荣、杨文胜、钱益汇、苏荣誉、徐义华、王京传、马今洪、王占奎、王青等专家学者帮助主持会议讨论,宫希成、钱益汇与徐义华、马今洪分别代表考古发现研究组和综合研究组在大会作总结发言。

各级领导百忙之中出席会议并讲话,介绍了山东省、淄博市、临淄区和山东大学的文化建设、文化遗产保护和文博工作特色,体现了对会议召开的重视,是对文物考古工作发展的指导,是对开展学术活动的关心与支持。

山东省文物考古研究院会同临淄区文物局、齐文化博物院就本次活动多次召开专题会议进行部署,成立了前期准备小组和现场会务组,对会议材料、食宿、会场、报到、接待、考察、交通、健康保健等工作做了细致安排。齐文化博物院安排车辆考察齐文化博物院、足球博物馆和齐故城考古遗址公园城墙、排水道口保护展示工程;齐文化博物院与临淄区文物局众多同志参与接待、发放图书、现场会务、联系安排车辆等工作;山东省文物考古研究院办公室安排车辆接送站,技术资料室帮助提供图书、借办与运送陶器,我院参会的青年学者积极协助接待与服务会场。我院王子孟同志自始至终参与会议筹备,负责会务协调和文集编纂工作,具体包括资料制作、代表联络、现场会务、会后事务、论文收集等,还积极撰写研究文章,他工作认真负责,不分节假日,昼夜加班加点,为本次会议成功举办和文集顺利出版付出了辛勤的劳动。

北京大学考古文博学院教授刘绪先生百忙之中为会议文集撰写序言。

上海古籍出版社吴长青副总编和王璐、张亚莉编辑积极参会,并尽早介入文集编纂和出版事宜,保障了会议文集高质量地出版。

对以上关心、支持、帮助会议召开和文集出版的所有单位与个人表示诚挚感谢!

此次会议是山东商周考古学界近年学术研究的又一次盛会,聚焦齐文化传承与创新,国内外研究商周考古、历史、青铜器与古文字的众多学者开展交流与研讨,彰显出考古学科基础优势及其和多学科合作研究的重要性,文集成果反映了现阶段齐文化的研究水平。我们将以此次齐文化会议和文集出版为阶梯,持续推进山东地区商周考古和齐鲁地域文化研究,以考古学视野向多学科协同研究方向发展,积极推动学术研究融入社会、服务社会,努力作出更多新贡献。

山东省文物考古研究院　刘延常

2019 年 9 月于泉城济南

图书在版编目(CIP)数据

传承与创新:考古学视野下的齐文化学术研讨会论
文集／山东省文物考古研究院等编. —上海:上海古
籍出版社,2019.10
ISBN 978-7-5325-9360-6

Ⅰ.①传… Ⅱ.①山… Ⅲ.①齐文化—中国—学术会
议—文集 Ⅳ.①K871.414—53

中国版本图书馆 CIP 数据核字(2019)第 215564 号

传承与创新:考古学视野下的齐文化学术研讨会论文集
山东省文物考古研究院
山东大学历史文化学院
临淄区齐文化发展研究中心　编
齐文化博物院
上海古籍出版社出版发行
(上海瑞金二路 272 号　邮政编码 200020)
(1)网址:www.guji.com.cn
(2)E-mail:guji1@guji.com.cn
(3)易文网网址:www.ewen.co
常熟市人民印刷厂印刷
开本 787×1092　1/16　印张 46.5　插页 5　字数 858,000
2019 年 10 月第 1 版　2019 年 10 月第 1 次印刷
ISBN 978-7-5325-9360-6
K·2707　定价:198.00 元
如有质量问题,请与承印公司联系